JN261155

東大法・第5期蒲島郁夫ゼミ編

# 参議院の研究

## 第1巻　選挙編

服部　充裕・農端　康輔(代表)

| | |
|---|---|
| 市川　敏之 | 帖佐　廉史 |
| 井手　弘子 | 伏見　周祐 |
| 井上　和輝 | 藤森　俊輔 |
| 太田　幸里 | 松平　健輔 |
| 尾崎　雅子 | 山内　由梨佳 |
| 境家　史郎 | 山本　亜希子 |
| 重久　良輝 | 米谷　寛子 |
| 菅原　琢 | 萬屋　隆太郎 |
| 谷澤　厚志 | |

木鐸社刊

# Japan's Upper House:
## Members and their Activities, 1947-2002

ed. by
The Ikuo Kabashima Seminar

Hattori, Mitsuhiro ╱ Nobata, Kosuke

Chosa, Yasushi
Fujimori, Shunsuke
Fushimi, Shusuke
Ichikawa, Toshiyuki
Ide, Hiroko
Inoue, Kazuki
Matsudaira, Kensuke
Ohta, Yukisato
Ozaki, Masako

Sakaiya, Shiro
Shigehisa, Yoshiki
Sugawara, Taku
Tanizawa, Atsushi
Yamamoto, Akiko
Yamauchi, Yurika
Yonetani, Hiroko
Yorozuya, Ryutaro

## はしがき

　本書は，東京大学法学部における第5期蒲島ゼミの研究成果である．1947年に行われた第1回参院選から，2001年に行われた第19回参院選までの19回にわたる議員と議会活動，及び選挙の結果を網羅したものである．
　現在，参議院のあり方についての議論が噴出している．例えば，参議院無用論やカーボンコピー論などが代表的なものである．本書は，それらの参議院のあり方について規範的な議論を展開するのではない．むしろ，参議院についての基礎的データを可能な限り多角的に，また長期間にわたって収集し，その分析を通して，参議院政治の歴史と現状を明らかにすることにある．
　蒲島ゼミでは，伝統的に一人の研究者の手に負えない巨大なテーマを選び，集団的な知的勤勉性でそのテーマにアプローチしてきた．その成果は，第1期ゼミの『「新党」全記録』（全3巻），第2期ゼミの『現代日本の政治家像』（全2巻），第3期ゼミの『有権者の肖像』，第4期『選挙ポスターの研究』として出版されている．いずれも専門家の評価は高く，多くの研究者に引用されている．また，ハーバード大学を始め，海外の一流大学の図書館に配架されている．
　東大法学部の学部ゼミは，1学期2単位で，時間的にも限られており，単位数も少ない．それにもかかわらず，ゼミ生はほぼ連日この研究に没頭し，素晴らしい研究成果を上げている．とりわけ，2001年10月に始まったこの5期の参議院の研究は，その膨大な資料の収集と分析に時間がかかり，今日まで出版が延びてしまった．初期のゼミ長を務めた服部充裕君の活躍はもちろんのこと，その後を継いで，本書を完成させた農端康輔君の努力には頭が下がる．
　ゼミ生たちのすばらしい研究の成果についてみると，三谷太一郎氏が言う「青春期の奔流 Rapid of Youth」というものを感じさせられる．「若さが達成する偉大さには，どこかに自然の恩寵が感じられるものである．それは苦悩を刻する精神の所産というよりも，自然の流れに棹さした無意識の所産というべきものである．それは無意識に（したがって偶然に）達成されたものの美しさと，脆さとがある」（三谷太一郎『近代日本の戦争と政治』岩波書店，

388頁).

　おそらく，多くのゼミ生諸君にとって，もう一度同じ研究成果を上げろといわれてもほとんど不可能であろう．この「青春期の奔流」によって得られた研究結果は，これから何十年も政治学界，とりわけ参議院研究の重要文献として光り輝くと思われる．

　最後になったが，今回も採算を度外視し，本書を出版してくださった木鐸社の坂口節子社長に心から御礼を申し上げたい．

2004年6月1日<br>
蒲島　郁夫

## 参議院の研究　総目次

## 〔第1巻〕選挙編

はしがき ……………………………………………………… 蒲島郁夫
「参議院の研究」について ………………………… 農端康輔・菅原琢
本書を読むにあたっての留意事項 ……………………… 農端康輔

## 選挙編

### 第Ⅰ部　資料解題

序 ……………………………………… 井上和輝・農端康輔・菅原琢
第1章　選挙史 ……………………………… 米谷寛子・井上和輝
　　　　　　　　　　　　　　　　　　　　　伏見周祐・松平健輔
第2章　選挙制度 ……………………………… 松平健輔・井手弘子
　　　　　　　　　　　　　　　　　　　　　井上和輝・菅原　琢
第3章　政党 ………………………………………… 井上和輝・米谷寛子
第4章　候補者 ……………………… 伏見周祐・井上和輝・松平健輔
第5章　有権者 ……………………………………………… 米谷寛子
第6章　選挙違反 …………………………………………… 井手弘子

### 第Ⅱ部　論文

第1章　1989年（第15回）参議院議員通常選挙の分析
　　　　　　　　　　　　　　　　　……………… 蒲島郁夫・江部卓城
第2章　1992年参院選の分析 ……………………… 綿貫譲治・蒲島郁夫
第3章　巨大保守はこうしてできる ……………………… 蒲島郁夫
第4章　98年参院選──自民大敗の構図 ……………………… 蒲島郁夫
第5章　政治変動期の有権者の行動──浮動票の分析── …… 米谷寛子

### 第Ⅲ部　資料

〔第2巻〕議員・国会編

## 議員編

序 …………………………………………………… 農端康輔
第1章　議員プロフィール ………………………… 重久良輝・農端康輔
第2章　会派 ………………………………………… 服部充裕・農端康輔
第3章　派閥 ………………………………………… 境家史郎・谷澤厚志
第4章　公職 ………………………………………… 萬屋隆太郎
第5章　政党役職 …………………………………… 市川敏之

## 国会編

### 第Ⅰ部　資料解題

序 …………………………………………………… 帖佐廉史
第1章　参議院改革 ………………………………… 帖佐廉史
第2章　本会議 ……………………………………… 山内由梨佳・菅原琢
第3章　委員会 ……………………………………… 菅原琢
第4章　記名投票 …………………………………… 尾崎雅子
第5章　議員立法 …………………………………… 井手弘子
第6章　動議 ………………………………………… 尾崎雅子
第7章　質問主意書 ………………………………… 太田幸里

### 第Ⅱ部　論文

証言編
第1章　円より子インタヴュー
第2章　江田五月インタヴュー

## 第1巻　選挙編　細目次

はしがき………………………………………………………蒲島郁夫（3）
「参議院の研究」について……………………農端康輔・菅原琢（21）
本書を読むにあたっての留意事項……………………………農端康輔（34）

## 第Ⅰ部　選挙編

序……………………………………井上和輝・農端康輔・菅原琢（41）

### 第1章　選挙史

第1節　はじめに……………………………………………米谷寛子（47）
第2節　各回選挙概要
 1．第1回選挙（1947年4月20日）総括………………伏見周祐（48）
 2．第2回選挙（1950年6月4日）総括…………………伏見周祐（49）
 3．第3回選挙（1953年4月24日）総括………………伏見周祐（52）
 4．第4回選挙（1956年7月8日）総括…………………米谷寛子（56）
 5．第5回選挙（1959年6月2日）総括…………………米谷寛子（59）
 6．第6回選挙（1962年7月1日）総括…………………米谷寛子（62）
 7．第7回選挙（1965年7月4日）総括…………………松平健輔（65）
 8．第8回選挙（1968年7月7日）総括…………………松平健輔（68）
 9．第9回選挙（1971年6月27日）総括………………松平健輔（71）
10．第10回選挙（1974年7月7日）総括………………井上和輝（74）
11．第11回選挙（1977年7月10日）総括………………井上和輝（78）
12．第12回選挙（1980年6月22日）総括………………井上和輝（81）
13．第13回選挙（1983年6月26日）総括………………米谷寛子（84）
14．第14回選挙（1986年7月6日）総括…………………米谷寛子（87）
15．第15回選挙（1989年7月23日）総括………………松平健輔（91）
16．第16回選挙（1992年7月26日）総括………………井上和輝（95）
17．第17回選挙（1995年7月23日）総括………………伏見周祐（99）
18．第18回選挙（1998年7月12日）総括………………米谷寛子（103）
19．第19回選挙（2001年7月29日）総括………………米谷寛子（106）

### 第2章　選挙制度

第 1 節　はじめに …………………………………………… 松平健輔 (113)
第 2 節　選挙制度の変遷 …………………………………… 井手弘子 (114)
　1．はじめに　(114)
　2．選挙法改正年表　(114)
　3．選挙制度の主な変遷　(122)
第 3 節　定数不均衡 ………………………………………… 松平健輔 (124)
　1．はじめに　(124)
　2．一票の格差　(125)
　3．一票の格差に現れない定数不均衡　(126)
第 4 節　比例区と議席配分方法 …………………………… 井上和輝 (127)
　1．はじめに　(127)
　2．名簿式比例代表制と議席配分方法の定義　(128)
　3．議席配分方法ごとのシミュレーションと比較考察　(129)
第 5 節　全国区での得票の偏在と政党の選挙戦略　松平健輔・菅原琢 (134)
　1．はじめに　(134)
　2．得票偏在度　(135)
　3．得票パターン　(135)
　4．全国区における政党の選挙戦略　(136)
　5．組織政党の選挙戦略　(141)
　6．結論と含意　(148)

## 第 3 章　政党

第 1 節　はじめに …………………………………………… 井上和輝 (153)
第 2 節　政党の変遷・略史 ………………………………… 井上和輝 (153)
　1．はじめに　(153)
　2．自由民主党系　(156)
　3．日本社会党・民社党系　(161)
　4．日本共産党　(165)
　5．公明党　(165)
　6．新党　(166)
　7．その他の政党　(172)
第 3 節　政党システムと選挙結果 ………………………… 米谷寛子 (174)
　1．はじめに　(174)
　2．政党数の変化　(174)
　3．当選率，死票率と選挙戦略　(178)

    4．選挙制度と政党の選挙結果　(184)
    5．政党の獲得議席と定数との関係　(191)
    6．まとめ　(197)

## 第4章　候補者

  第1節　はじめに ……………………………………………… 伏見周祐 (201)
  第2節　候補者・当選者一般 ………………………………… 松平健輔 (201)
    1．はじめに　(201)
    2．候補者数　(202)
    3．当選者と所属政党　(203)
    4．全国区有効候補者数　(209)
    5．地方区当選者MK指数　(209)
  第3節　性別と候補者・当選者 ……………………………… 松平健輔 (214)
    1．はじめに　(214)
    2．女性候補者数・割合　(215)
    3．女性当選者数・割合　(215)
    4．政党別女性候補者・当選者　(220)
    5．女性候補者の選挙での強さ　(223)
    6．選挙区と女性候補者・当選者　(225)
  第4節　年齢と候補者・当選者 ……………………………… 伏見周祐 (226)
    1．はじめに　(226)
    2．選挙制度別候補者・当選者の平均年齢　(227)
    3．政党別候補者・当選者の平均年齢　(229)
    4．候補者・当選者の年代別割合　(231)
    5．年代別当選率　(233)
    6．候補者・当選者の年代別選挙での強さ　(233)
  第5節　議員経験と候補者・当選者 ………………………… 井上和輝 (235)
    1．はじめに　(235)
    2．候補者層・当選者層の構成の変遷　(238)
    3．各候補者層の集票力　(245)
    4．新顔候補者の政党間比較　(246)
  第6節　「タレント議員」の分析 …………………………… 伏見周祐 (254)
    1．はじめに　(254)
    2．タレント候補・議員とは　(254)
    3．タレント当選者と選挙　(255)

4．まとめ（266）
　第7節　知事経験者の戦い……………………………………井上和輝（267）
　　1．はじめに（267）
　　2．知事経験者の戦績（270）
　　3．知事経験者の得票分析（273）
　　4．まとめ（278）

第5章　有権者……………………………………………………米谷寛子（283）
　第1節　はじめに…………………………………………………………（283）
　第2節　政党支持率………………………………………………………（284）
　　1．政党支持率の全国的な傾向（284）
　　2．政党支持率の都道府県別の傾向（288）
　　3．政党支持率の地域格差と都市度（292）
　第3節　死票率の変遷……………………………………………………（293）
　第4節　参議院選挙の投票率……………………………………………（295）
　　1．はじめに（295）
　　2．投票率の変遷（296）
　　3．都道府県別投票率の変遷とその特徴（297）
　　4．投票率の変動要因（300）
　　5．まとめ（301）

第6章　選挙違反…………………………………………………井手弘子（305）
　第1節　はじめに…………………………………………………………（305）
　第2節　各回参議院選挙における選挙犯罪統計………………………（305）
　第3節　参議院選挙における選挙違反の特徴…………………………（305）
　　1．違反者数（305）
　　2．罪種別（315）
　　3．男女比（318）

　　　　　　　　　　　　　第Ⅱ部　論文

第1章　1989年（第15回）参議院議員通常選挙の分析
　　　　　　　　　　　　　　　……………蒲島郁夫・江部卓城（323）
　第1節　はじめに…………………………………………………………（323）
　第2節　基本的要因としての政党支持…………………………………（324）

第3節　政党支持率の変化－政党再編選挙か逸脱選挙か…………(325)
　第4節　政党支持の拘束力－他党への浮気と棄権をどれほど許したか
　　　　　……………………………………………………………(331)
　第5節　支持なしグループの投票行動……………………………(334)
　第6節　投票行動の変化……………………………………………(335)
　第7節　争点と投票行動……………………………………………(338)
　第8節　争点の3条件－争点が選挙結果に重要な影響を与える条件は何か
　　　　　……………………………………………………………(338)
　第9節　89年参院選の争点…………………………………………(340)
　第10節　投票行動の計量分析………………………………………(342)
　第11節　90年衆院選における争点希薄化…………………………(348)

第2章　1992年参院選の分析………………綿貫譲治・蒲島郁夫(353)

　第1節　はじめに……………………………………………………(353)
　第2節　政党別獲得議席数の変動…………………………………(353)
　第3節　投票と棄権…………………………………………………(354)
　第4節　政治への関心と投票行動の諸特徴………………………(360)
　第5節　生活と政治満足度…………………………………………(369)
　第6節　政治的志向…………………………………………………(372)
　第7節　投票行動の考察……………………………………………(378)
　第8節　まとめ………………………………………………………(381)

第3章　巨大保守はこうしてできる……………………蒲島郁夫(385)

　第1節　新進党の躍進と二大政党制の幕開け……………………(385)
　第2節　二大政党制の陥穽…………………………………………(386)
　第3節　わが国のイデオロギーの分布……………………………(387)

第4章　98年参院選－自民大敗の構図…………………蒲島郁夫(391)

　第1節　はじめに……………………………………………………(391)
　第2節　選挙結果の概観……………………………………………(392)
　第3節　投票率上昇と自民大敗のメカニズム……………………(394)
　第4節　業績投票の出現－経済失策と自民敗北のメカニズム…(398)
　第5節　与野党の選挙戦略－野党協力と自民党候補の共倒れ…(400)
　第6節　バッファー・プレイヤーと分割投票……………………(401)
　第7節　結論と含意…………………………………………………(402)

第5章　政治変動期の有権者の投票行動 ……………………米谷寛子 (406)
　　　　──浮動票分析──
　　第1節　論文の目的………………………………………………… (406)
　　第2節　先行研究と論文の意義…………………………………… (407)
　　第3節　分析の枠組み……………………………………………… (410)
　　第4節　浮動票の特徴……………………………………………… (417)
　　第5節　浮動行動の規定要因……………………………………… (434)
　　第6節　政界再編期の浮動票……………………………………… (442)
　　第7節　結論と含意………………………………………………… (451)

## 第Ⅲ部　資料

資料解説………………………………………………………………… (461)
　　第1回選挙（1947年4月20日執行）……………………………… (463)
　　第2回選挙（1950年6月4日執行）……………………………… (471)
　　第3回選挙（1953年4月24日執行）……………………………… (478)
　　第4回選挙（1956年7月8日執行）……………………………… (484)
　　第5回選挙（1959年6月2日執行）……………………………… (489)
　　第6回選挙（1962年7月1日執行）……………………………… (494)
　　第7回選挙（1965年7月4日執行）……………………………… (499)
　　第8回選挙（1968年7月7日執行）……………………………… (504)
　　第9回選挙（1971年6月27日執行）……………………………… (509)
　　第10回選挙（1974年7月7日執行）……………………………… (514)
　　第11回選挙（1977年7月10日執行）……………………………… (519)
　　第12回選挙（1980年6月22日執行）……………………………… (524)
　　第13回選挙（1983年6月26日執行）……………………………… (529)
　　第14回選挙（1986年7月6日執行）……………………………… (535)
　　第15回選挙（1989年7月23日執行）……………………………… (543)
　　第16回選挙（1992年7月26日執行）……………………………… (553)
　　第17回選挙（1995年7月23日執行）……………………………… (562)
　　第18回選挙（1998年7月12日執行）……………………………… (570)
　　第19回選挙（2001年7月29日執行）……………………………… (577)

# 図表一覧

参議院の研究について
  図A 参議院の分析枠組み (26)
本書を読むにあたっての留意事項
  表A 参議院通常選挙・任期一覧 (36)
**選挙編 I．資料解題**
  序
図0-0-1 選挙編の観察対象 (42)
表0-0-1 データ項目 (45)
  第1章
表1-2-1 第1回選挙結果 (49)
表1-2-2 第2回選挙結果 (51)
表1-2-3 第3回選挙結果 (55)
表1-2-4 第4回選挙結果 (58)
表1-2-5 第5回選挙結果 (61)
表1-2-6 第6回選挙結果 (64)
表1-2-7 第7回選挙結果 (67)
表1-2-8 第8回選挙結果 (70)
表1-2-9 第9回選挙結果 (73)
表1-2-10 第10回選挙結果 (76)
表1-2-11 第11回選挙結果 (80)
表1-2-12 第12回選挙結果 (83)
表1-2-13 第13回選挙結果 (86)
表1-2-14 第14回選挙結果 (90)
表1-2-15 第15回選挙結果 (93)
表1-2-16 第16回選挙結果 (98)
表1-2-17 第17回選挙結果 (101)
表1-2-18 第18回選挙結果 (105)
表1-2-19 第19回選挙結果 (109)
  第2章
表2-2-1 参議院議員選挙法／公職選挙法改正年表 (114)
図2-3-1 一票の格差 (125)
図2-3-2 議員一人あたりの有権者数 (127)
表2-4-1 名簿式比例代表制の類型 (128)
表2-4-2 配分方式別シミュレーション（第13-19回） (130)
表2-4-3 ドント式以外であれば当選していた候補者 (133)
図2-5-1 得票偏在度の算出 (136)
図2-5-2 散布図（第12回） (137)
表2-5-1 政党別得票パターンの割合 (138)
表2-5-2 各候補者が最大得票割合を占めた都道府県（公明党） (142)

図2-5-3　都道府県別党得票に占める各候補者の割合（第12回公明党）
　　　　　　　　　　　　　　　　　　　　　　　　　　　　（143）
表2-5-3　各候補者が最大得票割合を占めた都道府県（共産党）　（145）
図2-5-4　都道府県別党得票に占める各候補者の割合（第12回共産党）
　　　　　　　　　　　　　　　　　　　　　　　　　　　　（146）
表2-5-4　相対得票率　　　　　　　　　　　　　　　　　　（146）
表2-5-5　得票偏在の推移　　　　　　　　　　　　　　　　（147）
表2-5-6　全国区・比例区比較　　　　　　　　　　　　　　（148）
　　第3章
表3-2-1　政党名表記一覧　　　　　　　　　　　　　　　　（154）
図3-2-1　戦後政党の系譜（自由民主党系）　　　　　　　　（157）
図3-2-2　戦後政党の系譜（日本社会党・民社党系）　　　　（162）
図3-2-3　戦後政党の系譜（公明党系）　　　　　　　　　　（166）
図3-2-4　戦後政党の系譜（新党）　　　　　　　　　　　　（167）
表3-3-1　政党数　　　　　　　　　　　　　　　　　　　　（175）
図3-3-1　政党数の変遷（地方区）　　　　　　　　　　　　（175）
図3-3-2　政党数の変遷（全国区）　　　　　　　　　　　　（177）
図3-3-3　政党数の変遷（比例区）　　　　　　　　　　　　（177）
表3-3-2　比例区の泡沫政党の数と死票率　　　　　　　　　（177）
表3-3-3　政党別当選率（地方区）　　　　　　　　　　　　（178）
表3-3-4　政党別死票率（地方区）　　　　　　　　　　　　（179）
表3-3-5　地方区の候補者・当選者数　　　　　　　　　　　（179）
図3-3-4　死票のうち1人区の占める割合（自民党・社会党）（180）
表3-3-6　政党別当選率（全国区・比例区）　　　　　　　　（182）
表3-3-7　政党別死票率（全国区）　　　　　　　　　　　　（183）
表3-3-8　全国区・比例区の候補者・当選者数　　　　　　　（183）
表3-3-9　政党別の改選議席占有率と相対得票率（地方区）　（186）
図3-3-5　改選議席占有率の変遷（地方区）　　　　　　　　（186）
表3-3-10　政党別の改選議席占有率と相対得票率（全国区・比例区）（188）
図3-3-6　改選議席占有率の変遷（全国区・地方区）　　　　（188）
図3-3-7　代表率の変遷（地方区）　　　　　　　　　　　　（189）
図3-3-8　代表率の変遷（全国区・比例区）　　　　　　　　（190）
図3-3-9　ヴォラティリティーの変遷　　　　　　　　　　　（191）
図3-3-10　政党別議席占有率（1人区）　　　　　　　　　　（192）
表3-3-11　1人区自民党の勝利数ランキング　　　　　　　　（193）
図3-3-11　定数別政党別議席占有率（2人区）　　　　　　　（194）
表3-3-12　2人区自民党議席占有ランキング　　　　　　　　（195）
図3-3-12　定数別政党別議席占有率（3人区）　　　　　　　（196）
表3-3-13　3人区自民党議席占有ランキング　　　　　　　　（196）
表3-3-14　4人区議席獲得パターン　　　　　　　　　　　　（197）
　　第4章
図4-2-1　候補者数　　　　　　　　　　　　　　　　　　　（202）

| | | |
|---|---|---|
| 表4-2-1 | 政党別候補者数 | (204) |
| 表4-2-2 | 政党別当選者数 | (206) |
| 図4-2-2 | 全国区有効候補者数 | (209) |
| 表4-2-3 | 地方区当選者MK指数ランキング（ベスト10） | (210) |
| 表4-2-4 | 地方区当選者MK指数ランキング（ワースト10） | (210) |
| 図4-3-1 | 女性候補者割合の変遷 | (215) |
| 表4-3-1 | 女性候補者数の変遷 | (216) |
| 表4-3-2 | 女性当選者数の変遷 | (218) |
| 図4-3-2 | 女性当選者数の変遷 | (220) |
| 図4-3-3 | 政党別女性候補者割合 | (221) |
| 図4-3-4 | 政党別女性当選者割合 | (221) |
| 図4-3-5 | 地方区性別当選者MK指数の平均 | (223) |
| 図4-3-6 | 全国区性別相対得票率の平均 | (224) |
| 図4-3-7 | 性別当選率 | (224) |
| 表4-3-3 | 選挙区別女性候補者数（上位） | (225) |
| 表4-3-4 | 選挙区別女性当選者数 | (226) |
| 図4-4-1 | 選挙制度別候補者平均年齢の変遷 | (227) |
| 図4-4-2 | 選挙制度別当選者平均年齢の変遷 | (228) |
| 表4-4-1 | 比例区平均年齢 | (228) |
| 表4-4-2 | 比例区政党別当選者平均年齢比較 | (229) |
| 図4-4-3 | 政党別候補者平均年齢の変遷 | (230) |
| 図4-4-4 | 政党別当選者平均年齢の変遷 | (231) |
| 図4-4-5 | 年代別候補者割合の変遷（地方区） | (232) |
| 図4-4-6 | 年代別候補者割合の変遷（全国区・比例区） | (232) |
| 図4-4-7 | 年代別当選者割合の変遷（地方区） | (232) |
| 図4-4-8 | 年代別当選者割合の変遷（全国区・比例区） | (232) |
| 図4-4-9 | 年代別当選率の変遷（地方区） | (234) |
| 図4-4-10 | 年代別当選率の変遷（全国区・比例区） | (234) |
| 図4-4-11 | 年代別候補者平均MK指数の変遷（地方区） | (235) |
| 図4-4-12 | 年代別当選者平均MK指数の変遷（地方区） | (235) |
| 図4-4-13 | 年代別候補者平均得票率の変遷（全国区） | (236) |
| 図4-4-14 | 年代別当選者平均得票率の変遷（全国区） | (236) |
| 表4-4-3 | 高年齢候補者ランキング | (237) |
| 表4-5-1 | 新旧別候補者数 | (239) |
| 表4-5-2 | 新旧別全国区・比例区候補者数 | (239) |
| 表4-5-3 | 新旧別地方区候補者数 | (239) |
| 表4-5-4 | 新旧別当選者数 | (241) |
| 表4-5-5 | 新旧別全国区・比例区当選者数 | (241) |
| 表4-5-6 | 新旧別地方区当選者数 | (241) |
| 図4-5-1 | 新旧別当選率（全国区・比例区） | (242) |
| 図4-5-2 | 新旧別当選率（地方区） | (242) |
| 図4-5-3 | 当選者と当選回数 | (243) |

| | | |
|---|---|---|
| 図4−5−4 | 全国区・比例区当選者と当選回数 | (243) |
| 図4−5−5 | 地方区当選者と当選回数 | (244) |
| 表4−5−7 | 全国区候補者の新旧別・当選回数別平均得票率 | (246) |
| 表4−5−8 | 全国区当選者の新旧別・当選回数別平均得票率 | (246) |
| 表4−5−9 | 地方区候補者の新旧別・当選回数別平均MK指数 | (247) |
| 表4−5−10 | 地方区当選者の新旧別・当選回数別平均MK指数 | (247) |
| 表4−5−11 | 主要政党別新顔候補者数 | (248) |
| 図4−5−6 | 政党別新顔候補者割合 | (249) |
| 表4−5−12 | 主要政党別新顔当選者数 | (250) |
| 図4−5−7 | 政党別新顔当選者割合 | (250) |
| 表4−5−13 | 主要政党別新顔女性候補者数 | (251) |
| 図4−5−8 | 政党別新顔候補者女性割合 | (251) |
| 表4−5−14 | 主要政党別新顔女性当選者数 | (252) |
| 図4−5−9 | 政党別新顔当選者女性割合 | (252) |
| 図4−5−10 | 政党別新顔候補者平均年齢 | (253) |
| 図4−5−11 | 政党別新顔当選者平均年齢 | (253) |
| 表4−6−1 | タレント当選者一覧 | (256) |
| 図4−6−1 | タレント当選者の平均MK指数の変遷（地方区） | (257) |
| 図4−6−2 | タレント当選者の平均得票率の変遷（全国区） | (257) |
| 表4−6−2 | タレント当選者の平均個人名得票数（第19回比例区非拘束名簿式） | |
| | | (258) |
| 表4−6−3 | タレント当選者の党内得票順位（第19回比例区非拘束名簿式） | |
| | | (258) |
| 表4−6−4 | 職業属性別当選者の平均MK指数の変遷（地方区） | (259) |
| 図4−6−3 | 公認政党系列別タレント当選者数の変遷 | (260) |
| 図4−6−4 | 公認政党系列別タレント当選者割合の変遷 | (260) |
| 図4−6−5 | 公認政党規模別タレント当選者数の変遷 | (261) |
| 図4−6−6 | 公認政党規模別タレント当選者割合の変遷 | (261) |
| 図4−6−7 | 選挙制度別タレント当選者割合 | (263) |
| 図4−6−8 | タレント当選者得票偏在値の変遷（全国区） | (264) |
| 図4−6−9 | タレント当選者を輩出する選挙区のDID人口比の変遷（地方区） | |
| | | (264) |
| 表4−6−5 | 比例区導入に伴う無所属系タレント当選者の対応 | (265) |
| 図4−6−10 | タレント当選者の平均楽勝度の変遷（比例区） | (266) |
| 表4−7−1 | 知事経験者と当落 | (268) |
| 表4−7−2 | 知事経験者と得票順位 | (271) |
| 表4−7−3 | 自民党候補者におけるMK指数比較 | (274) |
| 表4−7−4 | 自民党当選者におけるMK指数比較 | (274) |
| 表4−7−5 | 知事経験者とMK指数 | (275) |
| 表4−7−6 | 1回目と2回目の選挙区事情比較 | (276) |

第5章

| | | |
|---|---|---|
| 図5−2−1 | 政党支持率の変遷（全国） | (285) |

選挙編　図表一覧　17

図5-2-2　絶対得票率の変遷　(286)
図5-2-3　政党支持率と絶対得票率の格差　(286)
図5-2-4　歩留まり率の変遷　(287)
図5-2-5　自民党支持率の変遷（上下3選挙区）　(288)
表5-2-1　政党支持率平均値　(289)
図5-2-6　社会党支持率の変遷（上下3選挙区）　(290)
図5-2-7　無党派層の変遷（上下3選挙区）　(292)
表5-2-2　政党支持率と都市度（DID比）との相関係数　(293)
図5-3-1　死票率の変遷　(294)
図5-4-1　投票率の変遷（全国区・比例区）　(296)
表5-4-1　都道府県別投票率平均値ランキング　(297)
図5-4-2　都道府県別投票率の変遷（上下3選挙区）　(298)
表5-4-2　投票率の相関係数　(299)
表5-4-3　重回帰分析結果　(301)
　　第6章
表6-2-1　選挙犯罪統計（件数）　(306)
表6-2-2　選挙犯罪統計（人員）　(310)
表6-2-3　選挙犯罪統計（人員内訳）　(314)
図6-3-1　総人数及び選挙区別人数　(315)
図6-3-2　主な罪種別の人数（全国区／比例区）　(316)
図6-3-3　主な罪種別の人数（地方区／選挙区）　(316)
図6-3-4　男女比（全国区／比例区）　(317)
図6-3-5　男女比（地方区／選挙区）　(317)

第Ⅱ部　論文
　　第1章
図1-1　因果関係のジョウゴ型構造　(324)
図1-2　政党支持率の変化　(326)
図1-3 a　年代別支持率の変化（自民党）　(327)
図1-3 b　年代別支持率の変化（社会党）　(327)
図1-4 a　職業別支持率の変化（自民党）　(329)
図1-4 b　職業別支持率の変化（社会党）　(329)
図1-5　政党支持率と得票率　(330)
図1-6　自民党の政党支持と投票方向の相関関係　(332)
表1-1　支持強度と投票政党　(333)
図1-7　支持なし層と投票政党　(334)
図1-8　支持政党と投票政党　(336)
表1-2　投票行動変化が得票率に与えた影響　(337)
図1-9　選挙結果に大きな影響を及ぼす争点の性質　(339)
図1-10　自民党に不利なように意見が偏った分布　(340)
表1-3　参院通常選挙での考慮した争点　(341)
表1-4　89年参院選の争点に対する有権者の認知　(341)

| | | |
|---|---|---|
| 表1-5 | 1986年同日選挙の数量化Ⅱ類分析 | (344) |
| 表1-6 | 1989年参院選の数量化Ⅱ類分析 | (345) |
| 表1-7 | 1990年衆院選の数量化Ⅱ類分析 | (346) |
| 図1-11 | 参院選挙から衆院選挙にかけての消費税に関する意見の変化 | (348) |
| 表1-8 | 年齢・職業別政党支持率の変化 | (350) |
| 表1-9 | 政党支持の強度とその割合 | (351) |
| 表1-10 | 表1-2の計算補足 | (351) |

第2章

| | | |
|---|---|---|
| 図2-1 | 政党別獲得議席数の変動 | (354) |
| 図2-2 | 参院選(地方区・選挙区)投票率の推移 | (355) |
| 図2-3 | 年齢グループ別投票率 | (357) |
| 図2-4 | 性・年齢別投票率(92年) | (357) |
| 図2-5 | 投票したか,棄権したか | (358) |
| 図2-6 a | 棄権した理由 | (359) |
| 図2-6 b | 投票した理由 | (360) |
| 図2-7 | 選挙・選挙運動・選挙結果への関心 | (361) |
| 図2-8 | 選挙への関心 | (362) |
| 表2-1 | 法定選挙媒体への接触度とそれらの有用度(選挙区選挙) | (363) |
| 表2-2 | 法定選挙媒体への接触度とそれらの有用度(比例代表選挙) | (364) |
| 表2-3 | 役に立った選挙媒体上位5位 | (364) |
| 図2-9 | 選挙区投票候補者選定理由(92年) | (365) |
| 図2-10 | 選挙区投票候補者選定理由(第11回～第16回) | (366) |
| 図2-11 | 「政党」か「候補者個人」か(地方区・選挙区選挙) | (367) |
| 図2-12 | 考慮に入れた争点 | (368) |
| 表2-4 | 参院通常選挙での考慮した争点 | (368) |
| 図2-13 | 生活満足と政治満足 | (369) |
| 図2-14 | 生活満足と政治満足の移り変わり | (370) |
| 図2-15 | 政治満足度 | (371) |
| 図2-16 | 政党支持の変化 | (372) |
| 図2-17 | 自民党支持の拘束力 | (373) |
| 表2-5 | 支持政党と投票政党(選挙区選挙) | (374) |
| 図2-18 | 政党支持 | (375) |
| 図2-19 | イデオロギーの分布:89年と92年の比較 | (377) |
| 表2-6 | 保革イデオロギーと参院選比例代表区における投票政党(92年) | (378) |
| 表2-7 | 保革イデオロギーと参院選比例代表区における投票政党(89年) | (378) |
| 表2-8 | 1986年と1989年の投票政党の変化(選挙区) | (379) |
| 表2-9 | 1989年と1992年の投票政党の変化(選挙区) | (379) |
| 図2-20 | 1989年社会党投票者の動きと社会的属性(選挙区) | (380) |

## 第3章

| | | |
|---|---|---|
| 図3-1 | ダウンズ・モデルによる世論の分布と二大政党の行動 | (386) |
| 図3-2 | 有権者全体と無党派層のイデオロギーの分布と自民・新進党のイメージ | (387) |
| 図3-3 | 政党支持別にみた有権者のイデオロギーの分布 | (388) |

## 第4章

| | | |
|---|---|---|
| 図4-1 | 政党別獲得議席数の変動 | (392) |
| 図4-2 | 参議院選挙区(地方区)における投票率,自民党相対得票率,絶対得票率 | (395) |
| 図4-3 | 95年は棄権したが,98年は投票した人 | (396) |
| 図4-4 | 無党派層の行方(比例) | (396) |
| 図4-5 | 業績評価と政党支持による投票モデル | (400) |

## 第5章

| | | |
|---|---|---|
| 図5-1a | 前回自民投票者の投票先 | (412) |
| 図5-1b | 前回非自民投票者の投票先 | (412) |
| 図5-1c | 前回棄権者の投票先 | (412) |
| 図5-1d | 前回その他の投票先 | (412) |
| 図5-2 | カテゴリー分類 | (417) |
| 表5-1 | カテゴリー分類の内容 | (417) |
| 図5-3 | 5カテゴリーの割合の変遷 | (418) |
| 図5-4 | 性別 | (419) |
| 図5-5 | 年齢 | (420) |
| 図5-6a | 学歴(中卒) | (421) |
| 図5-6b | 学歴(高等教育) | (421) |
| 図5-7a | 職業(自営業者) | (423) |
| 図5-7b | 職業(被傭者) | (423) |
| 図5-8a | 都市規模(大都市) | (424) |
| 図5-8b | 都市規模(町村) | (424) |
| 図5-9a | 居住年数割合の変遷 | (425) |
| 図5-9b | 居住年数(20年以上) | (426) |
| 図5-10 | 後援会 | (427) |
| 図5-11a | 生活満足度割合の変遷 | (428) |
| 図5-11b | 生活満足度(不満度) | (429) |
| 図5-12a | 政治満足度割合の変遷 | (430) |
| 図5-12b | 政治満足度(不満度) | (430) |
| 図5-13a | イデオロギー分布の変遷 | (431) |
| 図5-13b | イデオロギー(革新度) | (432) |
| 表5-2 | 自民一貫層と比較した浮動票 | (434) |
| 表5-3 | 自民離反のロジスティック回帰分析結果 | (436) |
| 図5-14 | 各世代別オッズ比の変遷 | (438) |
| 表5-4 | 自民流入のロジスティック回帰分析結果 | (440) |
| 図5-15 | 政権担当最適任政党 | (443) |

図5-16a　92年自民投票者の95年投票先　　　　　　　　　　　　　(445)
図5-16b　95年新進党票の流入元　　　　　　　　　　　　　　　　(445)
表5-5a　自民から非自民へのロジスティック回帰分析結果　　　　(446)
表5-5b　自民から棄権へのロジスティック回帰分析結果　　　　　(447)
表5-6　　95年選挙におけるイデオロギーと政治満足度（不満度）の変化
　　　　　　　　　　　　　　　　　　　　　　　　　　　　　　(447)
図5-17a　95年自民投票者の98年投票先　　　　　　　　　　　　(449)
図5-17b　95年新進党投票者の98年投票先　　　　　　　　　　　(449)
図5-18　　浮動票の規定要因（イメージ図）　　　　　　　　　　　(450)
図5-19　　調査による回答と実際の投票政党の格差　　　　　　　　(455)

# 「参議院の研究」について

農端 康輔・菅原 琢

　本書『参議院の研究』は，参議院に関連するデータを集め分析することを通して，戦後参議院の全体像に迫ろうとする試みである．本稿は本論に先立ち，本研究・本書の意義・役割を明らかにし，分析のフレームワークと本書の構成を示すことを目的とするものである．これに加えて本稿では，研究プロジェクトとしての「参議院の研究」の経過を記すとともに，本研究を遂行するにあたり必要不可欠な支援を賜った方々を紹介し，謝辞を述べさせていただく．この研究の経過と謝辞は，本研究の全体像，もしくは本書作成上の困難・苦難を明らかにするためには欠かすことのできないものであると考える．

　さて，参議院の政治を語る際，その存在意義をめぐる議論を避けて通ることはできない．本研究は参議院の存在意義や二院制の是非をめぐる議論を直接のターゲットとしたものではないが，これら議論と本研究の背景には共通の部分がある．こういった議論の背景には参議院に対する認識不足や軽視という面が多分にあり，その結果として想像やイメージによって参議院が語られているというのが現実である．一方，われわれが参議院を研究するのは，参議院の実態があまり知られていない，研究されていないと考えるからである．このような考えのもと本稿では，参議院をめぐる議論との関連の中で本研究の目的と意義を明らかにしていくこととする．

## 参議院をめぐる議論と本研究の意義

　参議院は衆議院とともに国会の一院を構成している．しかし参議院は，その誕生以前から常に存在意義が問われ，さまざまな方向から議論がなされてきた[1]．この参議院をめぐる議論は一連の参議院改革の動きを生み出し，現在では憲法改正論議の一環となって続いている[2]．ここではまず，憲法上の機能，

権限から参議院を見てみよう.

　参議院は,一般的なイメージや感覚に比べ,国会の中で大きな権限を持っている.憲法上衆議院が参議院に優越する場面は複数存在するが,議決の大部分を占め,政府の政策実行の基本である法律案に関しては衆議院と参議院はほぼ対等であることが注目される.憲法上衆議院が優越する場面として典型的なものは,予算の議決,条約の承認,内閣総理大臣の指名である.たとえば予算案については,衆議院の可決がなされると一定の日数を経ることで,参議院の議決がない,もしくは参議院が衆議院と異なる議決をしても,衆議院の議決が国会の議決となると定められている（憲法第60条）[3].

　これが法律案では,衆議院が可決したものについて参議院が否決した場合,衆議院で3分の2以上の多数による可決があればその法律案は成立することになっている.しかし現在の日本政治の安定性を前提とすると,参議院では過半数に達していないような勢力が,衆議院では3分の2以上を占めるような大きな勢力であるという状態はまずありえないだろう.結局のところ,衆議院の多数で総理大臣を指名し内閣を成立させることができても,参議院の多数を得なければ政権運営は安定しないのである.最近では,このような意味で参議院の議席数が政権形成におけるキーファクターとなっている.

　1989年の参院選以来2004年4月の本稿執筆時点まで,1つの党で過半数を超える議席を有した政党は存在しない.衆議院では,1997年に自民党が過半数の議席に達し,以来維持している[4]が,参議院では過半数を確保するために他の政党の協力,連合が必要な状態が続いた.89年以降93年までの間,自民党は公明党と民社党の協力を仰ぎ,国連平和維持活動協力法案（いわゆるPKO協力法案）等の重要法案を成立させている.また自民党は,98年の参院選に大敗し,社会党とさきがけが閣外協力を解消した後には,一時的に参院での少数与党を経験した後,99年1月から自由党との連立体制をスタートさせ,参議院での過半数を僅かに上回る勢力を確保した.その後,公明党との協力関係も深め,連立を組むことによって参議院での政権基盤をより強固なものとした.その後の衆院選,参院選で見られたような自公の強い連携は,この参議院での多数確保の必要から始まったのである.

　しかし,このように政権形成,政権運営の上で参議院が重要な要素となっていることは,55年体制下ではほとんど認識されることはなかった.このため参議院は衆議院のカーボンコピーとなっているというある種の参議院批判

が繰り広げられた．カーボンコピーの意味するところは，使用者によってニュアンスが違う可能性はあるが，参議院が衆議院と同様に政党化しているということである．便宜上これをここでは「カーボンコピー論」と呼ぶこととする．

カーボンコピー論に対しては，参議院の政党化は憲法上の参議院の規定からはむしろ当然であるという立場から批判が加えられた．この批判がいわゆる「強い参議院」論である．[5] すでに述べたように，参議院は立法において衆議院とほぼ同等の権限を有しており，このため政権形成，政権運営のためには衆議院と同様に参議院でも過半数を確保していかなければならない．そのため参議院の政党化は衆議院と同様不可避であり，安定的な民主政治の実現のためにはむしろ前提とも言える．逆に言えば，カーボンコピー論は憲法が規定していないようなある種の理想ないし幻想を前提としたものであり，これを元に参議院の現状を憂える，もしくは参議院の存在理由を否定していたと言うことができるだろう．

もちろん参議院が政党化する理由は憲法上の規定だけに求められるものではなく，選挙や社会の影響も重要である．いずれにしろ，両議院は権限も制度もほぼ同じなのであるから，衆議院が政党化しているのならば，同じメカニズムに乗って参議院も政党化する運命にあると言えるだろう．

さて，このカーボンコピー論は歴史の上では次の２つの流れと関連していると考えられる．ひとつは参議院改革と呼ばれる一連の制度変革である．[6] 参議院改革は，カーボンコピー論の批判によって独自性を強く要求された参議院による自己変革の動きと表現できよう．この改革は衆議院との差別化を意図したものであり，その意味でこの改革と議論の中で参議院の性格は明確になっていったと言えよう．

もうひとつの流れは，「強い参議院」を乗り越えようというものである．たとえば，憲法にメスを入れることにより，参議院を「弱く」する，廃止する，衆参を統合するといったことを目指す動きである．このような主張は参議院誕生時からすでにあるものだが，90年代以降の政治変動の中で特に強くなってきている．この背景には，89年以降「強い参議院」が現実として意識されてきたということがある．特に参議院で否決された法案の再可決要件を衆議院の３分の２から過半数などにするという「弱い参議院」を志向する議論にはこの意識が強い．[7] 一方で，衆参統合を含む一院制を志向する議論には，議

事の効率化，財政コストの削減などリストラ意識が主張の上で存在することが指摘できる．

このような参議院をめぐる議論に照らしてわれわれ「参議院の研究」のプロジェクトの意義を述べて行こう．ここまで見てきたように，参議院をめぐる議論は，憲法に規定された制度としての参議院に対し，カーボンコピーになっている，議事が非効率的である，政権構成を決定していると言ったように，現実の状況を指摘する形式で行われていた．だが，ここで言う現実とは一体何であろうか？

たとえば一院制を志向するある政治家のウェブサイトを覗くと，衆議院と参議院では同じ質問が繰り返され，首相や大臣が委員会や本会議の出席のため忙殺されるといった二院制のデメリットが並べられている．一見なるほどと思わせるが，いったいどのくらいの割合で同じ質問が繰り返されているというのか，閣僚はどのくらいの忙殺具合だというのか，論拠を構成する証拠は全く提示されていない．参議院の政治過程に関して把握されている「現実」の中には，このような主張のために用意された都合のよい経験や伝聞，想像が多分に含まれ，だからこそ唐突に一院制の導入を叫ぶことができるのである．少なくとも本当に閣僚が多忙であることが問題というのならば，参議院を廃止する前に行うことができる漸進的な改革がたくさんあるはずである．おそらくこれをしないのは，直すべき具体的事実が把握されていないか，問題が存在しないかであろう．

参議院はすでに半世紀以上存在し続けている制度である．この制度を変える，修正するという議論をするときに，ここまで連綿と続いてきた実際の政治過程の状況を把握せずして，いったい何が説得力を生み出すというのだろうか．参議院をめぐる議論は結局，参議院，あるいは日本の国会制度とその政治過程についての理解の浅さに拘束されていると言ってよいだろう．そしてここから，本研究および本書の役割が導き出される．本研究では，参議院についての基礎的データを可能な限り多角的に，広範囲に，長期間にわたって集めた．その上でこれを整理し，分析することを通して，参議院政治の歴史と現状の理解に貢献するということが，本研究の役割であり意義である．

ここで，これまでに挙げた参議院制度に関する議論と本書の関係，ないし本書のこの議論に対する態度を示しておく．まず本書全体としては，二院制をめぐるある特定の立場をとるものではなく，あくまで参議院政治の歴史と

現状を計量的に描写するのみである．さらに言うと，ここまで述べてきたような参議院をめぐる議論へのコミットは避けている．たとえば議員の属性を衆議院と比較した上で，これがどの「理想の状態」に近いのか遠いのかといった形式の議論はせず，二院制をめぐる議論に対してはあくまで情報ソースとしての立場を取っている．ただし，衆議院との比較が，参議院の政治過程の現状なり役割を明確にすると考えられる場合等には躊躇せずこれを行っている．

このような参議院の歴史や現状の把握という側面以外に，本書は一般的な日本の政治制度の分析という意味を持つ．たとえば参議院では「特殊な」選挙制度が次々に採用されている．全国区制や拘束名簿式比例代表制，非拘束名簿式の比例代表制，小選挙区と中選挙区が混在した地方区（選挙区）制などである．このような選挙制度が，政党や政治家，有権者にどのようなインパクトを与えているのかを明らかにすることなどは，参議院の政治の理解に留まらず，広く日本政治の理解につながると考える．また日本という同じ土俵で行われたこのような制度的「実験」の観察は，海外の制度実例の観察や数理的・演繹的思考と同様に，制度工学，政治工学的に有益な情報を与えてくれるだろう．

なおここでは，衆議院に比較して研究の蓄積がなく，一般に馴染みが薄いということに鑑みて「特殊な」という言葉を用いた．すでに述べたように本書は参議院政治の歴史と現状を広いデータから把握し，これを示すことをひとつの目的としているが，これが必要なのは，参議院が研究対象として不当にマイナーであったからに他ならない．このマイナーさは，政治的決定に与える影響力における参議院の「弱さ」という制度的には誤った理解と同根であり，スパイラルな関係にあると言えるだろう．本研究の狙いは，このような参議院のマイナー評価の連鎖を断ち切り，衆議院と同様に日本政治研究の対象として認知される土壌を作り上げることでもある．したがって本研究では，このように本として分析をまとめるに留まらず，収集したデータを近いうちにCD-ROMやデータソースの形で公開する予定である．

## 分析枠組みと本書の構成

ここまでに挙げた本研究の目的や役割，意義を念頭に，本研究がどのような分析枠組みを採用し，本書がどのように構成されているかをここで示して

いこう．

　本研究では参議院の長大な政治過程を「選挙」「議員」「国会」という3つに区分し，本書はこの区分にしたがって編を構成している．この3者の関係は図Aに示したとおりである．まず選挙は議員を選出する仕組み，過程である．議員は国会とその周辺で活動する政治行動の主体（プレイヤー）である．そして国会は，議員が行う議会制度上の政治行動とこれを提供する場から成り立っているものである．本書の各編はそれぞれ，図Aに記したようなさらに詳細な要素に分けられ，観察と分析がまとめられている．

　選挙編は「選挙史」，「選挙制度」，「政党」，「候補者」，「有権者」，「選挙違反」の各章と参議院選挙に関するいくつかの論文と論考，全19回の選挙結果の要約データによって構成されている．詳しくは本編の序に譲るが，選挙は政党や候補者というプレイヤーが，有権者からの評価，得点を稼ぐゲームであるというのがこの章分けの意味するところである．このゲームは，一定のルール（選挙制度）に従って繰り返し行われるものであり，その過程と結果を記録したのが選挙史で，ルール違反を観察したのが選挙違反の章である．

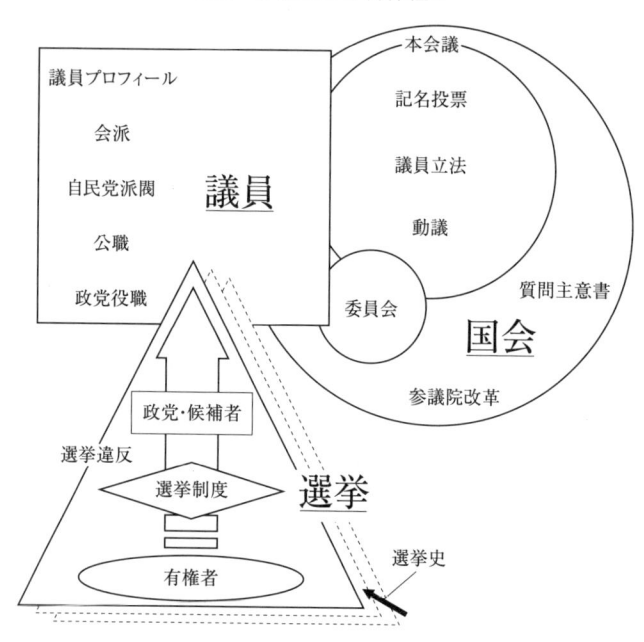

図A　参議院の分析枠組み

議員プロフィール
会派
自民党派閥
公職
政党役職
議員

本会議
記名投票
議員立法
動議
委員会
質問主意書
参議院改革
国会

政党・候補者
選挙違反
選挙制度
有権者
選挙史
選挙

この選挙編では，別の制度，別のタイミングで行われる衆議院選挙を無理に比較の対象とすることはせず，選挙に含まれる各要素，各行動の時系列的（歴史的）かつ計量的な観察といった，参議院選挙を単体として取り上げた研究成果を並べている．このようにすることで，選挙制度や政治状況の政党・候補者，有権者へのインパクトを，純粋に参議院選挙という文脈の中で観察することが可能となる．この点は，蒲島教授による過去の論文，論考も同様である．これらの「過去」の論考は，その当時の政治的状況という時代性を残す意味で貴重である．一方で米谷による浮動投票に関する論文は，参議院選挙の持つ「特殊」性（定期選挙，全国区・比例代表制）をうまく利用した，通時的な時代変化の考察となっている．

　すでに述べたように，選挙は議員というプレイヤーが選出される過程である．したがって選挙制度のありようや，有権者の態度はどのような議員が選出されるのかについて決定的な要素であり，議員の行動や議会を観察するための重要な前提を提供するものである．その意味で，多様な選挙制度や，低投票率に代表される参議院のマイナー性は，参議院という議院とそこで活動する議員や政党組織を特徴付けていると考えられる．これを積極的に観察していこうというのが次の議員編である．

　議員編は「議員プロフィール」，「会派」，「自民党派閥」，「公職」，「政党役職」の各章から成っている．この議員編では，プレイヤーである議員の特徴の把握を重点に置いて観察している．特に前2章では，参議院議員という参議院の政治過程の活動主体を理解するために，事実の資料的把握とその要約に念頭が置かれている．その上で，これが歴史的にどのように変化しているのかを観察している．この歴史的変化の観察というテーマは，選挙編でもそうであるが，特にこの議員編と次の国会編で強く意識されている．

　議員編の残りの3章は，衆議院との比較を強く念頭に置いた観察を行っている．これら3章では，派閥の形成過程と影響力，大臣等の公職への就任，政党内における役割などで衆参に違いが生じているということを明らかにするが，これは衆議院と参議院という制度として相似な院が，政治の実質においては違う機能，違う負担を背負っているということを意味するものである．

　このように衆参両院の議員の立場や役割が違う一方で，制度上衆議院と参議院には大差がない．国会編では，主に衆議院と参議院という双子の議院が，実際の活動状況に違いがあるのか，ないのかを確認していく．

国会編は「参議院改革」,「本会議」,「委員会」,「記名投票」,「議員立法」,「動議」,「質問主意書」の7章と1つの論文から成る．これらの章は，国会という「場」と，ここに存在する制度，そしてこの制度の活用状況を記述・観察するものである．

　同じ国会の中の院として，参議院は衆議院と似たような制度構成となっているが，期待される制度的役割は若干違う．先に示したように参議院改革はこの違いを明確にしようとした動きと言え，したがって本編の最初の章でこの参議院改革について取り上げることとした．

　以降の章では，衆議院と比較を念頭に入れて参議院の特質，二院制における違いを明らかにしようと努めたり，あるいは参議院における活動を分析することによって，これまで実証的な分析が不足していた日本の議会の諸相について明らかにしようと試みたりしている．たとえば「本会議」や「委員会」では，これらの会議の開催回数は衆議院と比例的である一方で，開催のタイミングや種別は若干異なるなどの指摘が時系列的・計量的観察を通して行われる．また「動議」,「質問主意書」などが観察する諸制度は，これまで計量的に観察されることはほとんどなく，この意味で貴重な論考となっている．また「本会議」の後半で観察する議員の本会議出欠は，参議院でのみ可能な観察である．これにより国会議員の日常／非日常の行動を観察し，その背景を探ることが可能となった．

　本書ではこれら3つの編に加え，証言編としてゼミで行った円より子参議院議員，江田五月参議院議員への国会活動に関するインタビューを収録した．

　この第1巻では選挙編を収録し，残り3編を第2巻に収録する予定である．

## 研究の過程とデータの範囲

　本書の構成は以上のとおりであるが，ここでは本研究で収集したデータの概略と，本書の各所では触れることがないであろう，研究の過程について記しておきたい．これにより，この研究に費やした労力と時間が明らかとなるだろう．またこれにより，今後同様の研究を行おうとする研究者に対し何かしらの示唆を与えることができたならば幸いである．

　本研究では，これまで示した意義などから自明なように，基礎的な資料，データ収集を重視している．これには，言葉の上の議論よりも一つ一つのデータこそが参議院の歴史と現状を語るはずという信念が背景にある．しかし

一方で，当初から莫大で，かつ日増しに積み重なるデータとの格闘は，この第5期蒲島ゼミというプロジェクトの拡大と長期化をもたらしたことも事実である．われわれがデータの区切りとしたのは2002年7月31日であった．これは第154回国会（2002年の通常国会）の閉会日である[8]．そしてわれわれがデータの始期としたのは，1947年という参議院成立のその時である．戦後55年に亙るデータの収集と，その修正，加工という作業が，いかに膨大な時間を必要とするか，これはいくら強調しても強調し足りないほどである．

　われわれが集めたデータの全貌は，おおまかに言うと次の通りである．より詳しくは各編の冒頭，もしくは各章の該当箇所を参照していただきたい．

選挙データ

　戦後全19回の参院選，2003年10月までの全補欠選挙，再選挙の選挙結果，全立候補者の経歴等のデータを集めた．この中には全国区の都道府県別個人得票，比例区の都道府県別得票，および第19回選挙の市区町村ベースの選挙結果も含まれる大規模なものである．

国勢調査データ

　1950年から2000年までの26回の国勢調査の各種人口統計について，都道府県ごとの集計結果をデータ化した．

議員プロフィールデータ

　全1459人の参議院議員の経歴等を記録した．

任期・会派データ

　全参議院議員の任期と任期終了事由，所属会派とその所属期間を記録した．

自民党派閥所属データ

　自民党議員と自民党の候補者について，所属していた派閥を記録した．

政党役職データ

　各議員の政党役職への就任データ．比較のために衆議院議員や非議員のデータも収集した．

公職就任データ

　各議員の公職（政府役職，議院役職）への就任データ．比較のために衆議院議員や非議員のデータも収集した．

本会議出欠データ

　全本会議における各議員の出欠等について記録した．

委員会出席データ

常任委員会・特別委員会における議員の出席を，委員長，理事，ヒラの委員の別に記録した．

|本会議・委員会開催データ|

　本会議，委員会における，会議名，会議の開催日付・曜日，回次，会議の種別等を記録した．加えて，本会議では記名投票の有無，委員会では定数と出席者数等を記録した．

|記名投票データ|

　記名投票で採決された全ての予算案，法案，首班指名選挙における議員の行動を記録した．

|議員立法データ|

　参議院議員によって提出された法案（参法）について，その全提出者を記録した．

|動議データ|

　参議院議員が行った動議について，行った議員，動議の種別等を記録した．

|質問主意書データ|

　参議院議員によって行われた質問主意書の全提出件名と提出者等を記録した．

|請願データ|

　参議院議員によって行われた全ての請願の提出について，会期ごとの提出件数等を記録した．


　これら膨大なデータを収集・整理する過程，つまり，第5期蒲島ゼミの過程を以下に示す．第5期蒲島郁夫ゼミは東京大学法学部において2001年度冬学期に「参議院の研究」として開講された．初回ゼミは担当教官である蒲島教授が緊急入院し欠席するという非常事態の中で，全15名の中から服部をゼミ長として選出した．以降，この15名のうち服部，菅原，境家以外の12名は選挙，議院，制度という3班にわかれ，データ収集，分析作業に関する議論が開始された．実際のデータ収集作業はそれぞれ非常に膨大であるため15名全員による分担作業という体制をとった．

　このような巨大な作業は，蒲島ゼミでは至極当然のことではあったが，2001年冬学期中に終わることはなく，2002年度夏学期にも「参議院の研究（2）」という演習名で法学部の公式な演習・ゼミとして蒲島ゼミは開講され

た.この際,社会人として卒業した藤森,山本の穴を埋め,かつこの時点で明らかとなっていた膨大な残作業に対処するため,米谷,谷澤,農端,萬屋の4名を新たにゼミ生として加えた.02年3月の河口湖合宿,8月の筑波合宿を経て,データ収集の大部分は02年9月までに終了したが,これ以降データの確認・修正と加工,分析と原稿執筆作業が続いた.02年の10月以降は,法学部で単位が認定されるゼミではなくなったが,非公式のゼミとして試験期間を除きほぼ週1度のペースで集まり,分析・原稿の検討がなされた.以降,この作業はゼミ生の大部分が大学を卒業するまで続けられた.2003年夏以降はゼミ生の大部分の執筆作業が終わったが,原稿やデータの細かい修正,分析と原稿の補完,編集と校正作業が農端を中心として行われた.こうして当初より1年延び,本書『参議院の研究』第1巻の原稿が出稿されたのは2004年4月のこととなった.

## 謝辞

　本書がこのように完成するまでにはさまざまな人々の助けがあった.すべての人々の名前を挙げることはできないが,特にお世話になった方々にここで感謝の意を示しておきたい.

　円より子参議院議員,江田五月参議院議員はわれわれからのインタビューの依頼を快く引き受けていただいた.お二人のお話は参議院の現状を知る上でなによりの「生の声」であり,非常に貴重な経験となった.

　中央大学のスティーヴン・リード教授には本書の英語名を考案していただいた.また,森裕城先生(現同志社大学法学部助教授)には2001年参院選自治体別選挙結果データの作成に協力いただいた.両先生に感謝申し上げると同時に,今後のご活躍をお祈り申し上げたい.

　歴代蒲島ゼミOBのみなさんにもお世話になった.国会に勤めていらっしゃる鶴岡貴子さん(第1期ゼミ『「新党」全記録』,旧姓藤原さん)には,参議院に関する資料をご提供いただき,数々の質問・愚問に回答していただいた.またわれわれの国会見学までお世話していただいていた.また,第2期ゼミで作成された資料「統計理論を飛ばしたExcelによる統計分析」により,われわれの統計と表計算ソフトに対する理解が深まった.本資料作成者である日高孝一さん(第2期ゼミ『現代日本の政治家像』)に感謝したい.

　参議院事務局の方々には,鶴岡さんを通じてお世話になった.ゼミのため

に貴重な資料を貸していただいた上に，国会見学の際にはお話を聞かせていただいた．この場を借りてお礼申し上げたい．

国立国会図書館にも毎期のゼミ同様お世話になった．とりわけ，法令議会資料室，法律政治・官庁資料室（現在両室を合わせて議会官庁資料室となっている）のみなさんには，いつも的確かつ丁寧なアドバイスで，資料の探索，データの収集を助けていただいた．同じく総務省選挙部のみなさんには，選挙関連の資料を見せていただく手配・お世話をしていただいた．

東京大学法学部研究室の方々には毎回のことながら，ご迷惑をおかけした．とりわけ，官報をコピーするために何度となく利用させていただいた東京大学法学部図書館継続資料室のみなさんにはご迷惑をおかけした．また，蒲島研究室のお隣の樋口範雄教授にも毎期のゼミ同様ご迷惑をおかけした．

筑波大学，筑波研修センターには02年夏合宿の際に場所の提供などでお世話になった．非常に楽しく，また作業が進む有意義な合宿となったのは，筑波大学，筑波研修センターのすばらしい環境によるものが大きかった．

また，これも蒲島ゼミとしては毎期のことながら，蒲島研究室の専属秘書である西川弘子さんには，さまざまな場面でご助力を賜った．すばやい機転，丁寧な対応，決して教授も学生も甘やかさないプロ意識，そして温かいご配慮と，いずれも蒲島ゼミを進めていく上で欠くことのできないものをたくさんいただいている．

また02年から03年にかけて農端が会長を務めた東京大学法学部の学生サークル「三類懇親会」には，資料の置き場として部室を活用させていただいた．

チムニー本郷店ならびに店長の牧さんには，ゼミ開始時から最後まで数え切れないほどの飲み会で利用させていただいた．チムニーの和やかな雰囲気があったからこそ，このゼミがここまで来ることができたのだと断言できる．

また，02年の夏合宿では，蒲島先生のお宅にもお邪魔し，先生のご家族のみなさんに暖かくもてなしていただいた．先生ご自慢の"イングリッシュ・ガーデン"でおいしいバーベキューをご馳走になり，またとない楽しいひとときを過ごさせていただいた．

能島豊さん，坂口節子社長をはじめとする木鐸社の方々には，毎期ごとに本を出版させていただいて感謝している．とりわけ本書は従来の蒲島ゼミの本と比べても図表が多く，また出版がここまで遅れたことについて非常に申し訳なく思っている．

最後になったが，われわれゼミ生をここまで導いてくださった蒲島郁夫教授に感謝を述べたい．ゼミの成果である本書の出版が，このように遅れに遅れたことを申し訳なく思う一方，この本の完成までわれわれ第5期蒲島ゼミ一同を暖かく見守り続けていただき深く感謝している．この蒲島ゼミで，ゼミ生それぞれが二度とできないような貴重な経験をさせていただいた．ゼミ生おのおのがこの経験を自分の道で活かし，社会に貢献していくことで，先生のご恩へのささやかな報いとしたい．

---

（1） 憲法制定過程における二院制・参議院の位置づけについては，さまざまな参考文献がある．一例として，高柳賢三・大友一郎・田中英夫編著『日本国憲法の制定過程』，有斐閣，1972年，佐藤達夫著・佐藤功補訂『日本国憲法成立史』，有斐閣，1962年（第1巻），1964年（第2巻），1994年（第3・4巻）がある．

（2） 『参議院の研究』第2巻証言編「江田五月インタビュー」参照．なお，参議院では憲法調査会に二院制と参議院の在り方に関する小委員会を設けている．

（3） 条約の承認に関しては第61条，内閣総理大臣の指名については第67条．

（4） 2000年衆院選で自民党は過半数を割っているが，同党の公認漏れで当選した議員（多くは21世紀クラブに参加し，自民党の党議拘束に従っている）を含めると過半数に達していた．

（5） 長谷部恭男『憲法 第2版』，新世社，2001年，343-345頁，大山礼子『国会学入門』，三省堂，1997年，159-165頁．そのほかに，制度上は強い参議院が存在するが現実の政治では現れていないとする立場の論考として，大沢秀介「政党化の波にもまれる強い参議院」『法学教室』270号，2003年，36-43頁，が挙げられる．

（6） 本書国会編第1章「参議院改革」参照．

（7） このような「弱い参議院」に関する議論や提案は，参議院における憲法調査会においてもたびたび行われている（第151回参議院憲法調査会第4号，第154回参議院憲法調査会公聴会第1号など）．

（8） ただし，いくつかのデータは多少収集範囲が異なる．この点は各編・各章の冒頭に述べられている．

# 本書を読むにあたっての留意事項

農端康輔

### 1. 文責・執筆者名

本研究には数多く者が参加している．このため複数の者によって書かれた章や節が多数存在している．本書では次のように各文章の執筆者名，編集者名を示し，文責を明らかにしている．

章の冒頭には，その章の執筆に関わった全員の名前が示されている．その章を最終的に担当していた責任者・編集者の名前が最初に書かれ，これ以外の執筆者についてはその後に五十音順に並べた．また，節別，項別で執筆者が分かれる場合には，その節（項）の末尾に（　）で執筆担当者を示した．

### 2. 用語説明

ここでは本書で用いている専門的な用語についてその意味を解説する．また，複数の意味で1つの語が用いられているような，誤解をまねく可能性が高いと思われる用語についてもここで整理をしておく．

|MK指数|

候補者の選挙区における強さを表す指標．松原望・蒲島郁夫が，「日本が定数の異なる中選挙区制をとっているために選挙区を横断して候補者に対する支持の強さを統一的な指標で測ることができなかった」隘路を打開するために開発した指標で，候補者の得票数を各選挙区の法定得票数で割ることにより計算される指標である．これにより，選挙区の異なる候補者間の比較を可能としている（松原望・蒲島郁夫「田中派圧勝自民党大敗の構図」『中央公論』1984年3月号参照）．

なお法定得票数とは，公選法95条で規定されている当選に必要な得票数の最低ラインであるが，参議院の場合，全国区と地方区（選挙区）で法定得票数の算出方法が以下のように異なる．このため，全国区と地方区の間を単純にMK指数で比較することはできない点に注意されたい．

全国区：法定得票数＝選挙区有効得票数÷改選議席数÷8
地方区：法定得票数＝選挙区有効得票数÷改選議席数÷6

「参議院の研究」について　35

　DID 人口比

　人口集中地区 DID（Densely Inhabited District）とは，(i)人口密度が約4000人／km²の国勢調査調査区が市区町村の境界内で互いに隣接して，その結果，(ii)人口が5000人以上となっている地区のことであり，またこれに，DID 地区は実質的な都市地域を示すとの観点から，隣接する調査区で上記の定義(i)を満たさないものでも都市地域とみなしてよさそうな調査区（公共施設や工場・事務所など）を加えたものである（東京大学教養学部統計学教室編『人文・社会科学の統計学』，東京大学出版会，1994，128頁）．本書では，この DID 人口比（その地域で DID 地区に居住している人口の割合）を，その地域の都市度を示す指標とみなして用いた．すなわち，この値が大きいほどその地域の都市度が高いと考える．

　4つの「回」

　本書では「回」という語を以下のようなさまざまな意味で使用している．

a. 選挙回

　通常選挙の回次を示している．参議院通常選挙は1947年の選挙を第１回と数え，以後３年毎に通常選挙が行われており，2001年７月までで19回となっている（表 A 参照）．

b. 国会の回次

　ひとつの開催期間（会期）を１回とし，新憲法下最初の国会を第１回として数えている．この回数のカウントには参議院の緊急集会は含まれない．一般に国会の会期を数える場合には，第154国会，第154回国会，154国会などさまざまな呼び方がなされる．

c. 会議の回次

　１回の国会の会期中（閉会中の開催も含む）に開かれる本会議や各委員会の回次を示す場合にも「回」を使う．

d. 当選回数

　議員が当選をした回数であり，補選による当選も含まれる．後に説明する「経験期」との違いに注意されたい．

　2つの「期」

　本書では「期」という語を以下のようなさまざまな意味で使用している．

a. 選挙期

　参議院では３年毎に通常選挙が行われ，半数ずつの議員が改選される．

表A　参議院通常選挙・任期一覧

| 選挙回 | 通常選挙期日 | 任期開始日 | 任期満了日 |
| --- | --- | --- | --- |
| 1 | 1947年4月20日 | 1947年5月3日 | 1953年5月2日 * |
| 2 | 1950年6月4日 | 1950年6月4日 | 1956年6月3日 |
| 3 | 1953年4月24日 | 1953年5月3日 | 1959年5月2日 |
| 4 | 1956年7月8日 | 1956年7月8日 | 1962年7月7日 |
| 5 | 1959年6月2日 | 1959年6月2日 | 1965年6月1日 |
| 6 | 1962年7月1日 | 1962年7月8日 | 1968年7月7日 |
| 7 | 1965年7月4日 | 1965年7月4日 | 1971年7月3日 |
| 8 | 1968年7月7日 | 1968年7月8日 | 1974年7月7日 |
| 9 | 1971年6月27日 | 1971年7月4日 | 1977年7月3日 |
| 10 | 1974年7月7日 | 1974年7月8日 | 1980年7月7日 |
| 11 | 1977年7月10日 | 1977年7月10日 | 1983年7月9日 |
| 12 | 1980年6月22日 | 1980年7月8日 | 1986年7月7日 |
| 13 | 1983年6月26日 | 1983年7月10日 | 1989年7月9日 |
| 14 | 1986年7月6日 | 1986年7月8日 | 1992年7月7日 |
| 15 | 1989年7月23日 | 1989年7月23日 | 1995年7月22日 |
| 16 | 1992年7月26日 | 1992年7月26日 | 1998年7月25日 |
| 17 | 1995年7月23日 | 1995年7月23日 | 2001年7月22日 |
| 18 | 1998年7月12日 | 1998年7月26日 | 2004年7月25日 |
| 19 | 2001年7月29日 | 2001年7月29日 | 2007年7月28日 |

\*　任期3年の議員については1950年5月2日まで.

「選挙期」はこの3年という期間を示すものである．正確には，ある参議院通常選挙における当選者の任期開始日から，次の参議院通常選挙での当選者の任期開始日前日までをいう（表A参照）．第n期と表現するとき，このnはこの期の開始時の選挙の選挙回に一致する．

### b. 経験期

経験期はある議員がある時点でいくつの選挙期で議員経験があるかを示すものであり，議員経験の長さを表す指標である．各選挙期において1日でも議員であった場合に経験期は1増加する．たとえば初当選した議員の場合，6年の任期のうち前半の約3年間は経験期が1，後半の約3年間は経験期が2となる．参議院では議員が半数ごとに改選され，当選回数のみでは議員経験を適切に把握することができないため，本書ではこの経験期を用いている．

## 3. 本研究における議員・候補者の整理方法

本研究では1459人を数える全参議院議員，9200人を越える全候補者を整理するために，3つのIDコードを作成した．これらは本書でも用いているため，ここでこれを説明しておく．

### 候補者ID（選挙ID）

　候補者IDは各候補者を識別するために作成された．候補者IDはどの選挙に出馬し，どのような選挙結果を残したのかを示している．そのため，同じ人物であっても選挙に出馬し，結果を残すたびに異なる候補者IDを持つことになる．選挙に立候補したが，公職追放や辞退のため結果を残さなかった場合，このIDは割り振られない．

　候補者IDはAA-BBB-CCCCという2桁，3桁，4桁の3つの数字と半角ハイフンで構成されている．

　最初の2桁の数字は，通常は選挙回を示しており，一桁の場合は「01」という形式となっている．補選の場合はこの補選の直前の通常選挙の回次となる．

　真ん中の3桁の数字は前1桁と後ろ2桁に分かれており，前1桁の数字は，通常選挙（同時施行の補選を含む）の候補者である場合には「0」，補選の候補者の場合は直前の通常選挙以降，当該選挙区で何度目の補欠・再選挙であるかを示している．この補選の数字は，3度目の補欠選挙が行われた例がないため，1または2という数字となる．

　下2桁はどの選挙区であるのかということを示しており，「00」が全国区・比例区，「01」～「47」が地方区（選挙区）選挙の候補者であることを示している．この地方区の数値は都道府県コードに一致し，どの都道府県の選挙区であるのかを示している．

　最後の4桁の数字は得票順位・名簿登載順位を示している．地方区（選挙区）選挙もしくは全国区選挙においては，当該選挙区での得票順位となっている．1位なら0001，50位なら0050といった具合である．比例区の場合は18回通常選挙までの拘束名簿式と19回選挙以降行われる非拘束名簿式で示している内容が異なる．拘束名簿式の比例区選挙においては上2桁がその候補者が登載されている政党の得票順位を示し，下2桁がその政党における名簿登載順位を示している．非拘束名簿式の比例区選挙においては上2桁が政党の得票順位，下2桁が政党内における当該候補者の個人名得票順位となっている．

　候補者IDは以上のような構成になっている．具体例をいくつか示しておこう．

第2回通常選挙全国区で得票順位が68位の候補者→02-000-0068

第5回と第6回の通常選挙の間で，東京地方区における最初の補欠選挙における得票順位1位の候補者→05-113-0001

第16回通常選挙比例区でもっとも多く票を得た政党の名簿6位の候補者→16-000-0106

|通算候補者ID|

候補者が複数の選挙に出馬するということは，当選した場合も落選した場合もよくあることである．このように複数の選挙にでる候補者の同一性を確認するために用いられるのが，通算候補者IDである．通算候補者IDは同じ人物を指す候補者IDのうち，もっとも古い候補者IDを採用している．

|議員ID|

議員IDは議員になった人物のみに与えられるIDコードである．議員IDは4桁の数字からなっており次のルールによって決定されている．

(1)各議員が最初に参議院議員となったときの任期開始日が早い順に小さい数字を与える．

(2)任期開始日が同じ日の場合は，選挙IDが小さい順に議員IDを与える．

この結果，任期開始日が同じときは全国区・比例区→地方区・選挙区の順に並べられ，同一選挙区の場合は得票順位（比例区は政党順位→名簿登載順（得票順））となっている．議員ID0001は第1回通常選挙全国区の第1位の星一であり，2002年7月31日現在は1459の黒岩宇洋までつけられている．

ところで，1度議員を辞職・退職後，同一選挙期に再び当選し議員になるというケースが現在までに8例存在する．第3回全国区選挙の一部無効のため失職し，再選挙で再び当選した，柏木庫治，大倉精一，関根久蔵，大谷贇雄，八木秀次の5名（3期）．辞職後，自分の欠員で行われる補欠選挙に出馬し当選した，中田吉雄（3期），大川光三（4期），秋山長造（6期）の計3名がこれに該当する．彼らの再当選後の議員活動を示す際は，データの作成上本来の議員IDを用いず，本来の議員IDの小さな順に9991〜9998の議員IDを与えた．

第Ⅰ部
選挙編

# 序

井上和輝・農端康輔・菅原琢

　ここでは選挙編の意義を明らかにし，本編の視点と構成を整理しながら各章の概要を示し，使用するデータについて出典等を明らかにし，その他留意事項をまとめていく．

## 1. 選挙編の意義

　選挙は現代民主主義国家の政治において必要不可欠な要素である．政府や議会の決定が正統性を持つのは，公正な選挙が行われることが前提である．選挙があること，すなわち有権者によって審判を受けることを前提として政党や議員は行動し，これにより政府や議会の決定は民主的要求に沿ったものとなることが期待される．

　このように，選挙は民主政治の基礎的機能を提供している．だがその一方で，政治システム内における選挙の役割やその影響の大きさは，選挙制度のあり方や議会制度等関連する諸要素との関係によってさまざまである．本書が研究の対象としているのは日本の参議院であるが，ここで行われる選挙の意味合いやインパクトも選挙制度と，これを前提としたプレイヤーの行動によって規定されている．参議院の政治システムにおける位置づけといったことも，参議院の選挙を理解する上で重要となってくる．

　参議院は権限や実質的役割において過小に評価されているためか，参議院選挙の影響も過小評価されている．この過小評価の結果としてか，参議院選挙は研究対象としてもマイナーであり続けている．だがしかし，参議院の政治的決定に対する影響力は「『参議院の研究』について」で述べたように一般的に考えられているよりも大きいと考えられる．また，比例区の導入に代表

される大きな制度改変が行われたこと，定数や選出方法の違うさまざまな選挙制度が混在していることなど，参議院は有意義な観点を豊富に提供している．

　このように考えれば，これまでの選挙研究の蓄積の隙間を埋めるという点で参議院選挙分析は意義があるといえよう．そしてさまざまな方向から分析を加えることで，参議院選挙ないし参議院という制度の日本政治における位置づけや役割，意味を考えていくことにより，さらに意義深いものとなるだろう．このような認識の下，本編では多様な視点から基礎的な資料やデータを提示・観察し，参議院選挙の分析を行っていく．次項では，この多様な視点とこれに基づく本編の構成を示していきたい．

## 2. 選挙編の視点と構成

　選挙は一定のルール（選挙制度）の下で，プレイヤー（政党や候補者）がジャッジ（有権者）にアピールし，その評価，得点（得票，議席＝選挙結果）を競うゲームである．これをおおまかに示したのが図0-0-1である．ここに示した選挙ゲームの各要素が，本編での参議院選挙の観察ポイントとなる．以下選挙結果，選挙制度，政党，候補者，有権者の順にこれを説明していこう．

　この選挙ゲームは，1回限りのものではなく何回も回を重ねるものである．また，各回の選挙ゲームはそのときどきの政治状況，社会経済状況などに影響を受ける．したがって選挙結果を見る際には，選挙結果だけを取り上げて

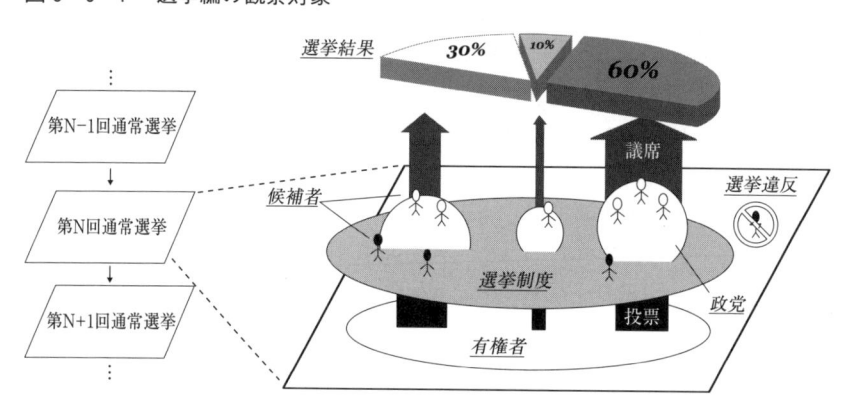

図0-0-1　選挙編の観察対象

論じても意味はなく，各回個別の事情を把握していかなければならない．本編では第1章「選挙史」で，2001年までの全19回の参議院選挙について，各回の選挙が行われた時期の政治状況等，個別の事情をまとめており，その上で各回の選挙結果を観察している．この各回の選挙事情の把握は，第2章以降の分析の前提ともなっている．

　選挙制度は，プレイヤーやジャッジの行動を規定している．たとえば比例区の導入は無所属候補の政党化を進め，政党の選挙戦略などに影響を与えている．先述のように参議院は，全国区から比例区，拘束名簿式比例代表から非拘束名簿式比例代表という，大きな制度変更があったことを選挙史上の大きな特色としている．したがって参議院では，選挙制度は欠かすことができない重要な視点である．このような見地から本編第2章「選挙制度」では，参議院選挙制度の諸相を取り上げている．具体的には，まず参議院選挙制度の変遷を追い，地方区について定数不均衡の進行を調査し，比例区について議席配分方法の違いによる選挙結果の変動をシミュレートすることでその制度的特徴を示し，さらに全国区について候補者得票の地域偏在の分析を通して，組織政党の選挙戦略の特徴と全国区の制度的特徴を明らかにしている．

　政党は，選挙ゲームにおける主要プレイヤーである．一方で，議席の勢力比の集計の単位となるのは政党である．比例区においては有権者から投票の対象となり，地方区／選挙区，全国区では候補者を公認し擁立するという機能を持つ．第3章「政党」では，このような政党のもつ多様な側面を見ている．まず参議院選挙にこれまで登場した政党について，その名称と変遷，略史などを整理し，対象としての政党の範囲をあきらかにしている．その後，参議院における政党システムという観点から，有効政党数，当選率，得票率，選挙結果の変動（ヴォラティリティー），選挙区定数・選挙制度別の政党の議席率等の時系列的変遷を観察している．

　候補者は，政党と同様にプレイヤーではあるが，一方で有権者の代わりに政策決定過程に携わろうとしているという意味で社会の代表，社会の写しとしての性質も重要である．第4章「候補者」では，前者の観点からは選挙における候補者の動き，後者の観点からは候補者・当選者の社会的属性に着目しながら，参議院選挙を観察している．具体的には，候補者の数が時代と制度によってどのように変化しているのか，どのような政党から立候補し当選しているのか，どのような候補がどの程度強かったのか，といった選挙にお

けるプレイヤーとしての候補者を中心に見ている．これに加え，候補者・当選者の年齢構成や性別比率といった候補者の社会的属性に着目し，この時代変化も見ている．さらに現職と新人，タレント候補，知事といった属性に注目し，選挙におけるパフォーマンスや参議院選挙におけるその意味などを示している．

　政党・候補者といったエリート側のプレイヤーに対して，ジャッジである有権者は投票行動等を通じた評価を行う．選挙において有権者にはさまざまな選択肢が与えられる．候補者に投票するだけでなく，棄権や白票を投じるなどの行動を選択することができる．このような行動や，このような行動を起こす前の選好の表明（世論調査）によって有権者はエリートに影響を与えることができる．第5章「有権者」では，まず選好の事前の表明として政党支持率を取り上げ，時代や地域による格差，変遷を観察していく．ただし投票による選好表明は全て議会に代表されるわけではない．そこで本章では，死票について，時代や選挙制度との関連で観察していく．そして最後に，もっともコストが小さく，もっとも多くの人が関わる政治参加である投票について投票率という形で取り上げ[1]，地域や時代状況，競争状況などの要素との関連を調べていく．

　本編ではここまでの章に加えて，第6章で選挙違反について取り上げる．選挙違反は，選挙制度に則って各プレイヤーが行動するという想定から，逸脱した行為である．ここでは，このような違反行為が歴史の流れの中で量的・質的にどのように変化していったのかを観察していく．

　またこれらの各章に加え，本編末では全19回の選挙結果をまとめ，資料として掲載している．

## 3. 選挙データ

　本書では，2003年4月までに執行された全通常選挙19回と，全補欠選挙151件のデータを収集，整理した．このデータの作成に用いたのは次の各資料である．

・『選挙年鑑』各号（自治庁選挙部（1964年版まで），自治省選挙部（以後））
・『参議院議員通常選挙の実績　第1回-第15回』（自治省選挙部，1990年）
・『参議院選挙通常選挙結果調』第18回（自治省選挙部，1998年）
・『参議院選挙通常選挙結果調』第19回（総務省自治行政局選挙部，2001年）

- 『参議院議員選挙一覧』第6回－第18回（参議院事務局）
- 『朝日新聞　縮刷版』
- 朝日新聞選挙本部編『朝日選挙大観』各号(2)（朝日新聞社）

表0-0-1　データ項目

| 分類 | 項目 | 備考 |
| --- | --- | --- |
| 直接収集したもの | 候補者氏名 | 表記は日常使用名の掲載されている朝日選挙大観に拠っている．複数の選挙に出馬し，選挙ごとに表記の異なる者に関しては，旧字／新字の違いの場合は新字の方を採用し，本名と日常使用名の違いであれば選挙大観で表記されている回数の多い方を採用し，これが同数だった場合には日常使用名を採用した． |
| | 当落 | 当落だけでなく，繰上当選や公職追放なども区別してコード化した． |
| | 得票 | 按分票の小数点未満は切り捨てた．按分票がある場合，全国区では総得票数と都道府県別得票数総和とは一致しない． |
| | 公認・推薦政党 | 「追加公認」は公認に含めていない． |
| | 新旧別 | 現職，前職，元職，新顔の4分類．現職は「改選対象者のうち，投票日時点でその地位にある者」．前職は「改選対象者のうち，投票日直前に任期満了を迎えた者」．元職は「参議院議員経験者のうち，現職・前職以外のもの」．新顔は「参議院議員の経験がない者」．定義上，現職と前職は同時に存在しない． |
| | 選挙前当選回数 | |
| | 年齢 | 第1回は数え年で記載されていたため，そこから一律に1を引いた値とした． |
| | 性別 | |
| | 肩書 | 告示日の翌日分と投票日の前日分において，朝日新聞に掲載されたものを元に作成した． |
| | 有権者数 | |
| | 投票者数 | |
| | 全国区・比例区政党得票 | 都道府県ごとの政党の全国区・比例区得票． |
| | 政党支持率 | 朝日新聞による都道府県ごとの政党の支持率． |
| 算出したもの | 絶対得票率 | （得票）÷（有権者数） |
| | 相対得票率 | （得票）÷（有効投票総数） |
| | MK指数 | （得票）÷（法定得票数）．定数の異なる地方区同士で候補者の「強さ」の比較に用いる． |
| | 投票率 | （投票者数）÷（有権者数） |
| | 有効投票総数 | 地方区・全国区においては，当該選挙区に出馬した全候補者の得票総数，拘束名簿式の比例代表では全政党の得票総数，非拘束名簿式の比例代表では全個人票と全政党票の総計． |
| | 有効投票率 | （有効得票総数）÷（有権者数） |
| | 法定得票数 | 全国区　（有効投票総数）÷｛（改選議席数）×8｝<br>地方区　（有効投票総数）÷｛（改選議席数）×6｝ |
| | 供託金返還点 | 全国区　（有効投票総数）÷｛（改選議席数）×10｝<br>地方区　（有効投票総数）÷｛（改選議席数）×8｝ |

表0-0-1は，以上の資料をもとに作成したデータの一覧とその説明である．

## 4．留意事項

(1)　「地方区」と「選挙区」

1982年の選挙制度改革に伴い，従来の地方区と全国区の2本立ての選挙制度から，選挙区と比例区の制度に変更された．ただし，地方区と選挙区については名称が変更になっただけであり，制度自体は変わっていない[3]．しかし，このように比例区に対する形で「選挙区」という語を用いることは，次の意味で混乱を招く可能性が高い．「選挙区」という語は，「～～議員の選挙区」というように，選挙を行う単位・地域割りを示すより一般的に用いられる用語である．そこで本編では，第13回通常選挙以降の「選挙区」という制度も「地方区」と呼ぶことにした．そして「選挙区」という語は，上記のような一般的な意味で用いることとした．

(2)　政党間比較

本編では，多くの箇所で政党間比較を行っているが，このときの比較の範囲を原則として55年体制の主要5政党と最近の主要2政党の計7党に限ることにした．前者5党は自由民主党，日本社会党，民社党，日本共産党，公明党の5党であり，後者2党は民主党，自由党である．これらの政党には，それと同一系統と認識された政党も含んでいる．この点について詳しくは第3章を参照されたい．

なお第17回選挙において第一党となった新進党については，通常選挙では第17回のみの参加であるので上記の主要系統には含めず，必要に応じて記述，掲載するにとどめている．また，これら以外の政党については「その他の政党」として一括して扱っている．

---

（1）　蒲島郁夫『政治参加』，東京大学出版会，1988年，7-9頁．
（2）　昭和54年（1979年）分は書名は『選挙大観』となっている．
（3）　選挙制度の変更などについて，詳細は選挙編I第2章参照．

# 第1章 選挙史

米谷寛子・井上和輝・伏見周祐・松平健輔

## 第1節 はじめに

　本章では，1947年の第1回から2001年の第19回までに実施された全19回の参議院議員通常選挙について，概要をまとめる．ここでは選挙回ごとに記述し，個別の政治状況や勝敗の構図などを明らかにすることを目的としている．これまでの選挙に関する同様の文献は多く出版されているが，本章は，参院選を中心として全19回分の事情をまとめてある点やデータを重視して記述を行っている点をその特色とする．さらに，(1)政治状況・選挙運動としてa.政治状況，b.立候補状況，c.選挙の状況を要約し，(2)選挙結果としてa.党ごとの結果・当選者の傾向，b.政局への影響，c.有権者の行動を考察するように，共通項目を設定することで全選挙についての横断的な比較も可能なように考慮している．

　なお，本章をまとめるにあたって参考にした資料は，当時の新聞各紙や朝日新聞社の『選挙大観』などである．文中のデータについては，基本的には我々が収集した選挙データにも基づいているが，一部は当時の新聞各紙を参考にしている．各回の結果表の非改選議席数については，石川真澄『戦後政治史』（岩波書店，1995年）に記載されているデータを転記した．また，第10回以降の各選挙の(2)c.有権者の行動と争点については，「明るい選挙推進協会」による調査データを使用した．

（米谷寛子）

## 第2節　各回選挙概要

### 1. 第1回選挙（1947年4月20日）総括
(1)政治状況・選挙運動

**a. 政治状況**　第1回参議院選挙は，参議院設置後初の選挙であるとともに，新憲法下における初の国政選挙として実施された．当時の吉田内閣(第1次)にとっては，この時期の極端な食糧不足，インフレや伝染病の蔓延を背景とした「食糧メーデー」や「2・1ゼネスト」[(2)]に対処することが重要な仕事であった．

**b. 立候補状況**　この選挙では無所属の立候補が目立っていた．全国区候補者245名中136名（55.5％），地方区候補者331名中110名（33.2％）の計246名が無所属の立候補者であった．女性の候補者は，全国区で245名中13名（5.3％），地方区で331名中7名（2.1％）にとどまった．

**c. 選挙の状況**　当時の新聞から推測すると重要な争点が明確に示されているわけではなかった．重要な争点が全くなかったとは言いがたいが，いわゆる「争点型」の選挙でなかったことは確かであろう．

**d. その他**　本来参議院は250名の議員（地方区150名，全国区100名）が6年の任期を勤め，3年ごとに半数が改選されることとなっている．しかし，今回の選挙は第1回目ということで，250名全員，つまり開票の結果3年後に改選される議員と，6年後に改選される議員の両方を選出することとなった．

地方区選挙では，いわゆる選挙区の改選議席定数の2倍の候補を当選とし，定数内の候補を任期6年，その他を任期3年とする．全国区選挙では，得票数が1位から50位の候補を任期6年，51位から100位までの候補を任期3年とした．なお，得票数が同数の場合の順位は，くじ引きにて決定されることとなった．

(2)選挙結果（表1-2-1）

**a. 党ごとの結果・当選者の傾向**　無所属での当選者が最も多く，250名中110名を占めた．ただ，この中でも保守陣営に属する者の方が革新陣営のそれよりも多かった．政党別の当選者数を見ると，自由党が39議席，民主党が28議席を獲得し，無所属の保守系議員を合わせると，革新陣営に比べて保守陣営

表1-2-1　第1回選挙結果

| | 全国区 | | | | 地方区 | | | | 合計 | | | |
|---|---|---|---|---|---|---|---|---|---|---|---|---|
| | 候補 | 当選 | 非改選 | 合計 | 候補 | 当選 | 非改選 | 合計 | 候補 | 当選 | 非改選 | 合計 |
| 日本自由党 | 19 | 8 | - | 8 | 55 | 31 | - | 31 | 74 | 39 | - | 39 |
| 民主党 | 13 | 6 | - | 6 | 39 | 22 | - | 22 | 52 | 28 | - | 28 |
| 国民協同党 | 9 | 4 | - | 4 | 14 | 6 | - | 6 | 23 | 10 | - | 10 |
| 日本社会党 | 34 | 17 | - | 17 | 67 | 29 | - | 29 | 101 | 46 | - | 46 |
| 日本共産党 | 12 | 3 | - | 3 | 30 | 1 | - | 1 | 42 | 4 | - | 4 |
| 諸派 | 22 | 5 | - | 5 | 16 | 8 | - | 8 | 38 | 13 | - | 13 |
| 無所属 | 136 | 57 | - | 57 | 110 | 53 | - | 53 | 246 | 110 | - | 110 |
| 合計 | 245 | 100 | - | 100 | 331 | 150 | - | 150 | 576 | 250 | - | 250 |

\* 日本社会党は，第3章やデータ上では日本社会党(1)とされるものである．
\*\* 選挙後，無所属候補92名(全国区48名,選挙区44名)が緑風会を結成．

の方が優勢であったといえる．社会党は46議席を獲得し，共産党は4議席の獲得に終わった．

　当選者の顔ぶれを見ると，地方区では旧藩主・大臣・大使・知事等の既に名が通っている候補者の当選が目立つ．その反面革新勢力は，確固たる組織力や社会党人気を背景に，新進の顔ぶれを輩出している．全国区では著名人が優勢であった他，全国組織をもつ業界の代表・宗教家，労組を背景とした候補者が当選した．また，総じて女性候補者の当選も目立ち，全国区8名，地方区2名の計10名の当選を果たした．

c. 有権者の行動　　5日後に衆議院選挙も控え，有権者の政治への関心は高かったかに見えたが，投票率は参議院選挙前に行われた都道府県知事選挙（投票率71.9％）に比べても，低調なものになった（投票率60.9％，衆院選の投票率は68.0％）．背景には参議院の重要性が明確に認識されなかった点，全国区選挙という制度およびその候補者への馴染みが薄かった点（特に農村部），農村部が農繁期に入った点等が指摘できよう(3)．

(伏見周祐)

## 2．第2回選挙（1950年6月4日）総括

(1)政治状況・選挙運動

a. 政治状況　　参議院発足以来の初の改選選挙であった．同時に，新しく制定された公職選挙法に基づいて行われた最初の選挙であったことも，この参議院選挙の歴史的意義であったといえる．

　なお，当時政権を担当していた自由党（第7回国会最終日の議席数61議席）

は，参議院では緑風会（同70名）に次ぐ第二党の地位に甘んじており，緑風会の協力を得たとしても，安定した政権運営が期待できるといえるものではなかった（同じく国民民主党42議席，社会党42議席，共産党5議席，労農党7議席，無所属11議席，欠員12議席）．そのような政局下において，当時の吉田首相がとった講和早期実現のための部分講和容認や経済におけるデフレ誘導政策は波紋を呼んだ．

**b．立候補状況**　選出議員数は，第1回選挙であった前回の250議席（全国区100議席，地方区150議席）に対し，全国区の補選分6議席と北海道地方区の補選分1議席を含めて132議席（全国区56議席，地方区76議席）とほぼ半減した．それにもかかわらず，全国区の候補者数は前回を大きく上回り，310名（前回245名）に達した．また，地方区の立候補者数も252名（前回331名）と，前回の8割弱もの立候補者数に達したこととなる．そのため，競争率は全国区で5.5倍，地方区で3.3倍と熾烈を極めた．その理由としては，当分衆議院の解散が望めず国政選挙に打って出る機会が限られること，参議院運営の実績から各党が参議院の重要性を認識したこと等が挙げられる[4]．

女性の候補者は，全国区で310名中16名（5.2％，前回5.3％），地方区で252名中9名（3.6％，前回2.1％）と前回に比べさほど大きな変化はなかった．無所属の立候補者は前回に比べ激減した．全国区候補者310名中119名（38.4％），地方区候補者252名中39名（15.5％）の計158名（前回計246名）が無所属の立候補者であった．

党派別に見ていくと，参議院内最大勢力の緑風会は，無所属議員の院内会派として発足したため，各地域を基盤とした党組織を持たなかった．しかし，今回の参議院選挙においては選挙確認団体制度を利用し[5]，全国区40名，地方区18名の公認候補を立てた．与党の自由党は，公認候補探しに早期から着手しており，最終的に官僚出身者や業界代表を中心に136名の候補を擁立した．また，無所属・緑風会の候補のうち，全国区から4名，地方区から7名を「党友」として発表した[6]．野党の社会党は，左右の分裂騒ぎで候補者探しに遅れをとったが，労働者団体・農業団体・教育団体の支持を背景に，全国区32名，地方区43名の公認候補を擁立した．民主党は国民協同党との合流工作に成功を収め，国民民主党として全国区18名，地方区28名の公認候補を擁立した．共産党は，公認候補として全国区11名，地方区38名の候補を擁立した．

**c．選挙の状況**　前述の通り，選挙前の国際情勢・経済状況に対応して，講

和問題及びドッジ提案によるデフレ誘導政策への評価とその後の経済政策の2点が主な論点となった．講和問題に関しては，中国など東側諸国を含む全面講和論と，米国など西側諸国を中心とする単独講和論といった講和方式に関する議論の他，講和後の安全保障体制，軍事基地問題等様々な問題を含めて議論された．与党自由党や緑風会が，講和の早期実現のために部分講和を認めたのに対し，民主・社会・共産党は全面講和を求め，軍事基地への反対や，西側諸国との提携強化にも懸念を示した．経済政策に関しては，産業統制の是非や，農業政策の転換，中小企業の救済政策，労働者賃金ベースの改訂等に関して争われた．

民主党や社会党は自由党攻撃に力を注ぎ，共産党は選挙戦を通しての下部組織の確立と革命を目指した．緑風会は，緑風会こそ参議院の独自性を保持できる唯一の非政党組織であることを強調して選挙戦を展開した．

(2)選挙結果（表1-2-2）

**a. 党ごとの結果・当選者の傾向**　自由党は選挙戦の序盤から優勢を保持したものの，候補者の調整に手間取り，終盤にやや後退したとの見方が強かった．結局，前回に比べ大きく躍進したことは事実であったが，当選者は全国区で18議席，地方区で34議席と，安定した政権を運営できるほどの議席数を獲得するには至らなかった．

その自由党に迫り，好成績を残したのが社会党であった．与党への反対票のうち，政策の差別化が不十分な中間政党や急進的左翼政党を避けた浮動票を獲得したためと見られている．全国区で15議席，地方区で21議席を獲得す

表1-2-2　第2回選挙結果

|  | 全国区 | | | | 地方区 | | | | 合計 | | | |
|---|---|---|---|---|---|---|---|---|---|---|---|---|
|  | 候補 | 当選 | 非改選 | 合計 | 候補 | 当選 | 非改選 | 合計 | 候補 | 当選 | 非改選 | 合計 |
| 自由党 | 73 | 18 | 1 | 19 | 63 | 34 | 23 | 57 | 136 | 52 | 24 | 76 |
| 国民民主党 | 18 | 1 | 5 | 6 | 28 | 8 | 15 | 23 | 46 | 9 | 20 | 29 |
| 農民協同党 | 1 | 1 | 0 | 1 | 2 | 2 | 0 | 2 | 4 | 3 | 0 | 3 |
| 緑風会 | 40 | 6 | 21 | 27 | 18 | 3 | 20 | 23 | 58 | 9 | 41 | 50 |
| 日本社会党 | 32 | 15 | 10 | 25 | 43 | 21 | 15 | 36 | 75 | 36 | 25 | 61 |
| 労働者農民党 | 2 | 1 | 2 | 3 | 7 | 1 | 1 | 2 | 9 | 2 | 3 | 5 |
| 日本共産党 | 11 | 2 | 2 | 4 | 38 | 0 | 0 | 0 | 50 | 2 | 2 | 4 |
| 諸派 | 14 | 0 | 0 | 0 | 14 | 0 | 0 | 0 | 29 | 0 | 0 | 0 |
| 無所属 | 119 | 12 | 3 | 15 | 39 | 7 | 0 | 7 | 156 | 19 | 3 | 22 |
| 合計 | 310 | 56 | 44 | 100 | 252 | 76 | 74 | 150 | 563 | 132 | 118 | 250 |

＊自由党，日本社会党はそれぞれ，第3章やデータ上では自由党(1)，日本社会党(1)とされるものである．

るに至った．自由，社会両党に挟まれた形の緑風会，国民民主党の中間政党は終始伸び悩んだ．緑風会は全国区で6議席，地方区で3議席を，国民民主党は全国区1議席で，地方区で8議席を獲得するにとどまった．共産党は，全国区で2議席，地方区では議席を獲得できなかった[7]．

　無所属議員は全国区12議席，地方区7議席の計19議席となり，女性議員は全国区から社会党公認の3名，地方区では改選議員の2名が再選された．なお全国区では全国組織を背景に票田を確保した者，全国的に知名度の高い者が有利であったことが伝えられている．同時に，官僚出身者や労働・農業組合関係者の進出が指摘されている[8]．

b．**政局への影響**　　前述の通り，自由党は第一党とはなったものの安定した政権運営に必要な議席数を獲得するには至らず，引き続き中間政党との連携が模索された．また社会党の躍進の一方，緑風会や民主党が議席を減らしたことから，自由，社会両勢力の対立の構図が鮮明となり議会での与野党攻防も激しくなるとの観測もあった[9]．

c．**有権者の行動**　　当初は，衆議院とは異なり政権担当者を直接決める選挙ではないということ，定例の中間選挙に過ぎず，ただでさえ衆議院に比べ存在感の劣る参議院のうちの半数しか改選されないということから，関心は低いものと予想された．さらに，投票日が農繁期と重なることも，投票率を下げる原因と目されていた[10]．しかし，それまでの参議院運営（昭和25年度予算案，地方税法案の不成立等）から参議院の重要性を再認識した各政党は力を入れて選挙に取り組んだ．その影響もあり，参議院選挙に対する注目は日に日に増していった．6月4日選挙当日，いざ蓋を開けてみると，早朝からの雨が農村部の投票率を押し上げたためか，投票率72.2％に達し，前回の60.9％を大きく上回った．

（伏見周祐）


## 3．第3回選挙（1953年4月24日）総括

(1)政治状況・選挙運動

a．**政治状況**　　第1回選挙で選出された任期6年議員の改選選挙が，この第3回選挙であり，日本が独立した後に初めて行われる参院選でもあった．

　当時与党であった自由党は内紛を繰り返していた．1952年8月吉田派と鳩山派の抗争に端を発した「抜き打ち解散」が行われると，総選挙後10月の首

班指名を巡り，自由党の内部対立は激化する．さらに，その1ヵ月後には，池田勇人通産相の「5人や10人の中小企業が倒産し，自殺するのはやむをえない」との発言から起こった不信任問題が，また第1回参議院選挙で選出された任期6年議員の任期満了（任期満了日は1953年5月2日）が迫った1953年2月28日には，吉田首相の「バカヤロー」発言による懲罰動議とその後の不信任問題が続き，自由党の分裂は避けられず，遂には衆議院の解散にまで発展した．

こうして，第3回参議院選挙は，1953年4月19日に予定された第26回衆議院選挙の直後，4月24日に執り行われることとなったのである．

b. 立候補状況　　改選議席定数は，全国区が50名に補選分の3名を加えた53名，地方区が75名，合計128名であったのに対し，立候補者は全国区234名（前回310名，前々回245名），地方区213名（前回252名，前々回331名）と従来に比べて減少傾向を見せた．よって競争率は全国区で4.4倍，地方区で2.8倍と過去最低を記録した．この理由としては，衆議院の突然の解散があったため候補者選びに十分な時間をさけない会派があったこと，衆議院選挙が1週間前に行われ選挙が重なったこと，融資の引き締めなどによる経済界の「金づまり」が影響したこと等が挙げられる[11]．

女性の立候補者は，全国区で234名中17名（7.3％），地方区で213名中11名（5.2％）の計28名と前回の計25名を上回った．無所属の立候補者は，全国区候補者234名中102名（43.6％），地方区候補者213名中58名（27.2％）の計160名で，前回の158名よりも増加した．立候補者の新旧別でみると，118名の現職議員のうち出馬したのは，71.2％にあたる84名（全国区35名，地方区49名）であった．元議員が全国区12名，地方区8名出馬し，参議院議員未経験者は全国区で187名，地方区で156名が出馬した．

さらに政党別に見ていくと，与党の吉田自由党は，全国区38名，地方区45名と共に最多数の候補者を擁立し，第一党の確保を目指した．一方，分党した鳩山自由党は，候補者を探し出すのに十分な期間を取れなかったこと，衆議院選挙に力をとられたことから，全国区で1名，地方区で7名を擁立するにとどまった．この他に，改進党の擁立した全国区17名，地方区26名の候補を加えても，保守勢力の立候補者数は合計134名にとどまり，前回保守勢力が擁立した185名（自由党136名，民主党46名，農民協同党3名）には到底及ばなかった．一方，右派社会党は全国区で15名，地方区で24名を，左派社会党

は全国区で24名,地方区で26名を擁立した(前回,社会党は全国区で32名,地方区で43名を擁立).背景としては,社会党左右分裂以来初の参議院選挙であったため,互いに候補を立て合ったこと,保守勢力の混乱に乗じた社会主義勢力の躍進を期待したことが挙げられる.緑風会は全国区で22名,地方区で12名の計34名(前回58名),共産党は全国区で3名,地方区で9名の計12名(前回49名)と候補者数を前回に比べ大幅に減少させた.なお,左派社会党が労組出身者を中心に,また緑風会が著名人を中心に全国区の候補を擁立していること,全国区選挙に力をいれていることは両者の特徴を示すものであろう.

c. 選挙の状況　　第25回衆議院総選挙からたった165日後になされた「バカヤロー解散」への是非は,第26回の総選挙のみならず,その1週間後に予定されたこの第3回の参議院選挙の論点ともなった.野党各派は,自由党内の紛争から生じた内閣の不信任に対し,内閣を総辞職するのではなく,解散で対抗したことを非難した.一方の与党自由党は,保守政党と社会主義政党の連携を指摘し,政策で折り合いをつけることもなく,政局で優位に立とうとして行った内閣不信任案可決に対し,解散をもって対抗するのは憲法上も認められた正当なやり方である,と反論し,論争を巻き起こした.

さらに,各党は今後の政権構想を選挙前に打ち出しており,これが2つ目の大きな論点となった.吉田自由党が単独政権の維持を掲げたのに対し,改進党や鳩山自由党は,進歩的保守勢力を中心とした野党の結集を呼びかけた.また右派社会党は,左派社会党との連携及び社会主義政権の樹立を目指した.[12]

その他に注目されたのは,再軍備問題であった.左派社会党による「再軍備反対」の強い主張に呼応するかのように,鳩山自由党と改進党は明確に自衛軍創設を打ち出した.与党吉田自由党は「現在は再軍備を行わない」と主張,右派社会党は「再軍備よりも社会保障」という表現に留めた.[13]

(2)選挙結果(表1-2-3)

a. 党ごとの結果・当選者の傾向　　与党の吉田自由党は改選議席34に対して全国区16議席,地方区30議席を獲得し,第一党を維持した.しかし,単独で政権を安定させることができるほどの議席を獲得したとは言い難い.第二勢力の緑風会は,改選議席36に対して全国区8議席,地方区8議席,計16議席(前回は9議席を獲得)を獲得した.全国区選挙での相対的安定を示した結果にはなったが,地域組織をもたないことによる選挙戦での決定力不足は否めず,

表1-2-3　第3回選挙結果

| | 全国区 | | | | 地方区 | | | | 合計 | | | |
|---|---|---|---|---|---|---|---|---|---|---|---|---|
| | 候補 | 当選 | 非改選 | 合計 | 候補 | 当選 | 非改選 | 合計 | 候補 | 当選 | 非改選 | 合計 |
| 自由党 | 38 | 16 | 15 | 31 | 45 | 30 | 32 | 62 | 84 | 46 | 47 | 93 |
| 自由党(分党派) | 1 | 0 | 0 | 0 | 7 | 0 | 2 | 2 | 9 | 0 | 2 | 2 |
| 改進党 | 17 | 3 | 4 | 7 | 26 | 5 | 3 | 8 | 43 | 8 | 7 | 15 |
| 緑風会 | 22 | 8 | 11 | 19 | 12 | 8 | 7 | 15 | 35 | 16 | 18 | 34 |
| 日本社会党(右派) | 15 | 3 | 3 | 6 | 24 | 7 | 13 | 20 | 40 | 10 | 16 | 26 |
| 日本社会党(左派) | 24 | 8 | 11 | 19 | 26 | 10 | 11 | 21 | 50 | 18 | 22 | 40 |
| 日本共産党 | 3 | 0 | 1 | 1 | 9 | 0 | 0 | 0 | 16 | 0 | 1 | 1 |
| 諸派 | 12 | 0 | 1 | 1 | 6 | 1 | 1 | 2 | 19 | 1 | 2 | 3 |
| 無所属 | 102 | 15 | 1 | 16 | 58 | 14 | 6 | 20 | 164 | 29 | 7 | 36 |
| 合計 | 234 | 53 | 47 | 100 | 213 | 75 | 75 | 150 | 460 | 128 | 122 | 250 |

＊自由党，自由党(分党派)，日本社会党(右派)，日本社会党(左派)はそれぞれ，第3章やデータ上では自由党(1)，自由党(1R)，日本社会党(2R)，日本社会党(2L)とされるものである．

選挙後に無所属当選者が加わることで勢力を大きくしていた．

　躍進を遂げたのは，左派社会党で改選議席9に対して全国区8議席，地方区10議席を獲得した．左派社会党は労働組合の支持を背景に票を伸ばすことに成功した．一方，鳩山自由党・改進党・右派社会党といった勢力は，低迷を余儀なくされた．吉田自由党から分派した鳩山自由党は，参議院選挙への準備不足がたたったのか，改選議席3に対して議席を1つも獲得することができなかったし，分裂後初の選挙を迎えた右派社会党も，左派社会党の躍進とは対照的に，改選議席14に対して全国区3議席，地方区7議席を獲得するにとどまった．また，自由党の内紛を嫌う保守勢力支持者の票が流れることが期待された改進党も，改選議席9に対して全国区3議席，地方区5議席の8議席を確保しただけで，勢力は縮小した．共産党は，改選数の2議席も確保できず，獲得議席はゼロになった．

　当選者の顔ぶれを見ると，追放制度が消滅した今回の選挙においては，戦前や戦時中の閣僚を含めた政治家や軍人，財界人が多く見られた[14]．女性当選者は，全国区において初当選の2名を含めて6名，地方区において初当選のみの4名の計10名に達し，前回の計5名を大幅に上回った．

b．政局への影響　　前述の通り，吉田自由党と左派社会党の躍進に対し，鳩山自由党・改進党・緑風会・右派社会党といった勢力は，軒並み議席数を減少させた．これは，中間勢力の衰退と政界の再編を予感させるものであった．なお，緑風会は選挙後に無所属議員の入会によって勢力を取り戻し，参議院で今後もキャスティングボートを握ることには変化がなかったといえる．

c. 有権者の行動　　１週間前に衆議院選挙が行われたこともあり，有権者の参議院選挙への関心はあまり高くないものと予想された．結果，投票率は63.2%に止まり（前回の投票率は72.2%），戦後のそれまでの総選挙で２番目の高記録を打ち立てた直前の衆議院選挙（74.2%）と比べても低い投票率となった．

d. その他（栃木県佐野市における再選挙）　　この選挙について，栃木県佐野市における選挙が公職選挙法第173条による候補者氏名および所属政党の掲示において誤記があったため無効であるとの訴えが1953年５月６日に中央選挙管理会委員長を被告として東京高裁に提起された．そして最高裁は上告審において当該選挙のうち栃木県佐野市における選挙を無効とする，ただし当選者53名のうち上位47名は当選を失わない旨の判決をした．[15] この結果1954年10月17日に栃木県佐野市において全国区再選挙が行われた．投票結果は，有権者数32,488人，投票者数25,425人で投票率は78.3%．立候補者は当選を失わない47名と候補者を辞したとみなされた者10名を除く177名で，開票の結果，大倉精一，大谷贇雄，関根久蔵（以上，６年議員），八木秀次，平林剛，柏木庫治（以上，３年議員）が当選した．

(伏見周祐)


## 4. 第４回選挙（1956年７月８日）総括
(1)政治状況・選挙運動

a. 政治状況　　55年総選挙で発足した第２次鳩山内閣の与党民主党は，衆議院の４割の議席しか持たない少数与党であった．さらに左右に別れていた社会党が統一することになり，いずれは政権を担いそうな様子であることが保守側に不安を与えていた．そのような政治状況の中，保守勢力の結集が実現し，11月に民主党と自由党が合同し自由民主党が結党された．これにより，自社二大政党による55年体制が形成された．保守合同が進んでいる間，鳩山首相はソ連との国交回復にも力を尽くしていた．しかし合同に伴って自民党内では主導権争いが続き，失望した有権者による自民党離れが進み，一方の社会党も選挙前の第24回国会における新教育委員会法案を巡る混乱が暴力国会と非難され厳しい世論の目が向けられていた．そのような状況のなか第４回選挙を迎えた．

b. 立候補状況　　今回の選挙は，改選数が全国区補選２議席を含めて127議

席（全国区52議席，地方区75議席）なのに対し，立候補者は総数341名（全国区150名，地方区191名）で競争率は，全国区2.9倍（前回4.4倍），地方区2.5倍（前回2.8倍）となり前回よりも低くなった．このうち新顔候補の占める割合が64.8％に達している．女性候補は全国区10名，地方区7名の計17名で前回の28名（全国区17名，地方区11名）から減った．

　自民党は，全国区54名，地方区64名の合計118名を，社会党は，全国区29名，地方区53名の合計82名をそれぞれ擁立した．この選挙は，保守合同，左右社会党の統一を経て二大政党誕生後初めての参議院通常選挙であり，地方区では，自民党の候補者と社会党の候補者が対決する構図が各地で見られた．全国区では，有利な選挙を進めているのは自民・社会の両党が多く，それぞれ業界組織または労組組織に乗って保守対革新の対立，競争を高めているのが目立った．

　その他の政党は，共産党が全国区3名，地方区31名の計34名を擁立し前回の12名（全国区3名，地方区9名）から大幅に増やした．一方，勢力が減少傾向にある緑風会は19名（全国区14名，地方区5名）の擁立にとどまった．

**c. 選挙の状況**　争点は，憲法改正問題と，日ソ国交問題，直前の国会で取り上げられた教育問題などが挙げられた．特に憲法改正問題は，改正を主張する自民党と反対を唱える社会党とで対立し有権者に非常にわかり易い争点として提示された．

　自民党の目標は，鳩山首相の政策課題でもある憲法改正の発議に必要な3分の2議席を獲得することであった．保守合同後初の選挙であるため各地で旧民主・自由両党の候補者が競合したが，大部分の地方区で候補者を絞ることに成功した．政策については憲法改正を前面には出さず，政策論争を挑むというよりも直前の国会での暴力事件を最大限に宣伝し，社会党を攻撃する方針をとり選挙戦を繰り広げた．

　社会党にとってこの選挙は両派社会党が統一して初めて迎えた選挙であった．二大政党制という新しい政治情勢の中で，政策の対立をはっきりと迫られた選挙であった．そして何よりも，参議院に憲法改正阻止の防波堤を築けるかの天王山であった．自民党から暴力国会批判もあったが，政策を前面に押し出し特に「憲法改悪反対」を旗印として掲げ選挙戦を戦った．

　緑風会は，自社両党に挟まれて強い危機感をもったが，各候補者の政見が党議で統一されていないので積極的な政策というよりも二院制のあり方から

説明し参議院における緑風会の存在意義を強調する方法で有権者に訴えた．

(2)選挙結果（表1-2-4）

a. 党ごとの結果・当選者の傾向　自民党は，改選数61名（全国区16名，地方区45名）に対し全国区19議席，地方区42議席の計61議席で改選議席数を確保した．定数1の地方区では農村など保守の強い基盤での票をまとめ手堅く勝利を重ねる一方で，東京では定数4のところを1議席確保するのみにとどまったのをはじめ，神奈川では社会党が2議席独占するなど都市部では革新勢力に押された形となった．自民党の相対得票率は，全国区39.7％，地方区48.4％であった．

一方社会党は改選数37名（全国区15名，地方区22名）であったが全国区では自民党を上回る21議席を，地方区で6名増加する28名の当選を果たし，躍進した．社会党の相対得票率は，全国区29.9％，地方区37.6％であった．

当選者の傾向としては，保守系では官僚出身者を始め地主勢力をバックとした候補者や旧軍人の進出が見られた．革新系では日教組など労組出身者が強みを発揮した．女性は社会党の加藤シヅエが70万票を獲得し全国区でトップ当選したのをはじめ全国区で3名，地方区で2名が当選した（前回は全国区6名，地方区4名）．

また，自民党の現状維持，社会党の進出の中で参議院の第三勢力であった緑風会が，全国区で5議席，地方区で0議席と改選前の合計17議席から激減したことも1つの特徴であった．また，労働者農民党は2議席から議席を失い，共産党は1議席増となった．こうして参院の新勢力は自民・社会両党による二大政党対立の形をはっきりさせることとなり政党化が進んだ．

表1-2-4　第4回選挙結果

|  | 全国区 | | | | 地方区 | | | | 合計 | | | |
| --- | --- | --- | --- | --- | --- | --- | --- | --- | --- | --- | --- | --- |
|  | 候補 | 当選 | 非改選 | 合計 | 候補 | 当選 | 非改選 | 合計 | 候補 | 当選 | 非改選 | 合計 |
| 自由民主党 | 54 | 19 | 23 | 42 | 64 | 42 | 38 | 80 | 118 | 61 | 61 | 122 |
| 緑風会 | 14 | 5 | 13 | 18 | 5 | 0 | 13 | 13 | 19 | 5 | 26 | 31 |
| 日本社会党 | 29 | 21 | 10 | 31 | 53 | 28 | 21 | 49 | 82 | 49 | 31 | 80 |
| 労働者農民党 | 1 | 0 | 0 | 0 | 2 | 0 | 0 | 0 | 3 | 0 | 0 | 0 |
| 日本共産党 | 3 | 1 | 0 | 1 | 31 | 1 | 0 | 1 | 34 | 2 | 0 | 2 |
| 諸派 | 9 | 1 | 0 | 1 | 8 | 0 | 0 | 0 | 17 | 1 | 0 | 1 |
| 無所属 | 40 | 5 | 2 | 7 | 28 | 4 | 3 | 7 | 68 | 9 | 5 | 14 |
| 合計 | 150 | 52 | 48 | 100 | 191 | 75 | 75 | 150 | 341 | 127 | 123 | 250 |

*日本社会党は，第3章やデータ上では日本社会党(3)とされるものである．

b. 政局への影響　　今回の社会党の躍進の結果，社会・労農・共産の革新3党と無所属の革新系議員を含めると改正阻止に必要な84議席以上の議席を占めることになり，次の参議院選挙までの3年間，国会で憲法改正問題を発議できなくなった．よってこれ以後の国会の焦点は日ソ国交交渉再開に移っていった．また，この選挙で参議院の政党化が進み衆院との勢力分野が似たことで，独自の機能を果たすための参議院運営のあり方などの議論が沸き起こることが予想された．

c. 有権者の行動　　投票率は62.1％で前回28年の63.2％より1ポイント程低下した．投票日である7月18日は全国的に晴れまたは薄曇りにもかかわらず低調に終わった．その原因としては，直前国会の混乱が有権者の政治不信を増大させたことや，参議院の政党化が進み投票の意義を有権者が感じられなかったことなどが挙げられる．

争点が投票に与えた影響として，社会党など野党が鳩山政権の憲法改正推進に対する危機感を強調したため，有権者も保守勢力の国会3分の2議席以上の確保阻止を狙って社会党の議席増につながったとの指摘がなされた．[16]

（米谷寛子）

## 5. 第5回選挙（1959年6月2日）総括

(1)政治状況・選挙運動

a. 政治状況　　57年に発足した岸内閣は，積極的な外交政策を展開していった．翌58年二大政党制のもと初めて行われた総選挙では，自民党は勢力を1議席減らしたのみにとどまり有利といわれていた社会党がそれほど伸びなかったため，岸内閣は政権運営に対して自信を深め念願である日米安全保障条約改定に向けての準備を進めていた．直前の統一地方選挙は，知事選では自民党が勝利し，市町村における選挙では社会党が票を伸ばすなど自社2党への評価も一進一退であった．そして安保問題や日中問題などの外交政策がまだ盛り上がりに欠け有権者の関心も薄いまま第5回選挙を迎えた．

b. 立候補状況　　今回の選挙は，改選数が全国区補選分2議席を含めて127議席（全国区52議席，地方区75議席）であるに対し，立候補者は総数330名（全国区122名，地方区208名）で，競争率は全国区2.3倍（前回2.9倍），地方区2.8倍（前回2.5倍）となっている．

地方区では前回と同様自社対決が至る所で展開されており1人区の16県で

自社両党の候補者が事実上一騎打ちになっている．候補者は自民党では前，元知事が立っているのが目立つのに対し社会党では，党県連または県評などの役員の肩書きを持つものが多い．全国区では，自民党など保守派では官僚や旧軍人，遺族，医師会などの職能または業界代表という形で多種多様な人が立候補し，社会党など革新派では自治労，全逓，全農林など労組組織の上に乗って出馬している人が圧倒的に多い．また新顔候補の占める割合が前回の64.8％をさらに上回り68.8％に達していることが目立った特徴として挙げられる．女性候補は全国区10名，地方区8名の計18名で前回（全国区10名，地方区7名）からほぼ横ばいである．

自民党は，全国区36名，地方区65名の計91名を擁立し70名の当選を目指した．地方区では共倒れを防ぐために候補者の乱立を防ぎ，全国区では労組組織票の上に立つ社会党に対抗するため，集票力のある候補者に絞ると共に地方の組織化を進め票の割り当てを行った．社会党は，全国区25名，地方区53名の計78名の立候補者を立てた．地方区では町村レベルからの組織票固めをしてテコ入れを行うと共に全国区では総評や全労など労組丸抱えの選挙戦を展開した．

c. 選挙の状況　　自民党は参院で安定した過半数を確保することを目標とし，社会党は「三分の一から第一党へ」を唯一最大の目標とした．自社両党の選挙戦に対する態度で目立ったのは具体的な政策を訴えて選挙民の共感を得ようというよりは互いに相手の党を攻撃することによって自党の立場を有利にしようとする傾向であった．緑風会や諸派，無所属の候補者は「参院の政党化」を批判して選挙戦を進めた．

争点として挙げられたのは，日米安全保障条約改定，日中問題などであった．前回の明確な争点であった憲法改正問題は自社両党ともほとんど取り上げなかった．具体的には，自民党は公約では争点である安保改定や日中問題でのアピールは票にはならないと考え，内政面での実績を強調すると共に社会保障や中小企業対策などを強調した．社会党は公約で外交政策に力を入れ安保改定と日中関係の打開の問題を正面から取り上げて自民党との対決を挑んだ．

(2)選挙結果（表1-2-5）

a. 党ごとの結果・当選者の傾向　　自民党は改選66議席（全国区23議席，地方区43議席）に対し全国区で22議席，地方区で49議席の計71議席を獲得した．

表1-2-5　第5回選挙結果

| | 全国区 | | | | 地方区 | | | | 合計 | | | |
|---|---|---|---|---|---|---|---|---|---|---|---|---|
| | 候補 | 当選 | 非改選 | 合計 | 候補 | 当選 | 非改選 | 合計 | 候補 | 当選 | 非改選 | 合計 |
| 自由民主党 | 36 | 22 | 17 | 39 | 65 | 49 | 45 | 94 | 101 | 71 | 62 | 133 |
| 緑風会 | 5 | 4 | 5 | 9 | 7 | 2 | 0 | 2 | 12 | 6 | 5 | 11 |
| 日本社会党 | 25 | 17 | 20 | 37 | 53 | 21 | 27 | 48 | 78 | 38 | 47 | 85 |
| 日本共産党 | 2 | 1 | 1 | 2 | 34 | 0 | 1 | 1 | 36 | 1 | 2 | 3 |
| 諸派 | 10 | 1 | 0 | 1 | 13 | 0 | 0 | 0 | 23 | 1 | 0 | 1 |
| 無所属 | 44 | 7 | 5 | 12 | 36 | 3 | 2 | 5 | 80 | 10 | 7 | 17 |
| 合計 | 122 | 52 | 48 | 100 | 208 | 75 | 75 | 150 | 330 | 127 | 123 | 250 |

＊日本社会党は，第3章やデータ上では日本社会党(3)とされるものである．

全国区では官僚出身や業界関係など全国的な組織をバックにした候補者が圧倒的な得票で勝利した．地方区でも1人区で自社対決となった16県のうち15県で議席を獲得し基盤の強さを見せつけた．相対得票率は，全国区41.2%（前回39.7%），地方区52.0%（前回48.4%）であった．

社会党は改選31議席（全国区12議席，地方区19議席）に対し，全国区で17議席，地方区で21議席の計38議席を獲得した．自社対決で1人区を辛うじて1県獲得したが東京では全敗するなど直前の予想よりも伸び悩む結果となった．全国区でも，広く国民の支持を得るというよりも労組の組織票の限界内にとどまった感じであった．相対得票率は全国区26.5%（前回29.9%），地方区34.1%（前回37.6%）で前回より低下した．

緑風会は改選15議席であったが全国区で4議席，地方区で2議席の計6議席しか獲得できず前回と同様大きく議席を落とし，勢力衰退がさらに著しくなった．その他，共産党は1議席を獲得し，無所属で立候補した創価学会の候補者は6名全員の当選を果たした．

女性の当選者は，全国区5名，地方区3名の計8名で前回の5名より増えた．

b．政局への影響　　自民党は非改選議員を加えて130人台の安定多数を確保し，この結果を現状の大きな変革を望まぬ民意の表れと捉え，岸体制は政策維持強化を図り長期政権担当の構えを示した．また，緑風会などの中間勢力の衰退の結果，参議院の運営は自社両党の下で行われる傾向が強まった．一方，社会党は所期の目標に達しなかった結果を敗北と受け止めたことから再建論争が起こり，内紛から分裂そして民主社会党の誕生が導かれることになった．[17]

c. 有権者の行動　　投票率は，58.7%であり前回の62.1%よりもさらに下がった．投票率が低調だった理由として挙げられるのは，直前の地方選の選挙疲れや農繁期であったこと，直接に政権と関連する衆議院と比べ参議院が縁遠く感じられることなどが挙げられるだろう．

　争点として挙げられていたのは日米安保条約改定と日中問題であったが，前回の分かりやすい争点の1つであった憲法改正問題とは異なり，これらの外交問題は有権者に分かりにくく身近な問題として認識できなかったのではないかと指摘された[18]．それゆえこの問題を真正面から取り上げた社会党への得票につながらず，この問題を避ける形で内政での実績を強調した自民党が手堅く票を獲得したと推測される．

d. その他　　第5回選挙のその他の特徴として挙げられるのは，政党の組織化・選挙の組織化である．具体的には，全国区・地方区でも保守革新を問わず，地方で票の割り当てが行われた点にある．このような割り当てが参院の政党化をさらに進め，緑風会などの中間勢力の無力化を引き起こす一方，創価学会などの新しい勢力の進出も見られるなかで，参議院の独自性をどのように出していくかが課題として残った．

（米谷寛子）

## 6. 第6回選挙（1962年7月1日）総括

(1)政治状況・選挙運動

a. 政治状況　　日米安全保障条約改定をめぐる国内の混乱の責任をとって退陣した岸内閣に代わって，60年に発足した池田内閣は「寛容と忍耐」に象徴される低姿勢と「所得倍増計画」を中心とした新しい経済政策を掲げた．安保への対応をめぐる国民の自民党への不信感から，革新側に有利と見られていた60年11月の総選挙に勝利を収めた池田内閣は，党内では主流派争いがあるものの，高い経済成長の継続により国民の支持は安定した．これに対して社会党をはじめとする野党は，社会党が安保問題を巡って分裂し民主社会党が結成され，緑風会は参議院同志会として新しい活動を始めるなどの動きはあったものの，国会運営は自民党のペースで進み，大きな争点がない中で第6回選挙を迎えた．

　選挙前の全国での各政党支持率は，自民党37%，社会党25%，民社党4%，共産党1%，好きな政党なし9%であった[19]．

**b. 立候補状況**　　今回の選挙が, 改選数が全国区と東京地方区の補欠分各1議席を含めて127議席（全国区51議席, 地方区76議席）であるのに対し, 立候補者は総数328名（全国区107名, 地方区221名）で, 競争率は全国区2.1倍（前回2.3倍）, 地方区2.9倍（同2.8倍）となっている. 前回と比較して競争率は横ばいであるが, 各党派の選挙基盤がようやく固定し個々の候補者はそれぞれ有力な支持団体を背景に組織対組織の票争いを展開し, 質的にはこれまでにない激しいものになった. このうち現元新の候補別では新顔候補が213名と最も多いが, 全体に占める割合は64.9%で前回の68.8%より下回っておりそれだけ現職議員の占める割合が増えた. これは議員の顔ぶれの固定化が進んだことなどで新顔の進出が困難になったためと見られるが, 特に全国区における新顔候補は67名（前回86名）と減少が目立ち全国区を敬遠する傾向が表れている. 女性候補は全国区9, 地方区6の計15名で前回の18名より若干減少した.

　自民党は, 全国区39名, 地方区61名, 合計100名の候補者を立てて現状より最低6名上回る70名以上の当選を目標とした. 社会党は, 全国区19名, 地方区50名の計69名を擁立した. その他の政党は, 緑風会を前身とする参議院同志会は全国区5名（前回, 緑風会5名）, 地方区1名（同7名）と候補者の減少傾向に歯止めがかからず党勢の衰退を表している. 共産党は全国区2名, 地方区45名の計47名（前回計36名）で候補者の増加傾向が続いていた.

**c. 選挙の状況**　　自民党は, この選挙のために前年から精力的に各種業界団体の組織票固めを進め, 挙党態勢を掲げ有力幹部による全国遊説を効率的に行うことに成功した. 社会党は, 同党単独で「護憲」に必要な55名の当選を目標に掲げ, それにできるだけ近づけようと選挙戦を戦った. 参議院同志会は, 二院制の意義を生かす非政党勢力の必要性を訴えた.

　争点として挙げられたのは, 憲法改正問題や物価問題, 文教政策についてであり, 前回や前々回で大きな争点であった外交問題はあまり話題として上らなかった. 自民党は, 自党の新政策を積極的に訴えるというよりもむしろ社会党を批判し, 自民党政権が培った自由主義陣営外交の国際的・経済的成果を誇示することに努めた. 新しい政策としては大学の管理制度の再検討を打ち出した.

　社会党は,「憲法改正阻止」を強調するとともに, 池田内閣の高度経済成長は, 物価上昇をもたらし国民の生活を圧迫していると訴えた. 自民党の大学

管理制度に対しては学問の自由をおかす恐れがあるとして反対した．民社党は，「福祉国家の建設」を掲げ，憲法擁護，物価安定，超党派外交の確立などを訴えるとともに自社両党の対立が大衆の政治不信を招いているとして批判し，新しい勢力としての民社党の存在意義を強調した．

(2)選挙結果（表1-2-6）

a. 党ごとの結果・当選者の傾向　自民党は改選64議席（全国区18議席，地方区46議席）に対し全国区で21議席，地方区で48議席の計69議席を確保した．全国区では新顔を中心に順調に議席を伸ばし，地方区でも1人区である25選挙区のうち22選挙区で勝ち，2人区でも熊本，静岡では独占するなど強さを示した．相対得票率は，全国区46.4％（前回41.2％），地方区47.1％（同52.0％）であり地方区では減らしたが，全国区では5ポイントも伸ばした．

社会党は改選36議席（全国区18議席，地方区18議席）に対し全国区で15議席，地方区で22議席の計37議席を獲得した．全国区では候補者の乱立を避け，当選が見込まれる候補に絞ったにもかかわらず伸び悩んだ．また，自社対決となった1人区では自民党に圧倒されたのをはじめ，地方区で新たに増えた議席の多くは，民社党から奪ったもので野党同士の票の奪い合いのようになった．相対得票率は，全国区24.2％（前回26.5％），地方区32.8％（前回34.1％）で前回より若干低下した．

民社党は改選数9（全国区2，地方区7）であったが，全国区で3議席，地方区で1議席の計4議席しか獲得できなかった．参議院同志会は，改選数6議席から2議席となり前回と同様大きく議席を落とし，参議院の中での勢力衰退がさらに著しくなった．その他，共産党が3議席を獲得し，創価学会

表1-2-6　第6回選挙結果

|  | 全国区 | | | | 地方区 | | | | 合計 | | | |
| --- | --- | --- | --- | --- | --- | --- | --- | --- | --- | --- | --- | --- |
|  | 候補 | 当選 | 非改選 | 合計 | 候補 | 当選 | 非改選 | 合計 | 候補 | 当選 | 非改選 | 合計 |
| 自由民主党 | 39 | 21 | 24 | 45 | 61 | 48 | 49 | 97 | 100 | 69 | 73 | 142 |
| 参議院同志会 | 5 | 2 | 4 | 6 | 1 | 0 | 3 | 3 | 6 | 2 | 7 | 9 |
| 日本社会党 | 19 | 15 | 13 | 28 | 50 | 22 | 16 | 38 | 69 | 37 | 29 | 66 |
| 民主社会党 | 5 | 3 | 2 | 5 | 19 | 1 | 5 | 6 | 24 | 4 | 7 | 11 |
| 日本共産党 | 2 | 2 | 1 | 3 | 45 | 1 | 0 | 1 | 47 | 3 | 1 | 4 |
| 諸派 | 7 | 0 | 0 | 0 | 5 | 0 | 0 | 0 | 12 | 0 | 0 | 0 |
| 無所属 | 30 | 8 | 5 | 13 | 40 | 4 | 1 | 5 | 70 | 12 | 6 | 18 |
| 合計 | 107 | 51 | 49 | 100 | 221 | 76 | 74 | 150 | 328 | 127 | 123 | 250 |

＊日本社会党は，第3章やデータ上では日本社会党(3)とされるものである．

から無所属で立候補した9名全員が当選を果たした．
　女性当選者は，8名（全国区6名，地方区2名）で前回と同数だった．
b. **政局への影響**　　選挙の結果，自民党は池田内閣が信任を得たと捉え，経済成長を促進させるための諸政策を更に推進する意向を示した．また，社会・民社・共産などの野党勢力で改憲阻止に必要な3分の1勢力の確保はならなかったが，無所属の議員をもつ創価学会が改憲反対を表明しており憲法改正問題は今後の政局の中で大きな比重を占めることはなくなった．
c. **有権者の行動**　　投票率は，68.2％であり前回の58.7％よりも10ポイント近くも上昇した．憲法，物価問題などをめぐる与野党のやりとりはあったが，際だった争点に乏しく農繁期の地方が多いことから当初は，一般有権者の関心はかなり低調と考えられていた．しかし，中央選挙管理会を中心に「投票総参加運動」が全国的に進められたことや地方にまで張り巡らされた各党派の組織が，支持者に積極的に働きかけたこと，天候に恵まれたことなどにより近年まれにみる高投票率を記録した．
　争点として挙げられていたのは憲法問題と物価問題であったが，安保の混乱も収束した国内において，憲法問題はそれほど有権者の関心を引かなかったと考えられる．また，社会党などが物価高を理由に自民党を批判したが，国民の多くが現に実現されている経済成長を歓迎しており，池田内閣の経済政策への信任の意味も込めて自民党の得票に結びついたと思われる．
d. **その他**　　その他の特徴として挙げられるのは，創価学会の進出である．前回，前々回から確実に当選者を出してきたが，この回も無所属で候補者9名全員の当選を果たし，民社党を抜いて参院の第三勢力に進出した．

　　　　　　　　　　　　　　　　　　　　　　　　　　　（米谷寛子）


## 7. 第7回選挙（1965年7月4日）総括
### (1)政治状況・選挙運動
a. **政治状況**　　自民党にとっては1964年に発足した佐藤内閣が初めて迎える全国選挙であり，同内閣は発足後すぐに日韓基本条約の仮調印，ILO 87号条約の批准，農地報償法の成立という懸案を野党の反対を押し切り進めたことから，国民の内閣への信頼度を測るものとして注目された．社会党にとっても佐々木委員長の就任後初の全国選挙とあって社会党内の路線を巡る論争への影響が予想された．緑風会が姿を消し，参議院の政党化が進むものとされ

た.

選挙前の全国での各政党支持率は，自民党35.3％，社会党24.6％，公明党3.3％，民社党4.0％，共産党1.2％，好きな政党なし9.1％で，前回からの大きな変動は見られなかった．

b. 立候補状況　改選数が全国区補選分2を含めて127（全国区52，地方区75）なのに対し，候補者数は332名（全国区99名，地方区233名）．競争率は全国区で1.9倍（前回2.1倍），地方区で3.1倍（2.9倍）と比べるとほぼ横ばいであるが，特に全国区の競争率はこれまでで最も低く，各党が公認を厳しくしぼった少数激戦の様相が強いとされた．このうち新顔候補の占める割合は71.4％で，前回（64.9％）に比べ増加した．これは前議員の引退が多かったためで，新旧交代が進むことが予想された．女性候補は全国区8名，地方区5名で前回（全国区9名，地方区6名）からやや減った．

政党別にみると，自民党は全国区36名，地方区60名の計96名を，社会党は全国区16名，地方区49名の計65名をそれぞれ擁立した．共産党は全国区2名，地方区46名の計48名の立候補者を立てた．また今回はこれまで無所属として立候補していた創価学会の候補者が公明党として選挙に参加し，同党は全国区9名，地方区5名の計14名を擁立した．

c. 選挙の状況　対外的には日韓，日中問題にベトナム戦争，対内的には経済不況，物価，冷害などの問題が発生し，政策的争点とされた．各党はこれらを国民生活に直結させ，政策論争を続けた．自民党は高度経済成長政策のひずみを是正し，安定成長に切り替える方針のもとで，財政投融資の繰り上げ支出を決め，中小企業救済に力を入れることを示し，さらに減税も公約として掲げた．また外交では選挙戦の最中に日韓基本条約の正式調印をなし，選挙での支持を足がかりにしようとの意図がみられた．

社会党は佐藤内閣の経済政策は景気を悪化させ，公共料金の値上がりがなされるなど国民政策をますます圧迫するものと反発した．さらに外交でも日韓基本条約の調印に強く反対し，その批准をはばむべく議席増を目指した．民社党は中小企業振興の主張に力点をおき，躍進に大きな期待をかけた．公明党は政党としては今回が初の全国選挙であり，来る総選挙を占うべく既成政党への攻撃に重点をおいた．共産党は3年前の参院選で示された支持をさらに伸ばすべく，独自の政策を主張した．

d. その他　熊本県五木村全村と坂本村の大部分では豪雨による水害のた

め，戦後の全国選挙としては初めて，投票日を7月4日から11日に繰り延べた．

(2)選挙結果（表1-2-7）

**a. 党ごとの結果・当選者の傾向** 自民党は改選75名に対し全国区25名，地方区46名の71名が当選した．結果として第一党の座こそゆるがなかったが，地方区では4つの1人区を社会党にゆずり東京では2候補ともに落選するなど，改選議席を4つ減らした．相対得票率も全国区47.2%（前回46.4％），地方区44.2%（前回47.1%）と地方区で下がっている．

社会党は改選28名に対し全国区12名，地方区24名の36名が当選と躍進した．地方区では前回2しかなかった1人区での当選が4に増えるなど改選議席数を9も上回った．全国得票率はほとんど前回と変わらず，死票が減ったと考えられる．ただし2人区以上では議席を伸ばすことができず，また全国区でも改選議席13に対し当選12と伸び悩み，改選議席数から見て増加とはいえ，絶対数からは依然自民党に及ばない状況は変わっていない．相対得票率は全国区23.4%（前回24.2%），地方区32.8%（前回32.8%）だった．

民社党は全国区で2議席，地方区では1議席（改選3議席）しか獲得できず苦戦した．公明党は政党として初めての全国選挙であり全国区では9名の候補者が全員当選したが，地方区では2議席にとどまった．とはいえいずれも惜敗で，創価学会の世帯数以上の得票を得て底力は示した．共産党は議席数こそ改選数と変化はなかったが，得票数は大幅に増やした．また社会，公明，民社，共産の各党を合わせると非改選議席も含めて3分の1という憲法改正阻止に必要な議席数を突破した．

表1-2-7　第7回選挙結果

|  | 全国区 | | | | 地方区 | | | | 合計 | | | |
|---|---|---|---|---|---|---|---|---|---|---|---|---|
|  | 候補 | 当選 | 非改選 | 合計 | 候補 | 当選 | 非改選 | 合計 | 候補 | 当選 | 非改選 | 合計 |
| 自由民主党 | 36 | 25 | 20 | 45 | 60 | 46 | 49 | 95 | 96 | 71 | 69 | 140 |
| 日本社会党 | 16 | 12 | 15 | 27 | 49 | 24 | 22 | 46 | 65 | 36 | 37 | 73 |
| 公明党 | 9 | 9 | 7 | 16 | 5 | 2 | 2 | 4 | 14 | 11 | 9 | 20 |
| 民主社会党 | 5 | 2 | 3 | 5 | 16 | 1 | 1 | 2 | 21 | 3 | 4 | 7 |
| 日本共産党 | 2 | 2 | 1 | 3 | 46 | 1 | 0 | 1 | 48 | 3 | 1 | 4 |
| 諸派 | 9 | 0 | 0 | 0 | 27 | 0 | 0 | 0 | 36 | 0 | 0 | 0 |
| 無所属 | 22 | 2 | 2 | 4 | 30 | 1 | 0 | 1 | 52 | 3 | 2 | 5 |
| 合計 | 99 | 52 | 48 | 100 | 233 | 75 | 74 | 149 | 332 | 127 | 122 | 249 |

\* 日本社会党，公明党はそれぞれ，第3章やデータ上では日本社会党(3)，公明党(1)とされるものである．

全体的に見て全国区では，自民党が高級官僚出身者と遺族会，軍恩連など保守系の団体を，社会党が総評を，民社党が同盟系の主力単産（産業別単一労働組合）をバックに候補者を出し，組織力の強さを見せつけた．また公明党の本格的な国会進出に刺激され，強力な組織としての宗教界の進出が顕著となった．創価学会の組織力を見せた公明党だけでなく，その他の宗教でも玉置和郎，楠正俊（ともに自民党）らが当選を決めた．[20] 逆に組織力を持たない無所属候補は軒並み苦戦に終わった．新顔は54名（全国区26名，地方区28名）で前回39名から大きく増加し新旧交代が進んだ．また，女性は9名（全国区7名，地方区2名）だった．

**b. 政局への影響**　自民党は，佐藤内閣への支持が崩れてはいないとしつつも東京での完敗などを受け，すでに調印を済ませた日韓条約の批准に向けて全力を尽くす方針を明らかにした．対する社会党は今回の伸びを受け，日韓条約の阻止を目指すとともに，続く東京都議会選挙，衆議院選挙に向けての態勢を固める構えをみせた．また公明党は党勢が伸びていると判断し，次の衆議院選挙では公認候補を大きく増やす方針を採ることとなった．

**c. 有権者の行動**　全国平均投票率は67.0％で，前回（68.2％）をやや下回ったもののこれまでで3番目に高い好成績となった．これは減税，経済不況，物価高など生活に直結する問題が争点となったことも一因だろう．全般的には農村部の方が高く，逆に都市部，特に当落の大勢が決しているとみられる神奈川などの地方区では関心の低さが目立った．また婦人参政権獲得20年にあたり，東京，大阪，神奈川では国会議員選挙としては初めて女性の投票率が男性の投票率を上回った．

（松平健輔）

## 8. 第8回選挙（1968年7月7日）総括

(1)政治状況・選挙運動

**a. 政治状況**　64年に始まった佐藤政権は自民党代議士の不正によるいわゆる「黒い霧事件」で初めて危機を迎え，67年1月には解散総選挙が行われた．しかし自民党は不利な状況下でもそれほど議席を減らすことなく，むしろ社会党が不振に終わった．このような中で第8回選挙は1970年の日米安保条約再検討期における参議院勢力を決めるものであり，東京の米軍王子病院問題，佐世保の異常放射能事件，九大の米軍機墜落事故などの，いわゆる「安保公

害」が相次いで起きたことから，安保・防衛問題についての民意を問うものとなった．

選挙前の全国での各政党支持率は，自民党35.4％，社会党22.0％，公明党4.7％，民社党5.4％，共産党2.3％，好きな政党なし10.9％で前回と比べて自民党がほぼ変わらず，社会党が前回の24.6％から低下したのに対し他の野党が軒並み上昇し多党化の兆しを見せた．

b. 立候補状況　改選数は全国区補選分1を含めて126（全国区51，地方区75）なのに対し，候補者数は305名（全国区93名，地方区は212名）．競争率は全国区1.8倍，地方区2.8倍で，前回に比べて全国区（前回1.9倍），地方区（前回3.1倍）ともに下がった．全国区は候補者数，競争率とも過去最低となった．このうち新顔の占める割合は67.2％で，前回（71.4％）から減少した．女性候補者は全国区8名，地方区3名で前回に比べ2名減った．

政党については，候補者の政党化が進み，全候補の中で自民，社会，公民，民社，共産の5政党候補者が占める割合は76.7％（前回73.6％）に増えた．また各党は公認候補をしぼり，自民，社会，民社については前回より候補者を減らした．政党別にみると，自民党は，全国区で34名，地方区で59名を擁立した．全国区では従来の高級官僚出身者に加えて石原慎太郎をはじめとするタレント候補を立候補させた．社会党は全国区で15名，地方区で47名を擁立した．全国区では地域割り（ヨコ割り）を初めて採用し，票をうまく割り振る試みを行った．地方区では東京，愛知，大阪，兵庫，福岡で自民，社会，公明，民社，共産の5政党が公認候補を出すなど多党化が進んだ．また党内で分裂したり，独占を目指して2人区で2名の公認候補を出したりする政党が多く，激戦となった．

c. 選挙の状況　最大の争点は前述の通り安保・防衛問題だった．自民党は「経済発展と安全は日米安保体制によって保障されている」として「安保繁栄論・安保堅持」を訴え，選挙戦のさなかに船田党安保調査会長の見解で1970年以降の安保条約の取り扱いについては自動延長の線を確認した．野党は，民社党が「外国軍隊は撤退してもらうが，安保条約は必要」という「駐留なき安保」を主張した以外はそろって生活の不安と戦争の危険を訴え反対の立場を表明した．社会党，共産党は安保の「廃棄」を主張，公明党は「段階的解消論」をかかげた．また地元開発や過疎対策と安保を結びつけるなどの苦心の主張もみられた．

その他の争点として物価問題,農業問題,政治姿勢などが挙げられた.物価問題については,自民党には物価抑制の決め手となる政策はみられず,生産性の向上,きめ細かい消費者行政,流通機構の近代化,賃金物価の悪循環の是正など抽象的な物価対策に終始した.一方の野党はそろって政府による値下げ品目をあげ,公共料金の値上げストップ,大企業の管理価格打破といった政策を掲げ自民党を攻撃した.農村に対しては生産者物価の値上げ論がかかげられ,与野党ともに米価審議会への生産者・消費者代表の参加と農業者年金の制度実現を公約として掲げた.政治姿勢については,黒い霧事件,日通事件で党内から容疑者を出し汚職が明らかになった自民党,社会党に対して,公明党,共産党は汚職追放,政界浄化を盛んに訴えた.

(2)選挙結果(表1-2-8)

a. 党ごとの結果・当選者の傾向　　自民党は改選数71(全国区21,地方区50)に対し全国区21名,地方区48名の69名が当選した.地方区では1人区で25のうち20議席を獲得したが接戦も多く,今後の農村部の社会構造の変化への対応が課題となったのに対し,2人区では7つで独占を果たし4議席伸ばした.全国区では石原慎太郎をはじめとする「タレント候補」が知名度を武器に上位当選を果たし,逆に従来強かった高級官僚出身候補は苦戦した.相対得票率は全国区46.7%(前回47.2%),地方区44.9%(前回44.2%)だった.

社会党は改選数36(全国区15,地方区21)に対し全国区12名,地方区16名の28名が当選と地すべり的な敗北に終わった.地方区では6回の22議席から急落,2人区で自民,共産に議席を奪われ,有権者増にも関わらず得票数が前回をかなり下回る選挙区もあった.全国区では導入された地域割り方式が

表1-2-8　第8回選挙結果

|  | 全国区 | | | | 地方区 | | | | 合計 | | | |
|---|---|---|---|---|---|---|---|---|---|---|---|---|
|  | 候補 | 当選 | 非改選 | 合計 | 候補 | 当選 | 非改選 | 合計 | 候補 | 当選 | 非改選 | 合計 |
| 自由民主党 | 34 | 21 | 24 | 45 | 59 | 48 | 44 | 92 | 93 | 69 | 68 | 137 |
| 日本社会党 | 15 | 12 | 11 | 23 | 47 | 16 | 26 | 42 | 62 | 28 | 37 | 65 |
| 公明党 | 9 | 9 | 9 | 18 | 5 | 4 | 2 | 6 | 14 | 13 | 11 | 24 |
| 民主社会党 | 4 | 4 | 2 | 6 | 12 | 3 | 1 | 4 | 16 | 7 | 3 | 10 |
| 日本共産党 | 3 | 3 | 2 | 5 | 46 | 1 | 2 | 3 | 49 | 4 | 3 | 7 |
| 諸派 | 7 | 0 | 0 | 0 | 8 | 0 | 0 | 0 | 15 | 0 | 0 | 0 |
| 無所属 | 21 | 2 | 1 | 3 | 35 | 3 | 1 | 4 | 56 | 5 | 2 | 7 |
| 合計 | 93 | 51 | 49 | 100 | 212 | 75 | 75 | 150 | 305 | 126 | 124 | 250 |

＊日本社会党,公明党はそれぞれ,第3章やデータ上では日本社会党(3),公明党(1)とされるものである.

それなりに効果をあげたが党全体の地盤沈下から全体として伸び悩んだ．相対得票率は全国区19.8％（前回23.4％），地方区29.2％（前回32.8％）だった．

社会党以外の野党は公明，民社，共産がそれぞれ改選数から4，4，3議席増を果たした．公明党は創価学会を中核とする支持基盤が着実に伸び，民社党は同盟の組織拡大，共産党は手堅い地盤割りなどがそれぞれ要因となった．また東京，大阪などでは自民，社会が減らした議席を公明，民社が分け合うなど多党化に拍車がかかった．

新顔は50名（全国区28名，地方区22名）で前回54名からは減少した．女性当選者は，前回より4名減って5名（全国区4名，地方区1名）だった．

**b. 政局への影響**　自民党は改選前の議席をほぼ維持したことから，安保体制，沖縄返還，中国問題などさまざまな外交内政問題につき国民の信任を得たと判断した．そして当面内閣改造・党役員改選などを行わず，主流派は佐藤首相の三選へ向かうこととした．対して社会党はこの惨敗に対し全党的な再建論議，勝間田体制への批判の声が出て厳しい状況となった．公明，民社，共産の3党は議席を増やし，自社対立から多党化の時代へと複雑化が予想され，このような中で1970年の安保再検討期を迎えることとなった．

**c. 有権者の行動**　投票率は68.9％で，前回の67.0％を上回り，第2回選挙の72.2％に次いで高いものとなった．男女別では女性69.0％，男性68.9％と国政選挙では初めて女性の方が上回った．またこれまで低かった都市部での投票率も高かった．この要因としては争点である安保・防衛問題，物価・土地・住宅問題などに対し有権者が高い関心を示したこと，都市部では多党化により各党の競り合いが激しかったことなどが考えられるだろう．

**d. その他**　第1回選挙から地方区の定数は変化していないため，都市部への人口集中により議員定数と有権者数のアンバランスが顕著になってきた．鳥取では15万5千票ほどで当選している一方，東京では約64万票，大阪では約53万票でも落選するという例も現れた．

（松平健輔）

## 9. 第9回選挙（1971年6月27日）総括

(1)政治状況・選挙運動

**a. 政治状況**　佐藤政権・自民党は懸念された「70年安保」もニクソン大統領との会談による沖縄返還，69年の第32回衆議院総選挙での大勝により乗り

切った．しかし佐藤政権も長期化による飽きと日米繊維問題での無策から批判を受けるようになり，直前の世論調査でも不支持が支持を上回った．そのためこの選挙は佐藤以後の自民党総裁の後継者争いがからみ，自民党の派閥選挙としての側面も持つこととなった．

　選挙前の全国での各政党支持率は，自民党32.4％，社会党20.1％，公明党3.8％，民社党4.6％，共産党4.0％で，前回と比べて自民党は3.0ポイント下がり，共産党は1.7ポイント上がった．一方「好きな政党なし」の回答が前回の10.9％から16.2％と増え，政党政治への関心の低さがうかがえた．

**b．立候補状況**　　候補者数は改選数126（全国区50，地方区76）に対し，308名（全国区106名，地方区202名）．競争率は全国区2.1倍，地方区2.7倍で前回と比べると，全国区（前回1.8倍）では上がり，地方区（前回2.8倍）はほぼ変わらなかった．このうち新顔候補者の占める割合は67.5％，女性候補は全国区9名，地方区6名で前回に比べ4名増加した．

　政党別にみると，自民党は全国区34名，地方区60名を，社会党は全国区13名，地方区48名をそれぞれ擁立した．その他の党も含め候補者数はほぼ横ばいである．また先の統一地方選挙で「社共協力」が実現していたが，さらにこの選挙では野党が「反自民」で協力し，特に栃木，島根，大分の3地方区では「社公民協力」が実現した．

**c．選挙の状況**　　争点は，沖縄返還，日中関係，憲法問題，公害，物価，農政など多岐にわたった．沖縄については，自民党は返還協定調印を受けて宣伝材料として有権者の支持を訴え，対する野党側は沖縄返還と日米共同声明との関係や核，基地問題などを訴えて「安保の変質」として批判した．日中問題については，自民党が台湾との関係を考慮して日中関係改善の具体策を特に打ち出さなかったのに対し，野党側は日台条約の破棄と中国との国交回復を主張した．また憲法問題では「護憲」の立場から野党は一斉に自民党を攻撃した．

**d．その他**　　沖縄返還に伴いこの回から沖縄県（定数2）が地方区に加わり，地方区の定数は152名，議員定数252名に変更された．またすでに衆議院選挙，地方選挙では実施されていたテレビ政見放送がこの回初めて参議院選挙でも実施された．

(2)選挙結果（表1-2-9）

**a．党ごとの結果・当選者の傾向**　　自民党は改選数64（全国区21，地方区43）

に対し全国区21名，地方区42名の63名が当選した．これは55年体制以後最低の落ち込みとなった．全国区では一部のタレント候補や高級官僚，大企業，宗教団体といった組織に乗った候補が着実に票を伸ばしたが，投票率の低下により投票総数が減少したため候補者の強弱が明確になった．また石原幹市郎元自治相ら閣僚経験者が4名落選した．相対得票率は全国区44.5%（前回46.7%），地方区44.0%（同44.9%）だった．

社会党は改選数34（全国区10，地方区24）に対し全国区11名，地方区28名の39名が当選し，低迷した前回の28名から10名以上増加となり，前々回の36名を上回る巻き返しとなった．ただし東京では議席を失った．依然労組出身者が強く，立候補36名中23名が当選した．相対得票率は全国区21.3%（前回19.8%），地方区31.0%（同29.2%）だった．

公明党は全員当選と組織の底力を示したが，公認候補をしぼったことにより議席減となった．民社党・共産党の両党は全国区で全員が当選し，改選議席を上回った．この結果両党とも参議院の運営に直接発言力をもつ「院内交渉団体」としての資格（10議席以上）を備えることとなった．

全体的に見ると農村部での革新政党の躍進と，逆に大都市部での伸び悩みが顕著となった．これは農村部で政府・自民党の農政への不信が高まり争点が明確化した一方で，都市部では争点も不明確で住民の政治意識が多様化したことが要因と思われる．選挙協力に関して「社公民協力」の3地方区で当選した社会党候補の得票が同じ選挙区での全国区票を大きく上回るという成果を上げた．またそれ以外の地方区でも公明・民社両党の支持が社会党に回るなど，野党共闘で自民党を切り崩す余地が示された．

表1-2-9　第9回選挙結果

|  | 全国区 | | | | 地方区 | | | | 合計 | | | |
|---|---|---|---|---|---|---|---|---|---|---|---|---|
|  | 候補 | 当選 | 非改選 | 合計 | 候補 | 当選 | 非改選 | 合計 | 候補 | 当選 | 非改選 | 合計 |
| 自由民主党 | 34 | 21 | 21 | 42 | 60 | 42 | 51 | 93 | 94 | 63 | 72 | 135 |
| 日本社会党 | 13 | 11 | 11 | 22 | 48 | 28 | 16 | 44 | 61 | 39 | 27 | 66 |
| 公明党 | 8 | 8 | 9 | 17 | 2 | 2 | 4 | 6 | 10 | 10 | 13 | 23 |
| 民社党 | 4 | 4 | 4 | 8 | 7 | 2 | 3 | 5 | 11 | 6 | 7 | 13 |
| 日本共産党 | 5 | 5 | 3 | 8 | 45 | 1 | 1 | 2 | 50 | 6 | 4 | 10 |
| 諸派 | 3 | 0 | 0 | 0 | 8 | 0 | 0 | 0 | 11 | 0 | 0 | 0 |
| 無所属 | 39 | 1 | 2 | 3 | 32 | 1 | 1 | 2 | 71 | 2 | 3 | 5 |
| 合計 | 106 | 50 | 50 | 100 | 202 | 76 | 76 | 152 | 308 | 126 | 126 | 252 |

＊日本社会党，公明党はそれぞれ，第3章やデータ上では日本社会党(3)，公明党(1)とされるものである．

全国区でのタレント候補も依然強みを発揮したが，一時のブームは退潮気味で単なる人気だけでなく政党組織への依存度が高まったと考えられる．新顔は47名（全国区22名，地方区25名）で前回から3名減少した．女性は8名（全国区5名，地方区3名）で前回より3名増加した．

b. 政局への影響　自民党は沖縄国会・日米経済関係の調整といった問題を控え，選挙結果に現れた「佐藤体制」への批判を受け，自民党農政批判・都市政策・保険医療・教育といった問題に対処しうる人事改変が課題となった．野党側は社会党の巻き返し，「社公民」3党の協力の成功，共産党躍進といった流れをふまえ，新たな共闘・協力体制が強まることが予想された．しかし依然民社・共産両党が反目している状況があり，社公民の協力も社会党の巻き返しに埋もれた印象もあり，協力の組み合わせはより複雑化すると思われた．

c. 有権者の行動　投票率は59.2%で，前回の68.9%を大きく下回った．これは争点が沖縄，日中，憲法といったものから物価，公害などまで幅広い上に各候補者の主張に差がなく，争点の多様性・類似性という点から争点ぼけの印象を有権者に与えたことが要因と思われる．さらに全国区ではタレント，官僚，労組出身者，地方区では古参議員や地方政治家等候補者の新鮮味が薄れているとも考えられる．また特に若い層に「好きな政党なし」という意識が増えていることも一因であろう．

（松平健輔）

## 10. 第10回選挙（1974年7月7日）総括

(1)政治状況・選挙運動

a. 政治状況　国民の高い支持を受け，「庶民宰相」「今太閤」と称された田中角栄首相だったが，日中国交正常化の余勢を駆って72年末，解散総選挙に打って出たところ，自民党は予想に反して大幅に後退し，結党後最低の獲得議席に終わる．「日本列島改造論」を受けたインフレが，敗因の1つとされた．自らの政権存立に危機感を抱いた田中は，73年春，衆議院に小選挙区比例代表並立制を導入して安定多数政権の回復を試みたが失敗に終わった．

そこへ同年10月，第4次中東戦争を契機に石油ショックが起こった．「列島改造」政策のため，政府が積極財政路線を採っていたこともあり，インフレに拍車を掛け「狂乱物価」となり，高度経済成長期は終焉を迎えた．こう

した中, 自民党内では, 安定成長を唱える福田赳夫や三木武夫ら反主流派が日に日に田中批判を強め, 田中政権・自民党の支持率低迷と激化する党内対立の中で, 第10回参議院選挙は幕を開けた.

全国における選挙直前の政党支持率は, 自民30.5%, 社会18.1%, 共産5.3%, 公明4.4%, 民社3.6%, その他の政党0.7%, 好きな政党なし18.7%だった.

**b. 立候補状況** 候補者は, 改選数が全国区補選分4を含めて130 (全国区54, 地方区76) なのに対し, 合計349名 (全国区112名, 地方区237名) が立候補した. 競争率は, 全国区が2.1倍 (前回2.1倍), 地方区が3.1倍 (同2.7倍) だった. 全国区は一時期, 候補者が100名を割っていたが, 前々回68年を境に微増傾向が続いている. 地方区は前回より35名増加し, 65年選挙の233名を超え, 55年体制下で最多を記録した.

新顔候補者の全候補者に対する割合は, 75.4%であり前回 (67.5%) から上昇したが, 主に地方区での増加がその要因である. 女性候補は全国区, 地方区各9名で1桁にとどまった. 前回と比べると, 全国区で横ばいだったが, 地方区で3名増加した. また前々回選挙で大量に進出したタレント議員が改選を迎え, その消長が注目された.

自民党は95名 (全国区35名, 地方区60名) を擁立した. 従来の官僚出身者に加え, タレントと知事経験者が目立った. 野党では, 社会党57名 (それぞれ12名, 45名), 公明党45名 (9名, 36名), 民社党14名 (5名, 9名), 共産党 (8名, 45名) が立候補した. 野党勢でもタレント候補が目立ったほか, 前回は全国区8名, 地方区2名の計10名の候補者であった公明党が地方区にも積極的に候補者を擁立したことが目立った.

**c. 選挙の状況** 「選挙の神様」の異名を取る田中首相は形勢挽回を試みて, この選挙での勝利に政治生命を賭けた. 全国区に新顔候補として著名人を多数擁立し, また議席独占を狙った地元・新潟の2名をはじめ, 山形, 鳥取など各地で知事経験者を擁立, 浮動票の獲得を狙った. 首相自身もヘリコプターで全国を飛び回った. これに加え, 候補者には大企業の全面支援を割り当てる「企業ぐるみ選挙」を展開した. これは野党・世論の反発のみならず党内反主流派からも猛批判を浴びた. 選挙戦終盤には, 遂に堀米中央選管委員長が金権選挙を批判する見解を発表し, これを自民党が職権濫用として告発する騒ぎも見られた.

争点となったのは,「狂乱物価」とも呼ばれるインフレ対策だった.ポスト高度成長,石油危機を受けて,新しい事態に対応するべく物価政策が問われた.自民党は土地取引の規制による物価沈静を主張し,特別な所得政策は不要と訴えた.これに対して,野党側はこぞって自民党による高度経済成長政策を批判し,大企業への規制強化と,弱者に対する税の減免など社会政策を訴えた.

選挙戦が進むにつれ,物価,金権選挙と,政権批判は強まっていった.社会党の成田委員長が野党共同綱領の策定を呼びかけるなど,野党共闘の動きも見られた.しかし,野党4党の足並みは必ずしも揃っていたわけではなかった.それは,社公民3党の間で共産党への対応にばらつきがあったからである.公民両党が反共路線を鮮明にしていたことで,野党の盟主たるべき社会党は明確な対応を採れなかった.共産党は社共に加え,憲法問題で公明党に連携を申し入れたが,受け入れられなかった.社公,社共などの共闘も試みられたが,全体として本格的な選挙協力にはならなかった.それぞれの支持層に,相手政党への拒否感があったのも一因である.こうした野党間の争いにより,自民党を追い詰め切れないでいた.

(2)選挙結果(表1-2-10)

a. 党ごとの結果・当選者の傾向　　自民党は改選70議席(全国区19議席,地方区51議席)に対し,62議席(全国区19議席,地方区43議席)へと大幅に後退した.一方,野党勢は着実に組織票をまとめ,民社党を除き議席を伸ばした.この結果,与野党の議席差は6に縮まり,与野党伯仲時代の幕開けとなった.相対得票率は全国区44.3%(前回44.5%),地方区39.5%(前回44.0%)だっ

表1-2-10　第10回選挙結果

| | 全国区 | | | | 地方区 | | | | 合計 | | | |
|---|---|---|---|---|---|---|---|---|---|---|---|---|
| | 候補 | 当選 | 非改選 | 合計 | 候補 | 当選 | 非改選 | 合計 | 候補 | 当選 | 非改選 | 合計 |
| 自由民主党 | 35 | 19 | 22 | 41 | 60 | 43 | 42 | 85 | 95 | 62 | 64 | 126 |
| 日本社会党 | 12 | 10 | 7 | 17 | 45 | 18 | 27 | 45 | 57 | 28 | 34 | 62 |
| 公明党 | 9 | 9 | 8 | 17 | 36 | 5 | 2 | 7 | 45 | 14 | 10 | 24 |
| 民社党 | 5 | 4 | 3 | 7 | 9 | 1 | 2 | 3 | 14 | 5 | 5 | 10 |
| 日本共産党 | 8 | 8 | 5 | 13 | 45 | 5 | 2 | 7 | 53 | 13 | 7 | 20 |
| 諸派 | 5 | 0 | 1 | 1 | 6 | 1 | 0 | 1 | 11 | 1 | 1 | 2 |
| 無所属 | 38 | 4 | 0 | 4 | 36 | 3 | 1 | 4 | 74 | 7 | 1 | 8 |
| 合計 | 112 | 54 | 46 | 100 | 237 | 76 | 76 | 152 | 349 | 130 | 122 | 252 |

*日本社会党,公明党はそれぞれ,第3章やデータ上では日本社会党(3),公明党(1)とされるものである.

た．自民党の当選者を見ると，全国区は新顔タレント候補の進出が目立った．一方で，現職のタレント議員が落選するなど，その一過性も垣間見えた．また知事出身者や二世議員の当選も目立った．地方区では，複数区で積極的に複数候補を擁立したが，北海道で共倒れとなったのを始め取りこぼしが多く見られた．

社会党（改選25議席＝全国区11議席，地方区14議席）は，3増の28議席を獲得した．1人区では公認候補が全敗したものの，2人区で善戦し，公明党との協力の不調，共産党躍進の中で全国区10議席，地方区18議席とした．社会党王国・北海道では2議席を獲得した．一方，共産党の強い近畿では議席0に終わった．相対得票率は全国区で15.2％（前回21.3％），地方区26.0％（同31.0％）だった．

公明党も全国区で9名全員が当選し，改選数を維持した．地方区でも東京，大阪などをはじめ1増の5議席を獲得，都市部での強さを窺わせた．都市部で強い共産党も得票を大幅に伸ばし，近畿では社会党を上回る勢いを見せ，全国区で8名全員当選（改選3議席），地方区で5議席（同1議席）と大躍進だった．民社党は全国区4議席，地方区1議席の計5議席に終わった．

女性当選者は，8名（全国区5名，地方区3名）で前回と同数だった．

**b. 政局への影響**　　与党・自民党にとっては敗北であり，田中政権は「たそがれ」を迎えた．選挙後すぐに反主流派の領袖である三木副総理，福田蔵相の両名，調停役の長老・保利茂行政管理庁長官が相次いで辞任した．自民党籍を離脱した河野謙三参議院議長の留任を前提に，副議長選出を巡って与野党が対立するなど，混乱を極めた．

**c. 有権者の行動**　　投票率は，参議院選挙では過去最高の73.2％に達した．前回から14ポイントも増加したことになる．折からのインフレに加え，金権政治など，政府・自民党に対する不満を反映して，有権者の関心は極めて高まったと言えよう．

歴代自民党政権の高度経済成長政策が破綻し，負の遺産として極度のインフレ現象が残されたため，自民党はまともに批判を受けた．投票率が上昇したことを考えると，都市部の批判票が民社党を除く野党3党に流れたとも考えられる．また，有権者が争点として認識していたのは，物価（62.8％），福祉（29.5％），教育（17.6％）の順となっており，物価が広く国民の間に争点として認識され，政権党への批判的評価として自民党の議席減をもたらした

と思われる．

　金権選挙についても，有権者の反応は厳しかったといえる．象徴的なのが，「三角代理戦争」と言われた徳島地方区における田中派・新顔の後藤田正晴の敗北である．地元の大物・三木武夫を無視するかのように，三木派現職の公認をはずしたことが批判を招き，後藤田は結果的に落選した．彼は陣営から大量の選挙違反者を出した．全国区でも大量の選挙違反者を出すなど金権選挙の影響は選挙結果に暗い影を落とすこととなった．

d．その他　　選挙当日は中部地方などで台風に見舞われ，三重選挙区の伊勢市では，1週間後に再投票が実施された．

（井上和輝）

## 11．第11回選挙（1977年7月10日）総括
### (1)政治状況・選挙運動

a．政治状況　　田中元首相らの逮捕劇にまで発展したロッキード事件と「三木おろし」と呼ばれる派閥抗争から，国民は激しい政治不信を抱き，76年末の総選挙で自民党は初の過半数割れという惨敗を喫する．この自民党惨敗を招いた1つの要因が，新自由クラブの躍進である．同党は，自民党の堕落を批判して離党した河野洋平，田川誠一を中心とする若手議員らが結成した保守系新党であった．彼らが都市部の保守系無党派層などの票をさらい，衆議院で5議席から17議席へと議席を大幅に伸ばした．

　惨敗の責任をとって退陣した三木武夫首相に代わり，長年の首相候補だった福田赳夫が政権の座に就いた．衆参両院での与野党伯仲状況という厳しい政治状況の中，福田は専らインフレ対策など経済の安定化に力を注いでいた．福田政権発足の半年後に行われたこの第11回参議院選挙では，近年の自民党の顕著な退潮傾向の下で，与野党逆転が実現するかどうかが注目された．

　選挙直前の全国政党支持率は，自民30.6％，社会15.1％，公明4.5％，民社4.4％，共産3.6％，新自ク4.8％，その他の政党0.3％，好きな政党なし20.1％だった．

b．立候補状況　　選挙は6月17日に公示された．改選される126議席（全国区50議席，地方区76議席）に対し，320名（全国区102名，地方区218名）が立候補した．競争率は，全国区2.0倍（前回2.1倍），地方区2.9倍（同3.1倍）と，それぞれ前選挙と比べ低下した．とはいえ，近年の選挙と比べ大きく変化

したわけではなかった．多党化の中での少数での激戦の様相を呈した．

新顔候補者の全候補者に対する割合は，70.6%であり，前回選挙と比べ，全体で4.8ポイント減少した．また，女性候補は36名（全国区，地方区共に18名）と，過去最高を記録した．前回選挙と比べ，全国区，地方区共に倍増した計算となる．なお，今回は初めて戦後生まれの候補者が登場し，地方区のみながら6名が立候補した．

自民党は合計77名（全国区22名，地方区55名）を擁立した．今回も，全国区で複数の著名人を擁立したほかは，やはり官僚出身者が多く見られた．地方区では相変わらず官僚や地方政治家の出身者が多く，閣僚経験者を含む2名の元衆議院議員も出馬した．社会党は59名（全国区12名，地方区47名）を擁立した．全国区では労組出身者が，地方区では党地元役員が多い．

その他の野党は，公明党は15名（全国区9名，地方区6名），共産党は52名（全国区7，地方区45），民社党は11名（全国区4名，地方区7名）がそれぞれ立候補した．注目の新党では，初の参議院選挙を迎えた新自由クラブが全国区4名，地方区9名を擁立した．また，社会市民連合，革新自由連合からもそれぞれ10名が立候補し，選挙確認団体として運動した．

c. 選挙の状況　福田政権下で初の国政選挙となったが，経済政策や政治倫理はあまり表に出ず，争点の乏しい戦いとなった．注目されたのは，与野党が逆転し，野党連合政権の一歩となるかどうかだった．

自民党は野党連合に対する危機感から候補者を絞る一方，同じ保守系の新自由クラブにも対決姿勢で臨んだ．特に「保守王国」と呼ばれる農村部で着実に議席を固める作戦に出た．新自由クラブは都市部のみならず，青森，福島，三重など農村部でも候補者を擁立し積極的に浸透を図った．

一方野党側は，与野党逆転を目指し11地方区で選挙協力を行った．公式に推薦・支持が出たものとしては，公明党－民社党協力が5選挙区，社会党－公明党協力が2選挙区あった．これに加え，社会・共産両党が初めて政策協定を結び，宮城選挙区で社会党前職の戸田菊雄を共産党が推薦した．しかし，社会党が左右の路線対立で揉めていたため，社公民3党協力といった本格的な協力はなされなかった．

(2)選挙結果（表1-2-11）

a. 党ごとの結果・当選者の傾向　自民党は改選65議席（全国区22議席，地方区43議席）に対し，63議席（それぞれ18議席，45議席）を獲得し，非改選や

保守系無所属を合わせ，辛うじて過半数を維持した．各地で農協や宗教団体など着実に支持組織の票を固め接戦をものにした．しかし，得票の退潮傾向は止まらず，相対得票率は全国区で前回の44.3%から35.8%へ減らし結党以来最低を記録した．地方区は前回と同じく39.5%だった．

与野党逆転が注目される中，ブレーキとなったのが社会党だった．改選32議席（全国区7議席，地方区25議席）に対し，27議席（それぞれ10議席，17議席）となり，全国区では議席を伸ばしたが，地方区では敗北した．鍵を握る1人区で僅か2議席に終わり，大都市部である東京，大阪，愛知，京都で1議席も獲得できないという有様だった．社公民協調路線を進める右派と，批判的な左派との路線対立が激しく，党内の足並みが揃わなかったことが影響したようである．この結果，成田委員長以下，執行部は退陣に追い込まれた．野党の選挙協力も，2勝（三重，福岡）9敗に終わった．相対得票率は全国区17.4%（前回15.2%），地方区25.9%（前回26.0%）だった．

公明党は改選10議席（全国区8議席，地方区2議席）に対し，地方区で1敗しただけの14議席（それぞれ9議席，5議席）を確保し，過去最高水準を確保した．民社党は改選5議席（同4議席，1議席）のところ，全国区で4人全員が当選した．地方区は公認候補で2勝5敗と振るわなかったが，それでも1議席を伸ばした．共産党は改選9議席（同7議席，2議席）に対し5議席（同3議席，2議席）と，ほぼ半減させた．

前年の総選挙に続く躍進が見込まれた新自由クラブは，各地で善戦したものの，全国区1議席・地方区2議席を確保するにとどまった．6，7議席を期待していただけに，敗北だった．社市連や革自連も，それぞれ1名が当選

表1-2-11 第11回選挙結果

|  | 全国区 | | | | 地方区 | | | | 合計 | | | |
| --- | --- | --- | --- | --- | --- | --- | --- | --- | --- | --- | --- | --- |
|  | 候補 | 当選 | 非改選 | 合計 | 候補 | 当選 | 非改選 | 合計 | 候補 | 当選 | 非改選 | 合計 |
| 自由民主党 | 22 | 18 | 16 | 34 | 55 | 45 | 45 | 90 | 77 | 63 | 61 | 124 |
| 日本社会党 | 12 | 10 | 11 | 21 | 47 | 17 | 18 | 35 | 59 | 27 | 29 | 56 |
| 公明党 | 9 | 9 | 9 | 18 | 6 | 5 | 5 | 10 | 15 | 14 | 14 | 28 |
| 民社党 | 4 | 4 | 4 | 8 | 7 | 2 | 1 | 3 | 11 | 6 | 5 | 11 |
| 日本共産党 | 7 | 3 | 6 | 9 | 45 | 2 | 5 | 7 | 52 | 5 | 11 | 16 |
| 新自由クラブ | 4 | 1 | 0 | 1 | 9 | 2 | 1 | 3 | 13 | 3 | 1 | 4 |
| 諸派 | 19 | 2 | 3 | 5 | 28 | 1 | 1 | 2 | 47 | 3 | 4 | 7 |
| 無所属 | 25 | 3 | 0 | 3 | 21 | 2 | 0 | 2 | 46 | 5 | 0 | 5 |
| 合計 | 102 | 50 | 49 | 98 | 218 | 76 | 76 | 152 | 320 | 126 | 125 | 251 |

＊日本社会党，公明党はそれぞれ，第3章やデータ上では日本社会党(3)，公明党(1)とされるものである．

するにとどまるなど，新党は総じて伸び悩んだ．

一方で，選挙を前に急死した江田三郎の長男である江田五月（全国区2位）や，タレント候補など特色のある新人が国会に進出を果たした．また，女性当選者は，全国区6名，地方区2名の計8名であった．

b. **政局への影響**　与野党逆転を回避し危機を脱したことで，一応福田政権は安泰といえた．一方，野党側は自民党を攻め切れなかったことで戦略の練り直しを迫られることとなり，次期総選挙へ向けて足並みを揃えることが課題となった．

c. **有権者の行動**　投票率は68.5%であり，過去最高となった前回74年の選挙より4.7ポイント下落した．とはいえ，争点が乏しかったわりには高水準となった．有権者の多い東京で都議選が同日に実施されたのも，一因であると思われる．

今回，政策的争点はほとんどなく，与野党逆転の是非が争われたともいえる．しかし，過去22年間，単独政権を維持してきた実績を誇る自民党と比べると，野党勢の「連合政権」は具体像が見えず，今一つ信頼が置けなかったこともあり，有権者の判断は与野党逆転をもたらすことにはならなかった．また，有権者は，物価（39.7%），福祉政策（27.4%），不況対策（24.3%）の順に争点を認識しており，この結果からも前回の最大の争点であった物価（前回62.8%）についての認識が薄まり明確な争点の欠如が表れている．

（井上和輝）

## 12. 第12回選挙（1980年6月22日）総括

### (1)政治状況・選挙運動

a. **政治状況**　78年秋の自民党総裁選で現職・福田赳夫を破って政権の座に就いた大平正芳首相は，翌79年秋，「一般消費税」導入を問うて解散・総選挙へ打って出た．しかし，事前の予測に反し，前回比1減の248議席に終わる惨敗を喫した．これを契機に，党内でくすぶっていた派閥対立が激化した．いわゆる四十日抗争である．辞任を迫る福田・三木ら反主流派に対し，大平は徹底抗戦し遂に首班指名で大平・福田の決選投票という前代未聞の事態に陥った．これは大平の勝利に終わったが，両者の対立はその後も尾を引いた．

こうした中，第12回参議院選挙を控えた80年5月16日の衆議院本会議で，福田・三木両派の議員が大量欠席したことにより社会党提出の内閣不信任案

が可決された．このハプニングを受けて，大平首相は前回選挙から僅か7カ月の衆議院を解散し，衆参同日選挙に打って出た．47年，53年に両院が同時期に選挙を行ったことはあるものの，同日選挙は史上初のことであった．

選挙直前の全国政党支持率は，自民37.0％，社会12.7％，公明4.3％，共産3.8％，民社5.3％，新自ク0.9％，社民連0.3％，その他0.2％，好きな政党なし19.8％だった．

b. 立候補状況　初の衆参同日選挙は，5月30日に参議院が，6月2日に衆議院がそれぞれ公示された．参議院は，改選される126議席（全国区50議席，地方区76議席）に対し，候補者は全体で285名（全国区93名，地方区192名）と，初めて300名を割った．全国区では68年と並び過去最低，地方区でも過去最低の56年より1名多いだけだった．競争率は全国区1.9倍（前回2.0倍），地方区2.5倍（同2.9倍）だった．競争率の低下は，同時に行われる総選挙との間で，新顔候補者が分散したことが一因である．新顔候補者の割合62.5％で，8.1ポイント減だった．女性候補者は18名にとどまった（全国区8名，地方区10名）．

自民党は候補者77名中（全国区23名，地方区54名），現職が48名，新顔が29名だった．新顔では，官僚や県議といった顔触れに加え，衆議院議員経験者が3名立候補した．社会党は現職・新顔それぞれ23名を含む49名（全国区10名，地方区39名）と少なかった．これは，後述の選挙協力によるところが大きい．公明党は現職（11名）を中心に14名（全国区9名，地方区5名）であり，地方区は定数3以上の地方区に絞った．民社党は11名（全国区4名，地方区7名）であり，地方区で外務省，自衛隊，警察の出身者を新顔として擁立したのが目立った．共産党は52名（全国区6名，地方区46名）と，沖縄を除く地方区全てで公認候補を擁立した．前回話題に上りながら振るわなかった新党は，新自クが2名，社民連が1名と，大幅に候補者を絞った．

c. 選挙の状況　政策的な争点としては，①第2次石油危機を受けた物価・インフレ対策及びエネルギー政策，②ソ連のアフガニスタン侵攻による国際的緊張を背景とする安全保障問題，③相次ぐ金権スキャンダルを受けての政治浄化，④政府の財政赤字に対処する行財政改革などが挙げられた．

衆議院解散の時点で自民党は分裂含みで政権の危機であったが，大平首相が参議院選挙公示日の夜に心労で倒れ6月12日に心筋梗塞で死去したことで情勢は一変した．自民党はこの緊急事態を受けて，派閥抗争を中止して結束

した．

　共産党を除く革新・中道4党（社会，公明，民社，社民連）は，79年総選挙での実績を基に，各地で本格的な選挙協力を進めていた．しかし予想もしなかった「ハプニング解散」を受けて，各党が競う総選挙も抱えることになり足並みが乱れた．さらに大平首相が亡くなったことで攻撃の的が消えた形となり，苦戦を強いられた．

(2)選挙結果（表1-2-12）

a．党ごとの結果・当選者の傾向　　自民党は両院で安定多数を確保し圧勝した．参議院では改選前の58議席（全国区14議席，地方区44議席）に対し，69議席（それぞれ21議席，48議席）を獲得し，選挙後の追加公認1名を加えると70議席の大台に達した．相対得票率は全国区42.5％（前回35.8％），地方区43.3％（同39.5％）と共に4割台を回復した．地方区では71年選挙以来9年ぶりであった．1人区は24勝2敗で，敗れた2地方区（滋賀・沖縄）は，いずれも野党共闘の無所属・諸派候補が相手であった．このうち滋賀は，後に連合型選挙発祥の地と呼ばれることになる．また，2人区では栃木・熊本・鹿児島の3県で議席独占を果たし，3人区でも4地方区全てでトップ当選を果たすなど他党を圧倒した．

　社会党は改選27議席（全国区10議席，地方区17議席）に対し，22議席（それぞれ9議席，13議席）と低迷した．特に，1人区で17戦全敗したのが大きく響いた．相対得票率は，全国区13.1％（前回11.2％），地方区22.4％（同25.9％）だった．公明党は改選14議席（全国区9議席，地方区5議席）のところ，全国区で9名全員が当選を果たしたものの，地方区では北海道の現職

表1-2-12　第12回選挙結果

|  | 全国区 | | | | 地方区 | | | | 合計 | | | |
| --- | --- | --- | --- | --- | --- | --- | --- | --- | --- | --- | --- | --- |
|  | 候補 | 当選 | 非改選 | 合計 | 候補 | 当選 | 非改選 | 合計 | 候補 | 当選 | 非改選 | 合計 |
| 自由民主党 | 23 | 21 | 19 | 40 | 54 | 48 | 47 | 95 | 77 | 69 | 66 | 135 |
| 日本社会党 | 10 | 9 | 9 | 18 | 39 | 13 | 16 | 29 | 49 | 22 | 25 | 47 |
| 公明党 | 9 | 9 | 9 | 18 | 5 | 3 | 5 | 8 | 14 | 12 | 14 | 26 |
| 民社党 | 4 | 4 | 4 | 8 | 7 | 2 | 2 | 4 | 11 | 6 | 6 | 12 |
| 日本共産党 | 6 | 3 | 3 | 6 | 46 | 4 | 2 | 6 | 52 | 7 | 5 | 12 |
| 新自由クラブ | 1 | 0 | 1 | 1 | 1 | 0 | 1 | 1 | 2 | 0 | 2 | 2 |
| 諸派 | 5 | 1 | 3 | 4 | 19 | 1 | 0 | 1 | 24 | 2 | 3 | 5 |
| 無所属 | 35 | 3 | 2 | 5 | 21 | 5 | 2 | 7 | 56 | 8 | 4 | 12 |
| 合計 | 93 | 50 | 50 | 100 | 192 | 76 | 75 | 151 | 285 | 126 | 125 | 251 |

＊日本社会党，公明党はそれぞれ，第3章やデータ上では日本社会党(3)，公明党(1)とされるものである．

が落選するなど3勝2敗に終わった．改選4議席（全国区3議席，地方区1議席）の民社党も同様に，全国区は4名全員が当選したが，地方区は2勝5敗と惨敗した．共産党は改選11議席（全国区6議席，地方区5議席）に対して7議席を得たが，全国区は3勝3敗にとどまった．

女性当選者は，全国区6名，地方区3名の計9名で前回の8名から微増であった．

b. 政局への影響　自民党は，1970年代に保革伯仲で難しい政局運営を強いられてきた．しかしこの選挙の結果衆参両院で安定多数を確保し，その状況はようやく一段落したといえる．とはいえ，党内抗争が現職首相を死に至らしめたことを反省し，これを境に「挙党一致体制」を掲げるようになった．そこで，福田赳夫や中曽根康弘といった従来の首相候補ではなく，調整型で知られた旧大平派の鈴木善幸を総裁に選出し，鈴木政権が発足することとなった．

c. 有権者の行動　選挙は6月22日に投開票された．混乱する政局による有権者の関心の高まりや衆議院の同日選挙ということもあって投票率は上昇した．前回選挙の68.5%を6.0ポイント，過去最高だった第10回選挙の73.2%を1.3ポイント上回る74.5%という過去最高を記録した．

有権者は争点として，物価（52.7%），政治改革（26.3%），エネルギー問題（24.6%），不況対策（21.9%）の順に認識していたことが分かっている．

この選挙での自民党勝利についてはバッファー・プレイヤー[21]と呼ばれる人々が自民党に投じたとも考えられている．また，同日選の効果や死去した大平首相への同情もあったと考えられる．

（井上和輝）

## 13. 第13回選挙（1983年6月26日）総括
(1)政治状況・選挙運動

a. 政治状況　80年の衆参両日選挙の後発足した鈴木内閣は，元首相田中角栄に支配される党運営を非主流派が激しく非難したこともあり，82年10月に突然退陣を表明した．鈴木退陣後の後任をめぐっては4氏による総裁選が行われ，田中・鈴木・中曽根の3派が推す中曽根が勝利を納めた．こうして発足した中曽根内閣は，行政改革，財政再建，日米信頼関係の強化などに政策の重点を置いたが，田中派への依存が強くロッキード事件への甘い対応など

から，政治倫理に対する野党の厳しい批判をあびていた．しかし，国会では安定多数を背景に強気な運営を続ける自民党に対し，追及の糸口が見つからず自民党主導の下で一応の安定をみせるなか，第13回参院選を迎えた．

選挙前の全国での各政党支持率は，自民党33.8％，社会党11.3％，公明党5.1％，民社党4.5％，共産党3.3％，新自由クラブ1.2％，好きな政党なし19.0％で前回と比べて自民党が若干低下させた以外はほとんど変わっていない．

b. 立候補状況　この選挙からこれまでの全国区に代わって比例代表制が導入された．改選数126（比例区50，地方区76）に対し立候補者は総数430名（比例区191名，地方区239名）であった．競争率は新制度となった比例区で3.8倍となり，前回全国区での1.9倍から大幅に上昇した．地方区も3.1倍（前回2.5倍）と上昇し激戦となった．

初の導入となった比例区選挙では18の政党が名乗りを上げた．比例区は，候補者数に応じて政見放送枠が与えられるため既成政党が大量の候補者を名簿に登載したこと，比例代表に参加する資格を得るため参院選全体で10人以上の候補者を立てた新興政党が12党もあったことなどが，候補者増大をもたらしたと考えられた．

候補者の傾向としては，各党が比例区の名簿の上位に誰を乗せるか党内で思案し，目玉候補として党外から学者や知識人を迎え入れて有権者の支持を得ようとした．[22] 新顔候補の占める割合は77.4％に達し．女性候補は比例区30名，地方区25名の計55名となり前回の18名から大幅に増えた．

自民党は，比例区30名，地方区60名の計90名の候補者を立てた，地方区では1人区での保守乱立を防ぐため厳しく公認調整をしたが，比例区では派閥間の上位争いなどもあり名簿の順位付けが難航した．社会党は比例区18名，地方区46名の候補者を擁立した．その他の政党は，公明党が比例区17名，地方区6名，共産党が比例区25名，地方区46名，民社党が比例区17名，地方区15名であり，主に比例区での候補者増が目立った．

c. 選挙の状況　中曽根政権への信任が焦点となり，田中支配に対する政治倫理問題，さらに景気対策，行政改革などが争点として挙げられた．自民党は，安定過半数を獲得することを目標とし，公約を行財政改革，景気回復，減税，教育などの内政においた．政権の掲げた目標であった日米関係の強化は，票の獲得に有利な影響を及ぼさないと判断されたためか選挙戦ではほとんど発言されなかった．

一方野党は，中曽根内閣の政治姿勢を批判し政治倫理の問題などを訴えるとともに，外交・防衛政策を「軍事偏重」と批判した．しかし野党側は，70年代にさかんであった社会党を中心とする野党共闘路線が後退した影響を受け，独自の政策の主張が目立ち，自民党への対抗勢力としての統一性を欠き迫力不足であった．

(2)選挙結果（表1-2-13）

a. 党ごとの結果・当選者の傾向　　自民党は，改選65名（比例区20名，地方区45名）に対し比例区19議席，地方区で49議席，計68議席を獲得した．特に26ある1人区では24議席を獲得し，15ある2人区でもすべてで議席を獲得するなど安定した強さを見せつけた．一方比例区では，19議席を獲得したものの相対得票率は35.3％（前回42.5％）で従来の全国区の自民党候補者を合計した得票率と比較すると過去最低となり参議院全体では会心の勝利とは言い難い結果であった．地方区の相対得票率は43.2％（前回43.3％）だった．

社会党は改選26名（比例区9名，地方区17名）であったが，比例区では現状維持の9名の当選を果たしたものの，地方区では4議席減の13議席しか獲得できず合計22議席にとどまった．特に，2人区の群馬や静岡で自民党の独占を許したのをはじめ，東京，神奈川，大阪などでは当選者を出せず都市部での後退を強く印象づけることとなった．相対得票率は比例区16.3％（前回13.1％），地方区24.3％（同22.4％）であった．

表1-2-13　第13回選挙結果

|  | 比例区 | | | | 地方区 | | | | 合計 | | | |
| --- | --- | --- | --- | --- | --- | --- | --- | --- | --- | --- | --- | --- |
|  | 候補 | 当選 | 非改選 | 合計 | 候補 | 当選 | 非改選 | 合計 | 候補 | 当選 | 非改選 | 合計 |
| 自由民主党 | 30 | 19 | 19 | 38 | 60 | 49 | 50 | 99 | 90 | 68 | 69 | 137 |
| 日本社会党 | 18 | 9 | 9 | 18 | 46 | 13 | 13 | 26 | 64 | 22 | 22 | 44 |
| 公明党 | 17 | 8 | 9 | 17 | 6 | 6 | 4 | 10 | 23 | 14 | 13 | 27 |
| 民社党 | 17 | 4 | 3 | 7 | 15 | 2 | 3 | 5 | 32 | 6 | 6 | 12 |
| 日本共産党 | 25 | 5 | 3 | 8 | 46 | 2 | 4 | 6 | 71 | 7 | 7 | 14 |
| 新自由クラブ民主連合 | 9 | 1 | 0 | 1 | 1 | 1 | 1 | 2 | 10 | 2 | 1 | 3 |
| 第二院クラブ | 10 | 1 | 1 | 2 | 0 | 0 | 0 | 0 | 10 | 1 | 1 | 2 |
| サラリーマン新党 | 10 | 2 | 0 | 2 | 0 | 0 | 0 | 0 | 10 | 2 | 0 | 2 |
| 福祉党 | 10 | 1 | 0 | 1 | 0 | 0 | 0 | 0 | 10 | 1 | 0 | 1 |
| 諸派 | 45 | 0 | 1 | 1 | 54 | 2 | 0 | 2 | 99 | 2 | 1 | 3 |
| 無所属 | - | - | 2 | 2 | 11 | 1 | 1 | 2 | 11 | 1 | 3 | 4 |
| 合計 | 191 | 50 | 47 | 97 | 239 | 76 | 76 | 152 | 430 | 126 | 123 | 249 |

＊日本社会党，公明党はそれぞれ，第3章やデータ上では日本社会党(3)，公明党(1)とされるものである．
＊＊新自由クラブ民主連合は，新自由クラブと社会民主連合による選挙連合．

公明党は，比例区では改選議席を1下回る8議席であったが，地方区で6名の候補者を立て全員が当選を果たすなど勢力を維持した．民社党は，比例区4議席，地方区2議席の計6議席を獲得し，共産党は，改選5に対し比例区5議席，地方区2議席の計7議席獲得した．また，既成政党への批判票の受け皿として比例代表に参加した新興政党では，サラリーマン新党が2議席獲得を果たしたが，目立った躍進は見られなかった．なお，女性の当選者数は比例区で8名，地方区で2名の計10名だった．

b. 政局への影響　この選挙の結果，自民党は衆参両院で80年以来保持してきた安定多数を維持するとともに，中曽根政権に一応の信任を取り付けたとの判断をし，長期政権を目指して行財政改革に取り組んでいった．

c. 有権者の行動　投票率は57.0%で前回80年の74.5%より17ポイント以上低下し，参院選史上最低を記録した．投票日の天候は全国的に晴れまたは薄曇りにもかかわらず低調に終わった．その原因は，政党名による比例代表区選挙を浸透させる各党の取り組みが十分ではなく，有権者も新制度に魅力を感じなかったことや統一地方選挙の直後で地方議員を中心とする地域の各陣営の運動が鈍かったことなどが考えられる[23]．

有権者は争点として，物価（30.9%），福祉政策（27.5%），税（24.8%），不況対策（20.2%）の順に認識していたことが分かっている．野党が政権批判の根拠としていた政治倫理や防衛問題などは，争点として有権者の関心をそれほど引き起こさなかったようであり，自民党の防衛問題などを避けるという選挙戦略が比較的有効であったともいえる．

（米谷寛子）

## 14. 第14回選挙（1986年7月6日）総括

(1) 政治状況・選挙運動

a. 政治状況　82年10月に発足した中曽根内閣は2期目を迎えており，86年に入ってからの政局は14回参議院選挙と合わせ衆院解散－総選挙があるのかどうかの1点に絞られていた．中曽根首相の自民党総裁としての2期目の任期は10月末で切れる予定であったが，中曽根は続投に強い意欲を見せていた．そのため，解散を断行し衆院選で勝利を得ることで党総裁任期の延長もしくは党則改正による3選を狙っているとの見方が一般的となっていたのである．首相の解散への懐疑が渦巻く中，自民党では竹下登，宮沢喜一，安倍晋太郎

の3人がニューリーダーとして基盤を固め,勢力争いも活発化しつつあった.一方,野党第一党の社会党では「ニュー社会党」路線への転換を図っていたが選挙準備は遅れており同日選を回避したい意向であった.

選挙直前の国会では衆院定数是正法案をめぐり,解散をうかがう首相と自民党,野党の激しい攻防が繰り広げられたが,この法案は会期末に成立し首相は臨時国会を召集し衆院解散を強行した.こうして中曽根首相の主導の下,解散された衆議院との同日選という形で第14回参議院選挙を迎えることとなった.

選挙前の全国での各政党支持率は,自民党37.1％,社会党10.3％,公明党4.5％,民社党3.5％,共産党3.0％,新自ク0.8％,好きな政党なし18.1％であった.内閣に対する評価とともに,自民党の支持率は前回に比べ上昇していた.

**b. 立候補状況** 今回の選挙は,改選数126（比例区50,地方区76）に対し立候補者は総数506名（比例区243名,地方区263名）であった.競争率は,比例区4.9倍（前回3.8倍）,地方区3.5倍（前回3.1倍）となり,比例区,地方区ともに立候補者は大幅に増えた.

この選挙で2回目となる比例区では前回の18政党から27政党に増えた.比例代表への立候補要件のうち,地方区・比例区合わせて10人以上の候補者を擁立することという要件を適用する政党が最も多かったため,結果として立候補者の増大をもたらした.また前回は,比例代表の初めての導入ということもあり各党が集票力アップを期待して,党外の学者や知識人を名簿の上位に並べたが,結果としてそれらの候補の効果があまり感じられなかったこともありこの回にはそのような傾向が見られなかった.

新旧別では新顔候補の占める割合が80.8％に達した.女性候補は82名（比例区53名,地方区29名）となり前回の55名から大幅に増えた.

自民党は,比例区25名,地方区58名の計83名の候補を擁立し,比例区では前回の30名から候補者を絞る一方で地方区では東京,埼玉など数県で複数候補を立てるなど積極策が目立った.社会党は,比例区18名,地方区40名と計58名の候補を擁立したが,候補者難から出遅れが明らかであった.その他の政党は,公明党が比例区17名,地方区4名,共産党が比例区25名,地方区46名,民社党が比例区17名,地方区10名であり,比例区の候補者数は各党とも前回と同数であった.

c. 選挙の状況　　争点は中曽根政治への是非と大型間接税の導入問題が中心であった．前回参院選で田中支配に対する批判から争点の1つであった政治倫理は，病気になった田中の影響力の衰退したという認識からか，大きな争点とはならなかった．

　自民党は，参院では非改選議員も多いため安定多数維持はほぼ確実とみられ，目標としては衆院の過半数確保に置かれていた．また政治課題として国鉄，教育，税制などの改革を挙げ「戦後政治の総決算」を掲げる中曽根内閣についての有権者の審判を受けるという姿勢を押し出した．野党側が問題にした軍拡への懸念については，選挙戦で触れることはほとんどなかった．

　一方の野党側は，自民党に対抗するため社会党・公明党と公明党・民社党の組み合わせに社民連も加わり多数の選挙協力を組んだ．さらに労働組合も政党の枠組みを超えた支援を行ない，将来の野党再編をもにらんだ選挙協力が活発化した．ただ野党側は，中曽根首相のリーダーシップのもと国鉄改革など自民党の政策が先行していたため，説得力のある対案を提示するよりも政府・自民党への批判のみに終わってしまっていた．

(2)選挙結果（表1-2-14）

a. 党ごとの結果・当選者の傾向　　自民党は，改選数63に対し比例区22議席，地方区50議席の計72議席を獲得し大勝した．特に26ある定数1の地方区では23議席を獲得し（落とした3県のうち2県は選挙後に追加公認），安定した強さを見せた．15ある2人区でもすべてで議席を獲得するとともに4県では独占を果たすなど圧倒的な勝利であった．一方比例区では，前回の19議席を上回る22人を当選させた．また，同時に行われた衆議院選挙では，300の大台に乗せるなど自民党の圧勝であった．相対得票率は，比例区38.6％（前回35.3％），地方区45.1％（同43.2％）でともに前回より3ポイントほど上昇した．

　社会党は改選数20であったが，比例区では前回同様9名の当選を果たしたものの，地方区では過去最低の11議席しか獲得できず合計20議席にとどまった．衆院では，解散時の111議席から26議席減の85議席となり大敗を喫した．相対得票率は，比例区17.2％（前回16.3％），地方区21.5％（前回24.3％）であり比例区では持ち直したが，地方区での低下傾向には歯止めがかからなかった．

　公明党は，比例区では7議席であったが，地方区で3議席の計10議席，民

表1-2-14　第14回選挙結果

|  | 比例区 候補 | 当選 | 非改選 | 合計 | 地方区 候補 | 当選 | 非改選 | 合計 | 合計 候補 | 当選 | 非改選 | 合計 |
|---|---|---|---|---|---|---|---|---|---|---|---|---|
| 自由民主党 | 25 | 22 | 20 | 42 | 58 | 50 | 51 | 101 | 83 | 72 | 71 | 143 |
| 日本社会党 | 18 | 9 | 9 | 18 | 40 | 11 | 12 | 23 | 58 | 20 | 21 | 41 |
| 公明党 | 17 | 7 | 8 | 15 | 4 | 3 | 6 | 9 | 21 | 10 | 14 | 24 |
| 日本共産党 | 25 | 5 | 5 | 10 | 46 | 4 | 2 | 6 | 71 | 9 | 7 | 16 |
| 民社党 | 17 | 3 | 4 | 7 | 10 | 2 | 3 | 5 | 27 | 5 | 7 | 12 |
| 新自由クラブ | 7 | 1 | 0 | 1 | 0 | 0 | 0 | 0 | 7 | 1 | 0 | 1 |
| 第二院クラブ | 10 | 1 | 0 | 1 | 0 | 0 | 1 | 1 | 10 | 1 | 1 | 2 |
| サラリーマン新党 | 9 | 1 | 1 | 2 | 0 | 0 | 0 | 0 | 9 | 1 | 1 | 2 |
| 税金党 | 9 | 1 | 2 | 3 | 1 | 0 | 1 | 1 | 10 | 1 | 3 | 4 |
| 諸派 | 106 | 0 | 1 | 1 | 81 | 0 | 0 | 0 | 187 | 0 | 1 | 1 |
| 無所属 | – | – | – | – | 23 | 6 | 0 | 6 | 23 | 6 | 0 | 6 |
| 合計 | 243 | 50 | 50 | 100 | 263 | 76 | 76 | 152 | 506 | 126 | 126 | 252 |

＊日本社会党，公明党はそれぞれ，第3章やデータ上では日本社会党(3)，公明党(1)とされるものである．

社党は比例区3，地方区2の5議席となり両党とも低迷した．共産党は改選7に対して比例区5，地方区4の9議席を獲得した．また，野党の選挙協力はふるわず4候補を当選させたのみにとどまり，自民党の壁の厚さを示した．

なお，女性の当選者数は，10名（比例区5名，地方区5名）で前回と同数であった．

b. 政局への影響　　この衆参両日同時選挙において自民党が圧勝したことから，有権者が中曽根内閣を信任したと受け止められ，自民党では中曽根首相が10月末の自民党総裁としての任期切れ後も続投する方向が固まった．中曽根首相は，国鉄や税制改革などに意欲的に取り組む姿勢をあらわにした．また選挙後行われた内閣改造でニューリーダー3人がともに主要役職に就いたことで自民党内の世代交代の流れが強まった．

野党側では，惨敗した社会党は執行部が総辞職し，土井たか子が新委員長となり体制が一新された．同じく惨敗した民社党は執行部体制こそ維持されたが，社会党と同じく再建の道が模索された．新自由クラブは勢力の衰えから解党を決め，ほとんどの議員は自民党に復党した．

c. 有権者の行動　　投票率は71.3％で戦後最低だった57.0％から回復した．参議院選挙では久々の高投票率であったがこれは衆院選の影響と考える方が妥当であろう．衆参同日選挙となり有権者の関心を呼び起こしたともいえるが，衆議院選挙の投票率としては特段高いわけでなく，過去10年の平均に近い投票率であった．

争点は，中曽根政治への是非であったが，自民党が大勝したことは各種世論調査における中曽根内閣や自民党の支持率の高さが示す通り，有権者は中曽根内閣に対して高い評価をおこなっているのであろう．また，経済的豊かさの中で有権者が保守回帰への傾向を示しているとの指摘もあった[25]．

また，有権者は税金問題（46.7%），福祉政策（36.8%），物価（36.2%）の順で争点を認識しており，大型間接税については有権者の一票を投じる判断基準ではあったことが分かるが，それが自民党の得票を減らす方向へは働かなかったと考えられる．

（米谷寛子）

## 15. 第15回選挙（1989年7月23日）総括
(1)政治状況・選挙運動

a. 政治状況　86年の衆参同日選挙で大勝した自民党だったが，これを足場にした中曽根首相の売上税導入は公約違反との反発を受け失敗した．しかし，中曽根に代わり首相となった竹下登のもとで消費税法は成立した．この消費税法成立に対する批判に，88年に発覚したリクルート事件による政治不信，農産物輸入自由化に対する農業関係者からの批判が加わり，竹下首相は退陣を余儀なくされた．89年6月2日には竹下内閣に代わり，宇野宗佑内閣が発足した．野党第一党の社会党は，86年の惨敗を受けて執行部が一新され，土井たか子が委員長に就任するなど新体制を構築していた．

89年明けからの地方選挙や参議院地方区補欠選挙では自民党，民社党の不振と，社会党への追い風，共産党の善戦が目立つようになる．宇野政権発足後には首相自身の「女性交際問題」も影響し，さらにその傾向は顕著となり，参院新潟補選では社会党新人女性が自民，共産の候補を破った．東京都議選においても社会党が推薦を含め改選前の3倍に議席を伸ばし，女性も改選前の2倍に増加，逆に自民党は惨敗，共産，公明とも不振であった．これは女性の投票率が男性を上回り，女性を中心に消費税への反発と土井社会党への共感が強まっていることを示しているとされた．

有権者の間で強まりつつあった政治不信を背景に，野党の衆議院解散要求の圧力が高まり，危機感を持つ自民党参議院議員からも議席の目減りを防ぐべく過去2回とも大勝している同日選が有効との意見もあった．しかし逆風の中での同日選は衆院まで敗北の危険性があるとの見方が自民党内で強まり，

社会，公明，民社による衆院解散要求決議案も否決され，7月23日の参院単独選挙に向かうことになる．

選挙前の全国での各政党支持率は，自民党25.6％，社会党22.1％，公明党3.9％，共産党2.9％，民社党2.8％，社民連0.3％，好きな政党なし24.5％で前回（自民37.1％，社会10.3％）からみると自民党の支持率の大幅な低下と社会党支持率と好きな政党なしの割合の上昇が顕著に見られた．

b. 立候補状況　　参院選は7月5日に公示され，改選数126（比例区50，地方区76）に対し，候補者数は，比例区で40政党385名，地方区で285名の計670名と候補者総数，比例区政党数とも過去最多となった（前回86年は比例区243名，地方区263名）．競争率でみても比例区7.7倍（前回4.9倍），地方区3.8倍（前回3.5倍）とこれまでになく高いものとなった．

このうち新顔候補者の占める割合は85.2％で，前回（80.8％）より増加した．女性候補者は149名（比例区97名，地方区52名）で前回の82名から飛躍的に増加した．

政党別に見ると，自民党は比例区25名，地方区53名の計78名を擁立した．比例区名簿の上位に新顔の清水嘉代子を登載し女性を意識した名簿にした．社会党は比例区25名，地方区29名を擁立した．地方区の候補者が前回の40名から大幅に減っているが，これは連合の会の候補者を推薦していることによる．比例区名簿では女性，学者らを上位に並べて「土井色」を打ち出し，労組出身者を重視した従来とはイメージを一新した．

この選挙での特徴の1つは，全日本民間労組連合会が独自の確認団体「連合の会」を政党の形式として作り，初めて国政選挙に登場したことであった．地方区の12選挙区で候補者を擁立し，他の野党からの推薦を得て自民党と対抗する勢力として存在感を示した．

c. 選挙の状況　　主な争点としては第1に89年4月から実施された消費税があった．これについて自民党は「国民の理解と協力を得ながら必要に応じて見直す」としたのに対し，社会党をはじめとした野党は一斉に消費税廃止を主張した．第2に88年に発覚したリクルート事件による政治不信がある．自民党は「政治改革大綱」を決定し，有権者に謝罪の意を表明しようとしたが，野党側はこれを一斉に糾弾した．第3に牛肉・オレンジの市場開放など農産物自由化，米価引き下げといった自民党農政に対し，支持基盤たる農業関係者から批判が生じたことがある．自民党は米自由化反対を公約に盛り込み，

生産者米価を据え置くなどで対応した．またこれらに加えて就任したばかりの宇野首相の女性交際問題が発覚し，野党はこれについても攻勢に出た．

　選挙戦では，自民党は非改選数73と合わせ過半数（127）確保を目標とした．しかし野党側の消費税，リクルート，農政，首相女性問題への一斉の攻勢に対し，謝罪や消費税見直しを掲げたものの支持率降下を止めることができなかった．選挙向きと言われた宇野首相が女性問題の影響で遊説に呼ばれなかったのと対照的に，土井社会党委員長は積極的に街頭に立ちブームを巻き起こした．また共産党は中国天安門事件でのイメージダウンを考慮し，中国共産党批判に力をいれた．

(2)選挙結果（表1-2-15）

a. 党ごとの結果・当選者の傾向　　自民党は，改選数69（比例区19，地方区50）に対し，比例区15名，地方区21名の36名当選と惨敗した．地方区については過去最低の56, 71年の42名からさらに半減に終わっている．地方区での改選議席別で見ると，特に26ある1人区においては，公認候補が当選したのは富山，和歌山，佐賀の3県のみで，過去負け知らずの奈良，愛媛，長崎で議席を失うなど壊滅的な状況であった．2人区では14選挙区に20名の候補者を出し13名の当選を果たしたが，熊本で共倒れしたのをはじめ自民党独占区もなくなった．また3, 4人区では大阪で議席を失った．自民党の公認で落選したのは地方区24名，比例区6名の30名にのぼり，この中に6名の閣僚経験者も含まれていた．相対得票率は比例区27.3%（前回38.6%），地方区30.7%（同

表1-2-15　第15回選挙結果

| | 比例区 | | | | 地方区 | | | | 合計 | | | |
|---|---|---|---|---|---|---|---|---|---|---|---|---|
| | 候補 | 当選 | 非改選 | 合計 | 候補 | 当選 | 非改選 | 合計 | 候補 | 当選 | 非改選 | 合計 |
| 自由民主党 | 25 | 15 | 22 | 37 | 53 | 21 | 51 | 72 | 78 | 36 | 73 | 109 |
| 日本社会党 | 25 | 20 | 9 | 29 | 29 | 26 | 13 | 39 | 54 | 46 | 22 | 68 |
| 公明党 | 17 | 6 | 7 | 13 | 5 | 4 | 4 | 8 | 22 | 10 | 11 | 21 |
| 民社党 | 17 | 2 | 3 | 5 | 8 | 1 | 2 | 3 | 25 | 3 | 5 | 8 |
| 日本共産党 | 25 | 4 | 5 | 9 | 45 | 1 | 4 | 5 | 70 | 5 | 9 | 14 |
| 連合の会 | 0 | 0 | 0 | 0 | 12 | 11 | 1 | 12 | 12 | 11 | 1 | 12 |
| 第二院クラブ | 10 | 1 | 1 | 2 | 1 | 1 | 0 | 1 | 11 | 2 | 1 | 3 |
| 税金党 | 9 | 1 | 1 | 2 | 1 | 1 | 0 | 1 | 10 | 2 | 1 | 3 |
| スポーツ平和党 | 10 | 1 | 0 | 1 | 0 | 0 | 0 | 0 | 10 | 1 | 0 | 1 |
| 諸派 | 247 | 0 | 2 | 2 | 87 | 0 | 0 | 0 | 334 | 0 | 2 | 2 |
| 無所属 | - | - | - | - | 44 | 10 | 1 | 11 | 44 | 10 | 1 | 11 |
| 合計 | 385 | 50 | 50 | 100 | 285 | 76 | 76 | 152 | 670 | 126 | 126 | 252 |

＊日本社会党，公明党はそれぞれ，第3章やデータ上では日本社会党(3)，公明党(1)とされるものである．

45.1%) であった.

社会党は改選数22に対し,公認候補だけで比例区20名,地方区26名の計46名が当選,これは55年の左右統一後では2番目に多い数となった.特に女性候補者が地方区5名,比例区7名のうち11名が当選を果たし,いわゆる「マドンナ旋風」を生み出した.女性当選者はこれまで全体で10名が最高であったが,社会党1党のみでこれを上回った.また女性当選者は全体で22名(前回10名)当選した.社会党の相対得票率は比例区35.1%(前回17.2%),地方区26.4%(同21.5%)であった.

社会党の躍進とともに,注目されたのは連合の会であった.候補を擁立した12の選挙区のうち,社会党が独自候補を擁立し連合の会候補を推薦しなかった岡山を除き,11人が当選した.特に1人区では完勝し,自民党へ大きな打撃を与える要因となった.

一方,他の野党は社会党,連合の会の躍進の影で伸び悩んだ.公明党は比例区6名,地方区4名の計10名,民社党は比例区2,地方区1,共産党は比例区4,地方区1であった.つまり自民党への批判票のほとんどが社会党と連合の会に流れたといえる.この結果が,公明,民社といった中道政党に野党の中で存在感を示すことの困難さを認識させ,次第に自民党との個別政策ごとの連携へと向かわせることになった.

また比例区立候補政党数が過去最多で注目された「ミニ政党」だったが,これまで税,福祉など単一の政策をかかげ,個性的な受け皿として無党派層の支持を得てきたのに対し,今回は反自民,非自民の票が社会党に集まり,全体として苦戦を強いられた.結局,税金党が比例区と選挙区で各1議席ずつ獲得したが,国会に議席がなかった政党の中では,比例区でスポーツ平和党のアントニオ猪木が個人的人気から当選を果たしたのみであった.

**b. 政局への影響**　選挙の結果,自民党の新勢力は109議席と過半数に18も及ばないものとなった.保守合同以降の参院選では自民党公認候補だけでの過半数割れは3度あったが,一定勢力をもっていた保守系緑風会との協力や保守系無所属の追加公認などで対応してきた.しかし今回は追加公認でも対応しきれない事態となった.

この惨敗により発足からわずか53日で宇野首相は退陣を表明,代わって海部俊樹が後継総裁に選出される.与野党逆転となった参院では土井が首相に指名されたが,両院協議会を経て海部政権が誕生した.自民党は実効性ある

政治改革への取り組み，野党側は解散総選挙に持ち込まれる前に社会党を中心とする連合政権の具体的構想をまとめるといった課題をかかえることになり，今回選挙で示された民意が表層的なものか，戦後政治の構造の大きな変革となるかがその後の焦点となっていくことになった．

c. **有権者の行動**　投票率は65.0%と前回86年の衆参同日選挙71.3%よりも低く，参院選単独としては史上最低だった前々回83年57.0%よりは高かった．

選挙の争点は明確で，(i)消費税についての商工界・消費者からの反発，(ii)リクルート事件発覚による政治不信への審判，(iii)農産物輸入自由化を中心とした自民党農政への農業者の反発，が主にあげられ，自民党の敗北の要因となった．

有権者は争点として，税金問題（57.6%），福祉（36.8%），物価（35.6%），政治改革（16.2%）の順に認識していたことが分かっている．有権者の消費税への認識が自民党への批判票となり敗北をもたらしたことが窺える．また農業問題は有権者側の認知はそれほど高くなかったといえる．

（松平健輔）

## 16. 第16回選挙（1992年7月26日）総括

(1)政治状況・選挙運動

a. **政治状況**　89年の参議院選挙の後に発足した海部内閣は，90年の総選挙で「安定過半数」の確保を果たし，安定した高支持率を維持していた．しかし，政治改革関連法案，国連平和維持活動関連法案が91年秋の臨時国会で廃案に追い込まれ，海部俊樹首相は自民党総裁選への出馬を断念せざるを得なくなった．代わって政権に就いた宮沢喜一は，当初は「本格政権」との期待から高い支持を集めるが，景気の低迷に加え，共和事件で宮沢派事務総長が逮捕されたことで，支持率は下がっていった．また社会党は，土井が91年の統一地方選敗北の責任を取って辞任し田辺誠が委員長になった．

92年の通常国会，宮沢首相は再度，国連平和維持活動協力（PKO）法案を提出した．社共両党が牛歩戦術などで抵抗し，審議は難航を極めた．しかし自民党は，それ以前から得ていた民社党の協力に続き，平和維持軍（PKF）参加凍結を打ち出したことで公明党の協力を得ることにも成功した．両野党の協力で，衆議院に続き自民党が過半数割れの参議院でも可決し，自衛隊の海外派兵を容認する法案は成立した．一方で同法は世論の批判を浴び，宮沢

政権の支持率は低迷が続いていた．政治改革，景気対策など次なる課題を抱える中で，第16回参議院選挙を迎えることとなった．

選挙直前の全国政党支持率は，自民34.9%，社会12.1%，公明4.1%，共産3.0%，民社2.6%，社民連0.6%，その他2.5%，好きな政党なし26.4%だった．

b. 立候補状況　選挙は7月8日に公示され，改選数が埼玉地方区補選分1を含めて127（比例区50，地方区77）に対し，立候補者は640名となった（比例区38政党329名，地方区311名）．競争率は比例区6.6倍（前回7.7倍），地方区4.0倍（同3.8倍）で，過去最高だった前回よりは減少した．前回と比較すると，候補者は比例区で減少し，地方区で増加した．

新顔候補者の占める割合は85.8%（比例区88.4%，地方区83.0%）だった．女性は123名が立候補した（比例区65名，地方区58名）．マドンナブームと呼ばれた前回選挙の合計149名（それぞれ97名，52名）からは大幅に減ることとなった．

自民党の今回の改選議員は，圧勝した86年衆参同日選挙当選組であり，公認候補では比例区27名中18名，地方区55名中35名が現職だった．新顔では官僚や県議出身者が多く見られた．社会党は比例区25名，地方区18名を擁立したが，1人区は6名に限定し，民社党や社民連と共に連合の会の候補を推した．また，民社党は地方区で僅か3名の擁立となった（比例区は17名）．公明党は地方区で都市部の3，4名区に限定して6名を擁立し，全員当選を目指した．一方，共産党は革新統一候補を推薦した沖縄を除き，全国46選挙区に候補者を擁立した．

前回に続き，今回も多くの政党が比例区に出馬した．中でも注目は，参議院議員，熊本県知事（共に自民党公認）を務めた細川護煕が直前の5月に結成した日本新党だった．

c. 選挙の状況　宮沢政権発足後初の国政選挙であり，最大の争点は，先の通常国会で成立したPKO法であった．平和憲法と日米安保体制の下で初めて自衛隊の海外派兵が可能となったことに，有権者はどう審判するのかが注目された．PKO法を巡っては，推進した自公民3党と抵抗した社共両党の間で厳しい対立が繰り広げられた．また，景気や，政治改革，コメの自由化などもテーマとなった．

自民党の改選は75議席であり，対して非改選が39議席に過ぎないため，推薦の無所属候補を含め全候補が当選しても過半数には到達しないことになっ

ていた．内閣支持率低迷の中，改選議席にできるだけ近づけることを目指し，宮沢首相は各地を飛び回った．

野党側は，社民両党が対立し，足並みが乱れていた．前回1人区で自民党惨敗の要因となった連合の会は，今回も労組出身者を中心に22人が立った．しかし，反自民で一致していた前回と違い，今回はPKO法案を巡り社民両党が対立，東京と広島で連合候補への支援を巡り足並みが乱れ，社会党の一部が別の候補者を擁立する分裂選挙となった．マドンナブームが去り退潮が否めない中，PKO法案に徹底抗戦した社会党がどこまで支持を集められるか，連合の会の候補はどれほど支持を集めるかが注目された．

比例区では，日本新党が既成政党に批判的な層をどれほど獲得できるかが注目された．

**d. その他** 比例区の大日本誠流社では，1位候補者が離党したことにより，22日に候補者名簿から抹消された．比例代表制導入後初めてのことだった．

(2)選挙結果（表1-2-16）

**a. 党ごとの結果・当選者の傾向** 自民党の改選を迎える議員は衆参同日選挙で圧勝した86年の当選議員であったため，減少は免れないと予想され，焦点は減少をどれだけ抑えられるかであった．結果は，比例区19議席（改選22議席），地方区49議席（同53議席）と，前々回比4減に抑えて快勝であった．首相の低支持率の中で異例の勝利といえる．自民党は金城湯池と言われてきた1人区で，高知の無所属の推薦候補を含めて25勝1敗という記録的勝利を収めた．また2人区でも福島，群馬，栃木，熊本（追加公認の元職を含む）で議席を独占した．一方で，複数候補を擁立した3，4人区で2人当選はならなかった．それでも全体としては，滋賀，大阪という自民空白区を解消することに成功した．相対得票率を見ると，比例区33.3％（前回27.3％），地方区43.4％（前回30.7％）であり上昇している．

今回比例区で台風の目となったのが，92年5月に結成された日本新党だった．今回は比例区のみ候補者を立てたが，既成野党に飽き足らない無党派層の支持を集め4議席を獲得した．

対照的に票を落としたのが，社会党だった．前回89年選挙には「土井ブーム」「マドンナ旋風」で無党派層の支持をさらった．しかし，今回は委員長も交代した上，政権をめざす政党への脱皮を図りながらもPKO法への対応な

表1-2-16　第16回選挙結果

| | 比例区 | | | | 地方区 | | | | 合計 | | | |
|---|---|---|---|---|---|---|---|---|---|---|---|---|
| | 候補 | 当選 | 非改選 | 合計 | 候補 | 当選 | 非改選 | 合計 | 候補 | 当選 | 非改選 | 合計 |
| 自由民主党 | 27 | 19 | 16 | 35 | 55 | 49 | 23 | 72 | 82 | 68 | 39 | 107 |
| 日本社会党 | 25 | 10 | 20 | 30 | 18 | 12 | 29 | 41 | 43 | 22 | 49 | 71 |
| 公明党 | 17 | 8 | 6 | 14 | 6 | 6 | 4 | 10 | 23 | 14 | 10 | 24 |
| 民社党 | 17 | 3 | 2 | 5 | 3 | 1 | 3 | 4 | 20 | 4 | 5 | 9 |
| 日本共産党 | 25 | 4 | 4 | 8 | 46 | 2 | 1 | 3 | 71 | 6 | 5 | 11 |
| 連合の会 | 0 | 0 | 0 | 0 | 22 | 0 | 12 | 12 | 22 | 0 | 12 | 12 |
| 日本新党 | 16 | 4 | 0 | 4 | 0 | 0 | 0 | 0 | 16 | 4 | 0 | 4 |
| 第二院クラブ | 10 | 1 | 1 | 2 | 0 | 0 | 1 | 1 | 10 | 1 | 2 | 3 |
| スポーツ平和党 | 10 | 1 | 1 | 2 | 0 | 0 | 0 | 0 | 10 | 1 | 1 | 2 |
| 諸派 | 182 | 0 | 0 | 0 | 122 | 2 | 1 | 3 | 304 | 2 | 1 | 3 |
| 無所属 | − | − | − | − | 39 | 5 | 1 | 6 | 39 | 5 | 1 | 5 |
| 合計 | 329 | 50 | 50 | 100 | 311 | 77 | 75 | 152 | 640 | 127 | 125 | 252 |

\*日本社会党，公明党はそれぞれ，第3章やデータ上では日本社会党(3)，公明党(1)とされるものである．

どを通じて「抵抗政党」への逆戻りを印象付けたと思われ，結果は比例区10議席（改選9議席），地方区12議席（同13議席）と，改選議席数を確保するにとどまった．また1人区では全敗した．唯一，北海道で推薦を含めて2議席を確保したのが目立った程度だった．相対得票率も，比例区17.8％（前回35.1％），地方区12.8％（同26.4％）と共に半減した．

また，連合の会は，奈良や宮城などの直近の補欠選挙で成果を挙げていたが，東京で推薦新顔候補が当選しただけで，所属候補は議席ゼロに終わった．広島でも，民社党系の連合の会現職候補に反発して出馬した社会党系諸派候補が当選した．PKO法案を巡って社会党と民社党の協調がうまくいかなかったことが，選挙にも影響を与えたと思われる．

公明党は，比例区8議席（改選7議席），地方区6議席（同3議席）を獲得し，4増で過去最高タイの14議席に達した．北海道，東京，福岡ではトップ当選を飾った．共産党は比例区4議席（改選5議席），地方区2議席（同4議席），合計6議席とソ連の社会主義体制の崩壊など逆風の中で議席を3減らした．民社党は改選5議席（比例区3議席，地方区2議席）に対し，地方区の1減にとどめ，4議席を獲得した．

女性の当選者数は，比例区6名，地方区7名の計13名で，女性が大躍進した前回の22名からは大きく減らすことになった．

b. 政局への影響　自民党が多数を得て，宮沢政権は一応基盤を強化した．一方で社会党は低迷し，社民連との共闘を図るなど，真剣な建て直しを迫ら

その後,東京佐川急便事件で金丸信が自民党副総裁を辞任,次いで議員辞職し,そのあおりで金丸が会長を務めた竹下派が分裂することになった.政権発足以来の支持基盤だった同派の分裂に対し,逆に宮沢は独自色を強めることで乗り切ろうとした.しかし公約に掲げた選挙制度改革に失敗し,93年の自民党分裂,非自民政権の成立へと向かっていくことになった.

c. 有権者の行動　　選挙は7月26日に投開票された.投票率は50.7％（前回65.0％）と,過去最低を記録した.小中学校の夏休み初の日曜日ということに加え,既成政党を含めた政治への不信感が,投票所への足を遠ざけたとの指摘もあった.[27]

自民党は,改選議席の過半数を確保したことで,世論を沸かせたPKO法は「国民に信任された」との見方を示した.[28] 一方,有権者の防衛問題への争点認識は16.9％であり,他の回と比べれば高く,争点としての有権者の意識もある程度あったと思われる.しかし福祉政策（33.1％）,物価（26.7％）,税問題（19.2％）などしてに比べれば低く,PKO法が世間を沸かせても選挙での有権者の判断における比重は,物価や福祉政策など,より身近な問題が大きいともいえるのではないだろうか.

（井上和輝）

## 17. 第17回選挙（1995年7月23日）総括

(1)政治状況・選挙運動

a. 政治状況　　政治改革法案をめぐる自民党内の対立は,竹下派の分裂さらに自民党の分裂をもたらし,93年の総選挙後に細川護煕を首相とする非自民連立政権が誕生した.細川内閣は政治改革法案の成立を果たしたが,国民福祉税構想などが批判を受け,わずか8ヵ月で退陣した.代わって羽田内閣が誕生したが,社会党はこの連立に加わらず自民党との連携に向かった.こうして94年6月には自社さ三党連立政権が誕生し,自民党が与党に復帰した.この三党連立政権を担うことになったのが,当時社会党委員長であった村山富市であった.そして,この村山政権発足後初の国政選挙として第17回選挙は行われることとなった.一方,与党の座を失った新生党,日本新党,民社党,公明党なども94年12月に新進党を発足させて臨んだ.

有権者の方は,選挙期間中の調査で,「好きな政党なし」あるいは「答えな

い」と回答した無党派層が56.7%を占めた．95年春におこなわれた統一地方選挙での東京・大阪での「無党派知事」の誕生など，都市部を中心に無党派層が選挙に与える影響が大きくなってきていた．一方，各政党支持率は，自民党20.2%，新進党9.6%，社会党7.4%，共産党2.7%，新党さきがけ1.2%，公明0.6%，その他の政党1.6%という結果であった．

b．立候補状況　公職選挙法の改正により，立候補者が負担する供託金が，地方区では200万円から300万円に，比例区では400万円から600万円に値上げされた．また，比例区において得票率が全体の1%に達しない政党の新聞広告費は，自己負担となった．その影響を受けてか，比例区届出政党数は，前々回の40，前回の38から大幅に減少し，23となった．また，比例区立候補者数も，前々回の385名，前回の329名から激減し181名となり，比例代表制の導入（83年）以来の最少を記録した．その分だけ，地方区立候補者数は，前々回の285名，前回の311名に続き，386名と増加し，過去最多を記録した．競争率は，比例区3.6倍（前回6.6倍），地方区5.1倍（前回4.0倍）となっている．

　新顔候補者の占める割合は83.4%（85.8%）だった．女性は比例区46名，地方区78名の124名が立候補し前回（比例区65名，地方区58名）と比較して，比例区が減りその分地方区が増えている．

　自民党は，比例区29名，地方区37名の計66名を擁立した．前回（比例区27名，地方区55名）から地方区では大きく減らしているが，これは今回改選を迎えるのが大敗を喫した第15回選挙での当選者であり改選数自体が少ないことが影響している．社会党は，比例区で18名，地方区で22名を擁立した．一方，結成後初の参議院選挙を迎えた野党第一党の新進党は，比例区で30名，地方区では32名の計62名を擁立し，自民党に対抗する勢力として積極的な戦略をとった．

c．選挙の状況　冷戦後の東西対立の緩和や経済の停滞や少子高齢化を背景に，様々な改革が求められたが，選挙の争点として大きく扱われることはなかった．というのも，与党・野党とも内部の意見が分かれるのを嫌い，具体的な改革を打ち出すことが難しかったことが背景にあるのだろう．

d．その他　94年の公職選挙法改正のため，今回の選挙から参議院地方区の定数が見直された．今回の改正で，8増8減（改選数では4増4減）となり，宮城・岐阜・埼玉・神奈川の4地方区では議席数が1つ増加，一方兵庫・福岡の地方区で議席数が1つ，北海道の地方区では2つ減少した．

(2)選挙結果（表1-2-17）

a. 党ごとの結果・当選者の傾向　　自民党は，比例区・地方区共に全国合計得票数1位を新進党に奪われ，前回の選挙で獲得した67議席を大幅に下回った．改選議席の33議席は確保したものの，比例区15議席，地方区31議席の46議席（追加公認を含めると49議席）を獲得するにとどまった．地方区の奈良，長崎，高知をはじめとするこれまで自民党が議席をほぼ維持してきた県で敗北するなど，1人区での取りこぼしが目立ち，2人区でも北海道，長野，福岡で取りこぼしが見られた．相対得票率を見ると，比例区27.3％（前回33.3％），地方区25.4％（同43.4％）であり下落している．

社会党は「マドンナ旋風」が吹き荒れた89年の第15回参議院選挙の選出議員が今回改選をむかえた．改選議員数41議席に対し，今回獲得したのは16議席であった．92年選挙で獲得したのが22議席であることから考えても，社会党への支持が凋落したことは明らかである．相対得票率も，比例区16.9％（前回17.8％），地方区11.8％（同12.8％）であった．また与党の中で独自色を出せないさきがけへの期待も薄く，地方区では滋賀で1議席を獲得するにとどまった．

一方，新進党は改選議席19に対して40議席（比例区18議席，地方区22議席）を獲得し，大躍進を遂げた．ここまで議席を増やすことができたのは，旧公明党の支持母体である創価学会の安定した支援があったからだといえるだろう．当選者40名のうち，旧公明党系の議員が実に16名を占めることからも，

表1-2-17　第17回選挙結果

| | 比例区 | | | | 地方区 | | | | 合計 | | | |
|---|---|---|---|---|---|---|---|---|---|---|---|---|
| | 候補 | 当選 | 非改選 | 合計 | 候補 | 当選 | 非改選 | 合計 | 候補 | 当選 | 非改選 | 合計 |
| 自由民主党 | 29 | 15 | 17 | 32 | 37 | 31 | 44 | 75 | 66 | 46 | 61 | 107 |
| 新進党 | 30 | 18 | 10 | 28 | 32 | 22 | 6 | 28 | 62 | 40 | 16 | 56 |
| 公明 | 0 | 0 | 5 | 5 | 0 | 0 | 6 | 6 | 0 | 0 | 11 | 11 |
| 日本社会党 | 18 | 9 | 10 | 19 | 22 | 7 | 12 | 19 | 40 | 16 | 22 | 38 |
| 日本共産党 | 25 | 5 | 4 | 9 | 47 | 3 | 2 | 5 | 72 | 8 | 6 | 14 |
| 新党さきがけ | 10 | 2 | 0 | 2 | 5 | 1 | 0 | 1 | 15 | 3 | 0 | 3 |
| 平和・市民 | 4 | 0 | 0 | 0 | 3 | 1 | 1 | 2 | 7 | 1 | 1 | 2 |
| 民主改革連合 | 0 | 0 | 0 | 0 | 11 | 2 | 0 | 2 | 11 | 2 | 0 | 2 |
| 諸派 | 65 | 1 | 2 | 3 | 182 | 0 | 1 | 1 | 247 | 1 | 3 | 4 |
| 無所属 | – | – | 2 | 2 | 47 | 9 | 4 | 13 | 47 | 9 | 6 | 15 |
| 合計 | 181 | 50 | 50 | 100 | 386 | 76 | 76 | 152 | 567 | 126 | 126 | 252 |

＊日本社会党は，第3章やデータ上では日本社会党(3)とされるものである．
＊＊選挙後，自由民主党は無所属で立候補した阿部正俊（山形選挙区），平田耕一（三重選挙区），三浦一水（熊本選挙区）を追加公認．

旧公明党,および創価学会の存在の大きさがわかる.相対得票率は,比例区30.8%,地方区26.5%であり比例区・地方区とも自民党を上回っている.

なお,女性の当選者は比例区13名,地方区8名の計21名で前回の13名より8名も増え,第15回選挙（22名）並みに回復した.

**b. 政局への影響**　自社さ3党連立政権に対して,強い反発があったことは容易に想像できる.これを受けて新進党は,比例区・地方区の両区において最大得票を獲得した.政界再編による新進党への期待を窺うことができる.ただし,低い投票率から察することができるように政治への関心は以前にも増して低くなっているという点,地方区での獲得議席数においては新進党も自民党には及ばなかった点を考慮すると,その期待というのも政治構造の変動を生むまでには達しないようである.

**c. 有権者の行動**　投票率は前回の50.7%を下回る44.5%と,国政選挙において憲政史上最低の投票率を記録した.

この背景には,「数合わせ」のための連立政権が誕生し,政権が転々とする中,長引く不況やオウム真理教事件等の暗い話題を払拭できない「政治」への失望があったといえる.先述の通り,無党派層が増加していることから,既存の「政党」への不信も見受けられる.特に55年体制下において自民党に対抗する勢力として存在していた社会党が,「反自民」の旗をあっけなく降ろし,与党につくなり,あっさりと「自衛隊は合憲」と政策転換したことは,これまで自民党批判への受け皿として社会党に投票していた有権者に,失望をもたらし棄権という選択肢をもたらしたともいえるのではないだろうか.また,95年は亥年にあたり,12年ごとにおこるといわれる「亥年現象」[29]の影響も考えられよう.

有権者は争点として,物価(32.8%),福祉政策(30.3%),税金問題(17.9%),政治改革(12.2%)の順で認識していたが,突出した争点はなかった.このような有権者の争点認知度の低さも低投票率の一因といえるだろう.

**d. その他**　与党3党は,岩手・滋賀では自民党と社会党が,奈良では社会党とさきがけが,大阪では社会党とさきがけが選挙協力をし,同じ候補を推薦した.その一方,与党社会党は山口で野党の新進党と選挙協力を結んだ.この連携は,有権者にとって選挙の構図を非常にわかりにくいものにした.同時に,与党3党の結束の弱さと新進党内の出身政党ごとの亀裂を感じさせるものであった.結局,上記の相乗り候補は全て落選することとなり,選挙

協力はいずれも失敗に終わった．

(伏見周祐)

## 18. 第18回選挙（1998年7月12日）総括
(1)政治状況・選挙運動

**a. 政治状況**　97年9月に発足した第2次橋本内閣は，社会党とさきがけがともに閣外協力に転じ，93年6月以来の自民党単独政権であった．本格的な長期政権を目指す橋本内閣は，6大改革を打ち出すと共に歴代の政権が取り組めなかった財政構造改革路線へ意欲を見せた．一方，野党第一党であった新進党は旧党を母体とするグループの対立が深刻化し97年12月をもって解党した．代わって，鳩山由紀夫らの民主党に旧新進党の一部が合流し，民主党が新進党に代わる野党第一党となった．また，財政再建路線を打ち出した橋本内閣ではあったが景気の下降が深刻となり，対策を欠く政府への批判が強まる中，18回通常選挙を迎えた．

選挙前の全国での各政党支持率は，自民党19.4％，民主党6.8％，公明党3.0％，共産党4.4％，社民党2.8％，自由党2.4％，好きな政党なしが38.6％であり与党自民党の支持率が降下する一方，発足したばかりの民主党の支持率も低迷していた．

**b. 立候補状況**　今回の選挙は，改選数126（比例区50，地方区76）に対し立候補者は総数474名（比例区158名，地方区316名）であった．競争率は，比例区3.2倍（前回3.6倍），地方区4.2倍（前回5.1倍）となっている．比例区は公職選挙法の改正により候補者数が大幅に減った前回からさらに減ることとなった．しかし，比例区の届出は13政党で，新進党が分裂した影響を受け前回よりも増加しており，当選ラインをめぐって厳しい競争が予想された．また，地方区では無所属の候補者が60名と約5分の1を占めた．これは民主党系列の候補者が他の野党の支援を得やすくするためと無党派層の票を獲得するためなどを狙い無所属で立ったもので，これら無所属候補者の当落も実質的な勝敗を分ける鍵を握っていた．

現元新職の候補別では新顔候補が最も多く，全体に占める割合は78.9％（前回83.4％）であった．また，女性候補は比例区38名，地方区72名の110名であった（前回比例区46名，地方区78名）．

自民党は，比例区30名，地方区57名，合わせて87名の候補者を立てた．前

回選挙では新進党の影響で官僚OBなどの従来の自民党の候補者が離れ，候補者選びに苦労したが，この選挙では政権党の強みを生かして官僚OBを積極的に取り込むとともに，初めて電力業界の候補者を担ぐなど新規開拓を行い，新しい有権者層の獲得に努めた．民主党は比例区25名，地方区23名の計48名の候補者を立てた．[30]

**c. 選挙の状況**　この選挙での唯一最大の争点は，「低迷する日本経済をどう立て直すのか」という1点であった．そのために，具体的には税制や景気対策，不良債権処理問題などが各党の公約に盛り込まれた．参院選後は日米新ガイドライン法案の国会論議も始まることが予想されていたが，外交・防衛問題はそれほど取りあげられなかった．

自民党は，改選議席61を上回り単独過半数を回復する69議席を目標とした．景気対策と財政構造改革へ取り組む政権党としての責任を強く訴えたが，「橋本経済失政」批判をそらすため，選挙中に首相自ら新たな恒久減税の実施を示唆し，政府の経済政策への路線のあいまいさを露呈することになった．また日米新ガイドライン法案については公約としては挙げられたが，選挙演説ではほとんど発言されなかった．[31]

民主党など野党各党は，経済再建のためそろって景気対策としての減税の実施など経済政策を中心に公約に盛り込んだ．そのほかに民主党は地方分権を，公明党は景気対策を商品券方式による消費税の還元などで行うことなどで独自性を発揮しようとした．しかし全体的に野党は選挙戦では自党の経済政策を強くアピールするというよりも橋本政権の経済政策を失政として強く非難することで自民党政治の打破を訴えた．

(2) 選挙結果（表1-2-18）

**a. 党ごとの結果・当選者の傾向**　自民党は改選数61（比例区17，地方区44）に対し，比例区で14議席，地方区で30議席の計44議席となり過半数の回復どころか選挙前勢力を大きく下回った．とくに東京，神奈川，埼玉などの4，3人区で議席なしとなり，強い基盤を持つ24の1人区でも7選挙区で敗れた．比例区でも過去最低の14議席だった．しかし，相対得票率を見ると，比例区25.2％（前回27.3％），地方区30.5％（前回25.4％）であり比例区では若干低下しているが，地方区ではむしろ上昇している．改選議席と比較した場合惨敗といえるが得票率自体が大きく下落したわけではない．

民主党は改選18（比例区10，地方区8）に対し比例区で12議席，地方区で

表1-2-18 第18回選挙結果

| | 比例区 | | | | 地方区 | | | | 合計 | | | |
|---|---|---|---|---|---|---|---|---|---|---|---|---|
| | 候補 | 当選 | 非改選 | 合計 | 候補 | 当選 | 非改選 | 合計 | 候補 | 当選 | 非改選 | 合計 |
| 自由民主党 | 30 | 14 | 16 | 30 | 57 | 30 | 42 | 72 | 87 | 44 | 58 | 102 |
| 民主党 | 25 | 12 | 7 | 19 | 23 | 15 | 13 | 28 | 48 | 27 | 20 | 47 |
| 公明 | 18 | 7 | 7 | 14 | 2 | 2 | 6 | 8 | 20 | 9 | 13 | 22 |
| 日本共産党 | 25 | 8 | 5 | 13 | 45 | 7 | 3 | 10 | 70 | 15 | 8 | 23 |
| 社会民主党 | 17 | 4 | 4 | 8 | 20 | 1 | 4 | 5 | 37 | 5 | 8 | 13 |
| 自由党 | 12 | 5 | 4 | 9 | 9 | 1 | 2 | 3 | 21 | 6 | 6 | 12 |
| 新党さきがけ | 3 | 0 | 2 | 2 | 0 | 0 | 1 | 1 | 3 | 0 | 3 | 3 |
| 第二院クラブ | 3 | 0 | 1 | 1 | 0 | 0 | 0 | 0 | 3 | 0 | 1 | 1 |
| 諸派 | 25 | 0 | 0 | 0 | 100 | 0 | 3 | 3 | 125 | 0 | 3 | 3 |
| 無所属 | − | − | 4 | 4 | 60 | 20 | 2 | 22 | 60 | 20 | 6 | 26 |
| 合計 | 158 | 50 | 50 | 100 | 316 | 76 | 76 | 152 | 474 | 126 | 126 | 252 |

*民主党,自由党はそれぞれ,第3章やデータ上では民主党(2N),自由党(2)とされるものである.

15議席の計27議席を獲得し躍進した.東京や栃木,長野などの複数区で当選を決め,愛知では2人当選を果たすなど自民党が落とした選挙区で勝利した.比例区でも自民に次ぐ12議席の当選を果たした.相対得票率は,比例区21.7%,地方区16.2%となっており,比例区では善戦しているものの地方区では自民党に大きく差をつけられていることが分かる.

公明は改選前の11を2議席下回り,社民党は12の改選議席を維持できず村山政権下で過去最低だった前回からさらに後退し5議席であった.自由党は改選数5に対し6議席を獲得した.躍進したのは共産党で改選数6から9議席増の15議席を獲得し自民党への批判票の獲得に成功した.女性の当選者数は,比例区10名,地方区10名の計20名で前回(21名)並みの水準を維持した.

**b. 政局への影響** 選挙の結果,経済失政に有権者は厳しい審判を下したと判断した橋本首相は自民党敗北の責任を取り退陣を表明した.後任をめぐっては,小渕恵三を推す最大派閥の小渕派を中心に,自民党内で活発な駆け引きが展開された.結局,小渕恵三,梶山静六,小泉純一郎の3人が総裁選に立候補したが,小渕が首相に選出された.一方民主党は,改選数を大幅に上回り次の選挙へ向けて非自民各党を結集する政権連合づくりに足がかりをつかんだといえるだろう.

**c. 有権者の行動** 投票率は,58.8%であり参院選史上過去最低を記録した前回の44.5%よりも14ポイント以上も上昇した.この選挙から実施された投票率低下の対策である不在者投票の条件緩和や投票時間の2時間延長が有権者の足を投票所へ向かわせる結果となったと考えられていた.また,特に首

都圏や京阪神地域など都市部での投票率の上昇が目立っており，無党派層などが長引く不景気に有効な政策を打ち出せない自民党政権への批判票として，民主党や共産党に1票を投じたと考えることもできるだろう．

争点は，橋本政権の経済政策1本に絞られていたといえ，その政策に対する批判が反自民票として他党へ流れた．また，選挙終盤に失政批判への対策として橋本が恒久減税構想を打ち出したことも，逆に自民党の経済政策のあいまいさを露呈するとともに，選挙の票目当てだと強い批判を受けることとなった．

有権者は争点として，物価 (56.7%)，福祉政策 (38.3%)，税問題 (32.6%)，財政問題 (21.9%) の順に認識していたことが分かっている．

d. その他　この回の選挙では，メディアの予測と結果が大きく違っていたことが特色として挙げられる．新聞等各種メディアの選挙前の予測では自民党が改選数前後とするものが多く，結果のような惨敗を予想するものはまったくなかった．これは終盤の橋本首相の恒久減税発言による有権者の自民党離れとも考えられるが，単に有権者の投票決定が遅かっただけかもしれない．自民党内では，予測を見た有権者が自民党への投票を変えたのではと報道の選挙への及ぼす影響として話題となった．

（米谷寛子）

## 19. 第19回選挙（2001年7月29日）総括

(1) 政治状況・選挙運動

a. 政治状況　小渕首相の死去を経て2000年4月に発足した森内閣は，その政権の正統性や首相自身の資質を問う声が大きく，支持率は極めて低迷していた．これでは参議院選挙に勝てないとの危機感を抱いた自民党では，森首相の交代が決定的となりその後継として4人による総裁選挙が行われた．議員数や地方組織において圧倒的な数と力を持つ橋本派は橋本元首相を候補に掲げ有利と思われた．しかし前年の衆議院選挙でも自民党は低迷したことから，地方党員の危機感は強く予想を覆して小泉純一郎が勝利を収めた．

改革を旗印に掲げこれまでの総裁と比べ異色の候補であった小泉首相に対して国民の期待も大きく，各種世論調査では8割から9割の高支持率を記録した．小泉内閣はあらゆる面での改革を行なうと宣言し，特に経済政策の面で，これまでの自民党の景気対策路線から構造改革路線への転換を強調し，

既得権益の維持をはかる自民党の族議員などを「抵抗勢力」として対決姿勢をあらわにした．小泉内閣の圧倒的な人気に対して民主党など野党は対応を図りかね，自民党への追い風の中第19回参議院選挙を迎えた．

　選挙前の全国での各政党支持率は，自民党34.8％，民主党8.5％，公明党3.5％，共産党3.1％，社民党2.3％，自由党2.3％，保守党0.2％，好きな政党なし28.8％であり，前回の直前支持率と比較すると，小泉人気による自民党の支持率回復が著しく自民党への追い風を予想させるものであった．

**b．立候補状況**　この回の選挙は，改選数が定数改正に伴って121（比例区48，地方区73）となったのに対し，立候補者は総数496名（比例区204名，地方区292名）だった．競争率は，比例区4.3倍（前回3.2倍），地方区4.0倍（前回4.2倍）であった．比例区の届出は前回同様14政党であったが，候補者は前回を50人近く上回り激戦となった．

　今回から導入された「非拘束名簿方式」への対応として各党が著名なタレント候補を掲げ，集票力のアップを図ったのは目立った傾向であった．また全国的な組織の支持を受けた候補者も多数見られた．現元新職の候補別では全体の79.0％（前回78.9％）を占めた新人候補が最も多かった．また，女性候補は比例区58名（前回38名），地方区77名（前回72名）の計135名であり，マドンナブームといわれた第15回選挙の149名には及ばないものの戦後2番目の多さとなった．

　自民党は前年の衆院選で敗北したことから候補者を絞り，76名（比例区27名，地方区49名）の候補者を立てた．民主党は63名（比例区28名，地方区35名）を擁立した．

**c．選挙の状況**　政策の話題は，経済一色であった．「痛みを伴う構造改革の実現」を断言する小泉首相に引きずられる形で野党各党も経済政策を柱とする改革を掲げ，構造改革の本家争いといった様相を呈していた．また自民党総裁選で小泉の持論であった靖国参拝問題や憲法論議などはそれほど取り上げられなかった．前回各党が一斉に掲げた減税も議論されなかった．

　自民党は，改選議席61を最低ラインとして少しでも多くの上乗せを目標としていたが，小泉人気により追い風は明らかで選挙戦を有利に進めた．選挙運動では人気の小泉首相を前面に押し出して応援演説を行い，首相の行く先には多くの聴衆が集まるなど高い支持率を窺わせた．政策面では，具体的な構造改革の指針を訴えるというよりも，「改革」というキーワードを連発する

ことで有権者に変わった自民党をアピールした．また，公明党とは地方区の自民党候補を応援してもらう代わりに比例区の一部で公明党に投票するなどの選挙協力を行った．[32]

野党第一党である民主党は，同じ構造改革路線を掲げる小泉首相との距離を測りかねていたが，直前の都議会議員選挙での「小泉応援団」から方向転換し，構造改革は自民党では実行不可能と強調することで小泉人気への抵抗を試みた．

一方，選挙運動にも変化が生じた．これまでは比例区での名簿順位決定までが各候補および支援者たちの活動の中心であったが，「非拘束名簿方式」では各業界団体の支援を受ける候補者は票獲得のために最後まで必死になって運動する傾向が見られた．さらに前年の衆院選で，自由党や社民党が党首のCMの効果により得票を伸ばしたと考えられたことから，各党がCMなどメディアにこれまでよりも重点を置き選挙戦を戦った．

(2)選挙結果（表1-2-19）

**a. 党ごとの結果・当選者の傾向**　自民党は改選数61に対し比例区で20議席，地方区で44議席の計64議席となり選挙前議席を3上回った．比例区での20議席の獲得は自民党の大勝を印象づけた．特に，注目されたタレント候補は無党派層の関心を引き，大量の得票を得て比例区の自民党票の増大をもたらした．また，「非拘束名簿方式」により各支持団体の候補者が最後まで必死の運動を繰り広げた結果，自民党票の掘り起こしにつながったといえる．地方区では，27ある1人区のうち25選挙区で勝利を収め，20の複数区でも19議席を獲得した．特に前年の総選挙で惨敗した都市部でも票を伸ばし，東京，神奈川，埼玉，大阪などで圧勝した．相対得票率は比例区38.6％（前回25.2％），地方区41.0％（前回30.5％）となり前回から大幅に上昇した．

民主党は改選議席22に対して比例区で8議席，地方区で18議席の計26議席を獲得したが前年の衆院選の勢いはなく，比例区では当選者のうち6人が労組関係者であり伸び悩んだ．地方区でも1人区で推薦候補1名が当選するのみに留まった．相対得票率は，比例区16.4％（前回21.7％），地方区18.5％（前回16.2％）となっており，どちらも自民党と大きく差がついた．

その他の野党では，公明党は13の改選議席の維持を果たし，自由党は改選3議席から6議席に伸ばしたが，保守党は扇党首のみの1議席しか獲得できなかった．また社民党と共産党は自民，民主両党のはざまで埋没した．

表1-2-19 第19回選挙結果

|  | 比例区 | | | | 地方区 | | | | 合計 | | | |
| --- | --- | --- | --- | --- | --- | --- | --- | --- | --- | --- | --- | --- |
|  | 候補 | 当選 | 非改選 | 合計 | 候補 | 当選 | 非改選 | 合計 | 候補 | 当選 | 非改選 | 合計 |
| 自由民主党 | 27 | 20 | 14 | 34 | 49 | 44 | 32 | 76 | 76 | 64 | 46 | 110 |
| 民主党 | 28 | 8 | 12 | 20 | 35 | 18 | 21 | 39 | 63 | 26 | 33 | 59 |
| 公明党 | 17 | 8 | 7 | 15 | 5 | 5 | 3 | 8 | 22 | 13 | 10 | 23 |
| 日本共産党 | 25 | 4 | 8 | 12 | 47 | 1 | 7 | 8 | 72 | 5 | 15 | 20 |
| 社会民主党 | 10 | 3 | 4 | 7 | 14 | 0 | 1 | 1 | 24 | 3 | 5 | 8 |
| 自由党 | 17 | 4 | 2 | 6 | 14 | 2 | 0 | 2 | 31 | 6 | 2 | 8 |
| 保守党 | 5 | 1 | 3 | 4 | 0 | 0 | 1 | 1 | 5 | 1 | 4 | 5 |
| 諸派 | 75 | 0 | 0 | 0 | 81 | 0 | 6 | 6 | 156 | 0 | 6 | 6 |
| 無所属 | – | – | 0 | 0 | 47 | 3 | 5 | 8 | 47 | 3 | 5 | 8 |
| 合計 | 204 | 48 | 50 | 98 | 292 | 73 | 76 | 149 | 496 | 121 | 126 | 247 |

\* 民主党,公明党,自由党はそれぞれ,第3章やデータ上では民主党(2N),公明党(2),自由党(2)とされるものである.
\*\* 選挙後,自由民主党は,無所属で立候補した愛知次郎(宮城選挙区)を追加公認.

比例区では「非拘束名簿方式」に変わった結果,当選者にはタレントや業界団体,労組などの支援を受けた人が目立ち,政党があらかじめ名簿順位を決めておくこれまでの制度と違い知名度か大組織がないと当選しにくい傾向がはっきりした.また,個々の候補者を競わせた自民党や民主党に対して,共産党は政党名で投票することを呼びかけるなど新制度への対応も党によって異なっていた.これにより候補者個人名での得票が3万票以下でも当選した共産党候補者がいる一方で30万以上の票を獲得しても落選する候補者がでた.公明党は,全国を8ブロックに分け特定の候補者名を書くよう徹底し,当選した8名全員が60万票以上獲得した.

なお,女性の当選者数は,18名(比例区11名,地方区7名)で前回の20名より若干減らした.

b. 政局への影響　　小泉人気の影響をうけ自民党が大勝したことで,政権運営において首相の指導力が強まると考えられた.低迷する景気に配慮しつつ,小泉首相の掲げる「聖域なき構造改革」の実現に向けて自民党内の「抵抗勢力」や野党との激しい攻防が本格化すると思われた.

一方野党は,有権者が小泉政権へ信任を与えた状況で,対案を含めどのような国会活動を行っていくかさらに野党共闘の枠踏みなど戦略の練り直しが迫られることになった.

c. 有権者の行動　　投票率は前回の58.8%を下回る56.4%であった.小泉首相の人気の下,テレビのワイドショーなどでも政治が頻繁に取り上げられ有

権者の政治への関心が高まったと言われていたが，投票率を押し上げる効果はもたらさなかった．これは，どの党も「改革」をスローガン的に主張し具体性を欠く中で，その中身の判断が困難で一票の託し先を探しあぐねたとも考えられる．また，前年の衆院選での敗北を受けて候補者を絞った自民党が，小泉人気により選挙情勢調査で優勢が伝えられ激戦区が少なくなったことも要因として挙げられるだろう．

　争点は主に経済における改革をどう行っていくかという点であったが，改革を訴える小泉首相とその一番の「抵抗勢力」と見られている勢力がともに自民党にいる状況，さらに野党も同様に改革を訴えるなど有権者は難しい判断を迫られた．結果として自民党へ多数の票が集まったのは，争点に対しての有権者の判断というよりもむしろ，改革を強く訴える小泉首相への期待感の表れと考えられるだろう．

　また，有権者は争点として，景気・物価（54.0％），福祉・介護（43.5％），税金問題（25.4％），財政再建（22.5％）の順に認識していたことが分かっている．

（米谷寛子）

---

(1) 「明るい選挙推進協会」による調査結果は各回の明推協参議院選挙後調査としてエル・デー・ビー（http://www.bokutakusha.com/）により公開・配布されている．

(2) ただし，2・1ゼネストは総司令部によって中止の指令が出された．

(3) 『朝日新聞』，1947年4月21日．

(4) 朝日新聞社編『選挙大観』，朝日新聞社，1950年．

(5) 参議院名簿提出政党等であり又は当該選挙において全国を通じて10人以上の所属候補者を有する政党その他政治団体．公職選挙法第201条の6第1項但書参照．

(6) 朝日新聞社編，前掲書．

(7) 共産党は選挙直後に全中央委員が追放され，全国区で高倉輝の当選が取り消された．

(8) 朝日新聞社編，前掲書．

(9) 『朝日新聞』，1950年6月6日．

(10) 『毎日新聞』，1950年6月5日．

(11) 朝日新聞社編『選挙大観』，朝日新聞社，1953年．

(12) 3つの政権構想は，『朝日新聞』1953年4月17日．

(13) 各党の主張は,『朝日新聞』1953年4月6日「争われる問題上　再軍備」が詳しい.
(14) 元陸外相宇垣一成,元大東亜相青木一男,財界では鹿島建設社長鹿島守之助など.
(15) 最判昭和29年9月24日民集8巻9号1678頁.
(16) 『朝日新聞』,1956年7月10日(夕刊).
(17) 原彬久『戦後史のなかの日本社会党』,中央公論新社,2000年,138頁.
(18) 『朝日新聞』,1959年6月3日(夕刊).
(19) 選挙直前の朝日新聞の世論調査結果による値.これ以降の各回も同様.
(20) 玉置和郎は生長の家,楠正俊は新日本宗教団体連合会の支援を受けている.
(21) 蒲島郁夫『政治参加』,東京大学出版会,1988年,171-175頁.
(22) 例えば,元東京大学学長の林健太郎(自民党名簿2位),元法政大学学長中村哲(社会党名簿1位),大阪大学名誉教授伏見康治(公明党名簿1位),都立大名誉教授関嘉彦(民社党名簿1位)など.
(23) 統一地方選による地方議員の選挙活動の低調が,参議院選挙の投票率の低下をもたらしているという石川真澄による分析がある.石川は,統一地方選と同時期に実施され12年に1度に見られるこの現象を「亥年現象」と名づけている.石川真澄『戦後政治史』,岩波書店,1995年,199-202頁.
(24) 本書選挙編Ⅰ第2章第2節参照.
(25) 朝日新聞選挙本部『朝日選挙大観』,朝日新聞社,1986年.
(26) 『朝日新聞』,1992年7月27日.
(27) 『朝日新聞』,1992年7月27日.
(28) 『朝日新聞』,1992年7月27日.
(29) 本章の13.第13回選挙総括(2)選挙結果c.有権者の行動ならびに注(23)参照.
(30) 『朝日新聞』,1998年6月11日.
(31) 『朝日新聞』,1998年7月5日.
(32) 『朝日新聞』,2002年7月20日.

# 第2章　選挙制度

松平健輔・井手弘子・井上和輝・菅原琢

## 第1節　はじめに

　選挙制度，とりわけ議員選出方法や定数は直接選挙結果に影響を与える重要なものである．参議院選挙においては地方区という都道府県単位の1－4人区とともに，当初は全国を1つの大選挙区と扱う全国区，次いで全国規模での比例区を並立させるという選挙制度を採用してきた．また比例区においては従来の拘束名簿方式に代わり，第19回選挙より非拘束名簿方式が導入されたという大きな変革もあり，これに伴う各党の選挙戦略や選挙結果の違いも注目される．

　そこで，この章ではまず第2節において参議院議員選挙法および公職選挙法の主要改正を年表で示しつつ，選挙制度全般（選出方式，定数，選挙運動，投票環境）についての変遷をふりかえる．第3節では地方区において問題となる定数不均衡を扱い，制度上どのように是正がなされたかを見ていく．第4節では比例区に着目し，他の比例代表選出方法と比較しつつ，現在参議院で用いられている比例代表制度が議員選出にどのような影響を与えているかを考察していく．第5節ではかつて行われた選出制度である全国区における政党の選挙戦略を，都道府県別の得票偏在から考察していく．

（松平健輔）

## 第2節　選挙制度の変遷

### 1. はじめに

この節においては，各回参議院選挙を理解する上での参考資料として，参議院選挙を規律してきた参議院議員選挙法（1947-50年）と公職選挙法（50年-）の主な改正事項の年表を掲載し，その中でも重要な改正事項や改正項目に言及する．

### 2. 選挙法改正年表[1]

表2-2-1は，参議院議員選挙法並びに公職選挙法のうち参議院選挙に関する部分の各改正中，定数，投開票，選挙運動に関する規定等，主なものをまとめている．各回選挙の背景となる制度の変遷に重点を置いたため，選挙人名簿など選挙事務に関する規定や選挙訴訟，罰則に関する部分の多くは省いている．なお，表の最後に表中の注はまとめられている．

**表2-2-1　参議院議員選挙法／公職選挙法改正年表**

| 公布年月日 | 分類項目 | 主な制定・改正事項 |
|---|---|---|
| **参議院議員選挙法** | | |
| 1947年2月24日 | 定数・選挙区 | 議員定数250人（全国区100人，地方区（各都道府県）150人）．地方区は定数8人の選挙区数2, 6人の選挙区数4, 4人の選挙区数15, 2人の選挙区数25. |
| | 選挙権・被選挙権 | 選挙権20歳以上（注1），被選挙権30歳以上．地方区選挙権の要件となる住所期間は6ヶ月．禁治産者・準禁治産者並びに懲役／禁固刑で執行終了又は執行がなくなるまでの者は選挙権・被選挙権なし．選挙事務関係者は関係区域内で被選挙権なし．在職の裁判官，検察官，会計検査官，収税官吏，警察官吏は被選挙権なし．衆議院議員を兼任できない者は参議院議員も兼任できず． |
| | 選挙期日 | 通常選挙は任期満了日前30日以内．選挙期日公示は少なくとも30日前．再選挙・補欠選挙は行うべき事由が生じた日から35日以内． |
| | 投開票 | 全国区・地方区各1票．秘密投票．交通不便の地で投票繰上可．不在者投票可．投票時間は午前7時～午後6時．無効票規定（正規の用紙を用いない，候補者でない者の氏名記載，被選挙権のない候補者の氏名記載，等）． |
| | 候補者 | 立候補締め切りは選挙日20日前まで，補充立候補は10日前まで．重複立候補禁止．供託金5千円，没収点は選挙区内の議員定数で有効投票総数を除して得た数の10分の1．地方区法定得票数は選挙区内の議員定数で有効投票総数を除して得た数の1/4以上，全国区は1/8以上． |
| | 当選人 | 兼職禁止の公職者は当選告知の日から10日以内にその職をやめなければ当選を失う．繰上補充は，同点者を除き当選承諾期間（当選告知から10日間）以内に限り行う．任期は前任議員の任期満了日の翌日から起算．通常選挙が任期満了後の場合は選挙日から起算． |

第2章 選挙制度

| 公布年月日 | 分類項目 | 主な制定・改正事項 |
|---|---|---|
| 1947年<br>2月24日<br>(続き) | 選挙運動 | 選挙事務関係者の関係区域内での運動禁止．運動収支は届出制，要旨公表．頒布・掲示する文書図画の形式・数量・掲示場所等は命令で制限．演説会施設公営，経歴公報の発行及び候補者氏名掲示．(注2) |
| | 罰則 | 主な罰則は衆議院議員選挙法に準ずる．一般の選挙犯罪者は5年間，悪質の再犯者は10年間，選挙権・被選挙権停止（情状有）．選挙犯罪の時効は6ヶ月（逃亡の場合1年）．選挙事務長，選挙運動総括主宰者が買収犯罪で刑に処せられた場合，当選人は連座して当選を失う（但書有）． |
| 1947年<br>3月17日 | 選挙運動 | 事前運動，戸別訪問，児童・生徒・学生に対する特殊の地位利用の禁止明記．運動用無料葉書候補者1人につき地方区2万枚，全国区3万枚の外頒布禁止．運動費用制限額制定． |

**公職選挙法**

| 公布年月日 | 分類項目 | 主な制定・改正事項 |
|---|---|---|
| 1950年<br>4月15日 | 選挙権・被選挙権 | 地方区選挙権の要件である住所期間3ヶ月に．準禁治産者並びに選挙・投票に関する犯罪以外の犯罪で執行猶予中の者にも選挙権・被選挙権． |
| | 選挙期日 | 再選挙及び補欠選挙は行うべき事由が生じた日から40日以内に． |
| | 投開票 | 特別の事情ある地域で投票所閉鎖時刻を2時間の範囲内で繰り上げ/下げ可．文盲者の代理投票可．刑務所等収容者の不在者投票可．不在者投票の手続合理化．候補者氏名の明確な記載がなくても選挙人の意思が明白に推知できる時は有効． |
| | 候補者 | 特定の者を除き現職公務員の立候補禁止．地方区の立候補締め切りは選挙日10日前，補充立候補は3日前．供託金3万円に．公営費分担制度採用(1人2万円)．地方区法定得票数は選挙区内の議員定数で有効投票総数を除して得た数の1/6以上に（但書有）． |
| | 当選人 | 当選の効力は当選人告示の日から．当選辞退認めず．兼職禁止の公職者は当選告知日から5日以内にその職をやめなければ当選を失う．繰上補充を認める期間3ヶ月に． |
| | 選挙運動 | 地方区の選挙事務所は原則2ヶ所（従前1ヶ所），全国区は15ヶ所（従前無制限）．選挙当日の選挙事務所制限．休憩所等禁止．特定公務員の選挙運動禁止．教育上の地位利用禁止対象者を教育者に限定．親しい者の戸別訪問可．湯茶以外の飲食物の提供・気勢を張る行為の禁止．運動用の自動車・拡声機・船舶の数の制限（地方区1台・1揃・1隻，全国区3台・3揃・2隻）．葉書地方区3万枚，全国区5万枚．ポスター地方区3千枚（但し当該区内の衆院選挙区数が1増す毎に千枚追加），全国区2万枚．新聞・雑誌の選挙報道・評論は特定人の選挙運動になってもよい．新聞広告は地方区1回・全国区2回で国が負担．政見放送・経歴放送規定（経歴放送は概ね10回）．公営立会演説会開催．特定公共施設での演説禁止．選挙公報掲載字数五百字以内．一定範囲内で交通機関の無料利用可．候補者/出納責任者と意思を通じない第三者の支出は運動費用外．法定台数の自動車/船舶費は運動費用外．候補者の立候補前1年間の寄附届出制度廃止．公務員による選挙に関する寄附の特別届出義務廃止． |
| | 罰則 | 出納責任者の報告義務違反による候補者の連座責任の要件改正． |
| 1951年<br>3月19日 | 投票 | 特別の事情ある場合投票所開閉時刻を2時間の範囲内で繰り上げ/下げ可． |
| | 選挙運動 | 夜間（午後10時から翌日午前6時まで）の街頭演説・連呼行為禁止． |
| 1952年<br>8月16日 | 投開票 | 代理投票の不正防止の為2人の補助者の義務明記．在宅投票廃止．同一氏名，氏又は名のみ記載の投票は按分． |
| | 候補者 | 立候補締め切りは地方区・全国区とも選挙日20日前まで．補充立候補は10日前まで．供託金10万円に．公営費分担制度廃止． |

| 公布年月日 | 分類項目 | 主な制定・改正事項 |
|---|---|---|
| 1952年<br>8月16日<br>（続き） | 選挙運動 | 地方の選挙事務所は原則1ヶ所．未成年者の運動・未成年者使用の運動禁止．戸別訪問全面禁止（選挙後挨拶としても）．署名運動禁止．自動車・船舶更に制限（地方区は1台又は1隻，全国区は通じて3）．葉書地方区1万枚．文書図画の掲示について立札・看板・ちょうちんの規格制定．地方区はポスター2千枚，個人演説会告知用ポスター1200枚に．アドバルーン・ネオンサイン・電光による表示や映写等の掲示禁止．運動期間中，選挙報道・評論を掲載できる新聞・雑誌の条件制定．選挙報道・評論掲載について新聞・雑誌の不正利用制限と新聞・雑誌に対する地位利用制限を明記．新聞・雑誌の選挙に関する人気投票の経過・結果掲載禁止．地方区の個人演説会60回まで．個人演説会での録音盤使用可．街頭演説・連呼行為の条件規定（午後9時から翌朝6時まで禁止等）．政見放送以外の運動放送禁止．新聞広告の規格は命令で規定．立会演説会開催主体（市町村）の人口基準引き下げ，代理者の演説回数制限撤廃．地方区の選挙公報掲載文字数1500字以内，公報配布は原則選挙日5日前まで．選挙管理委員会は投票記載場所等に候補者の氏名・党派別の掲示．費用収支報告の中間報告廃止，要旨公表．運動従事者の実費弁償／報酬と運動費収との境界を明確化． |
| 1954年<br>12月8日 | 開票 | 按分する際生ずる1票未満の端数は切り捨てないことに． |
| | 候補者 | 立候補辞退は選挙日前日まで．候補者となることのできない公務員の届出は，届出日に公務員を辞したものとみなす． |
| | 当選人 | 兼職禁止の職にある者が当選告知を受けた時その日にその職を辞したものとみなし，更正決定又は繰上補充による当選告知を受けた時5日以内にその職を辞した旨届出をしなければその当選を失う． |
| | 選挙運動 | 選挙事務所入口に標札掲示義務，違反の場合閉鎖も．選挙違反により選挙権・被選挙権を有しない者の運動禁止．社会通常一般行為としての菓子提供可．条件付で運動員／労務者への弁当提供可．演説会場・街頭演説以外の連呼行為禁止．地方区は拡声機1揃，個人演説会用1揃．自動車に関する制限（車上の運動禁止等）．運動用自動車・拡声機・船舶・諸車にポスター・立札・ちょうちん掲示可．選挙事務所・個人演説会・街頭演説の場所に使用するポスターの規格制定．新聞広告は地方2回，全国区3回まで．立会演説会における録音盤使用禁止．合同演説会禁止．個人演説会告知用ポスター3千枚に．街頭演説における録音盤使用許可．立会演説会開催や別選挙施行の際の街頭演説等の制限．地方区の選挙公報写真掲載義務，文字数2千字以内，全国区は6百字以内．氏名掲示掲載順序は掲示開始3日前までに選挙長から通知のあった者はくじで定め，以降は通知の到達順．放送設備利用による選挙後の挨拶行為禁止．立候補届出後出納責任者届出まで寄付の受領は差支えないことに．運動費用算出基準額明記．公共企業体と特別の利益を伴う契約当事者の寄付禁止．候補者等から選挙区内の者（除政党等）への寄付禁止．候補者等が責任者である法人／団体から選挙区内の者（除政党等）に対し候補者等の氏名又は氏名が類推されるような方法での寄付禁止．運動費用制限額基準法定，全国区2円65銭，地方区定数1は1円75銭，定数2以上2円65銭（注4）．確認団体（全国を通じ10人以上所属候補者数を有する政党その他の政治団体）のみ，選挙運動期間中及び選挙日に以下の政治活動ができる：政談演説会（衆院選挙区毎に1回開催．政策の普及宣伝，選挙運動のための演説はできるが，候補者の当該選挙区における選挙運動演説は不可．），街頭政談演説（停止車上でのみ午前6時から午後9時まで．候補者は当該選挙区においては演説不可．），宣伝告知の為の自動車使用（所属候補者数に応じ最大10台まで），ポスター掲示（1選挙区ごとにタブロイド型以内のもの千枚まで），ビラ頒布（政談演説会場でのみ），機関新聞紙／雑誌の選挙報道・評論（確認団体の本部で直接発行し通常の方法で頒布するもので自治庁長官に届けたもの1つに限る），政治活動のための連呼行為（政談演説会場・街頭政談演説の場所においてのみ）． |

第2章 選挙制度　117

| 公布年月日 | 分類項目 | 主な制定・改正事項 |
|---|---|---|
| 1954年<br>12月8日<br>（続き） | 罰則 | 候補者，選挙運動の総括主宰者・出納責任者が買収・利害誘導罪，多数人買収・多数人利害誘導罪，候補者及び当選人に対する買収・利害誘導罪，新聞紙・雑誌の不法利用罪を犯したときは加重罰．おとり罪新設．公務員等の地位利用事前運動は加重罰．出納責任者が制限額を超えた時の処罰規定． |
| 1956年<br>3月15日 | 選挙期日 | 選挙期日の公示/告示期限，少なくとも25日前に． |
| | 候補者 | 立候補締め切り，選挙日前15日に．全国区の供託金20万円に． |
| | 選挙運動 | 人気投票の全面禁止．自動車1台/船舶1隻に乗る人4人まで（除候補者・運転手・船員）．葉書地方区1万5千枚～，全国区6万枚．演説会場で使用するポスター等の故意の回覧禁止．運動用自動車/船舶への候補者氏名等掲示とたすき・腕章等の着用可．個人演説会用ポスター制度廃止，運動用ポスター地方区8千枚～，全国区5万枚．経歴放送は5回以上．氏名等の掲示期間は選挙日7日前から，掲載順序は5日前までに通知があった候補者につきくじで定める．確認団体が掲示・頒布するポスター・ビラは選挙運動にわたらない限り記載内容制限しない．確認団体は他の政党等の所属候補者の選挙運動のための演説もできる． |
| 1958年<br>4月22日 | 投票 | 不在者投票，市町村の区域内に（従前は都市の区域外）． |
| | 選挙運動 | 点字新聞は第三種郵便物の許可なしでも選挙関連報道・評論掲載可．立会演説会場での秩序保持に関する規定強化．候補者等の氏名が類推されるような名称の団体は選挙区内の者（除政党等又は当該候補者等）への寄付禁止． |
| 1962年<br>5月10日 | 選挙期日 | 選挙期日の公示/告示期限，少なくとも23日前に． |
| | 候補者 | 郵便による届出不可．届出書記載の政党等の数は1つに限る．届出期間後の辞退不可．同時立候補不可．供託金全国区30万円，地方区15万円に． |
| | 当選人 | 当選者となった高級公務員の指示を受けた公務員（職務上の関係があった者）が選挙犯罪で刑に処せられたときは当選無効． |
| | 選挙運動 | 自動車は乗用に限る（但書有）．葉書地方区2万5千枚，全国区10万枚．ポスター地方区1万2千枚～，全国区10万枚．ポスターの検印は証紙で代用可．選挙事務所を表示するポスター類は3個以内．街頭演説の場所で演説中使用できるポスター類は2個以内．地方区は1投票区につき1か所以上ポスター掲示場を設けるものとし，投票所以外における候補者氏名及び党派別の掲示は全国区に限る．新聞広告は地方3回・全国区4回に．収支報告書に支出を証す書画の写し添付義務．運動費制限額，全国区は固定額を政令で定め，地方区は計算法改定（注5）．運動従事者への実費弁償・運動のための労務者に対する報酬/実費弁償額の基準引き上げ．国・地方団体から給付金・出資金を受けている法人の寄付禁止．候補者等が役職員/構成員である法人/団体は候補者等の氏名が類推されるような方法での寄付禁止．後援団体の当該選挙区内の者（除政党等又は当該候補者等）への寄付禁止．後援団体の行事での饗応接待・物品供与禁止．候補者等の後援団体への寄付一定期間禁止．推薦団体（確認団体に所属している特定候補者を推薦しようとする団体で候補者1人につき1団体に限る）は推薦候補者数の2倍相当回数の推薦演説会の開催，1の会場につき5百枚以内の演説会告知用ポスター掲示，演説会場において演説会開催中ポスター類掲示可．確認団体が行う街頭政談演説においても選挙運動のための演説可，停止車上の周辺でも可．候補者も当該選挙区で確認団体が行う政談演説会及び街頭政談演説で選挙運動のための演説可．確認団体が宣伝告知の為使用できる自動車の台数は所属候補が10人である場合3台以内，それを超える人数については10人ごとに1台追加．公務員の地位利用による選挙運動準備行為や候補者支持の代償としての利益供与を事前運動とみなす．候補者となろうとする者も虚偽事項公表禁止，虚偽事項には戸籍及び政党等の推薦/支持に関するものを含む．選挙に関する文書図画の毀棄も選挙自由妨害罪に． |

| 公布年月日 | 分類項目 | 主な制定・改正事項 |
|---|---|---|
| 1962年<br>5月10日<br>(続き) | 罰則 | 公団・公庫の役員・職員等で地位利用の違法事前運動をした者は国家／地方公務員と同様加重刑．連座制拡大．悪質な選挙犯罪により罰金刑に処せられた者・選挙犯罪により禁固以上の刑に処せられた者は，執行猶予期間・付加期間についても選挙権・被選挙権停止（情状有）．短期時効規定削除． |
| 1964年<br>7月10日 | 投票 | 選挙人の投票便宜に必要な場合，投票時間延長できる旨の規定整備． |
| | 候補者 | 立候補届出期間，公示／告示日から4日間に． |
| | 選挙運動 | 連呼行為の時間帯（午前7時から午後8時まで）・場所等規定．選挙運動用自動車／船舶に取り付ける文書図画の記載事項制限なしに．街頭演説用文書図画使用禁止．地方区の選挙運動用ポスターはポスター掲示場に限り掲示可．個人演説会用文書図画・ポスター掲示場の規定．新聞広告は地方区5回・全国区6回に．テレビによる経歴放送は概ね3回．推薦団体の演説会開催周知用ポスターに当該選挙区の特定候補者の氏名又はその氏名が類推されるような事項の記載禁止．政党等の政治活動用立札／看板類はその事務所以外掲示禁止，但し確認団体は政談演説会告知用（1演説会ごと5個以内），その会場内で使用するもの，政治活動自動車用ならば使用可．確認団体の政治活動用ポスターは全国を通じ7万枚以内（所属候補者数が10人を越えるときは5人増す毎に5千枚追加），地方区の再選挙又は補欠選挙については衆院1選挙区毎に1千枚以内で，大きさはタブロイド型の約4倍．虚偽事項公表罪に事実の歪曲追加．氏名等の虚偽表示罪追加．詐偽登録罪範囲拡大． |
| 1966年<br>6月1日 | 選挙権・<br>被選挙権 | 天災等のため移動した者の特別選挙権取得制度並びに海外引揚者の特別選挙権制度廃止．特別区相互間の住所期間通算の特例廃止． |
| 1969年<br>5月16日 | 選挙運動 | 選挙人名簿に登録させる目的をもって虚偽の転入届をすることにより選挙人名簿に登録させた者も詐偽登録罪． |
| 1969年<br>6月23日 | 候補者 | 立候補届出期間，公示／告示日・翌日の2日間に．供託金地方区30万円，全国区60万円に． |
| | 選挙運動 | 不在者投票管理者の地位利用による選挙運動の禁止．無投票当選の場合，投票を行わない旨の告示日後の挨拶行為禁止．文書図画の規定（撤去等）追加．街頭演説も午前7時から午後8時まで．地方区個人演説会の回数制限撤廃．公営立札制度廃止．選挙放送規定追加（政見放送実施へ）．選挙運動の実費弁償／報酬額の基準引き上げ．推薦団体の推薦演説会は推薦候補者数の4倍相当回数可．確認団体の政談演説会は衆院選挙区毎2回，午前7時から午後8時までに．確認団体のビラ頒布は散布を除き自由，所属候補者の選挙運動のために使用可（但し当該選挙区の特定候補者の氏名又はその氏名が類推されるような事項記載不可）．違法な政治活動用文書図画について撤去命令制度新設．立会演説会場等において多衆集合して演説を妨害した者も多衆の選挙妨害罪． |
| | 罰則 | 虚偽事項公表罪の刑を引き上げ．政見放送／選挙公報の不法利用は加重刑． |
| 1970年<br>12月24日 | 投票 | 選挙日に投票区外で職務・業務に従事する選挙人は従事する場所が属する市町村内でも不在者投票可． |
| | 選挙運動 | 選挙運動期間中いかなる名義をもっても選挙運動用文書図画の掲示又は頒布の禁止を免れる行為として候補者のシンボルマークを表示する文書図画の頒布又は掲示禁止．確認団体の機関紙誌・ポスター・ビラ等の定義の厳密化等． |

| 公布年月日 | 分類項目 | 主な制定・改正事項 |
|---|---|---|
| 1971年12月31日 | 定数・選挙区 | 沖縄が復帰に伴い定数2となり，議員定数252人に． |
| 1974年6月3日 | 投票 | 重度の身体障害者の不在者投票規定． |
| | 選挙運動 | 選挙運動の実費弁償／報酬額の基準引き上げ． |
| 1975年7月15日 | 候補者 | 供託金地方区100万円，全国区200万円に． |
| | 当選人 | 総括主宰者，出納責任者，地域主宰者が買収等の刑に処せられた場合，当該当選人は検察官を被告とし，これらの者が総括主宰者等に該当しないことを理由とし，当選無効とならないことの確認訴訟を提起しない限り当選無効． |
| | 選挙運動 | 無料葉書地方区3万5千枚〜，全国区12万枚のほか，届け出た2種類以内の無料ビラ地方区10万枚〜，全国区35万枚も頒布可．文書図画掲示・選挙報道新聞雑誌の規制追加．選挙運動の実費弁償／報酬額の基準を政令で規定．候補者や候補者がその役職員／構成員である法人／団体の寄附規制に関し，当該選挙に関するか否かは不問．確認団体の届出機関紙誌の規制追加．確認団体が選挙運動期間中，政策普及宣伝・演説告知の為に行う広告で，自治大臣の定めにより同一寸法でいずれか1の新聞において行うものは4回限り無料． |
| | 罰則 | 罰金の額を4倍程度引き上げ． |
| 1981年4月7日 | 当選人 | 候補者と同居していない父母，配偶者，子又は兄弟姉妹で当該候補者／総括主宰者／地域主宰者と意思を通じて選挙運動をした者が買収・利害誘導罪等の罪を犯し禁錮以上の刑に処せられたとき（除執行猶予）も当選無効． |
| | 選挙運動 | 選挙事務所は当該事務所ごとに1日につき1回を超えて移動不可．後援団体等の政治活動用文書図画を規制．街頭演説を長時間同一の場所でしないよう努力義務．政党等が新聞・雑誌の普及宣伝に使用する自動車は確認団体が政策普及宣伝及び演説告知の為使用できる自動車（6台以内，所属議員が10人を超える場合，超える数が5人増す毎に1台追加）．政策普及宣伝・演説告知の為の拡声機は確認団体が政談演説会場，街頭政談演説の場所，政策普及宣伝・演説告知用自動車の上でのみ使用可． |
| 1982年8月24日 | 投票 | 全国区廃止，比例代表制導入．比例代表・選挙区選出それぞれ1票．比例代表の投票は名簿届出政党等の名称を記載して行う． |
| | 候補者 | 比例代表の為の候補者名簿を届け出ることができる政党等を規定（5人以上の所属国会議員を有する／直近の衆院選又は参院の比例代表選若しくは選挙区選で全有効投票の4％以上得票／10人以上の比例代表候補者・選挙区選出候補者を有する）．名簿登載者の選定・順位決定は，当該政党等が任意に行う．供託金地方区選出200万円．比例代表の名簿届出政党等は1人当りの供託金の額（400万円）に名簿登載者の数を乗じて得た額を供託（当選人の数に応じて没収）． |
| | 当選人 | 比例代表はドント式により当選人決定．比例代表に欠員の場合名簿の下位登録者を繰上補充（繰上補充をしてもなお在任期間の同じ議員の定数の1/4を超える欠員の場合は補欠選挙，1/4を超えなくても在任期間を異にする比例代表議員の選挙が行われる時はその選挙と合併して補欠選挙）． |
| | 選挙運動 | 政党等の名称を同一・類似名称から保護するため名称告知制度導入．名簿届出政党等の選挙事務所は都道府県ごと1ヶ所．名簿届出政党等は名簿登載者数に応じて定められた範囲で新聞広告，ラジオ，テレビの政見放送・選挙公報による選挙運動を行う．名簿届出政党等は確認団体となる．名簿登載者の選定権限行使に関し，請託を受け財産上の利益を収受／要求／約束した者又は財産上の利益供与した者に罰則．比例代表選挙での連呼行為，自動車・船舶・拡声機の使用禁止． |

| 公布年月日 | 分類項目 | 主な制定・改正事項 |
|---|---|---|
| 1983年<br>11月29日 | 選挙期日 | 選挙期日の公示/告示期限,少なくとも18日前に. |
| | 候補者 | 立候補届出期間は公示の日1日間. |
| | 選挙運動 | 連呼行為,街頭演説・街頭政談演説を行うことができる時間は午前8時から午後8時まで.選挙区選出で新たにテレビによる経歴放送を候補者1人につき1回.立会演説会制度廃止. |
| 1989年<br>12月19日 | 選挙運動 | 候補者等が自ら出席する結婚披露宴・葬式(含通夜等)における祝儀・香典の供与を除き,選挙区内での寄附全て禁止.候補者等の政治教育集会における食事の実費補償も禁止.候補者等以外の者が候補者等を名義人とする寄附禁止.候補者等を威迫して寄附の勧誘/要求をした者・候補者等の当選又は被選挙権を失わせる目的での寄附の勧誘/要求をした者に刑罰(候補者等を名義人とする寄附を含む).後援団体が花輪,供花,香典などを出すこと・後援団体の設立目的により行う行事や事業に関して行うものでない寄附をすることを時期を問わず禁止.候補者等・後援団体による選挙区内にある者に対するあいさつを目的とする新聞,雑誌,テレビ,ラジオなどの有料広告禁止,有料広告を求めることも禁止,威迫して求めたものには刑罰.候補者等から選挙区内にある者への時候のあいさつ状禁止(答礼のための自筆のものを除く). |
| 1992年<br>12月16日 | 選挙権・<br>被選挙権 | 公職にある間に犯した収賄・事前収賄罪,第三者供賄罪,枉法収賄・事後収賄罪又はあっせん収賄罪の罪により刑に処せられその刑の執行猶予中の者は選挙権・被選挙権なしに. |
| | 選挙期日 | 選挙期日の公示/告示期限,少なくとも17日前に. |
| | 候補者 | 供託金は地方区選出300万円,比例代表は1人当り600万円に. |
| | 選挙運動 | 選挙区選出候補者が演説会開催中掲示する立札類は政令で定める額の範囲内で作成無料.報酬支給できる選挙運動従事者の基準引き上げ. |
| 1994年<br>2月4日 | 選挙権・<br>被選挙権 | 公職にある間に犯した収賄・事前収賄罪,第三者供賄罪,枉法収賄・事後収賄罪又はあっせん収賄罪の罪により刑に処せられ,その執行を終わり若しくはその執行の免除を受けた日から5年を経過しない者も選挙権・被選挙権なしに. |
| | 罰則 | 罰金の額を2.5〜4倍程度引き上げ. |
| 1994年<br>6月29日 | 定数・<br>選挙区 | 8増8減の定数是正(宮城,埼玉,神奈川,岐阜が各2増,北海道が4減,兵庫,福岡が各2減) |
| | 候補者 | 比例代表候補者名簿届出政党等の資格のうち,直近において行われた衆院の小選挙区選挙/比例代表選挙又は参院の比例代表選挙/選挙区選挙における得票については有効投票の2%以上に. |
| 1994年<br>11月25日 | 候補者・<br>当選人 | 組織的選挙運動管理者等(候補者等と意思を通じ組織選挙運動の計画立案/調整/指揮/監督その他管理を行う者)が,買収・利害誘導罪,多数人買収・多数人利害誘導罪,候補者・当選人に対する買収・利害誘導罪又は新聞紙,雑誌の不法利用罪の罪を犯し禁錮以上の刑に処せられたとき当該候補者等の当選は無効,また当該選挙区で当該公職に係る選挙に5年間立候補禁止. |
| 1997年<br>12月19日 | 選挙期日 | 任期満了による通常選挙を行うべき期間が国会開会中又は国会閉会の日から23日以内にかかる場合,その通常選挙は,国会閉会の日から24日以後30日以内に行う. |

| 公布年月日 | 分類項目 | 主な制定・改正事項 |
|---|---|---|
| 1997年<br>12月19日<br>(続き) | 投票 | 投票終了時刻を原則午後8時まで延長．特別の事情がある場合は投票終了時刻を4時間以内の範囲において繰り上げ可．幼児その他選挙人と投票所に入るやむを得ない事情がある者と投票管理者が認めた者は入所可．選挙日に次の事由に該当すると見込まれる選挙人は不在者投票可：区域を問わず職務／業務，冠婚葬祭の主宰等に従事，用務／事故のため投票区域外に旅行／滞在，疾病・負傷・妊娠等のため歩行が困難，監獄・少年院等に収容されている，交通至難の島等に居住／滞在中，市町村の区域外の住所に居住．不在者投票の時間を原則午後8時まで延長． |
| | 選挙運動 | 選挙公報の字数制限廃止．確認団体の公営による政策広告廃止． |
| 1998年<br>5月6日 | 投票 | 在外選挙可能に．国外居住日本人は在外選挙人名簿に登録(平成11年5月以降)して投票． |
| 1999年<br>8月13日 | 被選挙権 | 公職にある間に犯した収賄・事前収賄罪，第三者供賄罪，枉法収賄・事後収賄罪又はあっせん収賄罪の罪により刑に処せられ，その執行を終わり若しくはその執行の免除を受けた日から5年を経過した者は更に5年間被選挙権なしに． |
| | 投票 | 洋上投票制度(船員のファクシミリ装置を用いて投票を送信する方法による不在者投票制度)導入． |
| | 選挙運動 | 選挙運動期間前に掲示されたポスターの撤去義務規定． |
| 2000年<br>5月17日 | 選挙期日 | 補欠選挙等は原則年2回に統一(選挙を行うべき事由が9月16日から翌年の3月15日まで(第一期間)に生じたものは4月の第4日曜日，3月16日から9月15日まで(第二期間)に生じたものは10月の第4日曜日．通常選挙の年には，選挙前一定期間に補欠選挙等を行うべき事由が生じた場合，当該補欠選挙等を通常選挙と同時に行う．任期終了日の6ヵ月前の日が属する第一期間又は第二期間の初日以降に係る補欠選挙は行わない． |
| | 候補者 | 選挙区選出議員を辞した者等は当該欠員について行われる補欠選挙の候補者となれない(但し補欠選挙が通常選挙と合併して行われる場合は可)． |
| | 当選人 | 比例代表選出議員が，自らが選出された選挙における他の名簿届出党等に所属する者となったときは，退職者となり，当選人についても同様の場合には当選を失う(無所属になった場合，選挙時になかった新たな政党等に所属した場合，元の所属政党等が他の名簿届出政党等と合併した場合を除く)． |
| | 選挙運動 | 選挙区選出の選挙運動従事者のうち専ら手話通訳のために使用する者には新たに選挙管理委員会等が定める額の報酬を支給．当該選挙の期日公示／告示日から当該選挙日までの間，政党等の書籍・パンフレットの普及宣伝のための自動車，拡声機等の使用は確認団体等による一定制限範囲内の使用を除き禁止． |
| 2000年<br>11月1日 | 定数・<br>選挙区 | 定数252人から242人に(第19回選挙(2001年)で247人に，第20回選挙(2004年)で242人に)．比例代表で4減，岡山，熊本，鹿児島の選挙区でそれぞれ2減． |
| | 投票 | 比例代表に非拘束名簿式比例代表制の採用，選挙人は投票用紙に候補者たる参議院名簿登載者1人の氏名又は参議院名簿届出党等の名称又は略称を自書． |
| | 候補者 | 政党等はその名称・略称・その所属する者等の氏名を記載した参議院名簿(順位なし)を選挙長に届け出ることで参議院名簿登載者を当該選挙における候補者に． |
| | 当選人 | 各参議院名簿届出政党等の得票数(名簿登載者の得票数を含む)に基づき，ドント方式によりそれぞれの参議院名簿届出政党等の当選人の数を定め，名簿登載者の間における当選人順位は得票数の最も多い者から順次定める． |

| 公布年月日 | 分類項目 | 主な制定・改正事項 |
|---|---|---|
| 2000年11月1日（続き） | 選挙運動 | 比例代表の選挙事務所は1ヶ所，自動車2台又は船舶2隻（両者使用の場合は通じて2）及び拡声機2揃（個人演説会（含演説）中はその会場で別に1揃）．比例代表は，葉書15万枚，中央選挙管理会に届け出た2種類のビラ25万枚．比例代表のポスター類は，ちょうちん1を除き選挙事務所ごとに通じて3，演説会々場外ではちょうちん1を除き会場ごとに通じて2，選挙運動用ポスターは7万枚．一定の公共施設を使用する個人演説会は1人につき同一施設ごとに1回無料．街頭演説で掲げる標旗は1人につき3．特殊乗車券/特殊航空券は通じて6枚が無料．自動車，ビラ，立札看板類，ポスターは当該名簿登載者の当選順位が名簿届出政党等の当選人数に2を乗じた数に相当する順位までにある場合に限り，一定額の範囲内で作成費無料．選挙公報は掲載文の2分の1以上に相当する部分を用い名簿登載者の氏名，経歴，写真等を掲載することで名簿登載者の紹介に努める． |

注1：条文では衆議院議員の選挙権を有する者は参議院議員の選挙権を有する，としており，参議院議員選挙法成立時の衆議院議員選挙法は「破産者ニシテ復権ヲ得サル者」等に選挙権を与えていなかったが第1回参議院通常選挙直前の衆議院議員選挙法改正（1947年3月31日）によりそのような制限は削除された．
注2：買収/利害誘導，選挙の自由妨害等の選挙違反は衆議院議員選挙法の準用により禁止されている．
注3・4：候補者1人当りの運動費用制限額は，当該選挙区内の議員定数をもって選挙人名簿確定日（1950年4月以降は選挙公示/告示日）の名簿記載者総数を除して得た数を命令で定めた金額に乗じて得た額となっており，1947年3月の内務省令の定めた金額は20銭．「命令で定めた金額」は，1954年12月に法定されるまで数度にわたり改正されている．
注5：全国区は650万円．

## 3. 選挙制度の主な変遷

### (1) 参議院議員選挙法から公職選挙法へ

憲法第4章は国会の両議院について規定し，その第46条には，「参議院議員の任期は，六年とし，三年ごとに議員の半数を改選する」とある．この憲法に基づく選挙法策定過程においては，参議院の独自性を確保するための議員選出の方法として推薦制，職能代表性，間接選挙制等も勘案されたが，1947年に公布された参議院議員選挙法は各都道府県から選出する地方区に加え，日本全体を1選挙区とする全国区を採用した．これにより20歳以上の有権者は全国区と地方区でそれぞれ1票を投じ，全国区から100人，地方区から150人を選出することとなった．地方区は各都道府県を1選挙区とし，人口に応じて定数2から定数8までが割り当てられた．3年ごとに半数を改選するため，第2回選挙から全国区は50人を選出し，地方区では各県で定数の半数ずつ計75人を選出した．

参議院の特色として他に被選挙権を30歳以上とすることが規定されたが，参議院議員選挙法はその多くを衆議院議員選挙法に準じていた．その後準用を巡るわかりにくさ等問題点が指摘され，50年4月，選挙に関する諸法をま

とめた公職選挙法が公布され，衆議院選挙，地方公共団体の選挙，教育委員会委員選挙と共に参議院選挙にも適用されることとなった．

(2)全国区から比例代表制へ／拘束名簿式から非拘束名簿式へ

参議院選挙に当初採用された全国区は，候補者を過酷な選挙運動と多額の費用で苦しめたこともあって廃止となり，82年拘束名簿式比例代表制が導入され第13回選挙（83年）から実施された．拘束名簿式比例代表制においては，一定の条件を満たした政党のみが順位を付した候補者名簿を提出でき，有権者は政党に投票する．各党はその得票数に応じてドント式により議席配分を得，配分に応じて各党候補者名簿の上位候補から議席を獲得する（比例代表制・議席配分方式についての詳細は本章第4節参照）．

しかしながら拘束名簿式も候補者の顔が見えない，参議院の政党化が進む，名簿順位決定過程が不透明，等と批判され，2000年には非拘束名簿式に変更され第19回選挙（01年）から実施された．非拘束名簿式比例代表制においては，政党は候補者名簿を提出するものの候補者に順位をつけることはせず，有権者は政党もしくは比例区候補者のどちらかの名前で投票することができる．ドント式による各党への議席配分は変わらないが，各党に配分された議席は，候補者名簿のうち個人名による得票の多い者から順に割り当てられる．

全国区・比例区の制度が変更を重ねる一方，各都道府県からの選出に関してはこれまで定数の変更はあっても（後述），制度自体は変更されることがなかった．

(3)定数

定数250人（全国区100人／地方区150人）で始まった参議院選挙は，沖縄の復帰により地方区の定員が2人増え，第9回選挙（1971年）から議員定数は252人となった．また都市部への人口集中に伴い1票の格差が広がり続け，最大6.59倍に達し「違憲の問題が生ずる程度の著しい不平等状態」とされた第16回選挙（92年）を経て94年6月，8増8減の定数是正が行われ，宮城，埼玉，神奈川，岐阜が各2増，北海道が4減，兵庫，福岡が各2減となった．2000年11月には，行政改革に伴う公務員削減や企業のリストラ等に呼応するかたちで第19回選挙（01年）と第20回選挙（04年）の2回に分けてそれぞれ5議席ずつ定数が削減されることとなった．

(4)投票環境

投票時間は当初午前7時から午後6時までであったが，1950年に特別の事

情のある地域で投票所閉鎖時刻を2時間の範囲内で繰り上げたり下げたりすることが可能となった．90年代に入って下がり続ける投票率を受けて，97年には投票終了時刻が原則午後8時まで延長された．

また，不在者投票は当初より可能であったが，50年には手続が合理化され，70年には要件が緩和され，97年には手続の簡素化，要件の緩和が行われている．さらに98年には国外居住日本人による投票が，99年には指定船舶船員による投票が可能となった（どちらも2000年以降実施）．一方在宅投票は1952年に廃止されている．

(5) 選挙運動

当初参議院議員選挙法は，衆議院議員選挙法と違い選挙運動の自由を大幅に認めていたが，第1回選挙（47年）の前に，事前運動・戸別訪問等の禁止や運動費用の制限が加えられた．公職選挙法の下でも選挙事務所や文書図画等に関し詳細な規制が加えられてきたが，実態は有名無実となっている側面もある．また選挙運動規制には試行錯誤の面もある．戸別訪問について，50年に「密接な間柄にある者」に限って訪問が許可されたが，取締りが困難等の理由で52年には全面的に禁止された．54年に一部を除いて禁止された連呼行為は，64年には復活している．

一方運動の媒体としてラジオによる選挙放送は戦後すぐに始まっていたが，テレビによる経歴放送が第7回選挙（65年）から，政見放送が第9回選挙（71年）から実施された．近年インターネットによる選挙運動を求める声が強まり，遠くない将来に解禁が予想されるが，文書図画規制との関係が議論されている．

(井手弘子)

## 第3節　定数不均衡

### 1. はじめに

定数不均衡とは，各選挙区の有権者数に対して適切な議員の数が割り当てられていない状態である．これは参議院における全国区・比例区のように全国を1つの選挙区として行う選挙制度以外では現実的には避けることができないが，有権者の投票価値が不平等になるのは憲法14条の観点から好ましいとは言えず定数是正により修正されることになる．

これは参議院地方区においても例外ではない．以下ではまず定数不均衡の指標として一票の格差を用いて，それが定数是正によりどのように変化したかを論じる．しかし一方で一票の格差は限定的な指標であり，これでは示しきれない定数不均衡が存在することも指摘せねばならない．さらに定数是正が選挙，特にほとんどの期間与党であった自民党にどのような影響を与えるかを考えていく．

## 2. 一票の格差

図2-3-1は地方区における一票の格差の変遷を表したものである．一票の格差とは，(有権者数)÷(選出議員定数)の値について最大の選挙区が最小の選挙区の何倍かを計算したものであり，投票価値の不平等の程度を表す指標として用いられている．

最高裁判決では第11回選挙において5.26倍という格差も参議院の特殊性より違憲ではないとの判断が下されたが，図に示されるような格差の増大に対して定数是正が行われた．まず94年6月29日に8増8減の定数是正（宮城，埼玉，神奈川，岐阜が各2増，北海道が4減，兵庫，福岡が各2減）がなされた．その結果，グラフにあるように第16回選挙（92年）まで拡大を続けていた格差が第17回選挙（95年）には5倍程度に落ち着いている．また定数是正がなされなかったとすると「定数是正なし」のグラフのように格差は拡大を続けていたことが分かる．

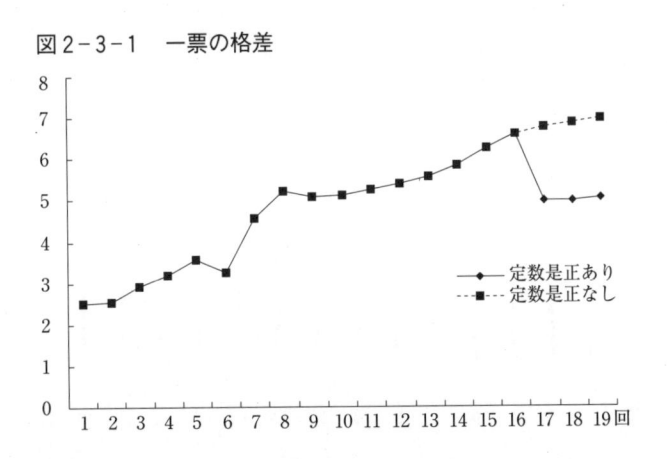

図2-3-1 一票の格差

また2000年11月1日には参議院全体の定数減により，選挙区定数も152から146と6減し，岡山，熊本，鹿児島が各2減という定数是正がなされた．しかしこの影響は一票の格差には現れていない．なぜならここでの一票の格差の比較は格差が最大となる2選挙区のみを比較しているからである．

（有権者数）÷（選挙区定数）の値が最大の都道府県は第1回岐阜，第2－9回東京，第10－16回神奈川，第17－19回東京で，逆に最小の都道府県は第1回から第19回まで通して鳥取である．つまり第16回までは神奈川の人口増加が格差を増大させ，1994年の是正で神奈川の定数を2増した結果，（有権者数）÷（選挙区定数）の値の最大値が下がって格差が減少したと言える．それに対して2000年の是正では最大値と最小値をとる都道府県のいずれも定数に変化がなかったため，格差に変化が現れなかったのである．

## 3. 一票の格差に現れない定数不均衡

2．で述べたように，一票の格差に限れば定数是正により投票価値の不平等は修正されたと言えよう．しかしこれにより定数不均衡が完全に是正されたと言えるだろうか．

図2-3-2は各都道府県の議員1人あたりの有権者数を時系列の散布図に表し，その最大値および最小値を結んで表したものである．これによれば最小値はほぼ横ばいで推移しているのに対し，最大値は第16回まで上昇し第17回で定数是正の影響により減少したという一票の格差の変遷が分かる．しか

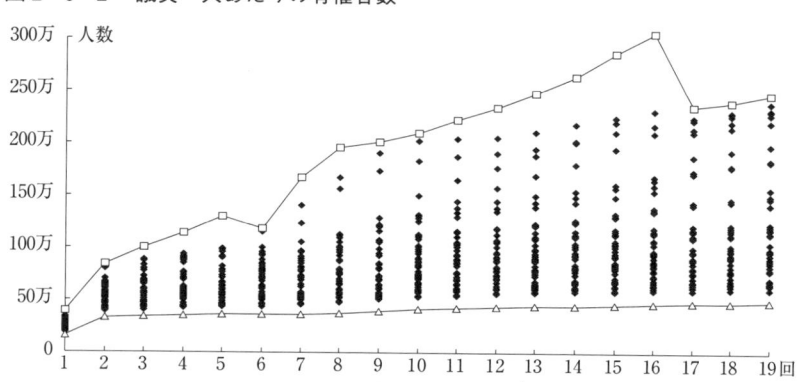

図2-3-2　議員一人あたりの有権者数

し前述の通り，一票の格差という指標は議員1人あたりの有権者数が最大・最小の2選挙区のみを比較したものである．ここで図の最大・最小の直線に囲まれた部分に注目してみると，当初は議員1人あたりの有権者数が少ない部分に多くの都道府県が固まっていたが，次第にばらつきが出てきたことが分かる．これが定数不均衡の拡散である．第16回までの最大値の顕著な増加は神奈川の人口増加によるものであり，これは94年の定数是正で修正された．しかしこれはあくまで突出した値の解消にすぎず，最大・最小間のばらつき自体は定数是正がなされても変わらず存在している．

つまり一票の格差という2選挙区間の比較によっては明らかにならない定数不均衡があり，それは定数是正によっても解消されたわけではないと言えるだろう．

（松平健輔）

## 第4節　比例区と議席配分方法

### 1. はじめに

比例代表制とは「票数の多い少ないを正確に議席に反映させる」[12]選挙制度である．その対概念である多数決制と異なり，少数派の議席獲得を容易にする制度とされる[13]．1982年の公職選挙法改正により，参議院の全国単位の選挙区に名簿式の比例代表制が導入された[14]．そして議席配分にはドント式という計算方法が採用された．

ところが，比例代表制における他の配分方法と比べて，ドント式では大政党が得票率に比べて過剰に議席を得ること，つまり大政党有利であることが知られている．もし，「大政党に反映しきれない民意も吸い上げること」が参議院の役割にあり，その一方でドント式が小政党の進出を妨げているならば，参議院の選挙制度として相応しくないこととなる．

そこで本節では，ドント式の大政党有利性が実際の参議院選挙でどれほど表れたかを検証することとする．まず2．では，各議席配分方法のほか，候補者名簿の順位拘束の有無，得票率要件など，名簿式比例代表制の概要について説明する．3．では，実際の選挙結果を基に配分方式を変えてシミュレーションを行う．そしてドント式以外であれば議席を得ていた小政党の考察に重きを置きつつ，現行ドント式と他方式の結果を比較していく．

## 2. 名簿式比例代表制と議席配分方法の定義
(15)
　名簿式比例代表制とは，有権者が政党ないし政党連合（以下まとめて「政党」と表記する）の届け出た候補者名簿に投票し，その得票に応じて議席を配分する制度である．このうち，あらかじめ政党が登載順位を決定するものを拘束名簿式，有権者が名簿の中から好みの候補者を指定できるものを非拘束名簿式という．

　名簿式比例代表制には多様な議席配分方式があるが，それらは最大平均法と最大余剰法に大別される．最大平均法と最大余剰法の特徴，およびそれぞれの計算方法は表2-4-1に掲げた．最大平均法にはドント式，サン・ラグ式，修正サン・ラグ式などのバリエーションがある．対して最大余剰法にはヘア式，ドループ式，ハーゲンバッハ・ビショフ式，インペリアル式などのバリエーションがある．

表2-4-1　名簿式比例代表制の類型

| 分類 | 計算方法 | 名称 | nの値 | 備考 |
|---|---|---|---|---|
| 最大平均法 | 政党得票数を任意の除数nで割っていき，商の値の大きい順に，選挙区定数が満たされるまで議席を配分する．除数nの設定により，バリエーションがある． | ドント式 | 自然数 (n＝1, 2, 3…) | 日本の衆参両院で使用されている． |
| | | サン・ラグ式 | 正の奇数 (n＝1, 3, 5…) | ドント式で少数派が不利になるために考案された． |
| | | 修正サン・ラグ式 | 1.4及び1を除く正の奇数 (n＝1.4, 3, 5, 7…) | サン・ラグ式では逆に少数派に有利になり過ぎるとして，これを微調整する形で考案された． |
| 最大余剰法 | 政党ごとに（得票数）×（乗数n）／（有効得票総数）という計算を行う．得られた値の整数部分を配分した後，議席の合計が選挙区定数に満たない分は小数点以下の値の大きい順に配分する（ハーゲンバッハ・ビショフ式を除く）．得票率要件がある場合，有効得票総数はこれを満たした政党の得票の合計となる．乗数nの設定により，バリエーションがある． | ヘア式 | 選挙区定数 | 得票率要件がない場合，式を整理すれば（選挙区定数）×（得票率）となる． |
| | | ドループ式 | 選挙区定数＋1 | （有効得票総数）／nで求められる値をドループ指数と呼ぶ．定数n−1の選挙区で当選に必要な最小得票数である． |
| | | ハーゲンバッハ・ビショフ式 | 選挙区定数＋1 | まずドループ式で配分する．次に小数点以下は，既に配分された議席に1, 2, 3…を足した数で割っていく．商の大きい順に定数が満たされるまで割り振る．ドント式と全く同じ原理で，同じ配分結果をもたらす． |
| | | インペリアル式 | 選挙区定数＋2 | |

ところで，名簿式比例代表制を採用する国では，議席獲得に一定割合率以上の得票を法定要件としていることがある[16]．比例代表制は少数派にも議席を獲得する機会を与えるが，その一方で小党乱立を招いて政府が安定せず，かえって健全な議会主義を阻害することがあるからである．なお，日本の参議院ではこの得票率要件は存在しない．

## 3. 議席配分方法ごとのシミュレーションと比較考察

(1) シミュレーションの趣旨と結果

さて，計算方法の相違は結果にどれほど影響するのだろうか．本節の関心から言えば，実際の参議院選挙で，大政党はどれほどドント式の恩恵を受けたのだろうか．この点を調べるため，第13-19回選挙における比例区の得票結果を用いて，議席配分方法ごとのシミュレーションを行った．実際の選挙結果との比較が目的であるため，定数は選挙当時のものを使った．つまり，第13-18回は改選50議席，第19回は改選48議席である．また，比較として使う議席配分方法は同じ最大平均法であるサン・ラグ式，修正サン・ラグ式，および最大余剰法のヘア式，ドループ式とした[17]．

表2-4-2はシミュレーションの結果をまとめたものである．個別の政党名，得票率および議席数は，5方式のうち1方式以上で議席が配分される政党のみ掲げてある．各項の左側が議席数，右側が比例区定数に占める各党議席の割合（以下，議席率）である．

なお，変動議席数とは，ドント式と比較して獲得政党が変わる議席の数である．また，乖離値とは，それぞれの配分方式における各党の得票率と議席率の差の絶対値の合計を2で割った値である[18]．それぞれ参考として掲げた．

(2) 考察

他の4方式と比べると，ドント式が大政党に有利で，小政党を排除していることが確認できる（表2-4-2）．以下，この事実を両面から論じる．

**a. 大政党有利性** ドント式では，第一党から第三党までの政党が，他の配分方式より多く議席を得ている．

第1に，第一党に対しては，常に他の配分方法より多くの議席が配分されている．同じ最大平均法であるサン・ラグ式を例にとり，ドント式との配分議席数の差を比べると，全7回のうち1議席差が2回，2議席差が3回，3議席差が2回となっている．

表 2-4-2　配分方式別シミュレーション（第13-19回）

### 第13回

| 順位 | 政党 | 得票率 | DH | | S | | MS | | H | | DR | |
|---|---|---|---|---|---|---|---|---|---|---|---|---|
| 1 | 自由民主党 | 35.3% | 19 | 38.0% | *18* | 36.0% | *18* | 36.0% | *18* | 36.0% | *18* | 36.0% |
| 2 | 日本社会党 | 16.3 | 9 | 18.0 | *8* | 16.0 | 9 | 18.0 | *8* | 16.0 | *8* | 16.0 |
| 3 | 公明党 | 15.7 | 8 | 16.0 | 8 | 16.0 | 8 | 16.0 | 8 | 16.0 | 8 | 16.0 |
| 4 | 日本共産党 | 8.9 | 5 | 10.0 | 5 | 10.0 | 5 | 10.0 | 5 | 10.0 | 5 | 10.0 |
| 5 | 民社党 | 8.4 | 4 | 8.0 | 4 | 8.0 | 4 | 8.0 | 4 | 8.0 | 4 | 8.0 |
| 6 | サラリーマン新党 | 4.3 | 2 | 4.0 | 2 | 4.0 | 2 | 4.0 | 2 | 4.0 | 2 | 4.0 |
| 7 | 福祉党 | 3.4 | 1 | 2.0 | *2* | 4.0 | *2* | 4.0 | *2* | 4.0 | *2* | 4.0 |
| 8 | 新自由クラブ民主連合 | 2.7 | 1 | 2.0 | 1 | 2.0 | 1 | 2.0 | 1 | 2.0 | 1 | 2.0 |
| 9 | 第二院クラブ | 2.5 | 1 | 2.0 | 1 | 2.0 | 1 | 2.0 | 1 | 2.0 | 1 | 2.0 |
| 10 | 無党派市民連合 | 1.1 | 0 | 0.0 | *1* | 2.0 | 0 | 0.0 | *1* | 2.0 | *1* | 2.0 |
| - | その他 | 1.4 | 0 | 0.0 | 0 | 0.0 | 0 | 0.0 | 0 | 0.0 | 0 | 0.0 |
| 変動議席数 | | | 0 | | 2 | | 1 | | 2 | | 2 | |
| 乖離値 | | | 0.057 | | 0.035 | | 0.043 | | 0.035 | | 0.035 | |

### 第14回

| 順位 | 政党 | 得票率 | DH | | S | | MS | | H | | DR | |
|---|---|---|---|---|---|---|---|---|---|---|---|---|
| 1 | 自由民主党 | 38.6% | 22 | 44.0% | 19 | 38.0% | *20* | 40.0% | 19 | 38.0% | *20* | 40.0% |
| 2 | 日本社会党 | 17.2 | 9 | 18.0 | 9 | 18.0 | 9 | 18.0 | 9 | 18.0 | 9 | 18.0 |
| 3 | 公明党 | 13.0 | 7 | 14.0 | 7 | 14.0 | 7 | 14.0 | 7 | 14.0 | 7 | 14.0 |
| 4 | 日本共産党 | 9.5 | 5 | 10.0 | 5 | 10.0 | 5 | 10.0 | 5 | 10.0 | 5 | 10.0 |
| 5 | 民社党 | 6.9 | 3 | 6.0 | 3 | 6.0 | 3 | 6.0 | 3 | 6.0 | 3 | 6.0 |
| 6 | 税金党 | 3.1 | 1 | 2.0 | *2* | 4.0 | *2* | 4.0 | *2* | 4.0 | *2* | 4.0 |
| 7 | サラリーマン新党 | 3.1 | 1 | 2.0 | *2* | 4.0 | *2* | 4.0 | *2* | 4.0 | *2* | 4.0 |
| 8 | 第二院クラブ | 2.5 | 1 | 2.0 | 1 | 2.0 | 1 | 2.0 | 1 | 2.0 | 1 | 2.0 |
| 9 | 新自由クラブ | 2.4 | 1 | 2.0 | 1 | 2.0 | 1 | 2.0 | 1 | 2.0 | 1 | 2.0 |
| 10 | 福祉党 | 1.0 | 0 | 0.0 | *1* | 2.0 | 0 | 0.0 | *1* | 2.0 | 0 | 0.0 |
| - | その他 | 2.8 | 0 | 0.0 | 0 | 0.0 | 0 | 0.0 | 0 | 0.0 | 0 | 0.0 |
| 変動議席数 | | | 0 | | 3 | | 2 | | 3 | | 2 | |
| 乖離値 | | | 0.078 | | 0.052 | | 0.056 | | 0.052 | | 0.056 | |

### 第15回

| 順位 | 政党 | 得票率 | DH | | S | | MS | | H | | DR | |
|---|---|---|---|---|---|---|---|---|---|---|---|---|
| 1 | 日本社会党 | 35.1% | 20 | 40.0% | *18* | 36.0% | 19 | 38.0% | *18* | 36.0% | *18* | 36.0% |
| 2 | 自由民主党 | 27.3 | 15 | 30.0 | *14* | 28.0 | *14* | 28.0 | *14* | 28.0 | *14* | 28.0 |
| 3 | 公明党 | 10.9 | 6 | 12.0 | 6 | 12.0 | 6 | 12.0 | 6 | 12.0 | 6 | 12.0 |
| 4 | 日本共産党 | 7.0 | 4 | 8.0 | 4 | 8.0 | 4 | 8.0 | 4 | 8.0 | 4 | 8.0 |
| 5 | 民社党 | 4.9 | 2 | 4.0 | 2 | 4.0 | *3* | 6.0 | 2 | 4.0 | 2 | 4.0 |
| 6 | 第二院クラブ | 2.2 | 1 | 2.0 | 1 | 2.0 | 1 | 2.0 | 1 | 2.0 | 1 | 2.0 |
| 7 | 税金党 | 2.1 | 1 | 2.0 | 1 | 2.0 | 1 | 2.0 | 1 | 2.0 | 1 | 2.0 |
| 8 | スポーツ平和党 | 1.8 | 1 | 2.0 | 1 | 2.0 | 1 | 2.0 | 1 | 2.0 | 1 | 2.0 |
| 9 | サラリーマン新党 | 1.6 | 0 | 0.0 | *1* | 2.0 | *1* | 2.0 | *1* | 2.0 | *1* | 2.0 |
| 10 | 進歩党 | 1.3 | 0 | 0.0 | *1* | 2.0 | 0 | 0.0 | *1* | 2.0 | *1* | 2.0 |
| 11 | 年金党 | 1.2 | 0 | 0.0 | *1* | 2.0 | 0 | 0.0 | *1* | 2.0 | *1* | 2.0 |
| - | その他 | 4.8 | 0 | 0.0 | 0 | 0.0 | 0 | 0.0 | 0 | 0.0 | 0 | 0.0 |
| 変動議席数 | | | 0 | | 3 | | 2 | | 3 | | 3 | |
| 乖離値 | | | 0.100 | | 0.059 | | 0.076 | | 0.059 | | 0.059 | |

第2章 選挙制度　131

### 第16回

| 順位 | 政党 | 得票率 | DH | | S | | MS | | H | | DR | |
|---|---|---|---|---|---|---|---|---|---|---|---|---|
| 1 | 自由民主党 | 33.3% | 19 | 38.0% | *17* | 34.0% | *17* | 34.0% | *17* | 34.0% | *17* | 34.0% |
| 2 | 日本社会党 | 17.8 | 10 | 20.0 | *9* | 18.0 | *9* | 18.0 | *9* | 18.0 | *9* | 18.0 |
| 3 | 公明党 | 14.3 | 8 | 16.0 | 8 | 16.0 | 8 | 16.0 | *7* | 14.0 | *7* | 14.0 |
| 4 | 日本新党 | 8.0 | 4 | 8.0 | 4 | 8.0 | 4 | 8.0 | 4 | 8.0 | 4 | 8.0 |
| 5 | 日本共産党 | 7.9 | 4 | 8.0 | 4 | 8.0 | 4 | 8.0 | 4 | 8.0 | 4 | 8.0 |
| 6 | 民社党 | 5.0 | 3 | 6.0 | 3 | 6.0 | 3 | 6.0 | 3 | 6.0 | 3 | 6.0 |
| 7 | スポーツ平和党 | 3.1 | 1 | 2.0 | *2* | 4.0 | *2* | 4.0 | *2* | 4.0 | *2* | 4.0 |
| 8 | 第二院クラブ | 2.9 | 1 | 2.0 | *2* | 4.0 | *2* | 4.0 | *2* | 4.0 | *2* | 4.0 |
| 9 | 社会民主連合 | 1.5 | 0 | 0.0 | 1 | 2.0 | 1 | 2.0 | 1 | 2.0 | 1 | 2.0 |
| 10 | 老人福祉党 | 0.9 | 0 | 0.0 | 0 | 0.0 | 0 | 0.0 | 1 | 2.0 | 1 | 2.0 |
| - | その他 | 5.3 | 0 | 0.0 | 0 | 0.0 | 0 | 0.0 | 0 | 0.0 | 0 | 0.0 |
| 変動議席数 | | | 0 | | 3 | | 3 | | 4 | | 4 | |
| 乖離値 | | | 0.098 | | 0.063 | | 0.063 | | 0.056 | | 0.056 | |

### 第17回

| 順位 | 政党 | 得票率 | DH | | S | | MS | | H | | DR | |
|---|---|---|---|---|---|---|---|---|---|---|---|---|
| 1 | 新進党 | 30.8% | 18 | 36.0% | *15* | 30.0% | *16* | 32.0% | *15* | 30.0% | *16* | 32.0% |
| 2 | 自由民主党 | 27.3 | 15 | 30.0 | *14* | 28.0 | 15 | 30.0 | *14* | 28.0 | *14* | 28.0 |
| 3 | 日本社会党 | 16.9 | 9 | 18.0 | 9 | 18.0 | 9 | 18.0 | *8* | 16.0 | 9 | 18.0 |
| 4 | 日本共産党 | 9.5 | 5 | 10.0 | 5 | 10.0 | 5 | 10.0 | 5 | 10.0 | 5 | 10.0 |
| 5 | 新党さきがけ | 3.6 | 2 | 4.0 | 2 | 4.0 | 2 | 4.0 | 2 | 4.0 | 2 | 4.0 |
| 6 | 第二院クラブ | 3.2 | 1 | 2.0 | *2* | 4.0 | *2* | 4.0 | *2* | 4.0 | *2* | 4.0 |
| 7 | スポーツ平和党 | 1.3 | 0 | 0.0 | 1 | 2.0 | 1 | 2.0 | 1 | 2.0 | 1 | 2.0 |
| 8 | 平成維新の会 | 1.2 | 0 | 0.0 | 1 | 2.0 | 0 | 0.0 | 1 | 2.0 | 1 | 2.0 |
| 9 | 日本福祉党 | 1.0 | 0 | 0.0 | 1 | 2.0 | 0 | 0.0 | 1 | 2.0 | 0 | 0.0 |
| 10 | 平和・市民 | 0.9 | 0 | 0.0 | 0 | 0.0 | 0 | 0.0 | 1 | 2.0 | 0 | 0.0 |
| - | その他 | 4.2 | 0 | 0.0 | 0 | 0.0 | 0 | 0.0 | 0 | 0.0 | 0 | 0.0 |
| 変動議席数 | | | 0 | | 4 | | 2 | | 5 | | 3 | |
| 乖離値 | | | 0.099 | | 0.059 | | 0.074 | | 0.059 | | 0.062 | |

### 第18回

| 順位 | 政党 | 得票率 | DH | | S | | MS | | H | | DR | |
|---|---|---|---|---|---|---|---|---|---|---|---|---|
| 1 | 自由民主党 | 25.2% | 14 | 28.0% | *12* | 24.0% | *13* | 26.0% | *13* | 26.0% | *13* | 26.0% |
| 2 | 民主党 | 21.7 | 12 | 24.0 | *11* | 22.0 | *11* | 22.0 | *11* | 22.0 | *11* | 22.0 |
| 3 | 日本共産党 | 14.6 | 8 | 16.0 | *7* | 14.0 | 8 | 16.0 | *7* | 14.0 | *7* | 14.0 |
| 4 | 公明 | 13.8 | 7 | 14.0 | 7 | 14.0 | 7 | 14.0 | 7 | 14.0 | 7 | 14.0 |
| 5 | 自由党 | 9.3 | 5 | 10.0 | 5 | 10.0 | 5 | 10.0 | 5 | 10.0 | 5 | 10.0 |
| 6 | 社会民主党 | 7.8 | 4 | 8.0 | 4 | 8.0 | 4 | 8.0 | 4 | 8.0 | 4 | 8.0 |
| 7 | 新社会党 | 1.6 | 0 | 0.0 | 1 | 2.0 | 1 | 2.0 | 1 | 2.0 | 1 | 2.0 |
| 8 | 新党さきがけ | 1.4 | 0 | 0.0 | 1 | 2.0 | 1 | 2.0 | 1 | 2.0 | 1 | 2.0 |
| 9 | 女性党 | 1.2 | 0 | 0.0 | 1 | 2.0 | 0 | 0.0 | 1 | 2.0 | 1 | 2.0 |
| 10 | 第二院クラブ | 1.0 | 0 | 0.0 | 1 | 2.0 | 0 | 0.0 | 0 | 0.0 | 0 | 0.0 |
| - | その他 | 2.3 | 0 | 0.0 | 0 | 0.0 | 0 | 0.0 | 0 | 0.0 | 0 | 0.0 |
| 変動議席数 | | | 0 | | 4 | | 2 | | 3 | | 3 | |
| 乖離値 | | | 0.076 | | 0.041 | | 0.046 | | 0.039 | | 0.039 | |

第19回

| 順位 | 政党 | 得票率 | DH | | S | | MS | | H | | DR | |
|---|---|---|---|---|---|---|---|---|---|---|---|---|
| 1 | 自由民主党 | 38.6% | 20 | 41.7% | *19* | *39.6%* | *19* | *39.6%* | *19* | *39.6%* | *19* | *39.6%* |
| 2 | 民主党 | 16.4 | 8 | 16.7 | 8 | 16.7 | 8 | 16.7 | 8 | 16.7 | 8 | 16.7 |
| 3 | 公明党 | 15.0 | 8 | 16.7 | *7* | *14.6* | 8 | 16.7 | *7* | *14.6* | *7* | *14.6* |
| 4 | 日本共産党 | 7.9 | 4 | 8.3 | 4 | 8.3 | 4 | 8.3 | 4 | 8.3 | 4 | 8.3 |
| 5 | 自由党 | 7.7 | 4 | 8.3 | 4 | 8.3 | 4 | 8.3 | 4 | 8.3 | 4 | 8.3 |
| 6 | 社会民主党 | 6.6 | 3 | 6.3 | 3 | 6.3 | 3 | 6.3 | 3 | 6.3 | 3 | 6.3 |
| 7 | 保守党 | 2.3 | 1 | 2.1 | 1 | 2.1 | 1 | 2.1 | 1 | 2.1 | 1 | 2.1 |
| 8 | 自由連合 | 1.4 | 0 | 0.0 | **1** | **2.1** | **1** | **2.1** | **1** | **2.1** | **1** | **2.1** |
| 9 | 第二院クラブ | 1.2 | 0 | 0.0 | **1** | **2.1** | 0 | 0.0 | **1** | **2.1** | **1** | **2.1** |
| - | その他 | 2.8 | 0 | 0.0 | 0 | 0.0 | 0 | 0.0 | 0 | 0.0 | 0 | 0.0 |
| 変動議席数 | | | 0 | | 2 | | 1 | | 2 | | 2 | |
| 乖離値 | | | 0.061 | | 0.038 | | 0.047 | | 0.038 | | 0.038 | |

\* DH =ドント式, S =サン・ラグ式, MS =修正サン・ラグ式, H =ヘア式, DR =ドループ式
\* ゴチック体= DH より多い, ゴチック・イタリック体= DH より少ない

第2に，多くの場合に第二党や第三党に対しても，他方法より多く議席が配分されている．第一党の場合と同様にサン・ラグ式との差を見ると，ドント式においては第二党が5回，第三党が2回，1議席多くなっている．

**b. 小政党排除性** ドント式では，大政党に過剰に議席が配分されることの裏返しとして，他の方式と比べると小政党が排除されることになる．ドント式の下では，得票率2％未満で議席を得たのは第15回のスポーツ平和党（1.8％）の1例しかない．一方，サン・ラグ式，ヘア式やドループ式では，得票率が1％を超えた政党はほとんどの場合で議席を獲得できるのみならず，1％未満の政党が議席を獲得する場合もある．議席を獲得した政党数をドント式とそれ以外で比べると，サン・ラグ式とヘア式では1－4党，ドループ式では0－3党，修正サン・ラグ式では0－2党，ドント式よりも増えている．今よりも議席を獲得する小政党を増加させやすいのは，サン・ラグ式とヘア式であると言える．

そこで，ドント式以外の方式であれば当選を出していた政党，および当選していた人々について見てみる．表2-4-3がその一覧表であり，氏名や政党とともに当該候補者を当選させる議席配分方式も示した．以下，3点につき言及する．

第1に，当該選挙以前に参議院に議席を持ったことがなかった政党について見ると，ヘア式では第13回の無党派市民連合，第15回の進歩党と年金党，第16回の老人福祉党，第17回の平成維新の会と日本福祉党，第18回の女性党

表2-4-3 ドント式以外であれば当選していた候補者

| 選挙回 | 氏名 | 新旧別 | 当選回数 | 政党 | 当選する方式 | 備考 |
|---|---|---|---|---|---|---|
| 13回 | 天坂 辰雄 | 新 | 0 | 福祉党 | S, MS, H, DR | |
| | 永 六輔 | 新 | 0 | 無党派市民連合 | S, H, DR | 著名人. |
| 14回 | 星野 朋市 | 新 | 0 | 税金党 | S, MS, H, DR | 第15(繰上), 17回に当選. 第17回は新進党所属. |
| | 陣内 照太郎 | 新 | 0 | サラリーマン新党 | S, MS, H, DR | |
| | 天坂 辰雄 | 新 | 0 | 福祉党 | S, H | |
| 15回 | 青木 茂 | 前 | 1 | サラリーマン新党 | S, MS, H, DR | 第13回に当選. |
| | 青木 勝治 | 新 | 0 | 進歩党 | S, H, DR | |
| | 友部 達夫 | 新 | 0 | 年金党 | S, H, DR | 第17回に新進党から当選. その後, オレンジ共済事件で離党→失職. |
| | 伊藤 郁男 | 元 | 1 | 民社党 | MS | 第12回に当選. |
| 16回 | 新間 寿 | 新 | 0 | スポーツ平和党 | S, MS, H, DR | |
| | 山田 俊昭 | 前 | 1 | 第二院クラブ | S, MS, H, DR | 第14, 16回と連続繰上当選. |
| | 青木 茂 | 元 | 1 | 社会民主連合 | S, MS, H, DR | 第13回にサラリーマン新党で当選. |
| | 松崎 泰夫 | 新 | 0 | 老人福祉党 | H, DR | |
| 17回 | コロンビア・トップ | 前 | 3 | 第二院クラブ | S, MS, H, DR | 著名人. 第10, 13(繰上), 15回に当選. |
| | アントニオ 猪木 | 前 | 1 | スポーツ平和党 | S, MS, H, DR | 著名人. 第15回に当選. |
| | 大前 研一 | 新 | 0 | 平成維新の会 | S, H, DR | 著名人. |
| | 東 三元 | 新 | 0 | 日本福祉党 | S, H | |
| | 国弘 正雄 | 前 | 1 | 平和・市民 | H | 著名人. 第15回に日本社会党から当選. |
| 18回 | 矢田部 理 | 現 | 4 | 新社会党 | S, MS, H, DR | 第10, 12, 14, 16回に茨城地方区で当選. |
| | 井手 正一 | 新 | 0 | 新党さきがけ | S, MS, H, DR | 元代議士, 村山内閣で厚相を務めた. |
| | 篠原 芙早子 | 新 | 0 | 女性党 | S, H, DR | |
| | コロンビア・トップ | 元 | 3 | 第二院クラブ | S | 著名人. 第10, 13(繰上), 15回に当選. |
| 19回 | 石井 一二 | 前 | 3 | 自由連合 | S, MS, H, DR | 第13, 15, 17回に兵庫地方区で当選. |
| | 青島 幸男 | 元 | 5 | 第二院クラブ | S, H, DR | 著名人. 第8, 10, 12, 14, 16回に当選. 東京都知事1期. |

*DH=ドント式, S=サン・ラグ式, MS=修正サン・ラグ式, H=ヘア式, DR=ドループ式
* 当選回数は選挙前のものを指す.

が議席を得ていたことになる. また, サン・ラグ式ではこのうちの老人福祉党以外, ドループ式では日本福祉党以外の政党が議席を得ていたことになる. 具体的な候補者で言えば, 無党派市民連合の永六輔, 平成維新の会の大前研一などの著名人のほか, 後に新進党の比例区候補として当選した年金党の友部達夫といった顔ぶれが含まれている.

第2に，実際の選挙において参議院議員経験者が落選した政党について見ると，ヘア式では第15回のサラリーマン新党，第16回の第二院クラブと社会民主連合，第17回の第二院クラブ，スポーツ平和党および平和・市民，第18回の新社会党，第19回の自由連合と第二院クラブが，サン・ラグ式ではこのうちの平和・市民以外の各党に加えて第18回の第二院クラブが，所属する議員経験者の議席を維持または回復していたことになる．こうした経験者の具体名を挙げると，サラリーマン新党および社会民主連合の青木茂，第二院クラブの青島幸男，コロムビア・トップ，山田俊昭，スポーツ平和党のアントニオ猪木，平和・市民の国弘正雄，新社会党の矢田部理，自由連合の石井一二という顔ぶれとなる．ベテラン議員や著名人が多くなっている．

　第3に，ドント式で2度落選した者のうち他方式であれば全て当選していた者を見ると，サン・ラグ式であれば先述の青木茂とコロムビア・トップおよび福祉党の天坂辰雄が，ヘア式であればコロムビア・トップ以外の2人がこれに該当する．

(3) まとめ

　以上のように，ドント式では大政党有利，小政党不利に議席配分されるという性質は，現在の参議院比例区においても表れていることが確認された．名簿式比例代表制において小政党の議席獲得機会を最大化させるならば，ヘア式またはサン・ラグ式が適しているであろう．仮にこうした方式であれば数々の議席獲得経験なき小政党が議席を獲得し，著名人やベテラン議員などの興味深い人材が当選していたことは，注目に値する．

（井上和輝）

## 第5節　全国区での得票の偏在と政党の選挙戦略

### 1. はじめに

　参議院議員選挙では第12回まで全国区方式により一部の議員を選出していた．この制度は1国の全有権者を1つの選挙人団として構成する大選挙区であり，そもそもは公選の原則の中で両議院を異質的に構成するために，戦後の選挙法で考案されたものである．[19]

　この制度自体は議員構成の違いを実現するのに十分でなく，また膨大な選挙経費と労苦とを候補者に課すものであったことから，第13回以降は拘束名

簿式比例代表方式へと改められた[20]．しかしこの特異な選挙制度には興味深い点もある．全国区の各候補者の得票を都道府県という単位に分けてみていくと，ほぼ各都道府県の有権者数に比例して得票している候補者もいれば，ある都道府県で特に偏って得票している候補者もいることが分かる．こうした候補者の得票の偏在はどのように生じていたのか，政党の選挙戦略によって公認候補者の得票偏在の状況が異なっていたのではないだろうか．このような関心から，本節では全国区における候補者の得票の偏在を分析していく．

以下本節では，まず得票偏在の度合いを示す「得票偏在度」の算出方法を示す．次に，この得票偏在度と得票順位の関係を散布図で示し，いくつかのパターンに分類し，政党ごとにどのような傾向がみられるかみていく．その上で，組織政党として固定した支持者層を有する公明党と共産党についてより細かく全国区への適応状況の差異と特徴を明らかにし，このことを通して全国区という制度と政党の戦略の関係について考察していく．

## 2. 得票偏在度

得票偏在度は，各候補者が各都道府県の有権者数に対してどれだけ偏って得票を上げているかを示すものであり，以下のように求める[21]．

① 日本の全有権者数に対する各都道府県の有権者割合(A)を求める[22]．
② 各候補者の得票全体に占める，各都道府県での得票割合(B)を求める[23]．
③ 各都道府県ごとにB／A（都道府県偏在指標）を求め，その値の小さい順に各都道府県を並べ，横軸に有権者割合(A)，縦軸に得票割合(B)のそれぞれの累積値をとった散布図を描く（図2-5-1）．
④ 直線 $y = x$ と散布図の点を結んだ曲線で囲まれた面積を求め，2倍する．

散布図の点を結んだ曲線がより $y = x$ 直線に近いほど，各都道府県における得票割合が有権者割合に比例的であり，得票の偏在が小さいことになる．したがって，以上で求めた得票偏在度の値が小さいほど，候補者が各都道府県からまんべんなく得票し，逆に大きいほどある都道府県において偏って得票しているということになる．

## 3. 得票パターン

候補者の得票偏在度と得票順位から，候補者の得票状況のパターン分けを

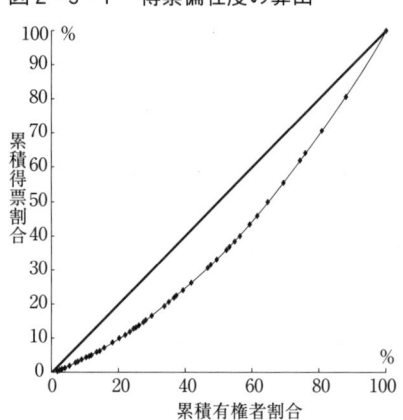

図2-5-1　得票偏在度の算出

行ってみよう．図2-5-2は第12回の全国区選挙についてこのパターン分けを示したものである．この分け方とその意味をここに示そう．

　得票偏在度については，その回の全候補者の得票偏在度の平均（$X$）を境に上下2つに分けている．得票順位については当落の境界である50位／51位[24]と25位／26位で3つに分ける．このようにして各候補者の得票パターンは以下のように6通りに分類される．

　　①得票偏在度 $\leq X$，得票順位 $\leq 25$
　　②得票偏在度 $> X$，得票順位 $\leq 25$
　　③得票偏在度 $\leq X$，$25 <$ 得票順位 $\leq 50$
　　④得票偏在度 $> X$，$25 <$ 得票順位 $\leq 50$
　　⑤得票偏在度 $\leq X$，得票順位 $> 50$
　　⑥得票偏在度 $> X$，得票順位 $> 50$

　この分け方では①は全国的に人気や知名度が高く，まんべんなく多くの票を得た当選者，④は全体の得票がそれほど多くなく偏った地域から得票しているにもかかわらず当選を果たした候補者であるといった特徴を示すことになる．

## 4. 全国区における政党の選挙戦略

(1)選挙戦略の意味

　ここでは，政党が全国区に対してどのように適応したのか，その戦略的な

図2-5-2 散布図（第12回）

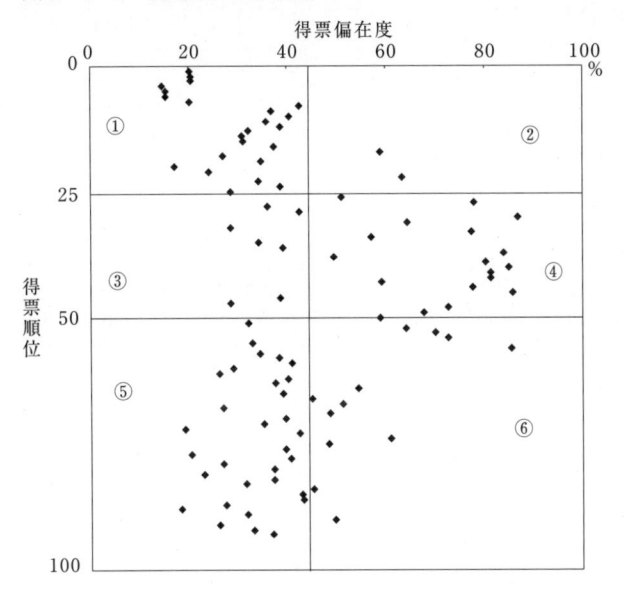

側面を考察していく．「戦略」という言葉は，政党が組織や候補者に対して指示ないし指導を行うような印象を与えるが，ここではそのような指導的な行動に限定せず，結果的に採用された特徴的な選挙行動のパターンを選挙戦略と呼ぶこととする．つまり，政党の意志や合理的判断を条件とはしないこととなる．

(2)各党の選挙戦略

ここでは所属政党別にどの得票パターンの候補者が多いかを見ていくことにより，政党ごとの全国区への適応状況や得票戦略を考察していく．

表2-5-1は各政党の候補者全体のうち各パターンに該当する候補者の割合を時系列で表したものである．自民党は第4回こそ⑥の得票偏在度が大きい落選者が多いが，それ以外では①，③，⑤という得票偏在度の低い候補者の割合が高いことが分かる．中でも得票偏在度が低く得票順位が高い①の割合が高く，回を追うごとに増加している．地域によって支持者が固定されているような候補者を公認候補として立てているというよりは，全国的組織によるバックアップや候補者自体の人気や知名度などにより全国的にまんべんなく得票できる候補者を擁立していると言えるだろう．そして55年体制が成

表2-5-1 政党別得票パターンの割合 (単位：%)

| 選挙回 | | 1 | 2 | 3 | 4 | 5 | 6 | 7 | 8 | 9 | 10 | 11 | 12 | 総計 |
|---|---|---|---|---|---|---|---|---|---|---|---|---|---|---|
| 自民党 | ① | | | | 5.6 | 19.4 | 17.9 | 22.2 | 20.6 | 23.5 | 22.9 | 40.9 | 69.6 | 23.3 |
| | ② | | | | 11.1 | 8.3 | 15.4 | 8.3 | 2.9 | 8.8 | 8.6 | 22.7 | 4.3 | 9.9 |
| | ③ | | | | 3.7 | 22.2 | 15.4 | 27.8 | 23.5 | 20.6 | 11.4 | 18.2 | 13.0 | 16.6 |
| | ④ | | | | 14.8 | 11.1 | 5.1 | 11.1 | 14.7 | 8.8 | 11.4 | 0.0 | 4.3 | 9.9 |
| | ⑤ | | | | 24.1 | 25.0 | 28.2 | 25.0 | 32.4 | 29.4 | 22.9 | 18.2 | 8.7 | 24.6 |
| | ⑥ | | | | 40.7 | 13.9 | 17.9 | 5.6 | 5.9 | 8.8 | 22.9 | 0.0 | 0.0 | 15.7 |
| 社会党 | ① | 23.5 | 18.8 | 7.7 | 27.6 | 16.0 | 10.5 | 6.3 | 13.3 | 23.1 | 25.0 | 16.7 | 10.0 | 16.8 |
| | ② | 8.8 | 3.1 | 0.0 | 10.3 | 4.0 | 5.3 | 31.3 | 6.7 | 0.0 | 16.7 | 0.0 | 0.0 | 6.6 |
| | ③ | 5.9 | 9.4 | 12.8 | 3.4 | 24.0 | 26.3 | 6.3 | 6.7 | 30.8 | 0.0 | 41.7 | 20.0 | 13.7 |
| | ④ | 11.8 | 15.6 | 7.7 | 31.0 | 24.0 | 36.8 | 31.3 | 53.3 | 30.8 | 41.7 | 25.0 | 60.0 | 25.4 |
| | ⑤ | 23.5 | 18.8 | 46.2 | 10.3 | 8.0 | 5.3 | 6.3 | 0.0 | 7.7 | 16.7 | 8.3 | 0.0 | 16.8 |
| | ⑥ | 26.5 | 34.4 | 25.6 | 17.2 | 24.0 | 15.8 | 18.8 | 20.0 | 7.7 | 0.0 | 8.3 | 10.0 | 20.7 |
| 公明党 | ① | | | | | | | 0.0 | 0.0 | 0.0 | 0.0 | 0.0 | 0.0 | 0.0 |
| | ② | | | | | | | 55.6 | 88.9 | 87.5 | 55.6 | 44.4 | 0.0 | 54.7 |
| | ③ | | | | | | | 0.0 | 0.0 | 0.0 | 0.0 | 0.0 | 0.0 | 0.0 |
| | ④ | | | | | | | 44.4 | 11.1 | 12.5 | 44.4 | 55.6 | 100.0 | 45.3 |
| | ⑤ | | | | | | | 0.0 | 0.0 | 0.0 | 0.0 | 0.0 | 0.0 | 0.0 |
| | ⑥ | | | | | | | 0.0 | 0.0 | 0.0 | 0.0 | 0.0 | 0.0 | 0.0 |
| 民社党 | ① | | | | | | 0.0 | 20.0 | 50.0 | 25.0 | 20.0 | 50.0 | 50.0 | 29.0 |
| | ② | | | | | | 0.0 | 0.0 | 0.0 | 0.0 | 0.0 | 0.0 | 0.0 | 0.0 |
| | ③ | | | | | | 40.0 | 20.0 | 50.0 | 75.0 | 40.0 | 25.0 | 50.0 | 41.9 |
| | ④ | | | | | | 20.0 | 0.0 | 0.0 | 0.0 | 20.0 | 25.0 | 0.0 | 9.7 |
| | ⑤ | | | | | | 0.0 | 40.0 | 0.0 | 0.0 | 20.0 | 0.0 | 0.0 | 9.7 |
| | ⑥ | | | | | | 40.0 | 20.0 | 0.0 | 0.0 | 0.0 | 0.0 | 0.0 | 9.7 |
| 共産党 | ① | 0.0 | 0.0 | 0.0 | 0.0 | 0.0 | 0.0 | 0.0 | 0.0 | 0.0 | 0.0 | 0.0 | 0.0 | 0.0 |
| | ② | 0.0 | 0.0 | 0.0 | 0.0 | 0.0 | 100.0 | 100.0 | 66.7 | 60.0 | 12.5 | 0.0 | 16.7 | 17.2 |
| | ③ | 16.7 | 0.0 | 0.0 | 0.0 | 0.0 | 0.0 | 0.0 | 0.0 | 0.0 | 0.0 | 0.0 | 0.0 | 3.1 |
| | ④ | 8.3 | 18.2 | 0.0 | 33.3 | 50.0 | 0.0 | 0.0 | 33.3 | 40.0 | 87.5 | 42.9 | 33.3 | 31.3 |
| | ⑤ | 41.7 | 27.3 | 33.3 | 0.0 | 0.0 | 0.0 | 0.0 | 0.0 | 0.0 | 0.0 | 0.0 | 0.0 | 14.1 |
| | ⑥ | 33.3 | 54.5 | 66.7 | 66.7 | 50.0 | 0.0 | 0.0 | 0.0 | 0.0 | 0.0 | 57.1 | 50.0 | 34.4 |
| 緑風会 | ① | | 2.5 | 9.1 | 0.0 | 60.0 | 0.0 | | | | | | | 7.0 |
| | ② | | 5.0 | 0.0 | 14.3 | 0.0 | 20.0 | | | | | | | 5.8 |
| | ③ | | 5.0 | 22.7 | 14.3 | 0.0 | 20.0 | | | | | | | 11.6 |
| | ④ | | 2.5 | 4.5 | 7.1 | 20.0 | 0.0 | | | | | | | 4.7 |
| | ⑤ | | 50.0 | 27.3 | 50.0 | 20.0 | 40.0 | | | | | | | 41.9 |
| | ⑥ | | 35.0 | 36.4 | 14.3 | 0.0 | 20.0 | | | | | | | 29.1 |
| 旧自由 | ① | 5.3 | 2.7 | 5.3 | | | | | | | | | | 3.8 |
| | ② | 5.3 | 8.2 | 15.8 | | | | | | | | | | 10.0 |
| | ③ | 21.1 | 5.5 | 7.9 | | | | | | | | | | 8.5 |
| | ④ | 10.5 | 8.2 | 13.2 | | | | | | | | | | 10.0 |
| | ⑤ | 26.3 | 34.2 | 10.5 | | | | | | | | | | 26.2 |
| | ⑥ | 31.6 | 41.1 | 47.4 | | | | | | | | | | 41.5 |
| 旧民主 | ① | 38.5 | 0.0 | 5.9 | | | | | | | | | | 12.5 |
| | ② | 0.0 | 5.6 | 5.9 | | | | | | | | | | 4.2 |
| | ③ | 0.0 | 0.0 | 0.0 | | | | | | | | | | 0.0 |
| | ④ | 7.7 | 0.0 | 5.9 | | | | | | | | | | 4.2 |

| 選挙回 | | 1 | 2 | 3 | 4 | 5 | 6 | 7 | 8 | 9 | 10 | 11 | 12 | 総計 |
|---|---|---|---|---|---|---|---|---|---|---|---|---|---|---|
| 旧民主 | ⑤ | 7.7 | 33.3 | 47.1 | | | | | | | | | | 31.3 |
| (続き) | ⑥ | 46.2 | 61.1 | 35.3 | | | | | | | | | | 47.9 |
| その他の政党 | ① | 3.2 | 0.0 | 0.0 | 10.0 | 10.0 | 0.0 | 0.0 | 0.0 | 0.0 | 0.0 | 4.3 | 16.7 | 3.5 |
| | ② | 6.5 | 5.9 | 0.0 | 0.0 | 0.0 | 0.0 | 0.0 | 0.0 | 0.0 | 0.0 | 4.3 | 0.0 | 2.1 |
| | ③ | 12.9 | 0.0 | 0.0 | 0.0 | 0.0 | 0.0 | 0.0 | 0.0 | 0.0 | 0.0 | 4.3 | 0.0 | 3.5 |
| | ④ | 6.5 | 5.9 | 0.0 | 0.0 | 0.0 | 0.0 | 0.0 | 0.0 | 0.0 | 0.0 | 4.3 | 0.0 | 2.8 |
| | ⑤ | 22.6 | 58.8 | 76.9 | 60.0 | 50.0 | 85.7 | 88.9 | 85.7 | 66.7 | 80.0 | 73.9 | 83.3 | 61.0 |
| | ⑥ | 48.4 | 29.4 | 23.1 | 30.0 | 40.0 | 14.3 | 11.1 | 14.3 | 33.3 | 20.0 | 13.0 | 0.0 | 27.0 |
| 無所属 | ① | 13.2 | 1.7 | 9.8 | 2.5 | 4.5 | 3.3 | 0.0 | 9.5 | 0.0 | 5.3 | 4.0 | 8.6 | 6.5 |
| | ② | 8.1 | 2.5 | 0.0 | 2.5 | 9.1 | 16.7 | 0.0 | 0.0 | 0.0 | 4.0 | 0.0 | 0.0 | 3.8 |
| | ③ | 11.0 | 4.2 | 3.9 | 5.0 | 0.0 | 0.0 | 9.1 | 0.0 | 2.6 | 2.6 | 4.0 | 0.0 | 4.8 |
| | ④ | 9.6 | 1.7 | 1.0 | 2.5 | 2.3 | 6.7 | 0.0 | 0.0 | 2.6 | 0.0 | 0.0 | 0.0 | 3.2 |
| | ⑤ | 32.4 | 44.5 | 39.2 | 57.5 | 40.9 | 53.3 | 63.6 | 71.4 | 61.5 | 73.7 | 68.0 | 68.6 | 48.5 |
| | ⑥ | 25.7 | 45.4 | 46.1 | 30.0 | 43.2 | 20.0 | 27.3 | 19.0 | 35.9 | 15.8 | 20.0 | 22.9 | 33.2 |

熟するにつれてこの傾向が強くなってきているのである．

　社会党は極端な特徴はないが，総じて初期の頃は全国的に集票能力の高い①の割合が高かったが，次第に④の割合が増加している．これには第8回選挙以降とられたと考えられる地域割り方式（ヨコ割り）と関係があるだろう．[26] しかし，第8回選挙についても①の議員も存在する．この点は，次に観察する共産党・公明党のように党全体として完璧な地域割り戦略を採用することができなかったことを意味する．逆に言えば，社会党は組織だけに選挙を頼っていたのではなく，候補者の全国的な人気や，政党の地域割りに対して無頓着な弱い支持者，浮動投票者にも頼っていたのである．

　公明党は第7回から登場したが，その傾向は非常に顕著であり，②，④のパターンの候補者しかいない．つまり候補者はみな得票偏在度が高く，そして全員当選を果たしている．さらに回を経るごとに②の割合が減り，④の割合が増加している．このことから地域ごとに支持層がどの党所属候補者に投票するかという徹底した選挙戦略を採っていることが予想される．そしてその選挙戦略は全体としての得票順位が低くてもきっちり当選を果たせているという点で回を重ねるごとに巧みになってきていると思われる．

　公明党と類似の傾向を示しているのが共産党である．初期を除いては同党でも②，④のパターンが圧倒的割合を占める．さらに②から④へのシフトという傾向も同様と言えよう．しかし公明党との大きな違いは，前者が全員当選を果たしたのに対し，共産党は11・12回と⑥という得票偏在度が高い落選者を多く出すようになってきてしまっていることである．このことから地域

ごとの支持層の投票の割り振りはなされているもののそれが完璧ではなく,支持層自体が公明党より固定化されていないことが予想できる.

　以上公明党・共産党の2党については後に独立して述べることとしたい.

　この2党と全く逆の傾向にあるのが民社党である. 同党は①, ③の得票偏在度の低い当選者の割合が高い. これは自民党に近いが, ②, ④パターンでの当選者が特に少ない点で顕著である. 産別労組の組織ごとに「縦割り」で選挙を戦っているからと推測される.

　「その他の政党」は当選者自体が全体を通して少ない. そこで⑤, ⑥の落選者に注目すると⑤の増加と⑥の減少の傾向がみられる. この傾向は, 候補者自体の減少と関係していると考えられる. つまり, 全国的な活動を行えないような1人1党的な泡沫政党候補者は回を追うごとに退出し, ある程度知名度や全国組織を持つ候補者が残っていると推測されるのである.

　無所属についても落選者はこの「その他の政党」と同様の傾向がある. しかし少数ながら第8回以降①のパターンが目立つ. これらは無所属のタレント候補がその知名度により全国的にまんべんなく多数の票を得て当選を果たした結果であろう.

(3)政党の性格と選挙戦略

　以上の観察の結果, 全国区の下では各政党の組織的性格が選挙戦略に直接的に反映していることがわかる. 自民党は, 候補者の人気・知名度, 全国的な支援組織に依存した選挙戦略を採用している. この結果, かなり余分に得票している候補者と落選した候補者が同時に存在している. 政党として得票の配分を行うことができないということの裏返しである. 一方公明党と共産党は得票の地域による分割を行っている様子が明らかとなった. 政党が得票をかなりの程度把握しているのである. 議員政党である自民党と組織政党である公明党・共産党の中間的性格を持つのが社会党である. 全国的で大規模な支援組織である労組に頼っているため, 得票の地域分割も行っているが, 一方でそのような組織や候補者の人気・知名度に乗った得票戦略も採用している. 組織を通じてある程度得票を把握し指導することもできるが, 党中央でこのような指導を行うことができない票の流れも存在している.

　このように, 全国区という同じ制度に対して, 政党として一般的に同じものとして捉えられる集団が, 自らの性格に即して全く違う適応を見せていたということはなかなか興味深い事実である. 目的を達成するための手段の選

択が，政党の組織的条件によって規定されているということは，議席数の最大化に対し最も効率的と思われる戦略を採用できるかどうかが，政治的・歴史的文脈によって左右されているということを示しているのである．

全国区は候補者間の票の移譲を行わない仕組みであるために，自民党のように候補者や支援組織中心の選挙戦略を採用するのは，政党の得票に対する当選者数の割合という点では非効率的である．逆に，可能な得票を事前に当選のための最低限の得票に分割するという選挙戦略を取れるならば，その政党に効率的な選挙結果をもたらすだろう．この得票に対する議席の最大化という観点から，公明党と共産党という組織政党を取り上げて，実際の選挙戦略，選挙結果とその成否について考察してみよう．

## 5. 組織政党の選挙戦略

(1) 公明党

**a．全国区での選挙戦略**　前述の通り，公明党の候補者は得票偏在度が高く全員当選しているという顕著な傾向を示している．これは創価学会という強い組織を背景とした選挙戦略の結果であろう．以下いかなる戦略を採ってきて，それがどれほど有効だったか検討してみたい．

まず毎回9人程の候補者を立てるが，各々の候補者が都道府県別にみてどこから集中して票を得ているかをみる．表2-5-2は候補者ごとに都道府県別得票割合が最大の都道府県とその得票割合を示したものである．

この候補者ごとの得票割合が最大の都道府県をみていくと，北海道，東京，神奈川，愛知，大阪，兵庫，広島，福岡，千葉，埼玉に限定されている．これは創価学会員がこれらの都市部に多いことが要因と考えられる．

ここで注目すべきことは，ある候補者が最大の得票割合を得ている都道府県においては他の候補者の同都道府県での得票割合は1％にも満たない場合がほとんどであるということである．またこれは上に挙げた都道府県のみに限ったことではなく，全都道府県においてみても都道府県ごとの公明党候補者の得票の合計のうち各候補者の得票割合をみてみると（図2-5-3），ほとんど1人の候補者に1都道府県の公明党票が集中していると言える．

また複数回立候補している者をみていくと，必ずしも候補者ごとに最大得票割合を得た都道府県が固定されていないことが分かる．例えば小平芳平は第7回では愛知，第9回では神奈川で最大得票割合を得ているが，第9回に

表2-5-2 各候補者が最大得票割合を占めた都道府県（公明党）

| 選挙回 | 候補者名 | 当落 | 得票順位 | 得票偏在度 | 最大得票割合 | その都道府県 |
|---|---|---|---|---|---|---|
| 7 | 柏原　ヤス | 当 | 7 | 79.7% | 86.1% | 東京都 |
| | 多田　省吾 | 当 | 13 | 83.2 | 38.6 | 神奈川県 |
| | 山田　徹一 | 当 | 15 | 81.7 | 19.7 | 広島県 |
| | 小平　芳平 | 当 | 21 | 85.5 | 34.4 | 愛知県 |
| | 矢追　秀彦 | 当 | 22 | 88.6 | 71.0 | 大阪府 |
| | 宮崎　正義 | 当 | 34 | 84.2 | 36.0 | 北海道 |
| | 原田　立 | 当 | 36 | 84.1 | 33.1 | 福岡県 |
| | 黒柳　明 | 当 | 40 | 86.3 | 29.8 | 埼玉県 |
| | 中尾　辰義 | 当 | 45 | 87.0 | 40.6 | 兵庫県 |
| 8 | 三木　忠雄 | 当 | 8 | 77.9 | 84.8 | 東京都 |
| | 二宮　文造 | 当 | 10 | 87.1 | 41.2 | 兵庫県 |
| | 鈴木　一弘 | 当 | 12 | 83.2 | 47.6 | 神奈川県 |
| | 上林　繁次郎 | 当 | 13 | 85.7 | 27.2 | 千葉県 |
| | 塩出　啓典 | 当 | 15 | 87.1 | 23.2 | 広島県 |
| | 峯山　昭範 | 当 | 18 | 88.3 | 72.9 | 大阪府 |
| | 沢田　実 | 当 | 20 | 86.4 | 32.2 | 愛知県 |
| | 内田　善利 | 当 | 23 | 86.1 | 34.9 | 福岡県 |
| | 藤原　房雄 | 当 | 27 | 85.4 | 38.1 | 北海道 |
| 9 | 柏原　ヤス | 当 | 6 | 79.9 | 82.2 | 東京都 |
| | 山田　徹一 | 当 | 8 | 82.5 | 34.0 | 兵庫県 |
| | 矢追　秀彦 | 当 | 10 | 86.6 | 68.4 | 大阪府 |
| | 原田　立 | 当 | 13 | 83.6 | 34.1 | 福岡県 |
| | 小平　芳平 | 当 | 17 | 82.3 | 43.1 | 神奈川県 |
| | 多田　省吾 | 当 | 19 | 83.5 | 29.3 | 埼玉県 |
| | 中尾　辰義 | 当 | 21 | 83.6 | 34.6 | 愛知県 |
| | 宮崎　正義 | 当 | 28 | 82.0 | 31.2 | 北海道 |
| 10 | 三木　忠雄 | 当 | 11 | 79.6 | 85.3 | 東京都 |
| | 鈴木　一弘 | 当 | 14 | 81.7 | 43.6 | 神奈川県 |
| | 峯山　昭範 | 当 | 15 | 87.6 | 76.4 | 大阪府 |
| | 二宮　文造 | 当 | 19 | 85.5 | 42.5 | 兵庫県 |
| | 内田　善利 | 当 | 20 | 86.0 | 41.5 | 福岡県 |
| | 藤原　房雄 | 当 | 27 | 82.8 | 34.3 | 北海道 |
| | 太田　淳夫 | 当 | 28 | 83.0 | 39.8 | 愛知県 |
| | 塩出　啓典 | 当 | 39 | 86.9 | 24.6 | 広島県 |
| | 上林　繁次郎 | 当 | 43 | 85.0 | 29.8 | 千葉県 |
| 11 | 柏原　ヤス | 当 | 16 | 79.0 | 75.3 | 東京都 |
| | 矢追　秀彦 | 当 | 18 | 85.7 | 69.8 | 大阪府 |
| | 中尾　辰義 | 当 | 21 | 84.0 | 22.0 | 広島県 |
| | 中野　明 | 当 | 24 | 81.6 | 35.4 | 兵庫県 |
| | 小平　芳平 | 当 | 27 | 80.5 | 46.6 | 神奈川県 |
| | 多田　省吾 | 当 | 31 | 83.7 | 32.9 | 千葉県 |
| | 渋谷　邦彦 | 当 | 32 | 84.4 | 46.2 | 愛知県 |
| | 和泉　照雄 | 当 | 34 | 85.1 | 35.2 | 福岡県 |
| | 宮崎　正義 | 当 | 40 | 80.8 | 31.0 | 北海道 |
| 12 | 鈴木　一弘 | 当 | 27 | 77.9 | 43.3 | 神奈川県 |
| | 峯山　昭範 | 当 | 30 | 86.8 | 74.7 | 大阪府 |
| | 大川　清幸 | 当 | 33 | 77.4 | 78.2 | 東京都 |
| | 二宮　文造 | 当 | 37 | 83.9 | 38.9 | 兵庫県 |
| | 太田　淳夫 | 当 | 39 | 80.8 | 36.8 | 愛知県 |
| | 塩出　啓典 | 当 | 40 | 84.9 | 22.0 | 広島県 |
| | 藤原　房雄 | 当 | 41 | 81.2 | 32.6 | 北海道 |
| | 鶴岡　洋 | 当 | 42 | 81.2 | 32.6 | 千葉県 |
| | 中野　鉄造 | 当 | 45 | 85.7 | 34.8 | 福岡県 |

＊最大得票割合＝その候補者にとってもっとも得票数が多い都道府県の得票÷全国の総得票

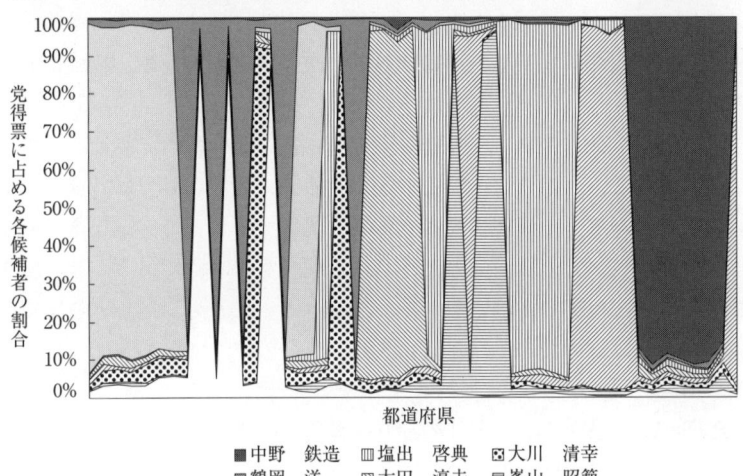

図2-5-3 都道府県別党得票に占める各候補者の割合（第12回公明党）

■中野　鉄造　　▥塩出　啓典　　▨大川　清幸
■鶴岡　洋　　　▧太田　淳夫　　▤峯山　昭範
□藤原　房雄　　▦二宮　文造　　□鈴木　一弘

おいて前回は得票割合の高かった愛知で1.17％しか得票できていない．また第7回兵庫，第9回愛知，第11回広島と変化している中尾辰義は，兵庫，愛知，広島各県において最大得票割合を得ていない選挙回ではおおむね1％未満の得票割合しか得られていない．このことから高い偏在度の要因たる，どの都道府県で多くの得票を得ているかという点については，出身地などの候補者の個人的な人気や知名度によるのではないと言える．ここから候補者の個性とは切り離された組織としての選挙を戦っていることが分かる．

　以上のことから公明党の全国区での選挙戦略は，都道府県別に，組織された支持層に対してどの候補者に投票させるかを決定しているものであると言える．そしてその組織化は支持層である創価学会員の多い都市部において顕著であり，この選挙戦略の結果として9人程度の候補者を確実に当選させているという非常に巧みな選挙戦をしてきたと言えよう．

**b．地方区との関連**　ではこうした全国区での選挙戦略と，並行して行われていた都道府県別の地方区での選挙戦との間に関連はあったのだろうか．

　地方区における公明党は東京，大阪の2人しか候補を立てなかった第9回と逆に36都道府県で候補をたてた第10回を例外とみると，毎回5人ほどの候補者を立て，その出馬した選挙区は北海道，東京，愛知，大阪，兵庫，福岡

のいずれかである．これはすべて都市部の3，4人区であり，前述の全国区での候補者が最大得票割合を得ている都道府県と一致する．また多数の候補を出した第10回でも当選したのは北海道，東京，大阪，兵庫，福岡においてのみである．

このことから地方区でも支持層の多い選挙区に狙い打ちで候補を立てていることが分かる．しかし全国区との違いは東京，大阪以外では落選者を出していることである．全国規模では支持層を調整することで完璧な選挙戦が出来ていたが，自民党，社会党と比べれば公明党も小政党である．その結果，一都道府県に限っていえば定数が多い選挙区といえども当選しうるまでの支持層を得るには限界があったと言えよう．

(2) 共産党

**a．全国区での選挙戦略**　前述の通り共産党も一面において公明党と同様に組織化された選挙戦略を取ったと考えられる．つまりパターン別での②，④という「得票偏在度の高い当選者」の割合が候補者に多く，次第に④の全国的な得票順位が低くても当選できるパターンが増えているという点で選挙戦略が巧みになってきているということである．

しかし公明党と顕著に違う点がある．それは第11，12回において半数以上も⑥のパターン，つまり「得票偏在度の高い落選者」を出してしまっている点である．この共通点と相違点はいかなる理由からでてきているのだろうか．

表2-5-3は公明党と同様に候補者ごとの得票の割合が最大の都道府県を示したものである．共産党においても北海道，東京，神奈川，愛知，大阪，兵庫，福岡などで候補者各々が最大の得票割合を得ている．公明党との違いは京都府で最大得票割合を得ている候補がいることくらいである．ここから共産党の支持基盤も都市部を中心にあることが分かる．また，ある候補者が最大得票割合を得ている都道府県で他の同党候補はほとんど得票を得られていない傾向も同様である（図2-5-4）．

つまり各都道府県ごとに支持者がどの候補者に投票するかがある程度決められているという共通点をもつ．しかし図2-5-4を見ると公明党の図2-5-3よりも都道府県ごとの1候補者の政党票の独占という傾向は小さい．公明党の支持層が強固に組織化され，都道府県ごとにどの候補者に投票するかがほとんど決定しているのに対し，共産党の支持層は固定されているといっても幅があると考えられる．

表2-5-3　各候補者が最大得票割合を占めた都道府県（共産党）

| 選挙回 | 候補者名 | 当落 | 得票順位 | 得票偏在度 | 最大得票割合 | その都道府県 |
|---|---|---|---|---|---|---|
| 7 | 春日 正一 | 当 | 2 | 58.3% | 41.1% | 東京都 |
|   | 須藤 五郎 | 当 | 5 | 60.4 | 25.5 | 大阪府 |
| 8 | 小笠原 貞子 | 当 | 14 | 68.3 | 52.3 | 東京都 |
|   | 岩間 正男 | 当 | 16 | 58.2 | 17.4 | 京都府 |
|   | 渡辺 武 | 当 | 28 | 63.3 | 31.1 | 大阪府 |
| 9 | 須藤 五郎 | 当 | 14 | 81.7 | 52.3 | 大阪府 |
|   | 春日 正一 | 当 | 15 | 71.6 | 74.3 | 東京都 |
|   | 加藤 進 | 当 | 22 | 70.9 | 27.3 | 愛知県 |
|   | 塚田 大願 | 当 | 29 | 70.4 | 21.1 | 北海道 |
|   | 星野 力 | 当 | 32 | 69.5 | 21.0 | 福岡県 |
| 10 | 山中 郁子 | 当 | 21 | 71.3 | 43.0 | 神奈川県 |
|   | 内藤 功 | 当 | 35 | 72.2 | 69.3 | 東京都 |
|   | 立木 洋 | 当 | 38 | 78.2 | 28.0 | 埼玉県 |
|   | 神谷 信之助 | 当 | 44 | 83.6 | 33.0 | 兵庫県 |
|   | 渡辺 武 | 当 | 49 | 75.7 | 26.4 | 福岡県 |
|   | 小巻 敏雄 | 当 | 50 | 86.5 | 81.2 | 大阪府 |
|   | 岩間 正男 | 当 | 52 | 74.3 | 34.6 | 北海道 |
|   | 近藤 忠孝 | 当 | 54 | 78.7 | 35.9 | 愛知県 |
| 11 | 下田 京子 | 当 | 29 | 77.5 | 26.0 | 北海道 |
|   | 宮本 顕治 | 当 | 39 | 60.6 | 62.9 | 東京都 |
|   | 市川 正一 | 当 | 49 | 81.4 | 66.3 | 大阪府 |
|   | 加藤 進 | 落 | 52 | 80.0 | 32.0 | 愛知県 |
|   | 近藤 忠孝 | 落 | 53 | 78.4 | 26.7 | 兵庫県 |
|   | 春日 正一 | 落 | 54 | 73.9 | 35.0 | 神奈川県 |
|   | 星野 力 | 落 | 56 | 78.1 | 27.7 | 福岡県 |
| 12 | 山中 郁子 | 当 | 22 | 63.5 | 27.3 | 神奈川県 |
|   | 近藤 忠孝 | 当 | 44 | 77.6 | 24.2 | 京都府 |
|   | 立木 洋 | 当 | 48 | 72.7 | 26.0 | 北海道 |
|   | 渡辺 武 | 落 | 53 | 70.2 | 21.3 | 福岡県 |
|   | 内藤 功 | 落 | 54 | 72.7 | 66.2 | 東京都 |
|   | 小巻 敏雄 | 落 | 56 | 85.4 | 70.0 | 大阪府 |

＊最大得票割合＝その候補者にとってもっとも得票数が多い都道府県の得票÷全国の総得票

　共産党も地域によって投票させる候補を決定する方式をとることによって，党全体の得票数に対して当選者数を最大化させることを企図した選挙戦略を採ってきたと思われる．しかしながら第11，12回においてそれぞれ7候補者中4人，6候補者中3人の落選者を出してしまっている．落選した候補者の得票順位が52位〜56位と「惜敗」であるので，得票の分配が高度に行えていたならばこれらの候補は当選していたかもしれない．このような結果の大きな違いはどこから来ているのだろうか．2点に分けて考察してみる．

　第1に，公明党に比べ，共産党の方が党全体の得票が少なく，候補者1人あたりでも第8回以降共産党は公明党に比べ低い（表2-5-4）．このため共産党候補のほうが，落選しやすかったと言えるだろう．

　第2に，共産党の方が得票の偏在が小さいということが指摘できる（表2

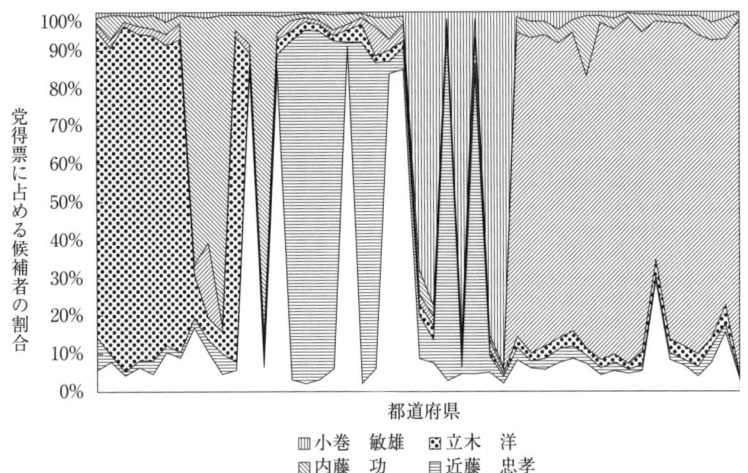

図2-5-4 都道府県別党得票に占める各候補者の割合（第12回共産党）

党得票に占める候補者の割合

都道府県

■ 小巻 敏雄　　◨ 立木 洋
◪ 内藤 功　　　▤ 近藤 忠孝
▨ 渡辺 武　　　□ 山中 郁子

表2-5-4 相対得票率

| 選挙回 | 7 | | 8 | | 9 | | 10 | | 11 | | 12 | |
|---|---|---|---|---|---|---|---|---|---|---|---|---|
| 公明党 | 13.7% | (1.5%) | 15.5% | (1.7%) | 14.1% | (1.8%) | 12.1% | (1.3%) | 14.2% | (1.6%) | 11.9% | (1.3%) |
| 共産党 | 4.4% | (2.2%) | 5.0% | (1.7%) | 8.1% | (1.6%) | 9.4% | (1.2%) | 8.4% | (1.2%) | 7.3% | (1.2%) |

＊括弧内は候補平均

-5-5）．公明党に比べて共産党は，得票の振り分けが厳密になされていないのである．得票偏在度は政党の公認候補者数の影響を受けるため，都道府県別の票の振り分けに従っていない票の割合（指示逸脱度）も求めたが，第8回以降共産党の方が振り分けに従っていない票の割合が高い．創価学会という統一的な組織が背景にある公明党に比較して，共産党の場合は党員から浮動投票者までのさまざまなレベルの投票者が混在し，その組織化の程度，統一性は弱い．このことが得票偏在の差となっていると考えられる(29)．つまり，党中央の地域的得票戦略に従わない（知らない）緩い支持者が，自身の候補者選好に従って投票しているために，得票配分が党中央の思い通りにならずに「惜敗」が生じていると考えられるのである．実際に共産党では，いずれの回でも割当てられた都道府県以外からの得票が多い候補のほうが全体順位は高い傾向にある．そしてこれらの候補への得票を振り分けられれば，何人

表2-5-5 得票偏在の推移

|  | 選挙回 | 7 | 8 | 9 | 10 | 11 | 12 |
|---|---|---|---|---|---|---|---|
| 得票偏在度 | 公明党 | 84.5% | 85.3% | 83.0% | 84.2% | 82.8% | 82.2% |
|  | 共産党 | 59.4% | 63.3% | 72.9% | 77.6% | 75.7% | 73.7% |
| 指示逸脱度 | 公明党 | 8.3% | 6.9% | 8.0% | 8.1% | 10.3% | 10.6% |
|  | 共産党 | 7.2% | 13.5% | 13.9% | 19.6% | 17.0% | 15.9% |

*指示逸脱度は,各都道府県の最多得票候補以外の候補が獲得した票の合計を,政党の全得票数で割った値である.

かの落選者を救うことができたはずである.

限られた得票の中で最大の議席数を得るという全国区における戦略は,当選ラインのぎりぎり上を狙うために非常にリスクが高い戦略でもある.これを成功させるためには支持者集団の動向をほぼ正確に把握する必要がある.ここまでの結果から,公明党に比較し共産党は支持者集団の行動の不確実性が高いために,同様の選挙戦略を採用しながら選挙結果は違ったものになっていたと考えられるだろう.

**b．地方区との関連** 共産党は公明党と異なり,第7－12回でみると毎回沖縄以外のほぼ全都道府県で候補者を出している.しかし北海道,東京,大阪,兵庫,京都においてでしか当選者を出すことはできなかった.これらは前述の全国区の候補者が最大得票割合を得ていた都道府県と重なる.特に京都からは2人区にも拘わらず6選挙回中4人の当選者を出していることが特徴的である.

なお,共産党が全都道府県で候補者を擁立するのは,支持者集団を喚起し,全国区における得票を促す側面を持つ.ここでは詳細な分析は行わないが,選挙運動によって支持者を掘り起こす戦略は共産党投票者の行動の,党中央にとっての不確実性を増す要因となっていたという可能性については指摘しておきたい.つまり,選挙運動によって掘り起こされる得票の割合が高くなれば,党中央が投票先を予測できない票が多くなることを意味し,予測される票の分割程度に対して実際の票の分割具合が持つ変動幅が大きくなると考えられるのである.

(3)全国区と比例区

ここまで見てきたように,全国区において組織政党は自らの特性を生かし,得票の地域割りを通じて効率的な選挙結果を導こうと努力していた.結果,公明党は常に成功し共産党は失敗する可能性が高く,同じ選挙戦略でも結果

表2-5-6 全国区・比例区比較

| 全国区選挙 | | | | | 比例区選挙 | | | | |
|---|---|---|---|---|---|---|---|---|---|
| 選挙回 | 公明党 | | 共産党 | | 選挙回 | 公明党 | | 共産党 | |
| | 当選者数 | 落選者数 | 当選者数 | 落選者数 | | 当選者数 | 落選者数 | 当選者数 | 落選者数 |
| 1 | | | 3 | 9 | 13 | 8 | 9 | 5 | 20 |
| 2 | | | 2 | 9 | 14 | 7 | 9 | 5 | 20 |
| 3 | | | | 3 | 15 | 6 | 11 | 4 | 21 |
| 4 | | | 1 | 2 | 16 | 8 | 9 | 4 | 21 |
| 5 | | | 1 | 1 | 17 | | | 5 | 20 |
| 6 | | | 2 | | 18 | 7 | 11 | 8 | 16 |
| 7 | 9 | | 2 | | 19 | 8 | 9 | 4 | 21 |
| 8 | 9 | | 3 | | | | | | |
| 9 | 8 | | 5 | | | | | | |
| 10 | 9 | | 8 | | | | | | |
| 11 | 9 | | 3 | 4 | | | | | |
| 12 | 9 | | 3 | 3 | | | | | |

に違いが生じていた．では，全国区から比例区へと制度変更が行われて，このような政党組織，選挙戦略，選挙結果の関連に影響が出たのであろうか．以下，公明党，共産党の候補者の当落数について表している表2-5-6で全国区と比例区の比較を行ってみよう．

公明党は第12回までの全国区時代は8，9人の候補者のみを擁立し，得票の地域割り戦略により候補者全てを確実に当選させていた．一方，比例区時代においては最高8人までしか当選させていない．全国区において公明党は他党に比較して非常に効率的な戦略をとることができたが，比例区では党への得票が自動的に獲得議席数に繋がることになり，この公明党のみが持っていた利点を失うことになったといえるだろう．

一方で，全国区時代に公明党と同様の戦略を行っていた共産党については，比例区になってからの方が平均して多数の当選を出している．前述の通り，全国区においては共産党の方が支持層の固定度合いが弱く，票の振り分けをしても失敗して惜敗の落選者を出すというリスクが高かった．これが比例区になり党の得票が自動的に議席数に結びつくようになったため，候補者間の得票分割の変動の影響を受けなくなり，当選者増につながったと言えよう．

## 6. 結論と含意

冒頭で述べたように参議院全国区という制度は，候補者に膨大な選挙経費と労苦とを課すため第12回までで廃止されてしまった．確かに選挙戦での労

苦の結果，当選後すぐに死亡する候補者が出るなど全国区は選挙制度として問題があったことは否めない．一方で，選挙制度が政党の選挙戦略に与える影響を考察するという学問的観点では非常に面白い材料であることもまた事実である．小稿の観察と考察の結果明らかになったのは，制度に対する政党の対応の幅は組織的要素によって縛られているということであり，似たような組織を持ち同等の戦略を採用していたとしても，これが選挙結果に与える影響は一定ではなく組織化の程度，不確実性の程度によって左右される可能性があることである．

ただしこれを政策的観点から読み直すと，全国区は政党や有権者の票の読み誤り，ないし得票分布の不確実性によって選挙結果に得票変動以上の変動を生じさせる可能性を持つということを示すものである．全国区において，得票数に対する獲得議席数の最大化という意味で効率的な選挙結果を導くためには，高度な組織的得票分割を行わなければならず，実際にこれを行えたのは主要政党でただ1党だけであった．このような点から，全国区は民主主義を支える制度としては欠陥があるということを最後に指摘しておきたい．

（松平健輔・菅原琢）

---

（1） 関係各法（参議院議員選挙法，衆議院議員選挙法，公職選挙法），『選挙法百年史』自治省選挙部編，1991年，総務省ウェブサイト（http://www.soumu.go.jp/senkyo/）2003年4月21日アクセス）を参考．
（2） 内田健三「初期参議院の形成と役割」内田健三・金原左門・古屋哲夫編『日本議会史録』第4巻，第一法規出版，1990年，383－385頁．
（3） 最近の投票環境改善に関して，総務省「検証『投票機会の拡充』」総務省広報誌平成14年11月号（ウェブサイトは http://www.soumu.go.jp/soumu/koho/0211/0211_d.html，03年4月21日アクセス）
（4） 杣正夫『日本選挙制度史－普通選挙法から公職選挙法まで－』，九州大学出版会，1986年，228頁，比嘉徳和「選挙制度の変遷（21）」『選挙時報』37(9)，全国市区選挙管理委員会連合会，1988年，35頁．
（5） 特に文書違反や戸別訪問等．選挙違反については本書選挙編第6章「選挙違反」参照．
（6） その他に選挙運動規制に関しては1954年の政党等規制導入や83年の立会演説会廃止がある．
（7） 原昌史「IT時代の選挙運動に関する研究会報告書の概要について」『選挙時報』51(10)，全国市区選挙管理委員会連合会，2002年．

（8）判例は参議院地方区の地域代表的性質を重視し，立法府の裁量を広く認めている．しかし学説は，かような合理的理由が存在する限り衆議院より一票の格差が大きくなるのは止むを得ないとしつつ，これを強調するあまり一票の平等性を等閑視することには批判的である．芦部信喜『憲法 第3版』，岩波書店，2002年，137－138頁参照．

（9）ここでは便宜的に補選扱いの議員（3年任期の補欠議員）も定数に含めて計算した．一票の格差が第6回に減少したのは，議員1人当たりの選挙人数が最大であった東京で補選扱いがあり定数が5となったためである．

（10）最大判昭和58年4月27日民集37巻3号345頁．

（11）これは議会全体についてであり，選挙は半数改選であるから，1回の選挙での定数の変化はそれぞれこの半分になる．

（12）三宅一郎『投票行動』，東京大学出版会，1989年，12頁．

（13）多数決制は「通常一人区で，最大多数の投票者によって支持された候補者が勝ち，敗れた候補者に投票した人々の考えは代表されない」選挙制度である．三宅，前掲書，12頁．

（14）名簿式については本節2.を参照のこと．比例代表制には名簿式のほか，単記委譲式が存在する．単記委譲式とは，個々の有権者が候補者に選好順位を付ける形で投票する制度である．第1選好で当選基数（ドループ指数は表2－4－1参照）を獲得した候補者から当選が決まり，それを超えた票や最下位落選者の票を第2選好に移譲する．個人単位での投票であるため，無所属での出馬も当然に認められる．定数が埋まるまでこの作業が行われる．三宅，前掲書，15－16頁参照．

（15）無所属候補を認める国もあるが，あくまで「1人1政党」という扱いがなされる．

（16）例えばドイツでは，政党が比例代表で議席を獲得するには，全国で得票率5％または小選挙区3議席を獲得することが要件となっている．

（17）最大余剰法の計算方法は表2－4－1に掲げたとおりだが，選挙区定数に1ずつ加えていくことで，除数のバリエーションは限りなく増加していく．きりがなくなるため，ここではインペリアル方式は割愛した．

（18）乖離値は得票率と議席率の乖離を表す指数であり，値が小さいほど議席率が得票率を忠実に反映していることになる．完全に反映しているときが0，最大値が1となる．

（19）芦部信喜『憲法 第3版』，岩波書店，2002年，275頁．

（20）長谷部恭男『憲法』，新世社，2001年，342頁．

（21）この方法は，富の偏在を示すジニ係数の計算方法と同様である．また，この方法による計算は水崎の「RS指数」を求めた場合と同じ値を生む．ここでは得票偏在度がどのような意味を持つものなのかを視覚的に表現する

ことを重視した．RS 指数については水崎節文「衆議院総選挙における地域偏重的集票の計量分析試論」『岐阜大学教養部研究報告』17号，1981年を参照．また，合田周平「選挙のエントロピー」『数理科学』15巻5号，1977年は本稿と同様にジニ係数の考え方を用いて分析を行っている．

(22) ここでは地方区の都道府県別有権者数を用いた．

(23) 厳密には按分票や旧自治省の集計ミスなどから，都道府県別得票の和と候補者の得票が等しくはならない．ここでは便宜的に得票割合の合計が100％となるように都道府県別得票の和を候補者の得票として計算した．

(24) 第1回のみ100人当選のため，1位～50位／51位～100位／101位～の3つに分けた．また3年議員の補充により当選者が51人以上の場合は任期3年当選者も当選者に含めて分けた．例えば，補充が2人であった場合には1位～25位／26位～52位／53位～というような分け方になる．また繰り上げ当選者，第3回での再投票による当選者は落選者として扱った．

(25) ここでの政党の分類は以下の通り．社会：第3回の右派・左派ともに含む．民社：民主社会党，民社党．緑風：緑風会，参議院同志会．旧自由：日本自由党，自由党(1)．旧民主：民主党(1)，国民民主党，改進党．各政党名については本書選挙編3章参照．

(26) 第8回選挙について，『朝日新聞』1968年7月9日．

(27) 共産党は第1回から選挙に参加しているが，ここでは公明党との比較のため第7回以降とした．

(28) 理論的には，n人の候補者が得票を地域によって分ける場合の得票偏在度の範囲は0から$(n-1)/n$になる．したがって政党の固定得票を政党の候補者が均一に分割する場合には，政党の候補者数が多くなるにしたがい得票偏在度の平均の値は大きくなる．

(29) 得票偏在の差自体は，都道府県別の票割りだけでなく組織割り等が行われた可能性も示すものであるが，仮にそうだとしても，支持者集団の行動の把握の程度の差が，全国区の結果の差を生むという本章の議論を否定するわけではない．

# 第3章 政党

井上和輝・米谷寛子

## 第1節 はじめに

　政党は現代民主政治において，民意を集約する機能，政治的人材の育成・提供機能，および公共政策を実行する機能を果たす存在である[1]．つまり，政党は有権者に政策を示し，候補者を送り出す主体として，選挙における重要なプレイヤーであるとともに，一方で政党は「ラベル」として，政治行動選択の際の有益な判断基準としての機能も持っているのである．

　本章ではこれらの機能を念頭に，政党についてさまざまな観点から取り上げていく．第2節では，政党を特定する意味も含めて，戦後に存在した政党について名称と変遷，略史などをまとめている．これは本書を読むに際しての前提知識ともを提供するものである．第3節では参議院の政党システムの時系列的変動を観察するという目的の下，政党数や有効政党数，選挙変動性指標，政党の選挙区定数・選挙制度別の議席率等の指標を取り上げて分析する．

（井上和輝）

## 第2節　政党の変遷・略史

### 1. はじめに

　本節では戦後に存在した政党を紹介する．ここでの記述の対象は2003年末までである．ここでは政党として，95年1月1日施行の政党助成法2条1項にある政党要件[2]（以下，政党要件という）を採用し，94年以前に存在したも

表 3-2-1　政党名表記一覧

| 分類 | 掲載順 | 正式名称 | 名称表記方法 | 存続期間 | 参加回 | 通称一覧 | |
|---|---|---|---|---|---|---|---|
| 自由民主党系 | 1 | 日本自由党 | 日本自由党 | 45.11—48.03 | 1 | 自由党，自由 | 自民（自由民主） |
| | | 民主自由党 | 民主自由党 | 48.03—50.03 | — | 民自党，民自 | |
| | | 自由党 | 自由党(1) | 50.03—55.11 | 2—3 | 自由 | |
| | 2 | 日本進歩党 | 日本進歩党 | 45.11—47.03 | — | 進歩党，進歩 | |
| | | 民主党 | 民主党(1) | 47.03—50.04 | 1 | 民主 | |
| | | 国民民主党 | 国民民主党 | 50.04—52.02 | 2 | 民主党，民主 | |
| | | 改進党 | 改進党 | 52.02—54.11 | 3 | 改進党，改進 | |
| | | 日本民主党 | 日本民主党 | 54.11—55.11 | — | 民主党，民主 | |
| | 3 | 自由民主党 | 自由民主党 | 55.11—現在 | 4—19 | 自民党，自民 | |
| | 4 | 日本協同党 | 日本協同党(1) | 45.12—46.05 | — | 協同党，協同 | |
| | | 協同民主党 | 協同民主党 | 46.05—47.03 | — | 協民党，協民 | |
| | | 国民党 | 国民党 | 46.09—47.03 | — | 国民 | |
| | | 国民協同党 | 国民協同党 | 47.03—50.04 | 1 | 国協党，国協 | |
| | 5 | 日本協同党 | 日本協同党(2) | 46.08—47.02 | — | 協同党，協同 | |
| | | 日本農民党 | 日本農民党 | 47.02—48.12 | — | 農民党，農民 | |
| | | 農民新党 | 農民新党 | 48.12—49.12 | — | | |
| | | 農民協同党 | 農民協同党 | 49.12—52.07 | 2 | 農協党，農協 | |
| | 6 | 自由党 | 自由党(1F) | 53.03—53.11 | 3 | 分党派自由党，分自党，分自 | |
| | | 日本自由党 | 日本自由党(P) | 53.12—54.11 | — | 日自党，日自 | |
| | 7 | 新自由クラブ | 新自由クラブ | 76.06—86.08 | 11—14 | 新自ク，自ク | |
| 日本社会党・民社党系 | 1 | 日本社会党 | 日本社会党(1) | 45.11—51.10 | 1—2 | 社会党，社会 | 社会（左）社会（右） |
| | | 日本社会党 | 日本社会党(2R) | 51.10—55.10 | 3 | 右派社会党，右社 | |
| | | 日本社会党 | 日本社会党(2L) | 51.10—55.10 | 3 | 左派社会党，左社 | |
| | | 日本社会党 | 日本社会党(3) | 55.10—96.01 | 4—17 | 社会党，社会 | |
| | | 社会民主党 | 社会民主党 | 96.01—現在 | 18—19 | 社民党，社民 | |
| | 2 | 民主社会党 | 民主社会党 | 60.01—70.04 | 6—8 | 民社党，民社 | 民社 |
| | | 民社党 | 民社党 | 70.04—94.12 | 9—16 | 民社 | |
| | | 新党友愛 | 新党友愛 | 98.01—98.04 | — | 友愛 | |
| | 3 | 社会革新党 | 社会革新党 | 48.03—51.02 | 2 | 社革党，社革 | |
| | | 社会民主党 | 社会民主党(P) | 51.02—52.07 | — | 社民党，社民 | |
| | | 協同党 | 協同党 | 52.07—52.10 | — | | |
| | 4 | 労働者農民党 | 労働者農民党 | 48.12—57.01 | 2—4 | 労農党，労農 | |
| | 5 | 社会市民連合 | 社会市民連合 | 77.03—78.03 | 11 | 社市連 | |
| | | 社会民主連合 | 社会民主連合 | 78.03—94.05 | 12—16 | 社民連，社民 | |
| | 6 | 連合の会 | 連合の会 | 89.07—93.06 | 15—16 | 連合 | |
| | | 民主改革連合 | 民主改革連合 | 93.06—98.04 | 17 | 民改連，民改 | |
| | 7 | 新党護憲リベラル | 新党護憲リベラル | 94.09—95.06 | — | 護憲 | |
| | | 平和・市民 | 平和・市民 | 95.06—？ | 17 | 平和 | |
| | 8 | 新社会党 | 新社会党 | 96.01—現在 | 18—19 | 新社会，新社 | |
| 日本共産党 | | 日本共産党 | 日本共産党 | 22.07—現在 | 1—19 | 共産党，共産 | 共産 |
| 公明党系 | | 公明党 | 公明党(1) | 64.11—94.12 | 5—16 | 公明 | 公明 |
| | | 公明 | 公明 | 94.12—98.11 | 18 | | |
| | | 公明新党 | 公明新党 | 94.12 | — | 公明 | |
| | | 新党平和 | 新党平和 | 98.01—98.11 | — | 平和 | |
| | | 黎明クラブ | 黎明クラブ | 98.01 | — | 黎明 | |
| | | 公明党 | 公明党(2) | 98.11—現在 | 19 | 公明 | |

第3章 政党

| 分類 | 掲載順 | 正式名称 | 名称表記方法 | 存続期間 | 参加回 | 通称一覧 | |
|---|---|---|---|---|---|---|---|
| 新党 | 1 | 日本新党 | 日本新党 | 92.05-94.12 | 16 | 日本新,日本 | |
| | 2 | 新党さきがけ<br>さきがけ | 新党さきがけ<br>さきがけ | 93.06-98.10<br>98.10-2001 | 17—18<br>— | さきがけ,さき | |
| | 3 | 新生党 | 新生党 | 93.06-94.12 | — | 新生 | |
| | 4 | 新進党 | 新進党 | 94.12-97.12 | 17 | 新進 | |
| | 5 | 民主党<br>民主党 | 民主党(2O)<br>民主党(2N) | 96.09-98.04<br>98.04-現在 | —<br>18—19 | 民主<br>民主 | 民主 |
| | 6 | 自由党 | 自由党(2) | 98.01-現在 | 18—19 | 自由 | 自由 |
| | 7 | 太陽党<br>フロム・ファイブ<br>国民の声<br>民政党 | 太陽党<br>フロム・ファイブ<br>国民の声<br>民政党 | 96.12-98.01<br>97.12-98.01<br>98.01<br>98.01-98.04 | —<br>—<br>—<br>— | 太陽<br><br>国民<br>民政 | |
| | 8 | 新党みらい | 新党みらい | 94.04-94.12 | — | みらい | |
| | 9 | 自由党 | 自由党(P) | 94.04-94.12 | — | 自由 | |
| | 10 | 市民リーグ | 市民リーグ | 95.12-96.09 | — | 市民 | |
| | 11 | 改革クラブ | 改革クラブ | 98.01-? | — | 改革ク,改革 | |
| | 12 | 保守党<br>保守新党 | 保守党<br>保守新党 | 2000.04-02.12<br>2002.12-03.11 | 19<br>— | 保守<br>保守新,保守 | |
| その他の政党 | 1 | 緑風会<br>参議院同志会<br>緑風会 | 緑風会<br>参議院同志会<br>緑風会 | 47.05-60.01<br>60.01-64.03<br>64.03-65.06 | 2—5<br>6<br>— | 緑風<br>同志会<br>緑風 | |
| | 2 | 革新自由連合 | 革新自由連合 | 77-? | 11 | 革自連,革自 | |
| | 3 | 第二院クラブ | 第二院クラブ | 83-現在 | 13—19 | 二院クラブ,<br>二院ク,二院 | |
| | 4 | サラリーマン新党 | サラリーマン新党 | 83-? | 13—15 | サラ新,サラ | |
| | 5 | 税金党 | 税金党 | 83-90 | 13—15 | 税金 | |
| | 6 | 福祉党 | 福祉党 | 83-? | 13—15 | 福祉 | |
| | 7 | スポーツ平和党 | スポーツ平和党 | 89-現在 | 15—18 | スポーツ,スポ平,スポ | |
| | 8 | 自由連合<br>自由の会<br>自由連合<br>政党自由連合<br>自由連合 | 自由連合(1)<br>自由の会<br>自由連合(2)<br>政党自由連合<br>自由連合(3) | 94.12-97.01<br>97.01-97.12<br>98.01-98.08<br>98.08-2000.06<br>2000.06-現在 | —<br>—<br>18<br>—<br>19 | 自連<br><br>自連<br>自由連合,自連<br>自連 | |
| | 9 | 参議院クラブ<br>無所属の会 | 参議院クラブ<br>無所属の会 | 98.12-99.12<br>99.12-現在 | —<br>19 | 参院クラブ,<br>参院ク,参ク<br>無会 | |

のも含めて一度でも要件を満たしたことがある政治団体[3]を扱うことにした.このような基準としたのは選挙には大小様々な政治団体が参加しているため,全てを取り上げることは不可能だからである.

　記述に当たり,表3-2-1にある通り,政党を自由民主党系,日本社会党・民社党系,日本共産党,公明党系,新党,その他の政党に6分類し,それぞれ全体の流れが分かるように努めた.個々の政党に関しては,名称,主要

人物，結成，解散，分裂，政権参加，統一会派結成に限って記述した．

また，政党が発展的拡大，名称変更，復活のいずれかを行った場合には，同一政党と見なして同じ項で扱った．このほかにも，協同民主党と国民党の2党，および太陽党，フロム・ファイブと国民の声の3党は，それぞれ同じ項で扱った．各党の存続期間が短く，後に合併して単一の政党になっているためである．

本節を執筆するにあたり，石川真澄『戦後政治史』（岩波新書，1995年），村川一郎『日本政党史辞典－上，中，下』（国書刊行会，1998年），講談社編『昭和－二万日の全記録－』（各号，講談社，1989－91年），青木美智雄・深谷克己・鈴木正幸・木村茂光編『詳解日本史B－改訂版』（三省堂，1998年），浜島書店編集部『新詳日本史図説』（浜島書店，1998年），朝日新聞社編『朝日年鑑』（各号，朝日新聞社，1996・97年），読売新聞社編『読売年鑑2002』（読売新聞社）を参照した．以上の文献では本節において「その他の政党」に分類されるものに関する情報が不足するため，自由連合[4]，新社会党[5]，第二院クラブ[6]，無所属の会[7]，スポーツ平和党[8]の各党についてはそれぞれのウェブサイトを参照した．

## 2. 自由民主党系（図3-2-1）

(1) 日本自由党→民主自由党→自由党

日本自由党は45年11月9日，鳩山一郎，河野一郎ら政友会出身者により結成された．46年4月総選挙で第一党となったが，同年5月に総裁の鳩山が公職追放された．そのため鳩山の代わりに総裁に吉田が就き，日本進歩党と連立して第1次吉田内閣を発足させた．しかし47年4月の総選挙に敗北し，同年5月に下野した．

日本自由党は48年3月15日，院内会派「民主クラブ」[9]と合同し，民主自由党（以下，民自党）に衣替えした．48年10月，民自党は芦田政権の崩壊を受けて与党に返り咲き，以後6年余りにわたって吉田政権を支えることとなった．民自党は49年1月総選挙で圧勝し，同年3月には民主党と連立して第3次吉田内閣を発足させた[10]．

民自党は50年3月1日，民主党連立派と合同して自由党となった．52年10月総選挙で鳩山ら公職追放解除組が国政に復帰すると，吉田派と鳩山派の対立が繰り広げられるようになった．鳩山派は離党→分党派自由党→復党とい

図3-2-1　戦後政党の系譜（自由民主党系）

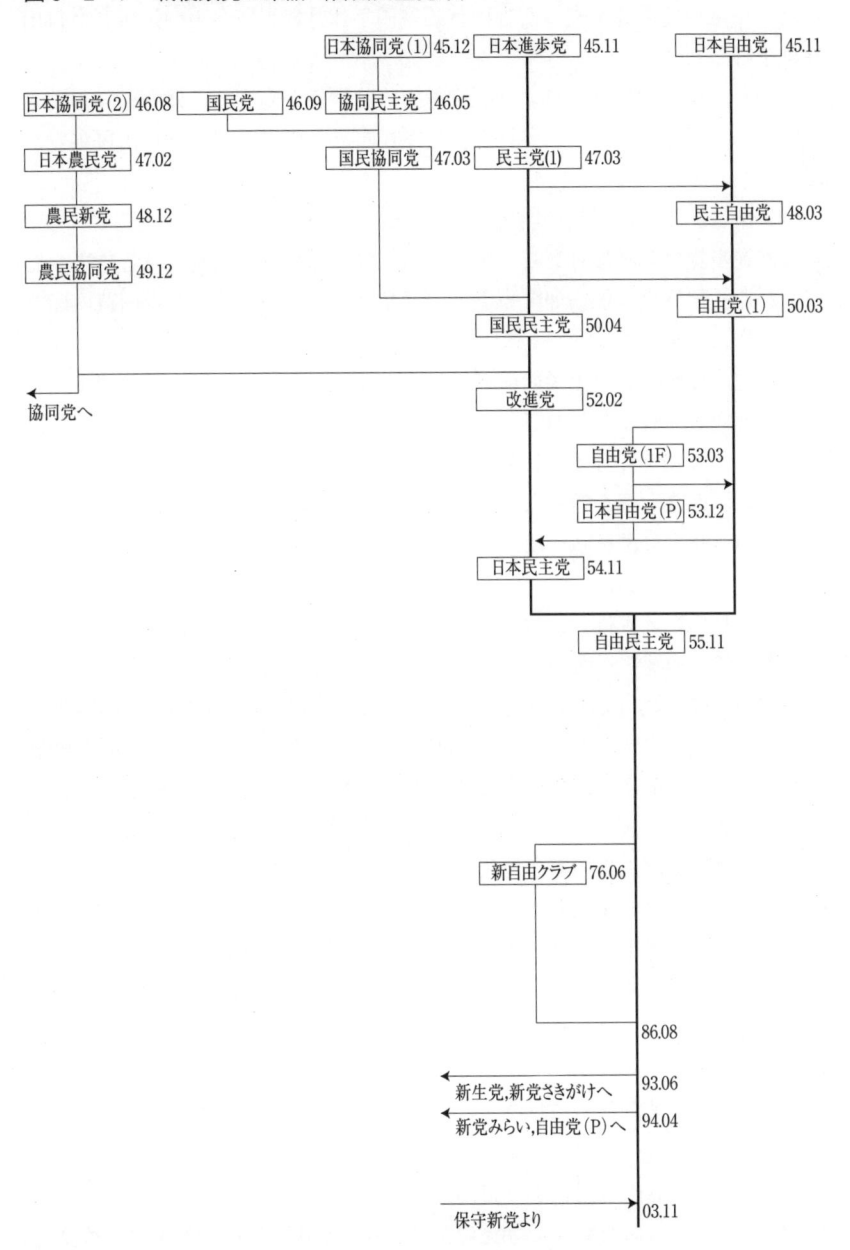

```
                              日本協同党(1) 45.12  日本進歩党 45.11    日本自由党 45.11
日本協同党(2) 46.08  国民党 46.09  協同民主党 46.05
日本農民党 47.02           国民協同党 47.03  民主党(1) 47.03
農民新党 48.12                                     民主自由党 48.03
農民協同党 49.12
                                                   自由党(1) 50.03
                              国民民主党 50.04
←
協同党へ                       改進党 52.02
                                        自由党(1F) 53.03
                                        日本自由党(P) 53.12

                              日本民主党 54.11

                              自由民主党 55.11



                              新自由クラブ 76.06



                                              86.08
                                              93.06  ←新生党,新党さきがけへ
                                              94.04  ←新党みらい,自由党(P)へ

                              保守新党より →  03.11
```

う変遷の末，54年11月に再び離党し，改進党などとともに日本民主党を結成した．衆議院で多数を失った吉田首相は同年12月に退陣へ追い込まれ，自由党は下野した．

しかし，社会党の統一により保守勢力の危機感が高まり，保守合同の動きが強まった．そして55年11月15日，日本民主党との合同により自由民主党が誕生した．

(2)日本進歩党→民主党→国民民主党→改進党→日本民主党

日本進歩党は45年11月16日，町田忠治，鶴見祐輔ら民政党出身者により結成された．幣原喜重郎内閣で事実上の与党となった後，第1次吉田茂内閣で連立政権に参加した．

進歩党は公職追放で大半の所属議員を失ったため，日本自由党や国協党の一部と合同し，47年3月31日，芦田均を総裁とする民主党へと衣替えした．47年6月から48年10月まで社会党，国協党とともに，片山・芦田と2代に亘る中道3派連立政権を担った．しかし炭鉱国家管理法案など政策的な問題により，47－48年に幣原ら一部議員が離党した[11]．民主党は48年10月，芦田政権崩壊とともに下野した．

49年1月の総選挙後，民自党との連立政権樹立に対する是非を巡り，民主党は犬養健らの連立派と芦田，苫米地義三らの野党派に分裂した．連立派は政権参加を経て民自党と合同した．一方，野党派は50年4月28日，国協党と合同して国民民主党となった．更に国民民主党は52年2月8日，公職追放解除で復帰した戦前派政治家による新政クラブおよび農協党の一部と合同して，改進党を結成した．

やがて改進党は反吉田勢力結集の母体となり，54年11月24日，自由党離党組，日本自由党の3派で日本民主党を結成した．同年12月より，単独与党として第1－2次鳩山内閣を組織した．しかし民主党は衆院過半数に程遠く，政権基盤強化のために保守合同が模索された．そして，社会党が統一したことに触発され，55年11月15日，自由党との合同により自由民主党を結成した．

(3)自由民主党

戦後台頭した革新勢力に対抗するため，保守合同は悲願とされていた[12]．保守勢力は社会党統一により一層の刺激を受け，55年11月15日，自由党，日本民主党の保守2党の合同により自由民主党を結成した．自民党は結党以来，93－94年の10ヶ月間を除いて与党の座にあり，初代・鳩山一郎をはじめ歴代

20人の総裁のうち河野洋平を除く19人が首相となった．特に結党時から93年までは，55年体制の一方の雄として，38年間にわたりほぼ単独で政権を担い続けた．岸信介，池田勇人，佐藤栄作らが政権を率いた50年代後半から60年代まで，自民党は高度経済成長政策を推進し，両院で安定多数を誇った．

70年代−80年代前半には「三角大福中世代」が活躍したが(13)，石油危機後の経済の混乱とロッキード事件などの不祥事が原因で支持を減らした．70年代には総選挙と参院選がそれぞれ3回ずつ行われたが，いずれも自民党が議席を減らし，与野党伯仲に陥った．この間76年6月に，河野洋平らが離党して新自由クラブを結成した．80年6月の衆参同日選および83年6月の参院選では議席を伸ばしたが，83年12月の総選挙で再び後退した．そこで自民党は，総選挙直後に成立した第2次中曽根内閣において，新自クを相手に初の連立政権と統一会派「自由民主党・新自由国民連合」を結成するに至った．その後，86年7月の衆参同日選で圧勝し，同年8月に新自クが合流するなど，党勢は一度回復した．

89年7月の参院選では，竹下登前首相ら党内実力者の絡んだリクルート事件や消費税導入が批判を浴び，自民党は大敗北を喫した．これ以後，参議院での大幅な過半数割れが原因で，他党との協調を強いられるようになった．これに加え，93年6月には宮沢喜一首相が政治改革に失敗し，大量の離党者を招いた．そして分裂の傷が癒えぬまま同年7月の総選挙で敗北し，結党後初めて野党となった．下野後は離党者が続出した．

しかし，94年6月に自民党は55年体制下で対峙した社会党の村山富市委員長を担ぎ，僅か10カ月で政権に復帰した．以後，2003年9月末現在に至るまで自民党は政権与党の座にすわり続けているが，特に参院で単独過半数を確保することが難しくなったため，連立政権を組むようになった．村山−第2次橋本内閣で日本社会党（後に社会民主党），新党さきがけ，小渕内閣で自由党，公明党，第1次森−第1次小泉内閣で公明党，保守党（後に保守新党），第2次小泉内閣で公明党と連立している．また，第2次小泉内閣発足と時を同じくして，連立相手の1つであり，直前の2003年総選挙で大幅に後退した保守新党を吸収合併した．

(4) 日本協同党→協同民主党，国民党→国民協同党

日本協同党は45年12月18日に結成された．旧政友会系は日本自由党に，旧民政党系は日本進歩党にそれぞれ結集したが，日本協同党は旧政党の枠と無

関係に結成された．46年4月の総選挙を受け，日本協同党は5月24日，無所属議員を加えて協同民主党に衣替えした．しかし8月に一部議員が協民党を離党し，新たに日本協同党を結成した．また46年9月25日には，これとは別に無所属議員諸会派が合同し，国民党が結成された．

47年3月8日，総選挙を前に協民党と国民党が合同し，国民協同党が結成された．結党時は78名の代議士を有したが，民主党結成参加のため15名がほどなく離党した．国協党は47年4月の総選挙で議席は減らしたが，片山・芦田中道3派連立政権に参画し，1年余りの与党時代を送った．また48年3月の社会革新党結成に当たり，一部議員が離党してこれに参加した．下野後は農民新党や社革党と小党同士で連携を図った．しかし50年4月28日，民主党野党派と合同し，国民民主となった．

(5)日本協同党→日本農民党→農民新党→農民協同党

日本協同党は46年8月に協民党から分かれた議員により結成された．47年2月20日，日本協同党は日本農民党に衣替えしたが，議員の公職追放や離党により自然消滅した．48年11月に全国農村青年連盟が中心となり新党結成の動きが起こった．旧農民党はこれに合流し，12月9日，国協党の一部も加わって農民新党が結成された．国協党や社革党との連携を経て，49年12月9日，農民協同党に衣替えした．しかし52年7月22日に解党し，メンバーは改進党と協同党に分かれた．

(6)分党派自由党→日本自由党

鳩山一郎らは53年3月，吉田内閣不信任案賛成を期に自由党を離党し，同月18日，分党派自由党を結成した．しかし4月の総選挙や参院選は不振で，やがて吉田首相の呼びかけに応じて，鳩山をはじめ大半が吉田茂の自由党に復党した．ところが反吉田色の強い三木武吉，河野一郎ら8名は復党に反対し，53年12月9日，日本自由党を結成した．そして54年11月24日，改進党や自由党鳩山派と合同して，日本民主党となった．

(7)新自由クラブ

76年6月25日，自民党の河野洋平ら若手議員6名が離党し，新自由クラブを結成した．彼らは自民党の金権腐敗を批判して「新党ブーム」を巻き起こした．同年末の総選挙では都市部の浮動票をさらい，衆院で17議席を獲得した．しかしその後の党勢は低迷を続けた．79年7月には中道野党連携路線を巡る対立が生じ，保守色の強い一部議員が離党した．81年9月には社民連と

統一院内会派・選挙連合である「新自由クラブ民主連合」を組み，83年6月の参院選後まで続けた．83年12月の総選挙後に自民党と連立政権を組み，3年間に亘り連立与党の一角を占めた．しかし86年7月の衆参同日選敗北で党勢は限界となり，8月15日に解党した．大半の所属議員が自民党へ復・入党した．
(14)

## 3. 日本社会党・民社党系（図3-2-2）

(1)日本社会党→日本社会党右派，日本社会党左派→日本社会党→社会民主党

45年11月2日，戦前の無産政党系議員が合同し，日本社会党を結成した．1947年4月の総選挙で第一党となり，6月に民主党，国協党と連立して，片山哲委員長を首班とする政権を発足させた．しかし中道3派連立政権は党内対立や汚職が原因で48年10月に崩壊し，以後93年8月まで45年間の野党生活を送ることとなった．また，左派から労働者農民党，右派から社会革新党と，分派が相次いだ．

社会党は結成当初から左右対立に悩まされた．51年10月にはサンフランシスコ平和条約への賛否を巡り対立が頂点に達し，同月24日には完全に分裂した．こうして実に4年間に亘り，左右両派がともに日本社会党を名乗る分裂状態が続いた．この間の52年10月18日には協同党の所属議員が右派社会党に復党した．

55年10月24日，社会党は再び統一した．更に57年1月16日には労農党が合流した．しかし左右両派はことあるごとに論争を繰り広げ，60年に西尾末広らの民主社会党，77年に江田三郎の社会市民連合など，右派議員の離党を招くに至った．60年代終盤から長期低落傾向に陥り，それ以後は自民党の不人気と委員長・土井たか子の人気でブームを巻き起こした89-90年を除き，各種選挙で後退することとなった．

93年8月，社会党は細川非自民連立政権に参加し，45年ぶりに与党となった．しかし，政治路線を巡って政権内で孤立し，94年4月の羽田政権発足時に連立を離脱した．この間，94年に一部の左派議員が離党し，新党護憲リベラルを結成した．同年6月，55年体制下で対峙した自民党，および新党さきがけと連立して，村山富市委員長が首相の座に就いた．しかし党勢は回復せず，民主リベラル勢力の再結集に活路を求めた．95年1月には山花貞夫前委員長らが民主リベラル新党を目指し，会派「民主連合・民主新党クラブ」を結

図 3-2-2　戦後政党の系譜（日本社会党・民社党系）

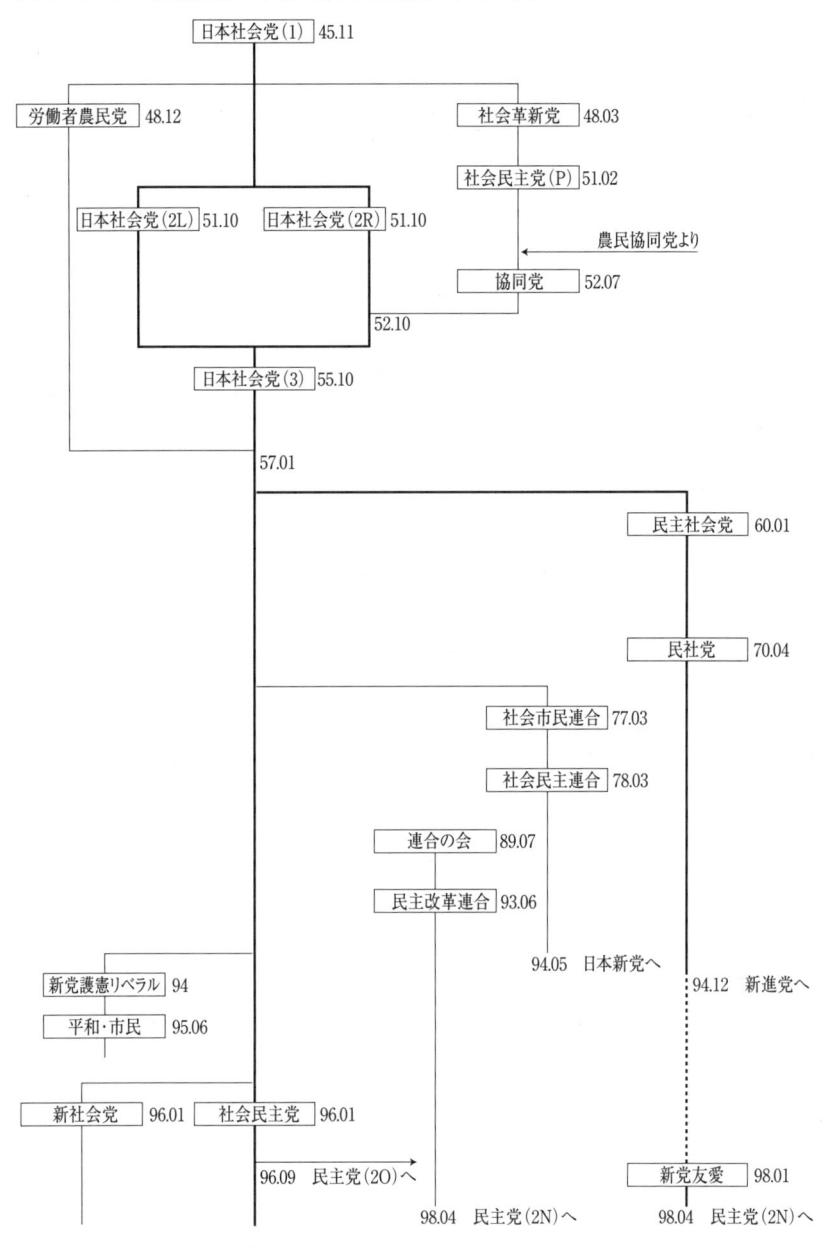

```
日本社会党(1) 45.11
├─ 労働者農民党 48.12
├─ 社会革新党 48.03
│   └─ 社会民主党(P) 51.02
│       ←農民協同党より
│       └─ 協同党 52.07
├─ 日本社会党(2L) 51.10
├─ 日本社会党(2R) 51.10
│   └─ 52.10
└─ 日本社会党(3) 55.10
    │ 57.01
    ├─ 民主社会党 60.01
    │   └─ 民社党 70.04
    │       ├─ 社会市民連合 77.03
    │       │   └─ 社会民主連合 78.03
    │       │       └─ 連合の会 89.07
    │       │           └─ 民主改革連合 93.06
    │       │               94.05 日本新党へ
    │       └─ 94.12 新進党へ
    ├─ 新党護憲リベラル 94
    │   └─ 平和・市民 95.06
    ├─ 新社会党 96.01
    ├─ 社会民主党 96.01
    │   96.09 民主党(2O)へ
    │   98.04 民主党(2N)へ
    └─ 新党友愛 98.01
        98.04 民主党(2N)へ
```

成しようとしたが，結成予定日の同月17日に阪神大震災が起こり，立ち消えとなった．

96年1月19日，社会党は党名を社会民主党に変更した．この時に左派の一部が離党して，新社会党を結成した．一方で新党構想は個人参加という形で実現し，96年9月以降に大半の議員が離党して民主党に参加した．その後は土井たか子が党首に再び就任したが，小政党になっている．2003年総選挙で衆院の議席は1桁に落ち込み，党首は土井から福島瑞穂に代わった．党の将来を巡って，民主党連携派と独自路線派が対立している．

(2)民主社会党→民社党→(新進党)→新党友愛

安保改定を巡る社会党内の左右対立の末，西尾末広，西村栄一ら右派が大量離党し，60年1月24日，民主社会党を結成した．5年以内の政権獲得を目指したが60年10月総選挙で惨敗し，党勢を回復できぬまま終わった．70年4月14日，民社党へ改称した．政策的には現実路線を採り，野党連合と自由民主党との中間に位置した．93年8月に細川連立政権に参加し，初めて与党となった．94年6月に下野したが，非自民勢力統一会派「改革」を経て12月10日に新進党結成に参加した．

新進党解党と小沢一郎の保守純化政党への参加を巡り，旧民社系は対応が割れた．結局は自由党に合流した一部の代議士を除いて，98年1月6日に中野寛成を代表とする新党友愛が結成された．新党友愛は程なく野党結集の動きに呼応して野党6党の統一会派「民友連」に参加し，4月25日に民主党へ合流した．

(3)社会革新党→社会民主党→協同党

平野力三前農相除名問題を巡る社会党の左右対立を受け，48年1月に平野ら右派16名が離党した．彼らは社会党全農派を名乗った後，国民協同党や無所属の有志を加え，3月26日に社会革新党を結成した．しかし小規模寄り合い所帯だったため，やがて保守系議員は民主党へ，革新系議員は社会党へ流れていった．そこで52年2月10日，残りの議員が社会民主党を，更に52年7月23日には農民協同党の一部と協同党を結成した．しかし52年10月の総選挙で後退し，同年10月18日，右派社会党に合流した．

(4)労働者農民党

社会党左派の黒田寿男らは予算案に反対し，48年7月に除名され，12月2日に労働者農民党を結成した．党は徐々に勢力を減らし，57年1月16日に社

会党へ合流した．

(5)社会市民連合→社会民主連合

社会党幹部だった江田三郎は野党結集を目指し，77年3月26日，社会市民連合を結成した．江田急死後の同年7月の参院選には10名で臨んだが，江田の長男である江田五月のみの当選に終わった．78年3月26日，田英夫，楢崎弥之助ら社会党離党者とともに社会民主連合を結成し，野党結集を目指して活動した．81年9月に新自クと統一会派・選挙連合「新自由クラブ・民主連合」を結成するが，83年6月の参院選後に解消した．86年7月以降は所属議員を「日本社会党・護憲協同」と「民社党・民主連合」に分属させて，両党の結集を模索するが，うまく行かなかった．93年8月の細川連立政権に参加した後，94年5月23日に日本新党と合併し，17年間の歴史に幕を閉じた．

(6)連合の会→民主改革連合

89年6月に全日本民間労組連合会の支援を受けた候補者の確認団体として，連合の会が結成された．同年7月の参院選で11名が当選し，会派「連合参議院」を結成した．しかし92年7月の参院選では当選者を出せなかった．連合の会は93年1月20日，民主改革連合に改名し，会派名もこれに改めた．同8月に発足した細川連立政権に参加し，次いで新生党，日本新党，民社党と統一会派「新緑風会」を結成した．95年1月の政党助成法の導入に伴い，正式に政党として届け出た．党勢は95年7月の参院選で後退したが，新進党結成後も同党と社会党の連携を模索した．98年の新進党解党と野党再編の動きの中で，統一会派「民友連」を経て4月25日に民主党へ合流した．

(7)新党護憲リベラル→平和・市民

小選挙区導入に反対する社会党の一部議員は，院内会派「護憲リベラルの会」を経て，94年9月22日，田英夫を代表とする新党護憲リベラルを結成した．更に市民派結集を目指し，95年6月8日，平和・市民と党名変更した．しかしこの改名等の問題で党は分裂し，同年7月の参院選では1議席にとどまった．政党要件を失い，ほどなく解党した．

(8)新社会党

社会党左派の矢田部理らは社民党への党名変更を期に社会党を離党し，96年1月18日に新社会党を結成した．しかし96年総選挙，98年参院選で全滅し，政党要件を喪失した．

## 4. 日本共産党

　日本共産党は1922年7月15日に創設された．戦前は検挙を繰り返し受けつつ，非合法政党として終戦まで地下活動を続けた．

　45年12月1日，野坂参三や徳田球一を中心に，合法政党として再出発した．46年総選挙や47年の参院選・総選挙ではいずれも1桁の議席に止まったが，49年総選挙で35議席を獲得して躍進した．ところが50年になると，野坂の平和革命論を巡り党内が分裂状態となり，レッド・パージで大量の党員が公職追放され，所感派が火炎ビン闘争に走るなど，混迷を極めた．国政選挙をみても，52年総選挙，53年参院選で0議席に終わったのをはじめ，68年参院選まではいずれも1桁の議席獲得にとどまった．58年からは野坂議長－宮本顕治書記長の体制が長く続くこととなった．

　70年からは宮本委員長－不破哲三書記局長の時代となった．この頃から共産党は都市部を中心に急速に議席を伸ばした．また，この前後より地方首長選で社共統一候補を擁立したり，自民党に代わる「民主連合政府」を訴えたりするなど，野党共闘の試みも見られた．

　82年からは不破委員長が党を率いた[16]．冷戦崩壊期にはソ連・東欧の社会主義政権崩壊を受けて再び低迷したが，社会党の路線変更により政権批判票を集めたこともあり，90年代後半には再び党勢を伸ばした．しかしその後，2000年総選挙，志位和夫委員長に交代した後の01年参院選と後退した．

## 5. 公明党（図3-2-3）

　創価学会出身者は55年以降，無所属として参議院および地方議会に進出を始め，61年11月にこれらの議員が公明政治連盟を発足させた．そして64年11月17日，これを母体に公明党が結成され，67年1月の総選挙より衆議院にも進出した．公明党は候補者絞って全員を当選させる戦術を採り，党勢を伸ばした．20年にわたる竹入義勝委員長－矢野絢也書記長体制の下で，70年代から民社党などと野党共闘を進めた．その一方，92年にはPKO法制定など，自民党に協力する場面も見られた．

　石田幸四郎委員長－市川雄一書記長体制下の93年8月には，非自民8党派による細川連立政権に参加し，初めて与党となった．94年後半になると非自民勢力を結集する新・新党が模索された．公明党は統一地方選へ向けて動き出していたため，まず94年12月5日に衆院議員および参院議員の95年改選議

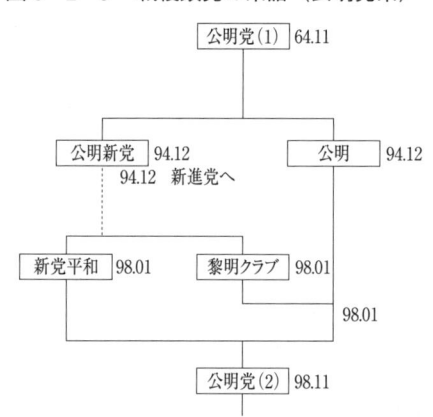

図3-2-3　戦後政党の系譜（公明党系）

```
                公明党(1) 64.11
                    │
        ┌───────────┴───────────┐
    公明新党 94.12              公明  94.12
        94.12 新進党へ
        ┊
        ┌───────────┬───────────┐
    新党平和 98.01   黎明クラブ 98.01
                                98.01
                    │
                公明党(2) 98.11
```

員からなる公明新党と，それ以外からなる公明に分党された．そして，公明新党が新進党に参加するとともに，公明が参院で新進党と統一会派「平成会」を形成した．

　97年12月の新進党解党を受けて，公明系議員は98年1月6日，衆院で新党平和，参院で黎明クラブを結成した．後者は結党後間も無く公明に合流し，参院と地方の公明，衆院の新党平和という2党に再編された．両党は98年11月7日に合同し，神崎武法を代表とする公明党が再結成された．自民党との連携に転じ，99年9月以降は連立政権の一角を占めている．

## 6. 新党（図3-2-4）

(1)日本新党

　熊本県知事だった細川護熙は，92年5月22日，既成政党の打破を掲げて日本新党を結成した．「新党ブーム」の火付け役となり，92年7月の参院選では比例区で細川ら4名を当選させた．その後，93年7月の都議選と総選挙で躍進した．

　日本新党は総選挙直後に新党さきがけと衆院統一会派「さきがけ日本新党」を結成し，93年8月には非自民8党派の連立で細川政権を発足させた．また，参院では新生党，民改連，民社党とともに統一会派「新緑風会」を結成した．

　94年4月，自らの金銭疑惑を理由に細川は辞任を表明し，同時に政治路線の対立から新党さきがけとの統一会派を解消した．この時に新党さきがけに近い一部議員が離党し，同党に合流した．4月末に羽田政権が発足すると，

第3章　政党　167

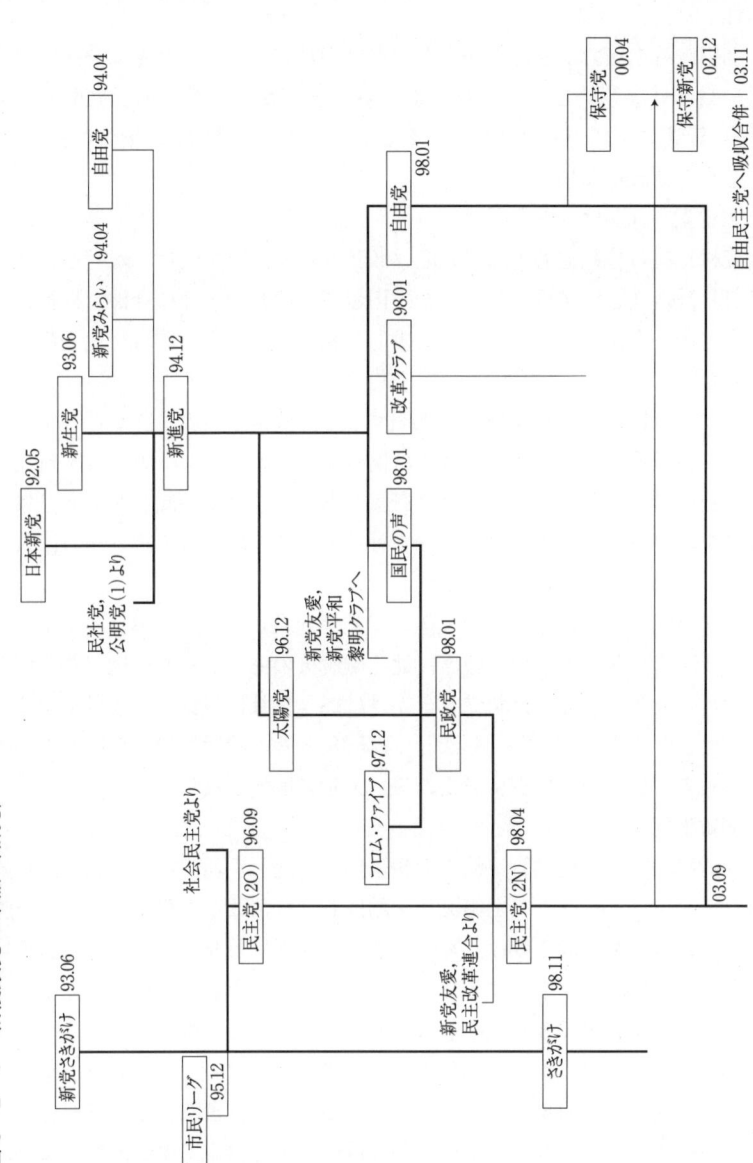

図3−2−4　戦後政党の系譜（新党）

日本新党は連立与党の統一会派「改新」に参加した．5月に社会民主連合と合併した．

羽田政権崩壊で下野したが，非自民勢力結集を図り，9月に旧連立与党と統一会派「改革」を結成した．この時に一部議員が不参加を表明し，会派「民主新党クラブ」を結成した．そして「改革」に参加した議員は12月10日，新進党の結成に参加した．

(2)新党さきがけ→さきがけ

武村正義ら自民党若手議員10名は政治改革の失敗を受けて離党し，93年6月21日，新党さきがけを結成した．同年7月の総選挙後に合併を目標に日本新党と統一会派「さきがけ日本新党」を結成する一方，非自民連立政権に参加した．

94年4月に細川首相が退陣を表明すると，政治路線の対立から日本新党との統一会派を解消し，羽田政権では閣外協力に転じた．一方，日本新党を離党した議員による会派「グループ青雲」および「民主の風」を加え，衆院で議席を増やした．94年6月からは自社さ連立政権の一翼を担う一方，民主リベラル勢力結集を目指した．

しかし96年9月に新党問題を巡って党が分裂し，多くの議員が民主党へ流れた．96年10月総選挙で2議席，連立離脱後の98年7月参院選で0議席と，相次いで敗北を重ねた．新党さきがけは98年10月に解党し，武村を中心にさきがけとして再出発した．しかし，2000年6月の総選挙で全議席を失い，参院議員の中村敦夫を代表に迎えた後，01年に解党した．[17]

(3)新生党

1992年12月，自民党竹下派の会長争いで敗北した羽田孜，小沢一郎らは，新たに改革フォーラム（羽田派）を結成し，政治改革実現を訴えた．翌93年6月に政治改革失敗を受け，宮沢内閣不信任案に賛成して衆院解散に追い込んだ．そして総選挙を前にした同月23日に自民党を離党し，新生党を結成した．7月の総選挙で3新党中最大の55議席を獲得し，細川・羽田連立政権の中心政党となった．参院では日本新党や民改連，次いで民社党を加えて統一会派を結成した．94年4月の羽田政権発足を期に，衆院で与党統一会派「改新」を結成した．これが日本社会党の政権離脱を招いて少数政権となり，2ヵ月後に下野した．その後は旧連立与党の枠組で非自民新・新党結成を目指した．9月には統一会派「改革」を結成し，12月10日，他の野党と共に新進

党へと合流した.

(4)新進党

細川内閣,羽田内閣と続いた非自民連立政権が崩壊すると,新生党,公明党,民社党,日本新党,新党みらい,自由党及び野党系無所属議員は二大政党制と非自民勢力の結集を目指した.旧連立与党は統一会派「改革」を経て合同し,94年12月10日に新進党を結成した.自民党に代わる政権の樹立を訴え,95年7月の参院選で躍進した.しかし96年10月の総選挙で伸び悩んだ.またこの前後から小沢一郎党首の党運営への不満が目立ち始め,五月雨式に離党者を生んだ.96年12月には16名が離党し,太陽党が結成された.また96年から97年にかけて,自民党に移籍する議員も続出した.97年12月の党首選で党内対立は頂点に達し,その結果として新進党は同月27日に結成から3年で解党が宣言され,自由党,国民の声,新党友愛,新党平和,黎明クラブ,改革クラブの6政党に分党された.[18]

(5)民主党

93年8月に細川政権が成立した頃から,民主リベラル新党構想が語られ始めた.そして総選挙前の96年9月28日,鳩山由紀夫・邦夫兄弟,菅直人らが中心となり,社民党と新党さきがけの有志が集い,民主党が結成された.当初は政権に対して是々非々の態度を取ったが,やがて政権を目指して野党結集路線を強めた.

97年末の新進党分裂後,一度はばらばらになった小政党が,再び結集の動きを見せた.98年1月に民主党,新党友愛,民政党,民改連で統一会派「民主友愛太陽国民連合」(略称,民友連)を結成した.そして98年4月25日,菅直人を代表として,4党合同により新・民主党が結成された.98年7月の参院選,2000年6月の総選挙で躍進したが,その後は自民党政権を倒す展望は開けず,支持が伸び悩んだ.また,保守系から社民系までを統合した寄り合い所帯であるため,特に安全保障政策を巡る党内対立がしばしば見られた.

自民党に対抗するため,党内には自由党や社民党などとの野党結集を模索する動きがあった.02年12月,僅差で3選を果たしたばかりの鳩山由紀夫代表が自由党との合併方針を突如発表したが,党内対立に油を注いで辞任に追い込まれた.代表選では菅直人が返り咲いたが,右派議員数名がこれに反発して離党し,保守新党を結成した.こうして民由両党合併の動きは,一旦は下火になった.しかし結局は03年9月26日,菅,小沢両党首の主導下,民主

党が自由党を吸収する形で合併が実現した．同年総選挙では，戦後の野党第一党としては最多の177議席を得た．<sup>(19)</sup>

(6) 自由党（1998-2003）

　新進党の後継6政党の1つとして，98年1月6日に小沢一郎を党首として保守純化を掲げる自由党が結成された．同年7月の参院選では改選議席を倍増させた．当初は野党と連携するが，99年1月には政策実現のため小渕首相の下で自自連立政権を発足させ，一定の成果を挙げた．しかし同9月に公明党を加え自自公連立政権になると，存在感が薄くなった．自民党との選挙協力や合併を模索するが適わず，2000年4月に連立離脱を表明した．しかし，所属議員の過半数が連立政権残留を主張して離党し，保守党を結成してしまった．下野により独自色が強まり，00年6月の総選挙，01年7月の参院選で善戦した．それでも党勢が小さいため，野党結集に活路を見出そうとする動きが盛んになった．そこで03年9月26日，自由党が民主党に吸収合併される形で，野党結集が実現した．

(7) 太陽党，フロム・ファイブ，国民の声→民政党

　96年総選挙後の新進党内の対立が原因となり，羽田孜ら反主流派16名は同党を離党し，同年12月26日，太陽党を結成した．党内にやや意見の違いはあったものの，結局は野党勢力結集を目指し，古巣・新進党や民主党との連携を模索した．

　また，やはり新進党で反主流派だった細川護煕は97年6月に同党を離党し，政界再編の礎として新党結成を模索していた．そこで97年12月25日，自由の会に新進党離党者が合流する形でフロム・ファイブが結成された．

　同じ97年12月には，路線対立が原因となり，新進党が解体された．そこで鹿野道彦ら反小沢派保守系議員は新党結成を模索し，98年1月6日，国民の声を結成した．

　新進党解党後，改めて野党結集が模索されると同時に，これに先行する形で同じ新進系の太陽党，フロム・ファイブ，国民の声の3党の合同が目指された．そこでまず，98年1月にこの3党を含む非自民6党で統一会派「民友連」が結成された．同月24日には後者が実現し，民政党が結成された．そして民友連の新党・民主党への衣替えが決まり，民政党は結党3か月後の98年4月25日，これに合流した．

(8) 新党みらい

細川政権が崩壊すると，自民党改革派の鹿野道彦，北川正恭ら5名が94年4月15日に離党し，新党みらいを結成した．羽田連立政権を支持し，退陣後は旧連立与党結集に賛同して同年9月に統一会派「改革」に参加した．また自由党や保守系無所属議員とともに政党連合・自由改革連合を発足させた．同年12月10日，新進党結成に参加した．

⑼自由党（1994）

細川政権が崩壊すると，自民党内の渡辺美智雄擁立派である柿沢弘治，太田誠一，新井将敬らがその受け皿として離党し，94年4月18日，自由党を結成した．羽田政権の連立与党となり，退陣後は旧連立与党結集に賛同して，統一会派「改革」および自由改革連合に参加した．同年12月10日，新進党結成に参加した．

⑽市民リーグ

1995年5月，民主リベラル勢力結集を目指し，山花貞夫ら社会党離党者と，海江田万里らの会派「民主新党クラブ」が合流し，会派「民主の会」が結成された．同年12月には海江田を代表とする新党・市民リーグとなった．96年9月28日，民主党結成に参加した．

⑾改革クラブ

97年末に新進党は解体されたが，どのグループにも距離を置く保守系若手議員は98年1月6日，改革クラブを結成した．改革クラブは結党後まもなく新党平和（後に公明党）と統一会派を結成した．99年9月に公明党が小渕連立政権に参加すると，事実上の与党となった．自民党や民主党に移籍する議員が相次ぎ，更に2000年6月総選挙で議席を獲得できず，参議院の浜田卓二郎1名となり，政党要件を失った．

⑿保守党→保守新党

自由党の連立政権離脱に際しては，扇千景，野田毅ら自由党の過半数の所属議員が反対して離党し，2000年4月4日に保守党を結成した．結党以来一貫して連立与党の一角を占めていたが，同年6月の総選挙，01年7月参院選と選挙の度に党勢を衰退させ，政権内でも存在感不足に悩んでいた．

02年12月25日，党勢挽回を目指して熊谷弘ら民主党一部議員と保守新党を結成し，引き続き連立与党となった．しかし，民主党からの参加者が少数にとどまったほか，結党時に3議員が自民党に移籍した．03年総選挙では党代表の熊谷が落選するなど，僅か4議席の獲得にとどまり，同年11月21日に自

民党へ吸収合併された．

## 7. その他の政党

(1)緑風会→参議院同志会→緑風会

　47年4月の参院選では無所属・諸派候補が大量に当選した．同年5月17日にこうした議員の独自会派として緑風会が結成され，「参院第一党」となった．実際には1人1党の色彩が強く，歴代内閣で大臣も送り込んだ．また50年6月の第2回選挙からは確認団体として公認候補者を擁立するようになった．だが保守系が多かったことで，保守合同以降は大半の議員が自民党に移った．60年1月30日に参議院同志会と改名したが，64年3月4日に再び緑風会に戻った．しかし，65年参院選を期に所属議員が全て引退したため，自然消滅した．

(2)革新自由連合

　青島幸男，中山千夏らは77年4月に既成政党打破を訴えて革新自由連合を結成した．同年7月の参院選では候補者を10名立てて臨んだが，当選者は1名にとどまり，以後は公認候補を出さなかった．

(3)第二院クラブ

　第二院クラブは市川房江らにより，無所属参議院議員の院内会派として，53年に結成された．その後，参議院の比例代表制導入に伴い，青島幸男らにより83年に便宜的に政党として結成された．個人活動が中心で党議拘束は行わず，また，参院比例区にのみ候補者を擁立している．83-95年参院選に5回連続で1議席ずつ獲得したが，98年参院選で議席を失い，2001年にも唯一の議員が離党したことで政党要件を失った．

(4)サラリーマン新党

　参議院の比例代表制導入を前に，1983年に複数のミニ政党が誕生した．サラリーマン新党もその1つであり，全国サラリーマン同盟を母体として，青木茂らにより同年5月8日に結党された．同年6月の参院選で2議席，86年7月の参院選で1議席を得た．しかし離党や89年参院選敗北で相次いで議席を失い，やがて解党した．

(5)税金党

　税金党は83年，比例代表制導入に伴い，野末陳平により結成されたミニ政党の1つである．83年6月の参院選では選挙区で1議席，86年7月の参院選

では比例区で1議席を獲得した．89年7月の参院選では選挙区，比例区で1議席ずつ獲得し，過去最高の3議席を擁した．しかし翌年，3議員は政策実行を理由に自民党に移籍し，解党した．

(6)福祉党

福祉党は83年に，比例代表制導入に伴い，八代英太により結成されたミニ政党である．83年6月の参院選で八代が議席を得たが，八代は84年11月に自民党に移った．その後2回の選挙に参加したが，議席を回復せぬまま終わった．

(7)スポーツ平和党

89年7月の参院選を前に，アントニオ猪木がスポーツ平和党を結成した．同年参院選と92年7月の参院選で比例区1議席ずつを得た．しかし離党や95年7月参院選での落選で全議席を失った．98年，2001年の参院選でも候補をたてるが，議席を回復できなかった．

(8)自由連合→自由の会→（フロム・ファイブ）→自由連合→政党自由連合
　→自由連合

新進党参加を見合わせた大内啓伍，柿沢弘治らは，無所属の徳田虎雄を加え，94年12月に自由連合を結成した．自民党と統一会派「自由民主党・自由連合」を組んだが，95年10月に4名が自民党に鞍替えした．自由連合に残った徳田ら2名は，無所属議員3名を迎えて自由連合の政党要件を維持させた．しかし，96年10月総選挙で全滅し，政党要件を失った．97年1月，自由連合は無所属議員を加え，自由の会と名前を変えた上で，再び政党要件を回復した．しかしこれも鞍替えが相次ぎ，さらに同年12月には自由の会の政党助成金を引き継ぐ形でフロム・ファイブが結成されたため，自由の会は消滅した．[20]

一方で98年1月，議席を失っていた徳田らが改めて自由連合を結成した．自由連合は7月参院選で52名が立候補したものの全敗した．しかし選挙区で得票率2％を超えたため，同年に石井一二を迎えて再び政党要件を満たすこととなった．これに伴って党名も政党自由連合に変更した．2000年6月総選挙後，再び党名を自由連合に戻した．01年参院選には比例区の著名人を中心として大量に候補者を擁立したが，全員が落選した．

(9)参議院クラブ→無所属の会

98年7月の参院選に野党共闘無所属候補として当選した議員を中心に，会派「参議院の会」が結成された．このうち，椎名素夫，田名部匡省ら無所属

議員5人が政党助成法による支援を受けるため,12月25日に新党・参議院クラブを結成した.個人中心で活動するため,党議拘束は存在しない.

99年12月20日に衆院議員4人を加え,無所属の会と名称を変更した.2002年から2003年まで,参議院で自由党と統一会派「国会改革連絡会」を結成したが,自由党の民主党への吸収合併により解消した.

(井上和輝)

## 第3節 政党システムと選挙結果

### 1. はじめに

本節では,政党システムの時系列的変動を計測するという観点から選挙結果を分析していく.選挙が行われる過程に即して考えると,最初に選挙競争を行う主体が立候補の意思を明らかにし,有権者に投票を働きかける選挙運動を経て投票が行われる.投票は一定の集計単位ごとにカウントされ,一定の議席決定方法に基づいて当選者が決定される[21].そこで本節ではこの過程に沿う形で,まず2.では選挙時の有権者の選択およびその結果の指標となる政党の数がどのように変化したのかを見ることにする.次に,3.では選挙における政党側の対応として選挙戦略がどのようなものであったのかについて当選率と死票率の変化から観察する.そして4.では,2.,3.でみた選挙時の政党の数や戦略の結果として獲得した政党の議席が,選挙制度の影響をどれくらい受けているのかを測るために,政党別の議席率と得票率との関係を観察する.さらに5.では選挙制度の影響をさらに掘り下げてみるために特に選挙区の定数別の特徴について明らかにしたい[22].

### 2. 政党数の変化

政党システムの分類はこれまで多くの研究者によってなされてきたが,その場合の主要な基準は政党数である.本節でもこれにならい,選挙において候補者を擁立した政党の数と有効政党数から見ていくことにする.

ここでは,選挙において候補者を擁立した政党の数を立候補政党数と呼ぶことにする.また有効政党数には有効選挙政党数と有効議会政党数があるが,ここでは選挙における政党システムを測る指標として,各政党の得票率をもとに以下の式により算出した有効選挙政党数を用いることにする.なお諸派

はその得票率の低さゆえ与える影響も小さいとの判断から諸派全党で1政党として計算し，無所属は含まず得票率の分母からも除いている．

有効選挙政党数＝各党の得票率を2乗して合計した値の逆数

表3-3-1は第1回から19回までの選挙ごとの立候補政党数と有効政党数および比例区の当選者を出した政党数をまとめたものである．政党数は，地方区と全国区，比例区という選挙制度ごとに個別の傾向が見られるためそれぞれについて変遷を見ていくことにする．

図3-3-1は地方区での立候補政党数と有効政党数の変遷を示したものである．立候補政党数は55年体制以前と55年体制下，それ以降と変動はあるものの6から8に収束している．一方，有効政党数は55年体制開始直後の第4

表3-3-1　政党数

| 選挙回 | 1 | 2 | 3 | 4 | 5 | 6 | 7 | 8 | 9 | 10 | 11 | 12 | 13 | 14 | 15 | 16 | 17 | 18 | 19 |
|---|---|---|---|---|---|---|---|---|---|---|---|---|---|---|---|---|---|---|---|
| 地方区 | | | | | | | | | | | | | | | | | | | |
| 立候補政党数 | 6 | 8 | 9 | 6 | 5 | 6 | 6 | 6 | 6 | 6 | 7 | 7 | 7 | 11 | 8 | 8 | 8 | 8 | 8 |
| 有効政党数 | 4.3 | 3.7 | 4.2 | 2.3 | 2.2 | 2.5 | 2.9 | 3.0 | 3.0 | 3.5 | 3.7 | 3.1 | 3.5 | 3.0 | 4.2 | 3.5 | 4.5 | 4.0 | 3.6 |
| 全国区・比例区 | | | | | | | | | | | | | | | | | | | |
| 立候補政党数 | 6 | 9 | 9 | 6 | 5 | 6 | 6 | 6 | 6 | 7 | 8 | 18 | 27 | 40 | 38 | 23 | 14 | 14 | |
| 有効政党数 | 4.1 | 3.7 | 4.4 | 2.8 | 2.6 | 2.6 | 3.0 | 3.0 | 3.2 | 3.1 | 4.4 | 3.3 | 5.1 | 4.7 | 4.6 | 5.6 | 4.8 | 6.0 | 4.6 |
| 当選者を出した政党 | - | - | - | - | - | - | - | - | - | - | - | - | 9 | 9 | 8 | 8 | 6 | 6 | 7 |

*政党数は選挙データの公認政党数に基づく．諸派は一政党とみなし，無所属は含んでいない．13回以降は比例区の選挙に参加した政党数．

図3-3-1　政党数の変遷（地方区）

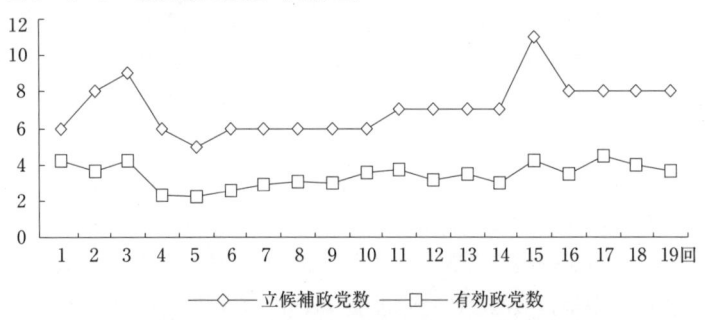

*表3-3-1と同じ計算方法

回は，約2.3であり保守－革新という軸とともに自民，社会両党の力が拮抗し二大政党制に近かったといえる．その後1960年代から70年代にかけて民社党，公明党など政党が増えるとともに有効政党数も徐々に増加している．80年代は立候補政党数がほぼ7で安定していることが示すように政党の勢力関係が比較的安定していた時期であり，若干の上下はあるが有効政党数も3から4の間で安定的に推移している．90年代に入って55年体制の崩壊さらに新党ブームなどで政党数が増えたこともあり有効政党も4前後を推移しているが，近年は減少傾向にある．80年代以降で自民党が勝利した回は一党優位政党制の傾向が強まるため有効政党数は減っている．

次に全国区，比例区での傾向を見ていく．図3-3-2は全国区での立候補政党数と有効政党数の変遷を示したものである．55年体制下の第4回から第10回選挙まで政党数は約6，有効政党数は3前後で安定している．立候補政党数・有効政党数がともに第11から12回にかけて増えているのは，新自由クラブ，社会市民連合などの新党が結成されることで政党数が増え，得票も自民・社会両党が得票率を減らし保守・革新の両陣営からより中道政党である新党や公明・民社へと票が流れたことによる．第13回からは比例代表制度が導入されたため政党数は18と飛躍的に増えた．

図3-3-3は比例区に候補者を出した政党数と有効政党数および当選者を出した政党数の変遷を表している．比例区での立候補政党数は第15回を頂点に減少している．第15回は自民党政治への不信の高まりの中で，既存の枠にとらわれず個性的な政策をかかげた「ミニ政党」が一種のブームのように候補者を立てたためである．しかし第17回選挙以降比例区での立候補者1人あたりの供託金が400万円から600万円に増加，さらに得票率が全体の1％に達しない政党の新聞広告費が自己負担となるという公職選挙法の改正がなされ，候補者を出すミニ政党数は激減した．以上のような立候補政党数の変遷に対し，そのうち当選者を出した政党数を見ていくとほとんど変化は見られないことが分かる．つまり小政党の立候補状況の変化こそあるものの，比例区選出議員は自民党，社会党，公明党，共産党，民社党に新進党，民主党など主要政党の候補者でほとんどが占められているといえる．

表3-3-2は比例区に当選者を出せなかった政党（以下，泡沫政党という）数のその死票の割合（泡沫政党の得票の合計÷有効投票総数）を表している．泡沫政党全体で2.5％から8.8％の得票を上げているが，単純に1政党あたり

図3-3-2 政党数の変遷（全国区）

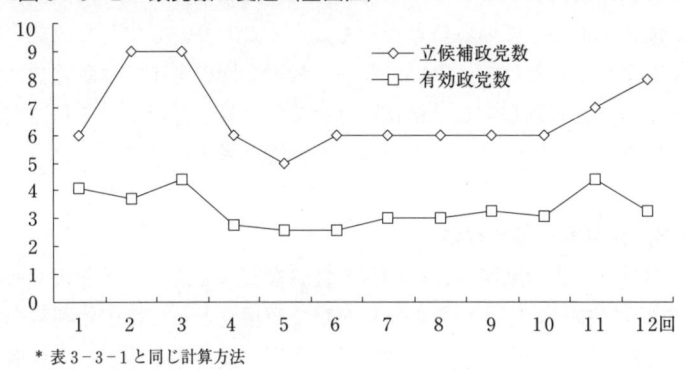

*表3-3-1と同じ計算方法

図3-3-3 政党数の変遷（比例区）

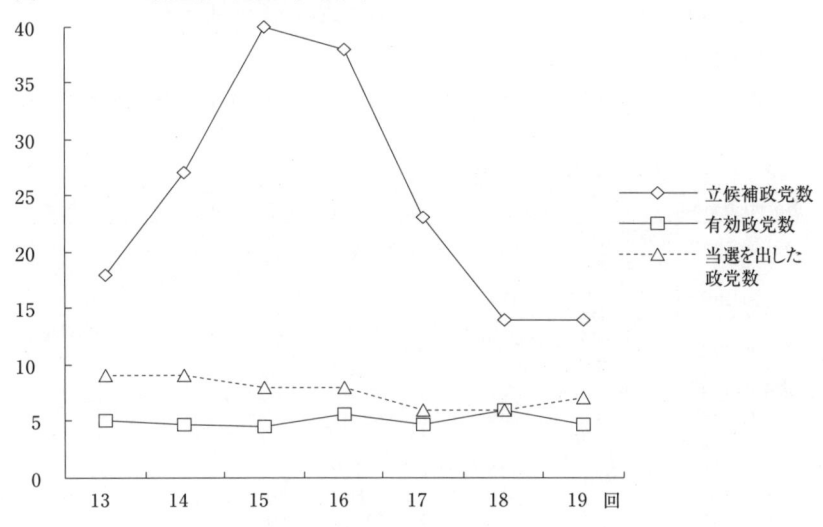

表3-3-2 比例区の泡沫政党の数と死票率

| 選挙回 | 13 | 14 | 15 | 16 | 17 | 18 | 19 |
|---|---|---|---|---|---|---|---|
| 泡沫政党数 | 9 | 18 | 32 | 30 | 17 | 8 | 7 |
| 死票率（％） | 2.5 | 3.8 | 8.8 | 7.8 | 8.8 | 7.6 | 5.5 |

の得票率に換算すると1％未満となってしまう．この値の小ささをみても泡沫政党は数こそ多いもののほとんど票を集めていないといえる．

このように比例代表の導入は立候補政党数の増大をもたらしたが，有効政党数は5前後を推移していることからも分かるとおり，必ずしも政党の競争の激化をもたらしたわけではない．なお，最近2回の選挙では政党数は収束傾向にある．一方有効政党数は第18回選挙では上昇している．これは大政党である自民党の得票率の低下がもたらした影響と考えられよう．

### 3. 当選率，死票率と選挙戦略

選挙における政党の戦略は，その党の性質などにもよりさまざまである．自民党のように多様な団体からの支持を得て政権党として幅広い利益を包括する政党もあれば，公明党，共産党のような固い支持者と強固な党組織を持つ組織政党もある．ここでは，政党の当選率，死票率を時系列で追いながら政党の選挙戦略を観察する．なお，当選率は各政党の当選者数÷候補者数，死票率は各政党の落選者の得票総数÷政党の総得票数で求めた．

(1)地方区

表3-3-3，表3-3-4はそれぞれ地方区における政党別の当選率および

表3-3-3　政党別当選率(地方区)　　　　　　　　　　　　(単位:%)

| 選挙回(選挙年) | 自民 | 社会 | 共産 | 公明 | 民社 | 新進 | 自由 | 民主 |
|---|---|---|---|---|---|---|---|---|
| 第1回(1947) | 自由 56.4<br>民主 56.4 | 43.3 | 3.3 | | | | | |
| 第2回(1950) | 自由 54.0<br>民主 28.6 | 48.8 | 0.0 | | | | | |
| 第3回(1953) | 自由 66.7<br>民主 19.2 | 右派 29.2<br>左派 38.5 | 0.0 | | | | | |
| 第4回(1956) | 65.6 | 52.8 | 3.2 | | | | | |
| 第5回(1959) | 75.4 | 39.6 | 0.0 | | | | | |
| 第6回(1962) | 78.7 | 44.0 | 2.2 | | 5.3 | | | |
| 第7回(1965) | 76.7 | 49.0 | 2.2 | 40.0 | 6.3 | | | |
| 第8回(1968) | 81.4 | 34.0 | 2.2 | 80.0 | 25.0 | | | |
| 第9回(1971) | 70.0 | 58.3 | 2.2 | 100.0 | 28.6 | | | |
| 第10回(1974) | 71.7 | 40.0 | 11.1 | 13.9 | 11.1 | | | |
| 第11回(1977) | 81.8 | 36.2 | 4.4 | 83.3 | 28.6 | | | |
| 第12回(1980) | 88.9 | 33.3 | 8.7 | 60.0 | 28.6 | | | |
| 第13回(1983) | 81.7 | 28.3 | 4.3 | 100.0 | 13.3 | | | |
| 第14回(1986) | 86.2 | 27.5 | 8.7 | 75.0 | 20.0 | | | |
| 第15回(1989) | 39.6 | 89.7 | 2.2 | 80.0 | 12.5 | | | |
| 第16回(1992) | 89.1 | 66.7 | 4.3 | 100.0 | 33.3 | | | |
| 第17回(1995) | 83.8 | 31.8 | 6.4 | | | 68.8 | | |
| 第18回(1998) | 52.6 | 5.0 | 15.6 | 100.0 | | | 11.1 | 65.2 |
| 第19回(2001) | 89.8 | 0.0 | 2.1 | 100.0 | | | 14.3 | 51.4 |

表3-3-4　政党別死票率（地方区）　　　　　　　　　　　　　　　（単位：%）

| 選挙回(選挙年) | 自民 | 社会 | 共産 | 公明 | 民社 | 新進 | 自由 | 民主 |
|---|---|---|---|---|---|---|---|---|
| 第1回(1947) | 自由 24.4<br>民主 23.4 | 39.5 | 94.5 | | | | | |
| 第2回(1950) | 自由 30.5<br>民主 62.7 | 34.7 | 100.0 | | | | | |
| 第3回(1953) | 自由 25.5<br>民主 72.5 | 右派 49.5<br>左派 42.2 | 100.0 | | | | | |
| 第4回(1956) | 26.9 | 36.5 | 76.3 | | | | | |
| 第5回(1959) | 13.9 | 52.3 | 100.0 | | | | | |
| 第6回(1962) | 16.0 | 42.6 | 76.4 | | 83.3 | | | |
| 第7回(1965) | 18.7 | 34.1 | 76.2 | 42.5 | 86.9 | | | |
| 第8回(1968) | 15.1 | 50.6 | 93.1 | 11.8 | 46.1 | | | |
| 第9回(1971) | 21.7 | 26.8 | 85.3 | 0.0 | 46.4 | | | |
| 第10回(1974) | 21.7 | 41.8 | 57.8 | 57.6 | 76.0 | | | |
| 第11回(1977) | 12.3 | 53.9 | 82.8 | 10.1 | 53.1 | | | |
| 第12回(1980) | 7.6 | 51.9 | 70.7 | 28.4 | 67.4 | | | |
| 第13回(1983) | 14.8 | 61.2 | 83.5 | 0.0 | 67.6 | | | |
| 第14回(1986) | 11.5 | 52.8 | 67.3 | 18.7 | 64.2 | | | |
| 第15回(1989) | 46.0 | 4.4 | 91.0 | 16.6 | 76.5 | | | |
| 第16回(1992) | 9.9 | 19.7 | 78.8 | 0.0 | 53.2 | | | |
| 第17回(1995) | 13.2 | 54.5 | 70.4 | | | 9.5 | | |
| 第18回(1998) | 48.7 | 88.3 | 52.9 | 0.0 | | | 77.4 | 16.4 |
| 第19回(2001) | 6.9 | 100.0 | 88.2 | 0.0 | | | 84.1 | 25.0 |

死票率を表したものである．また表3-3-5は第4回選挙以降の主な政党の候補者数，当選者数を表している．

自民党は，55年体制以降70％前後の高い当選率を維持しており，歴史的敗北を喫した89年の第15回選挙では4割を下回り，予想外の敗北をした98年の

表3-3-5　地方区の候補者・当選者数

| 選挙回 | | 4 | 5 | 6 | 7 | 8 | 9 | 10 | 11 | 12 | 13 | 14 | 15 | 16 | 17 | 18 | 19 |
|---|---|---|---|---|---|---|---|---|---|---|---|---|---|---|---|---|---|
| 自民 | 当選者 | 42 | 49 | 48 | 46 | 48 | 42 | 43 | 45 | 48 | 49 | 50 | 21 | 49 | 31 | 30 | 44 |
| | 候補者 | 64 | 65 | 61 | 60 | 59 | 60 | 60 | 55 | 54 | 60 | 58 | 53 | 55 | 37 | 57 | 49 |
| 社会 | 当選者 | 28 | 21 | 22 | 24 | 16 | 28 | 18 | 17 | 13 | 13 | 11 | 26 | 12 | 7 | 1 | 0 |
| | 候補者 | 53 | 53 | 50 | 49 | 47 | 48 | 45 | 47 | 39 | 46 | 40 | 29 | 18 | 22 | 20 | 14 |
| 共産 | 当選者 | 1 | 0 | 1 | 1 | 1 | 1 | 5 | 2 | 4 | 2 | 4 | 1 | 2 | 3 | 7 | 1 |
| | 候補者 | 31 | 34 | 45 | 46 | 46 | 45 | 45 | 45 | 46 | 46 | 46 | 45 | 46 | 47 | 45 | 47 |
| 公明 | 当選者 | | | | 2 | 4 | 2 | 5 | 5 | 3 | 6 | 3 | 4 | 6 | | 2 | 5 |
| | 候補者 | | | | 5 | 5 | 2 | 36 | 6 | 5 | 6 | 4 | 5 | 6 | | 2 | 5 |
| 民社 | 当選者 | | | | 1 | 1 | 3 | 2 | 1 | 2 | 2 | 2 | 1 | 1 | | | |
| | 候補者 | | | | 19 | 16 | 12 | 7 | 9 | 7 | 15 | 10 | 8 | 3 | | | |
| 新進・民主 | 当選者 | | | | | | | | | | | | | | 22 | 15 | 18 |
| | 候補者 | | | | | | | | | | | | | | 32 | 23 | 35 |

第18回選挙では5割近くまで下落しているが，それ以外の選挙については安定した当選率となっている．一方，死票率は20％前後を推移しており，敗北した第15回，第18回のみ50％近くになっている．このような高当選率をもたらす理由としては，まず1人区での強さが挙げられる．人口規模の小さい県である1人区は農村を中心とした自民党の支持基盤となっているため大部分で当選を果たすことになる．また複数区についても，包括政党としてまた政権を担当する与党として少なくとも1人は当選を果たす可能性が高い．こうして47都道府県で自民党当選者が少なくとも1人は存在することになり，地方区における当選者数は50前後を推移している．

社会党は，55年体制当初から80年代まで徐々に低落傾向にはあるが，おおよそ40％前後の当選率を推移してきた．これは，複数区では自民党支持の強い一部の県を除いて少なくとも1人の当選者を出すことが可能であったため，20人前後の当選者は常に確保できたことを示してもいる．逆に死票率は50％前後を推移しているが，これは複数区において1議席は獲得するものの，1人区の大部分で自民党に敗れるために常に生じる死票だと考えられる．図3-3-4は自民党と社会党（社民党含む）について，死票のうち1人区で生じた死票の割合の変遷を示したものである．これを見ると社会党は死票のうち

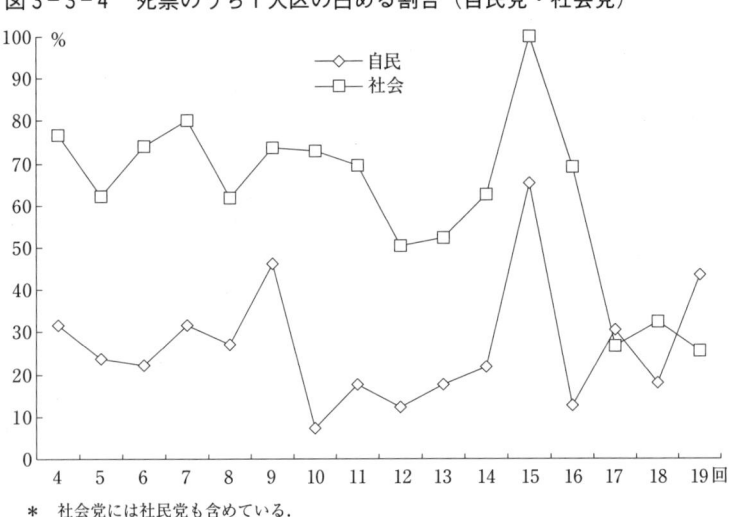

図3-3-4 死票のうち1人区の占める割合（自民党・社会党）

\* 社会党には社民党も含めている．

1人区での占める割合が自民党より圧倒的に多いことが分かる．89年の第15回選挙時は，自民党が1人区で占める死票の割合が60％を超えており1人区での敗北を顕著に表しているといえる．また第15回は社会党も1人区での死票が100％となっているが，これは複数区での候補者がすべて当選したことによるもので，1人区では29人の候補者のうち3人が落選したのみで，これまで自民党が独占してきた1人区において大部分の県で勝利を納めている．当選率が約90％であることもこのことを裏付けているといえる．しかし，55年体制崩壊後社民党となった第18回選挙以降は，1人区，2人区での当選は厳しくなり衰退が著しい．

公明党は，参議院選挙に参加した初期は，当選率は低く，死票率は高い．しかし，同党は当選可能性の高い3，4人区において立候補を擁立し自社に続く第3番目の枠を狙うという戦略をとり，その戦略が効果的に作用することにより，80年代以降は高当選率および低死票率を維持し，候補者全部が当選する回も多くなった．

共産党の当選率と死票率は，大部分の選挙区において候補者を立てるという同党の選挙戦略が大きく影響している．候補擁立選挙区のうち東京や大阪などの3人区以上でかろうじて1人の当選を果たす場合があるが，1人区での当選はこれまで一度もなく2人区でも京都など一部の府県でしか当選を果たしていない．そのため当選率はほぼ全選挙を通して10％前後を推移することとなる．大部分の選挙区に候補者を擁立しているため，固い支持者の票を安定して獲得できる一方で当選には結びつかないことから死票は当然多くなり，死票率は全選挙を通して60％以上となっている．

このように地方区の当選率・死票率は，各政党の選挙戦略と関係しており非常に興味深い．とくに公明党と共産党はともに固い支持母体と強固な党組織を持つ政党であるが，勝てる見込みのある定数3以上の複数区においてのみ候補者を擁立する前者に対して，一度も当選者を出したことがない1人区も含めて毎回ほぼすべての選挙区に候補者を擁立する後者は好対照を成している．公明党の戦略のほうが効率的といえるかもしれないが，共産党の戦略は有権者に選択肢を提供している点でより民主的ともいえる．また候補者擁立がたとえ地方区での当選を果たせなくても全国区や比例区での得票獲得に有利という分析もあり，どちらの戦略が優れているかは一概にはいえないだろう．なお連立政権の時代を迎えつつある現在，政党間の選挙協力が増え選

挙戦略も多様なものになっていくと予想される．

(2)全国区・比例区

表3-3-6，表3-3-7はそれぞれ全国区・比例区における政党別の当選率と死票率を表したものである．また表3-3-8は第4回選挙以降の全国区・比例区における主な政党の候補者数，当選者数を表している．

自民党は，60％前後の当選率を推移しているが第4回から第10回選挙までは30人から40人の候補者を擁立し20人強の当選者を出してきている．第11,12回選挙にかけて当選率の上昇が見られるが，これは第10回の選挙において38人の候補者を擁立したが当落線上に多くの自民党候補者が並び結果として低い当選率となった反省から，選定を厳しく行い擁立者の絞り込みを行うという戦略の変更があったからと考えられる．社会党は，回を重ねるにつれて当選率を上昇させている．しかしこれは当選者数を増やしているのではなく，当選者数はむしろ減っているがそれ以上に擁立する候補者を減らしたことによる．

死票率については，自民党も社会党も20％前後を推移している．このよう

表3-3-6　政党別当選率(全国区・比例区)

| 選挙回(選挙年) | 自民 | 社会 | 共産 | 公明 | 民社 | 新進 | 自由 | 民主 |
|---|---|---|---|---|---|---|---|---|
| 第1回(1947) | 自由 42.1<br>民主 46.2 | 50.0 | 25.0 | | | | | |
| 第2回(1950) | 自由 24.7<br>民主 5.6 | 46.9 | 18.2 | | | | | |
| 第3回(1953) | 自由 42.1<br>民主 17.6 | 右派 20.0<br>左派 33.3 | 0.0 | | | | | |
| 第4回(1956) | 35.2 | 72.4 | 50.0 | | | | | |
| 第5回(1959) | 61.1 | 68.0 | 50.0 | | | | | |
| 第6回(1962) | 53.8 | 78.9 | 100.0 | | 60.0 | | | |
| 第7回(1965) | 69.4 | 75.0 | 100.0 | 100.0 | 40.0 | | | |
| 第8回(1968) | 61.8 | 80.0 | 100.0 | 100.0 | 100.0 | | | |
| 第9回(1971) | 61.8 | 84.6 | 100.0 | 100.0 | 100.0 | | | |
| 第10回(1974) | 54.3 | 83.3 | 100.0 | 100.0 | 80.0 | | | |
| 第11回(1977) | 81.8 | 83.3 | 42.9 | 100.0 | 100.0 | | | |
| 第12回(1980) | 91.3 | 90.0 | 50.0 | 100.0 | 100.0 | | | |
| 第13回(1983) | 63.3 | 50.0 | 20.0 | 47.1 | 23.5 | | | |
| 第14回(1986) | 88.0 | 50.0 | 20.0 | 41.2 | 17.6 | | | |
| 第15回(1989) | 60.0 | 80.0 | 16.0 | 35.3 | 11.8 | | | |
| 第16回(1992) | 70.4 | 40.0 | 16.0 | 47.1 | 17.6 | | | |
| 第17回(1995) | 51.7 | 50.0 | 20.0 | | | 60.0 | | |
| 第18回(1998) | 46.7 | 23.5 | 32.0 | 38.9 | | | 41.7 | 48.0 |
| 第19回(2001) | 74.1 | 30.0 | 16.0 | 47.1 | | | 23.5 | 28.6 |

表3-3-7 政党別死票率（全国区）

| 選挙回(選挙年) | 自民 | 社会 | 共産 | 公明 | 民社 |
|---|---|---|---|---|---|
| 第1回(1947) | 自由 36.4<br>民主 16.9 | 18.2 | 57.7 | | |
| 第2回(1950) | 自由 47.9<br>民主 81.4 | 27.9 | 74.2 | | |
| 第3回(1953) | 自由 33.3<br>民主 51.6 | 右派 63.8<br>左派 50.0 | 100.0 | | |
| 第4回(1956) | 48.7 | 16.9 | 54.8 | | |
| 第5回(1959) | 20.0 | 19.7 | 47.7 | | |
| 第6回(1962) | 27.7 | 14.4 | 0.0 | | 32.6 |
| 第7回(1965) | 18.6 | 18.6 | 0.0 | 0.0 | 49.7 |
| 第8回(1968) | 18.5 | 14.1 | 0.0 | 0.0 | 0.0 |
| 第9回(1971) | 20.3 | 6.7 | 0.0 | 0.0 | 0.0 |
| 第10回(1974) | 27.9 | 11.2 | 0.0 | 0.0 | 12.9 |
| 第11回(1977) | 8.2 | 11.0 | 50.6 | 0.0 | 0.0 |
| 第12回(1980) | 4.8 | 8.5 | 45.1 | 0.0 | 0.0 |

表3-3-8 全国区・比例区の候補者・当選者数

| | 選挙回 | 4 | 5 | 6 | 7 | 8 | 9 | 10 | 11 | 12 | 13 | 14 | 15 | 16 | 17 | 18 | 19 |
|---|---|---|---|---|---|---|---|---|---|---|---|---|---|---|---|---|---|
| 自民 | 当選者 | 19 | 22 | 21 | 25 | 21 | 21 | 19 | 18 | 21 | 19 | 22 | 15 | 19 | 15 | 14 | 20 |
| | 候補者 | 54 | 36 | 39 | 36 | 34 | 34 | 35 | 22 | 23 | 30 | 25 | 25 | 27 | 29 | 30 | 27 |
| 社会 | 当選者 | 21 | 17 | 15 | 12 | 12 | 11 | 10 | 10 | 9 | 9 | 9 | 20 | 10 | 9 | 4 | 3 |
| | 候補者 | 29 | 25 | 19 | 16 | 15 | 13 | 12 | 12 | 10 | 18 | 18 | 25 | 25 | 18 | 17 | 10 |
| 共産 | 当選者 | 1 | 1 | 2 | 2 | 2 | 3 | 5 | 3 | 3 | 5 | 5 | 4 | 4 | 5 | 8 | 4 |
| | 候補者 | 3 | 2 | 2 | 2 | 3 | 5 | 8 | 7 | 6 | 25 | 25 | 25 | 25 | 25 | 25 | 25 |
| 公明 | 当選者 | | | | 9 | 9 | 8 | 9 | 9 | 9 | 8 | 7 | 6 | 8 | | 7 | 8 |
| | 候補者 | | | | 9 | 9 | 8 | 9 | 9 | 9 | 17 | 17 | 17 | 17 | | 18 | 17 |
| 民社 | 当選者 | | | 3 | 2 | 4 | 4 | 4 | 4 | 4 | 4 | 3 | 2 | 3 | | | |
| | 候補者 | | | 5 | 5 | 4 | 4 | 5 | 4 | 4 | 17 | 17 | 17 | 17 | | | |
| 新進・民主 | 当選者 | | | | | | | | | | | | | | 18 | 12 | 8 |
| | 候補者 | | | | | | | | | | | | | | 30 | 25 | 28 |

な両党の死票率は，全国区における擁立候補の組織と政党の戦略が影響している．自民党は当選の見込める著名人か支持組織を持つ官僚・業界出身者を，社会党は固い支持基盤を持つ労組出身者を多く擁立し，選挙戦も党を挙げてというより候補者個人の支持組織を中心の個別の運動を繰り広げる．よって当落もその支持組織の組織化の度合いが左右し，結果として一定割合の死票は常に生み出されると考えられる．

公明党は，第7回選挙で公式に政党として全国区の選挙に参加してから第12回までの全国区の選挙においては当選率100％を維持している．選挙によ

って候補者数を大きく変化させるのではなく，常に8人もしくは9人に絞り，支持者の票の割り当てにより確実に当選を果たしたからである．[24] 民社党は候補者を労組出身の4人もしくは5人に絞るとともにその組織に依存する選挙戦略で高い当選率を果たしている．共産党も公明，民社と同様に比較的高い当選率を維持しているが回を重ねるにつれて候補者当選者とも徐々にではあるが増やしている．

　自民・社会以外の公明，民社，共産など各党は全国区においては，死票率0％つまり候補者全員の当選を果たしているのが目立つ．これは自民党，社会党など候補者個人の支持組織による選挙とは対照的に，獲得可能な議席数をあらかじめ想定して候補者を絞るとともに党の支持者の票を各候補者に割り当てるという党主導の選挙戦略の結果と考えられる．地方区の選挙戦略では対照的であった公明党と共産党が全国区では同様の戦略を取っていることは，小政党が効果的に当選者を出すためには票の割り当てが有効であることと，そのような票の割り当てが可能な強い党組織という両党の共通性も示している．

　第13回選挙以降は比例代表制が導入されたため，当選率は各政党の比例名簿に擁立する人数と関係しており，支持組織や票の割り当てなどの各政党の戦略も変わっていくことになった．政党は獲得可能な議席数の予想や名簿順位の調整など新しい対応を迫られることになったと考えられる．

## 4. 選挙制度と政党の選挙結果

　有権者の投じた一票は必ずしも純粋に議会での勢力に結びつかないことが多い．これは選挙制度が大きく関連しているからである．ここでは，選挙時における議席の占有率の時系列変化を追い，得票率と比較することで参議院の選挙制度が政党に与える影響を観察する．また，ヴォラティリティー指標による選挙結果の流動性を観察する．

(1)政党別改選議席占有率の変遷

**a. 地方区**　　表3-3-9は地方区の政党別の改選議席占有率と相対得票率を表しており，図3-3-5はそのうち第4回選挙以降について取り出し政党別の改選議席占有率の変遷を図示したものである．自民党は，55年体制発足以降60％以上の改選議席を占有している．議席率が安定しているのは1人区での勝利と複数区での1議席獲得がある程度保証されているためであろう．

55年体制崩壊後は40％前後まで下降するが，第19回選挙では55年体制水準まで回復し自民党の復調が明らかである．一方，社会党は，55年体制初期は30％前後の議席占有率を維持していたが70年代以降公明党，民社党など中道政党の台頭の影響を受け80年代には20％未満に低迷した．89年の第15回選挙ではマドンナブームにのり自民党を上回る40％の改選議席率を獲得したが，90年代の退潮は著しい．

b. **全国区・比例区**　表3-3-10は全国区・比例区の政党別の改選議席占有率と相対得票率を表しており，図3-3-6は第4回選挙以降について取り出し政党別の改選議席占有率の変遷を図示したものである．全国区では第4回選挙以降，自民党が約40％，社会党が約20％，公明党は約15％の改選議席占有率を推移していたが比例区が導入された第13回以降も議席占有率はほとんど変わっていない．このことは全国区における個人への投票と，比例区の政党への投票の継続性を示しているともいえ，全国区での投票の政党支持との関連の強さが伺える．自民党が大敗を喫した第15回選挙は自民党の減少分を社会党が吸収し40％の議席占有率を果たしている．また第17回選挙では新進党が自民党に変わって30％強の議席占有率で比例第一党となっている．

(2)政党別改選議席占有率と相対得票率の関係

次に改選議席占有率と相対得票率の関係について観察してみる．現在まで選挙制度によって異なる政党の得票数と議席数との関係については多くの研究が行われてきた[25]．それらの先行研究によると，一般的に政党の得票数と議席数の関係には，どんな選挙制度でも得票率が高い大政党に有利に表れるということである．その有利さを表す指標としてここでは，選挙での得票率と院内議席率の比率を表す代表率（改選議席占有率÷相対得票率）を用いた．

まず，地方区から見ていくことにする．図3-3-7は地方区での各党の代表率の変遷を表したものであり，1より大きければ得票以上の議席を得ていることを示している．自民党は大敗を喫した第15回選挙以外で1.2から1.4の値で推移している．自民党は小選挙区と同じである1人区で圧倒的な強さを誇ること（次項参照）や2人区以上の複数区でも大部分で1議席は獲得できることが，このような効率的な議席獲得をもたらしていると言えよう．社会党は第9回選挙と勝利した第15回選挙以外はほとんど1以下で推移しており複数区で1議席を獲得しても得票率にとどく議席率は得られないことが分かる．効果的な選挙戦略を誇る公明党ですら，1を上回ることはほとんどない

表 3-3-9　政党別の改選議席占有率と相対得票率（地方区）

| | 選挙回<br>選挙年 | 第1回<br>(1947) | 第2回<br>(1950) | 第3回<br>(1953) | 第4回<br>(1956) | 第5回<br>(1959) | 第6回<br>(1962) | 第7回<br>(1965) | 第8回<br>(1968) |
|---|---|---|---|---|---|---|---|---|---|
| 自民 | 議席率 | 自由 20.7<br>民主 14.7 | 44.7<br>10.5 | 40.0<br>6.7 | 56.0 | 65.3 | 63.2 | 61.3 | 64.0 |
| | 得票率 | 自由 17.8<br>民主 13.6 | 35.9<br>10.2 | 31.4<br>10.1 | 48.4 | 52.0 | 47.1 | 44.5 | 44.9 |
| 社会 | 議席率 | 19.3 | 27.6 | 右派 9.3<br>左派 13.3 | 37.3 | 28.0 | 28.9 | 32.0 | 21.3 |
| | 得票率 | 22.0 | 25.2 | 右派 10.5<br>左派 14.0 | 37.6 | 34.1 | 32.8 | 32.5 | 29.2 |
| 共産 | 議席率 | 0.7 | 0.0 | 0.0 | 1.3 | 0.0 | 1.3 | 1.3 | 1.3 |
| | 得票率 | 3.7 | 5.6 | 0.9 | 3.9 | 3.3 | 4.8 | 6.9 | 8.3 |
| 公明 | 議席率 | | | | | | | 2.7 | 5.3 |
| | 得票率 | | | | | | | 5.1 | 6.1 |
| 民社 | 議席率 | | | | | | 1.3 | 1.3 | 4.0 |
| | 得票率 | | | | | | 7.3 | 6.1 | 7.0 |
| 新進 | 議席率 | | | | | | | | |
| | 得票率 | | | | | | | | |
| 自由 | 議席率 | | | | | | | | |
| | 得票率 | | | | | | | | |
| 民主 | 議席率 | | | | | | | | |
| | 得票率 | | | | | | | | |
| その他 | 議席率 | 44.7 | 17.1 | 30.7 | 5.3 | 6.7 | 5.3 | 1.3 | 4.0 |
| | 得票率 | 42.9 | 23.0 | 33.0 | 10.2 | 10.6 | 7.9 | 4.9 | 4.7 |

図 3-3-5　改選議席占有率の変遷（地方区）

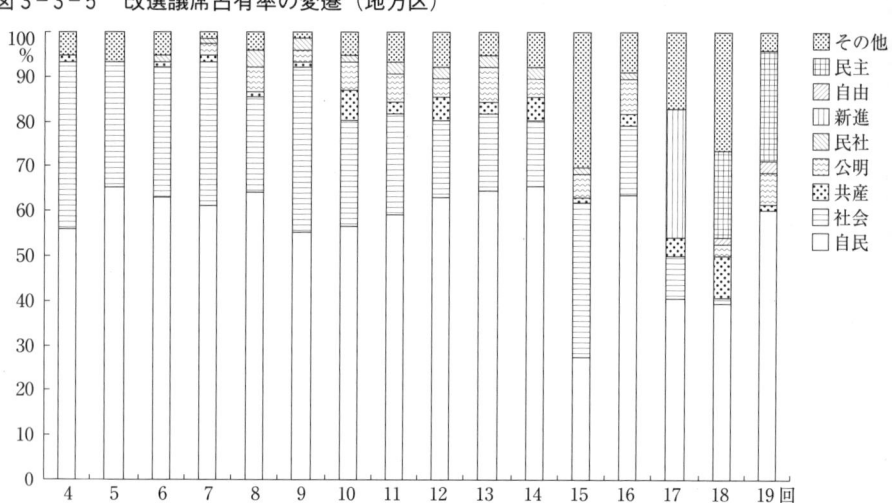

(単位：%)

| 第9回<br>(1971) | 第10回<br>(1974) | 第11回<br>(1977) | 第12回<br>(1980) | 第13回<br>(1983) | 第14回<br>(1986) | 第15回<br>(1989) | 第16回<br>(1992) | 第17回<br>(1995) | 第18回<br>(1998) | 第19回<br>(2001) |
|---|---|---|---|---|---|---|---|---|---|---|
| 55.3 | 56.6 | 59.2 | 63.2 | 64.5 | 65.8 | 27.6 | 63.6 | 40.8 | 39.5 | 60.3 |
| 44.0 | 39.5 | 39.5 | 43.3 | 43.2 | 45.1 | 30.7 | 43.4 | 25.4 | 30.5 | 41.0 |
| 36.8 | 23.7 | 22.4 | 17.1 | 17.1 | 14.5 | 34.2 | 15.6 | 9.2 | 1.3 | 0.0 |
| 31.0 | 26.0 | 25.9 | 22.4 | 24.3 | 21.5 | 26.4 | 12.9 | 11.8 | 4.3 | 3.4 |
| 1.3 | 6.6 | 2.6 | 5.3 | 2.6 | 5.3 | 1.3 | 2.6 | 3.9 | 9.2 | 1.4 |
| 11.9 | 12.0 | 10.0 | 11.7 | 10.5 | 11.4 | 8.8 | 10.6 | 10.4 | 15.7 | 9.9 |
| 2.6 | 6.6 | 6.6 | 3.9 | 7.9 | 3.9 | 5.3 | 7.8 |  | 2.6 | 6.8 |
| 3.4 | 12.6 | 6.2 | 5.0 | 7.8 | 4.4 | 5.1 | 7.8 |  | 3.3 | 6.4 |
| 2.6 | 1.3 | 2.6 | 2.6 | 2.6 | 2.6 | 1.3 | 1.3 |  |  |  |
| 4.7 | 4.4 | 4.5 | 5.1 | 5.7 | 4.6 | 3.6 | 2.3 |  |  |  |
|  |  |  |  |  |  |  |  | 28.9 |  |  |
|  |  |  |  |  |  |  |  | 26.5 |  |  |
|  |  |  |  |  |  |  |  |  | 1.3 | 2.7 |
|  |  |  |  |  |  |  |  |  | 1.8 | 5.5 |
|  |  |  |  |  |  |  |  |  | 19.7 | 24.7 |
|  |  |  |  |  |  |  |  |  | 16.2 | 18.5 |
| 1.3 | 5.3 | 6.6 | 7.9 | 5.3 | 7.9 | 30.3 | 9.1 | 17.1 | 26.3 | 4.1 |
| 4.9 | 5.5 | 14.0 | 12.5 | 8.4 | 13.0 | 25.4 | 23.0 | 25.9 | 28.3 | 15.2 |

（この場合，地方区の定数不均衡も大きく影響している）．また地方区でもっとも得票が議席に結びついていないのは共産党で0.6を下回る数値で推移している．同党はほぼすべての選挙区に候補者を擁立する戦略を取っており，したがって全国的に集計をするとかなりの得票にはなるが，実際に当選に結びつくのは3人区以上の大都市圏だけであるからである．

以上のように，参議院選挙の地方区は圧倒的に自民党有利となっており，大政党では1より大きく，小政党では1より小さいと言われる既存の研究に沿う結果となった．55年体制下において1と1／2政党の一翼を担った最大野党の社会党でさえ1を割っており，この有利さが参議院で自民党の優位性の維持を可能にした要因の1つといえるだろう．

同じく全国区・比例区でも代表率の変遷をみていく．図3-3-8は全国区・比例区での代表率の変遷を表しているが，全国区と比例区ではかなり異なる傾向を示しており興味深い．

全国区では，得票率の議席率への反映が最も結びついていないのが自民党

表3-3-10　政党別の改選議席占有率と相対得票率（全国区・比例区）

| | 選挙回<br>選挙年 | 第1回<br>(1947) | 第2回<br>(1950) | 第3回<br>(1953) | 第4回<br>(1956) | 第5回<br>(1959) | 第6回<br>(1962) | 第7回<br>(1965) | 第8回<br>(1968) |
|---|---|---|---|---|---|---|---|---|---|
| 自民 | 議席率 | 自由 8.0<br>民主 6.0 | 32.1<br>1.8 | 30.2<br>5.7 | 36.5 | 42.3 | 41.2 | 48.1 | 41.2 |
| | 得票率 | 自由 6.4<br>民主 7.1 | 29.9<br>4.9 | 22.7<br>6.0 | 39.7 | 41.2 | 46.4 | 47.2 | 46.7 |
| 社会 | 議席率 | 17.0 | 26.8 | 右派 5.7<br>左派 15.1 | 40.4 | 32.7 | 29.4 | 23.1 | 23.5 |
| | 得票率 | 16.5 | 17.4 | 右派 6.4<br>左派 14.3 | 29.9 | 26.5 | 24.2 | 23.4 | 19.8 |
| 共産 | 議席率 | 3.0 | 3.6 | 0.0 | 1.9 | 1.9 | 3.9 | 3.8 | 5.9 |
| | 得票率 | 2.9 | 4.2 | 1.1 | 2.1 | 1.9 | 3.1 | 4.4 | 5.0 |
| 公明 | 議席率 | | | | | | | 17.3 | 17.6 |
| | 得票率 | | | | | | | 13.7 | 15.5 |
| 民社 | 議席率 | | | | | | 5.9 | 3.8 | 7.8 |
| | 得票率 | | | | | | 5.3 | 5.9 | 6.0 |
| 新進 | 議席率 | | | | | | | | |
| | 得票率 | | | | | | | | |
| 自由 | 議席率 | | | | | | | | |
| | 得票率 | | | | | | | | |
| 民主 | 議席率 | | | | | | | | |
| | 得票率 | | | | | | | | |
| その他 | 議席率 | 66.0 | 35.7 | 43.4 | 21.2 | 23.1 | 19.6 | 3.8 | 3.9 |
| | 得票率 | 67.1 | 43.6 | 49.4 | 28.3 | 30.4 | 20.9 | 5.4 | 7.0 |

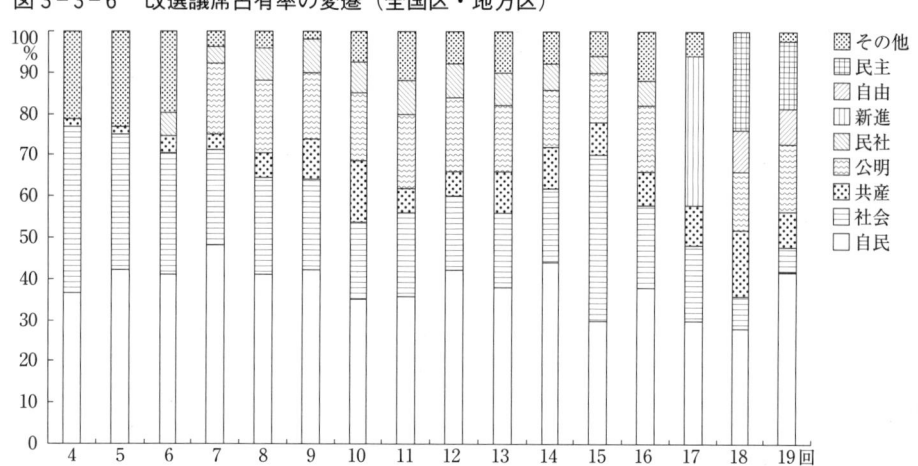

図3-3-6　改選議席占有率の変遷（全国区・地方区）

(単位：%)

| 第9回<br>(1971) | 第10回<br>(1974) | 第11回<br>(1977) | 第12回<br>(1980) | 第13回<br>(1983) | 第14回<br>(1986) | 第15回<br>(1989) | 第16回<br>(1992) | 第17回<br>(1995) | 第18回<br>(1998) | 第19回<br>(2001) |
|---|---|---|---|---|---|---|---|---|---|---|
| 42.0 | 35.2 | 36.0 | 42.0 | 38.0 | 44.0 | 30.0 | 38.0 | 30.0 | 28.0 | 41.7 |
| 44.5 | 44.3 | 35.8 | 42.5 | 35.3 | 38.6 | 27.3 | 33.3 | 27.3 | 25.2 | 38.6 |
| 22.0 | 18.5 | 20.0 | 18.0 | 18.0 | 18.0 | 40.0 | 20.0 | 18.0 | 8.0 | 6.3 |
| 21.3 | 15.2 | 17.4 | 13.1 | 16.3 | 17.2 | 35.1 | 17.8 | 16.9 | 7.8 | 6.6 |
| 10.0 | 14.8 | 6.0 | 6.0 | 10.0 | 10.0 | 8.0 | 8.0 | 10.0 | 16.0 | 8.3 |
| 8.1 | 9.4 | 8.4 | 7.3 | 8.9 | 9.5 | 7.0 | 7.9 | 9.5 | 14.6 | 7.9 |
| 16.0 | 16.7 | 18.0 | 18.0 | 16.0 | 14.0 | 12.0 | 16.0 |  | 14.0 | 16.7 |
| 14.1 | 12.1 | 14.2 | 11.9 | 15.7 | 13.0 | 10.9 | 14.3 |  | 13.8 | 15.0 |
| 8.0 | 7.4 | 8.0 | 8.0 | 8.0 | 6.0 | 4.0 | 6.0 |  |  |  |
| 6.1 | 5.9 | 6.7 | 6.0 | 8.4 | 6.9 | 4.9 | 5.0 |  |  |  |
|  |  |  |  |  |  |  |  | 36.0 |  |  |
|  |  |  |  |  |  |  |  | 30.8 |  |  |
|  |  |  |  |  |  |  |  |  | 9.3 | 7.7 |
|  |  |  |  |  |  |  |  |  | 10.0 | 8.3 |
|  |  |  |  |  |  |  |  |  | 21.7 | 16.4 |
|  |  |  |  |  |  |  |  |  | 24.0 | 16.7 |
| 2.0 | 7.4 | 12.0 | 8.0 | 10.0 | 8.0 | 6.0 | 12.0 | 6.0 | 0.0 | 2.1 |
| 6.0 | 13.1 | 17.6 | 19.2 | 15.3 | 14.9 | 14.9 | 21.8 | 15.5 | 7.6 | 7.8 |

図3-3-7　代表率の変遷（地方区）

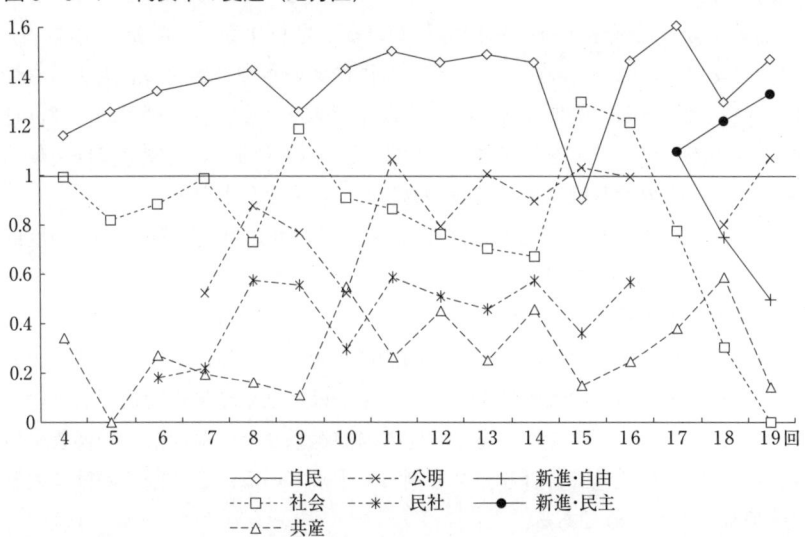

凡例：自民　公明　新進・自由　社会　民社　新進・民主　共産

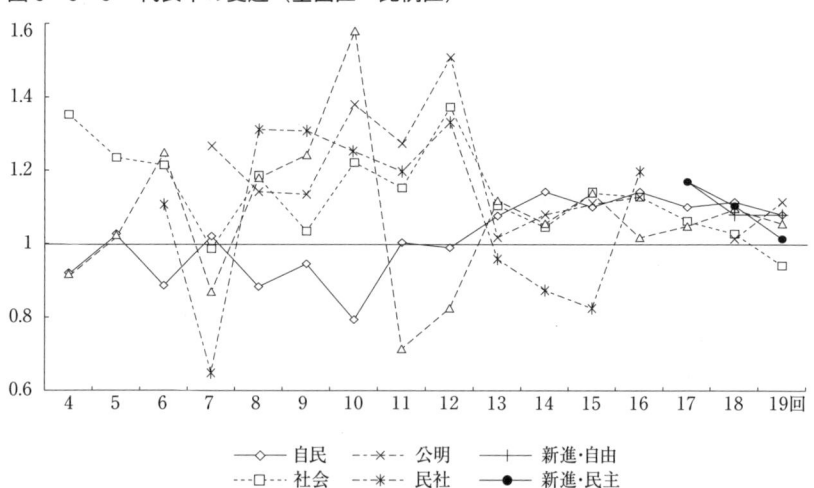

図3-3-8　代表率の変遷（全国区・比例区）

　　　　◇　自民　　　　×　公明　　　　＋　新進・自由
　　　　□　社会　　　　＊　民社　　　　●　新進・民主
　　　　△　共産

である．これは選挙制度上の特徴に起因するというよりも当選率でも述べたとおり，自民党は全国区では40人近い候補者を立てることから得票が分散し効果的な当選に結びついていないという，戦略に基づく結果と思われる．対照的に社会党は若干選挙回によって上下はするものの1以上の数値で推移し，候補者を絞った戦略が有効に作用していると思われる．また公明党は，1.2前後の安定した数値を維持しており，全国区という選挙制度の恩恵を最も受けているといえる．公明党と同じく小政党である共産党は，第11回，12回選挙では急激にポイントを低下させているが，この2回は当落線上に同党候補者が多く並んでおり戦略上の失敗が影響していると思われる．

　比例区では，どの政党も1.0前後に収束しており比例代表制という制度的な特質を顕著に表す結果となっている．

(3)ヴォラティリティーの変遷

　図3-3-9はヴォラティリティーの変遷を表している．ヴォラティリティー指標とは選挙結果の流動性を示し，大きいほど選挙結果の変化が著しいということになる．ここでは，ある政党の当該選挙とその前回選挙の得票率の差の絶対値を全政党で合計し，2で割って求めている．2で割るのは最大値を100％とするためである．

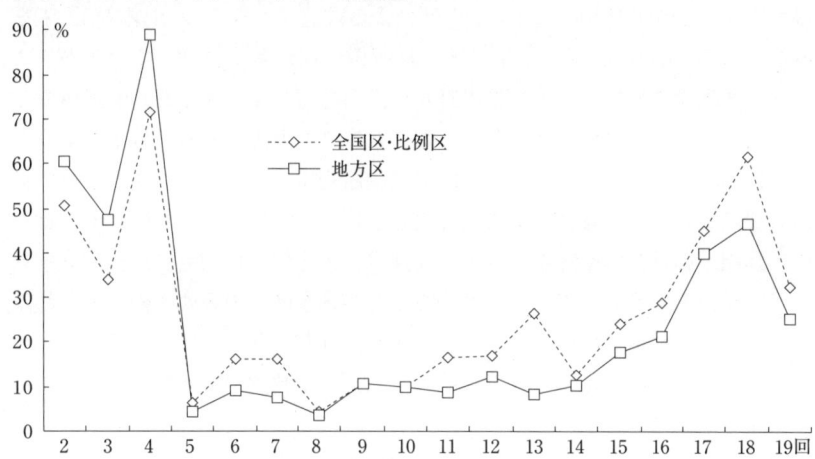

図3-3-9 ヴォラティリティーの変遷

グラフを見ると，第4回選挙で選挙結果の変化が最も大きく，第5回から第16回選挙まではほとんど大きな変化は見られない．目立つ変化は全国区から比例区に選挙制度が変わった第13回選挙くらいである．これは55年体制下において選挙結果は非常に安定していたということを示している．

また新たな政党が加わったり，政党の統合がなされたりすると前回選挙との得票率の差は必然的に大きくなるため，新党結成や政党再編が頻繁な55年体制終了以降の増減はあまり指標として有効とは言えない．

## 5. 政党の獲得議席と定数との関係

4．では占有議席率と得票率を比較することで，参議院の制度が選挙結果に与える影響を観察できた．しかし参議院の地方区は現在の衆議院のような定数1の小選挙区制とは異なり都道府県別に1から4の定数（改選議席の定数）を持ち，定数が選挙結果に与える影響も大きいと考えられる．よってここでは定数別に政党の占有議席率の変遷を観察し，特に自民党の獲得議席数を中心に，定数ごとの特徴を明らかにしていく．

(1) 1人区

図3-3-10は1人区における政党別の改選議席占有率の変遷を表している．55年体制下では自民党は1人区において，80%から90%の議席を獲得してい

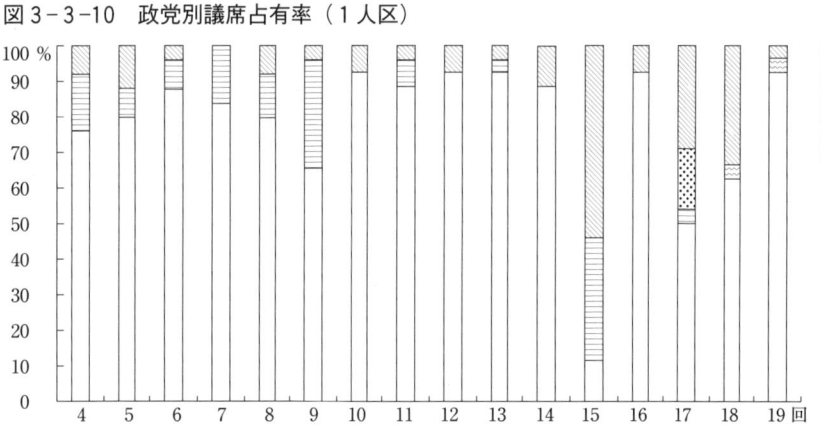

る．若干個別の検討を加えると89年の第15回選挙では自民党は3議席しか獲得できず，この回の大敗はこの1人区による敗北が大きかった（本節3．(1)を参照）．また第18回選挙では1人区で無所属候補が多く当選しているが，この回は新進党の分裂を受けて他の野党の協力を得やすくするため無所属で立候補した民主党系の候補者が多かったことによると思われる．以上のような例外はあるものの，自民党の1人区での議席獲得率は圧倒的であり，自民党の参議院での勢力の維持は1人区での強さに依拠しているともいえる．また55年体制下の社会党や90年代以降の新進党，民主党は自民党に対抗する政党として候補者を擁立していることから一部の選挙区での議席獲得がみられるが，公明党は候補者の擁立はしておらず，民社党，共産党は当選者を出したことがない．このことから，参議院の1人区で小政党が議席を獲得することの困難さがうかがえる．

次に，このような自民党の1人区での強さには都道府県ごとに差があるのかをみていく．表3-3-11は1人区における自民党の強さの指標として第4回から19回までの選挙での勝利数を調査し，順に並べたものである．富山，和歌山，愛媛，佐賀などの各県は55年体制以降の第4回から第19回にわたる16回の選挙のうち15回で自民党が勝利をしており，強い選挙区といえるだろう．このような自民党の勝利回数の多さは支持率との高さとも関係している模様で，自民党支持率の上位県が1人区のランキングでも比較的上位に来ている（第5章第2節2．の表5-2-1を参照）．また1人区のうち最も勝利数

図3-3-10　政党別議席占有率（1人区）

表3-3-11　1人区自民党の勝利数ランキング

| 選挙区 | 勝 | 敗 | 敗北の詳細 |
|---|---|---|---|
| 富山県 | 15 | 1 | 敗：8回 |
| 和歌山県 | 15 | 1 | 敗：18回 |
| 愛媛県 | 15 | 1 | 敗：15回 |
| 佐賀県 | 15 | 1 | 敗：4回 |
| 福井県 | 14 | 2 | 敗：9, 15回 |
| 奈良県 | 14 | 2 | 敗：15, 17回 |
| 長崎県 | 14 | 2 | 敗：15, 17回 |
| 宮崎県 | 14 | 2 | 敗：14, 15回 |
| 山形県 | 14 | 2 | 敗：4, 15回, 17回は推薦候補 |
| 山口県 | 13 | 3 | 敗：4, 15, 18回 |
| 香川県 | 13 | 3 | 敗：7, 9, 15回 |
| 高知県 | 13 | 3 | 敗：4, 15, 17回, 16回は推薦候補 |
| 三重県 | 13 | 3 | 敗：11, 15, 19回, 16, 17回は推薦候補 |
| 秋田県 | 12 | 4 | 敗：4, 6, 9, 15回 |
| 山梨県 | 12 | 4 | 敗：5, 9, 15, 18回 |
| 島根県 | 12 | 4 | 敗：6, 7, 9, 15回 |
| 徳島県 | 12 | 4 | 敗：9, 10, 15, 18回 |
| 石川県 | 12 | 4 | 敗：5, 8, 15, 18回, 17回は推薦候補 |
| 鳥取県 | 11 | 5 | 敗：5, 8, 11, 15, 17回 |
| 大分県 | 11 | 5 | 敗：5, 7, 9, 11, 15回 |
| 岐阜県 | 10 | 3 | 敗：7, 9, 15回 |
| 宮城県 | 10 | 3 | 敗：7, 9, 15回 |
| 岩手県 | 10 | 6 | 敗：4, 6, 15, 17, 18, 19回 |
| 滋賀県 | 10 | 6 | 敗：5, 8, 12, 14, 15, 17回 |
| 青森県 | 10 | 6 | 敗：5, 8, 14, 15, 17, 18回 |
| 沖縄県 | 4 | 7 | 敗：10, 12, 13, 15, 16, 17, 18回 |
| 岡山県 | 1 | 0 | |
| 熊本県 | 1 | 0 | |
| 鹿児島県 | 1 | 0 | |

\* 第4回から第19回までの結果を集計したもの
\* 沖縄は，9回から19回までの結果
\* 宮城，岐阜は18回より1人区から2人区になったため4回から17回までの結果
\* 岡山，熊本，鹿児島は19回より1人区
\* 推薦候補は，自民党公認がおらず当選した場合勝利として数えた

が少ない県である岩手，滋賀，青森などは，1人区の中では自民党の支持率が低い県であり支持率との関係がうかがえる．また岩手県では17回から連続して敗北しており小沢一郎の地盤という選挙区特有の影響を受けている．しかし，このような勝利数が少ない県であっても10回は勝利していることは，政権党である自民党の1人区での優位さを表しているといえよう．沖縄は復帰後11回の選挙で4回しか自民党が議席を獲得していない．自民党支持率も低く，自民党が弱い選挙区として突出しているといえるだろう．

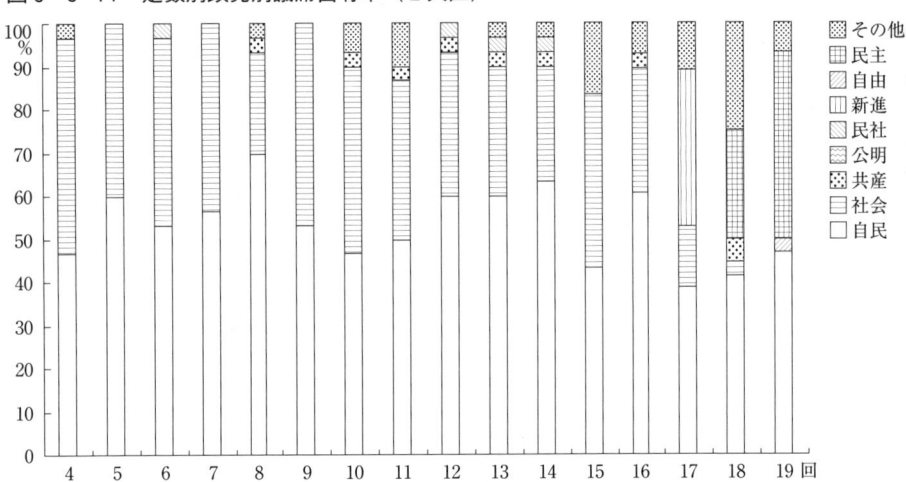

図3-3-11 定数別政党別議席占有率（2人区）

凡例：その他／民主／自由／新進／民社／公明／共産／社会／自民

## (2) 2人区

図3-3-11は2人区における政党別の改選議席占有率の変遷を表している．55年体制下では，自民党が60％弱，社会党が40％弱で推移しており，一部の選挙区で自民党独占，残りでは自社両党で議席を1ずつ分け合ってきたことが分かる．第18回選挙では1人区と同じ理由で無所属候補者の当選が多い．

次に都道府県ごとの自民党の強さを比較するため，2議席独占，1議席，議席なしという3パターンに分類し，1人区と同じく第4回から19回までの選挙において調査した．表3-3-12は，その結果を2議席独占回数の多い順に並べたものである．熊本，鹿児島，群馬，栃木などは自民党の2議席独占の回数も多く自民党の強固な地盤であることが分かる．これらの県は自民党支持率も高いため，自民党が2人の公認候補を擁立し両方とも当選することが可能なのだろう．一方で自民党の強さをより表しているのが議席なしの回数の少なさである．表の議席なしの詳細は，自民党が2人区で議席が取れなかったときの敗戦パターンを示してある．80年代までは，敗因の多くは過剰公認によるものや現職優先の公認という戦略の失敗（推薦候補の当選）である．つまり過剰公認という失敗がない限り，少なくとも保守系の議員が1人は当選を果たすことができておりこれが自民党の長期支配の安定をもたらし

表3-3-12　2人区自民党議席占有ランキング

| 選挙区 | 2議席独占 | 1議席 | 議席なし | 議席なしの詳細 |
|---|---|---|---|---|
| 熊本県 | 8 | 5 | 2 | 4回：過剰公認，15回：過剰公認，(17回は推薦候補勝利) |
| 鹿児島県 | 6 | 9 | 0 | |
| 群馬県 | 5 | 11 | 0 | |
| 栃木県 | 5 | 10 | 1 | 10回：敗北ただし推薦候補勝利 |
| 静岡県 | 4 | 12 | 0 | |
| 福島県 | 2 | 14 | 0 | |
| 千葉県 | 1 | 15 | 0 | |
| 茨城県 | 1 | 14 | 1 | 10回：敗北ただし推薦候補勝利 |
| 埼玉県 | 1 | 11 | 0 | 15回は推薦候補勝利 |
| 広島県 | 0 | 16 | 0 | |
| 岡山県 | 0 | 15 | 0 | |
| 京都府 | 0 | 15 | 1 | 18回：敗北 |
| 長野県 | 0 | 15 | 1 | 17回：敗北 |
| 新潟県 | 0 | 14 | 2 | 8回：敗北，18回：敗北 |
| 神奈川県 | 0 | 11 | 2 | 4回：過剰公認，6回：敗北，(11回は推薦候補勝利) |
| 北海道 | 0 | 2 | 1 | 17回：敗北 |
| 岐阜県 | 0 | 2 | 1 | 18回：敗北 |
| 兵庫県 | 0 | 2 | 1 | 18回：敗北 |
| 宮城県 | 0 | 1 | 2 | 18回：敗北，19回：敗北ただし推薦候補勝利 |
| 福岡県 | 0 | 2 | 1 | 17回：敗北 |

\* 4回以降を集計．過剰公認は落選候補の得票を合計すると，当選ラインを超えたもの．敗北は過剰公認がなく敗北したもの．公認候補がおらず，推薦候補が勝利した場合は議席獲得とした．
\* 岡山，熊本，鹿児島は19回より2人区から1人区になったため4回から18回までの結果
\* 埼玉は17回から3人区になったため4回から15回までの結果（16回は補欠含み3人選出のため除外）
\* 神奈川は17回から3人区になったため4回から16回までの結果
\* 北海道は17回より4人区から2人区になったため17回から19回までの結果
\* 宮城，岐阜は17回より1人区から2人区になったため17回から19回までの結果
\* 兵庫，福岡は17回より3人区から2人区になったため17回から19回までの結果

てきたといえる．しかし，第17回以降の敗北の多くは，公認を1人に絞っても勝利できないパターンがほとんどで，主に都市部での敗北は深刻といえる．

(3) 3人区

図3-3-12は3人区における政党別の改選議席占有率の変遷を表している．3人区では55年体制の初期では定数3のうち自民党が2議席，社会党が1議席をとる傾向が見られるが，公明党や民社党が結成され多党化が進むと，自民党が1議席を獲得し残りの2議席を野党が争う形になっているようである．

表3-3-13は，選挙区ごとの自民党の強さを比較するため2人区と同様に分類し，議席占有の多い順に並べたものである．これによると福岡，愛知では自民党が3議席のうち2議席を占める回数は5回以上で比較的多い．一方，大阪では第7回以降公明党が1議席を常に獲得しており，自民党が2議席獲

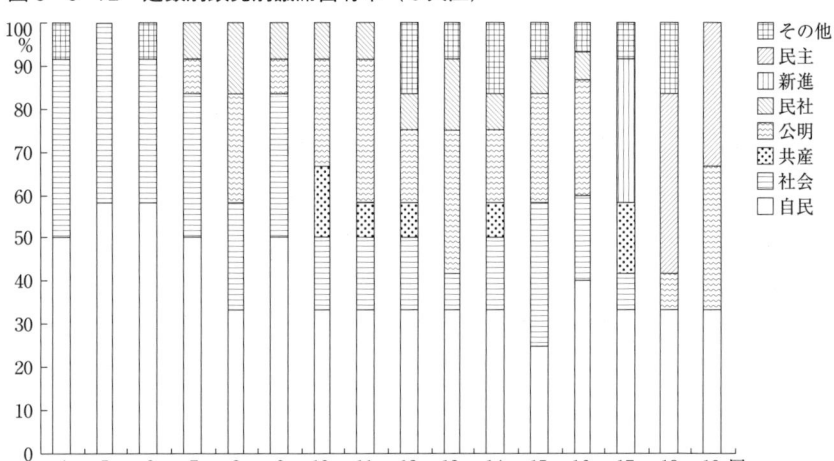

図3-3-12 定数別政党別議席占有率（3人区）

凡例: その他／民主／新進／民社／公明／共産／社会／自民

表3-3-13 3人区自民党議席占有ランキング

| 選挙区 | 自民2 | 自民1 | 議席なし | 議席なしの詳細 |
|---|---|---|---|---|
| 福岡県 | 6 | 7 | 0 | |
| 愛知県 | 5 | 10 | 1 | 18回：民主2, 共産1 |
| 兵庫県 | 3 | 9 | 1 | 8回：公明1, 社会1, 民主社会1 |
| 大阪府 | 0 | 13 | 3 | 14・18回：公明1, 共産1, 無所属1, 15回：公明1, 社会1, 無所属1 |
| 埼玉県 | 1 | 2 | 1 | 18回：民主1, 共産1, 民主系無所属1 |
| 神奈川県 | 0 | 2 | 1 | 18回：民主2, 共産1 |

＊第4回から第19回までの結果を集計したもの
＊兵庫，福岡は17回より3人区から2人区になったため4回から16回までの結果
＊埼玉は17回より2人区から3人区になったため16回から19回までの結果（16回は補欠含み3人選出のため）
＊神奈川は17回より2人区から3人区になったため17回から19回までの結果

得することは一度もない．このように同じ3人区でも選挙区による特色が顕著に見られる．また3人区において，自民党が議席なしの時は多くが第18回である．このように自民党が敗北した第15回と第18回を比較すると面白い傾向がわかる．つまり第15回では1人区での自民党の敗北が全体の結果に大きな影響を与えていたが，第18回では主に都市部である複数区で自民党が議席を獲得できなかったことが全体の結果に影響しており，敗北の構造の違いが顕著に表れている．

表3-3-14　4人区議席獲得パターン

| 東京都 | 自公共その他 | 自公その他2 | 自民議席なし | 公明議席なし | 備考 |
|---|---|---|---|---|---|
| | 7 | 3 | 3 | 3 | 自民0は，7回，12回，18回<br>公明0は選挙に参加していない4回から6回のみ |
| 北海道 | 自社各2 | 自民議席なし | 社会議席なし | その他 | 備考 |
| | 7 | 1 | 0 | 5 | 自民0は第10回：社会2，共産1，公明1<br>その他のパターンは以下のとおり<br>6回：社会2，自民1，無所属1<br>12，14回：自民2，社会1，共産1<br>15回：自民，社会，共産，無所属各1<br>16回：自民，社会，公明，無所属各1 |

\* 第4回から第19回までの結果を集計したもの
\* 北海道は17回より4人区から2人区になったため4回から16回までの結果

(4) 4人区

　4人区の選挙区は東京都と第17回までの北海道であるが，それぞれの選挙区で特徴が違うため個々に詳細を見ていくことにする．表3-3-14は第4回から19回までの4人区の議席獲得のパターンをいくつかに分類しそれぞれの回数を示している．東京では，4議席を自民，公明，共産の各党が1議席を獲得し，残り1議席をその他の政党で争う構図が最も多い．東京で特筆すべきことは，公明党の強さであり選挙に参加した7回以降すべての回で当選者を輩出している．[27] 自民党は過去3回議席なしとなっているが第12回は無所属推薦候補が当選，第7回と第18回は複数候補者擁立による保守票の奪い合いの結果共倒れとなったものである．北海道は，自民・社会両党が2議席を分け合うというパターンが7回と最も多い．社会党は議席なしが一度もなく，政党支持率を見ても北海道は全国で最も社会党の支持が高く（第5章第2節2．の表5-2-1を参照），その支持基盤の強固さを示している．一方，自民党も議席なしとなっているのは第10回の一度のみであり4人区という事情から自民・社会両党の共存が可能であったようである．定数が2議席になった18回・19回では自民党と民主党が1議席ずつ分け合う形となり，かつての社会党の支持が民主党に取って代わっているようである．

## 6. まとめ

　本節では，参議院選挙における政党システムの時系列変化を観察してきたが，以下のようなことが分かった．

政党数の変化からは，参議院の選挙では55年体制初期は二大政党制に近かったが，時が経過するにつれ徐々に政党数が増えていることを示した．また比例代表制度の導入は立候補政党数の増大をもたらしたが，有効政党数の変化は微小であることから必ずしも政党間の競争の激化をもたらしてはいないことがわかった．

当選率と死票率が示す政党の選挙戦略は，自民党と社会党という大政党と，公明，共産といった中小政党の間で違いが明らかとなった．またこうした戦略は大政党と小政党という区分よりもむしろ，候補者個人の支持組織に依存する政党か，それとも強固な党支持者を持ち党主導による票の割り当てが可能な政党か，という政党の性質や組織化の度合いによるものではないかと分析できた．

一般に選挙制度はどのようなものであっても大政党に有利に働き小政党に不利に働くといわれている．しかし代表率の政党比較から，参議院選挙においては地方区では大政党である自民党に有利に働くが，全国区では選挙制度以上に政党の戦略が影響し，必ずしも大政党に有利に働くわけではないという興味深い結果が得られた．

また，自民党に有利に働く地方区の制度をより詳細に見ていくと，定数により異なる傾向が見られた．特に1人区での自民党の強さは圧倒的であり，これが自民党の勢力の維持を可能にしてきたことが伺えた．

これまで，参議院における政党システムの時系列変動を観察しながら選挙結果を分析することで以上のようなことが明らかになった．しかし，ここでは特に自民党と社会党を中心とする55年体制についての分析が多くなってしまっていることを否定できない．自民党－社会党という2つの軸による対立構造が消えた後の，90年代以降の政界再編を経て現在に至る政党システムについての分析は，第19回選挙までのデータによる時系列変動から読み取るのは困難であり課題として残っている．今後，数回の参議院選挙を経て新たなデータが加わった後に，時系列変動をもとに90年代以降の政党システムについて興味深い分析が行われるのを期待したい．

(米谷寛子)

(1) 佐々木毅『政治学講義』，東京大学出版会，1999年，187-188頁．
(2) 国会議員5名以上を有するもの（1号），または，国会議員1名以上4

名以下を有し，直近の国政選挙の比例区・選挙区どちらかの全国得票率が2％以上のもの（2号）．
(3) 緑風会，連合の会など，単なる選挙確認団体も含む．
(4) 自由連合ウェブサイト（http://www.jiyuren.or.jp/）2003年4月21日アクセス．
(5) 新社会党ウェブサイト（http://www.sinsyakai.or.jp/home.html）2003年4月21日アクセス．
(6) 第二院クラブウェブサイト（http://www.niinkurabu.gr.jp/）2003年4月21日アクセス．
(7) 無所属の会ウェブサイト（http://www.mushozoku.com/）2003年4月21日アクセス．
(8) スポーツ平和党ウェブサイト（http://www.sportsheiwato.or.jp/）2003年4月21日アクセス．
(9) 院内会派「民主クラブ」は幣原喜重郎，斎藤隆夫ら，炭鉱国家管理法案をはじめとする片山政権の政策に反対して民主党を離党した議員が結成した院内会派である．
(10) ただし，民主党の項で後述する通り，民主党は犬養健らの連立派と苫米地義三らの野党派に分裂した．
(11) 自由党の項および注9に述べたとおり，離党した議員は院内会派「民主クラブ」を結成し，やがて民自党と合同した．
(12) 自民党結党時の経緯に関しては，講談社編『昭和－二万日の全記録－』10巻，講談社，304頁，北岡伸一『自民党』，読売新聞社，1995年，61－64頁参照．
(13) 「三」は三木武夫，「角」は田中角栄，「大」は大平正芳，「福」は福田赳夫，「中」は中曽根康弘を指す．田中→三木→福田→大平→（鈴木善幸）→中曽根という順で総理総裁となっている．
(14) なお，新自ク所属の代議士・田川誠一は自民党に合流せず，進歩党を結成した．進歩党は第15，16回参院選と第39回衆院選に参加したが，当選者は衆院選の同代議士1名のみであり，一貫して得票率2％未満にとどまった．93年に解党した．
(15) いわゆる連合型候補である．
(16) ただし不破は病気により87年に一度委員長を退き，89年に復帰している．
(17) 中村は2001年3月，堂本暁子の千葉県知事選転出に伴い比例区で繰り上げ当選した黒岩秩子とともに，会派「さきがけ環境会議」を発足させた．また中村は同年参院選後にさきがけを解党した後，その理念を受け継ぎ，新党・みどりの会議を発足させた．所属議員は中村1人のため，政党要件は満

たしていない．
(18) 正式には年の明けた1998年1月6日に分党の届出がなされた．
(19) 合併関連文書の調印は9月24日，総務省に合併を届け出たのは同月26日だが，合併大会は10月5日に開催された．
(20) フロム・ファイブ結党時，自由の会所属議員は江本孟紀のみとなっていた．江本がフロム・ファイブに参加することで，政党助成金を引き継ぐこととなった．
(21) 川人貞史・吉野孝・平野浩・加藤淳子『現代の政党と選挙』，有斐閣，2000年，107頁より抜粋．
(22) 選挙区の定数は公職選挙法により2議席から東京の8議席まで選挙区ごとに定められているが，本節では各選挙時における定数の比較として改選議席定数を用いた．つまり定数2を持つ選挙区を1人区，8議席の東京は4人区としている．
(23) 水崎節文・森裕城「得票データからみた並立制のメカニズム」『選挙研究』13号，木鐸社，1998年．菅原琢「並立制下の選挙運動」東大法・蒲島郁夫ゼミ編『選挙ポスターの研究』，木鐸社，2002年，199－211頁．
(24) 本書選挙編第2章第5節「全国区での得票の偏在と政党の選挙戦略」参照．
(25) 川人貞史「選挙制度と政党制」『レヴァイアサン』20号，木鐸社，1997年，李甲允「衆議院選挙での政党の得票数と議席数」『レヴァイアサン』10号，木鐸社，1992年．
(26) ただし，第17回の新進党，18回の公明をカウントしている．
(27) ただし，第17回の新進党，18回の公明をカウントしている．

# 第4章　候補者

伏見周祐・井上和輝・松平健輔

## 第1節　はじめに

　選挙を1つの舞台とするならば，そこに登場する候補者という「個人」に焦点を当てて論じているのが，この第4章である．候補者は個人として当選を目指す一方で，社会の選好や状態を反映させるという機能を持つ．当選を目指すプレイヤーとしての候補者と，社会の代表としての候補者という2つの側面に焦点を当てて本章では分析を進めていく．

　第2節では候補者と当選者に関して，政党別内訳，選挙における強さなど基本的なデータを観察している．その後第3節では性別，第4節では年齢，第5節では議員経験というように，主要な属性を軸にした分析を行っている．新聞・テレビ等の選挙報道では必ず触れられるこれら3属性が，実際の選挙にはどのように作用しているのかを示していきたい．

　第6節と第7節では特定の主題に即した考察を加えている．第6節ではいわゆる「タレント議員」，つまり「タレント」という知名度を持つ候補者・当選者に焦点を当てて論じている．一方第7節では公選知事経験を持つ者に注目している．

（伏見周祐）

## 第2節　候補者・当選者一般

### 1．はじめに

　以下では選挙の基本である各回の候補者数について，全国区・比例区，地

方区という選挙制度別に考察していく．2．では候補者数と政党別の内訳を見る．3．では当選者の政党別内訳を見る．4．では全国区に関して有効候補者数という指標を用いて，候補者数の変化を説明する．5．の地方区当選者MK指数ランキングは地方区当選者の中でどの候補者が強い・弱い当選者であるかを表している．

## 2. 候補者数

図4-2-1は全国区・比例区，地方区別に立候補者数の変遷を表したものである．またこれを全体，全国区・比例区，地方区の順で政党別内訳を示したのが表4-2-1である．なお，第13回以降は全国区から比例区へと選挙制度が変更された．

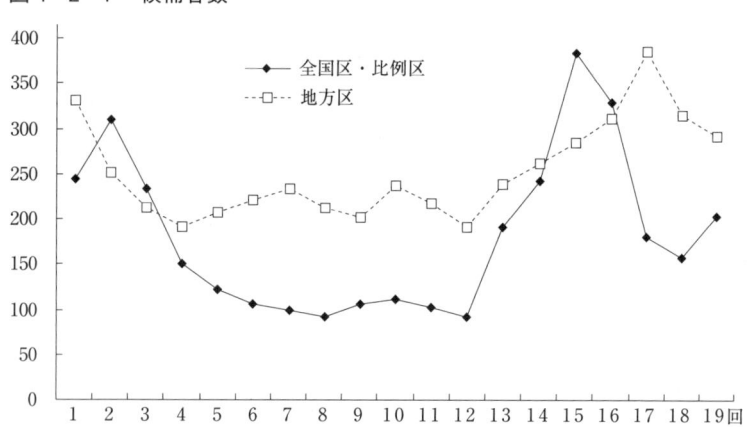

図4-2-1 候補者数

### (1)全国区・比例区

全国区については第2回で最多となって以降減少し，第6回以降は定数50に対して競争率約2倍の100人程度で推移している．これは第1-3回で多い無所属候補者が減少し，緑風会が消滅したのに加え，自民党，社会党も候補者を絞ったためである．第11回にはその他の政党の候補者が増加している．これは新自由クラブ，社会市民連合，革新自由連合，日本女性党などの新党が登場したためである．

第13回に全国区に代わり比例区が導入されると，比例区候補者数は比例区

政党数の変遷と同様に第15回まで増加し,その後減少する.特に第15回は35のミニ政党が参加したため,候補者増加が顕著である.また第17回での候補者激減は,公職選挙法改正により立候補者の負担する供託金が特に比例区で多く増額されたためと考えられる.

(2)地方区

地方区については55年体制が確立した第4回以降,第12回までは大きな立候補者数の変化は見られず,政党別の内訳にも大きな長期的変化はない.その中で第7回と第10回はやや増えている.前者は公明党の参議院選挙初参加が原因ではなく,東京地方区におけるその他の政党の候補者の急増が要因である.また後者は公明党が大量の候補者を立てたことが要因だが,次回から同党は再び少数の候補者を立てるようになっている.

第13回に比例区が導入されると,地方区の候補者数も増加している.主にその他の政党の候補者が増加しており,比例代表選挙への立候補に「地方区・比例区合計10人以上の候補者擁立」という要件が課されていることがその要因である.また比例区の最大のヤマが第15回であるのに対し,地方区のそれが第17回とズレが見られる.これは当初比例区で候補を出していたミニ政党が,次第に候補者1人あたりの供託金が少なく済む地方区に候補者を出すようになったからと考えられる.そして第17回では公職選挙法の改正により地方区でも立候補者の負担する供託金が増加したにも関わらず,候補者数は過去最大を記録している.政党別に見ると,自民党が候補者を減らしたのに対し,新進党が登場し,さらにその他の政党に属する候補者が急増している.表4-2-1からわかる通り,この増加はまさに前述のミニ政党の候補者の比例区から地方区へのシフトと言える.

また候補者が急増したこの第17回選挙では自民党の支持率が20.2%と低く,逆に無党派層が36.7%と多かった.他にも自民党の支持率が30.5%と55年体制下の選挙で最低だった第10回での候補者数増,逆に37%と高かった第12回での候補者数減と自民党への安定した支持があったかということと候補者数の増減にはある程度の関連が見てとれるように思われる.

## 3. 当選者と所属政党

表4-2-2は政党別に当選者の変遷を示したものである.表4-2-1と同じく全体,全国区・比例区,地方区の順に掲げた.個別選挙回の詳しい事情

表4-2-1　政党別候補者数

| 全体 | 1 | 2 | 3 | 4 | 5 | 6 | 7 | 8 |
|---|---|---|---|---|---|---|---|---|
| 自民 | 自由 74<br>民主 52 | 136<br>46 | 83<br>43 | 118 | 101 | 100 | 96 | 93 |
| 社会 | 101 | 75 | 右派 39<br>左派 50 | 82 | 78 | 69 | 65 | 62 |
| 共産 | 42 | 49 | 12 | 34 | 36 | 47 | 48 | 49 |
| 民社 | — | — | — | — | — | 24 | 21 | 16 |
| 公明 | — | — | — | — | — | — | 14 | 14 |
| 民主 | — | — | — | — | — | — | — | — |
| 自由 | — | — | — | — | — | — | — | — |
| 緑風 | — | 58 | 34 | 19 | 12 | 6 | — | — |
| その他 | 61 | 40 | 26 | 20 | 23 | 13 | 36 | 15 |
| 無所属 | 246 | 158 | 160 | 68 | 80 | 69 | 52 | 56 |
| 合計 | 576 | 562 | 447 | 341 | 330 | 328 | 332 | 305 |

| 全国・比例区 | 1 | 2 | 3 | 4 | 5 | 6 | 7 | 8 |
|---|---|---|---|---|---|---|---|---|
| 自民 | 自由 19<br>民主 13 | 73<br>18 | 38<br>17 | 54 | 36 | 39 | 36 | 34 |
| 社会 | 34 | 32 | 右派 15<br>左派 24 | 29 | 25 | 19 | 16 | 15 |
| 共産 | 12 | 11 | 3 | 3 | 2 | 2 | 2 | 3 |
| 民社 | — | — | — | — | — | 5 | 5 | 4 |
| 公明 | — | — | — | — | — | — | 9 | 9 |
| 民主 | — | — | — | — | — | — | — | — |
| 自由 | — | — | — | — | — | — | — | — |
| 緑風 | — | 40 | 22 | 14 | 5 | 5 | — | — |
| その他 | 31 | 17 | 13 | 10 | 10 | 7 | 9 | 7 |
| 無所属 | 136 | 119 | 102 | 40 | 44 | 30 | 22 | 21 |
| 合計 | 245 | 310 | 234 | 150 | 122 | 107 | 99 | 93 |

| 地方区 | 1 | 2 | 3 | 4 | 5 | 6 | 7 | 8 |
|---|---|---|---|---|---|---|---|---|
| 自民 | 自由 55<br>民主 39 | 63<br>28 | 45<br>26 | 64 | 65 | 61 | 60 | 59 |
| 社会 | 67 | 43 | 右派 24<br>左派 26 | 53 | 53 | 50 | 49 | 47 |
| 共産 | 30 | 38 | 9 | 31 | 34 | 45 | 46 | 46 |
| 民社 | — | — | — | — | — | 19 | 16 | 12 |
| 公明 | — | — | — | — | — | — | 5 | 5 |
| 民主 | — | — | — | — | — | — | — | — |
| 自由 | — | — | — | — | — | — | — | — |
| 緑風 | — | 18 | 12 | 5 | 7 | 1 | — | — |
| その他 | 30 | 23 | 13 | 10 | 13 | 6 | 27 | 8 |
| 無所属 | 110 | 39 | 58 | 28 | 36 | 39 | 30 | 35 |
| 合計 | 331 | 252 | 213 | 191 | 208 | 221 | 233 | 212 |

| 9 | 10 | 11 | 12 | 13 | 14 | 15 | 16 | 17 | 18 | 19 |
|---|---|---|---|---|---|---|---|---|---|---|
| 94 | 95 | 77 | 77 | 90 | 83 | 78 | 82 | 66 | 87 | 76 |
| 61 | 57 | 59 | 49 | 64 | 58 | 54 | 43 | 40 | 37 | 24 |
| 50 | 53 | 52 | 52 | 71 | 71 | 70 | 71 | 72 | 70 | 72 |
| 11 | 14 | 11 | 11 | 32 | 27 | 25 | 20 | — | — | — |
| 10 | 45 | 15 | 14 | 23 | 21 | 22 | 23 | — | 20 | 22 |
| — | — | — | — | — | — | — | — | 新進62 | 48 | 63 |
| — | — | — | — | — | — | — | — | | 21 | 31 |
| — | — | — | — | — | — | — | — | — | — | — |
| 11 | 11 | 60 | 26 | 139 | 223 | 377 | 362 | 280 | 131 | 161 |
| 71 | 74 | 46 | 56 | 11 | 23 | 44 | 39 | 47 | 60 | 47 |
| 308 | 349 | 320 | 285 | 430 | 506 | 670 | 640 | 567 | 474 | 496 |

| 9 | 10 | 11 | 12 | 13 | 14 | 15 | 16 | 17 | 18 | 19 |
|---|---|---|---|---|---|---|---|---|---|---|
| 34 | 35 | 22 | 23 | 30 | 25 | 25 | 27 | 29 | 30 | 27 |
| 13 | 12 | 12 | 10 | 18 | 18 | 25 | 25 | 18 | 17 | 10 |
| 5 | 8 | 7 | 6 | 25 | 25 | 25 | 25 | 25 | 25 | 25 |
| 4 | 5 | 4 | 4 | 17 | 17 | 17 | 17 | — | — | — |
| 8 | 9 | 9 | 9 | 17 | 17 | 17 | 17 | — | 18 | 17 |
| — | — | — | — | — | — | — | — | 新進30 | 25 | 28 |
| — | — | — | — | — | — | — | — | | 12 | 17 |
| — | — | — | — | — | — | — | — | — | — | — |
| 3 | 5 | 23 | 6 | 84 | 141 | 276 | 218 | 79 | 31 | 80 |
| 39 | 38 | 25 | 35 | — | — | — | — | — | — | — |
| 106 | 112 | 102 | 93 | 191 | 243 | 385 | 329 | 181 | 158 | 204 |

| 9 | 10 | 11 | 12 | 13 | 14 | 15 | 16 | 17 | 18 | 19 |
|---|---|---|---|---|---|---|---|---|---|---|
| 60 | 60 | 55 | 54 | 60 | 58 | 53 | 55 | 37 | 57 | 49 |
| 48 | 45 | 47 | 39 | 46 | 40 | 29 | 18 | 22 | 20 | 14 |
| 45 | 45 | 45 | 46 | 46 | 46 | 45 | 46 | 47 | 45 | 47 |
| 7 | 9 | 7 | 7 | 15 | 10 | 8 | 3 | — | — | — |
| 2 | 36 | 6 | 5 | 6 | 4 | 5 | 6 | — | 2 | 5 |
| — | — | — | — | — | — | — | — | 新進32 | 23 | 35 |
| — | — | — | — | — | — | — | — | | 9 | 14 |
| — | — | — | — | — | — | — | — | — | — | — |
| 8 | 6 | 37 | 20 | 55 | 82 | 101 | 144 | 201 | 100 | 81 |
| 32 | 36 | 21 | 21 | 11 | 23 | 44 | 39 | 47 | 60 | 47 |
| 202 | 237 | 218 | 192 | 239 | 263 | 285 | 311 | 386 | 316 | 292 |

表4-2-2 政党別当選者数

| 全体 | 1 | 2 | 3 | 4 | 5 | 6 | 7 | 8 |
|---|---|---|---|---|---|---|---|---|
| 自民 | 自由 39<br>民主 28 | 52<br>9 | 46<br>8 | 61 | 71 | 69 | 71 | 69 |
| 社会 | 46 | 36 | 右派 10<br>左派 18 | 49 | 38 | 37 | 36 | 28 |
| 共産 | 4 | 2 | 0 | 2 | 1 | 3 | 3 | 4 |
| 民社 | — | — | — | — | — | 4 | 3 | 7 |
| 公明 | — | — | — | — | — | — | 11 | 13 |
| 民主 | — | — | — | — | — | — | — | — |
| 自由 | — | — | — | — | — | — | — | — |
| 緑風 | — | 9 | 16 | 5 | 6 | 2 | — | — |
| その他 | 23 | 5 | 1 | 1 | 1 | 0 | 0 | 0 |
| 無所属 | 110 | 19 | 29 | 9 | 10 | 12 | 3 | 5 |
| 合計 | 250 | 132 | 128 | 127 | 127 | 127 | 127 | 126 |

| 全国・比例区 | 1 | 2 | 3 | 4 | 5 | 6 | 7 | 8 |
|---|---|---|---|---|---|---|---|---|
| 自民 | 自由 8<br>民主 6 | 18<br>1 | 16<br>3 | 19 | 22 | 21 | 25 | 21 |
| 社会 | 17 | 15 | 右派 3<br>左派 8 | 21 | 17 | 15 | 12 | 12 |
| 共産 | 3 | 2 | 0 | 1 | 1 | 2 | 2 | 3 |
| 民社 | — | — | — | — | — | 3 | 2 | 4 |
| 公明 | — | — | — | — | — | — | 9 | 9 |
| 民主 | — | — | — | — | — | — | — | — |
| 自由 | — | — | — | — | — | — | — | — |
| 緑風 | — | 6 | 8 | 5 | 4 | 2 | — | — |
| その他 | 9 | 2 | 0 | 1 | 1 | 0 | 0 | 0 |
| 無所属 | 57 | 12 | 15 | 5 | 7 | 8 | 2 | 2 |
| 合計 | 100 | 56 | 53 | 52 | 52 | 51 | 52 | 51 |

| 地方区 | 1 | 2 | 3 | 4 | 5 | 6 | 7 | 8 |
|---|---|---|---|---|---|---|---|---|
| 自民 | 自由 31<br>民主 22 | 34<br>8 | 30<br>5 | 42 | 49 | 48 | 46 | 48 |
| 社会 | 29 | 21 | 右派 7<br>左派 10 | 28 | 21 | 22 | 24 | 16 |
| 共産 | 1 | 0 | 0 | 1 | 0 | 1 | 1 | 1 |
| 民社 | — | — | — | — | — | 1 | 1 | 3 |
| 公明 | — | — | — | — | — | — | 2 | 4 |
| 民主 | — | — | — | — | — | — | — | — |
| 自由 | — | — | — | — | — | — | — | — |
| 緑風 | — | 3 | 8 | 0 | 2 | 0 | — | — |
| その他 | 14 | 3 | 1 | 0 | 0 | 0 | 0 | 0 |
| 無所属 | 53 | 7 | 14 | 4 | 3 | 4 | 1 | 3 |
| 合計 | 150 | 76 | 75 | 75 | 75 | 76 | 75 | 75 |

| 9 | 10 | 11 | 12 | 13 | 14 | 15 | 16 | 17 | 18 | 19 |
|---|---|---|---|---|---|---|---|---|---|---|
| 63 | 62 | 63 | 69 | 68 | 72 | 36 | 68 | 46 | 44 | 64 |
| 39 | 28 | 27 | 22 | 22 | 20 | 46 | 22 | 16 | 5 | 3 |
| 6 | 13 | 5 | 7 | 7 | 9 | 5 | 6 | 8 | 15 | 5 |
| 6 | 5 | 6 | 6 | 6 | 5 | 3 | 4 | — | — | — |
| 10 | 14 | 14 | 12 | 14 | 10 | 10 | 14 | — | 9 | 13 |
| — | — | — | — | — | — | — | — | 新進40 | 27 | 26 |
| — | — | — | — | — | — | — | — | | 6 | 6 |
| — | — | — | — | — | — | — | — | — | — | — |
| 0 | 1 | 6 | 2 | 8 | 4 | 16 | 8 | 7 | 0 | 1 |
| 2 | 7 | 5 | 8 | 1 | 6 | 10 | 5 | 9 | 20 | 3 |
| 126 | 130 | 126 | 126 | 126 | 126 | 126 | 127 | 126 | 126 | 121 |

| 9 | 10 | 11 | 12 | 13 | 14 | 15 | 16 | 17 | 18 | 19 |
|---|---|---|---|---|---|---|---|---|---|---|
| 21 | 19 | 18 | 21 | 19 | 22 | 15 | 19 | 15 | 14 | 20 |
| 11 | 10 | 10 | 9 | 9 | 9 | 20 | 10 | 9 | 4 | 3 |
| 5 | 8 | 3 | 3 | 5 | 5 | 4 | 4 | 5 | 8 | 4 |
| 4 | 4 | 4 | 4 | 4 | 3 | 2 | 3 | — | — | — |
| 8 | 9 | 9 | 9 | 8 | 7 | 6 | 8 | — | 7 | 8 |
| — | — | — | — | — | — | — | — | 新進18 | 12 | 8 |
| — | — | — | — | — | — | — | — | | 5 | 4 |
| — | — | — | — | — | — | — | — | — | — | — |
| 0 | 0 | 3 | 1 | 5 | 4 | 3 | 6 | 3 | 0 | 1 |
| 1 | 4 | 3 | 3 | — | — | — | — | — | — | — |
| 50 | 54 | 50 | 50 | 50 | 50 | 50 | 50 | 50 | 50 | 48 |

| 9 | 10 | 11 | 12 | 13 | 14 | 15 | 16 | 17 | 18 | 19 |
|---|---|---|---|---|---|---|---|---|---|---|
| 42 | 43 | 45 | 48 | 49 | 50 | 21 | 49 | 31 | 30 | 44 |
| 28 | 18 | 17 | 13 | 13 | 11 | 26 | 12 | 7 | 1 | 0 |
| 1 | 5 | 2 | 4 | 2 | 4 | 1 | 2 | 3 | 7 | 1 |
| 2 | 1 | 2 | 2 | 2 | 2 | 1 | 1 | — | — | — |
| 2 | 5 | 5 | 3 | 6 | 3 | 4 | 6 | — | 2 | 5 |
| — | — | — | — | — | — | — | — | 新進22 | 15 | 18 |
| — | — | — | — | — | — | — | — | | 1 | 2 |
| — | — | — | — | — | — | — | — | — | — | — |
| 0 | 1 | 3 | 1 | 3 | 0 | 13 | 2 | 4 | 0 | 0 |
| 1 | 3 | 2 | 5 | 1 | 6 | 10 | 5 | 9 | 20 | 3 |
| 76 | 76 | 76 | 76 | 76 | 76 | 76 | 77 | 76 | 76 | 73 |

は第1章第2節で既に述べた．ここでは経年変化を大まかに論ずるにとどめたい．

(1)全体

55年体制成立以前を見ると，第1回には無所属とその他の政党が計133議席を獲得し，議席の53%を占めた．その後も緑風会，その他の政党，無所属は第2回で計33議席，第3回で計46議席を獲得した．しかし，55年体制成立と共に激減していった．

55年体制下では，自民党が第9-11，15回を除き65議席から75議席を獲得しているのに対し，社会党は第9，15回を除き徐々に議席を減らしている．その他の野党勢は，共産党が激増または激減したことがあるものの，ほぼ一定の議席を確保している．

55年体制崩壊後は，自民党は第17，18回と2回連続で不振を極めた．第19回は自民圧勝と言われたがかつての水準に戻ったに過ぎない．また，凋落した社会党・社民党に代わり，新進党，次いで民主党が第二党の地位を占めるに至った．

(2)全国区・比例区

全国区時代，漸減傾向にあった社会党以外，主要政党の議席はほぼ一定であった．また，主要政党以外の議席は第4回と第7回に激減している．前者は有力候補者が自社両党に取り込まれたこと，後者は創価学会系の無所属議員が公明党に参加したことが原因である．

比例区が導入されてから，第17回まではその他の政党が一定の議席を確保していたが，以後はほとんど議席を確保できなくなっている．

(3)地方区

55年体制成立と共に，緑風会，その他の政党，無所属の当選者が減っている．第3回が計23議席であるのに対し，第4回が計4議席であるから，約6分の1になっている．それ以後，55年体制下ではこれといった特徴は見られない．

一方で第15回以降，その他の政党や無所属が増えた選挙が何度かある．これは連合型候補など複数政党の共同推薦候補や主要政党の単独推薦候補が多数いたためである．その他の政党や無所属の当選者といっても，かつてとはその意味合いが異なっている．

## 4. 全国区有効候補者数

図4-2-2は全国区における有効候補者数の変遷を示したものである．有効候補者数とは各候補者の相対得票率の2乗の和を求め，その逆数をとったものである．これは実質的に当選する可能性のある候補者がどれだけいるかを示す指標である．一般に中選挙区では定数＋1に収束するとされている[6]．

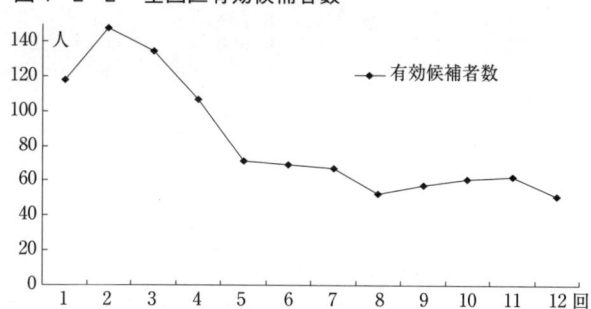

図4-2-2　全国区有効候補者数

補充を除き，全国区の定数は第1回のみ100人[7]，第2回以降は50人である．グラフを見ると第1－4回は数値が高く，第5回以降は50－60程度でほぼ一定となっていることが分かる．第3回（53年）から第5回（59年）にかけての急激な落ち込みは，自社両党が候補者数を絞るようになったこと，緑風会，諸派，無所属を中心に当選可能性の低い候補者が出馬を諦めたこと，当選可能性の高い候補者に票が集まるようになったことが要因と考えられる．

## 5. 地方区当選者MK指数

表4-2-3，表4-2-4は各回地方区当選者MK指数の上位・下位10人を表している．MK指数は，（候補者の得票）÷（法定得票数）で計算され[8]，この指数が高いほど選挙に強かった候補者であるとされる．

ベスト10については，上位を占める政党の傾向から各回選挙でどの政党が強かったかが分かる．第4－14回で自民党候補者が平均7人と大半を占めていた．以降は第15回社会党7人・自民党1人，第16回自民党8人，第17回新進党7人，第18回民主党6人・自民党0人，第19回自民党10人となっている．

（松平健輔）

表4-2-3 地方区当選者 MK指数ランキング（ベスト10）

**第1回**

| | 氏名 | 都道府県 | MK指数 | 党派 | 新現元 |
|---|---|---|---|---|---|
| 1 | 松平 恒雄 | 福島県 | 11.49 | 無 | 新① |
| 2 | 野田 俊作 | 福岡県 | 11.08 | 無 | 新① |
| 3 | 岩木 哲夫 | 大阪府 | 10.59 | 民主 | 新① |
| 4 | 中馬 猪之吉 | 鹿児島県 | 9.87 | 無 | 新① |
| 5 | 佐々木 鹿蔵 | 広島県 | 8.05 | 無 | 新① |
| 6 | 原口 忠次郎 | 兵庫県 | 7.87 | 社会 | 新① |
| 7 | 島村 軍次 | 岡山県 | 7.51 | 無 | 新① |
| 8 | 三木 治朗 | 神奈川県 | 7.38 | 社会 | 新① |
| 9 | 小野 哲 | 千葉県 | 7.07 | 無 | 新① |
| 10 | 波多野 鼎 | 福岡県 | 6.92 | 社会 | 新① |

**第2回**

| | 氏名 | 都道府県 | MK指数 | 党派 | 新現元 |
|---|---|---|---|---|---|
| 1 | 小松 正雄 | 福岡県 | 5.47 | 社会 | 新① |
| 2 | 成瀬 幡治 | 愛知県 | 5.24 | 社会 | 新① |
| 3 | 松浦 清一 | 兵庫県 | 4.95 | 社会 | 新① |
| 4 | 佐多 忠隆 | 鹿児島県 | 4.76 | 社会 | 新① |
| 5 | 大屋 晋三 | 大阪府 | 4.59 | 自由 | 前② |
| 6 | 団 伊能 | 福岡県 | 4.45 | 自由 | 前② |
| 7 | 山本 米治 | 愛知県 | 4.36 | 自由 | 新① |
| 8 | 深水 六郎 | 熊本県 | 4.31 | 自由 | 前② |
| 9 | 平岡 市三 | 静岡県 | 4.13 | 自由 | 新① |
| 10 | 島津 忠彦 | 鹿児島県 | 4.12 | 自由 | 前② |

**第3回**

| | 氏名 | 都道府県 | MK指数 | 党派 | 新現元 |
|---|---|---|---|---|---|
| 1 | 青柳 秀夫 | 愛知県 | 6.96 | 自由 | 新① |
| 2 | 吉田 法晴 | 福岡県 | 6.95 | 社会 | 現② |
| 3 | 小林 武治 | 静岡県 | 6.24 | 無 | 新① |
| 4 | 剱木 亨弘 | 福岡県 | 6.12 | 自由 | 新① |
| 5 | 岡崎 真一 | 兵庫県 | 5.86 | 自由 | 現② |
| 6 | 千葉 信 | 北海道 | 5.33 | 社会 | 現② |
| 7 | 井上 清一 | 京都府 | 5.30 | 自由 | 新① |
| 8 | 川口 為之助 | 千葉県 | 5.26 | 自由 | 新① |
| 9 | 西郷 吉之助 | 鹿児島県 | 5.25 | 自由 | 現② |
| 10 | 松野 鶴平 | 熊本県 | 5.10 | 自由 | 現② |

**第4回**

| | 氏名 | 都道府県 | MK指数 | 党派 | 新現元 |
|---|---|---|---|---|---|
| 1 | 木暮 武太夫 | 群馬県 | 5.92 | 自民 | 新① |
| 2 | 成田 一郎 | 兵庫県 | 5.90 | 自民 | 新① |
| 3 | 成瀬 幡治 | 愛知県 | 5.73 | 社会 | 前② |
| 4 | 安井 謙 | 東京都 | 5.42 | 自民 | 新① |
| 5 | 永野 護 | 広島県 | 5.27 | 自民 | 新① |
| 6 | 重成 格 | 鹿児島県 | 5.06 | 自民 | 新① |
| 7 | 大沢 雄一 | 埼玉県 | 4.93 | 自民 | 新① |
| 8 | 棚橋 小虎 | 長野県 | 4.87 | 社会 | 前② |
| 9 | 清沢 俊英 | 新潟県 | 4.73 | 社会 | 前② |
| 10 | 相馬 助治 | 栃木県 | 4.71 | 社会 | 前② |

表4-2-4 地方区当選者 MK指数ランキング（ワースト10）

**第1回**

| | 氏名 | 都道府県 | MK指数 | 党派 | 新現元 |
|---|---|---|---|---|---|
| 1 | 岩本 月洲 | 広島県 | 1.54 | 無 | 新① |
| 2 | 島津 忠彦 | 鹿児島県 | 1.82 | 無 | 新① |
| 3 | 団 伊能 | 福岡県 | 2.19 | 自由 | 新① |
| 4 | 池田 恒雄 | 茨城県 | 2.24 | 無 | 新① |
| 5 | 村尾 重雄 | 大阪府 | 2.34 | 社会 | 新① |
| 6 | 入交 太蔵 | 高知県 | 2.38 | 民主 | 新① |
| 7 | 大隅 憲二 | 神奈川県 | 2.38 | 自由 | 新① |
| 8 | 大屋 晋三 | 大阪府 | 2.39 | 自由 | 新① |
| 9 | 田中 利勝 | 福島県 | 2.41 | 社会 | 新① |
| 10 | 板野 勝次 | 岡山県 | 2.41 | 共産 | 新① |

**第2回**

| | 氏名 | 都道府県 | MK指数 | 党派 | 新現元 |
|---|---|---|---|---|---|
| 1 | 平林 太一 | 山梨県 | 1.67 | 無 | 新① |
| 2 | 紅露 みつ | 徳島県 | 1.79 | 民主 | 前② |
| 3 | 鈴木 強平 | 群馬県 | 1.89 | 民主 | 前② |
| 4 | 桜内 義雄 | 島根県 | 1.94 | 民主 | 前② |
| 5 | 三輪 貞治 | 宮崎県 | 2.12 | 社会 | 新① |
| 6 | 池田 宇右衛門 | 長野県 | 2.14 | 自由 | 前② |
| 7 | 長谷山 行毅 | 秋田県 | 2.14 | 自由 | 前② |
| 8 | 中川 幸平 | 石川県 | 2.17 | 自由 | 前② |
| 9 | 入交 太蔵 | 高知県 | 2.22 | 自由 | 前② |
| 10 | 中川 以良 | 山口県 | 2.27 | 自由 | 前② |

**第3回**

| | 氏名 | 都道府県 | MK指数 | 党派 | 新現元 |
|---|---|---|---|---|---|
| 1 | 武藤 常介 | 茨城県 | 2.00 | 改進 | 新① |
| 2 | 田畑 金光 | 福島県 | 2.03 | 社会 | 新① |
| 3 | 宮田 重文 | 茨城県 | 2.04 | 自由 | 現② |
| 4 | 石坂 豊一 | 富山県 | 2.17 | 自由 | 現② |
| 5 | 田中 啓一 | 岐阜県 | 2.20 | 自由 | 新① |
| 6 | 島村 軍次 | 岡山県 | 2.27 | 緑風 | 現② |
| 7 | 松岡 平市 | 佐賀県 | 2.29 | 自由 | 新① |
| 8 | 吉野 信次 | 宮城県 | 2.33 | 自由 | 新① |
| 9 | 白川 一雄 | 香川県 | 2.35 | 無 | 新① |
| 10 | 西川 弥平治 | 新潟県 | 2.39 | 自由 | 新① |

**第4回**

| | 氏名 | 都道府県 | MK指数 | 党派 | 新現元 |
|---|---|---|---|---|---|
| 1 | 平島 敏夫 | 宮崎県 | 2.02 | 自民 | 新① |
| 2 | 杉原 荒太 | 佐賀県 | 2.25 | 無 | 前② |
| 3 | 重盛 寿治 | 東京都 | 2.75 | 社会 | 前② |
| 4 | 相沢 重明 | 神奈川県 | 2.76 | 社会 | 新① |
| 5 | 小幡 治和 | 福井県 | 2.79 | 自民 | 前② |
| 6 | 吉江 勝保 | 山梨県 | 2.81 | 自民 | 新① |
| 7 | 林田 正治 | 熊本県 | 2.84 | 無 | 新① |
| 8 | 紅露 みつ | 徳島県 | 2.85 | 自民 | 前③ |
| 9 | 木下 友敬 | 山口県 | 2.91 | 社会 | 新① |
| 10 | 島 清 | 東京都 | 2.93 | 社会 | 元② |

| 第5回 | | | | | | 第5回 | | | | | |
|---|---|---|---|---|---|---|---|---|---|---|---|
| 1 | 赤間 文三 | 大阪府 | 8.87 | 自民 | 新① | 1 | 鳥畠 徳次郎 | 石川県 | 2.08 | 無 | 新① |
| 2 | 吉田 法晴 | 福岡県 | 5.88 | 社会 | 前③ | 2 | 佐藤 尚武 | 青森県 | 2.26 | 緑風 | 前③ |
| 3 | 米田 勲 | 北海道 | 5.63 | 社会 | 新① | 3 | 村上 春蔵 | 大分県 | 2.42 | 自民 | 新① |
| 4 | 井上 清一 | 京都府 | 5.54 | 自民 | 前② | 4 | 谷村 貞治 | 岩手県 | 2.47 | 自民 | 新① |
| 5 | 鍋島 直紹 | 佐賀県 | 5.34 | 自民 | 新① | 5 | 黒川 武雄 | 東京都 | 2.47 | 自民 | 前③ |
| 6 | 岡崎 真一 | 兵庫県 | 5.32 | 自民 | 前③ | 6 | 鮎川 金次郎 | 東京都 | 2.49 | 自民 | 新① |
| 7 | 青柳 秀夫 | 愛知県 | 5.29 | 自民 | 前② | 7 | 永末 英一 | 京都府 | 2.66 | 社会 | 新① |
| 8 | 佐藤 芳男 | 新潟県 | 5.05 | 自民 | 新① | 8 | 亀田 得治 | 大阪府 | 2.69 | 社会 | 前② |
| 9 | 桜井 三郎 | 熊本県 | 5.03 | 自民 | 新① | 9 | 最上 英子 | 群馬県 | 2.70 | 自民 | 前② |
| 10 | 野田 俊作 | 福岡県 | 4.98 | 自民 | 前③ | 10 | 中田 吉雄 | 鳥取県 | 2.76 | 社会 | 前③ |
| 第6回 | | | | | | 第6回 | | | | | |
| 1 | 安井 謙 | 東京都 | 6.84 | 自民 | 現③ | 1 | 紅露 みつ | 徳島県 | 2.20 | 自民 | 現④ |
| 2 | 小柳 牧衛 | 新潟県 | 6.00 | 自民 | 現③ | 2 | 渡辺 勘吉 | 岩手県 | 2.21 | 社会 | 新① |
| 3 | 田中 茂穂 | 鹿児島県 | 5.94 | 自民 | 現③ | 3 | 杉原 荒太 | 佐賀県 | 2.22 | 自民 | 現③ |
| 4 | 木暮 武太夫 | 群馬県 | 5.80 | 自民 | 新① | 4 | 山本 利寿 | 島根県 | 2.32 | 無 | 現① |
| 5 | 植竹 春彦 | 栃木県 | 5.53 | 自民 | 現④ | 5 | 柳岡 秋夫 | 千葉県 | 2.37 | 社会 | 新① |
| 6 | 林 虎雄 | 長野県 | 5.43 | 社会 | 新① | 6 | 木島 義夫 | 千葉県 | 2.72 | 自民 | 新① |
| 7 | 佐野 芳雄 | 兵庫県 | 5.32 | 社会 | 新① | 7 | 柴田 栄 | 愛知県 | 2.81 | 自民 | 新① |
| 8 | 大矢 正 | 北海道 | 5.29 | 社会 | 現② | 8 | 鈴木 寿 | 秋田県 | 2.91 | 社会 | 現② |
| 9 | 成瀬 幡治 | 愛知県 | 5.27 | 社会 | 現③ | 9 | 堀本 宜実 | 愛媛県 | 3.08 | 自民 | 現② |
| 10 | 小林 篤一 | 北海道 | 5.18 | 無 | 新① | 10 | 館 哲二 | 富山県 | 3.08 | 自民 | 現③ |
| 第7回 | | | | | | 第7回 | | | | | |
| 1 | 小林 武治 | 静岡県 | 6.44 | 自民 | 前③ | 1 | 戸田 菊雄 | 宮城県 | 2.28 | 社会 | 新① |
| 2 | 佐藤 芳男 | 新潟県 | 6.05 | 自民 | 前② | 2 | 津島 文治 | 青森県 | 2.30 | 自民 | 新① |
| 3 | 川村 清一 | 北海道 | 6.03 | 社会 | 新① | 3 | 高橋 衛 | 福井県 | 2.32 | 自民 | 前③ |
| 4 | 藤田 正明 | 広島県 | 5.98 | 自民 | 新① | 4 | 中村 波男 | 岐阜県 | 2.34 | 社会 | 新① |
| 5 | 井川 伊平 | 北海道 | 5.73 | 自民 | 新① | 5 | 任田 新治 | 石川県 | 2.63 | 自民 | 新① |
| 6 | 羽生 三七 | 長野県 | 5.68 | 社会 | 前④ | 6 | 田村 賢作 | 栃木県 | 2.64 | 自民 | 新① |
| 7 | 赤間 文三 | 大阪府 | 5.42 | 自民 | 前② | 7 | 田浦 直蔵 | 長崎県 | 2.69 | 自民 | 新① |
| 8 | 秋山 長造 | 岡山県 | 5.39 | 社会 | 前④ | 8 | 松野 孝一 | 秋田県 | 2.88 | 自民 | 前③ |
| 9 | 小沢 久太郎 | 千葉県 | 5.18 | 自民 | 前② | 9 | 桜井 志郎 | 富山県 | 2.92 | 自民 | 前② |
| 10 | 藤田 進 | 広島県 | 5.15 | 社会 | 前③ | 10 | 中村 英男 | 島根県 | 2.92 | 社会 | 新① |
| 第8回 | | | | | | 第8回 | | | | | |
| 1 | 上原 正吉 | 埼玉県 | 6.74 | 自民 | 現④ | 1 | 山崎 竜男 | 青森県 | 1.69 | 無 | 新① |
| 2 | 郡 祐一 | 茨城県 | 6.36 | 自民 | 現④ | 2 | 杉原 荒太 | 佐賀県 | 1.97 | 自民 | 現④ |
| 3 | 林 虎雄 | 長野県 | 6.07 | 社会 | 現② | 3 | 西村 関一 | 滋賀県 | 2.58 | 社会 | 現② |
| 4 | 中津井 真 | 広島県 | 5.78 | 自民 | 現② | 4 | 安田 隆明 | 石川県 | 2.68 | 無 | 新① |
| 5 | 大矢 正 | 北海道 | 5.35 | 社会 | 現② | 5 | 後藤 義隆 | 大分県 | 2.90 | 自民 | 現③ |
| 6 | 松本 賢一 | 広島県 | 5.18 | 社会 | 新① | 6 | 渡辺 一太郎 | 千葉県 | 2.93 | 自民 | 新① |
| 7 | 河口 陽一 | 北海道 | 5.10 | 自民 | 新① | 7 | 木島 義夫 | 千葉県 | 2.96 | 自民 | 新① |
| 8 | 西田 信一 | 北海道 | 5.06 | 自民 | 新① | 8 | 杉原 一雄 | 富山県 | 2.97 | 社会 | 新① |
| 9 | 高田 浩運 | 熊本県 | 4.78 | 自民 | 新① | 9 | 山崎 五郎 | 秋田県 | 2.98 | 自民 | 新① |
| 10 | 田中 茂穂 | 鹿児島県 | 4.70 | 自民 | 現③ | 10 | 矢野 登 | 栃木県 | 3.05 | 自民 | 新① |

## 第9回

| | | | | | |
|---|---|---|---|---|---|
| 1 | 秋山 長造 | 岡山県 | 5.84 | 社会 | 現⑤ |
| 2 | 佐藤 隆 | 新潟県 | 5.76 | 自民 | 新① |
| 3 | 藤田 正明 | 広島県 | 5.58 | 自民 | 新① |
| 4 | 金井 元彦 | 兵庫県 | 5.58 | 自民 | 新① |
| 5 | 小野 明 | 福岡県 | 5.37 | 社会 | 新① |
| 6 | 土屋 義彦 | 埼玉県 | 5.32 | 自民 | 新② |
| 7 | 劔木 亨弘 | 福岡県 | 5.31 | 自民 | 現④ |
| 8 | 寺本 広作 | 熊本県 | 5.16 | 自民 | 元② |
| 9 | 河野 謙三 | 神奈川県 | 5.13 | 自民 | 現④ |
| 10 | 杉山 善太郎 | 新潟県 | 5.09 | 社会 | 元② |

## 第10回

| | | | | | |
|---|---|---|---|---|---|
| 1 | 安井 謙 | 東京都 | 5.65 | 自民 | 現⑤ |
| 2 | 藤川 一秋 | 愛知県 | 4.98 | 自民 | 新① |
| 3 | 上田 哲 | 東京都 | 4.95 | 社会 | 現② |
| 4 | 中西 一郎 | 兵庫県 | 4.86 | 自民 | 現② |
| 5 | 小柳 勇 | 福岡県 | 4.62 | 社会 | 現④ |
| 6 | 林田 悠紀夫 | 京都府 | 4.47 | 自民 | 現③ |
| 7 | 中山 太郎 | 大阪府 | 4.33 | 自民 | 現② |
| 8 | 亘 四郎 | 新潟県 | 4.31 | 自民 | 新① |
| 9 | 永野 厳雄 | 広島県 | 4.16 | 自民 | 新① |
| 10 | 井上 吉夫 | 鹿児島県 | 4.16 | 自民 | 新① |

## 第11回

| | | | | | |
|---|---|---|---|---|---|
| 1 | 山本 富雄 | 群馬県 | 6.59 | 自民 | 新① |
| 2 | 塚田 十一郎 | 新潟県 | 6.39 | 自民 | 前③ |
| 3 | 原 文兵衛 | 東京都 | 5.96 | 自民 | 前② |
| 4 | 木村 睦男 | 岡山県 | 5.52 | 自民 | 前④ |
| 5 | 菅野 儀作 | 千葉県 | 5.25 | 自民 | 前③ |
| 6 | 秋山 長造 | 岡山県 | 5.12 | 社会 | 前6 |
| 7 | 河野 謙三 | 神奈川県 | 4.96 | 無 | 前⑤ |
| 8 | 金井 元彦 | 兵庫県 | 4.94 | 自民 | 前② |
| 9 | 藤田 正明 | 広島県 | 4.93 | 自民 | 前③ |
| 10 | 北 修二 | 北海道 | 4.87 | 自民 | 新① |

## 第12回

| | | | | | |
|---|---|---|---|---|---|
| 1 | 長谷川 信 | 新潟県 | 6.58 | 自民 | 現② |
| 2 | 加藤 武徳 | 岡山県 | 6.26 | 自民 | 現④ |
| 3 | 井上 裕 | 千葉県 | 6.13 | 自民 | 新① |
| 4 | 安井 謙 | 東京都 | 5.95 | 無 | 現6 |
| 5 | 中西 一郎 | 兵庫県 | 5.87 | 自民 | 現③ |
| 6 | 上田 稔 | 京都府 | 5.80 | 自民 | 現④ |
| 7 | 福田 宏一 | 群馬県 | 5.50 | 自民 | 新① |
| 8 | 大木 浩 | 愛知県 | 5.46 | 自民 | 新① |
| 9 | 永野 厳雄 | 広島県 | 5.45 | 自民 | 現② |
| 10 | 夏目 忠雄 | 長野県 | 5.31 | 自民 | 現② |

## 第9回

| | | | | | |
|---|---|---|---|---|---|
| 1 | 浜田 幸雄 | 高知県 | 1.98 | 自民 | 新① |
| 2 | 中村 英男 | 島根県 | 2.39 | 社会 | 元② |
| 3 | 戸田 菊雄 | 宮城県 | 2.69 | 社会 | 現① |
| 4 | 沢田 政治 | 秋田県 | 2.78 | 社会 | 現② |
| 5 | 大森 久司 | 奈良県 | 2.79 | 自民 | 現② |
| 6 | 小笠 公韶 | 徳島県 | 2.82 | 無 | 新① |
| 7 | 河本 嘉久蔵 | 滋賀県 | 2.82 | 自民 | 新① |
| 8 | 辻 一彦 | 福井県 | 2.83 | 社会 | 新① |
| 9 | 中村 波男 | 岐阜県 | 2.85 | 社会 | 現② |
| 10 | 伊藤 五郎 | 山形県 | 2.88 | 自民 | 現① |

## 第10回

| | | | | | |
|---|---|---|---|---|---|
| 1 | 望月 邦夫 | 滋賀県 | 2.47 | 自民 | 新① |
| 2 | 中村 太郎 | 山梨県 | 2.52 | 自民 | 新① |
| 3 | 大島 友治 | 栃木県 | 2.58 | 無 | 新① |
| 4 | 亀井 久興 | 島根県 | 2.63 | 自民 | 新① |
| 5 | 久次米 健太郎 | 徳島県 | 2.71 | 無 | 新① |
| 6 | 遠藤 要 | 宮城県 | 2.71 | 自民 | 現② |
| 7 | 山崎 五郎 | 秋田県 | 2.74 | 自民 | 現② |
| 8 | 岩男 頴一 | 大分県 | 2.76 | 自民 | 新① |
| 9 | 高橋 誉冨 | 千葉県 | 2.76 | 自民 | 新① |
| 10 | 青井 政美 | 愛媛県 | 2.81 | 自民 | 新① |

## 第11回

| | | | | | |
|---|---|---|---|---|---|
| 1 | 坂倉 藤吾 | 三重県 | 2.08 | 社会 | 新① |
| 2 | 森田 重郎 | 埼玉県 | 2.48 | 自ク | 新① |
| 3 | 寺下 岩蔵 | 青森県 | 2.56 | 自民 | 前② |
| 4 | 鈴木 正一 | 福島県 | 2.70 | 自民 | 新① |
| 5 | 片岡 勝治 | 神奈川県 | 2.71 | 社会 | 前② |
| 6 | 戸叶 武 | 栃木県 | 2.74 | 社会 | 前④ |
| 7 | 柿沢 弘治 | 東京都 | 2.78 | 自ク | 新① |
| 8 | 佐藤 昭夫 | 京都府 | 2.78 | 共産 | 新① |
| 9 | 成相 善十 | 島根県 | 2.83 | 自民 | 新① |
| 10 | 広田 幸一 | 鳥取県 | 2.87 | 社会 | 新① |

## 第12回

| | | | | | |
|---|---|---|---|---|---|
| 1 | 竹田 四郎 | 神奈川県 | 2.64 | 社会 | 現③ |
| 2 | 山田 耕三郎 | 滋賀県 | 2.65 | 無 | 新① |
| 3 | 内藤 健 | 徳島県 | 2.91 | 自民 | 新① |
| 4 | 小西 博行 | 広島県 | 2.93 | 民社 | 新① |
| 5 | 安武 洋子 | 兵庫県 | 3.01 | 共産 | 現② |
| 6 | 山田 譲 | 群馬県 | 3.01 | 社会 | 新① |
| 7 | 佐々木 満 | 秋田県 | 3.01 | 自民 | 現③ |
| 8 | 増田 盛 | 岩手県 | 3.11 | 自民 | 現③ |
| 9 | 本岡 昭次 | 兵庫県 | 3.13 | 社会 | 新① |
| 10 | 喜屋武 真栄 | 沖縄県 | 3.19 | 諸派 | 現③ |

## 第13回

| | | | | |
|---|---|---|---|---|
| 1 | 北 修二 | 北海道 | 6.70 | 自民 現② |
| 2 | 藤田 正明 | 広島県 | 6.07 | 自民 現④ |
| 3 | 植木 光教 | 京都府 | 5.56 | 自民 現⑤ |
| 4 | 野末 陳平 | 東京都 | 5.40 | 諸派 現③ |
| 5 | 木村 睦男 | 岡山県 | 5.39 | 自民 現⑤ |
| 6 | 原 文兵衛 | 東京都 | 5.26 | 自民 現③ |
| 7 | 秋山 長造 | 岡山県 | 5.21 | 社会 現7 |
| 8 | 沢田 一精 | 熊本県 | 4.80 | 自民 元③ |
| 9 | 横山 ノック | 大阪府 | 4.76 | 無 現③ |
| 10 | 下条 進一郎 | 長野県 | 4.66 | 自民 現② |

## 第13回

| | | | | |
|---|---|---|---|---|
| 1 | 松尾 官平 | 青森県 | 2.26 | 自民 現② |
| 2 | 杉元 恒雄 | 神奈川県 | 2.46 | 自民 新① |
| 3 | 堀内 俊夫 | 奈良県 | 2.66 | 自民 現③ |
| 4 | 梶原 敬義 | 大分県 | 2.88 | 社会 新① |
| 5 | 星 長治 | 宮城県 | 2.91 | 自民 新① |
| 6 | 出口 広光 | 秋田県 | 2.94 | 自民 新① |
| 7 | 西村 尚治 | 鳥取県 | 2.95 | 自民 現④ |
| 8 | 成相 善十 | 島根県 | 2.98 | 自民 現② |
| 9 | 水谷 力 | 三重県 | 3.00 | 自民 新① |
| 10 | 松岡 満寿男 | 山口県 | 3.05 | 自民 新① |

## 第14回

| | | | | |
|---|---|---|---|---|
| 1 | 長谷川 信 | 新潟県 | 6.86 | 自民 現③ |
| 2 | 宮沢 弘 | 広島県 | 6.37 | 自民 現② |
| 3 | 井上 裕 | 千葉県 | 6.19 | 自民 現② |
| 4 | 林田 悠紀夫 | 京都府 | 6.18 | 自民 元④ |
| 5 | 鈴木 省吾 | 福島県 | 5.97 | 自民 現④ |
| 6 | 加藤 武徳 | 岡山県 | 5.65 | 自民 現⑤ |
| 7 | 中西 一郎 | 兵庫県 | 5.63 | 自民 現④ |
| 8 | 対馬 孝且 | 北海道 | 5.42 | 社会 現③ |
| 9 | 大木 浩 | 愛知県 | 5.13 | 自民 現② |
| 10 | 岩本 政光 | 北海道 | 4.93 | 自民 現② |

## 第14回

| | | | | |
|---|---|---|---|---|
| 1 | 高橋 清孝 | 岩手県 | 2.29 | 自民 新① |
| 2 | 山崎 竜男 | 青森県 | 2.37 | 無 現④ |
| 3 | 上杉 光弘 | 宮崎県 | 2.60 | 無 新① |
| 4 | 小西 博行 | 広島県 | 2.71 | 民社 現② |
| 5 | 一井 淳治 | 岡山県 | 2.82 | 無 新① |
| 6 | 名尾 良孝 | 埼玉県 | 2.87 | 自民 現② |
| 7 | 後藤 正夫 | 大分県 | 2.95 | 自民 現③ |
| 8 | 初村 滝一郎 | 長崎県 | 2.95 | 自民 現④ |
| 9 | 佐々木 満 | 秋田県 | 3.01 | 自民 現③ |
| 10 | 谷川 寛三 | 高知県 | 3.02 | 自民 現② |

## 第15回

| | | | | |
|---|---|---|---|---|
| 1 | 稲村 稔夫 | 新潟県 | 6.41 | 社会 前② |
| 2 | 竹村 泰子 | 北海道 | 6.09 | 無 新① |
| 3 | 前畑 幸子 | 愛知県 | 6.06 | 社会 新① |
| 4 | 菅野 久光 | 北海道 | 5.94 | 社会 前② |
| 5 | 小野 明 | 福岡県 | 5.77 | 社会 前⑤ |
| 6 | 鎌田 要人 | 鹿児島県 | 5.75 | 自民 新① |
| 7 | 久保 亘 | 鹿児島県 | 5.49 | 社会 現③ |
| 8 | 田 英夫 | 東京都 | 5.45 | 無 前④ |
| 9 | 角田 義一 | 群馬県 | 5.39 | 社会 新① |
| 10 | 種田 誠 | 茨城県 | 5.37 | 社会 新① |

## 第15回

| | | | | |
|---|---|---|---|---|
| 1 | 野別 隆俊 | 宮崎県 | 2.41 | 社会 新① |
| 2 | 石渡 清元 | 神奈川県 | 2.49 | 自民 新① |
| 3 | 岩本 久人 | 島根県 | 2.51 | 無 新① |
| 4 | 西岡 瑠璃子 | 高知県 | 2.62 | 社会 新① |
| 5 | 篠崎 年子 | 長崎県 | 2.69 | 社会 新① |
| 6 | 新坂 一雄 | 奈良県 | 2.71 | 連合 新① |
| 7 | 高井 和伸 | 岐阜県 | 2.72 | 連合 新① |
| 8 | 世耕 政隆 | 和歌山県 | 2.76 | 自民 前④ |
| 9 | 中村 鋭一 | 滋賀県 | 2.79 | 連合 元② |
| 10 | 粟森 喬 | 石川県 | 2.80 | 連合 新① |

## 第16回

| | | | | |
|---|---|---|---|---|
| 1 | 井上 裕 | 千葉県 | 6.25 | 自民 前③ |
| 2 | 野村 五男 | 茨城県 | 6.22 | 自民 前② |
| 3 | 加藤 紀文 | 岡山県 | 6.09 | 自民 新① |
| 4 | 真島 一男 | 新潟県 | 6.02 | 自民 前② |
| 5 | 木宮 和彦 | 静岡県 | 5.95 | 自民 前② |
| 6 | 宮沢 弘 | 広島県 | 5.53 | 自民 前② |
| 7 | 林田 悠紀夫 | 京都府 | 5.52 | 自民 前⑤ |
| 8 | 西川 きよし | 大阪府 | 5.51 | 無 前② |
| 9 | 関根 則之 | 埼玉県 | 5.33 | 自民 新① |
| 10 | 浜四津 敏子 | 東京都 | 5.22 | 公明 新① |

## 第16回

| | | | | |
|---|---|---|---|---|
| 1 | 服部 三男雄 | 奈良県 | 2.41 | 自民 新① |
| 2 | 浦田 勝 | 熊本県 | 2.44 | 無 元② |
| 3 | 平野 貞夫 | 高知県 | 2.75 | 無 新① |
| 4 | 遠藤 要 | 宮城県 | 2.91 | 自民 前④ |
| 5 | 栗原 君子 | 広島県 | 2.93 | 諸派 新① |
| 6 | 島袋 宗康 | 沖縄県 | 3.00 | 諸派 新① |
| 7 | 河本 英典 | 滋賀県 | 3.02 | 自民 新① |
| 8 | 坪井 一宇 | 大阪府 | 3.15 | 自民 前② |
| 9 | 守住 有信 | 熊本県 | 3.16 | 自民 前③ |
| 10 | 斎藤 十朗 | 三重県 | 3.20 | 自民 前⑤ |

### 第17回（上位）

| 順位 | 氏名 | 都道府県 | 得票 | 党派 | 新旧 |
|---|---|---|---|---|---|
| 1 | 白浜 一良 | 大阪府 | 7.57 | 新進 | 前② |
| 2 | 高野 博師 | 埼玉県 | 6.68 | 新進 | 新① |
| 3 | 魚住 裕一郎 | 東京都 | 6.66 | 新進 | 新① |
| 4 | 山本 保 | 愛知県 | 6.43 | 新進 | 新① |
| 5 | 岩崎 純三 | 栃木県 | 5.76 | 自民 | 前④ |
| 6 | 小山 峰男 | 長野県 | 5.68 | 新進 | 新① |
| 7 | 山本 一太 | 群馬県 | 5.31 | 自民 | 新① |
| 8 | 阿曽田 清 | 熊本県 | 5.19 | 新進 | 新① |
| 9 | 鎌田 要人 | 鹿児島県 | 5.11 | 自民 | 前② |
| 10 | 松 あきら | 神奈川県 | 5.08 | 新進 | 新① |

### 第17回（下位）

| 順位 | 氏名 | 都道府県 | 得票 | 党派 | 新旧 |
|---|---|---|---|---|---|
| 1 | 田村 公平 | 高知県 | 1.76 | 無 | 新① |
| 2 | 田浦 直 | 長崎県 | 1.84 | 新進 | 新① |
| 3 | 山崎 力 | 青森県 | 2.01 | 新進 | 新① |
| 4 | 常田 享詳 | 鳥取県 | 2.04 | 無 | 新① |
| 5 | 中島 真人 | 山梨県 | 2.28 | 自民 | 新① |
| 6 | 金田 勝年 | 秋田県 | 2.29 | 自民 | 新① |
| 7 | 三重野 栄子 | 福岡県 | 2.38 | 社会 | 前② |
| 8 | 阿部 正俊 | 山形県 | 2.56 | 無 | 新① |
| 9 | 村沢 牧 | 長野県 | 2.59 | 社会 | 前④ |
| 10 | 奥村 展三 | 滋賀県 | 2.60 | さき | 新① |

### 第18回（上位）

| 順位 | 氏名 | 都道府県 | 得票 | 党派 | 新旧 |
|---|---|---|---|---|---|
| 1 | 簗瀬 進 | 栃木県 | 4.76 | 民主 | 新① |
| 2 | 西川 きよし | 大阪府 | 4.76 | 無 | 現② |
| 3 | 江田 五月 | 岡山県 | 4.71 | 民主 | 元② |
| 4 | 本岡 昭次 | 兵庫県 | 4.68 | 民主 | 現④ |
| 5 | 北沢 俊美 | 長野県 | 4.64 | 民主 | 現② |
| 6 | 小川 敏夫 | 東京都 | 4.60 | 民主 | 新① |
| 7 | 浜四津 敏子 | 東京都 | 4.36 | 公明 | 現② |
| 8 | 福山 哲郎 | 京都府 | 4.26 | 無 | 新① |
| 9 | 本田 良一 | 熊本県 | 4.11 | 民主 | 新① |
| 10 | 浜田 卓二郎 | 埼玉県 | 4.07 | 無 | 新① |

### 第18回（下位）

| 順位 | 氏名 | 都道府県 | 得票 | 党派 | 新旧 |
|---|---|---|---|---|---|
| 1 | 仲道 俊哉 | 大分県 | 2.13 | 自民 | 新① |
| 2 | 服部 三男雄 | 奈良県 | 2.30 | 自民 | 現② |
| 3 | 椎名 素夫 | 岩手県 | 2.31 | 無 | 現② |
| 4 | 坂野 重信 | 鳥取県 | 2.39 | 自民 | 現⑤ |
| 5 | 斉藤 滋宣 | 秋田県 | 2.40 | 自民 | 新① |
| 6 | 森下 博之 | 高知県 | 2.49 | 自民 | 新① |
| 7 | 山下 善彦 | 静岡県 | 2.51 | 自民 | 新① |
| 8 | 松谷 蒼一郎 | 長崎県 | 2.52 | 自民 | 現② |
| 9 | 鶴保 庸介 | 和歌山県 | 2.56 | 自由 | 新① |
| 10 | 千葉 景子 | 神奈川県 | 2.58 | 民主 | 現③ |

### 第19回（上位）

| 順位 | 氏名 | 都道府県 | 得票 | 党派 | 新旧 |
|---|---|---|---|---|---|
| 1 | 保坂 三蔵 | 東京都 | 6.70 | 自民 | 前② |
| 2 | 大野 つや子 | 岐阜県 | 6.65 | 自民 | 前② |
| 3 | 小林 温 | 神奈川県 | 6.36 | 自民 | 新① |
| 4 | 鈴木 政二 | 愛知県 | 6.24 | 自民 | 新① |
| 5 | 狩野 安 | 茨城県 | 5.91 | 自民 | 前③ |
| 6 | 倉田 寛之 | 千葉県 | 5.26 | 自民 | 前④ |
| 7 | 谷川 秀善 | 大阪府 | 4.98 | 自民 | 前② |
| 8 | 太田 豊秋 | 福島県 | 4.85 | 自民 | 前③ |
| 9 | 山本 一太 | 群馬県 | 4.84 | 自民 | 前② |
| 10 | 鴻池 祥肇 | 兵庫県 | 4.72 | 自民 | 前② |

### 第19回（下位）

| 順位 | 氏名 | 都道府県 | 得票 | 党派 | 新旧 |
|---|---|---|---|---|---|
| 1 | 森 裕子 | 新潟県 | 1.79 | 自由 | 新① |
| 2 | 今泉 昭 | 千葉県 | 1.96 | 民主 | 前② |
| 3 | 岩本 司 | 福岡県 | 2.01 | 民主 | 新① |
| 4 | 小斉平 敏文 | 宮崎県 | 2.12 | 自民 | 新① |
| 5 | 田村 公平 | 高知県 | 2.40 | 自民 | 前② |
| 6 | 平野 達男 | 岩手県 | 2.51 | 自由 | 新① |
| 7 | 荒井 正吾 | 奈良県 | 2.63 | 自民 | 新① |
| 8 | 山根 隆治 | 埼玉県 | 2.71 | 民主 | 新① |
| 9 | 和田 洋子 | 福島県 | 2.72 | 民主 | 前② |
| 10 | 高橋 千秋 | 三重県 | 2.79 | 無 | 前② |

## 第3節　性別と候補者・当選者

### 1. はじめに

　この節では候補者・当選者の属性のうち性別，特に女性に着目して経年変化を見ていく．まず2．および3．では女性候補者・当選者全体の傾向を論じる．4．では政党別に女性候補者をどれほど重視しているかを分析し，さらに5．では女性候補者の参議院選挙における強さがどのように変化してきた

かを MK 指数や当選率から見ていく．また 6. では地方区での特徴としてどのような選挙区で女性が立候補，当選しているかを示す．

## 2. 女性候補者数・割合

　図 4-3-1 は全国区・比例区，地方区別の女性候補者の割合の変遷を，表 4-3-1 は女性候補者数の変遷を政党別の内訳を含めて示している．図 4-3-1 によれば女性候補者の割合は全国区・地方区時代の第12回までは全国区では 8 ％，地方区では 3 ％ほどでほぼ横ばいに推移している．第11回で急増しているのは日本女性党，革新自由連合といった新党が女性候補者を多数立てたためであり，表 4-3-1 で示されるように主要政党の女性候補者数に大きな変化はなく例外的であると言える．

　比例区が第13回以降導入されると，比例区，地方区ともに女性候補者は数，割合とも一気に増加傾向となる．これはミニ政党のみならず主要政党，特に共産，社会，公明各党においても女性候補者が増加したためである．そしていわゆる「マドンナ旋風」が話題となった第15回において最多の149人となる．

　第16回以降，女性候補者数自体は横ばい状態だが，候補者全体の数も減少しているため女性候補者の割合は増加傾向を続け，第19回では比例区，地方区共に30％近くまでになっている．また地方区においては女性候補者を積極的に立てるミニ政党の増加により，候補者数は増加している．[9]

## 3. 女性当選者数・割合

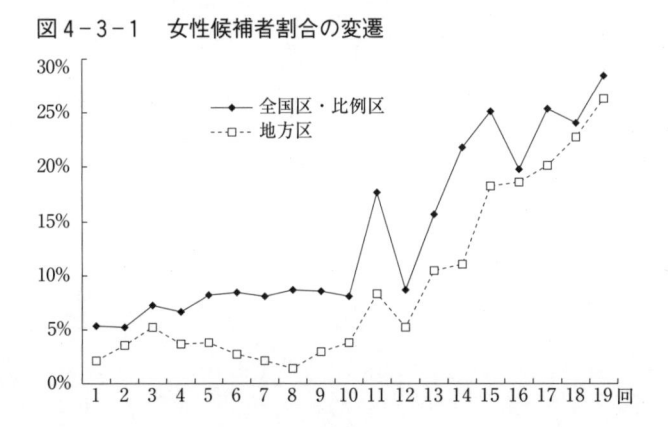

図 4-3-1　女性候補者割合の変遷

表4-3-1　女性候補者数の変遷

| 全体 | 1 | 2 | 3 | 4 | 5 | 6 | 7 | 8 |
|---|---|---|---|---|---|---|---|---|
| 自民 | 自由 1<br>民主 3 | 4<br>4 | 1<br>3 | 6 | 5 | 5 | 3 | 3 |
| 社会 | 4 | 5 | 右派 3<br>左派 2 | 3 | 4 | 4 | 3 | 2 |
| 共産 | 1 | 0 | 0 | 0 | 0 | 0 | 0 | 1 |
| 民社 | — | — | — | — | — | 0 | 1 | 2 |
| 公明 | — | — | — | — | — | — | 1 | 0 |
| 民主 | — | — | — | — | — | — | — | — |
| 自由 | — | — | — | — | — | — | — | — |
| 緑風 | — | 4 | 5 | 1 | 1 | 1 | — | — |
| その他 | 6 | 2 | 3 | 0 | 2 | 0 | 1 | 0 |
| 無所属 | 5 | 6 | 11 | 7 | 6 | 5 | 4 | 3 |
| 合計 | 20 | 25 | 28 | 17 | 18 | 15 | 13 | 11 |

| 全国・比例区 | 1 | 2 | 3 | 4 | 5 | 6 | 7 | 8 |
|---|---|---|---|---|---|---|---|---|
| 自民 | 自由 1<br>民主 3 | 4<br>1 | 1<br>0 | 3 | 3 | 3 | 2 | 3 |
| 社会 | 2 | 5 | 右派 2<br>左派 1 | 3 | 2 | 2 | 2 | 2 |
| 共産 | 0 | 0 | 0 | 0 | 0 | 0 | 0 | 1 |
| 民社 | — | — | — | — | — | 0 | 0 | 0 |
| 公明 | — | — | — | — | — | — | 1 | 0 |
| 民主 | — | — | — | — | — | — | — | — |
| 自由 | — | — | — | — | — | — | — | — |
| 緑風 | — | 2 | 5 | 1 | 1 | 0 | — | — |
| その他 | 5 | 0 | 1 | 0 | 0 | 0 | 0 | 0 |
| 無所属 | 2 | 4 | 7 | 3 | 4 | 4 | 3 | 2 |
| 合計 | 13 | 16 | 17 | 10 | 10 | 9 | 8 | 8 |

| 地方区 | 1 | 2 | 3 | 4 | 5 | 6 | 7 | 8 |
|---|---|---|---|---|---|---|---|---|
| 自民 | 自由 0<br>民主 0 | 0<br>3 | 0<br>3 | 3 | 2 | 2 | 1 | 0 |
| 社会 | 2 | 0 | 右派 1<br>左派 1 | 0 | 2 | 2 | 1 | 0 |
| 共産 | 1 | 0 | 0 | 0 | 0 | 0 | 0 | 0 |
| 民社 | — | — | — | — | — | 0 | 1 | 2 |
| 公明 | — | — | — | — | — | — | 0 | 0 |
| 民主 | — | — | — | — | — | — | — | — |
| 自由 | — | — | — | — | — | — | — | — |
| 緑風 | — | 2 | 0 | 0 | 0 | 1 | — | — |
| その他 | 1 | 2 | 2 | 0 | 2 | 0 | 1 | 0 |
| 無所属 | 3 | 2 | 4 | 4 | 2 | 1 | 1 | 1 |
| 合計 | 7 | 9 | 11 | 7 | 8 | 6 | 5 | 3 |

| 9 | 10 | 11 | 12 | 13 | 14 | 15 | 16 | 17 | 18 | 19 |
|---|----|----|----|----|----|----|----|----|----|----|
| 5 | 4 | 4 | 4 | 5 | 5 | 5 | 6 | 7 | 4 | 10 |
| 3 | 2 | 5 | 1 | 5 | 6 | 12 | 9 | 7 | 13 | 9 |
| 1 | 6 | 7 | 7 | 15 | 16 | 20 | 23 | 17 | 30 | 24 |
| 1 | 1 | 1 | 1 | 3 | 2 | 6 | 4 | — | — | — |
| 1 | 0 | 2 | 0 | 3 | 2 | 3 | 5 | — | 6 | 7 |
| — | — | — | — | — | — | — | — | 新進10 | 9 | 17 |
| — | — | — | — | — | — | — | — | | 3 | 6 |
| — | — | — | — | — | — | — | — | — | — | — |
| 0 | 1 | 15 | 1 | 24 | 49 | 100 | 72 | 75 | 36 | 53 |
| 4 | 4 | 2 | 4 | 0 | 2 | 3 | 4 | 8 | 9 | 9 |
| 15 | 18 | 36 | 18 | 55 | 82 | 149 | 123 | 124 | 110 | 135 |

| 9 | 10 | 11 | 12 | 13 | 14 | 15 | 16 | 17 | 18 | 19 |
|---|----|----|----|----|----|----|----|----|----|----|
| 4 | 4 | 3 | 3 | 5 | 3 | 5 | 4 | 6 | 3 | 6 |
| 2 | 2 | 3 | 1 | 2 | 3 | 7 | 5 | 5 | 7 | 3 |
| 0 | 1 | 1 | 1 | 9 | 8 | 7 | 7 | 6 | 9 | 10 |
| 0 | 0 | 0 | 0 | 2 | 2 | 3 | 3 | — | — | — |
| 1 | 0 | 1 | 0 | 3 | 2 | 3 | 4 | — | 5 | 6 |
| — | — | — | — | — | — | — | — | 新進4 | 6 | 11 |
| — | — | — | — | — | — | — | — | | 0 | 3 |
| — | — | — | — | — | — | — | — | — | — | — |
| 0 | 0 | 8 | 1 | 9 | 35 | 72 | 42 | 25 | 8 | 19 |
| 2 | 2 | 2 | 2 | | | | | | | |
| 9 | 9 | 18 | 8 | 30 | 53 | 97 | 65 | 46 | 38 | 58 |

| 9 | 10 | 11 | 12 | 13 | 14 | 15 | 16 | 17 | 18 | 19 |
|---|----|----|----|----|----|----|----|----|----|----|
| 1 | 0 | 1 | 1 | 0 | 2 | 0 | 2 | 1 | 1 | 4 |
| 1 | 0 | 2 | 0 | 3 | 3 | 5 | 4 | 2 | 6 | 6 |
| 1 | 5 | 6 | 6 | 6 | 8 | 13 | 16 | 11 | 21 | 14 |
| 1 | 1 | 1 | 1 | 1 | 0 | 3 | 1 | — | — | — |
| 0 | 0 | 1 | 0 | 0 | 0 | 0 | 1 | — | 1 | 1 |
| — | — | — | — | — | — | — | — | 新進6 | 3 | 6 |
| — | — | — | — | — | — | — | — | | 3 | 3 |
| — | — | — | — | — | — | — | — | — | — | — |
| 0 | 1 | 7 | 0 | 15 | 14 | 28 | 30 | 50 | 28 | 34 |
| 2 | 2 | 0 | 2 | 0 | 2 | 3 | 4 | 8 | 9 | 9 |
| 6 | 9 | 18 | 10 | 25 | 29 | 52 | 58 | 78 | 72 | 77 |

表4-3-2 女性当選者数の変遷

| 全体 | 1 | 2 | 3 | 4 | 5 | 6 | 7 | 8 |
|---|---|---|---|---|---|---|---|---|
| 自民 | 自由 0<br>民主 2 | 0<br>2 | 1<br>1 | 2 | 3 | 5 | 2 | 1 |
| 社会 | 3 | 3 | 右派 1<br>左派 0 | 3 | 2 | 2 | 2 | 2 |
| 共産 | 0 | 0 | 0 | 0 | 0 | 0 | 0 | 1 |
| 民社 | — | — | — | — | — | — | 1 | 1 |
| 公明 | — | — | — | — | — | — | 1 | 0 |
| 民主 | — | — | — | — | — | — | — | — |
| 自由 | — | — | — | — | — | — | — | — |
| 緑風 | — | 0 | 3 | 0 | 1 | 0 | — | — |
| その他 | 2 | 0 | 0 | 0 | 0 | 0 | 0 | 0 |
| 無所属 | 3 | 0 | 4 | 0 | 2 | 1 | 3 | 0 |
| 合計 | 10 | 5 | 10 | 5 | 8 | 8 | 9 | 5 |

| 全国・比例区 | 1 | 2 | 3 | 4 | 5 | 6 | 7 | 8 |
|---|---|---|---|---|---|---|---|---|
| 自民 | 自由 0<br>民主 2 | 0<br>0 | 1<br>0 | 0 | 2 | 3 | 2 | 1 |
| 社会 | 2 | 3 | 右派 1<br>左派 0 | 3 | 2 | 2 | 2 | 2 |
| 共産 | 0 | 0 | 0 | 0 | 0 | 0 | 0 | 1 |
| 民社 | — | — | — | — | — | 0 | 0 | 0 |
| 公明 | — | — | — | — | — | — | 1 | 0 |
| 民主 | — | — | — | — | — | — | — | — |
| 自由 | — | — | — | — | — | — | — | — |
| 緑風 | — | 0 | 3 | 0 | 1 | 0 | — | — |
| その他 | 2 | 0 | 0 | 0 | 0 | 0 | 0 | 0 |
| 無所属 | 2 | 0 | 1 | 0 | 0 | 1 | 2 | 0 |
| 合計 | 8 | 3 | 6 | 3 | 5 | 6 | 7 | 4 |

| 地方区 | 1 | 2 | 3 | 4 | 5 | 6 | 7 | 8 |
|---|---|---|---|---|---|---|---|---|
| 自民 | 自由 0<br>民主 0 | 0<br>2 | 0<br>1 | 2 | 1 | 2 | 0 | 0 |
| 社会 | 1 | 0 | 右派 0<br>左派 0 | 0 | 0 | 0 | 0 | 0 |
| 共産 | 0 | 0 | 0 | 0 | 0 | 0 | 0 | 0 |
| 民社 | — | — | — | — | — | 0 | 1 | 1 |
| 公明 | — | — | — | — | — | — | 0 | 0 |
| 民主 | — | — | — | — | — | — | — | — |
| 自由 | — | — | — | — | — | — | — | — |
| 緑風 | — | 0 | 0 | 0 | 0 | 0 | — | — |
| その他 | 0 | 0 | 0 | 0 | 0 | 0 | 0 | 0 |
| 無所属 | 1 | 0 | 3 | 0 | 2 | 0 | 1 | 0 |
| 合計 | 2 | 2 | 4 | 2 | 3 | 2 | 2 | 1 |

第4章　候補者　219

| 9 | 10 | 11 | 12 | 13 | 14 | 15 | 16 | 17 | 18 | 19 |
|---|---|---|---|---|---|---|---|---|---|---|
| 3 | 2 | 3 | 3 | 3 | 4 | 2 | 3 | 4 | 2 | 8 |
| 3 | 1 | 1 | 1 | 2 | 2 | 11 | 4 | 4 | 3 | 1 |
| 0 | 3 | 2 | 3 | 2 | 3 | 3 | 1 | 3 | 7 | 2 |
| 1 | 0 | 0 | 0 | 1 | 0 | 0 | 0 | — | — | — |
| 1 | 0 | 2 | 0 | 2 | 1 | 2 | 3 | — | 2 | 2 |
| — | — | — | — | — | — | — | — | 新進7 | 4 | 3 |
| — | — | — | — | — | — | — | — |  | 0 | 1 |
| — | — | — | — | — | — | — | — | — | — | — |
| 0 | 1 | 0 | 1 | 0 | 0 | 2 | 2 | 2 | 0 | 1 |
| 0 | 1 | 0 | 1 | 0 | 0 | 2 | 0 | 1 | 2 | 0 |
| 8 | 8 | 8 | 9 | 10 | 10 | 22 | 13 | 21 | 20 | 18 |

| 9 | 10 | 11 | 12 | 13 | 14 | 15 | 16 | 17 | 18 | 19 |
|---|---|---|---|---|---|---|---|---|---|---|
| 2 | 2 | 3 | 2 | 3 | 2 | 2 | 1 | 3 | 2 | 5 |
| 2 | 1 | 1 | 1 | 1 | 1 | 6 | 2 | 3 | 2 | 1 |
| 0 | 1 | 1 | 1 | 2 | 1 | 2 | 0 | 2 | 2 | 2 |
| 0 | 0 | 0 | 0 | 0 | 0 | 0 | 0 | — | — | — |
| 1 | 0 | 1 | 0 | 2 | 1 | 2 | 2 | — | 1 | 1 |
| — | — | — | — | — | — | — | — | 新進4 | 3 | 1 |
| — | — | — | — | — | — | — | — |  | 0 | 0 |
| — | — | — | — | — | — | — | — | — | — | — |
| 0 | 0 | 0 | 1 | 0 | 0 | 0 | 1 | 1 | 0 | 1 |
| 0 | 1 | 0 | 1 |  |  |  |  |  |  |  |
| 5 | 5 | 6 | 6 | 8 | 5 | 12 | 6 | 13 | 10 | 11 |

| 9 | 10 | 11 | 12 | 13 | 14 | 15 | 16 | 17 | 18 | 19 |
|---|---|---|---|---|---|---|---|---|---|---|
| 1 | 0 | 0 | 1 | 0 | 2 | 0 | 2 | 1 | 0 | 3 |
| 1 | 0 | 0 | 0 | 1 | 1 | 5 | 2 | 1 | 1 | 0 |
| 0 | 2 | 1 | 2 | 0 | 2 | 1 | 1 | 1 | 5 | 0 |
| 1 | 0 | 0 | 0 | 1 | 0 | 0 | 0 | — | — | — |
| 0 | 0 | 1 | 0 | 0 | 0 | 0 | 1 | — | 1 | 1 |
| — | — | — | — | — | — | — | — | 新進3 | 1 | 2 |
| — | — | — | — | — | — | — | — |  | 0 | 1 |
| — | — | — | — | — | — | — | — | — | — | — |
| 0 | 1 | 0 | 0 | 0 | 0 | 2 | 1 | 1 | 0 | 0 |
| 0 | 0 | 0 | 0 | 0 | 0 | 2 | 0 | 1 | 2 | 0 |
| 3 | 3 | 2 | 3 | 2 | 5 | 10 | 7 | 8 | 10 | 7 |

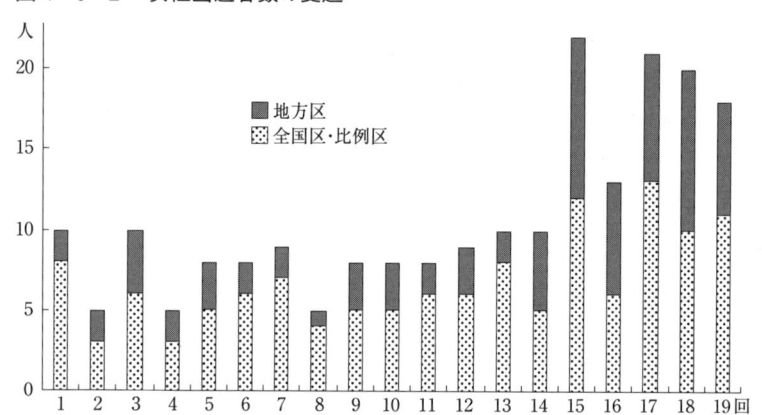

図4-3-2　女性当選者数の変遷

　図4-3-2，表4-3-2は女性の当選者数の変遷を表したものである．女性候補者数が比例区導入の第13回から増加したのに対し，当選者数は第14回まではほぼ目立った変化はなく10人以下で推移し，15回に急増していることが分かる．第15回選挙における急激な増加は，いわゆる「マドンナ旋風」により社会党が地方区5人，比例区6人の女性候補者を当選させ，無所属でも社会党推薦候補が2人当選したことが要因である．

　第15回での女性当選者22人という急増に対し，第16回では12人と大きく減少している．これは女性の政界進出が一過性の現象であったことを示すのだろうか．しかし第14回と比較すれば第16回も増加しており，第17回は21人，第18回は20人，第19回は18人と，3回連続で20人前後であることから，女性当選者がやや増加しつつあると言える．

### 4. 政党別女性候補者・当選者

　ここでは主要政党別の女性候補者・当選者の数，割合をもとに各政党の女性の政界進出への取り組みの相違を論じていく．また，図4-3-3は主要政党の女性候補者の割合を，図4-3-4は主要政党の当選者にしめる女性の割合を表している．

　自民党の女性候補者は大半が5人以下である．6人以上を立てたのは第2，4，16，17，19回選挙の5回のみで，割合を見ても10％を越したのは2回のみと女性の擁立が少ないことが分かる．当選者については保守合同後，

図4-3-3　政党別女性候補者割合

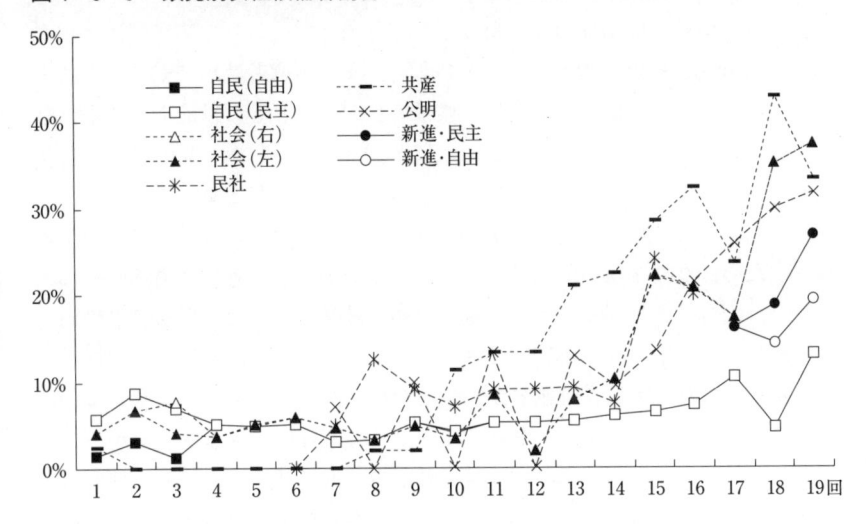

図4-3-4　政党別女性当選者割合

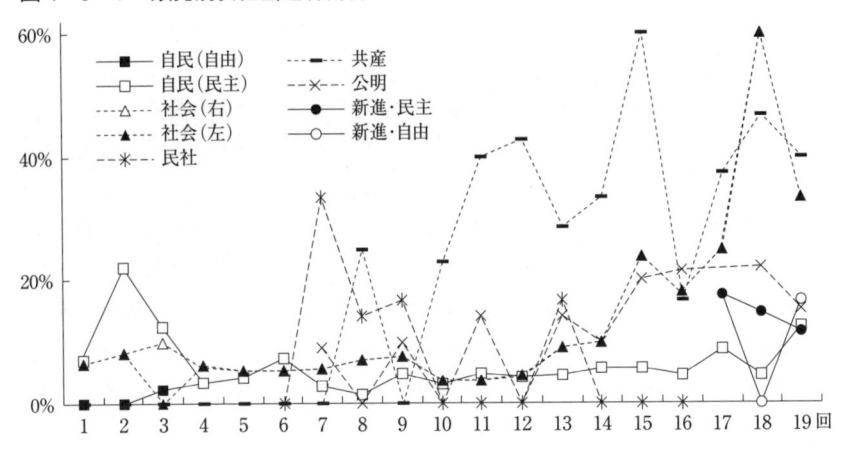

第5，6回と当選者数を伸ばし，特に第6回は5人全員が当選し，7％に達した．しかし第7回以降はほとんど2－3人で，候補者同様3－5％で推移した．第19回は8人が当選，13％となり初めて1割を超えた．

社会党の女性候補者は第14回以前で3－5人，割合でも自民党よりやや高い程度にすぎず，当選者についても1－3人にとどまり，割合は10％以下で

推移していた．1986年，第14回選挙の後に土井たか子委員長が就任すると，同党の女性候補者は増加傾向となり「マドンナ・ブーム」の第15回には12人（22％）に達し，初めて10人と2割を超えた．また当選者数も一気に11人にまで伸ばした．以後2回の選挙では，候補者数，割合ともに以前より高水準を保ちながらも漸減し，当選者数も4人にとどまった．しかし党の当選者自体が激減しているため，割合では以前より遥かに高い水準となっている．社民党に党名変更し（96年），土井が党首に復帰してからは，党のジリ貧傾向を跳ね返すため，女性を積極的にリクルートした結果，候補者数は第18回に13人（35％），割合は第19回に38％（9人）で過去最高に達した．当選者についても第18回で5人中3人，第19回で3人中1人が女性と，割合的には増加した．

しかし社会党以上に女性割合が増加したのが共産党である．共産党は1970年代序盤までは，第1，8，9回で1人立てただけにすぎなかったが，党が躍進した第10回（74年）以降，女性候補が飛躍的に増加し，10％を超えるようになった．当選者については，初の女性当選者を出した第8回以後は2－3人に過ぎない．ただ当選者全体が少ないため，割合的には30－40％を占めることが多い．第13回以降，女性候補者増加はより顕著になり，割合20％を常に超え，特に第18回は30人（43％）と増加している．この選挙では過去最高の4人が当選し，割合も47％に達した．また表4-3-1を見ると，比例区と共に地方区での女性候補擁立も多いことが共産党の特徴であることも分かる．

公明党も近年女性候補者の割合を増加させてきている．第12回以前は2人（のべ4回）しか女性を立てておらず，第10回には候補者数を少数にしぼって出馬させる同党が地方区で45人をたてたにも拘わらず1人の女性候補者もいなかった．しかし第13回以降は割合を増加させ，第18，19回では30％を越えた．当選者についても平均2人で推移し，割合は常に10％を超え，第15，16，18回で20％に達するように増加した．とはいえ表4-3-1をみて分かるとおり女性候補者が増加したのは比例区においてであり，地方区においては1人しか立てていない．従って，当選者についても比例区が主である．

第18回以降に登場した民主党は1960年代の新党に比べて女性候補者の数，割合ともに高く，数については第19回には倍増している．しかし候補者において女性の登用を重視したにも拘わらず，第18回から第19回にかけて，4人→3人と当選者を減らした．第18回は比例区上位に複数の女性が据えられ，

女性当選者4人のうち3人が比例区だった．対して第19回は，地方区で2人当選したが，比例区は1人にとどまった．第19回は比例区で8議席にとどまった上，非拘束式比例代表制が導入され，労組の支援を受けた男性候補者が党内個人得票の上位を占めたからである．

同様に第18回以降に登場した自由党も60年代の新党に比べて女性候補者の数，割合ともに高く，数は第19回に倍増している．しかし当選者は第19回での1人にとどまる．

## 5. 女性候補者の選挙での強さ

図4-3-5は男女別に地方区当選者のMK指数の平均を表している．当選者のみについて平均を取ったのは，泡沫候補のはずれ値を除くためである．第14回選挙以前は当選者が10人弱と少なかったためばらつきがあるが，全体としては女性当選者の指数は上昇している．しかし男性候補者よりは常に値が小さい．逆に第15回選挙では女性4.25，男性3.85と大きく逆転し，この選挙でいかに女性当選者が票を集められたかが分かる．第15回以降は女性の値が常に男性と同等か上回り，地方区においては女性候補者が票を集めやすい傾向になってきていると考えられる．

図4-3-6は全国区当選者の相対得票率の平均を男女比較したものである．地方区での当選者の平均MK指数においては男性が女性を上回っていたのに対し，全国区での当選者の相対得票率の平均は概して女性が男性を上回っている．

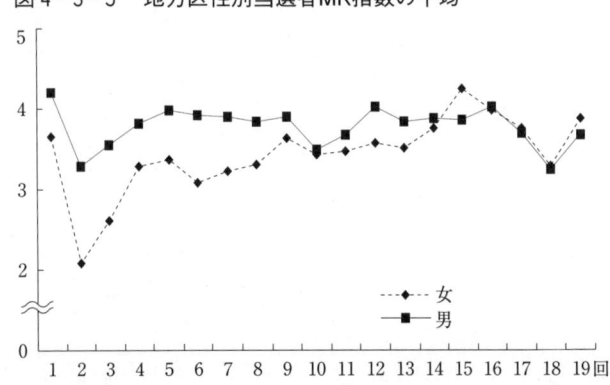

図4-3-5　地方区性別当選者MK指数の平均

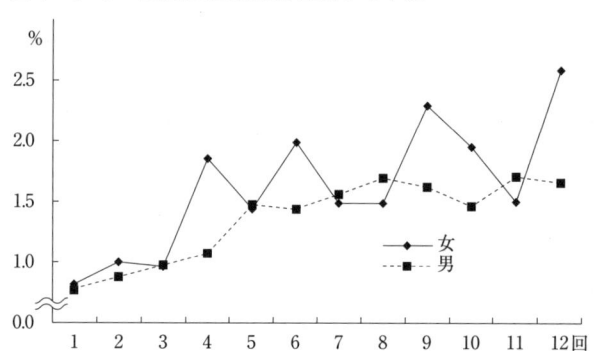

図4-3-6　全国区性別相対得票率の平均

ここで当選率を全国区・比例区と地方区について男女別に示した図4-3-7を見ていく．全国区においては候補者数自体が少ないものの女性の方が概して当選率が高く，逆に比例区になった第13回以降は女性の方が低くなっている．これと全国区で女性当選者の相対得票率の平均が高いことから全国区時代の女性候補者は少数ながら有力候補であったことが分かる．逆に比例区になり特にその他の政党で女性候補者が増加したが，表4-3-2にあるようにこうしたその他の政党の女性候補者はほとんど当選できず当選率を下げてしまっている．地方区においては男性が30－40％とほぼ横ばいなのに対し，

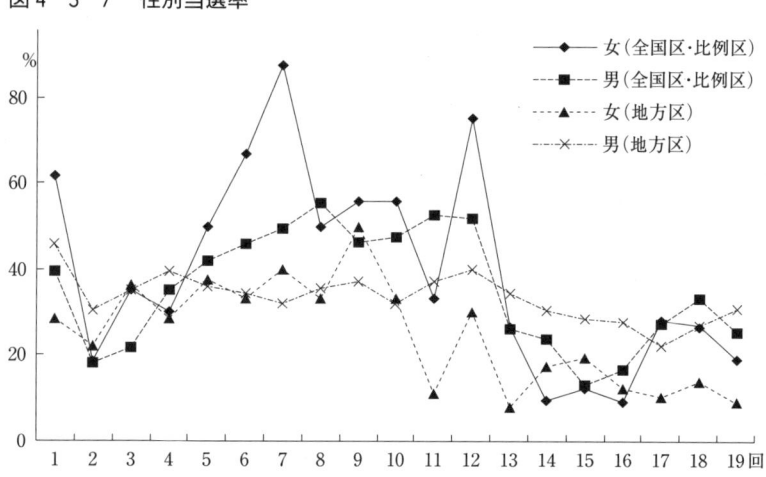

図4-3-7　性別当選率

女性は近年低下傾向にある．図4-3-5で示したように当選した女性のMK指数は高く有力な候補が多いといえる一方で，候補者数が増えたといってもそれが男性並みの当選率につながってはいない．女性候補者に共産党や社民党など当選率の低い政党の候補者が多いからと考えられる．

## 6. 選挙区と女性候補者・当選者

選挙区別にみると女性の候補者が多い，または女性の当選者数が多いのはどのような選挙区であろうか．表4-3-3は女性候補者数が上位の選挙区を示している．83人と圧倒的に多い東京をはじめ女性候補者が多いのは大阪，愛知，神奈川，兵庫と人口が多い3，4人区の都市部に集中している．逆に女性候補者が少ないのは人口の少ない1，2人区である．特に鹿児島では2人区であったにもかかわらず第18回まで女性候補者が立つことはなかった．

当選者について同様に示したのが表4-3-4である．女性当選者が最も多

**表4-3-3 選挙区別女性候補者数（上位）**

| 選挙回 | 東京 | 大阪 | 愛知 | 神奈川 | 兵庫 | 埼玉 | 福岡 | 北海道 | 千葉 | 奈良 | 栃木 | 静岡 | 京都 | 岡山 | 広島 |
|---|---|---|---|---|---|---|---|---|---|---|---|---|---|---|---|
| 1 | 1 | | 1 | | | 1 | 1 | | | | | | | | |
| 2 | 1 | | | | | 1 | | | | | | 1 | | | 1 |
| 3 | 3 | | 1 | 1 | | | | | | | | | | | 1 |
| 4 | 3 | | | | | | | | | | | | | 1 | 1 |
| 5 | 4 | | | | | | | | | | | | | | |
| 6 | 1 | | | | | | | | | | | | | 1 | 1 |
| 7 | 2 | | | | 1 | | | | | | | | | | |
| 8 | 1 | | | | 1 | 1 | | | | | | | | | |
| 9 | 2 | 1 | | | 1 | | | | | | | 2 | | | |
| 10 | 2 | | | | 2 | | | 1 | | | | | | | |
| 11 | 2 | 2 | 1 | 1 | 3 | 2 | | | 1 | | | 2 | 1 | | |
| 12 | | | | 1 | 2 | | 1 | 1 | | 1 | 1 | | | | |
| 13 | 6 | 7 | | 4 | 1 | | | 1 | 1 | 2 | | | | | |
| 14 | 10 | 4 | 1 | 3 | 1 | 1 | 1 | 2 | | 1 | 1 | | | | |
| 15 | 11 | 3 | 3 | 3 | 2 | 2 | 1 | 3 | 4 | 1 | | 1 | 2 | 2 | |
| 16 | 11 | 7 | 10 | 2 | 1 | 3 | 1 | 1 | | 3 | 2 | | 2 | 1 | 1 |
| 17 | 13 | 11 | 12 | 5 | 2 | 3 | 2 | 2 | 2 | 1 | 2 | 1 | 1 | 3 | 1 |
| 18 | 7 | 3 | 3 | 4 | 2 | 1 | 3 | 2 | 3 | 1 | 1 | 2 | 1 | | 2 |
| 19 | 3 | 1 | 3 | 2 | 2 | 3 | 3 | 2 | 2 | 1 | 2 | 2 | 2 | | 2 |
| 合計 | 83 | 39 | 35 | 29 | 21 | 17 | 15 | 14 | 13 | 11 | 10 | 10 | 10 | 10 | 10 |
| 定数（1-16回） | 4 | 3 | 3 | 2 | 3 | 2 | 3 | 4 | 2 | 1 | 2 | 2 | 2 | 2 | 2 |
| 定数（17, 18回） | 4 | 3 | 3 | 3 | 2 | 3 | 2 | 2 | 2 | 1 | 2 | 2 | 2 | 2 | 2 |
| 定数（19回） | 4 | 3 | 3 | 3 | 3 | 3 | 2 | 2 | 2 | 1 | 2 | 2 | 1 | 2 | 2 |

表4-3-4 　選挙区別女性当選者数　　　　　　　　　　　　　　　　　　　（当選率の単位：％）

| 選挙回 | 東京 | 兵庫 | 神奈川 | 北海道 | 徳島 | 愛知 | 京都 | 岡山 | 茨城 | 栃木 | 千葉 | 新潟 | 大阪 | 福島 | 群馬 | 宮城 | 埼玉 | 山梨 | 岐阜 | 静岡 | 広島 | 山口 | 高知 | 福岡 | 長崎 | 熊本 | 大分 |
|---|---|---|---|---|---|---|---|---|---|---|---|---|---|---|---|---|---|---|---|---|---|---|---|---|---|---|---|
| 1 | 1 | | | | | | | | | | | | | | | | 1 | | | | | | | | | | |
| 2 | 1 | | | 1 | | | | | | | | | | | | | | | | | | | | | | | |
| 3 | 1 | | | | | 1 | | | 1 | | | | | | | | | | | | | | | | | | |
| 4 | | | | 1 | | | 1 | | | | | | | | | | | | | | | | | | | | |
| 5 | 2 | | | | | | | | | | | | | | | | | | | | | | | | | | |
| 6 | | | | | | | 1 | | | | | | | | | | | | | | | | | | | | |
| 7 | 1 | 1 | | | | | | | | | | | | | | | | | | | | | | | | | |
| 8 | | 1 | | | | | | | | | | | | | | | | | | | | | | | | | |
| 9 | | 1 | | | | | | | | | | | 1 | | | | | | 1 | | | | | | | | |
| 10 | | 1 | | | | | | 1 | | | | | | | | | | | | | | | | | | | |
| 11 | | 1 | | | | | | | | | | | 1 | | | | | | | | | | | | | | |
| 12 | | 1 | 1 | | | | | | | 1 | | | | | | | | | | | | | | | | | |
| 13 | | 1 | | | | | | | | | 1 | | | | | | | | | | | | | | | | |
| 14 | | | 1 | 1 | | | | | | 1 | | | | 1 | | | | | | | | | | | | | |
| 15 | | | | 2 | 1 | | | | | | | | | | | | | | | | 1 | | | 1 | | | |
| 16 | 2 | | 1 | | | | | | | | 1 | | | | | | 1 | | | | | | | | | | |
| 17 | | 1 | | | | 1 | 1 | 1 | | | | | | 1 | | 1 | | | | | | | | | | | |
| 18 | 2 | 1 | 2 | | 1 | 1 | 1 | | | | 1 | 1 | | | | | | | | | | | | | | | |
| 19 | | 1 | | | | | | 1 | | | 1 | | 1 | | | 1 | | 1 | | | | | | | | | 1 |
| のべ人数 | 11 | 8 | 6 | 5 | 5 | 4 | 4 | 4 | 3 | 3 | 3 | 3 | 3 | 2 | 2 | 1 | 1 | 1 | 1 | 1 | 1 | 1 | 1 | 1 | 1 | 1 | 1 |
| 人数 | 6 | 6 | 3 | 3 | 3 | 4 | 2 | 3 | 2 | 1 | 2 | 2 | 2 | 1 | 1 | 1 | 1 | 1 | 1 | 1 | 1 | 1 | 1 | 1 | 1 | 1 | 1 |
| 候補者 | 83 | 21 | 29 | 14 | 8 | 35 | 10 | 10 | 7 | 10 | 13 | 8 | 39 | 8 | 8 | 9 | 17 | 7 | 6 | 10 | 10 | 2 | 9 | 15 | 6 | 8 | 6 |
| 当選率 | 13.3 | 38.1 | 20.7 | 35.7 | 62.5 | 11.4 | 40.0 | 40.0 | 42.9 | 30.0 | 23.1 | 37.5 | 7.7 | 25.0 | 25.0 | 11.1 | 5.9 | 14.3 | 16.7 | 10.0 | 10.0 | 50.0 | 11.1 | 6.7 | 16.7 | 12.5 | 16.7 |

いのも東京であるが11人と圧倒的な数ではない．結局6人の異なる当選者が再選を果たしたにすぎない．また候補者数2位の大阪ものべ3人と候補者数のわりに少ない．当選率も含めて考えると女性当選者が多かったのは兵庫，北海道，徳島，京都，岡山などである．特に徳島は1人区で8人しか候補者がいないにもかかわらず3人（のべ5人）当選と，強い女性候補が多い選挙区であると言えるだろう．

（松平健輔）

## 第4節　年齢と候補者・当選者

### 1．はじめに

　この節では候補者・当選者の重要な属性のうちの1つである年齢を軸にして，データを経年的に分析していく．2．では選挙制度ごとの，3．では政党ごとの候補者・当選者の平均年齢を示した．また，4．では年代ごとに候補者[10]

・当選者を分類し，各年代が全体に占める割合を経年的に追ってみた．さらに，5．ではその年代ごとの当選率を，6．ではその年代ごとのMK指数や得票数を見ていく中で選挙での強さを示す．

## 2. 選挙制度別候補者・当選者の平均年齢

全体としては，候補者の平均年齢が50－55歳で推移しており，特に候補者の高齢化や若返りが進んでいるといった事実を読み取るのは難しい（図4－4－1）．

地方区の候補者と比較すると，全国区及び比例区の候補者平均年齢は概して高く，19回行われた選挙のうち，前者が後者を下回ったのは，第8回選挙，第15回選挙の2回のみである．

候補者全体の平均年齢は大きく変化していないにも拘わらず，当選者全体の平均年齢は第14回選挙までは上昇傾向に，それ以降は下降傾向にあることが読み取れる．近年は着実に議員の若返りが図られているようである．

そして，上記の第14回選挙を境にし，平均年齢が上昇から下降に転じる傾向にあることは，地方区当選者の平均年齢の変化にも見受けることができる．

次に，全国区選挙と比例区選挙の制度比較から，当選者の平均年齢を考えてみたい．候補者に関しては（全国区候補者の平均年齢）＞（比例区候補者の平均年齢）という傾向が読み取れる一方で，当選者に関しては（全国区当

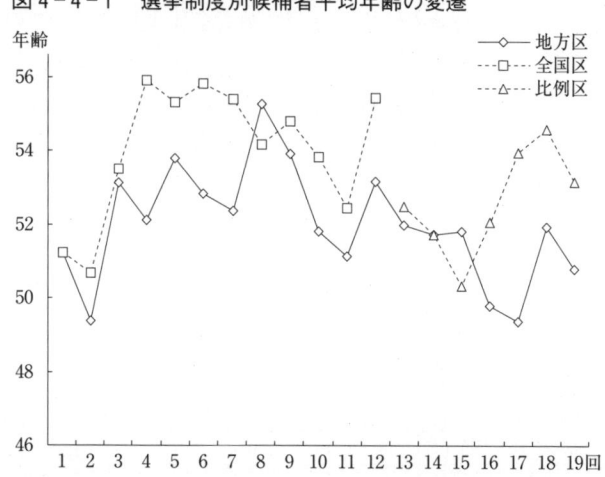

図4－4－1　選挙制度別候補者平均年齢の変遷

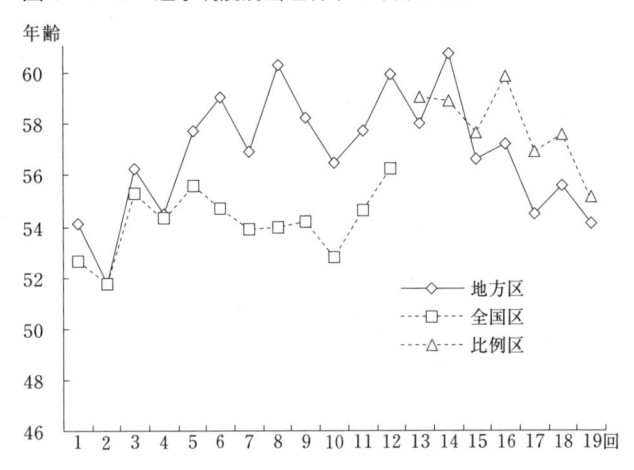

図4-4-2　選挙制度別当選者平均年齢の変遷

（グラフ：地方区／全国区／比例区の当選者平均年齢の推移、1回～19回）

選者の平均年齢）＜（比例区当選者の平均年齢）という逆の傾向が読み取れる．全国区選挙では比較的高齢の候補が，比例区選挙では比較的若年の候補が落選したということになる（図4-4-2）．

では，比例区選挙おいてなぜ候補者の若返りが見られたのか．表4-4-1は，比例区の平均年齢を候補者別，当選者別に示したものである．比例区候補者の平均年齢が，全国区のそれより下回っていること原因の1つは，比例代表制度の導入に伴い増加したミニ政党の影響が考えられる．このことは，表4-4-1の諸派の候補者の平均年齢が候補者全体より下回っていることからも明らかである．

比例区の候補者と当選者の年齢を比較してみたい．比例区における当選者と候補者の平均年齢を政党ごとに比較したのが表4-4-2である．この表によると自民党では，当選者と候補者の平均年齢にそれほど差はない．しかし，

表4-4-1　比例区平均年齢

| 選挙回 | 13 | 14 | 15 | 16 | 17 | 18 | 19 |
|---|---|---|---|---|---|---|---|
| 比例区候補者 | 52.5 | 51.7 | 50.3 | 52.1 | 54.0 | 54.6 | 53.1 |
| 比例区諸派候補者 | 50.9 | 50.0 | 48.3 | 50.1 | 51.8 | 53.4 | 53.9 |
| 比例区当選者 | 59.0 | 58.9 | 57.7 | 59.9 | 56.9 | 57.5 | 55.1 |
| 比例区上位当選者 | 61.2 | 58.4 | 60.1 | 57.9 | 57.6 | 58.1 | 55.6 |

　*　上位当選者とは，ドント順位25位までとした．
　**　諸派候補者とは，次の3.で挙げる主要政党と新進党を除く政党の候補者とした．

表4-4-2 比例区政党別当選者平均年齢比較

| 選挙回 | | 13 | 14 | 15 | 16 | 17 | 18 | 19 |
|---|---|---|---|---|---|---|---|---|
| 自民 | 当選者 | 59.9 | 61.6 | 57.1 | 62.2 | 56.9 | 60.1 | 54.9 |
| | 候補者 | 58.9 | 60.3 | 58.1 | 61.4 | 58.7 | 59.4 | 56.0 |
| 社会 | 当選者 | 59.2 | 58.8 | 57.2 | 61.3 | 61.8 | 59.0 | 64.3 |
| | 候補者 | 53.5 | 54.6 | 56.1 | 56.4 | 56.6 | 54.9 | 61.5 |
| 民社 | 当選者 | 60.0 | 54.3 | 53.0 | 51.7 | | | |
| | 候補者 | 54.7 | 52.4 | 56.0 | 51.6 | | | |
| 共産 | 当選者 | 54.2 | 57.0 | 55.5 | 57.0 | 53.8 | 56.6 | 50.5 |
| | 候補者 | 45.4 | 51.8 | 52.7 | 51.2 | 53.2 | 52.0 | 42.6 |
| 公明 | 当選者 | 62.0 | 53.3 | 62.8 | 59.8 | | 56.4 | 48.4 |
| | 候補者 | 56.0 | 49.6 | 54.5 | 58.2 | | 55.2 | 51.3 |

社会党や共産党，それに第13回から第15回参議院選挙までの公明党では，当選者の平均年齢が候補者と比較して高い傾向が顕著に見られた．つまり，自民党以外の各党については，名簿順位の上位に年齢の高い候補を連ねる傾向があることになる．

なお，非拘束名簿式の比例選挙が導入された第19回選挙においては，第18回の拘束名簿式比例選挙と比較して，当選者平均年齢で2.39歳の若返りがなされている．

### 3. 政党別候補者・当選者の平均年齢
(1)自民党

同党には一般に「長老支配」のイメージがあるが，そのイメージ通り，一貫して他党を上回る高齢候補を用意している．また，前身の自由党・民主党系統の候補者平均年齢が55歳前後で推移していたのと比較するならば，自民党結成直後の1955年あたりで，候補者の平均年齢が5歳ほど上昇していること，近年の第17回・第19回選挙で，2-3歳程度の若返りが見られることが指摘できよう．それを反映してか，当選者平均年齢も候補者のそれと同様に，60歳前後の水準で推移していた．

(2)社会党・社民党

概して言うならば，他党と比較して中間的な位置にある．ただし，第17回選挙の候補者平均年齢（58.7歳），当選者平均年齢（62.1歳），第19回選挙の候補者平均年齢（56.9歳），当選者平均年齢（64.3歳）で顕著に見られたように，当選者数が減少するとともに高齢化が着実に進んでいる．

### (3)民社党

候補者・当選者とも数が少ないためか，全体としての傾向を読み取るのは難しい．各回ごとに上下の変化を繰り返すこともあったが，全体的に見るならば，民社党も社会党と同様に，候補者・当選者年齢に関して中間的な位置にある．

### (4)共産党

候補者平均年齢は，一貫して45－50歳前後で推移している．第19回選挙では，51年ぶりに45歳を割る水準まで若返りが図られている．候補者の平均年齢を見る限りでは，「若手の党」であることが明確に読み取れる（図4-4-3）．

一方，当選者の平均年齢は，候補者のそれよりも高水準を維持してきた．特に，第2回から第9回までは常に55歳以上で推移し，他党と比べても高い水準である．これは，地方区で多くの若手候補が犠牲となっていく一方で，比較的高齢の特定人物が当選を重ねたためと考えられる．その後，躍進した第10回以降は大きな変化が見られた．短期的に上下の変化はあったものの当選者の若返り傾向は定着しつつあり，他党に比して「若手の党」であることが当選者についても言えるようになった（図4-4-4）．

### (5)公明党

結党後初の選挙となった第7回選挙では，候補者平均年齢が30代を記録した（39.6歳）．以後10年ばかりの数回の選挙では，若干の高齢化が進むものの，

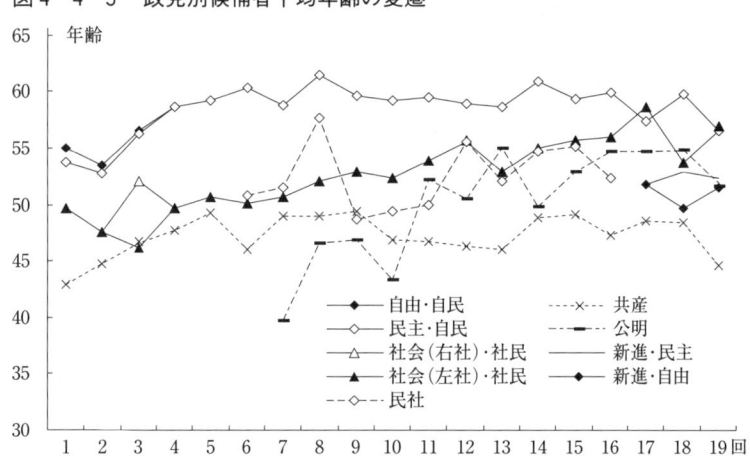

図4-4-3　政党別候補者平均年齢の変遷

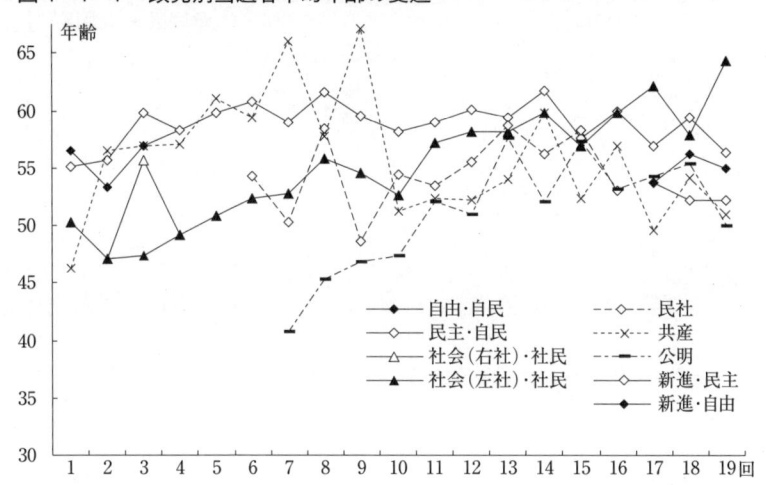

図4-4-4 政党別当選者平均年齢の変遷

候補者・当選者ともに平均年齢は40代を維持しており，他党を圧倒するほどの低年齢候補者・当選者が輩出されている．一方，第11回選挙からは，候補者・当選者とも概ね平均年齢が50代前半で推移している．一時期ほどの党の「若さ」を読み取ることは難しくなった．近年では，候補者・当選者とも，中間的な平均年齢を示している．

(6)民主党

候補者の平均年齢は50-55歳水準であり，当選者も52歳前後を維持している．相対的により若い人材が揃っている．しかし，野党の中で突出しているというわけでもない．

(7)自由党

候補者の平均年齢は，50歳を少し超えた水準で推移している一方，当選者平均年齢は，55歳前後で推移している．民主党と比べれば，候補者はより若く，当選者はより高齢であるという傾向が読み取れる．

## 4．候補者・当選者の年代別割合

年代別候補者割合のグラフを見ると，多少の変化はあるにせよ，40-60代の候補が多数を占めるということは，地方区，全国区，比例区にかかわらず，第1回選挙以来一般的にいえる（図4-4-5, 6, 7, 8）．

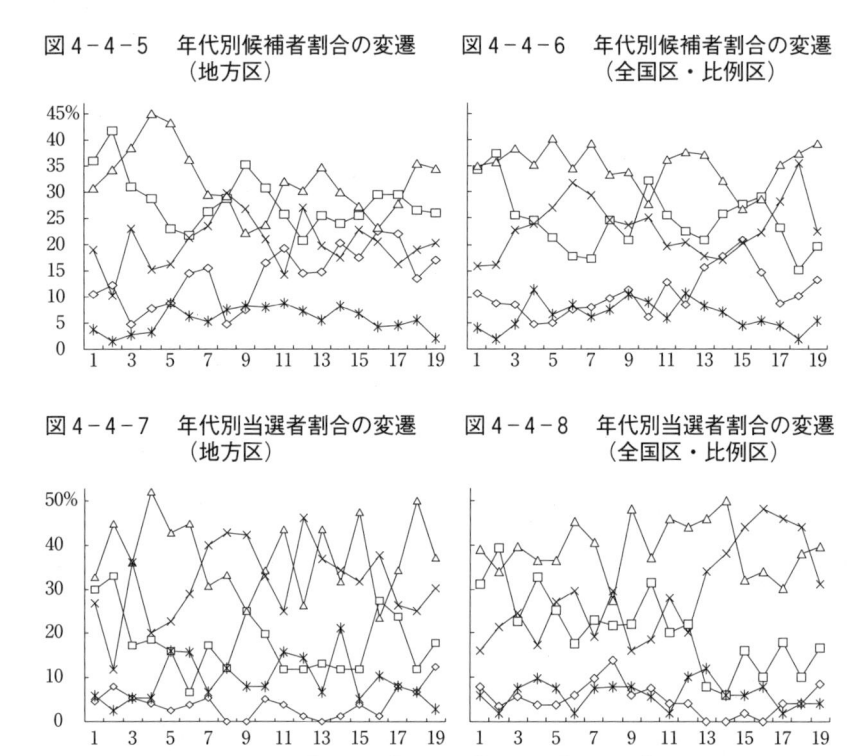

図4-4-5　年代別候補者割合の変遷（地方区）

図4-4-6　年代別候補者割合の変遷（全国区・比例区）

図4-4-7　年代別当選者割合の変遷（地方区）

図4-4-8　年代別当選者割合の変遷（全国区・比例区）

―◇― 30代　―□― 40代　―△― 50代　―×― 60代　―*― 70代

　また，全国区と比例区の制度を比較した際に，候補者に関しては（全国区候補者の平均年齢）＞（比例区候補者の平均年齢）という傾向が読み取れると先述した．あえていうならば，候補者に関しては，30代の候補者が増加傾向にある一方で，70代の候補者が減少傾向にあることが背景として読み取れる．これは，全国区選挙が，全国に票田を持つ組織力を背景する高齢候補に有利な選挙制度であったこと，比例区選挙が，1人の候補を当選させるために多くのミニ政党が相対的に若年の泡沫候補を擁立することになる選挙制度であったことと無関係ではないだろう．

　一方，当選者に関しては（全国区当選者の平均年齢）＜（比例区当選者の平均年齢）という逆の傾向が読み取れると先述した．この理由としては，30－40代の当選者割合が明らかに減少している一方，60代の当選者が増加していることという二極分化が読み取れる．

## 5. 年代別当選率

ここでは年代別の当選率を比較してみる．ただし，当選率は候補者数の増減の影響を受けるため，各年代別の当選率を各回の全体の当選率で割った商を表し，それを比較することにした．つまりこの値が1を超えた場合には，全体の当選率よりも，その年代の当選率が相対的に高いことを表す．

地方区では，経年的にみても年齢別の傾向が継続していることが分かる．年代が上になればなるほどその当選率は全体の当選率を上回っている．このことから，年齢が高い方が当選しやすいという傾向が読み取れる．また，第18，19回選挙では，60-70代候補の当選率低下と30-40代候補の当選率上昇を受けて年代間の当選率の開きが非常に小さくなっている．つまり，当選回数を重ねた長老議員でも落選する可能性が高くなってきている反面，当選回数の少ない若手議員でも選挙の戦い方次第では当選する可能性が高くなってきているといえるだろう（図4-4-9）．

ここで全国区選挙と比例区選挙の比較を再度行ってみたい．全国区選挙では，年齢と当選率に相関関係を読み取ることが難しい．しかし，比例区選挙になると，年齢と当選率の相関関係が明らかになってくる．比例区の第13回選挙以降は，（60代候補の当選率）＞（50代候補の当選率）＞（40代候補の当選率）＞（30代候補の当選率）という年功序列が容易に見て取れる．2．でも指摘したように，若い年代の当選率の低さは多くの若い候補者を擁立したミニ政党の影響であり，高い年代の当選率の高さは名簿順位に対する政党の戦略が影響しているといえる．拘束式比例名簿の順位付けには，年齢が大きく関わっていたことが推測される（図4-4-10）．

## 6. 候補者・当選者の年代別選挙での強さ

ここでは，当選者個人の選挙における強さを表すための指標として，選挙区ではMK指数を，全国区では相対得票率を取り上げて見ていきたい．

地方区選挙のMK指数のグラフから，候補者の年齢とMK指数に相関関係があることが見て取れる．ただしその相関関係も近年弱まりを見せ，候補者の年代間MK指数の差も小さくなってきている．これは，先述の年代間当選率の差が近年縮小傾向にあることと，関連しているといえるだろう（図4-4-11，4-4-12）．

図4-4-9 年代別当選率の変遷（地方区）

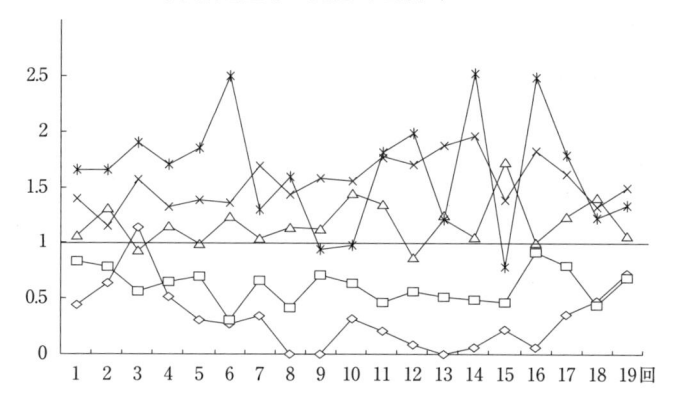

図4-4-10 年代別当選率の変遷（全国区・比例区）

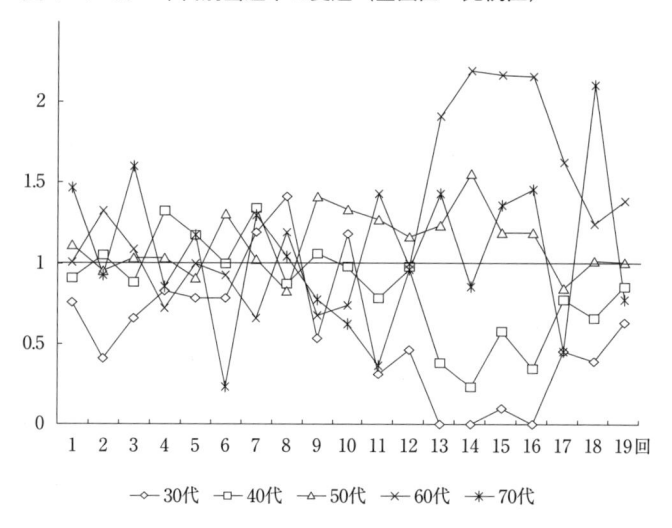

―◇― 30代  ―□― 40代  ―△― 50代  ―×― 60代  ―*― 70代

　一方，全国区選挙の年代別平均得票率グラフを見る限りにおいては，年齢と得票数に相関関係を見ることは難しい．第8回選挙において30代の得票率が突出しているのは，300万を超える票を獲得しトップ当選した石原慎太郎や，2位の青島幸男らの影響であろう（図4-4-13，4-4-14）．

　最後に参考として歴代の高年齢候補者のランキングを挙げておく（表4-4-3）．

（伏見周祐）

図4-4-11 年代別候補者平均MK指数の変遷（地方区）

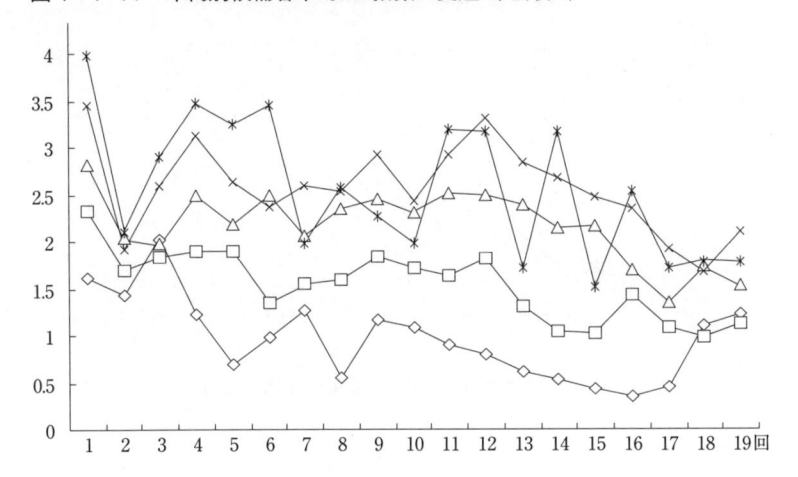

図4-4-12 年代別当選者平均MK指数の変遷（地方区）

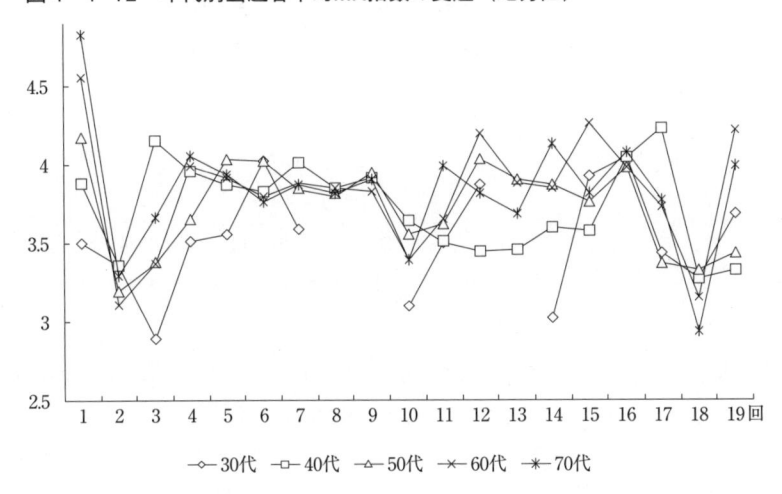

―◇― 30代　―□― 40代　―△― 50代　―×― 60代　―*― 70代

## 第5節　議員経験と候補者・当選者

### 1. はじめに

　ここでは候補者および当選者を新旧別，当選回数という議員経験に関する指標で分類し，選挙データを経年的に分析する．ここで新旧別とは，候補者

図 4-4-13　年代別候補者平均得票率の変遷（全国区）

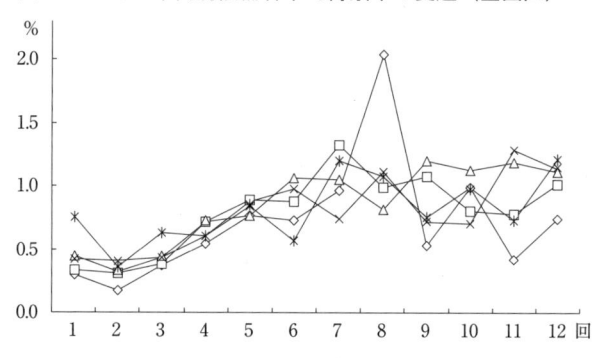

図 4-4-14　年代別当選者平均得票率の変遷（全国区）

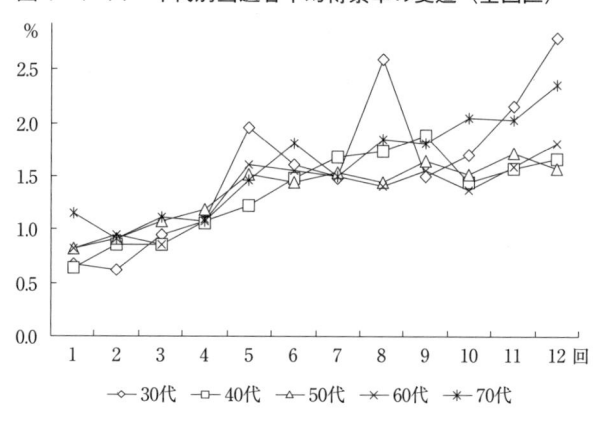

―◇― 30代　―□― 40代　―△― 50代　―×― 60代　―＊― 70代

を現前職，元職，新顔の3つに分類したものである．(11) 現職と前職を「現前職」と1つにまとめて扱うのは，両者がともに改選対象者を指す用語であり，両者には任期が切れているか否かの違いしかないためである．また当選回数は選挙前と選挙後の回数が混在するため，前者を「当選N回」，後者を「N選」と区別して表記した．前者は候補者全般の分析において，後者は当選者のみの分析において使用している．2．では候補者・当選者を新旧別および当選回数別に分け，人数，当選率，当選回数別割合など候補者層・当選者層の構成の変遷を見ていく．3．では同様の分類に基づき，議員経験と集票力の関係を分析する．具体的には，全国区平均相対得票率と地方区平均MK指数という指標を見ていく．4．では新顔候補者，つまり参議院議員未経験者に焦点

表 4-4-3 高年齢候補者ランキング

| 候補者氏名 | 年齢 | 選挙回 | 選挙区 | 当落 | 公認政党 |
| --- | --- | --- | --- | --- | --- |
| 赤尾 敏 | 90 | 15 | 東京都 | 落 | 大日本愛国党 ** |
| 宮内 陽肇 | 88 | 15 | 東京都 | 落 | 無所属 |
| 吉田 卯之助 | 87 | 16 | 比例区 | 落 | 日本愛酢党 *** |
| 一松 定吉 | 87 | 6 | 全国区 | 落 | 自由民主党 |
| 市川 房枝 | 87 | 12 | 全国区 | 当 | 無所属 |
| 中山 勝次 | 85 | 16 | 比例区 | 落 | 日本愛酢党 *** |
| 河村 正彌 | 85 | 16 | 比例区 | 落 | 発明政治 *** |
| 岸本 義一 | 84 | 16 | 比例区 | 落 | 年金党 *** |
| 宇垣 一成 | 84 | 3 | 全国区 | 当 | 無所属 |
| 中尾 良一 | 83 | 17 | 比例区 | 落 | 雑民党 *** |
| 重松 九州男 | 83 | 17 | 比例区 | 落 | 日本世直し党 *** |
| 植原 悦二郎 | 82 | 5 | 長野県 | 落 | 自由民主党 |
| 林屋 亀次郎 | 82 | 8 | 石川県 | 落 | 自由民主党 |
| 笹森 順造 | 82 | 8 | 青森県 | 落 | 自由民主党 |
| 遠藤 要 | 82 | 18 | 宮城県 | 落 | 自由民主党 |
| 郡 祐一 | 81 | 13 | 茨城県 | 落 | 自由民主党 |
| 三井 理峯 | 81 | 16 | 東京都 | 落 | 無所属 |
| 八百板 正 | 81 | 14 | 福島県 | 当 | 日本社会党(3) |
| 野村 吉三郎 | 81 | 5 | 和歌山県 | 当 | 自由民主党 |
| 西田 天香 | 81 | 3 | 全国区 | 落 | 一燈園光政会 ** |
| 品川 司 | 81 | 16 | 東京都 | 落 | 日本民主党 ** |
| 越野 太作 | 81 | 15 | 東京都 | 落 | 太平会 ** |
| 甲賀 喜夫 | 81 | 15 | 兵庫県 | 落 | 日本みどりの党 ** |
| 木桧 三四郎 | 81 | 2 | 群馬県 | 落 | 国民民主党 |
| 木内 四郎 | 81 | 11 | 長野県 | 落 | 自由民主党 |
| 上田 侃太郎 | 81 | 12 | 全国区 | 落 | 無所属 |
| 青木 一男 | 81 | 9 | 全国区 | 当 | 自由民主党 |
| 山本 禅海 | 80 | 12 | 全国区 | 落 | 無所属 |
| 山岡 万之助 | 80 | 4 | 全国区 | 落 | 自由民主党 |
| 森川 輝造 | 80 | 8 | 香川県 | 落 | 無所属 |
| 鈴木 省吾 | 80 | 16 | 福島県 | 当 | 自由民主党 |
| 坂野 重信 | 80 | 18 | 鳥取県 | 当 | 自由民主党 |
| 稲葉 寿の | 80 | 14 | 比例区 | 落 | 日本教育正常化促進連盟 *** |

\* 議員IDがない議員は参議院議員経験がない者，ある議員は参議院議員経験がある者である（「本書を読むにあたっての留意事項」参照）
\*\* データ上は諸派として扱われている．
\*\*\* 比例区であるため，データ上諸派として扱っていない．

を当てる．主要政党公認の新顔候補者，新顔当選者を対象に，女性の人数・割合，平均年齢などを比較する．

## 2. 候補者層・当選者層の構成の変遷
(1)候補者

3つの表は各回選挙の候補者を新旧別および当選回数別に分類したものである．表4-5-1は全体，表4-5-2は全国区・比例区，表4-5-3は地方区について見たものである．

**a. 現前職** 現前職は第2回から第19回までの18選挙回のいずれにおいても80人以上が出馬し，3分の2に当たる12選挙回で90人以上を記録している．議員の3分の2から4分の3が改選期に再挑戦していることになる．その中では当選1回組が最も多く，少ないときで4割，多いときで3分の2を占めている．当選2回組，3回組と急激に人数が減っていき，当選4回組となると1桁に落ち込んでいる．

現前職候補を全国区・比例区と地方区で分けて見ると，定数比である1：2にほぼ対応している．当然ながら，定数の多い後者の方が，前者より増減の振幅が大きい．地方区で現前職議員の出馬が少なくなると，現前職候補者数が80人台に落ち込んでいる．当選回数別に見ると，いずれの選挙回でも全国区・比例区では当選3回以上の候補者，地方区では当選4回以上の候補者が合計10人以下となっている．

**b. 元職** 元職はほぼ一貫して全候補者の5％未満である．第3-6回と4回連続で10人を超えていたが，それ以後は第13，16，18回を除き1桁となっている．落選後に再挑戦する候補者が減っていることになる．これは元議員が再挑戦を諦めたのに加え，後で見る図4-5-1に示した通り，第5回以降で現前職の当選率が高まったことが影響していると考えられる．当選回数別では，当選1回組が最も多い．2回組以上が少ないのは，参議院議員は任期が6年と長く2期から3期務めて引退する人が多いことと，そもそも多選を重ねる人は選挙に強くて落選しないことの2つが原因として考えられる．

**c. 新顔** 55年体制成立後の第4回（1956年）から第11回（77年）まで，新顔は200人台で推移した．第12回は衆参同日選挙であったため，初めて200人を割った．

比例区導入後は，新顔が大半のミニ政党により全国区，地方区共に増加し

表4-5-1　新旧別候補者数

| 選挙回 | 1 | 2 | 3 | 4 | 5 | 6 | 7 | 8 | 9 | 10 | 11 | 12 | 13 | 14 | 15 | 16 | 17 | 18 | 19 |
|---|---|---|---|---|---|---|---|---|---|---|---|---|---|---|---|---|---|---|---|
| 現前職 | 0 | 97 | 84 | 102 | 90 | 103 | 86 | 95 | 91 | 80 | 90 | 103 | 84 | 95 | 93 | 81 | 89 | 85 | 95 |
| 当選1回 | 0 | 97 | 81 | 77 | 61 | 53 | 42 | 38 | 51 | 45 | 41 | 61 | 46 | 39 | 43 | 43 | 65 | 44 | 68 |
| 当選2回 | 0 | 0 | 3 | 25 | 28 | 41 | 34 | 33 | 21 | 16 | 33 | 24 | 19 | 38 | 32 | 20 | 11 | 28 | 17 |
| 当選3回 | 0 | 0 | 0 | 0 | 1 | 9 | 9 | 21 | 13 | 11 | 10 | 9 | 14 | 15 | 11 | 12 | 11 | 6 | 8 |
| 当選4回 | 0 | 0 | 0 | 0 | 0 | 0 | 1 | 3 | 6 | 7 | 3 | 7 | 3 | 3 | 7 | 5 | 2 | 6 | 1 |
| 当選5回 | 0 | 0 | 0 | 0 | 0 | 0 | 0 | 0 | 0 | 1 | 3 | 1 | 0 | 0 | 0 | 1 | 0 | 1 | 1 |
| 当選6回 | 0 | 0 | 0 | 0 | 0 | 0 | 0 | 0 | 0 | 0 | 0 | 1 | 2 | 0 | 0 | 0 | 0 | 0 | 0 |
| 元職 | 0 | 0 | 20 | 18 | 13 | 12 | 9 | 5 | 9 | 6 | 4 | 4 | 13 | 2 | 6 | 10 | 5 | 15 | 9 |
| 当選1回 | 0 | 0 | 20 | 16 | 11 | 9 | 5 | 2 | 7 | 2 | 3 | 3 | 10 | 0 | 4 | 5 | 2 | 12 | 2 |
| 当選2回 | 0 | 0 | 0 | 2 | 2 | 3 | 4 | 2 | 2 | 1 | 1 | 1 | 2 | 1 | 1 | 2 | 3 | 1 | 3 |
| 当選3回 | 0 | 0 | 0 | 0 | 0 | 0 | 0 | 1 | 0 | 2 | 0 | 0 | 1 | 0 | 1 | 0 | 0 | 2 | 1 |
| 当選4回 | 0 | 0 | 0 | 0 | 0 | 0 | 0 | 0 | 0 | 1 | 0 | 0 | 0 | 1 | 0 | 2 | 0 | 0 | 2 |
| 当選5回 | 0 | 0 | 0 | 0 | 0 | 0 | 0 | 0 | 0 | 0 | 0 | 0 | 0 | 0 | 0 | 0 | 0 | 0 | 1 |
| 新顔 | 576 | 465 | 343 | 221 | 227 | 213 | 237 | 205 | 208 | 263 | 226 | 178 | 333 | 409 | 571 | 549 | 473 | 374 | 392 |
| 合計 | 576 | 562 | 447 | 341 | 330 | 328 | 332 | 305 | 308 | 349 | 320 | 285 | 430 | 506 | 670 | 640 | 567 | 474 | 496 |

表4-5-2　新旧別全国区・比例区候補者数

| 選挙回 | 1 | 2 | 3 | 4 | 5 | 6 | 7 | 8 | 9 | 10 | 11 | 12 | 13 | 14 | 15 | 16 | 17 | 18 | 19 |
|---|---|---|---|---|---|---|---|---|---|---|---|---|---|---|---|---|---|---|---|
| 現前職 | 0 | 43 | 35 | 42 | 28 | 36 | 34 | 30 | 31 | 34 | 32 | 39 | 31 | 33 | 30 | 32 | 33 | 33 | 32 |
| 当選1回 | 0 | 43 | 33 | 35 | 21 | 20 | 20 | 12 | 19 | 20 | 17 | 20 | 21 | 15 | 16 | 20 | 22 | 19 | 21 |
| 当選2回 | 0 | 0 | 2 | 7 | 7 | 15 | 13 | 11 | 9 | 6 | 11 | 10 | 6 | 13 | 12 | 9 | 4 | 9 | 7 |
| 当選3回 | 0 | 0 | 0 | 0 | 0 | 1 | 1 | 6 | 3 | 5 | 4 | 4 | 3 | 5 | 2 | 2 | 7 | 3 | 2 |
| 当選4回 | 0 | 0 | 0 | 0 | 0 | 0 | 0 | 1 | 0 | 3 | 0 | 5 | 1 | 0 | 0 | 1 | 0 | 2 | 1 |
| 当選5回 | 0 | 0 | 0 | 0 | 0 | 0 | 0 | 0 | 0 | 0 | 0 | 0 | 0 | 0 | 0 | 0 | 0 | 0 | 1 |
| 元職 | 0 | 0 | 12 | 11 | 8 | 4 | 0 | 1 | 3 | 3 | 2 | 1 | 4 | 0 | 2 | 6 | 2 | 9 | 6 |
| 当選1回 | 0 | 0 | 12 | 11 | 7 | 3 | 0 | 0 | 3 | 1 | 1 | 1 | 3 | 0 | 1 | 2 | 1 | 8 | 1 |
| 当選2回 | 0 | 0 | 0 | 0 | 1 | 1 | 0 | 1 | 0 | 1 | 0 | 0 | 1 | 0 | 0 | 1 | 1 | 0 | 1 |
| 当選3回 | 0 | 0 | 0 | 0 | 0 | 0 | 0 | 0 | 0 | 0 | 2 | 0 | 0 | 0 | 0 | 1 | 0 | 1 | 1 |
| 当選4回 | 0 | 0 | 0 | 0 | 0 | 0 | 0 | 0 | 0 | 0 | 0 | 0 | 0 | 0 | 1 | 2 | 0 | 0 | 2 |
| 当選5回 | 0 | 0 | 0 | 0 | 0 | 0 | 0 | 0 | 0 | 0 | 0 | 0 | 0 | 0 | 0 | 0 | 0 | 0 | 1 |
| 新顔 | 245 | 267 | 187 | 97 | 86 | 67 | 65 | 62 | 72 | 75 | 68 | 53 | 156 | 210 | 353 | 291 | 146 | 116 | 166 |
| 合計 | 245 | 310 | 234 | 150 | 122 | 107 | 99 | 93 | 106 | 112 | 102 | 93 | 191 | 243 | 385 | 329 | 181 | 158 | 204 |

表4-5-3　新旧別地方区候補者数

| 選挙回 | 1 | 2 | 3 | 4 | 5 | 6 | 7 | 8 | 9 | 10 | 11 | 12 | 13 | 14 | 15 | 16 | 17 | 18 | 19 |
|---|---|---|---|---|---|---|---|---|---|---|---|---|---|---|---|---|---|---|---|
| 現前職 | 0 | 54 | 49 | 60 | 62 | 67 | 52 | 65 | 60 | 46 | 58 | 64 | 53 | 62 | 63 | 49 | 56 | 52 | 63 |
| 当選1回 | 0 | 54 | 48 | 42 | 40 | 33 | 22 | 26 | 32 | 25 | 24 | 41 | 25 | 24 | 27 | 23 | 43 | 25 | 47 |
| 当選2回 | 0 | 0 | 1 | 18 | 21 | 26 | 21 | 22 | 12 | 10 | 22 | 14 | 13 | 25 | 20 | 11 | 7 | 19 | 10 |
| 当選3回 | 0 | 0 | 0 | 0 | 1 | 8 | 8 | 15 | 10 | 6 | 6 | 5 | 11 | 10 | 9 | 10 | 4 | 3 | 6 |
| 当選4回 | 0 | 0 | 0 | 0 | 0 | 0 | 1 | 2 | 6 | 4 | 3 | 2 | 2 | 3 | 7 | 4 | 2 | 4 | 0 |
| 当選5回 | 0 | 0 | 0 | 0 | 0 | 0 | 0 | 0 | 0 | 1 | 3 | 1 | 0 | 0 | 0 | 1 | 0 | 1 | 0 |
| 当選6回 | 0 | 0 | 0 | 0 | 0 | 0 | 0 | 0 | 0 | 0 | 0 | 1 | 2 | 0 | 0 | 0 | 0 | 0 | 0 |
| 元職 | 0 | 0 | 8 | 7 | 5 | 8 | 9 | 4 | 6 | 3 | 2 | 3 | 9 | 2 | 4 | 4 | 3 | 6 | 3 |
| 当選1回 | 0 | 0 | 8 | 7 | 4 | 6 | 5 | 2 | 4 | 1 | 2 | 2 | 7 | 0 | 3 | 3 | 1 | 4 | 1 |
| 当選2回 | 0 | 0 | 0 | 0 | 1 | 2 | 4 | 1 | 2 | 0 | 1 | 1 | 1 | 1 | 1 | 1 | 2 | 1 | 2 |
| 当選3回 | 0 | 0 | 0 | 0 | 0 | 0 | 0 | 1 | 0 | 2 | 0 | 0 | 1 | 0 | 0 | 0 | 0 | 1 | 0 |
| 当選4回 | 0 | 0 | 0 | 0 | 0 | 0 | 0 | 0 | 0 | 0 | 0 | 0 | 0 | 1 | 0 | 0 | 0 | 0 | 0 |
| 新顔 | 331 | 198 | 156 | 124 | 141 | 146 | 172 | 143 | 136 | 188 | 158 | 125 | 177 | 199 | 218 | 258 | 327 | 258 | 226 |
| 合計 | 331 | 252 | 213 | 191 | 208 | 221 | 233 | 212 | 202 | 237 | 218 | 192 | 239 | 263 | 285 | 311 | 386 | 316 | 292 |

た．第12，13回の実数値を比べると，全国区・比例区が3倍，地方区が1.5倍となった．地方区でも増加したのは，政治団体が比例区で立候補するには，全体で最低10名の候補者が必要だからである．当初は比例区での増加が目立ったが，供託金は比例区の方が高いため，第15回を境に地方区に流れるようになった．実数で見ると明らかで，供託金増額となった17回以降は逆転している．割合でも一時逆転し，両者の差が小さくなっている．

(2)当選者

3つの表は各回選挙の当選者を新旧別および当選回数別に分類したものである．表4-5-4は全体，表4-5-5は全国区・比例区，表4-5-6は地方区について見たものである．

また，5つの図のうち図4-5-1は全国区，図4-5-2は地方区における，現前職，元職，新顔の各層に占める当選者割合（以下，当選率と表記する）の変遷を示したものである．そして図4-5-3は全体，図4-5-4は全国区・比例区，図4-5-5は地方区における，当選者の当選回数別割合を示したものである．

**a. 現前職**　第2，3回では候補者が乱立したため，現前職当選者は30人台にとどまり，当選率が極めて低かった．55年体制成立と共に候補者調整が進み，現前職の当選率は上向いていった．55年体制の安定期は平均で70人前後が当選しており，全国区，地方区ともに当選率は7－8割となっている．当選回数では2選と3選で大半を占めており，4選は選挙回によってばらつきがあるものの，5選以上は稀である．

15回以降の5回の選挙では3度現前職候補の多い政党が大敗したため，当選者数や当選率が減少している．当選者数は60人を大きく割っている．当選率は55年体制下で最低でも7割以上だったのに対し，第15, 17, 18回は5－6割台まで低下している．また，地方区の方が拘束式比例区よりも当選者の増減幅が大きい．拘束式では現前職を名簿上位に登載すれば容易に再選させられるのに対し，地方区では自力で戦わねばならないからである．

また第16回以降では比例区，地方区ともに，3選を果たす者が減ってきている．これは現前職の引退者が増えたというわけではなく，その選挙で当選2回組が大量に落選したり[12]，前々回の選挙で現前職が大量に落選していたり[13]するのが原因である．

第19回には比例区が非拘束式に変更されたが，全体的に現前職当選率が上

表 4−5−4　新旧別当選者数

| 選挙回 | 1 | 2 | 3 | 4 | 5 | 6 | 7 | 8 | 9 | 10 | 11 | 12 | 13 | 14 | 15 | 16 | 17 | 18 | 19 |
|---|---|---|---|---|---|---|---|---|---|---|---|---|---|---|---|---|---|---|---|
| 現前職 | 0 | 38 | 39 | 66 | 69 | 82 | 69 | 73 | 73 | 56 | 66 | 87 | 73 | 85 | 54 | 71 | 48 | 55 | 67 |
| 2選 | 0 | 38 | 37 | 53 | 47 | 48 | 32 | 28 | 45 | 33 | 28 | 48 | 40 | 35 | 23 | 37 | 30 | 32 | 48 |
| 3選 | 0 | 0 | 2 | 13 | 21 | 27 | 29 | 26 | 17 | 10 | 24 | 22 | 16 | 33 | 20 | 17 | 10 | 15 | 12 |
| 4選 | 0 | 0 | 0 | 0 | 1 | 7 | 7 | 16 | 8 | 9 | 9 | 9 | 13 | 14 | 7 | 11 | 6 | 4 | 6 |
| 5選 | 0 | 0 | 0 | 0 | 0 | 0 | 1 | 3 | 3 | 3 | 3 | 6 | 3 | 3 | 4 | 5 | 2 | 3 | 1 |
| 6選 | 0 | 0 | 0 | 0 | 0 | 0 | 0 | 0 | 0 | 1 | 2 | 1 | 0 | 0 | 0 | 1 | 0 | 1 | 0 |
| 7選 | 0 | 0 | 0 | 0 | 0 | 0 | 0 | 0 | 0 | 0 | 0 | 1 | 1 | 0 | 0 | 0 | 0 | 0 | 0 |
| 元職 | 0 | 0 | 4 | 6 | 6 | 6 | 4 | 3 | 6 | 3 | 2 | 1 | 9 | 2 | 1 | 5 | 2 | 5 | 3 |
| 2選 | 0 | 0 | 4 | 6 | 4 | 3 | 3 | 1 | 5 | 1 | 1 | 1 | 6 | 0 | 1 | 2 | 1 | 5 | 0 |
| 3選 | 0 | 0 | 0 | 0 | 2 | 3 | 1 | 1 | 1 | 1 | 1 | 0 | 2 | 1 | 0 | 1 | 0 | 0 | 2 |
| 4選 | 0 | 0 | 0 | 0 | 0 | 0 | 1 | 0 | 1 | 0 | 0 | 1 | 1 | 0 | 1 | 0 | 0 | 0 | 0 |
| 5選 | 0 | 0 | 0 | 0 | 0 | 0 | 0 | 0 | 0 | 0 | 0 | 0 | 0 | 0 | 1 | 0 | 0 | 0 | 1 |
| 新顔 | 250 | 94 | 85 | 55 | 52 | 39 | 54 | 50 | 47 | 71 | 58 | 38 | 44 | 39 | 71 | 51 | 76 | 66 | 51 |
| 合計 | 250 | 132 | 128 | 127 | 127 | 127 | 127 | 126 | 126 | 130 | 126 | 126 | 126 | 126 | 126 | 127 | 126 | 126 | 121 |

表 4−5−5　新旧別全国区・比例区当選者数

| 選挙回 | 1 | 2 | 3 | 4 | 5 | 6 | 7 | 8 | 9 | 10 | 11 | 12 | 13 | 14 | 15 | 16 | 17 | 18 | 19 |
|---|---|---|---|---|---|---|---|---|---|---|---|---|---|---|---|---|---|---|---|
| 現前職 | 0 | 9 | 10 | 27 | 22 | 28 | 26 | 22 | 26 | 25 | 25 | 32 | 27 | 32 | 22 | 26 | 21 | 25 | 19 |
| 2選 | 0 | 9 | 9 | 23 | 18 | 19 | 14 | 7 | 17 | 15 | 11 | 16 | 18 | 14 | 11 | 15 | 15 | 15 | 13 |
| 3選 | 0 | 0 | 1 | 4 | 4 | 8 | 11 | 8 | 7 | 4 | 10 | 8 | 6 | 13 | 10 | 9 | 3 | 7 | 4 |
| 4選 | 0 | 0 | 0 | 0 | 0 | 1 | 1 | 6 | 2 | 5 | 4 | 4 | 2 | 5 | 1 | 1 | 3 | 2 | 1 |
| 5選 | 0 | 0 | 0 | 0 | 0 | 0 | 0 | 1 | 0 | 1 | 0 | 4 | 1 | 0 | 0 | 1 | 0 | 1 | 1 |
| 元職 | 0 | 0 | 2 | 3 | 4 | 3 | 0 | 1 | 2 | 1 | 2 | 1 | 2 | 0 | 0 | 3 | 1 | 2 | 2 |
| 2選 | 0 | 0 | 2 | 3 | 3 | 2 | 0 | 0 | 2 | 0 | 1 | 1 | 1 | 0 | 0 | 0 | 1 | 2 | 0 |
| 3選 | 0 | 0 | 0 | 0 | 1 | 1 | 0 | 1 | 0 | 0 | 1 | 0 | 1 | 0 | 0 | 1 | 0 | 0 | 1 |
| 4選 | 0 | 0 | 0 | 0 | 0 | 0 | 0 | 0 | 0 | 1 | 0 | 0 | 0 | 0 | 0 | 1 | 0 | 0 | 0 |
| 5選 | 0 | 0 | 0 | 0 | 0 | 0 | 0 | 0 | 0 | 0 | 0 | 0 | 0 | 0 | 0 | 1 | 0 | 0 | 1 |
| 新顔 | 100 | 47 | 41 | 22 | 26 | 20 | 26 | 28 | 22 | 28 | 23 | 17 | 21 | 18 | 28 | 21 | 28 | 23 | 27 |
| 合計 | 100 | 56 | 53 | 52 | 52 | 51 | 52 | 51 | 50 | 54 | 50 | 50 | 50 | 50 | 50 | 50 | 50 | 50 | 48 |

表 4−5−6　新旧別地方区当選者数

| 選挙回 | 1 | 2 | 3 | 4 | 5 | 6 | 7 | 8 | 9 | 10 | 11 | 12 | 13 | 14 | 15 | 16 | 17 | 18 | 19 |
|---|---|---|---|---|---|---|---|---|---|---|---|---|---|---|---|---|---|---|---|
| 現前職 | 0 | 29 | 29 | 39 | 47 | 54 | 43 | 51 | 47 | 31 | 41 | 55 | 46 | 53 | 32 | 45 | 27 | 30 | 48 |
| 2選 | 0 | 29 | 28 | 30 | 29 | 29 | 18 | 21 | 28 | 18 | 17 | 32 | 22 | 21 | 12 | 22 | 15 | 17 | 35 |
| 3選 | 0 | 0 | 1 | 9 | 17 | 19 | 18 | 18 | 10 | 6 | 14 | 14 | 10 | 20 | 10 | 8 | 7 | 8 | 8 |
| 4選 | 0 | 0 | 0 | 0 | 1 | 6 | 6 | 10 | 6 | 4 | 5 | 5 | 11 | 9 | 6 | 10 | 3 | 2 | 5 |
| 5選 | 0 | 0 | 0 | 0 | 0 | 0 | 1 | 2 | 3 | 2 | 3 | 2 | 2 | 3 | 4 | 4 | 2 | 2 | 0 |
| 6選 | 0 | 0 | 0 | 0 | 0 | 0 | 0 | 0 | 0 | 1 | 2 | 1 | 0 | 0 | 0 | 1 | 0 | 1 | 0 |
| 7選 | 0 | 0 | 0 | 0 | 0 | 0 | 0 | 0 | 0 | 0 | 0 | 1 | 1 | 0 | 0 | 0 | 0 | 0 | 0 |
| 元職 | 0 | 0 | 2 | 3 | 2 | 3 | 4 | 2 | 4 | 2 | 0 | 0 | 7 | 2 | 1 | 2 | 1 | 3 | 1 |
| 2選 | 0 | 0 | 2 | 3 | 1 | 1 | 3 | 1 | 3 | 1 | 0 | 0 | 5 | 0 | 1 | 2 | 0 | 3 | 0 |
| 3選 | 0 | 0 | 0 | 0 | 1 | 2 | 1 | 0 | 1 | 1 | 0 | 0 | 1 | 1 | 0 | 0 | 1 | 0 | 1 |
| 4選 | 0 | 0 | 0 | 0 | 0 | 0 | 1 | 0 | 0 | 0 | 0 | 0 | 1 | 1 | 0 | 0 | 0 | 0 | 0 |
| 新顔 | 150 | 47 | 44 | 33 | 26 | 19 | 28 | 22 | 25 | 43 | 35 | 21 | 23 | 21 | 43 | 30 | 48 | 43 | 24 |
| 合計 | 150 | 76 | 75 | 75 | 75 | 76 | 75 | 75 | 76 | 76 | 76 | 76 | 76 | 76 | 77 | 76 | 76 | 76 | 73 |

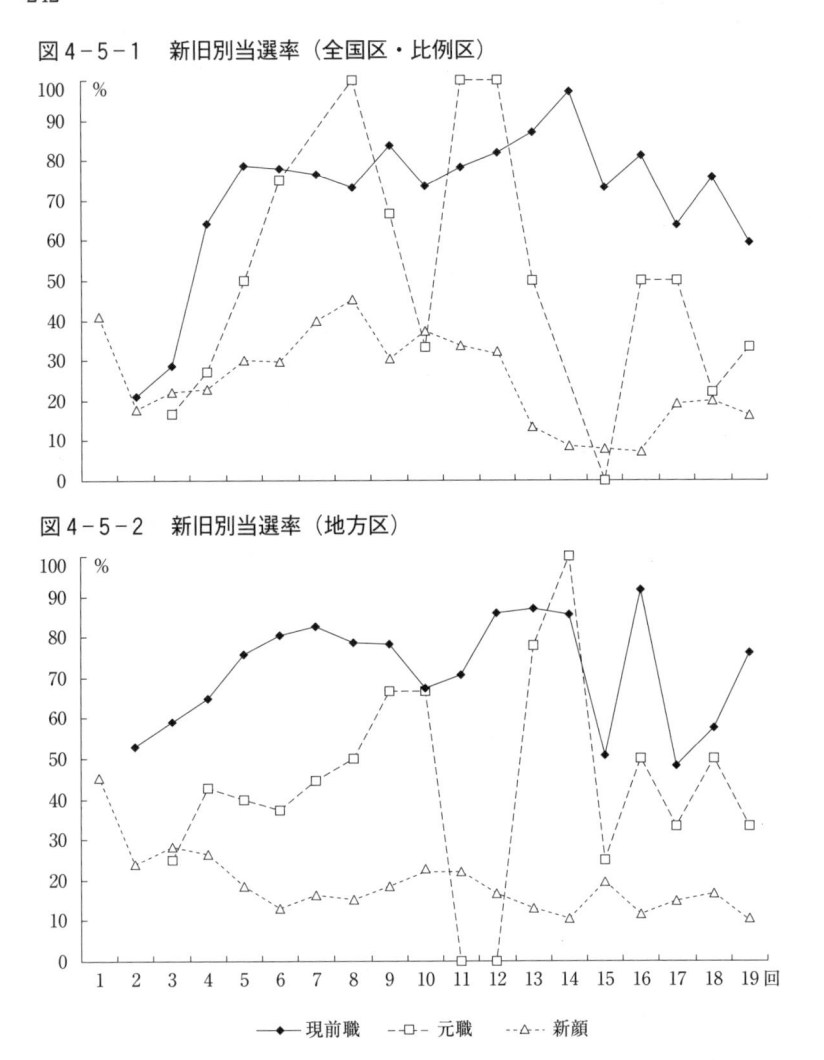

図4-5-1 新旧別当選率（全国区・比例区）

図4-5-2 新旧別当選率（地方区）

　　　　―◆― 現前職　　―□― 元職　　―△― 新顔

がったにも拘わらず，比例区では6割を下回った．全国区・比例区としては現前職当選者数，当選率ともに過去3番目の低さとなっている．これは自民党で支持基盤の弱い5人が落選したのに加え，社民党で知名度の高い新顔2人が前職3人に取って代わったためであり，制度変更の影響がうかがわれる[14]．

**b. 元職**　当選者は一貫して1桁にとどまり，しかも第13回を除き6人以下である．第13回の当選者は9人だが，このときは共産党と公明党に地方区初

第4章 候補者 243

図4-5-3 当選者と当選回数

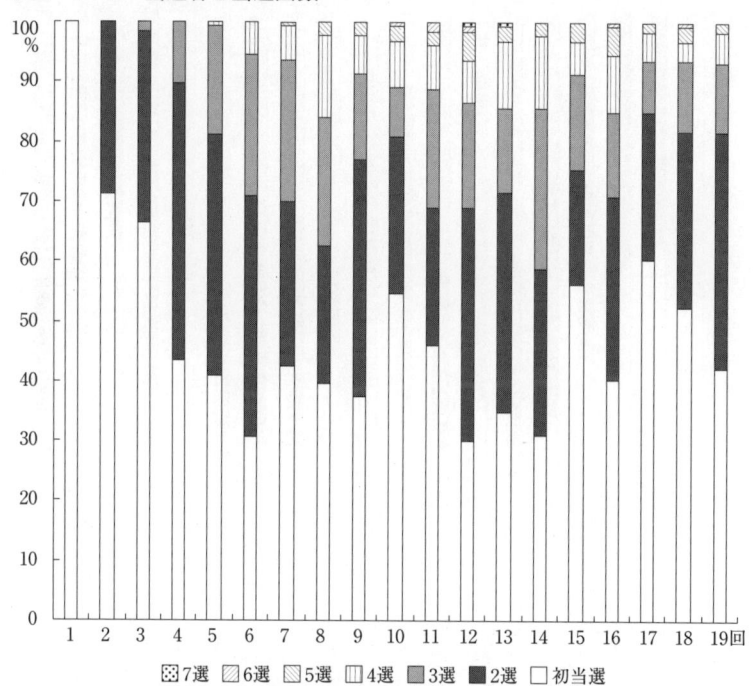

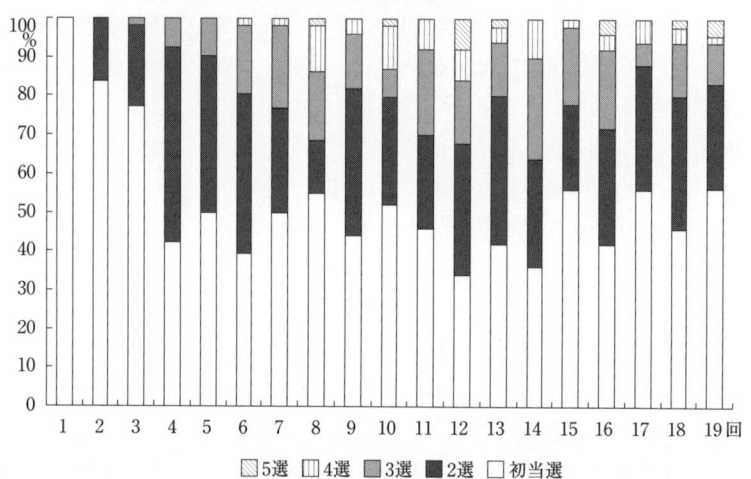

図4-5-4 全国区・比例区当選者と当選回数

244

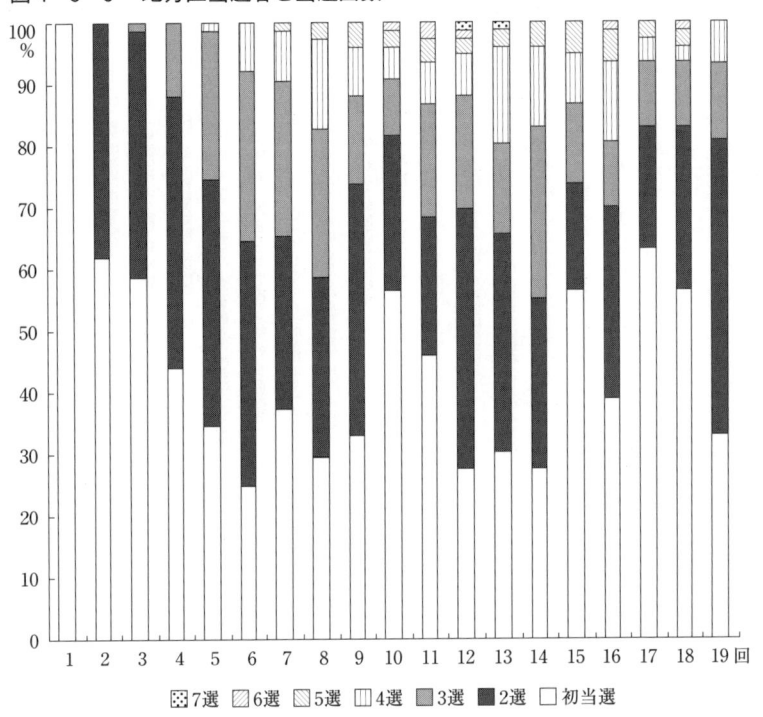

図4-5-5　地方区当選者と当選回数

の元職当選者が出たことと，県知事選出馬のために辞職した元議員が復帰したことで数が膨らんだ．当選回数別に見ると，候補者に当選1回組が多かったのと同じく，当選者には2選組が多い．母数が少ないためか，当選率に一定の傾向は見られない．

**c. 新顔**　第2回で94人，第3回で85人と大量に当選したが，候補者乱立の時代であるため，当選率は2割強であった．

55年体制成立後から比例区導入までは，平均で50人前後が当選している．現前職の当選率は高いものの，改選議員の4分の1が引退するため，大規模な新陳代謝が毎回のように行われている．比例区導入以前の当選率は2割強となっている．特に全国区当選者は約半分が初当選者となっており，新顔当選率も3〜4割になっている．対して地方区では現前職当選者の2分の1から3分の2程度にとどまっており，当選も2割弱である．

比例区が導入されてからは，比例区，地方区ともにミニ政党の新顔候補者

が急増し、当選率が下落した。しかし、比例区の方が候補者の増加が著しいため、地方区では「漸減」なのに対し、比例区では「激減」である。第17回から供託金が引き上げられたため、新顔候補者が減り、ともに当選率が上昇した。特に比例区では、新顔候補者の激減により1割未満から2割へと上昇した。とはいえ当選者を見ると、比例区では一貫して全国区時代に引き続き初当選組が4－6割を占めている。

また地方区では、第15, 17, 18回と新顔当選者が40人を超える例が出てきている。これらは当該選挙で前回から議席が大きく変動したためで、それぞれ社会党、新進党、民主党が大量に新顔候補者を当選させている。

なお、比例区が非拘束式となった第19回には比例区の新顔当選者が27人となり、当選者に占める割合は比例区で過去最高となった。現前職のところでも述べたが、自民党で新顔11人が当選する一方で前職5人が落選し、社民党で当選者3人全員が新顔になるなど、制度の影響で有力な新顔が支持基盤の弱い現前職に取って代わったと考えられる。

### 3. 各候補者層の集票力

(1)全国区

表4－5－7は全国区候補者、表4－5－8は同当選者の新旧別・当選回数別平均得票率である。当選回数による違いを見るため、サンプルの多い現前職は当選回数別に分けてある。

単に候補者全体の平均を取ると、現前職が最も集票力があるように思われる。これは新顔というカテゴリーに、有力者のみならず泡沫候補も含まれているからである。

当選者だけを見ると、第2回から第12回までの11回の選挙のうち、4回で新顔が最も高い値となっている。それ以外では、元職が第3, 4, 10回の計3回、現前職・5選が第8, 12回の2回、同3選が第5回、2選が第11回の1回ずつとなっている。このうち第8, 10回のように最高値となった層に1人しかいない、あるいは第3, 12回のようにその層に5人もいないにもかかわらず高得票者1人に引っ張られた、という例がある。結局のところ、全国区における集票力は新旧別や当選回数とはあまり関係なく、知名度であれ、組織であれ、ひとえに個人の資質に左右されると言える。

(2)地方区

表4-5-7　全国区候補者の新旧別・当選回数別平均得票率　　　　　　　（単位：％）

| 選挙回 | 1 | 2 | 3 | 4 | 5 | 6 | 7 | 8 | 9 | 10 | 11 | 12 |
|---|---|---|---|---|---|---|---|---|---|---|---|---|
| 現前職・当選1回 | − | 0.36 | 0.53 | 0.97 | 1.39 | 1.30 | 1.30 | 1.26 | 1.54 | 1.26 | 1.55 | 1.67 |
| 現前職・当選2回 | − | − | 0.55 | 0.90 | 1.23 | 1.25 | 1.50 | 1.15 | 1.40 | 1.29 | 1.61 | 1.64 |
| 現前職・当選3回 | − | − | − | − | − | 1.37 | 1.47 | 1.52 | 1.28 | 1.29 | 1.67 | 1.48 |
| 現前職・当選4回 | − | − | − | − | − | − | − | 2.05 | − | 0.93 | − | 1.89 |
| 元職 | − | − | 0.47 | 0.68 | 0.77 | 1.01 | − | 1.17 | 1.23 | 1.66 | 1.51 | 1.26 |
| 新顔 | 0.40 | 0.31 | 0.41 | 0.54 | 0.65 | 0.74 | 0.82 | 0.97 | 0.70 | 0.70 | 0.68 | 0.64 |

下線＝各回の最大値

表4-5-8　全国区当選者の新旧別・当選回数別平均得票率　　　　　　　（単位：％）

| 選挙回 | 1 | 2 | 3 | 4 | 5 | 6 | 7 | 8 | 9 | 10 | 11 | 12 |
|---|---|---|---|---|---|---|---|---|---|---|---|---|
| 現前職・2選 | − | 0.65 | 0.79 | 1.16 | 1.50 | 1.34 | 1.41 | 1.56 | 1.63 | 1.47 | 1.84 | 1.82 |
| 現前職・3選 | − | − | 0.66 | 1.05 | 1.61 | 1.55 | 1.59 | 1.31 | 1.60 | 1.42 | 1.67 | 1.77 |
| 現前職・4選 | − | − | − | − | − | 1.37 | 1.47 | 1.52 | 1.43 | 1.29 | 1.67 | 1.48 |
| 現前職・5選 | − | − | − | − | − | − | − | 2.05 | − | 1.09 | − | 2.31 |
| 元職 | − | − | 1.23 | 1.32 | 1.23 | 1.26 | − | 1.17 | 1.42 | 3.68 | 1.51 | 1.26 |
| 新顔 | 0.77 | 0.93 | 1.01 | 1.06 | 1.48 | 1.68 | 1.63 | 1.86 | 1.82 | 1.52 | 1.62 | 1.69 |

下線＝各回の最大値

　表4-5-9は地方区候補者，表4-5-10は地方区当選者の新旧別・当選回数別平均得票である．ここでも(1)と同様の理由から，現前職のみ当選回数別に分けてある．

　ここでは候補者，当選者ともに現前職が比較的有利である．また，どちらかと言えば当選回数を重ねるほど集票力が増している．裏を返せば，集票力が高いからこそ当選を重ねることができるとも言える．もちろん，その層を構成する候補者・当選者に実力者がいたり，そのときに強い支持を受けている政党の候補者が多かったりすると，この序列は崩れることになる．

## 4．新顔候補者の政党間比較

　ここでは新顔候補者および新顔当選者の数と割合，性別，年齢を主要政党間で比較する．各党が選挙に際してどれほど新しい人材を求め，また，どのような属性の人材を発掘しているかを見るためである．ただし，その量の膨大さゆえに，残念ながら職業経験までは追うことができなかった．

　対象は自民党[15]，社会党・社民党，民社党，共産党，公明党，民主党[16]，自由党の合計7党だが，比較のため表には第17回の新進党の値も掲載した．

　(1)数と割合

表4-5-9 地方区候補者の新旧別・当選回数別平均MK指数

| 選挙回 | 現前職・当選1回 | 現前職・当選2回 | 現前職・当選3回 | 現前職・当選4回 | 現前職・当選5回 | 現前職・当選6回 | 元職 | 新顔 |
|---|---|---|---|---|---|---|---|---|
| 1 | − | − | − | − | − | − | − | 2.68 |
| 2 | 2.56 | − | − | − | − | − | − | 1.60 |
| 3 | 2.90 | 3.57 | − | − | − | − | 1.94 | 1.87 |
| 4 | 3.43 | 3.14 | − | − | − | − | 2.37 | 1.88 |
| 5 | 3.36 | 3.61 | 3.75 | − | − | − | 2.38 | 1.59 |
| 6 | 3.65 | 3.61 | 3.37 | − | − | − | 2.72 | 1.32 |
| 7 | 3.77 | 3.65 | 4.47 | 3.61 | − | − | 2.33 | 1.34 |
| 8 | 3.83 | 3.61 | 3.43 | 3.50 | − | − | 2.66 | 1.41 |
| 9 | 3.75 | 3.74 | 3.58 | 4.09 | − | − | 3.33 | 1.55 |
| 10 | 3.26 | 3.38 | 3.44 | 3.71 | 3.14 | − | 3.13 | 1.56 |
| 11 | 3.26 | 3.52 | 3.78 | 3.97 | 3.80 | − | 2.39 | 1.58 |
| 12 | 3.78 | 3.75 | 4.51 | 4.04 | 5.95 | 3.24 | 2.33 | 1.61 |
| 13 | 3.69 | 3.67 | 4.01 | 5.48 | − | 4.32 | 3.68 | 1.24 |
| 14 | 3.83 | 3.62 | 3.76 | 4.41 | − | − | 4.69 | 1.07 |
| 15 | 3.21 | 3.18 | 3.61 | 3.47 | − | − | 2.21 | 1.10 |
| 16 | 4.15 | 4.07 | 3.87 | 4.00 | 4.52 | − | 2.11 | 0.98 |
| 17 | 2.72 | 4.00 | 3.76 | 2.71 | − | − | 2.47 | 0.87 |
| 18 | 2.91 | 2.84 | 3.74 | 2.40 | 2.75 | − | 2.34 | 1.13 |
| 19 | 3.29 | 3.82 | 3.79 | − | − | − | 2.02 | 0.96 |

下線=各回の最大値

表4-5-10 地方区当選者の新旧別・当選回数別平均MK指数

| 選挙回 | 現前職・2選 | 現前職・3選 | 現前職・4選 | 現前職・5選 | 現前職・6選 | 現前職・7選 | 元職 | 新顔 |
|---|---|---|---|---|---|---|---|---|
| 1 | − | − | − | − | − | − | − | 4.20 |
| 2 | 3.35 | − | − | − | − | − | − | 3.19 |
| 3 | 3.76 | 3.57 | − | − | − | − | 4.28 | 3.29 |
| 4 | 3.82 | 3.81 | − | − | − | − | 3.49 | 3.79 |
| 5 | 3.82 | 4.07 | 3.75 | − | − | − | 3.31 | 4.08 |
| 6 | 3.73 | 4.06 | 3.86 | − | − | − | 3.86 | 4.01 |
| 7 | 4.07 | 3.85 | 4.85 | 3.61 | − | − | 4.07 | 3.54 |
| 8 | 4.07 | 3.75 | 4.06 | 3.50 | − | − | 3.62 | 3.59 |
| 9 | 3.87 | 3.92 | 4.25 | 5.23 | − | − | 4.42 | 3.55 |
| 10 | 3.52 | 3.67 | 3.73 | 4.43 | 3.14 | − | 3.21 | 3.40 |
| 11 | 3.59 | 3.99 | 3.82 | 3.97 | 4.59 | − | − | 3.48 |
| 12 | 3.99 | 3.75 | 4.51 | 4.04 | 5.95 | 3.24 | − | 4.03 |
| 13 | 3.81 | 3.91 | 4.01 | 5.48 | − | 5.21 | 3.99 | 3.44 |
| 14 | 3.97 | 3.92 | 3.98 | 4.41 | − | − | 4.69 | 3.53 |
| 15 | 4.35 | 4.12 | 4.17 | 4.01 | − | − | 2.79 | 3.71 |
| 16 | 4.19 | 4.41 | 3.87 | 4.00 | 4.52 | − | 2.92 | 3.87 |
| 17 | 4.04 | 4.00 | 4.17 | 2.71 | − | − | 2.70 | 3.59 |
| 18 | 3.24 | 3.47 | 4.22 | 2.81 | 2.75 | − | 3.41 | 3.18 |
| 19 | 3.71 | 4.39 | 4.02 | − | − | − | 4.29 | 3.36 |

下線=各回の最大値

**a. 候補者**　表4-5-11は各党新顔候補者数，図4-5-6は各党候補者の新顔割合を示している．実数で見ると，比例代表制導入後は，民社，共産，公明の各党で新顔候補者が増加した．対して自民，社会の両党は，第13回を除き，導入以前の水準とあまり変わらない．

割合で見ると，55年体制成立以前は各党とも70-90％と高水準にあったが，第5回以降は党ごとの差がはっきりしている．自民党は4割前後，共産党は9割以上とほぼ一定の水準を保っている．これに対して民社，公明両党や70年代以降の社会党は，数が少ないためか変動が激しい．また新党勢は，現職候補の少ない自由党の方が，民主党より高くなっている．

**b. 当選者**　表4-5-12は各党新顔当選者数，図4-5-7は各党当選者の新顔割合を示している．

実数で見ると，自民党が20人台，民社党が2-3人で安定している．また共産党は躍進した時以外，1桁前半で一定である．一方，社会党は70年代までほとんど2桁の新顔当選者を輩出してきたが，80年代以降は激減し，ほとんど1桁となっている．割合で見ると，ほぼ一定と言えるのは3割台の自民党だけである．

(2)女性

表4-5-11　主要政党別新顔候補者数

| 選挙回 | 自民 | 社会 | 民社 | 共産 | 公明 | 民主 | 自由 |
|---|---|---|---|---|---|---|---|
| 2 | 自由104 民主31 | 61 | | 46 | | | |
| 3 | 自由59 民主33 | 右派22 左派39 | | 9 | | | |
| 4 | 63 | 44 | | 29 | | | |
| 5 | 48 | 47 | | 35 | | | |
| 6 | 38 | 38 | 16 | 45 | | | |
| 7 | 43 | 38 | 17 | 45 | 11 | | |
| 8 | 36 | 34 | 12 | 47 | 8 | | |
| 9 | 41 | 33 | 10 | 47 | 0 | | |
| 10 | 45 | 44 | 11 | 49 | 34 | | |
| 11 | 32 | 33 | 6 | 47 | 5 | | |
| 12 | 29 | 23 | 7 | 41 | 3 | | |
| 13 | 42 | 43 | 27 | 64 | 16 | | |
| 14 | 29 | 44 | 21 | 63 | 14 | | |
| 15 | 28 | 37 | 22 | 63 | 16 | | |
| 16 | 26 | 27 | 18 | 68 | 18 | | |
| 17 | 37 | 15 | | 68 | | 新進52 | |
| 18 | 43 | 30 | | 66 | 14 | 28 | 18 |
| 19 | 26 | 19 | | 66 | 13 | 46 | 29 |

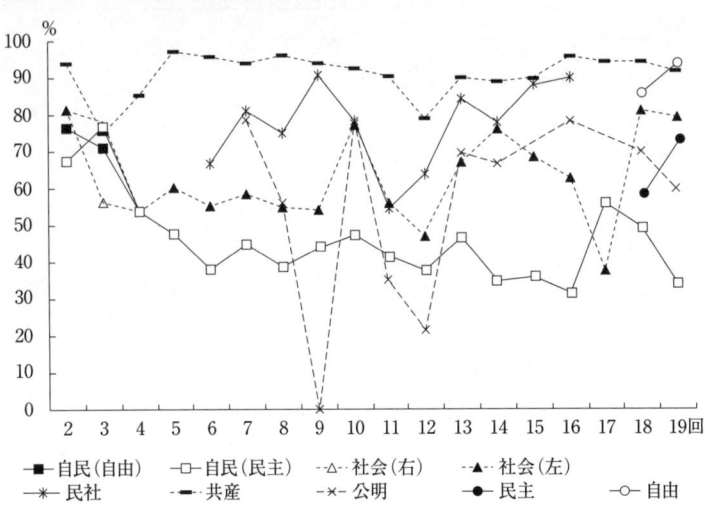

図4-5-6　政党別新顔候補者割合

凡例：
- ■ 自民(自由)
- □ 自民(民主)
- △ 社会(右)
- ▲ 社会(左)
- ＊ 民社
- ● 共産
- ✕ 公明
- ● 民主
- ○ 自由

**a. 候補者**　表4-5-13は各党新顔女性候補者数，図4-5-8は各党新顔候補者の女性割合を示している．

実数で見ると，ほとんどが1桁前半にとどまっている中で，共産党が目を引く．70年代以降は積極的に新顔女性を登用し，特に第13回以降は常に2桁立てている．比例区で積極的に新顔を擁立しただけでなく，第15回以降は5回連続，地方区だけで2桁に達している．そのほかは，第15, 18回の社会党・社民党，第19回の民主党が目立つ程度である．

割合で見ると，第9回まではどこの党も1割未満だったが，特に80年代以降は変化に乏しい自民党を除き，女性割合が高くなってきている．最近2回を見ると，社民，共産，公明は3－4割に達し，新党勢は2割前後となっている．

**b. 当選者**　表4-5-14は各党新顔女性当選者数，図4-5-9は各党新顔当選者の女性割合を示している．

実数ではどの党も2桁どころか，1－2人に終わることがほとんどである．1桁後半に達したのは，第15回・社会党の9人，第17回・新進党の6人，第18回・共産党の5人という3例しかない．全体的に女性議員自体は増えているが，それは同一人物が当選し続ける上に新しい女性議員が徐々に増えるか

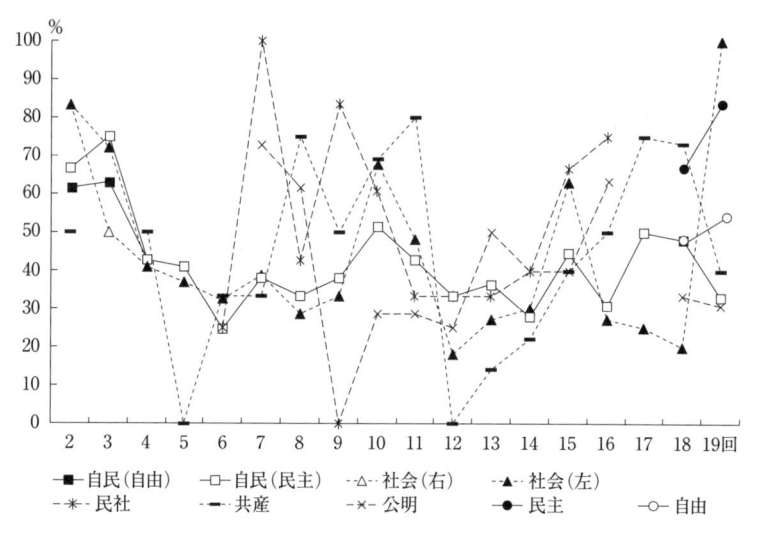

表4-5-12 主要政党別新顔当選者数

| 選挙回 | 自民 | 社会 | 民社 | 共産 | 公明 | 民主 | 自由 |
|---|---|---|---|---|---|---|---|
| 2 | 自由32 民主6 | 30 | | 1 | | | |
| 3 | 自由29 民主6 | 右派5 左派13 | | 0 | | | |
| 4 | 26 | 20 | | 1 | | | |
| 5 | 29 | 14 | | 0 | | | |
| 6 | 17 | 12 | 1 | 1 | | | |
| 7 | 27 | 14 | 3 | 1 | 8 | | |
| 8 | 23 | 8 | 3 | 3 | 8 | | |
| 9 | 24 | 13 | 5 | 3 | 0 | | |
| 10 | 32 | 19 | 3 | 9 | 4 | | |
| 11 | 27 | 13 | 2 | 4 | 4 | | |
| 12 | 23 | 4 | 2 | 0 | 3 | | |
| 13 | 25 | 6 | 2 | 1 | 7 | | |
| 14 | 20 | 6 | 2 | 2 | 4 | | |
| 15 | 16 | 29 | 2 | 2 | 4 | | |
| 16 | 21 | 6 | 3 | 3 | 9 | | |
| 17 | 23 | 4 | | 6 | | 新進30 | |
| 18 | 21 | 1 | | 11 | 3 | 13 | 4 |
| 19 | 21 | 3 | | 2 | 4 | 14 | 5 |

図4-5-7 政党別新顔当選者割合

第4章 候補者 251

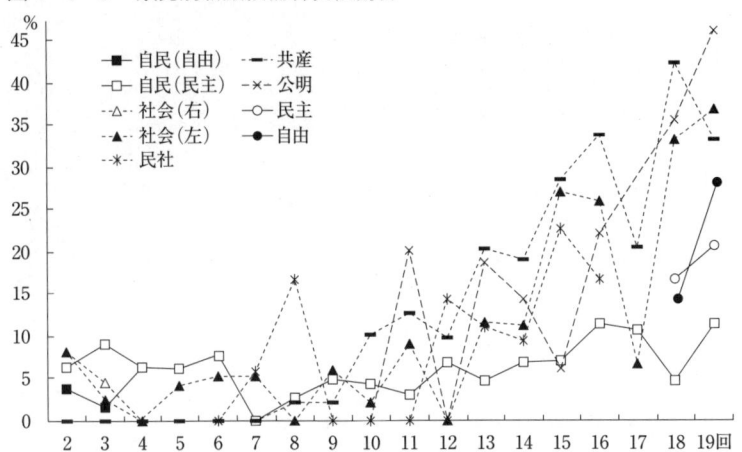

表4-5-13 主要政党別新顔女性候補者数

| 選挙回 | 自民 | 社会 | 民社 | 共産 | 公明 | 民主 | 自由 |
|---|---|---|---|---|---|---|---|
| 2 | 自由4 民主2 | 5 | | 0 | | | |
| 3 | 自由1 民主3 | 右派1 左派1 | | 0 | | | |
| 4 | 4 | 0 | | 0 | | | |
| 5 | 3 | 2 | | 0 | | | |
| 6 | 3 | 2 | 0 | 0 | | | |
| 7 | 0 | 2 | 1 | 0 | 0 | | |
| 8 | 1 | 0 | 2 | 1 | 0 | | |
| 9 | 2 | 2 | 0 | 1 | 0 | | |
| 10 | 2 | 1 | 0 | 5 | 0 | | |
| 11 | 1 | 3 | 0 | 6 | 1 | | |
| 12 | 2 | 0 | 1 | 4 | 0 | | |
| 13 | 2 | 5 | 3 | 13 | 3 | | |
| 14 | 2 | 5 | 2 | 12 | 2 | | |
| 15 | 2 | 10 | 5 | 18 | 1 | | |
| 16 | 3 | 7 | 3 | 23 | 4 | | |
| 17 | 4 | 1 | | 14 | | 新進9 | |
| 18 | 2 | 10 | | 28 | 5 | 4 | 3 |
| 19 | 3 | 7 | | 22 | 6 | 13 | 6 |

図4-5-8 政党別新顔候補者女性割合

表 4-5-14 主要政党別新顔女性当選者数

| 選挙回 | 自民 | 社会 | 民社 | 共産 | 公明 | 民主 | 自由 |
|---|---|---|---|---|---|---|---|
| 2 | 自由0 民主0 | 3 | | 0 | | | |
| 3 | 自由1 民主1 | 右派0 左派0 | | 0 | | | |
| 4 | 1 | 0 | | 0 | | | |
| 5 | 1 | 1 | | 0 | | | |
| 6 | 3 | 0 | 0 | 0 | | | |
| 7 | 0 | 1 | 1 | 0 | 0 | | |
| 8 | 0 | 0 | 1 | 1 | 0 | | |
| 9 | 2 | 2 | 0 | 0 | 0 | | |
| 10 | 2 | 1 | 0 | 2 | 0 | | |
| 11 | 1 | 0 | 0 | 1 | 1 | | |
| 12 | 1 | 0 | 0 | 0 | 0 | | |
| 13 | 0 | 2 | 1 | 1 | 2 | | |
| 14 | 1 | 1 | 0 | 0 | 1 | | |
| 15 | 1 | 9 | 0 | 2 | 0 | | |
| 16 | 1 | 2 | 0 | 1 | 2 | | |
| 17 | 1 | 0 | | 2 | | 新進6 | |
| 18 | 1 | 1 | | 5 | 1 | 1 | 0 |
| 19 | 2 | 1 | | 1 | 1 | 1 | 1 |

図 4-5-9　政党別新顔当選者女性割合

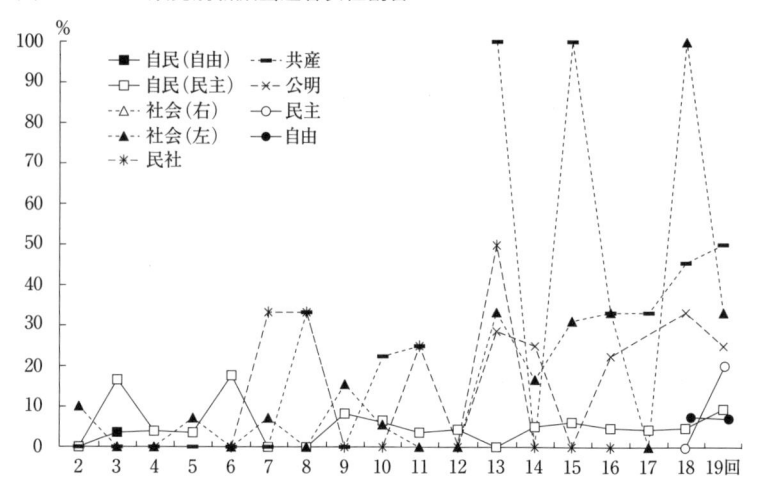

らであって,「マドンナ旋風」のように新顔女性当選者が一気に増加するというのは特殊な事例に過ぎないのである．割合では一定なのが自民党だけである．他の党については割合自体が高くても実数は少ない．

(3) 年齢

**a. 候補者**　図4-5-10は各党新顔候補者の平均年齢を示している．

図4-5-10　政党別新顔候補者平均年齢

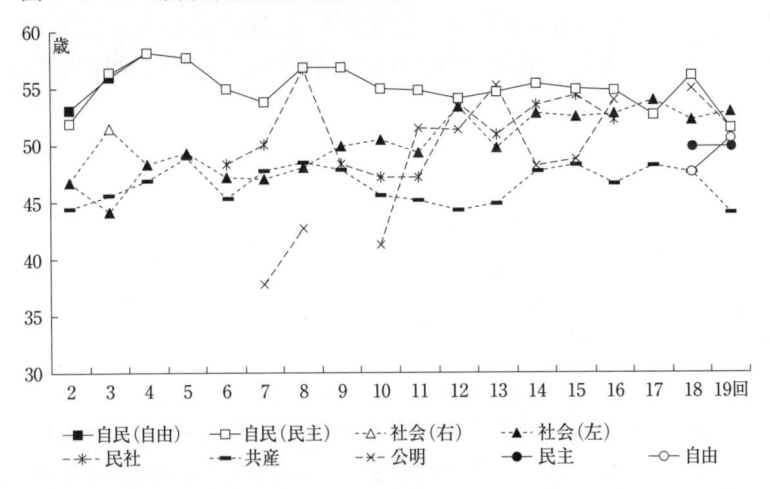

図4-5-11　政党別新顔当選者平均年齢

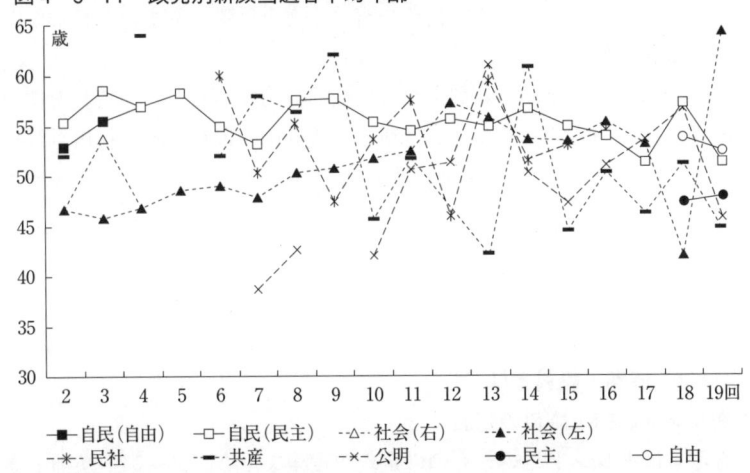

自民党が55歳前後，共産党が45−50歳で一定に推移し，その他の政党が10歳ほど差のある両党間で上下する，という構図が長く続いた．しかし最近3回の選挙を見ると，ほとんどの政党が50歳くらいにまとまり，あまり大きな差がなくなりつつある．社会党が70年代以降の長期低落傾向と期を一にして高齢化しており興味深い．

**b. 当選者**　　図4−5−11は各党新顔当選者の平均年齢を示している．

自民党と社会党は，候補者レベルで見たものとあまり変わらない．一方で民社，共産，公明の各党は新顔当選者が少なく，誰が当選したかによって左右されるため，変化が激しい．社会党が社民党に変わっても同様のことは言える．

（井上和輝）

## 第6節　「タレント議員」の分析

### 1. はじめに

タレントは知名度という資源を持つ．そして，その知名度を生かして選挙戦を戦うことで，幅広い有権者層からの支持を得ることに成功する．

彼らは，知名度という個人に所属する資源を生かし，メディアを通して直接的な有権者とのコミュニケーションを図る．それゆえ他の議員と比較して，既存の利益団体や政党といった政治的な仲介装置への依存度が小さいように思える．ここに，個人の政治的信条や市民の声を反映しやすい存在としてのタレント議員が想像される．

政党への依存や政党による拘束から比較的自由であるという特質を持つタレント議員は，一方で，その知名度ゆえに政党側の選挙戦略に利用されやすいという一面も持つ．「メディア政治」「ワイドショー政治」などと表現される今日の政治状況において，強大になったメディアをうまく利用するタレント議員たち．彼らの研究は，今後の政治のあり方に何らかの示唆を与えてくれるものであろう．

### 2. タレント候補・議員とは

(1) タレント候補・議員の定義

そもそもはタレントというものの定義が曖昧なため，タレント候補・議員

を定義する，あるいはその定義に基づいて抽出する作業を客観的に遂行することは非常に難しい．

本節では，タレントの抽出作業に客観性を持たせるための根拠として，議員プロフィールデータからタレント議員（およびタレント当選者）を抽出することにした[17]．具体的には，議員プロフィールデータの「キャスター・アナウンサー」「著述業」「スポーツ競技者等」「文化人」「タレント」のいずれかに当てはまるものをタレント議員としてここでは定義している[18]．詳しくは本書議員編の第1章「議員プロフィール」を参照されたい．

(2) タレント候補・議員の歴史

68年7月8日，第8回参議院選挙の全国区選挙において，第34回芥川賞受賞の作家の石原慎太郎はトップ当選を果たした．その他にも，放送作家・タレントで直木賞を受賞した青島幸男，現役の和尚でありながら第36回直木賞を受賞した作家の今東光，東京オリンピック女子バレーボールチームの監督を務めた大松博文，元プロ野球選手（捕手）の上林繁次郎，漫才師の横山ノックの6名（地方区大阪府選出の白木義一郎を含めると7名）のタレント候補が当選を果たした．メディアは「タレント議員ブーム」の名のもとに，当時彼らの当選を大きく伝えた．そしてこれこそが，初めてタレント議員がメディアで大きく取り上げられた瞬間であった．

その後は，地方区選挙においても，タレント候補が当選することが珍しくなくなった．第13回選挙での拘束名簿式比例区選挙制度の導入，第19回選挙で非拘束名簿式比例区選挙制度の導入といった選挙制度の変更に左右されず，タレント議員の数は現在まで増加傾向にある．第15回参議院選挙においては，今までで最多の19名のタレント議員が輩出された．また，第19回選挙においても，14名のタレント候補が当選を果たしている．詳しくは，表4-6-1を参照されたい．

## 3. タレント当選者と選挙

ここでは，各回選挙におけるタレント当選者に焦点を当てて論じていくことにする．

(1) タレント当選者・非タレント当選者比較

はじめにも述べたとおり，タレント当選者は知名度という希少な資源を持っている．が，その知名度という資源は，果たして選挙戦において有効な資

表4-6-1　タレント当選者一覧

| | | | | | | | | | |
|---|---|---|---|---|---|---|---|---|---|
| ■第1回選挙（4名） | | | ■第12回選挙（7名） | | | ■第17回選挙（16名） | | | |
| 1 | 福岡県 | 団　伊能 | 12 | 大阪府 | 中村　鋭一 | 17 | 福島県 | 太田　豊秋 | |
| 1 | 全国区 | 山本　有三 | 12 | 東京都 | 白木　義一郎 | 17 | 東京都 | 田　英夫 | |
| 1 | 全国区 | 西田　天香 | 12 | 全国区 | 青島　幸男 | 17 | 神奈川県 | 松　あきら | |
| 1 | 全国区 | 中野　重治 | 12 | 全国区 | 宮田　輝 | 17 | 石川県 | 馳　浩 | |
| ■第2回選挙（3名） | | | 12 | 全国区 | 中山　千夏 | 17 | 愛知県 | 末広　真季子 | |
| 2 | 福岡県 | 団　伊能 | 12 | 全国区 | 山東　昭子 | 17 | 京都府 | 笹野　貞子 | |
| 2 | 鹿児島県 | 佐多　忠隆 | 12 | 全国区 | 山口　淑子 | 17 | 比例区 | 扇　千景 | |
| 2 | 全国区 | 須藤　五郎 | 12 | 全国区 | 秦　豊　※2 | 17 | 比例区 | 益田　洋介 | |
| ■第3回選挙（2名） | | | ■第13回選挙（11名） | | | 17 | 比例区 | 但馬　久美 | |
| 4 | 　 | 白木　義一郎 | 13 | 群馬県 | 山本　富雄 | 17 | 比例区 | 友部　達夫 | |
| 4 | 鹿児島県 | 佐多　忠隆 | 13 | 東京都 | 野末　陳平 | 17 | 比例区 | 畑　恵 | |
| ■第5回選挙（1名） | | | 13 | 大阪府 | 横山　ノック | 17 | 比例区 | 武見　敬三 | |
| 5 | 全国区 | 須藤　五郎 | 13 | 比例区 | 山岡　賢次 | 17 | 比例区 | 尾辻　秀久 | |
| ■第6回選挙（4名） | | | 13 | 比例区 | 安西　愛子 | 17 | 比例区 | 釜本　邦茂 | |
| 6 | 大阪府 | 白木　義一郎 | 13 | 比例区 | 扇　千景 | 17 | 比例区 | 橋本　聖子 | |
| 6 | 鹿児島県 | 佐多　忠隆 | 13 | 比例区 | 和田　教美 | 17 | 比例区 | 堂本　暁子 | |
| 6 | 全国区 | 藤原　あき | 13 | 比例区 | 八木　大介 | ■第18回選挙（10名） | | | |
| 6 | 全国区 | 森田　たま | 13 | 比例区 | 田　英夫 | 18 | 青森県 | 田名部　匡省 | |
| ■第7回選挙（3名） | | | 13 | 比例区 | 野坂　昭如 | 18 | 千葉県 | 広中　和歌子 | |
| 7 | 全国区 | 田中　寿美子 | 13 | 比例区 | コロムビア・トップ　※3 | 18 | 東京都 | 中村　敦夫 | |
| 7 | 全国区 | 須藤　五郎 | ■第14回選挙（8名） | | | 18 | 大阪府 | 西川　きよし | |
| 7 | 全国区 | 八田　一朗 | 14 | 東京都 | 小野　清子 | 18 | 比例区 | 佐々木　知子 | |
| ■第8回選挙（7名） | | | 14 | 大阪府 | 西川　きよし | 18 | 比例区 | 小宮山　洋子 | |
| 8 | 大阪府 | 白木　義一郎 | 14 | 比例区 | 山口　淑子 | 18 | 比例区 | 円　より子 | |
| 8 | 全国区 | 石原　慎太郎 | 14 | 比例区 | 山東　昭子 | 18 | 比例区 | 江本　孟紀 | |
| 8 | 全国区 | 青島　幸男 | 14 | 比例区 | 宮田　輝 | 18 | 比例区 | 林　紀子 | |
| 8 | 全国区 | 今　東光 | 14 | 比例区 | 広中　和歌子 | 18 | 比例区 | 沢　たまき | |
| 8 | 全国区 | 大松　博文 | 14 | 比例区 | 青島　幸男 | ■第19回選挙（14名） | | | |
| 8 | 全国区 | 上林　繁次郎 | 14 | 比例区 | いずみ　たく　※4 | 19 | 宮城県 | 岡崎　トミ子 | |
| 8 | 全国区 | 横山　ノック | ■第15回選挙（19名） | | | 19 | 福島県 | 太田　豊秋 | |
| ■第9回選挙（8名） | | | 15 | 群馬県 | 山本　富雄 | 19 | 神奈川県 | 松　あきら | |
| 9 | 東京都 | 木島　則夫 | 15 | 東京都 | 田　英夫 | 19 | 広島県 | 柏村　武昭 | |
| 9 | 全国区 | 田　英夫 | 15 | 東京都 | 野末　陳平 | 19 | 比例区 | 舛添　要一 | |
| 9 | 全国区 | 安西　愛子 | 15 | 山梨県 | 磯村　修一 | 19 | 比例区 | 大仁田　厚 | |
| 9 | 全国区 | 望月　優子 | 15 | 滋賀県 | 中村　鋭一 | 19 | 比例区 | 小野　清子 | |
| 9 | 全国区 | 須藤　五郎 | 15 | 京都府 | 笹野　貞子 | 19 | 比例区 | 橋本　聖子 | |
| 9 | 全国区 | 田中　寿美子 | 15 | 大阪府 | 横山　ノック | 19 | 比例区 | 尾辻　秀久 | |
| 9 | 全国区 | 一竜斉　貞鳳 | 15 | 兵庫県 | 旭堂　小南陵 | 19 | 比例区 | 武見　敬三 | |
| 9 | 全国区 | 立川　談志 | 15 | 奈良県 | 新坂　一雄 | 19 | 比例区 | 山東　昭子 | |
| 9 | 全国区 | 野末　陳平　※1 | 15 | 比例区 | 国弘　正雄 | 19 | 比例区 | 大橋　巨泉 | |
| ■第10回選挙（8名） | | | 15 | 比例区 | 堂本　暁子 | 19 | 比例区 | 田嶋　陽子 | |
| 10 | 大阪府 | 白木　義一郎 | 15 | 比例区 | 肥田　美代子 | 19 | 比例区 | 扇　千景 | |
| 10 | 全国区 | 宮田　輝 | 15 | 比例区 | 八代　英太 | ※1：1971年9月13日繰上補充 | | | |
| 10 | 全国区 | 青島　幸男 | 15 | 比例区 | 山岡　賢次 | ※2：1980年7月8日繰上補充 | | | |
| 10 | 全国区 | 山東　昭子 | 15 | 比例区 | 尾辻　秀久 | ※3：1983年12月23日繰上補充 | | | |
| 10 | 全国区 | 秦　豊 | 15 | 比例区 | 和田　教美 | ※4：1989年6月15日繰上補充 | | | |
| 10 | 全国区 | 上林　繁次郎 | 15 | 比例区 | 林　紀子 | ※5：1993年7月16日繰上補充 | | | |
| 10 | 全国区 | 山口　淑子 | 15 | 比例区 | コロムビア・トップ | ※6：1993年7月16日繰上補充 | | | |
| 10 | 全国区 | コロムビア・トップ | 15 | 比例区 | アントニオ　猪木 | ※7：1994年8月5日繰上補充 | | | |
| ■第11回選挙（10名） | | | 15 | 比例区 | 扇　千景　※5 | ※8：1995年8月25日繰上補充 | | | |
| 11 | 群馬県 | 山本　富雄 | ■第16回選挙（8名） | | | | | | |
| 11 | 東京都 | 木島　則夫 | 16 | 東京都 | 森田　健作 | | | | |
| 11 | 　 | 田　英夫 | 16 | 東京都 | 小野　清子 | | | | |
| 11 | 全国区 | 野末　陳平 | 16 | 愛知県 | 新間　正次 | | | | |
| 11 | 全国区 | 八代　英太 | 16 | 大阪府 | 西川　きよし | | | | |
| 11 | 全国区 | 扇　千景 | 16 | 比例区 | 広中　和歌子 | | | | |
| 11 | 全国区 | 横山　ノック | 16 | 比例区 | 小池　百合子 | | | | |
| 11 | 全国区 | 髙橋　圭三 | 16 | 比例区 | 江本　孟紀 | | | | |
| 11 | 全国区 | 安西　愛子 | 16 | 比例区 | 青島　幸男 | | | | |
| 11 | 全国区 | 田中　寿美子 | 16 | 比例区 | 円　より子　※6 | | | | |
| | | | 16 | 比例区 | 萱野　茂　※7 | | | | |
| | | | 16 | 比例区 | 山東　昭子　※8 | | | | |

源となっているのか，タレント当選者は他の当選者より本当に選挙に強いのかを，選挙制度ごとに見ていきたい．

まずは，地方区選挙でのタレント当選者の強さに注目した．図4-6-1は，各回の地方区選挙におけるタレント当選者と非タレント当選者の平均MK指数[19]を表したものである．第3回，第5回，第7回選挙の地方区選挙においてはタレント当選者が輩出されていないこと，また第1回，第8回，第9回，第10回の地方区選挙ではタレント当選者が1人しか輩出されなかったことから，サンプル数が十分な統計とはいえないものの，ほとんどの回でタレント当選者の平均MK指数が非タレント当選者の平均MK指数を上回っている．また，第1回から第19回の地方区選挙において当選した全タレント当選者の平均MK指数は4.02であり，全非タレント当選者の平均MK指数3.78を0.24ポイント上回っている．

次に，全国区選挙におけるタレント当選者の強さを見ておきたい．ここでは，全国区選挙における強さを測定する基準として相対得票率を用いた．図4-6-2にある通り，第2回，第5回の選挙を除けば，全国区選挙における[20]タレント当選者の平均得票率が，非タレント当選者のそれを常に上回っていることが読み取れる．ここでもタレント当選者の強さを知ることができる．ちなみに，第1回から第12回の全国区選挙での当選者において，全非タレント当選者の平均得票率が1.28％に対し，全タレント当選者の平均得票率は2.18％である．また，全タレント当選者の得票順位の平均は，20.4位でありタレント議員が上位で当選していることが窺える．

では，比例区選挙においても，タレント当選者は選挙戦を有利に運ぶこと

図4-6-1　タレント当選者の平均MK指数の変遷（地方区）

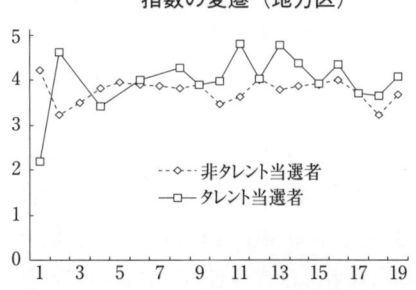

図4-6-2　タレント当選者の平均得票率の変遷（全国区）

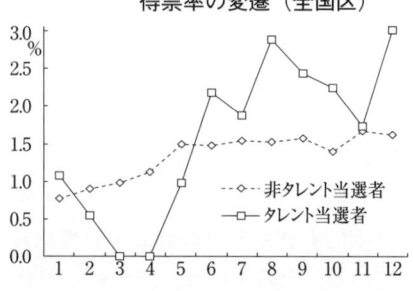

表4-6-2
タレント当選者の平均個人名得票数
(第19回比例区非拘束名簿式)

|  | 平均個人名得票 |
|---|---|
| 非タレント当選者 | 297,586.05 |
| タレント当選者 | 478,120.50 |
| タレント当選者(舛添除く) | 354,771.44 |
| 当選者平均 | 335,197.40 |

表4-6-3
タレント当選者の党内得票順位
(第19回比例区非拘束名簿式)

| 名前 | 政党 | 得票 | 党内得票順位 |
|---|---|---|---|
| 舛添 要一 | 自民党 | 1,588,262 | 1 |
| 大仁田 厚 | 自民党 | 460,421 | 3 |
| 小野 清子 | 自民党 | 295,613 | 4 |
| 橋本 聖子 | 自民党 | 265,545 | 6 |
| 尾辻 秀久 | 自民党 | 264,888 | 7 |
| 武見 敬三 | 自民党 | 227,042 | 8 |
| 山東 昭子 | 自民党 | 147,568 | 17 |
| 大橋 巨泉 | 民主党 | 412,087 | 1 |
| 田嶋 陽子 | 社民党 | 509,567 | 1 |
| 扇 千景 | 保守党 | 610,212 | 1 |

が出来ているのだろうか．拘束名簿式比例区選挙においては，個人の選挙における強さを測定することは不可能である．ここでは第19回参議院選挙で導入された非拘束名簿式比例区選挙における個人名得票数を見ることで，比例区選挙でのタレント当選者の強さを見たいと思う．表4-6-2にもある通り，タレント当選者の平均個人名得票数が478,120.5票であるのに対し，非タレント当選者のそれは297,586.1票であった．個人名得票の第1位で約160万票を獲得した舛添要一を除いても353,771.4票であり非タレント当選者を上回っている．また表4-6-3にあるとおり，タレント当選者は政党内での得票順位も高い．よって非拘束名簿式の比例区選挙においても，タレント当選者が強いことが証明されたといえるだろう．

(2)他職業属性との比較

ここではタレントという属性が，他の職業属性よりも選挙において有利に働くのかについて見たい．表4-6-4は地方区選挙において，タレント，労働者団体出身者，法曹三者（弁護士，検察官，裁判官），経営者，官僚といった属性をもつ当選者の平均MK指数の変遷を示したものである．

タレント当選者の平均MK指数は，第8回選挙における「タレント議員ブーム」以降9回の選挙で，この5種類の職業属性の中で最も高い数値を示しており，他のそれに比して高水準を保っていることが分かる．また，第1回から第19回までの全タレント当選者の平均MK指数は4.02であり，選挙では比較的有利だと思われる全官僚出身当選者の平均MK指数3.9さえも上回っている．その後には，経営者，労働団体出身者，法曹三者の順に続いている．

### (3) タレント当選者と政党

では、タレント当選者は、どういった政党から公認を受けているのだろうか。ここでは、タレント当選者と政党の関係を見ていきたい。

図4-6-3、図4-6-4、図4-6-5、図4-6-6は、タレント当選者を輩出したことのある政党を系統別[21]、規模別[22]に分類し、各分類に該当する政党出身のタレント当選者の数及びタレント当選者割合を示したものである。

一般的に見ていくと、第8回選挙より前は、毎回4名以下のタレント候補が当選する程度であったものが、第8回の「タレント議員ブーム」以降、10名以上のタレント当選者が安定して出ており、特に第15回の19名、第17回の16名、第19回の14名の3回は目立っている。

その中で特徴的なのは、比較的規模の大きい政党から公認を得て当選を果たすタレント当選者の数が増加傾向にあることである。大政党の総当選者に占めるタレント当選者の割合を見ても、第15回の11.1％、第17回の10.8％、第19回の9.8％という数字は、それ以前の最高であった第11回の5.6％を大きく上回っている。

とはいえ、政党の規模が小さくなればなるほど、政党の総当選者に占める

表4-6-4 職業属性別当選者の平均MK指数の変遷（地方区）

| 選挙回 | タレント議員 | 官僚 | 経営者 | 労働団体出身者 | 法曹三者 | 当選者全体 |
|---|---|---|---|---|---|---|
| 1 | 2.19 | 5.13 | 3.99 | 3.98 | 2.57 | 4.20 |
| 2 | 4.61 | 3.49 | 3.24 | 3.84 | 2.98 | 3.25 |
| 3 | なし | 3.68 | 3.31 | 3.33 | 3.55 | 3.50 |
| 4 | 3.40 | 3.65 | 3.97 | 3.97 | 3.51 | 3.79 |
| 5 | なし | 4.05 | 3.71 | 3.80 | 3.75 | 3.95 |
| 6 | 3.99 | 3.82 | 4.19 | 3.96 | 3.42 | 3.90 |
| 7 | なし | 3.88 | 3.51 | 3.94 | 3.76 | 3.87 |
| 8 | 4.28 | 3.62 | 3.99 | 3.92 | 3.58 | 3.82 |
| 9 | 3.88 | 3.89 | 3.58 | 3.84 | 3.32 | 3.88 |
| 10 | 3.97 | 3.40 | 3.44 | 3.48 | 3.74 | 3.48 |
| 11 | 4.81 | 3.81 | 3.79 | 3.30 | 6.39 | 3.67 |
| 12 | 4.03 | 4.20 | 4.02 | 3.36 | 4.42 | 4.01 |
| 13 | 4.77 | 3.99 | 3.71 | 3.62 | 3.27 | 3.82 |
| 14 | 4.36 | 4.26 | 3.95 | 3.80 | 3.18 | 3.87 |
| 15 | 3.93 | 3.98 | 3.70 | 4.08 | 3.78 | 3.91 |
| 16 | 4.36 | 4.29 | 3.61 | 3.98 | 3.95 | 4.01 |
| 17 | 3.71 | 4.29 | 3.77 | 3.08 | 4.20 | 3.70 |
| 18 | 3.67 | 3.06 | 3.23 | 3.15 | 3.88 | 3.25 |
| 19 | 4.08 | 3.37 | 3.81 | 3.12 | 3.61 | 3.70 |
| 平均 | 4.02 | 3.90 | 3.75 | 3.72 | 3.63 | 3.79 |

図4-6-3 公認政党系列別タレント当選者数の変遷

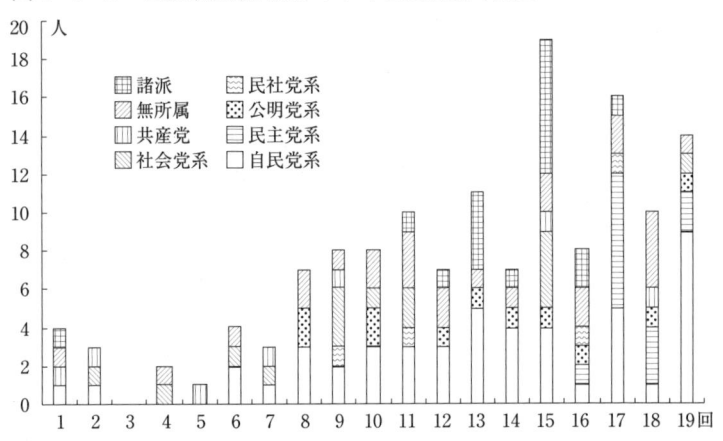

図4-6-4 公認政党系列別タレント当選者割合の変遷

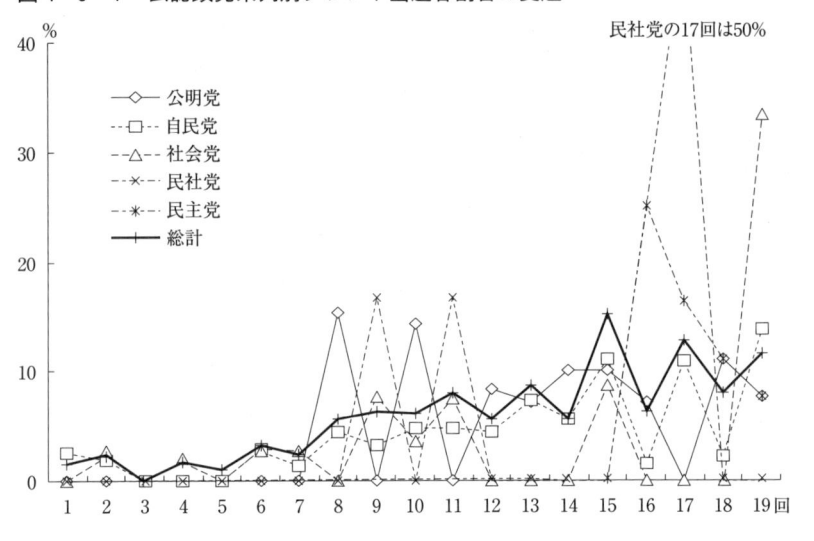

タレント当選者の割合は相対的に大きい．これは，規模の小さい政党ほど，タレントの持つ知名度を糧にして選挙を戦っていることを物語っている．以下，タレント当選者数の多かった第15回，第17回，第19回選挙の特徴を政党との関連で述べておく．

第4章 候補者　261

図4-6-5　公認政党規模別タレント当選者数の変遷

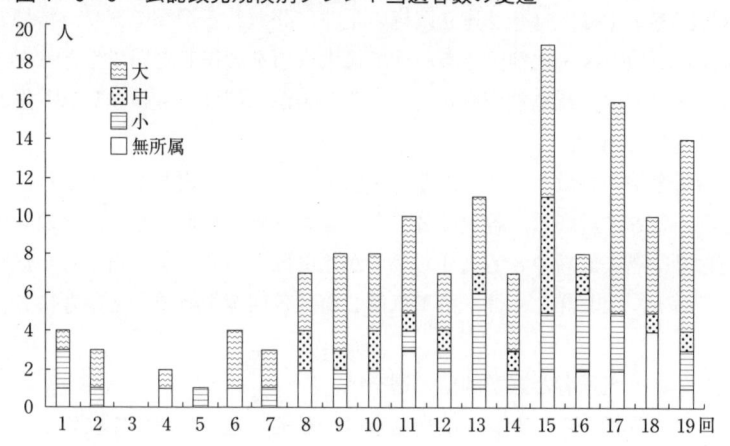

図4-6-6　公認政党規模別タレント当選者割合の変遷

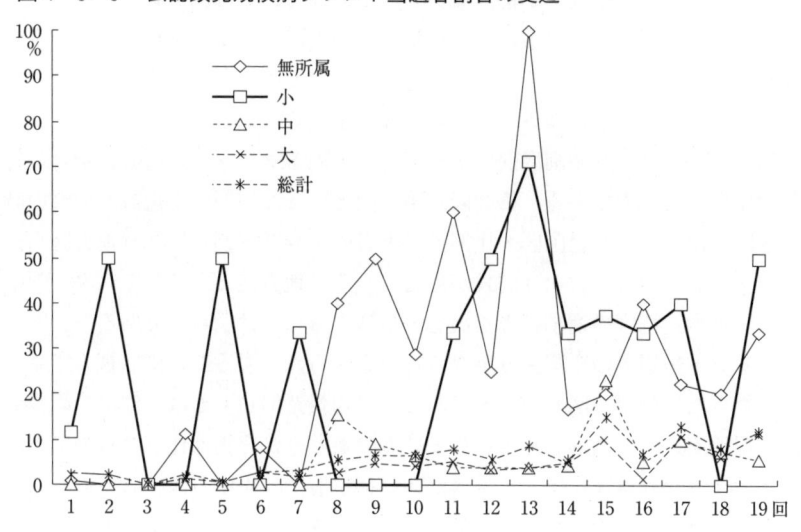

　第15回選挙では，消費税，リクルート事件，農産物輸入自由化問題が争点となり，自民党が大幅に得票を減らした．反自民の票は，当時の土井たか子委員長が率いる社会党や，全日本民間労働組合連合会の確認団体「連合の会」への票と流れた．その結果として，第15回選挙においては，社会党や連

合の会などの諸派から多くのタレント当選者が輩出された．

第17回選挙では，自社さ連立政権の是非が問われる選挙であり，結果として新進党が地方区・比例区をあわせて最大得票を獲得した回でもあった．この回においては，新進党から6名（うち5名が比例区）ものタレント当選者が輩出されている．

第19回選挙の特徴としては，非拘束名簿式の比例区選挙が導入されたことがある．これに対応し，各党は著名なタレント候補を擁立した．その結果，自民党では過去最高の8名（うち7名が比例区）のタレント当選者を輩出したのである．なお詳しくは，第1章第2節「各回選挙概要」を参考にされたい．

(4)タレント当選者と選挙制度・選挙区

今までの分析から，タレント当選者は一般的に選挙において強いということがわかった．そして，その強さは参議院選挙で実施された地方区，全国区，比例区といった選挙制度を選ばないものであった．では，タレント候補に選挙制度による得手，不得手は全く存在しないのだろうか．さらに選挙制度の変更がタレント候補の位置づけと政党の戦略にどのような影響を与えたのだろうか．これらの点について，さらに分析を進めていきたい．

図4-6-7は，選挙制度別に全当選者に占めるタレント当選者の割合の経年変化を見たものである．第2回，第4回といった初期で当選数が少ない時期を除けば，常に（全国区・比例区当選者のタレント割合）＞（地方区当選者のタレント割合）という図式が見えてくる．地方区と比較して，タレントが全国区や比例区の選挙によく出馬・当選することは明らかである．

タレント当選者の全国区選挙での特徴を明らかにするために，続いて見ていただきたいのが，図4-6-8である．平均得票偏在度[24]とは，候補者の得票が各都道府県から満遍なく得られているのかどうかを指標化したものであり，値が大きくなればなるほど，得票がある都道府県に集中し偏在していることを表す．そしてこの図からは，第6回以降一貫して，タレント当選者の得票偏在度が非タレント当選者のそれを下回っている，つまりタレント当選者は非タレント当選者と比べ，全国から満遍なく票を得ることができているというのが分かる．逆にいうならば，タレントは所構わず全国から満遍なく得票を得られるのだから，その特徴が有利に働く全国区選挙に，よく出馬・当選するということもできる．

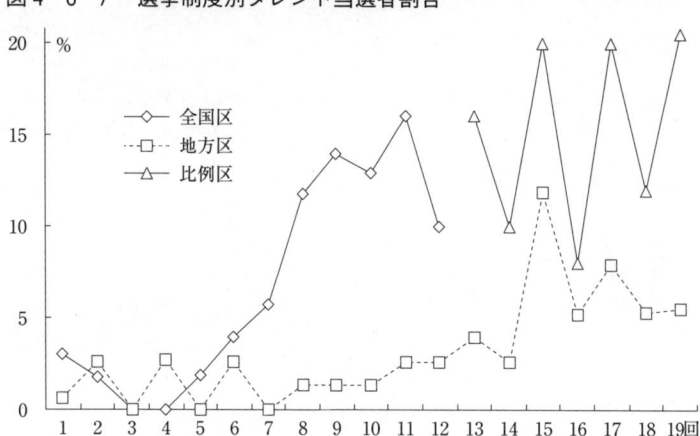

図4-6-7　選挙制度別タレント当選者割合

一方，タレントが地方区選挙に出馬する際には，どのような特色を持つ選挙区から出馬することが多いのだろうか．図4-6-9は，タレントの当選と都市度の関係をみるため，タレント当選者の選挙区のDID人口比の平均値を経年的に示したものである．タレント当選者のいる選挙区（都道府県）は，タレント当選者のいない選挙区（都道府県）に比べDID人口比は明らかに高くなっており，タレント候補は都市的な選挙区から立候補している．

以上より，タレント当選者は全国区では，場所・地域を問わず満遍なく支持を得ており，また地方区選挙においては，都市圏からの出馬・当選が目立つということがわかった．

次に，比例代表制度の導入に伴うタレント候補の位置づけの変化を考えてみたい．表4-6-5は比例代表制度導入に伴い無所属系のタレント候補者がどのような対応をしたのかをまとめたものである．全国区選挙においては，無所属の議員が出馬することが許された．しかし，比例区選挙においては，出馬する際に必ずいずれかの政党の公認を受けることが必要とされる．よって，表が示すように比例区ではなく地方区へ転じる候補者が見られた．また，タレント自らが小政党を率いることもあったが，それは全国区選挙に個人として出馬することに比して，コストが非常にかかるものであった．それゆえ自民党のような大政党から出馬する候補者もいた．いずれにしてもタレント候補は，比例区で選挙を戦うのなら政党に頼らざるを得なくなったのである．

図4-6-8 タレント当選者得票偏在値の変遷（全国区）

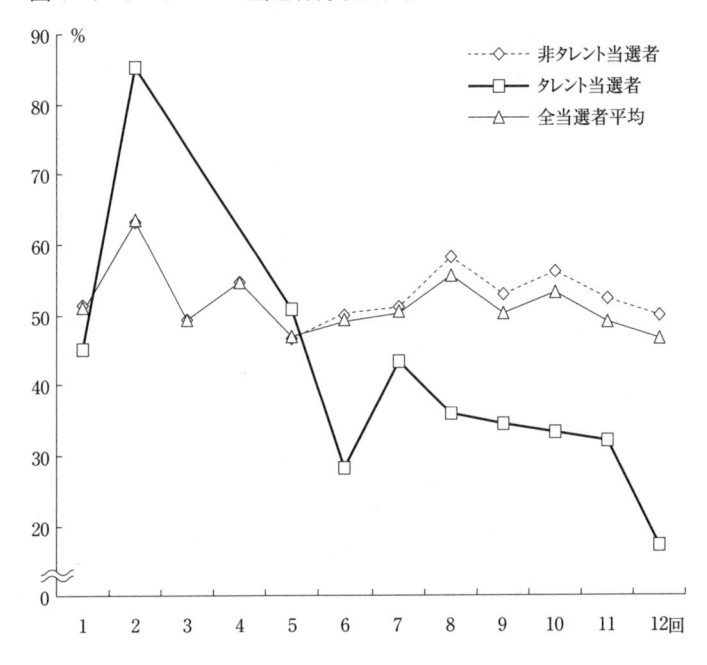

図4-6-9 タレント当選者を輩出する選挙区の
　　　　 DID人口比の変遷（地方区）

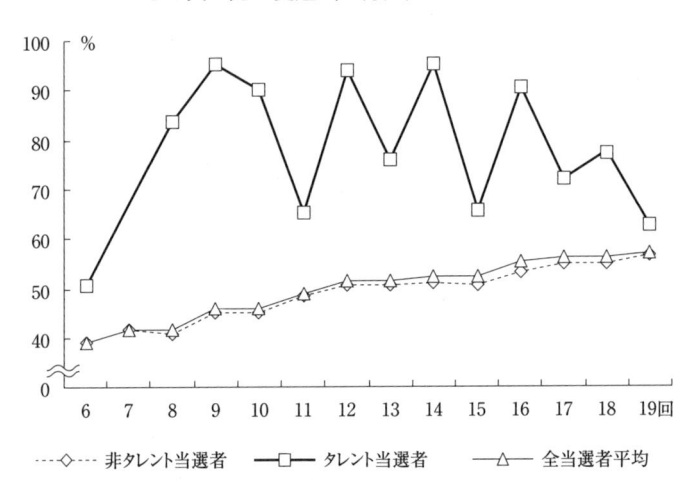

表4-6-5 比例区導入に伴う無所属系タレント当選者の対応

| 名前 | 対応 | 当落 |
| --- | --- | --- |
| 第13回選挙（第11回選挙当選者） | | |
| 野末　陳平 | 地方区(東京都)へ移動 | 当 |
| 八代　英太* | 福祉党から立候補(比例名簿1位) | 当 |
| 横山　ノック | 地方区(大阪府)へ移動 | 当 |
| 髙橋　圭三 | 自民党から立候補(比例名簿24位) | 落 |
| 第14回選挙（第12回選挙当選者） | | |
| 青島　幸男 | 第二院クラブから立候補(比例名簿1位) | 当 |
| 中山　千夏 | 地方区(東京都)へ移動 | 落 |
| 秦　　豊** | 地方区(東京都)へ移動 | 落 |

\* 八代英太は第15回選挙以降自民党から立候補
\*\* 秦豊は第12回選挙後繰上げ当選

　比例区選挙の導入は，タレントが政党へ近づいていく大きなきっかけとなったといえるだろう．一方，政党側もより多くの有権者からの支持を得るため，タレント候補者を利用し，タレント候補者を比例名簿の上位に並べるといった戦略をとった．つまり，比例区の導入は，タレント候補者側の当選と政党側の支持者獲得という目的が一致し，両者の接近をもたらしたといえる．

　では，第19回選挙から導入された非拘束名簿式への制度変更は，政党そしてタレント候補にどのような影響を与えたのだろうか．この名簿方式を導入することによって，候補者の個人名での投票が認められるようになった．そこで政党は得票数を増加させるために，個人名での得票数が十分に見込める，知名度の高いタレント候補のリクルートに励んだのである．

　その結果，タレント当選者の得票が政党の当選者数増加に大きく寄与したことは，既出の表4-6-2，表4-6-3からも明らかである．また図4-6-10にある通り，第19回選挙におけるタレント当選者の平均楽勝度[25]は，従来の拘束名簿式のときと比べ，大きく上昇している．つまり，タレント当選者は，個人名得票を多く獲得することで，従来の拘束名簿式比例区選挙に比べ，名簿の高順位を獲得することに成功したといえる．また，非拘束名簿式の比例区選挙において，大規模あるいは中規模政党からの公認を得ずに当選を果たした（つまり小規模政党の公認を得て当選を果たした）30名のうち，タレント当選者は13名にも達していることから，小政党の候補が当選するためにも，タレントとしての知名度を持つことが依然として重要であることが分かった．

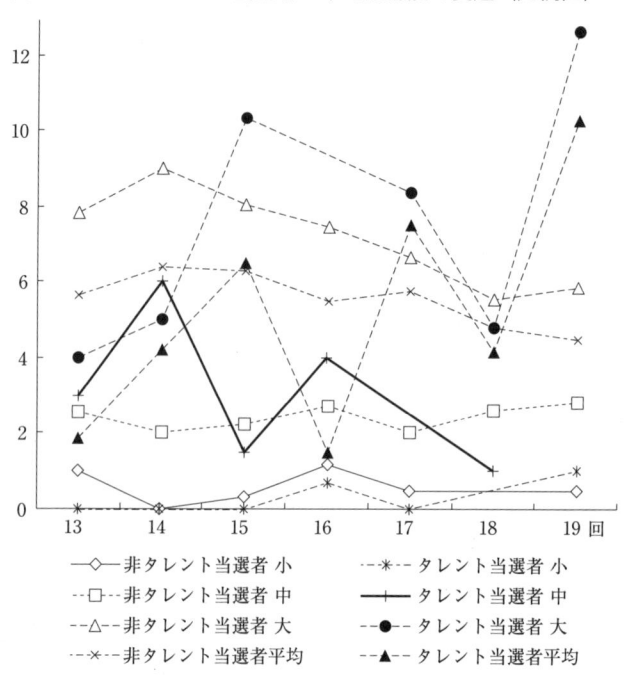

図4-6-10 タレント当選者の平均楽勝度の変遷（比例区）

## 4. まとめ

　これまでの分析から，知名度という資源を持つタレント候補者は非タレント候補者，さらに他の職業属性をもつ候補者よりも選挙に強いということが分かった．またタレント当選者と政党の関係からは，規模の小さい政党ほどタレントの持つ知名度がより貴重であったが，比較的規模の大きい政党から公認を得て当選を果たすタレント当選者の数も，近年増加傾向が見られた．

　一方，選挙制度とタレントの立候補の間にも強い関係があることも明らかとなった．全国区では，非タレント当選者に比べて全国的に偏りなく票を獲得することが可能であるため当選しやすかったこと，地方区選挙では都市圏で票を伸ばし，他の候補よりも強かったことが言えた．そして，比例代表制の導入は，政党におけるタレント候補者の重要性を高める結果となった．ただし，第13回から第18回選挙までの拘束名簿式比例区選挙においては，必ず政党の名前を書いて投票せねばならないこと，自らの投票が支持するタレン

ト個人の当落に与える影響が小さくならざるを得ないことなどから，有権者が政党の公認を得たタレント候補を直接的に意識することは少なかった．

しかし第19回から導入された非拘束名簿式比例代表制は，有権者の投票が候補者個人の当落と政党の得票に与える影響を大きくした．その結果，知名度という資源を持つため，利益団体や政党への依存度が低く，個人の政治的信条や市民の声を反映しやすい存在と思われていたタレント議員は，選挙では欠かせない存在として政党の選挙戦略にとりこまれ，政党への傾斜を高めているといえるのではないか．

この先非拘束名簿式比例区選挙が続くことを前提にするならば，参議院選挙におけるタレント候補の役割はさらに重要になってくるだろう．

(伏見周祐)

## 第7節　知事経験者の戦い

### 1. はじめに

知事は都道府県の顔であり，特に戦後の公選知事はその地で高い知名度を誇る．従って，その経験者が参議院選挙に出馬すれば，当該都道府県（以下，地元と記す）で強い集票力を発揮することが予見される．そこで本節では，公選知事経験のある候補を対象に，その候補の地元における選挙実績を分析し，この予見がどこまで正しいのかを検証する．

まず2.では，知事経験者の立候補数，当落，順位，公認政党などの全体的な傾向を把握する．地元がそのまま選挙区となる場合とそうでない場合とでは同列に扱えないため，地方区，全国区，比例区に分けて論ずる．

次に3.では，知事経験者の得票を分析し，彼らが本当に選挙に強いのか，強いとすれば退任後何回目の選挙で最も力を発揮するのかを調べる．同一政党の候補者同士でMK指数を比較したり，個人のMK指数の推移や個別選挙区の選挙事情を分析したりする．

なお，知事の当選回数は全国知事会ウェブサイトに掲載されている「歴代都道府県知事一覧」を参照した．また，ここで「初陣」とは参議院選挙に初出馬したこと，「復帰戦」とは参議院議員経験者が知事退任後に初めて参議院選挙に出馬したことを指す[26]．そして，当該候補者が知事当選以前の参議院選挙にも出馬している場合，その選挙実績は分析対象から排除した．従って，

表4-7-1　知事経験者と当落

| 候補者氏名 | 1 | 2 | 3 | 4 | 5 | 6 | 7 | 8 | 9 | 10 | 11 | 12 | 13 | 14 | 15 | 16 | 17 | 18 | 19 |
|---|---|---|---|---|---|---|---|---|---|---|---|---|---|---|---|---|---|---|---|
| 石原　幹市郎 | 補○ |  | ○ |  | ○ |  | ○ |  | ● |  |  |  |  |  |  |  |  |  |  |
| 楠瀬　常猪 |  | 補○ | ● |  |  |  |  |  |  |  |  |  |  |  |  |  |  |  |  |
| 館　哲二 |  | 補○ |  |  | ○ |  |  |  |  |  |  |  |  |  |  |  |  |  |  |
| 小林　武治 |  | 補● |  |  | ○ |  | ○ |  | ● |  |  |  |  |  |  |  |  |  |  |
| 伊能　芳雄 |  |  | ○ |  | ● |  |  |  |  |  |  |  |  |  |  |  |  |  |  |
| 川口　為之助 |  |  | ○ |  |  |  |  |  |  |  |  |  |  |  |  |  |  |  |  |
| 青柳　秀夫 |  |  | ○ |  | ○ |  |  |  |  |  |  |  |  |  |  |  |  |  |  |
| 小幡　治和 |  |  | 補○ | ○ |  | ● | ● |  |  |  |  |  |  |  |  |  |  |  |  |
| 大沢　雄一 |  |  |  | ○ |  |  |  |  |  |  |  |  |  |  |  |  |  |  |  |
| 吉江　勝保 |  |  |  | ○ | ○ | ○ |  |  |  |  |  |  |  |  |  |  |  |  |  |
| 重成　格 |  |  |  | ○ |  |  |  |  |  |  |  |  |  |  |  |  |  |  |  |
| 増原　恵吉 |  |  |  | 補○ | ○ |  | ○ |  | ○ |  |  |  |  |  |  |  |  |  |  |
| 柴野　和喜夫 |  |  |  | 補○ | ● |  |  |  |  |  |  |  |  |  |  |  |  |  |  |
| 村山　道雄 |  |  |  |  | ○ |  |  |  |  |  |  |  |  |  |  |  |  |  |  |
| 赤間　文三 |  |  |  |  | ○ |  | ○ |  |  |  |  |  |  |  |  |  |  |  |  |
| 鍋島　直紹 |  |  |  |  | ○ |  | ○ |  | ○ | ○ |  |  |  |  |  |  |  |  |  |
| 桜井　三郎 |  |  |  |  | ○ |  |  |  |  |  |  |  |  |  |  |  |  |  |  |
| 二見　甚郷 |  |  |  |  | ○ |  |  |  |  |  |  |  |  |  |  |  |  |  |  |
| 岸田　幸雄 |  |  |  |  | 補○ |  | ● |  |  |  |  |  |  |  |  |  |  |  |  |
| 林　虎雄 |  |  |  |  | ○ | ○ |  |  |  |  |  |  |  |  |  |  |  |  |  |
| 津島　文治 |  |  |  |  |  | ○ | ○ |  |  |  |  |  |  |  |  |  |  |  |  |
| 塚田　十一郎 |  |  |  |  |  |  | ○ |  | 補○ | ○ |  |  |  |  |  |  |  |  |  |
| 町村　金五 |  |  |  |  |  |  | ○ |  |  |  |  |  |  |  |  |  |  |  |  |
| 金井　元彦 |  |  |  |  |  |  | ○ |  |  | ○ |  |  |  |  |  |  |  |  |  |
| 寺本　広作 |  |  |  |  |  |  | ○ |  |  |  |  |  |  |  |  |  |  |  |  |
| 斎藤　寿夫 |  |  |  |  |  |  |  | 補○ | ● |  |  |  |  |  |  |  |  |  |  |
| 安孫子　藤吉 |  |  |  |  |  |  |  |  | ○ |  | ○ |  |  |  |  |  |  |  |  |
| 亘　四郎 |  |  |  |  |  |  |  |  | ○ |  |  |  |  |  |  |  |  |  |  |
| 吉田　実 |  |  |  |  |  |  |  |  | ○ |  | ○ |  |  |  |  |  |  |  |  |
| 石破　二朗 |  |  |  |  |  |  |  |  | ○ |  |  |  |  |  |  |  |  |  |  |
| 加藤　武徳 |  |  |  |  |  |  |  |  | ○ |  | ○ |  | ○ |  |  |  |  |  |  |
| 永野　厳雄 |  |  |  |  |  |  |  |  | ○ |  | ○ |  |  |  |  |  |  |  |  |
| 田中　覚 |  |  |  |  |  |  |  |  | ● |  |  |  |  |  |  |  |  |  |  |
| 金丸　三郎 |  |  |  |  |  |  |  |  |  | ○ | ○ |  |  |  |  |  |  |  |  |
| 岩上　二郎 |  |  |  |  |  |  |  |  |  | 補○ | ○ |  |  |  |  |  |  |  |  |
| 美濃部　亮吉 |  |  |  |  |  |  |  |  |  | ○ |  |  |  |  |  |  |  |  |  |
| 宮沢　弘 |  |  |  |  |  |  |  |  |  |  | 補○ |  | ○ |  | ○ |  |  |  |  |
| 堂垣内　尚弘 |  |  |  |  |  |  |  |  |  |  |  | ● |  |  |  |  |  |  |  |
| 沢田　一精 |  |  |  |  |  |  |  |  |  |  |  | ○ | ○ |  |  |  |  |  |  |
| 林田　悠紀夫 |  |  |  |  |  |  |  |  |  |  |  |  | ○ | ○ |  |  |  |  |  |
| 鎌田　要人 |  |  |  |  |  |  |  |  |  |  |  |  | ○ |  | ○ |  |  |  |  |
| 細川　護熙 |  |  |  |  |  |  |  |  |  |  |  |  |  |  | ○ |  |  |  |  |
| 望月　幸明 |  |  |  |  |  |  |  |  |  |  |  |  |  |  | ● |  |  |  |  |
| 大田　昌秀 |  |  |  |  |  |  |  |  |  |  |  |  |  |  |  |  |  | ○ |  |
| 青島　幸男 |  |  |  |  |  |  |  |  |  |  |  |  |  |  |  |  |  |  | ● |
| 当選者数 | 0 | 0 | 5 | 5 | 9 | 4 | 7 | 3 | 7 | 6 | 5 | 7 | 2 | 4 | 2 | 3 | 1 | 0 | 1 |
| 落選者数 | 0 | 0 | 1 | 0 | 2 | 1 | 1 | 1 | 2 | 2 | 1 | 0 | 1 | 0 | 0 | 1 | 0 | 0 | 1 |
| 小計 | 0 | 0 | 6 | 5 | 11 | 5 | 8 | 4 | 9 | 8 | 6 | 7 | 3 | 4 | 2 | 4 | 1 | 0 | 2 |
| 補選当選者数 | 1 | 2 | 1 | 2 | 1 | 0 | 0 | 1 | 1 | 1 | 1 | 0 | 0 | 0 | 0 | 0 | 0 | 0 | 0 |
| 補選落選者数 | 0 | 1 | 0 | 0 | 0 | 0 | 0 | 0 | 0 | 0 | 0 | 0 | 0 | 0 | 0 | 0 | 0 | 0 | 0 |
| 小計 | 1 | 3 | 1 | 2 | 1 | 0 | 0 | 1 | 1 | 1 | 1 | 0 | 0 | 0 | 0 | 0 | 0 | 0 | 0 |
| 合計 | 1 | 3 | 7 | 7 | 12 | 5 | 8 | 4 | 10 | 9 | 7 | 8 | 3 | 4 | 2 | 4 | 1 | 0 | 2 |

第4章 候補者　269

| 当選 | 落選 | 総計 | 選挙時政党 | 都道府県 | 初出馬年齢 | 知事当選回数 | 経験者当選回数 |
|---|---|---|---|---|---|---|---|
| 4 | 1 | 5 | 民主自由党→自由党→自由民主党 | 福島 | 46 | 1 | 0 |
| 1 | 1 | 2 | 自由党→分党派自由党 | 広島 | 51 | 1 | 0 |
| 3 | 0 | 3 | 無所属→自由民主党 | 富山 | ?*** | 1 | 0 |
| 3 | 2 | 5 | 自由党→無所属→自由民主党 | 静岡 | 52 | 1 | 0 |
| 1 | 1 | 2 | 自由党→自由民主党 | 群馬 | 55 | 1 | 0 |
| 1 | 0 | 1 | 自由民主党 | 千葉 | 71 | 1 | 0 |
| 3 | 0 | 3 | 自由党→自由民主党 | 愛知 | 55 | 1 | 0 |
| 2 | 2 | 4 | 無所属→自由民主党→無所属 | 福井 | 50 | 2 | 0 |
| 1 | 0 | 1 | 自由民主党 | 埼玉 | 53 | 2 | 0 |
| 3 | 0 | 3 | 自由民主党 | 山梨 | 56 | 1 | 0 |
| 1 | 0 | 1 | 自由民主党 | 鹿児島 | 54 | 2 | 0 |
| 4 | 0 | 4 | 自由民主党 | 香川** | 54 | 1 | 0 |
| 1 | 1 | 2 | 無所属→自由民主党 | 石川 | 56 | 2 | 0 |
| 1 | 0 | 1 | 自由民主党 | 山形 | 57 | 3 | 0 |
| 3 | 0 | 3 | 自由民主党 | 大阪 | 60 | 3 | 0 |
| 4 | 0 | 4 | 自由民主党 | 佐賀 | 47 | 2 | 0 |
| 1 | 0 | 1 | 自由民主党 | 熊本 | 59 | 3 | 0 |
| 1 | 0 | 1 | 自由民主党 | 宮崎 | 70 | 1 | 0 |
| 2 | 1 | 3 | 自由民主党 | 兵庫 | 66 | 2 | 0 |
| 2 | 0 | 2 | 日本社会党 | 長野 | 59 | 3 | 0 |
| 2 | 0 | 2 | 自由民主党 | 青森 | 67 | 3 | 0 |
| 3 | 1 | 4 | 無所属→自由民主党 | 新潟 | 64 | 2 | 0 |
| 2 | 0 | 2 | 自由民主党 | 北海道* | 70 | 3 | 0 |
| 2 | 0 | 2 | 自由民主党 | 兵庫 | 67 | 2 | 0 |
| 1 | 0 | 1 | 自由民主党 | 熊本 | 63 | 3 | 1 |
| 1 | 1 | 2 | 自由民主党 | 静岡 | 64 | 4 | 0 |
| 2 | 0 | 2 | 自由民主党 | 山形 | 70 | 5 | 0 |
| 1 | 0 | 1 | 自由民主党 | 新潟 | 74 | 2 | 0 |
| 2 | 0 | 2 | 自由民主党 | 富山 | 64 | 4 | 0 |
| 2 | 0 | 2 | 自由民主党 | 鳥取 | 65 | 4 | 0 |
| 3 | 0 | 3 | 自由民主党 | 岡山 | 58 | 2 | 2 |
| 2 | 0 | 2 | 自由民主党 | 広島 | 56 | 3 | 0 |
| 0 | 1 | 1 | 新自由クラブ | 三重 | 67 | 5 | 0 |
| 2 | 0 | 2 | 自由民主党 | 鹿児島 | 63 | 3 | 0 |
| 3 | 0 | 3 | 自由民主党 | 茨城 | 64 | 4 | 0 |
| 1 | 0 | 1 | 無所属 | 東京* | 76 | 3 | 0 |
| 3 | 0 | 3 | 自由民主党 | 広島 | 60 | 2 | 0 |
| 0 | 1 | 1 | 自由民主党 | 北海道* | 69 | 3 | 0 |
| 2 | 0 | 2 | 自由民主党→無所属 | 熊本 | 61 | 3 | 2 |
| 2 | 0 | 2 | 自由民主党 | 京都 | 70 | 2 | 3 |
| 2 | 0 | 2 | 自由民主党 | 鹿児島 | 67 | 3 | 0 |
| 1 | 0 | 1 | 日本新党 | 熊本* | 54 | 2 | 2 |
| 0 | 1 | 1 | 連合の会 | 山梨 | 68 | 3 | 0 |
| 1 | 0 | 1 | 社会民主党 | 沖縄* | 76 | 2 | 0 |
| 0 | 1 | 1 | 第二院クラブ | 東京* | 69 | 1 | 5 |

○＝当選，●＝落選，補○＝補選当選，補●＝補選落選
\*　全国区・比例区で出馬
\*\*　2度目の選挙より愛媛県で出馬
\*\*\*　舘哲の初出馬年齢は補欠選挙のため不明

「N回目の選挙」とあるときは，初陣・復帰戦を1回目と数えている．

## 2. 知事経験者の戦績

表4-7-1は星取表形式で知事経験者計45人の立候補，当落，所属政党を，表4-7-2は拘束式比例区候補以外の地元での得票順位を，それぞれまとめたものである．

(1)地方区

**a. 当落・順位・所属政党の傾向**　　知事経験者候補45人のうち，39人は地元の地方区から立候補している[27]．その39人中37人が少なくとも1回は当選し，しかも36人が初陣・復帰戦での「一発当選」を果たしている[28]．そして，2選を目指した者は23勝5敗，3選を目指した者は11勝2敗と，当選を重ねる者も多く見られる[29]．

この37人を政党別に見ると，実に36人が自民党または前身である自由党・民自党の候補であり，保守地盤の強い県の出身者が多い．残る1人は社会党所属の元長野県知事・林虎雄だが，長野県は社会党が強いことで知られていた．連続当選を重ねるのは本人の資質のみならず，所属政党支持層の厚さが大きく影響しているようである．

また，通常選挙において複数の議席が改選される選挙区での得票順位を見ると[30]，地方区では18人中17人が初陣・復帰戦で1位当選を果たしている．そして2期目以降も，多くが1位当選を果たしている．この傾向は赤間文三（大阪府），金井元彦（兵庫県）といった，自民党の弱い府県の候補者にも現れている．

**b. 落選・低順位当選の原因**　　逆に落選や低順位当選に甘んじる原因としては，保守票の分散が考えられる．落選の例を挙げれば，初陣で失敗した小林武治（静岡・1951年補選），田中覚（三重県・第11回），望月幸明（山梨県・第16回）の3名はいずれもこの例である[31]．また，再選を果たせなかった者はいずれも他の保守系候補に取って代わられたか，共倒れとなっている．例えば第6回の小幡治和（福井県）は元福井市長・熊谷太三郎に公認を奪われて大差で敗れ，第8回の岸田幸雄（兵庫県）は公認候補乱立の影響で野党に議席を奪われた．

低順位当選の例を挙げれば，第8回の塚田十一郎（新潟県・2位）や第15回の沢田一精（熊本県・2位）については自民党の公認漏れであり，公認候

表4-7-2 知事経験者と得票順位

| 候補者氏名 | 都道府県 | 地方区改選数 | 知事当選回数 | 1回目 | 2回目 | 3回目 | 4回目 | 5回目 |
|---|---|---|---|---|---|---|---|---|
| 石原　幹市郎 | 福島県 | 2 | 1 | <u>1</u> | ① | ① | ① | *3* |
| 楠瀬　常猪 | 広島県 | 2 | 1 | <u>1</u> | 5 | | | |
| 館　哲二 | 富山県 | 1 | 1 | <u>1</u> | 1 | 1 | | |
| 小林　武治 | 静岡県 | 2 | 1 | <u>2</u> | ① | 2 | ① | *3* |
| 伊能　芳雄 | 群馬県 | 2 | 1 | ① | *3* | | | |
| 川口　為之助 | 埼玉県 | 2 | 1 | ① | | | | |
| 青柳　秀夫 | 愛知県 | 3 | 1 | ① | ① | 3 | | |
| 小幡　治和 | 福井県 | 1 | 2 | <u>1</u> | 1 | *2* | *2* | |
| 大沢　雄一 | 埼玉県 | 2 | 2 | ① | | | | |
| 吉江　勝保 | 山梨県 | 1 | 1 | 1 | 1 | 1 | | |
| 重成　格 | 鹿児島県 | 2 | 2 | ① | | | | |
| 増原　恵吉 | 香川県*** | 1 | 1 | <u>1</u> | 1 | 1 | 1 | |
| 柴野　和喜夫 | 石川県 | 1 | 2 | <u>1</u> | *2* | | | |
| 村山　道雄 | 山形県 | 1 | 2 | 1 | | | | |
| 赤間　文三 | 大阪府 | 3 | 3 | ① | ① | ① | | |
| 鍋島　直紹 | 佐賀県 | 1 | 2 | 1 | 1 | 1 | 1 | |
| 桜井　三郎 | 熊本県 | 2 | 3 | ① | | | | |
| 二見　甚郷 | 宮崎県 | 1 | 1 | 1 | | | | |
| 岸田　幸雄 | 兵庫県 | 1 | 2 | <u>1</u> | 2 | *4* | | |
| 林　虎雄 | 長野県 | 2 | 3 | ① | ① | | | |
| 津島　文治 | 青森県 | 1 | 3 | 1 | 1 | | | |
| 塚田　十一郎 | 新潟県 | 2 | 2 | 2 | *3* | <u>1</u> | 1 | |
| 町村　金吾 | 北海道 | 全国区 | 3 | ① | ① | | | |
| 金井　元彦 | 兵庫県 | 3 | 2 | ① | ① | | | |
| 寺本　広作 | 熊本県 | 2 | 2 | ① | | | | |
| 斎藤　寿夫 | 静岡県 | 2 | 4 | <u>1</u> | *3* | | | |
| 安孫子　藤吉 | 山形県 | 1 | 5 | 1 | 1 | | | |
| 亘　四郎 | 新潟県 | 2 | 2 | ① | | | | |
| 吉田　実 | 富山県 | 1 | 4 | 1 | 1 | | | |
| 石破　二朗 | 鳥取県 | 1 | 4 | 1 | 1 | | | |
| 加藤　武徳 | 岡山県 | 2 | 2 | ① | ① | ① | | |
| 永野　厳雄 | 広島県 | 2 | 3 | ① | ① | | | |
| 田中　覚 | 三重県 | 1 | 3 | *3* | | | | |
| 金丸　三郎 | 鹿児島県 | 2 | 5 | ① | ① | | | |
| 岩上　二郎 | 茨城県 | 2 | 4 | <u>1</u> | 1 | 1 | | |
| 美濃部　亮吉 | 東京都 | 全国区 | 3 | 6 | | | | |
| 宮沢　弘 | 広島県 | 2 | 2 | <u>1</u> | 1 | 1 | | |
| 沢田　一精 | 熊本県 | 2 | 3 | ① | 2 | | | |
| 林田　悠紀夫 | 京都府 | 2 | 2 | ① | ① | | | |
| 鎌田　要人 | 鹿児島県 | 2 | 3 | ① | ① | | | |
| 望月　幸明 | 山梨県 | 1 | 3 | *2* | | | | |
| 大田　昌秀 | 沖縄県 | 比例区 | 2 | ① | | | | |
| 青島　幸男 | 東京都 | 比例区 | 1 | *11* | | | | |

\* 拘束名簿式比例区立候補者を除く
\*\* 下線付き＝補選、斜字体＝落選、丸囲み＝2-4人区首位
\*\*\* 2回目からは愛媛県で出馬しており、その結果である。

補を破って当選したものである．また第6回の岸田幸雄（兵庫県・2位），第7回の青柳秀夫（愛知県・3位）については，自民党が比較的弱い選挙区ながら公認候補が複数いたものである．

このほかに落選した例を見てみる．まず第9回選挙においては，石原幹市郎（福島県・当選4回・68歳），小林武治（静岡県・当選3回・72歳）が落選しているが，これは多選批判を受けたものではないかと考えられる．(32) また第10回選挙では，逆風の自民党から8人が出馬し，初陣・復帰組6人が当選する一方で，塚田十一郎（新潟県・70歳），斎藤寿夫（静岡県・66歳）というわずか当選1回の現職議員2人が落選している．(33) なお，候補者の当落と知事・参議院議員当選回数の和や年齢には関係が見られない．

(2) 全国区

全国区からは2人が出馬している．町村金吾（北海道・第9，11回・自民），美濃部亮吉（東京都・第12回・無所属）の2人がいずれもベスト10位以内という好成績で当選を飾っており，知事経験者は全国区でも優位に選挙戦を戦っていたことが分かる．具体的には，町村は第9回が4位，第11回が8位，美濃部は9位という成績である．出身都道での得票順位を見ると，町村は2回連続で首位，美濃部は6位という成績であり，いずれも全国での得票順位よりも高くなっている．

両候補者の全国得票数に占める出身都道得票数の割合を見ると，町村は第9回が952,130票中708,565票で74％，第11回が1,028,981票中721825票で70％，美濃部が1,154,764票中370,263票で32％となっている．いずれも47都道府県中，群を抜く1位である．

また，得票偏在度では，町村は第9回が80.5％，第11回が76.3％，美濃部は37.0％であった．

(3) 比例区

比例区は4人が1回ずつ出馬して，2勝2敗の戦績となっている．第13-18回の拘束式と第19回以降の非拘束式で2人ずつが出馬し，いずれも1勝1敗だった．また，非自民系候補の3人はいずれも党の目玉候補として出馬している．

当選したのは細川護煕（熊本県・第16回・日本新）と大田昌秀（沖縄県・第19回・社民）である．細川は，自身の率いる日本新党の熊本県における得票率が37％に達し，第2位の自民党に8万票（10ポイント）の差をつけて1

位となった.同党の全国得票数に占める熊本県内得票数の割合は8％であり,東京都に次ぐ2位である.また大田は,直近に行われた1999年の沖縄県知事選で落選していたが,それでも沖縄県における個人名投票の48％にあたる158,888票を獲得し,県内1位となった.また,大田の全国個人得票数は396,077票であり,これに占める沖縄県内得票数の割合は40％に当たる.

一方,落選したのは堂垣内尚弘(北海道・第13回・自民)と青島幸男(東京・第19回・二院)である.堂垣内は拘束式名簿で当選不可能な低順位に置かれたため,また青島は非拘束式の個人名で大量得票しながらも小党派のため,それぞれ落選した.なお,第13回の自民党は北海道内1位,第19回の青島は個人名投票で東京都内11位の得票だった.また,青島は個人票284,745票のうち14％に当たる38,926票を東京都で獲得した.

### 3. 知事経験者の得票分析

当落や順位に限れば,知事経験者は安定した選挙成績を収めている.しかし,知事経験者は同じ党のそうでない候補者より本当に強い支持を得ているのだろうか.また,「強み」があるとすれば,最も発揮され易いのは何回目の選挙だろうか.この2点を調べるため,MK指数という得票に関する指標を使い,「選挙の強さ」を分析する.

#### (1)自民党候補同士での比較

知事経験者であることは,そうでない同一政党の候補より強い支持を得る要因となるのだろうか.これを調べるため,サンプルの多い自民党を対象に,第4−17回通常選挙における地方区の候補につき,知事経験者とそれ以外の候補者の平均MK指数を比較した.表4−7−3は候補者,表4−7−4は当選者についてこれをまとめたものである.それぞれ,全体比較のほか,新顔,元職,現職・前職だけの比較も行った.

まず全体的には,計14回の選挙のうち候補者レベルで12回,当選者レベルで11回,経験者の平均値が非経験者のそれを上回っている.「やや有利」との印象を受ける.

そこで新顔だけで比較したものを見ると,新顔知事経験者の出馬した8回中7回の選挙で経験者の平均値が勝っている.唯一下回った第7回選挙は,津島文治の出馬した青森県が保守分裂選挙だった,という特殊な例であることを考えると,自民党新顔候補の中では知事経験者は強いということが言え

る．

　また，元職同士で比べても経験者が上回っている(35)．これは知事からの復帰組と前回落選組との比較であるから，ある意味当然である．一方，現職・前職については経験者の平均値が非経験者より下回ることも多い．面白いことに，経験者が下回っているのがサンプル数の多い第10回以前で，上回っているのがサンプル数の少ない第11回以降である．だからといって，現実的に知事の経験が不利になっているとは考えづらい．結局のところ，一度議員にな

表4-7-3　自民党候補者における MK 指数比較

| 選挙回 | 全体 | | | 新顔 | | | 元職 | | | 現職・前職 | | |
|---|---|---|---|---|---|---|---|---|---|---|---|---|
| | 経験者 | 非 | 差 | 経験者 | 非 | 差 | 経験者 | 非 | 差 | 経験者 | 非 | 差 |
| 4 | 3.80 | 3.40 | 0.40 | 4.27 | 3.53 | 0.74 | − | 3.11 | − | 3.11 | 3.33 | −0.22 |
| 5 | 4.47 | 3.49 | 0.97 | 5.36 | 3.26 | 2.10 | − | 3.60 | − | 3.58 | 3.64 | −0.07 |
| 6 | 3.16 | 3.58 | −0.42 | − | 3.16 | − | − | 2.95 | − | 3.16 | 3.81 | −0.65 |
| 7 | 4.05 | 3.44 | 0.61 | 2.30 | 3.09 | −0.79 | 2.07 | 3.18 | −1.12 | 4.80 | 3.75 | 1.05 |
| 8 | 3.36 | 3.64 | −0.27 | 3.83 | 3.52 | 0.30 | − | 3.64 | − | 3.13 | 3.68 | −0.55 |
| 9 | 4.20 | 3.46 | 0.74 | 5.58 | 3.06 | 2.52 | 5.16 | 2.26 | 2.90 | 3.73 | 3.84 | −0.11 |
| 10 | 3.35 | 3.18 | 0.17 | 3.70 | 2.97 | 0.73 | 3.30 | 3.04 | 0.26 | 2.50 | 3.34 | −0.84 |
| 11 | 4.79 | 3.48 | 1.31 | 4.10 | 3.50 | 0.60 | − | − | − | 5.02 | 3.47 | 1.55 |
| 12 | 4.67 | 3.97 | 0.70 | − | 4.06 | − | − | − | − | 4.67 | 3.92 | 0.75 |
| 13 | 4.53 | 3.57 | 0.96 | − | 3.22 | − | 4.80 | 3.71 | 1.09 | 4.27 | 3.86 | 0.41 |
| 14 | 5.56 | 3.71 | 1.85 | − | 3.33 | − | 6.18 | − | − | 5.35 | 3.95 | 1.39 |
| 15 | 4.65 | 2.84 | 1.81 | 5.75 | 2.62 | 3.13 | − | − | − | 3.56 | 2.93 | 0.63 |
| 16 | 5.53 | 3.84 | 1.69 | − | 3.62 | − | − | 3.39 | − | 5.53 | 3.98 | 1.55 |
| 17 | 5.11 | 3.38 | 1.73 | − | 3.07 | − | − | 2.70 | − | 5.11 | 3.80 | 1.31 |

表4-7-4　自民党当選者における MK 指数比較

| 選挙回 | 全体 | | | 新顔 | | | 元職 | | | 現職・前職 | | |
|---|---|---|---|---|---|---|---|---|---|---|---|---|
| | 経験者 | 非 | 差 | 経験者 | 非 | 差 | 経験者 | 非 | 差 | 経験者 | 非 | 差 |
| 4 | 3.80 | 3.87 | −0.06 | 4.27 | 4.02 | 0.25 | − | 4.11 | − | 3.11 | 3.76 | −0.65 |
| 5 | 5.08 | 3.92 | 1.16 | 5.36 | 3.79 | 1.57 | − | 3.60 | − | 4.61 | 4.00 | 0.62 |
| 6 | 3.77 | 3.87 | −0.10 | − | 3.75 | − | − | 3.74 | − | 3.77 | 3.90 | −0.13 |
| 7 | 4.38 | 3.76 | 0.63 | 2.30 | 3.55 | −1.25 | − | 3.18 | − | 4.80 | 3.90 | 0.90 |
| 8 | 3.45 | 3.84 | −0.39 | 3.83 | 3.80 | 0.02 | − | 3.64 | − | 3.08 | 3.86 | −0.78 |
| 9 | 4.51 | 3.84 | 0.68 | 5.58 | 3.44 | 2.14 | 5.16 | − | − | 3.94 | 4.09 | −0.15 |
| 10 | 3.63 | 3.38 | 0.25 | 3.70 | 3.20 | 0.50 | 3.30 | 3.11 | 0.20 | − | 3.55 | − |
| 11 | 4.79 | 3.71 | 1.08 | 4.10 | 3.62 | 0.48 | − | − | − | 5.02 | 3.79 | 1.23 |
| 12 | 4.67 | 4.12 | 0.55 | − | 4.37 | − | − | − | − | 4.67 | 4.00 | 0.67 |
| 13 | 4.53 | 3.73 | 0.80 | − | 3.43 | − | 4.80 | 3.71 | 1.09 | 4.27 | 3.91 | 0.36 |
| 14 | 5.56 | 3.89 | 1.66 | − | 3.58 | − | 6.18 | − | − | 5.35 | 4.05 | 1.30 |
| 15 | 4.65 | 3.68 | 0.97 | 5.75 | 3.37 | 2.38 | − | − | − | 3.56 | 3.85 | −0.29 |
| 16 | 5.53 | 3.95 | 1.58 | − | 3.79 | − | − | 3.39 | − | 5.53 | 4.04 | 1.49 |
| 17 | 5.11 | 3.63 | 1.48 | − | 3.33 | − | − | 2.70 | − | 5.11 | 4.00 | 1.11 |

### 表 4-7-5　知事経験者と MK 指数

| 候補者氏名 | 都道府県 | 1 回目 | 2 回目 | 3 回目 | 4 回目 | 5 回目 |
|---|---|---|---|---|---|---|
| 石原　幹市郎 | 福島県 | <u>6.57</u> | 4.01 | 4.78 | 4.73 | *3.43* |
| 楠瀬　常猪 | 広島県 | <u>6.29</u> | *1.51* | | | |
| 館　哲二 | 富山県 | <u>5.58</u> | 3.44 | 3.08 | | |
| 小林　武治 | 静岡県 | *<u>4.53</u>* | 6.24 | 3.78 | 6.44 | 3.41 |
| 伊能　芳雄 | 群馬県 | 3.06 | *2.59* | | | |
| 川口　為之助 | 埼玉県 | 5.26 | | | | |
| 青柳　秀夫 | 愛知県 | 6.96 | 5.29 | 3.36 | | |
| 小幡　治和 | 福井県 | <u>4.16</u> | 2.79 | *1.35* | *2.07* | |
| 大沢　雄一 | 埼玉県 | 4.93 | | | | |
| 吉江　勝保 | 山梨県 | 2.81 | 3.22 | 3.08 | | |
| 重成　格 | 鹿児島県 | 5.06 | | | | |
| 増原　恵吉 | 香川県 *** | <u>3.02</u> | 3.14 | 3.14 | 3.08 | |
| 柴野　和喜夫 | 石川県 | <u>3.26</u> | *1.45* | | | |
| 村山　道雄 | 山形県 | 3.78 | | | | |
| 赤間　文三 | 大阪府 | 8.87 | 5.42 | 4.29 | | |
| 鍋島　直紹 | 佐賀県 | 5.34 | 4.06 | 4.25 | 3.75 | |
| 桜井　三郎 | 熊本県 | 5.03 | | | | |
| 二見　甚郷 | 宮崎県 | 3.75 | | | | |
| 岸田　幸雄 | 兵庫県 | <u>11.94</u> | 5.00 | *3.18* | | |
| 林　虎雄 | 長野県 | 5.43 | 6.07 | | | |
| 津島　文治 | 青森県 | 2.30 | 3.28 | | | |
| 塚田　十一郎 | 新潟県 | 3.83 | *2.68* | <u>6.75</u> | 6.39 | |
| 町村　金吾 | (北海道) | | | | | |
| 金井　元彦 | 兵庫県 | 5.58 | 4.94 | | | |
| 寺本　広作 | 熊本県 | 5.16 | | | | |
| 斎藤　寿夫 | 静岡県 | <u>6.23</u> | *2.32* | | | |
| 安孫子　藤吉 | 山形県 | 3.23 | 3.61 | | | |
| 亘　四郎 | 新潟県 | 4.31 | | | | |
| 吉田　実 | 富山県 | 3.33 | 4.08 | | | |
| 石破　二朗 | 鳥取県 | 3.44 | 3.74 | | | |
| 加藤　武徳 | 岡山県 | 3.30 | 6.26 | 5.65 | | |
| 永野　厳雄 | 広島県 | 4.16 | 5.45 | | | |
| 田中　覚 | 三重県 | *1.48* | | | | |
| 金丸　三郎 | 鹿児島県 | 4.10 | 4.27 | | | |
| 岩上　二郎 | 茨城県 | <u>7.82</u> | 4.86 | 4.03 | | |
| 美濃部　亮吉 | (東京都) | | | | | |
| 宮沢　弘 | 広島県 | <u>8.33</u> | 6.37 | 5.53 | | |
| 沢田　一精 | 熊本県 | 4.80 | 3.56 | | | |
| 林田　悠紀夫 | 京都府 | 6.18 | 5.52 | | | |
| 鎌田　要人 | 鹿児島県 | 5.75 | 5.11 | | | |
| 望月　幸明 | 山梨県 | *2.32* | | | | |
| 大田　昌秀 | (沖縄県) | | | | | |
| 青島　幸男 | (東京都) | | | | | |

\*　下線付き＝補選，太字＝自己最高値，斜字体＝落選
\*\*　カッコ内は全国区候補の出身地
\*\*\*　2 回目からは愛媛県

ってしまえば，知事経験の有無はそれ以後の選挙実績と特に関係ないということではなかろうか．

**(2)個人の得票実績**

(1)の考察を通じ，知事経験は初陣・復帰戦では強みとなるものの，一度議員になれば特に関係ないのではないかと推測できる．そこで今度は，個人の得票実績に着目して，本当に初陣・復帰戦の選挙が最も強いのかどうかを分析する．

表4-7-5は知事経験者のMK指数をまとめたものである．全国区か非拘束式比例区に出馬した4人は出身都道での得票，それ以外は地元選挙区の得

表4-7-6　1回目と2回目の選挙区事情比較

| | 1回目 | | | | |
|---|---|---|---|---|---|
| 候補者氏名 | 選挙区 | 選挙回 | 政党 | MK指数 | 選挙区事情 |
| 石原　幹市郎 | 福島県 | 1補 | 自由 | <u>6.57</u> | 保守1人，革新3人 |
| 楠瀬　常猪 | 広島県 | 2補 | 自由 | <u>6.29</u> | 保革一騎打ち |
| 館　哲二 | 富山県 | 2補 | 無 | <u>5.58</u> | 対抗馬は共産党のみ |
| 小林　武治 | 静岡県 | 2補 | 自由 | *4.53* | 保守2人，革新2人 |
| 伊能　芳雄 | 群馬県 | 3 | 自由 | <u>3.06</u> | 保守2人，革新1人 |
| 青柳　秀夫 | 愛知県 | 3 | 自由 | <u>6.96</u> | 保守3人，社会1人 |
| 小幡　治和 | 福井県 | 3補 | 無 | <u>4.16</u> | 保守対決 |
| 吉江　勝保 | 山梨県 | 4 | 自民 | 2.81 | 実質自民一騎打ち，3位が元教育長 |
| 柴野　和喜夫 | 石川県 | 4補 | 無 | <u>3.26</u> | 保革一騎打ち |
| 赤間　文三 | 大阪府 | 5 | 自民 | <u>8.87</u> | 自民2人，社会2人 |
| 鍋島　直紹 | 佐賀県 | 5 | 自民 | <u>5.34</u> | 対抗馬は共産党のみ |
| 岸田　幸雄 | 兵庫県 | 5補 | 自民 | <u>11.94</u> | 実質自民一騎打ち |
| 林　虎雄 | 長野県 | 6 | 社会 | 5.43 | 社会2人，自民1人 |
| 津島　文治 | 青森県 | 7 | 自民 | 2.30 | 保守2人（次点は非公認） |
| 塚田　十一郎 | 新潟県 | 8 | 無 | 3.83 | 保守2人（次点は自民公認） |
| 町村　金五 | 北海道 | 9 | 自民 | － | （全国区） |
| 金井　元彦 | 兵庫県 | 9 | 自民 | <u>5.58</u> | 自民2人 |
| 斎藤　寿夫 | 静岡県 | 9補 | 自民 | <u>6.23</u> | 対抗馬は社共 |
| 安孫子　藤吉 | 山形県 | 10 | 自民 | 3.23 | 自民敗北 |
| 吉田　実 | 富山県 | 10 | 自民 | 3.33 | 自民敗北 |
| 石破　二朗 | 鳥取県 | 10 | 自民 | 3.44 | 自民敗北 |
| 加藤　武徳 | 岡山県 | 10 | 自民 | 3.30 | 自民敗北，自民2人 |
| 永野　厳雄 | 広島県 | 10 | 自民 | 4.16 | 自民敗北，自民2人 |
| 金丸　三郎 | 鹿児島県 | 11 | 自民 | 4.10 | 保守3人 |
| 岩上　二郎 | 茨城県 | 11補 | 自民 | <u>7.82</u> | 次点は新自ク |
| 宮沢　弘 | 広島県 | 12補 | 自民 | <u>8.33</u> | 対抗馬は社共 |
| 沢田　一精 | 熊本県 | 13 | 自民 | <u>4.80</u> | 自民2人 |
| 林田　悠紀夫 | 京都府 | 14 | 自民 | <u>6.18</u> | 自民1人 |
| 鎌田　要人 | 鹿児島県 | 15 | 自民 | <u>5.75</u> | 自民1人 |

＊下線付き＝自己最高値，斜字体＝落選

票を対象としている．拘束式比例区に出馬した2人は除いた．

さて，同じ選挙区で複数回出馬した知事経験者は29人いる．それぞれ最高値を記録した選挙を見ると，1回目が18人，2回目が9人，3回目が1人，4回目が1人となっている．しかし，1回目組には複数改選区の補欠選挙で初当選した者が6人いる．一方で，2回目組には自民党が不振だった第10回で初当選し，圧勝した第12回で再選された者が5人いる．そう考えると，1回目と2回目のどちらが有利かは，この図表からは言えない．

表4-7-6は上記29人に的を絞り，個別の選挙区事情をまとめたものである．比較可能なサンプルは少ないが，それでも注目すべき8例がある．まず

| 2回目 | | | |
|---|---|---|---|
| 選挙回 | 政党 | MK指数 | 選挙区事情 |
| 3 | 自由 | 4.01 | 保守4人，社会2人 |
| 3 | 分自 | *1.51* | 保守3人，自由党幹部の地元 |
| 4 | 自民 | 3.44 | 対抗馬は社共 |
| 3 | 無 | 6.24 | 保守2人，革新3人 |
| 5 | 自民 | *2.59* | 自民2人，社会1人 |
| 5 | 自民 | 5.29 | 自民2人，社会1人 |
| 4 | 自民 | 2.79 | 対抗馬は社会，保守系無所属 |
| 6 | 自民 | 3.22 | 実質自社一騎打ち，3位が元職 |
| 5 | 自民 | *1.45* | 保守2人（当選者は元県議会議長） |
| 7 | 自民 | 5.42 | 自民1人 |
| 7 | 自民 | 4.06 | 対抗馬は社共 |
| 6 | 自民 | 5.00 | 自民2人 |
| 8 | 社会 | 6.07 | 社会1人，自民1人 |
| 9 | 自民 | 3.28 | 自民1人 |
| 10 | 自民 | *2.68* | 自民惨敗，自民2人（もう1人は前知事） |
| 11 | 自民 | － | （全国区） |
| 11 | 自民 | 4.94 | 自民1人，新自ク1人 |
| 10 | 自民 | *2.32* | 自民惨敗，自民2人 |
| 12 | 自民 | 3.61 | 自民圧勝 |
| 12 | 自民 | 4.08 | 自民圧勝 |
| 12 | 自民 | 3.74 | 自民圧勝 |
| 12 | 自民 | 6.26 | 自民圧勝，自民1人 |
| 12 | 自民 | 5.45 | 自民圧勝，自民1人 |
| 13 | 自民 | 4.27 | 自民2人 |
| 12 | 自民 | 4.86 | 自民2人 |
| 14 | 自民 | 6.37 | 対抗馬は社共民 |
| 15 | 無 | 3.56 | 保守3人 |
| 16 | 自民 | 5.52 | 自民1人 |
| 17 | 自民 | 5.11 | 自民1人 |

は出馬した保守系候補の数が等しい5例[36]と，あまり状況の変わらない全国区の町村金吾を加えた計6例があり，いずれも1回目の値の方が2回目よりも高くなっている．それに，青柳秀夫（愛知県・第3，5回）と赤間文三（大阪府・第5，7回）は，1回目の方が保守系候補は多いにも拘わらず，1回目の方が値は高くなっている．

以上のことから判断すると，選挙区事情が同じである限り，知事経験者は初陣・復帰戦で最も集票力を発揮しているのではないかと考えられる．一般に「首長は2期目の選挙が最も強い」という指摘がある．しかし，それと対照的に，知事が参議院に転ずると1期目の選挙が最も強いようである．

### 4. まとめ

本節では，公選知事を経験した参議院選挙候補者が実際に選挙で強みを発揮しているかどうかを，得票順位やMK指数などを用いて分析した．

まず知事経験者の立候補状況，当落，得票順位，所属政党を概観した．地方区では知事経験者は39人が出馬し，多くが高順位で当選を重ねていた．しかし，圧倒的というわけではなく，その大半が地盤とする保守層が割れると落選や低順位当選に甘んじることがあった．また，全国区では出馬した2人が共に高順位で当選しており，地元では全国水準以上の票を得ていた．比例区では当選者と落選者が半々だが，当選者については地元で党の集票に大きく貢献していた．

次に，知事経験者の得票を分析し，他候補と比べて本当に強い集票力を発揮しているか，もしそうだとすれば何回目の選挙が最も強いかを調べた．前者については，サンプルの多い自民党の知事経験者と非経験者とで通常選挙時のMK指数を比べた．その結果，新顔同士や元職同士では経験者の値が高かったが，現職・前職同士ではどちらが有利とも言えなかった．そこで後者について，同一選挙区から複数回出馬した経験者のMK指数を比較したところ，通常は1回目の選挙が最も強いらしいことが分かった．

以上をまとめると，2つのことが言える．第1に，知事経験者は参議院選挙において，非経験者よりも強い集票力を発揮するが，それは支持基盤がまとまっていることが前提であり，分裂していればこの限りではない．第2に，その集票力は最初の選挙で最も強く発揮されやすく，それ以後はその他の現職・前職とあまり変わらなくなるようである．

さて，知事経験者は有力な参議院議員候補ではあるが，近年は50-70年代と比べてめっきり減っている．特に，その中心であった自民党の地方区選出者は，2003年7月の時点で皆無である．地方分権が進んだことも手伝って，ワン・オブ・ゼムの国会議員に転進するよりも，「一国一城の主」を長く務める方が魅力的なのかもしれない．実際，衆院も含めて，国会議員の首長選転身が相次いでいる．そうであれば，「知事から参議院議員へ」というコースはますます珍しいものとなっていくだろう．

（井上和輝）

---

（1）　本書選挙編Ⅰ第3章第3節参照．
（2）　選挙に参加した政党のうち，自民，社会，共産，民社，公明の5党を除いたもの．
（3）　本書選挙編Ⅰ第2章第2節，表2-2-1参照．
（4）　公明党は創価学会を支持母体に結成されたが，同会は公明党結成以前から，会員を無所属として参院選に擁立していた．また，第7回は第6回と比べ，東京地方区で候補者が15人も増えている．
（5）　第19回選挙から改選議席数が5つ減り，121議席となった．従って自民党の64議席というのは，数字上は以前より少ないが，改選議席に占める割合は以前と同水準と言える．
（6）　伊藤光利・田中愛治・真渕勝『政治過程論』，有斐閣，2000年，147-148頁．
（7）　参議院は3年おきに半数ずつ改選されるが，第1回選挙は議院創設に伴うものであるため，同時に全員を選んだ．これについては本書選挙編Ⅰ第1章第2節1.「第1回選挙総括」を参照のこと．
（8）　地方区においては法定得票数＝有効投票数÷（定数×6）．
（9）　例えば，第17回の新しい時代をつくる党は14人，第18回の自由連合は14人，第19回の自由連合は22人の女性候補者を擁立している．
（10）　参議院選挙出馬最低年齢の30歳から，候補者・当選者を10歳ごとに分け，30代，40代，50代，60代，70代以上の5階層に分類した．
（11）　それぞれの定義については，表0-0-1を参照のこと．
（12）　第18回選挙では，第14，16回と圧勝した自民党が大量に議席を失った．そのため，当選2回の自民現職が18人（比例区4人，地方区14人）いたにもかかわらず，わずか7人（比例区3人，地方区4人）しか当選できなかった．落選した当選2回組13人のうち，11人が自民党だった．
（13）　第17回選挙では，第15回における自民党惨敗，社会党圧勝を受けて，当

選2回組の候補者が元々少なかった．
(14) 第19回の社民党比例区当選者はいずれも新顔の3人だが，1位・田嶋陽子，2位・大田昌秀が著名人であり，3位・又市征治は労組出身者だった．
(15) 前身である旧自由党，旧民主党の両系統を含む．
(16) 第18回の公明を含む．
(17) タレント議員とは，議員として在籍しているタレントのことを意味する．一方タレント当選者とは，第1回から第19回までの各回選挙に焦点を当てた際に，各回の選挙で当選を果たしたものと言う意味で用いている．よって，ある回の選挙で当選を果たしたタレント当選者は，必ずしもその後の6年間議員であるとは限らないし（辞職，失職等の理由による），同様にその回の選挙には出馬しなかったものや落選したタレントは，補欠選挙や繰り上がり当選などによって議員となることがあることに注意していただきたい．

なお，ここではタレント議員という呼び名を，議会活動に焦点を当てたものとして利用し，一方タレント候補・当選者という呼び名は，選挙に焦点を当てたものとして利用することにした．
(18) 選挙データにも候補者の肩書が載っているが，分析用にカテゴリー分けされていないため，議員プロフィールデータを用いることにした．
(19) MK指数＝得票数÷法定得票数　で求めることができる．法定得票数とは，地方区の場合，有効得票数を定数に6を乗じたもので割った商．
(20) 第3回，第4回の全国区選挙においてはタレント当選者が輩出されていない．また，第2回，第5回選挙は，全国区でのタレント当選者が1名であった．
(21) ここでは選挙編第3章で示された政党の系列とは異なる区分を用いている．自民党系：自由民主党・自由党（1）・日本自由党・保守党・新自由クラブ民主連合，民主党系：民主党（2N）・新進党・新党さきがけ・日本新党，公明党系：公明・公明党（1）・公明党（2），民社党系：民社党・民主改革連合，社会党系：日本社会党（1）・日本社会党（3）・社会民主，共産党系：日本共産党，諸派：サラリーマン新党・スポーツ平和党・税金党・福祉党・平和・市民・第二院クラブ・二院クラブ・連合の会・その他の諸派の7種類に分類した．政党名については本書選挙編Ⅰ第3章参照．
(22) 大政党：当選者15名以上，中政党：当選者数15名未満，小政党：当選者数5名未満の3種類に分類した．但し第1回選挙においては定数が通常の2倍であったため，政党規模の判断基準も通常の当選者数の2倍とした．
(23) 福祉党の八代英太（第13回），二院クラブの野坂昭如（第13回），青島幸男（第14回），税金党の野末陳平（第15回），スポーツ平和党のアントニオ猪木（第15回），江本猛紀（第16回），平和・市民の田英夫（第17回），保守党

の扇千景（第19回），社民党の田嶋陽子らが挙げられる．
(24) 得票偏在度については，本書選挙編Ⅰ第2章第5節「全国区での得票の偏在と政党の選挙戦略」参照．
(25) 楽勝度＝党内総当選者数－党内名簿順位にて表し，比例区選挙にてどれだけ当選可能性の高い名簿順位を獲得できたのか，ひいてはどれだけ余裕を持って勝利を収めることができたかを表す．
(26) 初陣には知事退任後に衆議院議員を経て参院選に出馬した場合も含む．
(27) 元香川県知事の増原恵吉は，全国区の現職が香川地方区に回ったため，2回目以降の選挙は隣県である愛媛県で出馬している．
(28) この中には，知事→衆議院議員→参院選出馬という経路をたどった者がいる．吉江勝保（山梨県，第25回総選挙当選），津島文治（青森県，第22・28・29回総選挙当選），吉田実（富山県，第32回総選挙当選），田中覚（三重県，第32回総選挙当選）の4人である．いずれも衆院選に落選した後，参院選に転身している．また，田中以外は初陣で当選した．田中の敗因については注31を参照．
(29) 塚田十一郎（新潟県）は2度目の選挙で落選した後，補欠選挙で返り咲き，更にもう1度当選している．そこで，2選では敗北，3選では勝利と扱った．なお知事経験者で参議院選挙落選後に再挑戦して復帰を果たしたのは，塚田だけである．
(30) 1人区および補充数1の補欠選挙では，当選者は当然1位であるので，省略した．
(31) 田中は選挙直前に自民党から新自クへ転じたことが批判を受けた（『朝日新聞』，1977年7月11日）．望月は与野党相乗りで知事選に当選していたが，同県選出の実力者・金丸信自民党代議士の支援を受けていた（『朝日新聞』，1992年7月18日）．
(32) ただし，小林は任期中に舌禍事件を起こして閣僚を辞任しており，これが影響したとされる．『読売新聞』，1971年6月25日（夕刊）．
(33) 特に塚田の場合，後任の知事だった自民党公認の新顔・亘四郎（74歳）に敗れている．
(34) ただし，知事経験者側には公認漏れの2名（第8回・塚田と第15回・沢田）を含めた．
(35) 第7回で経験者が下回っているのは，前回落選の小幡治和が再び非公認で保守分裂選挙を戦い，落選したからである．
(36) 伊能芳雄（群馬県・第3，5回），塚田十一郎（新潟県・第8，10回），金井元彦（兵庫県・第9，11回），林田悠紀夫（京都府・第14，16回），鎌田要人（鹿児島県・第15，17回）の5名を指す．
(37) 山崎正『東京都知事の研究』，明石書店，2002年，71-76頁．

# 第5章　有権者

米谷寛子

## 第1節　はじめに

　本章では，参議院選挙における有権者の投票行動について分析する．一般的に，投票行動分析は個人レベルの世論調査データ（サーベイ・データ）を用いて行われる．だが本章では，以下のような参議院選挙の特徴，分析対象としての有用性と，サーベイ・データ分析の短所を考慮し，選挙結果データ（集計データ）を主に用いて分析する．

　参議院選挙は，3年という定期的な期間に行われる，全国単位の選挙区（全国区・比例区）が行われる，という2つの点において，特徴的である．この特徴は投票行動を観察するにあたり特に重要である．まず選挙の定期性は，投票行動の時系列的な変化を見るのに有用である．また全国単位の選挙区の存在は，政党支持率と得票率の比較を可能とする点で有用である．

　このような参議院選挙の特徴は，サーベイ・データのみによる分析では活かすことができない．サーベイ・データは，個人レベルの有権者の行動の様式，たとえば属性と行動，意識と行動の関係を詳細に分析するのに役に立つ一方で，個々の投票行動の集合によってもたらされる選挙結果に対しては，関心が薄くならざるを得ない．また回答者のバイアス（低い回収率，回答率や誤回答など）によって，サーベイ・データの回答の集計には限界がある．集計データを用いる第1の意義はここにある．

　サーベイ・データは，これが手に入らない選挙では分析を行うことができないという点で欠点を持つ．特に選挙間の連続的な変化，時系列的な変化を追うのは難しい．集計データを用いる第2の意義はここにある．

本章では，ここに挙げたような観点を念頭にテーマを設定し，分析を進めていく．まず第2節では政党支持率を取り上げる．有権者の行動の結果である政党の全国区・比例区での得票率と，この要素の1つである政党支持率の関係を時系列的に観察していく．ここでは一部個人データを使い考察の裏づけを行う．第3節では「死票」をテーマとして取り上げる．死票は議席につながらない無益な票と考えられることも多いが，これがなくなることはない．死票の量は選挙のたびに変動しているが，これを時系列的に計測し，観察することにより，選挙と投票行動を理解する上で有益な知見が得られる．第4節では投票率について分析を行う．ここでは集計データとしての投票率の空間的差異と，時系列的変動についてその要素を探索していく．

## 第2節　政党支持率

本節では選挙前の政党支持率について観察し，分析する．選挙前の政党支持率は，選挙に向けて政治への意識が高まった状態で調査されているため，選挙結果と深い関連がある．本節では政党支持率の時系列的傾向，地域的傾向を政党間で比較していく．この際，選挙結果や政治動向，政党の選挙戦略など投票行動とその周辺の要素との関連を念頭に考察を行う．

本節で用いる政党支持率のデータは，各回選挙の際の朝日新聞の調査結果を用いる．朝日新聞の調査は最近まで1つの「好きな政党」を聞いており，ここでは政党別の回答割合を政党支持率とした．したがって「無党派」は，好きな政党がない人の割合となる点に注意されたい．

### 1. 政党支持率の全国的な傾向

図5-2-1は政党支持率の全国的な変遷を表している．自民党は55年の結党以来35％前後で安定しているが，70年代後半は汚職事件や新自由クラブの台頭を受けて支持率を低下させている．また80年代は保守回帰の時代とも言われるとおり，高支持率を維持している．一方社会党は55年体制当初は25％の支持を獲得していたが，それ以降は継続して下降してきた．第15回選挙時は支持率が急上昇し，自民・社会がもっとも接近したときでもあった．この支持率が，社会党の大勝，自民党の歴史的敗北という結果をもたらした．公明党，共産党など組織政党は固い支持者を確保しているため安定した支持を保っているが，一方で支持を広げることにはそれほど成功していないことが

図 5-2-1　政党支持率の変遷（全国）

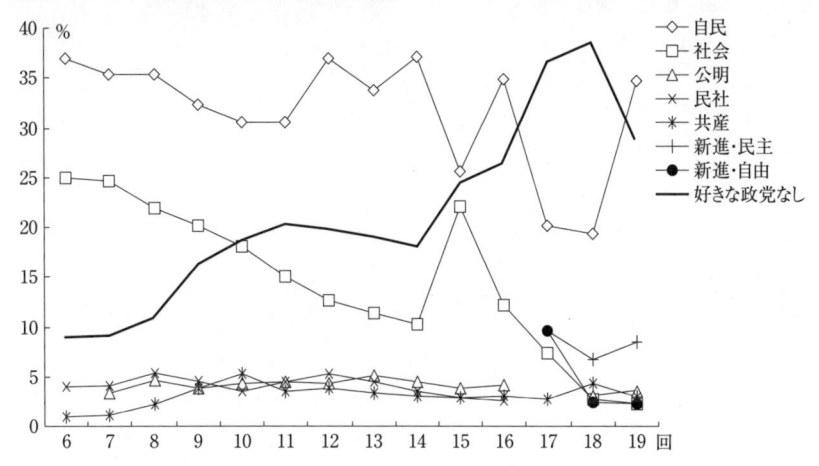

窺える．

　また80年代以降は好きな政党なしといういわゆる無党派層が増加するが，90年代に入って急増し1位となった．一方でこれに押されて自民・社会両党が支持率を大幅に下げている．社会党の衰退を受けて民主党が野党第一党の位置にあるが，社会党の支持率には届いていないことから社会党を離れた支持者は民主党には流れるよりもむしろ無党派になっているようである．第19回選挙時は，小泉人気の影響で自民党の支持率が好きな政党なしを抜いてトップとなり，結果として自民党の勝利をもたらしたといえる．

　図 5-2-2 は全有権者に対する全国区・比例区での政党の得票の割合（絶対得票率）の変遷を示したものである．各政党の支持率と絶対得票率を比較することで，政党支持に対して実際の選挙では各党の得票はどう動いたかを見ていく．

　図 5-2-3 は政党支持率から各党の絶対得票率をひいたものである．詳細を見ていくと，自民党は支持率と絶対得票率の差が第6回以降のほぼ全選挙でプラスとなっている．つまり支持率ほどの得票を獲得していないことを示している．これは自民党支持と答えた人のなかで棄権者が多いことや与野党伯仲を好んで他の政党に投票するバッファープレイヤー（牽制的投票者）の存在などによると予想できる．これを，サーベイ・データ[(1)]を用いて検討してみよう．

図5-2-2　絶対得票率の変遷

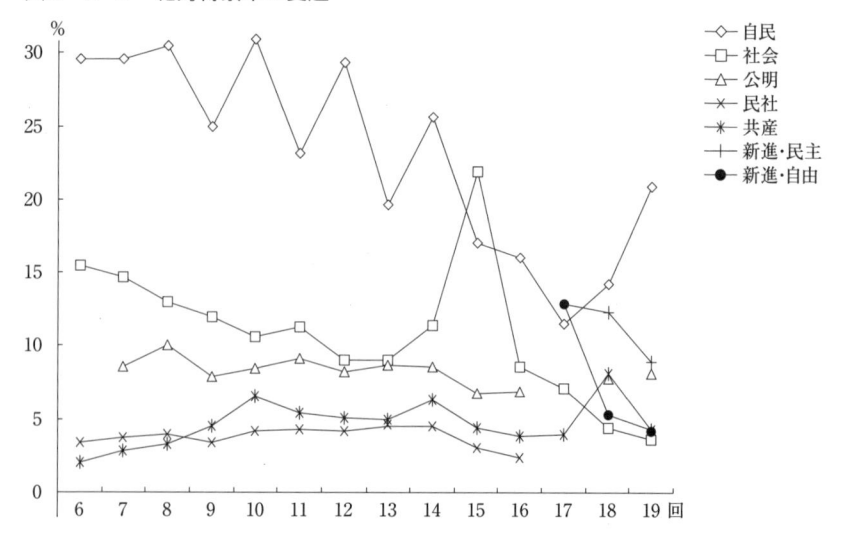

図5-2-3　政党支持率と絶対得票率の格差

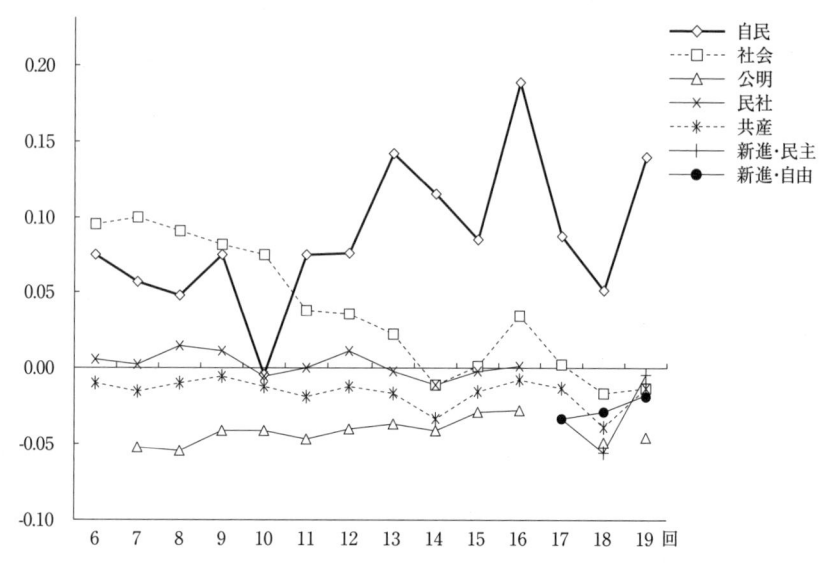

図5-2-4 歩留まり率の変遷

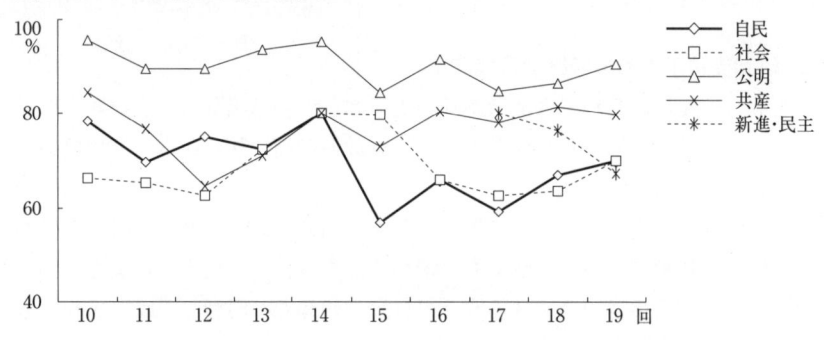

図5-2-4は全国区・比例区における各支持政党別の歩留まり率（支持者のうち，実際に投票した人の割合）の変遷を表したものである．これによると，自民党は他党に比べて歩留まりが低く先の予想を裏付ける結果となっている．

一方社会党は第6回から第10回選挙までは支持率ほどの得票を上げていなかったが，徐々にその差はなくなってきている．このことが政党の拘束力が上がったことを意味しているのかを歩留まり率をもとに検討してみる．すると，歩留まりは第11回以降において特に上昇している傾向は見受けられない．つまり政党としての拘束力が強くなった結果というよりも社会党の支持層自体の縮小が与えた影響と考えられる．支持層の縮小とコアな根強い支持者の安定した投票，無党派からの得票が支持率と絶対得票率の格差を小さくしたと推測できる．

また，公明党と共産党はマイナスを推移しており支持率以上の得票を獲得しているのが分かる．これは両党とも組織政党であるため支持者による確実な得票が得られることと若干ではあるが他政党支持者からの票が流れていることによると思われる．歩留まり率を見ると公明党も共産党も非常に高い数値で推移しており，両党の支持と投票行動の強い関連を裏付ける結果となっている．

民主党は第18回の選挙では5ポイントほどのマイナスつまり支持率以上の得票を獲得し支持なし層の票が流れたという既存の分析にも沿うものとなっている．そしてこの民主党の無党派依存型の得票構造は第19回選挙でその弱点を露呈している．小泉自民党に無党派を奪われ，歩留まりも低下した結果，

支持率と同程度の得票率となってしまっている．

## 2. 政党支持率の都道府県別の傾向

表5-2-1は政党別の都道府県別の支持率について集計し，主な政党と無党派について第6回から19回までの平均を数値の高い順に並べたものである．

### (1)自民党支持率

自民党支持率の高い県は，鹿児島，熊本，福井，佐賀などで農村部といわれる県や九州地方に多い．数値も全国平均よりも10から15ポイントも高い．またこのような県は第3章3節5．の自民党候補者の勝利した県と重なるものも多く，安定した支持率の高さが継続した自民党の勝利をもたらしていると言えよう．

一方自民党の支持率の低い都県は，沖縄と大阪，神奈川，東京など都市部である．長野や北海道は社会党の票田であり自民党の支持率が低い．図5-2-5は自民党支持率の上下3位までの選挙区の変遷を表している．上位下位とも変動については同じような傾向を示しているが，第10回選挙ぐらいにかけて支持率の選挙区格差が拡大している．第15回選挙以降は変動の乱高下

図5-2-5　自民党支持率の変遷（上下3選挙区）

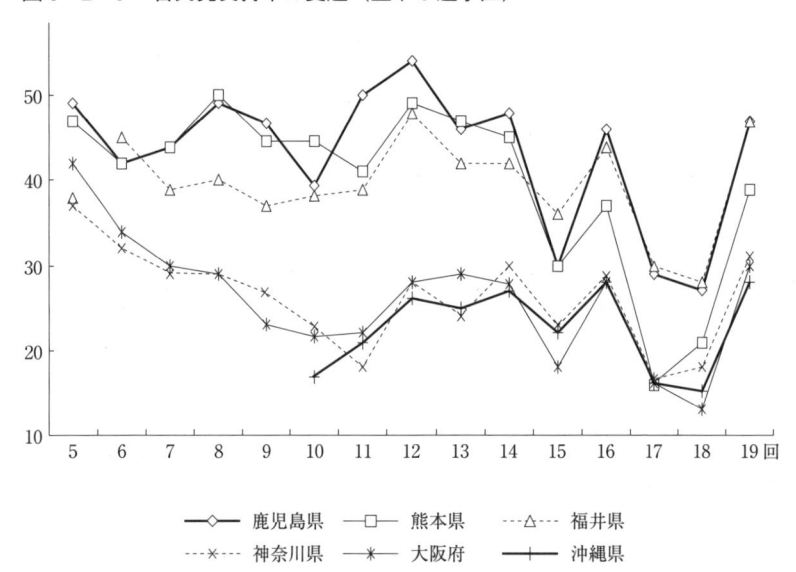

表5-2-1　政党支持率平均値

| 自民党支持率 | | 社会党支持率 | | | 公明党支持率 | | 共産党支持率 | | 無党派 | |
|---|---|---|---|---|---|---|---|---|---|---|
| | | 社会党 | 社民党 | | | | | | | |
| 全国 | 31.7 | 全国 | 17.6 | 4.2 | 全国 | 4.1 | 全国 | 3.1 | 全国 | 21.1 |
| 鹿児島県 | 43.1 | 北海道 | 25.2 | 6.3 | 大阪府 | 6.1 | 京都府 | 7.8 | 沖縄県 | 25.1 |
| 熊本県 | 39.8 | 秋田県 | 24.4 | 7.7 | 東京都 | 6.0 | 大阪府 | 5.1 | 東京都 | 23.6 |
| 福井県 | 39.5 | 長野県 | 24.0 | 4.7 | 神奈川県 | 5.3 | 東京都 | 4.5 | 神奈川県 | 23.0 |
| 佐賀県 | 39.4 | 福岡県 | 21.8 | 5.7 | 兵庫県 | 4.9 | 高知県 | 4.1 | 大阪府 | 22.9 |
| 宮崎県 | 39.3 | 宮城県 | 21.4 | 5.0 | 埼玉県 | 4.9 | 埼玉県 | 3.9 | 京都府 | 22.2 |
| 群馬県 | 39.0 | 神奈川県 | 20.8 | 3.3 | 福岡県 | 4.6 | 沖縄県 | 3.6 | 静岡県 | 21.4 |
| 栃木県 | 38.3 | 山梨県 | 20.0 | 4.8 | 千葉県 | 4.5 | 和歌山県 | 3.5 | 高知県 | 21.3 |
| 山形県 | 37.9 | 大分県 | 19.8 | 11.0 | 和歌山県 | 4.5 | 兵庫県 | 3.5 | 兵庫県 | 21.1 |
| 岐阜県 | 37.7 | 福島県 | 19.7 | 5.3 | 京都府 | 4.4 | 長野県 | 3.5 | 埼玉県 | 21.0 |
| 山口県 | 37.6 | 新潟県 | 19.7 | 6.3 | 愛知県 | 4.3 | 北海道 | 3.3 | 愛知県 | 20.9 |
| 島根県 | 37.5 | 鳥取県 | 19.6 | 6.0 | 奈良県 | 4.0 | 滋賀県 | 3.2 | 滋賀県 | 20.7 |
| 石川県 | 37.3 | 香川県 | 19.4 | 5.7 | 岡山県 | 3.9 | 神奈川県 | 3.1 | 長野県 | 20.6 |
| 富山県 | 37.3 | 岩手県 | 19.4 | 4.0 | 山口県 | 3.9 | 愛知県 | 3.1 | 千葉県 | 20.5 |
| 山梨県 | 36.9 | 兵庫県 | 19.3 | 4.0 | 徳島県 | 3.9 | 奈良県 | 2.8 | 群馬県 | 20.5 |
| 和歌山県 | 36.9 | 岡山県 | 18.8 | 3.7 | 高知県 | 3.9 | 千葉県 | 2.7 | 石川県 | 20.4 |
| 香川県 | 36.8 | 愛知県 | 18.7 | 4.3 | 北海道 | 3.8 | 宮城県 | 2.6 | 茨城県 | 20.1 |
| 愛媛県 | 36.4 | 栃木県 | 18.6 | 4.0 | 岐阜県 | 3.6 | 福岡県 | 2.6 | 奈良県 | 19.9 |
| 茨城県 | 36.3 | 埼玉県 | 18.5 | 4.0 | 沖縄県 | 3.6 | 静岡県 | 2.6 | 宮城県 | 19.8 |
| 徳島県 | 36.1 | 広島県 | 18.4 | 4.7 | 長崎県 | 3.5 | 秋田県 | 2.5 | 青森県 | 19.7 |
| 福島県 | 35.7 | 滋賀県 | 18.4 | 3.0 | 静岡県 | 3.5 | 青森県 | 2.4 | 徳島県 | 19.6 |
| 岡山県 | 35.6 | 岐阜県 | 18.2 | 4.0 | 広島県 | 3.4 | 山梨県 | 2.4 | 三重県 | 19.6 |
| 新潟県 | 35.5 | 山形県 | 18.0 | 5.7 | 愛媛県 | 3.4 | 岐阜県 | 2.3 | 山梨県 | 19.6 |
| 静岡県 | 35.5 | 島根県 | 18.0 | 4.7 | 三重県 | 3.4 | 新潟県 | 2.3 | 北海道 | 19.5 |
| 大分県 | 35.3 | 長崎県 | 17.8 | 4.7 | 群馬県 | 3.3 | 山口県 | 2.3 | 和歌山県 | 19.5 |
| 広島県 | 35.2 | 富山県 | 17.8 | 4.3 | 茨城県 | 3.3 | 岩手県 | 2.2 | 福岡県 | 19.4 |
| 千葉県 | 35.1 | 愛知県 | 17.6 | 3.0 | 熊本県 | 3.2 | 三重県 | 2.2 | 香川県 | 19.2 |
| 三重県 | 34.7 | 東京都 | 17.5 | 3.3 | 鳥取県 | 3.2 | 群馬県 | 2.2 | 岡山県 | 19.2 |
| 奈良県 | 34.6 | 大阪府 | 17.5 | 3.3 | 香川県 | 3.2 | 岡山県 | 2.2 | 新潟県 | 19.1 |
| 長崎県 | 34.4 | 群馬県 | 17.5 | 4.3 | 長野県 | 3.2 | 山形県 | 2.1 | 鳥取県 | 18.8 |
| 高知県 | 34.0 | 鹿児島県 | 17.4 | 6.7 | 宮崎県 | 3.1 | 広島県 | 2.1 | 山口県 | 18.7 |
| 鳥取県 | 33.7 | 茨城県 | 17.3 | 4.3 | 栃木県 | 3.0 | 徳島県 | 2.0 | 愛媛県 | 18.7 |
| 青森県 | 32.9 | 京都府 | 17.1 | 3.9 | 山梨県 | 3.0 | 石川県 | 2.0 | 富山県 | 18.7 |
| 宮城県 | 32.4 | 宮崎県 | 17.0 | 6.0 | 大分県 | 2.9 | 愛媛県 | 2.0 | 大分県 | 18.6 |
| 滋賀県 | 31.9 | 三重県 | 17.0 | 3.3 | 宮城県 | 2.7 | 福島県 | 1.9 | 広島県 | 18.6 |
| 埼玉県 | 31.5 | 福井県 | 17.0 | 4.0 | 鹿児島県 | 2.5 | 長崎県 | 1.9 | 岐阜県 | 18.5 |
| 福岡県 | 30.9 | 奈良県 | 16.9 | 4.0 | 福島県 | 2.5 | 富山県 | 1.9 | 佐賀県 | 18.4 |
| 愛知県 | 30.4 | 高知県 | 16.8 | 4.0 | 山形県 | 2.4 | 島根県 | 1.8 | 島根県 | 18.2 |
| 岩手県 | 30.2 | 徳島県 | 16.3 | 3.3 | 青森県 | 2.4 | 鳥取県 | 1.7 | 岩手県 | 18.1 |
| 秋田県 | 29.5 | 千葉県 | 15.9 | 4.0 | 佐賀県 | 2.4 | 宮崎県 | 1.7 | 熊本県 | 18.0 |
| 東京都 | 29.5 | 山口県 | 15.8 | 3.3 | 島根県 | 2.3 | 大分県 | 1.7 | 福島県 | 18.0 |
| 長野県 | 28.9 | 静岡県 | 15.4 | 4.0 | 秋田県 | 2.1 | 佐賀県 | 1.5 | 福井県 | 17.4 |
| 兵庫県 | 28.8 | 青森県 | 15.2 | 4.0 | 福井県 | 2.1 | 茨城県 | 1.5 | 青森県 | 17.4 |
| 北海道 | 28.7 | 佐賀県 | 15.2 | 4.0 | 新潟県 | 2.0 | 香川県 | 1.4 | 長崎県 | 17.3 |
| 京都府 | 26.9 | 石川県 | 14.1 | 3.0 | 滋賀県 | 2.0 | 栃木県 | 1.4 | 秋田県 | 17.0 |
| 神奈川県 | 26.3 | 熊本県 | 13.6 | 3.3 | 石川県 | 1.9 | 熊本県 | 1.3 | 山形県 | 16.2 |
| 大阪府 | 26.2 | 和歌山県 | 12.9 | 2.0 | 岩手県 | 1.8 | 福井県 | 1.3 | 宮崎県 | 14.8 |
| 沖縄県 | 22.5 | 沖縄県 | 12.5 | 6.3 | 富山県 | 1.5 | 鹿児島県 | 1.1 | 鹿児島県 | 14.0 |

* 第5回選挙から第19回選挙の朝日新聞の直前調査の平均値
* 公明党については第6回選挙から第19回選挙(ただし17回を除く)
* 沖縄は復帰後の第10回選挙から第19回選挙
* 社会党支持率は、55年体制以前と以降とで傾向が異なるため社会党時代を16回までとし、社民党を17回からとして分けて算出した

がみられるが，選挙区格差はむしろ縮小されている傾向が読みとれる．

(2) 社会党支持率

社会党の支持率が高いのは，北海道，秋田，長野，福岡などである．自民党の支持率が低い都市部において必ずしも社会党の支持率が高いわけではないことがわかる．一方和歌山，熊本，石川などは社会党の支持率が低く自民党の支持率が比較的高い県である．しかしこの都道府県別の支持傾向は55年体制崩壊以後それまでと異なった特徴が見られる．社民党となってからは[2]，全国的にも急激に支持率を低下させているが特にこれまで支持率の高かったところにその傾向が著しい．北海道や長野などは社会党の支持基盤であったが，これまでの社会党支持層が民主党に移っていったことが窺える．一方，社民党になってから支持率が突出している県は大分であるが，これは首相となった村山富市の影響が大きいと考えられる．また，社会党時代にもっとも支持率の低い県であった沖縄が，社民党となってからは相対的に支持が上がっている点は興味深い．これは非拘束名簿式が比例区に導入された第19回の選挙に，社民党から大田昌秀元沖縄県知事が出馬し，得票率を押し上げたことが一因である．

図5-2-6は社会党支持率の上下3位までの選挙区の変遷を表している．社会党の支持が55年体制下でも長期低落傾向にあり，90年代の衰退が激しいことも読み取れる．また下落により選挙区格差が縮小していることもいえる

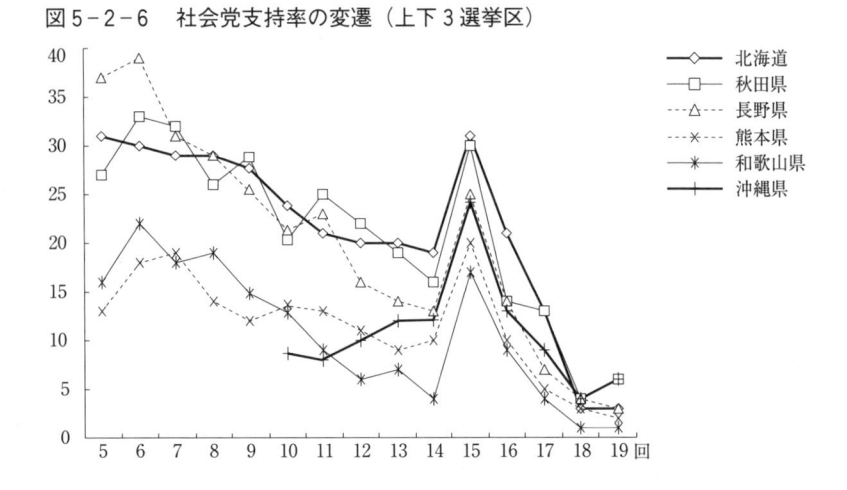

図5-2-6　社会党支持率の変遷（上下3選挙区）

だろう．

(3) 公明党支持率

　第7回以降の選挙において公明党支持率の最も高い県は，大阪であり，東京，神奈川，埼玉と主に大都市を中心とした地域であり，他方で最も低い県は富山，岩手，石川などの農村部となっている．このような支持率と関連して同党は，大阪，東京など一定の支持率を獲得している選挙区において候補者を擁立し自民・社会に続き手堅く当選を果たしている一方で，支持率が低く1，2人区でもある選挙区には候補者を擁立しないという選挙戦略を採用している．

(4) 共産党支持率

　共産党支持率は，ほぼ全回を通じて京都府がもっとも高い支持率を獲得しており大阪，東京，神奈川，埼玉など大都市部が続く．

　京都では2人区の選挙区であるが自民・社会・共産が争うパターンが通常となっているが，この支持率が示すとおり共産党が1議席を獲得することが多い．支持率の低い県は，鹿児島，福井，熊本などで自民党が支持率も高く議席を安定して獲得している県である．支持率の高い県に効率的に候補者を立てる公明党に対して，共産党では支持率の低いこれらの県でも候補者を擁立している点で非常に対照的であるが，このような県で当選を果たしたことは未だない状況である．

(5) 無党派

　無党派が最も多いのは沖縄である．沖縄は自民党も社会党も支持率が最下位であることから，既存の政党から距離を置く傾向があるといえるだろう．沖縄に無党派が多いのは，自民党の支持率がもともと低く，野党は選挙共闘を行い独自候補を立てないため選挙時の支持率の上昇を喚起しないことや，また沖縄社会大衆党という地方政党があることなどが理由として考えられる．次に続くのが，東京，神奈川，大阪であり都市部での無党派の多さを示している．一方，無党派が少ないのは，鹿児島，宮崎，山形の順である．比較的自民党の支持が高い選挙区に多い傾向がみられる．図5-2-7は無党派について上下3選挙区の変遷を表している．無党派の増大が選挙区を問わず継続的な傾向であるといえるだろう．第19回選挙時にはどの選挙区も無党派の大幅な減少が見られ，図5-3-5の自民党の上昇を考慮すると，小泉ブームにより無党派が自民支持に流れたことを示しているといえる．

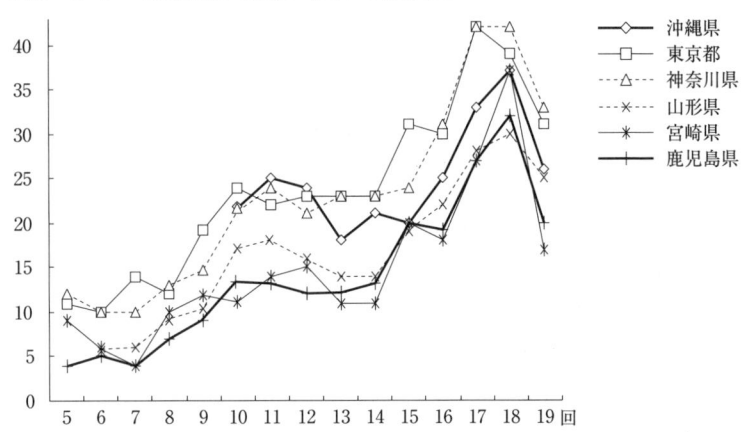

図 5-2-7 無党派層の変遷（上下 3 選挙区）

凡例：沖縄県、東京都、神奈川県、山形県、宮崎県、鹿児島県

## 3. 政党支持率の地域格差と都市度

　前項では政党支持率の都道府県別の傾向からどの都道府県にどの支持者が多いか少ないかを把握することができたが，ではそのような地域差は何に依存しているのであろうか．自民党の支持者は農村部といわれる県に多く，公明党や共産党の支持者は大都市圏の都道府県に多いことから政党支持率の地域差は都市度と関係があると推測できる．そこでここでは，各政党の都道府県別の支持率の変遷と都市度との相関の変遷を観察する．

　表 5-2-2 は各政党の都道府県別の支持率と都市度（DID 比）[3]との相関係数を示したものである．自民党は，相関係数はマイナスで推移しており，農村部での支持が高く都市部での支持が低いことがあきらかである．そして，相関係数は，それほど変化せず一貫しているのも特徴的である．このことや，前項で 90 年代以降に支持が上位と下位の両方の都道府県で低下傾向を示したことから，自民党の支持の減少は農村部や都市部に偏ったものはなく全国的な現象であることが分かる．一方興味深いのは社会党で，55 年体制の初期こそ都市部での支持の高さが見られるが，10 回以降は常に負の相関になっている．これは，公明党や民社党などの都市型の政党の登場により，都市で支持率が低下し，相対的に農村での支持が高くなっていったのだろう．55 年体制を支えた自民・社会という両党の支持の源泉が都市ではなく農村であったこ

表5-2-2 政党支持率と都市度(DID比)との相関係数

|  | 自民党 | 社会党 | 公明党 | 共産党 | 民主党<br>(新進党) | 無党派 |
|---|---|---|---|---|---|---|
| 6回 (1962) | −0.21 | 0.30 | − | 0.51 | − | 0.16 |
| 7回 (1965) | −0.48 | 0.35 | 0.71 | 0.48 | − | 0.18 |
| 8回 (1968) | −0.46 | 0.13 | 0.71 | 0.65 | − | 0.08 |
| 9回 (1971) | −0.58 | 0.18 | 0.57 | 0.66 | − | 0.25 |
| 10回 (1974) | −0.55 | −0.07 | 0.60 | 0.71 | − | 0.48 |
| 11回 (1977) | −0.68 | −0.28 | 0.71 | 0.65 | − | 0.47 |
| 12回 (1980) | −0.71 | −0.22 | 0.64 | 0.68 | − | 0.59 |
| 13回 (1983) | −0.64 | −0.42 | 0.66 | 0.51 | − | 0.55 |
| 14回 (1986) | −0.67 | −0.26 | 0.60 | 0.59 | − | 0.68 |
| 15回 (1989) | −0.62 | −0.08 | 0.61 | 0.56 | − | 0.49 |
| 16回 (1992) | −0.64 | −0.08 | 0.62 | 0.53 | − | 0.66 |
| 17回 (1995) | −0.49 | −0.15 | − | 0.57 | −0.04 | 0.61 |
| 18回 (1998) | −0.56 | −0.23 | 0.56 | 0.54 | 0.24 | 0.44 |
| 19回 (2001) | −0.55 | −0.14 | 0.57 | 0.53 | 0.19 | 0.44 |

n=47 (9回までは沖縄を除くためn=46)

とは日本の政治が長く農村部中心という偏りのもとで行われていたことを示しているともいえる.

　共産党と公明党は，都市度と強い相関を示し都市部での支持が強いことが明らかである．また第17回の新進党は負の相関になっており自民党に変わる保守政党として農村部でもある程度の支持を得ていたともいえる．民主党は，弱い正の相関を示していることから都市部での支持が比較的高く，55年体制の社会党とは異なる支持基盤を持っているといえる．同党の支持率が低迷し自民党に大きく差をつけられているのが現状だが，今後仮に二大政党制が進み都市を支持基盤とする民主党が自民党に拮抗する勢力になったならば，両者の競合は農村部対都市部という地域間の争いを代表するものとなるかもしれない．

　無党派層は，一貫して強い相関を示し無党派層は都市部に多いという既存の多くの分析に沿う結果となっている．

## 第3節　死票率の変遷

　有権者の投票の結果として当選者が決定されるが，一方で投じられた多くの票が当選には結びつかない死票となってしまうのも現状である．そこで本節では死票についてその割合の変遷を検討してみる．

　図5-3-1は死票率の変遷を表している．全国区については定数が倍の第

図5-3-1 死票率の変遷

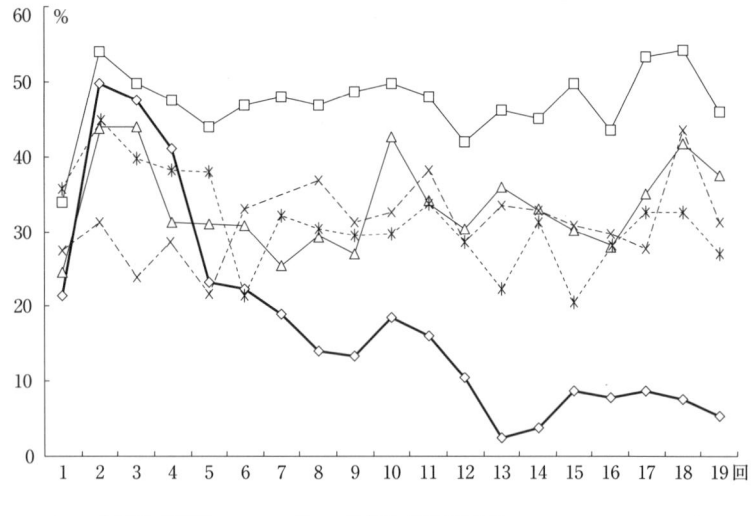

凡例：
- ◆ 全国区・比例区
- □ 地方区・選挙区1人区
- △ 地方区・選挙区2人区
- × 地方区・選挙区3人区
- ＊ 地方区・選挙区4人区

1回を例外とみると，第2回の49.7％が最大で以降減少し，15％前後に収束している．これは次第に，明らかな泡沫候補の立候補やその得票が減ったこと，タレント候補や官僚，労働組合出身者への票の集中といった政党の集票システムが確立してきたためであり，これは候補者数や有効候補者数と同様のグラフの動きである．[5] 比例区における死票率は，[6] 10％以下と低調で泡沫政党を合わせても得票は非常に少ないことが分かる．

地方区，選挙区については定数別にみていく．1人区では全体的に死票率は高く45－55％ほどで推移している．第15回以降にやや大きな変化が見られるが，自民党が1人区で議席占有率が低かった第15，17，18回選挙では死票率は高く，議席占有率が低かった第16，19回選挙で死票率は低くなっている．[7] このことは，選挙競争の激しかったときには死票の割合が上昇するということを示している．

2人区では第10，13，18回で死票率が高くなっている．第10回は公明党が地方区に36人と多数出馬したため票が分散したこと，第18回は自民党の共倒れと共産党が得票を伸ばしたことなどが原因であろう．逆に第7－9回では3，4人区よりも死票率が小さくなっている．これらの回は自民党の独占や

自民党・社会党1人ずつと当選者が固定された55年体制の安定期と一致している．この点は自民党が第18回の失敗を受けて候補者を調整した第19回も同様である．

3人区では当初から死票率は低くおおむね30％前後で推移してきた．他の定数区と同様に第18回で高く，これは2人区と同様に自民党の共倒れによる惨敗と民主党，共産党の躍進という中で票が分散したことが要因である．

4人区は東京都と北海道であるが，死票率が特に低いのは第6，13，15回である．これからの回では東京での田英夫，原文兵衛，野末陳平，北海道での北修二，竹村泰子，菅野久光といった著名人や有力議員が上位2人だけで45％の相対得票率を占めるような圧勝をしていることが要因であり，逆に第7回は自民党の東京での惨敗の影響により死票率は急増している．

まとめると，死票が増えるのは与野党間や同一政党内で選挙競争が激化するときであることがわかる．逆に死票の割合が低下するのは，55年体制下の2人区のように選挙前から議席が確定しているような状況のときである．このことは，死票がその名前から来る負のイメージに反して活発な選挙が行われたことを示す指標であることを示している．また，エリートの事前の選択が有権者の行動とその集合的な結果に影響を及ぼしているという事実を示す好例として，この死票の増減という現象を理解できるということも，本節が示唆できることのひとつであろう．

## 第4節　参議院選挙の投票率

### 1. はじめに

本来，選挙とは間接民主制を実現するための代表の選出という働きを持ち，投票は政治参加の中でも有権者がとる政治的手段として最も身近なものである．しかし，民主主義制度の根幹を成す投票への参加は近年低下傾向にあり，投票権を行使しない人が増えている．このような投票率の下落は何によるものであろうか．経済が成長し，高学歴化がすすんだことは民主主義への価値意識を高め，政治参加が増えるものだと考えられてきた．しかし現実には，個人が豊かになることで政治に参加するインセンティブの減少や政党不信などと共に，政治エリート側の動員の減少などが指摘されている．小泉ブームの下で政治への関心が高まったといっても，それは投票という政治参加には

つながっていないことが2001年の参議院選挙や2003年の統一地方選挙の結果から明らかである．

本節では，参議院の研究という趣旨の下，特に参議院選挙の投票率を取り扱う．参議院選挙の投票率は，衆議院選挙以上に下落が激しく，50％を下回る場合も出てきた．有権者の半数以上が投票を行わない状況で選出された議員は，有権者の代表として正しく民意を反映することが果たして可能であろうか．また，このような投票率の低さは参議院の存在意義を批判的に問う声の根拠ともされている．そこで，ここでは参議院選挙の投票率の地域差や変動をもたらす要因を明らかにし，それら個別の要因のメカニズムを分析することにする．

## 2. 投票率の変遷

まずは，投票率の時系列的な変化から見ていく．図5-4-1は，第1回から19回までの参議院選挙の投票率の変遷を示したものである．第1回から第11回まではおおよそ60％から70％の間を推移しているが，第5回，9回，13回はいずれも60％を下回っており，このような12年周期の低投票率を亥年現象と呼び統一地方選との関わりを指摘する分析もある[8]．80年代以降は，同時期の衆議院選挙の投票率も下がっていることから投票参加自体の低下傾向が指摘できる．衆参同日選となった第12回と第14回は高投票率を記録している．90年代以降はさらに急激な下降が見られ，第17回は史上最低を記録した．しかし第18回から投票時間の延長，不在者投票の条件緩和などが実施され，下げ止まり傾向も見られる[9]．

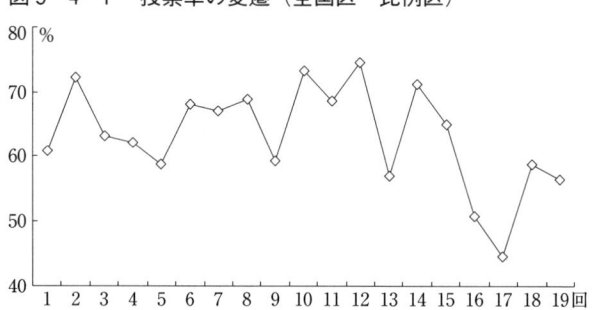

図5-4-1 投票率の変遷（全国区・比例区）

## 3. 都道府県別投票率の変遷とその特徴

次に投票率の時系列変化を都道府県別に見ていく．表5-4-1は，第1回から19回までの参議院選挙の都道府県別の投票率を平均して高い選挙区から順位付けしたものであり，図5-4-2は上位および下位3選挙区の時系列変化を示したものである．投票率の高い選挙区は，上位から順に島根，鳥取，山形，福井などで特に島根県は大部分の回で投票率1位である．これらの県に共通するのは，いわゆる過疎地，農村部と呼ばれる地域であり，第3章の分析からも分かるとおり保守層が多く自民党の厚い支持基盤となっている点である．また島根，鳥取は分散も他の選挙区と比較して低く，投票率の変動自体が小さいといえる．投票率の低い都府県は，東京，神奈川など都市部に多いといえるだろう．

第1回から19回までの変遷を示す折れ線からは，投票率の上位，下位の選

表5-4-1　都道府県別投票率平均値ランキング

| 順位 | 選挙区 | 平均 | 分散 | | | | |
|---|---|---|---|---|---|---|---|
| 1 | 島根県 | 79.75 | 0.0049 | 24 | 岐阜県 | 67.34 | 0.0074 |
| 2 | 鳥取県 | 76.43 | 0.0039 | 25 | 岩手県 | 67.04 | 0.0040 |
| 3 | 山形県 | 74.13 | 0.0069 | 26 | 三重県 | 65.96 | 0.0062 |
| 4 | 福井県 | 72.76 | 0.0085 | 27 | 愛媛県 | 65.86 | 0.0060 |
| 5 | 山梨県 | 72.64 | 0.0060 | 28 | 岡山県 | 65.35 | 0.0088 |
| 6 | 大分県 | 72.12 | 0.0055 | 29 | 和歌山県 | 64.67 | 0.0059 |
| 7 | 福島県 | 71.76 | 0.0080 | 30 | 広島県 | 64.41 | 0.0081 |
| 8 | 群馬県 | 71.57 | 0.0079 | 31 | 長崎県 | 64.38 | 0.0067 |
| 9 | 長野県 | 71.08 | 0.0062 | 32 | 奈良県 | 64.19 | 0.0060 |
| 10 | 佐賀県 | 70.67 | 0.0101 | 33 | 北海道 | 63.39 | 0.0072 |
| 11 | 秋田県 | 69.84 | 0.0057 | 34 | 栃木県 | 63.31 | 0.0086 |
| 12 | 鹿児島県 | 69.49 | 0.0052 | 35 | 福岡県 | 62.61 | 0.0072 |
| 13 | 富山県 | 69.33 | 0.0098 | 36 | 宮城県 | 62.42 | 0.0081 |
| 14 | 熊本県 | 68.85 | 0.0050 | 37 | 徳島県 | 61.60 | 0.0091 |
| 15 | 宮崎県 | 68.75 | 0.0082 | 38 | 愛知県 | 61.48 | 0.0100 |
| 16 | 石川県 | 68.53 | 0.0078 | 39 | 兵庫県 | 60.20 | 0.0068 |
| 17 | 沖縄県 | 68.35 | 0.0074 | 40 | 青森県 | 59.17 | 0.0064 |
| 18 | 滋賀県 | 68.05 | 0.0056 | 41 | 埼玉県 | 59.06 | 0.0088 |
| 19 | 静岡県 | 67.93 | 0.0097 | 42 | 京都府 | 58.19 | 0.0067 |
| 20 | 高知県 | 67.80 | 0.0061 | 43 | 大阪府 | 58.18 | 0.0061 |
| 21 | 香川県 | 67.44 | 0.0099 | 44 | 茨城県 | 57.64 | 0.0100 |
| 22 | 新潟県 | 67.40 | 0.0076 | 45 | 神奈川県 | 56.45 | 0.0054 |
| 23 | 山口県 | 67.39 | 0.0046 | 46 | 東京都 | 55.98 | 0.0054 |
| | | | | 47 | 千葉県 | 55.65 | 0.0071 |

\* 岐阜県は，第1回選挙は無投票であったため第2回以降
\* 沖縄県は，第9回選挙以降

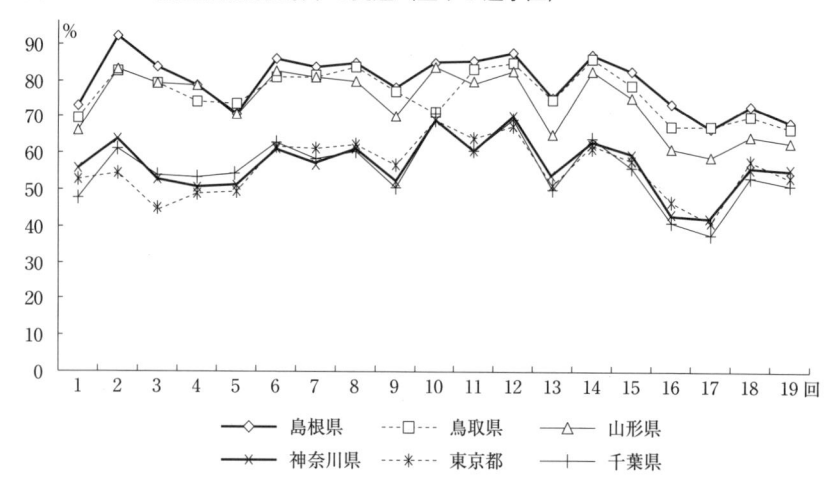

図5-4-2　都道府県別投票率の変遷（上下3選挙区）

（グラフ：島根県，鳥取県，山形県，神奈川県，東京都，千葉県）

挙区とも似たような動きをしていることが読み取れる．投票率は都道府県ごとの地域差はあるが，変動は選挙回ごとの個別の要因が働いているといえるだろう．

では，このように都道府県ごとに生じる投票率の地域差はどのような要因によると考えられるのだろうか．山田真裕は投票率の地域差を要因として多くの独立変数を用いて79年から86年までの衆議院選挙における投票率の要因分析を行っている[10]．ここでは山田の研究を参考にし，DID比，若年層人口比[11]，接戦度[12]，競争倍率[13]を変数として取り上げ，選挙区投票率との相関係数の変遷を見てみる．

表5-4-2は，第1回から19回の選挙における投票率と先に挙げた変数との相関の変遷を示したものである．1回から19回を通して，DID比，若年層人口比に関しては一貫して高い負の相関を示している．DID比は都市度を表す指標であり，都市部より農村部といわれる選挙区で投票率が高いことが，第6回以降続いていることがわかる．若年層人口比からは，一般に若年層は投票参加率が低いといわれているが，参議院選挙においても第1回から19回まで継続した傾向として表れている．

DID比の相関係数の絶対値が比較的高いのは12回と14回であり，都市－農村という選挙区の格差が投票率にもたらす影響が大きかったことを示してい

表 5-4-2　投票率の相関係数

| 選挙回 | DID比 | 若年層人口比 | 接戦度 | 競争率 |
|---|---|---|---|---|
| 1回（1947） | — | −0.27 | 0.20 | −0.26 |
| 2回（1950） | — | −0.50 | 0.04 | 0.01 |
| 3回（1953） | — | −0.72 | −0.05 | 0.22 |
| 4回（1956） | — | −0.66 | 0.22 | 0.08 |
| 5回（1959） | — | −0.74 | 0.22 | 0.21 |
| 6回（1962） | −0.59 | −0.61 | 0.10 | 0.21 |
| 7回（1965） | −0.64 | −0.70 | 0.06 | 0.09 |
| 8回（1968） | −0.65 | −0.68 | −0.06 | −0.03 |
| 9回（1971） | −0.65 | −0.72 | −0.13 | 0.27 |
| 10回（1974） | −0.51 | −0.49 | −0.08 | −0.09 |
| 11回（1977） | −0.62 | −0.66 | −0.12 | −0.07 |
| 12回（1980） | −0.73 | −0.56 | 0.45 | 0.00 |
| 13回（1983） | −0.45 | −0.35 | −0.16 | −0.18 |
| 14回（1986） | −0.79 | −0.75 | 0.41 | 0.08 |
| 15回（1989） | −0.67 | −0.70 | −0.06 | 0.17 |
| 16回（1992） | −0.54 | −0.60 | 0.16 | 0.15 |
| 17回（1995） | −0.60 | −0.68 | −0.04 | 0.25 |
| 18回（1998） | −0.51 | −0.55 | 0.12 | 0.34 |
| 19回（2001） | −0.55 | −0.65 | 0.23 | 0.01 |

N＝47（9回までは沖縄を除くためN＝46）

る．この2回はともに衆参同日選挙であることから，同日選挙における投票率の上昇は主に農村部のほうが都市部より大きかったと推測できるだろう．

　一方，選挙の競争倍率と接戦度は，有権者の一票が選挙結果に影響を与える可能性を示す指標として，有権者の投票か棄権かという選択の一部が説明できると考えられている．[14] 接戦度は数値が小さいほどその選挙区は候補者間の競争が激しかったと想定できる．競争率も接戦度も第1回から19回を通して一貫した傾向というよりもむしろ選挙回によって正負両方の相関がみられるため，必ずしも無風選挙かどうかが投票率の上昇をもたらすわけではないといえるかもしれない．各回について若干の検討を加えることにする．

　接戦度については第12回と第14回が相関係数約0.4と正の方向に高い数値を示し，この2回については接戦ではない地域の投票率が比較的高かった事実を表している．これは競争の激しさがより多くの有権者の動員をもたらしたというよりも，この2回はともに衆参同日選挙で自民党が圧勝していることから推測すると，同日選などの他の効果による動員が各選挙区で当選圏内候補（とくに自民党候補者）への票の集中をもたらし，その結果次点候補者との票の差が広がり接戦度が低くなったと考えられるのではないだろうか．

そこで第12回と第14回については，DID 比が高くなっている事実を考慮し，接戦度と投票率について DID を考慮した偏相関を求めたところ，それぞれ，0.26，0.15となった．つまり DID 比の影響を除くと接戦度はそれほど投票率に影響を与えていないことが分かった．

また競争率は，80年代後半以降は数値の差はあるものの正の相関を示しており競争率の高い選挙区のほうが投票率は高い傾向にあるといえそうである．その中でも第18回は最も数値が高い．この回は新進党の分裂や民主党の結成など政党の再編が進んだ時期であり，このような新しい政党や候補者が票を掘り起こしたと考えられる．

## 4. 投票率の変動要因

3．では投票率の地域差をもたらす要因としていくつかの変数をとりあげ，時系列的な変遷を観察した．次にどのような要因が投票率の変動をもたらすかについて考えてみたい．ここでも山田の分析にならい，都道府県の投票率の変動を従属変数にして重回帰分析を行う．独立変数は，地域差の要因として取り上げた4つの変数のほかに，同日選効果[15]，統一地方選効果[16]，選挙制度効果[17]の変数を加えた．想定する関数は以下のとおりである．

$$R_t - R_{t-1} = f(V_t - V_{t-1})$$

$R_t$ はある都道府県における第 t 回選挙の投票率を表し，t－1はその前回の選挙であることを示す．また，$V_t$ はある都道府県における第 t 回選挙の独立変数の値を表す．従属変数となる投票率の変動は，第6回から第19回までの選挙における変動つまり，各都道府県における13回分の変動の全608サンプル[18]である．

表5－4－3は重回帰分析の結果を示したものである．説明力を示す自由度修正済み決定係数は0.732で，このモデルが参議院選挙における投票率の変動の7割強を説明していることがわかる．

変数のうち，1％有意水準で有意となったのは，統一地方選効果，同日選効果，接戦度，選挙制度効果である．統一地方選効果の係数からは，参議院直前に都道府県レベルの議会選挙があると，投票率が9.5ポイント下がることがわかった．これは石川真澄の亥年現象の仮説に沿う結果となったといえる．[19] 同日選効果の回帰係数からは，同日選挙であることによって投票率が7.7ポイントも上昇することがわかる．選挙制度効果の係数からは，第18回

表 5-4-3　重回帰分析結果

|  | 6回-19回変動 | | |
| --- | --- | --- | --- |
|  | 係数 | 標準誤差 | 有意確率 |
| 統一地方選（県議選） | -.095 | .004 | .000 |
| 同日選 | .077 | .005 | .000 |
| 接戦度 | -.110 | .017 | .000 |
| 選挙制度 | .048 | .010 | .000 |
| 競争率 | .007 | .004 | .116 |
| DID | .316 | .205 | .123 |
| 若年層 | -.018 | .274 | .947 |
| 切片 | -.017 | .004 | .000 |
| N | 608 | | |
| 調整済み R-SQUARE | | .732 | |

から投票参加を促進させる意図から導入された投票時間の延長や不在者投票の条件緩和は，4.8ポイント投票率を上昇させたといえる．しかし，この17-18回のダミー変数の投入は，18回選挙の別の固有の事情をも含んでしまっている可能性を否定できないため，留意が必要だと思われる．一方，地域差の要因としても取り上げた4変数のうち，唯一有意となったのは接戦度であり，当選者と次点者の得票の差が減る（接戦になる）と，投票率を上昇させる効果があることがわかる．競争率，DID 比，若年層は有意とはならなかった．各選挙区での競争率の変動が投票率変動に影響を与えていないのは，山田の分析との相違点である．DID 比は，地域差の要因として説明力はかなり高いものであったが，選挙回ごとの変動を説明することはできないということが示された．なお，定数項からは，参議院選挙が回を重ねる，つまり3年という時を経ることによって平均して，1.7ポイント投票率が低下していることがわかる．これは参議院選挙の長期低落傾向を示唆しているといえよう．

## 5. まとめ

これまで，参議院選挙の投票率について，その時系列的な変化や都道府県ごとの特徴を明らかにしてきた．さらに都道府県ごとの地域差を生み出す要因や投票率の変動をもたらす要因を分析した．都道府県ごとの特徴では，投票率の高い選挙区は19回を通じて高い傾向にあり，それらの県は過疎地域，農村部と呼ばれ，自民党の支持が比較的高く，選挙も強い県と重なることがわかった．さらに，投票率の低い選挙区は，東京，神奈川などであった．それを裏付けるように，投票率と DID 比の相関は一貫して高い負の関係を示し

ており，地域差への影響が観察できた．また，投票率の変動の要因を探る重回帰分析の結果から，第6回選挙以降の変動を説明する変数としては，特に統一地方選，同日選挙，選挙制度の効果が非常に大きいことがわかった．統一地方選挙効果は都道府県議会レベルの選挙があったかどうかという部分的な効果ではあるが，石川の亥年現象を支持する結果が得られた．

本節の分析から，投票率の地域的な格差は都市－農村という選挙区の特徴が，大きな影響を与えていることがわかったが，投票参加のマクロレベルの変動には，都市度などの影響よりも，同日選挙による動員効果や選挙制度の変更などが非常に大きな影響を与えていることが示された．ここから，低下傾向にある参議院選挙の投票率を上昇させるためには，ミクロの選挙区レベルでは都市の有権者および若年層に投票参加を喚起させる仕組みが必要といえるだろう．そして，マクロレベルでは，投票時間延長が効果的だったように，制度の変更により有権者の投票コストを下げることがさらに必要といえるだろう．また，同日選挙についてはその効果は既存の研究でも指摘されてきているが，逆に言えば，政党・政治家などエリート側には，同日選挙での効果がむしろなくなるように参議院の存在意義を高め，参議院選挙の関心を高めるキャンペーンを行う必要があるだろう．

最後に，参議院選挙の長期低落傾向について，述べておきたい．重回帰分析の定数項で確認できたこの傾向については，そのメカニズムが何なのかはわかっていない．民主主義の成熟化に伴う政治離れ，経済的豊かさによる政治離れなどが指摘できるのかもしれないが，参議院選挙に限らず衆議院選挙でも同様にいえる国政選挙の長期下落傾向のメカニズムを解明することが，今後の課題といえる．

---

(1) 明るい選挙推進協会の参議院選挙調査（1974－2001）を利用した．

(2) 本来ならば，正式に社民党になったのは18回参議院選挙以降だが93年の55年崩壊以降に社会党の支持率は急落しているためここでは16回と17回を境界とし社会党，社民党を分類している．

(3) DID比＝人口集中地区人口÷総人口で算出．国勢調査データを使用．ただし5年毎のデータであるため，以下のように各年の値に変換した．
例：第6回（1962年）DID比＝1960年DID比＋（1965年DID比－1960年DID比）×2÷5．

(4) ここでは死票率＝落選候補者の総得票÷有効投票総数で算出．

(5) 本書選挙編第4章第2節参照.
(6) 比例区の死票率は（当選者を出せなかった政党の合計得票）÷（有効投票総数）で求めている.
(7) 本書選挙編第3章第3節5. 参照.
(8) 石川真澄『戦後政治史』, 岩波新書, 1995年, 197－206頁.
(9) 選挙制度については本書第Ⅰ部選挙編第2章第2節参照.
(10) 山田真裕「投票率の要因分析」『選挙研究』7号, 北樹出版, 1992年.
(11) 若年層人口比＝20代人口÷総人口で算出. 国勢調査データを使用. ただしDID比と同様に各年の値に変換している.
(12) 接戦度＝最下位当選者の得票率－次点候補者の得票率.
(13) 競争度＝候補者数÷議席定数. ただし候補者数は泡沫候補者の影響を取り除くため供託金の没収をされなかった候補者のみとしている.
(14) ライカー, オードシュックらの期待効用モデル $R＝PB－C＋D$ のPとして分類.
(15) 衆参同日選挙となった第12回と第14回の選挙において, ダミー変数1を投入. ただし, 従属変数が前回からの変化であるため, ここでのダミー変数も変化を反映し, 同日選が行われた次の選挙では, －1を投入している.
(16) 参議院選挙と同じ年に統一地方選が行われた選挙区にダミー変数(同日選効果と同様に, 変数は, －1. 0. 1) を投入. 統一地方選挙と同年に行われた参議院選挙は, 第9回, 第13回, 第17回の3回. ただし統一地方選挙といっても, 知事選, 都道府県議会選, 市町村選, 市町村議会選などがあるが, 従属変数が都道府県単位であるため, 都道府県議会選挙が行われたかどうかに絞った. これにより, 東京都, 茨城県, 沖縄県が除外されている.
(17) 第18回の参議院選挙より, 投票時間の延長, 不在者投票の条件緩和などの選挙制度改革が行われた. よってこの効果を計るため, 第17－18回選挙間の変動に, ダミー変数1を投入した.
(18) 沖縄県は第9回から参加のため10回分で46×13＋10＝608
(19) 石川の亥年現象の検証テストとしては, 浅野正彦が衆参両院選挙の投票率と地方議員の選挙動員の間に統計的に有意な関係があることを分析している. 浅野正彦「国政選挙における地方政治家の選挙動員」『選挙研究』13号, 木鐸社, 1998年.

# 第6章　選挙違反

井手弘子

## 第1節　はじめに

　公職選挙法違反は，個々のケースが刑罰の対象となる一方，集合的に捉えるならば金権選挙と呼ばれるような不公平な選挙を反映し，選挙制度改革をはじめとする政治改革を促すものでもある．この章では，選挙違反（選挙犯罪）に関する時系列データを提示し，その幾つかの特徴を取り上げる．

## 第2節　各回参議院選挙における選挙犯罪統計

　以下の諸表は警察庁等の資料[1]を元に作成したが，まず指摘しておかなければならないのは，表中の検挙件数及び検挙人数が実際の選挙違反件数や人数よりも少ない，という点である（表6-2-1, 6-2-2, 6-2-3）．その理由としては，資料が選挙後約3カ月時点のものでありその後検挙された選挙違反[2]が存在する，文書違反等の形式犯の場合警告で終わることがある，検挙されない選挙犯罪も当然存在が予想される（犯罪の潜在化について後述），といったものが挙げられる．よってこの統計における数字は実態を過小評価していることを念頭に置きながら利用したい．

## 第3節　参議院選挙における選挙違反の特徴

### 1. 違反者数

　一見して明らかなのは，全国区が廃止され比例代表制が導入された第13回（1983年）以降検挙人数が激減している事であり，比例代表選挙における人数

表6-2-1　選挙犯罪統計（件数）

| 罪種 \ 選挙回 | 3 全国区 | 3 地方区 | 3 計 | 4 全国区 | 4 地方区 | 4 計 | 5 全国区 | 5 地方区 | 5 計 |
|---|---|---|---|---|---|---|---|---|---|
| 買収，利害誘導 | 2338 | 933 | 3271 | 1088 | 652 | 1740 | 1656 | 660 | 2316 |
| 新聞紙・雑誌の買収（不法利用） | 1 | 0 | 1 | 0 | 0 | 0 | 3 | 6 | 9 |
| おとり（注1） | | | | 0 | 0 | 0 | 0 | 0 | 0 |
| 選挙の自由妨害 | 29 | 15 | 44 | 64 | 38 | 102 | 32 | 31 | 63 |
| 職権濫用による選挙の自由妨害 | 0 | 0 | 0 | 1 | 0 | 1 | 0 | 0 | 0 |
| 投票の秘密侵害，投票干渉 | 1 | 0 | 1 | 0 | 0 | 0 | 0 | 1 | 1 |
| 選挙事務関係者への暴行（注2） | 0 | 0 | 0 | 3 | 2 | 5 | 0 | 0 | 0 |
| 凶器携帯 | 0 | 0 | 0 | 1 | 0 | 1 | 0 | 0 | 0 |
| 選挙犯罪のせん動 | 0 | 0 | 0 | 0 | 0 | 0 | 0 | 0 | 0 |
| 虚偽事項の公表 | 1 | 1 | 2 | 0 | 0 | 0 | 0 | 0 | 0 |
| 氏名等の虚偽表示 | 0 | 0 | 0 | 0 | 0 | 0 | 0 | 0 | 0 |
| 詐偽登録等（注3） | 11 | 12 | 23 | 39 | 36 | 75 | 19 | 21 | 40 |
| 戸別訪問 | 809 | 142 | 951 | 1616 | 661 | 2277 | 499 | 201 | 700 |
| 運動期間の違反 | 154 | 14 | 168 | 138 | 51 | 189 | 47 | 14 | 61 |
| 教育者の地位利用の選挙運動 | 2 | 1 | 3 | 10 | 9 | 19 | 1 | 1 | 2 |
| 未成年者の選挙運動 | 32 | 9 | 41 | 0 | 0 | 0 | 9 | 2 | 11 |
| 選挙権を有しない者の運動（注4） | | | | 0 | 0 | 0 | 0 | 0 | 0 |
| 公務員などの選挙運動等 | 0 | 0 | 0 | 0 | 0 | 0 | 0 | 0 | 0 |
| 特定公務員等の選挙運動（注5） | 13 | 2 | 15 | 12 | 1 | 13 | 0 | 0 | 0 |
| 気勢を張る行為 | 0 | 0 | 0 | 2 | 0 | 2 | 1 | 2 | 3 |
| 選挙事務所・休憩所等に関する違反 | 4 | 2 | 6 | 3 | 0 | 3 | 1 | 1 | 2 |
| 飲食物の提供 | 21 | 7 | 28 | 10 | 4 | 14 | 4 | 5 | 9 |
| 自動車・拡声機・船舶に関する違反 | 7 | 9 | 16 | 6 | 2 | 8 | 4 | 3 | 7 |
| 文書図画に関する違反 | 932 | 80 | 1012 | 1288 | 489 | 1777 | 2710 | 918 | 3628 |
| 新聞紙・雑誌に関する違反 | 6 | 1 | 7 | 0 | 0 | 0 | 3 | 6 | 9 |
| 選挙放送等に関する違反 | 0 | 0 | 0 | 0 | 0 | 0 | 3 | 0 | 3 |
| 演説に関する違反 | 16 | 23 | 39 | 4 | 2 | 6 | 9 | 7 | 16 |
| 選挙期日後のあいさつ行為 | 3 | 1 | 4 | 0 | 0 | 0 | 0 | 0 | 0 |
| 運動の収入支出の規制違反（注6） | 9 | 5 | 14 | 8 | 0 | 8 | 1 | 0 | 1 |
| 選挙費用の法定額違反 | 0 | 0 | 0 | 0 | 0 | 0 | 0 | 0 | 0 |
| 寄付に関する違反 | 0 | 0 | 0 | 0 | 0 | 0 | 3 | 0 | 3 |
| 推薦団体の運動の規制違反（注7） | | | | | | | | | |
| 政党等の政治活動の規制違反（注8） | 5 | 0 | 5 | 0 | 0 | 0 | 17 | 17 | 34 |
| その他 | 69 | 14 | 83 | 152 | 178 | 330 | 55 | 34 | 89 |
| 合計 | 4463 | 1271 | 5734 | 4445 | 2125 | 6570 | 5077 | 1930 | 7007 |

注1　1954年12月～
注2　「選挙事務関係者に対する暴行・脅迫・施設騒擾等」
注3　「詐欺登録，虚偽宣言等，詐偽投票，投票の偽造・増減，代理投票の記載義務違反」
注4　1954年12月～　「選挙権，被選挙権を有しない者の選挙運動」
注5　「選挙事務関係者，特定公務員の選挙運動」
注6　「選挙運動に関する収入支出の規則違反」
注7　1962年～　「推薦団体の選挙運動の規則違反」
注8　「政党その他の政治団体の政治活動の規則違反」

第6章 選挙違反

| | 6 | | | 7 | | | 8 | | | 9 | | | 10 | | |
|---|---|---|---|---|---|---|---|---|---|---|---|---|---|---|---|
| | 全国区 | 地方区 | 計 | 全国区 | 地方区 | 計 | 全国区 | 地方区 | 計 | 全国区 | 地方区 | 計 | 全国区 | 地方区 | 計 |
| | 3025 | 1379 | 4404 | 2935 | 596 | 3531 | 1854 | 893 | 2747 | 994 | 834 | 1828 | 1765 | 911 | 2676 |
| | 2 | 1 | 3 | 1 | 0 | 1 | 0 | 0 | 0 | 0 | 2 | 2 | 0 | 0 | 0 |
| | 0 | 0 | 0 | 0 | 0 | 0 | 0 | 0 | 0 | 0 | 0 | 0 | 0 | 0 | 0 |
| | 229 | 146 | 375 | 183 | 40 | 223 | 159 | 73 | 232 | 125 | 24 | 149 | 262 | 59 | 321 |
| | 0 | 0 | 0 | 0 | 0 | 0 | 1 | 0 | 1 | 0 | 0 | 0 | 2 | 0 | 2 |
| | 0 | 0 | 0 | 3 | 1 | 4 | 2 | 0 | 2 | 1 | 0 | 1 | 9 | 0 | 9 |
| | 4 | 1 | 5 | 0 | 0 | 0 | 0 | 0 | 0 | 1 | 0 | 1 | 1 | 0 | 1 |
| | 0 | 0 | 0 | 0 | 0 | 0 | 1 | 0 | 1 | 0 | 0 | 0 | 0 | 0 | 0 |
| | 0 | 0 | 0 | 0 | 0 | 0 | 0 | 0 | 0 | 0 | 0 | 0 | 1 | 0 | 1 |
| | 1 | 0 | 1 | 1 | 1 | 2 | 0 | 1 | 1 | 0 | 1 | 1 | 2 | 0 | 2 |
| | 0 | 0 | 0 | 6 | 2 | 8 | 1 | 1 | 2 | 1 | 0 | 1 | 0 | 0 | 0 |
| | 44 | 27 | 71 | 66 | 1 | 67 | 68 | 1 | 69 | 5 | 0 | 5 | 8 | 1 | 9 |
| | 2097 | 552 | 2649 | 1264 | 165 | 1429 | 1014 | 116 | 1130 | 147 | 63 | 210 | 256 | 98 | 354 |
| | 172 | 47 | 219 | 240 | 15 | 255 | 167 | 9 | 176 | 15 | 6 | 21 | 29 | 6 | 35 |
| | 16 | 1 | 17 | 7 | 10 | 17 | 6 | 0 | 6 | 1 | 1 | 2 | 2 | 0 | 2 |
| | 23 | 5 | 28 | 26 | 3 | 29 | 13 | 0 | 13 | 0 | 1 | 1 | 5 | 0 | 5 |
| | 9 | 7 | 16 | 11 | 5 | 16 | 11 | 2 | 13 | 3 | 0 | 3 | 0 | 0 | 0 |
| | 291 | 14 | 305 | 312 | 0 | 312 | 22 | 0 | 22 | 20 | 1 | 21 | 5 | 2 | 7 |
| | 10 | 3 | 13 | 4 | 2 | 6 | 5 | 0 | 5 | 1 | 0 | 1 | 3 | 0 | 3 |
| | 3 | 0 | 3 | 0 | 0 | 0 | 0 | 0 | 0 | 0 | 0 | 0 | 0 | 0 | 0 |
| | 1 | 0 | 1 | 2 | 0 | 2 | 1 | 0 | 1 | 0 | 0 | 0 | 0 | 0 | 0 |
| | 42 | 4 | 46 | 27 | 29 | 56 | 15 | 5 | 20 | 0 | 0 | 0 | 6 | 2 | 8 |
| | 9 | 4 | 13 | 4 | 0 | 4 | 1 | 0 | 1 | 1 | 0 | 1 | 0 | 2 | 2 |
| | 2690 | 1112 | 3802 | 2440 | 401 | 2841 | 1717 | 309 | 2026 | 1718 | 247 | 1965 | 1600 | 182 | 1782 |
| | 26 | 10 | 36 | 7 | 4 | 11 | 2 | 3 | 5 | 3 | 5 | 8 | 4 | 2 | 6 |
| | 8 | 8 | 16 | 6 | 6 | 12 | 2 | 4 | 6 | 0 | 0 | 0 | 4 | 3 | 7 |
| | 12 | 10 | 22 | 3 | 17 | 20 | 1 | 1 | 2 | 0 | 2 | 2 | 0 | 1 | 1 |
| | 1 | 1 | 2 | 1 | 0 | 1 | 0 | 1 | 1 | 0 | 0 | 0 | 0 | 0 | 0 |
| | 14 | 1 | 15 | 3 | 0 | 3 | 7 | 1 | 8 | 3 | 0 | 3 | 0 | 1 | 1 |
| | 0 | 0 | 0 | 0 | 0 | 0 | 0 | 0 | 0 | 0 | 0 | 0 | 0 | 0 | 0 |
| | 0 | 3 | 3 | 20 | 0 | 20 | 2 | 1 | 3 | 0 | 0 | 0 | 0 | 0 | 0 |
| | 0 | 0 | 0 | 0 | 0 | 0 | 0 | 0 | 0 | 0 | 0 | 0 | 0 | 0 | 0 |
| | 14 | 9 | 23 | 11 | 1 | 12 | 3 | 1 | 4 | 4 | 1 | 5 | 3 | 5 | 8 |
| | 235 | 66 | 301 | 55 | 6 | 61 | 88 | 10 | 98 | 23 | 6 | 29 | 69 | 10 | 79 |
| | 8978 | 3411 | 12389 | 7638 | 1305 | 8943 | 5163 | 1432 | 6595 | 3066 | 1194 | 4260 | 4036 | 1285 | 5321 |

表6-2-1 選挙犯罪統計（件数）（続き）

| 選挙回 | 11 | | | 12 | | | 13 | | |
|---|---|---|---|---|---|---|---|---|---|
| 罪種 | 全国区 | 地方区 | 計 | 全国区 | 地方区 | 計 | 比例代表 | 地方区 | 計 |
| 買収，利害誘導 | 645 | 804 | 1449 | 1013 | 87 | 1100 | 43 | 118 | 161 |
| 新聞紙・雑誌の買収（不法利用） | 0 | 0 | 0 | 0 | 0 | 0 | 0 | 0 | 0 |
| おとり（注1） | 0 | 0 | 0 | 0 | 0 | 0 | 0 | 0 | 0 |
| 選挙の自由妨害 | 82 | 55 | 137 | 48 | 46 | 94 | 4 | 35 | 39 |
| 職権濫用による選挙の自由妨害 | 0 | 0 | 0 | 0 | 0 | 0 | 0 | 0 | 0 |
| 投票の秘密侵害，投票干渉 | 1 | 0 | 1 | 0 | 0 | 0 | 0 | 0 | 0 |
| 選挙事務関係者への暴行（注2） | 3 | 0 | 3 | 1 | 0 | 1 | 0 | 0 | 0 |
| 凶器携帯 | 0 | 0 | 0 | 0 | 0 | 0 | 0 | 1 | 1 |
| 選挙犯罪のせん動 | 0 | 0 | 0 | 0 | 0 | 0 | 0 | 0 | 0 |
| 虚偽事項の公表 | 2 | 1 | 3 | 1 | 2 | 3 | 0 | 0 | 0 |
| 氏名等の虚偽表示 | 0 | 0 | 0 | 0 | 0 | 0 | 0 | 0 | 0 |
| 詐偽登録等（注3） | 4 | 4 | 8 | 4 | 0 | 4 | 2 | 0 | 2 |
| 戸別訪問 | 189 | 96 | 285 | 197 | 14 | 211 | 24 | 41 | 65 |
| 運動期間の違反 | 13 | 2 | 15 | 2 | 1 | 3 | 0 | 0 | 0 |
| 教育者の地位利用の選挙運動 | 0 | 1 | 1 | 1 | 0 | 1 | 0 | 0 | 0 |
| 未成年者の選挙運動 | 1 | 1 | 2 | 0 | 0 | 0 | 0 | 0 | 0 |
| 選挙権を有しない者の運動（注4） | 6 | 1 | 7 | 2 | 1 | 3 | 0 | 1 | 1 |
| 公務員などの選挙運動等 | 95 | 2 | 97 | 5 | 0 | 5 | 0 | 0 | 0 |
| 特定公務員等の選挙運動（注5） | 1 | 0 | 1 | 1 | 1 | 2 | 0 | 0 | 0 |
| 気勢を張る行為 | 0 | 0 | 0 | 0 | 0 | 0 | 0 | 0 | 0 |
| 選挙事務所・休憩所等に関する違反 | 0 | 1 | 1 | 0 | 0 | 0 | 0 | 0 | 0 |
| 飲食物の提供 | 3 | 2 | 5 | 1 | 0 | 1 | 0 | 0 | 0 |
| 自動車・拡声機・船舶に関する違反 | 1 | 0 | 1 | 0 | 0 | 0 | 0 | 1 | 1 |
| 文書図画に関する違反 | 550 | 154 | 704 | 426 | 69 | 495 | 15 | 100 | 115 |
| 新聞紙・雑誌に関する違反 | 1 | 1 | 2 | 1 | 2 | 3 | 0 | 0 | 0 |
| 選挙放送等に関する違反 | 2 | 0 | 2 | 2 | 0 | 2 | 0 | 3 | 3 |
| 演説に関する違反 | 0 | 0 | 0 | 0 | 0 | 0 | 0 | 0 | 0 |
| 選挙期日後のあいさつ行為 | 1 | 0 | 1 | 0 | 0 | 0 | 0 | 0 | 0 |
| 運動の収入支出の規制違反（注6） | 0 | 0 | 0 | 0 | 0 | 0 | 0 | 0 | 0 |
| 選挙費用の法定額違反 | 0 | 0 | 0 | 0 | 0 | 0 | 0 | 0 | 0 |
| 寄付に関する違反 | 0 | 0 | 0 | 0 | 0 | 0 | 0 | 0 | 0 |
| 推薦団体の運動の規制違反（注7） | 0 | 0 | 0 | 0 | 0 | 0 | 0 | 0 | 0 |
| 政党等の政治活動の規制違反（注8） | 1 | 1 | 2 | 2 | 0 | 2 | 0 | 0 | 0 |
| その他 | 14 | 3 | 17 | 16 | 0 | 16 | 0 | 0 | 0 |
| 合計 | 1615 | 1129 | 2744 | 1723 | 223 | 1946 | 88 | 300 | 388 |

注1　1954年12月～
注2　「選挙事務関係者に対する暴行・脅迫・施設騒擾等」
注3　「詐欺登録，虚偽宣言等，詐偽投票，投票の偽造・増減，代理投票の記載義務違反」
注4　1954年12月～　「選挙権，被選挙権を有しない者の選挙運動」
注5　「選挙事務関係者，特定公務員の選挙運動」
注6　「選挙運動に関する収入支出の規則違反」
注7　1962年～　「推薦団体の選挙運動の規則違反」
注8　「政党その他の政治団体の政治活動の規則違反」

第 6 章 選挙違反　309

| | 14 | | | 15 | | | 16 | | | 17 | | | 18 | | |
|---|---|---|---|---|---|---|---|---|---|---|---|---|---|---|---|
| | 比例代表 | 地方区 | 計 | 比例代表 | 地方区 | 計 | 比例代表 | 地方区 | 計 | 比例代表 | 地方区 | 計 | 比例代表 | 地方区 | 計 |
| | 13 | 186 | 199 | 8 | 307 | 315 | 24 | 279 | 303 | 6 | 278 | 284 | 33 | 102 | 135 |
| | 0 | 0 | 0 | 0 | 0 | 0 | 0 | 0 | 0 | 0 | 0 | 0 | 0 | 0 | 0 |
| | 0 | 0 | 0 | 0 | 0 | 0 | 0 | 0 | 0 | 0 | 0 | 0 | 0 | 0 | 0 |
| | 1 | 17 | 18 | 1 | 32 | 33 | 2 | 22 | 24 | 0 | 17 | 17 | 5 | 26 | 31 |
| | 0 | 0 | 0 | 0 | 0 | 0 | 0 | 0 | 0 | 0 | 0 | 0 | 0 | 0 | 0 |
| | 0 | 0 | 0 | 0 | 0 | 0 | 0 | 0 | 0 | 0 | 0 | 0 | 1 | 0 | 1 |
| | 0 | 0 | 0 | 0 | 1 | 1 | 0 | 0 | 0 | 0 | 1 | 1 | 0 | 0 | 0 |
| | 0 | 0 | 0 | 0 | 0 | 0 | 0 | 0 | 0 | 0 | 1 | 1 | 0 | 0 | 0 |
| | 0 | 0 | 0 | 0 | 0 | 0 | 0 | 0 | 0 | 0 | 0 | 0 | 0 | 0 | 0 |
| | 0 | 1 | 1 | 0 | 0 | 0 | 0 | 0 | 0 | 0 | 0 | 0 | 0 | 0 | 0 |
| | 0 | 0 | 0 | 0 | 0 | 0 | 0 | 0 | 0 | 0 | 0 | 0 | 0 | 0 | 0 |
| | 0 | 0 | 0 | 0 | 18 | 18 | 4 | 6 | 10 | 0 | 1 | 1 | 0 | 0 | 0 |
| | 5 | 7 | 12 | 26 | 32 | 58 | 9 | 27 | 36 | 1 | 7 | 8 | 6 | 14 | 20 |
| | 0 | 0 | 0 | 0 | 2 | 2 | 0 | 0 | 0 | 0 | 0 | 0 | 0 | 0 | 0 |
| | 0 | 0 | 0 | 0 | 0 | 0 | 0 | 0 | 0 | 0 | 0 | 0 | 0 | 0 | 0 |
| | 0 | 1 | 1 | 0 | 0 | 0 | 0 | 3 | 3 | 1 | 1 | 2 | 0 | 8 | 8 |
| | 0 | 0 | 0 | 0 | 0 | 0 | 0 | 1 | 1 | 0 | 0 | 0 | 2 | 1 | 3 |
| | 0 | 0 | 0 | 0 | 1 | 1 | 0 | 0 | 0 | 0 | 0 | 0 | 1 | 0 | 1 |
| | 0 | 0 | 0 | 0 | 0 | 0 | 0 | 1 | 1 | 0 | 0 | 0 | 0 | 0 | 0 |
| | 0 | 0 | 0 | 0 | 0 | 0 | 0 | 0 | 0 | 0 | 0 | 0 | 0 | 0 | 0 |
| | 0 | 0 | 0 | 0 | 0 | 0 | 0 | 0 | 0 | 0 | 0 | 0 | 0 | 0 | 0 |
| | 0 | 0 | 0 | 0 | 0 | 0 | 0 | 0 | 0 | 0 | 0 | 0 | 0 | 0 | 0 |
| | 0 | 0 | 0 | 0 | 0 | 0 | 0 | 0 | 0 | 0 | 0 | 0 | 0 | 2 | 2 |
| | 4 | 36 | 40 | 8 | 60 | 68 | 8 | 49 | 57 | 1 | 31 | 32 | 8 | 24 | 32 |
| | 0 | 0 | 0 | 0 | 1 | 1 | 0 | 0 | 0 | 0 | 0 | 0 | 0 | 0 | 0 |
| | 0 | 2 | 2 | 0 | 0 | 0 | 0 | 1 | 1 | 0 | 0 | 0 | 0 | 0 | 0 |
| | 0 | 0 | 0 | 0 | 0 | 0 | 0 | 1 | 1 | 0 | 0 | 0 | 0 | 0 | 0 |
| | 0 | 0 | 0 | 0 | 0 | 0 | 0 | 0 | 0 | 0 | 0 | 0 | 0 | 0 | 0 |
| | 0 | 0 | 0 | 0 | 0 | 0 | 0 | 0 | 0 | 0 | 0 | 0 | 0 | 0 | 0 |
| | 0 | 0 | 0 | 0 | 0 | 0 | 0 | 0 | 0 | 0 | 0 | 0 | 0 | 0 | 0 |
| | 0 | 0 | 0 | 0 | 0 | 0 | 1 | 0 | 1 | 0 | 0 | 0 | 0 | 0 | 0 |
| | 0 | 0 | 0 | 0 | 0 | 0 | 0 | 0 | 0 | 0 | 0 | 0 | 0 | 0 | 0 |
| | 0 | 0 | 0 | 0 | 0 | 0 | 0 | 0 | 0 | 0 | 0 | 0 | 0 | 0 | 0 |
| | 0 | 0 | 0 | 0 | 0 | 0 | 4 | 1 | 5 | 0 | 0 | 0 | 0 | 0 | 0 |
| | 23 | 250 | 273 | 43 | 454 | 497 | 52 | 391 | 443 | 9 | 337 | 346 | 56 | 177 | 233 |

表6-2-2 選挙犯罪統計（人員）

| 選挙回 | 3 | | | 4 | | | 5 | | |
|---|---|---|---|---|---|---|---|---|---|
| 罪種 | 全国区 | 地方区 | 計 | 全国区 | 地方区 | 計 | 全国区 | 地方区 | 計 |
| 買収，利害誘導 | 4353 | 1909 | 6262 | 2792 | 1718 | 4510 | 2726 | 1089 | 3815 |
| 新聞紙・雑誌の買収（不法利用） | 1 | 0 | 1 | 0 | 0 | 0 | 3 | 7 | 10 |
| おとり（注1） | | | | 0 | 0 | 0 | 0 | 0 | 0 |
| 選挙の自由妨害 | 42 | 15 | 57 | 72 | 49 | 121 | 40 | 36 | 76 |
| 職権濫用による選挙の自由妨害 | 0 | 0 | 0 | 1 | 0 | 1 | 0 | 0 | 0 |
| 投票の秘密侵害，投票干渉 | 1 | 0 | 1 | 0 | 0 | 0 | 0 | 1 | 1 |
| 選挙事務関係者への暴行（注2） | 0 | 0 | 0 | 3 | 2 | 5 | 0 | 0 | 0 |
| 凶器携帯 | 0 | 0 | 0 | 1 | 0 | 1 | 0 | 0 | 0 |
| 選挙犯罪のせん動 | 0 | 0 | 0 | 0 | 0 | 0 | 0 | 0 | 0 |
| 虚偽事項の公表 | 1 | 1 | 2 | 0 | 0 | 0 | 0 | 0 | 0 |
| 氏名等の虚偽表示 | 0 | 0 | 0 | 0 | 0 | 0 | 0 | 0 | 0 |
| 詐偽登録等（注3） | 14 | 17 | 31 | 54 | 39 | 93 | 23 | 26 | 49 |
| 戸別訪問 | 975 | 215 | 1190 | 1928 | 861 | 2789 | 624 | 284 | 908 |
| 運動期間の違反 | 190 | 29 | 219 | 146 | 58 | 204 | 72 | 23 | 95 |
| 教育者の地位利用の選挙運動 | 2 | 1 | 3 | 11 | 9 | 20 | 1 | 1 | 2 |
| 未成年者の選挙運動 | 61 | 15 | 76 | 0 | 0 | 0 | 11 | 3 | 14 |
| 選挙権を有しない者の運動（注4） | | | | 0 | 0 | 0 | 0 | 0 | 0 |
| 公務員などの選挙運動等 | 0 | 0 | 0 | 0 | 0 | 0 | 0 | 0 | 0 |
| 特定公務員等の選挙運動（注5） | 13 | 2 | 15 | 11 | 1 | 12 | 0 | 0 | 0 |
| 気勢を張る行為 | 0 | 0 | 0 | 26 | 0 | 26 | 1 | 6 | 7 |
| 選挙事務所・休憩所等に関する違反 | 4 | 2 | 6 | 2 | 0 | 2 | 1 | 1 | 2 |
| 飲食物の提供 | 24 | 29 | 53 | 29 | 10 | 39 | 5 | 7 | 12 |
| 自動車・拡声機・船舶に関する違反 | 15 | 23 | 38 | 10 | 3 | 13 | 12 | 5 | 17 |
| 文書図画に関する違反 | 1218 | 121 | 1339 | 1773 | 674 | 2447 | 3616 | 1148 | 4764 |
| 新聞紙・雑誌に関する違反 | 9 | 4 | 13 | 0 | 0 | 0 | 3 | 6 | 9 |
| 選挙放送等に関する違反 | 0 | 0 | 0 | 0 | 0 | 0 | 7 | 0 | 7 |
| 演説に関する違反 | 28 | 38 | 66 | 9 | 3 | 12 | 10 | 5 | 15 |
| 選挙期日後のあいさつ行為 | 4 | 1 | 5 | 0 | 0 | 0 | 0 | 0 | 0 |
| 運動の収入支出の規制違反（注6） | 11 | 5 | 16 | 8 | 0 | 8 | 2 | 0 | 2 |
| 選挙費用の法定額違反 | 0 | 0 | 0 | 0 | 0 | 0 | 0 | 0 | 0 |
| 寄付に関する違反 | 0 | 0 | 0 | 0 | 0 | 0 | 10 | 0 | 10 |
| 推薦団体の運動の規制違反（注7） | | | | | | | | | |
| 政党等の政治活動の規制違反（注8） | 11 | 0 | 11 | 0 | 0 | 0 | 20 | 20 | 40 |
| その他 | 99 | 25 | 124 | 196 | 221 | 417 | 83 | 44 | 127 |
| 合計 | 7076 | 2452 | 9528 | 7072 | 3648 | 10720 | 7270 | 2712 | 9982 |
| 起訴 | 2242 | 967 | 3209 | 2270 | 914 | 3184 | 1522 | 661 | 2183 |
| 不起訴 | 3607 | 1057 | 4664 | 3257 | 1049 | 4306 | 3142 | 1151 | 4293 |
| 未定・その他 | 1227 | 428 | 1655 | 1996 | 1266 | 3262 | 2606 | 900 | 3506 |
| 起訴率（％） | 31.7 | 39.4 | 33.7 | 32.1 | 25.1 | 29.7 | 20.9 | 24.4 | 21.9 |

注1 1954年12月～
注2 「選挙事務関係者に対する暴行・脅迫・施設騒擾等」
注3 「詐欺登録，虚偽宣言等，詐偽投票，投票の偽造・増減，代理投票の記載義務違反」
注4 1954年12月～ 「選挙権，被選挙権を有しない者の選挙運動」
注5 「選挙事務関係者，特定公務員の選挙運動」
注6 「選挙運動に関する収入支出の規制違反」
注7 1962年～ 「推薦団体の選挙運動の規則違反」
注8 「政党その他の政治団体の政治活動の規則違反」

第6章 選挙違反　311

| | 6 | | | 7 | | | 8 | | | 9 | | | 10 | | |
|---|---|---|---|---|---|---|---|---|---|---|---|---|---|---|---|
| | 全国区 | 地方区 | 計 | 全国区 | 地方区 | 計 | 全国区 | 地方区 | 計 | 全国区 | 地方区 | 計 | 全国区 | 地方区 | 計 |
| | 8258 | 3032 | 11290 | 5775 | 1801 | 7576 | 3721 | 1283 | 5004 | 1494 | 1452 | 2946 | 3771 | 2510 | 6281 |
| | 5 | 1 | 6 | 2 | 0 | 2 | 0 | 0 | 0 | 0 | 4 | 4 | 1 | 0 | 1 |
| | 0 | 0 | 0 | 0 | 0 | 0 | 0 | 0 | 0 | 0 | 0 | 0 | 0 | 0 | 0 |
| | 259 | 164 | 423 | 198 | 41 | 239 | 165 | 80 | 245 | 130 | 25 | 155 | 293 | 51 | 344 |
| | 0 | 0 | 0 | 0 | 0 | 0 | 3 | 0 | 3 | 0 | 0 | 0 | 4 | 0 | 4 |
| | 0 | 0 | 0 | 8 | 1 | 9 | 2 | 0 | 2 | 1 | 0 | 1 | 4 | 0 | 4 |
| | 7 | 1 | 8 | 0 | 0 | 0 | 0 | 0 | 0 | 1 | 0 | 1 | 0 | 0 | 0 |
| | 0 | 0 | 0 | 0 | 0 | 0 | 3 | 0 | 3 | 0 | 0 | 0 | 0 | 0 | 0 |
| | 0 | 0 | 0 | 0 | 0 | 0 | 0 | 0 | 0 | 0 | 0 | 0 | 0 | 0 | 0 |
| | 1 | 0 | 1 | 1 | 0 | 1 | 0 | 0 | 0 | 0 | 0 | 0 | 3 | 0 | 3 |
| | 0 | 0 | 0 | 3 | 1 | 4 | 0 | 0 | 0 | 1 | 0 | 1 | 0 | 0 | 0 |
| | 54 | 32 | 86 | 84 | 1 | 85 | 91 | 1 | 92 | 5 | 0 | 5 | 10 | 3 | 13 |
| | 2373 | 581 | 2954 | 1289 | 184 | 1473 | 1271 | 202 | 1473 | 152 | 90 | 242 | 334 | 193 | 527 |
| | 226 | 60 | 286 | 189 | 14 | 203 | 159 | 7 | 166 | 27 | 15 | 42 | 48 | 19 | 67 |
| | 37 | 11 | 48 | 12 | 8 | 20 | 6 | 0 | 6 | 1 | 1 | 2 | 1 | 1 | 2 |
| | 21 | 5 | 26 | 21 | 1 | 22 | 8 | 0 | 8 | 0 | 0 | 0 | 2 | 0 | 2 |
| | 7 | 3 | 10 | 9 | 4 | 13 | 7 | 0 | 7 | 1 | 0 | 1 | 0 | 0 | 0 |
| | 309 | 11 | 320 | 261 | 0 | 261 | 24 | 0 | 24 | 16 | 2 | 18 | 10 | 1 | 11 |
| | 12 | 3 | 15 | 3 | 1 | 4 | 5 | 0 | 5 | 1 | 0 | 1 | 3 | 0 | 3 |
| | 17 | 0 | 17 | 0 | 0 | 0 | 0 | 0 | 0 | 0 | 0 | 0 | 0 | 0 | 0 |
| | 1 | 0 | 1 | 2 | 0 | 2 | 0 | 0 | 0 | 0 | 0 | 0 | 0 | 0 | 0 |
| | 32 | 3 | 35 | 10 | 5 | 15 | 10 | 5 | 15 | 0 | 0 | 0 | 8 | 0 | 8 |
| | 13 | 4 | 17 | 13 | 0 | 13 | 18 | 0 | 18 | 3 | 0 | 3 | 6 | 5 | 11 |
| | 2976 | 1298 | 4274 | 3205 | 592 | 3797 | 2001 | 459 | 2460 | 2432 | 318 | 2750 | 2222 | 307 | 2529 |
| | 22 | 16 | 38 | 5 | 4 | 9 | 1 | 3 | 4 | 2 | 5 | 7 | 6 | 3 | 9 |
| | 12 | 10 | 22 | 6 | 7 | 13 | 3 | 4 | 7 | 0 | 0 | 0 | 6 | 3 | 9 |
| | 11 | 10 | 21 | 16 | 35 | 51 | 5 | 2 | 7 | 0 | 0 | 0 | 0 | 1 | 1 |
| | 1 | 1 | 2 | 1 | 0 | 1 | 0 | 2 | 2 | 0 | 0 | 0 | 0 | 0 | 0 |
| | 10 | 0 | 10 | 3 | 0 | 3 | 2 | 0 | 2 | 1 | 0 | 1 | 0 | 0 | 0 |
| | 0 | 0 | 0 | 0 | 0 | 0 | 0 | 0 | 0 | 0 | 0 | 0 | 0 | 0 | 0 |
| | 0 | 5 | 5 | 24 | 0 | 24 | 2 | 4 | 6 | 0 | 0 | 0 | 0 | 0 | 0 |
| | 0 | 0 | 0 | 0 | 0 | 0 | 0 | 0 | 0 | 0 | 0 | 0 | 0 | 0 | 0 |
| | 20 | 8 | 28 | 19 | 7 | 26 | 7 | 1 | 8 | 3 | 2 | 5 | 3 | 10 | 13 |
| | 136 | 50 | 186 | 88 | 10 | 98 | 107 | 15 | 122 | 37 | 7 | 44 | 53 | 12 | 65 |
| | 14820 | 5309 | 20129 | 11247 | 2717 | 13964 | 7621 | 2068 | 9689 | 4308 | 1921 | 6229 | 6788 | 3119 | 9907 |
| | 3841 | 1743 | 5584 | 3738 | 897 | 4635 | 2755 | 914 | 3669 | 1362 | 845 | 2207 | 2187 | 1346 | 3533 |
| | 6941 | 2603 | 9544 | 4817 | 1167 | 5984 | 3116 | 814 | 3930 | 1737 | 603 | 2340 | 3662 | 1407 | 5069 |
| | 4038 | 963 | 5001 | 2692 | 653 | 3345 | 1750 | 340 | 2090 | 1209 | 473 | 1682 | 939 | 366 | 1305 |
| | 25.9 | 32.8 | 27.7 | 33.2 | 33.0 | 33.2 | 36.2 | 44.2 | 37.9 | 31.6 | 44.0 | 35.4 | 32.2 | 43.2 | 35.7 |

表6-2-2　選挙犯罪統計（人員）（続き）

| 選挙回 | 11 | | | 12 | | | 13 | | |
|---|---|---|---|---|---|---|---|---|---|
| 罪種 | 全国区 | 地方区 | 計 | 全国区 | 地方区 | 計 | 比例代表 | 地方区 | 計 |
| 買収, 利害誘導 | 1675 | 1597 | 3272 | 1674 | 333 | 2007 | 69 | 363 | 432 |
| 新聞紙・雑誌の買収（不法利用） | 0 | 0 | 0 | 0 | 0 | 0 | 0 | 0 | 0 |
| おとり（注1） | 0 | 0 | 0 | 0 | 0 | 0 | 0 | 0 | 0 |
| 選挙の自由妨害 | 75 | 55 | 130 | 45 | 50 | 95 | 9 | 53 | 62 |
| 職権濫用による選挙の自由妨害 | 0 | 0 | 0 | 0 | 0 | 0 | 0 | 0 | 0 |
| 投票の秘密侵害, 投票干渉 | 1 | 0 | 1 | 0 | 0 | 0 | 0 | 0 | 0 |
| 選挙事務関係者への暴行（注2） | 3 | 0 | 3 | 1 | 0 | 1 | 0 | 0 | 0 |
| 凶器携帯 | 0 | 0 | 0 | 0 | 0 | 0 | 0 | 1 | 1 |
| 選挙犯罪のせん動 | 0 | 0 | 0 | 0 | 0 | 0 | 0 | 0 | 0 |
| 虚偽事項の公表 | 2 | 1 | 3 | 1 | 1 | 2 | 0 | 0 | 0 |
| 氏名等の虚偽表示 | 0 | 0 | 0 | 0 | 0 | 0 | 0 | 0 | 0 |
| 詐偽登録等（注3） | 7 | 5 | 12 | 4 | 0 | 4 | 3 | 0 | 3 |
| 戸別訪問 | 224 | 167 | 391 | 376 | 31 | 407 | 30 | 88 | 118 |
| 運動期間の違反 | 21 | 2 | 23 | 2 | 1 | 3 | 0 | 0 | 0 |
| 教育者の地位利用の選挙運動 | 0 | 1 | 1 | 1 | 0 | 1 | 0 | 0 | 0 |
| 未成年者の選挙運動 | 1 | 4 | 5 | 0 | 0 | 0 | 0 | 0 | 0 |
| 選挙権を有しない者の運動（注4） | 6 | 1 | 7 | 2 | 1 | 3 | 0 | 0 | 0 |
| 公務員などの選挙運動等 | 83 | 2 | 85 | 6 | 0 | 6 | 0 | 0 | 0 |
| 特定公務員等の選挙運動（注5） | 1 | 0 | 1 | 0 | 0 | 0 | 0 | 0 | 0 |
| 気勢を張る行為 | 0 | 0 | 0 | 0 | 0 | 0 | 0 | 0 | 0 |
| 選挙事務所・休憩所等に関する違反 | 0 | 0 | 0 | 0 | 0 | 0 | 0 | 0 | 0 |
| 飲食物の提供 | 22 | 8 | 30 | 1 | 0 | 1 | 0 | 0 | 0 |
| 自動車・拡声機・船舶に関する違反 | 0 | 0 | 0 | 0 | 0 | 0 | 0 | 1 | 1 |
| 文書図画に関する違反 | 816 | 229 | 1045 | 674 | 127 | 801 | 24 | 405 | 429 |
| 新聞紙・雑誌に関する違反 | 1 | 2 | 3 | 1 | 1 | 2 | 0 | 0 | 0 |
| 選挙放送等に関する違反 | 2 | 0 | 2 | 1 | 0 | 1 | 0 | 5 | 5 |
| 演説に関する違反 | 0 | 0 | 0 | 0 | 0 | 0 | 0 | 0 | 0 |
| 選挙期日後のあいさつ行為 | 0 | 0 | 0 | 0 | 0 | 0 | 0 | 0 | 0 |
| 運動の収入支出の規制違反（注6） | 0 | 0 | 0 | 0 | 0 | 0 | 0 | 0 | 0 |
| 選挙費用の法定額違反 | 0 | 0 | 0 | 0 | 0 | 0 | 0 | 0 | 0 |
| 寄付に関する違反 | 0 | 0 | 0 | 0 | 0 | 0 | 0 | 0 | 0 |
| 推薦団体の運動の規制違反（注7） | 0 | 0 | 0 | 0 | 0 | 0 | 0 | 0 | 0 |
| 政党等の政治活動の規制違反（注8） | 8 | 1 | 9 | 3 | 0 | 3 | 0 | 0 | 0 |
| その他 | 11 | 3 | 14 | 18 | 0 | 18 | 0 | 0 | 0 |
| 合計 | 2959 | 2078 | 5037 | 2810 | 545 | 3355 | 135 | 916 | 1051 |
| 起訴 | 1311 | 1026 | 2337 | 976 | 299 | 1275 | 54 | 359 | 413 |
| 不起訴 | 1347 | 785 | 2132 | 1590 | 180 | 1770 | 81 | 372 | 453 |
| 未定・その他 | 301 | 267 | 568 | 244 | 66 | 310 | 0 | 185 | 185 |
| 起訴率（％） | 44.3 | 49.4 | 46.4 | 34.7 | 54.9 | 38.0 | 40.0 | 39.2 | 39.3 |

注1　1954年12月～
注2　「選挙事務関係者に対する暴行・脅迫・施設騒擾等」
注3　詐欺登録, 虚偽宣言等, 詐偽投票, 投票の偽造・増減, 代理投票の記載義務違反」
注4　1954年12月～　「選挙権, 被選挙権を有しない者の選挙運動」
注5　「選挙事務関係者, 特定公務員の選挙運動」
注6　「選挙運動に関する収入支出の規則違反」
注7　1962年～　「推薦団体の選挙運動の規則違反」
注8　「政党その他の政治団体の政治活動の規則違反」

第6章　選挙違反

| 14 | | | 15 | | | 16 | | | 17 | | | 18 | | |
|---|---|---|---|---|---|---|---|---|---|---|---|---|---|---|
| 比例代表 | 地方区 | 計 | 比例代表 | 地方区 | 計 | 比例代表 | 地方区 | 計 | 比例代表 | 地方区 | 計 | 比例代表 | 地方区 | 計 |
| 13 | 564 | 577 | 8 | 1005 | 1013 | 33 | 692 | 725 | 8 | 382 | 390 | 91 | 271 | 362 |
| 0 | 0 | 0 | 0 | 0 | 0 | 0 | 0 | 0 | 0 | 0 | 0 | 0 | 0 | 0 |
| 0 | 0 | 0 | 0 | 0 | 0 | 0 | 0 | 0 | 0 | 0 | 0 | 0 | 0 | 0 |
| 1 | 19 | 20 | 2 | 30 | 32 | 2 | 17 | 19 | 0 | 11 | 11 | 5 | 29 | 34 |
| 0 | 0 | 0 | 0 | 0 | 0 | 0 | 0 | 0 | 0 | 0 | 0 | 0 | 0 | 0 |
| 0 | 0 | 0 | 0 | 0 | 0 | 0 | 0 | 0 | 0 | 0 | 0 | 1 | 0 | 1 |
| 0 | 0 | 0 | 0 | 1 | 1 | 0 | 0 | 0 | 0 | 1 | 1 | 0 | 0 | 0 |
| 0 | 0 | 0 | 0 | 0 | 0 | 0 | 0 | 0 | 0 | 0 | 0 | 0 | 0 | 0 |
| 0 | 0 | 0 | 0 | 0 | 0 | 0 | 0 | 0 | 0 | 0 | 0 | 0 | 0 | 0 |
| 0 | 1 | 1 | 0 | 0 | 0 | 0 | 0 | 0 | 0 | 0 | 0 | 0 | 0 | 0 |
| 0 | 0 | 0 | 0 | 0 | 0 | 0 | 0 | 0 | 0 | 0 | 0 | 0 | 0 | 0 |
| 0 | 0 | 0 | 0 | 18 | 18 | 3 | 7 | 10 | 0 | 4 | 4 | 0 | 0 | 0 |
| 10 | 14 | 24 | 43 | 88 | 131 | 16 | 58 | 74 | 4 | 18 | 22 | 11 | 24 | 35 |
| 0 | 0 | 0 | 0 | 1 | 1 | 0 | 0 | 0 | 0 | 0 | 0 | 0 | 0 | 0 |
| 0 | 0 | 0 | 0 | 0 | 0 | 0 | 0 | 0 | 0 | 0 | 0 | 0 | 0 | 0 |
| 0 | 0 | 0 | 0 | 0 | 0 | 0 | 3 | 3 | 0 | 0 | 0 | 0 | 0 | 0 |
| 0 | 0 | 0 | 0 | 0 | 0 | 0 | 1 | 1 | 0 | 0 | 0 | 0 | 1 | 1 |
| 0 | 0 | 0 | 0 | 1 | 1 | 0 | 0 | 0 | 0 | 0 | 0 | 1 | 0 | 1 |
| 0 | 0 | 0 | 0 | 0 | 0 | 0 | 0 | 0 | 0 | 0 | 0 | 0 | 0 | 0 |
| 0 | 0 | 0 | 0 | 0 | 0 | 0 | 0 | 0 | 0 | 0 | 0 | 0 | 0 | 0 |
| 0 | 0 | 0 | 0 | 0 | 0 | 0 | 0 | 0 | 0 | 0 | 0 | 0 | 0 | 0 |
| 0 | 0 | 0 | 0 | 0 | 0 | 0 | 0 | 0 | 0 | 0 | 0 | 0 | 0 | 0 |
| 0 | 0 | 0 | 0 | 0 | 0 | 0 | 0 | 0 | 0 | 0 | 0 | 0 | 10 | 10 |
| 6 | 94 | 100 | 9 | 178 | 187 | 33 | 141 | 174 | 1 | 52 | 53 | 11 | 71 | 82 |
| 0 | 0 | 0 | 0 | 1 | 1 | 0 | 0 | 0 | 0 | 0 | 0 | 0 | 0 | 0 |
| 0 | 2 | 2 | 0 | 0 | 0 | 0 | 1 | 1 | 0 | 0 | 0 | 0 | 0 | 0 |
| 0 | 0 | 0 | 0 | 0 | 0 | 0 | 1 | 1 | 0 | 0 | 0 | 0 | 0 | 0 |
| 0 | 0 | 0 | 0 | 0 | 0 | 0 | 0 | 0 | 0 | 0 | 0 | 0 | 0 | 0 |
| 0 | 0 | 0 | 0 | 0 | 0 | 0 | 0 | 0 | 0 | 0 | 0 | 0 | 0 | 0 |
| 0 | 0 | 0 | 0 | 0 | 0 | 0 | 0 | 0 | 0 | 0 | 0 | 0 | 0 | 0 |
| 0 | 0 | 0 | 0 | 0 | 0 | 2 | 0 | 2 | 0 | 0 | 0 | 0 | 0 | 0 |
| 0 | 0 | 0 | 0 | 0 | 0 | 0 | 0 | 0 | 0 | 0 | 0 | 0 | 0 | 0 |
| 0 | 0 | 0 | 0 | 0 | 0 | 0 | 0 | 0 | 0 | 0 | 0 | 0 | 0 | 0 |
| 0 | 0 | 0 | 0 | 0 | 0 | 7 | 0 | 7 | 0 | 0 | 0 | 0 | 0 | 0 |
| 30 | 694 | 724 | 62 | 1323 | 1385 | 96 | 921 | 1017 | 13 | 468 | 481 | 120 | 406 | 526 |
| 11 | 433 | 444 | 25 | 471 | 496 | 24 | 216 | 240 | 6 | 81 | 87 | 資料なし | 資料なし | 177 |
| 19 | 241 | 260 | 37 | 817 | 854 | 62 | 666 | 728 | 1 | 373 | 374 | 資料なし | 資料なし | 309 |
| 0 | 20 | 20 | 0 | 35 | 35 | 10 | 39 | 49 | 6 | 14 | 20 | | | 40 |
| 36.7 | 62.4 | 61.3 | 40.3 | 35.6 | 35.8 | 25.0 | 23.5 | 23.6 | 46.2 | 17.3 | 18.1 | | | 33.7 |

表6-2-3　選挙犯罪統計（人員内訳）

| 選挙回 | | 候補者 | 総括主宰者 | 出納責任者 | 地域主宰者 | 公務員 | 運動者 | 選挙人 | その他 | 男 | 女 | 男性比 | 女性比 |
|---|---|---|---|---|---|---|---|---|---|---|---|---|---|
| 7 | 全国区 | 12 | 4 | 3 | 40 | 471 | 7815 | 2738 | 164 | 8965 | 2282 | 0.80 | 0.20 |
|   | 地方区 | 3 | 2 | 0 | 9 | 88 | 1692 | 909 | 14 | 2282 | 435 | 0.84 | 0.16 |
|   | 計 | 15 | 6 | 3 | 49 | 559 | 9507 | 3647 | 178 | 11247 | 2717 | 0.81 | 0.19 |
| 8 | 全国区 | 2 | 3 | 1 | 29 | 137 | 5834 | 1587 | 28 | 5909 | 1712 | 0.78 | 0.22 |
|   | 地方区 | 4 | 1 | 1 | 7 | 55 | 1446 | 542 | 12 | 1793 | 275 | 0.87 | 0.13 |
|   | 計 | 6 | 4 | 2 | 36 | 192 | 7280 | 2129 | 40 | 7702 | 1987 | 0.79 | 0.21 |
| 9 | 全国区 | 5 | 3 | 2 | 1 | 106 | 3731 | 428 | 32 | 3739 | 569 | 0.87 | 0.13 |
|   | 地方区 | 3 | 1 | 0 | 2 | 18 | 1289 | 599 | 9 | 1476 | 445 | 0.77 | 0.23 |
|   | 計 | 8 | 4 | 2 | 3 | 124 | 5020 | 1027 | 41 | 5215 | 1014 | 0.84 | 0.16 |
| 10 | 全国区 | 8 | 7 | 3 | 58 | 132 | 4414 | 1941 | 225 | 5668 | 1120 | 0.84 | 0.16 |
|   | 地方区 | 3 | 2 | 1 | 19 | 45 | 1163 | 1798 | 88 | 2294 | 825 | 0.74 | 0.26 |
|   | 計 | 11 | 9 | 4 | 77 | 177 | 5577 | 3739 | 313 | 7962 | 1945 | 0.80 | 0.20 |
| 11 | 全国区 | 0 | 1 | 1 | 19 | 147 | 1653 | 1086 | 52 | 2312 | 647 | 0.78 | 0.22 |
|   | 地方区 | 0 | 4 | 1 | 23 | 17 | 919 | 1083 | 31 | 1820 | 258 | 0.88 | 0.12 |
|   | 計 | 0 | 5 | 2 | 42 | 164 | 2572 | 2169 | 83 | 4132 | 905 | 0.82 | 0.18 |
| 12 | 全国区 | 1 | 0 | 0 | 1 | 344 | 1209 | 1241 | 14 | 2204 | 606 | 0.78 | 0.22 |
|   | 地方区 | 1 | 0 | 0 | 0 | 29 | 284 | 211 | 20 | 484 | 61 | 0.89 | 0.11 |
|   | 計 | 2 | 0 | 0 | 1 | 373 | 1493 | 1452 | 34 | 2688 | 667 | 0.80 | 0.20 |
| 13 | 比例代表 | 1 | 0 | 0 | 0 | 9 | 48 | 68 | 9 | 57 | 78 | 0.42 | 0.58 |
|   | 地方区 | 1 | 0 | 0 | 0 | 13 | 606 | 246 | 50 | 652 | 264 | 0.71 | 0.29 |
|   | 計 | 2 | 0 | 0 | 0 | 22 | 654 | 314 | 59 | 709 | 342 | 0.67 | 0.33 |
| 14 | 比例代表 | 0 | 0 | 0 | 0 | 0 | 19 | 11 | 0 | 13 | 17 | 0.43 | 0.57 |
|   | 地方区 | 1 | 0 | 0 | 0 | 2 | 316 | 363 | 12 | 602 | 92 | 0.87 | 0.13 |
|   | 計 | 1 | 0 | 0 | 0 | 2 | 335 | 374 | 12 | 615 | 109 | 0.85 | 0.15 |
| 15 | 比例代表 | 0 | 0 | 0 | 0 | 1 | 55 | 6 | 0 | 34 | 28 | 0.55 | 0.45 |
|   | 地方区 | 0 | 0 | 0 | 0 | 22 | 634 | 648 | 19 | 974 | 349 | 0.74 | 0.26 |
|   | 計 | 0 | 0 | 0 | 0 | 23 | 689 | 654 | 19 | 1008 | 377 | 0.73 | 0.27 |
| 16 | 比例代表 | 0 | 0 | 0 | 0 | 1 | 65 | 30 | 0 | 60 | 36 | 0.63 | 0.38 |
|   | 地方区 | 0 | 1 | 0 | 0 | 25 | 544 | 346 | 5 | 630 | 291 | 0.68 | 0.32 |
|   | 計 | 0 | 1 | 0 | 0 | 26 | 609 | 376 | 5 | 690 | 327 | 0.68 | 0.32 |
| 17 | 比例代表 | 0 | 0 | 0 | 0 | 0 | 13 | 0 | 0 | 3 | 10 | 0.23 | 0.77 |
|   | 地方区 | 0 | 0 | 0 | 0 | 3 | 310 | 152 | 3 | 258 | 210 | 0.55 | 0.45 |
|   | 計 | 0 | 0 | 0 | 0 | 3 | 323 | 152 | 3 | 261 | 220 | 0.54 | 0.46 |
| 18 | 比例代表 | | | | | 資料なし | | | | 資料なし | | | |
|   | 地方区 | | | | | 資料なし | | | | 資料なし | | | |
|   | 計 | 0 | 0 | 0 | 0 | 18 | 225 | 270 | 13 | 401 | 125 | 0.76 | 0.24 |

\*　人員内訳については第7回以降のみ

図6-3-1　総人数及び選挙区別人数

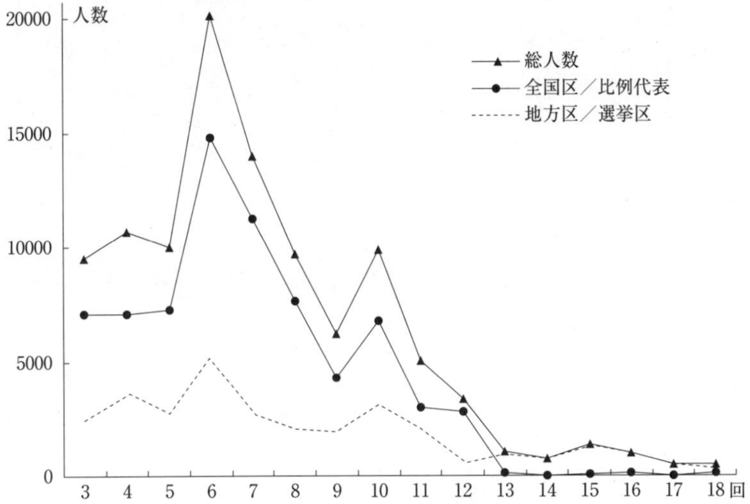

は初回から地方区の人数を下回っている．お金のかかる選挙，といわれた全国区制が多くの選挙違反をも引き起こしていたことを示している（図6-3-1）．

その他の特徴としては，第6回（1962年）が突出しており，その後減少傾向にあったが第10回選挙（1974年）で一度増加している．第6回の頃までには違反の組織化が進んでいたとされ[3]，第10回選挙に関しては，「保革逆転」を巡る激しい選挙戦と大規模な金権選挙が指摘されている[4]．全体的な減少傾向の理由として選挙民による監視の厳格化，公正な選挙に対する意識の向上，多党化現象による相互牽制作用といった民主主義の進展を思わせる現象が挙げられる一方，違反の悪質巧妙化や計画的・組織的隠蔽による潜在化も指摘されており[5]，実際の犯罪がそれほど減少したかどうかは疑問の余地がある．

## 2. 罪種別

各種違反項目のうち，買収並びに利害誘導，戸別訪問，文書図画に関する違反，の3つのみで検挙人数のほぼ9割を占める．ここではこれら3つに絞って全国区または比例代表，地方区または選挙区のそれぞれにおける増減を見る（図6-3-2, 6-3-3）．

図6-3-2 主な罪種別の人数（全国区／比例区）

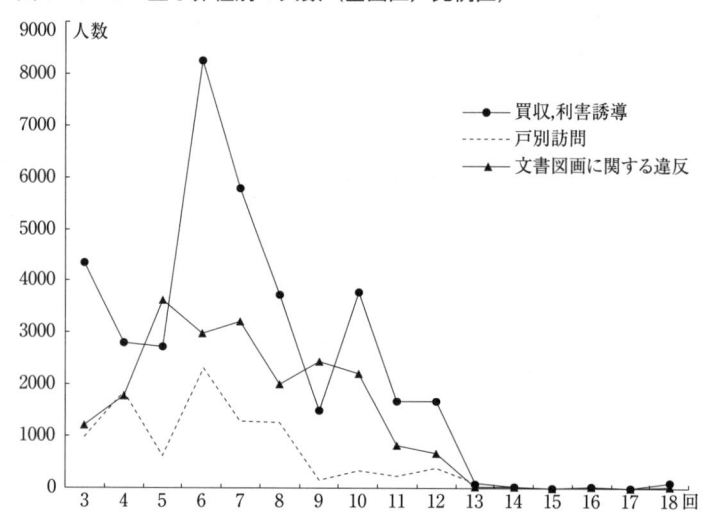

図6-3-3 主な罪種別の人数（地方区／選挙区）

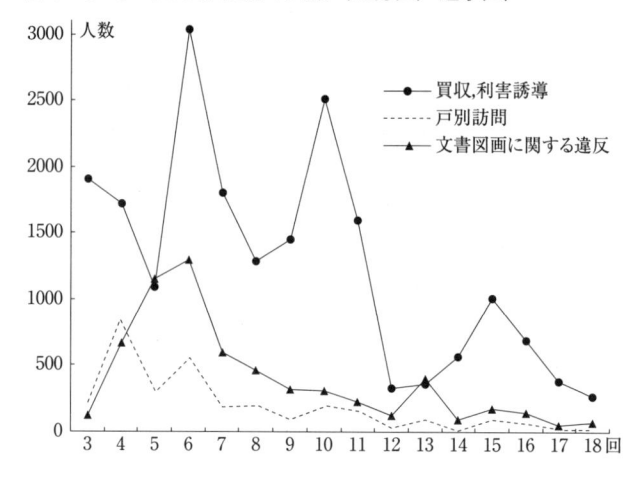

第6章 選挙違反　317

図6-3-4　男女比（全国区／比例区）

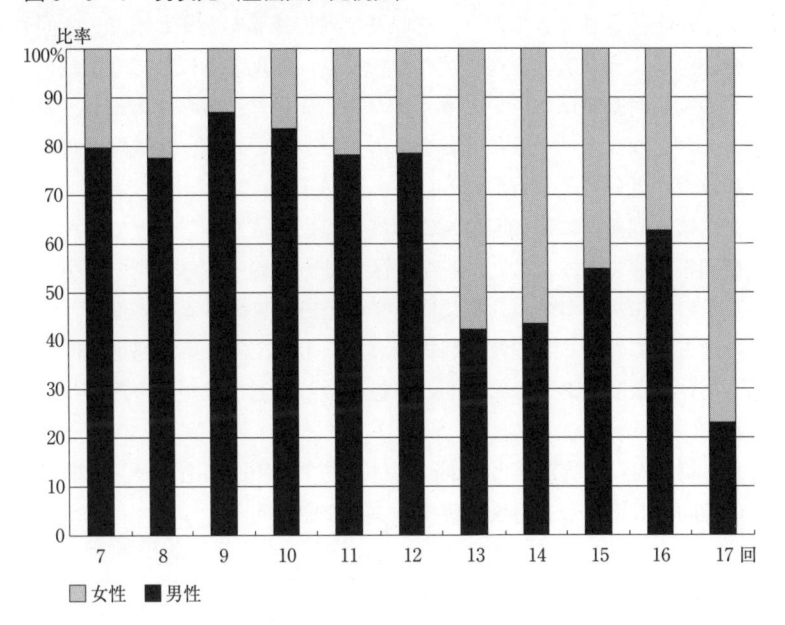

□女性　■男性

図6-3-5　男女比（地方区／選挙区）

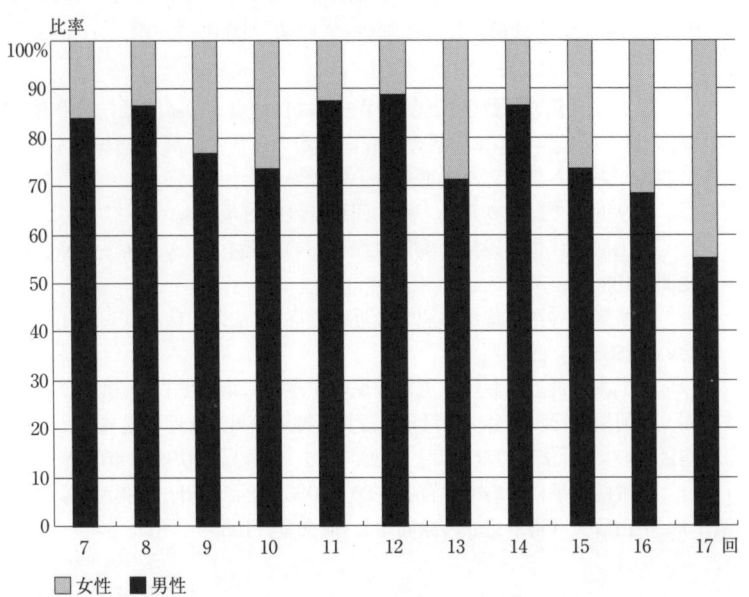

□女性　■男性

衆議院選挙に比べ，参議院選挙，特に全国区においては文書違反の割合が多いことが指摘されてきており，買収及び利害誘導を上まわっている回もある．全国区のような広大な選挙区においては，違反するにしても金銭による買収等の費用対効果は小さいと考えビラ等の文書に頼るのであろう．参議院選挙の方が買収など「一般に悪質なもの」が少ないため，衆議院選挙違反よりも起訴率が低い，とも言われる．

　一方，第6回並びに第10回選挙における違反人数を押し上げていたのが買収及び利害誘導であったことが，全国区・地方区のどちらを見ても明らかである．その他に目立つのは，第13回選挙の地方区における文書違反と第15回選挙の地方区における買収及び利害誘導であるが，特に第15回選挙は与野党逆転を招いた選挙であり，第10回と同様に激しい選挙戦がその背景として考えられる．

　また，買収及び利害誘導と戸別訪問は連動する傾向にあるが，文書違反にはその傾向はなく，むしろ反比例するような面もある．

## 3. 男女比

　検挙された人の男女比の割合を見ると，比例代表選挙において，母数が少ないという事情はあるものの女性の割合が目立っている．地方区においても女性の割合は漸次増え続け，50％に迫っている（図6-3-4，6-3-5）．

---

（1）　警察庁『犯罪統計書』，自治庁または自治省『参議院議員通常選挙結果調』．第1回については資料の存在が確かめられず，第2回の資料は正確さに問題があると思われたので取り上げなかった．

（2）　第9回までは3カ月後，第10回以降は90日後のもの．

（3）　阪上順夫「選挙違反の実態と浄化への課題」『ジュリスト』No.715，有斐閣，1980年，32頁．

（4）　大泉隆史「選挙違反事犯の最近の動向」『法律のひろば』36(4)，ぎょうせい，1983年，29頁．

（5）　井上満「最近における選挙違反のすう勢について」『法律のひろば』24(5)，帝国地方行政学会，1971年，27頁，柳川治男「最近の選挙違反事犯の動向について」『法律のひろば』32(10)，ぎょうせい，1979年，46頁等．

（6）　衆議院選挙においては買収が80－90％以上．柳川，前掲論文，38頁．

（7）　中山研一『選挙犯罪の諸問題』，成文堂，1985年，8頁．

（8） 戸別訪問の禁止は「不正行為が戸別訪問の機会を利用して行われる危険が非常に高い」との理由で導入されたとされる（束原議「選挙運動の自由化と戸別訪問」『選挙時報』19（8），1970年，19頁）が，この傾向が戸別訪問と買収等の関係を裏付けるものなのか，偽の相関（運動員数の増加の反映等）なのかは更なる検証を要すると考える．
（9） 第18回選挙に関しては，資料に男女別の記載が存在しなかった．

# 第Ⅱ部
## 論文

# 第1章　1989年(第15回)参議院議員通常選挙の分析

蒲島郁夫・江部卓城

## 第1節　はじめに

　土井たか子(社会党委員長)が選挙運動期間中,「巨大なエネルギーで山が動くような感じがする」と表現したように,1989年院選は,自民大敗・社会大勝の結果に終わった．この選挙は,選挙の争点が有権者の政治的信条や組織の締めつけを超えて,選挙結果を大きく左右したという意味で,戦後政治史の中で画期的な選挙であった．

　われわれは,本章において「山がなぜ動いたか」を実証的に分析する．まず,投票行動の重要な決定因であるとされる有権者の政党支持に焦点を合わせ,山を動かした「力」が,①どの程度有権者の政党支持自体を変化させたか,②政党支持自体を変化させなかったとしても,政党支持の拘束力をどの程度緩めたか,③政党支持なしの有権者をどう動かしたかについて分析する．われわれの仮説は,基本的な自民党支持に構造的な変化は生じなかったが,自民党支持の拘束力が弱まり,棄権や他党への浮気を許したこと,支持政党なしグループが自民党を大量に離れたことにより,自民党が歴史的な敗北を喫したというものである．さらにそれを踏まえて,89年参院選における争点と投票行動の因果関係について分析し,山を動かした「力」が,わが国の選挙史上例を見ない「争点」の影響であったことを明らかにする．本章の分析によって,1989年参院選の特質と日本人の投票行動の本質に迫ることができるであろう．

　分析のためのデータは,明るい選挙推進協会(明推協)が選挙後に実施した,全国世論調査のデータを用いた(1)．また,参議院選挙は選挙区選挙と比例区選挙に分かれているが,本章ではとくに断らない限り,候補者や地域特性

に影響を受けやすい選挙区選挙のデータよりも，過去の選挙との比較可能性が高い比例区のデータを使用した．最後に世論調査のサンプル数の都合上，統計的な有意性が保証できないため，社会党を除く野党をひとまとめとして分析したり，または分析から除外せざるを得ない場合もあることを，予めお断りしておきたい．

## 第2節　基本的要因としての政党支持

投票行動を説明する考え方として，「因果関係のジョウゴ型構造」モデルがある[2]．図1-1のように，円錐型のジョウゴが，尖った先を下に向けた状態に置かれているとする．有権者は，投票前には投票を規定するであろう様々な要素を持っている（ジョウゴ上部）．たとえば，政党支持意識，政策争点に対する意見，候補者のイメージ，後援会などの社会的ネットワークによる繋がりなどである．しかし，投票日が迫ってくるとともに，投票を規定する要素は次第に凝縮され，数も減ってくる（ジョウゴ下部）．結局，有権者は投票に際して要素を一つに絞り，その要素に基づき投票行動をとる（ジョウゴ出口）のである．

ジョウゴの出口に残った投票を規定する要素は，一般的に政党志向，政策志向，候補者志向の各態度変数のどれか1つである[3]．これまで投票行動を左右するこの3つの要因の影響の大きさを測ろうとした研究はいくつかあるが，実際には3要因が相互に深く関係しており，その上，選挙毎に変わるので正確な測定は大変難しい．しかし，この3つの要因のなかで政党支持意識の影

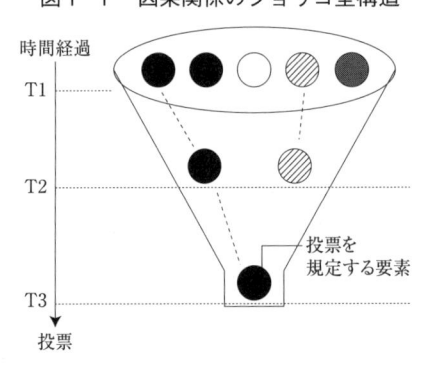

図1-1　因果関係のジョウゴ型構造

響が最も大きいといわれている.

投票行動における政党要因を最も重視してきたのはミシガン・モデルである（米国のミシガン大学の政治学者を中心に主張されたのでこのように呼ばれている）．そのモデルは，①アメリカの有権者の多くが民主党や共和党への政党帰属意識を持っていること，②政党帰属意識が投票政党を強く規定し，帰属意識が強ければ強いほどその政党に投票する傾向は高くなること，③政党帰属意識は選挙のたびに変化しない長期的なものであること，を基本にしている．一時的に短期的な争点に基づいた選挙が行われる事もあるが，次の選挙では政党帰属意識に基づいて投票される場合が多い．こうした考え方は，そもそも政党帰属意識が変化しないという前提のもとに，政党帰属意識を「長期的要因」と位置づけ，政策争点や候補者要因は，選挙のたびごとに変化する「短期的要因」であるとしているところからきている．

選挙結果は，長期的要因と短期的要因という観点から「維持選挙」，「逸脱選挙」，「再編選挙」の3つに分けられる．維持選挙は各党の帰属意識の割合に従った選挙結果を得る選挙であり，長期的要因の政党帰属が選挙結果に大きな影響を与える．逆に「逸脱選挙」は政党帰属意識の割合とは違った選挙結果が出る選挙のことで，短期的要因たる争点や候補者要因が選挙結果に大きな影響を与えることになる．「再編選挙」は政治経済，社会的な大変化により，政党帰属意識の分布そのものが変わってしまう選挙のことをいう．三宅一郎は，アメリカでの政党帰属意識を日本における政党支持意識に置き換えた上で，日本の政党支持の特性を次のようにまとめている[(4)]．

①日本の政党支持はその支持強度が弱く，相対的に不安定である．

②それにもかかわらず，他の政治的態度や投票行動に対する規定性は強い．

三宅は，政党支持は投票の71%を説明できるとし，日本の選挙でも，大多数の有権者が自己の政党支持に基づき投票政党を選択していることを実証している．日本においても政党支持は，ほとんどの有権者にとって投票政党を決定する際の重要な要因であるといえよう．

## 第3節　政党支持率の変化—政党再編選挙か逸脱選挙か

89年参院選で山を動かした「力」は，政党支持の分布を揺るがしてしまう程大きいものだったのか（再編選挙），それとも基本的な政党支持に変化はないが，投票政党のみに大きな変化が見られた逸脱選挙だったのか．

### (1) 政党支持率の変化

明推協は選挙終了後に毎回選挙に関する世論調査を行っている．この調査のなかに「あなたはふだん何党を支持していますか．」という政党支持を問う項目がある(5)．89年参院選では，各党の政党支持率はどう変化したのか，86年同日選と90年衆院選時の政党支持率と比較しながら，図1-2を見ていこう．

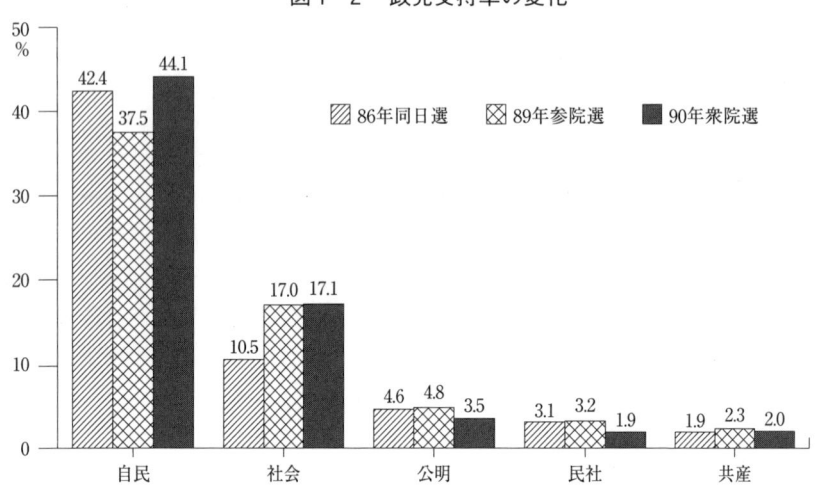

図1-2 政党支持率の変化

| | 86年同日選 | 89年参院選 | 90年衆院選 |
|---|---|---|---|
| 自民 | 42.4 | 37.5 | 44.1 |
| 社会 | 10.5 | 17.0 | 17.1 |
| 公明 | 4.6 | 4.8 | 3.5 |
| 民社 | 3.1 | 3.2 | 1.9 |
| 共産 | 1.9 | 2.3 | 2.0 |

①自民党は86年から89年にかけて約4.9ポイント支持を減らしたにもかかわらず，90年には約6.5ポイントも支持を伸ばし，44ポイントの支持率に回復した．

②社会党は86年から89年にかけて約7％支持を増やして17％の支持率に到達したが，90年にもその支持率を維持することができた．

上記の政党支持率の変化は，後述するように議席や得票率の変動率と比べると明らかに小さいが，それを比較する前に有権者の属性別に政党支持率の変化を見ておこう．

### (2) 有権者の属性と政党支持率の変化(6)

### 年齢と政党支持の変化

図1-3aは，20代，30代，40代，50代，60代以上の5つの年代ごとに自民党の支持率をみたものである．図より20代，30代の若い世代では比較的自民党支持の割合が低く，年齢を加えていくに従って，自民党支持者の割合が多くなっていくことがわかる．60代以上の支持率は20代の支持率の2倍強で，年代による支持率には，かなりの開きがあることがわかる．図では示していな

図1-3a　年代別支持率の変化
自民党

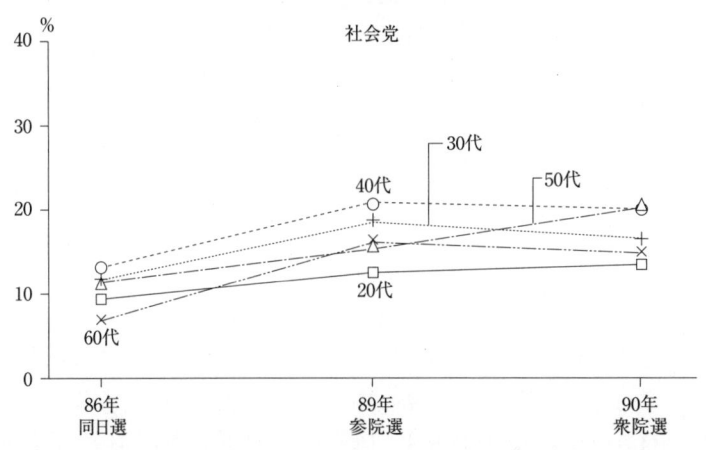

図1-3b　年代別支持率の変化
社会党

いが，支持なし者の割合は自民党の支持率とは逆に若い年代ほど多く，加齢するほど少なくなる傾向がある．

　政党支持率の変化に注目すると，ほとんどの年代でいずれも89年参院選時に支持を減らし，90年衆院選時には回復しているという傾向がみえる．60代以上は特にこの傾向が顕著で，86から89年にかけて実に9ポイントも支持を減らしたが，90年にはそれをほとんど回復した．興味深いことに50代の自民党支持にはほとんど変化がない．

　図1-3bは，図1-3aと同じように社会党の支持率について見たものである．社会党は30代，40代，50代に比較的支持者が多く，20代と60代以上は支持者が少ないといえる．しかし，自民党ほど世代による支持の偏りがない．

　86年から89年にかけての変化を見ると，各年代とも一斉に社会党支持者の割合は増加している．とくに60代以上の年代では社会党の支持が9ポイントも伸びている．89年から90年にかけては，50代だけが5ポイントと顕著に支持を伸ばしているが，他の年代はほぼ横ばいである．

**職業と政党支持の変化**

　次に有権者の職業により政党支持率が大きく変化しているかどうかをみてみよう．有権者の代表的な職業を5つ取り上げ，自民党の支持率をみたものが図1-4aである．自民党支持は，農林漁業従事者と自営の商工業従事者で多い．86年と89年を比較すると，自民党では農林漁業従事者の支持に大きな変化があった．86年には農林漁業従事者全体の約79％が自民党支持であったが，89年には約19ポイントも支持率を減らして60％となった．しかし，他の職種と比較してみると，農林漁業従事者の自民党支持の割合は依然高い．90年には約71％と回復したものの86年の水準までは至っていない．また，運輸・生産部門の勤労者も約11ポイント支持を減らした後，4ポイントしか支持率を回復していない．商工業従事者は，86年から89年にかけて約55％から48％と約6.4ポイント支持を減らしたが，89年から90年にかけて大幅に支持を回復し，むしろ86年の支持率を上回った．

　社会党の支持率の変化を示したものが図1-4bである．社会党の支持率はどの職種でも30％を上回るものはなく，ここであげたすべての職種において，社会党支持者の割合は自民党支持者の割合より低いということになる．社会党支持者の中では，農林漁業，商工業などの自営業者に比べてサラリー

図1-4a 職業別支持率の変化

自民党

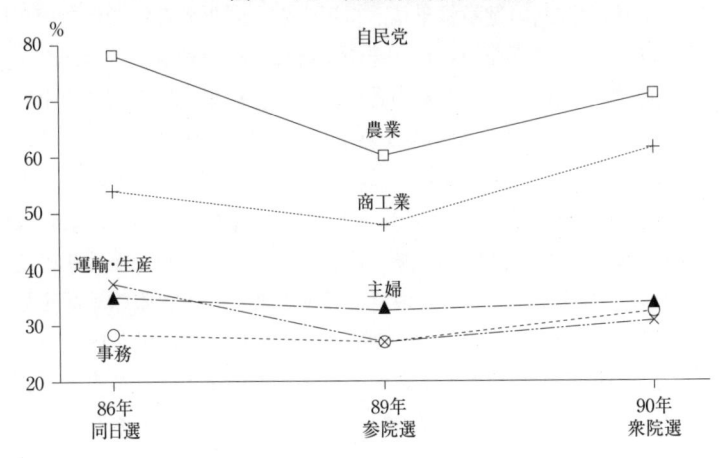

図1-4b 職業別支持率の変化

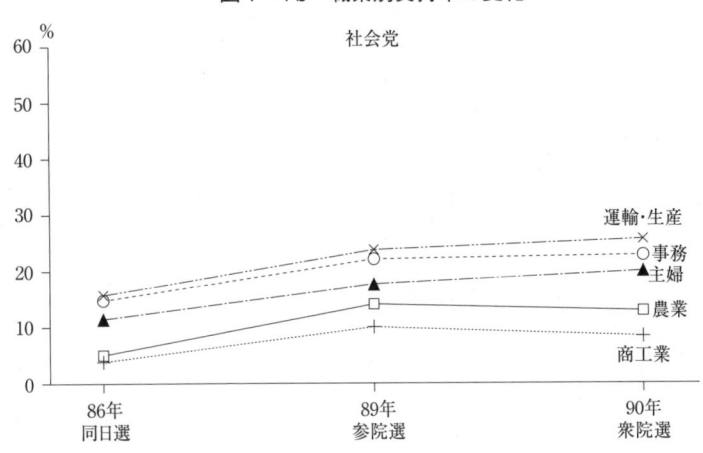

社会党

マンの支持者の割合が多いと言える．

　社会党は，89年には各職種で6ポイントから9ポイント程度支持層を増やしている．90年には農林漁業と商工業でそれぞれ2ポイント近く支持率を下げているが，その他の職種では横ばいか若干支持を伸ばしている．

## (3) 政党支持率と得票率の乖離

上で見てきた政党支持率の変化は各党の議席率や得票率と比べると明らかに小さい．89年参院選の選挙結果は，自民党が，86年の獲得議席72の丁度半分の36議席しか獲得できなかった．その反対に，社会党が20議席から一挙に倍以上の46議席を獲得し，社会党の獲得議席が自民党の獲得議席を上回るというものであった．自民党の86年から89年にかけての政党支持率の変化は－4.9ポイントとほんの少しの減少であるが，獲得議席は2分の1と大幅に減った．社会党は支持率が6.5ポイントしか増加していないのに議席は倍以上に増加している．獲得議席の変動の割合に比べると，政党支持率の変動の割合は少ないと言える．それでは政党支持率と各党の得票率の乖離を見よう．

　図1-5は，83年から89年までの参院比例区における自民・社会両党の相対得票率と支持率を示したものである．自民党の得票率は支持率と同程度かそれよりも低いのに対し，社会党の得票率は政党支持率よりも高い傾向があることがわかる．89年参院選では，こうした傾向がより鮮明となった．

　自民党の得票率は，全国平均で86年の約38.6％から，89年には11.3ポイント減少し27.3％となった．これに対して，社会党は86年の約17％から89年には35％の得票率となった．実に18ポイントも得票率を伸ばしている．すでに見たように86年から89年にかけての政党支持の変化は，自民党で－4.9ポイ

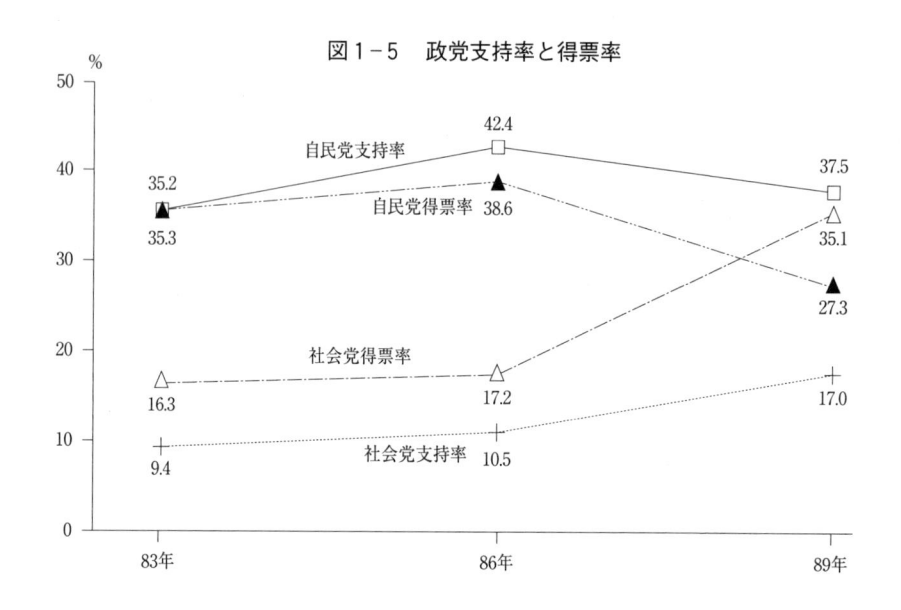

図1-5　政党支持率と得票率

ント，社会党でプラス6.5ポイントである．政党支持の変化は，得票率の変化に比べ極めて小さい．これによって89年参院選は政党支持率の変化が小さく，得票率や議席獲得率の変化が大きい「逸脱選挙」であったことがわかる．

ところで，政党支持の変化だけでは86年と89年の参院選の得票率の差（投票行動の変化）を完全には説明できないとしたら，他にどのような変化があったのであろうか．論理的に考えると，政党支持自体の変化を除くと，次の2つの変化により得票率の変化が生じたと考えることができる．

①政党支持は変えないが，支持政党以外の党に投票する浮気的な投票行動，または棄権
②政党支持なし層の投票行動の変化

次に，これらの2つの変化を分析しよう．われわれの予測は，山を動かした「力」は，政党支持自体を大きく揺るがすほどの構造的変動をもたらさなかったが，政党支持の投票行動拘束力を弱め（他党への浮気や棄権），そのことが選挙結果に大きな影響を与えたのではないかというものである．そこでまず，政党支持の拘束力を見てみよう．

## 第4節　政党支持の拘束力
### ——他党への浮気と棄権をどれほど許したか

政党支持は投票政党を選択する際の主要な決定因であることはすでに述べた．有権者の多くは各自の政党支持に従った投票行動をとっており，その意味で政党支持意識が投票行動を強く拘束しているといってよい．しかし，「逸脱選挙」であった89年参院選においては，政党支持の拘束力はどう変化したのだろうか．ここでは政党支持の強度が強い有権者と弱い有権者を区別して分析を進める．(7)

**政党支持の拘束力**

図1-6は，1977年以降の参院選と，90年衆院選における政党支持の方向と投票政党の方向の相関係数を自民党について算出したグラフである．自民党支持者が自民党に投票するという割合が多ければ多いほど，相関係数は1に近づく．相関係数が大きいということは，有権者が自己の持つ政党支持に従って投票行動をとったと考えられる．逆に，相関係数が低い場合は，自己の政党支持と投票政党が一致していない有権者の割合が多いということになる．図の一番上の点線は，自民党の政党支持が強い層の相関係数の変化を表わし，

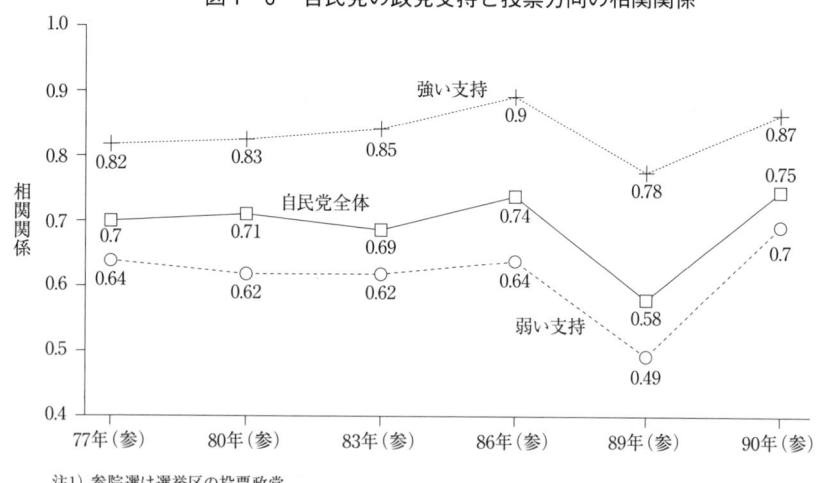

図1-6　自民党の政党支持と投票方向の相関関係

|年(選挙)|強い支持|自民党全体|弱い支持|
|---|---|---|---|
|77年(参)|0.82|0.7|0.64|
|80年(参)|0.83|0.71|0.62|
|83年(参)|0.85|0.69|0.62|
|86年(参)|0.9|0.74|0.64|
|89年(参)|0.78|0.58|0.49|
|90年(参)|0.87|0.75|0.7|

注1）参院選は選挙区の投票政党
注2）投票政党には棄権したものも含む

真ん中の実線は自民党支持者全体を，一番下の破線は自民党の政党支持が弱い層の相関係数の変化を表わしている．この図から政党支持が強い者ほど，その政党支持に従って投票する割合が多いことが確認できる．

また，86年以前はグラフに大きな変化はなく，相関係数は比較的安定していたことがわかる．86年以前の参院選では，政党支持が有権者の投票行動と大きく関わっていたことがここで実証された．しかし，全体の相関係数の変化を表す実線には89年に大きく落ち込むという特徴がある．図から，支持強度が強い支持者の相関係数がそれほど変化していないのに対して，弱い支持者の相関係数がかなり落ち込んでいることがわかる．弱い支持者が原因となって全体の相関係数を落ち込ませている．89年参院選では，自民党の支持者の中で各自の政党支持に反する投票行動をとった有権者が増え，結果として，政党支持と投票政党の相関係数が下がったことになる．

**歩留り率**

さらに詳しく政党支持を持つ人の投票行動を検証してみよう．表1-1は，86，89，90年の国政選挙において，政党支持を持つ人がどの程度，自己の支持政党に投票したか，いわゆる「歩留り」を調べたものである．

① 強い自民党支持者—86年についてみると，強い自民党支持者はその93%

## 第1章 1989年（第15回）参議院議員通常選挙の分析 333

**表1-1 支持強度と投票政党**

| (支持政党) | (支持強度) | | 棄権 | (投票政党) 自民 | % 社会 | 他野党 |
|---|---|---|---|---|---|---|
| 自民支持 | 強い | 86年 | 4.7 | 93.1 | 0.0 | 2.2 |
| | | 89年 | 7.5 | 82.2 | 6.3 | 4.0 |
| | | 90年 | 4.6 | 91.7 | 0.9 | 2.8 |
| | 弱い | 86年 | 12.0 | 77.3 | 2.7 | 8.0 |
| | | 89年 | 16.9 | 48.6 | 23.0 | 11.5 |
| | | 90年 | 7.9 | 77.9 | 5.5 | 8.8 |
| 社会支持 | 強い | 86年 | 4.7 | 0.0 | 91.8 | 3.5 |
| | | 89年 | 2.7 | 0.0 | 90.1 | 7.2 |
| | | 90年 | 0.9 | 0.9 | 95.6 | 2.6 |
| | 弱い | 86年 | 5.9 | 3.9 | 79.6 | 10.5 |
| | | 89年 | 11.2 | 1.1 | 78.0 | 9.7 |
| | | 90年 | 8.4 | 3.6 | 84.0 | 4.0 |
| 他野党支持 | 強い | 86年 | 4.6 | 0.8 | 0.8 | 93.8 |
| | | 89年 | 1.0 | 0.0 | 4.0 | 95.0 |
| | | 90年 | 3.3 | 5.4 | 6.5 | 84.8 |
| | 弱い | 86年 | 11.0 | 3.7 | 0.0 | 85.8 |
| | | 89年 | 12.1 | 4.7 | 16.8 | 66.4 |
| | | 90年 | 5.7 | 9.2 | 6.9 | 78.2 |

(注1) 86年と89年は参院比例区の投票政党
(注2) 90年は衆院の投票政党

が自民党に，2％がその他の野党に，そして5％が棄権している．しかし，89年参院選では強い自民党支持者の82％しか自民党に投票していない．6％が社会党に，4％がその他の野党に，そして8％が棄権している．90年には再び政党支持の拘束力が強まり，強い自民党支持者の92％が自民党へ，1％が社会党へ，3％がその他の野党に投票し，5％が棄権した．89年には1割程度，政党支持に規定されない投票行動が増えたものの，86年，89年，90年とも政党支持の強いグループでは政党支持が投票行動を強く規定していると言ってよい．

②弱い自民党支持者——これに対して，政党支持が弱いグループはどうであろうか．86，89，90年の選挙で，弱い自民党支持者の自民党への歩留りはそれぞれ77％，49％，78％と89年が異常に低い．89年参院選では自民党の弱い支持者の23％が社会党に，12％がその他の野党に浮気し，17％が棄権している．このことが図1-6で示した自民党の政党支持と投票方向の相関係数急落の理由といえよう．

③その他の野党——89年参院選では，社会党以外の弱い野党支持者でも17％が社会党への浮気的な投票行動をとっている．

89年参院選の特徴は，このように弱い自民党支持者や他野党支持者の相当数が各自の政党支持に反し，社会党に投票したことである．これは，とりもなおさず社会党以外の政党支持の投票行動に対する拘束力が弱まったことを意味している．しかし，わずか7カ月後に行われた衆院選では政党支持の拘束力が急速に復活した．

### 第5節　支持なしグループの投票行動

明推協の調査では，政党支持がない人の割合は，86年の36.6％から89年には34.3％へと2.3ポイントとわずかながら減り，90年には30.8％とさらに3.5ポイント減っている．有権者全体の約3分の1が政党支持を持たない．ここでは，政党支持を持たない支持なし者の投票政党を見ていこう．

図1-7　支持なし層と投票政党

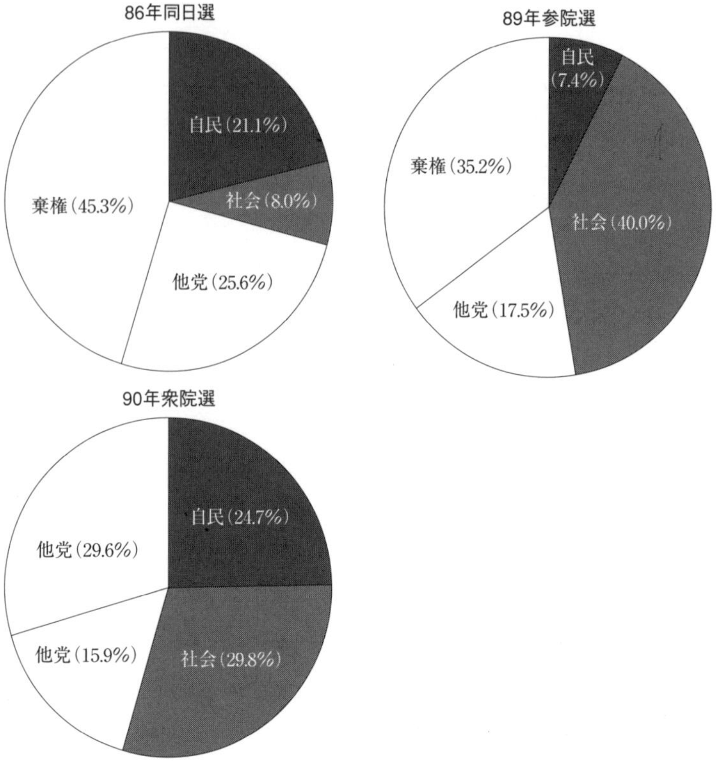

86年同日選
- 自民(21.1%)
- 社会(8.0%)
- 他党(25.6%)
- 棄権(45.3%)

89年参院選
- 自民(7.4%)
- 社会(40.0%)
- 他党(17.5%)
- 棄権(35.2%)

90年衆院選
- 自民(24.7%)
- 社会(29.8%)
- 他党(15.9%)
- 他党(29.6%)

図1-7の円グラフは，政党支持を持たない有権者が86年，89年，そして90年の選挙において，どの政党に投票したかを示している．86年同日選と89年参院選の投票政党を比べると，社会党に投票した人の割合が8％から40％へと32ポイントも増えていることがわかる．棄権した人を除き投票した人だけでみると，89年では約62％もの多くが社会党に投票している．

89年参院選と90年衆院選を比べてみよう．90年衆院選においても，社会党への投票が自民党への投票より多い．しかし，89年と比べると10ポイント得票率を減らしている．棄権した人を除くと，社会党の得票率は86年15％，90年42％となる．90年衆院選では，支持なし層での社会党の得票は依然高率を維持していると言ってよい．自民党の得票率は89年参院選で激減したが，90年衆院選では完全に回復した．棄権者を除いた数字で得票率をみると，86年38％，89年11％，90年35％となり，自民党の支持なし者における得票率は，完全に86年水準まで回復したことがわかる．

以上政党支持を持たない有権者の投票政党をみてみた．支持なし層の全体に占める割合は，約3分の1であった．よって，全体の得票率に与える支持なし層の得票率も約3分の1の影響力しか持たないことになる．86年から89年にかけて，支持なし層では，社会党の得票率が32％も伸びている．この得票率の変化が社会党全体の得票率に与えた影響は非常に大きかった．

## 第6節 投票行動の変化

これまで1989年参院選で山を動かした「力」が，基本的な政党支持の分布を根底から揺り動かす程大きかったかどうか，という観点から，①政党支持率の変化，②政党支持の拘束力，③支持なし層の投票行動を分析してきた．図1-8は，これら3つの分析結果を総合して，86年同日選，89年参院選，および90年衆院選についてまとめたものである．図では有権者を自民党支持者，社会党支持者，その他の党の支持者，および支持なし者の4区分に分けている．矢印の方向は，投票政党を表し，各党の円内の数字は，政党支持と投票政党が一致している支持者の割合（歩留り）を表示した．また，各党から出ている点線の円内の数字は棄権者の割合を表す．

89年参院選の場合をみてみよう．自民党の支持者のうち，社会党へ投票した17.9％と，他野党へ投票した9.2％の浮気的投票者がいた．この両者を合わせると，自民党支持者の約27％が政党支持の拘束を超え，浮気的投票行動を

図1-8　支持政党と投票政党

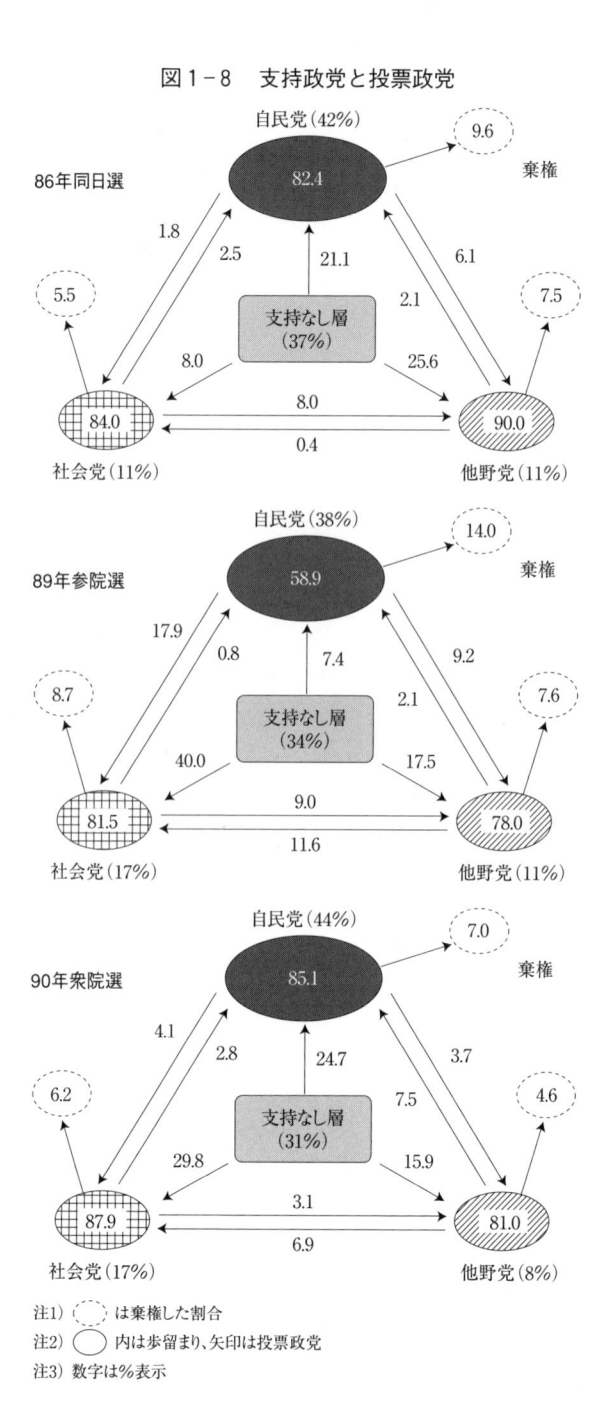

**86年同日選**

- 自民党(42%) : 82.4　棄権 9.6
- 社会党(11%) : 84.0　棄権 5.5
- 他野党(11%) : 90.0　棄権 7.5
- 支持なし層(37%)

矢印の数値:
- 支持なし層 → 自民党 21.1、→ 社会党 8.0、→ 他野党 25.6
- 社会党 → 自民党 1.8、自民党 → 社会党 2.5
- 他野党 → 自民党 6.1、自民党 → 他野党 2.1
- 社会党 → 他野党 8.0、他野党 → 社会党 0.4

**89年参院選**

- 自民党(38%) : 58.9　棄権 14.0
- 社会党(17%) : 81.5　棄権 8.7
- 他野党(11%) : 78.0　棄権 7.6
- 支持なし層(34%)

矢印の数値:
- 支持なし層 → 自民党 7.4、→ 社会党 40.0、→ 他野党 17.5
- 社会党 → 自民党 17.9、自民党 → 社会党 0.8
- 他野党 → 自民党 9.2、自民党 → 他野党 2.1
- 社会党 → 他野党 9.0、他野党 → 社会党 11.6

**90年衆院選**

- 自民党(44%) : 85.1　棄権 7.0
- 社会党(17%) : 87.9　棄権 6.2
- 他野党(8%) : 81.0　棄権 4.6
- 支持なし層(31%)

矢印の数値:
- 支持なし層 → 自民党 24.7、→ 社会党 29.8、→ 他野党 15.9
- 社会党 → 自民党 4.1、自民党 → 社会党 2.8
- 他野党 → 自民党 3.7、自民党 → 他野党 7.5
- 社会党 → 他野党 3.1、他野党 → 社会党 6.9

注1) ⬭ は棄権した割合
注2) ◯ 内は歩留まり、矢印は投票政党
注3) 数字は%表示

とったことになる.また,他の選挙の時より多い14%が棄権している.このため,自民党支持者で自民党に投票した歩留りは58.9%となった.この値は,86年同日選や90年衆院選と比べるとかなり低いことがわかる.

89年参院選の社会党はどうであろうか.社会党支持者が自己の政党支持に従って投票した割合は,86年同日選とほぼ同じ81.5%である.また,支持なし層の40.0%は社会党へ投票している.支持なし層が社会党の得票率増加に果たした役割は大きいといえよう.

ところで,各党の得票率の変化は,論理的に考えると,投票行動の3つの変化より生じるといえる.

①有権者が政党支持意識自体を変化させ,変化した政党支持に従った投票行動をとったこと.(政党支持の変化)

②政党支持者が政党支持意識に反した浮気的な投票行動をとったか,もしくは棄権したこと.(浮気的投票行動)

③政党支持なし層が前回の投票政党と違った投票行動をとったこと.(支持なし層の投票行動変化)

これら3つの投票行動の変化が得票率に与えた影響度を,図1-8の86年同日選と89年参院選の変化を基に計算したものが,表1-2である.[8]

86年から89年の選挙にかけての自民党の得票率の減少率のうち,①その50%が他党へ支持者が浮気したこと,②32%が前の選挙で自民党に入れた支持なし層が自民党を離反したこと,③19%が政党支持自体の変化によって説明できる.いいかえれば,89年参院選において,支持者の浮気的投票行動と支持なし層の離反が,自民党の得票率低下と獲得議席の激減の最も大きな要

表1-2 投票行動変化が得票率に与えた影響

|  | 自民党 (%) | 社会党 (%) |
| --- | --- | --- |
| 政党支持の変化 | −3.2 (−19%) | 4.2 (20%) |
| 浮気的投票　＋　他党から | −0.1 (−1%) | 7.3 (35%) |
| 　　　　　　−　他党へ | −8.2 (−49%) | −1.3 (−6%) |
| 支持なし層の投票変化 | −5.3 (−32%) | 10.6 (51%) |
| 合　計 | −16.8 (100%) | 20.8 (100%) |

(注1) ( )内は全体に占める割合を示す.
(注2) 選管発表の実際の得票率でみると,86年と89年の得票率変化は自民党−11.3%,社会党17.9%であった.
合計値は実際の得票率変化の値とは一致しない.選挙後の世論調査では勝ち馬に乗るというような有権者の態度が反映されるからである.

因であったのである．

　表より，社会党への投票という観点で得票率に与えた影響度をみてみると，支持なし層の投票変化の影響が社会党の得票率全体の変化の51％でいちばん大きく，次に浮気的投票行動が全体で29％，そして，3つの中でいちばん影響が小さかったものは，政党支持率の変化による影響ということになる．

## 第7節　争点と投票行動

　有権者の投票行動を左右する大きな要因は，一般的に，①政党支持，②候補者の人柄，③争点の3つである．これら3つの要因のうち，日本においては，争点が有権者の投票行動に与える影響はそれほど大きくないと言われてきた．それは，日本が世界でもユニークな中選挙区制度をとっていることと関係している．中選挙区制度においては，単独政権を目指す政党は国会で過半数の議席を得るために，同一選挙区において複数の候補者を擁立する必要がある．つまり，同じ政党の候補者間で競争が行われるので，それぞれの政党の政策に基づく議論は行なわれ難いのである．また，政策争点が有権者の中で自覚されていたとしても，同一政党で複数の候補者がいる場合，有権者は政策争点と特定の候補者を直接結びつけることはむずかしい．そのため，候補者の個人的アピール度（候補者の人柄）や政党と独立して組織される後援会の大きさとその動員力を競う傾向が強くなる．

　しかし，89年参院選では自民党が一斉に得票率を減らし，逆に社会党が一斉に得票率を伸ばしている．また，すでに見たように政党支持の拘束力を越えて，浮気的な投票行動をとった有権者が多数存在した．89年参院選におけるこうした投票行動の変化は何によってもたらされたか．われわれの仮説は，山を大きく動かした「力」は稀に見る争点の影響であったというものである．もしこの仮説が正しいならば，日本では起こり難いとされる政策争点が，選挙結果に大きな影響を及ぼしたことになる．それは，日本の選挙史上，画期的なことであり，それを実証することは重要な課題となる．

## 第8節　争点の3条件
　　　　　—争点が選挙結果に重要な影響を与える条件は何か

　D. バトラーとD. ストークスは，争点が選挙結果に重要な影響を及ぼすための3つの条件を次のように提示している[9]．

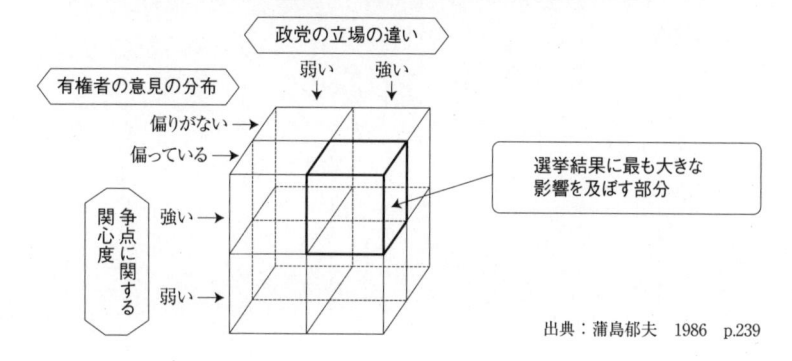

図1-9 選挙結果に大きな影響を及ぼす争点の性質

政党の立場の違い
弱い　強い

有権者の意見の分布
偏りがない→
偏っている→

争点に関する関心度
強い→
弱い→

選挙結果に最も大きな影響を及ぼす部分

出典：蒲島郁夫　1986　p.239

(1)ある争点について，多くの有権者が意見を持ち，関心を持っていること．
(2)争点に対する有権者の意見の分布が一方に偏っていること．
(3)有権者の意識の中で，その争点に対する政党の立場が明確であること．

いいかえれば，有権者の関心が強く，その意見が一方に偏っており，しかも，政党の立場が明確に提示されるような争点が選挙結果に重要な影響を与えるのである．図1-9はこの3条件を満たす争点の性質を示している．ただし，この場合，一方に偏っている有権者の意見と，ある政党の立場が一致していなければ，必ずしも特定の争点が投票行動と結びつかない．つまり，有権者の意見を代表してくれる政党がない場合がそうである．バトラーとストークスの第2条件と第3条件の間には暗黙のうちに，有権者の意見が一方に偏っていれば，その意見はある政党の立場と一致するという前提がある．その上で，政党によりその立場にはっきりとした違いが認知できれば，自分の政策意見と投票行動を一致させる条件が整うというのである．

バトラーとストークスの条件は，イギリスやアメリカなどの二大政党制を背景とした選挙を想定している．二大政党制では，スムーズな政権交代ができるよう野党も現実的な政策を立てる．しかし，日本では，55年の保守合同以来，自民党の一党優位体制が複数野党体制の中で堅持されており，政権交代が行われていない．野党（特に社会党）は，自民党の政策を批判することが慣例となり，積極的に代替政策を提案することはほとんどなかった．このため，日本の有権者は，与党と野党の政策を吟味することにより，政党と争点を結び付けるという思考パターンが定着しておらず，与党自民党の政策に

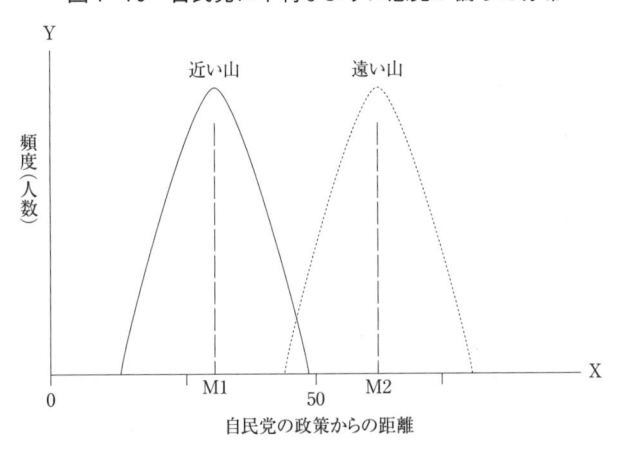

図1-10 自民党に不利なように意見が偏った分布

賛成か反対か，または自民党の政策に満足か不満を感じているかという基準で争点を評価することが慣習化している．日本の有権者の意識の中では，自民党の政策を評価する場合，否定側にはつねに代替案なき野党が意識されているという対立の軸ができあがっている．こう考えると，日本において，争点がどの程度選挙結果に影響を与えたかを評価する場合，有権者がどれくらい自民党の政策に賛成か，あるいは反対か知ることが重要である．いいかえれば，日本の選挙では，争点が政権交代をもたらすほど選挙結果に大きな影響をもたらすためには，①争点に関する有権者の関心度が高く，②争点に対する有権者の意見の分布が一方に偏っており，そして③偏った多数意見が反自民党的でなければならない．図1-10の右側の山が，②と③の条件を満たす有権者の意見である．

## 第9節 89年参院選の争点

それでは，89年参院選における争点を上の3条件に沿って考えて見よう．明るい選挙推進協会調査では「今度の選挙で，投票するに際して，どのような問題を考えにいれてきめましたか．この中にあればあげて下さい（複数回答）」と考慮に入れた争点を聞いている．時系列的に，1974年以来の考慮した争点を示したのが表1-3である．今回は予想されたように税金問題が断然トップで，そのあと常連の福祉や物価問題が続いている．政治倫理と農業問

表1-3 参院通常選挙での考慮した争点（複数回答，5位まで，％）

| | 第1位 | 第2位 | 第3位 | 第4位 | 第5位 | しなかった わからない |
|---|---|---|---|---|---|---|
| 第10回 (1974年) | 物　価 73% | 福　祉 34% | 教　育 20% | 公　害 19% | 農業対策 16% | 11% |
| 第11回 (1977年) | 物　価 49 | 福　祉 34 | 不況対策 30 | 教育・文化 24 | 政治の浄化 21 | 10 |
| 第12回 (1980年) | 物　価 61 | 福　祉 36 | 政治浄化 30 | 石油・エネルギー対策 28 | 不況対策 25 | 11 |
| 第13回 (1983年) | 物　価 42 | 福　祉 38 | 所得税減税 34 | 不況対策 28 | 政治浄化 18 | 14 |
| 第14回 (1986年) | 税　金 54 | 福　祉 46 | 物　価 42 | 円高・不況 30 | 教育・文化 21 | 10 |
| 第15回 (1989年) | 税　金 69 | 福　祉 44 | 物　価 43 | 政治倫理 19 | 行政改革 農業対策 18 | 7 |

表1-4 89年参院選の争点に対する有権者の認知

「あなたが投票する候補者や政党を決めるとき特にどのような政治問題を重視しますか．あれば次の中からいくつでもあげてください．」

| | | | |
|---|---|---|---|
| 物価・景気 | 43.6% | 消費税など税制改革 | 71.1% |
| 土地・住宅 | 21.0 | 地方振興 | 8.0 |
| 農　業 | 12.6 | 年金・医療・福祉 | 48.6 |
| 教　育 | 19.0 | 原発などのエネルギー | 12.5 |
| 外交・防衛 | 14.1 | リクルートなどの政治倫理 | 51.7 |
| 首相の政治姿勢・手法 | 16.6 | 特にない | 3.8 |
| | | 合　計 | 322.6 |

出典：読売新聞　1989年5月20日～21日調査

題が意外と低く19％と18％である．

　明るい選挙推進協会の調査では時系列的な観点から，より一般的な聞き方をしているので，消費税やリクルートといった固有名詞が選択肢に入っていない．よって，読売新聞が参院選前の5月末に実施した世論調査の結果を参考のため併載した（表1-4）．質問は「選挙の時重視する政治問題は何か」で，該当する項目にいくつでも回答できることになっている．有権者が一番関心の高い争点は，消費税などの税制改革で71.1％，次はリクルートなどの政治倫理問題で51.7％である．年金・医療・福祉や物価・景気といった問題はこの2つの争点について，40％台の数字を示している．農業問題は12.6％

と低い.これは農業という争点に対する関心がおおむね農業従事者や農業関係者だけに限定されたからである.消費税,リクルート,農業政策といういわゆる3点セットの中では,農業政策だけが有権者の一般的な関心度が低かった争点といえる.いずれにしても,今回の選挙では税金,とりわけ消費税問題が支配的な争点であったことが分かる.

先ほど検討したように,89年参院選において争点が選挙結果に影響を与えたとするならば,関心度だけでなく,争点に対する有権者の意見の分布が偏っており,しかも,その有権者の意見の偏りは,自民党の政策に反対の意見の山となっていなければならない.

まず消費税について見ると,消費税に「非常に不満がある」,「ある程度不満がある」と答えた人が90%と,有権者の圧倒的多数が消費税反対に偏っている.また,政党の立場もはっきりしていた.自民党は消費税の必要性を強調し,一歩も譲る気配はなかった.選挙間近になって宇野首相の政治決断で現行の消費税の見直しを公約したが,自民党は消費税存続の立場を最後まで維持した.これに対して,野党各党は一斉に消費税は反対であると主張し,廃止を訴えた.与党と野党で「消費税存続」対「消費税廃止」というように,完全に政党の立場が分かれており,有権者の圧倒的多数は自民党の政策に反対と,バトラーとストークスの3条件をきれいに満たしていた.

リクルート事件のような政治スキャンダルに賛成の人はいないと仮定すると,政治倫理争点に関しても有権者の意見の分布は,政治腐敗反対の方向に大きく偏っていると予想できる.88年10月のリクルート事件発覚以来,現職閣僚の相次ぐ辞任や竹下退陣を引き起こした政治倫理問題がマスコミを通じて有権者に与えた影響は大きい.ただし,政治倫理問題については,自民党の立場もリクルート事件を是認したわけではない.しかし,野党やマスコミの度重なる自民党議員への糾弾は,有権者に「金権政治の自民党は悪い」という意識を強く植え付けた.しかし,リクルート事件の場合,有権者が直接痛みを感じるような問題ではなかったということを考え合わせると,消費税ほど有権者の反自民党感情を高揚させるものではなかったろう.以上の議論から,消費税と政治倫理問題,とりわけ消費税の争点が,選挙結果に有意な影響を与えたのではないかと予想しうる.

## 第10節 投票行動の計量分析

それでは，明推協の世論調査のデータを使って，争点がどの程度89年参院選の投票行動に影響を与えたかを総合的な計量分析でとらえてみよう．争点の影響を正しく推計するためには，政党支持や組織動員の影響をコントロール（排除）しつつ，それぞれの争点の効果を測定しなければならない．その方法として，われわれは林数量化II類の判別分析を使用した．[11]

　基本的なモデルは目的変数が自民党と社会党への投票行動，それを説明する説明変数が，①政党支持（自民党と社会党支持，保革イデオロギー），②争点（税金，政治倫理），③組織動員（後援会加入，知人の薦め，労働組合加入，商工団体加入，農業団体加入）である．[12] 争点については，すでに述べたように争点を考慮したかどうかと共に，どの程度自民党の政策から距離があるかどうかが重要である．残念ながら明るい選挙推進協会の調査には後者を測る質問がないので，政治不満度で代替した．つまり，争点について以下の4つ，①争点不考慮，②争点を考慮しているが，政治に不満がない，③争点を考慮しているが，政治にはやや不満をもっている，④争点を考慮し，政治には不満をもっている，のカテゴリーに分類した．

　表1-5は86年同日選，表1-6は89年参院選，表1-7は90年衆院選の自民党投票者と社会党投票者について，数量化II類により判別分析を行った結果である．まず表の説明から始めよう．

(1) 判別得点 ── 自民党投票者と社会党投票者のそれぞれの得点の平均，分散，命中率，区分点を示す．たとえば，89年参院選において，判別区分点は0.41で，それ以上の得点の人は自民党へ，それ以下は社会党へ投票した可能性が高い．この区分で分類すると自民党投票者の約83％，社会党投票者の89％を正確に判別できる．

(2) アイテム ── 変数名

(3) カテゴリー ── 変数のカテゴリー

(4) カテゴリー数量 ── この絶対値が大きければ大きいほど，そのカテゴリーが判別得点に与える影響は大きくなる．つまり投票行動に関係する有力なカテゴリーであることになる．自民党投票者の判別得点の平均がプラスの値で，社会党のそれはマイナスの値を取っていることから，各アイテムにおいてカテゴリー数量が大きい方は自民党投票に効いており，小さい方は社会党投票に効いていると言える．

(5) レンジ ── レンジはカテゴリー数量の最大値と最小値の差である．

レンジの大きなアイテムは自民党投票もしくは社会党投票という投票行動に対して重要な要因であることになる．表1-6の89年参院選では，自民党の政党支持のレンジが1.482で一番大きく，次に争点（税金）で，0.703である．社会党の政党支持のレンジは0.391で争点（税金）のそれよりも低いことがわかる．これは，社会党の政党支持が投票行動に与え

表1-5　1986年同日選挙の数量化Ⅱ類分析

(判別得点)

| 外的基準 | n＝ | 平均 | 分散 | 的中率(%) | 区分点 |
|---|---|---|---|---|---|
| 自民党投票 | 921 | 0.463 | 0.305 | 93.9 | |
| 社会党投票 | 257 | −1.658 | 0.857 | 92.2 | −0.13 |

| アイテム | カテゴリー | 数量 | レンジ | 偏相関係数 |
|---|---|---|---|---|
| 自民党の政党支持 | なし | −0.349 | | |
| | 弱い支持 | 0.133 | 0.528 | 0.22 |
| | 強い支持 | 0.179 | | |
| 社会党の政党支持 | なし | 0.277 | | |
| | 弱い支持 | −1.286 | 1.563 | −0.50 |
| | 強い支持 | −1.360 | | |
| イデオロギー | 保守 | 0.157 | | |
| | 中間 | −0.124 | 0.645 | −0.42 |
| | 革新 | −0.488 | | |
| 争点 | 不考慮 | 0.046 | | |
| (税金) | 考慮1 | −0.003 | | |
| | 考慮2 | −0.059 | 0.244 | −0.07 |
| | 考慮3 | −0.198 | | |
| 争点 | 不考慮 | 0.006 | | |
| (政治倫理) | 考慮1 | −0.121 | | |
| | 考慮2 | −0.193 | 0.072 | −0.03** |
| | 考慮3 | 0.189 | | |
| 後援会入会 | NO | −0.007 | 0.031 | −0.02** |
| | YES | 0.024 | | |
| 知人からの薦め | NO | 0.086 | 0.095 | −0.03** |
| | YES | −0.009 | | |
| 労働組合 | NO | 0.011 | 0.213 | −0.08 |
| | YES | −0.202 | | |
| 商工団体 | NO | 0.022 | 0.023 | −0.02** |
| | YES | −0.001 | | |
| 農業団体 | NO | −0.014 | 0.016 | 0.02** |
| | YES | 0.002 | | |

(注1)　$\eta^2 = 0.77$
(注2)　考慮1とは「争点を考慮しているが，政治に不満がない」
　　　　考慮2とは「争点を考慮し政治にやや不満を持っている」
　　　　考慮3とは「争点を考慮し政治に不満を持っている」
(注3)　偏相関係数　* p>0.05　　** p>0.10
(注4)　投票政党は参院比例区の投票政党を使用

た影響よりも税金問題という争点が投票行動に与えた影響の方が大きかったことを表わす.

(6) 偏相関係数 ── 他の変数の大きさをコントロールした時の影響の大きさ．表の中で偏相関係数に＊印が付いている変数，たとえば，89年の選挙では政治倫理，知人の薦め，労働組合，商工団体，農業団体加入が

**表1-6　1989年参院選の数量化Ⅱ類分析**

(判別得点)

| 外的基準 | n = | 平均 | 分散 | 的中率(%) | 区分点 |
|---|---|---|---|---|---|
| 自民党投票 | 540 | 0.875 | 0.362 | 83.1 | |
| 社会党投票 | 719 | −0.657 | 0.472 | 89.0 | 0.41 |

| アイテム | カテゴリー | 数量 | レンジ | 偏相関係数 |
|---|---|---|---|---|
| 自民党の政党支持 | なし | −0.615 | | |
| | 弱い支持 | 0.461 | 1.482 | 0.50 |
| | 強い支持 | 0.867 | | |
| 社会党の政党支持 | なし | 0.094 | | |
| | 弱い支持 | −0.297 | 0.391 | −0.18 |
| | 強い支持 | −0.261 | | |
| イデオロギー | 保守 | 0.228 | | |
| | 中間 | −0.207 | 0.435 | −0.11 |
| | 革新 | −0.133 | | |
| 争点 | 不考慮 | 0.297 | | |
| (税金) | 考慮1 | 0.263 | | |
| | 考慮2 | −0.115 | 0.703 | −0.26 |
| | 考慮3 | −0.406 | | |
| 争点 | 不考慮 | 0.000 | | |
| (政治倫理) | 考慮1 | 0.175 | | |
| | 考慮2 | −0.058 | 0.233 | −0.03** |
| | 考慮3 | 0.003 | | |
| 後援会入会 | NO | −0.270 | | |
| | YES | 0.118 | 0.388 | 0.05 |
| 知人からの薦め | NO | 0.001 | | |
| | YES | −0.026 | 0.027 | −0.00** |
| 労働組合 | NO | 0.004 | | |
| | YES | −0.066 | 0.070 | −0.02** |
| 商工団体 | NO | −0.007 | | |
| | YES | 0.110 | 0.117 | 0.02** |
| 農業団体 | NO | −0.005 | | |
| | YES | 0.032 | 0.037 | 0.01** |

(注1)　$\eta^2 = 0.58$
(注2)　考慮1とは「争点を考慮しているが，政治に不満がない」
　　　　考慮2とは「争点を考慮し政治にやや不満を持っている」
　　　　考慮3とは「争点を考慮し政治に不満を持っている」
(注3)　偏相関係数　＊ $p > 0.05$　　＊＊ $p > 0.10$

投票行動に与えた影響は，5％と10％の水準で統計的に有意でないことを表わしている．

それでは，表1-6の89年参院選について見てみよう．表1-6におけるプラス（自民党への投票方向）のカテゴリー数量で値が大きいものをみてみると，一番大きいものは「自民党の強い支持」である．次が「自民党の弱い支

表1-7 1990年衆院選の数量化Ⅱ類分析

(判別得点)

| 外的基準 | n = | 平均 | 分散 | 的中率(%) | 区分点 |
|---|---|---|---|---|---|
| 自民党投票 | 964 | 0.613 | 0.233 | 91.3 | |
| 社会党投票 | 531 | −1.112 | 0.472 | 89.6 | −0.36 |

| アイテム | カテゴリー | 数量 | レンジ | 偏相関係数 |
|---|---|---|---|---|
| 自民党の政党支持 | なし | −0.606 | | |
| | 弱い支持 | 0.422 | 1.084 | 0.44 |
| | 強い支持 | 0.478 | | |
| 社会党の政党支持 | なし | 0.228 | | |
| | 弱い支持 | −0.723 | 0.951 | −0.46 |
| | 強い支持 | −0.789 | | |
| イデオロギー | 保守 | 0.111 | | |
| | 中間 | −0.035 | 0.303 | −0.11 |
| | 革新 | −0.192 | | |
| 争点 | 不考慮 | 0.073 | | |
| (税金) | 考慮1 | 0.043 | | |
| | 考慮2 | −0.074 | 0.325 | −0.12 |
| | 考慮3 | −0.252 | | |
| 争点 | 不考慮 | 0.029 | | |
| (政治倫理) | 考慮1 | 0.064 | | |
| | 考慮2 | −0.173 | 0.237 | −0.11 |
| | 考慮3 | −0.101 | | |
| 後援会入会 | NO | −0.015 | 0.075 | 0.04* |
| | YES | 0.060 | | |
| 知人からの薦め | NO | −0.050 | 0.177 | 0.04 |
| | YES | 0.127 | | |
| 労働組合 | NO | −0.006 | 0.124 | 0.03** |
| | YES | 0.118 | | |
| 商工団体 | NO | −0.014 | 0.175 | 0.08 |
| | YES | 0.161 | | |
| 農業団体 | NO | −0.025 | 0.179 | 0.07 |
| | YES | 0.154 | | |

(注1) $\eta^2 = 0.68$
(注2) 考慮1とは「争点を考慮しているが，政治に不満がない」
考慮2とは「争点を考慮し政治にやや不満を持っている」
考慮3とは「争点を考慮し政治に不満を持っている」
(注3) 偏相関係数 * p>0.05 ** p>0.10

持」,「争点（税金）を考慮していない」の順になっている．それぞれの数量の大きさを比較すると「自民党の強い支持」の数量が0.867で非常に大きいことがわかる．つまり，強い自民党の支持者は，他の要因の影響を受けたとしても，そのカテゴリー数量があまりにも大きいために，結果として自民党に投票した確率が高いということになる．

カテゴリー数量がマイナス（社会党への投票方向）のもので大きいものは，「自民党の政党支持を持たない」，次は税金の「考慮3」の順になっている．「自民党の政党支持を持たない」のカテゴリー数量が−0.615と大きなマイナスの値を示していることは，自民党の支持者でなかったならば，その多くは，社会党に投票したであろうことを示している．また，税金の「考慮3」のカテゴリー数量は−0.406で「社会党の強い支持」−0.261,「社会党の弱い支持」−0.297の数量よりも大きいことがわかる．これは「考慮3」の「税金問題を考慮し，政治に不満である」というカテゴリーの方が,「社会党に強い支持がある」や「社会党に弱い支持がある」より，社会党への投票行動に大きな影響を与えていたことを示している．税金問題という争点は，社会党の政党支持が投票行動に与えた以上に，社会党への投票に大きな影響を与えたのである．

税金問題という争点は投票行動に大きな影響を与えていたことが実証されたが，政治倫理問題という争点はどうであろう．争点（政治倫理）の偏相関係数は10%水準でも統計的に有意でない．89年参院選では政治倫理問題という争点は自民党投票もしくは社会党投票に大きな影響を与えたとは言いがたい．また，組織による動員効果も後援会加入以外は統計的に有意な影響を与えていない．

86年同日選（表1-5），89年参院選（表1-6），90年衆院選（表1-7）について，税金問題の偏相関係数を比較してみよう．税金問題の偏相関係数は，86年同日選では−0.07であったが，89年参院選では−0.26となり，90年衆院選では−0.12まで下がっている．このことから，89年参院選で税金問題が急激に投票行動への影響力を増したこと，わずか7カ月後に行われた90年衆院選において税金問題は，投票行動に対する影響が薄れたことが計量的に確認された．また，90年衆院選では組織動員の効果も増加した．

以上のことから，89年参院選は，まさに争点選挙であり，争点が社会党の政党支持の影響を越え，選挙結果に重要な影響を及ぼしたと言える．そして,

消費税という逆風にもかかわらず自民党を辛うじて支えたのは強い自民党支持者であった．しかし，90年衆院選では，その争点の影響が急激に希薄化し，政党支持や組織動員に基づく投票行動が復活したことが計量的に明らかとなった．

## 第11節　90年衆院選における争点希薄化

89年参院選において，消費税問題は有権者の投票行動に大きな影響を及ぼしたが，90年衆院選ではその影響が急激に希薄化したようである．それはなぜか．

図1-11　参院選挙から衆院選挙にかけての
消費税に関する意見の変化

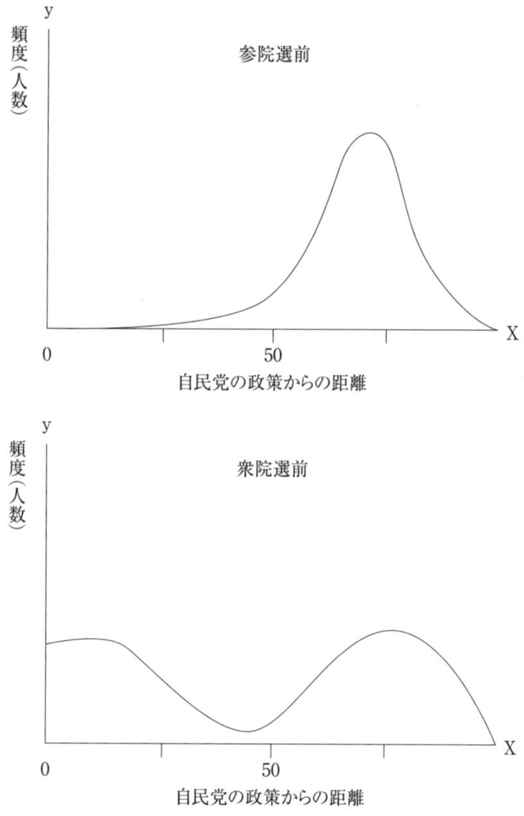

# 第1章 1989年（第15回）参議院議員通常選挙の分析

　89年参院選の場合，消費税に賛成する有権者は少数であった．厳密に言えば，有権者の意見の分布は「賛成の山」がほとんどなく，「反対の山」が大きいというほぼ1つ山に近い分布であった（図1-11の上図）．90年衆院選に備え，自民党は消費税の見直し案をまとめた．骨子は，①出産，入学金，教育用図書などの非課税品目の拡大，②食品の小売り段階非課税と生産，卸段階の特別低率適用，③年金所得者の所得減税実施，④総額表示方式（内税方式）の指導，⑤消費税の使途を国民福祉の経費に充当，などであった．この案は，抜本的な見直しというよりも，例外を設け消費税の適用などをより複雑にするものであった．

　この結果，消費税争点は，89年参院選の消費税存続－消費税廃止という対立から，90年衆院選では，自民党の出した消費税見直し案か野党の廃止案かという対立の構図に変わった．朝日新聞は90年1月20日の調査で消費税について「自民党の見直し案と野党の廃止案のどちらが良いと思いますか」という質問をしている．その結果は，自民党の見直し案45％，野党の廃止案40％であり，拮抗していることがわかる．消費税を含む税金問題に関する有権者の意見は図1-11の下図のような大きな2つ山の分布で，両者の山の大きさはほとんど変わらないということになる．2つ山の分布の場合，たとえその争点に対する有権者の関心度が高くとも，バトラーとストークスの第2の条件を満たさないため，選挙結果に及ぼす影響は減じられる．

　争点の影響が薄れた場合浮かびでてくるものは，従来の選挙で投票行動を拘束していた要因である．それは短期的には変化しない政党支持であり，また候補者と有権者の間を結ぶ社会的ネットワークによる動員である．またこれらの要因とは独立してバッファー（緩衝）・プレイヤーの投票行動も自民党に有利に働いた．バッファー・プレイヤーとは基本的には自民党政権を望んでいるが，政局は与野党伯仲状況がよいと考えて投票行動を行う有権者である．これは自民党体制が長く続き，野党の政権担当能力が不足している状況の中で生まれた日本独特の投票行動である．彼等は政治の混乱によって自分の生活が脅かされるのを好まないので，自民党が政権担当の危機に陥り野党が政権に手が届きそうになると自民党に投票するが，自民党があまりにも力を持ちすぎ傲慢だと感じると一時的に自民党を離反するのである．参院選でバッファー・プレイヤーの多くは，先の衆院選で300議席以上を獲得した自民党があまりにも力を持ちすぎ，消費税の強硬な採決やリクルート事件を引き

起こしたと感じ，自民党に罰を与えるために野党に投票したが，衆院選では逆に自民党体制の崩壊を恐れて自民党に回帰したのである．バッファー・プレイヤーの分析は今後の課題である．

---

(1) 明推協の1989年参院選後の世論調査は，有効標本数2,288であり，86年，90年の調査とも有効標本数はほとんど変わらない．89年参院選の分析については，明るい選挙推進協会『参議院議員通常選挙の実態』1990年2月（綿貫譲治，蒲島郁夫　執筆）を合わせ参照されたい．

(2) 詳しくは三宅一郎『投票行動』，東京大学出版会，1989年，37頁を参照．

(3) さらに詳しく考えると，次のようになる．

$$投票行動 = f(候補者, 政党, 争点, U)$$

$U$ は投票行動との乖離を埋める誤差項である．$U$ は次のように分解できる．

$$U = \sum e_i \ (i = 1, 2, \cdots, n)$$

$e$ は投票行動に対する影響が軽微な変数で，それがいくつか集まったものが投票行動との乖離を埋める誤差項 $U$ となる．

(4) 三宅，前掲書，81頁．

(5) 政党支持をどう定義するかは重要な問題である．明るい選挙推進協会の調査では，「あなたはふだん何党を支持していますか」という質問で長期的な政党支持を聞いている．なお，朝日新聞の調査では「好きな政党はどの党ですか」，読売新聞では「いま何党を支持していますか」という質問形式で有

表1-8　年齢・職業別政党支持率の変化

| 年齢 | 支持(%) | 86年同日選 | 89年参院選 | 90年衆院選 | 職業 | 支持(%) | 86年同日選 | 89年参院選 | 90年衆院選 |
|---|---|---|---|---|---|---|---|---|---|
| 20-29 | 自民党 | 27.6 | 22.3 | 28.4 | 農業 | 自民党 | 78.8 | 60.3 | 71.4 |
|  | 社会党 | 9.1 | 12.6 | 13.6 |  | 社会党 | 5.0 | 13.8 | 12.1 |
|  | 支持なし | 53.5 | 54.7 | 50.4 |  | 支持なし | 12.9 | 19.8 | 16.1 |
| 30-39 | 自民党 | 31.7 | 26.7 | 31.1 | 商工業 | 自民党 | 54.5 | 48.1 | 61.6 |
|  | 社会党 | 11.7 | 18.9 | 16.5 |  | 社会党 | 3.6 | 10.0 | 8.4 |
|  | 支持なし | 44.8 | 41.7 | 43.5 |  | 支持なし | 34.3 | 34.4 | 22.1 |
| 40-49 | 自民党 | 41.4 | 34.8 | 41.0 | 事務職 | 自民党 | 28.9 | 26.6 | 32.1 |
|  | 社会党 | 12.7 | 20.4 | 19.6 |  | 社会党 | 14.6 | 22.0 | 22.7 |
|  | 支持なし | 34.8 | 30.5 | 30.6 |  | 支持なし | 48.2 | 39.1 | 34.7 |
| 50-59 | 自民党 | 47.5 | 45.0 | 45.2 | 運輸生産 | 自民党 | 37.5 | 26.9 | 31.0 |
|  | 社会党 | 11.2 | 15.5 | 20.2 |  | 社会党 | 15.3 | 23.3 | 25.1 |
|  | 支持なし | 29.9 | 30.1 | 26.7 |  | 支持なし | 31.3 | 33.9 | 32.2 |
| 60- | 自民党 | 58.8 | 47.8 | 58.1 | 主婦 | 自民党 | 35.3 | 33.2 | 34.5 |
|  | 社会党 | 6.6 | 15.9 | 14.8 |  | 社会党 | 11.1 | 17.3 | 19.3 |
|  | 支持なし | 26.6 | 26.4 | 20.4 |  | 支持なし | 42.7 | 38.9 | 38.5 |

権者の政党支持を引き出している．この方法だと，長期的な政党支持というよりも，投票意図政党に近い．事実，これらの調査では政党支持率は，かなり上下する．
（6）　図1-3から図1-4の基になった数字は表1-8の通りである．
（7）　明推協の世論調査では，有権者の支持政党を問う項目とともに，支持の強弱を問う項目がある．表1-9は，各党の政党支持の強弱の割合を示したものである．自民党では，弱い自民党支持が強い自民党支持の2倍以上である．社会党は，89年には弱い政党支持者の割合がずいぶん多くなっている．ほとんどの党では，弱い支持者の割合が強い支持者の割合よりも多いが，公明党だけは，強い支持者の割合の方が多いことがわかる．
（8）　表1-2は表1-10のように計算した．

表1-9　政党支持の強度とその割合

| | % | 自民 | 社会 | 公明 | 民社 | 共産 |
|---|---|---|---|---|---|---|
| 86年 | 支持が強い | 32.0 | 35.5 | 74.3 | 37.0 | 37.0 |
| | 弱い | 68.0 | 64.5 | 25.7 | 63.0 | 63.0 |
| 89年 | 支持が強い | 30.0 | 29.1 | 57.3 | 17.6 | 38.5 |
| | 弱い | 70.0 | 70.9 | 42.7 | 82.4 | 61.5 |
| 90年 | 支持が強い | 32.7 | 29.3 | 62.0 | 27.9 | 58.7 |
| | 弱い | 67.3 | 70.7 | 38.0 | 72.1 | 41.3 |

表1-10　表1-2の計算補足

| | % | | 89年 | 86年 | 89年－86年 |
|---|---|---|---|---|---|
| 政党支持の変化 | | 自民党 | (37.5%－42.4%)×65% | | －3.2 |
| | | 社会党 | (17.0%－10.5%)×65% | | 4.2 |
| 浮気的投票行動 | 自民党 | 社会党から | 0.1 (0.8%×17%) | 0.3 (2.5%×11%) | －0.2 |
| | | 他野党から | 0.3 (2.8%×11%) | 0.2 (2.1%×11%) | 0.1 |
| | | プラス小計 | | | －0.1 |
| | | 社会党へ | 6.8 (17.9%×38%) | 0.8 (1.8%×42%) | 6.0 |
| | | 他野党へ | 3.5 (9.2%×38%) | 2.6 (6.1%×42%) | 0.9 |
| | | 棄権 | 5.3 (14.0%×38%) | 4.0 (9.6%×42%) | 1.3 |
| | | マイナス小計 | | | 8.2 |
| | 社会党 | 自民党から | 6.8 (17.9%×38%) | 0.8 (1.8%×42%) | 6.0 |
| | | 他野党から | 1.3 (11.6%×11%) | 0.0 (0.4%×11%) | 1.3 |
| | | プラス小計 | | | 7.3 |
| | | 自民党へ | 0.1 (0.8%×17%) | 0.3 (2.5%×11%) | －0.2 |
| | | 他野党へ | 1.5 (9.0%×17%) | 0.9 (8.0%×11%) | 0.6 |
| | | 棄権 | 1.5 (8.7%×17%) | 0.6 (5.5%×11%) | 0.9 |
| | | マイナス小計 | | | 1.3 |
| 支持なし層の投票変化 | | 自民党 | 2.5 (7.4%×34%) | 7.8 (21.1%×37%) | －5.3 |
| | | 社会党 | 13.6 (40.0%×34%) | 3.0 (8.0%×37%) | 10.6 |

（注1）　原則として表の数字は絶対得票率換算となっている．
（注2）　（　）内は計算方法で図1-8の数値を使用している．
（注3）　政党支持の変化では投票率65%を考慮した．

（9） D. Butler and D. Stokes, 1974, *Political Change in Britain*, St. Martins. 蒲島郁夫「争点，政党，投票」綿貫譲治・三宅一郎・猪口孝・蒲島郁夫『日本人の選挙行動』，東京大学出版会，1986年，239頁．

(10) 『朝日新聞』1989年7月14日．

(11) 数量化Ⅱ類の分析では，すべてのサンプルが各アイテムごとに必ず1つ対応するカテゴリーを持っている．その対応するカテゴリーの数量を各アイテムごとに足し合わしたものが，各サンプルの判別得点となる．求められた判別得点が，自民党投票者と社会党投票者で明らかな違いがあれば，ここであげたアイテムとカテゴリーにより，自民党への投票行動と社会党への投票行動（外的基準）をうまく説明できることになる．また，それにより各アイテムとカテゴリーの外的基準に与えた影響度が明らかとなる．

(12) ここでの分析においては，政党要因に関して，まず自民党の政党支持と社会党の政党支持の2つの要因をアイテムにあげた．また，保守－革新というイデオロギーの軸は政党の立場と直結しているため，本分析では政党要因の1つとして加えることとした．争点要因は，すでに検討した内容を踏まえ，税金問題と政治倫理問題だけのアイテムとした．また，争点に対する有権者の意見の分布でみたように，争点の党派性を考慮し，政治不信との関係でカテゴリーを次のように分けた．「投票する際，争点（税金または政治倫理）問題を考慮しなかった」，「争点問題を考慮したが，現在の政治に満足している」，「争点問題を考慮し，現在の政治にやや不満である」，「争点問題を考慮し，現在の政治に不満である」の4つのカテゴリーで争点要因を分析することとした．「争点問題を考慮したが，現在の政治に満足している」は，争点となった自民党の政策に対しては，賛成の評価を与えている場合を想定している．逆に「争点問題を考慮し，現在の政治にやや不満である」と「争点問題を考慮し，現在の政治に不満である」は，自民党の政策に反対の評価を与えた場合を想定している．「やや不満」と「不満」では有権者の意見にウエイトが付いていることになる．候補者要因については候補者の社会的ネットワークもその中に含めて考えることとした．それにより，後援会加入，知人からの薦め，労働組合加入，商工団体加入，農業団体加入の各アイテムを候補者要因とする．

（初出：「1989年参議院議員選挙の分析（3）・（4）」『選挙』44号3月号・4月号, 1999年）

# 第2章　1992年参院選の分析

綿貫譲治・蒲島郁夫

## 第1節　はじめに

　第16回参議院通常選挙が，1992年7月26日に執行された．この日は，小・中学校が夏休みに入って最初の日曜日であり，好天気でもあったので，夏の行楽地は，家族づれでにぎわった．92年の参院選ではPKO協力法案に対する賛否という争点があったものの，一般的な有権者の関心は薄く，選挙は最後まで盛り上がらなかった．投票率も50.72％と，89年の65.02％を大きく下回ったのみならず，最初の1947年の参議院通常選挙以来，史上最悪の投票率となった．

　明るい選挙推進協会は，1977年の第11回通常選挙以来，参院選についての全国世論調査を選挙直後に実施してきた．本章では，92年の通常選挙についての世論調査データを用い，あわせて過去の調査データも視野に入れながら，その実態を明らかにしたい．

## 第2節　政党別獲得議席数の変動

　図2-1は過去13回の参院選の政党別獲得議席数の変動を示している．自民党は1989年選挙まで保守合同直後の1956年，及び保革伯仲となった1971年，1974年，1977年の4回の選挙を除き，改選議席126（1968年までは125）の過半数を単独で制し，ほぼ70議席前後を獲得していた．しかし89年の参院選では，自民党は消費税導入などの影響によって大敗し，獲得議席数を一挙に36まで減らしてしまった．この数字は，社会党の獲得議席数を大きく下回るものであった．

　92年の選挙では自民党は獲得議席を69と大きく伸ばし，復調ぶりを見せた．

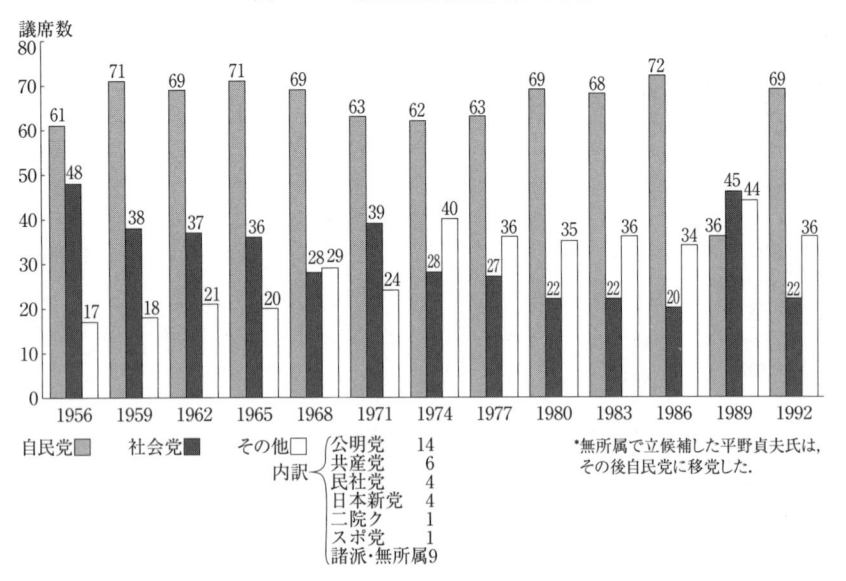

図2-1 政党別獲得議席数の変動

議席数のグラフ（1956年〜1992年）

| 年 | 自民党 | 社会党 | その他 |
|---|---|---|---|
| 1956 | 61 | 48 | 17 |
| 1959 | 71 | 38 | 18 |
| 1962 | 69 | 37 | 21 |
| 1965 | 71 | 36 | 20 |
| 1968 | 69 | 28 | 29 |
| 1971 | 63 | 39 | 24 |
| 1974 | 62 | 28 | 40 |
| 1977 | 63 | 27 | 36 |
| 1980 | 69 | 22 | 35 |
| 1983 | 68 | 22 | 36 |
| 1986 | 72 | 20 | 34 |
| 1989 | 36 | 45 | 44 |
| 1992 | 69 | 22 | 36 |

その他内訳：公明党 14／共産党 6／民社党 4／日本新党 4／二院ク 1／スポ党 1／諸派・無所属 9

*無所属で立候補した平野貞夫氏は，その後自民党に移党した．

この数字は自民党の改選議席数72には及ばないものの，1980年や83年の成績とほぼ同じである．一方，1989年参院選で46議席を獲得した社会党だが，92年は当選者を一挙に半分以下の22議席に減らした．公明党は改選議席を4つ上回る14議席を獲得した．共産党は6議席，民社党は4議席にとどまった．細川護熙が結成した日本新党は，比例区のみに候補者を擁立し，4議席獲得した．

## 第3節 投票と棄権

### (1)参院選の投票率の推移

すでに述べたように，92年の通常選挙の投票率は，参院選としては最低の投票率であった．図2-2は，過去16回の参院選の投票率（地方区・選挙区）の推移を見たものである．最近の3つの選挙では，第14回（86年）は衆参同日選挙のため投票率が高く，また第15回（89年）は，リクルート疑惑，消費税問題，農政批判の「三点セット」による有権者の政治批判が投票参加と結びついて投票率を押上げたといわれる．92年は，国連平和維持活動

図2-2 参院選（地方区・選挙区）投票率の推移

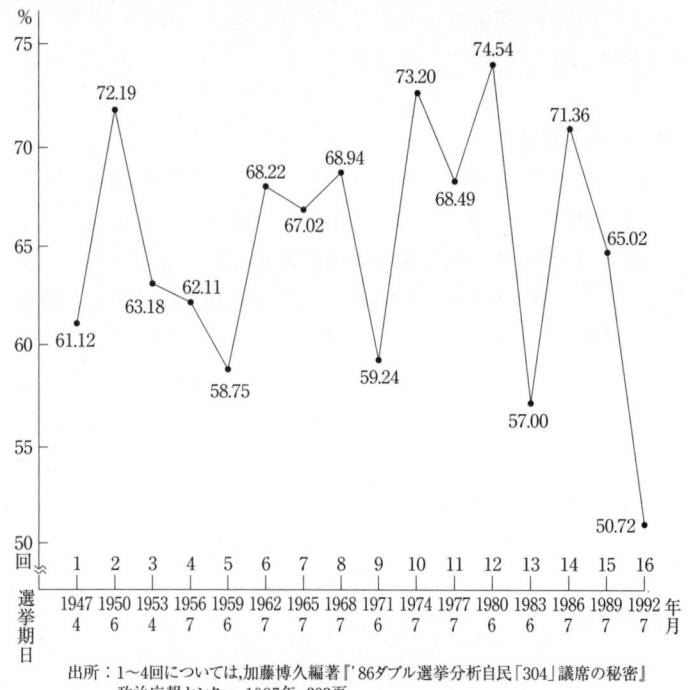

| 回 | 選挙期日 | 投票率(%) |
|---|---|---|
| 1 | 1947.4 | 61.12 |
| 2 | 1950.6 | 72.19 |
| 3 | 1953.4 | 63.18 |
| 4 | 1956.7 | 62.11 |
| 5 | 1959.6 | 58.75 |
| 6 | 1962.7 | 68.22 |
| 7 | 1965.7 | 67.02 |
| 8 | 1968.7 | 68.94 |
| 9 | 1971.6 | 59.24 |
| 10 | 1974.7 | 73.20 |
| 11 | 1977.7 | 68.49 |
| 12 | 1980.6 | 74.54 |
| 13 | 1983.6 | 57.00 |
| 14 | 1986.7 | 71.36 |
| 15 | 1989.7 | 65.02 |
| 16 | 1992.7 | 50.72 |

出所：1～4回については，加藤博久編著『'86ダブル選挙分析自民「304」議席の秘密』政治広報センター，1987年，303頁．

（PKO）協力法案が6月に国会で可決され，また，東京佐川急便疑惑が急展開したのは秋になってからという，ちょうど谷間の政治的平穏期での選挙ということもあり，また，新聞テレビ等の選挙結果の予測があまりにも一致した数字を示していたことによる有権者の興ざめという要因も働いたとも思われる．

世論調査での被調査者の回答にもとづく投票率は，選管統計の投票率よりも常に10ポイント以上高い．92年調査での調査者の自己回答による投票率は，72.3％であったから，実際の投票率よりも21.6ポイント高い．その理由は，①27.2％に達する調査不能者の中に多くの棄権者が含まれており，したがって，調査完了者の中に含まれている投票者の割合が有権者全体の中の投票者の割合（すなわち選管調べの投票率）よりも高いことと，②さらに，調査完了者の中に，実際には投票しなかったのに，「投票した」と虚偽の回答をする者がいるためであるといわれている．諸研究によれば，①の方が②よりも大

きい要因であるとされている。いずれにしても、このような実際の投票率と調査上の投票率に若干の差があることに留意しつつ、92年の通常選挙での投票－棄権行動について分析してみよう。

### (2) 投票率と社会的属性

　年齢によって投票率が顕著に異なることはよく知られている。また、年齢別の正確な投票率は、自治省による抽出調査で明らかになるが、ここでは、世論調査データによって、年齢別投票率の差異を見よう。

　図2-3は、第13回、第14回、第15回、そして第16回について、明るい選挙推進協会世論調査データを年齢グループ別に示したものである。全体として、第14回は第15回と、そして第16回は第13回と似た形を取っている。投票率の高かった第14回、第15回では、50歳代が最高、40歳代と60歳以上がそれに続くという形をとっている。すなわち、この2つの選挙では、どの年齢グループでも投票率は高まったが、とくに、「実年」の50歳代での投票率が上昇したといえる。それに対して、投票率の低かった第13回と第16回では、いずれも60歳代以上で投票率が50歳代のそれとほぼ並んで高く、また、20歳代前半での投票率が目立って低い。とくに第16回での20歳代前半の投票率は34％と記録的低さである。

　男女別では、選管調べの投票率でみると、選挙区で男性50.57％、女性50.86％で、女性が0.29ポイント男性を上回っている。女性の投票率が男性のそれを上回ったのは、1968年7月の第8回通常選挙のときに始まり、92年まで引き続いている。しかし、第15回通常選挙では、女性の投票率は男性のそれを1.27％上廻っていたから、第16回（92年）ではその差は約1ポイント縮小したこととなる。

　世論調査データによる投票率では、92年調査で男性75.8％、女性69.3％と、逆に女性の方が低い数字を示している。その主な原因は、女性の調査完了率の方が男性のそれよりも高く、棄権者が調査完了者に含まれている比率が女性の場合に男性よりも高いためと考えられる。調査結果を見る場合、このことを念頭において見ることが必要である。たとえば、図2-4を見る場合、男性の投票率は、5〜6ポイント程度割引きして見た方がよい。つまり、30歳代と50歳代での投票率の男女差は、実際にはないと考えた方がよい。

　60歳以上では女性の投票率が男性のそれよりも顕著に低くなるというのは、

図2-3 年齢グループ別投票率

図2-4 性・年齢別投票率（92年）

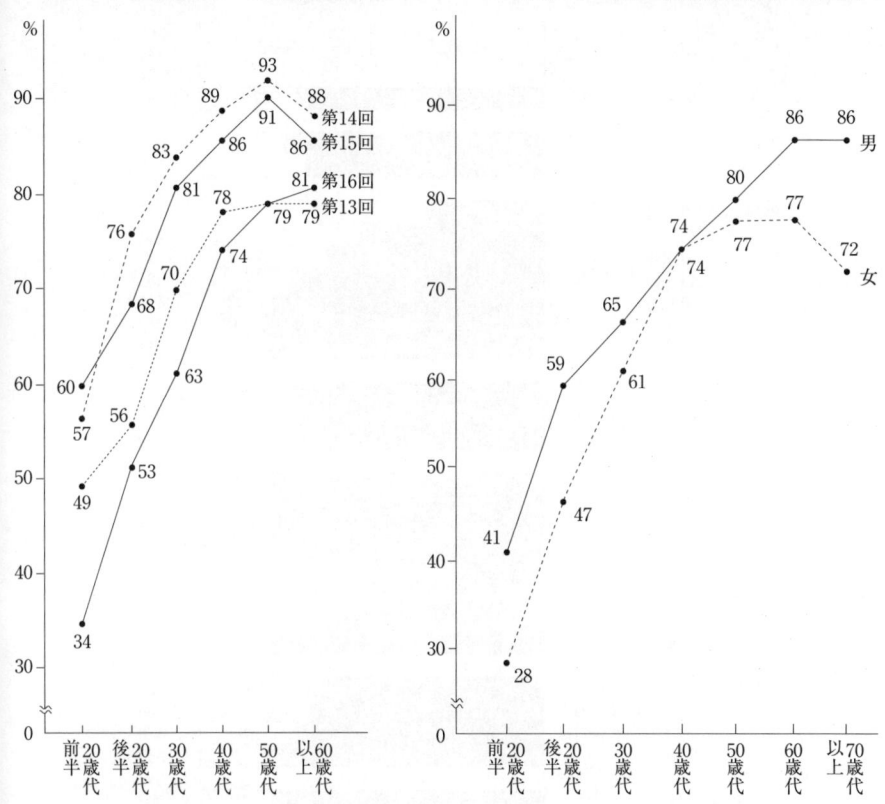

これまでも一貫して見られてきたことであるが，第16回もそうである（第15回参院選調査でも，60歳代で男女差10ポイント，70歳以上で男女差14ポイントであった）．

　学歴と投票・棄権の関係を見ると，ほとんど差がない．職業別では，管理，農林・漁業従事者，無職，商工・自由業で高く，販売・サービスの被傭者で低い．地域別では，都市で低く町村で高い．これらは，日本での調査ではいつも見られるパターンである（図2-5）．ただし，とくに投票率の高かった第15回参院選での調査結果と引き合わせて見ると，学歴別では大卒者の投票率の下降が平均（11ポイントの減）を大きく上回って17ポイントの減，運輸・生産工程の被傭者（いわゆるブルーカラー労働者）で15ポイントの減など

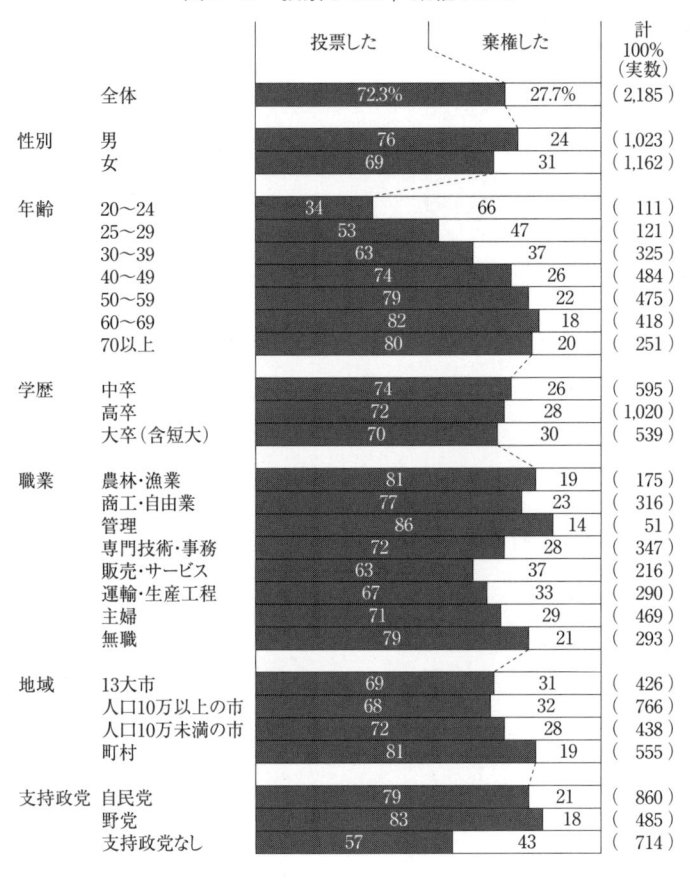

図2-5 投票したか,棄権したか

| | | 投票した | 棄権した | 計 100%（実数） |
|---|---|---|---|---|
| | 全体 | 72.3% | 27.7% | (2,185) |
| 性別 | 男 | 76 | 24 | (1,023) |
| | 女 | 69 | 31 | (1,162) |
| 年齢 | 20〜24 | 34 | 66 | (111) |
| | 25〜29 | 53 | 47 | (121) |
| | 30〜39 | 63 | 37 | (325) |
| | 40〜49 | 74 | 26 | (484) |
| | 50〜59 | 79 | 22 | (475) |
| | 60〜69 | 82 | 18 | (418) |
| | 70以上 | 80 | 20 | (251) |
| 学歴 | 中卒 | 74 | 26 | (595) |
| | 高卒 | 72 | 28 | (1,020) |
| | 大卒（含短大） | 70 | 30 | (539) |
| 職業 | 農林・漁業 | 81 | 19 | (175) |
| | 商工・自由業 | 77 | 23 | (316) |
| | 管理 | 86 | 14 | (51) |
| | 専門技術・事務 | 72 | 28 | (347) |
| | 販売・サービス | 63 | 37 | (216) |
| | 運輸・生産工程 | 67 | 33 | (290) |
| | 主婦 | 71 | 29 | (469) |
| | 無職 | 79 | 21 | (293) |
| 地域 | 13大市 | 69 | 31 | (426) |
| | 人口10万以上の市 | 68 | 32 | (766) |
| | 人口10万未満の市 | 72 | 28 | (438) |
| | 町村 | 81 | 19 | (555) |
| 支持政党 | 自民党 | 79 | 21 | (860) |
| | 野党 | 83 | 18 | (485) |
| | 支持政党なし | 57 | 43 | (714) |

が認められる．すなわち，89年と92年の投票率の差は，社会的属性でみると，あらゆるグループでの投票率の下降によるところが大きいが，その中で，とくに投票率の下降がみられたのは，大卒者，ブルーカラー労働者などであった．

なお，社会的属性ではないが，政党支持態度との関連を，図2-5の最下端で示した．野党支持－自民党支持－支持政党なしの順で投票率が下がるのはいつも見られるパターンであるが，89年第15回参院選調査結果と比較すると，「支持政党なし」の投票率の下降が，73％（15回）から57％（16回）へと，16ポイントの減を示している．「支持政党なし」の人々の投票率の下降が，92年

(16回) 参院選の投票率を低める1つの要因であったことが示されている.

## (3) 棄権と投票理由

調査回答者で「棄権した」と回答した者に対して, 棄権の理由をたずねている. 約半数位の人は「用があった」という理由を挙げている. その点は, 第16回 (92年) 調査のデータでも同じである (図2-6a). その他の理由では, 「選挙にあまり関心がなかったから」が15回と比べて大幅に, 14回と比べても顕著に増え, また, 「適当な候補者も政党もなかったから」が, 14回より多く, 15回と同じ高さを保っている.「適当な候補者も政党もなかった」というのが15回並みということは, 従来からの候補者支持や政党支持の動揺は16回も続いていると解釈できよう.

他方, 調査で「投票した」と回答した者に対しては, 投票に行った理由(「投票に行かれたのはどういう気持ちからですか」という質問) をたずねている. この回答分布も, 16回は, 15回よりも14回に似ている (図2-6b). つまり, 15回の参院選の熱気は消滅して, 普通のパターンに戻っている.「投票

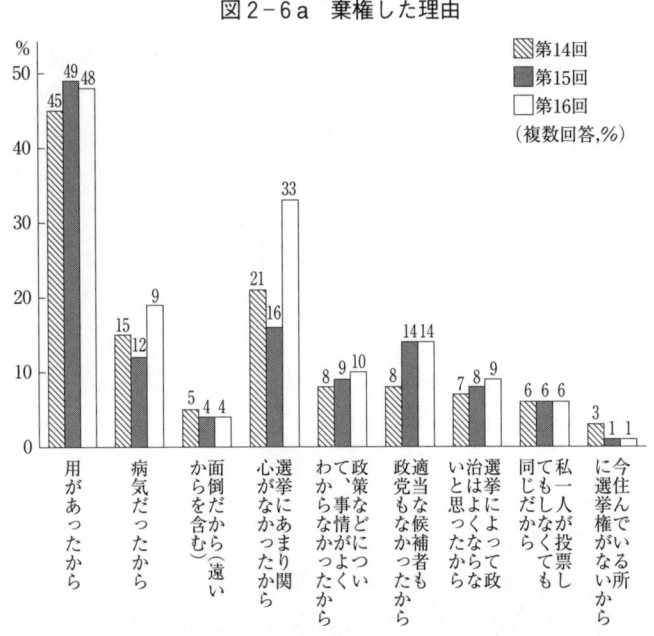

図2-6a 棄権した理由

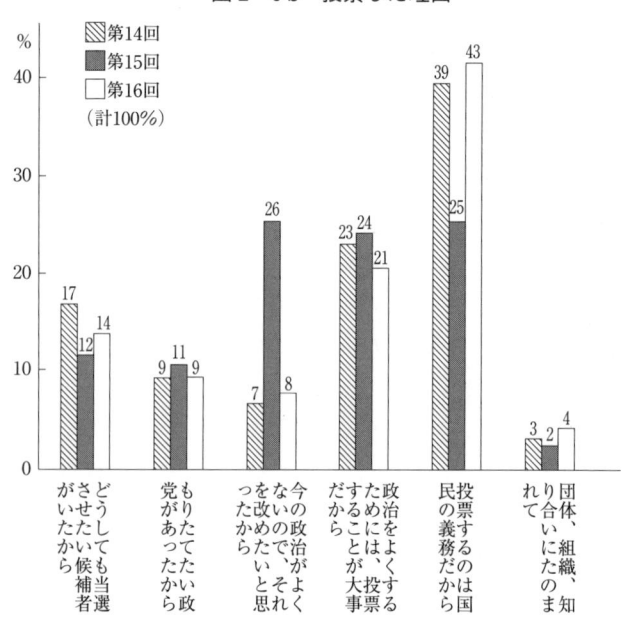

図2-6b 投票した理由

凡例: 第14回 / 第15回 / 第16回 （計100%）

| 理由 | 第14回 | 第15回 | 第16回 |
|---|---|---|---|
| どうせ当選するたいした候補者がいたから | 17 | 12 | 14 |
| もともと支持政党があったから | 9 | 11 | 9 |
| 今の政治がよくないので，それを改めたいと思ったから | 7 | 26 | 8 |
| 政治をよくするためには，投票することが大事だから | 23 | 24 | 21 |
| 投票するのは国民の義務だから | 39 | 25 | 43 |
| 団体，組織，知り合いにたのまれて | 3 | 2 | 4 |

するのは国民の義務だから」が15回比で18ポイントも増え（14回との比較ではほぼ同じ高さ），「今の政治がよくないので，それを改めたいと思ったから」が，15回比で18ポイント減って14回と同じ水準となり，政治改革を望んでの能動的投票者が顕著に減少した．

## 第4節　政治への関心と投票行動の諸特徴

### (1) 選挙への関心

第14回参院選調査以来，選挙に対する関心，選挙運動に対する関心，党派別議席変動に関する関心の3問が質問票で用いられているが，その回答分布を見たのが図2-7であり，どの質問への回答を見ても，第16回（92年）選挙への関心は最低である．

社会的属性別に選挙への関心を見ると（図2-8），まず男性と女性とでは，男性の選挙への関心が高い．しかし，89年選挙に比べて，「非常に関心あり」の減少が，男性で54％から20％へと6割減であるのに対し，女性では36％か

第2章 1992年参院選の分析　361

図2-7　選挙・選挙運動・選挙結果への関心

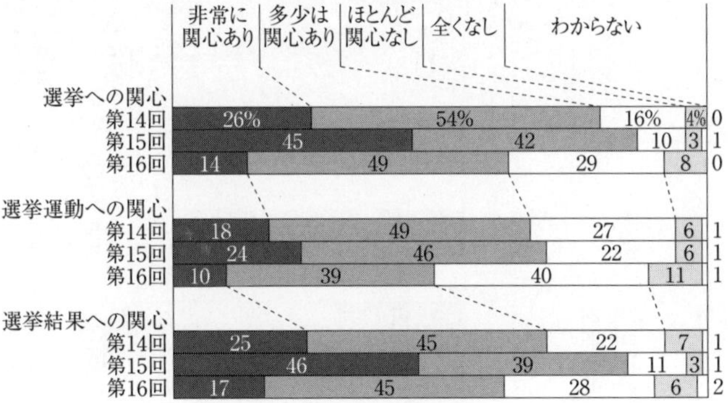

| | 非常に関心あり | 多少は関心あり | ほとんど関心なし | 全くなし | わからない |
|---|---|---|---|---|---|

選挙への関心
- 第14回　26%　54　16　4　0
- 第15回　45　42　10　3　1
- 第16回　14　49　29　8　0

選挙運動への関心
- 第14回　18　49　27　6　1
- 第15回　24　46　22　6　1
- 第16回　10　39　40　11　1

選挙結果への関心
- 第14回　25　45　22　7　1
- 第15回　46　39　11　3　1
- 第16回　17　45　28　6　2

ら10％へと7割減であり，女性での関心の低落度が大きいといえる．

　年齢別では，やはり，全体のパターンは15回調査と同じである．20歳代で関心が低く，30歳，40歳，50歳代と関心が上昇している．60歳代では，男女で顕著な差が生じ，男性の60歳代では，「非常に関心あり」が31％であるのに対し，女性のそれでは11％である．15回参院選調査結果と比較すると，20歳代での選挙への関心の低下が著しい．「非常に関心あり」が，20歳代前半で15回の24％から16回はわずかに2％へ，20歳代後半で15回31％から16回6％へと激減している．20歳代の中での男女別では，20歳代前半の男性では，「非常に関心あり」が16回は実にゼロ！となっている（20歳代前半の女性では，「非常に関心あり」が3％）．逆に，「まったく関心なし」では，20歳代前半の男性で26％，女性で18％である．上述したように，全般的には男性の選挙関心の方が女性の選挙関心より高いのであるが，92年選挙では，20歳代前半では逆に，女性の方が男性よりも，選挙関心がまだしも高いという結果が示されている．この点，今後もそのような形をとるのかどうか，注目する必要がある．

　学歴別でも15回にくらべて変化が見られ，15回では「中卒」「高卒」「大卒」ときれいに順を追って選挙への関心が高くなっていたが，16回はその差がまったくなくなってしまった．つまり，高学歴者の選挙関心の低下が著しい．

　職業別では，「専門技術・事務」「販売・サービス」「運輸・生産工程」—つまり，被傭者での選挙への関心の低さ（とくに「専門技術・事務」では，「非常に関心あり」が89年54％から92年14％と実に40ポイントの減）が目立つ．

図2-8 選挙への関心

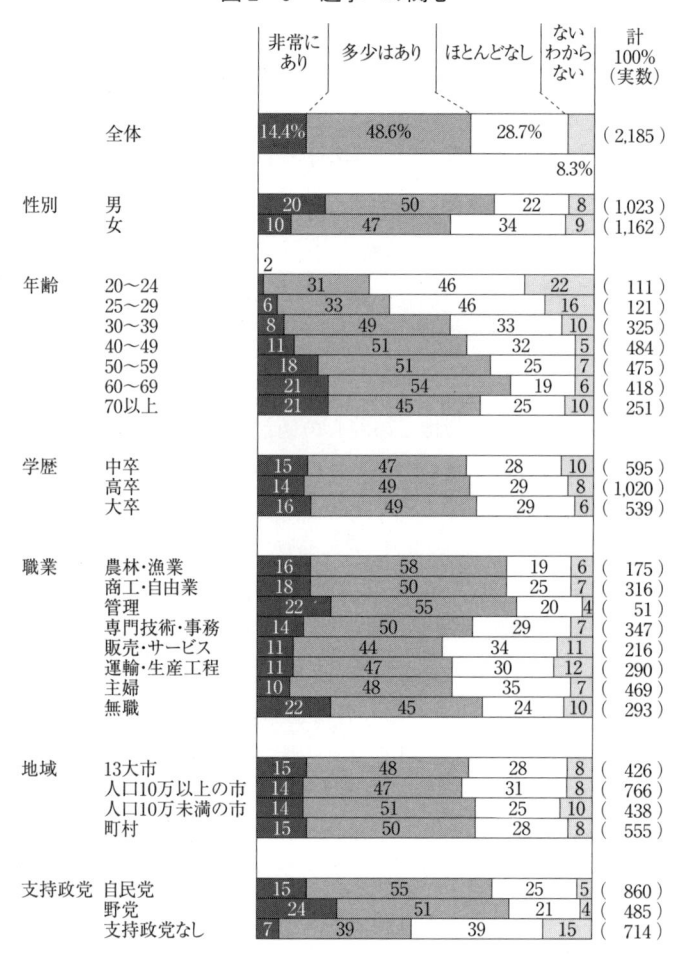

| | | 非常にあり | 多少はあり | ほとんどなし | ないわからない | 計100%(実数) |
|---|---|---|---|---|---|---|
| | 全体 | 14.4% | 48.6% | 28.7% | 8.3% | (2,185) |
| 性別 | 男 | 20 | 50 | 22 | 8 | (1,023) |
| | 女 | 10 | 47 | 34 | 9 | (1,162) |
| 年齢 | 20〜24 | 2 | 31 | 46 | 22 | (111) |
| | 25〜29 | 6 | 33 | 46 | 16 | (121) |
| | 30〜39 | 8 | 49 | 33 | 10 | (325) |
| | 40〜49 | 11 | 51 | 32 | 5 | (484) |
| | 50〜59 | 18 | 51 | 25 | 7 | (475) |
| | 60〜69 | 21 | 54 | 19 | 6 | (418) |
| | 70以上 | 21 | 45 | 25 | 10 | (251) |
| 学歴 | 中卒 | 15 | 47 | 28 | 10 | (595) |
| | 高卒 | 14 | 49 | 29 | 8 | (1,020) |
| | 大卒 | 16 | 49 | 29 | 6 | (539) |
| 職業 | 農林・漁業 | 16 | 58 | 19 | 6 | (175) |
| | 商工・自由業 | 18 | 50 | 25 | 7 | (316) |
| | 管理 | 22 | 55 | 20 | 4 | (51) |
| | 専門技術・事務 | 14 | 50 | 29 | 7 | (347) |
| | 販売・サービス | 11 | 44 | 34 | 11 | (216) |
| | 運輸・生産工程 | 11 | 47 | 30 | 12 | (290) |
| | 主婦 | 10 | 48 | 35 | 7 | (469) |
| | 無職 | 22 | 45 | 24 | 10 | (293) |
| 地域 | 13大市 | 15 | 48 | 28 | 8 | (426) |
| | 人口10万以上の市 | 14 | 47 | 31 | 8 | (766) |
| | 人口10万未満の市 | 14 | 51 | 25 | 10 | (438) |
| | 町村 | 15 | 50 | 28 | 8 | (555) |
| 支持政党 | 自民党 | 15 | 55 | 25 | 5 | (860) |
| | 野党 | 24 | 51 | 21 | 4 | (485) |
| | 支持政党なし | 7 | 39 | 39 | 15 | (714) |

　また，政党支持別を見ると，「非常に関心あり」では，野党支持者，自民党支持者，支持政党なし，の順は15回と同じである．しかし，支持政党なしの無党派グループの選挙関心の低下は著しい．すなわち，無党派グループで，89年調査では，「非常に関心あり」は34％であったのに対し，92年はわずかに7％，5分の1に減少している．また，野党支持者を各党支持者別にみると，とくに社会党支持者で選挙への関心が低下したことが認められる．社会党支持者の間では，「非常に関心あり」が第15回55％から第16回24％に減少した．

表2-1　法定選挙媒体への接触度とそれらの有用度（選挙区選挙）

| 運動形態 | | 16回 | | 対15回増減 | |
|---|---|---|---|---|---|
| | | 見聞きした | 役に立った | 接触 | 有用 |
| 個 人 演 説 会 | | 13% | 5% | 0ポイント | −2ポイント |
| 街 頭 演 説 | | 15 | 3 | −3 | −2 |
| 政 党 の 演 説 会 | | 8 | 2 | −3 | −2 |
| 連 呼 | | 25 | 0 | −2 | −1 |
| 候補者 | 新 聞 広 告 | 34 | 6 | −2 | −2 |
| | 政見放送・経歴放送（テレビ） | 50 | 22 | −11 | −8 |
| | 政見放送・経歴放送（ラジオ） | 7 | 2 | −3 | 0 |
| | 選 挙 公 報 | 36 | 11 | −3 | 0 |
| | ビ ラ | 32 | 3 | −2 | 0 |
| | 葉 書 | 11 | 1 | −2 | 0 |
| | ポ ス タ ー | 35 | 3 | −4 | 0 |
| 政党 | 新 聞 広 告 | 19 | 3 | −3 | 0 |
| | ビラ・ポスター・文書 | 35 | 3 | −6 | −1 |
| | 機 関 紙 | 11 | 3 | −1 | 0 |
| 電 話 に よ る 勧 誘 | | 14 | 1 | −3 | 0 |
| 合 計 | | 345 | 68 | −48 | −18 |

（注1）　この他の選挙媒体は省略
（注2）　複数回答

## (2)選挙メディアとの接触

　有権者が投票しようとする際に，候補者や政党についての情報を必要とする．明るい選挙推進協会調査では，選挙について有権者に情報を提供する諸媒体をできるだけ網羅して提示し，有権者がそれらとどの程度接触したか，また，それらによって提供された情報を有用と感じたかを調査する方式をとってきた．

　まず，諸媒体の中で，公職選挙法で規定されている方法によるもの（ただし，電話による勧誘は法定はされていないが許されてはいるのでこの中に含めた）について見よう．

　これらの諸媒体のうちで，選挙区選挙でもっとも多く有権者が接触したものは（表2-1），テレビ政見・経歴放送（50%）であり，以下，選挙公報（36%），候補者のポスター（35%），……と続く．これに対して，有用度の方では，テレビ政見・経歴放送が22%と他をひき離して第1位である．この面で，第16回（92年）選挙の特徴はどうであったか．第15回（89年）の調査の同一質問と比較して，諸媒体への接触度，その有用度それぞれの%の増減を見たのが，表2-1の右側の欄の数字である．接触度では，第15回（89年）と

表2-2　法定選挙媒体への接触度とそれらの有用度（比例代表選挙）

| 運動形態 | 16回 | | 対15回増減 | |
|---|---|---|---|---|
| | 見聞きした | 役に立った | 接触 | 有用 |
| 政党の演説会 | 9% | 5% | −1% | −1% |
| 政党の新聞広告 | 24 | 5 | −3 | −2 |
| 政党の政見放送（テレビ） | 49 | 22 | −13 | −11 |
| 政党の政見放送（ラジオ） | 7 | 2 | −2 | 0 |
| 選挙公報 | 32 | 11 | −3 | −2 |
| 政党のビラ・ポスター | 35 | 5 | −3 | +1 |
| 政党の機関紙 | 10 | 4 | −2 | 0 |
| 電話による勧誘 | 8 | 0 | 0 | −1 |
| 合計 | 174 | 54 | −27 | −16 |

（注1）この他の選挙媒体は省略
（注2）複数回答

表2-3　役に立った選挙媒体上位5位

| | | 第1位 | 第2位 | 第3位 | 第4位 | 第5位 |
|---|---|---|---|---|---|---|
| 選挙区選挙 | 第13回 | テレビ政見放送 23% | 選挙公報 13% | テレビの選挙報道 12% | 新聞の選挙報道 10% | 家族との話し合い 9% |
| | 第14回 | テレビ政見放送 22 | 選挙公報 16 | テレビの選挙報道 11 | 家族との話し合い 10 | 新聞の選挙報道 8 |
| | 第15回 | テレビ政見放送 30 | テレビの選挙報道 20 | 新聞の選挙報道 14 | 選挙公報 11 | 候補者の新聞広告 8 |
| | 第16回 | テレビ政見放送 22 | 選挙公報 11 | テレビの選挙報道 10 | 新聞の選挙報道 7 | 候補者の新聞広告 6 |
| 比例代表選挙 | 第13回 | 政党のテレビ政見放送 26 | テレビの選挙報道 15 | 選挙公報 12 | 新聞の選挙報道 12 | 家族との話し合い 10 |
| | 第14回 | 政党のテレビ政見放送 18 | 選挙公報 13 | テレビの選挙報道 12 | 家族との話し合い 8 | 新聞の選挙報道 8 |
| | 第15回 | 政党のテレビ政見放送 33 | テレビの選挙報道 21 | 新聞の選挙報道 13 / 選挙公報 13 | | 政党の新聞広告 7 |
| | 第16回 | 政党のテレビ政見放送 22 | テレビの選挙報道 12 | 選挙公報 11 | 新聞の選挙報道 8 | 家族との話し合い 5 / 政党の新聞広告 5 / 政党のビラ・ポスター 5 |

比較すると，すべての媒体への接触は低下している（合計で48ポイントのマイナス）．有用度でも，有用度が増加した媒体は1つもない．

　比例代表選挙でも（表2-2），法定選挙媒体の中で，テレビによる政党の政見放送が，接触（49%），有用（22%）の双方で断然トップであるが，第15回（89年）に比べると接触度，有用度とも大幅に落ち込んでいる．接触度で政党のビラ・ポスターが第2位というのは，比例代表選挙が導入された第13

回から始まり，第14回，第15回そして第16回と続いており，有用度でも第16回は，政党の演説会，新聞広告と並んで5％という数字である．

ところで，有用度という点で，法定選挙媒体の多くを上回っているのが，テレビと新聞の選挙報道である．調査で列挙された全媒体を含めて，有用度という点で上位5位を挙げると，テレビの選挙報道，新聞の選挙報道が入ってくる．そして，法定の選挙媒体では，テレビ政見放送と選挙公報の2つがこの中にはいる（表2-3）．但し，第15回（89年）にくらべると，テレビと新聞の選挙報道の有用度の比率の低下，そして，新聞の選挙報道の有用度の順位での低下が見られる．

### (3) 候補者選定の理由

明るい選挙推進協会の参院選調査では，選挙区選挙について，投票者には，投票候補者の党派をたずねたあとで，「その人に投票したおもな理由はなんですか．この中（10個の選択肢）から一番あてはまると思われるものを一つあげて下さい」という質問が含まれている．投票候補者選定の理由は複雑で

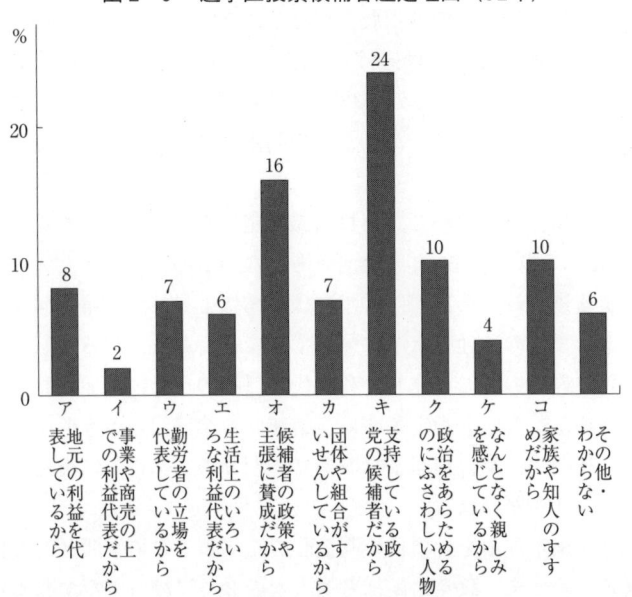

図2-9　選挙区投票候補者選定理由（92年）

| 選択肢 | ％ |
|---|---|
| ア　地元の利益を代表しているから | 8 |
| イ　事業や商売の上での利益代表だから | 2 |
| ウ　勤労者の立場を代表しているから | 7 |
| エ　生活上のいろいろな利益代表だから | 6 |
| オ　候補者の政策や主張に賛成だから | 16 |
| カ　団体や組合がおしているから | 7 |
| キ　支持している政党の候補者だから | 24 |
| ク　政治をあらためるのにふさわしい人物 | 10 |
| ケ　なんとなく親しみを感じているから | 4 |
| コ　家族や知人のすすめだから | 10 |
| その他・わからない | 6 |

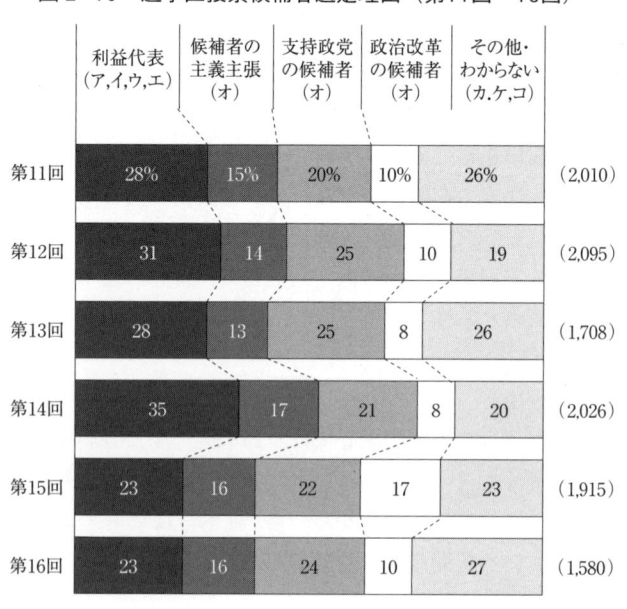

図2-10　選挙区投票候補者選定理由（第11回～16回）

| | 利益代表<br>(ア,イ,ウ,エ) | 候補者の<br>主義主張<br>(オ) | 支持政党<br>の候補者<br>(オ) | 政治改革<br>の候補者<br>(オ) | その他・<br>わからない<br>(カ,ケ,コ) | |
|---|---|---|---|---|---|---|
| 第11回 | 28% | 15% | 20% | 10% | 26% | (2,010) |
| 第12回 | 31 | 14 | 25 | 10 | 19 | (2,095) |
| 第13回 | 28 | 13 | 25 | 8 | 26 | (1,708) |
| 第14回 | 35 | 17 | 21 | 8 | 20 | (2,026) |
| 第15回 | 23 | 16 | 22 | 17 | 23 | (1,915) |
| 第16回 | 23 | 16 | 24 | 10 | 27 | (1,580) |

ある．それ故に，10個もの選択肢を用意してある訳だが，その結果として，回答がかなり分散することは避けられない．図2-9はその回答分布を示している．第1位が「支持している政党の候補者だから」（24％）であるが，この理由が第1位であるのは，これまでの明るい選挙推進協会調査で一貫して見られることである．

いくつかの項目をまとめて，第11回参院選調査以来の変化を見たのが，図2-10である．これを見ると，「政治をあらためるのにふさわしい人物」という基準による選定は，第15回（89年）は17％に上昇したが第16回（92年）は10％と，これまでの普通の水準に戻ってしまったことが判る．しかし，第14回（86年）に最高の35％に達した利益代表（そのうち，地元利益代表が半分の17％を占めた）という選定基準は，第16回も第15回並の水準に止まった．ここでは，16回は，単に14回までのありきたりのパターンに復帰しただけではないことがうかがわれる．

投票候補者選定理由を10項目の選択肢でたずねるこの質問とともに，投票候補者選定の基準を，政党か候補者個人かの2つに絞ってたずねる質問も，

図2-11 「政党」か「候補者個人」か（地方区・選挙区選挙）

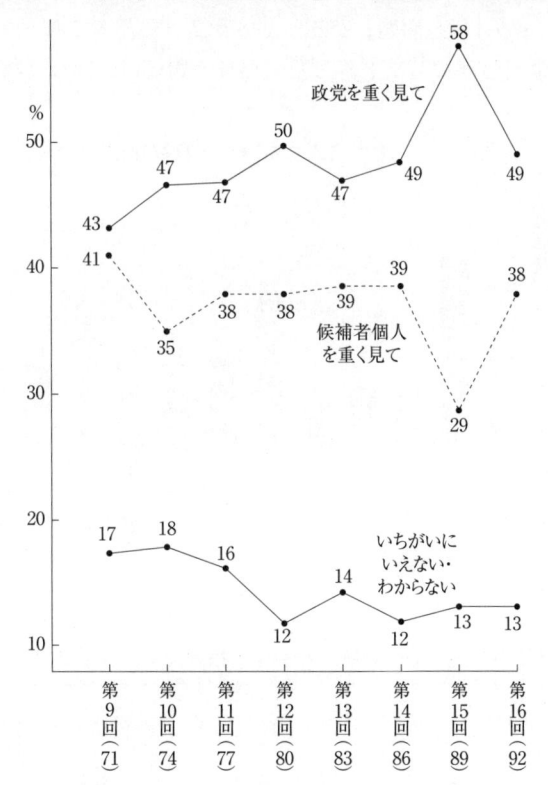

[図：第9回(71)〜第16回(92)の推移
政党を重くみて：43, 47, 47, 50, 47, 49, 58, 49
候補者個人を重くみて：41, 35, 38, 38, 39, 39, 29, 38
いちがいにいえない・わからない：17, 18, 16, 12, 14, 12, 13, 13]

明るい選挙推進協会の参院選選挙区（旧地方区）選挙で第9回通常選挙調査以来用いられている。その変化を見ると（図2-11），ここでもやはり，第15回（89年）は「政党を重くみて」が58％にはね上ったが，第16回（92年）はそれが下落して，第14回までの水準に戻っている．しかも，「政党重視」の理由では，「他の党よりもましだから」という消極的理由が増えている．

(4) **考慮にいれた争点**

選挙の際の争点への有権者の反応を見るために，明るい選挙推進協会調査では，「今度の選挙で，投票するに際して，どのような問題を考えに入れて決めましたか．この中（第16回選挙調査では12項目）にあればあげて下さい（複数回答）」という質問を採用してきた．16回調査での回答分布は，図2-12

の通りである．第15回は，消費税導入後の初選挙であったから，その可否と手直しについての「税金問題」が69％という高い言及率であったが，第16回（92年）は税金問題は27％に下落した．福祉と物価（16回は「物価・景気問

図2-12 考慮に入れた争点（複数回答，％）

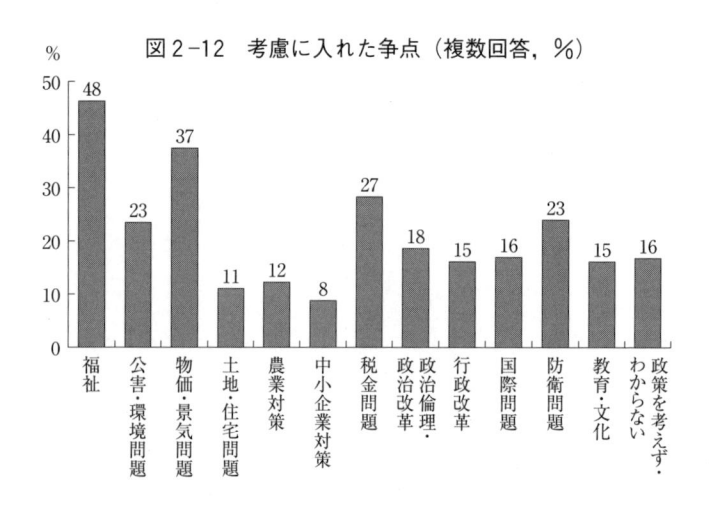

| 争点 | ％ |
|---|---|
| 福祉 | 48 |
| 公害・環境問題 | 23 |
| 物価・景気問題 | 37 |
| 土地・住宅問題 | 11 |
| 農業対策 | 12 |
| 中小企業対策 | 8 |
| 税金問題 | 27 |
| 政治倫理・政治改革 | 18 |
| 行政改革 | 15 |
| 国際問題 | 16 |
| 防衛問題 | 23 |
| 教育・文化 | 15 |
| 政策を考えず・わからない | 16 |

表2-4 参院通常選挙での考慮した争点（複数回答，5位まで，％）

| | 第1位 | 第2位 | 第3位 | 第4位 | 第5位 | 政策を考慮しなかったわからない |
|---|---|---|---|---|---|---|
| 第10回（1974年） | 物価 73％ | 福祉 34％ | 教育 20％ | 公害 19％ | 農業対策 16％ | 11％ |
| 第11回（1977年） | 物価 49 | 福祉 34 | 不況対策 30 | 教育・文化 24 | 政治の浄化 21 | 10 |
| 第12回（1980年） | 物価 61 | 福祉 36 | 政治浄化 30 | 石油・エネルギー対策 28 | 不況対策 25 | 11 |
| 第13回（1983年） | 物価 42 | 福祉 38 | 所得税減税 34 | 不況対策 28 | 政治浄化 18 | 14 |
| 第14回（1986年） | 税金 54 | 福祉 46 | 物価 42 | 円高・不況 30 | 教育・文化 21 | 10 |
| 第15回（1989年） | 税金 69 | 福祉 44 | 物価 43 | 政治倫理 19 | 行政改革 18 | 7 |
| 第16回（1992年） | 福祉 46 | 物価・景気 37 | 税金 27 | 防衛 23 | 公害・環境 23 | 16 |

題」とした)は，これまでも高い言及率を集めてきた項目である．

時系列的に，1974年の第10回参院通常選挙以来92年参院選にいたる間の同質問に対する上位5位までの回答を示すと，表2-4の通りである．調査設計者側での項目の入れ替えや表現の修正も関係しているが，この表は，第10回通常選挙での「公害」(第4位，19%)，第11回，第12回，第13回通常選挙でのロッキード事件がらみの「政治浄化」，第2次オイル・ショック直後の第12回通常選挙での「石油・エネルギー対策」など，政治課題の所在と有権者の関心の変遷をよく示している．

第16回(92年)調査結果で注目されるのは，「防衛問題」が23%で第4位に登場していることである．調査設計者の立場からいうと，「国際問題」という項目を新設し，日本の国連への協力のあり方などはむしろこの項目に含まれると思ったのであるが(この項目は言及率16%)，回答者の側は，国連平和維持活動(PKO)協力法の問題を，自衛隊の海外派遣問題イコール防衛問題ととらえたようである．

## 第5節　生活と政治満足度

1977年の第11回参院選以来，有権者の生活満足度と政治満足度を継続して調査している．われわれの関心は，①生活や政治に対する満足度が過去と比

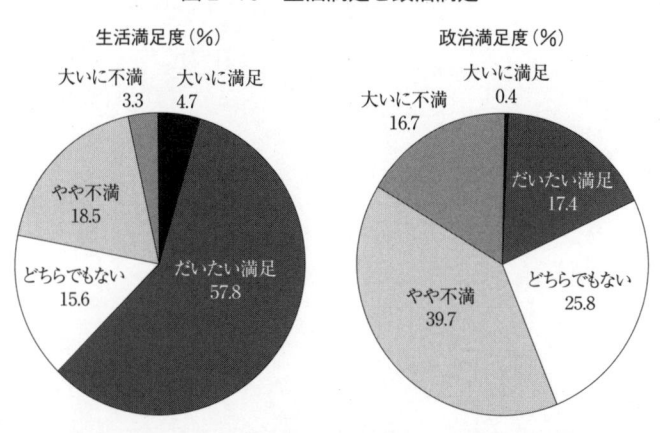

図2-13　生活満足と政治満足

生活満足度(%)
- 大いに満足　4.7
- だいたい満足　57.8
- どちらでもない　15.6
- やや不満　18.5
- 大いに不満　3.3

政治満足度(%)
- 大いに満足　0.4
- だいたい満足　17.4
- どちらでもない　25.8
- やや不満　39.7
- 大いに不満　16.7

注)「どちらでもない」には「わからない」を含む．生活満足，政治満足の「わからない」はそれぞれ，0.5%，5.2%である．

較してどのように変化しているのか，②生活，政治満足度が社会的属性によってどのように異なっているかを明らかにすることである．

16回の調査の結果は，図2-13に示されているが，政治に対する満足度は生活満足度と比べると相当低い．政治満足は「大いに満足」と「だいたい満足」を合わせて約18％に過ぎないが，生活満足のそれは約63％である．日本の有権者は，生活には満足しているが，政治には不満を持っているといえよう．

この生活満足度と政治満足度のギャップは1977年の調査以来続いており，それは近年さらに広がっている．図2-14は生活満足度と政治満足度がどのように変化してきたかを時系列的に見たものである．第16回（92年）の調査から質問文を少し変えて，「どちらでもない」という選択肢を加えたので，それがないこれまでの調査の結果と厳密には比較できないが，だいたいの傾向はとらえることができよう．図2-14から明らかなように，政治に対する満足度は生活満足度と比べると常に低く，とくに，自民党が大敗した第15回（89年）の参院選の時は23％も低下し，これまでの最低値を記録した．第16回（92年）も政治満足度の大幅な上昇は見られなかった．

次に政治的満足度が社会的属性の違いによってどのように異なっているか

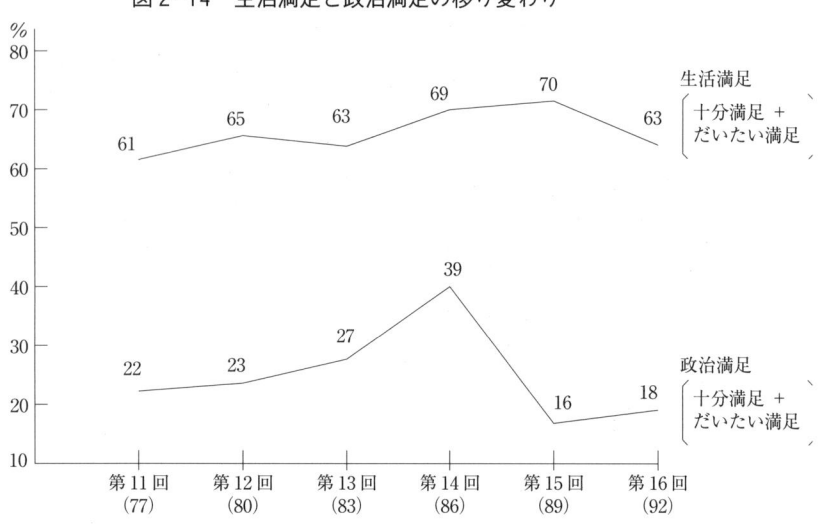

図2-14 生活満足と政治満足の移り変わり

図2-15 政治満足度

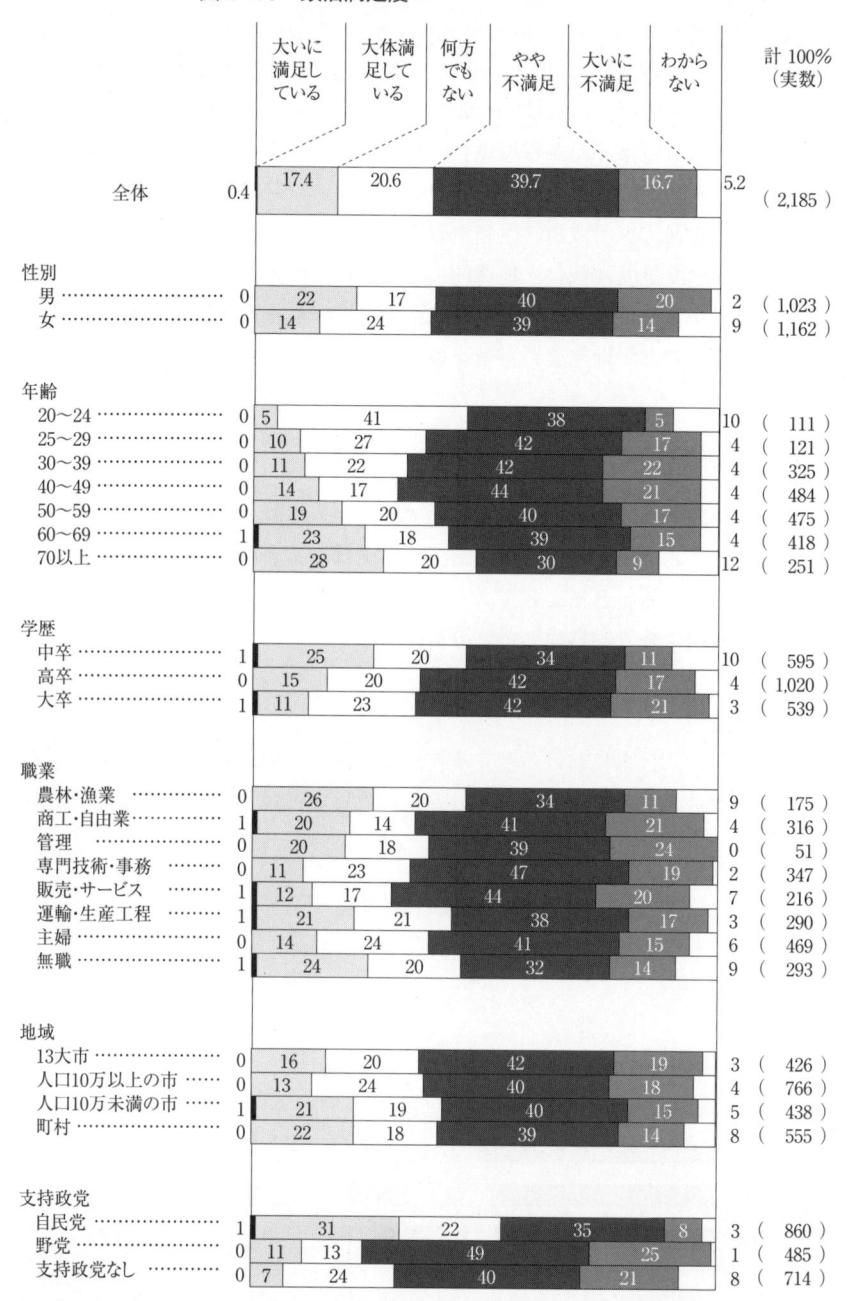

| | 大いに満足している | 大体満足している | 何方でもない | やや不満足 | 大いに不満足 | わからない | 計100%（実数） |
|---|---|---|---|---|---|---|---|
| 全体 | 0.4 | 17.4 | 20.6 | 39.7 | 16.7 | 5.2 | (2,185) |
| **性別** | | | | | | | |
| 男 | 0 | 22 | 17 | 40 | 20 | 2 | (1,023) |
| 女 | 0 | 14 | 24 | 39 | 14 | 9 | (1,162) |
| **年齢** | | | | | | | |
| 20～24 | 0 | 5 | 41 | 38 | 5 | 10 | (111) |
| 25～29 | 0 | 10 | 27 | 42 | 17 | 4 | (121) |
| 30～39 | 0 | 11 | 22 | 42 | 22 | 4 | (325) |
| 40～49 | 0 | 14 | 17 | 44 | 21 | 4 | (484) |
| 50～59 | 0 | 19 | 20 | 40 | 17 | 4 | (475) |
| 60～69 | 1 | 23 | 18 | 39 | 15 | 4 | (418) |
| 70以上 | 0 | 28 | 20 | 30 | 9 | 12 | (251) |
| **学歴** | | | | | | | |
| 中卒 | 1 | 25 | 20 | 34 | 11 | 10 | (595) |
| 高卒 | 0 | 15 | 20 | 42 | 17 | 4 | (1,020) |
| 大卒 | 1 | 11 | 23 | 42 | 21 | 3 | (539) |
| **職業** | | | | | | | |
| 農林・漁業 | 0 | 26 | 20 | 34 | 11 | 9 | (175) |
| 商工・自由業 | 1 | 20 | 14 | 41 | 21 | 4 | (316) |
| 管理 | 0 | 20 | 18 | 39 | 24 | 0 | (51) |
| 専門技術・事務 | 0 | 11 | 23 | 47 | 19 | 2 | (347) |
| 販売・サービス | 1 | 12 | 17 | 44 | 20 | 7 | (216) |
| 運輸・生産工程 | 1 | 21 | 21 | 38 | 17 | 3 | (290) |
| 主婦 | 0 | 14 | 24 | 41 | 15 | 6 | (469) |
| 無職 | 1 | 24 | 20 | 32 | 14 | 9 | (293) |
| **地域** | | | | | | | |
| 13大市 | 0 | 16 | 20 | 42 | 19 | 3 | (426) |
| 人口10万以上の市 | 0 | 13 | 24 | 40 | 18 | 4 | (766) |
| 人口10万未満の市 | 1 | 21 | 19 | 40 | 15 | 5 | (438) |
| 町村 | 0 | 22 | 18 | 39 | 14 | 8 | (555) |
| **支持政党** | | | | | | | |
| 自民党 | 1 | 31 | 22 | 35 | 8 | 3 | (860) |
| 野党 | 0 | 11 | 13 | 49 | 25 | 1 | (485) |
| 支持政党なし | 0 | 7 | 24 | 40 | 21 | 8 | (714) |

を，図2-15に見てみよう．政治に「満足」している割合に注目すると，年齢と政治満足度にはきれいな相関があり，年齢が高くなればなるほど政治に「満足」している人が増える．しかし，「不満足」に注目すると30～40代の人の不満度が最も高い．これは30～40代の人と比べると，20代の人が「どちらでもない」あるいは「わからない」と答えて態度を明らかにしていないことにもよる．学歴との関係では，学歴が高い有権者ほど政治満足度が低くなる．職業別で見ると，専門技術・事務，販売・サービスに従事するサラリーマンや主婦の政治満足度は低い．地域的には，人口10万未満の小都市や町村部の有権者の方が大都市の有権者よりも政治満足度がやや高い．政党支持では，自民党支持者の方が野党支持者や支持政党なしの有権者よりも政治満足度が有意に高い．

## 第6節　政治的志向

有権者の政治的志向は心理的なものであるが，実際の政治的行動と密接に結びついていることが知られている．たとえば有権者の政党支持や政治的イデオロギーを知ることによって，その人の政治行動がある程度予測可能である．まず最初に政党支持について分析しよう．

**(1)政党支持**

三宅一郎は，日本における政党支持が，アメリカの政党帰属意識と比べるとその強度は弱く不安定であるものの，投票行動に対する規定性は相当強い

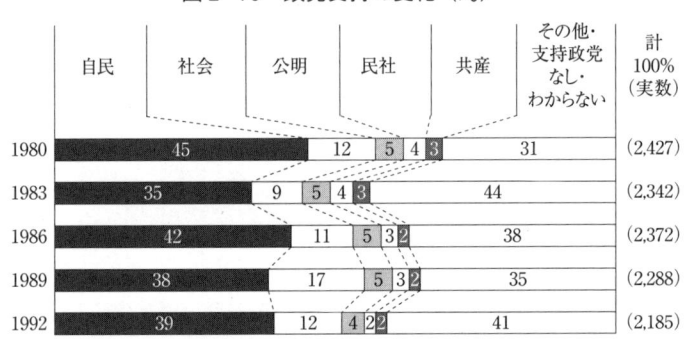

図2-16　政党支持の変化（％）

| | 自民 | 社会 | 公明 | 民社 | 共産 | その他・支持政党なし・わからない | 計100%（実数） |
|---|---|---|---|---|---|---|---|
| 1980 | 45 | | 12 | 5 | 4 | 3 | 31 | (2,427) |
| 1983 | 35 | 9 | 5 | 4 | 3 | 44 | (2,342) |
| 1986 | 42 | | 11 | 5 | 3 | 2 | 38 | (2,372) |
| 1989 | 38 | | 17 | 5 | 3 | 2 | 35 | (2,288) |
| 1992 | 39 | | 12 | 4 | 2 | 2 | 41 | (2,185) |

と，次のように述べている．「政党支持は政治意識の中で最も重要なものであり，その中核をなすと考えてきた．多くの政治的態度や政治行動は多かれ少なかれ政党支持と関連をもつ．これらは相互に規定しあっているが，バレー・ボールの譬喩でいうと，丁度セッターの役割を担うのが政党支持である[1]」．われわれの関心は，その政党支持がどの程度変動するのか，支持なし層の増大はどの程度見られるのか，政党支持がどの程度投票行動を規定しているのかを明らかにすることである．

1980年以来の政党支持の変化が図2-16に示されている．われわれの調査では，「あなたは，ふだん何党を支持していらっしゃいますか」と「ふだん」を入れてより長期的な政党支持態度を聞いている．新聞社などの調査では，「いま，あなたは，何党を支持していますか」となっている場合が多く，この質問文の違いが調査結果に反映することに留意されたい．

長期的な政党支持の変化は議席や得票率の変化と比べると少ないが，それでも選挙のたびに多少は変動する．1980年と86年の自民党支持はやや高いが，

図2-17 自民党支持の拘束力――自民党支持と自民党への投票の相関関係
（参院選選挙区）

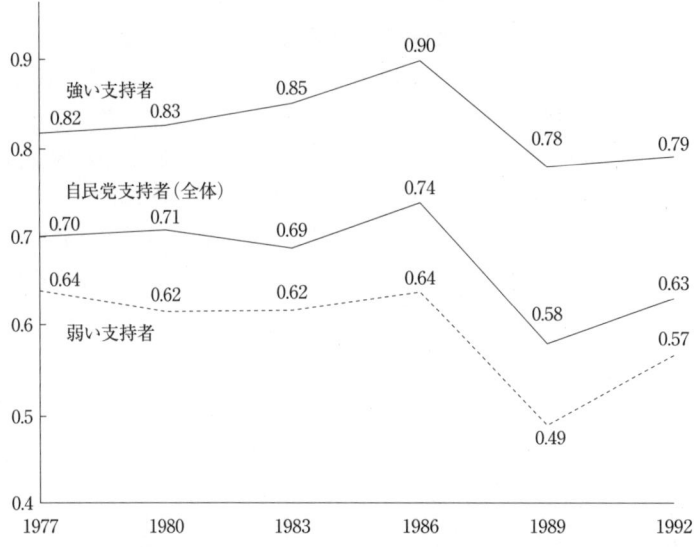

注）グラフの計算には，棄権も非自民として含めた．棄権を除けば1994年の強い支持者，全体，弱い支持者と自民党への投票との相関関係はそれぞれ0.91，0.83，0.79となる．

83年と89年の自民党支持は低い．92年の自民党支持は89年の調査よりも1ポイント上昇した．89年の調査で大幅に伸びた社会党支持は，5ポイント下落して86年のレベルまで戻った．また「支持政党なし」が大幅に増え，89年から6ポイントも上昇している．この支持なし層の動向が選挙結果に大きな影響を及ぼすことが予想される．

図2-17は1977年以降の参院選における政党支持と投票政党の関係を，両者の関連を表す統計的指標である相関係数で示したものである．自民党支持者が自民党に投票する割合が高ければ高いほど，相関係数は1に近づき，逆に，自民党支持者が他党に投票したり，棄権したりする割合が高ければ高くなるほど，相関係数は0に近づく．

この図からまず，強い自民党支持者は，弱い自民党支持者より，より自民党へ投票する割合が多いことがわかる．89年の選挙では自民党支持と自民党への投票の相関係数が大きく落ち込んだが，92年はやや戻している．ただ1986年以前と比べると相関係数は低い．この理由は棄権も自民党へ投票しなかったグループに含めているため，92年のように投票率が低いと両者の相関関係が自然低くなるからである．実際，棄権を除くと相関係数は大きく上昇する（グラフの注参照）．

さらに詳しく政党支持と投票政党の関係を見てみよう．表2-5は92年の参院選において，それぞれの政党の支持者がどの程度自分の支持する政党に投票したか示したものである．92年の選挙では，自民党支持者のうち70%が自民党へ，8%がその他の野党へ，21%が棄権している．この70%が自民党への「歩留り」であるが，1989年参院選の57%と比べると歩留りは大幅に増加している．89年の選挙では多くの自民党支持者が他党へ，とくに社会党に投票したが，92年はそれが自民党に戻った．しかし89年よりも棄権が相当増

表2-5　支持政党と投票政党（選挙区選挙）

| 支持政党 | 投票政党 | | | | | | | | |
|---|---|---|---|---|---|---|---|---|---|
| | 自民 | 社会 | 公明 | 民社 | 共産 | その他 | 棄権 | 無回答 | (実数) |
| 自　民 | 70% | 2% | 1% | 1% | 1% | 3% | 21% | 2% | (860) |
| 社　会 | 3 | 56 | 1 | 1 | 1 | 14 | 21 | 2 | (262) |
| 公　明 | 8 | 5 | 71 | 4 | 0 | 2 | 6 | 4 | (84) |
| 民　社 | 7 | 2 | 0 | 54 | 0 | 9 | 26 | 2 | (46) |
| 共　産 | 0 | 0 | 0 | 0 | 80 | 2 | 15 | 2 | (46) |
| 支持政党なし | 17 | 9 | 4 | 1 | 2 | 8 | 43 | 15 | (714) |

図 2-18 政党支持

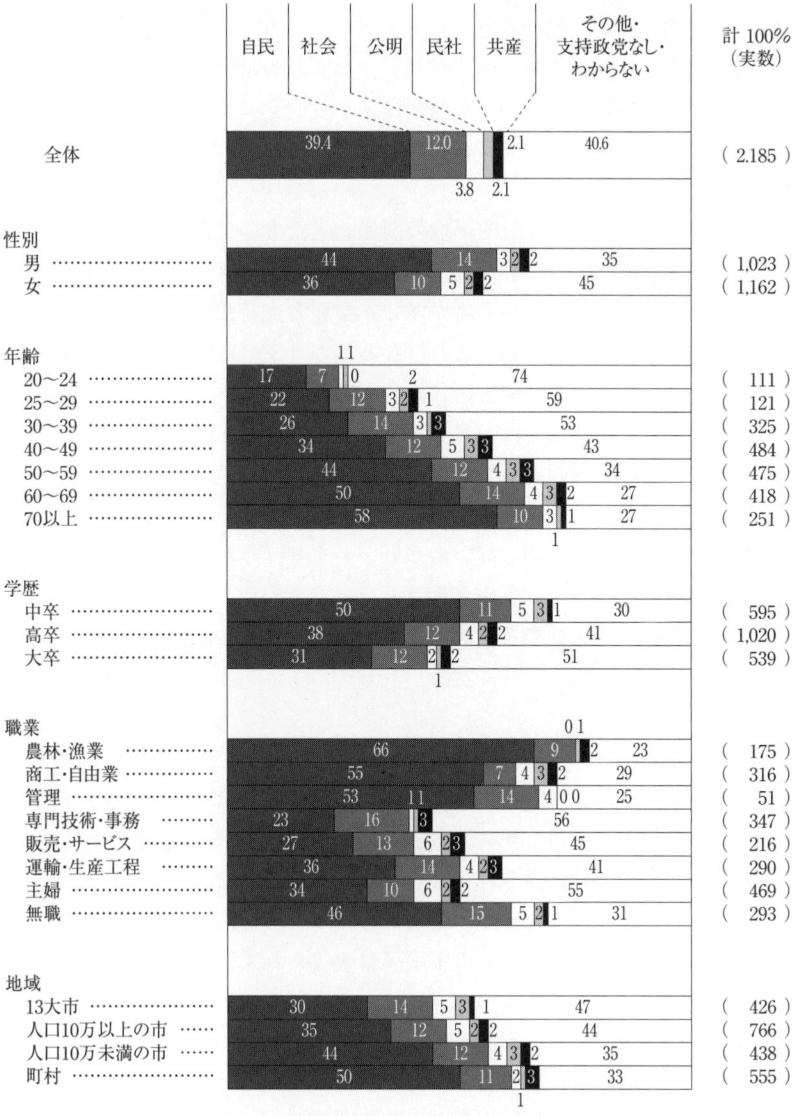

| | 自民 | 社会 | 公明 | 民社 | 共産 | その他・支持政党なし・わからない | 計100%（実数） |
|---|---|---|---|---|---|---|---|
| 全体 | 39.4 | 12.0 | 3.8 | 2.1 | 2.1 | 40.6 | (2,185) |

性別
| | 自民 | 社会 | 公明 | 民社 | 共産 | その他 | 実数 |
|---|---|---|---|---|---|---|---|
| 男 | 44 | 14 | 3 | 2 | 2 | 35 | (1,023) |
| 女 | 36 | 10 | 5 | 2 | 2 | 45 | (1,162) |

年齢
| | 自民 | 社会 | 公明 | 民社 | 共産 | その他 | 実数 |
|---|---|---|---|---|---|---|---|
| 20〜24 | 17 | 7 | 0 | 11 | 2 | 74 | (111) |
| 25〜29 | 22 | 12 | 3 | 2 | 1 | 59 | (121) |
| 30〜39 | 26 | 14 | 3 | 3 | | 53 | (325) |
| 40〜49 | 34 | 12 | 5 | 3 | 2 | 43 | (484) |
| 50〜59 | 44 | 12 | 4 | 3 | 3 | 34 | (475) |
| 60〜69 | 50 | 14 | 4 | 3 | 2 | 27 | (418) |
| 70以上 | 58 | 10 | 3 | 1 | 1 | 27 | (251) |

学歴
| | 自民 | 社会 | 公明 | 民社 | 共産 | その他 | 実数 |
|---|---|---|---|---|---|---|---|
| 中卒 | 50 | 11 | 5 | 3 | 1 | 30 | (595) |
| 高卒 | 38 | 12 | 4 | 2 | 2 | 41 | (1,020) |
| 大卒 | 31 | 12 | 2 | 1 | 2 | 51 | (539) |

職業
| | 自民 | 社会 | 公明 | 民社 | 共産 | その他 | 実数 |
|---|---|---|---|---|---|---|---|
| 農林・漁業 | 66 | 9 | 0 | 1 | 2 | 23 | (175) |
| 商工・自由業 | 55 | 7 | 4 | 3 | 2 | 29 | (316) |
| 管理 | 53 | 11 | 14 | 0 | 0 | 25 | (51) |
| 専門技術・事務 | 23 | 16 | 3 | | | 56 | (347) |
| 販売・サービス | 27 | 13 | 6 | 2 | 3 | 45 | (216) |
| 運輸・生産工程 | 36 | 14 | 4 | 2 | 3 | 41 | (290) |
| 主婦 | 34 | 10 | 6 | 2 | 2 | 55 | (469) |
| 無職 | 46 | 15 | 5 | 2 | 1 | 31 | (293) |

地域
| | 自民 | 社会 | 公明 | 民社 | 共産 | その他 | 実数 |
|---|---|---|---|---|---|---|---|
| 13大市 | 30 | 14 | 5 | 3 | 1 | 47 | (426) |
| 人口10万以上の市 | 35 | 12 | 5 | 2 | 2 | 44 | (766) |
| 人口10万未満の市 | 44 | 12 | 4 | 3 | 2 | 35 | (438) |
| 町村 | 50 | 11 | 2 | 3 | 1 | 33 | (555) |

注）「その他の政党」については，数が少なく，図表化することが困難なので，「その他」に含めた．

えている．

　社会党についてみると，社会党支持者の56％が92年も社会党に，そして3％が自民党へ，その他の政党に14％流出している．このうち11％が連合への流出分である．89年の参院選では社会党は80％の歩留りがあった．92年の選挙で，社会党が振るわなかった原因は，①社会党の支持者そのものが減ったこと，②もともと少ない支持者が他の政党に流れたり，棄権したりする者が多かったことである．

　図2-18は政党支持と社会的属性の関係を見たものである．まず「支持政党あり」と「支持政党なし」を比べてみよう．男性は女性より，年齢の高い層は低い層より支持政党を持つ者が多い．学歴と支持政党の関係は，欧米のケースとは異なり，学歴が高くなればなるほど「支持政党なし」が増える．また，人口と政党支持の関係も居住地の人口が多ければ多いほど「支持政党なし」が増える．職業別では，農林・漁業従事者，商工・自由業や管理職の有権者が相対的に支持政党を持つ者が多い．

　自民党支持者と社会的属性の関連も，「支持政党あり」との関連と同じように，男性が女性より，年齢の高い者が低い者より，学歴の低い層が高い層より，町村部有権者が都市部有権者よりも自民党を支持しているものが多い．職業別では農林・漁業従事者，商工・自由業，管理職がより多く自民党を支持している．

### (2) 保革イデオロギー

　1792年のフランス国民公会で，議長席から見て右側にジロンド派，左側にジャコバン派が座ったことから，「左翼」と「右翼」という対比が生まれた．一般的に保守主義者は社会や経済に対する国家の過度な介入を嫌い，個人の福祉は競争的市場原理に任せるべきだと考える．一方，革新主義者は国家が社会に何等干渉しなければ社会の不平等は改善されず，その不平等は世代を越えて永続的に続くと考えるのである．たとえば経済的に貧しい家庭の子弟はその能力ではなく，その家庭環境ゆえに教育を受けることができず，親と同じような社会的階層に留まるのである．その改善のためには政府の適度な介入が必須条件となる．保守主義者も革新主義者も，個人や社会の福祉の向上を願うことについては変わりはない．しかし前者がそれを自由で競争的な市場機構の働きに委ねるべきであると主張するのに対して，後者は市場機構

を信頼せず，政府の適度な介入によって個人や社会の福祉の向上を達成しようとするのである．また保革イデオロギーは経済的側面だけではなく，伝統－近代的価値，安全保障や国家体制をめぐる価値と複雑に関連している．保革イデオロギーは福祉国家政策においては国家の市場メカニズムに対する介入の程度，安全保障政策においては国家の自律性とそれに伴う防衛力の大きさをめぐる対立といった形で表面化する(2)．

投票政党と比べると支持政党のブレの幅は少ないことを見てきたが，保革イデオロギーのブレの幅はさらに少ない．自民党が議席を大きく減らした1989年の参院選と，自民党が復調した92年の参院選の間には，与野党の議席数や得票率に大幅な変更があったものの，有権者の保革イデオロギーの分布はほとんど変わっていない（図2-19）．強いて言えば，保守的な有権者がやや増えているが，それは統計的誤差の範囲である．

保革イデオロギーと92年の投票政党の関連を見たのが表2-6である．分析の結果，保守的な有権者の約88％，やや保守的な有権者の69％，人数的には最も多い中道の34％が自民党へ投票している．一方，革新的な有権者が自民党に投票する割合はきわめて少なく，それは「やや革新」の7％，「革新」の5％にすぎない．社会党は逆に，「革新」の41％，「やや革新」の50％，「中

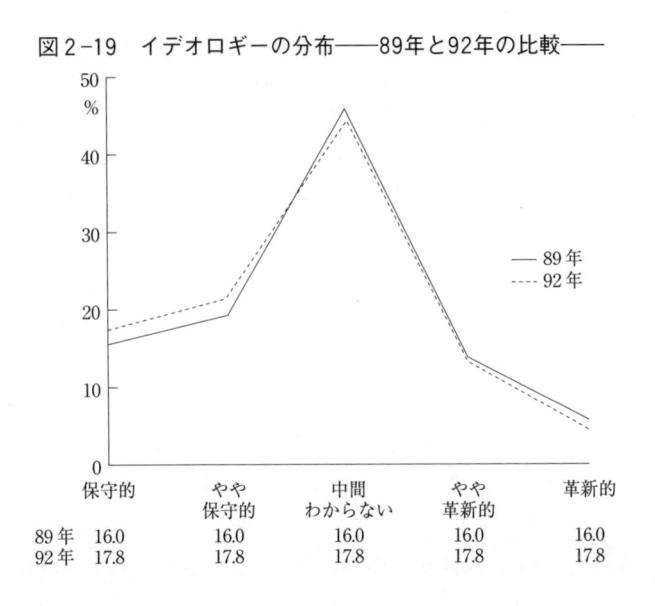

図2-19 イデオロギーの分布――89年と92年の比較――

|  | 保守的 | やや保守的 | 中間わからない | やや革新的 | 革新的 |
|---|---|---|---|---|---|
| 89年 | 16.0 | 16.0 | 16.0 | 16.0 | 16.0 |
| 92年 | 17.8 | 17.8 | 17.8 | 17.8 | 17.8 |

表2-6　保革イデオロギーと参院選比例代表区における投票政党（92年）

| イデオロギー | 自民 | 社会 | 公明 | 民社 | 共産 | その他 | (実数) |
|---|---|---|---|---|---|---|---|
| 保守的 | 88% | 3% | 2% | 0% | 0% | 6% | 294 |
| やや保守的 | 69 | 5 | 7 | 5 | 2 | 13 | 315 |
| 中間 | 34 | 21 | 17 | 5 | 4 | 19 | 423 |
| やや革新的 | 7 | 50 | 6 | 7 | 8 | 23 | 172 |
| 革新的 | 5 | 41 | 2 | 0 | 30 | 23 | 61 |

表2-7　保革イデオロギーと参院選比例代表区における投票政党（89年）

| イデオロギー | 自民 | 社会 | 公明 | 民社 | 共産 | その他 | (実数) |
|---|---|---|---|---|---|---|---|
| 保守的 | 79% | 12% | 3% | 1% | 0% | 5% | 302 |
| やや保守的 | 46 | 33 | 4 | 7 | 0 | 10 | 336 |
| 中間 | 17 | 52 | 14 | 5 | 2 | 10 | 520 |
| やや革新的 | 5 | 72 | 5 | 3 | 8 | 8 | 240 |
| 革新的 | 3 | 51 | 8 | 2 | 29 | 7 | 98 |

道」の21％を獲得したが，「やや保守」「保守」のそれぞれ5％，3％しか得ていない．これから明らかなように，保革イデオロギーと投票政党には深い関係が見られる．

　92年の結果と，89年の参院選の結果の比較は興味深い．表2-7は89年の参院選の投票政党と保革イデオロギーの関連を示すものである．92年と異なって，自民党は「保守」の79％，「やや保守」の46％，「中道」の17％しか獲得していない．社会党は保守的な有権者の12％，やや保守的な有権者の33％，中間の52％も獲得し，89年の選挙で社会党が躍進したのは，中間や革新層のみならず保守層の一部にもくい込んだためであることが理解できる．

## 第7節　投票行動の考察

　1989年の選挙では自民党がこれまで経験しなかったような敗北を喫したが，92年はその自民党の著しい復調ぶりが見られた．本節では，両選挙における有権者の投票行動の変化をリコール調査のデータに基づいて分析したい．リコール・データとは3年前の選挙を思い出してもらい，その投票政党を答えてもらうもので，記憶違いなどによるある程度の誤差が生じるという問題があるものの，両選挙間の票の移動を知るためには貴重なデータである．

　89年と92年の参院選で有権者がどのように変化したかを表2-8，2-9に見てみよう．表2-8は86年から89年の投票政党の変化，表2-9は89年から

表 2-8　1986年と1989年の投票政党の変化（選挙区）

| 86年投票政党<br>（N＝2,288） | 89年投票政党 | | | | | |
|---|---|---|---|---|---|---|
| | 自民党 | 社会党 | 他の野党 | 棄権 | わからない | 計 |
| 自民党　　（N＝1,044） | 47 ％ | 28％ | 8％ | 13％ | 4％ | 100％ |
| 社会党　　（N＝321） | 2 | 83 | 7 | 6 | 2 | 100 |
| 他の野党　（N＝234） | 4 | 17 | 67 | 9 | 3 | 100 |
| 棄　権　　（N＝163） | 7 | 26 | 14 | 49 | 4 | 100 |
| 選挙権なし（N＝ 80） | 21 | 15 | 11 | 45 | 8 | 100 |
| 忘れた・言いたくない<br>（N＝446） | 7 | 19 | 16 | 18 | 40 | 100 |

表 2-9　1989年と1992年の投票政党の変化（選挙区）

| 89年投票政党<br>（N＝2,185） | 92年投票政党 | | | | | |
|---|---|---|---|---|---|---|
| | 自民党 | 社会党 | 他の野党 | 棄権 | わからない | 計 |
| 自民党　　（N＝889） | 69 ％ | 3％ | 6％ | 21％ | 1％ | 100％ |
| 社会党　　（N＝357） | 11 | 48 | 18 | 22 | 1 | 100 |
| 他の野党　（N＝226） | 6 | 4 | 73 | 16 | 1 | 100 |
| 棄　権　　（N＝148） | 13 | 4 | 12 | 66 | 5 | 100 |
| 選挙権なし（N＝ 79） | 11 | 4 | 9 | 72 | 4 | 100 |
| 忘れた・言いたくない<br>（N＝486） | 13 | 6 | 13 | 31 | 37 | 100 |

92年の投票政党の変化をそれぞれ示している．まず表 2-8 を見ると，86年に自民党に投票した有権者の47％が自民党に再び投票し，残りの28％は社会党へ，8％がその他の野党へ，13％が棄権した．社会党の方をみると，自民党とは対照的に，86年に社会党に投票した有権者の83％が89年にも社会党に票を投じている．自民党に流れたのはわずか2％であった．このように社会党は89年の選挙で基礎票をまんべんなく集めるとともに，自民党の離反票を多く集めることで大勝利を収めた．実数で比較するとよくわかるが，自民党から社会党へ鞍替えした292人は本来の社会党支持者の266人を上回る数字である．

92年はそれがどう動いたであろうか．表 2-9 をみると，89年自民党に投票した69％が再び自民党に投票した．社会党に流れたのはわずか3％，その他の野党に流れたのが6％，そして21％が棄権している．興味深いのは社会党の方だが，1989年の選挙で社会党に投票した有権者の48％しか社会党に投票していない．11％が自民党に，18％がその他の野党に，22％が棄権している．社会党は89年に集めた票を維持することができず，半分以上を失ってし

図2-20 1989年社会党投票者の動きと社会的属性（選挙区）

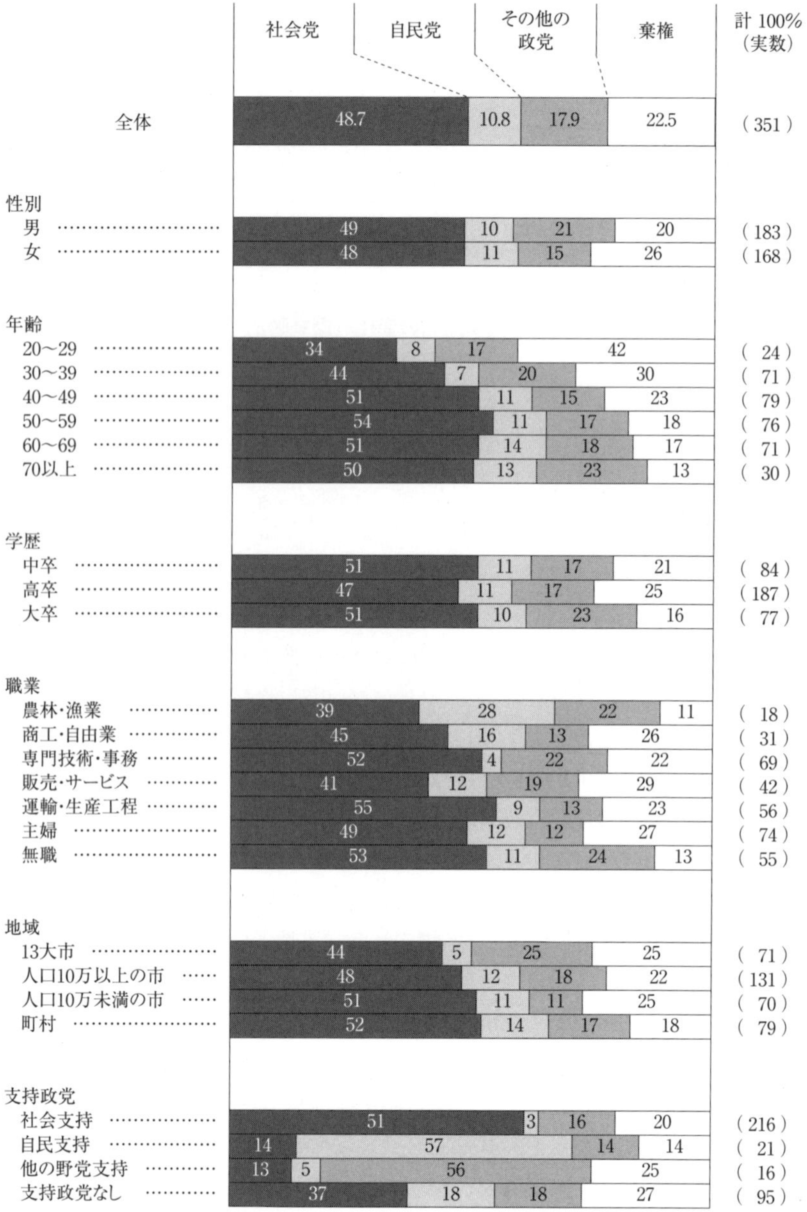

| | 社会党 | 自民党 | その他の政党 | 棄権 | 計100%（実数） |
|---|---|---|---|---|---|
| 全体 | 48.7 | 10.8 | 17.9 | 22.5 | (351) |
| **性別** | | | | | |
| 男 | 49 | 10 | 21 | 20 | (183) |
| 女 | 48 | 11 | 15 | 26 | (168) |
| **年齢** | | | | | |
| 20〜29 | 34 | 8 | 17 | 42 | (24) |
| 30〜39 | 44 | 7 | 20 | 30 | (71) |
| 40〜49 | 51 | 11 | 15 | 23 | (79) |
| 50〜59 | 54 | 11 | 17 | 18 | (76) |
| 60〜69 | 51 | 14 | 18 | 17 | (71) |
| 70以上 | 50 | 13 | 23 | 13 | (30) |
| **学歴** | | | | | |
| 中卒 | 51 | 11 | 17 | 21 | (84) |
| 高卒 | 47 | 11 | 17 | 25 | (187) |
| 大卒 | 51 | 10 | 23 | 16 | (77) |
| **職業** | | | | | |
| 農林・漁業 | 39 | 28 | 22 | 11 | (18) |
| 商工・自由業 | 45 | 16 | 13 | 26 | (31) |
| 専門技術・事務 | 52 | 4 | 22 | 22 | (69) |
| 販売・サービス | 41 | 12 | 19 | 29 | (42) |
| 運輸・生産工程 | 55 | 9 | 13 | 23 | (56) |
| 主婦 | 49 | 12 | 12 | 27 | (74) |
| 無職 | 53 | 11 | 24 | 13 | (55) |
| **地域** | | | | | |
| 13大市 | 44 | 5 | 25 | 25 | (71) |
| 人口10万以上の市 | 48 | 12 | 18 | 22 | (131) |
| 人口10万未満の市 | 51 | 11 | 11 | 25 | (70) |
| 町村 | 52 | 14 | 17 | 18 | (79) |
| **支持政党** | | | | | |
| 社会支持 | 51 | 3 | 16 | 20 | (216) |
| 自民支持 | 14 | 57 | 14 | 14 | (21) |
| 他の野党支持 | 13 | 5 | 56 | 25 | (16) |
| 支持政党なし | 37 | 18 | 18 | 27 | (95) |

＊ 管理職は，数が少ないので省略した．

まったのである．その一部は自民党に再び戻っている．

　それでは，89年参院選で社会党に投票した有権者のみを取り上げ（357人），その動きを分析してみよう．図2-20は89年の参院選で社会党に投票した有権者の動きが，性別，年齢，学歴，職業，地域，政党支持によってどのように異なっているかを表している．性別でみると，社会党への歩留りにほとんど差はない．強いて言えば，女性に棄権が多く，その分，その他の野党に流れた分が少ない．年齢別では若年層の社会党への歩留りが少ない．その大きな原因は，89年社会党に投票したが92年は棄権をした者が多いからである．70歳以上の有権者の社会党への歩留りもやや少ないが，それは自民党やその他の野党に流出したためである．学歴との関係では，顕著な差はないが，職業との関連では，社会党への歩留りが比較的高いのは専門技術・事務，運輸・生産工程に従事するサラリーマンである．それでも歩留りは55％以下にすぎない．逆に，農林・漁業従事者，商工・自由業などの自営業者の社会党への歩留りは低く，特に前者の28％は自民党に流出している．居住地別にみると大都会では社会党への歩留りが少なく，その分自民党ではなくその他の野党に流れるか，棄権している．町村部では大都市と比べると自民党へ流出した分が多い．

　図2-20の最後では政党支持を，社会党支持，自民党支持，他の野党支持，支持政党なし，の4つに分け，それぞれについて89年社会党投票者が92年にはどのように投票したかを分析した．当然のことだが，社会党支持者の61％が社会党へ留まり，歩留り率が最も高い．それでも16％がその他の野党に流れ，20％が棄権している．89年には社会党に投票した自民党支持者は92年はその多く（57％）が自民党に回帰した．89年の選挙で社会党の勝利に大いに貢献した「支持政党なし」グループだが，92年はその37％が社会党に留まり，18％が自民党へ，18％がその他の野党に，27％が棄権した．

　以上をまとめると92年の選挙で社会党が振るわなかった原因は，89年の選挙で社会党に投票した有権者の多くが，自民党やその他の政党に流れ，または棄権したためである．社会党は89年に獲得した有権者を3年間つなぎ留めることができなかったのである．

## 第8節　まとめ

　92年の第16回参議院通常選挙についての世論調査結果をまとめると，次の

ような点を挙げることができる．

(1)92年の参院選の投票率は，史上最低の50.7％であった．投票率が下がるときは，性別，年齢別，学歴別などでみた場合，ある1つのグループだけで投票率の低下が起こるのではなく，あらゆるグループで生じるのであるが，しかし，89年参院選での調査結果と比べてみた場合，年齢別では，20歳代前半の投票率が，92年はことに低かった．学歴別では大卒者，職業別では被傭者，そして，政党支持態度別で「支持政党なし」のグループの人々の投票率が低かった．

(2)棄権の理由では，「用があったから」がもっとも大きな理由であることはいつものとおりであるが，その他の理由では，選挙への無関心が多く挙げられている．投票の理由では，89年多かった「政治を改めたいから」という積極的投票理由が大幅に減り，「投票は国民の義務だから」という理由が，86年までの従来の調査結果なみの高さとなっている．

(3)選挙への関心は，89年に比べて大幅に低下し，とくに女性で低下が著しい．年齢別では，とくに20歳代で低い．学歴別では大卒者，職業別では被傭者，政党支持態度別では「支持政党なし」の諸グループで低い．

(4)有権者に選挙についての有用な情報を提供する媒体の上位3位までは，テレビ政見・経歴放送，テレビ選挙報道，選挙公報の3つが占めるのが普通である．ところが89年は，新聞の選挙報道が選挙公報を上回って第3位に進出した．92年は，選挙公報が，選挙区選挙では有用度第2位，比例代表選挙では第3位に復活した．

(5)92年選挙の選挙区での候補者選定理由の第1位は，「支持している政党の候補者だから」で，これは，従来の調査でも一貫してそうであった．その他の理由では，89年多かった「政治改革の推進者」という理由は急落し，他方では，86年まで増加してきて89年は減少した「地元利益の代表者」という理由も，92年は元のレベルに戻ってはいない．つまり，選定理由の多様化が見られるようである．また，政党を選択する際の理由として，「ほかの党よりまし」という消去法的選択は，89年に引き続いて，増加の傾向にある．

(6)92年の選挙での投票に際して，有権者が考慮した争点としては，福祉，物価・景気，税金が上位3位までを占める．これは，従来も，一貫して見られてきた．ただし，89年に比べると，税金問題の言及率は，大幅に下がっている．92年，新たに，「国際問題」という項目を加えたが，この項目は，16％

の言及率で,第7位であった.ところが,従来から設けられていた項目ではあるが,これまでは10%以下の言及率であった「防衛問題」が,92年は,言及率23%で第4位に入っている.大卒者や社会党支持者にとっては,国連平和維持活動への協力問題は,自衛隊の海外派遣問題として,「防衛問題」と受け取られているようである.また,「政策を考慮せず・わからない」が,89年初めて男女同率となり,女性の投票での争点意識が,男性と同じレベルになったように見えたが,92年は再び,男性投票者では12%,女性投票者では20%と,男女差が生じた.

(7)わが国の有権者の生活と政治に対する満足度を比較すると,生活に対する満足度は政治に対する満足度よりも高い.この生活満足度と政治満足度のギャップは77年の調査以来続いているが,89年の参院選のとき最も広がった.92年の調査でも政治満足度の大幅な上昇は見られなかった.

(8)89年の参院選のとき,社会党支持が大幅に伸び,自民党支持が減少した.しかし92年は,自民党支持が89年の調査よりも1ポイント上昇し,社会党支持は5ポイント下落し86年のレベルまで戻った.また「支持政党なし」が大幅に増え,89年から6ポイントも上昇している.自民党支持者のうち92年の参院選では,その70%が自民党に留まったが,8%が野党に投票し,21%が棄権している.89年の選挙で多くの自民党支持者が社会党などの野党に投票したが92年はそれが自民党に回帰した.しかし89年よりも棄権が相当増えた.

社会党支持者が社会党に投票したのは56%に過ぎず,3%が自民党へ,その他の野党へ17%流出した.また,棄権した者が21%にのぼった.92年の選挙で社会党が不振だったのは,社会党の支持者の減少とともに,その少ない支持者が他の政党に流れたり,棄権したりする者が多かったためである.

(9)有権者の保革イデオロギーの安定度は高い.自民党が大きく議席を減らした89年の参院選と復調した92年の間に,与野党の議席数や得票率の大幅な変化があったものの,有権者の保革イデオロギーの分布はほとんど変わっていない.また,保革イデオロギーと投票政党には深い相互関係が見られる.

(10)89年から92年の参院選の票の移動の分析の結果によると,89年に自民党に投票した有権者のうち,92年の選挙でも再び自民党に投票したのは69%であった.残りの3%は社会党に,6%がその他の野党に,21%が棄権した.一方,1989年の選挙で社会党に投票した有権者の48%しか社会党に投票していない.11%が自民党に,18%がその他の野党に,22%が棄権している.社

会党は89年に集めた票を維持することができず，その半分以上を失ってしまい，その一部は自民党に回帰した．

---

　　謝辞：本章の基になったのは，明るい選挙推進協会『参議院議員通常選挙の実態―調査結果の概要』1993年2月（綿貫・蒲島執筆）である．本報告書の議論をこのような形で出版することをお許しになった明るい選挙推進協会に謝意を表したい．

（1）　三宅一郎『政党支持の分析』，創文社，1985年，3－4頁．
（2）　保革イデオロギーについてのより詳しい議論は，蒲島郁夫・竹中佳彦『現代日本人のイデオロギー』，東京大学出版会，1996年．

　　（初出：「1992年参院選の分析（1）（2）」『選挙』46号6月号・7月号，1993年）

# 第3章　巨大保守はこうしてできる

蒲島郁夫

## 第1節　新進党の躍進と二大政党制の幕開け

　95年の参院選は93年総選挙で自民党政権が崩壊し，その後の連立政権の時代に入って初めての国政選挙として注目されたが，結果は自民党，社会党，さきがけの連立与党が大幅に後退し新進党が躍進した．

　94年12月の新進党の結成時における有権者の冷やかさ，それ以降の支持率の低迷から新進党はとても自民党に対抗しうる勢力になるとは思われていなかった．しかし，95年の参院選で新進党は主に2人区や3人区の複数区で社会党に競り勝ち，多くの場合自民党を制してトップ当選を果たしている．さすがに1人区では自民党が圧勝したものの，比例区と選挙区の得票率では新進党が自民党を抑えて第一党となった．95年の新進党の躍進と社会党の退潮は二大政党システムの幕開けを予感させるものである．

　社会党は38年におよぶ自民党一党優位体制の中で自民党に代わりうる政権政党とはなり得なかったが，自民党の権力を牽制する牽制政党として認識されてきた．自民党がスキャンダルや公約違反を起こすと，必ずしも社会党支持者ではないが，自民党にお灸をすえる有権者の受皿となってきた．その社会党が自民党と連立を組むことによってその役割を自ら放棄し，新進党が自民党への牽制勢力として登場してきたのである．

　95年の選挙結果によって新進党の責任がより一層重大になった．政党が責任を自覚しない場合，小選挙区制の下での二大政党の存在は常に翼賛体制への移行の可能性を秘めている．われわれが最も恐れるのは，自民党と新進党が巨大保守連合を形成し，権力を独占することである．これまでたびたび保・保連合の可能性が語られてきたが，95年の躍進によって再生した新進党は

自民党の対抗勢力としての責任を自覚すべきだろう．

## 第2節　二大政党制の陥穽

われわれはマスコミや識者が政党の対立軸がないと現状を批判するのを耳にする．ところが，小選挙区制の下での二大政党制は政党間の違いを際立たせるのでなく，むしろ解消することが分かっている．新しい選挙制度のもとで二大政党制を望むかぎり，有権者の意見が同質であるかぎり対立軸がないのが当たり前である．

小選挙区制の下での二大政党の政策が似てくるというのを理論化したのはアメリカの有名な経済学者A. ダウンズである．ある国の有権者のイデオロギーの分布が，図3-1のように中央にピークのある正規分布をしていると仮定しよう．仮にA党が25の位置に，B党が75の位置にあるとすると，両党はより多くの有権者の獲得をめざして中心に向かって動く．有権者は自分のイデオロギー的位置に最も近い政党を選ぼうとするから，A党の左側に位置する有権者は，A党の政策が中央に移動しても，A党を乗り越えてB党を支持することはない．同じようにB党の右側に位置する有権者もB党の政策が中央に移動してもA党に乗り換えない．よって，両党はその政策を中央に移動させることによってより多くの有権者の支持を得ることができ，中心部分で両党の支持は最大となる．つまり，両党の政策はほとんど同じようなもの

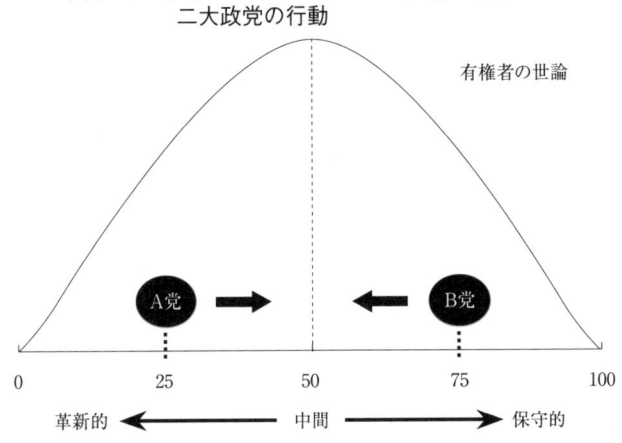

図3-1　ダウンズ・モデルによる世論の分布と
二大政党の行動

になるわけである.

　二大政党制の真髄は,世論が分裂しておらず,図3-1のように正規分布しているとき,競争する二大政党は世論にあわせて動き,どちらの政党が政権を取ってもドラスティックに政策を変えないので,安定的な政権交代が行われるというものである.これが二大政党システムを支持する理論的根拠の1つとなっている.

　ところで,ダウンズは両党の政策が中央に寄っても両者が全く同一になることはないと述べている.なぜなら,あまりにもA党とB党が中央に近づけば,両極に位置する人々の支持を失い,彼らが棄権するようになるからである.しかし,われわれの研究によると,ダウンズの言うように,A党とB党の政策が同一にはならないという必然性はない.政党が得票率の最大化を目指す場合は両党の政策は一致するし,政党が得票総数の最大化を目指す場合は棄権率の大きさによっては両党の政策は一致してしまう(1).つまり,二大政党制が翼賛体制に陥る危険性が存在するわけである.それでは,日本人のイデオロギーの分布を実証的にみてみよう.

## 第3節　わが国のイデオロギーの分布

　図3-2・3-3はわれわれが95年の5月中旬に行った保革イデオロギーに

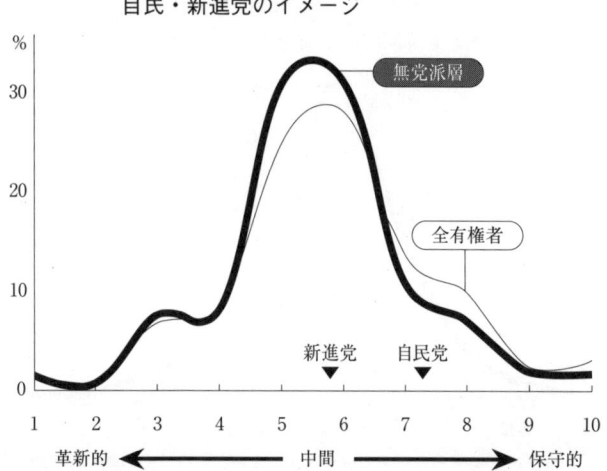

図3-2　有権者全体と無党派層のイデオロギーの分布と自民・新進党のイメージ

関する全国調査の結果を示すものである．図3-2が全有権者と無党派層の，図3-3が各政党支持別にみたイデオロギーの分布を示している．

有権者のイデオロギーは保守から革新へと広く分布しているが，中間の人が最も多く，ダウンズが仮定したようにわが国のイデオロギーの分布もほぼ正規分布をしている．無党派層のイデオロギーの分布も図3-2のように正規分布に近いが，全有権者と比べると中間の山がやや高くなっている．このようなイデオロギーの分布では，二大政党は中間に向かうことによってより多くの支持を獲得することができるので両党の政策は近似してくる．

ところで，わが国の有権者は政党のイデオロギー上の位置をどのように考えているのだろうか．調査対象者に自民党，新進党，社会党のイデオロギー尺度上の位置を聞き，その平均をとったものが図3-3に示されている．有権者は新進党を自民党よりも中間寄りと考えている．新進党の平均は5.98，自民党が7.28である．理論的には，有権者の平均的立場と最も近い位置にある新進党の方が自民党より有利といえる．たとえば，新進党は，最もお客さんの多い場所に立地したスーパー・マーケットのようなものである．もっとも，将来的には自民党も，より良い立地を求めて中間に寄ってくるだろう．

ところが，各政党別にみた有権者のイデオロギーや社会党の存在が事態をより複雑にしている．まず，自民党支持者のイデオロギーの分布を見てみると，中間と保守の方向に2つの山があるようにみえる．自民党が左に移動すればするほど保守的な支持者は自民党の政策に不満を抱くようになろう．現

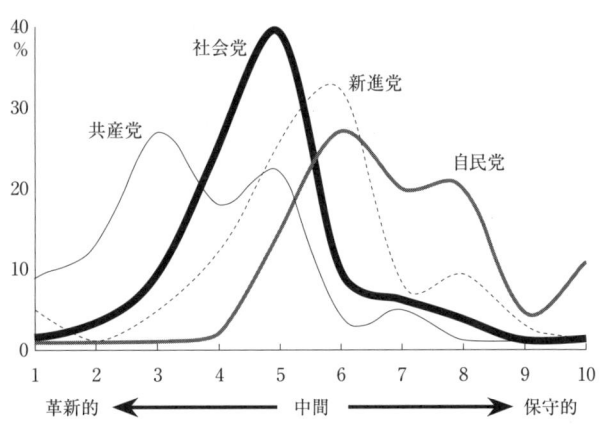

図3-3 政党支持別にみた有権者のイデオロギーの分布

在の自社連立政権に多くの自民党の支持者が不満を持っているのも同じような理由からである．ただ現状では自民党よりも保守的な政党が存在しないために，自民党が中間に動いても，自民党以外に投票する政党が存在しない．ただ，自民党の行動如何によっては自民党の右側に新党が台頭してくる可能性もある．この状況が自民党を中間に移動させることを抑制している．

　新進党の支持者は全有権者の分布と重なり合う部分が多い．有権者も新進党の立場を中間に位置していると認識している．その意味で新進党はもっともお客の多い場所に店を構えているようなもので，政治的な立地条件はよい．ただ，新進党にも問題がある．それは社会党の存在である．新進党があまり中心に寄れば，新進党よりも左に位置する社会党や共産党にリベラルな票を奪われてしまう可能性が高い．その意味で新進党がより保守的になり，自民党と保保連合でも組むようなことになれば社会党の役割が俄然重要になってくる．

　このような自民党と新進党の政党配置のなかで，今後の社会党の動向が，日本政治の将来を占う上で，とりわけ重要である．社会党も，委員長の村山富市氏が連立政権の首相に就任し，従来の路線を中道寄りに変更した．具体的には，自衛隊を合憲と認め，日米安保の堅持を表明し，君が代・日の丸を国歌・国旗として尊重することを明言したのである．

　社会党の今後の選択は図で示されているように，①比較的リベラルな立場に立ち，第三政党として存続する，②現在の自・社・さ連立政権の枠組みで，自民党，さきがけと新党を結成する，③細川政権時の旧連立与党の枠組みに戻り，新進党に加わるという，3つのシナリオが考えられる．

　第三政党に圧倒的に不利な新選挙制度の下では，第一のシナリオはいずれ社会党の凋落をもたらすだろう．第二のシナリオは最も考えにくいシナリオだが，現在の村山内閣が自・社・さ連立政権であり，社会党も権力を失いたくないと考えると，必ずしも不可能ではない．その場合，自・社・さ新党は図3-3の自民党の位置よりもかなり左に移動し，新進党とほぼ同じような位置にくる．第三のシナリオは，社会党が新進党に加わり，自民党と対峙する構図である．この場合，新進党の位置は図3-3の位置よりもわずかに左に移行する．

　第二のシナリオは自民党に，第三のシナリオは新進党に有利である．もっとも，店が繁盛するためには，立地だけではなく，品揃えや宣伝が重要であ

るのと同じように，政党にとっても，その政治的立場だけではなく，具体的な政策，候補者の質，イメージが重要であることは言うまでもない．

これらの政界再編の動きは，1994年12月25日に施行される小選挙区比例代表並立制と大きく関わっている。この選挙制度改革のねらいは，小選挙区制の導入によって，政党間の政策をめぐる競争を促進し，長期的には政権交代可能な二大政党制の実現を目指すものである。小選挙区制の特徴は，それぞれの選挙区から最も多くの票を得た候補者が当選するので，平均的な有権者のイデオロギーからあまりかけ離れた候補者は当選できない。小選挙区では政治的立場のあまり違わない二大政党間の競争となり，第三政党は次第に排除されていくのではないかと予想されている。

政党の政治的立場をみるのに，われわれはよく保守－革新という尺度を使う。有権者は自分の保革イデオロギーに最も近い政党を選ぶ傾向が強いので，有権者の認識する政党の政治的立場は，政党の盛衰にとってきわめて重要な意味をもっている。

---

（1）　岸本一男・蒲島郁夫「合理的選択理論から見た日本の政党システム」『レヴァイアサン』20号，1997年．

(初出：「『保・保連合』のシナリオ」『論座』1995年10月号，ただし，大幅に書き改めた)

# 第4章　98年参院選—自民大敗の構図

蒲島郁夫

## 第1節　はじめに

　1998年7月12日夜，永田町に「自民惨敗」という激震が走った．「我々の想像もつかないような風が...」と自民党幹部がつぶやいた(1)．

　テレビに映る橋本首相や自民党幹部の姿はまるで茫然自失．有権者に何が起こったのか，まるで理解できないといった状態であった．それもそうであろう．98年は参院選に先立つ衆院選補選で自民党が連戦連勝し，参院選でこれほどの敗北をするとは誰にも予想できなかったのである．

　この点，自民党が1998年の選挙以上に大敗した，89年参院選と比べると状況が異なっている．89年参院選の時には，自民党が消費税を導入し，リクルート・スキャンダルもあって，自民党の大敗は予想されていたし，自民党もそれを覚悟していた．しかし，98年は，1週間前に発表された新聞の議席予測を含めて，誰もがこれほどの自民大敗を予想していなかった．予想と現実のギャップが大きかった分，ショックも大きかったのである．選挙結果を受けて，橋本龍太郎首相は即座に辞任を決意した．

　一体有権者に何が起こったか．それを理解するキーワードは，①投票率の上昇と無党派層の動員，②業績投票の出現，③与野党の選挙戦略，④バッファー・プレイヤーのバランス感覚の4つであると思われる．小論ではこれらのキーワードに沿って，集計データをもとに98年の選挙結果の総括を行う．

　ここでの問題意識は，(1)投票率の上昇と無党派層の動員が本当に自民党の敗北をもたらしたのか．もしそうならば，どのようなメカニズムでそれをもたらしたのか．(2)業績投票とは何か．これまでわが国では，米国などと違って，政府の経済運営の「業績評価」は投票行動を左右する有力な要因ではな

いといわれてきた．それが98年の選挙にどのように効いたのか．(3)野党協力や自民党の候補者の過剰公認といった与野党の選挙戦略は，どの程度選挙結果に影響を与えたか．(4)バッファー・プレイヤーは98年の選挙でどう動いたか．これらの問題を1つ1つ客観的に分析し，それを通して，日本政治への含意を論じたい．

## 第2節 選挙結果の概観

本格的な分析に入る前に，98年の選挙結果を概観しておこう．図4-1はその選挙結果と，過去14回の参院選の政党別獲得議席数の変動を示している．

98年は，改選議席126のうち，自民党が獲得したのは追加公認した宮城選出の市川一朗氏と党籍離脱中の斎藤十朗参院議長の2氏を含めて，46議席に過ぎず，非改選の58議席を加えても過半数に及ばなかった．自民党の改選議

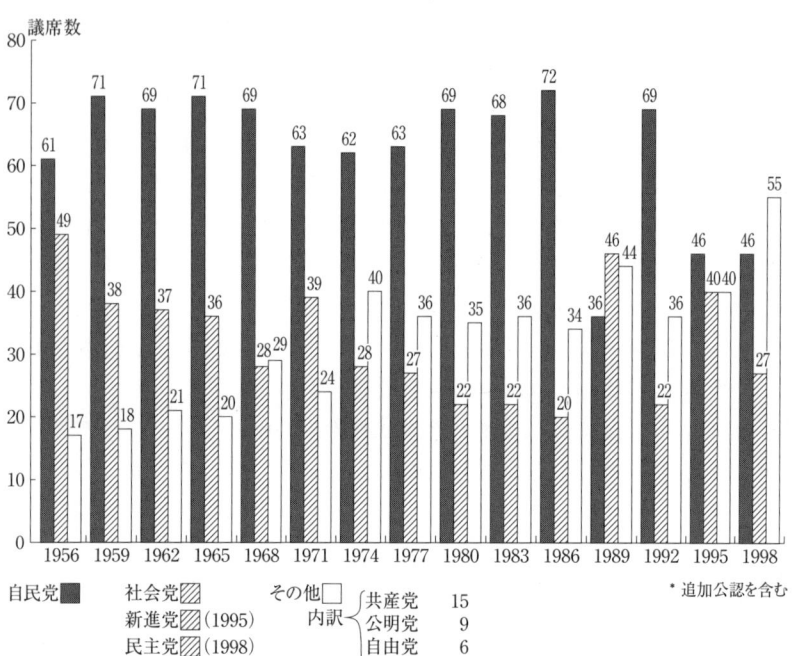

図4-1 政党別獲得議席数の変動

| 年 | 自民党 | 社会党/新進党/民主党 |
|---|---|---|
| 1956 | 61 | 49 |
| 1959 | 71 | 38 |
| 1962 | 69 | 37 |
| 1965 | 71 | 36 |
| 1968 | 69 | 28 |
| 1971 | 63 | 39 |
| 1974 | 62 | 40 |
| 1977 | 63 | 28 |
| 1980 | 69 | 22 |
| 1983 | 68 | 22 |
| 1986 | 72 | 20 |
| 1989 | 36 | 46 |
| 1992 | 69 | 22 |
| 1995 | 46 | 40 |
| 1998 | 46 | 27 |

その他 15 / 内訳 共産党 15, 公明党 9, 自由党 6, 社民党 5, 無所属 18

(社会党, 新進党(1995), 民主党(1998))

＊追加公認を含む

席が61であったから，98年の選挙で15議席減らしたことになる．その分，野党が議席を伸ばし，民主党が27，共産党が15，公明が9，自由党が6，社民党が5議席獲得した．98年は無所属の当選が18人と過去最高を記録したが，その内訳は，非自民系が15人と圧倒的に多く，自民系は新潟の田中直紀氏1人，その他が2人である．

過去15回の獲得議席数の変動をみると，自民党は1989年選挙まで，56年，71年，74年，77年の4回の選挙を除き，改選議席126（68年までは125）の過半数を単独で制し，ほぼ70議席前後を獲得していた．しかし周知のように，89年参院選では，自民党は消費税導入などの稀に見る争点選挙の影響によって大敗し，獲得議席数を一挙に36まで減らしてしまった．この数字は，社会党の獲得議席数をも大きく下回るものであった．

92年参院選では自民党は獲得議席を69と大きく伸ばし，復調ぶりを見せた．この数字は自民党の改選議席数72には及ばないものの，1980年や83年の成績とほぼ同じである．この選挙で，細川護熙が結成した日本新党は，比例区のみに候補者を擁立し，4議席獲得した．それから6年，98年の改選議席はこの選挙の時のものである．

前回の95年参院選は，93年の非自民連立政権の成立や，その後の自社さ連立政権の時代を経て初めての国政選挙として注目された．第一野党の新進党は，94年12月の結成以来，その支持率は低迷していたので，とても自民党に対抗する勢力になるとは思われていなかった．しかし，新進党は大きく躍進し，自民党と社会党は後退した．記録的な低投票率の下で，創価学会など固い組織をもつ新進党が相対的に有利であったことと，有権者が新進党に自民党に対する牽制政党の立場を求めた結果と言えよう．

95年，新進党に投票した人は98年自民党に票を入れた可能性は少ない．たとえば，東京都での出口調査によると，95年に新進党（比例区）に投票した有権者は，98年その37％が公明党に，34％が民主党に投票している．その他は，自由党16％，共産党5％，その他が3％である．自民党に投票したのは5％に過ぎない(2)．

95年参院選のもう1つの特徴は，投票率が44.5％と史上最低を記録したことである．この時の低投票率が社会の危機感を招き，投票率向上のための制度改革や投票率向上運動が行われ，それが98年の投票率の上昇に結びついた．

たとえば，98年から不在者投票の要件が大幅に緩和され，この結果不在者

投票を行ったのは480万人に及び、投票率に換算すると4.8%に相当する[3]．また、投票時間が午後6時から午後8時まで2時間延長され、この2時間の間に900万人以上が投票したといわれている[4]．その結果、投票率は14.3ポイント上回り、58.8%になった．

自民党幹部の中から「投票率を上げたらだめなんだ．行きたくない人間を投票所に行かせたら自民党に入れるはずないじゃないか」と投票率アップに八つ当りの声も聞かれたという[5]．投票率の上昇が本当に自民党の敗北をもたらしたのか．もしそうならば、どのようなメカニズムでそれをもたらしたのか．

## 第3節 投票率上昇と自民大敗のメカニズム

98年参院選における自民党の敗北の原因は、投票率の大幅アップによって、大量の無党派層が投票所に足を運んだためだと言われている．まず、これを検証してみよう．

図4-2は過去15回の投票率（地方区・選挙区）の推移をみたものである．最近5回の投票率をみると、86年参院選は衆参同日選挙のため投票率が高い．89年は消費税導入やリクルート疑惑が争点となり、有権者の政治不満が投票率を押し上げ、98年のように自民党敗北をもたらした．そのあと、92年、95年と投票率の低落傾向が続き、98年の選挙で58.84%に回復した．

図4-2には、自民党の選挙区における相対得票率と絶対得票率を併載した．相対投票率は政党の得票数を有効投票数で割ったもの、絶対得票率は政党の得票数を有権者数で割ったものである．絶対得票率を算出するためには、棄権者を含めた有権者全体で政党の得票率を割るので、投票率がどのように選挙結果に影響を与えたかがより明らかになる．

過去3回の自民党の相対得票率は、45.2%、25.4%、30.8%、絶対得票率は22.0%、11.3%、17.2%であった．図4-2から、98年の投票率の増加は、自民党の絶対得票率も相対得票率も押し上げていることがわかる．投票率の上昇とともに、自民党票も増えたのである．

投票率の大幅アップによって、大量の無党派層が流入したかどうかを知るためには、95年棄権したが、98年投票した人のプロフィールと、その投票行動に関する情報が必要である．この段階では世論調査のデータが入手できないので、朝日新聞社が行った出口調査の結果で代替しよう．

図4-2　参議院選挙区（地方区）における投票率，自民党相対得票率，絶対得票率

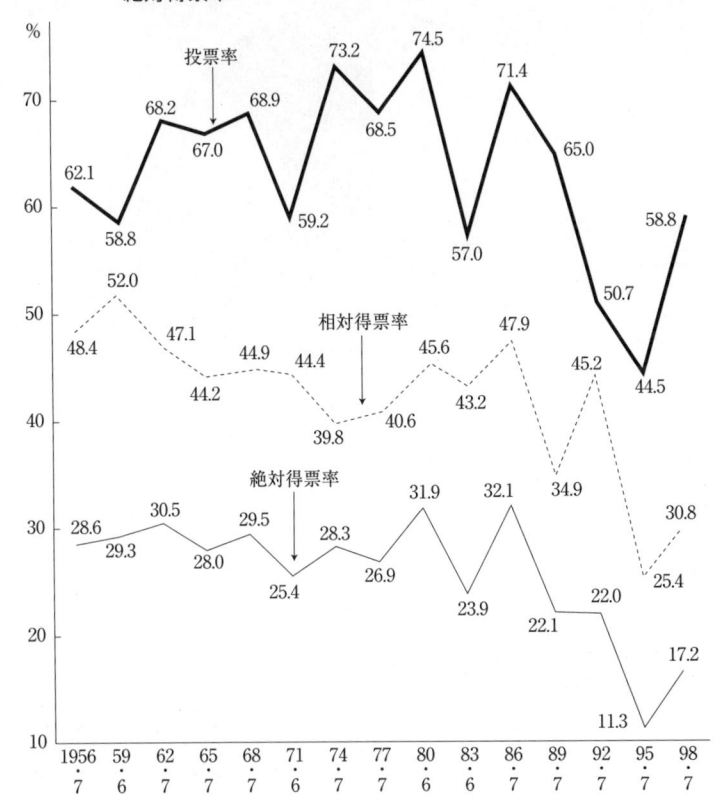

　図4-3は，95年は棄権したが98年は投票した人の，普段の政党支持と98年投票した政党（比例区）を示している．普段の政党支持では，無党派層が最も多く56％を占めている．自民が14％，民主が11％である．

　また，彼らの投票政党をみると，民主党が最も多く，比例区で31％（選挙区で20％）が民主党に投票している．次は共産党で，比例区で15％（選挙区で16％）が共産党に投票している．自民党に投票したのは，比例区で13％（選挙区16％）に過ぎない．

　では，投票者全体に占める無党派層はどのくらいで，どのような投票行動を行っただろうか．図4-4がその結果を示している．NHKの出口調査の結果によると，投票した人のなかで，無党派層は24％である．図4-3の95年棄

図4-3 95年は棄権したが，98年は投票した人

データの出所：『朝日新聞』1998年7月13日朝刊

図4-4 無党派層の行方（比例）

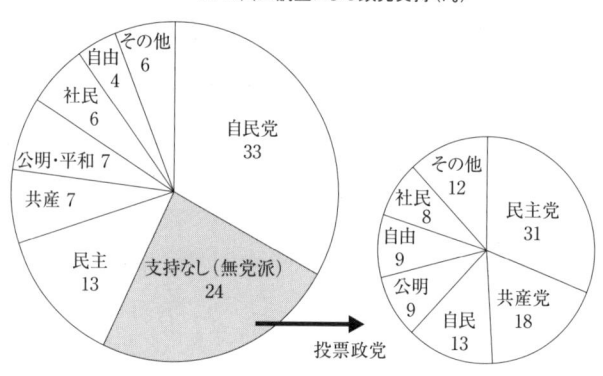

NHK出口調査による政党支持(%)

権者の中の無党派層の割合が56%であったので，それよりもずっと少ない．投票者全体に占める割合が大きいのは自民党で33%，次は民主党の13%である．

無党派層の投票政党をみると，民主党が最も多く，比例区で31%が民主党

に投票している．次は共産党で18%．自民党に投票したのは13%に過ぎない．

投票率上昇と無党派層の動員が自民敗北をもたらしたメカニズムは，①95年棄権者が投票に足を運ぶ→②95年棄権者の多くが無党派層である→③無党派層の最も多くが民主党に投票したが，同時に共産党と自民党にも投票→④自民党の絶対得票率も相対得票率も伸びるが，民主党，共産党，野党系無所属はさらに伸びた，というものである．

無党派層といっても，固定的な「常時無党派層」はわずかで，わが国では，無党派になったり政党を支持したりする「一時無党派層」が圧倒的に多い．彼らは，政治的不満が強く，イデオロギー的にはより革新的である．98年の選挙では，予想以上に投票率が上がり，本来，現状に批判的な無党派層が投票所に足を運び，その多くが民主党および共産党に票を投じた．過半数獲得を目指す自民党は，組織動員型の選挙に徹し，支持票を上積みはしたが，投票率の上昇による無党派層の大量流入によって，その効果が埋没したのであろう．

この仮説をマクロのデータで検証するために，1人区，2人区，3-4人区に分け，投票率の増減と自民党の相対得票率の変化の相関関係をみてみた．結果は予想したように，投票率が上がれば，自民党の相対得票率は下がるという，いわゆる逆（負）の相関関係が見られた．具体的には，1人区では両者の相関関係はマイナス0.41（有意水準0.05），2人区ではマイナス0.40（有意水準0.10），3-4人区ではマイナス0.60（有意水準0.29）であった．3-4人区ではサンプル数が少ないことから，統計的には有意と言えないが，相関係数の方向は予想とほぼ合致する．つまり都市型の選挙区になるほど，投票率の上昇は自民党の不利になる傾向があった．92年と98年の比較では，投票率の増減と自民党の相対得票率の変化に有意な関係はみられなかった．

ところで，無党派層はなぜ選挙の直前に投票所に足を運ぶことを決めたのだろうか．あくまで仮説に過ぎないが，マス・メディアの選挙報道のアナウンスメント効果も見逃せない要因である．たとえば先の東京都知事選では，主要新聞が選挙数日前に青島有利の調査結果を発表し，これによって官僚候補が当然勝つものと考えて諦めていた無党派層が急遽自分の一票の有効性を感じて投票に出かけたという．同じ現象が今回も起きたのではないか．選挙の5日前に，新聞各紙は一斉に議席予測を発表し，多くが自民党の議席を60前後と予想した．朝日新聞は「自民，過半数回復困難か」という一面見出し

を出している．今回も，自民党が当然勝つものと考えていた無党派層が自分の一票の有効性を認識し急遽投票に出かけたとも考えられる．

ところで，自民党大敗あるいは惨敗と言われるが，何と比較して負けたかを明らかにする必要がある．95年参院選と比較するかぎり自民党は負けていないのである．ただ，選挙区において95年から98年にかけて相対得票率が25.4％から30.8％に伸びたものの，議席獲得は31議席と変わっていない．自民党は得票率の増大を議席率の増加に結びつけることができなかったという意味での戦略ミスがある．

また，選挙区では得票率を伸ばしているものの，比例区では逆に減らしている．多くの有権者が選挙区では自民党候補者に票を入れたものの，比例区では他の政党に入れるというスプリット・ヴォーティング（分割投票）を行ったからである．そのため，比例区での議席を95年の15議席から14議席に減らしている．

しかし，この2つの説明では「自民大敗」の激震の大きさが理解できない．自民大敗のショックがあれほど大きかったのは，自民党が目標を6年前の92年参院選においていたからである．自民党は現有の改選議席を死守すべく，目標を実力以上に高くおいた．それと現実の成績の落差の大きさにショックを受けたのであろう．

図4-2をみると，92年参院選と比較すると，相対得票率も絶対投票率も低下しているが，前者の下がりかたは（マイナス14.4ポイント），後者（マイナス4.8ポイント）よりもかなり大きい．92年参院選から，98年参院選の間は，日本政治の激動の時期であり，非自民連立政権の成立と崩壊→自社さ連立政権の成立→新進党の結成と崩壊→自民党の復権→民主党の結成などの政治変動が，有権者の意識に大きな影響を与えてきた．そのなかで最も重要なものは，無党派層の増大と自民党の支持基盤の縮小である．98年の自民党敗北のショックは，自民党やマス・メディアがこれらの構造変化に注目せず，92年の時点での自民党の虚像を比較の対象としていたからではないかと思われる．自民党は自民党の虚像に負けてショックを受けたのである．

## 第4節　業績投票の出現——経済失政と自民敗北のメカニズム

与党が政権担当，とりわけ経済運営に失敗したら，選挙で政府を取り替えるというのが，アメリカ流の「業績投票」あるいは「賞罰投票」の考え方で

ある.

　マイク・モチズキ・ブルッキング研究所研究員が,投票のあと『朝日新聞』に次のようなコメントを寄せていた.「低投票率が予想されたが,58％まで達し有権者が強い関心を寄せていたことがはっきりした.経済運営で失政を重ねた橋本首相に対して,支持をやめたことも明らかになった.米国人はうれしい驚きを感じている」と.

　私事で恐縮だが,モチズキとは米国の大学院で机を並べて共に政治学を学んだ仲である.だから,彼が「うれしい驚き」を表明した理由が良く理解できる.アメリカでは普通に行われている業績投票が,日本の選挙でこれほど明快に行われたことは無かった.これまで不況になるとむしろ自民党が票を伸ばすような,過去の日本人の投票行動パターンに対してモチズキを含む多くのアメリカ人が懐疑的になっていた.

　これまで,自民党の経済運営の失敗に,明確な「罰」を与えてこなかったのは,有権者が野党の政権担当能力を信頼してこなかったからであろう.

　小林良彰は,もう１つの解釈をしている.これまで業績投票が行われなかったのは「景気が悪くなるほど『中央とのパイプ』を持つ与党議員が選挙で力を発揮してきたからである.『私には,中央とのパイプがある』とか『与党の空白区となってもいいのか』という運動が,仕事を求める有権者に影響し,しばしばそれは単なる脅しではなく,現実の出来事となって示されてきた」からであるという.[7]

　業績投票のモデルを最初に確立したM.フィオリナによると,政党業績評価には直接的な経験に基づく評価と,マス・メディアなどによって形成される間接的な評価があるという.[8]

　日本の不況はもはや「臨界点」に達しており,直接的に不況の影響を被っていない人でも,マス・メディアの報道を通して危機感を共有している.

　三宅一郎はわが国における業績評価と投票行動の因果関係を図４−５のようにモデル化している.内閣の業績評価は政党支持に影響を与え,それが次の時点での自民党への投票行動を左右する.また,内閣の業績評価は内閣への期待度を通って,弱いながらも自民党投票に影響を与えている.

　このモデルに沿って98年の自民敗北を考えると,橋本内閣の経済政策の失政はまず自民党支持を低下させ,それが反自民的投票行動をもたらした.また,橋本内閣の経済政策の失政は内閣への期待を著しく下げ,それが自民党

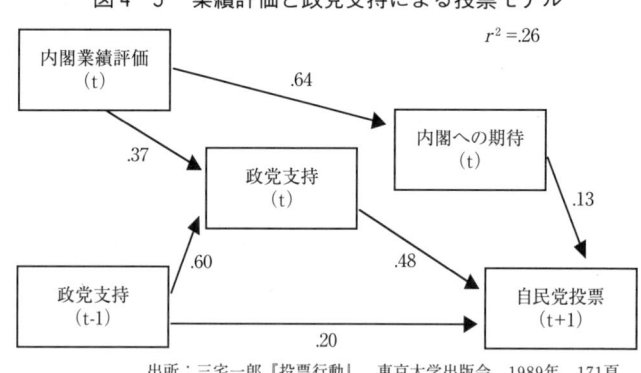

図4-5 業績評価と政党支持による投票モデル

$r^2 = .26$

[図：内閣業績評価(t)から政党支持(t)へ.37、内閣業績評価(t)から内閣への期待(t)へ.64、内閣への期待(t)から自民党投票(t+1)へ.13、政党支持(t-1)から政党支持(t)へ.60、政党支持(t)から自民党投票(t+1)へ.48、政党支持(t-1)から自民党投票(t+1)へ.20]

出所：三宅一郎『投票行動』，東京大学出版会，1989年，171頁.

への投票を抑制した．ただ，自民党はこれまで積み立ててきた予備支持があるので，経済政策の失政にもかかわらず，強い自民党支持者は自民党を支持し続け，自民党に投票し，自民党のさらなる敗北を防いだのである．ただ，この時点では，ミクロの調査データがないので，あくまで仮説にとどまるが，以上のような業績投票の出現が自民党の敗北に一役買ったことは十分予想される．

## 第5節　与野党の選挙戦略—野党協力と自民党候補の共倒れ

野党間協力は35の選挙区で，43人の候補者に対して行われた．とりわけ，公明が参加している選挙協力が効果的で，20選挙区で18勝2敗の成績であった．反面，社会党やさきがけが参加している選挙協力は振るわなかった．両党の勢力の低下が，選挙協力の効果にも影響している．

98年はまた，野党相乗りの無所属候補の善戦が目立った．1人区でも野党協力によって5議席を獲得した．1人区で野党が自民党を凌駕するためには，効果的な野党協力だけでなく，候補者の質も必要である．徳島では，野党が故三木武夫元首相の長女，高橋紀世子を擁立し，「野党協力」プラス「候補者要因」で自民党候補に勝利した．青森の田名部匡省も野党協力プラス候補者の知名度で自民党候補者を制した．

すでに，投票率の上昇が自民党の相対得票率にマイナスの影響があったことを見てきた．正確に野党間協力の効果を測るためには，協力のなかった選挙区における票の伸びと，協力が行われた選挙区における票の伸びの差を測

定しなければならない．言いかえると，投票率の影響を排除した上で，野党間協力の効果をみる必要がある．

投票率の影響をコントロールしつつ，野党間協力の効果を，ダミー回帰分析を用い計測したところ，野党協力は自民党の相対得票率を押し下げている（逆に言えば，野党候補の相対得票を押し上げている）ことがわかった．得票率に対する相対的効果は野党協力のほうが大きい．この傾向は，95年→98年の自民党相対得票率の増減でも，92年→98年の自民党相対得票率の増減でも同じである．

それでは自民党の過剰公認は野党の伸びを助けただろうか．選挙区で複数の候補者を擁立する場合，候補者の数と予想得票率を正しく見積もる必要がある．それに失敗して，過剰公認すると共倒れとなり，過少公認すると死票が生じる．98年は，多くの選挙区で自民党が複数擁立を行った．その影響はどのように出たであろうか．

過剰公認の結果，自民党が議席を失ったのは，東京，愛知，神奈川，埼玉，岐阜の5議席である．これらの選挙区で自民党が1人に候補者を絞っていれば，5議席の増加が望めたことは確実である．同じ複数区でも，2人区における複数擁立の危険性は，同じ党の候補が競り合っても，少なくとも1人は当選すると言う意味で，自民党の支持基盤が弱い東京，大阪，愛知，神奈川，埼玉よりも少ないようだ．

## 第6節　バッファー・プレイヤーと分割投票

98年の選挙のもう1つの特徴は，選挙区で自民党候補に投票しながら，比例区では他の政党に投票するスプリット・ヴォーティング（分割投票）の多さである．選挙区での自民党の相対得票率が30.8%，比例区での相対得票率が25.2%，であるから，多くの人がスプリット・ヴォーティングを行ったことになる．具体的な数字で言うと，312万人が自民党から他党にスプリット・ヴォーティングを行った．その影響で，自民党の比例区での議席が伸び悩んだ．

わたしは，スプリット・ヴォーティングの増加は，バッファー・プレイヤー（牽制的有権者）の投票行動の1つの形態ではないかと思っている．バッファー・プレイヤーとは，「基本的に自民党政権を望んでいるが，政局は与野党伯仲がよいと考えて投票する有権者」と定義しうる．自民党政権が長く続

き，野党の政権担当能力が不足している状況の中で生まれた，日本独特の投票行動である．彼らは，自民党政権を存続させることによって政策の安定性と一貫性を確保し，自民党を与野党伯仲という不安定な状況に置くことによって，自民党の国民に対する応答性を求める．それが，80年代の自民党一党優位体制の存続と不安定性に寄与してきた．

新党の登場や政権交代によって，自民党の政権担当能力イメージの独占が破綻し，バッファー・プレイヤーが著しく減少した．98年のスプリット・ヴォーティングをみると，3-4人区の都市型選挙区では，選挙区の自民党票は比例区のそれとあまり違いはない．しかし，1人区では選挙区の自民党票は比例区のそれを大きく上回っている．そのことは，都市部のバッファー・プレイヤーが与野党逆転志向者に転向し，選挙区も比例区も野党に投票したことを示唆している．地方のバッファー・プレイヤーは選挙区で自民党候補に投票し，比例区では自民党の失政に罰を与えるために非自民政党に投票したのである．

## 第7節　結論と含意

本章の目的は，①投票率の上昇と無党派層の動員が本当に自民党の敗北をもたらしたのか，②業績投票とは何か，98年の業績評価はどのようなメカニズムで自民党敗北に結びついたのか，③野党協力や自民党の候補者の過剰公認といった与野党の選挙戦略は，どの程度選挙結果に影響を与えたか，④バッファー・プレイヤーは98年の選挙でどう動いたか，の4つの観点から98年の参院選を分析することにあった．分析の結果以下のことが明らかになった．

投票率の上昇と無党派層の動員が自民党の敗北をもたらしたメカニズムは，95年棄権者の多くが投票したこと→その多くが無党派層であったこと→無党派層の最も多くが民主党に投票したが，同時に共産党と自民党にも投票したこと→自民党の絶対得票率も相対得票率も伸びたが，民主党，共産党，野党系無所属はさらに伸びた，というものである．言い換えれば，予想以上に投票率が上がり，本来，現状に批判的な無党派層が投票所に足を運び，その多くが民主党および共産党に票を投じたのである．過半数獲得を目指す自民党は，組織動員型の選挙に徹し，支持票を上積みはしたが，投票率の上昇による無党派層の大量流入によって，その効果が埋没した．実際，都市型の選挙区になるほど，投票率の上昇は自民党の不利になった．

ただ，自民党大敗あるいは惨敗と言われるが，95年参院選と比較するかぎり自民党は負けていない．98年の選挙結果のショックがあれほど大きかったのは，自民党が目標を6年前の92年参院選においていたからであり，目標を実力以上に高くおいたためである．目標と現実の成績の落差の大きさにショックを受けて，自民党は「失神状態」に陥ったと言える．

与党が政権担当に失敗したら，野党に投票するというのが，「業績投票」の考え方である．これまで，自民党の経済運営の失敗に，明確な「罰」を与えてこなかったのは，有権者が野党の政権担当能力を信頼してこなかったからである．しかし，日本の不況はもはや「臨界点」に達しており，多くの人が政府の経済政策に不満を持っている．直接的に不況の影響を被っていない人でも，マス・メディアの報道を通して危機感を共有している．

三宅一郎の業績投票モデルに沿って98年の自民敗北を考えると，橋本内閣の経済政策の失政はまず自民党支持を低下させ，それが反自民的投票行動をもたらした．また，橋本内閣の経済政策の失政は内閣への期待を著しく下げ，それが自民党への投票を抑制した．ただ，自民党はこれまで積み立ててきた予備支持があるので，経済政策の失政にもかかわらず，強い自民党支持者は自民党を支持し続け，自民党に投票し，自民党のさらなる敗北を防いだ，という仮説が成り立つ．

98年，野党間協力は効果的に行われたが，とりわけ，公明が参加している選挙協力が効果的である．一方，社会党やさきがけが参加している選挙協力は振るわなかった．また，投票率の影響をコントロールしつつ，野党間協力の効果を計測したところ，得票率に対する相対的効果は投票率の影響より野党協力のほうが大きいことがわかった．一方，自民党は実力以上に過剰公認し，東京，愛知，神奈川，埼玉，岐阜の5議席を失った．

バッファー・プレイヤーの投票行動も自民党不利に働いた．バッファー・プレイヤーとは「政治の安定は好ましいと思うものの，自民党が勝ち過ぎると面白くない」と考えて，自民党のおごりを牽制するために野党に投票したり棄権したりする人々である．バッファー・プレイヤーは，失政に罰を与えるために，比例区では自民党に投票することを手控え，いわゆる，スプリット・ヴォーティングを行った．実際，312万人が自民党から他党にスプリット・ヴォーティングを行い，その影響で，自民党の比例区での議席が伸び悩んだのである．

以上のように，98年の選挙では，無党派層の動員，業績投票の出現，与野党の選挙戦略，バッファー・プレイヤーのバランス感覚が，相互に作用しながら（92年と比較して）自民大敗をもたらしたのである．ここで忘れてならないのは，これらの要因は表層的なもので，92年参院選から，98年参院選の間に，日本政治に，無党派層の増大と自民党の支持基盤の縮小という大きな構造的変化が起きたことである．92年参院選当時の自民党ではなく，95年参院選当時の自民党の姿が正しい姿かも知れない．自民党は98年の選挙で自分のまことの姿を見てショックを受けたのである．

　民意は動き，政治はふたたび活性化した．しかし，98年の選挙結果は自民党と民主党にいくつかの課題を課すものになった．
引き続き政権を担当する自民党は，困難な経済運営を成功させ，次の選挙で有権者の信任を得るべく努力することになる．これまでの，自民党の支持回復のメカニズムを見ると，問題の発生→内閣支持率の低下→自民支持の低下→政党支持なしの増加→選挙での敗北→新内閣の成立→政策変更→自民支持の回復→選挙での勝利，のパターンが一般的である．

　その過程で，伝統的な組織活動によって保守層を組織し，選挙の時は地縁，血縁，学閥，後援会などによる集票組織を動員する．また候補者は「中央とのパイプ役」，「使い走りにつかってください」など，郷土への利益誘導を強調する．このような自民党政治では，国家レベルにおける争点は必然的にかすみ，政治は矮小化する．すでに述べたように，伝統的な自民党の支持基盤は縮小している．その縮小した支持基盤だけに頼る自民党政治に対する反乱が98年の参院選であろう．

　経済が右肩上がりに成長していたときには，このような利権配分の政治が所得分配マシーンとしてうまく機能してきた．しかし，稀に見る経済不況のなかで，さらなる国際貢献が求められ，高齢化社会の負担が重くのしかかってくるとき，「利権配分の政治」からの脱却が求められている．これまで国家を支えていた（と信じていた）官僚制度の相対的地位の低下とともに，政権党の役割はますます重要なものになってきていることを重く認識すべきだろう．

　一方，結成以来内紛が噂され，支持率も低迷していた民主党だが，98年は自民党相手に善戦した．98年の選挙結果によって，民主党が第一野党としての立場を確立したと言えよう．ただ，98年の民主党の好成績は強い支持に支

えられたものではないことを認識すべきだ．事実，1人区で民主党が独自で戦う力はない．衆院の小選挙区や参院の1人区は，好むと好まざるとに関わらず，最大政党に有利，小政党に不利である．無党派層の動向を一定と仮定すると，どうみても自民党が有利であり，野党間協力がない限り野党候補が当選することは困難である．逆に，自民党にとっては野党勢力を分断することが最も望ましい戦略である．民主党には野党結集の中心として，自民党に対する対抗勢力を形成する役割が求められている．その点，参考になるのは野党相乗りによって善戦した無所属候補である．1人区で野党が自民党を凌駕するためには，効果的な野党協力だけでなく，候補者の「質」も必要であることを示している．

与野党の意味ある競争がより高次元の民主主義への道である．

---

謝辞　データの分析にあたって，当時東大法学部蒲島ゼミの木村敬君にお世話になった．記して謝意を表したい．

（1）『毎日新聞』1998年7月13日．
（2）『朝日新聞』1998年7月13日．
（3）『読売新聞』1998年7月13日．
（4）同上．
（5）『毎日新聞』1998年7月13日．
（6）蒲島郁夫『政権交代と有権者の態度変容』，木鐸社，1998年．
（7）小林良彰「『業績評価投票』へ転換」『朝日新聞』1998年7月14日夕刊．
（8）平野浩「選挙研究における『業績評価・経済状況』の現状と課題」『選挙研究』13号，1998年．

　　　　　　　（初出：「98年参院選　自民大敗の構図」『中央公論』1998年9月号）

# 第5章 政治変動期の有権者の投票行動
―浮動票分析―

米谷寛子

## 第1節 論文の目的

　1993年の自民党の分裂，およびその後の非自民連立政権の成立は，長きにわたった自民，社会両党による55年体制の終焉をもたらした．それ以降，自社さ連立政権，新進党の結成と解体，民主党の結成という政党の離合集散は続き，現在でも政界再編が政党や政治家の政治的権力競争の中心として模索されている．このような日本政治における政党，政治家というエリートレベルでの政界再編という政治変動に対して，有権者のレベルでの投票行動はどのような変動が起こったのだろうか．

　このような疑問に基づき，本章は政治変動期の有権者の投票行動を分析することを目的とする．特に，有権者の行動の変化を浮動投票に焦点をあてて分析する．投票への規定要因を既存の様々なモデル[1]に基づいて分析するのではなく，むしろそれらの枠にとらわれず，浮動投票そのものを眺めることで新たな知見を探るという探索的な分析となる．

　具体的には，政界再編による投票行動の変容を明らかにするため，80年代以降の選挙における浮動票を連続的に見ていくことにする．また，選挙区ごとの特性の影響を受けやすい衆議院選挙ではなく参議院選挙の比例区を取り上げる．詳しくは，2節以降で述べていくが，参議院選挙分析，さらに浮動票の分析の希少性から，本章は，投票行動研究の発展に対する貢献を果たしうると考える．

　本章の構成は以下のとおりである．第2節で本章の目的に関係する先行研究の検討と論文の意義を明示する．第3節では，浮動票と選挙結果との関連から，特に自民党の浮動票を分析対象とする理由を明らかにし，分析の枠組

みを提示する．具体的な分析の詳細は，第4節以降となる．第4節では，オッズ比・平均比を用いて浮動票の生起する要因とその時系列的な変化を探る．第5節では，多変量解析により浮動票の特徴を浮き彫りにする．さらに，第6節では，特に政界再編期以降の浮動票について取り上げ，エリートレベルの政治変動と浮動票との関係を明らかにする．第7節で結論をまとめ，含意を提示する．

## 第2節　先行研究と論文の意義

90年代以降，有権者はどのような動きを見せたのだろうか．ここではまず，政治変動期の有権者の政治的態度に焦点を当てた先行研究をとりあげ，考察していく．本章の目的に対して既存の研究では見えない点を指摘していくことで，本章の分析の方向性とその意義を明らかにしていきたい．

93年の55年体制の崩壊とその後の政界再編という政治変動期の有権者の分析には，政党支持概念を用いた研究が多い．例えば，三宅一郎は93年の衆議院選挙の前後における新生党，さきがけ，日本新党の支持者集団の党派的・社会的構成とその安定性を分析している[2]．さらに，政権の交代や連立の枠組みの変化が，政党支持や政治的態度に与えた影響をパネル調査により実証的に分析し，連立の枠組みで説明できる変化を明らかにしている[3]．また，蒲島郁夫も93年の政権交代以降の有権者の政党支持の変動を同じパネル調査を用いて実証的に追跡している[4]．特に自民党，社会党，共産党など既存政党の支持がどのように変動したのか，新進党に参加した政党の支持者の散逸，さらに無党派層の形成を分析している．

このように政党支持が投票行動の研究対象であるのは，政党支持が投票行動に与える要因として重視されてきたからである．しかし，三宅や蒲島が指摘するように[5]日本において政党支持は非常に不安定なものであるし，政党支持が無党派に移り変わっても投票行動自体は変化せず安定している場合もある．また，エリートレベルの政治変動との関係を探る場合には，政党支持は，投票行動に比べて結果に対する影響という意味ではより遠くなる．つまり，政党支持が実際の行動に結びつかなければ結果に対してそれほど意味を持たないことになる．政党支持の変動は重要であり，特徴的でもあるが直接選挙結果を規定しているわけではなく，したがって投票レベルの分析をした方がよいと考える．よって本章では，政党支持ではなく選挙での実際の投票行動

を対象とする.

次に,政党支持ではなく投票行動のレベルで93年以降の政治変動を分析した先行研究を検討してみる.小林良彰は,93年の投票行動を分析し,これまで自民党に投票していたかなりの有権者が新生党,さきがけ,日本新党といった新党に流れたこと,社会党は支持基盤自体が縮小するとともに社会党に投票していた多くの有権者が棄権をしたことを,投票の変化から明らかにしている.(6) さらに,社会的属性,争点態度,業績評価に注目し,自民党一党優位体制が連立政権に移ったことによって,それらと有権者の投票行動の間の関係にもたらされた変化を分析している.(7) 同じく蒲島も,93年の衆議院選挙に着目し,新党投票者の社会的属性,イデオロギーや政策態度を分析するとともに政党支持との関係で新党票がどこから来たのかを明らかにしている.

これらの先行研究は,投票行動のレベルで政治変動を分析しているが,いずれも衆議院選挙を取り上げている.(8) もともと選挙の研究では,衆議院を対象とするものが多い.しかし,93年以降の政界再編という政治変動が,有権者の投票行動に与える影響を見るには,衆議院は,以下の点で限界を有する.衆議院の選挙を取り上げる場合に生じる限界の一つは,選挙区の影響を受ける点である.その選挙区に政党がすべてそろうわけではなく,選択肢の不一致が生じる.例えば,93年の衆議院選挙では,新党候補者がいるところといないところでは結果に大きな違いが生じている.新党候補者がいることにより自民,社会両党の候補者はいずれも得票を減らしたが,新党候補者がいない選挙区では,自民党は決して票を減らしているわけではない.(9) また,衆議院の選挙は候補者ベースで投票が動くということも挙げられる.政治変動により有権者が行動を変化させたときに,それが有権者の政治意識をダイレクトに反映しているとはかぎらず,組織的要因の影響を否定できない.例えば,自民党の分裂により結成されたさきがけや新生党は,自民党時代からその候補者に投票し続けるコアグループの存在が確認されている.(10) つまり後援会組織ごと移動した有権者の存在を示唆する.他にも衆議院は,解散により選挙の実施時期が左右されることや,中選挙区から小選挙区比例代表制という選挙制度の改変を経ていることから,有権者の動向の時系列的な変化を見るには注意が必要である.(11)

以上のような衆議院の制度的な限界を考慮すると,有権者の投票行動の変化を見るには,選挙区の影響を受けない全国を単位とする比例区があり,か

つ3年という定期的な期間に行われる参議院選挙の方が，分析対象としてより適切であると考える．よって本章は参議院選挙をその対象とする．

では，参議院選挙の投票行動についてこれまでどのような研究がなされてきたのであろうか．86年の選挙では，小林良彰[12]や加藤博久[13]の分析があるが，これらは参議院選挙の分析というより衆参同日選挙であったことから衆議院と同様に参議院選挙を取り上げているに過ぎない．その中で，研究者により様々な視点から分析が実施されたのは，89年参議院選挙であろう．例えば，三宅一郎は，政党支持の社会構成の変化，政治的認知と心理的な政治への関与の変化，政策体系と政策課題の優先順位の変化という3つの側面から89年の参議院選挙の政治変動は，逸脱か政党再編成といえるのか分析した結果，89年の参議院選挙は「一時的な逸脱」であって再編選挙ではないと結論付けている[14]．蒲島郁夫も同じく89年の選挙について，自民大敗，社会大勝の選挙結果は市町村の社会経済的特性の影響は受けず全国一律に起こった現象であったこと，政党支持と投票行動の関係の分析から弱い自民党支持者が浮気的行動をした結果もたらされたものであり構造的変化ではなく一時的な現象にすぎなかったこと，さらに消費税という争点の選挙に与えた影響を分析している[15]．また，水崎節文は一人区にスポットをあて，上昇した投票率が浮動票として自民党以外に流れたこと，さらに地域によってはこれまでの自民票が離反したことを明らかにしている[16]．このような多くの分析がなされたのは[17]，89年の選挙が「山が動いた」と表現されるほど，自民党が大敗し，社会党が大きく勝利した選挙であり，日本の政治に与えるインパクトが巨大であったことに依拠している．そして，選挙直後にメディアが，再編選挙であるかのように興奮気味に報じたこともあり[18]，逸脱か再編か冷静な分析により見極める必要があったからでもある．

同様に，98年の参議院選挙も事前の予測やメディアの情勢報道に反して自民党が敗北したことから，その構造と原因について分析がされている[19]．蒲島は98年の選挙の自民党敗北の原因を，92年以降の政党支持とその拘束力，無党派層の増大との関係から明らかにするとともに，当時の政府への業績評価がもたらした影響について分析している[20]．

このように，参議院選挙が分析対象となるかどうかは，風が大きく吹いているとか，日本の政治に与えるインパクトが巨大であるといった個々の選挙のユニークさに依拠しているといえる．それゆえ，参議院選挙の投票行動を

時系列的に見た選挙はほとんどないのも事実である．89年の選挙はその時点では，一時的な逸脱に過ぎなかったのかもしれない．しかし，それ以降の参議院選挙については，あまり分析が実施されていない．選挙結果に大きな変動があってもそれがすぐに政党再編，政界再編を意味しているわけではないが，選挙が逸脱なのかそれとも再編を伴うものであったのかは，選挙毎の分析ではなく選挙を経年的に分析して始めてわかるはずである．つまり，複数回の選挙を比較し，経年的にその変化を分析する視点がこれまでの参議院選挙の分析では少なかったが，それは必要な作業だといえる．

　以上述べてきたような先行研究では不十分な点を踏まえ，本章では，政党支持ではなくより選挙結果に近い投票行動を対象とし，定期的に行われる参議院選挙の比例区における有権者の投票行動を時系列的に見ていくことにする．それにより，先行研究が見逃してきた点にスポットをあてることになり意義があると考える．

## 第3節　分析の枠組み

### 1. 分析対象としての浮動票

　前節の先行研究の検討により，本章は，参議院選挙の比例区における投票行動を対象とすることを提示してきた．そして，本章の分析は以下のような理由により，特に有権者の投票行動を票のゆれ，つまり浮動票に焦点をあてて分析する．

　90年代以降の有権者の特徴としては，無党派層の増大が指摘できる．政治家の金銭スキャンダルは有権者の政治家への不信を増大させた．また自民党，社会党とは別の新たな視点を持つ新党の出現は一時的に有権者に政党支持の変化をもたらしたが，その後の離合集散により有権者の支持は行き場を失い，特定の支持政党を持たない無党派層が増大することになった．このような無党派層の浮動的行為が，選挙結果に与える影響が大きくなってきている．

　90年代以降，浮動票と「無党派層」がほぼ同義的に扱われているようにも思える．本章では，前節でも述べたとおり，調査によって比較的確実にとらえられる具体的行動のレベルでの基準を採用し，投票行動（投票参加もしくは投票政党）を変えるという浮動投票を分析対象とする[21]．選挙結果に直接つながる行動のレベルを取り上げることで，有権者の選択がどのように変化し

たのかを探ることができるはずとの考えに基づくものである.

前節で述べた理由から,前後2回の参議院選挙の比例区での投票政党をとりあげ,その間投票行動（投票政党）が変わった浮動票を対象とする.なお,データは明るい選挙推進協会による世論調査データを使用し[22],第13回参議院選挙(1983年)から第19回参議院選挙(2001年)の7回分を取り扱う.ただし,参議院選挙は3年毎に実施され前回の投票政党というのは記憶による回答をもとにするため,信頼性という点で問題が残ることは否定できない[23].また,実証データが示すように前回の投票政党について,わからないもしくは言いたくないといった回答が多くなってしまったことも問題として残る.しかし,浮動票がどのような要因によって生起され,その構造がどのように変容してきたかについては,部分的に探ることができるであろう.

## 2. 参議院選挙における浮動票

前項で,分析対象を投票行動（投票政党）が変更したという意味での浮動票とすることを示した.無党派層の増大により浮動票の結果に与える影響が大きくなっていると考えられるが,ここで実際に浮動票が選挙結果に与える影響について過去7回の参議院選挙の結果を振り返りながら確認してみる.

図5-1aから5-1dは,前回投票先を自民,非自民,棄権,その他（選挙権がない・いいたくない・わからない）の4つに分類し,それぞれの今回投票政党を時系列で示したものである.本章の対象となる83年以降の参議院選挙を振り返りながら,票の変動を観察していく.

83年の参議院選挙は,中曽根康弘首相のもとで行われた.争点としては,ロッキード事件による政治倫理問題が挙げられる.この選挙の結果は,図5-1aで前回自民投票者の70.7％が自民党に投票していることを示しているとおり,自民党は選挙前の勢力とほとんど変わらず安定過半数を維持した.この選挙の特徴の一つは,図5-1cが前回棄権者の72.5％が再び棄権していることを示しているように,当時としては最低の投票率を記録したことである.この年は亥年であり,統一地方選と同じ年になる12年周期でやってくるこのような低投票率を「亥年現象」と呼ぶ分析もある[24].その次の86年の選挙は,80年に引き続いて,史上2回目の衆参同日選挙であった.80年代の保守回帰の動きの中で中曽根内閣は比較的高い支持率を維持していた.この選挙では,行政改革,日米同盟強化などを模索する中曽根政治への是非が問われた.結

図5-1a 前回自民投票者の投票先   図5-1b 前回非自民投票者の投票先

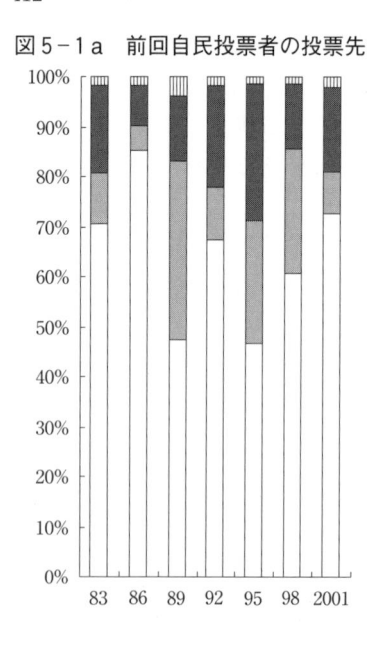

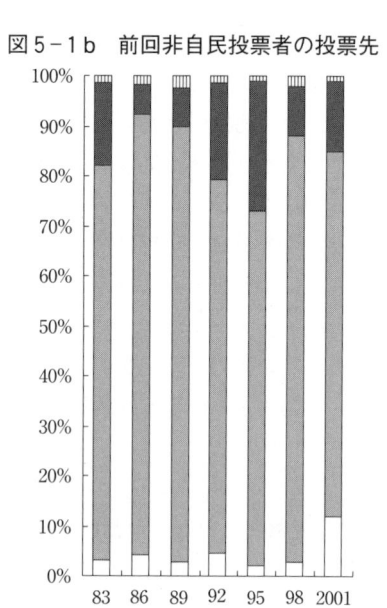

図5-1c 前回棄権者の投票先 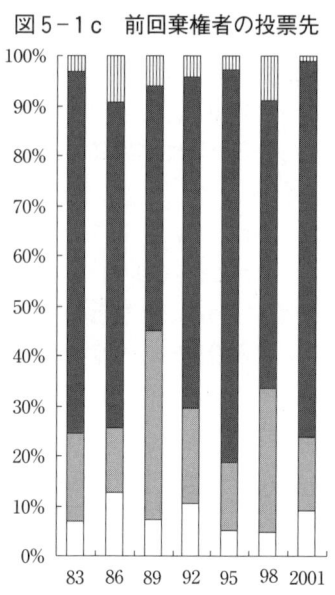   図5-1d 前回その他の投票先

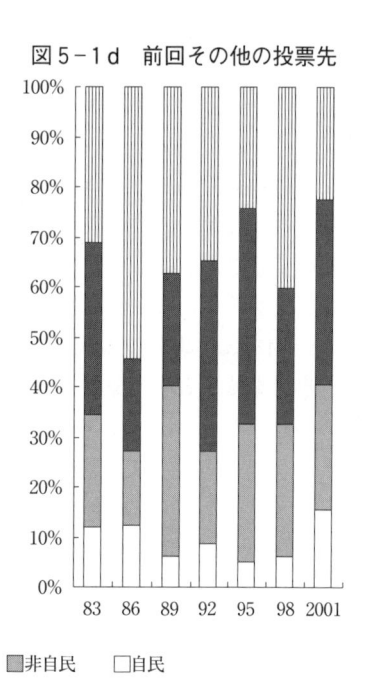

その他　棄権　非自民　自民

果は，図5-1aで自民党の歩留まりが85.3%という非常に高い数値を示しているとおり自民党は，衆議院で議席数300の大台を突破するだけでなく参議院でも圧勝した．前回自民党以外に入れた人が特に自民党に流れているわけではないことから，歩留まりの高さが自民党に勝利をもたらしたといえるだろう．

　このような83年，86年の安定した自民党の戦いぶりが一変するのが89年の選挙である．当時の首相は，退陣した竹下登の後を受けた宇野宗佑であった．この選挙は，リクルート疑惑，消費税，農業問題などに対して自民党が逆風を受ける中で実施された．結果は，一転して自民党の歩留まりが50%近くまで下落しているとおり，自民党が惨敗し過半数割れとなる．86年に自民党に投票した有権者のうち35.7%がこの回には，非自民政党に投票しているのであり，普段は自民党に投票している人が社会党に浮気的に投票したということが分かる．また前回棄権者と前回その他と回答した有権者が，いつも以上に非自民に投票している．この選挙ではいつも自民党に入れていた有権者だけでなく，棄権や態度のはっきりしない人も非自民，特に社会党に流れたことを示唆しているといえよう．

　では，このような89年の変動が92年の選挙ではどうなったのだろうか．当時の首相は宮沢喜一であり，争点はPKO問題や政治改革などが挙げられる．結果は自民党が一応勝利したといえるものであった．図5-1aからも自民党の歩留まりが83，86年水準まで回復していることが分かる．しかし，この選挙が55年体制下で行われた最後の参議院選挙となり，93年の自民党分裂，さらに非自民政権の成立へとエリートレベルでの政界再編が引き起こされる．55年体制の崩壊後，初の参議院選挙となる95年の選挙では，有権者の行動が大きく変化したことが図5-1aからうかがえる．この選挙は，細川護熙，羽田孜の非自民政権の後，自民，社会，さきがけという枠組みで94年に発足した村山富市内閣のもとで行われた初の国政選挙であった．景気対策や自社さ政権への是非などが問われた．また，非自民勢力は，小沢一郎を中心として新進党を発足させ自民党への対抗を示していた．自民党の歩留まりは89年をさらに下回る46.6%となり，自民党の多くの票が非自民と棄権へ流れた．また，図5-1bから非自民投票者の歩留まりも下がっていることから，政界再編により多くの票が棄権に流れたことを示唆している．

　98年の選挙は，社会，さきがけが離れ，再び自民党単独政権となった橋本

龍太郎首相のもとで行われた．橋本首相は，財政再建路線を目指していたが，景気の悪化への批判は高まっていた．95年選挙で躍進した新進党はグループ間の対立から解党し，鳩山由紀夫らによって立ち上げられた民主党が野党第一党の位置にいた．選挙結果は，事前の予想に反し自民党の敗北であった．98年における前回自民投票者の動きからは，自民党の歩留まりは80年代水準には届かないものの上昇していることが分かる．そして，図5-1cから前回棄権者がいつも以上に非自民に投票していることから，この選挙では自民党は歩留まりでは善戦したが，前回棄権者の多くが非自民に流れたことが大きく影響しているといえよう．

では，直近の2001年の選挙ではどのような票の変動があったのだろうか．2001年は，低支持率に苦しんだ森喜朗首相の後を継いだ，小泉純一郎首相のもとで行われた．総裁選で地すべり的な勝利を納め，発足当時90％近い驚異的な支持率を記録した小泉首相の人気により，選挙でも小泉ブームと呼ばれる追い風が吹き，自民党は勝利を納めた．2001年の選挙では図5-1aが示すとおり，自民党の歩留まりも80年代水準まで上昇している．またこの選挙での特徴は，前回棄権者や前回その他と回答した有権者がいつも以上に自民党に流れているだけでなく，図5-1bのグラフが示すとおり，前回非自民投票者もかつてない水準である11.6％もの人が自民党に投票先を変更している．このことからも小泉効果が広く有権者に浸透し，投票行動に変化をもたらしたことが分かる．

### 3. 自民党の得票と浮動票

前項では，浮動票が選挙結果全体に与える影響を示しながら，参議院選挙の結果を振り返ってきた．そこで特徴として挙げられるのは，自民党の票の変動が浮動の中心であり，選挙結果全体に大きな影響を与えているということである．つまり，選挙結果は，自民党を中心とする票の移動（浮動投票）によって説明できるということでもある．

ところで，自民党の得票率の変動は，自民党一貫投票者割合の変化，他の政党，棄権への流出，他の政党に投票した人・棄権者からの流入に分けられる．言い換えると，自民党にとっては，一貫投票者をできるだけ高い割合で維持すること，他の政党や棄権への流出をできるだけ少なくすること（この両者は表裏一体であるが），そして他の政党に投票した人や棄権した人をど

れくらい取り込めるかということが重要となる．ここで前回非自民投票者の票の移動を確認しておこう．前回非自民投票者は，該当回にも約80％が非自民に投票しており，自民党より高い歩留まりを維持している(26)．自民党との関係で言えば，非自民から自民に変更する有権者はわずかであるということが図5-1bからも明らかである．前回，棄権と回答した人は，やはり該当回も棄権することが多く，前回その他と回答した人は，同じくその他・棄権が多い（図5-1c・d）．そして，両者とも，自民党への流出は選挙回により変動はあるもののいずれも非自民への流出より低く10％前後である．つまり，自民党は新しい有権者の獲得には一貫して成功しておらず，その自民党の得票の大部分は前回自民投票者の票の変動が左右していることがいえる．

しかし，図5-1aでも明らかであったように，89年の選挙以降，歩留まりの下落つまり浮動票の増加が著しい．「山が動いた」といった土井たか子社会党委員長（当時）の言葉どおり，社会党が大きく議席を伸ばしたこの選挙は，研究者には一時的な逸脱とする分析が多い．89年の選挙は逸脱であったとしても，それ以降の自民党は，非自民や棄権への流出が増え，かつてのような高い位置で歩留まりを維持することが困難となっているのも事実である．

では，このような自民党の浮動票の増加は，何に由来するものだろうか．ここで，80年代における自民党の票の構成を考えてみる．自民党に投票した人には，積極的な支持による投票者と他に政権を担当できる政党がいないことによる消極的な投票者がいたと考えられる．後者の説明をすぐれた形で提示した研究に，蒲島のバッファー・プレイヤーの議論と田中愛治のシステム・サポートの概念がある．

蒲島は，基本的には自民党政権を望むが，与野党伯仲による勢力の均衡を望む有権者群をバッファー・プレイヤーと名付けた(27)．そして，自主的に投票先を自民党と社会党もしくは棄権の間で票を変える彼らの行動が，自民党一党優位体制の存続と不安定性に寄与してきたと指摘している．しかし，蒲島が「自民党に代わる政権担当能力イメージを持つ政党が登場すれば，自民党に感情的な愛着を持たず，手段的に自民党に政権を担当させているバッファー・プレイヤーは，政権交代を選ぶであろう」(28)と指摘するように，90年代に入ってエリートレベルの政界再編が起こり，これまでバッファー・プレイヤーといわれていた人は，新進党や民主党など新しい政党に投票変更することが可能となったといえる．

また，田中愛治は，システム・サポートの概念を用いて，自民党に変わりうる政党がないため，日本の政治経済システムの存続を望む表現として，自民党を支持してきた有権者の存在を説明している[29]．そして，積極的に自民党政権を支持していたわけではないこれらのシステム・サポーター達が自民党政権の維持に貢献していたと指摘している．この田中のシステム・サポートの概念を借りれば，93年の自民党政権の崩壊と保守系新党の誕生は，システム・サポーターに自民党に代わりうる政党として，選択肢を提供したことになる．つまり，日本の政治経済体制を支持する有権者が，選択肢が増えたことで投票変更を行いやすくなったと考えられる．

　このように，自民党の一党優位体制下における自民党の票には，常に自民党に投票する積極的支持者の固定票，消極的な投票者つまり日本の政治経済システムを支持するがゆえ自民党に投票する人の票，そして自民党に牽制的行動を行っていたバッファー・プレイヤーの票などがあったといえる．しかし，93年の55年体制の崩壊と保守系新党の誕生は，システム・サポーターやバッファー・プレイヤーに選択肢を与えることとなり，これらが新しい浮動票を形成することになったと考えられる．95年以降の自民党の歩留まりの低下は，自民党から新党への投票行動の変化を如実に表しているとも言えよう．つまり，浮動票はエリートの政治変動と関連して増加したことを示唆している．

## 4. 変数の設定

　本節では，これまで浮動票を対象として分析する理由を明示するとともに，特に自民党を中心とする浮動票がエリートレベルの政治変動とどう関連付けられるかという点を検討してきた．ここで，浮動投票を変数としてどのように表現し，分析するかを明らかにしておこう．

　データは先にも述べたとおり，明るい選挙推進協会による参議院選挙後の調査データを使用し，第13回から第19回までの7回分の浮動を対象とする．自民党を中心とする浮動投票の特徴を明らかにするため，投票行動を自民，非自民，棄権，上記3以外（選挙権なし，言いたくない，分からない）の4つに分け，それぞれ前回―該当回（以下今回）選挙の投票のパターンを16通り作る．そのうち一貫投票者，投票変更者，その他を区別するため，図5-2および表5-1のように，5カテゴリーに分類した．

第5章 政治変動期の有権者の行動―浮動票分析― 417

図5-2 カテゴリー分類

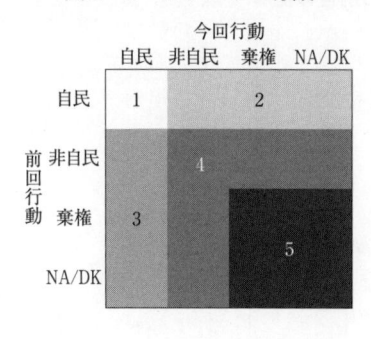

|  | 今回行動 | | | |
|---|---|---|---|---|
| 前回行動 | | 自民 | 非自民 | 棄権 | NA/DK |
| 自民 | 1 | 2 | | |
| 非自民 | | 4 | | |
| 棄権 | 3 | | | |
| NA/DK | | | 5 | |

表5-1 カテゴリー分類の内容

| | 図表の記述 | 本文中の記述 | 内容 |
|---|---|---|---|
| カテゴリー1 | 自自 | 自民一貫投票層 | 前回自民,今回自民 |
| カテゴリー2 | 自X | 自民離反層 | 前回自民,今回非自民・棄権・分からない |
| カテゴリー3 | X自 | 自民流入層 | 前回非自民・棄権・分からない,今回自民 |
| カテゴリー4 | 非自 | 自民拒否層 | 2回とも自民党には投票しない |
| カテゴリー5 | その他 | 政治的疎外層 | 2回とも棄権もしくはわからない |

次節以降では,実際の分析に移り,自民党の浮動票が何によって生起されたのかを経年的に観察し,政界再編とどのように関連しどう変化したのかを明らかにしていく.

## 第4節 浮動票の特徴

本節では,前節で設定した変数である,5カテゴリーと社会的属性および心理的要因との関係をオッズ比,平均比を用いて分析する.特に浮動票となる自民党離反層と自民党流入層の5カテゴリーの中での位置づけ,および時系列の変化の傾向を探る.また,自民党一貫投票者と浮動票を比較し,自民党からの浮動行動にどのような要因が働いているのかをまとめる.

### 1. 5カテゴリーの時系列的な量的把握

前節で,有権者の投票行動を5カテゴリーに分類したが,この分類にしたがった量的な変化を再度確認しておく.図5-3は5カテゴリーの割合の変化を時系列で示したものである.

まず,自民一貫投票層の傾向を見ていくことにする.1983年の第13回参議院選挙以降,自民党への一貫投票者は全体の25%前後を推移している.自民党の一貫投票者は,衆参同日選挙となり大勝を収めた86年の第15回選挙時は3割を超えていたが,マドンナ・ブームが吹き荒れ,大敗を喫した89年以降は2割近くまで落ちこんでいる.92年には回復が見られるものの95年,98年

図5-3 5カテゴリーの割合の変遷

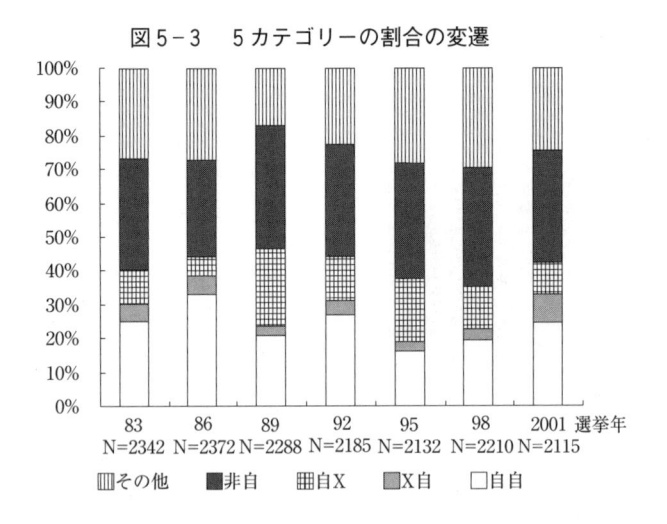

```
          83      86      89      92      95      98     2001  選挙年
        N=2342 N=2372 N=2288 N=2185 N=2132 N=2210 N=2115
```

▦その他 ■非自 ▦自X ▨X自 □自自

は再び落ち込むなど，選挙回による変動が激しく，自民党一貫層の変化が全体に与える影響の大きさを伺わせる．この自民一貫投票層の変化と表裏一体の関係にあるのが自民離反層である（この両者を合わせた数を全体としたものが先に見た図5-1aの前回自民投票者の動きである）．また，自民流入層はどうであろうか．前節の票移動の全体的把握の中で，自民党は，前回自民党以外に投票した有権者の取り込みには成功していないと述べたが，そのとおり，自民流入層は，5％前後を推移している．その中で2001年には流入層が全体の8.5％をも占めているのが特徴的である．

では，自民拒否層はどうであろうか．2回とも自民に投票していない有権者は，一貫して30％から35％の間を推移している．有権者の中に自民党に投票しない人が3分の1おり，それが83年以降続いているということは興味深い．また，2回とも棄権もしくは分からないと答えた層は常に25％前後存在している．政治的疎外層と名付けたこれらの人が，90年代以降も量的には増えていない．このことは，政党不信や無党派層の増加により浮動的行為を行う人は増加傾向にあるが，かれらは政治的疎外層にはなっていないことを示唆しているといえよう[30]．

## 2. 社会的属性のオッズ比・平均比による時系列分析

前項では，5カテゴリーの時系列的な量的変化を確認してきた．次に，5

カテゴリーと社会的属性の関係をオッズ比,平均比を用いて時系列的に検討する.取り上げた社会的属性とは,性別,年齢,学歴,職業,都市規模,居住年数,後援会加入である.

(1)性別

　図 5-4 は 5 つに分けたカテゴリーの性別の傾向を把握するためにオッズ比を時系列で示したものである.各分類のオッズ（男性／女性）／調査者全体のオッズ（男性／女性）で数値を求めた.自民一貫投票層は一貫して1.0を上回っており,自民党に一貫して投票するのは男性に多いといえるだろう.自民離反層は各選挙回で傾向が異なる.92年以降は,1を中心に大きく上下していることから各選挙回の個別の影響が働いているようである.92年には女性に自民党から離れた人が多く,逆に95年,98年には男性に自民党から離れた人が多い.

　また自民流入層も同様に,選挙ごとに大きく動いている.このように,自民離反層,自民流入層という浮動に性別の一貫した傾向を見出すのは難しいといえる.一方,性別で傾向が明らかに表れているのが,その他として示されている政治的疎外層である.一貫して棄権した人やわからないなどと回答し明確な態度を示さない有権者は女性に多いという継続した傾向が明らかとなった.

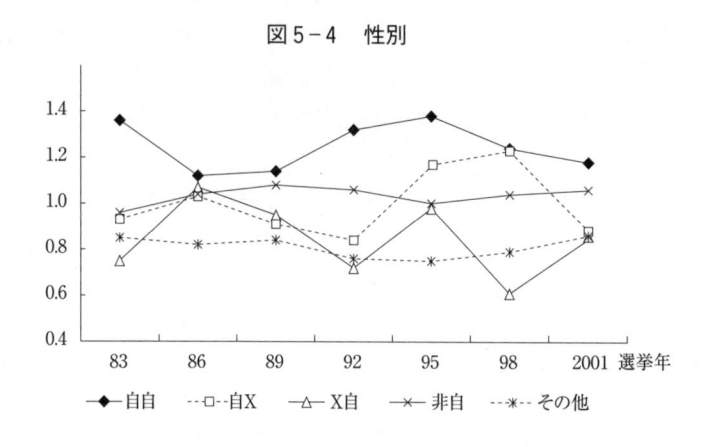

図 5-4　性別

(2)年齢

　図 5-5 は 5 カテゴリーの年齢の傾向を把握するために,（各分類の平均年

図5-5　年齢

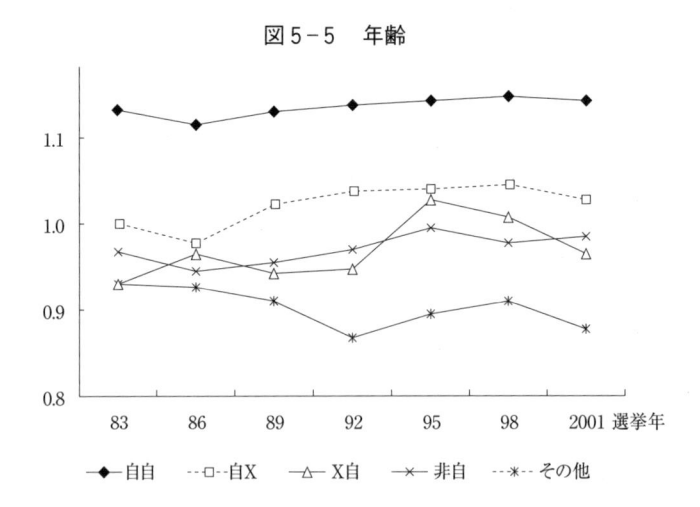

　齢）／（調査者全体の平均年齢）を算出し時系列で表したものである．これによると，自民一貫投票層は年齢が高い傾向が安定的に続いていることが分かる．自民離反層は83年，86年は1かもしくはそれをやや下回る程度を示しているが，89年以降は1を上回る数値で推移している．自民流入層は92年まで明らかに若年層に多かったようだが，95年から徐々に上昇傾向が見られる．これらの結果を総合すると自民からの浮動に一つの傾向がみいだせる，それは，80年代までは浮動行動は全体の平均年齢を下回る比較的若い人たちが多かったが，90年代以降，浮動行動は徐々に高齢化しているということである．つまり自民党から離れやすい人が年齢的にも広がってきていることを示していると解釈できる．

　一方，自民拒否層は，一貫して1を下回っており若年層に多いことを示しているが90年代以降少しずつではあるが，高齢化しているといえるようである．また，政治的疎外層は若年層に多いことが明らかであり，90年以降その傾向が更に強くなっていることから判断すると，若年層の政治離れは深刻化しているということだろう．

(3)学歴

　5カテゴリーの学歴の傾向を把握するために，学歴を中卒，高卒，高等教育（高専，短大，大学など）に3つに分け，それぞれのオッズ比の変化を時系列で求めた．図5-6a，5-6bは，特に中卒と高等教育について示したも

図5-6a 学歴（中卒）

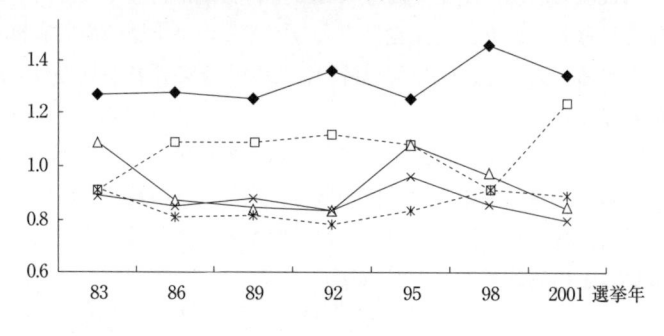

図5-6b 学歴（高等教育）

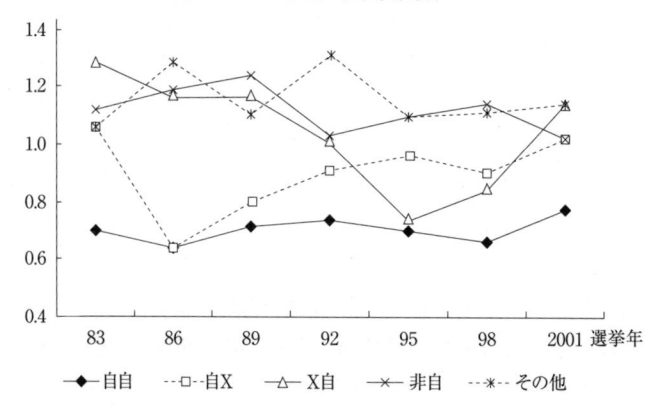

――◆―― 自自　　--□-- 自X　　――△―― X自　　――※―― 非自　　---*--- その他

のである．オッズ比は，（各分類の中での中卒者の割合／調査者全体の中での中卒者の割合）で算出した（高等教育もこれと同じ）．

　自民一貫投票層は中卒については，1を超える最も高い数値で継続して推移している．また，高等教育については大きく1を下回る数値で推移しており，自民一貫投票層は中卒が多く高等教育を受けたものは少ないという傾向が，83年以降一貫して継続していることがわかる．自民離反層も中卒者が多く，高等教育を受けたものが比較的少ない．しかし，自民党一貫層と比較すると，学歴の高いものが多く離反する傾向にあるといえる．98年については，離反層の中卒者の傾向が弱まり，逆の自民一貫層の中卒者の数値の上昇が見られる．この選挙では多くの票が自民党から民主党に流れたという分析[31]があるが，特に高学歴層が多く自民党から離反したといえるだろう．

一方,自民流入層は,中卒,高等教育ともに自民拒否層や政治的疎外層に近い数値で推移しており,自民党に流入してくるのは学歴の高い有権者であると考えられる.しかし,90年代以降,激しい上下の揺れが見られ明確な傾向は把握しにくい.

図5-6a,5-6bでは,自民拒否層と政治的疎外層のオッズ比の変遷もあるが,どちらも一貫して中卒の数値が低く,高等教育の数値が高い.逆に言えば,一貫層,離反層を問わず自民党に投票する有権者は,比較的学歴の低い人に多いことの表れでもあるだろう.

(4)職業

次に,5カテゴリーの職業の傾向を把握するために,職業を自営業者,被傭者,無職・その他(主婦,学生,無職,その他)の3つに大別し,それぞれのオッズ比を求めた.図5-7a,5-7bはそのうち自営業者と被傭者について示したものである.オッズ比は,(各分類の中での自営業者の割合/調査者全体の中での自営業者の割合)で算出した(被傭者も同様).

まず,自営業者の傾向から見ていくことにする.自営業者の中では,圧倒的に自民一貫投票層が多いことがわかる.そして高い数値で継続していることから自営業者の自民党に対する支持の強さだけでなくその安定性も示している.自民離反層は調査者全体より自営業者の割合が多いが,これはもともと自民党に投票する有権者は自営業者に多いため,離反する層にもその傾向が表れたとも考えられる.しかし,89年から98年の選挙においては,一貫層と離反層の自営業割合の差が縮小傾向にあり,自営業者が多く離反するようになったことがわかる.自民党を中心としつつもそこから投票を変えやすい人々が,それまで強固な自民党支持者であった自営業者の間にも増えつつあることを示唆している.

では,自民流入層はどうであろうか.自民流入層は選挙回による上下が激しく,明確な傾向をみいだしにくい.また,自民拒否層,政治疎外層は,1を下回った数値で推移しており,自民党に投票しない人には自営業者は少ないといえる.

一方,被傭者は自営業者と反対で,自民一貫投票層が最も少ない.自民離反層も自民流入層は,83年,86年は1近くつまり調査者全体の割合と同じ割合を示しているが,それ以降は1を下回り,全体の割合に対して被傭者は少ないことがわかる.そして被傭者の傾向が最も強いのは自民拒否層である.

図5-7a　職業（自営業者）

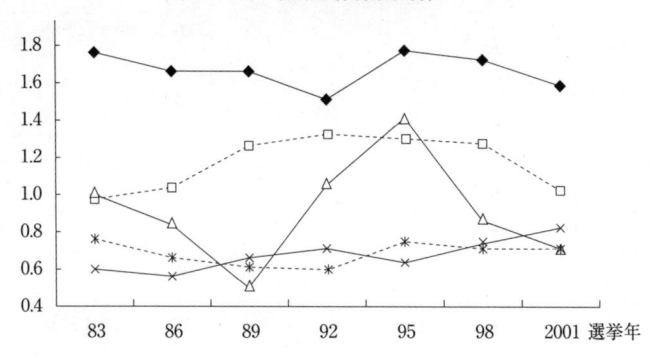

図5-7b　職業（被傭者）

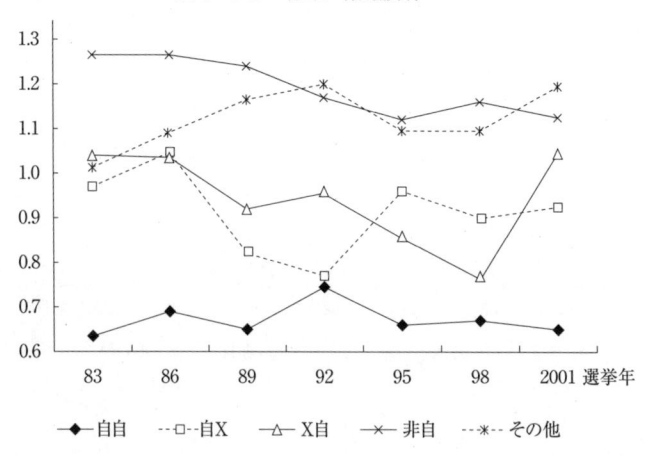

●―自自　―□―自X　―△―X自　―×―非自　―＊―その他

政治疎外層が続き，非自民へ投票を行う人や棄権する人，態度を明確に示さない人は自営業者よりも被傭者に多いといえる．

(5) 都市規模

　図5-8a, 5-8bは，5カテゴリーの居住地域の傾向を把握するために，居住する都市の規模を大都市，10万以上，10万未満，町村の4つに分類し，それぞれのオッズ比を時系列（95年はデータなし）で求め，そのうち大都市と町村について示したものである．オッズ比は，（各分類の中での大都市居住者の割合／調査者全体の中での大都市居住者の割合）で算出した（町村につ

図5-8a 都市規模（大都市）

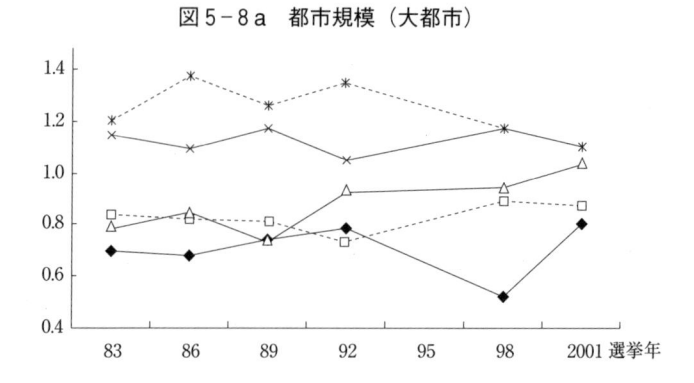

図5-8b 都市規模（町村）

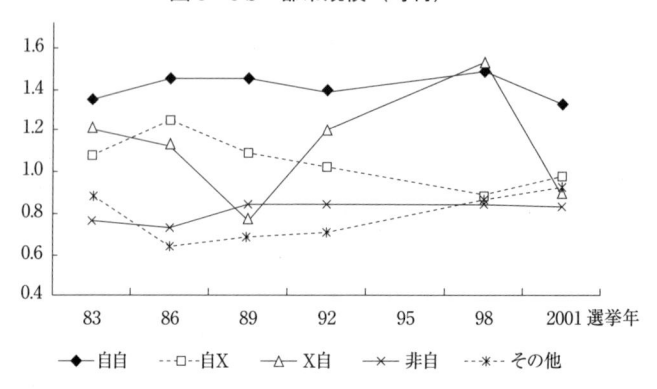

●—自自　 ⊡--自X　 △—X自　 ✳—非自　 ✱--その他

いても同様）．

　まず，大都市居住者の傾向から見ていく．自民一貫投票層が最も低い数値を示し，割合が小さいことがわかる．自民離反層と自民流入層は89年までは自民一貫層と大きな差はなかったが，89年以降徐々に大都市の傾向を強めているようである．このことは，自民党から離反，流入という浮動票が，大都市で増えつつあることを示している．また，自民拒否層と政治的疎外層は，いずれも大都市に多い傾向が一貫して続いている．

　次に，町村の傾向を見てみる．自民一貫層は，町村に最も多い傾向にあり大都市と対照的である．また非常に安定的に推移しており，町村における自民党の強さと安定性が明白にわかる．一方，浮動票はどうであろうか．自民

離反層は町村では徐々にその割合を減らしているようである．自民流入層は，明確な傾向を見出しにくいが，流入が量的に多かった2001年は，大都市，町村のどちらにも強い傾向が表れていないことから小泉人気が都市規模に偏らず全国的に作用したことを示しているといえよう．

なお，自民拒否層と政治的疎外層は，いずれも町村には少ない傾向が続いている．しかし，これらの層について言えば，大都市ではその割合を徐々に減らし，町村では少なかった割合が徐々に増えている．このことから非自民や棄権や態度を明確にしないといった行動と都市規模の相関は弱まっているのではないかと思われる．

(6)居住年数

次に，5カテゴリーの居住年数の傾向を把握するために，3年未満，3年以上，10年以上，20年以上に分類し，それぞれについてオッズ比を時系列で求めた．3年未満，3年以上，10年以上については，カテゴリーごとの変化が激しく明確な傾向を見出すのは難かった．また，居住年数が20年以上と回答した有権者は図5-9aに示したとおり，5割以上を占めその率は年々増加していることもあり，とくにここでは20年以上の居住者についてとりあげることにし，その時系列変化を図5-9bに示す．オッズ比は（各カテゴリー

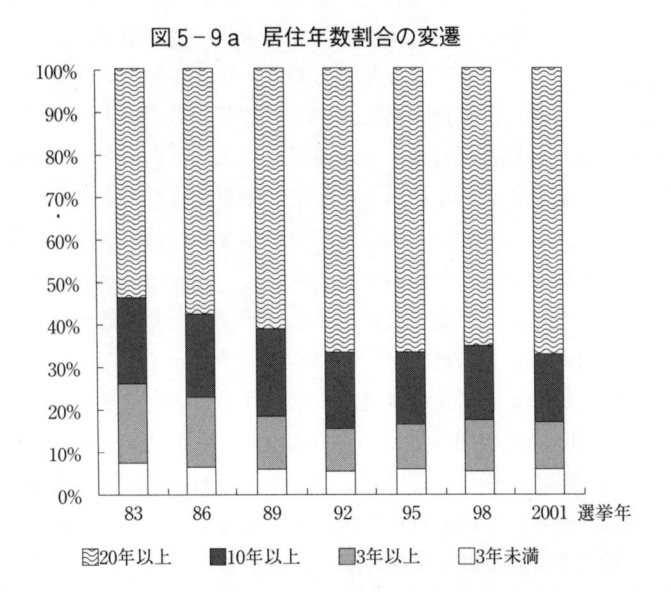

図5-9a 居住年数割合の変遷

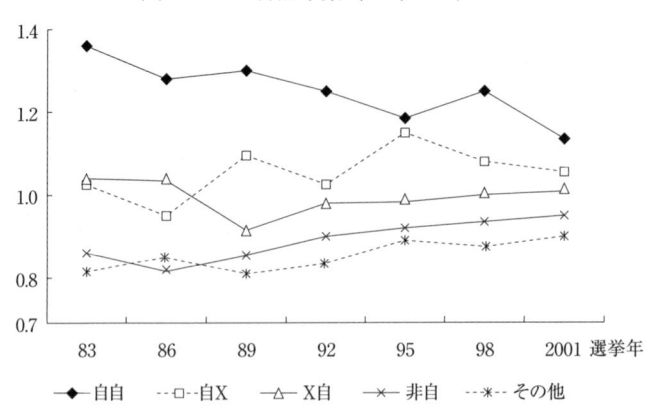

図5-9b 居住年数（20年以上）

━◆━ 自自　--□-- 自X　━△━ X自　━*━ 非自　--*-- その他

の中での20年以上居住者の割合／調査者全体の中での20年以上居住者の割合）で算出した．

　図は省略したが，自民一貫投票層は，居住年数3年未満，3年以上，10年以上ともに一貫して低い数値で推移していたのだが，それとは対照的に20年以上では最も高い数値で安定的に推移していることから，20年以上という長い居住年数になると一貫して自民党に投票する割合が非常に高くなることがいえる．自民党離反層も自民流入層も，3年未満，3年以上，10年以上ともに，1を境に選挙ごとに激しく変化しており，居住年数との明確な傾向をみいだしにくい．しかし，自民一貫に比べて居住年数の短い人ほど浮動する傾向がうかがえる．自民拒否層は，3年未満には多くはないが，3年以上，10年以上では高い数値を示している．そして20年以上になると低い数値を示していることから，非自民という明確な意思を示すものは，居住年数がある程度過ぎた人に多いということが言えるようだ．一方，政治疎外層は，3年未満，3年以上，10年以上で高い数値を示し，20年以上では最も低い数値という，自民一貫層と正反対の動きをしている．

　なお，居住年数のオッズ比の変遷からはもう一つ観察できたことがある．それは，図5-9bを見て明らかにわかるように，カテゴリーごとの格差が時を経るにつれて縮小されてきているということである．自民一貫層の傾向の弱まりと共に，徐々にではあるが自民拒否層と政治疎外層の数値の上昇もみられる．このことは，継続して居住することが持つ浮動行動を防ぐ効果が近

図 5-10　後援会

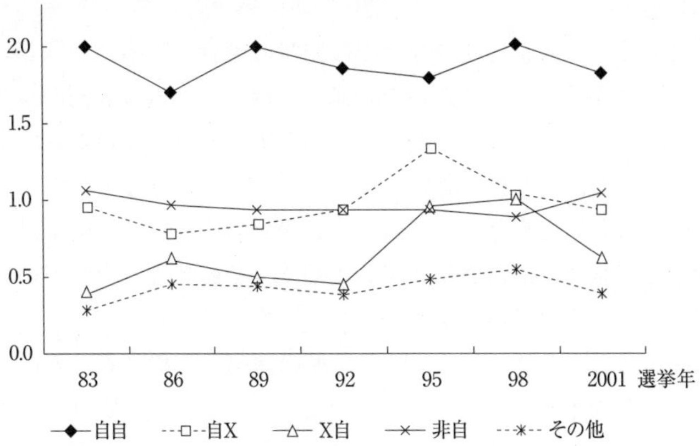

年弱まってきていることを示唆しているといえよう．

(7)後援会への加入

　図 5-10 は 5 カテゴリーごとの後援会加入の傾向を把握するためにオッズ比を時系列で示したものである．各分類のオッズ（後援会加入数／後援会非加入者数）／調査者全体のオッズ（後援会加入数／後援会非加入者数）で数値を求めた．自民一貫投票層は一貫して2.0付近を推移しており，自民党に一貫して投票するのは後援会加入者が多いといえる．これに対し，自民離反層はほぼ 1 前後を一貫して推移し，自民流入層は常に 1 を下回っていることから，後援会という組織への加入が自民党からの浮動を抑止する効果を持つことを表しているといえよう．

　一方，自民拒否層はおおよそ 1 前後を一貫して推移し，その他の政治的疎外層は 1 を大きく下回って推移している．このことから，自民党以外の後援会に加入している有権者が安定的に存在していることや，自民党であれ非自民であれ後援会への加入は投票という形での政治参加と相関があることがわかる．

## 3. 心理的要因の平均比による時系列分析

　前項では，社会的属性と 5 カテゴリーとの関係を主にオッズ比の時系列的な変化から分析してきた．次に心理的要因として生活満足度，政治満足度，イデオロギーを取り上げ，5 カテゴリーとの関係とその変化を平均比をもと

(1)生活満足度

図 5 - 11 a は，生活満足度についての回答の割合を時系列で示したものである．図からわかるように，だいたい満足と回答した人が 5 割から 6 割を占めており，その傾向は一貫して続いている．92年から98年にかけてやや減らしてはいるものの，これは回答の選択肢に「どちらでもない」が付け加えられた調査の影響と考えられる．このように満足およびだいたい満足を合わせて 7 割近くが現状の生活に満足している中で，その評価と投票行動はどのように結びついているのだろうか．

図 5 - 11 b は 5 カテゴリーの生活満足度の傾向を把握するために，平均比を時系列で示したものである．算出方法としては，（各分類の満足度スコアの平均値／調査者全体の満足度スコアの平均値）とした．ただしそれぞれの満足度は，満足度が高い方が数値が小さいという回答方式のため調査者全体平均値より高い（つまり 1 を上回る）ほど不満足度が高いということになる（政治満足度も同様）．

満足度が高い傾向を最も示しているのが，自民一貫投票層である．それよりやや平均には近いが，自民離反層も生活満足度が高い．この自民離反層が一貫して生活満足度が高く選挙回の影響をそれほど受けていないのは，自民

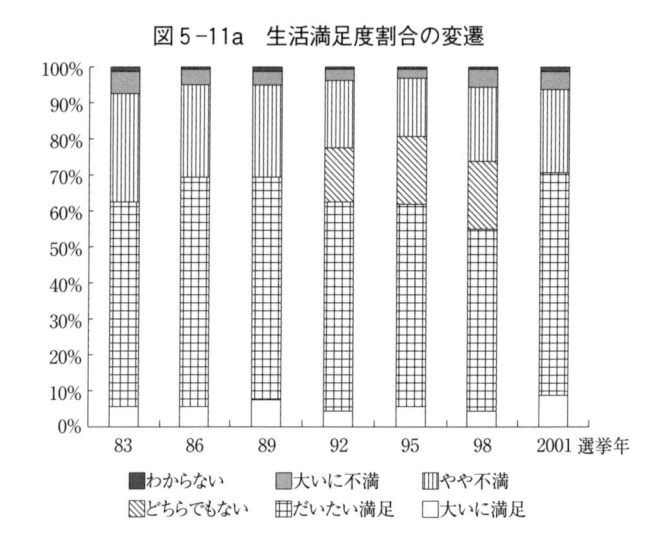

図 5 -11a 生活満足度割合の変遷

図5-11b 生活満足度（不満度）

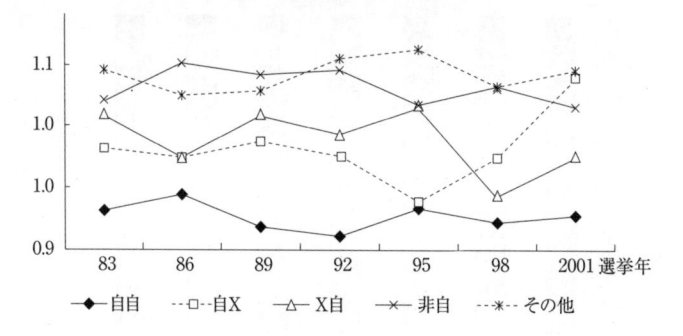

```
        83    86    89    92    95    98   2001 選挙年
   ◆ 自自  ┄□┄ 自X  ─△─ X自  ─※─ 非自  ┄*┄ その他
```

離反という浮動行動は生活への評価により行われているわけではないことを示すといえよう．ただし，2001年に不満度が高くなっているのは，この選挙では小泉人気により離反者自体が少なかったことからケース数の影響も考えられるが，構造改革路線の推進や長引く不況のもとで生活に不満を感じている人々が自民から離れたとも分析できる．自民流入層は大体平均値と同じくらいを推移している．また自民拒否層，および政治的疎外層は不満度が一貫して平均より高く，生活への不満の表明として非自民への投票や棄権といった選択肢に結びついている傾向をうかがわせる．

ただ，生活満足度はその平均比がどのカテゴリーも0.9から1.1の間を推移しており，カテゴリーごとの格差はあまりないようである．図5-11aに示したとおり，7割近くの有権者が生活に満足している状況では，その評価が投票行動を強く規定しているとは言えないということだろう．

(2)政治満足度

政治満足度はどうであろうか．図5-12aは生活満足度と同様に政治満足度の回答の割合を時系列で示したものである．大いに満足，大体満足と応えた回答者は，83年には3割，89年には4割近くいたが，89年以降は2割を下回っている．92年から98年までの調査では，どちらでもないという選択肢が与えられたことの影響は否定できないが，大いに不満との回答も増えていることを考慮すると，89年以降は政治不満が高まりつつあることは確かであろう．86年は満足度が高く，89年は不満が特に高まっていることや2001年には再び80年代水準まで満足度が高まっていることなどから，選挙の結果，特に自民党の勝敗への政治満足度の影響が推測できる．そこで，生活満足度と同

図5-12a 政治満足度割合の変遷

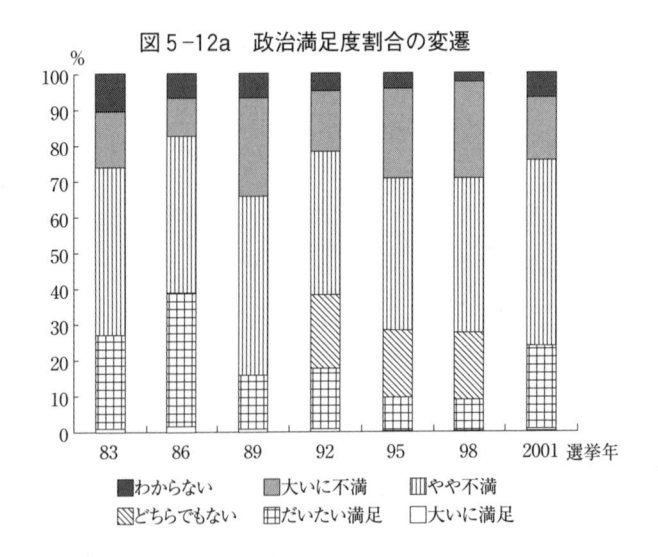

図5-12b 政治満足度（不満度）

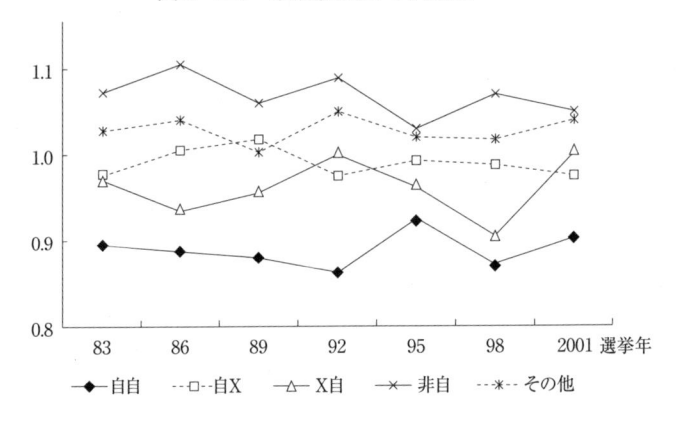

じく5カテゴリーと政治満足度の関係を明らかにするため，平均比を算出しその時系列変化を図5-12bに示した．

　自民一貫投票層は政治への満足度が最も高い．このことは，政治に満足しているため政権党である自民党へ投票するという因果関係が明らかといえるだろう．次に満足度が高いのは自民流入層である．浮動行動を行いやすいが，選挙の時点で政治への不満が少なければ自民党に投票する有権者の存在をう

かがわせる．自民離反層は平均近く推移しているが，自民一貫投票者と比べて差があることから，自民党に投票する傾向のある人のうち，政治への不満が比較的高い人たちが離反し浮動票を形成していることがわかる．特に89年には，自民離反層の政治不満度が全体平均を越えており，政治への不満が自民からの離反となり大敗の一因となったと推測できる．不満度が高い傾向を示しているのは，自民拒否層と政治的疎外層である．しかし生活満足度ではほぼ同じ数値で推移していた両者が，政治満足度では自民拒否層のほうが，常に不満度が高いことが特徴的である．

このように，政治満足度は5カテゴリーで傾向に差が見られ，それが選挙回の影響を超えて比較的安定していることから，浮動行動への規定力が大きいと考えられる．

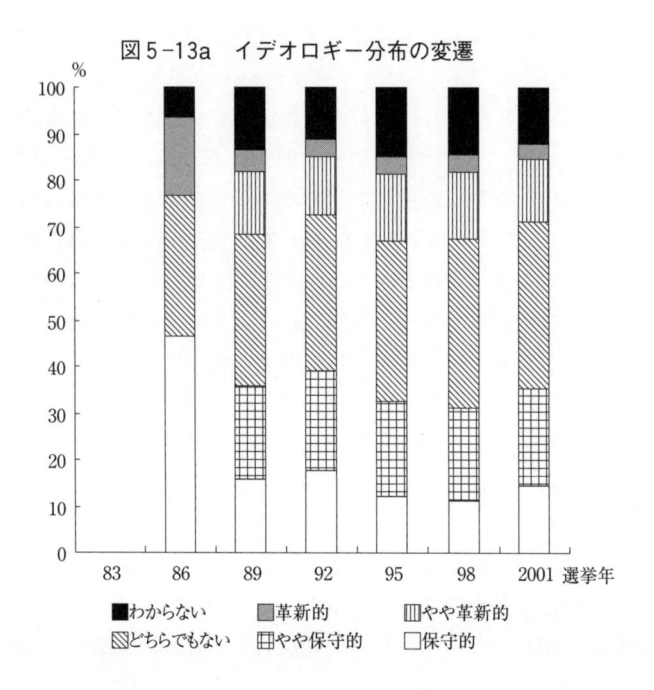

(3) イデオロギー

次に，イデオロギーについて取り上げる．図5-13aはイデオロギーの回答者の割合の変遷を示したものである（83年はデータなし）．蒲島と竹中佳彦は，70年代後半から有権者の保革自己認識は「保守化」し始め，80年代に

図5-13a　イデオロギー分布の変遷

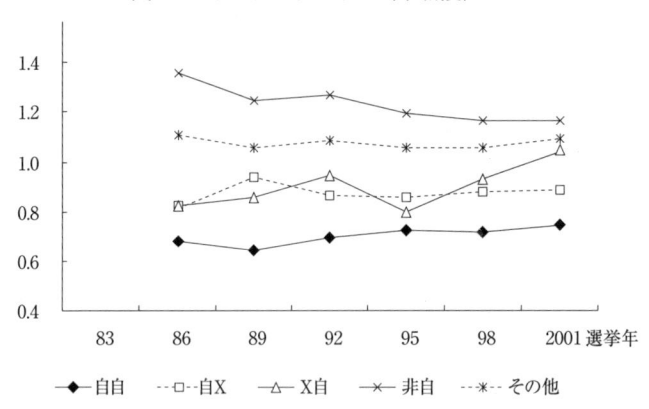

図5-13b　イデオロギー（革新度）

横軸：83　86　89　92　95　98　2001選挙年

凡例：◆ 自自　□ 自X　△ X自　※ 非自　＊ その他

も有権者の「保守化」傾向が続いたとしている（32）．この図は86年以降の変化であるが，それ以降90年代にかけて，回答者の分布からはイデオロギー的保守性が強まりはみられない．もっとも，有権者の態度構造や態度の一貫性の低下という点でのイデオロギーの変化が内在している可能性はあるため，ここでは保革自己認識レベルでは量的に大きな変化は見られないものとしておきたい．

では，そのようにイデオロギー分布には大きな変化が見られない中で，5カテゴリーとイデオロギーはどのような関係にあるのだろうか．図5-13bはイデオロギーの平均比を時系列で示したものである．この場合の算出方法としては，（各カテゴリーのイデオロギースコアの平均値／調査者全体のイデオロギースコアの平均値）とした．ただし，イデオロギーについての回答方法は保守ほど数値が小さいという形式になっているため，調査者全体の平均値より高い（つまり1を上回る）ほど革新の傾向が強いということになる．

最も保守的な傾向を示しているのは，自民一貫投票層である．しかも数値の変動があまりないことから，自民一貫層の保守的傾向の強さと安定性がうかがえる．自民離反層は平均よりは下回っており，保守性を一貫して持ち続けていることがわかる．

自民流入層は，選挙回による変動がやや見られる．2001年には大きく革新方向へ伸びていることから，小泉人気が広く保守層だけでなく革新層にまで及んでいることがわかる．これら自民離反層と，自民流入層を合わせた傾向

から，自民一貫層と比較して，革新よりの人が浮動していることがいえる．また，自民拒否層は最も革新よりを，政治的疎外層は平均よりやや革新よりを推移している．

以上のような，自民一貫投票層の強い保守性，浮動票の数値の変化，自民拒否層の強い革新性などは，保革自己認識と投票行動との間の高い相関を示しているといえよう．ただ時系列の変化から明らかなことは，20年以上の居住年数にも見られたように，この5カテゴリーの順位は安定しているが，格差は減少傾向にあるということである．投票行動を説明する要因の一つとして，有権者のイデオロギー認識の持つ意味は依然として大きいが，その規定力自体は小さくなってきているともいえるだろう．

## 4. 自民党からの浮動のイメージ

ここまで，調査データのサンプルを投票行動別に5つのカテゴリーに分け，それぞれと社会的属性と心理的要因との関係，さらにその時系列的な変化を明らかにしてきた．ここでは前項までの観察を踏まえ，自民一貫投票層と比較した自民離反層と，自民流入層の傾向についてその特徴をまとめることで，どのような要因により自民党から浮動するのか，つまり浮動のイメージを提示したい．

自民離反層は，時系列的に性別の傾向は明らかではなく，選挙回の事情によって男性が多く自民から離反，女性が多く自民から離反という結果が起こるようである．自民一貫投票層と比べれば，年齢では自民支持者の中で比較的若い人が離反し，学歴では自民党支持者の中で比較的学歴の高い人が離反している．職業との関係では，自民離反層は90年代以降自営業者の傾向が強くなっており，離反が自営業者の間にも広がっている傾向が窺えた．自民一貫投票層の小規模都市に多い傾向と比較すると，都市規模が大きくなるほど離反しやすいと言える．また，後援会加入は，浮動を抑止する効果があるといえる．

次に，自民離反層の心理的属性の位置づけをまとめてみたい．生活満足度，政治満足度共に全体平均より満足度が高い．しかし自民党一貫投票層と比較すると不満度は高いため，自民党からの離反の要因としては生活と政治に対する評価が働いていることは否定できないであろう．またイデオロギー的な分布で言えば，全体平均よりは保守に位置しているが一貫投票層と比べると

表5-2　自民一貫層と比較した浮動票

|  | 自民離反 | 自民流入 |
|---|---|---|
| 性別 | 選挙ごとの影響が大 | 明確な傾向がない |
| 年齢 | 若年層 | 若年層 |
| 学歴 | 高学歴ほど浮動 | 高学歴ほど浮動 |
| 職業 | 自営業者でない人ほど浮動　被傭者には明確な傾向がない | 選挙ごとの影響が大　明確な傾向がない |
| 都市規模 | 都市規模が大きいほど浮動 | 都市規模が大きいほど浮動(離反よりも強い傾向) |
| 居住年数 | 居住年数が短いほど浮動 | 居住年数が短いほど浮動(離反よりも強い傾向) |
| 後援会加入 | 加入していない人ほど浮動 | 加入していない人ほど浮動 |
| 生活満足度 | 満足度が低い | 満足度が低い |
| 政治満足度 | 満足度が低い | 満足度が低い(離反よりは高い) |
| イデオロギー | 革新寄り | 革新寄り |

革新よりである．つまり自民党支持層のうち中間よりの人々が離反しているといえる．

　自民流入層の特徴もまとめておこう．自民流入層は全体の5％前後というケースの少なさからハズレ値や選挙回の影響も大きいと思われ，時系列での安定した傾向を見るのは難しかった．総括すると，自民流入層は，若年層に多く，高学歴である．性別，職業形態については，明確な傾向はみいだしにくい．都市規模は大きいほど，居住年数は短いほど浮動し，これらは離反層よりも強い傾向がある．一方，生活満足度は自民一貫層よりも不満度が高く，政治満足度は一貫層と離反層の間に位置している，イデオロギー的には革新よりに位置しているといえる．

　表5-2に示したように，社会的属性，心理的要因との関係からおぼろげながら自民党からの浮動する要因が浮かび上がってきたといえるだろう．しかし，離反，流動ともにそれぞれの変数との1対1の関係を示したに過ぎず，他の変数の影響によるみせかけの関係の可能性も否定できない．そこで次節では，多変量解析を行うことで，真に浮動的行動に影響を与える変数を確認し，浮動の特徴をさらに明確にしていきたい．

## 第5節　浮動行動の規定要因

　前節では，自民党を中心とする浮動的行動の特徴をオッズ比・平均比を用いて明らかにしてきた．しかし，独立変数ごとの分析は，にせの関係を示していることもありうる．また，オッズ比は各選挙回の風の影響を受けて変化するが，それらの影響とは別の一貫した浮動票の特質，つまり浮動という行

動への規定要因を明らかにするためにも,多変量解析によりこれまで得られた結果をさらに確認していくことにする.なお分析は,浮動票を自民からの離反と自民への流入に分けて行う.

## 1. 自民党からの離反

まず,自民党からの離反について取り上げる.分析のモデルは以下のとおりである.従属変数は,前回自民党に投票した人のうち今回も自民党に投票した人(5カテゴリーの自民一貫層)を0,前回は自民党に入れたが今回は自民党に入れなかった(非自民に投票,棄権などを含む,5カテゴリーの自民離反層)を1として,ロジスティック回帰分析を行うことにする.独立変数は,先のオッズ比,平均比でみた社会的属性と心理的要因の変数を用いた.[33]

自民党からの離反行動は,一般的な影響と個別的な選挙回の政治状況それぞれによって成り立っていると考えられる.ここでは,表5-3に,各選挙回のロジスティック回帰分析の結果を示し,80年選挙から2001年選挙までの選挙における7回分の自民からの浮動行動をそれぞれ分析し比較する.それにより,一貫した傾向を持つものか,それとも選挙回ごとの政治状況によるものかの分類が可能になると考える.

では,表5-3をもとに選挙回ごとに有意な変数を取り上げて,その意味を検討していくことにする.83年の選挙では,政治満足度,自営業者,居住年数が5％水準で有意となり,30代,後援会加入が10％水準ではあるが有意となっている.つまり,政治不満の高い人が自民から離反し,自営業者,居住年数の長い人はそのまま自民党に投票し続けたことがわかる.このことは,80年の同日選効果によって膨れ上がった自民への投票が普通の状態に戻り,本来の支持層である自営や長期居住者が残ったと解釈できる.86年の選挙では,20代,後援会加入,政治満足度,イデオロギーが5％水準で有意となっている.86年は同日選挙で自民党が大勝した選挙であるが,若年層,政治的不満が高く,イデオロギー的に革新よりの人が離反したことが分かる.

マドンナ・ブームにより社会党が大勝した89年には,若年層,学歴が低く,後援会には非加入,政治満足度が低く,イデオロギーが革新よりの人が自民党から離反したことがわかる.前節のオッズ比の変化からは自民党一貫層は学歴が低い傾向があり,学歴が高いほど離反する傾向を示していた.この選挙では消費税問題や農業問題・リクルート疑惑が自民党への逆風となり,多

表5-3 自民離反のロジスティック回帰分析結果

| | 1983 | 1986 | 1989 | 1992 | 1995 | 1998 | 2001 |
|---|---|---|---|---|---|---|---|
| 性別 | −.01 | .20 | .20 | −.09 | −.11 | .19 | −.14 |
| | (.21) | (.24) | (.18) | (.18) | (.19) | (.20) | (.20) |
| 20代 | .48 | 1.02** | 1.70*** | .66 | 1.05* | 1.54*** | 1.83*** |
| | (.40) | (.49) | (.45) | (.45) | (.61) | (.58) | (.53) |
| 30代 | .56* | .69* | .43 | .49 | .31 | .36 | .88** |
| | (.29) | (.38) | (.30) | (.33) | (.31) | (.36) | (.39) |
| 40代 | .13 | .56 | .34 | .38 | .18 | .50* | .66** |
| | (.27) | (.35) | (.25) | (.25) | (.26) | (.29) | (.33) |
| 50代 | .26 | .04 | .22 | .23 | .37 | .50** | .78*** |
| | (.27) | (.35) | (.23) | (.22) | (.23) | (.24) | (.26) |
| 学歴 | .11 | −.26 | −.28** | −.09 | .10 | .08 | −.09 |
| | (.15) | (.19) | (.14) | (.13) | (.13) | (.15) | (.15) |
| 自営業者 | −.51** | −.38 | −.21 | −.09 | −.13 | −.06 | −.57** |
| | (.24) | (.30) | (.21) | (.22) | (.22) | (.24) | (.27) |
| 被傭者 | .22 | .13 | −.12 | −.35 | .33 | −.16 | −.19 |
| | (.25) | (.30) | (.23) | (.24) | (.24) | (.26) | (.26) |
| 都市規模 | −.11 | −.12 | −.15* | −.13* | − | −.30*** | −.04 |
| | (.08) | (.10) | (.08) | (.08) | | (.09) | (.10) |
| 居住年数 | −.26** | −.13 | −.13 | −.41*** | −.01 | −.22* | −.08 |
| | (.10) | (.13) | (.12) | (.12) | (.13) | (.13) | (.13) |
| 後援会加入 | −.44* | −.71** | −.75*** | −.44** | −.21 | −.60** | −.43 |
| | (.24) | (.28) | (.20) | (.20) | (.19) | (.25) | (.28) |
| 生活不満度 | .07 | −.15 | −.05 | .00 | −.05 | .07 | .24** |
| | (.09) | (.12) | (.09) | (.10) | (.10) | (.10) | (.10) |
| 政治不満度 | .25*** | .48*** | .62*** | .25*** | .21** | .48*** | .13 |
| | (.08) | (.11) | (.09) | (.09) | (.09) | (.11) | (.10) |
| イデオロギー | − | .31*** | .86*** | .43*** | .31*** | .47*** | .25** |
| (革新度) | | (.10) | (.09) | (.09) | (.09) | (.10) | (.10) |
| 定数 | −.91 | −2.36*** | −2.72*** | −.38 | −1.49** | −2.19*** | −2.15*** |
| | (.62) | (.73) | (.64) | (.67) | (.67) | (.79) | (.76) |
| N | 756 | 851 | 860 | 795 | 659 | 646 | 635 |
| −2Log Likelihood | 836.76 | 619.98 | 940.09 | 901.18 | 861.15 | 751.57 | 674.79 |
| Cox & Snell−$R^2$ | .10 | .08 | .25 | .11 | .07 | .16 | .13 |

括弧内は標準誤差
*** : $p < .01$, ** : $.01 \leq p < .05$, * : $.05 \leq p < .10$

くの自民離反者を生み出したが,その離反が学歴の低い層,つまり本来自民党に投票し続けていた層にも深く浸透していたことを示唆しているといえよう.また都市規模が10%水準で有意となっているのは,自民党から大量の票が全国規模でいっせいに非自民に流れたが,特に都市部でその傾向が激しかったことがうかがえる.

　92年には,居住年数,後援会加入,政治満足度,イデオロギーが有意とな

っている．長期居住，後援会への加入が，依然として自民党への投票と強く結びついているのがわかる．また，若年層が離反を促すものとして効いていないことも特徴的である．

次に95年選挙について検討してみよう．20代，政治満足度，イデオロギーが有意となっている．この選挙は，55年体制が崩壊し，連立政権の時代に入った後の初の参議院選挙であるが，自民党からの離反行動は，20代に多く政治不満が高くより革新的な人であったことが分かる．98年選挙では，20代，40代（10％水準だが），50代，都市規模，後援会加入，政治満足度，イデオロギーが有意となっている．都市規模が非常に強く作用しているのが特徴的だが，98年は，都市部の無党派層が民主党および共産党に投票した結果，自民党が惨敗したという蒲島の分析のとおり，都市部の非自民への票の流れを示すと共にそれが，95年自民党投票者にまで浸透していたことがうかがえる．

では，2001年の選挙はどうだったのであろうか．この選挙は，小泉人気により追い風が吹いた自民党が勝利を収めたものであったが，年齢では20代，30代，40代，50代が有意となり，その他に自営業者とイデオロギーが有意となっている．そして，政治満足度ではなく生活満足度が有意となっているのも注目すべき点である．また職業では自営業者が有意となっており，自民党の票を従来の支持層であった自営業者が強く支えていたことがわかる．また，この選挙では政治満足度ではなく生活満足度が，離反行動へ影響をもたらしていることは興味深い．小泉人気により自民党へ票が集まる中，生活に不満を持っている人が非自民へ投票している．このことは，従来は自民党に投票していたが，生活への不満から小泉政権の構造改革路線への批判として非自民に投票した有権者の存在を示唆する．

ところで，98年以降の選挙については，これまで若年層に見られていた離反傾向が，年代的な広がりをみせていることがわかる．ただし，これは60代の離反傾向が弱まっていることによるものかもしれないため，オッズ比を用いて確認してみよう．図5-14は，各世代別のオッズ比の変遷である．オッズ比は前回自民党投票者を全体として，（各世代の離反者の割合／全体のうち離反者の割合）で算出した．60代の離反が下降傾向にあるとともに，若年層になるほど離反傾向が強くなっている．このことから，必ずしも離反が年代を超えて広がっているとはいえないが，離反するかどうかについて世代間の格差が拡大しているという指摘はできるだろう．

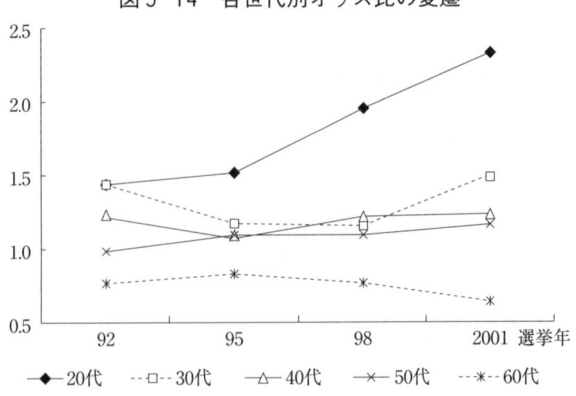

図5-14 各世代別オッズ比の変遷

──◆── 20代　──□── 30代　──△── 40代　──×── 50代　──*── 60代

　以上のように，83年の選挙以降，自民党からの離反という浮動行動を規定した要因について検討をしてきた．明らかとなったのは，選挙回の特有の政治状況により有意となったと考えられるものや一貫して有意性を持った変数があるといえることである．学歴や自営業者，都市規模，居住年数，生活満足度などはどの選挙でも有意になるというわけではなく，選挙により有意となったり，ならなかったりしている．このことは，学歴が低い層が多く離反したことを示した89年選挙や，都市部で特に離反傾向が強かった98年など，各選挙の特色を浮動票により説明できることを示しているといえる．そのほか，性別や被傭者は有意となることはなかった．つまり，投票変更の起こりやすさの女性と男性の間の格差は存在しないこと，雇われているかどうかという職業形態は無職に比較して，投票変更を規定していないことが明らかとなった．

　一方で，7回の選挙を通してほぼ一貫して有意となっている，つまり離反行動へ一貫した規定力がある変数も確認できた．若年層，政治満足度，イデオロギー，そして後援会加入がそれにあたる．特に，イデオロギーの有意性は一度も失われていない．自民党に一貫して投票する人と比べてイデオロギー的に革新よりの人ほど離反しやすいということである．また，政治満足度も2001年を除いて常に有意となっている．生活満足度が2001年を除いて有意になっていないことも考慮すると，自民党から離反するのは生活には満足しているが，現在の政治つまり自民党政治に対して不満を持つ人が，自民党への批判への意思表示として棄権もしくは非自民へ投票していることがわかる．

さらに若年層（特に20代であるが）ほど離反しやすいということも言える．ただ，98年選挙以降，若年層はより離反傾向を強くする一方，60代以上という高齢者は一貫して投票する傾向を強くしていることも明らかとなり，世代間の格差が拡大しているといえるだろう．

これまでのロジスティック分析の結果をまとめると，自民党から離反する浮動行為の特徴が浮き上がってくる．オッズ比でみられた，学歴や職業，都市規模，居住年数，生活満足度などは，他の変数をコントロールした場合には浮動行動への一貫した規定力は確認できず，選挙回の影響を受けて変化している．自民からの浮動をもたらす要因としては，年齢が若い，政治不満度が高い，イデオロギー的には革新寄り，後援会への非加入などによる．それらの傾向は80年代以降一貫して続いているといえる．

## 2. 自民党への流入

自民党からの離反は，一定の割合をもって常に存在し，選挙結果へ大きな影響を及ぼしてきた．一方で自民党へ投票変更を行う人もいる．ここでは，自民党への流入について，ロジスティック回帰分析によりその特徴を明らかにする．

従属変数は，今回自民党に投票した人のうち，前回から一貫して自民党に投票した人（5カテゴリーの自民一貫層）を0，前回は非自民もしくは棄権だったが今回（該当回）は自民党に投票した人（5カテゴリーでの自民流入層）を1として，自民党一貫投票層と自民流入層の間にどのような格差があるのかを観察する．独立変数は前項の自民離反と同様のものを用いた．表5-4はその結果である．20代は一貫して，イデオロギーは95年を除いて有意となっており，自民流入層は自民一貫層と比較して，年齢的には若年層に多く，イデオロギー的には革新よりであることが分かる．ところで前項で示したように，自民からの離反には，若年層，イデオロギー的な革新性のほかに政治満足度が効いていたが，自民一貫層と自民流入層には政治満足度は，92年，2001年を除いて有意な差はない．つまり，政治満足度が流入層には影響を与えていないということがいえる．また，後援会加入は，92年までは有意な差があるがそれ以降は有意となっていない．職業は一貫した傾向は確認できない．

このように多変量解析の結果，自民への流入については，オッズ比では自

表5-4 自民流入のロジスティック回帰分析結果

|  | 1983 | 1986 | 1989 | 1992 | 1995 | 1998 | 2001 |
|---|---|---|---|---|---|---|---|
| 性別 | −.37 | .57** | .88* | −.09 | .14 | −.04 | −.20 |
|  | (.29) | (.26) | (.46) | (.33) | (.41) | (.35) | (.23) |
| 20代 | 1.91*** | 1.65*** | 2.15*** | 2.15*** | 2.39*** | 2.79*** | 1.65*** |
|  | (.51) | (.44) | (.71) | (.58) | (.88) | (.76) | (.53) |
| 30代 | 1.10*** | .56 | −.52 | .35 | −.24 | .38 | .73* |
|  | (.42) | (.39) | (.76) | (.59) | (.74) | (.61) | (.42) |
| 40代 | .53 | −.13 | −.53 | .22 | .59 | .62 | .39 |
|  | (.41) | (.40) | (.67) | (.46) | (.56) | (.52) | (.36) |
| 50代 | .48 | .42 | .15 | −.16 | .59 | .82** | −.13 |
|  | (.41) | (.34) | (.55) | (.44) | (.50) | (.42) | (.32) |
| 学歴 | −.15 | .05 | .05 | −.03 | .00 | .20 | .14 |
|  | (.21) | (.19) | (.31) | (.23) | (.28) | (.26) | (.18) |
| 自営業者 | −.51 | −.91*** | −1.40** | −.64 | −.36 | −.50 | −.40 |
|  | (.34) | (.32) | (.59) | (.42) | (.49) | (.44) | (.32) |
| 被傭者 | .46 | −.11 | −.51 | −.45 | −.21 | −.43 | .20 |
|  | (.33) | (.30) | (.51) | (.41) | (.53) | (.42) | (.28) |
| 都市規模 | −.14 | −.13 | −.12 | −.12 | ― | −.17 | −.16 |
|  | (.12) | (.10) | (.19) | (.14) |  | (.15) | (.11) |
| 居住年数 | .10 | −.06 | −.26 | −.51*** | −.29 | −.32 | .16 |
|  | (.15) | (.13) | (.22) | (.19) | (.22) | (.21) | (.16) |
| 後援会加入 | −.99** | −.89*** | −1.16** | −.75* | .26 | −.52 | −.40 |
|  | (.42) | (.31) | (.58) | (.44) | (.44) | (.47) | (.34) |
| 生活不満度 | .18 | .02 | .19 | −.16 | .30 | .18 | .01 |
|  | (.12) | (.12) | (.20) | (.18) | (.19) | (.17) | (.11) |
| 政治不満度 | −.02 | .15 | .19 | .47*** | .19 | −.03 | .46*** |
|  | (.12) | (.11) | (.20) | (.17) | (.20) | (.18) | (.12) |
| イデオロギー（革新度） | ― | .52*** | .64*** | .67*** | .12 | .65*** | .72*** |
|  |  | (.11) | (.21) | (.17) | (.20) | (.19) | (.11) |
| 定数 | −2.14** | −2.79*** | −3.54*** | −2.27** | −3.38** | −2.66** | −4.98*** |
|  | (.91) | (.77) | (1.35) | (1.12) | (1.64) | (1.27) | (.95) |
| N | 636 | 848 | 455 | 611 | 349 | 448 | 606 |
| −2Log Likelihood | 480.48 | 589.89 | 205.49 | 332.46 | 231.48 | 288.64 | 534.56 |
| Cox & Snell − $R^2$ | .09 | .10 | .12 | .14 | .06 | .11 | .19 |

括弧内は標準誤差
\*\*\* : $p < .01$, \*\* : $.01 \leq p < .05$, \* : $.05 \leq p < .10$

民一貫層と比較した場合に確認できた傾向の多くは消えた．自民一貫層と自民流入層との間の格差として確認できたのは，若年層とイデオロギーの2つに過ぎないことが分かった．

### 3. 後援会への加入がもたらす効果

　前項までの多変量解析から，浮動行動を規定する変数について考察を行っ

第5章　政治変動期の有権者の行動―浮動票分析―　441

てきた．ここでは特に後援会への加入がもたらす効果について特に取り出して考えてみる．

　前節のオッズ比の変化でも確認できたように，後援会加入と自民党への一貫した投票は非常に強い関係があるといえる．つまり，後援会加入者の大部分は，自民党の支持者，投票者であり，自民党の得票を支え続けてきた．しかし，オッズ比の変化からは後援会への加入と自民党への一貫した投票は依然として強い関係を示しながらも，95年以降については後援会加入者の自民党からの離反行動が確認できた．後援会への加入がもたらす浮動を抑止する効果は薄れつつあるのだろうか．

　そこで，表5-3の結果を考察していきたい．後援会加入は83年以降92年までは一貫して後援会に加入していない人ほど離反する，逆に言えば後援会に加入している人は自民党に投票し続けているのであり，後援会の強い拘束力・結束力を示しているとも言える．しかし，後援会加入は95年と2001年には有意ではなくなっている．95年は93年の自民党の分裂，非自民政権の誕生以降の初の参議院選挙であり，有権者は多くの点でこれまでと別の選択，投票行動をしていると考えられる．これは，後援会に加入している有権者の行動が不誠実になった，あるいは後援会の構成員の行動に対する拘束力が弱まったというようなことを意味するわけではない．後援会のオーナーである議員や候補者が，自民党を離党して新党に加わったため，後援会に参加している有権者もこのオーナーの動きに従って自らの投票政党を変えたということを示しているのである．このような理由により，後援会に参加しているにも拘わらず浮動投票者にカウントされる人の割合が増えた結果，後援会の加入が有意ではなくなったのである．

　次の98年選挙には後援会加入かどうかは再び有意となっている．これは，95年の時点で自民党に投票した人が，98年にも一貫して投票するか，離反するかについて後援会への加入が説明力を持つことを示しており，95年に自民党の分裂により失われた有意性が，92年までと同様に表れたといえるだろう．2001年には，後援会は有意性を失っているが，この選挙は小泉効果によりこれまでとは違った傾向が多く見られる．断定はできないが，生活満足度の結果から本来ならば自民党に投票していた人が離反している可能性を述べたが，同様に一部の後援会加入者も小泉改革への批判として，自民党から離反したといえるのかもしれない．また，2001年は非拘束名簿式への制度変更も行わ

れているため，この影響の可能性も否定できない．このような95年以降の選挙については，政界再編との関係を踏まえて次節でより詳細に検討する．しかし，全体的な傾向としては，後援会への加入は，浮動行動を抑止する方向に作用しているといえるだろう．

ところで，本章では，衆議院選挙では候補者ベースで票が動く点を指摘し，参議院選挙の比例区を取り上げることの適切さを述べてきた．しかし，この後援会への加入がもたらす抑止効果や95年の組織的異動の影響などを考慮すると，候補者の影響がより間接的になるはずの参議院の比例区ですら，後援会という組織的影響が作用することを示しており，非常に重要な発見であるといえる．

本項で述べてきたような95年の選挙に見られた後援会加入の効果の変化は，エリートの政界再編と連動して起こったものといえる．つまり，有権者の浮動行動には，一貫した傾向を持つと選挙回ごとの政治状況によるものとは別に，政治変動期に特徴的な傾向があると考えられる．よって次節では，93年の55年体制崩壊以降の選挙について特に取り上げ，政界再編の浮動票の特徴を明らかにしていくことにする．

## 第6節 政界再編期の浮動票

前節では，83年以降の7回の選挙における浮動票をロジスティック回帰分析により分析し，一貫した傾向を持つ独立変数と選挙回の固有の状況による独立変数を確認してきた．それにより，自民党からの離反と自民党への流入という浮動行動の特徴が明らかになってきた．ところで前節における分析では，95年以降の選挙において，浮動への要因となる独立変数に特徴的な変化が生じているのが確認できた．特に95年の選挙では，それ以前は有意であった変数が説明力を失っていることが見て取れた．このような浮動票の規定要因の変化は，浮動票の量的増加をもたらした政界再編と期を同じくしている．そこで，本節では，55年体制崩壊以降の浮動行動についてより詳細に検討し，浮動票の変化と政界再編との関連を探るとともに，エリートレベルの政界再編が有権者の選択へ与えたインパクトを明らかにしていきたい．

### 1. 政界再編と政権担当能力評価

まず，政界再編が浮動票の増加にどのように作用したかについて確認して

おく.

　55年体制とは，自民党の結成，左右社会党の合同以降続いた自民党一党優位体制をさすが，そこでは社会党は自民党と時に激しく対立し野党としての存在感を示しながらも，「1と1／2政党」といわれるように自民党に代わりうる政権担当勢力としては，認知されてこなかった．それゆえ，田中愛治が指摘するように，日本の政治経済体制の存続を支持する有権者の多くは，その意思の表明としては自民党に投票するほかなかったのである．しかし，1993年に起こった新生党，日本新党，さきがけの登場，非自民政権の誕生と自民党の一党優位体制の崩壊は，自民党が独占していた政権担当能力評価に変化をもたらした．図5-15は，政権担当能力イメージの変化を時系列で示したものである．(35) 93年の衆議院選挙時の評価において自民党を政権担当適任政党として挙げる有権者の割合が減少し，新生党，日本新党という新党が評価を得ていることがわかる．そしてその評価は新進党が結成された後の95年の調査時でも続いている．このような自民党の政権担当能力評価の低下と新党に対する政権担当能力イメージの共有化は，これまで自民党に投票するしかなかったいわば消極的自民投票者に，自民党以外の選択肢を与えたことを

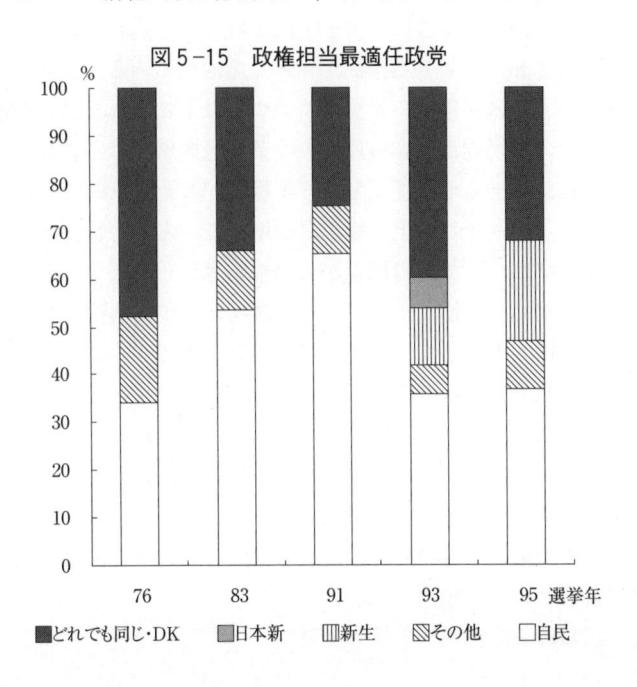

図5-15　政権担当最適任政党

■どれでも同じ・DK　■日本新　▨新生　▧その他　□自民

意味している．つまり，55年体制の崩壊と新党の出現は，自民党からの投票変更を促す契機となったといえる．そのことが，第3節の図5-1aで確認できたような，90年代の自民党からの離反の量的増大の一端を担っていると思われる．

では，90年代，特に55年体制崩壊後に政界再編の影響により生じた浮動行動には，どのような特徴があるのだろうか．自民党以外の選択肢を与えられた状況下では自民党から離反する意味合いも変わっているのではないか．次項では特に自民党からの離反行動について，政界再編との結びつきを探る．

## 2. 選択肢としての新党と棄権

前項で，自民党に代わって新党が政権担当能力イメージを上昇させていること，それが自民党からの離反という形での浮動票の量的増加をもたらしてきたのではないかと述べた．そこで，実際の投票行動にどのような変化が生じたのかを観察していくことにする．ここではまず，55年体制崩壊後，初の参議院選挙となった95年選挙の票の動きを確認しておきたい．

図5-16aは，92年自民投票者の95年の選挙での詳細な投票先を示したものである．自民党の歩留まりは50％を下回るほど落ち込んでおり，代わって新進党が20％近くを，そして棄権が30％近くを占めている．前回自民党の投票者が，非自民（特に新進党）と棄権にいつも以上に流れたことを示している．この選挙での自民党から非自民への投票変更の増加は，これまでの自民党に対する牽制票に加えて新進党という選択肢が与えられたことによるものとして解釈できるが，それ以上に棄権票が増えているのが特徴的だといえる．そこで95年の選挙について，自民党から棄権を選択した人がどのような人かを明らかにするため，前節では自民からの離反として同集団にしていた自民から非自民，棄権への投票変更を分けて分析を進めていくことにする．

前節の従属変数を自民から非自民，自民から棄権に分けて（基準集団はいずれも自民党一貫投票者）ロジスティック回帰分析を行った．独立変数は前節と同じものを用いた．なお分析は，83年以降の選挙について行い，表5-5a，5-5bはその結果を示したものである．

では95年以降の選挙について，非自民に投票した人と棄権を選択した人の自民一貫投票者との差を確認していきたい．

(1) 95年選挙における非自民への投票変更

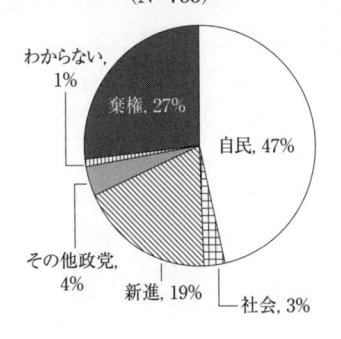

図5-16a　92年自民投票者の95年投票先　図5-16b　95年新進党票の流入元
　　　　　　　（N=755）　　　　　　　　　　　　　　（N=373）

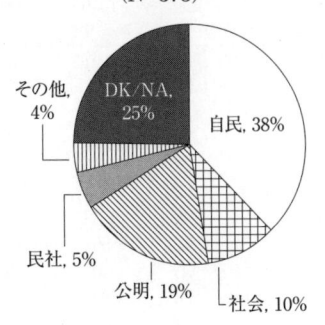

図5-16a：わからない 1%、棄権 27%、自民 47%、その他政党 4%、新進 19%、社会 3%

図5-16b：その他 4%、DK/NA 25%、自民 38%、民社 5%、公明 19%、社会 10%

　まず，自民党から非自民，特に自民党から新進党への投票変更について取り上げたい．非自民への投票変更は，若年層に多いという傾向はみられず，高学歴で，イデオロギー的にはより革新に近いということがわかる．また，それ以前の選挙と異なり政治不満が有意となっていない．先の図5-16aで見たように，自民党から流れた非自民票の大部分が新進党への投票変更であるとおり，新進党への変更だけにしてもほぼ同じ傾向を示している．また，図5-16bは，95年新進党票の流入元を示しているが，新進党票の4割近くが自民党からのものであることから，新進党投票者が旧来の自民党投票者との共通性を持つ可能性がうかがえる．これらのことを考慮すると，自民党から非自民（新進党）に投票した人は，政治不満が有意でないことや，後援会加入も効いていないことなどから，新進党の結成に伴い，候補者や後援会など組織ごと変更した有権者が多かったとの解釈が妥当ではないだろうか．しかし一方で，学歴やイデオロギーが有意であることから，80年代に見られた自民離反層の特徴を持つ人々も一定割合で存在し，自民党に代わりうる選択肢として新進党へ投票したことを示唆する結果となっている．

(2) 95年選挙における棄権の選択

　次に95年選挙で自民党から棄権を選択した有権者の特徴を見ていく．これまでの20代もしくは30代に見られていた有意性が40代から50代の世代にまで広がっていることと，政治への不満度が高いことがわかる．そして，興味深いことにイデオロギーが有意に効いていない．

　ここで，92年と95年について自民党一貫投票者と非自民（新進党以外）へ

表5-5a　自民から非自民へのロジスティック回帰分析結果

|  | 1983 | 1986 | 1989 | 1992 | 1995 自→非自 | 1995 自→新進 | 1998 | 2001 |
|---|---|---|---|---|---|---|---|---|
| 性別 | .05 | .57 | .38* | .20 | .02 | .07 | .40* | .49 |
|  | (.31) | (.39) | (.22) | (.29) | (.23) | (.25) | (.24) | (.33) |
| 20代 | −.03 | .80 | 1.75*** | .05 | .27 | −.05 | .92 | .67 |
|  | (.53) | (.75) | (.53) | (.70) | (.70) | (.77) | (.67) | (.91) |
| 30代 | .56* | .76 | .33 | −.58 | −.13 | −.40 | −.34 | .32 |
|  | (.33) | (.57) | (.34) | (.56) | (.38) | (.42) | (.46) | (.68) |
| 40代 | −.20 | .38 | .31 | −.85* | −.56* | −.68* | .42 | .79 |
|  | (.30) | (.56) | (.29) | (.44) | (.34) | (.37) | (.34) | (.48) |
| 50代 | .17 | .02 | .38 | −.07 | .06 | −.04 | .58** | .41 |
|  | (.36) | (.56) | (.26) | (.35) | (.29) | (.31) | (.28) | (.41) |
| 学歴 | .26 | .14 | −.34** | .39* | .32** | .33* | .36** | .17 |
|  | (.22) | (.28) | (.16) | (.20) | (.16) | (.17) | (.17) | (.24) |
| 自営業者 | −.83** | −.63 | −.21 | .21 | −.30 | −.15 | −.21 | −.73* |
|  | (.37) | (.48) | (.24) | (.34) | (.28) | (.30) | (.29) | (.44) |
| 被傭者 | .00 | −.01 | −.22 | −.44 | .33 | .33 | −.16 | −.31 |
|  | (.34) | (.46) | (.27) | (.40) | (.30) | (.33) | (.30) | (.41) |
| 都市規模 | .08 | −.01 | −.09 | .08 | − | − | −.30*** | .00 |
|  | (.13) | (.16) | (.09) | (.13) |  |  | (.10) | (.15) |
| 居住年数 | −.35** | −.07 | −.12 | −.62*** | .08 | .08 | −.23 | .42 |
|  | (.15) | (.20) | (.13) | (.19) | (.17) | (.18) | (.16) | (.27) |
| 後援会加入 | −.66 | −.50 | −1.09*** | −1.00*** | −.16 | −.24 | −.57* | −.21 |
|  | (.41) | (.42) | (.24) | (.38) | (.24) | (.27) | (.29) | (.41) |
| 生活不満度 | −.20 | −.21 | −.07 | −.13 | −.06 | −.14 | −.05 | .17 |
|  | (.13) | (.18) | (.10) | (.16) | (.13) | (.14) | (.12) | (.15) |
| 政治不満度 | .46*** | .53*** | .85*** | .28* | .13 | .14 | .69*** | .32** |
|  | (.13) | (.17) | (.11) | (.15) | (.11) | (.12) | (.13) | (.16) |
| イデオロギー（革新度） | − | .21 | 1.07*** | .85*** | .48*** | .47*** | .59*** | .52*** |
|  |  | (.16) | (.11) | (.15) | (.11) | (.12) | (.12) | (.15) |
| 定数 | −2.27** | −4.51*** | −4.58*** | −2.72** | −2.83*** | −2.94*** | −3.97*** | −6.93*** |
|  | (.98) | (1.17) | (.78) | (1.11) | (.88) | (.97) | (.96) | (1.47) |
| N | 614 | 774 | 729 | 623 | 473 | 435 | 556 | 517 |
| −2Log Likelihood | 418.03 | 302.51 | 718.92 | 395.98 | 572.40 | 495.33 | 559.86 | 315.78 |
| Cox & Snell −$R^2$ | .09 | .04 | .32 | .12 | .08 | .07 | .19 | .07 |

括弧内は標準誤差

\*\*\*：$p < .01$, \*\*：$.01 \leq p < .05$, \*：$.05 \leq p < .10$

の変更者，棄権への変更者，新進党への変更者について，イデオロギーと政治満足度の平均値を確認しておこう．表5-6がその結果である．イデオロギーから見ていくことにする．自民党から棄権を選択した人の平均は，自民党一貫投票者と新進党投票者の間に位置している．一方，政治満足度は，全体的に不満度が高まっているが，自民党からの棄権者は新進党やそれ以外の

表5-5b 自民から棄権へのロジスティック回帰分析結果

|  | 1983 | 1986 | 1989 | 1992 | 1995 | 1998 | 2001 |
|---|---|---|---|---|---|---|---|
| 性別 | −.09 | .03 | −.18 | −.16 | −.27 | −.12 | −.41* |
|  | (.24) | (.29) | (.25) | (.21) | (.24) | (.28) | (.24) |
| 20代 | .52 | 1.21** | 1.83*** | 1.00** | 1.65** | 2.55*** | 2.30*** |
|  | (.40) | (.59) | (.51) | (.51) | (.71) | (.69) | (.58) |
| 30代 | .42 | .67 | .66* | .90** | .89** | 1.15** | 1.15*** |
|  | (.27) | (.48) | (.38) | (.38) | (.38) | (.47) | (.45) |
| 40代 | −.28 | .71* | .35 | .83*** | .83*** | .45 | .65* |
|  | (.24) | (.42) | (.34) | (.28) | (.31) | (.42) | (.39) |
| 50代 | .19 | .11 | −.16 | .38 | .78*** | .29 | .98*** |
|  | (.26) | (.42) | (.33) | (.27) | (.29) | (.35) | (.31) |
| 学歴 | .01 | −.52** | −.15 | −.32** | −.08 | −.33 | −.22 |
|  | (.17) | (.23) | (.19) | (.15) | (.16) | (.21) | (.19) |
| 自営業者 | −.28 | −.28 | −.20 | −.24 | .08 | .06 | −.46 |
|  | (.27) | (.36) | (.28) | (.25) | (.28) | (.34) | (.32) |
| 被傭者 | .42 | .20 | −.01 | −.30 | .33 | −.11 | −.12 |
|  | (.28) | (.36) | (.30) | (.26) | (.30) | (.37) | (.29) |
| 都市規模 | −.21** | −.17 | −.27** | −.22** | − | −.33*** | −.07 |
|  | (.10) | (.12) | (.11) | (.09) |  | (.13) | (.11) |
| 居住年数 | −.24** | −.15 | −.06 | −.35*** | −.11 | −.21 | −.20 |
|  | (.12) | (.16) | (.14) | (.13) | (.15) | (.17) | (.15) |
| 後援会加入 | −.36 | −.88** | −.21 | −.23 | −.23 | −.64* | −.54 |
|  | (.27) | (.36) | (.26) | (.23) | (.24) | (.38) | (.35) |
| 生活不満度 | .17* | −.13 | −.07 | .02 | −.02 | .27** | .27** |
|  | (.10) | (.14) | (.12) | (.11) | (.12) | (.13) | (.12) |
| 政治不満度 | .14 | .45*** | .32*** | .24** | .29*** | .20 | .04 |
|  | (.10) | (.13) | (.11) | (.10) | (.11) | (.15) | (.11) |
| イデオロギー(革新度) | − | .37*** | .48*** | .24** | .18 | .27* | .11 |
|  |  | (.12) | (.12) | (.11) | (.11) | (.15) | (.12) |
| 定数 | −.82 | −2.22** | −1.98** | −.13 | −1.91** | −1.36 | −1.28 |
|  | (.72) | (.89) | (.82) | (.75) | (.81) | (1.07) | (.87) |
| N | 676 | 808 | 548 | 716 | 485 | 481 | 580 |
| −2Log Likelihood | 645.50 | 451.39 | 529.12 | 723.08 | 586.62 | 410.25 | 520.08 |
| Cox & Snell − $R^2$ | .07 | .07 | .13 | .09 | .10 | .11 | .11 |

括弧内は標準誤差
\*\*\*：p＜.01，\*\*：.01≦p＜.05，\*：.05≦p＜.10

表5-6 95年選挙におけるイデオロギーと政治満足度(不満度)の変化

|  | イデオロギー | | | 政治不満度 | | |
|---|---|---|---|---|---|---|
|  | 92 |  | 95 | 92 |  | 95 |
| 自民一貫 | 1.80 | → | 1.98 | 3.09 | → | 3.56 |
| 自民→非自民 | 2.49 | → | 2.52 | 3.60 | → | 3.82 |
| 自民→棄権 | 2.09 | → | 2.25 | 3.44 | → | 3.87 |
| 自民→新進 | − |  | 2.40 | − |  | 3.78 |
| 全体 | 2.58 | → | 2.73 | 3.58 | → | 3.87 |

非自民政党への変更者よりさらに不満度が高い.

　これらの結果を総合すると,自民党からの棄権が世代を超えて広がっていること[36],さらに政治への高い不満があるものの,新進党などの非自民への選択にはつながらず棄権を選択するに至っていることがいえる.自民からの棄権という選択にイデオロギーが効いていないことが,直ちに保守の人に棄権が増えていることを意味するわけではない.しかし,棄権の選択者が,新進党に投票変更した人よりも保守よりであり政治不満が高いことから,新進党という政党が保守寄りの有権者,つまり80年代における消極的自民投票者の票の獲得にそれほど成功しなかったことを示唆する[37].

　以上をまとめると,95年選挙の浮動票の拡大は,以下のように解釈できる.自民党から非自民への投票変更には,80年代までのイデオロギー的な革新性による変更に加えて,エリートレベルの政界再編つまり自民党の分裂により候補者・後援会と連動した投票変更が行われたといえる.また,自民党から棄権を選択する有権者も増加しており,政権担当能力の評価を上昇させていた新党であったが,実際の行動レベルでは自民党からの離反票をそれほど取り込めていなかったことがうかがえる.

(3) 98年と2001年選挙における浮動票

　95年選挙では政界再編と連動した票の移動が確認できたが,それは95年に特有の一時的な現象であったのだろうか.そこで,98年と2001年の選挙についても分析していくことにする.まず,新進党が解体して迎えた98年選挙の票の移動について確認しておきたい.図5-17aは,95年自民党投票者の98年選挙での投票先である.95年と比較すると歩留まりが上昇しているのがわかる.棄権者は減っているものの,16%近くが民主党へ流れたのをはじめ非自民全体に約25%流れている.次に,95年の新進党票が98年にはどこへ流れたかについても確認しておこう.図5-17bは,95年には新進党に投票したと答えた人の98年の投票先である.40%近くが民主党に流れており,自民党に回帰した(と考えられる)人は2%である.図5-16bでみたように新進党票の40%近くが自民党から流れてきたものであったのに,それらの多くは自民党に回帰していないということになる.

　このような98年の自民からの離反以外の票の流れも念頭に置きながら,95年と同様に,従属変数を非自民へ投票変更を行ったものと棄権を選択したものとに分けたロジスティック回帰分析の結果を検討していくことにする(表

図5-17a　95年自民投票者の98年投票先　　図5-17b　95年新進党票の投票者の98年投票先
　　　　　（N=713）　　　　　　　　　　　　　　　（N=215）

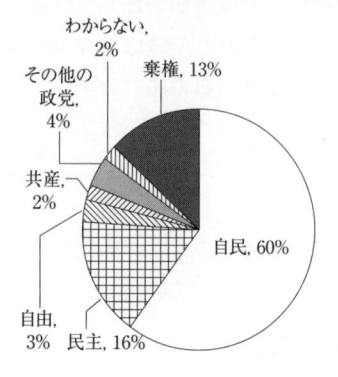

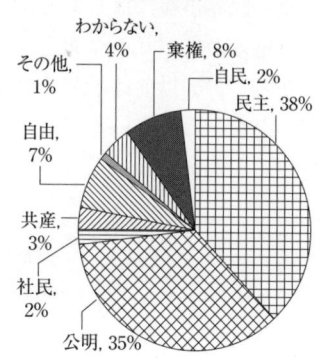

図5-17a の内訳：わからない 2%、棄権 13%、その他の政党 4%、共産 2%、自由 3%、民主 16%、自民 60%

図5-17b の内訳：わからない 4%、棄権 8%、自民 2%、民主 38%、その他 1%、自由 7%、共産 3%、社民 2%、公明 35%

5-5a，5-5b）．95年の選挙と比較した場合，98年と2001年の選挙における自民から非自民への投票は，イデオロギーの革新性は一貫して有意となっているが，95年では効いていなかった政治不満度が再び有意となっている．このことから，95年の政治不満度が有意ではなかったのは，自民党の分裂に連動した投票変更があったためであり，55年体制下と同様に98年以降も自民党から非自民への投票変更には，政治不満度とイデオロギーの革新性が影響しているといえるだろう．しかし，後援会加入が効いていないなど55年体制下では見られなかった現象が続いていることも確かである．

一方，98年と2001年における自民党から棄権への変更では，イデオロギーは95年から一貫して効いていない．95年に見られた若年層以外への棄権の拡大については，前節図5-14と同様にオッズ比を用いて調べたところ，世代が若くなるほどより棄権する傾向を強めつつあることが確認できた．また，政治不満度は有意性を失っているが，新たに生活への不満が高い人が棄権に転じており，これまでと異なった現象が見られる．

ここで本節の分析をまとめておきたい．95年以降の政界再編期の有権者の浮動行動を非自民への投票変更と棄権の選択に分けた結果，以下のようなことが分かった．非自民への投票変更は，自民党の分裂と連動した投票変更が多かった95年には一時的な変化がみられたが，イデオロギー的革新性や政治不満度は依然として有意となっている．しかし，後援会加入が浮動を抑止する方向へ強くは効いておらず，政界再編に伴う後援会の弱体化を示唆する結

果が得られた．

　また，政界再編に伴って自民党から棄権を選択する有権者が増加し，世代による格差が広がりつつある．そして，イデオロギーが有意ではなくなったことから，再編以前はイデオロギーの革新性が投票変更（この場合は棄権の選択）をもたらしていたが，再編後はイデオロギーの革新性がなく投票変更している人が多くなったといえる（図5-18）．

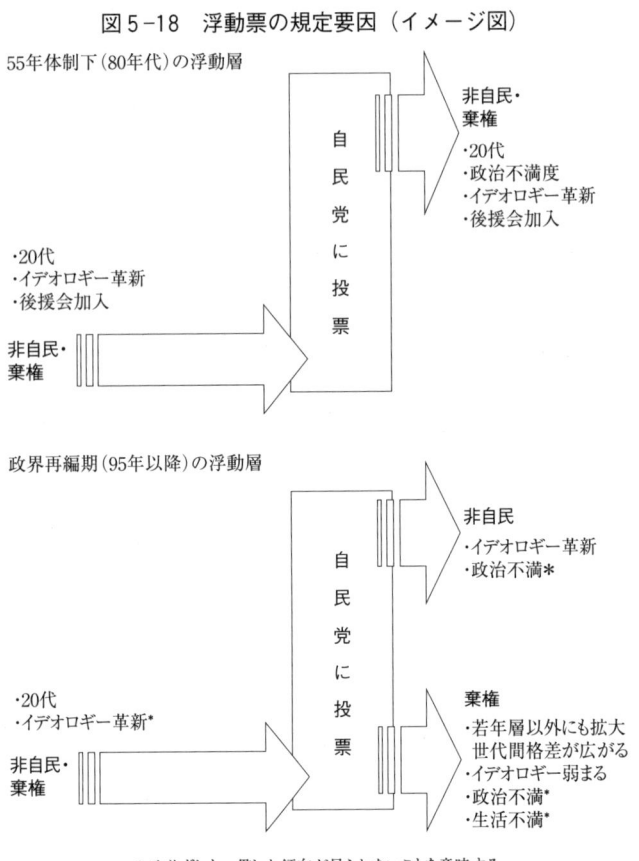

図5-18　浮動票の規定要因（イメージ図）

55年体制下（80年代）の浮動層

- 20代
- イデオロギー革新
- 後援会加入

非自民・棄権

→ 自民党に投票 →

非自民・棄権
- 20代
- 政治不満度
- イデオロギー革新
- 後援会加入

政界再編期（95年以降）の浮動層

- 20代
- イデオロギー革新*

非自民・棄権

→ 自民党に投票 →

非自民
- イデオロギー革新
- 政治不満*

棄権
- 若年層以外にも拡大
- 世代間格差が広がる
- イデオロギー弱まる
- 政治不満*
- 生活不満*

*は必ずしも一貫した傾向が見られないことを意味する

## 第7節 結論と含意

　本章では，参議院選挙および浮動票というこれまであまり分析対象とされてなかったものにスポットをあて，有権者の投票行動の特徴を分析してきた．さらにその時系列的な変化を追うことでエリートレベルの政界再編との関係を明らかにしてきた．分析結果から以下のことを導き出した．

　(1)自民党を中心とした浮動投票の量は，時代を通じて一定ではなく変動が激しい．

　(2)有権者が浮動投票をする要因は，時代を通じて一貫したもの，各選挙固有のもの，政治変動期に特徴的なものに大別できる．自民党からの離反をもたらす要因として一貫したものは，若年層，政治不満度，イデオロギー的な革新性である．

　(3)後援会加入は，候補者の影響がより間接的になる参議院の比例区ですら，浮動を抑止する効果があることが指摘できる．

　(4)自民党への流入者は，その数は少ないものの，自民一貫層と比較した場合，若年層に多く，イデオロギー的には革新寄りであることなどが確認できた．

　(5)55年体制の崩壊後は，新党の登場などエリートレベルの政界再編を受け，浮動票は量的に増加するとともに，浮動を生起する要因にも変化がみられた．

　(6)95年の選挙の結果は，自民党からの非自民（主に新進党）への離反には，自民党に代わりうる政党としての投票変更と，候補者および後援会の移動による投票変更があることを示唆していた．

　(7)95年には自民党から棄権を選択した有権者も多く，彼らは政治不満が高いものの新進党などを選択するには至らなかったことなどが明らかとなった．

　(8)政界再編以降の特徴として，浮動行動は世代間格差を強めながら広がっていること，そして後援会の加入やイデオロギー的な保守性が浮動行動を抑止する効果を弱めつつあることが確認できた．

　田中のシステム・サポートの概念や蒲島のバッファー・プレイヤーの議論には，自民党に代わりうる政権担当能力のある政党が登場すれば彼らは，自民党からその政党に投票を変えるはずという含意があった．事実，55年体制の崩壊という政治変動は，有権者の投票行動にも影響を与え，特に自民党か

らの離反行動による浮動票の増加をもたらした．しかし，浮動票の拡大は，新党である新進党への投票の変更（これは自発的というよりも組織ごと変わったという意味で変えさせられた面は否定できないが）と，選択肢としての棄権の広がりという形で起こった．ここで強調しておきたいのは，これまで自民党に投票してきた革新寄りの人々は新進党に投票している点で田中や蒲島の指摘のとおりであるが，一方で，保守的ではあるが政治に不満を持っている人は新進党へ投票せずに棄権を選択している点である．つまり，新進党は，自民党に代わりうる政党としてそれほど評価されていなかったと言える．このことは，かつての民社党，公明党などを含むなど寄合い所帯であり，やがて崩壊を迎えた新進党の限界を示唆している．

　以上のことから，55年体制の崩壊とその後の政党再編というエリートレベルの政治変動は，有権者，特にこれまでの自民党投票者に，新進党という新党に投票変更をもたらす効果以上に，棄権への選択を促す効果をもたらし脱政党の動きを加速させたといえるのではないだろうか．そして，ここで確認できた投票行動レベルでの脱政党の動きを，政党支持や他の政治的態度との関連で分析することが今後の課題でもある．

　95年の選挙以降も新進党の解散，民主党の誕生など政党の離合集散は続き，エリートのレベルでの政党再編が現段階でも続いている．このような政党の再編成の中で，自民党は93年の分裂から徐々にその勢力を55年体制下のものに近づけつつあるように思われる．けれども自民党は55年体制下のような圧倒的な与党としての存在感は薄れ，他党との連立により政権を維持している状況でもある．

　政界再編期の浮動票の変化においても，自民党からの票の離反がすすみ，もはやかつてのような安定した票を獲得することが困難になっているのがうかがえる．しかし，95年の政界再編により棄権という形で脱政党へと向かった自民からの離反は，あくまで一時的な浮動に留まっており政治的疎外層[38]にはなっていないといえる．小泉効果が大きく働いたような2001年の参議院選挙のように選挙の風によって大きくこれら浮動票を取り込むことが可能である．一方，民主党にも，政権担当能力を示すことによって，新進党が取り込めなかったこれら浮動票を獲得する可能性はある．

　自民党が議席の過半数を下回っている参議院において，その勢力が回復するかどうかは浮動票の行方にかかっているといえよう．浮動票の行方によっ

ては，選挙結果に大きな変化を及ぼし，エリートレベルの新たな政党再編を引き起こす可能性があるといえるだろう．

(1) 社会学的な要因を重視したコロンビアモデル，社会心理的な要因，特に政党帰属意識を重視したミシガンモデル，政策的な空間における有権者と政党との位置関係を考えるダウンズ理論など．
(2) 三宅一郎『日本の政治と選挙』，東京大学出版会，1995年，第8章．
(3) 綿貫譲治・三宅一郎『環境変動と態度変容』，木鐸社，1997年，第6章．
(4) 蒲島郁夫『政権交代と有権者の態度変容』，木鐸社，1998年，第5，6章．
(5) 例えば，三宅一郎は，1983年6月の参議院選挙後の調査において支持なしだった人のうち，同年12月の衆議院選挙後の調査でも支持なしだった人は，4分の1にすぎないとしてその動揺の大きさを指摘している．三宅一郎『投票行動』，東京大学出版会，1989年，第3章．また蒲島郁夫・石生義人は，93年総選挙前から96年総選挙後までの7派のパネル調査を用いて政党支持の変容を分析し，一貫して無党派だった人が，2.4％に過ぎず完全に一貫した無党派はほとんど存在しないことを明らかにしている．蒲島郁夫・石生義人「政党支持の安定性」『レヴァイアサン』22号，1998年．
(6) 小林良彰『日本人の投票行動と政治意識』，木鐸社，1997年，第1章．
(7) 小林，同上，第2，3，4章．
(8) ただし，先にあげた小林の分析は，93年衆議院から95年の参議院選挙までを対象としておりこの限りではない．また，他にも，93年の衆議院選挙では，新党の出現という状況下での候補者要因の投票選択に対する影響力を分析した三宅の分析がある．綿貫譲治・三宅一郎『環境変動と態度変容』，木鐸社，1997年，第5章．
(9) 蒲島郁夫『政権交代と有権者の態度変容』，木鐸社，1998年，第2章．
(10) 三宅，前掲書，1995年，第8章．
(11) ただし，参議院選挙でも，2001年の19回選挙から非拘束名簿式となり制度の変更があった点は留意が必要である．
(12) 小林良彰『現代日本の選挙』，東京大学出版会，1991年，第2章．
(13) 加藤博久『'86ダブル選挙分析 自民「三〇四」議席の秘密』，政治広報センター，1987年．加藤は他にも80年の衆参同日選挙での参議院選挙も分析している．『衆参同日選挙の多角的分析』，政治広報センター，1980年．
(14) 逸脱選挙（deviating election）とは，有権者の政党支持分布には大きな変化がみられないが，争点や候補者に関わる短期的な要因によって現時点から大きくかけ離れた結果が現れた選挙のことである．再編選挙（realigning election）とは，政治経済，社会的な変化により政党支持分布が根本的に変化

し選挙結果がそれに起因しているような選挙を指す．しかしこれらの定義は一義的ではない．なお，三宅は分析にあたって政界再編を4つの側面にゆるやかに定義しこれを検証している．三宅，前掲書，1995年，第4章．

(15) 蒲島郁夫「89年参院選―自民大敗と社会大勝の構図」『レヴァイアサン』10号，1992年．蒲島は，89年参議院選挙の後も，継続して参議院選挙を分析している唯一の研究者と言っていいだろう．この後も，綿貫譲治とともに92年選挙を分析し，89年選挙の熱気が消滅し，多くの点でもとのパターンに戻りつつあること，しかし投票率の低下に表れているように選挙や政治への関心が減少していると指摘している．綿貫譲治・蒲島郁夫「1992年参議院選挙の分析」『選挙』46巻6号・7号，1993年（本書選挙編第Ⅱ部第2章）．他にも，95年選挙では，有権者の政党システム全体に対する不信感の表明として最低の投票率を記録したこと，新進党が社会党に変わって自民党の牽制政党としての地位を確立したことなどを指摘している．蒲島郁夫「論点―二大政党制　幕開けの予感」『読売新聞』1995年7月25日，「『保・保連合』のシナリオ」『論座』10月号，1995年（本書選挙編Ⅱ第3章）などがある．また，2001年選挙では，小泉政権登場のインパクトとそれが選挙にもたらした影響について考察している．蒲島郁夫「小泉政権登場で日本政治は何と訣別したか」『中央公論』10月号，2001年．

(16) 水崎節文「一人区における自民党の完敗」『レヴァイアサン』10号，1992年．

(17) その他89年参議院選挙の分析としては，以下のものがある．池田謙一・西澤由隆「政治的アクターとしての政党」『レヴァイアサン』10号，1992年．小林，前掲書，1991年，第4章．読売新聞社編『激変の政治選択』，読売新聞社，1990年．

(18) 石川真澄の「社会党は，『包括政党』に向けて一歩を進めたと見ることができるだろう」や，広瀬道貞の「政権選択が『軽妙な移転の時代』にはいったと言えるのではあるまいか」といった分析がある．いずれも「自民党の没落」『AERA』No. 33，1989年．

(19) 98年選挙は，1999年の日本選挙学会の共通論題でも取り上げられた．

(20) 蒲島郁夫「98年参院選―自民党はなぜ負けたか」『レヴァイアサン』25号，1999年．

(21) 投票政党を変えたものとしての浮動層の研究はこれまで少ない．その中で，荒木俊夫は，浮動層そのものの分析に取り組んだ1人である．荒木は1971年の参議院選挙と直前の衆議院選挙および道議会議員選挙について一貫投票者と浮動層に分類し，社会的属性，政治的特性についてクロス表により分析している．ただ，荒木の浮動層は，一貫投票者を同じ政党に入れた人として分類しており，どの政党に投票したかは区別していない．つまり，行動

の一貫性を持つ人と，そうでない人（浮動層）の分析になっており，自民党に一貫して投票した人および自民党を中心として浮動的行動をする人に分類した本章とは，異なる視点を持つ．また，荒木の分析は多変量解析が行われていないため，どの要因が浮動層に強く影響を与えたのかについては明らかにされていない．このような限界はあるものの，荒木の分析で示された，社会的属性では若年層に多く，政治的特性としては一貫的投票者に比べ選挙に積極的に関わるという点では劣っているが，選挙についての関心，知識という点では一概に劣っているとは言えないなど浮動層の特徴は，重要な知見として本章の参考とするところである．荒木俊夫『投票行動の政治学』，北海道大学法学部研究選書，1994年．

(22) 明るい選挙推進協会の参議院選挙の調査は，1971年の第9回より始められたが，前回の投票政党を尋ねる質問は1983年の第13回選挙からである．また第13回からは全国区に変わって比例区の制度が導入されたこともあり，第13回以降19回までの7回分を取り上げた．なお2001年の19回選挙では，非拘束名簿式となり制度の変更があった点は，留意が必要である．明推協の調査でも，2001年の非拘束名簿式の導入に伴い，投票先を政党への投票と候補者個人への投票と分けて質問している．本章での自民党の得票とは，自民党という政党への投票と自民党の候補者への投票を足したものである．

(23) 図5-19は，実際の選管データによる自民党得票割合と世論調査で自民党と回答した有権者の割合を時系列で示したものである．世論調査での被調査者の回答にもとづく投票率は，選管統計の投票率よりも常に10％以上高い

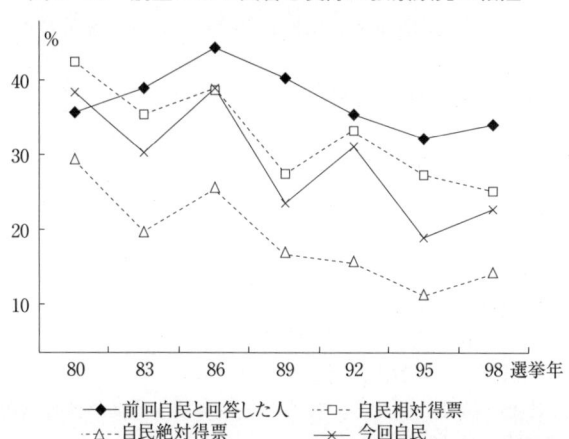

図5-19　調査による回答と実際の投票政党の格差

◆ 前回自民と回答した人　　□ 自民相対得票
△ 自民絶対得票　　　　　　× 今回自民

といわれているが，今回対象となる選挙での自民党の得票についてもその傾向が現れている．その理由としては，調査不能者に多くの棄権が含まれていることや，調査完了者に虚偽の回答をする者がいるなど指摘されている．なお，この図では，前回自民党に投票したものとしてリコールデータと実際の投票を比べているが，実際よりさらに差が開いていることに注意が必要である．

(24) 統一地方選による地方議員の選挙活動の低調が，参議院選挙の投票率の低下をもたらしているという石川真澄による分析がある．石川は，統一地方選と同時期に実施され12年に1度に見られるこの現象を「亥年現象」と名づけている．石川真澄『戦後政治史』，岩波書店，1995年，199－202頁．

(25) 歩留まりは，政党支持と実際の投票行動の結びつきを指す場合もあるが，ここでは前回投票者における拘束力を表す意味で歩留まりを使っている．

(26) ただしこの非自民というのは，自民党以外という枠となっており，非自民間の移動も含まれているため，留意が必要である．

(27) 蒲島郁夫『政治参加』，東京大学出版会，1988年，第9章．

(28) 蒲島，前掲書，1998年，221頁．

(29) 田中愛治「『55年体制』の崩壊とシステム・サポートの継続性」『レヴァイアサン』17号，1995年．この論文は，55年体制の崩壊に伴い，エリートレベルでの政界再編に対応して有権者のレベルでも政界再編が起こっているのか否かを政治意識の変化に焦点を当てて分析して非常に興味深い．そこで田中は，55年体制崩壊後，自民党政権支持と日本の政治経済システムの維持という態度の相違と有権者のシステム・サポートの継続性を示し，マクロな政治システムそれ自体は変化しておらず，システム内変化に留まっていると結論づけている．

(30) ただし，調査の未回収者に棄権者が増えている可能性がある点は注意が必要と考える．

(31) 蒲島郁夫「98年参院選—自民党はなぜ負けたか」『レヴァイアサン』25号，1999年．

(32) 蒲島郁夫・竹中佳彦『現代日本人のイデオロギー』，東京大学出版会，1995年．

(33) 独立変数のコーティングは以下のとおりである．

　①社会的属性

　　性別：(1)男性，(0)女性．

　　年齢：レファレンスグループを60歳以上として，20代，30代，40代，50代をそれぞれダミー変数(1)，(0)とした．

　　学歴：(1)小・高小・新中卒，(2)旧中・新高卒，(3)高等教育（新高専・短大・旧高専大，新大卒以上）．

職業：自営業者（農林漁業，商工サービス業・自由業），被傭者（管理職，専門・技術職・事務職，販売・保安・サービス従事者，運輸・通信・生産工程従事者）としてそれぞれダミー変数(1)，(0)を用いた．わからないを欠損値処理．

都市規模：(1)東京都区部，政令指定都市，(2)人口10万以上の都市，(3)人口10万未満の都市，(4)町村．ただし，95年はデータなし

居住年数：(1) 3 年未満，(2) 3 年以上，(3)10年以上，(4)20年以上．わからないを欠損値処理

後援会加入：ダミー変数(1)，(0)を用いた．わからないを欠損値処理．

②心理的要因

生活満足度：(1)大いに満足，(2)だいたい満足，(3)どちらでもない，(4)やや不満足．(5)大いに不満足の 5 段階尺度を用いた．明推協の調査でどちらでもないがない場合も 5 段階に変数処理した．わからないを欠損値処理．

政治満足度：(1)大いに満足，(2)だいたい満足，(3)どちらでもない，(4)やや不満足．(5)大いに不満足，の 5 段階尺度を用いた．明推協の調査でどちらでもないがない場合も 5 段階に変数処理した．わからないを欠損値処理．

イデオロギー：(1)保守的，(2)やや保守的，(3)中間・どちらでもない，(4)やや革新的，(5)革新的，の 5 段階尺度を用いた．だたし，83年はデータなし．86年は調査では革新系，保守系，どちらともいえないの 3 段階だったが，5 段階に変数処理した．わからないを欠損値処理．

(34) 蒲島，前掲論文，1999年．
(35) 蒲島，前掲書，1998年の211頁の図を転載したもの．
(36) ここでは，60代をリファレンス集団として分析しているため，60代が特殊な動きをしているに過ぎない可能性もある．
(37) ただし，ここでの変化は保守的な人が単に棄権を選択しただけという可能性も否定できない．この点についてはデータの限界から実証できておらず，課題として残っている．
(38) 5 カテゴリーの政治的疎外層（前回，今回の選挙とも棄権・いいたくない・わからないと回答）が近年特に増加しているわけではない．

# 第Ⅲ部
## 資料

## 資料解説

　ここでは資料として，第5期蒲島郁夫ゼミが収集した選挙データの一部を掲載する．対象となる選挙は，2003年10月末までに執行された参議院通常選挙全19回，並びに参議院地方区補欠選挙全154件(1)である．ここではそれぞれの選挙について，選挙区に関わるデータとして，選挙執行日，選挙区名，選挙区別選出議員数，選挙区別立候補者数，特記事項を，候補者に関わるデータとして，得票順位，氏名，投票日現在の年齢，得票数，公認政党，新旧別，当選回数を載せた．ここでは，以下その掲載方法を示していく．

　掲載の順序であるが，第N回通常選挙と，その後より次の通常選挙までに行われた補欠選挙を「第N期選挙」として，通常選挙を区切りとした「期」ごとに掲載した．そのうち，通常選挙については全国区・比例区から地方区の順に，補欠選挙については執行日順に並べた．そのため，全体としても執行日順に並ぶことになっている．通常選挙の地方区の間，執行日が同じ補欠選挙の間は都道府県コード順となっている．
　同一選挙・選挙区内での政党・候補者の並び方であるが，全国区および地方区については選挙区内得票順，拘束名簿式比例区については政党総得票順→党内名簿順，非拘束名簿式比例区については政党総得票順→党内個人得票順に配置した．
　なお，選挙中に死去あるいは公職追放などの理由で資格を消滅したり，辞退した場合は本資料では省略した．

　次に，各データの表記の方法について説明する．
　選挙区に関わるデータについては以下のような方法となっている．まず，選挙区名の右には，選挙区別選出議員数（A）および同立候補者数（B）を，（A−B）という形式で表記した．さらにその右には特記事項として，補欠選挙が通常選挙と同時施行された場合と，定数変更があった場合を示した．それぞれ，通常選挙と併せてN名分の補欠選挙が実施された場合については＜補N＞と，定数是正によりN名の選出議員数が増員または減員された場合につき＜N増＞または＜N減＞と示している．
　候補者に関わるデータの表記に関しては，全国区・地方区と比例区は表記

の仕方がかなり異なるため，分けて説明する．

　全国区・地方区については，左から得票順位，候補者名，年齢，得票数，公認政党，新旧別，当選回数の順に示した．得票順位については，当選者のみ順位を示し，落選者のうち法定得票数を獲得した者については逆三角印（▽）を，法廷得票数を獲得し後に繰上当選した者には米印（※）をつけた．公認政党については，紙面の都合上政党名凡例に掲げた略称を使用した．政党名凡例は各期の通常選挙の冒頭に示している．当選回数は，当選者は選挙後の当選回数を丸囲みで，後の繰上当選者を含む落選者については選挙前の当選回数を丸囲みなしで表記した．

　拘束名簿式比例区については，各党候補者群の冒頭に政党名，政党総得票数に加えて，各党の当選者数（C）と候補者数（D）を（C‒D）という形式で示した．候補者それぞれについては，得票順位，候補者名，年齢，新旧別，当選回数の順に記した．得票順位，当選回数については全国区・地方区と同様の表記のルールとなっている．

　非拘束名簿式比例区については，拘束名簿式と同様に各党候補者群の冒頭に政党名，政党総得票数，各党の当選者数・候補者数を示している．候補者ごとには，得票順位，候補者名，年齢，個人名得票数，新旧別，当選回数を示した．各党の全候補者の末尾には政党名得票数を示した．政党名得票順位，当選回数については全国区・地方区と同様のルールで表記されている．

（井上和輝）

---

（1）　沖縄県復帰に伴う国政参加選挙（1970年11月15日執行）および新間正次議員の失職に伴う愛知地方区再選挙（1994年9月11日執行）も含む．

# 第1回通常選挙 (1947年4月20日執行)

**政党名凡例**
- 自由　日本自由党
- 民自　民主自由党
- 民主　民主党
- 社会　日本社会党
- 共産　日本共産党
- 国協　国民協同党
- 労農　労働者農民党

## 全国区 (100—245)

| # | 氏名 | 年齢 | 得票 | 党派 | 新/現 | ① |
|---|---|---|---|---|---|---|
| 1 | 星 一 | 74 | 487,612 | 民主 | 新 | ① |
| 2 | 柳川 宗左衛門 | 52 | 480,927 | 無所 | 新 | ① |
| 3 | 早川 慎一 | 51 | 435,679 | 無所 | 新 | ① |
| 4 | 松本 治一郎 | 60 | 415,494 | 社会 | 新 | ① |
| 5 | 高橋 竜太郎 | 72 | 370,934 | 無所 | 新 | ① |
| 6 | 田中 耕太郎 | 57 | 361,904 | 無所 | 新 | ① |
| 7 | 梅原 真隆 | 62 | 355,234 | 無所 | 新 | ① |
| 8 | 佐々木 良作 | 32 | 329,860 | 無所 | 新 | ① |
| 9 | 山本 有三 | 60 | 327,955 | 無所 | 新 | ① |
| 10 | 尾崎 行輝 | 59 | 325,778 | 無所 | 新 | ① |
| 11 | 堀越 儀郎 | 56 | 301,958 | 無所 | 新 | ① |
| 12 | 柏木 庫治 | 59 | 290,270 | 無所 | 新 | ① |
| 13 | 伊藤 保平 | 65 | 289,807 | 無所 | 新 | ① |
| 14 | 西園寺 公一 | 41 | 272,984 | 無所 | 新 | ① |
| 15 | 岡部 常 | 59 | 266,948 | 無所 | 新 | ① |
| 16 | 西田 天香 | 75 | 254,888 | 諸派 | 新 | ① |
| 17 | 赤松 常子 | 50 | 252,369 | 社会 | 新 | ① |
| 18 | 岩間 正男 | 42 | 250,059 | 無所 | 新 | ① |
| 19 | 徳川 宗敬 | 50 | 236,739 | 無所 | 新 | ① |
| 20 | 和田 博雄 | 44 | 231,703 | 無所 | 新 | ① |
| 21 | 鈴木 清一 | 43 | 227,210 | 社会 | 新 | ① |
| 22 | 広瀬 与兵衛 | 56 | 226,479 | 無所 | 新 | ① |
| 23 | 宮城 タマヨ | 55 | 223,129 | 無所 | 新 | ① |
| 24 | 大野 幸一 | 41 | 223,039 | 社会 | 新 | ① |
| 25 | 楠見 義男 | 42 | 213,561 | 無所 | 新 | ① |
| 26 | 東浦 庄治 | 49 | 202,266 | 無所 | 新 | ① |
| 27 | 原 虎一 | 50 | 199,305 | 社会 | 新 | ① |
| 28 | 奥 むめお | 52 | 195,855 | 国協 | 新 | ① |
| 29 | 高瀬 荘太郎 | 55 | 189,895 | 無所 | 新 | ① |
| 30 | 木下 辰雄 | 59 | 189,408 | 無所 | 新 | ① |
| 31 | 金子 洋文 | 53 | 180,676 | 社会 | 新 | ① |
| 32 | 青山 正一 | 42 | 180,213 | 無所 | 新 | ① |
| 33 | 高良 とみ | 51 | 179,252 | 民主 | 新 | ① |
| 34 | 河崎 ナツ | 60 | 178,941 | 社会 | 新 | ① |
| 35 | 岡田 宗司 | 45 | 170,839 | 社会 | 新 | ① |
| 36 | 木内 キヤウ | 63 | 165,869 | 民主 | 新 | ① |
| 37 | 大隈 信幸 | 37 | 163,924 | 民主 | 新 | ① |
| 38 | 慶松 勝左衛門 | 71 | 159,021 | 自由 | 新 | ① |
| 39 | 稲垣 平太郎 | 59 | 156,609 | 民主 | 新 | ① |
| 40 | 水橋 藤作 | 52 | 154,643 | 社会 | 新 | ① |
| 41 | 高田 寛 | 48 | 154,129 | 無所 | 新 | ① |
| 42 | 兼岩 伝一 | 48 | 150,876 | 社会 | 新 | ① |
| 43 | 中村 正雄 | 33 | 148,819 | 社会 | 新 | ① |
| 44 | 鈴木 直人 | 47 | 147,668 | 無所 | 新 | ① |
| 45 | 荒井 八郎 | 59 | 137,458 | 自由 | 新 | ① |
| 46 | 岡村 文四郎 | 57 | 134,525 | 国協 | 新 | ① |
| 47 | 鬼丸 義斉 | 61 | 130,816 | 無所 | 新 | ① |
| 48 | 井上 なつえ | 49 | 128,728 | 無所 | 新 | ① |
| 49 | 小泉 秀吉 | 68 | 127,129 | 社会 | 新 | ① |
| 50 | 岡本 愛祐 | 53 | 123,679 | 無所 | 新 | ① |
| 51 | 川上 嘉 | 38 | 122,060 | 無所 | 新 | ① |
| 52 | 中山 寿彦 | 67 | 120,924 | 無所 | 新 | ① |
| 53 | 中川 以良 | 47 | 120,051 | 無所 | 新 | ① |
| 54 | 丹羽 五郎 | 57 | 118,690 | 社会 | 新 | ① |
| 55 | 羽仁 五郎 | 46 | 117,684 | 無所 | 新 | ① |
| 56 | 寺尾 豊 | 49 | 116,026 | 自由 | 新 | ① |
| 57 | 下条 康麿 | 62 | 115,840 | 無所 | 新 | ① |
| 58 | 河野 正夫 | 45 | 114,720 | 無所 | 新 | ① |
| 59 | 佐々 弘雄 | 50 | 112,207 | 無所 | 新 | ① |
| 60 | 重宗 雄三 | 53 | 112,098 | 無所 | 新 | ① |
| 61 | 宿谷 栄一 | 53 | 112,050 | 無所 | 新 | ① |
| 62 | 市来 乙彦 | 75 | 111,640 | 無所 | 新 | ① |
| 63 | 安部 定 | 39 | 110,830 | 無所 | 新 | ① |
| 64 | 大西 十寸男 | 51 | 110,621 | 無所 | 新 | ① |
| 65 | 藤井 新一 | 55 | 109,988 | 社会 | 新 | ① |
| 66 | 水久保 甚作 | 63 | 108,605 | 自由 | 新 | ① |
| 67 | 鎌田 逸郎 | 50 | 106,679 | 無所 | 新 | ① |
| 68 | 中野 重治 | 45 | 106,334 | 共産 | 新 | ① |
| 69 | 安達 良助 | 39 | 106,194 | 民主 | 新 | ① |
| 70 | 堀 真琴 | 49 | 104,783 | 社会 | 新 | ① |
| 71 | 松野 喜内 | 68 | 102,373 | 自由 | 新 | ① |
| 72 | 木村 禧八郎 | 46 | 101,775 | 社会 | 新 | ① |
| 73 | 寺尾 博 | 64 | 98,732 | 無所 | 新 | ① |
| 74 | 穂積 真六郎 | 58 | 96,979 | 無所 | 新 | ① |
| 75 | 矢野 酉雄 | 50 | 96,929 | 無所 | 新 | ① |
| 76 | 藤井 丙午 | 41 | 95,557 | 無所 | 新 | ① |
| 77 | 飯田 精太郎 | 63 | 94,360 | 無所 | 新 | ① |
| 78 | 小川 友三 | 43 | 93,573 | 諸派 | 新 | ① |
| 79 | 小野 光洋 | 49 | 90,683 | 自由 | 新 | ① |
| 80 | 塚本 重蔵 | 58 | 87,208 | 社会 | 新 | ① |
| 81 | 松井 道夫 | 41 | 86,890 | 無所 | 新 | ① |
| 82 | 吉松 喬 | 50 | 85,247 | 無所 | 新 | ① |
| 83 | 星野 芳樹 | 38 | 84,075 | 諸派 | 新 | ① |
| 84 | 北条 秀一 | 43 | 83,223 | 無所 | 新 | ① |
| 85 | 三島 通陽 | 50 | 83,185 | 国協 | 新 | ① |
| 86 | 小林 勝馬 | 41 | 83,063 | 諸派 | 新 | ① |

| | | | | | | | | | | | |
|---|---|---|---|---|---|---|---|---|---|---|---|
| | 87 | 中西 功 | 37 | 80,751 | 共産 | 新 | ① | | 川崎 巳三郎 | 42 | 43,814 | 共産 | 新 |
| | 88 | 来馬 琢道 | 70 | 79,282 | 無所 | 新 | ① | ▽ | 落合 英一 | 31 | 43,661 | 無所 | 新 |
| | 89 | 新谷 寅三郎 | 45 | 78,520 | 無所 | 新 | ① | | 六角 英道 | 45 | 43,243 | 無所 | 新 |
| | 90 | 松島 喜作 | 55 | 77,475 | 自由 | 新 | ① | | 岡川 治郎 | 36 | 43,071 | 社会 | 新 |
| | 91 | 内村 清次 | 45 | 76,177 | 社会 | 新 | ① | | 大沢 助次 | 46 | 43,008 | 国協 | 新 |
| | 92 | 大山 安 | 56 | 74,330 | 無所 | 新 | ① | | 真野 目吉治 | 41 | 42,790 | 社会 | 新 |
| | 93 | 浅岡 信夫 | 48 | 73,754 | 自由 | 新 | ① | | 岩佐 劭 | 45 | 42,253 | 諸派 | 新 |
| | 94 | 江熊 哲翁 | 54 | 73,074 | 無所 | 新 | ① | | 吉川 次郎 | 40 | 41,475 | 無所 | 新 |
| | 95 | 松村 真一郎 | 67 | 72,598 | 無所 | 新 | ① | | 神近 イチ | 59 | 41,324 | 諸派 | 新 |
| | 96 | 伊東 隆治 | 49 | 71,324 | 無所 | 新 | ① | | 山本 芳松 | 65 | 41,093 | 無所 | 新 |
| | 97 | 細川 嘉六 | 59 | 71,171 | 共産 | 新 | ① | | 岩崎 常喜 | 40 | 39,783 | 自由 | 新 |
| | 98 | 小杉 イ子 | 63 | 70,330 | 諸派 | 新 | ① | | 今道 潤三 | 47 | 39,652 | 国協 | 新 |
| | 99 | 仲子 隆 | 56 | 68,481 | 国協 | 新 | ① | | 堀江 邑一 | 51 | 39,576 | 共産 | 新 |
| | 100 | 国井 淳一 | 45 | 68,128 | 無所 | 新 | ① | | 山元 亀次郎 | 53 | 38,281 | 社会 | 新 |
| | | 宮東 孝行 | 40 | 66,649 | 諸派 | 新 | | | 青柳 長次郎 | 53 | 37,688 | 自由 | 新 |
| | | 坪井 研精 | 47 | 65,642 | 無所 | 新 | | | 後藤 福次郎 | 46 | 37,376 | 社会 | 新 |
| | | 渡部 義通 | 46 | 65,023 | 共産 | 新 | | | 原田 光雄 | 41 | 37,254 | 無所 | 新 |
| | | 聴濤 克巳 | 43 | 64,765 | 無所 | 新 | | | 江木 理一 | 57 | 37,212 | 無所 | 新 |
| | | 森川 重一 | 43 | 64,617 | 自由 | 新 | | | 占部 秀男 | 38 | 36,365 | 社会 | 新 |
| | | 安田 伊左衛門 | 75 | 64,475 | 無所 | 新 | | | 翠田 直次 | 54 | 36,236 | 社会 | 新 |
| ▽ | | 阿部 義宗 | 61 | 63,844 | 社会 | 新 | | | 山口 清吉 | 55 | 35,783 | 無所 | 新 |
| | | 小山内 良夫 | 37 | 63,750 | 無所 | 新 | | | 内田 松太 | 46 | 35,669 | 民主 | 新 |
| | | 大島 正一 | 61 | 63,406 | 民主 | 新 | | | 高幣 常市 | 43 | 35,271 | 社会 | 新 |
| | | 大木 操 | 56 | 62,747 | 無所 | 新 | | | 松平 外与麿 | 57 | 34,997 | 自由 | 新 |
| | | 久布白 落実 | 65 | 61,297 | 自由 | 新 | | | 松本 慎一 | 46 | 34,222 | 共産 | 新 |
| | | 久保田 敬一 | 66 | 61,174 | 無所 | 新 | | | 梅原 富造 | 53 | 33,554 | 諸派 | 新 |
| | | 小笠原 日堂 | 46 | 61,065 | 無所 | 新 | | | 織田 信恒 | 58 | 33,323 | 無所 | 新 |
| | | 永田 彦太郎 | 50 | 60,729 | 無所 | 新 | | | 米倉 喜太郎 | 60 | 32,653 | 無所 | 新 |
| | | 松本 武雄 | 45 | 60,612 | 無所 | 新 | | | 河野 通 | 59 | 32,510 | 無所 | 新 |
| | | 福田 万作 | 48 | 60,587 | 自由 | 新 | | | 乾 精末 | 64 | 32,177 | 自由 | 新 |
| | | 大野 健三 | 45 | 59,736 | 無所 | 新 | | | 大野 三留 | 39 | 31,264 | 共産 | 新 |
| | | 秦 孝治郎 | 57 | 59,516 | 社会 | 新 | | | 竹田 菊 | 60 | 30,750 | 国協 | 新 |
| | | 賀集 章平 | 50 | 57,854 | 無所 | 新 | | | 宮内 藤吉 | 57 | 29,119 | 民主 | 新 |
| | | 鈴木 隆晴 | 61 | 57,628 | 自由 | 新 | | | 蟹江 茂男 | 42 | 28,791 | 自由 | 新 |
| ▽ | | 菅 道 | 43 | 57,422 | 無所 | 新 | | | 桑名 邦雄 | 49 | 28,692 | 民主 | 新 |
| ▽ | | 白鳥 三朝 | 50 | 56,151 | 社会 | 新 | | | 光吉 悦心 | 56 | 28,014 | 社会 | 新 |
| | | 亀井 譲太郎 | 53 | 56,119 | 民主 | 新 | | ▽ | 山上 末吉 | 40 | 27,882 | 無所 | 新 |
| | | 八木 鶴蔵 | 65 | 54,852 | 無所 | 新 | | ▽ | 斎藤 和一 | 60 | 27,650 | 無所 | 新 |
| | | 白田 岩夫 | 39 | 54,731 | 無所 | 新 | | ▽ | 牧 彦七 | 74 | 27,640 | 無所 | 新 |
| | | 西森 久記 | 48 | 54,516 | 無所 | 新 | | | 小倉 繁 | 44 | 26,312 | 諸派 | 新 |
| | | 鞍馬 可寿子 | 35 | 53,885 | 諸派 | 新 | | | 宮島 綱男 | 63 | 25,557 | 無所 | 新 |
| | | 丹羽 彪吉 | 62 | 53,434 | 自由 | 新 | | | 谷岡 一直 | 44 | 25,403 | 社会 | 新 |
| | | 国島 貴八郎 | 54 | 52,054 | 無所 | 新 | | | 赤木 光司 | 59 | 25,124 | 無所 | 新 |
| | | 安江 義蔵 | 39 | 50,464 | 無所 | 新 | | | 鮫島 盛隆 | 50 | 25,025 | 無所 | 新 |
| | | 鎌田 沢一郎 | 53 | 47,192 | 無所 | 新 | | | 守屋 典郎 | 40 | 24,683 | 共産 | 新 |
| | | 中村 誠二 | 55 | 46,933 | 社会 | 新 | | | 桑原 正枝 | 35 | 24,188 | 民主 | 新 |
| | | 岡 邦雄 | 57 | 46,878 | 共産 | 新 | | | 中谷 千章 | 37 | 24,062 | 自由 | 新 |
| | | 田口 孝雄 | 43 | 46,825 | 無所 | 新 | | | 佐藤 甚吾 | 51 | 23,519 | 無所 | 新 |
| | | 上原 蕃 | 55 | 46,434 | 社会 | 新 | | | 紺野 俊雄 | 40 | 22,941 | 国協 | 新 |
| | | 深谷 進 | 49 | 46,052 | 共産 | 新 | | | 細野 軍治 | 52 | 22,482 | 無所 | 新 |
| | | 肝付 兼英 | 54 | 45,211 | 国協 | 新 | | | 山口 織之進 | 71 | 21,996 | 無所 | 新 |
| | | 福島 要一 | 40 | 45,078 | 無所 | 新 | | | 川本 福一 | 56 | 21,509 | 無所 | 新 |

資料 第1回通常選挙

| | | | | |
|---|---|---|---|---|
| 近藤 貝由 | 35 | 21,180 | 共産 | 新 |
| 木村 繁 | 54 | 20,048 | 無所 | 新 |
| 板井 武雄 | 47 | 19,850 | 民主 | 新 |
| 水谷 清重 | 51 | 19,644 | 諸派 | 新 |
| 光本 天造 | 64 | 18,649 | 社会 | 新 |
| 佐藤 新衛 | 68 | 18,402 | 無所 | 新 |
| 久野 所之進 | 44 | 18,359 | 無所 | 新 |
| 山崎 賢一 | 50 | 18,006 | 無所 | 新 |
| 安藤 博 | 45 | 17,375 | 無所 | 新 |
| 吉村 武吉 | 35 | 16,979 | 無所 | 新 |
| 小原 慶次 | 46 | 16,934 | 無所 | 新 |
| 田島 朋晴 | 45 | 16,283 | 諸派 | 新 |
| 津村 文次郎 | 56 | 15,938 | 無所 | 新 |
| 中川 義信 | 43 | 15,792 | 諸派 | 新 |
| 中目 覚 | 73 | 15,789 | 社会 | 新 |
| 山根 真治郎 | 63 | 15,772 | 無所 | 新 |
| 堀田 正郁 | 62 | 15,749 | 無所 | 新 |
| 中山 作介 | 63 | 15,575 | 無所 | 新 |
| 石井 廉二 | 50 | 14,815 | 諸派 | 新 |
| 海野 正造 | 47 | 14,354 | 無所 | 新 |
| 前波 仲三 | 50 | 14,269 | 無所 | 新 |
| 瀬口 貢 | 44 | 13,757 | 無所 | 新 |
| 高橋 重治 | 38 | 13,723 | 無所 | 新 |
| 藤川 年 | 59 | 13,189 | 諸派 | 新 |
| 安藤 蘇峰 | 50 | 12,708 | 無所 | 新 |
| 小原 謹太郎 | 47 | 12,666 | 無所 | 新 |
| 長谷川 房雄 | 32 | 12,473 | 無所 | 新 |
| 中峠 国夫 | 44 | 12,415 | 無所 | 新 |
| 角谷 三郎 | 40 | 11,682 | 無所 | 新 |
| 植木 義一 | 42 | 11,599 | 諸派 | 新 |
| 桜井 源兵衛 | 65 | 10,673 | 諸派 | 新 |
| 岳獅 勇三郎 | 39 | 10,654 | 諸派 | 新 |
| 豊島 愛明 | 65 | 10,134 | 無所 | 新 |
| 荒川 鉎 | 45 | 10,114 | 無所 | 新 |
| 小川 桑兵衛 | 53 | 10,055 | 無所 | 新 |
| 御厨 信市 | 53 | 9,982 | 社会 | 新 |
| 藤波 一治 | 45 | 9,744 | 無所 | 新 |
| 斎藤 竹之助 | 54 | 9,659 | 無所 | 新 |
| 野村 芳雄 | 33 | 9,431 | 無所 | 新 |
| 副島 次郎 | 62 | 9,143 | 諸派 | 新 |
| 穂積 秀博 | 64 | 8,992 | 無所 | 新 |
| 小川 清俊 | 57 | 8,764 | 無所 | 新 |
| 藤野 泰一 | 48 | 8,629 | 無所 | 新 |
| 堀内 幾三郎 | 41 | 7,745 | 無所 | 新 |
| 豊川 良之助 | 52 | 7,569 | 無所 | 新 |
| 臼杵 天成 | 49 | 7,376 | 諸派 | 新 |
| 藤沢 広男 | 39 | 7,121 | 無所 | 新 |
| 正親町 又玄 | 53 | 7,084 | 無所 | 新 |
| 浦田 関太郎 | 48 | 7,079 | 諸派 | 新 |
| 家高 貞義 | 46 | 6,560 | 無所 | 新 |
| 小田倉 徳寿 | 54 | 5,802 | 無所 | 新 |
| 川端 繁喜 | 38 | 5,090 | 無所 | 新 |

| | | | | |
|---|---|---|---|---|
| 小塩 儀一 | 50 | 4,797 | 無所 | 新 |
| 北崎 房太郎 | 67 | 4,027 | 無所 | 新 |
| 長滝 武 | 52 | 3,316 | 無所 | 新 |

## 地方区

### 北海道（8―19）

| | | | | | |
|---|---|---|---|---|---|
| 1 | 板谷 順助 | 70 | 77,004 | 自由 | 新① |
| 2 | 堀 末治 | 61 | 74,587 | 無所 | 新① |
| 3 | 千葉 信 | 43 | 74,511 | 社会 | 新① |
| 4 | 加賀 操 | 39 | 71,831 | 無所 | 新① |
| 5 | 若木 勝蔵 | 50 | 68,391 | 無所 | 新① |
| 6 | 木下 源吾 | 56 | 58,367 | 社会 | 新① |
| 7 | 町村 敬貴 | 65 | 54,954 | 無所 | 新① |
| 8 | 小林 米三郎 | 61 | 52,117 | 無所 | 新① |
| ▽ | 安藤 孝俊 | 53 | 43,019 | 社会 | 新 |
| ▽ | 中島 武市 | 51 | 42,112 | 自由 | 新 |
| ▽ | 幡野 直治 | 56 | 38,141 | 国協 | 新 |
| ▽ | 半田 芳男 | 59 | 34,035 | 自由 | 新 |
| ▽ | 岡林 歓喜 | 50 | 32,697 | 無所 | 新 |
| ▽ | 池崎 喜太郎 | 47 | 24,030 | 民主 | 新 |
| ▽ | 林 甚之丞 | 63 | 20,275 | 自由 | 新 |
| ▽ | 三浦 義覚 | 46 | 19,544 | 自由 | 新 |
| ▽ | 木田 茂晴 | 53 | 17,472 | 共産 | 新 |
| | 本間 国雄 | 40 | 12,380 | 無所 | 新 |
| | 宮川 寅雄 | 39 | 10,643 | 共産 | 新 |

### 青森県（2―4）

| | | | | | |
|---|---|---|---|---|---|
| 1 | 佐藤 尚武 | 65 | 135,436 | 無所 | 新① |
| 2 | 平野 善治郎 | 45 | 72,301 | 民主 | 新① |
| ▽ | 唐牛 敏世 | 68 | 48,434 | 自由 | 新 |
| ▽ | 秋田 徳一 | 64 | 32,778 | 社会 | 新 |

### 岩手県（2―4）

| | | | | | |
|---|---|---|---|---|---|
| 1 | 出淵 勝次 | 69 | 144,364 | 無所 | 新① |
| 2 | 千田 正 | 48 | 103,984 | 無所 | 新① |
| ▽ | 川村 松助 | 57 | 91,906 | 無所 | 新 |
| | 三浦 宗太郎 | 38 | 26,774 | 無所 | 新 |

### 宮城県（2―4）

| | | | | | |
|---|---|---|---|---|---|
| 1 | 斎 武雄 | 52 | 122,668 | 社会 | 新① |
| 2 | 高橋 啓 | 52 | 106,427 | 民主 | 新① |
| ▽ | 東海林 忠七 | 54 | 91,604 | 自由 | 新 |
| ▽ | 平渡 信 | 68 | 91,564 | 自由 | 新 |

## 秋田県（2 — 6）

| | 氏名 | 年齢 | 得票数 | 所属 | 新 | |
|---|---|---|---|---|---|---|
| 1 | 鈴木 安孝 | 70 | 80,589 | 自由 | 新 | ① |
| 2 | 石川 準吉 | 49 | 70,768 | 無所 | 新 | ① |
| ▽ | 山本 修太郎 | 65 | 70,499 | 諸派 | 新 | |
| ▽ | 小野 忠太郎 | 34 | 49,604 | 社会 | 新 | |
| ▽ | 奥田 信吾 | 50 | 47,811 | 社会 | 新 | |
| | 泉谷 順治 | 41 | 13,475 | 共産 | 新 | |

## 山形県（2 — 4）

| | 氏名 | 年齢 | 得票数 | 所属 | 新 | |
|---|---|---|---|---|---|---|
| 1 | 小杉 繁安 | 63 | 143,473 | 無所 | 新 | ① |
| 2 | 尾形 六郎兵衛 | 46 | 125,891 | 無所 | 新 | ① |
| ▽ | 小林 亦治 | 40 | 123,699 | 社会 | 新 | |
| | 和田 与平 | 36 | 18,450 | 共産 | 新 | |

## 福島県（4 — 7）

| | 氏名 | 年齢 | 得票数 | 所属 | 新 | |
|---|---|---|---|---|---|---|
| 1 | 松平 恒雄 | 70 | 256,686 | 無所 | 新 | ① |
| 2 | 油井 賢太郎 | 41 | 74,976 | 諸派 | 新 | ① |
| 3 | 橋本 万右衛門 | 55 | 60,695 | 民主 | 新 | ① |
| 4 | 田中 利勝 | 50 | 53,748 | 社会 | 新 | ① |
| ▽ | 榊原 巌 | 49 | 41,924 | 社会 | 新 | |
| ▽ | 大森 達夫 | 48 | 30,474 | 無所 | 新 | |
| | 佐藤 泰三 | 40 | 17,520 | 共産 | 新 | |

## 茨城県（4 — 10）

| | 氏名 | 年齢 | 得票数 | 所属 | 新 | |
|---|---|---|---|---|---|---|
| 1 | 結城 安次 | 63 | 103,310 | 無所 | 新 | ① |
| 2 | 柴田 政次 | 65 | 92,713 | 自由 | 新 | ① |
| 3 | 大畠 農夫雄 | 48 | 64,081 | 社会 | 新 | ① |
| 4 | 池田 恒雄 | 37 | 43,578 | 無所 | 新 | ① |
| ▽ | 大貫 義隆 | 42 | 40,135 | 無所 | 新 | |
| ▽ | 辻 正義 | 43 | 39,591 | 無所 | 新 | |
| ▽ | 宮本 三木 | 41 | 28,283 | 社会 | 新 | |
| ▽ | 沼田 秀郷 | 42 | 24,436 | 共産 | 新 | |
| | 繁住 菊雄 | 53 | 15,974 | 無所 | 新 | |
| | 桑島 寿雄 | 67 | 15,683 | 自由 | 新 | |

## 栃木県（4 — 8）

| | 氏名 | 年齢 | 得票数 | 所属 | 新 | |
|---|---|---|---|---|---|---|
| 1 | 大島 定吉 | 61 | 83,970 | 民主 | 新 | ① |
| 2 | 岩崎 正三郎 | 46 | 81,616 | 社会 | 新 | ① |
| 3 | 殿岡 利助 | 64 | 77,221 | 民主 | 新 | ① |
| 4 | 植竹 春彦 | 49 | 64,619 | 無所 | 新 | ① |
| ▽ | 岡田 喜久治 | 58 | 58,149 | 民主 | 新 | |
| ▽ | 富山 叶 | 56 | 30,062 | 自由 | 新 | |
| ▽ | 雨谷 義俊 | 50 | 25,019 | 社会 | 新 | |
| ▽ | 加藤 要作 | 43 | 20,902 | 自由 | 新 | |

## 群馬県（4 — 12）

| | 氏名 | 年齢 | 得票数 | 所属 | 新 | |
|---|---|---|---|---|---|---|
| 1 | 竹腰 徳蔵 | 56 | 109,032 | 民主 | 新 | ① |
| 2 | 梅津 錦一 | 49 | 93,033 | 社会 | 新 | ① |
| 3 | 木桧 三四郎 | 79 | 71,688 | 民主 | 新 | ① |
| 4 | 鈴木 順一 | 38 | 69,337 | 民主 | 新 | ① |
| ▽ | 境野 清雄 | 47 | 66,573 | 民主 | 新 | |
| ▽ | 栗田 四郎 | 55 | 32,783 | 民主 | 新 | |
| ▽ | 茂木 清吾 | 64 | 22,067 | 無所 | 新 | |
| | 松平 銑之助 | 52 | 16,722 | 民主 | 新 | |
| | 除村 吉太郎 | 50 | 16,293 | 共産 | 新 | |
| | 林 与重 | 53 | 15,198 | 自由 | 新 | |
| | 池生 竹太郎 | 42 | 6,459 | 無所 | 新 | |
| | 荒木 時次 | 38 | 2,884 | 無所 | 新 | |

## 埼玉県（4 — 6）

| | 氏名 | 年齢 | 得票数 | 所属 | 新 | |
|---|---|---|---|---|---|---|
| 1 | 小林 英三 | 55 | 172,232 | 自由 | 新 | ① |
| 2 | 平沼 弥太郎 | 55 | 147,784 | 自由 | 新 | ① |
| 3 | 天田 勝正 | 40 | 139,946 | 社会 | 新 | ① |
| 4 | 石川 一衛 | 60 | 97,564 | 民主 | 新 | ① |
| ▽ | 佐藤 ゑい子 | 47 | 41,149 | 無所 | 新 | |
| ▽ | 杉原 圭三 | 46 | 27,186 | 共産 | 新 | |

## 千葉県（4 — 10）

| | 氏名 | 年齢 | 得票数 | 所属 | 新 | |
|---|---|---|---|---|---|---|
| 1 | 小野 哲 | 47 | 144,967 | 無所 | 新 | ① |
| 2 | 山崎 恒 | 46 | 85,134 | 無所 | 新 | ① |
| 3 | 玉屋 喜章 | 68 | 53,840 | 自由 | 新 | ① |
| 4 | 浅井 一郎 | 64 | 51,721 | 民主 | 新 | ① |
| ▽ | 安田 直一 | 75 | 44,154 | 無所 | 新 | |
| ▽ | 佐山 直 | 51 | 42,971 | 社会 | 新 | |
| ▽ | 山本 源次郎 | 51 | 27,868 | 社会 | 新 | |
| ▽ | 伊橋 甲子男 | 48 | 23,420 | 自由 | 新 | |
| | 金親 清 | 40 | 14,382 | 共産 | 新 | |
| | 佐藤 公彦 | 40 | 3,626 | 民主 | 新 | |

## 東京都（8 — 25）

| | 氏名 | 年齢 | 得票数 | 所属 | 新 | |
|---|---|---|---|---|---|---|
| 1 | 桜内 辰郎 | 61 | 138,705 | 民主 | 新 | ① |
| 2 | 吉川 末治郎 | 55 | 111,862 | 社会 | 新 | ① |
| 3 | 島 清 | 39 | 101,128 | 社会 | 新 | ① |
| 4 | 黒川 武雄 | 54 | 89,413 | 自由 | 新 | ① |
| 5 | 帆足 計 | 42 | 83,493 | 無所 | 新 | ① |
| 6 | 深川 タマエ | 38 | 79,396 | 無所 | 新 | ① |
| 7 | 西川 昌夫 | 41 | 78,757 | 自由 | 新 | ① |
| 8 | 遠山 丙市 | 51 | 75,637 | 自由 | 新 | ① |
| ▽ | 重盛 寿治 | 46 | 57,611 | 社会 | 新 | |
| ▽ | 麻生 重一 | 43 | 46,680 | 社会 | 新 | |
| ▽ | 今野 武雄 | 40 | 39,302 | 共産 | 新 | |
| ▽ | 西沢 隆二 | 44 | 38,632 | 共産 | 新 | |
| ▽ | 久保 久治 | 56 | 38,396 | 無所 | 新 | |
| ▽ | 山根 健男 | 51 | 34,503 | 自由 | 新 | |
| ▽ | 石黒 栄一 | 55 | 32,789 | 自由 | 新 | |
| ▽ | 長井 金太郎 | 43 | 30,223 | 自由 | 新 | |
| ▽ | 井上 幸右衛門 | 51 | 28,368 | 無所 | 新 | |

|   |   |   |   |   |   |
|---|---|---|---|---|---|
| 米村 嘉一郎 | 52 | 16,106 | 無所 | 新 | |
| 川上 由己雄 | 56 | 15,582 | 無所 | 新 | |
| 菊池 慣 | 61 | 15,047 | 民主 | 新 | |
| 栗田 久男 | 39 | 9,407 | 無所 | 新 | |
| 武智 徳本 | 59 | 6,608 | 無所 | 新 | |
| 梶原 豊 | 32 | 5,726 | 無所 | 新 | |
| 鳥羽 照司 | 46 | 4,477 | 無所 | 新 | |
| 高柳 泰樹 | 60 | 4,264 | 無所 | 新 | |

### 神奈川県（4－9）

|   |   |   |   |   |   |   |
|---|---|---|---|---|---|---|
| 1 | 三木 治朗 | 62 | 174,914 | 社会 | 新 | ① |
| 2 | 小串 清一 | 71 | 106,689 | 自由 | 新 | ① |
| 3 | 鈴木 憲一 | 49 | 102,075 | 国協 | 新 | ① |
| 4 | 大隅 憲二 | 54 | 56,445 | 自由 | 新 | ① |
| ▽ | 西村 定雄 | 48 | 49,237 | 民主 | 新 | |
| ▽ | 岡崎 一夫 | 48 | 29,824 | 共産 | 新 | |
| ▽ | 沼田 安蔵 | 52 | 24,483 | 民主 | 新 | |
|   | 松山 隆茂 | 33 | 21,925 | 無所 | 新 | |
|   | 三部 豊 | 39 | 3,395 | 諸派 | 新 | |

### 新潟県（4－9）

|   |   |   |   |   |   |   |
|---|---|---|---|---|---|---|
| 1 | 田村 文吉 | 61 | 165,076 | 無所 | 新 | ① |
| 2 | 下条 恭兵 | 47 | 90,890 | 社会 | 新 | ① |
| 3 | 北村 一男 | 50 | 89,935 | 自由 | 新 | ① |
| 4 | 藤田 芳雄 | 49 | 79,104 | 無所 | 新 | ① |
| ▽ | 榊原 政春 | 36 | 73,422 | 無所 | 新 | |
| ▽ | 佐藤 基 | 49 | 51,924 | 自由 | 新 | |
| ▽ | 徳永 正報 | 46 | 44,592 | 社会 | 新 | |
| ▽ | 野村 ミス | 51 | 36,392 | 国協 | 新 | |
|   | 大沢 三郎 | 40 | 22,925 | 共産 | 新 | |

### 富山県（2－3）

|   |   |   |   |   |   |   |
|---|---|---|---|---|---|---|
| 1 | 石坂 豊一 | 73 | 157,430 | 自由 | 新 | ① |
| 2 | 小川 久義 | 47 | 99,222 | 国協 | 新 | ① |
| ▽ | 海老名 一雄 | 61 | 84,168 | 社会 | 新 | |

### 石川県（2－4）

|   |   |   |   |   |   |   |
|---|---|---|---|---|---|---|
| 1 | 林屋 亀次郎 | 61 | 115,048 | 民主 | 新 | ① |
| 2 | 中川 幸平 | 57 | 79,263 | 自由 | 新 | ① |
| ▽ | 竹山 重勝 | 35 | 67,849 | 社会 | 新 | |
|   | 永井 泰蔵 | 38 | 20,458 | 共産 | 新 | |

### 福井県（2－4）

|   |   |   |   |   |   |   |
|---|---|---|---|---|---|---|
| 1 | 池田 七郎兵衞 | 65 | 120,993 | 無所 | 新 | ① |
| 2 | 松下 松治郎 | 51 | 74,469 | 社会 | 新 | ① |
| ▽ | 庄司 与一郎 | 71 | 42,068 | 無所 | 新 | |
|   | 玉川 安平 | 39 | 12,076 | 共産 | 新 | |

### 山梨県（2－4）

|   |   |   |   |   |   |   |
|---|---|---|---|---|---|---|
| 1 | 小宮山 常吉 | 65 | 103,246 | 無所 | 新 | ① |
| 2 | 平野 成子 | 48 | 90,366 | 社会 | 新 | ① |
| ▽ | 古屋 貞雄 | 58 | 59,314 | 諸派 | 新 | |

|   |   |   |   |   |   |
|---|---|---|---|---|---|
| 阿部 淑子 | 44 | 13,254 | 共産 | 新 | |

### 長野県（4－6）

|   |   |   |   |   |   |   |
|---|---|---|---|---|---|---|
| 1 | 羽生 三七 | 43 | 163,829 | 社会 | 新 | ① |
| 2 | 木内 四郎 | 51 | 152,319 | 民主 | 新 | ① |
| 3 | 米倉 龍也 | 62 | 148,220 | 国協 | 新 | ① |
| 4 | 木下 盛雄 | 43 | 115,198 | 自由 | 新 | ① |
| ▽ | 岩田 健治 | 50 | 41,826 | 共産 | 新 | |
|   | 丸山 象治郎 | 67 | 22,700 | 社会 | 新 | |

### 岐阜県（2－2＜無投票＞）

|   |   |   |   |   |   |   |
|---|---|---|---|---|---|---|
| 1 | 伊藤 修 | 51 |  | 社会 | 新 | ① |
| 2 | 渡辺 甚吉 | 41 |  | 無所 | 新 | ① |

### 静岡県（4－8）

|   |   |   |   |   |   |   |
|---|---|---|---|---|---|---|
| 1 | 森田 豊寿 | 52 | 158,575 | 自由 | 新 | ① |
| 2 | 川上 嘉市 | 62 | 141,554 | 自由 | 新 | ① |
| 3 | 河井 弥八 | 70 | 132,768 | 無所 | 新 | ① |
| 4 | 平岡 市三 | 49 | 125,945 | 自由 | 新 | ① |
| ▽ | 内田 真良 | 47 | 86,132 | 社会 | 新 | |
| ▽ | 長島 銀蔵 | 46 | 69,988 | 無所 | 新 | |
| ▽ | 木部 達二 | 32 | 32,329 | 共産 | 新 | |
|   | 増井 慶太郎 | 64 | 26,392 | 国協 | 新 | |

### 愛知県（6－17）

|   |   |   |   |   |   |   |
|---|---|---|---|---|---|---|
| 1 | 竹中 七郎 | 52 | 102,023 | 無所 | 新 | ① |
| 2 | 山田 佐一 | 61 | 92,543 | 自由 | 新 | ① |
| 3 | 山内 卓郎 | 49 | 88,558 | 無所 | 新 | ① |
| 4 | 佐伯 卯四郎 | 56 | 87,872 | 無所 | 新 | ① |
| 5 | 草葉 隆円 | 52 | 87,356 | 自由 | 新 | ① |
| 6 | 栗山 良夫 | 38 | 83,742 | 無所 | 新 | ① |
| ▽ | 原 広吉 | 51 | 73,547 | 社会 | 新 | |
| ▽ | 飯田 きぬを | 41 | 73,488 | 社会 | 新 | |
| ▽ | 安藤 梅吉 | 57 | 70,268 | 民主 | 新 | |
| ▽ | 渡辺 玉三郎 | 63 | 62,456 | 民主 | 新 | |
| ▽ | 宮地 太市 | 64 | 52,860 | 自由 | 新 | |
| ▽ | 服部 英明 | 67 | 51,569 | 民主 | 新 | |
| ▽ | 稲垣 真我 | 60 | 36,013 | 無所 | 新 | |
|   | 宮沢 要 | 44 | 14,698 | 国協 | 新 | |
|   | 可世木 文雄 | 47 | 13,008 | 民主 | 新 | |
|   | 小尾 悦太郎 | 70 | 9,561 | 無所 | 新 | |
|   | 市原 永三 | 45 | 8,781 | 自由 | 新 | |

### 三重県（2－6）

|   |   |   |   |   |   |   |
|---|---|---|---|---|---|---|
| 1 | 九鬼 紋十郎 | 45 | 139,394 | 無所 | 新 | ① |
| 2 | 阿竹 斎次郎 | 55 | 105,078 | 諸派 | 新 | ① |
| ▽ | 近藤 寿 | 33 | 70,090 | 社会 | 新 | |
| ▽ | 志田 勝 | 47 | 67,625 | 自由 | 新 | |
| ▽ | 永谷 一三 | 34 | 51,550 | 無所 | 新 | |
|   | 柳川 敬二 | 42 | 18,909 | 共産 | 新 | |

## 滋賀県（2―4）

| | 氏名 | 年齢 | 得票 | 所属 | 新旧 | |
|---|---|---|---|---|---|---|
| 1 | 村上 義一 | 62 | 126,785 | 無所 | 新 | ① |
| 2 | 猪飼 清六 | 69 | 68,802 | 無所 | 新 | ① |
| ▽ | 北村 久七郎 | 48 | 59,690 | 民主 | 新 | |
| ▽ | 三浦 義秋 | 57 | 53,184 | 社会 | 新 | |

## 京都府（4―9）

| | 氏名 | 年齢 | 得票 | 所属 | 新旧 | |
|---|---|---|---|---|---|---|
| 1 | 波多野 林一 | 61 | 137,013 | 無所 | 新 | ① |
| 2 | 蟹江 邦彦 | 41 | 85,732 | 社会 | 新 | ① |
| 3 | 大野木 秀次郎 | 52 | 55,463 | 自由 | 新 | ① |
| 4 | 奥 主一郎 | 53 | 52,853 | 自由 | 新 | ① |
| ▽ | 高木 吉之助 | 50 | 40,192 | 民主 | 新 | |
| ▽ | 中川 源一郎 | 55 | 35,872 | 自由 | 新 | |
| ▽ | 西野 邦三郎 | 58 | 32,428 | 社会 | 新 | |
| ▽ | 原 清 | 49 | 29,112 | 無所 | 新 | |
| ▽ | 能勢 克郎 | 53 | 23,776 | 共産 | 新 | |

## 大阪府（6―14）

| | 氏名 | 年齢 | 得票 | 所属 | 新旧 | |
|---|---|---|---|---|---|---|
| 1 | 岩木 哲夫 | 46 | 276,889 | 民主 | 新 | ① |
| 2 | 森下 政一 | 52 | 150,458 | 社会 | 新 | ① |
| 3 | 中井 光次 | 55 | 109,676 | 民主 | 新 | ① |
| 4 | 左藤 義詮 | 48 | 101,377 | 自由 | 新 | ① |
| 5 | 大屋 晋三 | 53 | 62,496 | 自由 | 新 | ① |
| 6 | 村尾 重雄 | 50 | 61,244 | 社会 | 新 | ① |
| ▽ | 亀田 得治 | 35 | 53,732 | 社会 | 新 | |
| ▽ | 三谷 秀治 | 32 | 42,474 | 共産 | 新 | |
| | 中井 駿二 | 41 | 26,076 | 無所 | 新 | |
| | 桜井 義邦 | 37 | 24,131 | 諸派 | 新 | |
| | 武内 安治 | 38 | 11,961 | 無所 | 新 | |
| | 荒木 久一 | 51 | 9,138 | 無所 | 新 | |
| | 岡田 芳次郎 | 65 | 6,237 | 無所 | 新 | |
| | 星川 明道 | 52 | 5,048 | 無所 | 新 | |

## 兵庫県（6―12）

| | 氏名 | 年齢 | 得票 | 所属 | 新旧 | |
|---|---|---|---|---|---|---|
| 1 | 原口 忠次郎 | 58 | 199,013 | 社会 | 新 | ① |
| 2 | 八木 幸吉 | 52 | 119,240 | 無所 | 新 | ① |
| 3 | 藤森 真治 | 56 | 102,250 | 諸派 | 新 | ① |
| 4 | 赤木 正雄 | 60 | 97,985 | 諸派 | 新 | ① |
| 5 | 田口 政五郎 | 53 | 88,648 | 民主 | 新 | ① |
| 6 | 小畑 哲夫 | 51 | 78,116 | 民主 | 新 | ① |
| ▽ | 植村 嘉三郎 | 64 | 67,380 | 諸派 | 新 | |
| ▽ | 堀内 長栄 | 60 | 48,299 | 社会 | 新 | |
| ▽ | 森 克己 | 42 | 43,034 | 無所 | 新 | |
| ▽ | 寺西 喜一郎 | 53 | 32,505 | 諸派 | 新 | |
| ▽ | 井藤 誉志雄 | 46 | 28,032 | 共産 | 新 | |
| | 橋本 善行 | 38 | 6,202 | 無所 | 新 | |

## 奈良県（2―5）

| | 氏名 | 年齢 | 得票 | 所属 | 新旧 | |
|---|---|---|---|---|---|---|
| 1 | 駒井 藤平 | 62 | 98,677 | 国協 | 新 | ① |
| 2 | 服部 教一 | 75 | 71,005 | 無所 | 新 | ① |
| ▽ | 辻内 近三 | 58 | 59,566 | 無所 | 新 | |
| ▽ | 本田 伊八 | 49 | 49,425 | 社会 | 新 | |

## 和歌山県（2―6）

| | 氏名 | 年齢 | 得票 | 所属 | 新旧 | |
|---|---|---|---|---|---|---|
| 1 | 徳川 頼貞 | 55 | 121,382 | 無所 | 新 | ① |
| 2 | 玉置 吉之丞 | 61 | 75,383 | 無所 | 新 | ① |
| ▽ | 北山 敬一 | 31 | 42,587 | 社会 | 新 | |
| ▽ | 越野 吉 | 49 | 36,061 | 無所 | 新 | |
| | 山東 誠三郎 | 59 | 13,837 | 社会 | 新 | |
| | 高山 与四郎 | 40 | 5,551 | 共産 | 新 | |
| | 竹野 竹三郎 | 54 | 14,084 | 無所 | 新 | |

## 鳥取県（2―3）

| | 氏名 | 年齢 | 得票 | 所属 | 新旧 | |
|---|---|---|---|---|---|---|
| 1 | 門田 定蔵 | 61 | 83,742 | 諸派 | 新 | ① |
| 2 | 田中 信義 | 58 | 76,912 | 諸派 | 新 | ① |
| ▽ | 山本 鉄太郎 | 47 | 41,304 | 自由 | 新 | |

## 島根県（2―5）

| | 氏名 | 年齢 | 得票 | 所属 | 新旧 | |
|---|---|---|---|---|---|---|
| 1 | 伊達 源一郎 | 73 | 114,262 | 無所 | 新 | ① |
| 2 | 宇都宮 登 | 49 | 80,177 | 無所 | 新 | ① |
| ▽ | 樋口 義徳 | 42 | 74,031 | 社会 | 新 | |
| ▽ | 高倉 徹一 | 51 | 31,870 | 民主 | 新 | |
| | 原武 弘 | 33 | 26,888 | 共産 | 新 | |

## 岡山県（4―7）

| | 氏名 | 年齢 | 得票 | 所属 | 新旧 | |
|---|---|---|---|---|---|---|
| 1 | 島村 軍次 | 52 | 142,609 | 無所 | 新 | ① |
| 2 | 黒田 英雄 | 68 | 101,334 | 自由 | 新 | ① |
| 3 | 太田 敏兄 | 57 | 60,475 | 自由 | 新 | ① |
| 4 | 板野 勝次 | 44 | 45,709 | 共産 | 新 | ① |
| ▽ | 小脇 芳一 | 53 | 44,992 | 社会 | 新 | |
| ▽ | 森末 繁雄 | 48 | 39,472 | 民主 | 新 | |
| ▽ | 西 他石 | 46 | 20,891 | 無所 | 新 | |

## 広島県（4―8）

| | 氏名 | 年齢 | 得票 | 所属 | 新旧 | |
|---|---|---|---|---|---|---|
| 1 | 佐々木 鹿蔵 | 58 | 217,498 | 無所 | 新 | ① |
| 2 | 山下 義信 | 53 | 149,129 | 無所 | 新 | ① |
| 3 | 山田 節男 | 49 | 136,600 | 社会 | 新 | ① |
| 4 | 岩本 月洲 | 46 | 41,621 | 無所 | 新 | ① |
| ▽ | 友安 唯夫 | 49 | 32,809 | 無所 | 新 | |
| ▽ | 佐藤 俊一 | 56 | 31,310 | 社会 | 新 | |
| | 住吉 繁一 | 56 | 24,708 | 無所 | 新 | |
| | 関森 薫 | 47 | 14,404 | 無所 | 新 | |

## 山口県（2―4）

| | 氏名 | 年齢 | 得票 | 所属 | 新旧 | |
|---|---|---|---|---|---|---|
| 1 | 栗栖 赳夫 | 52 | 154,693 | 自由 | 新 | ① |
| 2 | 姫井 伊介 | 66 | 120,836 | 無所 | 新 | ① |
| ▽ | 藤本 直夫 | 30 | 103,605 | 社会 | 新 | |
| | 相沢 秀一 | 42 | 33,005 | 共産 | 新 | |

## 徳島県（2―3）

| | 氏名 | 年齢 | 得票 | 所属 | 新旧 | |
|---|---|---|---|---|---|---|
| 1 | 赤沢 与仁 | 42 | 81,559 | 諸派 | 新 | ① |
| 2 | 岸野 牧夫 | 65 | 67,416 | 無所 | 新 | ① |
| ▽ | 蔭山 茂人 | 49 | 62,881 | 社会 | 新 | |

## 香川県（2 — 4）

| | | | | | | |
|---|---|---|---|---|---|---|
| 1 | 三好 始 | 31 | 116,931 | 国協 | 新 | ① |
| 2 | 加藤 常太郎 | 42 | 95,171 | 自由 | 新 | ① |
| ▽ | 大西 禎夫 | 49 | 60,377 | 無所 | 新 | |
| ▽ | 石川 忠義 | 47 | 33,274 | 社会 | 新 | |

## 愛媛県（2 — 6）

| | | | | | | |
|---|---|---|---|---|---|---|
| 1 | 久松 定武 | 48 | 204,780 | 諸派 | 新 | ① |
| 2 | 中平 常太郎 | 68 | 101,155 | 社会 | 新 | ① |
| ▽ | 梶原 計国 | 42 | 41,116 | 諸派 | 新 | |
| ▽ | 山口 乾治 | 48 | 37,580 | 無所 | 新 | |
| | 松本 新八郎 | 33 | 24,008 | 共産 | 新 | |
| | 高岡 福重 | 40 | 16,152 | 諸派 | 新 | |

## 高知県（2 — 7）

| | | | | | | |
|---|---|---|---|---|---|---|
| 1 | 西山 亀七 | 65 | 74,060 | 自由 | 新 | ① |
| 2 | 入交 太蔵 | 51 | 53,706 | 民主 | 新 | ① |
| ▽ | 山崎 正辰 | 54 | 50,465 | 国協 | 新 | |
| ▽ | 原上 権次郎 | 36 | 38,236 | 無所 | 新 | |
| ▽ | 松村 春繁 | 42 | 29,168 | 社会 | 新 | |
| | 滝平 卓 | 48 | 15,634 | 無所 | 新 | |
| | 福島 菊次 | 49 | 9,777 | 無所 | 新 | |

## 福岡県（6 — 12）

| | | | | | | |
|---|---|---|---|---|---|---|
| 1 | 野田 俊作 | 59 | 290,770 | 無所 | 新 | ① |
| 2 | 波多野 鼎 | 51 | 181,756 | 社会 | 新 | ① |
| 3 | 橋上 保 | 58 | 100,159 | 民主 | 新 | ① |
| 4 | 浜田 寅蔵 | 41 | 72,860 | 社会 | 新 | ① |
| 5 | 島田 千寿 | 49 | 72,652 | 社会 | 新 | ① |
| 6 | 団 伊能 | 55 | 57,360 | 自由 | 新 | ① |
| ▽ | 吉村 光次郎 | 46 | 40,117 | 無所 | 新 | |
| ▽ | 川原 フサヨ | 39 | 37,130 | 無所 | 新 | |
| ▽ | 星野 力 | 41 | 34,178 | 共産 | 新 | |
| ▽ | 松本 七五 | 53 | 33,924 | 無所 | 新 | |
| | 高口 清 | 44 | 18,163 | 無所 | 新 | |
| | 栗山 弥六 | 40 | 5,906 | 無所 | 新 | |

## 佐賀県（2 — 3）

| | | | | | | |
|---|---|---|---|---|---|---|
| 1 | 深川 栄左衛門 | 51 | 156,636 | 民主 | 新 | ① |
| 2 | 今泉 政喜 | 61 | 89,061 | 自由 | 新 | ① |
| ▽ | 山中 長作 | 59 | 83,189 | 社会 | 新 | |

## 長崎県（2 — 4）

| | | | | | | |
|---|---|---|---|---|---|---|
| 1 | 藤野 繁雄 | 62 | 126,859 | 無所 | 新 | ① |
| 2 | 清水 武夫 | 47 | 118,921 | 社会 | 新 | ① |
| ▽ | 月川 蘇七郎 | 61 | 58,180 | 民主 | 新 | |
| ▽ | 横瀬 清 | 61 | 55,986 | 自由 | 新 | |

## 熊本県（4 — 9）

| | | | | | | |
|---|---|---|---|---|---|---|
| 1 | 田方 進 | 45 | 122,449 | 民主 | 新 | ① |
| 2 | 堀内 到 | 61 | 102,468 | 社会 | 新 | ① |
| 3 | 谷口 弥三郎 | 64 | 96,192 | 民主 | 新 | ① |
| 4 | 深水 六郎 | 46 | 72,716 | 自由 | 新 | ① |
| ▽ | 城 義臣 | 43 | 55,805 | 自由 | 新 | |
| ▽ | 森 慈秀 | 57 | 49,949 | 国協 | 新 | |
| ▽ | 有働 哲二郎 | 52 | 26,006 | 社会 | 新 | |
| | 木村 崇山 | 51 | 16,943 | 社会 | 新 | |
| | 清島 辰馬 | 39 | 11,090 | 無所 | 新 | |

## 大分県（2 — 5）

| | | | | | | |
|---|---|---|---|---|---|---|
| 1 | 岩男 仁蔵 | 59 | 134,996 | 国協 | 新 | ① |
| 2 | 一松 政二 | 54 | 111,664 | 自由 | 新 | ① |
| ▽ | 岡本 忠人 | 47 | 105,047 | 共産 | 新 | |
| | 首藤 克人 | 42 | 27,245 | 共産 | 新 | |
| | 大堀 行順 | 47 | 12,935 | 無所 | 新 | |

## 宮崎県（2 — 3）

| | | | | | | |
|---|---|---|---|---|---|---|
| 1 | 竹下 豊次 | 60 | 179,548 | 無所 | 新 | ① |
| 2 | 椎井 康雄 | 41 | 90,855 | 社会 | 新 | ① |
| ▽ | 茅野 由吉 | 44 | 41,075 | 無所 | 新 | |

## 鹿児島県（4 — 7）

| | | | | | | |
|---|---|---|---|---|---|---|
| 1 | 中馬 猪之吉 | 62 | 210,879 | 無所 | 新 | ① |
| 2 | 西郷 吉之助 | 43 | 113,942 | 無所 | 新 | ① |
| 3 | 上野 嘉左衛門 | 46 | 59,091 | 無所 | 新 | ① |
| 4 | 島津 忠彦 | 48 | 38,953 | 無所 | 新 | ① |
| ▽ | 井上 徳命 | 60 | 33,955 | 国協 | 新 | |
| ▽ | 天辰 正守 | 61 | 28,409 | 国協 | 新 | |
| ▽ | 橋口 良秋 | 46 | 27,541 | 社会 | 新 | |

## 第1期補欠選挙

**滋賀県**（1947年8月11日執行＝1―2）
| | | | | | | |
|---|---|---|---|---|---|---|
| 1 | 西川 甚五郎 | 46 | 158,546 | 自由 | 新 | ① |
| ▽ | 北村 久七郎 | 49 | 65,585 | 民主 | 新 | |

**栃木県**（1947年8月15日執行＝1―4）
| | | | | | | |
|---|---|---|---|---|---|---|
| 1 | 岡田 喜久治 | 59 | 126,805 | 民主 | 新 | ① |
| ▽ | 雨谷 義俊 | 51 | 37,676 | 社会 | 新 | |
| ▽ | 新田 宝三 | 49 | 21,592 | 自由 | 新 | |
| | 宮下 重寿 | 41 | 10,825 | 共産 | 新 | |

**群馬県**（1947年8月15日執行＝1―3）
| | | | | | | |
|---|---|---|---|---|---|---|
| 1 | 境野 清雄 | 48 | 177,792 | 民主 | 新 | ① |
| ▽ | 野間 清三 | 41 | 104,244 | 社会 | 新 | |
| | 除村 吉太郎 | 51 | 17,662 | 共産 | 新 | |

**徳島県**（1947年8月15日執行＝1―3）
| | | | | | | |
|---|---|---|---|---|---|---|
| 1 | 紅露 みつ | 55 | 57,515 | 民主 | 新 | ① |
| ▽ | 乾 精末 | 65 | 56,810 | 自由 | 新 | |
| | 近藤 一 | 56 | 11,089 | 無所 | 新 | |

**鹿児島県**（1947年8月15日執行＝2―6）
| | | | | | | |
|---|---|---|---|---|---|---|
| 1 | 前之園 喜一郎 | 58 | 87,095 | 民主 | 新 | ① |
| 2 | 岡元 義人 | 38 | 80,454 | 無所 | 新 | ① |
| ▽ | 岩川 与助 | 62 | 72,873 | 無所 | 新 | |
| ▽ | 赤路 友蔵 | 44 | 70,468 | 社会 | 新 | |
| | 長谷場 敦 | 70 | 28,719 | 無所 | 新 | |
| | 永吉 勇 | 42 | 11,994 | 共産 | 新 | |

**岩手県**（1947年10月7日執行＝1―3）
| | | | | | | |
|---|---|---|---|---|---|---|
| 1 | 川村 松助 | 58 | 228,726 | 自由 | 新 | ① |
| ▽ | 小林 美代 | 40 | 50,242 | 無所 | 新 | |
| | 三羽 嘉彦 | 41 | 13,911 | 共産 | 新 | |

**長崎県**（1948年1月11日執行＝1―4）
| | | | | | | |
|---|---|---|---|---|---|---|
| 1 | 門屋 盛一 | | 133,314 | 民主 | 新 | |
| ▽ | 福田 万作 | | 104,593 | 自由 | 新 | |
| ▽ | 辻 文雄 | | 51,891 | 社会 | 新 | |
| | 塚本 周三 | | 13,944 | 自由 | 新 | |

**長野県**（1948年2月5日執行＝1―5）
| | | | | | | |
|---|---|---|---|---|---|---|
| 1 | 池田 宇右衛門 | 55 | 184,678 | 自由 | 新 | ① |
| ▽ | 宮下 学 | 48 | 140,091 | 社会 | 新 | |
| ▽ | 高倉 輝 | | 99,725 | 共産 | 新 | |
| ▽ | 堀 文雄 | 47 | 57,835 | 無所 | 新 | |
| | 滝沢 佳太 | | 13,970 | 無所 | 新 | |

**熊本県**（1948年2月15日執行＝1―6）
| | | | | | | |
|---|---|---|---|---|---|---|
| 1 | 城 義臣 | 45 | 218,459 | 自由 | 新 | ① |
| ▽ | 福田 虎亀 | 65 | 215,415 | 民主 | 新 | |
| ▽ | 坂本 泰良 | 45 | 65,525 | 社会 | 新 | |
| | 西里 龍夫 | 42 | 22,278 | 共産 | 新 | |
| | 清島 辰馬 | 41 | 9,896 | 無所 | 新 | |
| | 久良木 喜一 | 62 | 2,701 | 無所 | 新 | |

**奈良県**（1948年6月18日執行＝1―6）
| | | | | | | |
|---|---|---|---|---|---|---|
| 1 | 藤枝 昭信 | 42 | 101,690 | 社会 | 新 | ① |
| ▽ | 森川 重一 | 45 | 81,219 | 民自 | 新 | |
| | 元林 義治 | 52 | 31,705 | 無所 | 新 | |
| | 大西 元次郎 | 43 | 10,195 | 社会 | 新 | |
| | 小川 齊司 | 49 | 8,287 | 民主 | 新 | |
| | 村田 光造 | 57 | 3,090 | 無所 | 新 | |

**兵庫県**（1949年6月3日執行＝1―8）
| | | | | | | |
|---|---|---|---|---|---|---|
| 1 | 横尾 龍 | 67 | 369,629 | 民自 | 新 | ① |
| ▽ | 藤原 忠一郎 | 45 | 147,673 | 無所 | 新 | |
| ▽ | 松浦 清一 | 48 | 131,631 | 社会 | 新 | |
| ▽ | 赤羽 寿 | 43 | 87,664 | 共産 | 新 | |
| | 中西 勝治 | 43 | 35,949 | 民主 | 新 | |
| | 高品 増之助 | 51 | 24,106 | 緑風 | 新 | |
| | 大岡 乙松 | 52 | 10,773 | 無所 | 新 | |
| | 橋本 善行 | 41 | 7,896 | 無所 | 新 | |

**福島県**（1949年12月24日執行＝1―6）
| | | | | | | |
|---|---|---|---|---|---|---|
| 1 | 石原 幹市郎 | 46 | 304,945 | 民自 | 新 | ① |
| ▽ | 榊原 巌 | 51 | 87,293 | 社会 | 新 | |
| ▽ | 中野 寅吉 | 70 | 76,893 | 諸派 | 新 | |
| | 山内 二郎 | 42 | 34,833 | 労農 | 新 | |
| | 服部 実 | 55 | 34,196 | 共産 | 新 | |
| | 高瀬 真一 | 55 | 18,920 | 無所 | 新 | |

**兵庫県**（1950年1月12日執行＝1―5）
| | | | | | | |
|---|---|---|---|---|---|---|
| 1 | 岡崎 真一 | | 496,195 | 民自 | 新 | ① |
| ▽ | 松浦 清一 | | 156,003 | 社会 | 新 | |
| ▽ | 藤原 忠一郎 | | 122,772 | 無所 | 新 | |
| | 篠塚 一雄 | | 51,795 | 共産 | 新 | |
| | 中西 勝治 | | 27,273 | 民主 | 新 | |

**福岡県**（1950年1月17日執行＝1―5）
| | | | | | | |
|---|---|---|---|---|---|---|
| 1 | 吉田 法晴 | | 363,209 | 社会 | 新 | ① |
| ▽ | 石橋 健蔵 | | 253,200 | 民自 | 新 | |
| ▽ | 宮城 孝治 | | 238,309 | 諸派 | 新 | |
| ▽ | 高倉 金一郎 | | 74,626 | 共産 | 新 | |
| ▽ | 松本 七五 | | 60,217 | 無所 | 新 | |

## 第2回通常選挙 (1950年6月4日執行)

### 全国区 (56—310) ＜補6＞

| 政党名凡例 | |
|---|---|
| 自由 | 自由党 |
| 民主 | 国民民主党 |
| 改進 | 改進党 |
| 社会 | 日本社会党 |
| 共産 | 日本共産党 |
| 農協 | 農民協同党 |
| 社革 | 社会革新党 |
| 社民 | 社会民主党 |
| 労農 | 労働者農民党 |
| 緑風 | 緑風会 |

| | | | | | | | | | | | |
|---|---|---|---|---|---|---|---|---|---|---|---|
| 1 | 山川 良一 | 58 | 610,611 | 無所 | 新 | ① | | | | | |
| 2 | 高木 正夫 | 60 | 610,025 | 無所 | 新 | ① | | | | | |
| 3 | 加藤 正人 | 63 | 589,120 | 無所 | 新 | ① | | | | | |
| 4 | 杉山 昌作 | 49 | 458,246 | 無所 | 新 | ① | | | | | |
| 5 | 岩沢 忠恭 | 57 | 419,890 | 自由 | 新 | ① | | | | | |
| 6 | 加藤 シヅエ | 53 | 396,181 | 社会 | 新 | ① | | | | | |
| 7 | 泉山 三六 | 54 | 395,724 | 自由 | 新 | ① | | | | | |
| 8 | 荒木 正三郎 | 43 | 349,771 | 社会 | 新 | ① | | | | | |
| 9 | 大谷 瑩潤 | 60 | 330,769 | 自由 | 新 | ① | | | | | |
| 10 | 長島 銀蔵 | 48 | 323,977 | 自由 | 新 | ① | | | | | |
| 11 | 菊川 孝夫 | 40 | 288,403 | 社会 | 新 | ① | | | | | |
| 12 | 三浦 辰雄 | 49 | 285,115 | 無所 | 新 | ① | 48 | 木村 禧八郎 | 49 | 151,735 | 労農 | 前 | ② |
| 13 | 常岡 一郎 | 51 | 270,780 | 緑風 | 新 | ① | 49 | 細川 嘉六 | 61 | 151,621 | 共産 | 前 | ② |
| 14 | 野田 卯一 | 46 | 270,495 | 自由 | 新 | ① | 50 | 森 八三一 | 50 | 150,244 | 無所 | 新 | ① |
| 15 | 高橋 道男 | 45 | 269,764 | 緑風 | 新 | ① | 51 | 中山 寿彦 | 69 | 148,894 | 自由 | 前 | ② |
| 16 | 滝井 治三郎 | 60 | 263,462 | 自由 | 新 | ① | 52 | 小川 久義 | 50 | 148,254 | 無所 | 前 | ② |
| 17 | 岡田 信次 | 51 | 261,964 | 自由 | 新 | ① | 53 | 鈴木 恭一 | 51 | 147,224 | 自由 | 新 | ① |
| 18 | 一松 定吉 | 75 | 254,552 | 民主 | 新 | ① | 54 | 椿 繁夫 | 40 | 145,807 | 社会 | 新 | ① |
| 19 | 野溝 勝 | 51 | 251,371 | 社会 | 新 | ① | 55 | 山花 秀雄 | 46 | 145,617 | 社会 | 新 | ① |
| 20 | 内村 清次 | 47 | 251,291 | 社会 | 前 | ② | 56 | 寺尾 豊 | 52 | 144,524 | 自由 | 新 | ① |
| 21 | 平井 太郎 | 44 | 247,185 | 自由 | 新 | ① | ▽ | 門屋 盛一 | 54 | 143,201 | 民主 | 前 | 1 |
| 22 | 藤原 道子 | 50 | 244,753 | 社会 | 新 | ① | ▽ | 増田 俊明 | 38 | 143,330 | 社会 | 新 | |
| 23 | 栗山 良夫 | 40 | 243,960 | 社会 | 前 | ② | ▽ | 小西 聖夫 | 63 | 142,765 | 自由 | 新 | |
| 24 | 溝口 三郎 | 56 | 241,901 | 緑風 | 新 | ① | ▽ | 松平 康東 | 47 | 141,033 | 自由 | 新 | |
| 25 | 石川 清一 | 43 | 238,339 | 農協 | 新 | ① | ▽ | 林 了 | 42 | 139,701 | 緑風 | 新 | |
| 26 | 愛知 揆一 | 42 | 230,396 | 自由 | 新 | ① | ▽ | 石垣 純二 | 38 | 137,011 | 緑風 | 新 | |
| 27 | 上条 愛一 | 55 | 230,013 | 社会 | 新 | ① | ▽ | 石山 賢吉 | 68 | 136,707 | 民主 | 新 | |
| 28 | 小笠原 二三男 | 40 | 227,210 | 社会 | 新 | ① | ▽ | 下条 康麿 | 65 | 136,019 | 無所 | 前 | 1 |
| 29 | 松原 一彦 | 69 | 222,246 | 無所 | 新 | ① | ▽ | 横山 フク | 43 | 134,802 | 無所 | 新 | |
| 30 | 小酒井 義男 | 44 | 214,317 | 社会 | 新 | ① | ▽ | 浅岡 信夫 | 50 | 134,140 | 自由 | 前 | 1 |
| 31 | 片柳 真吉 | 45 | 209,702 | 緑風 | 新 | ① | ▽ | 島田 千寿 | 51 | 134,044 | 社会 | 前 | 1 |
| 32 | 宮本 邦彦 | 50 | 206,866 | 自由 | 新 | ① | ▽ | 小幡 靖 | 47 | 132,749 | 緑風 | 新 | |
| 33 | 重宗 雄三 | 56 | 205,517 | 自由 | 前 | ② | ▽ | 勝俣 保雄 | 44 | 132,830 | 社会 | 新 | |
| 34 | 堀木 鎌三 | 52 | 205,097 | 無所 | 新 | ① | ▽ | 塩谷 信雄 | 41 | 131,036 | 社会 | 新 | |
| 35 | 岡本 なほ子 | 45 | 195,093 | 社会 | 新 | ① | ▽ | 玉利 高之 | 51 | 130,110 | 無所 | 新 | |
| 36 | 羽仁 五郎 | 49 | 194,974 | 無所 | 前 | ② | ▽ | 池田 重吉 | 63 | 127,300 | 自由 | 新 | |
| 37 | 松本 昇 | 64 | 192,013 | 自由 | 新 | ① | ▽ | 北条 秀一 | 46 | 121,995 | 緑風 | 前 | 1 |
| 38 | 大矢 半次郎 | 58 | 189,636 | 自由 | 新 | ① | ▽ | 黒田 新一郎 | 53 | 120,139 | 無所 | 新 | |
| 39 | 石川 栄一 | 61 | 188,569 | 自由 | 新 | ① | ▽ | 中野 重治 | 48 | 119,896 | 共産 | 前 | 1 |
| 40 | 矢嶋 三義 | 38 | 186,984 | 無所 | 新 | ① | ▽ | 松島 喜作 | 57 | 118,807 | 自由 | 新 | |
| 41 | 小野 義夫 | 69 | 162,737 | 自由 | 新 | ① | ▽ | 板野 勝次 | 47 | 114,128 | 共産 | 前 | 1 |
| 42 | 小林 政夫 | 36 | 162,515 | 緑風 | 新 | ① | ▽ | 小沢 国治 | 60 | 113,629 | 自由 | 新 | |
| 43 | 鈴木 文四朗 | 60 | 161,455 | 緑風 | 新 | ① | ▽ | 天田 勝正 | 44 | 111,721 | 社会 | 新 | 1 |
| 44 | 白波瀬 米吉 | 63 | 160,796 | 自由 | 新 | ① | ▽ | 河北 晋二 | 55 | 111,753 | 自由 | 新 | |
| 45 | 小林 孝平 | 41 | 159,407 | 社会 | 新 | ① | ▽ | 小林 次郎 | 58 | 111,547 | 自由 | 新 | |
| 46 | 田中 一 | 49 | 158,649 | 社会 | 新 | ① | ▽ | 大島 秀一 | 53 | 109,532 | 緑風 | 新 | |
| 47 | 須藤 五郎 | 52 | 151,824 | 共産 | 新 | ① | ▽ | 鈴木 憲太郎 | 67 | 108,814 | 緑風 | 新 | |

| | | | | | | | | | |
|---|---|---|---|---|---|---|---|---|---|
| ▽ | 鈴木 市蔵 | 40 | 107,375 | 共産 新 | | ▽ | 蜷木 稔 | 59 | 77,660 | 自由 新 |
| ▽ | 河野 正夫 | 47 | 105,304 | 社会 前 1 | ▽ | 野沢 密全 | 51 | 76,901 | 自由 新 |
| ▽ | 井尻 芳郎 | 54 | 104,977 | 自由 新 | ▽ | 富塚 敏信 | 50 | 76,241 | 無所 新 |
| ▽ | 鈴木 伝明 | 50 | 103,880 | 民主 新 | ▽ | 吉崎 千秋 | 43 | 76,292 | 無所 新 |
| ▽ | 山地 土佐太郎 | 71 | 102,071 | 無所 新 | ▽ | 龍 断 | 57 | 76,225 | 自由 新 |
| ▽ | 山本 茂 | 50 | 101,846 | 緑風 新 | ▽ | 出町 初太郎 | 67 | 75,249 | 緑風 新 |
| ▽ | 宝井 馬琴 | 46 | 101,736 | 無所 新 | ▽ | 伊東 隆治 | 51 | 72,316 | 民主 前 1 |
| ▽ | 蜂谷 初四郎 | 55 | 101,612 | 自由 新 | ▽ | 神崎 讃一 | 65 | 71,632 | 無所 新 |
| ▽ | 小田 静枝 | 49 | 101,650 | 自由 新 | ▽ | 渡辺 信任 | 64 | 71,094 | 自由 新 |
| ▽ | 櫛田 フキ | 51 | 101,510 | 無所 新 | ▽ | 小林 勝馬 | 43 | 70,341 | 民主 前 1 |
| ▽ | 榊原 巌 | 51 | 100,477 | 社会 新 | ▽ | 吉田 良雄 | 37 | 70,070 | 自由 新 |
| ▽ | 小野 光洋 | 50 | 100,133 | 自由 前 1 | ▽ | 中峠 国夫 | 47 | 69,109 | 無所 新 |
| ▽ | 奥田 信雄 | 47 | 99,927 | 自由 新 | ▽ | 平尾 卯二郎 | 42 | 69,326 | 無所 新 |
| ▽ | 藤田 たき | 51 | 98,771 | 緑風 新 | ▽ | 田中 広太郎 | 61 | 68,439 | 無所 新 |
| ▽ | 中村 嘉寿 | 69 | 98,086 | 自由 新 | ▽ | 向井 鹿松 | 62 | 67,447 | 自由 新 |
| ▽ | 小原 嘉 | 51 | 97,193 | 共産 新 | ▽ | 安部 定 | 42 | 65,263 | 緑風 新 |
| ▽ | 松村 真一郎 | 70 | 96,874 | 緑風 前 1 | ▽ | 長野 作二郎 | 46 | 64,622 | 社会 新 |
| ▽ | 松田 正一 | 65 | 96,793 | 無所 新 | ▽ | 江熊 哲翁 | 57 | 64,052 | 緑風 前 1 |
| ▽ | 久布白 落実 | 67 | 96,125 | 自由 新 | ▽ | 田倉 八郎 | 52 | 64,010 | 民主 新 |
| ▽ | 原 孝吉 | 65 | 96,035 | 自由 新 | ▽ | 松尾 節三 | 55 | 63,620 | 自由 新 |
| ▽ | 八木 秀次 | 64 | 95,417 | 無所 新 | | 村上 好 | 50 | 62,061 | 緑風 新 |
| ▽ | 山田 勝次郎 | 52 | 95,125 | 共産 新 | | 椎井 康雄 | 44 | 61,495 | 社会 前 1 |
| ▽ | 河村 幸次郎 | 48 | 94,642 | 自由 新 | | 小竹 康三 | 37 | 58,746 | 民主 新 |
| ▽ | 竹中 稲美 | 52 | 94,299 | 無所 新 | | 真島 チモ | 58 | 58,428 | 社会 新 |
| ▽ | 津々良 渉 | 42 | 94,037 | 共産 新 | | 川上 嘉 | 40 | 57,576 | 無所 新 |
| ▽ | 佐原 忠次郎 | 50 | 91,419 | 緑風 新 | | 来馬 琢道 | 72 | 57,521 | 緑風 前 1 |
| ▽ | 三浦 孕 | 52 | 90,411 | 民主 新 | | 山本 平保 | 40 | 57,266 | 無所 新 |
| ▽ | 田中 義邦 | 54 | 90,229 | 民主 新 | | 村上 ヒデ | 58 | 57,041 | 民主 新 |
| ▽ | 石川 芳次郎 | 68 | 90,215 | 緑風 新 | | 谷本 利千代 | 40 | 57,196 | 自由 新 |
| ▽ | 矢野 酉雄 | 52 | 89,552 | 緑風 前 1 | | 久保 春三 | 42 | 56,148 | 諸派 新 |
| ▽ | 粟本 義彦 | 52 | 88,496 | 自由 新 | | 井上 安正 | 39 | 54,861 | 無所 新 |
| ▽ | 箕浦 多一 | 58 | 88,259 | 自由 新 | | 小川 友三 | 46 | 54,842 | 諸派 新 1 |
| ▽ | 近藤 宏二 | 39 | 87,820 | 自由 新 | | 柚久保 虎市 | 55 | 54,843 | 自由 新 |
| ▽ | 岡田 喜久治 | 60 | 87,178 | 自由 前 1 | | 斎藤 重朝 | 41 | 54,607 | 自由 新 |
| ▽ | 赤岩 勝美 | 40 | 84,977 | 共産 新 | | 橋 真乃夫 | 48 | 54,230 | 自由 新 |
| ▽ | 佐藤 弥 | 51 | 84,905 | 自由 新 | | 由本 清一 | 52 | 54,220 | 自由 新 |
| ▽ | 久野 次郎 | 49 | 84,501 | 無所 新 | | 伊藤 清 | 47 | 51,598 | 無所 新 |
| ▽ | 堀部 虎猪 | 52 | 83,221 | 無所 新 | | 西 盛吉 | 42 | 50,877 | 無所 新 |
| ▽ | 宿谷 栄一 | 56 | 81,817 | 緑風 前 1 | | 石田 重成 | 35 | 49,914 | 無所 新 |
| ▽ | 新妻 イト | 59 | 81,546 | 社会 新 | | 新井 友 | 49 | 48,924 | 自由 新 |
| ▽ | 塚本 重蔵 | 61 | 81,294 | 社会 前 1 | | 松本 一夫 | 54 | 48,380 | 自由 新 |
| ▽ | 山口 重彦 | 55 | 81,041 | 無所 新 | | 星野 芳樹 | 41 | 48,331 | 労農 前 1 |
| ▽ | 山口 寛治 | 43 | 80,303 | 共産 新 | | 仲子 隆 | 57 | 48,253 | 民主 前 1 |
| ▽ | 太田 哲三 | 61 | 80,230 | 無所 新 | | 福田 一 | 42 | 48,081 | 無所 新 |
| ▽ | 中島 良貞 | 63 | 80,022 | 無所 新 | | 斎藤 栄三郎 | 36 | 47,109 | 自由 新 |
| ▽ | 野田 豊 | 54 | 79,946 | 自由 新 | | 寺光 忠 | 41 | 46,836 | 無所 新 |
| ▽ | 河原田 巌 | 52 | 79,029 | 自由 新 | | 西 勝造 | 66 | 46,957 | 民主 新 |
| ▽ | 深谷 進 | 52 | 78,554 | 共産 新 | | 市来 乙彦 | 78 | 46,482 | 緑風 前 1 |
| ▽ | 田口 教一 | 58 | 78,355 | 無所 新 | | 細野 良久 | 39 | 45,425 | 自由 新 |
| ▽ | 伊藤 幟 | 51 | 78,266 | 自由 新 | | 鈴木 豊太郎 | 51 | 45,355 | 自由 新 |
| ▽ | 田中 八百八 | 65 | 77,843 | 無所 新 | | 小杉 イ子 | 65 | 45,024 | 緑風 前 1 |
| ▽ | 堀江 実蔵 | 47 | 77,745 | 無所 新 | | 広橋 真光 | 47 | 44,943 | 自由 新 |

資料　第2回通常選挙　473

| | | | | | | | | | |
|---|---|---|---|---|---|---|---|---|---|
| 森田　哲郎 | 30 | 44,703 | 民主 | 新 | | 佐々木　栄一 | 46 | 23,348 | 無所 | 新 |
| 山岸　精実 | 49 | 44,257 | 社会 | 新 | | 庄司　彦男 | 53 | 23,075 | 自由 | 新 |
| 村上　郁郎 | 46 | 44,086 | 無所 | 新 | | 金高　資治 | 45 | 22,134 | 無所 | 新 |
| 松枝　良作 | 60 | 43,824 | 自由 | 新 | | 後藤　福次郎 | 49 | 21,958 | 民主 | 新 |
| 松野　喜内 | 70 | 43,652 | 自由 | 前 | 1 | 村井　清一 | 35 | 20,969 | 無所 | 新 |
| 三浦　鶴三 | 49 | 42,872 | 無所 | 新 | | 香山　馨 | 56 | 20,612 | 無所 | 新 |
| 福島　寿 | 43 | 42,640 | 社革 | 新 | | 内井　萬享 | 30 | 20,281 | 諸派 | 新 |
| 秋葉　保 | 42 | 42,051 | 無所 | 新 | | 中川　義信 | 45 | 20,265 | 無所 | 新 |
| 藤井　新一 | 57 | 37,130 | 自由 | 前 | 1 | 加納　正義 | 38 | 19,501 | 無所 | 新 |
| 白木　翠 | 43 | 41,934 | 緑風 | 新 | | 浅井　一郎 | 67 | 19,312 | 民主 | 前 | 1 |
| 森川　重一 | 46 | 40,776 | 無所 | 新 | | 河内　ムツミ | 41 | 19,136 | 無所 | 新 |
| 伊藤　憲太郎 | 44 | 39,739 | 無所 | 新 | | 小川　ムツ夫 | 55 | 18,656 | 諸派 | 新 |
| 野間　清三 | 43 | 39,617 | 無所 | 新 | | 山口　清吉 | 58 | 18,363 | 無所 | 新 |
| 栗田　久男 | 42 | 39,540 | 社革 | 新 | | 川村　直岡 | 57 | 18,054 | 無所 | 新 |
| 小松　雄道 | 57 | 38,372 | 自由 | 新 | | 小田部　荘三郎 | 63 | 17,953 | 自由 | 新 |
| 石橋　美之介 | 50 | 38,288 | 自由 | 新 | | 中村　福次 | 51 | 17,835 | 無所 | 新 |
| 堀内　千城 | 61 | 38,053 | 自由 | 新 | | 斎藤　大助 | 45 | 17,700 | 緑風 | 新 |
| 寺尾　博 | 66 | 38,139 | 緑風 | 前 | 1 | 星野　武男 | 57 | 17,615 | 無所 | 新 |
| 大島　正一 | 64 | 37,933 | 無所 | 新 | | 成田　泉 | 53 | 17,557 | 無所 | 新 |
| 吉田　正 | 45 | 37,535 | 無所 | 新 | | 朽木　正己 | 50 | 17,168 | 無所 | 新 |
| 岩城　悌 | 54 | 36,770 | 自由 | 新 | | 黒木　克堂 | 50 | 17,148 | 無所 | 新 |
| 水原　義雄 | 45 | 36,365 | 無所 | 新 | | 八子　音次郎 | 38 | 15,885 | 無所 | 新 |
| 青木　清左衛門 | 51 | 36,109 | 民主 | 新 | | 高幣　常市 | 46 | 15,442 | 無所 | 新 |
| 泉　芳政 | 47 | 34,460 | 無所 | 新 | | 泉　勘次郎 | 46 | 14,813 | 無所 | 新 |
| 大山　安 | 59 | 34,214 | 緑風 | 前 | 1 | 菊岡　八百三 | 45 | 14,553 | 無所 | 新 |
| 宮東　孝行 | 43 | 33,965 | 諸派 | 新 | | 小高　龍湖 | 51 | 14,220 | 無所 | 新 |
| 佐藤　金之助 | 51 | 33,954 | 自由 | 新 | | 島　正仁 | 43 | 14,134 | 無所 | 新 |
| 滝沢　正直 | 48 | 33,690 | 社会 | 新 | | 藤波　一治 | 48 | 14,016 | 緑風 | 新 |
| 坪井　研精 | 49 | 33,546 | 無所 | 新 | | 柴田　義彦 | 51 | 13,998 | 社会 | 新 |
| 山内　好秀 | 57 | 32,885 | 自由 | 新 | | 恩田　明 | 51 | 13,403 | 無所 | 新 |
| 庄司　嘉 | 51 | 32,672 | 自由 | 新 | | 野間　海造 | 51 | 13,211 | 緑風 | 新 |
| 真渓　義貢 | 44 | 32,362 | 無所 | 新 | | 苗代　清太郎 | 46 | 12,733 | 無所 | 新 |
| 岡川　治郎 | 39 | 32,334 | 無所 | 新 | | 古賀　一 | 55 | 12,631 | 無所 | 新 |
| 松山　兼吉 | 47 | 31,815 | 無所 | 新 | | 米倉　喜太郎 | 62 | 11,483 | 無所 | 新 |
| 塩原　しづか | 51 | 30,732 | 自由 | 新 | | 野田　幸夫 | 48 | 11,253 | 無所 | 新 |
| 海老名　一雄 | 63 | 30,398 | 緑風 | 新 | | 青砥　信夫 | 37 | 11,208 | 無所 | 新 |
| 古川　元 | 35 | 29,580 | 無所 | 新 | | 越前　長松 | 40 | 11,145 | 無所 | 新 |
| 江木　武彦 | 40 | 29,429 | 社会 | 新 | | 吉田　聖一 | 47 | 10,815 | 無所 | 新 |
| 坂本　貢 | 51 | 29,303 | 無所 | 新 | | 武藤　武雄 | 38 | 10,622 | 無所 | 新 |
| 細野　軍治 | 55 | 27,895 | 緑風 | 新 | | 沢田　義一 | 37 | 10,588 | 無所 | 新 |
| 和泉　盛 | 49 | 27,542 | 無所 | 新 | | 松原　秀一 | 56 | 10,350 | 無所 | 新 |
| 佐々木　吉長 | 51 | 27,427 | 緑風 | 新 | | 古川　作馬 | 46 | 10,156 | 無所 | 新 |
| 山中　長作 | 62 | 27,382 | 無所 | 新 | | 平郡　博典 | 33 | 10,057 | 民主 | 新 |
| 松沢　隼人 | 46 | 27,091 | 無所 | 新 | | 清水　亘 | 41 | 9,706 | 諸派 | 新 |
| 小森　健治 | 54 | 27,115 | 緑風 | 新 | | 磯貝　晴雄 | 49 | 9,302 | 無所 | 新 |
| 多田　政一 | 39 | 26,074 | 諸派 | 新 | | 山本　芳松 | 68 | 8,991 | 無所 | 新 |
| 置田　忠義 | 43 | 25,582 | 無所 | 新 | | 福地　周蔵 | 49 | 8,930 | 無所 | 新 |
| 大和　球士 | 40 | 25,573 | 無所 | 新 | | 鹿子木　日出雄 | 53 | 8,749 | 無所 | 新 |
| 栗林　敏夫 | 43 | 25,285 | 社会 | 新 | | 北内　勘平 | 56 | 8,644 | 無所 | 新 |
| 柏木　稲子 | 35 | 25,255 | 無所 | 新 | | 高松　栄次郎 | 49 | 8,499 | 無所 | 新 |
| 松井　道夫 | 43 | 24,300 | 緑風 | 前 | 1 | 田村　作太郎 | 37 | 8,507 | 無所 | 新 |
| 黒川　善治郎 | 54 | 23,760 | 無所 | 新 | | 高橋　領之助 | 56 | 8,335 | 無所 | 新 |

| | | | | | |
|---|---|---|---|---|---|
| 田島 正止 | 31 | 8,177 | 諸派 | 新 | |
| 砂川 正亮 | 62 | 8,144 | 緑風 | 新 | |
| 荒木 時次 | 41 | 7,830 | 無所 | 新 | |
| 大岡 乙松 | 52 | 7,361 | 無所 | 新 | |
| 青柳 長次郎 | 55 | 6,801 | 無所 | 新 | |
| 堀口 忠信 | 47 | 6,663 | 無所 | 新 | |
| 高野 清八郎 | 63 | 6,350 | 無所 | 新 | |
| 新免 操 | 42 | 5,910 | 無所 | 新 | |
| 出口 競 | 60 | 5,551 | 無所 | 新 | |
| 藤川 年 | 62 | 5,564 | 無所 | 新 | |
| 政次 広 | 44 | 5,498 | 無所 | 新 | |
| 山岸 儀一 | 51 | 5,448 | 諸派 | 新 | |
| 市橋 満之介 | 42 | 5,315 | 無所 | 新 | |
| 畑 敏秋 | 38 | 5,175 | 諸派 | 新 | |
| 高安 安寿 | 54 | 4,870 | 無所 | 新 | |
| 浅井 茂一 | 51 | 4,616 | 無所 | 新 | |
| 萩原 熊冲 | 45 | 2,704 | 無所 | 新 | |
| 日比 辰三郎 | 45 | 2,700 | 諸派 | 新 | |
| 藤野 泰一 | 50 | 1,985 | 諸派 | 新 | |

## 地方区

### 北海道（5—15）＜補1＞
| | | | | | | |
|---|---|---|---|---|---|---|
| 1 | 木下 源吾 | 58 | 181,554 | 社会 | 前 | ② |
| 2 | 東 隆 | 48 | 175,728 | 農協 | 新 | ① |
| 3 | 若木 勝蔵 | 53 | 172,563 | 社会 | 前 | ② |
| 4 | 松浦 定義 | 45 | 141,102 | 農協 | 新 | ① |
| 5 | 有馬 英二 | 67 | 137,518 | 民主 | 新 | ① |
| ▽ | 岩田 留吉 | 45 | 100,707 | 自由 | 新 | |
| ▽ | 小林 米三郎 | 63 | 99,606 | 自由 | 新 | 1 |
| ▽ | 松川 嘉太郎 | 59 | 66,199 | 自由 | 新 | |
| ▽ | 塚田 庄平 | 31 | 63,473 | 労農 | 新 | |
| ▽ | 杉之原 舜一 | 52 | 60,268 | 共産 | 新 | |
| ▽ | 中保 恭一 | 52 | 56,462 | 自由 | 新 | |
| | 清水 源作 | 65 | 39,832 | 無所 | 新 | |
| | 杉本 健 | 39 | 24,911 | 緑風 | 新 | |
| | 長谷 長次 | 46 | 21,131 | 無所 | 新 | |
| | 高橋 吉男 | 50 | 7,200 | 諸派 | 新 | |

### 青森県（1—5）
| | | | | | | |
|---|---|---|---|---|---|---|
| 1 | 工藤 鉄男 | 74 | 151,492 | 自由 | 新 | ① |
| ▽ | 平野 善治郎 | 48 | 76,077 | 民主 | 新 | 1 |
| ▽ | 近藤 喜一 | 48 | 60,665 | 自由 | 新 | |
| | 小田桐 政次郎 | 41 | 33,343 | 社会 | 新 | |
| | 工藤 嘉右衛門 | 36 | 24,131 | 共産 | 新 | |

### 岩手県（1—3）
| | | | | | | |
|---|---|---|---|---|---|---|
| 1 | 千田 正 | 51 | 262,090 | 無所 | 前 | ② |
| ▽ | 下飯坂 元 | 55 | 142,927 | 自由 | 新 | |
| | 鈴木 東民 | 54 | 32,202 | 共産 | 新 | |

### 宮城県（1—4）
| | | | | | | |
|---|---|---|---|---|---|---|
| 1 | 高橋 進太郎 | 47 | 295,887 | 自由 | 新 | ① |
| ▽ | 高橋 啓 | 55 | 121,478 | 民主 | 前 | 1 |
| ▽ | 米倉 辰治郎 | 45 | 101,593 | 社会 | 新 | |
| | 西条 寛六 | 42 | 29,116 | 共産 | 新 | |

### 秋田県（1—4）
| | | | | | | |
|---|---|---|---|---|---|---|
| 1 | 長谷山 行毅 | 42 | 156,739 | 自由 | 新 | ① |
| ▽ | 細川 三千雄 | 53 | 146,727 | 社会 | 新 | |
| ▽ | 石川 準吉 | 51 | 103,106 | 民主 | 前 | 1 |
| | 鈴木 義雄 | 45 | 31,966 | 共産 | 新 | |

### 山形県（1—4）
| | | | | | | |
|---|---|---|---|---|---|---|
| 1 | 小林 亦治 | 43 | 238,536 | 社会 | 新 | ① |
| ▽ | 尾形 六郎兵衛 | 49 | 221,358 | 自由 | 前 | 1 |
| | 安達 良助 | 41 | 81,158 | 無所 | 前 | 1 |
| | 松寿 忠三郎 | 45 | 15,295 | 共産 | 新 | |

### 福島県（2—5）
| | | | | | | |
|---|---|---|---|---|---|---|
| 1 | 橋本 万右衛門 | 57 | 237,925 | 自由 | 前 | ② |
| 2 | 木村 守江 | 50 | 205,616 | 自由 | 新 | ① |
| ▽ | 田中 利勝 | 53 | 204,488 | 社会 | 前 | 1 |
| | 服部 実 | 56 | 37,141 | 共産 | 新 | |
| | 加藤 周四郎 | 40 | 26,153 | 労農 | 新 | |

### 茨城県（2—6）
| | | | | | | |
|---|---|---|---|---|---|---|
| 1 | 郡 祐一 | 48 | 181,069 | 自由 | 新 | ① |
| 2 | 菊田 七平 | 52 | 121,715 | 民主 | 新 | ① |
| ▽ | 秋元 正 | 53 | 107,807 | 自由 | 新 | |
| ▽ | 大畠 農夫雄 | 52 | 96,410 | 社会 | 前 | 1 |
| | 池田 恒雄 | 41 | 45,945 | 労農 | 新 | |
| | 菊池 重作 | 52 | 45,041 | 共産 | 新 | |

### 栃木県（2—7）
| | | | | | | |
|---|---|---|---|---|---|---|
| 1 | 相馬 助治 | 39 | 149,702 | 社会 | 新 | ① |
| 2 | 植竹 春彦 | 52 | 108,460 | 自由 | 前 | ② |
| ▽ | 高際 徳治 | 58 | 70,653 | 自由 | 新 | |
| ▽ | 国井 淳一 | 47 | 57,470 | 民主 | 前 | 1 |
| ▽ | 石渡 悦郎 | 47 | 41,828 | 無所 | 新 | |
| | 大橋 キミ | 45 | 38,692 | 無所 | 新 | |
| | 浜野 清 | 36 | 30,621 | 共産 | 新 | |

### 群馬県（2—9）
| | | | | | | |
|---|---|---|---|---|---|---|
| 1 | 飯島 連次郎 | 44 | 143,180 | 無所 | 新 | ① |
| 2 | 鈴木 強平 | 52 | 102,525 | 民主 | 新 | ① |
| ▽ | 茜ヶ久保 重光 | 44 | 97,487 | 社会 | 新 | |
| ▽ | 最上 英子 | 47 | 96,874 | 民主 | 新 | |
| ▽ | 松浦 真太郎 | 47 | 57,644 | 自由 | 新 | |
| ▽ | 木桧 三四郎 | 81 | 54,942 | 民主 | 前 | 1 |
| | 鈴木 順一 | 41 | 48,220 | 民主 | 前 | 1 |
| | 遠藤 可満 | 49 | 39,965 | 共産 | 新 | |
| | 栗原 悦太郎 | 48 | 9,725 | 労農 | 新 | |

資料　第2回通常選挙　475

### 埼玉県（2―5）
| | | | | | | |
|---|---|---|---|---|---|---|
| 1 | 松永 義雄 | 58 | 250,686 | 社会 | 新 | ① |
| 2 | 上原 正吉 | 52 | 224,385 | 自由 | 新 | ① |
| ▽ | 松崎 朝治 | 46 | 186,515 | 自由 | 新 | |
| | 小川 八千代 | 34 | 52,317 | 諸派 | 新 | |
| | 牛窪 宗吉 | 43 | 48,691 | 共産 | 新 | |

### 千葉県（2―7）
| | | | | | | |
|---|---|---|---|---|---|---|
| 1 | 土屋 俊三 | 67 | 152,408 | 自由 | 新 | |
| 2 | 加納 金助 | 66 | 149,621 | 自由 | 新 | ① |
| ▽ | 片岡 文重 | 44 | 118,141 | 社会 | 新 | |
| ▽ | 石井 一郎 | 48 | 113,418 | 無所 | 新 | |
| | 近藤 光正 | 52 | 46,559 | 民主 | 新 | |
| | 鈴木 隆 | 68 | 42,340 | 緑風 | 新 | |
| | 斎藤 貞次 | 45 | 33,730 | 無所 | 新 | |

### 東京都（4―17）
| | | | | | | |
|---|---|---|---|---|---|---|
| 1 | 安井 謙 | 39 | 281,256 | 自由 | 新 | ① |
| 2 | 重盛 寿治 | 49 | 199,113 | 社会 | 新 | ① |
| 3 | 堀 真琴 | 52 | 193,902 | 労農 | 前 | ② |
| 4 | 深川 タマエ | 46 | 161,341 | 民主 | 前 | ② |
| ▽ | 帆足 計 | 44 | 154,976 | 緑風 | 前 | 1 |
| ▽ | 大木 操 | 58 | 153,705 | 自由 | 新 | |
| ▽ | 渡辺 鉄蔵 | 64 | 138,123 | 自由 | 新 | |
| ▽ | 阿賀 正美 | 47 | 95,384 | 社会 | 新 | |
| ▽ | 八並 達雄 | 48 | 88,587 | 民主 | 新 | |
| ▽ | 遠山 丙市 | 53 | 88,092 | 自由 | 前 | 1 |
| | 小川 光 | 56 | 21,175 | 諸派 | 新 | |
| | 紺野 俊雄 | 42 | 17,503 | 無所 | 新 | |
| | 寺田 武雄 | 45 | 13,125 | 緑風 | 新 | |
| | 安田 武雄 | 42 | 12,992 | 諸派 | 新 | |
| | 森 富太 | 66 | 7,898 | 諸派 | 新 | |
| | 島崎 専蔵 | 37 | 7,792 | 諸派 | 新 | |
| | 鎌田 文雄 | 50 | 3,811 | 無所 | 新 | |

### 神奈川県（2―7）
| | | | | | | |
|---|---|---|---|---|---|---|
| 1 | 曽祢 益 | 46 | 252,305 | 社会 | 新 | ① |
| 2 | 石村 幸作 | 59 | 163,284 | 自由 | 新 | ① |
| ▽ | 石渡 清作 | 59 | 134,346 | 自由 | 新 | |
| ▽ | 西村 定雄 | 51 | 96,756 | 民主 | 新 | |
| ▽ | 岡崎 一夫 | 51 | 88,369 | 共産 | 新 | |
| | 小暮 藤三郎 | 70 | 53,258 | 無所 | 新 | |
| | 松尾 彪五 | 57 | 16,778 | 無所 | 新 | |

### 新潟県（2―7）
| | | | | | | |
|---|---|---|---|---|---|---|
| 1 | 北村 一男 | 52 | 241,190 | 自由 | 前 | ② |
| 2 | 清沢 俊英 | 59 | 224,745 | 社会 | 新 | ① |
| ▽ | 久保田 才次郎 | 46 | 180,983 | 民主 | 新 | |
| ▽ | 藤田 芳雄 | 52 | 116,660 | 無所 | 前 | 1 |
| | 関 ツ子 | 51 | 60,697 | 無所 | 新 | |
| | 吉田 兼治 | 46 | 52,248 | 共産 | 新 | |
| | 早川 惣市 | 39 | 7,163 | 無所 | 新 | |

### 富山県（1―4）
| | | | | | | |
|---|---|---|---|---|---|---|
| 1 | 尾山 三郎 | 61 | 223,380 | 無所 | 新 | ① |
| ▽ | 宮本 巳之吉 | 43 | 105,243 | 社会 | 新 | |
| ▽ | 平岡 初枝 | 58 | 84,436 | 緑風 | 新 | |
| | 村上 虎雄 | 48 | 18,054 | 共産 | 新 | |

### 石川県（1―4）
| | | | | | | |
|---|---|---|---|---|---|---|
| 1 | 中川 幸平 | 59 | 132,025 | 自由 | 前 | ② |
| ▽ | 竹山 重勝 | 38 | 130,616 | 民主 | 新 | |
| ▽ | 山崎 広 | 45 | 86,892 | 社会 | 新 | |
| | 永井 泰蔵 | 41 | 15,609 | 共産 | 新 | |

### 福井県（1―4）
| | | | | | | |
|---|---|---|---|---|---|---|
| 1 | 堂森 芳夫 | 46 | 133,679 | 社会 | 新 | ① |
| ▽ | 長谷川 政友 | 39 | 97,035 | 自由 | 新 | |
| ▽ | 加藤 吉太夫 | 55 | 81,228 | 諸派 | 新 | |
| | 牧野 藤宗 | 33 | 5,752 | 共産 | 新 | |

### 山梨県（1―5）
| | | | | | | |
|---|---|---|---|---|---|---|
| 1 | 平林 太一 | 53 | 86,196 | 無所 | 新 | ① |
| ▽ | 丸山 三郎 | 50 | 70,598 | 社会 | 新 | |
| ▽ | 中村 邦保 | 57 | 62,846 | 民主 | 新 | |
| ▽ | 柳本 光三 | 52 | 55,382 | 自由 | 新 | |
| | 雪江 雪 | 43 | 34,942 | 共産 | 新 | |

### 長野県（2―9）
| | | | | | | |
|---|---|---|---|---|---|---|
| 1 | 棚橋 小虎 | 61 | 205,305 | 社会 | 新 | ① |
| 2 | 池田 宇右衛門 | 55 | 142,579 | 自由 | 前 | ② |
| ▽ | 木下 陽康 | 60 | 124,669 | 民主 | 新 | |
| ▽ | 中島 裂裟重 | 49 | 85,262 | 社会 | 新 | |
| ▽ | 渡辺 栄蔵 | 62 | 76,762 | 自由 | 新 | |
| ▽ | 伊藤 富雄 | 58 | 74,784 | 共産 | 新 | |
| | 藤岡 啓 | 60 | 49,728 | 自由 | 新 | |
| | 古村 幸一郎 | 36 | 29,063 | 諸派 | 新 | |
| | 丸山 海二 | 59 | 12,791 | 諸派 | 新 | |

### 岐阜県（1―3）
| | | | | | | |
|---|---|---|---|---|---|---|
| 1 | 古池 信三 | 47 | 262,759 | 自由 | 新 | ① |
| ▽ | 吉川 文助 | 57 | 231,152 | 社会 | 新 | |
| | 島田 貞男 | 41 | 35,845 | 共産 | 新 | |

### 静岡県（2―5）
| | | | | | | |
|---|---|---|---|---|---|---|
| 1 | 平岡 市三 | 51 | 319,335 | 自由 | 前 | ② |
| 2 | 河井 弥八 | 72 | 305,034 | 緑風 | 前 | ② |
| ▽ | 芹沢 彪衛 | 47 | 195,245 | 社会 | 新 | |
| | 中村 寛二 | 44 | 60,266 | 民主 | 新 | |
| | 高林 ガンジー | 42 | 47,237 | 無所 | 新 | |

### 愛知県（3―7）
| | | | | | | |
|---|---|---|---|---|---|---|
| 1 | 成瀬 幡治 | 39 | 359,241 | 社会 | 新 | ① |
| 2 | 山本 米治 | 48 | 298,644 | 自由 | 新 | ① |
| 3 | 草葉 隆円 | 55 | 189,037 | 自由 | 前 | ② |

|  |  |  |  |  |  |  |
|---|---|---|---|---|---|---|
| ▽ | 山内 庫三郎 | 60 | 168,771 | 民主 | 新 |  |
| ▽ | 天野 末治 | 49 | 103,085 | 共産 | 新 |  |
| ▽ | 鈴村 猛男 | 41 | 73,687 | 諸派 | 新 |  |
|  | 西岡 勇 | 47 | 41,317 | 緑風 | 新 |  |

**三重県（1—3）**

|  |  |  |  |  |  |  |  |
|---|---|---|---|---|---|---|---|
| 1 | 前田 穰 | 62 | 274,995 | 無所 | 新 | ① |  |
| ▽ | 阿竹 斎次郎 | 58 | 146,456 | 緑風 | 前 | 1 |  |
| ▽ | 伊藤 満 | 39 | 134,154 | 無所 | 新 |  |  |

**滋賀県（1—3）**

|  |  |  |  |  |  |  |
|---|---|---|---|---|---|---|
| 1 | 西川 甚五郎 | 47 | 188,779 | 自由 | 前 | ② |
| ▽ | 矢尾 喜三郎 | 48 | 144,447 | 社会 | 新 |  |
|  | 小林 喜一郎 | 33 | 27,871 | 共産 | 新 |  |

**京都府（2—4）**

|  |  |  |  |  |  |  |
|---|---|---|---|---|---|---|
| 1 | 大野木 秀次郎 | 54 | 229,685 | 自由 | 前 | ② |
| 2 | 大山 郁夫 | 69 | 201,538 | 無所 | 新 | ① |
| ▽ | 馬谷 憲太郎 | 42 | 129,382 | 社会 | 新 |  |
| ▽ | 木村 惇 | 58 | 124,229 | 無所 | 新 |  |

**大阪府（3—8）**

|  |  |  |  |  |  |  |
|---|---|---|---|---|---|---|
| 1 | 大屋 晋三 | 55 | 330,102 | 自由 | 前 | ② |
| 2 | 村尾 重雄 | 48 | 295,143 | 社会 | 新 | ② |
| 3 | 左藤 義詮 | 50 | 286,301 | 自由 | 新 | ② |
| ▽ | 三谷 秀治 | 34 | 182,209 | 共産 | 新 |  |
| ▽ | 中田 守雄 | 56 | 103,395 | 民主 | 新 |  |
|  | 古田 覚成 | 41 | 68,766 | 無所 | 新 |  |
|  | 山田 庄太郎 | 41 | 24,850 | 諸派 | 新 |  |
|  | 星川 明道 | 54 | 5,006 | 無所 | 新 |  |

**兵庫県（3—6）**

|  |  |  |  |  |  |  |
|---|---|---|---|---|---|---|
| 1 | 松浦 清一 | 47 | 333,243 | 社会 | 新 | ① |
| 2 | 山縣 勝見 | 48 | 272,232 | 自由 | 新 | ① |
| 3 | 赤木 正雄 | 63 | 203,189 | 緑風 | 前 | ② |
| ▽ | 芦田 克巳 | 48 | 192,800 | 無所 | 新 |  |
| ▽ | 小畑 哲夫 | 54 | 134,937 | 民主 | 前 | 1 |
| ▽ | 田中 松次郎 | 51 | 76,464 | 共産 | 新 |  |

**奈良県（1—3）**

|  |  |  |  |  |  |  |
|---|---|---|---|---|---|---|
| 1 | 新谷 寅三郎 | 47 | 163,579 | 緑風 | 新 | ② |
| ▽ | 米田 富 | 49 | 98,165 | 社会 | 新 |  |
|  | 青木 康次 | 37 | 29,467 | 共産 | 新 |  |

**和歌山県（1—4）**

|  |  |  |  |  |  |  |
|---|---|---|---|---|---|---|
| 1 | 永井 純一郎 | 42 | 180,890 | 無所 | 新 | ① |
| ▽ | 玉置 吉之丞 | 63 | 142,765 | 緑風 | 前 | 1 |
|  | 岩橋 東太郎 | 46 | 29,489 | 無所 | 新 |  |
|  | 茂野 嵩 | 31 | 19,395 | 共産 | 新 |  |

**鳥取県（1—3）**

|  |  |  |  |  |  |  |
|---|---|---|---|---|---|---|
| 1 | 中田 吉雄 | 43 | 131,376 | 社会 | 新 | ① |

|  |  |  |  |  |  |  |
|---|---|---|---|---|---|---|
| ▽ | 徳安 実蔵 | 50 | 95,731 | 自由 | 新 |  |
|  | 福本 和夫 | 55 | 26,508 | 共産 | 新 |  |

**島根県（1—5）**

|  |  |  |  |  |  |  |
|---|---|---|---|---|---|---|
| 1 | 桜内 義雄 | 38 | 140,981 | 民主 | 新 | ① |
| ※ | 小滝 彬 | 45 | 140,592 | 自由 | 新 |  |
| ▽ | 竹内 懋 | 49 | 108,447 | 社会 | 新 |  |
|  | 加藤 一郎 | 44 | 25,263 | 共産 | 新 |  |
|  | 宇都宮 登 | 52 | 20,588 | 緑風 | 前 | 1 |

**岡山県（2—7）**

|  |  |  |  |  |  |  |
|---|---|---|---|---|---|---|
| 1 | 江田 三郎 | 42 | 193,409 | 社会 | 新 | ① |
| 2 | 加藤 武徳 | 34 | 174,235 | 自由 | 新 | ① |
|  | 河相 達夫 | 60 | 90,441 | 緑風 | 新 |  |
|  | 荒田 英一 | 55 | 78,768 | 自由 | 新 |  |
|  | 豊田 秀男 | 41 | 50,046 | 共産 | 新 |  |
|  | 太田 敏兄 | 60 | 50,040 | 労農 | 前 | 1 |
|  | 小林 金一 | 44 | 33,712 | 緑風 | 新 |  |

**広島県（2—7）**

|  |  |  |  |  |  |  |
|---|---|---|---|---|---|---|
| 1 | 山田 節男 | 51 | 254,594 | 社会 | 前 | ② |
| 2 | 仁田 竹一 | 56 | 214,719 | 自由 | 新 | ① |
| ▽ | 森田 大三 | 41 | 134,332 | 自由 | 新 |  |
| ▽ | 岩本 月洲 | 48 | 87,077 | 自由 | 前 | 1 |
| ▽ | 迫 千代子 | 46 | 82,406 | 緑風 | 新 |  |
|  | 高橋 武夫 | 53 | 47,639 | 共産 | 新 |  |
|  | 沖野 忠一 | 44 | 9,335 | 無所 | 新 |  |

**山口県（1—5）**

|  |  |  |  |  |  |  |
|---|---|---|---|---|---|---|
| 1 | 中川 以良 | 50 | 221,201 | 自由 | 前 | ② |
| ▽ | 姫井 伊介 | 69 | 185,108 | 社会 | 前 | 1 |
|  | 一柳 芳男 | 43 | 95,953 | 諸派 | 新 |  |
|  | 山本 利平 | 46 | 64,144 | 共産 | 新 |  |
|  | 新納 新吉 | 67 | 17,094 | 民主 | 新 |  |

**徳島県（1—6）**

|  |  |  |  |  |  |  |
|---|---|---|---|---|---|---|
| 1 | 紅露 みつ | 57 | 92,908 | 民主 | 前 | ② |
|  | 宮田 美信 | 51 | 81,196 | 自由 | 新 |  |
| ▽ | 乾 精末 | 67 | 60,688 | 緑風 | 新 |  |
| ▽ | 成瀬 喜五郎 | 49 | 55,663 | 社会 | 新 |  |
|  | 小島 悦吉 | 38 | 18,133 | 共産 | 新 |  |
|  | 近藤 一 | 58 | 3,453 | 無所 | 新 |  |

**香川県（1—2）**

|  |  |  |  |  |  |  |
|---|---|---|---|---|---|---|
| 1 | 森崎 隆 | 46 | 204,595 | 社会 | 新 | ① |
| ▽ | 加藤 常太郎 | 45 | 195,447 | 自由 | 前 | 1 |

**愛媛県（1—3）**

|  |  |  |  |  |  |  |
|---|---|---|---|---|---|---|
| 1 | 三橋 八次郎 | 51 | 265,425 | 社会 | 新 | ① |
| ▽ | 明礼 輝三郎 | 55 | 201,596 | 自由 | 新 |  |
|  | 宇都宮 周策 | 42 | 36,922 | 共産 | 新 |  |

高知県（1－4）
| | | | | | | |
|---|---|---|---|---|---|---|
| 1 | 入交 太蔵 | 53 | 128,956 | 自由 | 前 | ② |
| ▽ | 田村 幸彦 | 37 | 112,571 | 無所 | 新 | |
| | 原上 蔓子 | 35 | 57,470 | 諸派 | 新 | |
| | 中沢 浪治 | 64 | 50,282 | 無所 | 新 | |

福岡県（3－7）
| | | | | | | |
|---|---|---|---|---|---|---|
| 1 | 小松 正雄 | 51 | 341,172 | 社会 | 新 | ① |
| 2 | 団 伊能 | 58 | 277,794 | 自由 | 前 | ② |
| 3 | 西田 隆男 | 48 | 158,075 | 民主 | 新 | ① |
| ▽ | 田中 釣一 | 42 | 157,246 | 諸派 | 新 | |
| ▽ | 金政 大四郎 | 34 | 82,411 | 労農 | 新 | |
| ▽ | 高倉 金一郎 | 40 | 80,486 | 共産 | 新 | |
| | 岡村 護 | 41 | 25,262 | 緑風 | 新 | |

佐賀県（1－4）
| | | | | | | |
|---|---|---|---|---|---|---|
| 1 | 杉原 荒太 | 50 | 143,909 | 自由 | 新 | ① |
| ▽ | 坂口 重 | 41 | 106,126 | 社会 | 新 | |
| ▽ | 井手 以誠 | 40 | 82,684 | 無所 | 新 | |
| | 江口 子午三 | 41 | 18,393 | 共産 | 新 | |

長崎県（1－3）
| | | | | | | |
|---|---|---|---|---|---|---|
| 1 | 秋山 俊一郎 | 57 | 225,963 | 自由 | 新 | ① |
| ▽ | 木原 津与志 | 40 | 163,831 | 無所 | 新 | |
| ▽ | 丸亀 秀雄 | 45 | 135,588 | 無所 | 新 | |

熊本県（2－5）
| | | | | | | |
|---|---|---|---|---|---|---|
| 1 | 深水 六郎 | 48 | 225,416 | 自由 | 前 | ② |
| 2 | 谷口 弥三郎 | 66 | 192,000 | 民主 | 前 | ② |
| ▽ | 富家 一 | 43 | 89,195 | 社会 | 新 | |
| ▽ | 林 寛信 | 39 | 81,850 | 無所 | 新 | |
| | 中田 哲 | 45 | 39,080 | 共産 | 新 | |

大分県（1－4）
| | | | | | | |
|---|---|---|---|---|---|---|
| 1 | 一松 政二 | 56 | 213,050 | 自由 | 前 | ② |
| ▽ | 高山 一三 | 50 | 162,872 | 無所 | 新 | |
| | 西野 芳雄 | 42 | 43,165 | 社会 | 新 | |
| | 橋本 正徳 | 39 | 34,107 | 共産 | 新 | |

宮崎県（1－6）
| | | | | | | |
|---|---|---|---|---|---|---|
| 1 | 三輪 貞治 | 36 | 137,574 | 社会 | 新 | ① |
| ▽ | 甲斐 善平 | 51 | 133,348 | 自由 | 新 | |
| | 水久保 甚作 | 65 | 62,272 | 自由 | 前 | 1 |
| | 鎌田 軍次 | 55 | 32,760 | 無所 | 新 | |
| | 税田 幸雄 | 39 | 12,694 | 共産 | 新 | |
| | 吉水 輝文 | 53 | 11,108 | 無所 | 新 | |

鹿児島県（2－4）
| | | | | | | |
|---|---|---|---|---|---|---|
| 1 | 佐多 忠隆 | 45 | 250,487 | 社会 | 新 | ① |
| 2 | 島津 忠彦 | 50 | 216,828 | 自由 | 新 | ② |
| ▽ | 岡元 義人 | 39 | 138,351 | 緑風 | 前 | 1 |
| | 山方 清 | 38 | 25,505 | 共産 | 新 | |

## 第2期補欠選挙

茨城県（1950年11月3日執行＝1－2）
| | | | | | | |
|---|---|---|---|---|---|---|
| 1 | 宮田 重文 | | 382,512 | 自由 | 新 | ① |
| ▽ | 宮代 徹 | | 196,486 | 社会 | 新 | |

千葉県（1950年12月13日執行＝1－2）
| | | | | | | |
|---|---|---|---|---|---|---|
| 1 | 片岡 文重 | | 364,415 | 社会 | 新 | ① |
| ▽ | 林 英一郎 | | 356,110 | 自由 | 新 | |

広島県（1950年12月20日執行＝1－2）
| | | | | | | |
|---|---|---|---|---|---|---|
| 1 | 楠瀬 常猪 | | 400,444 | 自由 | 新 | ① |
| ▽ | 高津 正道 | | 362,993 | 社会 | 新 | |

福島県（1951年2月12日執行＝1－4）
| | | | | | | |
|---|---|---|---|---|---|---|
| 1 | 松平 勇雄 | | 386,322 | 自由 | 新 | ① |
| ▽ | 田中 利勝 | | 270,923 | 社会 | 元 | 1 |
| ▽ | 山下 春江 | | 115,292 | 民主 | 新 | |
| | 折笠 藤男 | | 8,645 | 共産 | 新 | |

大阪府（1951年5月16日執行＝2－6）
| | | | | | | |
|---|---|---|---|---|---|---|
| 1 | 中山 福蔵 | | 279,537 | 緑風 | 新 | ① |
| 2 | 溝渕 春次 | | 201,899 | 自由 | 新 | ① |
| ▽ | 山口 昌一 | | 179,455 | 社会 | 新 | |
| ▽ | 川上 貫一 | | 149,803 | 共産 | 新 | |
| | 佐野 茂 | | 8,157 | 無所 | 新 | |
| | 小田 俊与 | | 6,127 | 社民 | 新 | |

愛媛県（1951年5月21日執行＝1－1＜無投票＞）
| | | | | | | |
|---|---|---|---|---|---|---|
| 1 | 玉柳 実 | | | 無所 | 新 | ① |

富山県（1951年11月16日執行＝1－2）
| | | | | | | |
|---|---|---|---|---|---|---|
| 1 | 館 哲二 | | 245,372 | 無所 | 新 | ① |
| | 巴陵 宣正 | | 18,691 | 共産 | 新 | |

静岡県（1952年5月6日執行＝1－4）
| | | | | | | |
|---|---|---|---|---|---|---|
| 1 | 石黒 忠篤 | | 370,340 | 緑風 | 新 | ① |
| ▽ | 小林 武治 | | 317,005 | 自由 | 新 | |
| ▽ | 橋本 富喜良 | | 128,556 | 社会 | 新 | |
| | 小田 俊与 | | 23,798 | 社会 | 新 | |

熊本県（1952年10月20日執行＝1－2）
| | | | | | | |
|---|---|---|---|---|---|---|
| 1 | 松野 鶴平 | | 306,502 | 自由 | 新 | ① |
| ▽ | 三島 誠也 | | 148,182 | 改進 | 新 | |

## 第3回通常選挙（1953年4月24日執行）

全国区（53—234）＜補3＞

| 政党名凡例 | |
|---|---|
| 自由 | 自由党 |
| 分自 | 自由党（分党派） |
| 改進 | 改進党 |
| 民主 | 日本民主党 |
| 自民 | 自由民主党 |
| 社会 | 日本社会党 |
| 右社 | 日本社会党（右派） |
| 左社 | 日本社会党（左派） |
| 共産 | 日本共産党 |
| 労農 | 労働者農民党 |
| 緑風 | 緑風会 |

| | 氏名 | 年齢 | 得票数 | 党派 | 新現元 | 当選回数 |
|---|---|---|---|---|---|---|
| 1 | 宇垣 一成 | 84 | 513,863 | 無所 | 新 | ① |
| 2 | 加賀山 之雄 | 50 | 494,543 | 無所 | 新 | ① |
| 3 | 横川 信夫 | 51 | 439,469 | 自由 | 新 | ① |
| 4 | 鹿島 守之助 | 57 | 432,650 | 自由 | 新 | ① |
| 5 | 上林 忠次 | 47 | 412,327 | 無所 | 新 | ① |
| 6 | 三浦 義男 | 58 | 394,222 | 無所 | 新 | ① |
| 7 | 松本 治一郎 | 65 | 368,985 | 左社 | 元 | ② |
| 8 | 木島 虎蔵 | 51 | 368,426 | 無所 | 新 | ① |
| 9 | 白井 勇 | 54 | 362,293 | 無所 | 新 | ① |
| 10 | 高良 とみ | 56 | 338,084 | 緑風 | 現 | ② |
| 11 | 重政 庸徳 | 58 | 320,738 | 自由 | 新 | ① |
| 12 | 津島 寿一 | 65 | 319,575 | 自由 | 新 | ① |
| 13 | 鮎川 義介 | 72 | 317,423 | 無所 | 新 | ① |
| 14 | 横山 フク | 46 | 307,389 | 無所 | 新 | ① |
| 15 | 梶原 茂嘉 | 53 | 299,040 | 無所 | 新 | ① |
| 16 | 八木 幸吉 | 58 | 297,347 | 改進 | 元 | ② |
| 17 | 永岡 光治 | 39 | 296,486 | 左社 | 新 | ① |
| 18 | 鶴見 祐輔 | 68 | 292,428 | 改進 | 新 | ① |
| 19 | 青木 一男 | 63 | 289,689 | 自由 | 新 | ① |
| 20 | 吉田 万次 | 61 | 278,409 | 自由 | 新 | ① |
| 21 | 早川 慎一 | 57 | 271,998 | 緑風 | 現 | ② |
| 22 | 西岡 ハル | 47 | 271,049 | 自由 | 新 | ① |
| 23 | 豊田 雅孝 | 54 | 262,804 | 無所 | 新 | ① |
| 24 | 雨森 常夫 | 49 | 256,132 | 自由 | 新 | ① |
| 25 | 久保 等 | 36 | 251,667 | 左社 | 新 | ① |
| 26 | 森田 義衞 | 49 | 247,493 | 無所 | 新 | ① |
| 27 | 小沢 久太郎 | 52 | 239,777 | 自由 | 新 | ① |
| 28 | 赤松 常子 | 55 | 239,491 | 右社 | 現 | ② |
| 29 | 前田 久吉 | 60 | 237,249 | 無所 | 新 | ① |
| 30 | 山口 重彦 | 58 | 229,009 | 右社 | 新 | ① |
| 31 | 岡 三郎 | 39 | 227,775 | 左社 | 新 | ① |
| 32 | 奥 むめお | 57 | 223,749 | 緑風 | 現 | ② |
| 33 | 藤田 進 | 40 | 222,550 | 左社 | 新 | ① |
| 34 | 土田 国太郎 | 63 | 222,325 | 無所 | 新 | ① |
| 35 | 高橋 衛 | 50 | 208,778 | 自由 | 新 | ① |
| 36 | 阿具根 登 | 41 | 207,837 | 左社 | 新 | ① |
| 37 | 野本 品吉 | 60 | 207,691 | 無所 | 新 | ① |
| 38 | 林 了 | 45 | 205,692 | 緑風 | 新 | ① |
| 39 | 岸 良一 | 62 | 202,742 | 無所 | 新 | ① |
| 40 | 苫米地 義三 | 72 | 198,973 | 改進 | 新 | ① |
| 41 | 大和 与一 | 44 | 183,792 | 左社 | 新 | ① |
| 42 | 高野 一夫 | 53 | 182,843 | 自由 | 新 | ① |
| 43 | 高瀬 荘太郎 | 61 | 181,296 | 緑風 | 現 | ② |
| 44 | 中山 寿彦 | 72 | 179,667 | 自由 | 現 | ③ |
| 45 | 榊原 亨 | 53 | 179,273 | 自由 | 新 | ① |
| 46 | 宮城 タマヨ | 61 | 179,018 | 緑風 | 現 | ② |
| 47 | 青山 正一 | 48 | 175,490 | 自由 | 現 | ② |
| 48 | 大倉 精一 | 47 | 169,287 | 左社 | 新 | ① |
| 49 | 関根 久蔵 | 58 | 164,701 | 自由 | 新 | ① |
| 50 | 大谷 贇雄 | 52 | 162,624 | 自由 | 新 | ① |
| 51 | 八木 秀次 | 67 | 161,328 | 右社 | 新 | ① |
| 52 | 柏木 庫治 | 64 | 160,091 | 緑風 | 現 | ② |
| 53 | 楠見 義男 | 48 | 159,762 | 緑風 | 現 | ② |
| ※ | 平林 剛 | 31 | 159,381 | 左社 | 新 | |
| ▽ | 前野 与三吉 | 63 | 158,472 | 無所 | 新 | |
| ▽ | 大須賀 貞夫 | 51 | 157,632 | 自由 | 新 | |
| ▽ | 寺田 甚吉 | 56 | 153,788 | 無所 | 新 | |
| ▽ | 椿 繁夫 | 42 | 153,259 | 左社 | 現 | 1 |
| ▽ | 岡村 文四郎 | 63 | 151,859 | 改進 | 現 | 1 |
| ▽ | 梅原 真隆 | 67 | 151,653 | 緑風 | 現 | 1 |
| ▽ | 丸山 直友 | 64 | 150,340 | 自由 | 新 | |
| ▽ | 原田 雪松 | 64 | 149,279 | 自由 | 新 | |
| ▽ | 賀屋 茂一 | 51 | 148,741 | 自由 | 新 | |
| ▽ | 上野 富市 | 40 | 148,107 | 左社 | 新 | |
| ▽ | 大谷 藤之助 | 46 | 146,372 | 緑風 | 新 | |
| ▽ | 中村 正雄 | 39 | 145,343 | 右社 | 現 | 1 |
| ▽ | 塩谷 信雄 | 43 | 144,878 | 左社 | 新 | |
| ▽ | 平野 成子 | 53 | 144,540 | 右社 | 元 | 1 |
| ▽ | 河崎 ナツ | 66 | 143,433 | 左社 | 現 | 1 |
| ▽ | 渡辺 信任 | 67 | 142,861 | 自由 | 新 | |
| ▽ | 高橋 竜太郎 | 77 | 142,404 | 緑風 | 現 | 1 |
| ▽ | 岩間 正男 | 47 | 142,293 | 共産 | 現 | 1 |
| ▽ | 北村 暢 | 36 | 141,655 | 左社 | 新 | |
| ▽ | 柳沢 米吉 | 49 | 136,018 | 無所 | 新 | |
| ▽ | 原 虎一 | 55 | 135,848 | 右社 | 現 | 1 |
| ▽ | 小柳 勇 | 41 | 130,874 | 左社 | 新 | |
| ▽ | 徳川 宗敬 | 55 | 130,776 | 緑風 | 現 | 1 |
| ▽ | 豊瀬 禎一 | 36 | 130,546 | 左社 | 新 | |
| ▽ | 森田 俊介 | 53 | 129,718 | 緑風 | 新 | |
| ▽ | 藤田 藤太郎 | 42 | 129,351 | 左社 | 新 | |
| ▽ | 占部 秀男 | 43 | 126,559 | 左社 | 新 | |
| ▽ | 柴山 兼四郎 | 63 | 125,428 | 無所 | 新 | |

| | | | | | | | | | | |
|---|---|---|---|---|---|---|---|---|---|---|
| ▽ | 井上 なつえ | 54 | 125,414 | 緑風 | 現 | 1 | 小林 勝馬 | 46 | 76,796 | 改進 元 1 |
| ▽ | 宝井 馬琴 | 49 | 124,339 | 無所 | 新 | | 芳野 国雄 | 55 | 76,620 | 無所 新 |
| ▽ | 清水 慎三 | 39 | 123,279 | 左社 | 新 | | 栗本 義彦 | 55 | 74,206 | 右社 新 |
| ▽ | 木内 キヤウ | 69 | 120,765 | 無所 | 現 | 1 | 中村 嘉寿 | 72 | 73,729 | 自由 新 |
| ▽ | 小川 久義 | 53 | 120,382 | 自由 | 現 | 2 | 清水 良策 | 60 | 73,134 | 無所 新 |
| ▽ | 金子 洋文 | 59 | 120,170 | 左社 | 現 | 1 | 川上 嘉 | 43 | 72,107 | 左社 元 1 |
| ▽ | 宮川 宗徳 | 66 | 117,449 | 無所 | 新 | | 伊藤 勇助 | 38 | 71,378 | 無所 新 |
| ▽ | 三島 誠也 | 59 | 116,610 | 改進 | 新 | | 浅岡 信夫 | 53 | 71,119 | 自由 元 1 |
| ▽ | 槇枝 元文 | 32 | 116,288 | 左社 | 新 | | 庄司 彦男 | 56 | 70,207 | 無所 新 |
| ▽ | 井尻 芳郎 | 57 | 115,894 | 自由 | 新 | | 大森 真一郎 | 49 | 69,248 | 左社 新 |
| ▽ | 森崎 了三 | 56 | 115,300 | 自由 | 新 | | 兼岩 伝一 | 54 | 68,470 | 共産 現 1 |
| ▽ | 中島 篤吉 | 55 | 112,738 | 自由 | 新 | | 飯山 太平 | 61 | 67,528 | 無所 新 |
| ▽ | 土門 幸一 | 44 | 112,535 | 労農 | 新 | | 平野 恒子 | 54 | 66,320 | 無所 新 |
| ▽ | 小野 哲 | 53 | 111,798 | 緑風 | 現 | 1 | 国島 貴八郎 | 59 | 65,723 | 無所 新 |
| ▽ | 木下 辰雄 | 64 | 111,049 | 緑風 | 現 | 1 | 若原 譲 | 44 | 65,285 | 自由 新 |
| ▽ | 尾崎 行輝 | 65 | 111,002 | 緑風 | 現 | 1 | 河野 孔明 | 47 | 65,281 | 無所 新 |
| ▽ | 岡元 義人 | 42 | 110,889 | 分自 | 元 | 1 | 梅村 登 | 54 | 64,448 | 無所 新 |
| ▽ | 村上 義之助 | 65 | 110,590 | 自由 | 新 | | 松沢 隼人 | 49 | 61,139 | 無所 新 |
| ▽ | 小田 静枝 | 52 | 110,349 | 無所 | 新 | | 栗原 正 | 63 | 59,713 | 自由 新 |
| ▽ | 土屋 春樹 | 51 | 109,738 | 無所 | 新 | | 清水 美里 | 39 | 59,650 | 自由 新 |
| ▽ | 下村 海南 | 77 | 109,403 | 無所 | 新 | | 玉柳 実 | 49 | 59,443 | 自由 現 1 |
| ▽ | 安孫子 藤吉 | 49 | 109,276 | 無所 | 新 | | 木下 クニ子 | 38 | 58,397 | 諸派 新 |
| ▽ | 下条 康麿 | 68 | 108,084 | 緑風 | 元 | 1 | 高岡 忠弘 | 54 | 56,570 | 無所 新 |
| ▽ | 平野 義太郎 | 56 | 106,315 | 無所 | 新 | | 五坪 茂雄 | 63 | 56,556 | 改進 新 |
| ▽ | 西田 天香 | 81 | 101,304 | 諸派 | 新 | 1 | 鈴木 恭次郎 | 54 | 55,491 | 自由 新 |
| ▽ | 田中 武雄 | 62 | 101,230 | 改進 | 新 | | 小杉 イ子 | 68 | 54,888 | 緑風 元 1 |
| ▽ | 大野 幸一 | 47 | 100,868 | 右社 | 現 | 1 | 森田 清市郎 | 54 | 52,473 | 右社 新 |
| ▽ | 佐々木 泰翁 | 59 | 99,860 | 無所 | 新 | | 大山 安 | 62 | 50,196 | 無所 元 1 |
| ▽ | 中地 熊造 | 48 | 99,065 | 右社 | 新 | | 中野 寅吉 | 73 | 49,701 | 無所 新 |
| ▽ | 波多野 鼎 | 57 | 97,020 | 右社 | 現 | 1 | 細井 三郎 | 48 | 49,617 | 無所 新 |
| ▽ | 稲垣 平太郎 | 64 | 96,629 | 無所 | 現 | 1 | 今井 三郎 | 45 | 48,554 | 諸派 新 |
| ▽ | 石黒 武重 | 55 | 96,328 | 無所 | 新 | | 加藤 正見 | 30 | 48,331 | 無所 新 |
| ▽ | 山本 杉 | 50 | 94,784 | 無所 | 新 | | 高林 ガンジー | 44 | 47,373 | 無所 新 |
| ▽ | 次田 大三郎 | 70 | 94,763 | 無所 | 新 | | 矢次 保 | 34 | 46,653 | 自由 新 |
| ▽ | 佐竹 三吾 | 73 | 94,708 | 自由 | 新 | | 畑中 政春 | 45 | 45,808 | 無所 新 |
| ▽ | 池田 純久 | 58 | 92,453 | 無所 | 新 | | 阿賀 正美 | 50 | 45,246 | 右社 新 |
| ▽ | 渡辺 金蔵 | 48 | 90,836 | 無所 | 新 | | 山本 弘 | 32 | 44,610 | 無所 新 |
| ▽ | 北条 秀一 | 48 | 90,759 | 右社 | 元 | 1 | 小守 良勝 | 60 | 44,176 | 無所 新 |
| ▽ | 大迫 元繁 | 69 | 89,776 | 自由 | 新 | | 椿 精一 | 39 | 43,324 | 無所 新 |
| ▽ | 三上 卓 | 48 | 89,641 | 無所 | 新 | | 高嶺 明達 | 54 | 43,219 | 無所 新 |
| ▽ | 石垣 純二 | 41 | 89,560 | 無所 | 新 | | 満尾 君亮 | 51 | 42,580 | 無所 新 |
| ▽ | 西園寺 公一 | 46 | 86,131 | 無所 | 現 | 1 | 唐木田 藤五郎 | 55 | 42,166 | 改進 新 |
| ▽ | 河北 敬二 | 58 | 83,792 | 自由 | 新 | | 篠原 義雄 | 50 | 41,643 | 無所 新 |
| ▽ | 広瀬 与兵衛 | 62 | 83,239 | 自由 | 現 | 1 | 大木 英一 | 59 | 41,243 | 無所 新 |
| ▽ | 板野 勝次 | 50 | 83,114 | 共産 | 元 | 1 | 野田山 喜代一 | 52 | 40,340 | 自由 新 |
| ▽ | 岡本 愛祐 | 58 | 82,975 | 緑風 | 現 | 1 | 金山 竜重 | 60 | 38,857 | 無所 新 |
| ▽ | 藤山 茂人 | 54 | 82,008 | 右社 | 新 | | 明本 京静 | 48 | 37,190 | 無所 新 |
| ▽ | 鈴木 伝明 | 53 | 81,735 | 改進 | 新 | | 伊藤 述史 | 67 | 35,590 | 無所 新 |
| ▽ | 中村 不信 | 41 | 80,191 | 無所 | 新 | | 宮東 孝行 | 45 | 31,750 | 無所 新 |
| ▽ | 河野 義一 | 56 | 79,401 | 無所 | 新 | | 白井 正実 | 45 | 31,723 | 諸派 新 |
| ▽ | 平岡 ハツエ | 61 | 79,316 | 無所 | 新 | | 高松 栄次郎 | 52 | 31,400 | 改進 新 |
| ▽ | 鈴木 栄二 | 52 | 77,773 | 改進 | 新 | | 武田 邦太郎 | 40 | 30,740 | 諸派 新 |

| | | | | | |
|---|---|---|---|---|---|
| 日高 一輝 | 41 | 30,216 | 無所 | 新 | |
| 権田 鎮雄 | 50 | 30,088 | 無所 | 新 | |
| 田中 不二雄 | 38 | 29,789 | 無所 | 新 | |
| 荒木 義夫 | 58 | 29,541 | 無所 | 新 | |
| 福島 万寿雄 | 48 | 26,601 | 無所 | 新 | |
| 住安 国雄 | 53 | 26,300 | 無所 | 新 | |
| 生田 乃木次 | 48 | 25,151 | 改進 | 新 | |
| 古賀 一 | 58 | 25,119 | 無所 | 新 | |
| 篠崎 礒次 | 54 | 24,826 | 改進 | 新 | |
| 片桐 竜子 | 62 | 24,752 | 無所 | 新 | |
| 小田 俊与 | 46 | 22,668 | 諸派 | 新 | |
| 小松 雄道 | 60 | 21,746 | 無所 | 新 | |
| 長野 朗 | 65 | 21,486 | 無所 | 新 | |
| 宮沢 安五郎 | 46 | 21,038 | 左社 | 新 | |
| 野口 英栄 | 51 | 20,715 | 無所 | 新 | |
| 武田 光麿 | 64 | 20,360 | 無所 | 新 | |
| 内田 武夫 | 51 | 19,924 | 無所 | 新 | |
| 勝田 香月 | 54 | 19,290 | 無所 | 新 | |
| 高橋 良岳 | 45 | 18,828 | 改進 | 新 | |
| 和智 恒蔵 | 52 | 18,439 | 改進 | 新 | |
| 松下 武義 | 47 | 18,390 | 改進 | 新 | |
| 小駒 重太郎 | 60 | 17,734 | 無所 | 新 | |
| 加藤 六兵衛 | 55 | 17,597 | 無所 | 新 | |
| 大野 熊雄 | 63 | 17,556 | 緑風 | 新 | |
| 高橋 義郎 | 30 | 16,829 | 無所 | 新 | |
| 中西 伊之助 | 66 | 16,457 | 無所 | 新 | |
| 赤司 徳雄 | 53 | 15,839 | 無所 | 新 | |
| 木村 忠五郎 | 40 | 14,781 | 諸派 | 新 | |
| 荻野 丈夫 | 53 | 13,672 | 無所 | 新 | |
| 河村 契善 | 52 | 12,897 | 無所 | 新 | |
| 山副 博士 | 30 | 12,598 | 無所 | 新 | |
| 志田 義忠 | 56 | 12,212 | 無所 | 新 | |
| 樫村 広史 | 57 | 10,229 | 無所 | 新 | |
| 砂川 正亮 | 65 | 9,834 | 無所 | 新 | |
| 佐野 藤重 | 40 | 9,420 | 無所 | 新 | |
| 大嶋 忠雄 | 45 | 8,656 | 無所 | 新 | |
| 堀口 忠信 | 50 | 8,461 | 無所 | 新 | |
| 近藤 昌一 | 55 | 7,774 | 無所 | 新 | |
| 亀井 高義 | 45 | 7,501 | 諸派 | 新 | |
| 森 冨太郎 | 69 | 7,445 | 無所 | 新 | |
| 菅野 四郎 | 49 | 7,377 | 諸派 | 新 | |
| 高野 清八郎 | 66 | 6,913 | 無所 | 新 | |
| 藤川 年 | 65 | 6,876 | 無所 | 新 | |
| 荒木 幸徳 | 38 | 6,711 | 無所 | 新 | |
| 浦崎 永錫 | 52 | 5,850 | 無所 | 新 | |
| 広海 貫一 | 54 | 5,349 | 諸派 | 新 | |
| 有田 孫三郎 | 53 | 4,504 | 諸派 | 新 | |
| 飯沼 省三 | 41 | 2,889 | 無所 | 新 | |

## 地方区

### 北海道（4—7）

| | | | | | |
|---|---|---|---|---|---|
| 1 千葉 信 | 48 | 284,143 | 左社 | 現 | ② |
| 2 北 勝太郎 | 63 | 229,023 | 無所 | 新 | ① |
| 3 堀 末治 | 66 | 219,543 | 自由 | 現 | ② |
| 4 有馬 英二 | 69 | 189,626 | 改進 | 現 | ② |
| ▽ 岩田 留吉 | 48 | 174,157 | 自由 | 新 | |
| ▽ 塚田 庄平 | 34 | 141,523 | 労農 | 新 | |
| 岩沢 誠 | 50 | 41,424 | 無所 | 新 | |

### 青森県（1—3）

| | | | | | |
|---|---|---|---|---|---|
| 1 佐藤 尚武 | 70 | 294,422 | 緑風 | 現 | ② |
| 大久保 弥三郎 | 45 | 59,657 | 無所 | 新 | |
| 大沢 喜代一 | 51 | 29,631 | 共産 | 新 | |

### 岩手県（1—3）

| | | | | | |
|---|---|---|---|---|---|
| 1 川村 松助 | 62 | 209,282 | 自由 | 現 | ② |
| ▽ 伊藤 佐十郎 | 48 | 151,417 | 無所 | 新 | |
| ▽ 八重樫 利康 | 58 | 94,226 | 無所 | 新 | |

### 宮城県（1—4）

| | | | | | |
|---|---|---|---|---|---|
| 1 吉野 信次 | 64 | 194,909 | 自由 | 新 | ① |
| ▽ 高橋 富士男 | 46 | 140,547 | 左社 | 新 | |
| ▽ 高橋 清治郎 | 59 | 112,137 | 改進 | 新 | |
| 清野 学道 | 45 | 55,174 | 無所 | 新 | |

### 秋田県（1—2）

| | | | | | |
|---|---|---|---|---|---|
| 1 鈴木 一 | 39 | 250,386 | 無所 | 新 | ① |
| ▽ 人美 誠治 | 55 | 187,524 | 無所 | 新 | |

### 山形県（1—3）

| | | | | | |
|---|---|---|---|---|---|
| 1 海野 三朗 | 63 | 262,576 | 左社 | 新 | ① |
| ▽ 三井 泉太郎 | 49 | 222,396 | 自由 | 新 | |
| 横山 義雄 | 42 | 73,196 | 無所 | 新 | |

### 福島県（2—8）

| | | | | | |
|---|---|---|---|---|---|
| 1 石原 幹市郎 | 50 | 252,723 | 自由 | 現 | ② |
| 2 田畑 金光 | 39 | 127,704 | 右社 | 新 | ① |
| ▽ 榊原 千代 | 54 | 113,630 | 左社 | 新 | |
| ▽ 大和田 弥一 | 50 | 109,464 | 自由 | 新 | |
| 平山 久衛 | 59 | 41,795 | 改進 | 新 | |
| 油井 賢太郎 | 47 | 41,439 | 分自 | 現 | 1 |
| 高瀬 真一 | 58 | 39,335 | 無所 | 新 | |
| 小野 左恭 | 51 | 30,012 | 無所 | 新 | |

### 茨城県（2—8）

| | | | | | |
|---|---|---|---|---|---|
| 1 宮田 重文 | 55 | 112,603 | 自由 | 現 | ② |
| 2 武藤 常介 | 63 | 110,652 | 改進 | 新 | ① |
| ▽ 志村 国作 | 60 | 106,668 | 無所 | 新 | |
| ▽ 結城 安次 | 68 | 92,866 | 緑風 | 現 | 1 |

資料　第3回通常選挙　481

|   |   | 挟間　茂 | 60 | 87,598 | 自由 | 新 |   |
|---|---|---|---|---|---|---|---|
|   | ▽ | 池田　恒雄 | 43 | 76,418 | 労農 | 元 | 1 |
|   |   | 大畠　農夫雄 | 54 | 52,435 | 右社 | 元 | 1 |
|   |   | 矢吹　省吾 | 41 | 24,691 | 無所 | 新 |   |

栃木県（2―7）

| 1 |   | 戸叶　武 | 50 | 132,554 | 右社 | 新 | ① |
|---|---|---|---|---|---|---|---|
| 2 |   | 佐藤　清一郎 | 60 | 111,320 | 自由 | 新 | ① |
|   |   | 船田　享二 | 55 | 98,604 | 無所 | 新 |   |
|   | ▽ | 大島　定吉 | 65 | 85,584 | 自由 | 現 | 1 |
|   | ▽ | 岩崎　正三郎 | 52 | 65,496 | 無所 | 現 | 1 |
|   |   | 岡田　喜久治 | 63 | 34,109 | 改進 | 元 | 1 |
|   |   | 篠崎　松太郎 | 45 | 3,046 | 無所 | 新 |   |

群馬県（2―8）

| 1 |   | 伊能　芳雄 | 55 | 165,371 | 自由 | 新 | ① |
|---|---|---|---|---|---|---|---|
| 2 |   | 最上　英子 | 50 | 135,649 | 改進 | 新 | ① |
|   | ▽ | 梅津　錦一 | 54 | 98,284 | 左社 | 現 | 1 |
|   | ▽ | 臼田　一郎 | 52 | 95,597 | 無所 | 新 |   |
|   | ▽ | 小島　軍造 | 51 | 60,059 | 無所 | 新 |   |
|   |   | 境野　清雄 | 53 | 42,045 | 無所 | 現 | 1 |
|   |   | 浦野　匡彦 | 42 | 40,375 | 緑風 | 新 |   |
|   |   | 本庄　晶 | 35 | 10,766 | 共産 | 新 |   |

埼玉県（2―4）

| 1 |   | 小林　英三 | 60 | 256,818 | 自由 | 現 | ② |
|---|---|---|---|---|---|---|---|
| 2 |   | 天田　勝正 | 47 | 256,571 | 右社 | 元 | ② |
|   | ▽ | 伊藤　長三郎 | 47 | 196,828 | 自由 | 新 |   |
|   |   | 古末　憲一 | 45 | 20,191 | 共産 | 新 |   |

千葉県（2―4）

| 1 |   | 川口　為之助 | 71 | 267,051 | 自由 | 新 | ① |
|---|---|---|---|---|---|---|---|
| 2 |   | 加瀬　完 | 43 | 161,814 | 無所 | 新 |   |
|   | ▽ | 太田　健吉 | 54 | 104,255 | 分自 | 新 |   |
|   | ▽ | 高橋　統周 | 66 | 76,681 | 改進 | 新 |   |

東京都（4―14）

| 1 |   | 黒川　武雄 | 60 | 294,181 | 自由 | 現 | ② |
|---|---|---|---|---|---|---|---|
| 2 |   | 市川　房枝 | 59 | 191,539 | 無所 | 新 | ① |
| 3 |   | 岡田　宗司 | 50 | 185,863 | 左社 | 新 | ② |
| 4 |   | 石井　桂 | 54 | 178,595 | 自由 | 新 |   |
|   | ▽ | 島　清 | 44 | 167,525 | 右社 | 新 | 1 |
|   | ▽ | 大木　操 | 61 | 135,497 | 分自 | 新 |   |
|   | ▽ | 吉川　末治郎 | 60 | 115,067 | 右社 | 新 | 1 |
|   | ▽ | 浅野　均一 | 51 | 113,428 | 改進 | 新 |   |
|   | ▽ | 堀江　邑一 | 56 | 79,832 | 共産 | 新 |   |
|   |   | 石井　あや子 | 50 | 59,501 | 労農 | 新 |   |
|   |   | 水越　玄郷 | 47 | 57,410 | 緑風 | 新 |   |
|   |   | 浦口　静子 | 42 | 50,468 | 諸派 | 新 |   |
|   |   | 清水　亘 | 43 | 16,147 | 無所 | 新 |   |
|   |   | 柴田　義彦 | 54 | 10,221 | 無所 | 新 |   |

神奈川県（2―6）

| 1 |   | 三木　治朗 | 68 | 172,093 | 右社 | 現 | ② |
|---|---|---|---|---|---|---|---|
| 2 |   | 河野　謙三 | 51 | 164,324 | 無所 | 新 | ① |
|   | ▽ | 永井　要造 | 63 | 150,212 | 自由 | 新 |   |
|   | ▽ | 吉田　セイ | 43 | 137,302 | 改進 | 新 |   |
|   | ▽ | 相沢　重明 | 43 | 115,604 | 左社 | 新 |   |
|   |   | 岡崎　一夫 | 53 | 40,561 | 共産 | 新 |   |

新潟県（2―5）

| 1 |   | 田村　文吉 | 66 | 281,293 | 緑風 | 現 | ② |
|---|---|---|---|---|---|---|---|
| 2 |   | 西川　弥平治 | 54 | 177,719 | 自由 | 新 | ① |
|   | ▽ | 稲村　隆一 | 55 | 168,990 | 左社 | 新 |   |
|   | ▽ | 下条　恭兵 | 53 | 154,429 | 右社 | 現 | 1 |
|   | ▽ | 小柳　牧衛 | 68 | 111,366 | 改進 | 新 |   |

富山県（1―4）

| 1 |   | 石坂　豊一 | 78 | 139,839 | 自由 | 現 | ② |
|---|---|---|---|---|---|---|---|
|   | ▽ | 森丘　正唯 | 73 | 120,417 | 改進 | 新 |   |
|   | ▽ | 増山　直太郎 | 46 | 101,989 | 左社 | 新 |   |
|   |   | 寺崎　新一郎 | 32 | 24,092 | 無所 | 新 |   |

石川県（1―3）

| 1 |   | 井村　徳二 | 53 | 210,442 | 改進 | 新 | ① |
|---|---|---|---|---|---|---|---|
|   | ▽ | 林屋　亀次郎 | 66 | 194,279 | 無所 | 現 | 1 |
|   |   | 二木　秀雄 | 45 | 12,447 | 無所 | 新 |   |

福井県（1―4）

| 1 |   | 酒井　利雄 | 61 | 125,920 | 自由 | 新 | ① |
|---|---|---|---|---|---|---|---|
|   | ▽ | 久保　文蔵 | 54 | 77,159 | 無所 | 新 |   |
|   | ▽ | 山内　譲 | 48 | 70,523 | 右社 | 新 |   |
|   |   | 岸　新蔵 | 48 | 19,783 | 左社 | 新 |   |

山梨県（1―3）

| 1 |   | 広瀬　久忠 | 64 | 176,452 | 無所 | 新 |   |
|---|---|---|---|---|---|---|---|
|   | ▽ | 鈴木　俊彦 | 40 | 110,430 | 無所 | 新 |   |
|   |   | 堀内　義之輔 | 52 | 14,905 | 右社 | 新 |   |

長野県（2―6）

| 1 |   | 羽生　三七 | 49 | 231,380 | 左社 | 現 | ② |
|---|---|---|---|---|---|---|---|
| 2 |   | 木内　四郎 | 56 | 189,819 | 自由 | 現 | ② |
|   | ▽ | 小山　邦太郎 | 63 | 187,331 | 改進 | 新 |   |
|   | ▽ | 黒田　寿男 | 56 | 103,624 | 左社 | 新 |   |
|   | ▽ | 小林　次郎 | 61 | 80,753 | 無所 | 新 |   |
|   |   | 菊池　謙一 | 40 | 27,865 | 共産 | 新 |   |

岐阜県（1―5）

| 1 |   | 田中　啓一 | 57 | 184,243 | 自由 | 新 | ① |
|---|---|---|---|---|---|---|---|
|   | ▽ | 高瀬　清 | 51 | 124,417 | 左社 | 新 |   |
|   |   | 伊藤　修 | 57 | 80,958 | 右社 | 現 | 1 |
|   |   | 井上　コズエ | 51 | 71,998 | 改進 | 新 |   |
|   |   | 丹羽　義一 | 49 | 40,616 | 無所 | 新 |   |

静岡県（2―5）

| | 氏名 | 年齢 | 得票 | 党派 | 新現 | |
|---|---|---|---|---|---|---|
| 1 | 小林 武治 | 53 | 441,601 | 無所 | 新 | ① |
| 2 | 森田 豊寿 | 58 | 220,197 | 自由 | 現 | ② |
| ▽ | 作道 良吉 | 43 | 124,936 | 左社 | 新 | |
| | 貴志 徹 | 61 | 44,097 | 右社 | 新 | |
| | 榊原 悠二 | 45 | 18,689 | 共産 | 新 | |

愛知県（3―6）

| 1 | 青柳 秀夫 | 55 | 424,842 | 自由 | 新 | ① |
|---|---|---|---|---|---|---|
| 2 | 近藤 信一 | 45 | 195,360 | 左社 | 新 | ① |
| 3 | 長谷部 広子 | 54 | 157,564 | 無所 | 新 | ① |
| ▽ | 鬼丸 義斉 | 66 | 144,762 | 改進 | 現 | 1 |
| ▽ | 竹中 七郎 | 57 | 138,298 | 自由 | 現 | 1 |
| | 西岡 勇 | 50 | 37,360 | 無所 | 新 | |

三重県（1―3）

| 1 | 井野 碩哉 | 61 | 280,679 | 緑風 | 新 | ① |
|---|---|---|---|---|---|---|
| ▽ | 沢田 ひさ | 55 | 150,501 | 右社 | 新 | |
| ▽ | 上田 音市 | 56 | 98,384 | 左社 | 新 | |

滋賀県（1―3）

| 1 | 村上 義一 | 67 | 211,562 | 緑風 | 現 | ② |
|---|---|---|---|---|---|---|
| ▽ | 間宮 重一郎 | 46 | 60,682 | 右社 | 新 | |
| ▽ | 木戸 好和 | 49 | 56,301 | 左社 | 新 | |

京都府（2―4）

| 1 | 井上 清一 | 47 | 234,204 | 自由 | 新 | ① |
|---|---|---|---|---|---|---|
| 2 | 竹中 勝男 | 54 | 142,698 | 左社 | 新 | ① |
| ▽ | 奥 主一郎 | 58 | 84,407 | 改進 | 元 | 1 |
| ▽ | 蟹江 邦彦 | 46 | 69,435 | 右社 | 現 | 1 |

大阪府（3―9）

| 1 | 森下 政一 | 58 | 272,918 | 右社 | 元 | ② |
|---|---|---|---|---|---|---|
| 2 | 中山 福蔵 | 65 | 257,703 | 緑風 | 現 | ② |
| 3 | 亀田 得治 | 40 | 182,038 | 左社 | 新 | |
| ▽ | 小林 大巌 | 58 | 137,426 | 自由 | 新 | |
| ▽ | 溝渕 春次 | 49 | 122,713 | 自由 | 現 | 1 |
| ▽ | 岩木 哲夫 | 51 | 84,620 | 改進 | 現 | 1 |
| | 山田 庄太郎 | 44 | 32,573 | 無所 | 新 | |
| | 別城 遺一 | 58 | 23,138 | 分自 | 新 | |
| | 佐野 茂 | 58 | 16,026 | 無所 | 新 | |

兵庫県（3―6）

| 1 | 岡崎 真一 | 45 | 359,616 | 自由 | 現 | ② |
|---|---|---|---|---|---|---|
| 2 | 松沢 兼人 | 55 | 302,714 | 右社 | 新 | ① |
| 3 | 河合 義一 | 71 | 160,465 | 左社 | 新 | ① |
| ▽ | 井上 寅蔵 | 55 | 147,186 | 自由 | 新 | |
| ▽ | 須鎗 友市 | 55 | 94,302 | 改進 | 新 | |
| | 田淵 嵩 | 58 | 41,066 | 分自 | 新 | |

奈良県（1―2）

| 1 | 木村 篤太郎 | 67 | 177,638 | 無所 | 新 | ① |
|---|---|---|---|---|---|---|
| ▽ | 向井 長年 | 42 | 116,376 | 無所 | 新 | |

和歌山県（1―3）

| 1 | 徳川 頼貞 | 60 | 184,793 | 自由 | 現 | ② |
|---|---|---|---|---|---|---|
| ▽ | 坂口 三郎 | 45 | 101,864 | 左社 | 新 | |
| | 土山 清市 | 55 | 17,888 | 無所 | 新 | |

鳥取県（1―4）

| 1 | 三好 英之 | 67 | 120,643 | 無所 | 新 | ① |
|---|---|---|---|---|---|---|
| ▽ | 門田 定蔵 | 66 | 66,053 | 左社 | 現 | 1 |
| | 豊田 収 | 70 | 38,388 | 無所 | 新 | |
| | 山本 義章 | 56 | 31,834 | 緑風 | 新 | |

島根県（1―2）

| 1 | 大達 茂雄 | 61 | 208,757 | 自由 | 新 | ① |
|---|---|---|---|---|---|---|
| ▽ | 佐野 広 | 48 | 200,782 | 無所 | 新 | |

岡山県（2―7）

| 1 | 秋山 長造 | 36 | 166,293 | 左社 | 新 | ① |
|---|---|---|---|---|---|---|
| 2 | 島村 軍次 | 57 | 117,369 | 緑風 | 現 | ② |
| ▽ | 岡田 包義 | 52 | 103,829 | 自由 | 新 | |
| ▽ | 犬養 正男 | 40 | 80,627 | 無所 | 新 | |
| ▽ | 河相 達夫 | 63 | 77,856 | 分自 | 新 | |
| | 小脇 芳一 | 58 | 43,103 | 無所 | 新 | |
| | 藤井 二郎 | 43 | 32,188 | 無所 | 新 | |

広島県（2―5）

| 1 | 山下 義信 | 59 | 227,132 | 右社 | 現 | ② |
|---|---|---|---|---|---|---|
| 2 | 宮沢 喜一 | 33 | 189,326 | 自由 | 新 | ① |
| ▽ | 三好 重夫 | 55 | 157,366 | 無所 | 新 | |
| ▽ | 迫 千代子 | 49 | 114,859 | 無所 | 新 | |
| ▽ | 楠瀬 常猪 | 54 | 99,289 | 分自 | 現 | 1 |

山口県（1―4）

| 1 | 安部 キミ子 | 45 | 242,044 | 無所 | 新 | ① |
|---|---|---|---|---|---|---|
| ▽ | 佐々木 義彦 | 65 | 174,101 | 自由 | 新 | |
| | 仲子 隆 | 60 | 89,445 | 無所 | 元 | 1 |
| | 滝口 吉春 | 53 | 61,812 | 改進 | 新 | |

徳島県（1―3）

| 1 | 三木 与吉郎 | 50 | 172,108 | 無所 | 新 | ① |
|---|---|---|---|---|---|---|
| ▽ | 佐藤 魁 | 47 | 64,805 | 右社 | 新 | |
| | 松永 信行 | 42 | 10,083 | 共産 | 新 | |

香川県（1―5）

| 1 | 白川 一雄 | 55 | 142,333 | 無所 | 新 | ① |
|---|---|---|---|---|---|---|
| ▽ | 大西 利雄 | 42 | 69,522 | 無所 | 新 | |
| ▽ | 三好 始 | 37 | 66,543 | 改進 | 現 | 1 |
| | 岡 保一 | 53 | 54,115 | 無所 | 新 | |
| | 星加 要 | 43 | 30,503 | 右社 | 新 | |

## 愛媛県（1—2）

| | | | | | | |
|---|---|---|---|---|---|---|
| 1 | 湯山 勇 | 41 | 256,059 | 諸派 | 新 | ① |
| ▽ | 堀本 宜実 | 53 | 240,558 | 自由 | 新 | |

## 高知県（1—2）

| | | | | | | |
|---|---|---|---|---|---|---|
| 1 | 寺尾 豊 | 55 | 196,580 | 自由 | 現 | ③ |
| ▽ | 大西 正男 | 42 | 133,775 | 改進 | 新 | |

## 福岡県（3—5）

| | | | | | | |
|---|---|---|---|---|---|---|
| 1 | 吉田 法晴 | 45 | 453,523 | 左社 | 現 | ② |
| 2 | 剱木 亨弘 | 51 | 399,037 | 自由 | 新 | |
| 3 | 野田 俊作 | 64 | 266,957 | 緑風 | 現 | ② |
| | 身吉 秋太郎 | 67 | 27,304 | 無所 | 新 | |
| | 森原 春一 | 43 | 27,111 | 共産 | 新 | |

## 佐賀県（1—3）

| | | | | | | |
|---|---|---|---|---|---|---|
| 1 | 松岡 平市 | 51 | 142,173 | 自由 | 新 | ① |
| ▽ | 八木 昇 | 31 | 135,890 | 左社 | 新 | |
| ▽ | 武富 敏彦 | 68 | 94,034 | 改進 | 新 | |

## 長崎県（1—3）

| | | | | | | |
|---|---|---|---|---|---|---|
| 1 | 藤野 繁雄 | 68 | 229,203 | 自由 | 現 | ② |
| ▽ | 下川 忠雄 | 43 | 212,689 | 右社 | 新 | |
| | 青木 勇 | 46 | 81,254 | 改進 | 新 | |

## 熊本県（2—6）

| | | | | | | |
|---|---|---|---|---|---|---|
| 1 | 松野 鶴平 | 69 | 253,379 | 自由 | 現 | ② |
| 2 | 寺本 広作 | 45 | 135,473 | 改進 | 新 | ① |
| ▽ | 城 義臣 | 48 | 100,305 | 無所 | 現 | 1 |
| ▽ | 富家 一 | 46 | 74,710 | 左社 | 新 | |
| | 桜井 茂男 | 46 | 22,411 | 右社 | 新 | |
| | 菊池 峯三郎 | 41 | 10,238 | 無所 | 新 | |

## 大分県（1—2）

| | | | | | | |
|---|---|---|---|---|---|---|
| 1 | 後藤 文夫 | 69 | 308,260 | 無所 | 新 | ① |
| ▽ | 賀来 才二郎 | 50 | 163,199 | 自由 | 新 | |

## 宮崎県（1—3）

| | | | | | | |
|---|---|---|---|---|---|---|
| 1 | 竹下 豊次 | 66 | 163,633 | 緑風 | 現 | ② |
| ▽ | 二見 甚郷 | 64 | 155,081 | 改進 | 新 | |
| | 日高 魁 | 41 | 55,168 | 無所 | 新 | |

## 鹿児島県（2—5）

| | | | | | | |
|---|---|---|---|---|---|---|
| 1 | 西郷 吉之助 | 46 | 281,901 | 自由 | 現 | ② |
| 2 | 井上 知治 | 66 | 151,471 | 自由 | 新 | ① |
| ▽ | 宮之原 貞光 | 35 | 112,116 | 左社 | 新 | |
| | 伊東 隆治 | 54 | 52,049 | 改進 | 元 | 1 |
| | 村尾 薩男 | 50 | 46,528 | 右社 | 新 | |

## 第3期補欠選挙

## 青森県（1953年7月30日執行＝1—2）

| | | | | | | |
|---|---|---|---|---|---|---|
| 1 | 笹森 順造 | 67 | 204,289 | 改進 | 新 | ① |
| | 大沢 喜代一 | 51 | 33,446 | 共産 | 新 | |

## 千葉県（1954年1月20日執行＝1—4）

| | | | | | | |
|---|---|---|---|---|---|---|
| 1 | 伊能 繁次郎 | 52 | 192,377 | 自由 | 新 | ① |
| ▽ | 加藤 閲男 | 53 | 132,471 | 社会 | 新 | |
| ▽ | 加納 久朗 | 67 | 125,865 | 無所 | 新 | |
| | 小松 七郎 | 47 | 24,108 | 共産 | 新 | |

## 和歌山県（1954年6月3日執行＝1—2）

| | | | | | | |
|---|---|---|---|---|---|---|
| 1 | 野村 吉三郎 | 76 | 254,123 | 無所 | 新 | ① |
| ▽ | 鈴木 嘉八郎 | 41 | 127,851 | 無所 | 新 | |

## 福井県（1955年3月10日執行＝1—2）

| | | | | | | |
|---|---|---|---|---|---|---|
| 1 | 小幡 治和 | 50 | 191,186 | 無所 | 新 | ① |
| ▽ | 宝鏡 晃 | 52 | 84,385 | 民主 | 新 | |

## 福岡県（1955年3月17日執行＝1—2）

| | | | | | | |
|---|---|---|---|---|---|---|
| 1 | 山本 経勝 | 50 | 413,160 | 左社 | 新 | ① |
| ▽ | 宮城 孝治 | 56 | 343,453 | 無所 | 新 | |

## 新潟県（1955年5月15日執行＝1—3）

| | | | | | | |
|---|---|---|---|---|---|---|
| 1 | 小柳 牧衛 | 70 | 230,093 | 民主 | 新 | ① |
| ▽ | 武内 五郎 | 53 | 218,137 | 左社 | 新 | |
| ▽ | 野坂 相治 | 56 | 180,110 | 無所 | 新 | |

## 埼玉県（1955年6月5日執行＝1—3）

| | | | | | | |
|---|---|---|---|---|---|---|
| 1 | 遠藤 柳作 | 69 | 136,105 | 無所 | 新 | ① |
| ▽ | 原 虎一 | 57 | 133,823 | 右社 | 元 | 1 |
| ▽ | 武正 総一郎 | 43 | 67,355 | 無所 | 新 | |

## 三重県（1955年8月7日執行＝1—2）

| | | | | | | |
|---|---|---|---|---|---|---|
| 1 | 斎藤 昇 | 52 | 218,750 | 無所 | 新 | ① |
| ▽ | 西村 勝 | 47 | 133,921 | 左社 | 新 | |

## 島根県（1955年11月11日執行＝1—3）

| | | | | | | |
|---|---|---|---|---|---|---|
| 1 | 佐野 広 | 51 | 252,443 | 無所 | 新 | ① |
| | 加藤 一郎 | 49 | 41,552 | 共産 | 新 | |
| | 国沢 徳五郎 | 65 | 34,651 | 無所 | 新 | |

## 京都府（1956年1月15日執行＝1—4）

| | | | | | | |
|---|---|---|---|---|---|---|
| 1 | 小西 英雄 | 44 | 135,398 | 自民 | 新 | ① |
| ▽ | 藤田 藤太郎 | 45 | 132,013 | 社会 | 新 | |
| ▽ | 竹中 恒三郎 | 46 | 37,171 | 共産 | 新 | |
| | 嶋崎 栄治 | 33 | 15,700 | 無所 | 新 | |

## 鳥取県（1956年4月4日執行＝1—3）

| | | | | | | |
|---|---|---|---|---|---|---|
| 1 | 中田 吉雄 | 49 | 127,509 | 社会 | 前 | ② |
| ▽ | 坂口 平兵衛 | 50 | 118,247 | 自民 | 新 | |
| | 裏坂 憲一 | 36 | 6,178 | 共産 | 新 | |

## 第4回通常選挙 （1956年7月8日執行）

全国区（52—150）＜補2＞

| 政党名凡例 | |
|---|---|
| 自民 | 自由民主党 |
| 社会 | 日本社会党 |
| 共産 | 日本共産党 |
| 労農 | 労働者農民党 |
| 緑風 | 緑風会 |

| | | | | | | | | | | | |
|---|---|---|---|---|---|---|---|---|---|---|---|
| 1 | 加藤 シヅエ | 59 | 750,232 | 社会 | 前 ② | | | | | | |
| 2 | 加藤 正人 | 69 | 462,780 | 緑風 | 前 ② | | | | | | |
| 3 | 高田 なほ子 | 51 | 461,593 | 社会 | 前 ② | | | | | | |
| 4 | 中村 正雄 | 42 | 452,467 | 社会 | 元 ② | | | | | | |
| 5 | 下条 康麿 | 71 | 410,072 | 自民 | 元 ② | | | | | | |
| 6 | 藤原 道子 | 56 | 384,024 | 社会 | 前 ② | | | | | | |
| 7 | 竹中 恒夫 | 54 | 370,389 | 諸派 | 新 ① | 48 | 光村 甚助 | 51 | 255,076 | 社会 | 新 ① |
| 8 | 柴田 栄 | 55 | 368,551 | 自民 | 新 ① | 49 | 稲浦 鹿蔵 | 61 | 254,781 | 自民 | 新 ① |
| 9 | 重宗 雄三 | 62 | 354,568 | 自民 | 前 ③ | 50 | 内村 清次 | 53 | 254,137 | 社会 | 前 ③ |
| 10 | 天坊 裕彦 | 49 | 348,089 | 無所 | 新 ① | 51 | 柴谷 要 | 46 | 242,990 | 社会 | 新 ① |
| 11 | 鈴木 強 | 42 | 343,323 | 社会 | 新 ① | 52 | 小西 英雄 | 44 | 240,711 | 自民 | 前 ② |
| 12 | 占部 秀男 | 46 | 337,700 | 社会 | 新 ① | ※ | 上条 愛一 | 61 | 240,617 | 社会 | 前 1 |
| 13 | 野溝 勝 | 57 | 335,414 | 社会 | 前 ② | ▽ | 岡田 修一 | 49 | 235,062 | 自民 | 新 |
| 14 | 北村 暢 | 41 | 332,773 | 社会 | 新 ① | ▽ | 北畠 教真 | 51 | 232,849 | 無所 | 新 |
| 15 | 田中 一 | 55 | 332,191 | 社会 | 前 ② | ▽ | 竹中 治 | 56 | 229,433 | 自民 | 新 |
| 16 | 杉山 昌作 | 55 | 331,391 | 緑風 | 前 ② | ▽ | 児玉 マツエ | 66 | 227,549 | 自民 | 新 |
| 17 | 迫水 久常 | 53 | 327,261 | 自民 | 新 ① | ▽ | 古賀 俊夫 | 51 | 224,821 | 自民 | 新 |
| 18 | 栗山 良夫 | 46 | 326,510 | 社会 | 前 ③ | ▽ | 小平 芳平 | 34 | 224,813 | 無所 | 新 |
| 19 | 松村 秀逸 | 56 | 325,397 | 自民 | 新 ① | ▽ | 岡村 文四郎 | 65 | 222,737 | 無所 | 元 1 |
| 20 | 泉山 三六 | 60 | 324,397 | 自民 | 前 ② | ▽ | 片柳 真吉 | 51 | 221,471 | 緑風 | 前 1 |
| 21 | 大谷 藤之助 | 49 | 321,417 | 自民 | 新 ① | ▽ | 羽仁 五郎 | 55 | 220,551 | 無所 | 前 2 |
| 22 | 岩沢 忠恭 | 64 | 321,050 | 自民 | 前 ② | ▽ | 佐々木 泰翁 | 62 | 218,358 | 自民 | 新 |
| 23 | 辻 武寿 | 38 | 315,597 | 無所 | 新 ① | ▽ | 吉田 セイ | 46 | 217,818 | 自民 | 新 |
| 24 | 小笠原 二三男 | 46 | 311,671 | 社会 | 前 ② | ▽ | 山本 杉 | 53 | 217,130 | 自民 | 新 |
| 25 | 手島 栄 | 59 | 302,304 | 自民 | 新 ① | ▽ | 市川 誠 | 44 | 215,751 | 社会 | 新 |
| 26 | 平林 剛 | 34 | 302,157 | 社会 | 前 ② | ▽ | 基 政七 | 53 | 214,089 | 社会 | 新 |
| 27 | 小野 義夫 | 75 | 300,703 | 自民 | 前 ② | ▽ | 向井 長年 | 45 | 211,206 | 社会 | 新 |
| 28 | 勝俣 稔 | 64 | 296,081 | 自民 | 新 ① | ▽ | 松原 一彦 | 75 | 205,833 | 自民 | 前 1 |
| 29 | 阿部 竹松 | 44 | 293,996 | 社会 | 新 ① | ▽ | 近藤 宏二 | 45 | 204,061 | 自民 | 新 |
| 30 | 塩見 俊二 | 49 | 290,403 | 自民 | 新 ① | ▽ | 平野 力三 | 57 | 203,020 | 無所 | 新 |
| 31 | 一松 定吉 | 81 | 288,656 | 自民 | 前 ② | ▽ | 滝井 治三郎 | 66 | 202,302 | 自民 | 前 1 |
| 32 | 小酒井 義男 | 50 | 287,005 | 社会 | 前 ② | ▽ | 竹中 稲美 | 58 | 198,983 | 自民 | 新 |
| 33 | 大谷 瑩潤 | 66 | 286,871 | 自民 | 前 ② | ▽ | 伊藤 茂松 | 53 | 195,200 | 自民 | 新 |
| 34 | 荒木 正三郎 | 49 | 285,590 | 社会 | 前 ② | ▽ | 赤木 正雄 | 69 | 195,097 | 緑風 | 前 2 |
| 35 | 本多 市郎 | 60 | 283,962 | 自民 | 新 ① | ▽ | 橋本 欣五郎 | 66 | 194,484 | 無所 | 新 |
| 36 | 矢嶋 三義 | 44 | 283,511 | 社会 | 前 ② | ▽ | 長島 銀蔵 | 54 | 193,177 | 自民 | 前 1 |
| 37 | 石黒 忠篤 | 72 | 283,469 | 緑風 | 前 ② | ▽ | 原島 宏治 | 46 | 189,787 | 無所 | 新 |
| 38 | 常岡 一郎 | 57 | 276,308 | 緑風 | 前 ② | ▽ | 須藤 五郎 | 58 | 189,512 | 共産 | 前 1 |
| 39 | 岩間 正男 | 50 | 270,984 | 共産 | 元 ② | ▽ | 小原 国芳 | 68 | 187,394 | 自民 | 新 |
| 40 | 横川 正市 | 41 | 269,777 | 社会 | 新 ① | ▽ | 河野 義一 | 59 | 185,407 | 自民 | 新 |
| 41 | 谷口 弥三郎 | 72 | 269,357 | 自民 | 前 ③ | ▽ | 宝井 馬琴 | 52 | 182,346 | 自民 | 新 |
| 42 | 大竹 平八郎 | 52 | 268,572 | 無所 | 新 ① | ▽ | 木村 禧八郎 | 55 | 181,524 | 労農 | 前 2 |
| 43 | 小林 孝平 | 48 | 263,258 | 社会 | 前 ② | ▽ | 石川 栄一 | 67 | 180,487 | 自民 | 前 1 |
| 44 | 北条 雋八 | 65 | 261,342 | 無所 | 新 ① | ▽ | 渡辺 信任 | 70 | 172,347 | 自民 | 新 |
| 45 | 江藤 智 | 49 | 261,120 | 無所 | 新 ① | ▽ | 八木 秀次 | 70 | 166,890 | 緑風 | 前 1 |
| 46 | 森 八三一 | 56 | 259,010 | 緑風 | 前 ② | ▽ | 高口 住子 | 52 | 164,291 | 無所 | 新 |
| 47 | 堀木 鎌三 | 58 | 258,112 | 自民 | 前 ② | ▽ | 関井 仁 | 49 | 159,433 | 自民 | 新 |

資料　第 4 回通常選挙　485

| | | | | | | |
|---|---|---|---|---|---|---|
| ▽ | 川上 嘉 | 47 | 158,061 | 社会 | 元 | 1 |
| ▽ | 小林 政夫 | 42 | 157,756 | 緑風 | 前 | 1 |
| ▽ | 横田 象三郎 | 65 | 155,506 | 自民 | 新 | |
| ▽ | 井上 なつゑ | 57 | 153,033 | 緑風 | 元 | 1 |
| ▽ | 森 正男 | 55 | 152,437 | 社会 | 新 | |
| ▽ | 高木 正夫 | 66 | 146,953 | 緑風 | 前 | 1 |
| ▽ | 飯島 久 | 49 | 145,276 | 無所 | 新 | |
| ▽ | 喜多 楢治郎 | 56 | 143,557 | 自民 | 新 | |
| ▽ | 門屋 盛一 | 60 | 142,245 | 自民 | 前 | 1 |
| ▽ | 山本 平保 | 46 | 140,934 | 自民 | 新 | |
| ▽ | 水谷 昇 | 60 | 140,424 | 自民 | 新 | |
| ▽ | 小林 次郎 | 64 | 139,076 | 自民 | 新 | |
| ▽ | 兼岩 伝一 | 57 | 138,757 | 共産 | 元 | 1 |
| ▽ | 白波瀬 米吉 | 69 | 135,752 | 自民 | 前 | 1 |
| ▽ | 山岡 万之助 | 80 | 135,002 | 自民 | 新 | |
| ▽ | 原田 雪松 | 68 | 133,405 | 自民 | 新 | |
| ▽ | 渡辺 金蔵 | 51 | 132,853 | 自民 | 新 | |
| ▽ | 北原 泰作 | 50 | 122,844 | 無所 | 新 | |
| ▽ | 中道 宏 | 38 | 114,109 | 無所 | 新 | |
| ▽ | 林 平馬 | 72 | 111,959 | 緑風 | 新 | |
| ▽ | 三浦 虎雄 | 73 | 108,380 | 自民 | 新 | |
| ▽ | 丹羽 五郎 | 49 | 79,378 | 緑風 | 新 | |
| ▽ | 巣山 末七 | 61 | 78,738 | 自民 | 新 | |
| ▽ | 三善 信房 | 74 | 74,709 | 自民 | 新 | |
| ▽ | 野田山 喜代一 | 55 | 71,419 | 自民 | 新 | |
| ▽ | 寺崎 新一郎 | 36 | 69,680 | 自民 | 新 | |
| | 加藤 かつ | 60 | 65,989 | 無所 | 新 | |
| | 小杉 イ子 | 71 | 64,806 | 無所 | 元 | 1 |
| | 松岡 達夫 | 51 | 64,798 | 無所 | 新 | |
| | 宮本 邦彦 | 56 | 63,413 | 自民 | 前 | 1 |
| | 小川 友三 | 52 | 60,785 | 諸派 | 元 | 1 |
| | 中峠 国夫 | 53 | 59,146 | 無所 | 新 | |
| | 斎藤 茂 | 51 | 56,320 | 無所 | 新 | |
| | 春日 重樹 | 59 | 55,405 | 無所 | 新 | |
| | 水久保 甚作 | 72 | 54,745 | 自民 | 元 | 1 |
| | 国井 秀作 | 63 | 53,184 | 無所 | 新 | |
| | 木村 清 | 66 | 53,077 | 無所 | 新 | |
| | 山本 円吉 | 72 | 52,696 | 無所 | 新 | |
| | 松本 一夫 | 60 | 52,062 | 無所 | 新 | |
| | 藤井 達二 | 64 | 48,966 | 自民 | 新 | |
| | 穂積 義孝 | 49 | 48,313 | 社会 | 新 | |
| | 中村 嘉寿 | 75 | 48,174 | 無所 | 新 | |
| | 山田 伊八 | 67 | 44,468 | 無所 | 新 | |
| | 波多 久 | 47 | 41,966 | 無所 | 新 | |
| | 高橋 義郎 | 33 | 39,545 | 諸派 | 新 | |
| | 小野 市太郎 | 66 | 38,186 | 無所 | 新 | |
| | 間庭 信一 | 46 | 35,290 | 諸派 | 新 | |
| | 土岐 章 | 64 | 31,602 | 緑風 | 新 | |
| | 小田 俊与 | 49 | 29,923 | 諸派 | 新 | |
| | 上条 愿 | 47 | 25,953 | 無所 | 新 | |
| | 小田 天界 | 52 | 24,375 | 諸派 | 新 | |
| | 柾木 一策 | 32 | 23,016 | 無所 | 新 | |

| | | | | | | |
|---|---|---|---|---|---|---|
| | 田形 竹尾 | 40 | 20,966 | 諸派 | 新 | |
| | 伊藤 義賢 | 71 | 18,666 | 諸派 | 新 | |
| | 鎌田 文雄 | 57 | 17,494 | 無所 | 新 | |
| | 塩沢 常信 | 52 | 17,160 | 無所 | 新 | |
| | 野村 俊治 | 45 | 14,076 | 無所 | 新 | |
| | 宮沢 安五郎 | 49 | 12,498 | 無所 | 新 | |
| | 近藤 昌一 | 59 | 12,091 | 無所 | 新 | |
| | 樫村 広史 | 60 | 7,890 | 諸派 | 新 | |
| | 青柳 長次郎 | 61 | 6,450 | 無所 | 新 | |
| | 川澄 弘勝 | 55 | 5,699 | 無所 | 新 | |

## 地方区

### 北海道（4—10）

| | | | | | | | |
|---|---|---|---|---|---|---|---|
| 1 | | 苫米地 英俊 | 71 | 264,831 | 自民 | 新 | ① |
| 2 | | 大矢 正 | 31 | 252,012 | 社会 | 新 | ① |
| 3 | | 東 隆 | 54 | 248,311 | 社会 | 前 | ② |
| 4 | | 西田 信一 | 53 | 203,339 | 自民 | 新 | ① |
| | ▽ | 木下 源吾 | 64 | 187,603 | 社会 | 前 | 2 |
| | ▽ | 米田 勲 | 42 | 177,730 | 社会 | 新 | |
| | | 手代木 隆吉 | 72 | 59,309 | 緑風 | 新 | |
| | | 村上 由 | 55 | 34,630 | 社会 | 新 | |
| | | 藤本 国夫 | 39 | 29,130 | 諸派 | 新 | |
| | | 前谷 宏 | 31 | 18,829 | 無所 | 新 | |

### 青森県（1—3）

| | | | | | | | |
|---|---|---|---|---|---|---|---|
| 1 | | 笹森 順造 | 70 | 208,097 | 自民 | 前 | ② |
| | ▽ | 盛田 三喜雄 | 47 | 137,483 | 社会 | 新 | |
| | | 荒川 謙治 | 55 | 37,126 | 緑風 | 新 | |

### 岩手県（1—3）

| | | | | | | | |
|---|---|---|---|---|---|---|---|
| 1 | | 千田 正 | 57 | 239,378 | 無所 | 前 | ③ |
| | ▽ | 大矢 半次郎 | 64 | 217,086 | 自民 | 前 | 1 |
| | | 佐久間 博 | 46 | 16,826 | 共産 | 新 | |

### 宮城県（1—2）

| | | | | | | | |
|---|---|---|---|---|---|---|---|
| 1 | | 高橋 進太郎 | 53 | 336,366 | 自民 | 前 | ② |
| | ▽ | 高橋 富士男 | 49 | 244,215 | 社会 | 新 | |

### 秋田県（1—3）

| | | | | | | | |
|---|---|---|---|---|---|---|---|
| 1 | | 鈴木 寿 | 49 | 248,910 | 社会 | 新 | ① |
| | ▽ | 長谷山 行毅 | 48 | 178,019 | 自民 | 前 | 1 |
| | | 長崎 惣之助 | 60 | 76,748 | 無所 | 新 | |

### 山形県（1—3）

| | | | | | | | |
|---|---|---|---|---|---|---|---|
| 1 | | 松沢 靖介 | 57 | 283,906 | 社会 | 新 | ① |
| | ▽ | 水野 金一郎 | 52 | 275,267 | 自民 | 新 | |
| | | 長岡 太刀雄 | 50 | 17,895 | 共産 | 新 | |

## 福島県（2—3）

| | | | | | | |
|---|---|---|---|---|---|---|
| 1 | 大河原 一次 | 52 | 282,087 | 社会 | 新 | ① |
| 2 | 松平 勇雄 | 49 | 281,579 | 自民 | 前 | ② |
| ▽ | 木村 守江 | 56 | 235,296 | 自民 | 前 | 1 |

## 茨城県（2—4）

| | | | | | | |
|---|---|---|---|---|---|---|
| 1 | 森 元治郎 | 49 | 179,409 | 社会 | 新 | ① |
| 2 | 郡 祐一 | 54 | 155,658 | 自民 | 前 | ② |
| ▽ | 徳川 宗敬 | 59 | 151,842 | 緑風 | 元 | 1 |
| ▽ | 志村 国作 | 64 | 124,995 | 自民 | 新 | |

## 栃木県（2—3）

| | | | | | | |
|---|---|---|---|---|---|---|
| 1 | 相馬 助治 | 45 | 205,299 | 社会 | 前 | ② |
| 2 | 植竹 春彦 | 58 | 174,231 | 自民 | 前 | ③ |
| ▽ | 湯沢 三千男 | 68 | 143,045 | 自民 | 新 | |

## 群馬県（2—4）

| | | | | | | |
|---|---|---|---|---|---|---|
| 1 | 木暮 武太夫 | 63 | 316,867 | 自民 | 新 | ① |
| 2 | 伊藤 顕道 | 55 | 190,794 | 社会 | 新 | ① |
| ▽ | 飯島 連次郎 | 51 | 111,983 | 緑風 | 前 | 1 |
| | 本庄 晶 | 38 | 22,648 | 共産 | 新 | |

## 埼玉県（2—4）

| | | | | | | |
|---|---|---|---|---|---|---|
| 1 | 大沢 雄一 | 53 | 317,181 | 自民 | 新 | ① |
| 2 | 上原 正吉 | 58 | 221,602 | 自民 | 前 | ② |
| ▽ | 吉野 佐次 | 51 | 213,888 | 社会 | 新 | |
| | 木村 豊太郎 | 42 | 19,858 | 共産 | 新 | |

## 千葉県（2—4）

| | | | | | | |
|---|---|---|---|---|---|---|
| 1 | 片岡 文重 | 50 | 208,189 | 社会 | 前 | ② |
| 2 | 伊能 繁次郎 | 55 | 204,450 | 自民 | 前 | ② |
| ▽ | 能勢 剛 | 60 | 186,535 | 自民 | 新 | |
| | 小松 七郎 | 50 | 33,706 | 共産 | 新 | |

## 東京都（4—17）

| | | | | | | |
|---|---|---|---|---|---|---|
| 1 | 安井 謙 | 45 | 473,549 | 自民 | 前 | ② |
| 2 | 野坂 参三 | 64 | 272,531 | 共産 | 新 | ① |
| 3 | 島 清 | 47 | 255,992 | 社会 | 元 | ② |
| 4 | 重盛 寿治 | 55 | 240,123 | 社会 | 前 | ② |
| ▽ | 柏原 ヤス | 39 | 203,623 | 無所 | 新 | |
| | 藤田 たき | 57 | 198,323 | 無所 | 新 | |
| ▽ | 深川 タマエ | 52 | 165,224 | 自民 | 前 | 2 |
| ▽ | 岡田 信次 | 57 | 120,753 | 自民 | 前 | 1 |
| | 堀 真琴 | 58 | 87,303 | 労農 | 前 | 2 |
| | 赤尾 敏 | 57 | 30,915 | 諸派 | 新 | |
| | 津久井 竜雄 | 55 | 16,292 | 無所 | 新 | |
| | 品川 司 | 45 | 11,716 | 無所 | 新 | |
| | 清水 亘 | 47 | 8,274 | 諸派 | 新 | |
| | 畑 敏秋 | 44 | 6,923 | 諸派 | 新 | |
| | 佐々木 励 | 44 | 4,031 | 無所 | 新 | |
| | 道山 虎夫 | 51 | 2,050 | 諸派 | 新 | |

## 神奈川県（2—5）

| | | | | | | |
|---|---|---|---|---|---|---|
| 1 | 曽祢 益 | 52 | 241,085 | 社会 | 前 | ② |
| 2 | 相沢 重明 | 46 | 190,673 | 社会 | 新 | ① |
| ▽ | 永山 時雄 | 44 | 176,810 | 自民 | 新 | |
| ▽ | 石村 幸作 | 65 | 175,352 | 自民 | 前 | 1 |
| | 中西 功 | 45 | 45,945 | 共産 | 元 | 1 |

## 新潟県（2—5）

| | | | | | | |
|---|---|---|---|---|---|---|
| 1 | 清沢 俊英 | 65 | 320,855 | 社会 | 前 | ② |
| 2 | 小柳 牧衛 | 71 | 309,302 | 自民 | 前 | ② |
| ▽ | 岡村 淑一 | 52 | 146,989 | 無所 | 新 | |
| | 樋口 幸吉 | 46 | 26,834 | 共産 | 新 | |
| | 斎藤 義雄 | 48 | 10,570 | 無所 | 新 | |

## 富山県（1—3）

| | | | | | | |
|---|---|---|---|---|---|---|
| 1 | 館 哲二 | 66 | 225,143 | 自民 | 前 | ② |
| ▽ | 増山 直太郎 | 49 | 142,144 | 社会 | 新 | |
| | 岩倉 政治 | 53 | 25,376 | 共産 | 新 | |

## 石川県（1—3）

| | | | | | | |
|---|---|---|---|---|---|---|
| 1 | 林屋 亀次郎 | 70 | 268,824 | 自民 | 元 | ② |
| ▽ | 塩田 親雄 | 61 | 95,135 | 社会 | 新 | |
| | 梨木 作次郎 | 48 | 28,381 | 共産 | 新 | |

## 福井県（1—4）

| | | | | | | |
|---|---|---|---|---|---|---|
| 1 | 小幡 治和 | 51 | 150,985 | 自民 | 前 | ② |
| ▽ | 斎木 重一 | 61 | 106,269 | 社会 | 新 | |
| ▽ | 宝鏡 晃 | 53 | 62,422 | 無所 | 新 | |
| | 落合 栄一 | 49 | 5,448 | 共産 | 新 | |

## 山梨県（1—4）

| | | | | | | |
|---|---|---|---|---|---|---|
| 1 | 吉江 勝保 | 56 | 145,427 | 自民 | 新 | ① |
| ▽ | 安田 敏雄 | 46 | 136,219 | 社会 | 新 | |
| | 田中 哲雄 | 51 | 23,192 | 無所 | 新 | |
| | 武井 治郎 | 55 | 5,492 | 無所 | 新 | |

## 長野県（2—4）

| | | | | | | |
|---|---|---|---|---|---|---|
| 1 | 棚橋 小虎 | 67 | 340,871 | 社会 | 前 | ② |
| 2 | 小山 邦太郎 | 66 | 307,765 | 自民 | 新 | ① |
| ▽ | 池田 宇右衛門 | 62 | 147,762 | 自民 | 前 | 2 |
| | 田中 策三 | 54 | 42,851 | 共産 | 新 | |

## 岐阜県（1—3）

| | | | | | | |
|---|---|---|---|---|---|---|
| 1 | 古池 信三 | 53 | 295,388 | 自民 | 前 | ② |
| ▽ | 小出 良吉 | 45 | 209,853 | 社会 | 新 | |
| | 島田 貞男 | 47 | 28,048 | 共産 | 新 | |

## 静岡県（2—3）

| | | | | | | |
|---|---|---|---|---|---|---|
| 1 | 松永 忠二 | 47 | 348,144 | 社会 | 新 | ① |
| 2 | 鈴木 万平 | 52 | 328,743 | 自民 | 新 | ① |
| ▽ | 河井 弥八 | 78 | 293,583 | 緑風 | 前 | 2 |

愛知県（3—6）
| | | | | | | |
|---|---|---|---|---|---|---|
| 1 | 成瀬 幡治 | 45 | 375,200 | 社会 | 前 | ② |
| 2 | 草葉 隆円 | 61 | 267,983 | 自民 | 前 | ③ |
| 3 | 山本 米治 | 54 | 253,613 | 自民 | 前 | ② |
| ▽ | 神戸 真 | 63 | 209,988 | 自民 | 新 | |
| | 加藤 進 | 47 | 62,364 | 共産 | 新 | |
| | 藤村 茂八 | 55 | 9,032 | 諸派 | 新 | |

三重県（1—2）
| | | | | | | |
|---|---|---|---|---|---|---|
| 1 | 斎藤 昇 | 53 | 282,238 | 自民 | 前 | ② |
| ▽ | 菊川 孝夫 | 46 | 263,411 | 社会 | 前 | 1 |

滋賀県（1—3）
| | | | | | | |
|---|---|---|---|---|---|---|
| 1 | 西川 甚五郎 | 53 | 199,195 | 自民 | 前 | ③ |
| ▽ | 間宮 重一郎 | 48 | 115,544 | 社会 | 新 | |
| | 仲川 半次郎 | 35 | 16,043 | 共産 | 新 | |

京都府（2—5）
| | | | | | | |
|---|---|---|---|---|---|---|
| 1 | 藤田 藤太郎 | 45 | 214,652 | 社会 | 新 | ① |
| 2 | 大野木 秀次郎 | 60 | 208,952 | 自民 | 前 | ③ |
| ▽ | 中野 武雄 | 55 | 66,786 | 無所 | 新 | |
| ▽ | 山田 幸次 | 45 | 49,780 | 共産 | 新 | |
| | 嶋崎 栄治 | 34 | 15,178 | 無所 | 新 | |

大阪府（3—8）
| | | | | | | |
|---|---|---|---|---|---|---|
| 1 | 左藤 義詮 | 57 | 332,281 | 自民 | 前 | ③ |
| 2 | 椿 繁夫 | 46 | 252,041 | 社会 | 元 | ② |
| 3 | 白木 義一郎 | 36 | 218,915 | 無所 | 新 | ① |
| ▽ | 村尾 重雄 | 54 | 178,522 | 社会 | 前 | 2 |
| ▽ | 溝渕 春次 | 53 | 154,693 | 自民 | 元 | 1 |
| ▽ | 山田 六左衛門 | 55 | 85,690 | 共産 | 新 | |
| ▽ | 古田 覚成 | 47 | 81,664 | 無所 | 新 | |
| | 別城 遺一 | 62 | 13,536 | 無所 | 新 | |

兵庫県（3—5）
| | | | | | | |
|---|---|---|---|---|---|---|
| 1 | 成田 一郎 | 61 | 364,598 | 自民 | 新 | ① |
| 2 | 松浦 清一 | 53 | 258,691 | 社会 | 前 | ② |
| 3 | 中野 文門 | 55 | 234,541 | 自民 | 新 | ① |
| ▽ | 佐野 芳雄 | 52 | 197,772 | 社会 | 新 | |
| | 田中 松次郎 | 57 | 56,160 | 共産 | 新 | |

奈良県（1—2）
| | | | | | | |
|---|---|---|---|---|---|---|
| 1 | 新谷 寅三郎 | 53 | 161,522 | 自民 | 前 | ③ |
| ▽ | 日下 博 | 48 | 102,835 | 社会 | 新 | |

和歌山県（1—2）
| | | | | | | |
|---|---|---|---|---|---|---|
| 1 | 前田 佳都男 | 45 | 226,787 | 自民 | 新 | ① |
| ▽ | 永井 純一郎 | 48 | 148,342 | 社会 | 前 | 1 |

鳥取県（1—2）
| | | | | | | |
|---|---|---|---|---|---|---|
| 1 | 仲原 善一 | 50 | 148,501 | 自民 | 新 | ① |
| ▽ | 河崎 巌 | 34 | 100,302 | 社会 | 新 | |

島根県（1—3）
| | | | | | | |
|---|---|---|---|---|---|---|
| 1 | 小滝 彬 | 51 | 232,223 | 自民 | 前 | ② |
| ▽ | 山崎 豊定 | 57 | 134,915 | 社会 | 新 | |
| | 加藤 一郎 | 50 | 31,325 | 共産 | 新 | |

岡山県（2—6）
| | | | | | | |
|---|---|---|---|---|---|---|
| 1 | 江田 三郎 | 48 | 207,375 | 社会 | 前 | ② |
| 2 | 近藤 鶴代 | 54 | 202,525 | 自民 | 新 | ① |
| ▽ | 加藤 武徳 | 40 | 149,863 | 自民 | 前 | 1 |
| | 犬養 正男 | 43 | 42,035 | 無所 | 新 | |
| | 野崎 清二 | 59 | 33,111 | 労農 | 新 | |
| | 板野 勝次 | 53 | 18,955 | 共産 | 元 | 1 |

広島県（2—4）
| | | | | | | |
|---|---|---|---|---|---|---|
| 1 | 永野 護 | 65 | 331,102 | 自民 | 新 | ① |
| 2 | 山田 節男 | 57 | 251,264 | 社会 | 前 | ③ |
| ▽ | 迫 千代子 | 52 | 145,275 | 無所 | 新 | |
| | 松江 澄 | 37 | 26,399 | 共産 | 新 | |

山口県（1—3）
| | | | | | | |
|---|---|---|---|---|---|---|
| 1 | 木下 友敬 | 60 | 279,653 | 社会 | 新 | ① |
| ▽ | 安倍 源基 | 62 | 273,475 | 自民 | 新 | |
| | 原田 長司 | 47 | 24,057 | 共産 | 新 | |

徳島県（1—4）
| | | | | | | |
|---|---|---|---|---|---|---|
| 1 | 紅露 みつ | 63 | 119,742 | 自民 | 前 | ③ |
| ▽ | 浜田 新太郎 | 49 | 89,521 | 社会 | 新 | |
| | 橋本 忠春 | 45 | 37,458 | 無所 | 新 | |
| | 松永 信行 | 45 | 5,300 | 共産 | 新 | |

香川県（1—2）
| | | | | | | |
|---|---|---|---|---|---|---|
| 1 | 平井 太郎 | 50 | 211,738 | 自民 | 前 | ② |
| ▽ | 森崎 隆 | 52 | 163,103 | 社会 | 前 | 1 |

愛媛県（1—3）
| | | | | | | |
|---|---|---|---|---|---|---|
| 1 | 堀本 宜実 | 56 | 278,526 | 自民 | 新 | ① |
| ▽ | 三橋 八次郎 | 57 | 245,901 | 社会 | 前 | 1 |
| | 井上 定次郎 | 37 | 19,039 | 共産 | 新 | |

高知県（1—2）
| | | | | | | |
|---|---|---|---|---|---|---|
| 1 | 坂本 昭 | 42 | 179,062 | 社会 | 新 | ① |
| ▽ | 入交 太蔵 | 59 | 151,293 | 自民 | 前 | 2 |

福岡県（3—6）
| | | | | | | |
|---|---|---|---|---|---|---|
| 1 | 山本 経勝 | 51 | 306,398 | 社会 | 前 | ② |
| 2 | 安部 清美 | 55 | 300,538 | 社会 | 新 | ① |
| 3 | 西田 隆男 | 54 | 258,787 | 自民 | 前 | ② |
| ▽ | 山崎 小五郎 | 50 | 234,566 | 自民 | 新 | |
| | 藤田 国雄 | 66 | 49,845 | 無所 | 新 | |
| | 林 功 | 48 | 42,582 | 共産 | 新 | |

佐賀県（1 — 4）

| | | | | | | |
|---|---|---|---|---|---|---|
| 1 | 杉原 荒太 | 56 | 144,870 | 無所 | 前 | ② |
| ▽ | 光石 士郎 | 51 | 126,728 | 自民 | 新 | |
| ▽ | 堀部 靖雄 | 56 | 104,548 | 社会 | 新 | |
| | 波多 然 | 51 | 10,995 | 共産 | 新 | |

長崎県（1 — 3）

| | | | | | | |
|---|---|---|---|---|---|---|
| 1 | 秋山 俊一郎 | 63 | 267,640 | 自民 | 前 | ② |
| ▽ | 中村 重光 | 45 | 242,355 | 社会 | 新 | |
| | 森 正雄 | 43 | 20,069 | 共産 | 新 | |

熊本県（2 — 6）

| | | | | | | |
|---|---|---|---|---|---|---|
| 1 | 森中 守義 | 36 | 183,241 | 社会 | 新 | ① |
| 2 | 林田 正治 | 63 | 150,836 | 無所 | 新 | ① |
| ▽ | 深水 六郎 | 54 | 145,110 | 自民 | 前 | 2 |
| ▽ | 渡辺 太賀次 | 56 | 114,570 | 自民 | 新 | |
| | 山下 ッ子 | 57 | 33,877 | 無所 | 新 | |
| | 田代 安喜 | 42 | 9,667 | 共産 | 新 | |

大分県（1 — 3）

| | | | | | | |
|---|---|---|---|---|---|---|
| 1 | 後藤 義隆 | 55 | 264,934 | 自民 | 新 | ① |
| ▽ | 平野 学 | 58 | 208,581 | 社会 | 新 | |
| | 石川 章三 | 44 | 15,559 | 共産 | 新 | |

宮崎県（1 — 6）

| | | | | | | |
|---|---|---|---|---|---|---|
| 1 | 平島 敏夫 | 64 | 142,336 | 自民 | 新 | ① |
| ▽ | 三輪 貞治 | 42 | 131,201 | 社会 | 前 | 1 |
| ▽ | 牧 誠 | 43 | 100,749 | 無所 | 新 | |
| | 河野 孔明 | 50 | 29,538 | 諸派 | 新 | |
| | 浦 宏 | 30 | 11,359 | 無所 | 新 | |
| | 日高 魁 | 44 | 6,609 | 無所 | 新 | |

鹿児島県（2 — 4）

| | | | | | | |
|---|---|---|---|---|---|---|
| 1 | 重成 格 | 54 | 310,429 | 自民 | 新 | ① |
| 2 | 佐多 忠隆 | 52 | 233,891 | 社会 | 前 | ② |
| ▽ | 島津 忠彦 | 56 | 158,010 | 自民 | 前 | 2 |
| | 仮屋 まさか | 35 | 34,050 | 共産 | 新 | |

## 第4期補欠選挙

鹿児島県（1956年11月30日執行＝1 — 3）

| | | | | | | |
|---|---|---|---|---|---|---|
| 1 | 田中 茂穂 | 45 | 387,782 | 自民 | 新 | ① |
| ▽ | 村田 実 | 48 | 201,212 | 社会 | 新 | |
| | 仮屋 まさか | 36 | 36,583 | 共産 | 新 | |

大阪府（1957年4月23日執行＝1 — 8）

| | | | | | | |
|---|---|---|---|---|---|---|
| 1 | 大川 光三 | 57 | 277,903 | 自民 | 新 | ① |
| ▽ | 村尾 重雄 | 55 | 276,064 | 社会 | 元 | 2 |
| ▽ | 中尾 辰義 | 40 | 170,497 | 無所 | 新 | |
| ▽ | 古田 覚成 | 48 | 56,173 | 無所 | 新 | |
| ▽ | 山田 六左衛門 | 56 | 49,624 | 共産 | 新 | |
| | 別城 遣一 | 62 | 7,962 | 無所 | 新 | |
| | 小田 俊与 | 50 | 7,574 | 諸派 | 新 | |
| | 河内 金次郎 | 48 | 5,052 | 無所 | 新 | |

香川県（1957年6月28日執行＝1 — 3）

| | | | | | | |
|---|---|---|---|---|---|---|
| 1 | 増原 恵吉 | 54 | 162,205 | 自民 | 新 | ① |
| ▽ | 森崎 隆 | 53 | 158,563 | 社会 | 元 | 1 |
| | 肥後 亨 | 31 | 1,583 | 諸派 | 新 | |

秋田県（1958年6月22日執行＝1 — 3）

| | | | | | | |
|---|---|---|---|---|---|---|
| 1 | 松野 孝一 | 53 | 183,651 | 自民 | 新 | ① |
| ▽ | 内藤 良平 | 42 | 169,064 | 社会 | 新 | |
| | 鈴木 義雄 | 53 | 24,942 | 共産 | 新 | |

島根県（1958年7月6日執行＝1 — 2）

| | | | | | | |
|---|---|---|---|---|---|---|
| 1 | 山本 利寿 | 61 | 243,212 | 自民 | 新 | ① |
| ▽ | 神門 至馬夫 | 36 | 143,152 | 社会 | 新 | |

福岡県（1958年8月24日執行＝1 — 2）

| | | | | | | |
|---|---|---|---|---|---|---|
| 1 | 小柳 勇 | 46 | 559,417 | 社会 | 新 | ① |
| ▽ | 小林 喜利 | 46 | 480,733 | 自民 | 新 | |

石川県（1958年12月7日執行＝1 — 2）

| | | | | | | |
|---|---|---|---|---|---|---|
| 1 | 柴野 和喜夫 | 56 | 136,052 | 無所 | 新 | ① |
| ▽ | 神戸 世志夫 | 45 | 114,587 | 社会 | 新 | |

大阪府（1959年4月30日執行＝1 — 3）

| | | | | | | |
|---|---|---|---|---|---|---|
| 1 | 大川 光三 | 60 | 654,094 | 自民 | 前 | ② |
| ▽ | 松原 喜之次 | 64 | 452,503 | 社会 | 新 | |
| ▽ | 山田 六左衛門 | 58 | 118,227 | 共産 | 新 | |

## 第5回通常選挙（1959年6月2日執行）

### 全国区（52—122）＜補2＞

| 政党名凡例 | |
|---|---|
| 自民 | 自由民主党 |
| 社会 | 日本社会党 |
| 共産 | 日本共産党 |
| 緑風 | 緑風会 |

| | | | | | | | | | | | | |
|---|---|---|---|---|---|---|---|---|---|---|---|---|
| 1 | 米田 正文 | 54 | 941,053 | 自民 | 新 | ① | | | | | | |
| 2 | 鹿島 守之助 | 63 | 931,726 | 自民 | 前 | ② | | | | | | |
| 3 | 辻 政信 | 56 | 683,256 | 無所 | 新 | ① | | | | | | |
| 4 | 前田 久吉 | 66 | 666,067 | 緑風 | 前 | ② | | | | | | |
| 5 | 石田 次男 | 34 | 663,602 | 無所 | 新 | ① | | | | | | |
| 6 | 金丸 冨夫 | 63 | 628,262 | 無所 | 新 | ① | 48 | 基 政七 | 56 | 283,309 | 社会 新 ① |
| 7 | 奥 むめお | 63 | 609,437 | 緑風 | 前 | ③ | 49 | 豊瀬 禎一 | 42 | 279,330 | 社会 新 ① |
| 8 | 重政 庸徳 | 64 | 603,638 | 自民 | 前 | ② | 50 | 徳永 正利 | 45 | 276,000 | 自民 新 ① |
| 9 | 天埜 良吉 | 54 | 550,521 | 自民 | 新 | ① | 51 | 中村 順造 | 48 | 270,942 | 社会 新 ① |
| 10 | 大倉 精一 | 53 | 531,576 | 社会 | 前 | ② | 52 | 向井 長年 | 48 | 266,150 | 社会 新 ① |
| 11 | 石谷 憲男 | 51 | 523,384 | 自民 | 新 | ① | ▽ | 後藤 俊男 | 47 | 266,059 | 社会 新 |
| 12 | 赤松 常子 | 61 | 515,903 | 社会 | 前 | ③ | ▽ | 鈴木 市蔵 | 49 | 263,485 | 共産 新 |
| 13 | 加賀山 之雄 | 56 | 505,367 | 緑風 | 前 | ② | ▽ | 柴谷 要 | 49 | 256,140 | 社会 前 1 |
| 14 | 中尾 辰義 | 43 | 494,747 | 無所 | 新 | ① | ▽ | 林 塩 | 54 | 256,031 | 無所 新 |
| 15 | 小平 芳平 | 37 | 484,484 | 無所 | 新 | ① | ▽ | 豊田 雅孝 | 60 | 254,761 | 緑風 前 1 |
| 16 | 野上 元 | 44 | 472,118 | 社会 | 新 | ① | ▽ | 大坪 藤市 | 50 | 248,445 | 自民 新 |
| 17 | 木村 禧八郎 | 58 | 454,679 | 社会 | 元 | ③ | ▽ | 河野 義一 | 62 | 248,134 | 自民 新 |
| 18 | 鮎川 義介 | 78 | 441,725 | 諸派 | 前 | ② | ▽ | 小西 英雄 | 47 | 238,494 | 自民 前 2 |
| 19 | 原島 宏治 | 49 | 441,003 | 無所 | 新 | ① | ▽ | 椿 精一 | 45 | 228,855 | 社会 新 |
| 20 | 下村 定 | 71 | 435,231 | 自民 | 新 | ① | ▽ | 塩冶 竹雄 | 48 | 207,155 | 社会 新 |
| 21 | 北畠 教真 | 54 | 434,705 | 自民 | 新 | ① | ▽ | 高良 とみ | 62 | 202,625 | 無所 前 2 |
| 22 | 松本 治一郎 | 71 | 426,586 | 社会 | 前 | ③ | ▽ | 楠本 正康 | 56 | 195,260 | 自民 新 |
| 23 | 植垣 弥一郎 | 74 | 412,876 | 自民 | 新 | ① | ▽ | 青山 正一 | 54 | 192,427 | 自民 前 2 |
| 24 | 梶原 茂嘉 | 59 | 403,613 | 自民 | 前 | ② | ▽ | 中川 源一郎 | 67 | 187,849 | 自民 新 |
| 25 | 上林 忠次 | 53 | 403,263 | 自民 | 新 | ① | ▽ | 斎藤 時郎 | 46 | 186,543 | 自民 新 |
| 26 | 牛田 寛 | 44 | 402,965 | 無所 | 新 | ① | ▽ | 米内 一郎 | 54 | 186,047 | 社会 新 |
| 27 | 山本 伊三郎 | 53 | 395,010 | 社会 | 前 | ② | ▽ | 吉田 セイ | 49 | 178,922 | 自民 新 |
| 28 | 岡 三郎 | 45 | 389,301 | 社会 | 前 | ② | ▽ | 井上 善十郎 | 65 | 164,684 | 社会 新 |
| 29 | 青木 一男 | 69 | 386,094 | 自民 | 前 | ② | ▽ | 真崎 勝次 | 74 | 161,746 | 自民 新 |
| 30 | 鹿島 俊雄 | 52 | 377,192 | 自民 | 新 | ① | ▽ | 武正 総一郎 | 47 | 158,792 | 自民 新 |
| 31 | 鶴園 哲夫 | 44 | 355,849 | 社会 | 新 | ① | ▽ | 城戸 忠愛 | 55 | 154,425 | 無所 新 |
| 32 | 大谷 贇雄 | 58 | 355,357 | 自民 | 前 | ② | ▽ | 山沢 真竜 | 50 | 152,297 | 自民 新 |
| 33 | 鈴木 恭一 | 60 | 351,180 | 自民 | 元 | ② | ▽ | 吉崎 千秋 | 52 | 150,342 | 無所 新 |
| 34 | 横山 フク | 52 | 350,606 | 自民 | 前 | ② | ▽ | 森田 義衞 | 55 | 141,120 | 自民 前 1 |
| 35 | 岡村 文四郎 | 68 | 350,124 | 自民 | 元 | ② | ▽ | 井上 なつえ | 60 | 132,158 | 無所 新 |
| 36 | 山本 杉 | 56 | 350,007 | 自民 | 新 | ① | ▽ | 川上 嘉 | 50 | 129,991 | 社会 元 1 |
| 37 | 阿具根 登 | 47 | 348,622 | 社会 | 前 | ② | ▽ | 大木 実 | 32 | 119,245 | 無所 新 |
| 38 | 高瀬 荘太郎 | 67 | 347,071 | 緑風 | 前 | ③ | ▽ | 杉山 利一 | 55 | 112,674 | 無所 新 |
| 39 | 永岡 光治 | 45 | 343,963 | 社会 | 前 | ② | ▽ | 迫 千代子 | 55 | 108,494 | 無所 新 |
| 40 | 高野 一夫 | 59 | 335,201 | 自民 | 前 | ② | ▽ | 花田 伝 | 63 | 103,092 | 自民 新 |
| 41 | 久保 等 | 42 | 330,363 | 社会 | 前 | ② | ▽ | 佐々木 庸 | 64 | 98,314 | 社会 新 |
| 42 | 野本 品吉 | 66 | 325,387 | 自民 | 新 | ① | ▽ | 松崎 健吉 | 54 | 96,614 | 諸派 新 |
| 43 | 田中 清一 | 66 | 312,108 | 自民 | 新 | ① | ▽ | 田淵 久 | 47 | 76,046 | 無所 新 |
| 44 | 山口 重彦 | 64 | 298,248 | 社会 | 前 | ② | ▽ | 河野 孔明 | 53 | 75,296 | 無所 新 |
| 45 | 千葉 千代世 | 52 | 295,554 | 社会 | 新 | ① | | 根本 貞治 | 74 | 66,185 | 無所 新 |
| 46 | 須藤 五郎 | 61 | 288,430 | 共産 | 元 | ② | | 小川 市吉 | 37 | 60,180 | 諸派 新 |
| 47 | 川上 為治 | 51 | 283,356 | 自民 | 新 | ① | | 駒沢 文雄 | 49 | 56,726 | 無所 新 |

| | | | | | |
|---|---|---|---|---|---|
| 伊藤 修 | 63 | 53,316 | 無所 | 元 | 1 |
| 小田 俊与 | 52 | 47,521 | 諸派 | 新 | |
| 遠藤 三郎 | 66 | 43,393 | 無所 | 新 | |
| 野田 耕作 | 56 | 43,120 | 無所 | 新 | |
| 溝渕 春次 | 55 | 42,577 | 無所 | 元 | 1 |
| 日下 隆 | 56 | 42,244 | 無所 | 新 | |
| 関屋 悌蔵 | 63 | 34,848 | 自民 | 新 | |
| 宮腰 喜助 | 53 | 34,660 | 無所 | 新 | |
| 古賀 一 | 64 | 28,993 | 諸派 | 新 | |
| 久保田 勝太郎 | 64 | 24,835 | 無所 | 新 | |
| 金野 太三郎 | 65 | 24,278 | 無所 | 新 | |
| 加藤 大三 | 36 | 24,108 | 無所 | 新 | |
| 林 武一 | 59 | 23,755 | 無所 | 新 | |
| 伊藤 義賢 | 74 | 23,113 | 諸派 | 新 | |
| 山田 義太郎 | 51 | 22,777 | 無所 | 新 | |
| 浅沼 美知雄 | 43 | 21,540 | 諸派 | 新 | |
| 近藤 昌一 | 61 | 15,936 | 無所 | 新 | |
| 河内 金次郎 | 50 | 15,810 | 無所 | 新 | |
| 福島 勝 | 60 | 15,246 | 無所 | 新 | |
| 清水 亘 | 50 | 13,810 | 諸派 | 新 | |
| 平田 宇宙 | 46 | 12,788 | 諸派 | 新 | |
| 草間 時光 | 71 | 10,919 | 無所 | 新 | |
| 綿野 庄太郎 | 60 | 10,507 | 無所 | 新 | |
| 江崎 波雄 | 57 | 10,027 | 無所 | 新 | |
| 伊藤 忠輝 | 57 | 9,488 | 無所 | 新 | |
| 鎌田 文雄 | 59 | 9,480 | 無所 | 新 | |
| 水野 鉄雄 | 55 | 8,733 | 無所 | 新 | |
| 仲子 武一 | 67 | 6,977 | 諸派 | 新 | |
| 横山 菊市 | 57 | 6,133 | 無所 | 新 | |
| 美念 ゆめろむ | 33 | 5,791 | 無所 | 新 | |
| 斉藤 道厚 | 54 | 5,296 | 無所 | 新 | |
| 奈良 繁保 | 52 | 4,674 | 無所 | 新 | |
| 福安 堰提 | 61 | 1,511 | 無所 | 新 | |

## 地方区

**北海道（4—10）**

| | | | | | | |
|---|---|---|---|---|---|---|
| 1 | 米田 勲 | 45 | 315,068 | 社会 | 新 | ① |
| 2 | 堀 末治 | 72 | 271,630 | 自民 | 前 | ③ |
| 3 | 井川 伊平 | 64 | 269,120 | 自民 | 新 | ① |
| 4 | 千葉 信 | 54 | 240,187 | 社会 | 前 | ① |
| ▽ | 宮北 三七郎 | 46 | 133,230 | 社会 | 新 | |
| | 藤本 国夫 | 42 | 32,403 | 無所 | 新 | |
| | 村上 由 | 58 | 30,216 | 共産 | 新 | |
| | 西田 正一 | 57 | 27,413 | 無所 | 新 | |
| | 前谷 宏 | 34 | 15,307 | 無所 | 新 | |
| | 佐々木 俊郎 | 55 | 8,426 | 無所 | 新 | |

**青森県（1—4）**

| | | | | | | |
|---|---|---|---|---|---|---|
| 1 | 佐藤 尚武 | 76 | 141,656 | 緑風 | 前 | ③ |
| ▽ | 森田 重次郎 | 69 | 137,977 | 自民 | 新 | |
| ▽ | 盛田 三喜雄 | 50 | 85,863 | 社会 | 新 | |
| | 中村 勝巳 | 34 | 10,921 | 共産 | 新 | |

**岩手県（1—5）**

| | | | | | | |
|---|---|---|---|---|---|---|
| 1 | 谷村 貞治 | 63 | 184,384 | 自民 | 新 | ① |
| ▽ | 鶴見 祐輔 | 74 | 148,959 | 自民 | 前 | 1 |
| ▽ | 渡辺 長福 | 41 | 102,664 | 社会 | 新 | |
| | 藤原 隆三 | 42 | 7,611 | 共産 | 新 | |
| | 伊藤 幸太郎 | 59 | 4,593 | 無所 | 新 | |

**宮城県（1—3）**

| | | | | | | |
|---|---|---|---|---|---|---|
| 1 | 村松 久義 | 60 | 342,720 | 自民 | 新 | ① |
| ▽ | 赤井 善三 | 48 | 182,064 | 社会 | 新 | |
| | 阿部 伝 | 39 | 13,835 | 共産 | 新 | |

**秋田県（1—2）**

| | | | | | | |
|---|---|---|---|---|---|---|
| 1 | 松野 孝一 | 54 | 232,721 | 自民 | 前 | ② |
| ▽ | 内藤 良平 | 43 | 218,183 | 社会 | 新 | |

**山形県（1—3）**

| | | | | | | |
|---|---|---|---|---|---|---|
| 1 | 村山 道雄 | 57 | 342,952 | 自民 | 新 | ① |
| ▽ | 海野 三朗 | 69 | 186,156 | 社会 | 前 | 1 |
| | 竹内 丑松 | 56 | 15,005 | 共産 | 新 | |

**福島県（2—4）**

| | | | | | | |
|---|---|---|---|---|---|---|
| 1 | 石原 幹市郎 | 56 | 287,649 | 自民 | 前 | ③ |
| 2 | 田畑 金光 | 45 | 259,668 | 社会 | 前 | ② |
| ▽ | 田原 徳 | 54 | 153,409 | 自民 | 新 | |
| | 竹内 七郎 | 52 | 21,775 | 共産 | 新 | |

**茨城県（2—6）**

| | | | | | | |
|---|---|---|---|---|---|---|
| 1 | 大森 創造 | 41 | 167,836 | 社会 | 新 | ① |
| 2 | 武藤 常介 | 69 | 165,842 | 自民 | 前 | ② |
| ▽ | 徳川 宗敬 | 62 | 139,172 | 緑風 | 元 | 1 |

資料　第5回通常選挙　491

|   | 氏名 | 年齢 | 得票 | 所属 | 前新 | 当選 |
|---|---|---|---|---|---|---|
| ▽ | 宮田　重文 | 61 | 91,717 | 自民 | 前 | 2 |
| ▽ | 後藤　武男 | 65 | 69,961 | 無所 | 新 |   |
|   | 石上　長寿 | 57 | 19,353 | 共産 | 新 |   |

**栃木県（2―4）**

| 1 | 戸叶　武 | 56 | 189,010 | 社会 | 前 | ② |
| 2 | 湯沢　三千男 | 71 | 187,830 | 自民 | 新 | ① |
| ▽ | 佐藤　清一郎 | 66 | 117,737 | 自民 | 前 | 1 |
|   | 中島　彪三 | 49 | 7,055 | 共産 | 新 |   |

**群馬県（2―6）**

| 1 | 大和　与一 | 50 | 152,182 | 社会 | 前 | ② |
| 2 | 最上　英子 | 56 | 143,871 | 自民 | 前 | ② |
| ▽ | 伊能　芳雄 | 61 | 137,973 | 自民 | 前 | 1 |
| ▽ | 斎藤　順衛 | 59 | 129,431 | 無所 | 新 |   |
| ▽ | 武藤　運十郎 | 57 | 62,447 | 諸派 | 新 |   |
|   | 本庄　晶 | 41 | 13,643 | 共産 | 新 |   |

**埼玉県（2―4）**

| 1 | 小林　英三 | 66 | 263,753 | 自民 | 前 | ③ |
| 2 | 天田　勝正 | 53 | 245,944 | 社会 | 前 | ③ |
| ▽ | 高橋　庄次郎 | 46 | 182,522 | 自民 | 新 |   |
|   | 木村　豊太郎 | 45 | 26,292 | 共産 | 新 |   |

**千葉県（2―4）**

| 1 | 小沢　久太郎 | 58 | 253,646 | 自民 | 前 | ② |
| 2 | 加瀬　完 | 49 | 233,682 | 社会 | 前 | ② |
| ▽ | 戸川　真五 | 55 | 172,772 | 自民 | 新 |   |
|   | 小松　七郎 | 53 | 33,203 | 共産 | 新 |   |

**東京都（4―23）**

| 1 | 柏原　ヤス | 42 | 471,472 | 無所 | 新 | ① |
| 2 | 市川　房枝 | 65 | 292,927 | 無所 | 前 | ② |
| 3 | 鮎川　金次郎 | 30 | 256,602 | 自民 | 新 | ① |
| 4 | 黒川　武雄 | 66 | 254,502 | 自民 | 前 | ③ |
| ▽ | 岡田　宗司 | 56 | 219,326 | 社会 | 前 | 2 |
| ▽ | 麻生　良方 | 35 | 213,993 | 社会 | 新 |   |
| ▽ | 岡本　丑太郎 | 52 | 211,112 | 社会 | 新 |   |
| ▽ | 石井　桂 | 60 | 186,425 | 自民 | 前 | 1 |
| ▽ | 浦口　静子 | 48 | 111,002 | 自民 | 新 |   |
|   | 袴田　里見 | 54 | 84,193 | 共産 | 新 |   |
|   | 渡辺　鉄蔵 | 73 | 73,152 | 緑風 | 新 |   |
|   | 赤尾　敏 | 60 | 36,094 | 諸派 | 新 |   |
|   | 平林　太一 | 62 | 14,369 | 無所 | 元 | 1 |
|   | 小田　つる子 | 37 | 14,320 | 諸派 | 新 |   |
|   | 品川　司 | 48 | 12,118 | 無所 | 新 |   |
|   | 竹本　信一 | 66 | 5,985 | 無所 | 新 |   |
|   | 高木　青年 | 37 | 3,343 | 諸派 | 新 |   |
|   | 佐々木　励 | 47 | 2,666 | 諸派 | 新 |   |
|   | 肥後　亨 | 33 | 2,558 | 諸派 | 新 |   |
|   | 野々上　武敏 | 49 | 1,400 | 諸派 | 新 |   |
|   | 田尻　容基 | 58 | 1,165 | 無所 | 新 |   |

|   | 道山　虎夫 | 54 | 1,049 | 諸派 | 新 |   |
|   | 地釜　勉 | 34 | 717 | 諸派 | 新 |   |

**神奈川県（2―6）**

| 1 | 河野　謙三 | 57 | 364,120 | 自民 | 前 | ② |
| 2 | 田上　松衞 | 59 | 342,542 | 社会 | 新 | ① |
| ▽ | 加藤　喜太郎 | 43 | 111,902 | 無所 | 新 |   |
|   | 堀内　万吉 | 54 | 58,490 | 無所 | 新 |   |
|   | 松島　松太郎 | 43 | 54,416 | 共産 | 新 |   |
|   | 伊藤　義志蔵 | 56 | 4,721 | 諸派 | 新 |   |

**新潟県（2―4）**

| 1 | 佐藤　芳男 | 62 | 348,729 | 自民 | 新 | ① |
| 2 | 武内　五郎 | 57 | 325,107 | 社会 | 新 | ① |
| ▽ | 高月　辰佳 | 55 | 115,103 | 無所 | 新 |   |
|   | 佐藤　佐藤治 | 58 | 40,183 | 共産 | 新 |   |

**富山県（1―3）**

| 1 | 桜井　志郎 | 52 | 188,446 | 自民 | 新 | ① |
| ▽ | 杉原　一雄 | 49 | 149,309 | 社会 | 新 |   |
|   | 丹羽　寒月 | 48 | 45,515 | 無所 | 新 |   |

**石川県（1―4）**

| 1 | 鳥畠　徳次郎 | 66 | 148,701 | 無所 | 新 | ① |
| ▽ | 柴野　和喜夫 | 56 | 103,852 | 自民 | 前 | 1 |
| ▽ | 神戸　世志夫 | 45 | 93,879 | 社会 | 新 |   |
| ▽ | 藤野　公平 | 46 | 83,160 | 無所 | 新 |   |

**福井県（1―2）**

| 1 | 高橋　衞 | 56 | 179,163 | 自民 | 前 | ② |
| ▽ | 斉木　重一 | 64 | 127,781 | 社会 | 新 |   |

**山梨県（1―2）**

| 1 | 安田　敏雄 | 49 | 157,984 | 社会 | 新 | ① |
| ▽ | 広瀬　久忠 | 70 | 156,197 | 自民 | 前 | 1 |

**長野県（2―7）**

| 1 | 羽生　三七 | 55 | 278,867 | 社会 | 前 | ③ |
| 2 | 木内　四郎 | 62 | 221,571 | 自民 | 前 | ③ |
| ▽ | 植原　悦二郎 | 82 | 161,837 | 自民 | 新 |   |
|   | 高倉　輝 | 68 | 65,517 | 共産 | 新 |   |
|   | 上倉　藤一 | 51 | 38,417 | 無所 | 新 |   |
|   | 古村　幸一郎 | 45 | 20,034 | 緑風 | 新 |   |
|   | 駒津　恒治郎 | 34 | 12,704 | 無所 | 新 |   |

**岐阜県（1―3）**

| 1 | 田中　啓一 | 63 | 309,513 | 自民 | 前 | ② |
| ▽ | 高瀬　清 | 57 | 207,724 | 社会 | 新 |   |
|   | 細野　義幸 | 34 | 18,008 | 共産 | 新 |   |

**静岡県（2―5）**

| 1 | 太田　正孝 | 72 | 378,589 | 自民 | 新 | ① |

| | | | | | | | | | | | | |
|---|---|---|---|---|---|---|---|---|---|---|---|---|
| 2 | 小林 武治 | 59 | 320,554 | 自民 | 前 | ② | | | | | | |
| ▽ | 神成 昇造 | 43 | 281,735 | 社会 | 新 | | | | | | | |
| | 中村 義雄 | 52 | 24,594 | 共産 | 新 | | | | | | | |
| | 山田 周平 | 53 | 13,280 | 諸派 | 新 | | | | | | | |

愛知県（3―10）

| 1 | 青柳 秀夫 | 61 | 352,679 | 自民 | 前 | ② |
|---|---|---|---|---|---|---|
| 2 | 杉浦 武雄 | 69 | 277,334 | 自民 | 新 | ① |
| 3 | 近藤 信一 | 51 | 238,544 | 社会 | 前 | |
| ▽ | 内藤 駿次 | 41 | 182,813 | 社会 | 新 | |
| | 中峠 国夫 | 56 | 53,438 | 無所 | 新 | |
| | 島田 小市 | 52 | 28,029 | 共産 | 新 | |
| | 田村 理一 | 56 | 23,231 | 無所 | 新 | |
| | 真野 恵徴 | 41 | 20,137 | 無所 | 新 | |
| | 西脇 和義 | 32 | 17,825 | 無所 | 新 | |
| | 藤村 茂八 | 58 | 5,870 | 諸派 | 新 | |

三重県（1―2）

| 1 | 井野 碩哉 | 67 | 301,733 | 自民 | 前 | ② |
|---|---|---|---|---|---|---|
| ▽ | 菊川 孝夫 | 49 | 231,112 | 社会 | 元 | 1 |

滋賀県（1―3）

| 1 | 村上 義一 | 73 | 178,098 | 緑風 | 前 | ③ |
|---|---|---|---|---|---|---|
| ▽ | 大北 正史 | 53 | 107,019 | 社会 | 新 | |
| | 古武家 昇平 | 33 | 10,316 | 共産 | 新 | |

京都府（2―6）

| 1 | 井上 清一 | 53 | 265,046 | 自民 | 前 | ② |
|---|---|---|---|---|---|---|
| 2 | 永末 英一 | 41 | 127,128 | 社会 | 新 | ① |
| ▽ | 榎本 貴志雄 | 43 | 108,818 | 社会 | 新 | |
| ▽ | 河崎 賢治 | 59 | 50,256 | 共産 | 新 | |
| | 嶋崎 栄治 | 37 | 12,917 | 無所 | 新 | |
| | 美馬 与三次 | 44 | 9,529 | 無所 | 新 | |

大阪府（3―7）

| 1 | 赤間 文三 | 60 | 671,381 | 自民 | 新 | ① |
|---|---|---|---|---|---|---|
| 2 | 村尾 重雄 | 57 | 228,085 | 社会 | 元 | ③ |
| 3 | 亀田 得治 | 46 | 203,716 | 社会 | 前 | ② |
| | 中山 福蔵 | 71 | 145,041 | 自民 | 前 | 2 |
| ▽ | 山田 六左衛門 | 58 | 94,186 | 共産 | 新 | |
| | 別城 遭一 | 64 | 13,140 | 無所 | 新 | |
| | 高幣 常市 | 55 | 6,217 | 無所 | 新 | |

兵庫県（3―7）

| 1 | 岡崎 真一 | 52 | 332,063 | 自民 | 前 | ③ |
|---|---|---|---|---|---|---|
| 2 | 青田 源太郎 | 57 | 292,954 | 自民 | 新 | ① |
| 3 | 松沢 兼人 | 61 | 209,019 | 社会 | 新 | ② |
| ▽ | 佐野 芳雄 | 55 | 206,778 | 社会 | 新 | |
| | 田中 松次郎 | 60 | 43,176 | 共産 | 新 | |
| | 中西 勝治 | 52 | 20,408 | 無所 | 新 | |
| | 上田 藤一 | 54 | 18,225 | 無所 | 新 | |

奈良県（1―2）

| 1 | 木村 篤太郎 | 73 | 171,395 | 自民 | 前 | ② |
|---|---|---|---|---|---|---|
| ▽ | 日下 博 | 50 | 91,745 | 社会 | 新 | |

和歌山県（1―3）

| 1 | 野村 吉三郎 | 81 | 247,303 | 自民 | 前 | ② |
|---|---|---|---|---|---|---|
| ▽ | 藤井 誠一 | 50 | 81,706 | 社会 | 新 | |
| | 宮沢 潔 | 39 | 11,003 | 共産 | 新 | |

鳥取県（1―4）

| 1 | 中田 吉雄 | 52 | 117,991 | 社会 | 前 | ③ |
|---|---|---|---|---|---|---|
| ▽ | 宮崎 正雄 | 51 | 117,952 | 自民 | 新 | |
| | 米原 昶 | 50 | 15,175 | 共産 | 新 | |
| | 小田 スエ | 43 | 4,984 | 諸派 | 新 | |

島根県（1―2）

| 1 | 佐野 広 | 54 | 293,336 | 自民 | 前 | ② |
|---|---|---|---|---|---|---|
| ▽ | 加藤 一郎 | 53 | 72,834 | 共産 | 新 | |

岡山県（2―5）

| 1 | 秋山 長造 | 42 | 207,784 | 社会 | 前 | ② |
|---|---|---|---|---|---|---|
| 2 | 加藤 武徳 | 43 | 197,372 | 自民 | 元 | ② |
| ▽ | 伊が 大孝 | 44 | 114,171 | 自民 | 新 | |
| | 榊原 亨 | 59 | 82,941 | 自民 | 前 | 1 |
| | 島村 軍次 | 64 | 55,159 | 緑風 | 前 | 2 |

広島県（2―5）

| 1 | 宮沢 喜一 | 39 | 309,153 | 自民 | 前 | ② |
|---|---|---|---|---|---|---|
| 2 | 藤田 進 | 46 | 244,744 | 社会 | 前 | ② |
| ▽ | 伊が 実雄 | 53 | 160,858 | 無所 | 新 | |
| | 筒井 密義 | 52 | 65,279 | 無所 | 新 | |
| | 内藤 知周 | 44 | 23,924 | 共産 | 新 | |

山口県（1―4）

| 1 | 吉武 恵市 | 56 | 319,959 | 自民 | 新 | ① |
|---|---|---|---|---|---|---|
| ▽ | 安部 キミ子 | 51 | 219,629 | 社会 | 前 | 1 |
| | 田辺 孝三 | 47 | 38,721 | 無所 | 新 | |
| | 原田 長司 | 50 | 17,050 | 共産 | 新 | |

徳島県（1―2）

| 1 | 三木 与吉郎 | 56 | 175,917 | 自民 | 前 | ② |
|---|---|---|---|---|---|---|
| ▽ | 浜田 新太郎 | 52 | 109,530 | 社会 | 新 | |

香川県（1―2）

| 1 | 津島 寿一 | 71 | 206,805 | 自民 | 前 | ② |
|---|---|---|---|---|---|---|
| ▽ | 前川 とみえ | 54 | 163,682 | 社会 | 新 | |

愛媛県（1―3）

| 1 | 増原 恵吉 | 56 | 299,808 | 自民 | 前 | ② |
|---|---|---|---|---|---|---|
| ▽ | 湯山 勇 | 47 | 269,350 | 社会 | 前 | 1 |
| | 飯塚 孫士 | 65 | 4,406 | 諸派 | 新 | |

## 高知県（1－2）

| | | | | | | |
|---|---|---|---|---|---|---|
| 1 | 寺尾 豊 | 61 | 231,637 | 自民 | 前 | ④ |
| ▽ | 細木 志雄 | 50 | 139,016 | 社会 | 新 | |

## 福岡県（3－5）

| | | | | | | |
|---|---|---|---|---|---|---|
| 1 | 吉田 法晴 | 51 | 414,384 | 社会 | 前 | ③ |
| 2 | 野田 俊作 | 71 | 350,490 | 自民 | 前 | ③ |
| 3 | 剱木 亨弘 | 57 | 306,490 | 自民 | 前 | ② |
| ▽ | 橋詰 又一郎 | 51 | 165,281 | 社会 | 新 | |
| | 八島 勝麿 | 33 | 31,073 | 共産 | 新 | |

## 佐賀県（1－2）

| | | | | | | |
|---|---|---|---|---|---|---|
| 1 | 鍋島 直紹 | 47 | 323,168 | 自民 | 新 | ① |
| | 井手 太郎 | 39 | 39,962 | 共産 | 新 | |

## 長崎県（1－3）

| | | | | | | |
|---|---|---|---|---|---|---|
| 1 | 藤野 繁雄 | 74 | 259,224 | 自民 | 前 | ③ |
| ▽ | 中村 重光 | 48 | 248,259 | 社会 | 新 | |
| | 宮島 豊 | 52 | 28,138 | 共産 | 新 | |

## 熊本県（2－4）

| | | | | | | |
|---|---|---|---|---|---|---|
| 1 | 桜井 三郎 | 59 | 281,816 | 自民 | 新 | ① |
| 2 | 松野 鶴平 | 75 | 239,452 | 自民 | 前 | ③ |
| ▽ | 百武 秀男 | 44 | 138,637 | 社会 | 新 | |
| | 田代 安喜 | 45 | 11,779 | 共産 | 新 | |

## 大分県（1－4）

| | | | | | | |
|---|---|---|---|---|---|---|
| 1 | 村上 春蔵 | 54 | 205,333 | 自民 | 新 | ① |
| ▽ | 飯田 忠 | 52 | 167,402 | 社会 | 新 | |
| ▽ | 後藤 文夫 | 75 | 124,112 | 緑風 | 前 | 1 |
| | 石川 章三 | 47 | 11,511 | 共産 | 新 | |

## 宮崎県（1－3）

| | | | | | | |
|---|---|---|---|---|---|---|
| 1 | 二見 甚郷 | 70 | 263,998 | 自民 | 新 | ① |
| ▽ | 古園 保 | 50 | 146,372 | 社会 | 新 | |
| | 河野 通孝 | 58 | 11,568 | 共産 | 新 | |

## 鹿児島県（2－4）

| | | | | | | |
|---|---|---|---|---|---|---|
| 1 | 西郷 吉之助 | 52 | 290,126 | 自民 | 前 | ③ |
| 2 | 谷口 慶吉 | 57 | 259,617 | 自民 | 新 | ① |
| ▽ | 村田 実 | 51 | 175,753 | 社会 | 新 | |
| | 永吉 勇 | 53 | 13,455 | 共産 | 新 | |

# 第5期補欠選挙

## 山形県（1959年7月24日執行＝1－5）

| | | | | | | |
|---|---|---|---|---|---|---|
| 1 | 白井 勇 | 60 | 255,699 | 自民 | 元 | ② |
| ▽ | 真壁 仁 | 52 | 208,493 | 社会 | 新 | |
| | 小田 俊与 | 52 | 5,985 | 諸派 | 新 | |
| | 道山 虎夫 | 54 | 3,734 | 無所 | 新 | |
| | 肥後 亨 | 33 | 1,928 | 諸派 | 新 | |

## 兵庫県（1959年8月20日執行＝1－4）

| | | | | | | |
|---|---|---|---|---|---|---|
| 1 | 岸田 幸雄 | 66 | 406,496 | 自民 | 新 | ① |
| ▽ | 佐々木 武千代 | 47 | 185,730 | 社会 | 新 | |
| | 小田 俊与 | 52 | 16,309 | 諸派 | 新 | |
| | 肥後 亨 | 33 | 4,242 | 諸派 | 新 | |

## 熊本県（1960年5月18日執行＝1－6）

| | | | | | | |
|---|---|---|---|---|---|---|
| 1 | 野上 進 | 59 | 294,589 | 自民 | 新 | ① |
| ▽ | 吉田 安 | 70 | 136,406 | 自民 | 新 | |
| ▽ | 松岡 明 | 53 | 127,104 | 社会 | 新 | |
| | 肥後 亨 | 34 | 10,784 | 無所 | 新 | |
| | 田代 安喜 | 46 | 7,611 | 共産 | 新 | |
| | 道山 虎夫 | 55 | 967 | 諸派 | 新 | |

## 埼玉県（1960年11月20日執行＝1－2）

| | | | | | | |
|---|---|---|---|---|---|---|
| 1 | 大泉 寛三 | 66 | 544,684 | 自民 | 新 | ① |
| ▽ | 瀬谷 英行 | 41 | 358,437 | 社会 | 新 | |

## 千葉県（1960年12月1日執行＝1－4）

| | | | | | | |
|---|---|---|---|---|---|---|
| 1 | 木島 義夫 | 72 | 285,092 | 自民 | 新 | ① |
| ▽ | 羽仁 説子 | 57 | 197,421 | 無所 | 新 | |
| | 小松 七郎 | 54 | 27,465 | 共産 | 新 | |
| | 肥後 亨 | 34 | 6,964 | 無所 | 新 | |

## 宮崎県（1961年12月10日執行＝1－4）

| | | | | | | |
|---|---|---|---|---|---|---|
| 1 | 温水 三郎 | 56 | 204,146 | 自民 | 新 | ① |
| ▽ | 松浦 利尚 | 36 | 110,549 | 社会 | 新 | |
| | 河野 孔明 | 56 | 39,892 | 無所 | 新 | |
| | 畑中 せつみ | 32 | 11,083 | 共産 | 新 | |

## 第6回通常選挙 (1962年7月1日執行)

全国区 (51—107) ＜補1＞

政党名凡例
- 自民　自由民主党
- 社会　日本社会党
- 民社　民主社会党
- 共産　日本共産党
- 同志　参議院同志会

| | 氏名 | 年齢 | 得票 | 党派 | 新現 | 回 |
|---|---|---|---|---|---|---|
| 1 | 藤原 あき | 64 | 1,165,046 | 自民 | 新 | ① |
| 2 | 加藤 シヅエ | 65 | 1,110,024 | 社会 | 現 | ③ |
| 3 | 長谷川 仁 | 43 | 810,650 | 自民 | 新 | ① |
| 4 | 迫水 久常 | 59 | 780,608 | 自民 | 現 | ② |
| 5 | 源田 実 | 57 | 732,896 | 自民 | 新 | ① |
| 6 | 浅井 亨 | 59 | 696,156 | 無所 | 新 | ① |
| 7 | 山崎 斉 | 51 | 655,845 | 自民 | 新 | ① |
| 8 | 丸茂 重貞 | 46 | 651,054 | 自民 | 新 | ① |
| 9 | 北条 雋八 | 71 | 650,164 | 無所 | 現 | ② |
| 10 | 鈴木 一弘 | 37 | 629,362 | 無所 | 新 | ① |
| 11 | 山下 春江 | 60 | 617,109 | 自民 | 新 | ① |
| 12 | 大谷 藤之助 | 55 | 605,464 | 自民 | 現 | ② |
| 13 | 渋谷 邦彦 | 38 | 603,093 | 無所 | 新 | ① |
| 14 | 二宮 文造 | 42 | 595,724 | 無所 | 新 | ① |
| 15 | 小林 武 | 55 | 574,809 | 社会 | 新 | ① |
| 16 | 岩間 正男 | 56 | 564,862 | 共産 | 現 | ③ |
| 17 | 鈴木 市蔵 | 52 | 559,083 | 共産 | 新 | ① |
| 18 | 稲浦 鹿蔵 | 67 | 551,567 | 自民 | 現 | ② |
| 19 | 森 八三一 | 62 | 536,727 | 同志 | 現 | ③ |
| 20 | 野知 浩之 | 53 | 534,399 | 自民 | 新 | ① |
| 21 | 天坊 裕彦 | 55 | 529,201 | 自民 | 現 | ② |
| 22 | 小西 英雄 | 50 | 528,595 | 自民 | 元 | ③ |
| 23 | 林 塩 | 57 | 518,795 | 無所 | 新 | ① |
| 24 | 田中 一 | 61 | 493,070 | 社会 | 現 | ③ |
| 25 | 重宗 雄三 | 68 | 491,044 | 自民 | 現 | ④ |
| 26 | 辻 武寿 | 44 | 489,979 | 無所 | 現 | ② |
| 27 | 野々山 一三 | 38 | 487,292 | 社会 | 新 | ① |
| 28 | 中村 順造 | 51 | 477,389 | 社会 | 現 | ② |
| 29 | 藤原 道子 | 62 | 462,732 | 社会 | 現 | ③ |
| 30 | 鬼木 勝利 | 57 | 459,789 | 無所 | 新 | ① |
| 31 | 北村 暢 | 47 | 454,607 | 社会 | 現 | ② |
| 32 | 高山 恒雄 | 60 | 450,613 | 民社 | 新 | ① |
| 33 | 鈴木 強 | 48 | 450,156 | 社会 | 現 | ② |
| 34 | 占部 秀男 | 52 | 449,191 | 社会 | 現 | ② |
| 35 | 江藤 智 | 55 | 444,695 | 自民 | 現 | ② |
| 36 | 日高 広為 | 43 | 443,707 | 自民 | 新 | ① |
| 37 | 横川 正市 | 47 | 433,897 | 社会 | 現 | ② |
| 38 | 小酒井 義男 | 56 | 431,671 | 社会 | 現 | ③ |
| 39 | 野溝 勝 | 63 | 431,444 | 社会 | 現 | ③ |
| 40 | 豊田 雅孝 | 63 | 427,687 | 自民 | 元 | ② |
| 41 | 竹中 恒夫 | 60 | 420,022 | 自民 | 現 | ② |
| 42 | 向井 長年 | 51 | 417,979 | 民社 | 現 | ② |
| 43 | 手島 栄 | 65 | 413,022 | 自民 | 現 | ② |
| 44 | 中村 正雄 | 48 | 412,029 | 民社 | 現 | ③ |
| 45 | 川野 三暁 | 52 | 402,876 | 自民 | 新 | ① |
| 46 | 大竹 平八郎 | 58 | 399,326 | 同志 | 現 | ② |
| 47 | 柴谷 要 | 52 | 395,797 | 社会 | 元 | ② |
| 48 | 森田 たま | 67 | 394,958 | 自民 | 新 | ① |
| 49 | 光村 甚助 | 57 | 387,473 | 社会 | 現 | ② |
| 50 | 松村 秀逸 | 62 | 382,149 | 自民 | 現 | ② |
| 51 | 阿部 竹松 | 50 | 376,901 | 社会 | 現 | ② |
| ※ | 山高 しげり | 63 | 375,172 | 無所 | 新 | |
| ▽ | 安田 善一郎 | 50 | 374,843 | 自民 | 新 | |
| ▽ | 常岡 一郎 | 63 | 367,828 | 同志 | 現 | 2 |
| ▽ | 平林 剛 | 40 | 356,273 | 社会 | 現 | 2 |
| ▽ | 片山 巖 | 43 | 355,844 | 社会 | 新 | |
| ▽ | 大坪 藤市 | 53 | 355,016 | 自民 | 新 | |
| ▽ | 林 真治 | 57 | 351,198 | 自民 | 新 | |
| ▽ | 永木 正光 | 46 | 339,361 | 社会 | 新 | |
| ▽ | 一松 定吉 | 87 | 328,371 | 自民 | 現 | 2 |
| ▽ | 中山 幸市 | 61 | 328,363 | 自民 | 新 | |
| ▽ | 聖成 稔 | 52 | 327,412 | 自民 | 新 | |
| ▽ | 古賀 専 | 53 | 324,490 | 民社 | 新 | |
| ▽ | 大谷 瑩潤 | 72 | 320,673 | 同志 | 現 | 2 |
| ▽ | 泉山 三六 | 66 | 319,293 | 自民 | 現 | 2 |
| ▽ | 畠山 鶴吉 | 67 | 302,544 | 自民 | 新 | |
| ▽ | 玉置 和郎 | 39 | 301,822 | 自民 | 新 | |
| ▽ | 下条 康麿 | 77 | 300,752 | 自民 | 現 | 2 |
| ▽ | 東 隆 | 60 | 294,627 | 民社 | 現 | 2 |
| ▽ | 河野 義一 | 66 | 287,576 | 自民 | 現 | |
| ▽ | 古谷 敬二 | 65 | 286,224 | 自民 | 新 | |
| ▽ | 上田 音市 | 65 | 199,109 | 社会 | 新 | |
| ▽ | 小林 珍雄 | 60 | 196,235 | 自民 | 新 | |
| ▽ | 磯田 正則 | 63 | 171,479 | 自民 | 新 | |
| ▽ | 苫米地 英俊 | 77 | 152,970 | 自民 | 現 | 1 |
| ▽ | 赤尾 敏 | 63 | 122,532 | 諸派 | 新 | |
| ▽ | 井上 なつえ | 63 | 90,695 | 無所 | 元 | 1 |
| ▽ | 安里 積千代 | 58 | 87,774 | 無所 | 新 | |
| | 安部 法俊 | 53 | 78,872 | 自民 | 現 | |
| | 喜多 一雄 | 60 | 72,171 | 自民 | 新 | |
| | 高木 寿之 | 42 | 64,132 | 自民 | 新 | |
| | 小田 俊与 | 55 | 51,240 | 諸派 | 新 | |
| | 河野 孔明 | 56 | 47,499 | 諸派 | 新 | |
| | 石井 正二 | 66 | 40,049 | 無所 | 新 | |
| | 真鍋 儀十 | 70 | 39,610 | 無所 | 新 | |
| | 金沢 数男 | 53 | 35,915 | 同志 | 新 | |
| | 田村 理一 | 59 | 33,646 | 無所 | 新 | |
| | 三島 静江 | 36 | 25,651 | 無所 | 新 | |

| 浅野 良治 | 40 | 23,870 | 無所 新 |
| 髙木 俊司 | 40 | 23,860 | 無所 新 |
| 伊藤 義賢 | 77 | 23,478 | 諸派 新 |
| 黒田 寛一 | 34 | 23,263 | 諸派 新 |
| 清水 亘 | 53 | 22,549 | 諸派 新 |
| 中村 吟造 | 66 | 20,766 | 無所 新 |
| 髙田 静雄 | 37 | 20,261 | 無所 新 |
| 岡本 文男 | 45 | 18,154 | 無所 新 |
| 玉井 庄一 | 50 | 17,968 | 無所 新 |
| 元木 嘉一郎 | 59 | 11,841 | 無所 新 |
| 高安 勢 | 39 | 9,309 | 無所 新 |
| 森島 初次郎 | 64 | 9,197 | 無所 新 |
| 遠藤 忍 | 41 | 8,699 | 無所 新 |
| 仲子 武一 | 71 | 8,225 | 無所 新 |
| 古林 昌和 | 46 | 7,504 | 無所 新 |
| 髙瀬 夢園 | 61 | 4,913 | 諸派 新 |
| 田尻 容基 | 61 | 4,773 | 無所 新 |
| 菅野 俊夫 | 46 | 4,255 | 無所 新 |
| 根上 清蔵 | 70 | 3,740 | 無所 新 |

## 地方区

### 北海道（4—7）

| | | | | | |
|---|---|---|---|---|---|
| 1 | 大矢 正 | 37 | 390,354 | 社会 現 | ② |
| 2 | 小林 篤一 | 71 | 382,318 | 無所 新 | ① |
| 3 | 吉田 忠三郎 | 44 | 338,091 | 社会 新 | ① |
| 4 | 西田 信一 | 59 | 302,613 | 自民 現 | ② |
| ▽ | 岩田 留吉 | 57 | 270,766 | 自民 新 | |
| | 村上 由 | 61 | 60,835 | 共産 新 | |
| | 前谷 宏 | 37 | 24,334 | 無所 新 | |

### 青森県（1—3）

| 1 | 笹森 順造 | 76 | 250,629 | 自民 現 | ③ |
| ▽ | 盛田 三喜雄 | 53 | 156,352 | 社会 新 | |
| | 中村 勝巳 | 37 | 23,989 | 共産 新 | |

### 岩手県（1—5）

| 1 | 渡辺 勘吉 | 52 | 205,763 | 社会 新 | ① |
| ▽ | 及川 逸平 | 50 | 193,073 | 無所 新 | |
| ▽ | 千田 正 | 63 | 141,114 | 無所 現 | 3 |
| | 宮脇 嘉一 | 45 | 12,645 | 共産 新 | |
| | 伊藤 幸太郎 | 62 | 5,319 | 無所 新 | |

### 宮城県（1—3）

| 1 | 高橋 進太郎 | 59 | 414,335 | 自民 現 | ④ |
| ▽ | 戸田 菊雄 | 38 | 222,331 | 社会 新 | |
| | 阿部 伝 | 42 | 24,760 | 共産 新 | |

### 秋田県（1—3）

| 1 | 鈴木 寿 | 55 | 271,659 | 社会 現 | ② |

資料　第6回通常選挙　495

| | 長谷山 行毅 | 54 | 260,200 | 自民 元 | 1 |
| | 鈴木 義雄 | 57 | 28,509 | 共産 新 | |

### 山形県（1—3）

| 1 | 白井 勇 | 64 | 323,715 | 自民 現 | ③ |
| ▽ | 華山 親義 | 61 | 277,886 | 社会 新 | |
| | 阿部 五郎 | 51 | 24,230 | 共産 新 | |

### 福島県（2—6）

| 1 | 松平 勇雄 | 55 | 256,399 | 自民 現 | ③ |
| 2 | 大河原 一次 | 58 | 241,750 | 社会 現 | ② |
| ▽ | 鈴木 広澄 | 55 | 178,501 | 自民 新 | |
| ▽ | 小松 信太郎 | 59 | 160,946 | 民社 新 | |
| | 佐久間 勇 | 35 | 23,582 | 共産 新 | |
| | 中河西 仁兵衛 | 58 | 7,716 | 無所 新 | |

### 茨城県（2—5）

| 1 | 郡 祐一 | 60 | 309,212 | 自民 現 | ③ |
| 2 | 森 元治郎 | 55 | 241,253 | 社会 現 | ② |
| ▽ | 三村 勇 | 49 | 152,240 | 自民 新 | |
| | 石上 長寿 | 60 | 24,723 | 共産 新 | |
| | 深作 清次郎 | 51 | 5,644 | 無所 新 | |

### 栃木県（2—4）

| 1 | 植竹 春彦 | 64 | 265,503 | 自民 現 | ④ |
| 2 | 稲葉 誠一 | 44 | 176,983 | 社会 新 | ① |
| ▽ | 相馬 助治 | 51 | 124,494 | 民社 現 | 2 |
| | 兵藤 忠一 | 38 | 9,506 | 共産 新 | |

### 群馬県（2—5）

| 1 | 木暮 武太夫 | 69 | 319,019 | 自民 現 | ② |
| 2 | 伊藤 顕道 | 62 | 188,920 | 社会 現 | ② |
| ▽ | 鈴木 強平 | 64 | 95,464 | 自民 元 | 1 |
| | 平山 林吉 | 48 | 31,601 | 民社 新 | |
| | 本庄 晶 | 44 | 25,096 | 共産 新 | |

### 埼玉県（2—6）

| 1 | 上原 正吉 | 64 | 371,953 | 自民 現 | ③ |
| 2 | 瀬谷 英行 | 43 | 250,789 | 社会 新 | ① |
| ▽ | 大泉 寛三 | 67 | 218,686 | 自民 現 | 1 |
| | 北岡 巌 | 56 | 51,139 | 民社 新 | |
| | 古末 憲一 | 54 | 29,369 | 共産 新 | |
| | 更科 要治 | 58 | 6,960 | 無所 新 | |

### 千葉県（2—7）

| 1 | 木島 義夫 | 73 | 191,546 | 自民 現 | ② |
| 2 | 柳岡 秋夫 | 39 | 166,980 | 社会 新 | ① |
| ▽ | 戸川 真五 | 58 | 137,546 | 無所 新 | |
| | 鈴木 績 | 52 | 113,252 | 無所 新 | |
| | 片岡 文重 | 56 | 107,644 | 民社 現 | 2 |
| | 八代 重信 | 49 | 95,903 | 無所 新 | |
| | 小松 七郎 | 56 | 33,212 | 共産 新 | |

東京都（5―24）＜補1＞
| | | | | | | |
|---|---|---|---|---|---|---|
| 1 | 安井 謙 | 51 | 794,618 | 自民 | 現 | ③ |
| 2 | 和泉 覚 | 51 | 529,575 | 無所 | 新 | ① |
| 3 | 石井 桂 | 63 | 506,469 | 自民 | 元 | ② |
| 4 | 岡田 宗司 | 59 | 474,963 | 社会 | 元 | ③ |
| 5 | 野坂 参三 | 70 | 415,598 | 共産 | 現 | ② |
| ▽ | 重盛 寿治 | 61 | 325,968 | 社会 | 現 | 2 |
| ▽ | 渡辺 年 | 59 | 225,279 | 民社 | 新 | |
| | 佐藤 サカエ | 70 | 63,246 | 無所 | 新 | |
| | 風間 日光 | 34 | 20,664 | 無所 | 新 | |
| | 山中 一 | 42 | 16,977 | 諸派 | 新 | |
| | 古賀 一 | 67 | 16,725 | 諸派 | 新 | |
| | 石橋 勉 | 37 | 14,982 | 無所 | 新 | |
| | 品川 司 | 51 | 14,251 | 無所 | 新 | |
| | 片山 栄 | 62 | 11,863 | 無所 | 新 | |
| | 浅沼 美知雄 | 46 | 10,964 | 諸派 | 新 | |
| | 貴島 桃隆 | 60 | 8,045 | 無所 | 新 | |
| | 岩田 英一 | 56 | 6,579 | 無所 | 新 | |
| | 石橋 義敬 | 65 | 5,755 | 無所 | 新 | |
| | 鎌田 文雄 | 62 | 5,149 | 無所 | 新 | |
| | 内藤 知周 | 47 | 5,111 | 諸派 | 新 | |
| | 高橋 秀郎 | 56 | 4,702 | 諸派 | 新 | |
| | 大木 明雄 | 41 | 4,143 | 諸派 | 新 | |
| | 小山 寿男 | 35 | 3,011 | 無所 | 新 | |
| | 細淵 平重 | 54 | 815 | 無所 | 新 | |

神奈川県（2―4）
| | | | | | | |
|---|---|---|---|---|---|---|
| 1 | 曽祢 益 | 58 | 442,468 | 民社 | 現 | ③ |
| 2 | 相沢 重明 | 52 | 437,708 | 社会 | 現 | ② |
| ▽ | 松岡 正二 | 50 | 401,842 | 自民 | 新 | |
| | 松島 松太郎 | 46 | 68,031 | 共産 | 新 | |

新潟県（2―3）
| | | | | | | |
|---|---|---|---|---|---|---|
| 1 | 小柳 牧衛 | 77 | 464,520 | 自民 | 現 | ③ |
| 2 | 杉山 善太郎 | 59 | 399,984 | 社会 | 新 | ① |
| | 吉田 兼治 | 58 | 63,809 | 共産 | 新 | |

富山県（1―3）
| | | | | | | |
|---|---|---|---|---|---|---|
| 1 | 館 哲二 | 72 | 225,480 | 自民 | 現 | ③ |
| ▽ | 杉原 一雄 | 52 | 193,930 | 社会 | 新 | |
| | 内山 弘正 | 47 | 19,287 | 共産 | 新 | |

石川県（1―4）
| | | | | | | |
|---|---|---|---|---|---|---|
| 1 | 林屋 亀次郎 | 76 | 222,535 | 自民 | 現 | ③ |
| ▽ | 川島 重男 | 47 | 104,150 | 社会 | 新 | |
| | 曽我 嘉二 | 35 | 45,637 | 民社 | 新 | |
| | 鶴森 広 | 49 | 27,301 | 無所 | 新 | |

福井県（1―4）
| | | | | | | |
|---|---|---|---|---|---|---|
| 1 | 熊谷 太三郎 | 55 | 205,961 | 自民 | 新 | ① |
| ▽ | 小幡 治和 | 57 | 84,964 | 無所 | 現 | 2 |
| ▽ | 田畑 政一郎 | 38 | 81,165 | 社会 | 新 | |

| | | | | | | |
|---|---|---|---|---|---|---|
| | 吉田 一夫 | 37 | 6,246 | 共産 | 新 | |

山梨県（1―4）
| | | | | | | |
|---|---|---|---|---|---|---|
| 1 | 吉江 勝保 | 62 | 182,953 | 自民 | 現 | ② |
| ▽ | 神沢 浄 | 46 | 138,275 | 社会 | 新 | |
| | 平林 太一 | 65 | 12,475 | 無所 | 元 | 1 |
| | 足達 八郎 | 41 | 6,884 | 共産 | 新 | |

長野県（2―4）
| | | | | | | |
|---|---|---|---|---|---|---|
| 1 | 林 虎雄 | 59 | 433,356 | 社会 | 新 | ① |
| 2 | 小山 邦太郎 | 72 | 312,073 | 自民 | 現 | ② |
| ▽ | 松原 久三 | 43 | 174,446 | 社会 | 新 | |
| | 菊池 謙一 | 49 | 38,684 | 共産 | 新 | |

岐阜県（1―3）
| | | | | | | |
|---|---|---|---|---|---|---|
| 1 | 古池 信三 | 59 | 373,945 | 自民 | 現 | ③ |
| ▽ | 中村 波男 | 50 | 295,479 | 社会 | 新 | |
| | 細野 義幸 | 37 | 20,658 | 共産 | 新 | |

静岡県（2―5）
| | | | | | | |
|---|---|---|---|---|---|---|
| 1 | 鈴木 万平 | 58 | 400,695 | 自民 | 現 | ② |
| 2 | 栗原 祐幸 | 42 | 393,399 | 自民 | 新 | ① |
| ▽ | 松永 忠二 | 53 | 355,994 | 社会 | 現 | 1 |
| | 常葉 雅文 | 31 | 62,768 | 民社 | 新 | |
| | 中村 義雄 | 55 | 36,042 | 共産 | 新 | |

愛知県（3―8）
| | | | | | | |
|---|---|---|---|---|---|---|
| 1 | 成瀬 幡治 | 51 | 459,640 | 社会 | 現 | ③ |
| 2 | 草葉 隆円 | 67 | 292,294 | 自民 | 現 | ④ |
| 3 | 柴田 栄 | 61 | 244,940 | 自民 | 現 | ② |
| ▽ | 内藤 駿次 | 44 | 230,520 | 民社 | 新 | |
| | 山本 米治 | 60 | 229,473 | 自民 | 現 | 2 |
| | 中村 宏 | 43 | 71,505 | 共産 | 新 | |
| | 川本 末治 | 64 | 34,798 | 無所 | 新 | |
| | 須賀 茂夫 | 68 | 6,568 | 無所 | 新 | |

三重県（1―3）
| | | | | | | |
|---|---|---|---|---|---|---|
| 1 | 斎藤 昇 | 59 | 402,824 | 自民 | 現 | ③ |
| ▽ | 高木 一 | 35 | 194,585 | 社会 | 新 | |
| | 松原 和夫 | 36 | 27,416 | 共産 | 新 | |

滋賀県（1―4）
| | | | | | | |
|---|---|---|---|---|---|---|
| 1 | 西川 甚五郎 | 59 | 211,831 | 自民 | 現 | ④ |
| ▽ | 山極 秋男 | 47 | 87,886 | 社会 | 新 | |
| | 藤関 義範 | 37 | 39,428 | 民社 | 新 | |
| | 古武家 昇平 | 36 | 14,920 | 共産 | 新 | |

京都府（2―6）
| | | | | | | |
|---|---|---|---|---|---|---|
| 1 | 大野木 秀次郎 | 66 | 266,556 | 自民 | 現 | ④ |
| 2 | 藤田 藤太郎 | 51 | 191,529 | 社会 | 現 | ② |
| ▽ | 浜田 正 | 49 | 118,077 | 民社 | 新 | |
| | 河田 賢治 | 62 | 91,581 | 共産 | 新 | |

## 資料　第6回通常選挙

|  | 太田 典礼 | 61 | 22,700 | 無所 新 |
|---|---|---|---|---|
|  | 嶋崎 栄治 | 40 | 11,473 | 無所 新 |

### 大阪府（3—11）

| 1 | 椿 繁夫 | 52 | 455,510 | 社会 現 ③ |
|---|---|---|---|---|
| 2 | 白木 義一郎 | 42 | 428,604 | 無所 現 ② |
| 3 | 中山 福蔵 | 75 | 350,899 | 自民 元 ③ |
| ▽ | 大川 光三 | 63 | 317,468 | 自民 現 2 |
| ▽ | 西川 繁一 | 53 | 261,827 | 民社 新 |
| ▽ | 東中 光雄 | 37 | 140,658 | 共産 新 |
|  | 別城 遺一 | 68 | 17,700 | 無所 新 |
|  | 西林 勝 | 51 | 15,465 | 無所 新 |
|  | 中野 高明 | 32 | 14,194 | 無所 新 |
|  | 森下 正則 | 43 | 12,617 | 無所 新 |
|  | 藤井 吉三郎 | 64 | 5,073 | 無所 新 |

### 兵庫県（3—5）

| 1 | 佐野 芳雄 | 58 | 413,029 | 社会 新 ① |
|---|---|---|---|---|
| 2 | 岸田 幸雄 | 69 | 387,632 | 自民 現 ② |
| 3 | 中野 文門 | 61 | 305,970 | 自民 現 ② |
| ▽ | 松浦 清一 | 59 | 231,392 | 民社 現 2 |
|  | 多田 留治 | 54 | 58,796 | 共産 新 |

### 奈良県（1—3）

| 1 | 新谷 寅三郎 | 59 | 192,756 | 自民 現 ④ |
|---|---|---|---|---|
| ▽ | 板鼻 耕治 | 31 | 84,569 | 社会 新 |
|  | 出合 一市 | 44 | 17,620 | 共産 新 |

### 和歌山県（1—3）

| 1 | 前田 佳都男 | 51 | 239,277 | 自民 現 ② |
|---|---|---|---|---|
| ▽ | 山下 正子 | 47 | 149,898 | 社会 新 |
|  | 宮沢 潔 | 42 | 14,570 | 共産 新 |

### 鳥取県（1—3）

| 1 | 仲原 善一 | 56 | 147,978 | 自民 現 ② |
|---|---|---|---|---|
| ▽ | 武部 文 | 41 | 118,258 | 社会 新 |
|  | 石尾 実 | 37 | 7,516 | 共産 新 |

### 島根県（1—4）

| 1 | 山本 利寿 | 65 | 171,936 | 無所 現 ④ |
|---|---|---|---|---|
| ▽ | 室崎 勝造 | 65 | 149,344 | 自民 新 |
|  | 山崎 亮 | 41 | 105,305 | 社会 新 |
|  | 金森 ひろたか | 43 | 17,380 | 共産 新 |

### 岡山県（2—5）

| 1 | 矢山 有作 | 38 | 262,309 | 社会 新 ① |
|---|---|---|---|---|
| 2 | 近藤 鶴代 | 60 | 236,048 | 自民 現 ② |
| ▽ | 稲垣 平太郎 | 73 | 163,993 | 自民 元 1 |
|  | 平尾 利雄 | 52 | 34,315 | 民社 新 |
|  | 宇野 博文 | 48 | 17,798 | 共産 新 |

### 広島県（2—5）

| 1 | 岩沢 忠恭 | 70 | 296,733 | 自民 現 ③ |
|---|---|---|---|---|
| 2 | 松本 賢一 | 58 | 284,231 | 社会 新 ① |
| ▽ | 山田 節男 | 63 | 175,253 | 民社 現 3 |
| ▽ | 迫 千代子 | 58 | 128,834 | 同志 新 |
|  | 村上 経行 | 44 | 28,931 | 共産 新 |

### 山口県（1—5）

| 1 | 二木 謙吾 | 65 | 347,523 | 自民 新 ① |
|---|---|---|---|---|
| ▽ | 大村 邦夫 | 45 | 191,462 | 社会 新 |
|  | 参谷 新一 | 39 | 71,953 | 民社 新 |
|  | 山田 喜一 | 51 | 24,590 | 共産 新 |
|  | 斉藤 章 | 55 | 11,149 | 無所 新 |

### 徳島県（1—4）

| 1 | 紅露 みつ | 69 | 121,772 | 自民 現 ④ |
|---|---|---|---|---|
| ▽ | 山口 一雄 | 45 | 112,771 | 無所 新 |
|  | 浜田 新太郎 | 55 | 89,135 | 社会 新 |
|  | 武知 寿 | 40 | 8,181 | 共産 新 |

### 香川県（1—3）

| 1 | 平井 太郎 | 56 | 242,921 | 自民 現 ③ |
|---|---|---|---|---|
| ▽ | 前川 トミエ | 58 | 158,759 | 社会 新 |
|  | 石田 千年 | 37 | 11,654 | 共産 新 |

### 愛媛県（1—3）

| 1 | 堀本 宜実 | 62 | 314,230 | 自民 現 ② |
|---|---|---|---|---|
| ▽ | 三橋 八次郎 | 63 | 270,211 | 社会 元 1 |
|  | 井上 定次郎 | 43 | 26,983 | 共産 新 |

### 高知県（1—3）

| 1 | 塩見 俊二 | 55 | 218,933 | 自民 現 ② |
|---|---|---|---|---|
| ▽ | 坂本 昭 | 48 | 160,248 | 社会 現 1 |
|  | 林田 芳徳 | 35 | 17,129 | 共産 新 |

### 福岡県（3—6）

| 1 | 亀井 光 | 53 | 386,810 | 自民 新 ① |
|---|---|---|---|---|
| 2 | 小柳 勇 | 50 | 293,806 | 社会 現 ② |
| 3 | 森部 隆輔 | 71 | 285,669 | 自民 新 ① |
| ▽ | 高口 等 | 45 | 247,806 | 社会 新 |
| ▽ | 土井 秀信 | 52 | 157,626 | 民社 新 |
|  | 八島 勝麿 | 36 | 74,620 | 共産 新 |

### 佐賀県（1—4）

| 1 | 杉原 荒太 | 62 | 136,812 | 自民 現 ③ |
|---|---|---|---|---|
| ▽ | 八木 昇 | 40 | 134,062 | 社会 新 |
| ▽ | 廉隅 伝次 | 55 | 89,896 | 無所 新 |
|  | 井手 太郎 | 42 | 9,310 | 共産 新 |

長崎県（1 ― 3）

| | | | | | | |
|---|---|---|---|---|---|---|
| 1 | 久保 勘一 | 51 | 320,911 | 自民 | 新 | ① |
| ▽ | 達田 竜彦 | 35 | 241,968 | 社会 | 新 | |
| | 福岡 醇次郎 | 58 | 13,755 | 共産 | 新 | |

熊本県（2 ― 4）

| | | | | | | |
|---|---|---|---|---|---|---|
| 1 | 園木 登 | 60 | 240,091 | 自民 | 新 | ① |
| 2 | 林田 正治 | 69 | 212,341 | 自民 | 現 | ② |
| ▽ | 森中 守義 | 42 | 204,180 | 社会 | 現 | 1 |
| | 田代 安喜 | 48 | 15,683 | 共産 | 新 | |

大分県（1 ― 3）

| | | | | | | |
|---|---|---|---|---|---|---|
| 1 | 後藤 義隆 | 61 | 283,216 | 自民 | 現 | ② |
| ▽ | 田尻 一雄 | 50 | 206,060 | 社会 | 新 | |
| | 石川 章三 | 50 | 23,029 | 共産 | 新 | |

宮崎県（1 ― 4）

| | | | | | | |
|---|---|---|---|---|---|---|
| 1 | 平島 敏夫 | 70 | 228,892 | 自民 | 現 | ② |
| ▽ | 森山 金作 | 54 | 105,596 | 社会 | 新 | |
| ▽ | 小島 三郎 | 46 | 77,055 | 民社 | 新 | |
| | 畑中 せつみ | 33 | 15,491 | 共産 | 新 | |

鹿児島県（2 ― 4）

| | | | | | | |
|---|---|---|---|---|---|---|
| 1 | 田中 茂穂 | 50 | 374,304 | 自民 | 現 | ② |
| 2 | 佐多 忠隆 | 58 | 262,643 | 社会 | 現 | ③ |
| ▽ | 川野 克哉 | 37 | 103,669 | 自民 | 新 | |
| | 牧之内 あつし | 35 | 15,447 | 共産 | 新 | |

## 第 6 期補欠選挙

熊本県（1962年11月30日執行＝1 ― 4）

| | | | | | | |
|---|---|---|---|---|---|---|
| 1 | 沢田 一精 | 41 | 249,677 | 自民 | 新 | ① |
| ▽ | 森中 守義 | 43 | 216,546 | 社会 | 元 | 1 |
| ▽ | 吉田 安 | 72 | 92,512 | 無所 | 新 | |
| | 田代 安喜 | 48 | 11,179 | 共産 | 新 | |

熊本県（1963年 1 月29日執行＝1 ― 2）

| | | | | | | |
|---|---|---|---|---|---|---|
| 1 | 北口 龍徳 | 61 | 494,767 | 自民 | 新 | ① |
| ▽ | 潮永 健一 | 30 | 131,249 | 民社 | 新 | |

栃木県（1963年 4 月 6 日執行＝1 ― 2）

| | | | | | | |
|---|---|---|---|---|---|---|
| 1 | 坪山 徳弥 | 72 | 252,047 | 自民 | 新 | ① |
| ▽ | 萩原 武 | 51 | 142,630 | 社会 | 新 | |

福岡県（1963年 4 月 9 日執行＝1 ― 3）

| | | | | | | |
|---|---|---|---|---|---|---|
| 1 | 小宮 市太郎 | 54 | 496,706 | 社会 | 新 | ① |
| ▽ | 安陪 正 | 40 | 87,744 | 無所 | 新 | |
| ▽ | 栗山 清志 | 42 | 79,317 | 諸派 | 新 | |

茨城県（1963年 9 月18日執行＝1 ― 5）

| | | | | | | |
|---|---|---|---|---|---|---|
| 1 | 鈴木 一司 | 66 | 241,653 | 自民 | 新 | ① |
| ▽ | 川村 衛 | 61 | 160,613 | 無所 | 新 | |
| | 高儀 満威 | 39 | 109,882 | 社会 | 新 | |
| | 大塚 正 | 36 | 18,015 | 共産 | 新 | |
| | 藤木 平次 | 39 | 1,108 | 諸派 | 新 | |

愛知県（1963年10月28日執行＝1 ― 4）

| | | | | | | |
|---|---|---|---|---|---|---|
| 1 | 八木 一郎 | 62 | 471,999 | 自民 | 新 | ① |
| ▽ | 飯島 幹雄 | 53 | 307,017 | 社会 | 新 | |
| | 青山 雅彦 | 68 | 28,418 | 無所 | 新 | |
| | 高橋 円吉 | 52 | 6,282 | 諸派 | 新 | |

京都府（1963年12月10日執行＝1 ― 4）

| | | | | | | |
|---|---|---|---|---|---|---|
| 1 | 植木 光教 | 36 | 165,742 | 自民 | 新 | ① |
| ▽ | 榎本 貴志雄 | 48 | 110,704 | 社会 | 新 | |
| ▽ | 河田 賢治 | 63 | 79,138 | 共産 | 新 | |
| | 佐野 博明 | 34 | 1,320 | 諸派 | 新 | |

和歌山県（1964年 6 月21日執行＝1 ― 3）

| | | | | | | |
|---|---|---|---|---|---|---|
| 1 | 和田 鶴一 | 52 | 163,920 | 自民 | 新 | ① |
| ▽ | 山下 正子 | 49 | 127,430 | 社会 | 新 | |
| | 藤沢 弘太郎 | 40 | 13,342 | 共産 | 新 | |

岡山県（1964年12月 9 日執行＝2 ― 4）

| | | | | | | |
|---|---|---|---|---|---|---|
| 1 | 秋山 長造 | 47 | 245,672 | 社会 | 前 | ③ |
| 2 | 木村 睦男 | 51 | 154,513 | 自民 | 新 | ① |
| ▽ | 伊藤 大孝 | 50 | 131,359 | 自民 | 新 | |
| | 林 郁男 | 33 | 13,582 | 共産 | 新 | |

宮城県（1965年 4 月11日執行＝1 ― 4）

| | | | | | | |
|---|---|---|---|---|---|---|
| 1 | 高橋 文五郎 | 71 | 256,658 | 自民 | 新 | ① |
| ▽ | 戸田 菊雄 | 41 | 143,145 | 社会 | 新 | |
| | 引地 金治郎 | 57 | 33,367 | 民社 | 新 | |
| | 阿部 伝 | 45 | 16,140 | 共産 | 新 | |

## 第7回通常選挙 （1965年7月4日執行）

### 全国区 (52—99) ＜補2＞

政党名凡例
自民　自由民主党
社会　日本社会党
民社　民主社会党
共産　日本共産党
公明　公明党

| | | | | | | | | | | | |
|---|---|---|---|---|---|---|---|---|---|---|---|
| 1 | 鹿島 守之助 | 69 | 1,014,545 | 自民 | 前 | ③ | | | | | |
| 2 | 春日 正一 | 58 | 875,093 | 共産 | 新 | ① | | | | | |
| 3 | 玉置 和郎 | 42 | 854,473 | 自民 | 新 | ① | | | | | |
| 4 | 田中 寿美子 | 55 | 854,272 | 社会 | 新 | ① | | | | | |
| 5 | 須藤 五郎 | 67 | 777,270 | 共産 | 前 | ③ | | | | | |
| 6 | 楠 正俊 | 44 | 742,055 | 自民 | 新 | ① | | | | | |
| 7 | 柏原 ヤス | 48 | 704,722 | 公明 | 前 | ② | 48 | 金丸 冨夫 | 69 | 450,731 | 自民 前 ② |
| 8 | 岡本 悟 | 51 | 694,991 | 自民 | 新 | ① | 49 | 山高 しげり | 66 | 450,072 | 無所 前 ② |
| 9 | 野上 元 | 50 | 685,280 | 社会 | 前 | ② | 50 | 梶原 茂嘉 | 65 | 443,891 | 自民 前 ③ |
| 10 | 内藤 誉三郎 | 53 | 655,351 | 自民 | 前 | ② | 51 | 米田 正文 | 60 | 440,944 | 自民 前 ② |
| 11 | 山崎 昇 | 43 | 650,828 | 社会 | 新 | ① | 52 | 石本 茂 | 51 | 439,909 | 無所 新 ① |
| 12 | 小林 章 | 49 | 646,054 | 自民 | 新 | ① | ▽ | 石谷 憲男 | 57 | 432,644 | 自民 前 1 |
| 13 | 多田 省吾 | 34 | 636,131 | 公明 | 新 | ① | ▽ | 阿具根 登 | 53 | 418,500 | 社会 前 2 |
| 14 | 木村 美智男 | 43 | 634,408 | 社会 | 新 | ① | ▽ | 中野 源二郎 | 51 | 417,596 | 民社 新 |
| 15 | 山田 徹一 | 44 | 632,685 | 公明 | 新 | ① | ▽ | 北川 義行 | 58 | 414,701 | 社会 新 |
| 16 | 山内 一郎 | 52 | 631,770 | 自民 | 新 | ① | ▽ | 豊瀬 禎一 | 48 | 409,457 | 社会 前 1 |
| 17 | 西村 尚治 | 54 | 627,593 | 自民 | 新 | ① | ▽ | 基 政七 | 62 | 409,228 | 民社 前 1 |
| 18 | 山本 伊三郎 | 59 | 620,188 | 社会 | 前 | | ▽ | 下村 定 | 77 | 408,593 | 自民 新 |
| 19 | 瓜生 清 | 44 | 613,764 | 民社 | 新 | ① | ▽ | 加藤 陽一 | 55 | 387,549 | 自民 新 |
| 20 | 大倉 精一 | 59 | 610,493 | 社会 | 前 | ③ | ▽ | 鎌倉 繁光 | 47 | 381,820 | 社会 新 |
| 21 | 小平 芳平 | 43 | 594,210 | 公明 | 前 | ② | ▽ | 川上 為治 | 57 | 356,120 | 自民 前 1 |
| 22 | 矢追 秀彦 | 31 | 593,326 | 公明 | 新 | ① | ▽ | 古海 忠之 | 65 | 351,627 | 自民 新 |
| 23 | 青木 一男 | 75 | 573,446 | 自民 | 前 | ③ | ▽ | 高野 一夫 | 65 | 327,117 | 自民 前 2 |
| 24 | 平泉 渉 | 35 | 570,771 | 自民 | 新 | ① | ▽ | 天埜 良吉 | 60 | 327,003 | 自民 前 1 |
| 25 | 岡村 文四郎 | 74 | 565,586 | 自民 | 前 | ③ | ▽ | 慶野 聡松 | 51 | 278,740 | 自民 新 |
| 26 | 重政 庸徳 | 70 | 555,296 | 自民 | 前 | ③ | ▽ | 中村 吉次郎 | 57 | 272,973 | 民社 新 |
| 27 | 松本 治一郎 | 78 | 548,022 | 社会 | 前 | ④ | ▽ | 津汲 泰宏 | 66 | 221,796 | 無所 新 |
| 28 | 山本 茂一郎 | 66 | 544,029 | 自民 | 新 | ① | ▽ | 大田 政作 | 61 | 221,478 | 自民 新 |
| 29 | 久保 等 | 48 | 526,247 | 社会 | 前 | ③ | ▽ | 新居 五郎 | 67 | 110,002 | 自民 新 |
| 30 | 鹿島 俊雄 | 58 | 508,433 | 自民 | 前 | ② | ▽ | 赤尾 敏 | 66 | 92,633 | 諸派 新 |
| 31 | 鶴園 哲夫 | 50 | 505,048 | 社会 | 前 | ② | | 安里 積千代 | 61 | 69,251 | 無所 新 |
| 32 | 鈴木 力 | 51 | 502,200 | 社会 | 新 | ① | | 本田 豊作 | 53 | 66,195 | 自民 新 |
| 33 | 片山 武夫 | 58 | 500,714 | 民社 | 新 | ① | | 菊地 清太郎 | 64 | 54,398 | 諸派 新 |
| 34 | 宮崎 正義 | 53 | 499,665 | 公明 | 新 | ① | | 中峠 国夫 | 62 | 54,352 | 無所 新 |
| 35 | 徳永 正利 | 51 | 490,281 | 自民 | 前 | ② | | 石井 正二 | 69 | 50,882 | 無所 新 |
| 36 | 原田 立 | 38 | 490,127 | 公明 | 新 | ① | | 林 武一 | 65 | 50,766 | 無所 新 |
| 37 | 大谷 贇雄 | 64 | 489,152 | 自民 | 前 | ③ | | 秋本 明子 | 40 | 49,673 | 無所 新 |
| 38 | 永岡 光治 | 52 | 487,622 | 社会 | 前 | ③ | | 田中 匡 | 63 | 47,970 | 無所 新 |
| 39 | 山本 杉 | 62 | 486,884 | 自民 | 前 | ② | | 富田 定 | 53 | 39,193 | 無所 新 |
| 40 | 黒柳 明 | 34 | 485,903 | 公明 | 新 | ① | | 古賀 一 | 70 | 38,947 | 諸派 新 |
| 41 | 千葉 千代世 | 58 | 480,667 | 社会 | 前 | ② | | 山下 敏男 | 38 | 38,761 | 無所 新 |
| 42 | 横山 フク | 58 | 480,066 | 自民 | 前 | ② | | 浜野 哲夫 | 32 | 28,491 | 無所 新 |
| 43 | 北畠 教真 | 60 | 476,041 | 自民 | 前 | ② | | 岡本 義雄 | 58 | 27,218 | 諸派 新 |
| 44 | 八田 一朗 | 59 | 461,768 | 自民 | 新 | ① | | 長谷 長次 | 61 | 24,765 | 無所 新 |
| 45 | 中尾 辰義 | 49 | 460,912 | 公明 | 新 | ① | | 山田 周平 | 59 | 23,529 | 無所 新 |
| 46 | 内田 芳郎 | 46 | 457,749 | 自民 | 新 | ① | | 高林 ガンジー | 57 | 23,028 | 無所 新 |
| 47 | 黒木 利克 | 51 | 454,511 | 自民 | 新 | ① | | 小田 俊与 | 58 | 21,679 | 無所 新 |

|   |   |   |   |   |   |
|---|---|---|---|---|---|
|   | 井沢 武 | 58 | 20,479 | 無所 | 新 |
|   | 佐々木 励 | 53 | 19,991 | 無所 | 新 |
|   | 鴨田 徳一 | 43 | 18,755 | 諸派 | 新 |
|   | 福田 進 | 36 | 16,974 | 諸派 | 新 |
|   | 中西 雅市 | 40 | 15,729 | 無所 | 新 |
|   | 清水 亘 | 56 | 15,446 | 諸派 | 新 |
|   | 青山 雅彦 | 69 | 14,109 | 無所 | 新 |
|   | 一条 世紀 | 51 | 13,995 | 無所 | 新 |
|   | 高瀬 夢園 | 64 | 5,537 | 諸派 | 新 |
|   | 安東 熊夫 | 64 | 5,477 | 無所 | 新 |
|   | 田尻 容基 | 64 | 5,438 | 無所 | 新 |

## 地方区

### 北海道（4—7）

| | | | | | |
|---|---|---|---|---|---|
| 1 | 川村 清一 | 54 | 423,325 | 社会 | 新 ① |
| 2 | 井川 伊平 | 70 | 401,863 | 自民 | 前 ② |
| 3 | 高橋 雄之助 | 58 | 337,047 | 自民 | 新 ① |
| 4 | 竹田 現照 | 41 | 328,643 | 社会 | 新 ① |
| ▽ | 村上 由 | 64 | 116,519 | 共産 | 新 |
|   | 前谷 宏 | 40 | 47,795 | 無所 | 新 |
|   | 藤本 国夫 | 48 | 28,572 | 諸派 | 新 |

### 青森県（1—5）

| | | | | | |
|---|---|---|---|---|---|
| 1 | 津島 文治 | 67 | 183,439 | 自民 | 新 ① |
| ▽ | 山崎 竜男 | 43 | 136,652 | 無所 | 新 |
| ▽ | 轟 泰諄 | 58 | 93,857 | 社会 | 新 |
|   | 秋元 岩五郎 | 62 | 42,919 | 民社 | 新 |
|   | 中村 勝巳 | 40 | 21,513 | 共産 | 新 |

### 岩手県（1—3）

| | | | | | |
|---|---|---|---|---|---|
| 1 | 谷村 貞治 | 69 | 289,105 | 自民 | 前 ② |
| ▽ | 山本 弥之助 | 58 | 283,849 | 社会 | 新 |
|   | 宮脇 嘉一 | 48 | 19,023 | 共産 | 新 |

### 宮城県（1—4）

| | | | | | |
|---|---|---|---|---|---|
| 1 | 戸田 菊雄 | 41 | 253,652 | 社会 | 新 ① |
| ▽ | 古内 広雄 | 57 | 233,050 | 自民 | 新 |
| ▽ | 村松 久義 | 66 | 154,058 | 無所 | 前 1 |
|   | 阿部 伝 | 45 | 25,445 | 共産 | 新 |

### 秋田県（1—3）

| | | | | | |
|---|---|---|---|---|---|
| 1 | 松野 孝一 | 60 | 268,586 | 自民 | 前 ③ |
| ▽ | 内藤 良平 | 49 | 253,770 | 社会 | 新 |
|   | 鈴木 清 | 58 | 36,247 | 無所 | 新 |

### 山形県（1—3）

| | | | | | |
|---|---|---|---|---|---|
| 1 | 伊藤 五郎 | 63 | 316,126 | 自民 | 新 ① |
| ▽ | 金沢 忠雄 | 45 | 267,834 | 社会 | 新 |
|   | 阿部 五郎 | 54 | 31,453 | 共産 | 新 |

### 福島県（2—5）

| | | | | | |
|---|---|---|---|---|---|
| 1 | 石原 幹市郎 | 62 | 337,025 | 自民 | 前 ④ |
| 2 | 村田 秀三 | 44 | 318,494 | 社会 | 新 ① |
| ▽ | 白幡 友敬 | 51 | 102,806 | 自民 | 新 |
|   | 薮内 喜一郎 | 59 | 69,513 | 民社 | 新 |
|   | 佐久間 勇 | 38 | 27,771 | 共産 | 新 |

### 茨城県（2—4）

| | | | | | |
|---|---|---|---|---|---|
| 1 | 中村 喜四郎 | 54 | 288,839 | 自民 | 新 ① |
| 2 | 大森 創造 | 47 | 238,675 | 社会 | 前 ② |
| ▽ | 鈴木 一司 | 68 | 200,356 | 自民 | 新 1 |
|   | 沼田 秀郷 | 59 | 22,311 | 共産 | 新 |

### 栃木県（2—6）

| | | | | | |
|---|---|---|---|---|---|
| 1 | 船田 譲 | 42 | 169,018 | 自民 | 新 ① |
| 2 | 田村 賢作 | 60 | 135,318 | 自民 | 新 ① |
| ▽ | 戸叶 武 | 62 | 119,552 | 社会 | 前 2 |
| ▽ | 萩原 武 | 53 | 107,384 | 社会 | 新 |
| ▽ | 相馬 助治 | 54 | 73,806 | 民社 | 元 2 |
|   | 兵藤 忠一 | 41 | 9,170 | 共産 | 新 |

### 群馬県（2—6）

| | | | | | |
|---|---|---|---|---|---|
| 1 | 大和 与一 | 56 | 195,901 | 社会 | 前 ③ |
| 2 | 近藤 英一郎 | 52 | 189,517 | 自民 | 新 ① |
| ▽ | 武田 金処 | 57 | 143,366 | 無所 | 新 |
| ▽ | 最上 英子 | 62 | 121,819 | 自民 | 前 2 |
|   | 宮沢 忠夫 | 42 | 23,107 | 共産 | 新 |
|   | 平山 林吉 | 51 | 16,738 | 無所 | 新 |

### 埼玉県（2—5）

| | | | | | |
|---|---|---|---|---|---|
| 1 | 森 勝治 | 49 | 331,709 | 社会 | 新 ① |
| 2 | 土屋 義彦 | 39 | 298,592 | 自民 | 新 ① |
| ▽ | 小林 英三 | 72 | 292,254 | 自民 | 前 3 |
|   | 瀬川 源助 | 64 | 59,407 | 民社 | 新 |
|   | 渡辺 貢 | 37 | 47,472 | 共産 | 新 |

### 千葉県（2—5）

| | | | | | |
|---|---|---|---|---|---|
| 1 | 小沢 久太郎 | 64 | 382,608 | 自民 | 前 ③ |
| 2 | 加瀬 完 | 55 | 264,057 | 社会 | 前 ③ |
| ▽ | 吉川 成夫 | 33 | 128,671 | 民社 | 新 |
|   | 小松 七郎 | 59 | 60,617 | 共産 | 新 |
|   | 白井 長治 | 63 | 49,572 | 無所 | 新 |

### 東京都（4—39）

| | | | | | |
|---|---|---|---|---|---|
| 1 | 野坂 参三 | 73 | 619,893 | 共産 | 前 ③ |
| 2 | 北条 浩 | 41 | 608,235 | 公明 | 新 ① |
| 3 | 木村 禧八郎 | 64 | 556,189 | 社会 | 前 ④ |
| 4 | 市川 房枝 | 72 | 496,795 | 無所 | 前 ③ |
| ▽ | 江崎 彦武 | 55 | 457,281 | 自民 | 新 |
| ▽ | 小林 あきら | 61 | 385,123 | 自民 | 新 |
| ▽ | 和田 耕作 | 58 | 372,486 | 民社 | 新 |
|   | 伊藤 英治 | 39 | 158,804 | 社会 | 新 |

資料　第7回通常選挙　501

| | | | | | | |
|---|---|---|---|---|---|---|
| | 品川　司 | 54 | 36,090 | 無所 | 新 | |
| | 神山　茂夫 | 60 | 35,012 | 諸派 | 新 | |
| | 森　悦子 | 56 | 22,294 | 諸派 | 新 | |
| | 浅沼　美知雄 | 49 | 16,014 | 無所 | 新 | |
| | 平林　太一 | 68 | 15,273 | 無所 | 元 | 1 |
| | 高田　巌 | 35 | 7,127 | 諸派 | 新 | |
| | 杉本　一夫 | 56 | 7,052 | 無所 | 新 | |
| | 上野　アキラ | 31 | 6,949 | 諸派 | 新 | |
| | 竹田　正一 | 62 | 6,396 | 諸派 | 新 | |
| | 南　俊夫 | 53 | 5,677 | 諸派 | 新 | |
| | 石川　まさひろ | 37 | 5,541 | 無所 | 新 | |
| | 中村　吟造 | 69 | 5,437 | 諸派 | 新 | |
| | 小林　哲也 | 30 | 5,331 | 諸派 | 新 | |
| | 田島　将光 | 73 | 5,012 | 無所 | 新 | |
| | 高橋　秀郎 | 59 | 4,391 | 諸派 | 新 | |
| | 大木　明雄 | 44 | 4,101 | 諸派 | 新 | |
| | 鎌田　文雄 | 66 | 3,255 | 無所 | 新 | |
| | 長島　功一 | 35 | 2,848 | 諸派 | 新 | |
| | 鈴木　健正 | 40 | 2,725 | 諸派 | 新 | |
| | 桜井　康_ | 44 | 2,348 | 諸派 | 新 | |
| | 赤石　三五郎 | 61 | 2,063 | 諸派 | 新 | |
| | 神野　七郎 | 55 | 1,821 | 諸派 | 新 | |
| | 野々上　武敏 | 55 | 1,589 | 諸派 | 新 | |
| | 茂木　耕三 | 72 | 1,543 | 諸派 | 新 | |
| | 阿部　忠夫 | 31 | 1,344 | 諸派 | 新 | |
| | 神長　保男 | 39 | 1,338 | 諸派 | 新 | |
| | 島名　正雄 | 33 | 1,111 | 諸派 | 新 | |
| | 柴田　富陽 | 70 | 1,089 | 諸派 | 新 | |
| | 福山　卓美 | 36 | 1,028 | 諸派 | 新 | |
| | 曽田　治雄 | 34 | 753 | 諸派 | 新 | |
| | 河東田　啓彰 | 67 | 557 | 諸派 | 新 | |

神奈川県（2—7）

| | | | | | | |
|---|---|---|---|---|---|---|
| 1 | 岡　三郎 | 51 | 522,094 | 社会 | 前 | ③ |
| 2 | 河野　謙三 | 64 | 519,027 | 自民 | 前 | ③ |
| ▽ | 金子　駿介 | 44 | 257,352 | 民社 | 新 | |
| | 佐々木　修二 | 59 | 94,506 | 共産 | 新 | |
| | 石井　貞夫 | 47 | 92,316 | 無所 | 新 | |
| | 深作　清次郎 | 54 | 10,298 | 諸派 | 新 | |
| | 野嶋　佐一 | 69 | 9,142 | 無所 | 新 | |

新潟県（2—3）

| | | | | | | |
|---|---|---|---|---|---|---|
| 1 | 佐藤　芳男 | 68 | 481,862 | 自民 | 前 | ② |
| 2 | 武内　五郎 | 63 | 407,147 | 社会 | 前 | ② |
| | 寺島　泰治 | 58 | 66,146 | 共産 | 新 | |

富山県（1—3）

| | | | | | | |
|---|---|---|---|---|---|---|
| 1 | 桜井　志郎 | 58 | 221,881 | 自民 | 前 | ② |
| ▽ | 杉原　一雄 | 55 | 215,069 | 社会 | 新 | |
| | 岩倉　政治 | 62 | 18,759 | 共産 | 新 | |

石川県（1—4）

| | | | | | | |
|---|---|---|---|---|---|---|
| 1 | 任田　新治 | 56 | 175,397 | 自民 | 新 | ① |
| ▽ | 池田　健 | 30 | 145,685 | 社会 | 新 | |
| | 武谷　甚太郎 | 72 | 56,650 | 無所 | 新 | |
| | 永井　泰蔵 | 56 | 22,690 | 共産 | 新 | |

福井県（1—4）

| | | | | | | |
|---|---|---|---|---|---|---|
| 1 | 高橋　衛 | 62 | 146,354 | 自民 | 前 | ③ |
| ▽ | 小幡　治和 | 60 | 130,254 | 無所 | 元 | 2 |
| ▽ | 辻　一彦 | 40 | 92,528 | 社会 | 新 | |
| | 吉田　一夫 | 40 | 9,274 | 共産 | 新 | |

山梨県（1—3）

| | | | | | | |
|---|---|---|---|---|---|---|
| 1 | 広瀬　久忠 | 76 | 187,842 | 自民 | 元 | ② |
| ▽ | 安田　敏雄 | 55 | 154,160 | 社会 | 前 | 1 |
| | 足達　八郎 | 44 | 12,090 | 共産 | 新 | |

長野県（2—3）

| | | | | | | |
|---|---|---|---|---|---|---|
| 1 | 羽生　三七 | 61 | 424,791 | 社会 | 前 | ④ |
| 2 | 木内　四郎 | 69 | 378,473 | 自民 | 前 | ④ |
| | 菊池　謙一 | 52 | 94,629 | 共産 | 新 | |

岐阜県（1—4）

| | | | | | | |
|---|---|---|---|---|---|---|
| 1 | 中村　波男 | 53 | 291,726 | 社会 | 新 | ① |
| ▽ | 前田　義雄 | 59 | 280,744 | 自民 | 新 | |
| ▽ | 木村　公平 | 59 | 156,908 | 無所 | 新 | |
| | 細野　義幸 | 40 | 18,689 | 共産 | 新 | |

静岡県（2—3）

| | | | | | | |
|---|---|---|---|---|---|---|
| 1 | 小林　武治 | 65 | 638,736 | 自民 | 前 | ③ |
| 2 | 松永　忠二 | 56 | 461,653 | 社会 | 元 | ② |
| | 中村　義雄 | 58 | 89,429 | 共産 | 新 | |

愛知県（3—8）

| | | | | | | |
|---|---|---|---|---|---|---|
| 1 | 近藤　信一 | 58 | 428,842 | 社会 | 元 | ③ |
| 2 | 八木　一郎 | 63 | 428,547 | 自民 | 前 | ② |
| 3 | 青柳　秀夫 | 67 | 329,003 | 自民 | 前 | ③ |
| ▽ | 石田　幸四郎 | 34 | 312,768 | 公明 | 新 | |
| ▽ | 佐橋　義金 | 34 | 154,574 | 民社 | 新 | |
| | 中村　宏 | 46 | 91,957 | 共産 | 新 | |
| | 近藤　政治郎 | 40 | 10,753 | 無所 | 新 | |
| | 柴田　実 | 36 | 8,228 | 諸派 | 新 | |

三重県（1—3）

| | | | | | | |
|---|---|---|---|---|---|---|
| 1 | 井野　碩哉 | 73 | 364,349 | 自民 | 前 | ③ |
| ▽ | 渡辺　藤次 | 47 | 221,785 | 社会 | 新 | |
| | 尾崎　駿雄 | 44 | 37,514 | 共産 | 新 | |

滋賀県（1—3）

| | | | | | | |
|---|---|---|---|---|---|---|
| 1 | 奥村　悦造 | 57 | 198,400 | 自民 | 新 | ① |
| ▽ | 法岡　多聞 | 45 | 113,855 | 自民 | 新 | |
| | 仲川　半次郎 | 44 | 39,126 | 共産 | 新 | |

502

### 京都府（2―4）

| | | | | | | |
|---|---|---|---|---|---|---|
| 1 | 植木 光教 | 38 | 252,482 | 自民 | 前 | ② |
| 2 | 大橋 和孝 | 55 | 203,977 | 社会 | 新 | ① |
| ▽ | 河田 賢治 | 65 | 149,706 | 共産 | 新 | |
| ▽ | 堀江 秀典 | 45 | 131,286 | 民社 | 新 | |

### 大阪府（3―10）

| | | | | | | |
|---|---|---|---|---|---|---|
| 1 | 赤間 文三 | 66 | 694,364 | 自民 | 前 | ② |
| 2 | 田代 富士男 | 34 | 491,047 | 公明 | 新 | ① |
| 3 | 亀田 得治 | 52 | 428,743 | 社会 | 前 | ③ |
| ▽ | 村尾 重雄 | 63 | 418,963 | 民社 | 前 | 3 |
| ▽ | 東中 光雄 | 40 | 220,140 | 共産 | 新 | |
| | 中野 高明 | 35 | 12,168 | 無所 | 新 | |
| | 西林 勝 | 54 | 11,817 | 無所 | 新 | |
| | 森下 正則 | 46 | 11,438 | 無所 | 新 | |
| | 山陰 探月 | 49 | 9,154 | 諸派 | 新 | |
| | 藤井 吉三郎 | 67 | 7,331 | 無所 | 新 | |

### 兵庫県（3―6）

| | | | | | | |
|---|---|---|---|---|---|---|
| 1 | 松沢 兼人 | 67 | 400,815 | 社会 | 前 | ③ |
| 2 | 中沢 伊登子 | 49 | 302,484 | 民社 | 新 | ① |
| 3 | 青田 源太郎 | 63 | 295,184 | 自民 | 新 | ② |
| | 渡部 城克 | 33 | 278,361 | 公明 | 新 | |
| ▽ | 川西 清 | 46 | 246,711 | 自民 | 新 | |
| | 中島 祐吉 | 50 | 84,874 | 共産 | 新 | |

### 奈良県（1―3）

| | | | | | | |
|---|---|---|---|---|---|---|
| 1 | 大森 久司 | 63 | 184,509 | 自民 | 新 | ① |
| ▽ | 板鼻 耕治 | 34 | 107,066 | 社会 | 新 | |
| | 石垣 憲弥 | 49 | 23,559 | 共産 | 新 | |

### 和歌山県（1―3）

| | | | | | | |
|---|---|---|---|---|---|---|
| 1 | 和田 鶴一 | 53 | 245,225 | 自民 | 前 | ② |
| ▽ | 塩地 英二 | 49 | 114,733 | 社会 | 新 | |
| | 岡野 茂郎 | 41 | 29,578 | 共産 | 新 | |

### 鳥取県（1―3）

| | | | | | | |
|---|---|---|---|---|---|---|
| 1 | 宮崎 正雄 | 58 | 137,780 | 自民 | 新 | ① |
| ▽ | 広田 幸一 | 49 | 127,456 | 社会 | 新 | |
| | 裏坂 憲一 | 46 | 9,086 | 共産 | 新 | |

### 島根県（1―4）

| | | | | | | |
|---|---|---|---|---|---|---|
| 1 | 中村 英男 | 61 | 204,462 | 社会 | 新 | ① |
| ▽ | 佐野 広 | 60 | 196,013 | 自民 | 前 | 2 |
| | 上野 孝 | 38 | 14,893 | 共産 | 新 | |
| | 国沢 徳五郎 | 75 | 4,565 | 無所 | 新 | |

### 岡山県（2―4）

| | | | | | | |
|---|---|---|---|---|---|---|
| 1 | 秋山 長造 | 48 | 314,823 | 社会 | 前 | ④ |
| 2 | 木村 睦男 | 51 | 228,116 | 自民 | 前 | ② |
| ▽ | 笠岡 喬 | 39 | 129,562 | 自民 | 新 | |
| | 板野 勝次 | 62 | 28,216 | 共産 | 元 | 1 |

### 広島県（2―3）

| | | | | | | |
|---|---|---|---|---|---|---|
| 1 | 藤田 正明 | 43 | 460,079 | 自民 | 新 | ① |
| 2 | 藤田 進 | 52 | 396,256 | 社会 | 前 | ③ |
| | 村上 経行 | 47 | 66,490 | 共産 | 新 | |

### 山口県（1―6）

| | | | | | | |
|---|---|---|---|---|---|---|
| 1 | 吉武 恵市 | 62 | 363,488 | 自民 | 前 | ② |
| ▽ | 末宗 照彦 | 44 | 145,857 | 社会 | 新 | |
| | 重国 良雄 | 54 | 71,934 | 民社 | 新 | |
| | 舛富 圭一 | 42 | 21,518 | 共産 | 新 | |
| | 片山 栄 | 65 | 13,281 | 無所 | 新 | |
| | 三原 藤助 | 54 | 6,916 | 無所 | 新 | |

### 徳島県（1―4）

| | | | | | | |
|---|---|---|---|---|---|---|
| 1 | 三木 与吉郎 | 62 | 166,918 | 自民 | 前 | ③ |
| ▽ | 井上 普方 | 40 | 112,181 | 社会 | 新 | |
| | 秋田 忠昭 | 35 | 41,319 | 民社 | 新 | |
| | 武知 寿 | 43 | 11,013 | 共産 | 新 | |

### 香川県（1―3）

| | | | | | | |
|---|---|---|---|---|---|---|
| 1 | 前川 旦 | 35 | 183,535 | 社会 | 新 | ① |
| ▽ | 久保田 英一 | 58 | 174,302 | 自民 | 新 | |
| | 石田 千年 | 40 | 18,224 | 共産 | 新 | |

### 愛媛県（1―3）

| | | | | | | |
|---|---|---|---|---|---|---|
| 1 | 増原 恵吉 | 62 | 330,399 | 自民 | 前 | ③ |
| ▽ | 渡辺 道子 | 52 | 268,109 | 社会 | 新 | |
| | 井上 定次郎 | 46 | 33,219 | 共産 | 新 | |

### 高知県（1―3）

| | | | | | | |
|---|---|---|---|---|---|---|
| 1 | 寺尾 豊 | 67 | 227,309 | 自民 | 前 | ⑤ |
| ▽ | 井上 泉 | 49 | 116,088 | 社会 | 新 | |
| | 林田 芳徳 | 38 | 34,296 | 共産 | 新 | |

### 福岡県（3―7）

| | | | | | | |
|---|---|---|---|---|---|---|
| 1 | 剣木 亨弘 | 63 | 349,600 | 自民 | 前 | ③ |
| 2 | 柳田 桃太郎 | 58 | 268,824 | 自民 | 新 | ① |
| 3 | 小野 明 | 45 | 263,062 | 社会 | 新 | ① |
| | 大橋 敏雄 | 39 | 220,564 | 公明 | 新 | |
| ▽ | 小宮 市太郎 | 56 | 199,222 | 社会 | 前 | 1 |
| | 八島 勝麿 | 39 | 104,078 | 共産 | 新 | |
| | 山田 喜三郎 | 48 | 75,382 | 民社 | 新 | |

### 佐賀県（1―3）

| | | | | | | |
|---|---|---|---|---|---|---|
| 1 | 鍋島 直紹 | 53 | 246,263 | 自民 | 前 | ② |
| ▽ | 宮崎 茂 | 49 | 107,493 | 社会 | 新 | |
| | 江口 子午вре | 56 | 10,214 | 共産 | 新 | |

### 長崎県（1―6）

| | | | | | | |
|---|---|---|---|---|---|---|
| 1 | 田浦 直蔵 | 66 | 247,026 | 自民 | 新 | ① |
| ※ | 達田 竜彦 | 38 | 218,423 | 社会 | 新 | |
| | 佐野 豊 | 54 | 50,290 | 民社 | 新 | |

資料 第7回通常選挙 503

|   |   |   |   |   |   |
|---|---|---|---|---|---|
|   | 宮本 一 | 39 | 22,930 | 共産 | 新 |
|   | 日高 一 | 53 | 7,662 | 諸派 | 新 |
|   | 藤田 治郎 | 73 | 5,091 | 無所 | 新 |

**熊本県（2―4）**

| | | | | | | |
|---|---|---|---|---|---|---|
| 1 | 森中 守義 | 45 | 222,976 | 社会 | 元 | ② |
| 2 | 沢田 一精 | 43 | 217,844 | 自民 | 前 | |
| ▽ | 高田 浩運 | 51 | 206,538 | 自民 | 新 | |
|   | 佐藤 義郎 | 40 | 10,992 | 共産 | 新 | |

**大分県（1―4）**

| | | | | | | |
|---|---|---|---|---|---|---|
| 1 | 村上 春蔵 | 60 | 252,004 | 自民 | 前 | ② |
| ▽ | 工藤 良平 | 39 | 178,866 | 社会 | 新 | |
|   | 矢嶋 三義 | 53 | 53,474 | 民社 | 元 | 2 |
|   | 甲斐 竹二 | 57 | 16,264 | 共産 | 新 | |

**宮崎県（1―3）**

| | | | | | | |
|---|---|---|---|---|---|---|
| 1 | 温水 三郎 | 59 | 257,101 | 自民 | 前 | ② |
| ▽ | 松浦 利尚 | 39 | 152,347 | 社会 | 新 | |
|   | 畑中 せつみ | 36 | 27,107 | 共産 | 新 | |

**鹿児島県（2―4）**

| | | | | | | |
|---|---|---|---|---|---|---|
| 1 | 西郷 吉之助 | 58 | 301,807 | 自民 | 前 | ④ |
| 2 | 谷口 慶吉 | 63 | 232,048 | 自民 | 前 | ② |
| ▽ | 緒方 章 | 54 | 205,078 | 社会 | 新 | |
|   | 久留 義三 | 48 | 17,023 | 共産 | 新 | |

## 第7期補欠選挙

**熊本県（1965年7月18日執行＝1―3）**

| | | | | | | |
|---|---|---|---|---|---|---|
| 1 | 園田 清充 | 45 | 304,641 | 自民 | 新 | ① |
| ▽ | 大中 康雄 | 45 | 159,623 | 社会 | 新 | |
|   | 福永 毅 | 44 | 12,656 | 共産 | 新 | |

**広島県（1966年1月30日執行＝1―4）**

| | | | | | | |
|---|---|---|---|---|---|---|
| 1 | 中津井 真 | 62 | 266,342 | 自民 | 新 | ① |
| ▽ | 福岡 義登 | 42 | 199,337 | 社会 | 新 | |
|   | 徳成 三男 | 46 | 162,314 | 無所 | 新 | |
|   | 村上 経行 | 47 | 44,080 | 共産 | 新 | |

**京都府（1966年4月27日執行＝1―5）**

| | | | | | | |
|---|---|---|---|---|---|---|
| 1 | 林田 悠紀夫 | 50 | 219,675 | 自民 | 新 | ① |
| ▽ | 小倉 治一郎 | 41 | 133,570 | 社会 | 新 | |
| ▽ | 河田 賢治 | 66 | 110,698 | 共産 | 新 | |
|   | 高田 巌 | 35 | 7,083 | 諸派 | 新 | |
|   | 嶋崎 栄治 | 43 | 6,987 | 無所 | 新 | |

**愛知県（1966年11月5日執行＝1―8）**

| | | | | | | |
|---|---|---|---|---|---|---|
| 1 | 横井 太郎 | 67 | 380,158 | 自民 | 新 | ① |
| ▽ | 小山 良治 | 43 | 336,847 | 社会 | 新 | |
| ▽ | 加藤 正見 | 43 | 140,456 | 民社 | 新 | |

|   |   |   |   |   |   |
|---|---|---|---|---|---|
| 浅井 美雄 | 56 | 56,065 | 共産 | 新 | |
| 桜井 タマ子 | 35 | 51,032 | 無所 | 新 | |
| 西脇 正治 | 65 | 39,849 | 無所 | 新 | |
| 榊原 守 | 38 | 23,208 | 無所 | 新 | |
| 高田 巌 | 36 | 10,033 | 諸派 | 新 | |

**神奈川県（1967年2月12日執行＝1―4）**

| | | | | | | |
|---|---|---|---|---|---|---|
| 1 | 佐藤 一郎 | 53 | 318,002 | 自民 | 新 | ① |
| ▽ | 片岡 勝治 | 42 | 304,392 | 社会 | 新 | |
| ▽ | 中路 雅弘 | 40 | 58,313 | 共産 | 新 | |
|   | 山岸 梅茂 | 53 | 14,686 | 無所 | 新 | |

**福岡県（1967年4月30日執行＝1―3）**

| | | | | | | |
|---|---|---|---|---|---|---|
| 1 | 鬼丸 勝之 | 53 | 463,815 | 自民 | 新 | ① |
| ▽ | 篠原 文治 | 40 | 240,650 | 社会 | 新 | |
|   | 諫山 博 | 45 | 75,157 | 共産 | 新 | |

**滋賀県（1967年6月25日執行＝1―4）**

| | | | | | | |
|---|---|---|---|---|---|---|
| 1 | 西村 関一 | 67 | 115,344 | 社会 | 新 | ① |
| ▽ | 野崎 貫一 | 69 | 102,753 | 自民 | 新 | |
|   | 江畑 寅次郎 | 52 | 20,550 | 無所 | 新 | |
|   | 古武家 昇平 | 41 | 13,395 | 共産 | 新 | |

**群馬県（1967年8月20日執行＝1―4）**

| | | | | | | |
|---|---|---|---|---|---|---|
| 1 | 佐田 一郎 | 65 | 291,042 | 自民 | 新 | ① |
| ▽ | 茜ヶ久保 重光 | 61 | 193,756 | 社会 | 新 | |
|   | 宮沢 忠夫 | 44 | 26,481 | 共産 | 新 | |
|   | 高田 巌 | 37 | 5,908 | 諸派 | 新 | |

**秋田県（1967年9月15日執行＝1―4）**

| | | | | | | |
|---|---|---|---|---|---|---|
| 1 | 沢田 政治 | 45 | 190,574 | 社会 | 新 | ① |
| ▽ | 谷藤 征得 | 62 | 188,824 | 自民 | 新 | |
|   | 佐藤 広一 | 47 | 46,042 | 民社 | 新 | |
|   | 小川 俊三 | 47 | 33,178 | 共産 | 新 | |

**千葉県（1967年11月5日執行＝1―4）**

| | | | | | | |
|---|---|---|---|---|---|---|
| 1 | 菅野 儀作 | 60 | 290,988 | 自民 | 新 | ① |
| ▽ | 加瀬 包男 | 51 | 112,715 | 社会 | 新 | |
| ▽ | 小松 七郎 | 61 | 59,507 | 共産 | 新 | |
|   | 長谷 長次 | 64 | 20,440 | 無所 | 新 | |

**新潟県（1967年11月5日執行＝1―3）**

| | | | | | | |
|---|---|---|---|---|---|---|
| 1 | 佐藤 隆 | 39 | 452,503 | 自民 | 新 | ① |
| ▽ | 松井 誠 | 54 | 405,210 | 社会 | 新 | |
|   | 寺島 泰治 | 60 | 34,526 | 共産 | 新 | |

**岩手県（1968年6月9日執行＝1―5）**

| | | | | | | |
|---|---|---|---|---|---|---|
| 1 | 岩動 道行 | 54 | 236,320 | 自民 | 新 | ① |
| ▽ | 千葉 七郎 | 62 | 215,630 | 社会 | 新 | |
|   | 昆 貞 | 70 | 41,558 | 無所 | 新 | |
|   | 宮脇 嘉一 | 51 | 19,685 | 共産 | 新 | |
|   | 伊藤 幸太郎 | 68 | 6,398 | 無所 | 新 | |

## 第8回通常選挙 (1968年7月7日執行)

全国区 (51—93) ＜補1＞

政党名凡例
自民　自由民主党
社会　日本社会党
民社　民主社会党
共産　日本共産党
公明　公明党

| | | | | | | | | | | | |
|---|---|---|---|---|---|---|---|---|---|---|---|
| 1 | 石原 慎太郎 | 35 | 3,012,552 | 自民 | 新 | ① | | | | | |
| 2 | 青島 幸男 | 35 | 1,203,431 | 無所 | 新 | ① | | | | | |
| 3 | 上田 哲 | 40 | 1,046,709 | 社会 | 新 | ① | | | | | |
| 4 | 今 東光 | 70 | 1,015,872 | 自民 | 新 | ① | | | | | |
| 5 | 重宗 雄三 | 74 | 882,036 | 自民 | 現 | ⑤ | | | | | |
| 6 | 長谷川 仁 | 49 | 833,225 | 自民 | 現 | ② | | | | | |
| 7 | 大松 博文 | 47 | 822,648 | 自民 | 新 | ① | 48 | 阿具根 登 | 56 | 505,332 | 社会 元 ③ |
| 8 | 三木 忠雄 | 33 | 820,952 | 公明 | 新 | ① | 49 | 高山 恒雄 | 66 | 492,808 | 民社 現 ② |
| 9 | 小林 国司 | 60 | 791,655 | 自民 | 新 | ① | 50 | 横川 正市 | 53 | 477,493 | 社会 現 ③ |
| 10 | 二宮 文造 | 48 | 786,134 | 公明 | 現 | ② | 51 | 北村 暢 | 53 | 461,500 | 社会 現 ③ |
| 11 | 田淵 哲也 | 42 | 773,136 | 民社 | 新 | ① | ▽ | 塩崎 潤 | 51 | 452,823 | 自民 新 |
| 12 | 鈴木 一弘 | 43 | 753,736 | 公明 | 現 | ② | ▽ | 石本 茂 | 54 | 448,409 | 無所 現 1 |
| 13 | 上林 繁次郎 | 51 | 753,425 | 公明 | 新 | ① | ▽ | 佐藤 新次郎 | 47 | 433,878 | 社会 新 |
| 14 | 小笠原 貞子 | 48 | 751,272 | 共産 | 新 | ① | ▽ | 満岡 文太郎 | 60 | 429,903 | 自民 新 |
| 15 | 塩出 啓典 | 35 | 748,835 | 公明 | 新 | ① | ▽ | 佐藤 三蔵 | 61 | 429,517 | 自民 新 |
| 16 | 岩間 正男 | 62 | 742,078 | 共産 | 現 | ④ | ▽ | 日高 広為 | 49 | 428,891 | 自民 現 1 |
| 17 | 永野 鎮雄 | 59 | 729,313 | 自民 | 新 | ① | ▽ | 野々山 一三 | 44 | 407,635 | 社会 現 1 |
| 18 | 峯山 昭範 | 32 | 728,996 | 公明 | 新 | ① | ▽ | 中村 順造 | 57 | 358,891 | 社会 現 2 |
| 19 | 森 八三一 | 68 | 728,152 | 自民 | 現 | ④ | ▽ | 豊田 雅孝 | 69 | 329,470 | 自民 現 2 |
| 20 | 沢田 実 | 44 | 720,632 | 公明 | 新 | ① | ▽ | 福田 繁 | 57 | 329,242 | 自民 新 |
| 21 | 加藤 シヅエ | 71 | 720,624 | 社会 | 現 | ④ | ▽ | 林 塩 | 63 | 293,930 | 自民 現 1 |
| 22 | 小林 武 | 61 | 698,090 | 社会 | 現 | ② | ▽ | 川野 三暁 | 58 | 261,611 | 自民 現 1 |
| 23 | 内田 善利 | 50 | 686,926 | 公明 | 新 | ① | ▽ | 天坊 裕彦 | 61 | 213,157 | 自民 現 2 |
| 24 | 向井 長年 | 57 | 667,221 | 民社 | 現 | ③ | ▽ | 嶋村 義雄 | 58 | 177,823 | 自民 新 |
| 25 | 横山 ノック | 36 | 667,165 | 無所 | 新 | ① | ▽ | 松島 俊之 | 61 | 166,714 | 自民 新 |
| 26 | 松本 英一 | 47 | 662,474 | 社会 | 新 | ① | ▽ | 賀陽 邦寿 | 46 | 142,077 | 無所 新 |
| 27 | 藤原 房雄 | 38 | 657,133 | 公明 | 新 | ① | ▽ | 三巻 秋子 | 60 | 133,203 | 自民 新 |
| 28 | 渡辺 武 | 53 | 653,528 | 共産 | 新 | ① | | 近藤 天 | 56 | 80,596 | 自民 新 |
| 29 | 中村 正雄 | 54 | 645,415 | 民社 | 現 | ④ | | 中峠 国夫 | 65 | 58,987 | 無所 新 |
| 30 | 上田 稔 | 54 | 637,951 | 自民 | 新 | ① | | 石井 貞夫 | 50 | 45,665 | 諸派 新 |
| 31 | 若林 正武 | 55 | 632,842 | 自民 | 新 | ① | | 岡崎 功 | 47 | 44,685 | 無所 新 |
| 32 | 玉置 猛夫 | 54 | 627,897 | 自民 | 新 | ① | | 上田 晋三 | 39 | 43,573 | 無所 新 |
| 33 | 迫水 久常 | 65 | 627,286 | 自民 | 現 | ③ | | 中西 幸男 | 49 | 39,956 | 無所 新 |
| 34 | 源田 実 | 63 | 598,854 | 自民 | 現 | ② | | 西郷 隆盛 | 42 | 36,051 | 諸派 新 |
| 35 | 鈴木 強 | 54 | 596,392 | 社会 | 現 | ③ | | 森 菊蔵 | 41 | 32,031 | 無所 新 |
| 36 | 大竹 平八郎 | 64 | 594,078 | 自民 | 現 | ③ | | 大西 末子 | 58 | 27,432 | 無所 新 |
| 37 | 長田 裕二 | 51 | 586,563 | 自民 | 新 | ① | | 伊藤 新夫 | 73 | 24,782 | 無所 新 |
| 38 | 和田 静夫 | 41 | 574,031 | 社会 | 新 | ① | | 有田 正憲 | 56 | 23,490 | 無所 新 |
| 39 | 藤原 道子 | 68 | 567,037 | 社会 | 現 | ④ | | 杉本 一夫 | 59 | 22,231 | 諸派 新 |
| 40 | 田口 長治郎 | 75 | 558,969 | 自民 | 新 | ① | | 鈴木 武一 | 59 | 21,715 | 無所 新 |
| 41 | 大谷 藤之助 | 61 | 555,245 | 自民 | 現 | ③ | | 青山 雅彦 | 72 | 19,043 | 諸派 新 |
| 42 | 江藤 智 | 61 | 550,982 | 自民 | 現 | ③ | | 高橋 正勝 | 49 | 16,614 | 無所 新 |
| 43 | 亀井 善彰 | 67 | 542,616 | 自民 | 新 | ① | | 松田 照久 | 38 | 16,052 | 無所 新 |
| 44 | 長屋 茂 | 69 | 533,997 | 自民 | 新 | ① | | 森下 正則 | 49 | 15,700 | 無所 新 |
| 45 | 山下 春江 | 66 | 530,469 | 自民 | 現 | ② | | 末松 久美 | 52 | 15,649 | 諸派 新 |
| 46 | 田中 一 | 67 | 520,523 | 社会 | 現 | ④ | | 三浦 光保 | 40 | 13,493 | 無所 新 |
| 47 | 安永 英雄 | 48 | 511,587 | 社会 | 新 | ① | | 佐々木 励 | 56 | 13,360 | 無所 新 |

資料　第8回通常選挙

|  | 山陰 探月 | 52 | 11,249 | 諸派 新 |
|---|---|---|---|---|
|  | 三原 藤助 | 57 | 10,303 | 無所 新 |
|  | 小長井 一 | 70 | 7,412 | 諸派 新 |
|  | 竹谷 光雄 | 56 | 6,872 | 無所 新 |
|  | 新堀 恵 | 45 | 2,149 | 無所 新 |

## 地方区

### 北海道（4－8）

| 1 | 大矢 正 | 43 | 441,986 | 社会 現 ③ |
|---|---|---|---|---|
| 2 | 河口 陽一 | 62 | 421,781 | 自民 新 ① |
| 3 | 西田 信一 | 65 | 418,428 | 自民 現 ③ |
| 4 | 吉田 忠三郎 | 50 | 369,077 | 社会 現 ② |
| ▽ | 望月 武義 | 52 | 125,816 | 民社 新 |
| ▽ | 五十嵐 久弥 | 60 | 125,791 | 共産 新 |
|  | 藤本 国夫 | 51 | 41,262 | 諸派 新 |
|  | 前谷 宏 | 43 | 39,702 | 無所 新 |

### 青森県（1－5）

| 1 | 山崎 竜男 | 46 | 150,740 | 無所 新 ① |
|---|---|---|---|---|
| ▽ | 笹森 順造 | 82 | 138,009 | 自民 現 3 |
| ▽ | 盛田 三喜雄 | 59 | 127,698 | 社会 新 |
| ▽ | 楠美 省吾 | 62 | 91,535 | 無所 新 |
|  | 中村 勝巳 | 43 | 27,027 | 共産 新 |

### 岩手県（1－3）

| 1 | 増田 盛 | 55 | 310,574 | 自民 新 ① |
|---|---|---|---|---|
| ▽ | 渡辺 勘吉 | 58 | 258,179 | 社会 現 1 |
|  | 宮脇 嘉一 | 51 | 29,251 | 共産 新 |

### 宮城県（1－3）

| 1 | 高橋 文五郎 | 74 | 405,652 | 自民 現 ② |
|---|---|---|---|---|
| ▽ | 芳賀 勝郎 | 48 | 263,884 | 社会 新 |
|  | 阿部 伝 | 48 | 62,400 | 共産 新 |

### 秋田県（1－5）

| 1 | 山崎 五郎 | 54 | 274,745 | 自民 新 ① |
|---|---|---|---|---|
| ▽ | 長谷川 欣之輔 | 45 | 217,137 | 社会 新 |
|  | 小川 俊三 | 48 | 46,743 | 共産 新 |
|  | 田島 正止 | 49 | 7,240 | 諸派 新 |
|  | 沢畑 英貫 | 71 | 6,733 | 無所 新 |

### 山形県（1－3）

| 1 | 白井 勇 | 70 | 324,506 | 自民 現 ④ |
|---|---|---|---|---|
| ▽ | 大場 宗蔵 | 46 | 249,799 | 社会 新 |
|  | 阿部 五郎 | 57 | 42,019 | 共産 新 |

### 福島県（2－5）

| 1 | 鈴木 省吾 | 56 | 319,464 | 自民 新 ① |
|---|---|---|---|---|
| 2 | 松平 勇雄 | 61 | 267,297 | 自民 現 ④ |
| ▽ | 和田 敬久 | 44 | 235,810 | 社会 新 |
|  | 井筒 光男 | 47 | 67,812 | 民社 新 |
|  | 佐久間 勇 | 41 | 35,083 | 共産 新 |

### 茨城県（2－4）

| 1 | 郡 祐一 | 66 | 404,669 | 自民 現 ④ |
|---|---|---|---|---|
| 2 | 森 元治郎 | 61 | 239,602 | 社会 現 ③ |

|   | 氏名 | 年齢 | 得票数 | 党派 | 新現 |   |
|---|---|---|---|---|---|---|
| ▽ | 宍戸 寛 | 58 | 63,769 | 民社 | 新 |   |
|   | 大塚 正 | 41 | 55,350 | 共産 | 新 |   |

**栃木県（2—5）**

|   | 氏名 | 年齢 | 得票数 | 党派 | 新現 |   |
|---|---|---|---|---|---|---|
| 1 | 植竹 春彦 | 70 | 198,763 | 自民 | 現 | ⑤ |
| 2 | 矢野 登 | 64 | 173,096 | 自民 | 新 | ① |
| ▽ | 戸叶 武 | 65 | 155,013 | 無所 | 元 | 2 |
| ▽ | 稲葉 誠一 | 50 | 139,831 | 社会 | 現 | 1 |
|   | 兵藤 忠一 | 44 | 14,541 | 共産 | 新 |   |

**群馬県（2—4）**

|   | 氏名 | 年齢 | 得票数 | 党派 | 新現 |   |
|---|---|---|---|---|---|---|
| 1 | 佐田 一郎 | 66 | 306,309 | 自民 | 現 | ② |
| 2 | 丸茂 重貞 | 52 | 253,450 | 自民 | 現 | ② |
| ▽ | 茜ヶ久保 重光 | 62 | 242,230 | 社会 | 新 |   |
|   | 宮沢 忠夫 | 45 | 30,037 | 共産 | 新 |   |

**埼玉県（2—3）**

|   | 氏名 | 年齢 | 得票数 | 党派 | 新現 |   |
|---|---|---|---|---|---|---|
| 1 | 上原 正吉 | 70 | 670,945 | 自民 | 現 | ④ |
| 2 | 瀬谷 英行 | 49 | 402,774 | 社会 | 現 | ② |
| ▽ | 渡辺 貢 | 40 | 120,581 | 共産 | 新 |   |

**千葉県（2—7）**

|   | 氏名 | 年齢 | 得票数 | 党派 | 新現 |   |
|---|---|---|---|---|---|---|
| 1 | 木島 義夫 | 79 | 273,989 | 自民 | 現 | ③ |
| 2 | 渡辺 一太郎 | 59 | 271,191 | 自民 | 新 | ① |
| ▽ | 柳岡 秋夫 | 45 | 248,018 | 社会 | 現 | 1 |
| ▽ | 吉川 兼光 | 65 | 183,153 | 民社 | 新 |   |
| ▽ | 小松 七郎 | 62 | 96,561 | 共産 | 新 |   |
|   | 藤原 豊次郎 | 69 | 24,270 | 無所 | 新 |   |
|   | 小田 俊与 | 61 | 12,028 | 無所 | 新 |   |

**東京都（4—24）**

|   | 氏名 | 年齢 | 得票数 | 党派 | 新現 |   |
|---|---|---|---|---|---|---|
| 1 | 阿部 憲一 | 58 | 831,893 | 公明 | 新 | ① |
| 2 | 安井 謙 | 57 | 821,204 | 自民 | 現 | ④ |
| 3 | 松下 正寿 | 67 | 702,603 | 民社 | 新 | ① |
| 4 | 占部 秀男 | 58 | 682,817 | 社会 | 現 | ③ |
| ▽ | 米原 昶 | 59 | 639,187 | 共産 | 新 |   |
| ▽ | 石井 桂 | 69 | 556,025 | 自民 | 現 | 2 |
| ▽ | 春野 鶴子 | 53 | 228,245 | 無所 | 新 |   |
|   | 岡田 宗司 | 65 | 154,787 | 無所 | 現 | 3 |
|   | 赤尾 敏 | 69 | 32,017 | 諸派 | 新 |   |
|   | 品川 司 | 57 | 23,561 | 無所 | 新 |   |
|   | 石川 八郎 | 35 | 13,374 | 無所 | 新 |   |
|   | 浅沼 美知雄 | 52 | 12,716 | 無所 | 新 |   |
|   | 渡辺 清行 | 60 | 10,172 | 諸派 | 新 |   |
|   | 清水 亘 | 59 | 5,592 | 無所 | 新 |   |
|   | 長谷 長次 | 64 | 5,350 | 無所 | 新 |   |
|   | 久保 義一 | 50 | 4,700 | 無所 | 新 |   |
|   | 大木 明雄 | 47 | 4,653 | 諸派 | 新 |   |
|   | 赤石 貞治 | 39 | 3,272 | 無所 | 新 |   |
|   | 高橋 秀郎 | 62 | 3,109 | 諸派 | 新 |   |
|   | 南 俊夫 | 56 | 2,542 | 諸派 | 新 |   |
|   | 鎌田 文雄 | 69 | 2,427 | 無所 | 新 |   |

|   | 氏名 | 年齢 | 得票数 | 党派 | 新現 |   |
|---|---|---|---|---|---|---|
|   | 深作 清次郎 | 57 | 1,484 | 無所 | 新 |   |
|   | 岩崎 肇吉 | 39 | 1,400 | 無所 | 新 |   |
|   | 細淵 平重 | 61 | 735 | 無所 | 新 |   |

**神奈川県（2—4）**

|   | 氏名 | 年齢 | 得票数 | 党派 | 新現 |   |
|---|---|---|---|---|---|---|
| 1 | 佐藤 一郎 | 55 | 721,102 | 自民 | 現 | ② |
| 2 | 竹田 四郎 | 50 | 666,039 | 社会 | 新 | ① |
| ▽ | 佐藤 一馬 | 65 | 329,627 | 民社 | 新 |   |
| ▽ | 中路 雅弘 | 41 | 184,210 | 共産 | 新 |   |

**新潟県（2—4）**

|   | 氏名 | 年齢 | 得票数 | 党派 | 新現 |   |
|---|---|---|---|---|---|---|
| 1 | 松井 誠 | 55 | 417,834 | 社会 | 新 | ① |
| 2 | 塚田 十一郎 | 64 | 372,528 | 自民 | 新 | ① |
| ▽ | 広瀬 真一 | 55 | 335,653 | 自民 | 新 |   |
|   | 寺島 泰治 | 61 | 42,561 | 共産 | 新 |   |

**富山県（1—4）**

|   | 氏名 | 年齢 | 得票数 | 党派 | 新現 |   |
|---|---|---|---|---|---|---|
| 1 | 杉原 一雄 | 58 | 256,803 | 社会 | 新 | ① |
| ▽ | 柚木 栄吉 | 48 | 231,377 | 自民 | 新 |   |
|   | 佐竹 周一 | 42 | 15,860 | 共産 | 新 |   |
|   | 寺崎 新一郎 | 48 | 14,051 | 無所 | 新 |   |

**石川県（1—4）**

|   | 氏名 | 年齢 | 得票数 | 党派 | 新現 |   |
|---|---|---|---|---|---|---|
| 1 | 安田 隆明 | 51 | 232,220 | 無所 | 新 | ① |
| ▽ | 林屋 亀次郎 | 82 | 167,460 | 自民 | 現 | 3 |
| ▽ | 池田 健 | 33 | 106,879 | 社会 | 新 |   |
|   | 竹村 香住 | 42 | 12,550 | 共産 | 新 |   |

**福井県（1—3）**

|   | 氏名 | 年齢 | 得票数 | 党派 | 新現 |   |
|---|---|---|---|---|---|---|
| 1 | 熊谷 太三郎 | 61 | 230,363 | 自民 | 現 | ② |
| ▽ | 辻 一彦 | 43 | 134,321 | 社会 | 新 |   |
|   | 吉田 一夫 | 43 | 17,640 | 共産 | 新 |   |

**山梨県（1—3）**

|   | 氏名 | 年齢 | 得票数 | 党派 | 新現 |   |
|---|---|---|---|---|---|---|
| 1 | 吉江 勝保 | 68 | 186,810 | 自民 | 現 | ③ |
| ▽ | 神沢 浄 | 52 | 155,714 | 社会 | 新 |   |
|   | 三森 信 | 53 | 21,363 | 共産 | 新 |   |

**長野県（2—3）**

|   | 氏名 | 年齢 | 得票数 | 党派 | 新現 |   |
|---|---|---|---|---|---|---|
| 1 | 林 虎雄 | 65 | 500,061 | 社会 | 現 | ② |
| 2 | 小山 邦太郎 | 78 | 347,072 | 自民 | 現 | ③ |
| ▽ | 菊池 謙一 | 55 | 141,677 | 共産 | 新 |   |

**岐阜県（1—3）**

|   | 氏名 | 年齢 | 得票数 | 党派 | 新現 |   |
|---|---|---|---|---|---|---|
| 1 | 古池 信三 | 65 | 436,439 | 自民 | 現 | ④ |
| ▽ | 田口 誠治 | 62 | 306,971 | 社会 | 新 |   |
|   | 細野 義幸 | 43 | 42,538 | 共産 | 新 |   |

**静岡県（2—5）**

|   | 氏名 | 年齢 | 得票数 | 党派 | 新現 |   |
|---|---|---|---|---|---|---|
| 1 | 山本 敬三郎 | 54 | 466,826 | 自民 | 新 | ① |
| 2 | 栗原 祐幸 | 48 | 442,462 | 自民 | 現 | ② |
| ▽ | 青木 勉治 | 44 | 415,352 | 社会 | 新 |   |

資料　第8回通常選挙　507

|   | 中村 義雄 | 61 | 90,495 | 共産 | 新 |   |
|---|---|---|---|---|---|---|
|   | 小杉 伴六 | 38 | 13,338 | 無所 | 新 |   |

愛知県（3―6）

| 1 | 成瀬 幡治 | 57 | 457,700 | 社会 | 現 | ④ |
| 2 | 渋谷 邦彦 | 44 | 401,309 | 公明 | 現 | ② |
| 3 | 柴田 栄 | 67 | 377,282 | 自民 | 現 | ③ |
| ▽ | 横井 太郎 | 69 | 351,802 | 自民 | 現 | 1 |
| ▽ | 金子 正輝 | 43 | 336,911 | 民社 | 新 |   |
| ▽ | 浅井 美雄 | 58 | 137,505 | 共産 | 新 |   |

三重県（1―3）

| 1 | 斎藤 昇 | 65 | 421,325 | 自民 | 現 | ④ |
| ▽ | 福島 重之 | 52 | 205,241 | 社会 | 新 |   |
|   | 中川 政一 | 41 | 60,270 | 共産 | 新 |   |

滋賀県（1―4）

| 1 | 西村 関一 | 68 | 175,007 | 社会 | 現 | ② |
| ▽ | 諏訪 三郎 | 59 | 120,140 | 自民 | 新 |   |
| ▽ | 河本 嘉久蔵 | 51 | 95,890 | 無所 | 新 |   |
|   | 福本 正一 | 42 | 16,010 | 共産 | 新 |   |

京都府（2―5）

| 1 | 林田 悠紀夫 | 52 | 296,325 | 自民 | 現 | ② |
| 2 | 河田 賢治 | 68 | 248,103 | 共産 | 新 | ① |
| ▽ | 藤田 藤太郎 | 57 | 240,634 | 社会 | 現 | 2 |
| ▽ | 近衛 秀麿 | 69 | 109,491 | 民社 | 新 |   |
|   | 浅田 菊次郎 | 70 | 6,034 | 無所 | 新 |   |

大阪府（3―7）

| 1 | 中山 太郎 | 43 | 678,152 | 自民 | 新 | ① |
| 2 | 白木 義一郎 | 48 | 674,819 | 公明 | 現 | ③ |
| 3 | 村尾 重雄 | 66 | 567,117 | 民社 | 元 | ④ |
| ▽ | 椿 繁夫 | 58 | 528,864 | 社会 | 現 | 3 |
| ▽ | 東中 光雄 | 43 | 358,278 | 共産 | 新 |   |
|   | 泉 薫 | 39 | 16,615 | 無所 | 新 |   |
|   | 藤井 吉三郎 | 70 | 16,420 | 無所 | 新 |   |

兵庫県（3―6）

| 1 | 浅井 亨 | 65 | 415,119 | 公明 | 現 | ② |
| 2 | 佐野 芳雄 | 64 | 363,666 | 社会 | 現 | ② |
| 3 | 萩原 幽香子 | 57 | 351,921 | 民社 | 新 | ① |
| ▽ | 岸田 幸雄 | 75 | 339,381 | 自民 | 現 | 2 |
| ▽ | 中西 一郎 | 53 | 316,281 | 自民 | 新 |   |
| ▽ | 中島 祐吉 | 53 | 132,708 | 共産 | 新 |   |

奈良県（1―3）

| 1 | 新谷 寅三郎 | 65 | 215,211 | 自民 | 現 | ⑤ |
| ▽ | 阪本 寿治 | 49 | 118,471 | 社会 | 新 |   |
|   | 小針 実 | 40 | 35,858 | 共産 | 新 |   |

和歌山県（1―3）

| 1 | 前田 佳都男 | 57 | 258,276 | 自民 | 現 | ③ |
| ▽ | 村上 六三 | 51 | 155,315 | 社会 | 新 |   |
|   | 岡野 茂郎 | 43 | 39,695 | 共産 | 新 |   |

鳥取県（1―3）

| 1 | 足鹿 覚 | 63 | 154,933 | 社会 | 新 | ① |
| ▽ | 仲原 善一 | 62 | 136,470 | 自民 | 現 | 2 |
|   | 米村 健 | 61 | 8,680 | 共産 | 新 |   |

島根県（1―3）

| 1 | 山本 利寿 | 71 | 223,297 | 自民 | 現 | ③ |
| ▽ | 卜部 政巳 | 46 | 191,221 | 社会 | 新 |   |
|   | 上野 孝 | 41 | 20,299 | 共産 | 新 |   |

岡山県（2―4）

| 1 | 小枝 一雄 | 66 | 255,008 | 自民 | 新 | ① |
| 2 | 矢山 有作 | 44 | 254,508 | 社会 | 現 | ② |
| ▽ | 逢沢 英雄 | 42 | 246,608 | 自民 | 新 |   |
|   | 板野 勝次 | 65 | 44,836 | 共産 | 元 | 1 |

広島県（2―3）

| 1 | 中津井 真 | 65 | 481,755 | 自民 | 現 | ② |
| 2 | 松本 賢一 | 64 | 431,876 | 社会 | 現 | ② |
| ▽ | 上田 博則 | 41 | 85,901 | 共産 | 新 |   |

山口県（1―3）

| 1 | 二木 謙吾 | 71 | 458,976 | 自民 | 現 | ② |
| ▽ | 椙山 敦男 | 35 | 156,912 | 社会 | 新 |   |
|   | 舛富 圭一 | 45 | 50,763 | 共産 | 新 |   |

徳島県（1―3）

| 1 | 久次米 健太郎 | 59 | 205,765 | 自民 | 新 | ① |
| ▽ | 小島 悦吉 | 56 | 105,429 | 社会 | 新 |   |
|   | 松本 満雄 | 42 | 25,050 | 共産 | 新 |   |

香川県（1―5）

| 1 | 平井 太郎 | 62 | 260,202 | 自民 | 現 | ④ |
| ▽ | 古川 洋次郎 | 34 | 135,249 | 社会 | 新 |   |
|   | 下川 行夫 | 46 | 20,948 | 共産 | 新 |   |
|   | 能祖 由多 | 46 | 2,681 | 無所 | 新 |   |
|   | 森川 輝造 | 80 | 2,032 | 無所 | 新 |   |

愛媛県（1―4）

| 1 | 堀本 宜尊 | 68 | 352,886 | 自民 | 現 | ③ |
| ▽ | 上甲 武 | 44 | 211,103 | 社会 | 新 |   |
|   | 井上 定次郎 | 49 | 62,126 | 共産 | 新 |   |
|   | 高田 厳 | 38 | 24,378 | 無所 | 新 |   |

### 高知県（1 — 3）

| | | | | | | |
|---|---|---|---|---|---|---|
| 1 | 塩見 俊二 | 61 | 224,266 | 自民 | 現 | ③ |
| ▽ | 大坪 憲三 | 43 | 118,199 | 社会 | 新 | |
| | 林田 芳徳 | 41 | 42,262 | 共産 | 新 | |

### 福岡県（3 — 6）

| | | | | | | |
|---|---|---|---|---|---|---|
| 1 | 小柳 勇 | 56 | 421,469 | 社会 | 現 | ③ |
| 2 | 鬼丸 勝之 | 54 | 373,465 | 自民 | 現 | ② |
| 3 | 米田 正文 | 63 | 335,275 | 自民 | 現 | ③ |
| ▽ | 鬼木 勝利 | 63 | 309,388 | 公明 | 現 | 1 |
| ▽ | 諫山 博 | 46 | 154,097 | 共産 | 新 | |
| ▽ | 原田 文枝 | 56 | 151,017 | 民社 | 新 | |

### 佐賀県（1 — 6）

| | | | | | | |
|---|---|---|---|---|---|---|
| 1 | 杉原 荒太 | 68 | 133,069 | 自民 | 現 | ④ |
| ▽ | 牛丸 義留 | 52 | 125,709 | 無所 | 新 | |
| ▽ | 野口 昌敏 | 40 | 90,592 | 社会 | 新 | |
| | 廉隅 伝次 | 61 | 23,905 | 無所 | 新 | |
| | 橋本 八男 | 58 | 20,851 | 民社 | 新 | |
| | 江口 子午三 | 59 | 11,652 | 共産 | 新 | |

### 長崎県（1 — 3）

| | | | | | | |
|---|---|---|---|---|---|---|
| 1 | 久保 勘一 | 57 | 362,875 | 自民 | 現 | ② |
| ▽ | 阿部 国人 | 48 | 211,821 | 社会 | 新 | |
| | 内田 保信 | 39 | 43,238 | 共産 | 新 | |

### 熊本県（2 — 5）

| | | | | | | |
|---|---|---|---|---|---|---|
| 1 | 高田 浩運 | 54 | 291,280 | 自民 | 新 | ① |
| 2 | 園田 清充 | 48 | 242,834 | 自民 | 現 | ② |
| ▽ | 大中 康雄 | 48 | 174,171 | 社会 | 新 | |
| | 佐藤 義郎 | 43 | 16,723 | 共産 | 新 | |
| | 藤芳 三次 | 66 | 5,712 | 無所 | 新 | |

### 大分県（1 — 3）

| | | | | | | |
|---|---|---|---|---|---|---|
| 1 | 後藤 義隆 | 67 | 262,412 | 自民 | 現 | ③ |
| ▽ | 二宮 武夫 | 56 | 257,604 | 社会 | 新 | |
| | 甲斐 竹二 | 60 | 22,642 | 共産 | 新 | |

### 宮崎県（1 — 5）

| | | | | | | |
|---|---|---|---|---|---|---|
| 1 | 平島 敏夫 | 76 | 259,011 | 自民 | 現 | ③ |
| ▽ | 松浦 利尚 | 42 | 159,929 | 社会 | 新 | |
| | 児玉 武夫 | 40 | 23,654 | 共産 | 新 | |
| | 河野 孔明 | 62 | 18,685 | 無所 | 新 | |
| | 中川 左近 | 55 | 8,101 | 無所 | 新 | |

### 鹿児島県（2 — 4）

| | | | | | | |
|---|---|---|---|---|---|---|
| 1 | 田中 茂穂 | 56 | 310,217 | 自民 | 現 | ③ |
| 2 | 川上 為治 | 60 | 240,038 | 自民 | 元 | ② |
| ▽ | 佐多 忠隆 | 64 | 218,949 | 社会 | 現 | 3 |
| | 久留 義三 | 51 | 22,416 | 共産 | 新 | |

## 第8期補欠選挙

### 長崎県（1970年3月15日執行＝1 — 3）

| | | | | | | |
|---|---|---|---|---|---|---|
| 1 | 初村 滝一郎 | 56 | 215,717 | 自民 | 新 | ① |
| ▽ | 吉永 正人 | 47 | 164,816 | 社会 | 新 | |
| | 益本 和夫 | 39 | 14,450 | 共産 | 新 | |

### 山梨県（1970年11月1日執行＝1 — 3）

| | | | | | | |
|---|---|---|---|---|---|---|
| 1 | 星野 重次 | 75 | 136,960 | 自民 | 新 | ① |
| ▽ | 神沢 浄 | 55 | 127,750 | 社会 | 新 | |
| | 三森 信 | 56 | 22,188 | 共産 | 新 | |

### 沖縄県（1970年11月15日執行＝2 — 3）

| | | | | | | |
|---|---|---|---|---|---|---|
| 1 | 喜屋武 真栄 | 58 | 212,929 | 無所 | 新 | ① |
| 2 | 稲嶺 一郎 | 65 | 194,510 | 自民 | 新 | ① |
| | 下里 恵良 | 59 | 20,264 | 無所 | 新 | |

### 石川県（1971年2月7日執行＝1 — 3）

| | | | | | | |
|---|---|---|---|---|---|---|
| 1 | 島崎 均 | 47 | 242,434 | 自民 | 新 | ① |
| ▽ | 森 昭 | 42 | 58,713 | 共産 | 新 | |
| | 松上 二郎 | 71 | 19,130 | 無所 | 新 | |

## 第9回通常選挙 （1971年6月27日執行）

### 全国区 （50—106）

政党名凡例
自民　自由民主党
社会　日本社会党
民社　民社党
共産　日本共産党
公明　公明党

| 順位 | 氏名 | 年齢 | 得票数 | 党派 | 新現元 | 当選回数 |
|---|---|---|---|---|---|---|
| 1 | 田 英夫 | 48 | 1,921,641 | 社会 | 新 | ① |
| 2 | 安西 愛子 | 54 | 1,491,669 | 自民 | 新 | ① |
| 3 | 望月 優子 | 54 | 1,116,893 | 社会 | 新 | ① |
| 4 | 町村 金五 | 70 | 952,130 | 自民 | 新 | ① |
| 5 | 栗林 卓司 | 40 | 821,067 | 民社 | 新 | ① |
| 6 | 柏原 ヤス | 54 | 816,408 | 公明 | 現 | ③ |
| 7 | 山本 茂一郎 | 72 | 796,130 | 自民 | 現 | ② |
| 8 | 山田 徹一 | 50 | 748,912 | 公明 | 現 | ② |
| 9 | 梶木 又三 | 52 | 725,501 | 自民 | 新 | ① |
| 10 | 矢追 秀彦 | 37 | 724,708 | 公明 | 現 | ② |
| 11 | 玉置 和郎 | 48 | 719,017 | 自民 | 現 | ② |
| 12 | 西村 尚治 | 60 | 717,473 | 自民 | 現 | ② |
| 13 | 原田 立 | 44 | 716,896 | 公明 | 現 | ② |
| 14 | 須藤 五郎 | 73 | 697,726 | 共産 | 現 | ④ |
| 15 | 春日 正一 | 64 | 697,304 | 共産 | 現 | ② |
| 16 | 岡本 悟 | 57 | 695,226 | 自民 | 現 | ② |
| 17 | 小平 芳平 | 49 | 686,949 | 公明 | 現 | ③ |
| 18 | 村上 孝太郎 | 54 | 668,844 | 自民 | 新 | ① |
| 19 | 多田 省吾 | 40 | 668,553 | 公明 | 現 | ② |
| 20 | 内藤 誉三郎 | 59 | 661,855 | 自民 | 現 | ② |
| 21 | 中尾 辰義 | 55 | 655,989 | 公明 | 現 | ③ |
| 22 | 加藤 進 | 62 | 650,957 | 共産 | 新 | ① |
| 23 | 古賀 雷四郎 | 55 | 622,955 | 自民 | 新 | ① |
| 24 | 野上 元 | 56 | 621,752 | 社会 | 現 | ③ |
| 25 | 細川 護煕 | 33 | 620,049 | 自民 | 新 | ① |
| 26 | 平泉 渉 | 41 | 616,862 | 自民 | 現 | ② |
| 27 | 田中 寿美子 | 61 | 615,971 | 社会 | 現 | ② |
| 28 | 宮崎 正義 | 59 | 607,877 | 公明 | 現 | ② |
| 29 | 塚田 大願 | 61 | 588,279 | 共産 | 新 | ① |
| 30 | 野末 利次 | 54 | 587,271 | 民社 | 現 | ① |
| 31 | 野々山 一三 | 47 | 586,872 | 社会 | 元 | ① |
| 32 | 星野 力 | 64 | 585,040 | 共産 | 新 | ① |
| 33 | 徳永 正利 | 57 | 577,559 | 自民 | 現 | ③ |
| 34 | 桧垣 徳太郎 | 54 | 575,959 | 自民 | 新 | ① |
| 35 | 片山 正英 | 57 | 570,993 | 自民 | 新 | ① |
| 36 | 鹿島 俊雄 | 64 | 570,654 | 自民 | 現 | ③ |
| 37 | 石本 茂 | 57 | 547,283 | 自民 | 元 | ② |
| 38 | 伊部 真 | 50 | 544,596 | 社会 | 新 | ① |
| 39 | 山本 伊三郎 | 65 | 543,299 | 社会 | 現 | ④ |
| 40 | 山崎 昇 | 49 | 540,348 | 社会 | 現 | ② |
| 41 | 山内 一郎 | 58 | 537,255 | 自民 | 現 | ② |
| 42 | 楠 正俊 | 50 | 529,290 | 自民 | 現 | ② |
| 43 | 藤井 恒男 | 42 | 519,625 | 民社 | 新 | ① |
| 44 | 柴田 利右エ門 | 55 | 513,545 | 民社 | 新 | ① |
| 45 | 一竜斉 貞鳳 | 44 | 511,765 | 自民 | 新 | ① |
| 46 | 水口 宏三 | 56 | 487,161 | 社会 | 新 | ① |
| 47 | 鈴木 力 | 57 | 478,723 | 社会 | 現 | ② |
| 48 | 宮之原 貞光 | 53 | 470,491 | 社会 | 新 | ① |
| 49 | 青木 一男 | 81 | 445,789 | 自民 | 現 | ④ |
| 50 | 立川 談志 | 35 | 443,854 | 無所 | 新 | ① |
| ※ | 黒住 忠行 | 51 | 408,045 | 自民 | 新 | |
| ※ | 野末 陳平 | 39 | 400,359 | 無所 | 新 | |
| ▽ | 横山 フク | 64 | 388,171 | 自民 | 現 | 3 |
| ▽ | 山本 忠義 | 49 | 361,408 | 社会 | 新 | |
| ▽ | 小林 章 | 55 | 357,399 | 自民 | 現 | 1 |
| ▽ | 藤原 岩市 | 63 | 346,005 | 自民 | 新 | |
| ▽ | 渥美 節夫 | 49 | 336,591 | 自民 | 新 | |
| ▽ | 川野 三暁 | 61 | 334,899 | 自民 | 元 | 1 |
| ▽ | 山高 しげり | 72 | 319,350 | 無所 | 現 | 2 |
| ▽ | 木崎 国嘉 | 64 | 276,900 | 自民 | 新 | |
| ▽ | 八田 一朗 | 65 | 276,374 | 自民 | 現 | 1 |
| ▽ | 坂口 徳次郎 | 59 | 247,139 | 自民 | 新 | |
| ▽ | 山本 杉 | 68 | 244,826 | 自民 | 現 | 2 |
| ▽ | 戸枝 義明 | 46 | 205,106 | 社会 | 新 | |
| ▽ | 佐藤 三蔵 | 64 | 197,740 | 自民 | 新 | |
| ▽ | 夏目 通利 | 57 | 179,706 | 無所 | 新 | |
| ▽ | 高見 圭司 | 39 | 135,620 | 無所 | 新 | |
| ▽ | 矢田 和一 | 56 | 120,718 | 自民 | 新 | |
| | 月亭 可朝 | 33 | 85,627 | 無所 | 新 | |
| | 佐藤 栄作 | 47 | 81,031 | 無所 | 新 | |
| | 田村 理一 | 68 | 74,605 | 無所 | 新 | |
| | 慶野 聡郎 | 57 | 70,315 | 自民 | 新 | |
| | 浪越 徳治郎 | 65 | 56,174 | 無所 | 新 | |
| | 大西 末子 | 61 | 47,034 | 無所 | 新 | |
| | 吉永 二千六百年 | 30 | 45,501 | 無所 | 新 | |
| | 中西 幸男 | 52 | 42,738 | 無所 | 新 | |
| | 織田 大蔵 | 76 | 42,445 | 無所 | 新 | |
| | 西郷 隆盛 | 45 | 39,933 | 無所 | 新 | |
| | 坂口 登 | 71 | 30,097 | 無所 | 新 | |
| | 山中 精一 | 39 | 29,969 | 無所 | 新 | |
| | 田中 卯一 | 69 | 28,627 | 無所 | 新 | |
| | 渕 通義 | 60 | 27,715 | 無所 | 新 | |
| | 高橋 秀郎 | 65 | 25,839 | 諸派 | 新 | |
| | 東郷 健 | 39 | 22,915 | 無所 | 新 | |
| | 宮 公 | 77 | 21,640 | 無所 | 新 | |
| | 河野 守宏 | 41 | 20,701 | 無所 | 新 | |
| | 海老名 竹一 | 65 | 16,785 | 無所 | 新 | |
| | 星野 寛 | 70 | 15,181 | 無所 | 新 | |

|  |  |  |  |  |
|---|---|---|---|---|
| 野田 耕作 | 68 | 14,762 | 無所 | 新 |
| 三浦 光保 | 43 | 13,526 | 無所 | 新 |
| 谷崎 登 | 47 | 12,413 | 無所 | 新 |
| 松田 照久 | 40 | 12,082 | 無所 | 新 |
| 青山 雅彦 | 75 | 11,553 | 諸派 | 新 |
| 三島 直之 | 51 | 10,907 | 諸派 | 新 |
| 吉川 藤三 | 59 | 10,503 | 無所 | 新 |
| 志水 源司 | 33 | 9,939 | 無所 | 新 |
| 鳥羽 昭司 | 70 | 9,463 | 無所 | 新 |
| 荒川 幸男 | 38 | 8,656 | 無所 | 新 |
| 川出 庄一郎 | 46 | 8,527 | 無所 | 新 |
| 窪田 志一 | 57 | 6,080 | 無所 | 新 |
| 伊賀 秀則 | 66 | 5,947 | 無所 | 新 |
| 猿楽 一夫 | 39 | 5,556 | 無所 | 新 |
| 吹田 文三郎 | 42 | 5,355 | 無所 | 新 |
| 岡久 直弘 | 53 | 4,966 | 無所 | 新 |
| 長沢 宗八 | 56 | 4,595 | 無所 | 新 |
| 菅田 摂男 | 62 | 2,541 | 無所 | 新 |

## 地方区

### 北海道（4—7）

|  |  |  |  |  |  |
|---|---|---|---|---|---|
| 1 | 高橋 雄之助 | 64 | 394,931 | 自民 | 現 ② |
| 2 | 川村 清一 | 60 | 378,619 | 社会 | 現 ② |
| 3 | 竹田 現照 | 47 | 345,769 | 社会 | 現 ② |
| 4 | 岩本 政一 | 67 | 300,055 | 自民 | 新 ① |
| ▽ | 井川 伊平 | 76 | 256,694 | 自民 | 現 2 |
| ▽ | 五十嵐 久弥 | 63 | 223,271 | 共産 | 新 |
|  | 藤本 国夫 | 54 | 60,359 | 無所 | 新 |

### 青森県（1—4）

|  |  |  |  |  |  |
|---|---|---|---|---|---|
| 1 | 津島 文治 | 73 | 260,633 | 自民 | 現 ② |
| ▽ | 千葉 民蔵 | 58 | 135,729 | 社会 | 新 |
|  | 木村 昭四郎 | 44 | 51,521 | 共産 | 新 |
|  | 宇野 栄二 | 54 | 28,747 | 民社 | 新 |

### 岩手県（1—3）

|  |  |  |  |  |  |
|---|---|---|---|---|---|
| 1 | 岩動 道行 | 57 | 277,335 | 自民 | 現 ② |
| ▽ | 小川 仁一 | 53 | 210,531 | 社会 | 新 |
|  | 柏 朔司 | 40 | 46,993 | 共産 | 新 |

### 宮城県（1—4）

|  |  |  |  |  |  |
|---|---|---|---|---|---|
| 1 | 戸叶 菊雄 | 47 | 322,058 | 社会 | 現 ② |
| ▽ | 佐藤 民三郎 | 55 | 291,184 | 自民 | 新 |
|  | 阿部 伝 | 51 | 58,812 | 共産 | 新 |
|  | 千葉 佳男 | 41 | 46,212 | 無所 | 新 |

### 秋田県（1—3）

|  |  |  |  |  |  |
|---|---|---|---|---|---|
| 1 | 沢田 政治 | 49 | 250,995 | 社会 | 現 ② |
| ▽ | 土肥 大四郎 | 61 | 230,654 | 自民 | 新 |
|  | 小林 泰夫 | 39 | 60,966 | 共産 | 新 |

### 山形県（1—3）

|  |  |  |  |  |  |
|---|---|---|---|---|---|
| 1 | 伊藤 五郎 | 69 | 273,950 | 自民 | 現 ② |
| ▽ | 佐藤 誼 | 44 | 235,125 | 社会 | 新 |
|  | 阿部 五郎 | 60 | 61,363 | 共産 | 新 |

### 福島県（2—4）

|  |  |  |  |  |  |
|---|---|---|---|---|---|
| 1 | 村田 秀三 | 50 | 331,129 | 社会 | 現 ② |
| 2 | 棚辺 四郎 | 58 | 263,352 | 自民 | 新 ① |
| ▽ | 石原 幹市郎 | 68 | 260,648 | 自民 | 現 4 |
|  | 紺頼 賞 | 35 | 56,201 | 共産 | 新 |

### 茨城県（2—4）

|  |  |  |  |  |  |
|---|---|---|---|---|---|
| 1 | 中村 喜四郎 | 60 | 283,765 | 自民 | 現 ② |
| 2 | 竹内 藤男 | 53 | 238,579 | 自民 | 新 ① |
| ▽ | 矢田部 理 | 39 | 223,343 | 社会 | 新 |
|  | 大塚 正 | 44 | 49,416 | 共産 | 新 |

### 栃木県（2—4）

|  |  |  |  |  |  |
|---|---|---|---|---|---|
| 1 | 戸叶 武 | 68 | 271,410 | 社会 | 元 ③ |
| 2 | 船田 譲 | 48 | 179,179 | 自民 | 現 ① |
| ▽ | 田村 賢作 | 66 | 168,218 | 自民 | 現 1 |
|  | 兵藤 忠一 | 47 | 25,188 | 社会 | 新 |

### 群馬県（2—5）

|  |  |  |  |  |  |
|---|---|---|---|---|---|
| 1 | 茜ヶ久保 重光 | 65 | 261,083 | 社会 | 新 ① |
| 2 | 高橋 邦雄 | 60 | 203,113 | 自民 | 現 ① |
| ▽ | 近藤 英一郎 | 58 | 194,304 | 自民 | 現 1 |
|  | 佐藤 正二 | 58 | 61,753 | 共産 | 新 |
|  | 福島 崇行 | 35 | 45,359 | 無所 | 新 |

### 埼玉県（2—3）

|  |  |  |  |  |  |
|---|---|---|---|---|---|
| 1 | 土屋 義彦 | 45 | 553,308 | 自民 | 現 ② |
| 2 | 森 勝治 | 55 | 488,462 | 社会 | 現 ② |
| ▽ | 飯塚 博一 | 41 | 206,095 | 共産 | 新 |

### 千葉県（2—6）

|  |  |  |  |  |  |
|---|---|---|---|---|---|
| 1 | 加瀬 完 | 61 | 362,660 | 社会 | 現 ④ |
| 2 | 菅野 儀作 | 64 | 277,624 | 自民 | 現 ② |
| ▽ | 石渡 秀男 | 44 | 196,513 | 自民 | 新 |
| ▽ | 吉川 成夫 | 39 | 145,532 | 民社 | 新 |
| ▽ | 佐藤 二郎 | 46 | 108,877 | 共産 | 新 |
|  | 長谷 長次 | 67 | 20,474 | 無所 | 新 |

### 東京都（4—16）

|  |  |  |  |  |  |
|---|---|---|---|---|---|
| 1 | 原 文兵衛 | 58 | 881,104 | 自民 | 新 ① |
| 2 | 黒柳 明 | 40 | 773,405 | 公明 | 現 ② |
| 3 | 木島 則夫 | 46 | 714,535 | 民社 | 新 ① |
| 4 | 野坂 参三 | 79 | 713,903 | 共産 | 現 ④ |
| ▽ | 木村 禧八郎 | 70 | 640,893 | 社会 | 現 4 |
| ▽ | 市川 房枝 | 78 | 558,728 | 無所 | 現 3 |
|  | 江藤 彦武 | 61 | 56,772 | 無所 | 新 |

|   | 赤尾 敏 | 72 | 23,410 | 諸派 | 新 |   |
|---|---|---|---|---|---|---|
|   | 山口 隆 | 37 | 18,446 | 無所 | 新 |   |
|   | 平林 太一 | 74 | 9,795 | 無所 | 元 | 1 |
|   | 武内 寿美子 | 52 | 7,392 | 無所 | 新 |   |
|   | 清水 亘 | 62 | 5,984 | 諸派 | 新 |   |
|   | 石倉 正春 | 33 | 5,068 | 無所 | 新 |   |
|   | 鎌田 文雄 | 71 | 2,899 | 無所 | 新 |   |
|   | 赤石 貞治 | 42 | 2,688 | 無所 | 新 |   |
|   | 深作 清次郎 | 60 | 1,247 | 諸派 | 新 |   |

神奈川県（2—3）

| 1 | 河野 謙三 | 70 | 795,799 | 自民 | 現 | ④ |
|---|---|---|---|---|---|---|
| 2 | 片岡 勝治 | 46 | 695,402 | 社会 | 新 | ① |
| ▽ | 中路 雅弘 | 44 | 370,941 | 共産 | 新 |   |

新潟県（2—3）

| 1 | 佐藤 隆 | 43 | 455,694 | 自民 | 現 | ② |
| 2 | 杉山 善太郎 | 68 | 402,397 | 社会 | 元 | ② |
| ▽ | 伊藤 千穂 | 46 | 91,239 | 共産 | 新 |   |

富山県（1—5）

| 1 | 橘 直治 | 62 | 261,136 | 自民 | 新 | ① |
| ▽ | 長谷 秀一 | 45 | 153,302 | 社会 | 新 |   |
|   | 佐竹 周一 | 45 | 30,588 | 共産 | 新 |   |
|   | 寺崎 新一郎 | 51 | 17,072 | 無所 | 新 |   |
|   | 菅野 信雄 | 47 | 4,289 | 無所 | 新 |   |

石川県（1—3）

| 1 | 島崎 均 | 48 | 239,269 | 自民 | 現 | ② |
| ▽ | 福村 洸 | 56 | 103,034 | 社会 | 新 |   |
|   | 森 昭 | 43 | 57,907 | 共産 | 新 |   |

福井県（1—3）

| 1 | 辻 一彦 | 46 | 160,844 | 社会 | 新 | ① |
| ▽ | 高橋 衛 | 68 | 158,635 | 自民 | 現 | 3 |
|   | 坂口 章 | 47 | 21,755 | 共産 | 新 |   |

山梨県（1—4）

| 1 | 神沢 浄 | 55 | 170,051 | 社会 | 新 | ① |
| ▽ | 大沢 融 | 58 | 130,496 | 自民 | 新 |   |
|   | 三森 信 | 56 | 19,889 | 共産 | 新 |   |
|   | 成沢 勇記 | 34 | 16,346 | 無所 | 新 |   |

長野県（2—4）

| 1 | 羽生 三七 | 67 | 367,045 | 社会 | 現 | ⑤ |
| 2 | 木内 四郎 | 74 | 354,559 | 自民 | 現 | ⑤ |
| ▽ | 菊池 謙一 | 58 | 133,404 | 共産 | 新 |   |
|   | 山口 富永 | 47 | 23,358 | 無所 | 新 |   |

岐阜県（1—3）

| 1 | 中村 波男 | 59 | 359,936 | 社会 | 現 | ② |
| ▽ | 浅野 賢澄 | 44 | 349,536 | 自民 | 新 |   |
|   | 高橋 貞夫 | 44 | 48,129 | 共産 | 新 |   |

静岡県（2—5）

| 1 | 川野辺 静 | 63 | 438,016 | 自民 | 新 | ① |
| 2 | 松永 忠二 | 62 | 403,569 | 社会 | 現 | ③ |
| ▽ | 小林 武治 | 71 | 397,560 | 自民 | 現 | 3 |
| ▽ | 栗田 翠 | 39 | 144,845 | 共産 | 新 |   |
|   | 小田 俊与 | 64 | 16,975 | 諸派 | 新 |   |

愛知県（3—8）

| 1 | 八木 一郎 | 69 | 387,082 | 自民 | 現 | ③ |
| 2 | 橋本 繁蔵 | 63 | 335,750 | 自民 | 新 | ① |
| 3 | 須原 昭二 | 43 | 332,573 | 社会 | 新 | ① |
| ▽ | 川上 照彦 | 35 | 326,106 | 民社 | 新 |   |
| ▽ | 浅井 美雄 | 61 | 246,667 | 共産 | 新 |   |
| ▽ | 近藤 信一 | 64 | 105,777 | 無所 | 現 | 3 |
|   | 安藤 耕生 | 59 | 16,548 | 無所 | 新 |   |
|   | 藤村 茂八 | 70 | 10,747 | 無所 | 新 |   |

三重県（1—3）

| 1 | 久保田 藤麿 | 64 | 336,918 | 自民 | 新 | ① |
| ▽ | 田中 佐武郎 | 70 | 183,934 | 社会 | 新 |   |
| ▽ | 中川 政一 | 44 | 107,830 | 共産 | 新 |   |

滋賀県（1—3）

| 1 | 河本 嘉久蔵 | 54 | 189,036 | 自民 | 新 | ① |
| ▽ | 矢尾 喜三郎 | 69 | 180,157 | 社会 | 新 |   |
|   | 瀬崎 博義 | 44 | 32,543 | 共産 | 新 |   |

京都府（2—4）

| 1 | 植木 光教 | 44 | 306,103 | 自民 | 現 | ③ |
| 2 | 大橋 和孝 | 61 | 295,632 | 社会 | 現 | ② |
| ▽ | 神谷 信之助 | 47 | 235,000 | 共産 | 新 |   |
|   | 浅田 菊次郎 | 73 | 9,404 | 無所 | 新 |   |

大阪府（3—8）

| 1 | 赤間 文三 | 72 | 654,212 | 自民 | 現 | ③ |
| 2 | 田代 富士男 | 40 | 618,450 | 公明 | 現 | ② |
| 3 | 佐々木 静子 | 44 | 573,887 | 社会 | 新 | ① |
| ▽ | 三谷 秀治 | 55 | 485,351 | 共産 | 新 |   |
| ▽ | 坂本 長作 | 61 | 383,126 | 民社 | 新 |   |
|   | 藤井 吉三郎 | 73 | 15,378 | 無所 | 新 |   |
|   | 菊地 宏志 | 35 | 7,680 | 無所 | 新 |   |
|   | 西林 勝 | 60 | 6,799 | 諸派 | 新 |   |

## 兵庫県（3―5）

| | | | | | | |
|---|---|---|---|---|---|---|
| 1 | 金井 元彦 | 67 | 519,349 | 自民 | 新 | ① |
| 2 | 小谷 守 | 55 | 335,328 | 社会 | 新 | ① |
| 3 | 中沢 伊登子 | 55 | 315,062 | 民社 | 現 | ② |
| ▽ | 中西 一郎 | 56 | 288,190 | 自民 | 新 | |
| ▽ | 木下 元二 | 41 | 216,752 | 共産 | 新 | |

## 奈良県（1―5）

| | | | | | | |
|---|---|---|---|---|---|---|
| 1 | 大森 久司 | 69 | 175,401 | 自民 | 現 | ② |
| ▽ | 藤枝 照英 | 61 | 90,727 | 無所 | 新 | |
| ▽ | 笹田 治人 | 36 | 62,957 | 社会 | 新 | |
| | 小針 実 | 43 | 44,173 | 共産 | 新 | |
| | 門真 竜一 | 43 | 3,682 | 無所 | 新 | |

## 和歌山県（1―3）

| | | | | | | |
|---|---|---|---|---|---|---|
| 1 | 世耕 政隆 | 48 | 265,869 | 自民 | 新 | ① |
| ▽ | 近藤 隆昭 | 43 | 81,179 | 社会 | 新 | |
| | 藤沢 弘太郎 | 47 | 60,909 | 共産 | 新 | |

## 鳥取県（1―4）

| | | | | | | |
|---|---|---|---|---|---|---|
| 1 | 宮崎 正雄 | 64 | 141,455 | 自民 | 現 | ② |
| ▽ | 野坂 浩賢 | 46 | 122,372 | 社会 | 新 | |
| | 裏坂 憲一 | 52 | 16,372 | 共産 | 新 | |
| | 和田 実治 | 55 | 6,535 | 民社 | 新 | |

## 島根県（1―4）

| | | | | | | |
|---|---|---|---|---|---|---|
| 1 | 中村 英男 | 67 | 164,747 | 社会 | 元 | ② |
| ▽ | 佐野 広 | 66 | 155,928 | 自民 | 元 | 2 |
| ▽ | 亀井 久興 | 31 | 73,707 | 無所 | 新 | |
| | 上野 孝 | 44 | 19,517 | 共産 | 新 | |

## 岡山県（2―4）

| | | | | | | |
|---|---|---|---|---|---|---|
| 1 | 秋山 長造 | 54 | 334,984 | 社会 | 現 | ⑤ |
| 2 | 木村 睦男 | 57 | 275,578 | 自民 | 現 | ③ |
| ▽ | 木島 一直 | 48 | 57,493 | 共産 | 新 | |
| | 岡田 定見 | 30 | 20,324 | 諸派 | 新 | |

## 広島県（2―4）

| | | | | | | |
|---|---|---|---|---|---|---|
| 1 | 藤田 正明 | 49 | 449,324 | 自民 | 現 | ② |
| 2 | 藤田 進 | 58 | 335,398 | 社会 | 現 | ④ |
| ▽ | 世良 弘造 | 43 | 94,902 | 共産 | 新 | |
| ▽ | 徳義 三男 | 52 | 86,216 | 無所 | 新 | |

## 山口県（1―3）

| | | | | | | |
|---|---|---|---|---|---|---|
| 1 | 吉武 恵市 | 68 | 380,181 | 自民 | 現 | ③ |
| ▽ | 松村 章 | 54 | 173,075 | 社会 | 新 | |
| | 舛富 圭一 | 48 | 65,405 | 共産 | 新 | |

## 徳島県（1―4）

| | | | | | | |
|---|---|---|---|---|---|---|
| 1 | 小笠 公韶 | 66 | 157,894 | 無所 | 新 | ① |
| ▽ | 伊東 菫 | 50 | 94,342 | 自民 | 新 | |
| ▽ | 槙 茂 | 45 | 61,810 | 社会 | 新 | |
| | 杉田 治郎 | 45 | 21,766 | 共産 | 新 | |

## 香川県（1―3）

| | | | | | | |
|---|---|---|---|---|---|---|
| 1 | 前川 旦 | 41 | 190,019 | 社会 | 現 | ② |
| ▽ | 大庭 哲夫 | 67 | 167,201 | 自民 | 新 | |
| | 山内 元春 | 49 | 16,241 | 共産 | 新 | |

## 愛媛県（1―4）

| | | | | | | |
|---|---|---|---|---|---|---|
| 1 | 増原 恵吉 | 68 | 305,877 | 自民 | 現 | ④ |
| ▽ | 上甲 武 | 47 | 198,274 | 社会 | 新 | |
| | 井上 定次郎 | 52 | 75,014 | 共産 | 新 | |
| | 二宮 孝晴 | 61 | 17,502 | 無所 | 新 | |

## 高知県（1―4）

| | | | | | | |
|---|---|---|---|---|---|---|
| 1 | 浜田 幸雄 | 72 | 128,591 | 自民 | 新 | ① |
| ▽ | 森本 靖 | 51 | 118,182 | 社会 | 新 | |
| ▽ | 林 _ | 47 | 94,994 | 無所 | 新 | |
| | 林田 芳徳 | 44 | 47,547 | 共産 | 新 | |

## 福岡県（3―5）

| | | | | | | |
|---|---|---|---|---|---|---|
| 1 | 小野 明 | 51 | 415,518 | 社会 | 現 | ② |
| 2 | 剱木 亨弘 | 69 | 410,791 | 自民 | 現 | ④ |
| 3 | 柳田 桃太郎 | 64 | 305,312 | 自民 | 現 | ③ |
| ▽ | 諫山 博 | 49 | 231,059 | 共産 | 新 | |
| | 加藤 英一 | 51 | 29,665 | 無所 | 新 | |

## 佐賀県（1―3）

| | | | | | | |
|---|---|---|---|---|---|---|
| 1 | 鍋島 直紹 | 59 | 252,181 | 自民 | 現 | ③ |
| ▽ | 野口 昌敏 | 43 | 85,277 | 社会 | 新 | |
| | 佐藤 隆治 | 45 | 18,322 | 共産 | 新 | |

## 長崎県（1―3）

| | | | | | | |
|---|---|---|---|---|---|---|
| 1 | 中村 禎二 | 68 | 298,099 | 自民 | 新 | ① |
| ▽ | 達田 竜彦 | 44 | 242,715 | 社会 | 現 | 1 |
| | 益本 和夫 | 40 | 28,443 | 共産 | 新 | |

## 熊本県（2―4）

| | | | | | | |
|---|---|---|---|---|---|---|
| 1 | 寺本 広作 | 63 | 307,909 | 自民 | 元 | ③ |
| 2 | 森中 守義 | 51 | 220,280 | 社会 | 現 | ③ |
| ▽ | 内田 芳郎 | 52 | 169,884 | 自民 | 現 | 1 |
| | 佐藤 義郎 | 46 | 18,250 | 共産 | 新 | |

## 大分県（1―4）

| | | | | | | |
|---|---|---|---|---|---|---|
| 1 | 工藤 良平 | 45 | 271,699 | 社会 | 新 | ① |
| ▽ | 藤巻 敏武 | 47 | 219,968 | 自民 | 新 | |
| | 浜松 昭二朗 | 44 | 23,278 | 共産 | 新 | |
| | 柴田 勝広 | 40 | 7,543 | 無所 | 新 | |

宮崎県（1―3）
| | | | | | | |
|---|---|---|---|---|---|---|
| 1 | 温水 三郎 | 65 | 245,681 | 自民 | 現 | ③ |
| ▽ | 清水 秀夫 | 45 | 140,280 | 社会 | 新 | |
| | 児玉 武夫 | 43 | 47,649 | 共産 | 新 | |

鹿児島県（2―5）
| | | | | | | |
|---|---|---|---|---|---|---|
| 1 | 柴立 芳文 | 55 | 235,323 | 自民 | 新 | ① |
| 2 | 鶴園 哲夫 | 56 | 203,980 | 社会 | 現 | ③ |
| | 谷口 慶吉 | 69 | 159,884 | 自民 | 現 | 2 |
| ▽ | 西郷 吉之助 | 64 | 118,370 | 無所 | 現 | 4 |
| | 真戸原 勲 | 46 | 25,040 | 共産 | 新 | |

沖縄県（1―3）
| | | | | | | |
|---|---|---|---|---|---|---|
| 1 | 稲嶺 一郎 | 65 | 188,085 | 自民 | 現 | ② |
| ▽ | 金城 睦 | 34 | 175,289 | 諸派 | 新 | |
| | 崎間 敏勝 | 48 | 2,637 | 諸派 | 新 | |

## 第9期補欠選挙

茨城県（1972年2月6日執行＝1―4）
| | | | | | | |
|---|---|---|---|---|---|---|
| 1 | 中村 登美 | 55 | 293,584 | 諸派 | 新 | ① |
| ▽ | 矢田部 理 | 39 | 221,104 | 社会 | 新 | |
| ▽ | 山口 武平 | 50 | 125,570 | 自民 | 新 | |
| | 石井 健二 | 44 | 18,308 | 共産 | 新 | |

三重県（1972年10月22日執行＝1―3）
| | | | | | | |
|---|---|---|---|---|---|---|
| 1 | 斎藤 十朗 | 32 | 326,569 | 自民 | 新 | ① |
| ▽ | 静永 俊雄 | 49 | 117,368 | 社会 | 新 | |
| | 中川 政一 | 45 | 54,246 | 共産 | 新 | |

兵庫県（1972年11月5日執行＝1―4）
| | | | | | | |
|---|---|---|---|---|---|---|
| 1 | 中西 一郎 | 57 | 523,269 | 自民 | 新 | ① |
| ▽ | 矢原 秀男 | 42 | 300,594 | 公明 | 新 | |
| ▽ | 松原 唯男 | 45 | 283,204 | 社会 | 新 | |
| ▽ | 安武 洋子 | 44 | 195,990 | 共産 | 新 | |

静岡県（1972年12月10日執行＝1―4）
| | | | | | | |
|---|---|---|---|---|---|---|
| 1 | 斎藤 寿夫 | 64 | 821,761 | 自民 | 新 | ① |
| ▽ | 青木 薪次 | 46 | 495,968 | 社会 | 新 | |
| ▽ | 山田 洋 | 50 | 189,994 | 共産 | 新 | |
| | 小田 俊与 | 65 | 75,326 | 無所 | 新 | |

新潟県（1972年12月17日執行＝1―4）
| | | | | | | |
|---|---|---|---|---|---|---|
| 1 | 君 健男 | 60 | 507,180 | 自民 | 新 | ① |
| ▽ | 志苫 裕 | 45 | 325,620 | 社会 | 新 | |
| | 浦沢 与三郎 | 53 | 61,793 | 共産 | 新 | |
| | 佐藤 助次郎 | 64 | 14,358 | 無所 | 新 | |

青森県（1973年6月17日執行＝1―5）
| | | | | | | |
|---|---|---|---|---|---|---|
| 1 | 寺下 岩蔵 | 67 | 180,602 | 自民 | 新 | ① |
| | 木立 芳照 | 40 | 119,263 | 社会 | 新 | |
| | 木村 昭四郎 | 46 | 63,282 | 社会 | 新 | |
| | 森田 哲郎 | 53 | 55,554 | 無所 | 新 | |
| | 古川 忠次郎 | 64 | 29,079 | 無所 | 新 | |

大阪府（1973年6月17日執行＝1―7）
| | | | | | | |
|---|---|---|---|---|---|---|
| 1 | 沓脱 タケ子 | 50 | 700,230 | 共産 | 新 | ① |
| ▽ | 森下 泰 | 51 | 686,307 | 自民 | 新 | |
| ▽ | 亀田 得治 | 60 | 411,205 | 社会 | 元 | 3 |
| ▽ | 岩見 豊治 | 45 | 191,478 | 民社 | 新 | |
| | 西井 勝 | 35 | 9,913 | 無所 | 新 | |
| | 高田 巌 | 43 | 6,393 | 諸派 | 新 | |
| | 柴田 隆司 | 37 | 5,452 | 無所 | 新 | |

香川県（1974年1月27日執行＝1―4）
| | | | | | | |
|---|---|---|---|---|---|---|
| 1 | 平井 卓志 | 42 | 209,522 | 自民 | 新 | ① |
| ▽ | 谷上 典之 | 45 | 118,490 | 社会 | 新 | |
| | 石田 千年 | 48 | 62,257 | 共産 | 新 | |
| | 高田 巌 | 43 | 2,368 | 諸派 | 新 | |

京都府（1974年4月21日執行＝1―4）
| | | | | | | |
|---|---|---|---|---|---|---|
| 1 | 小川 半次 | 64 | 290,514 | 自民 | 新 | ① |
| ▽ | 藤原 広子 | 47 | 261,690 | 共産 | 新 | |
| ▽ | 竹内 勝彦 | 36 | 147,535 | 公明 | 新 | |
| ▽ | 竹村 昭 | 46 | 82,322 | 社会 | 新 | |

高知県（1974年5月12日執行＝1―4）
| | | | | | | |
|---|---|---|---|---|---|---|
| 1 | 林 迪 | 49 | 193,278 | 自民 | 新 | ① |
| ▽ | 藤原 周 | 40 | 138,228 | 社会 | 新 | |
| ▽ | 平石 磨作太郎 | 52 | 66,637 | 公明 | 新 | |
| | 高田 巌 | 43 | 3,537 | 諸派 | 新 | |

## 第10回通常選挙 （1974年7月7日執行）

### 全国区 （54—112）＜補4＞

政党名凡例
- 自民　自由民主党
- 社会　日本社会党
- 民社　民社党
- 共産　日本共産党
- 公明　公明党

| # | 氏名 | 年齢 | 得票数 | 党派 | 新現元 | 当選回数 |
|---|---|---|---|---|---|---|
| 1 | 宮田　輝 | 52 | 2,595,236 | 自民 | 新 | ① |
| 2 | 市川　房枝 | 81 | 1,938,169 | 無所 | 元 | ④ |
| 3 | 青島　幸男 | 41 | 1,833,618 | 無所 | 現 | ② |
| 4 | 鳩山　威一郎 | 55 | 1,504,561 | 自民 | 新 | ① |
| 5 | 山東　昭子 | 32 | 1,256,724 | 自民 | 新 | ① |
| 6 | 斎藤　栄三郎 | 61 | 1,147,951 | 自民 | 新 | ① |
| 7 | 丸茂　重貞 | 58 | 874,662 | 自民 | 現 | ③ |
| 8 | 小林　国司 | 66 | 867,548 | 自民 | 現 | ② |
| 9 | 目黒　今朝次郎 | 52 | 865,827 | 社会 | 新 | ① |
| 10 | 田淵　哲也 | 48 | 810,960 | 民社 | 現 | ② |
| 11 | 三木　忠雄 | 39 | 801,748 | 公明 | 現 | ② |
| 12 | 秦　豊 | 49 | 784,119 | 社会 | 新 | ① |
| 13 | 糸山　英太郎 | 32 | 778,728 | 自民 | 新 | ① |
| 14 | 鈴木　一弘 | 49 | 758,910 | 公明 | 現 | ③ |
| 15 | 峯山　昭範 | 38 | 756,183 | 公明 | 現 | ② |
| 16 | 片山　甚市 | 51 | 734,317 | 社会 | 新 | ① |
| 17 | 佐藤　信二 | 42 | 718,826 | 自民 | 新 | ① |
| 18 | 和田　静夫 | 47 | 718,663 | 社会 | 現 | ② |
| 19 | 二宮　文造 | 54 | 714,968 | 公明 | 現 | ③ |
| 20 | 内田　善利 | 56 | 710,996 | 公明 | 現 | ② |
| 21 | 山中　郁子 | 42 | 710,634 | 共産 | 新 | ① |
| 22 | 案納　勝 | 45 | 702,027 | 社会 | 新 | ① |
| 23 | 岡田　広 | 64 | 701,927 | 自民 | 新 | ① |
| 24 | 江藤　智 | 67 | 701,862 | 自民 | 現 | ④ |
| 25 | 迫水　久常 | 71 | 690,010 | 自民 | 現 | ④ |
| 26 | 阿具根　登 | 62 | 682,448 | 社会 | 現 | ④ |
| 27 | 藤原　房雄 | 44 | 676,226 | 公明 | 現 | ② |
| 28 | 太田　淳夫 | 40 | 675,336 | 公明 | 新 | ① |
| 29 | 長田　裕二 | 57 | 674,986 | 自民 | 現 | ② |
| 30 | 松本　英一 | 53 | 674,086 | 社会 | 現 | ① |
| 31 | 坂野　重信 | 56 | 666,475 | 自民 | 新 | ① |
| 32 | 野田　哲 | 48 | 665,843 | 社会 | 新 | ① |
| 33 | 向井　長年 | 63 | 663,063 | 民社 | 現 | ④ |
| 34 | 大谷　藤之助 | 67 | 661,332 | 自民 | 現 | ④ |
| 35 | 内藤　功 | 43 | 661,127 | 共産 | 新 | ① |
| 36 | 福間　知之 | 46 | 647,476 | 無所 | 新 | ① |
| 37 | 源田　実 | 69 | 644,378 | 自民 | 現 | ③ |
| 38 | 立木　洋 | 43 | 642,235 | 共産 | 新 | ① |
| 39 | 塩出　啓典 | 41 | 640,623 | 公明 | 現 | ② |
| 40 | 柄谷　道一 | 49 | 636,444 | 民社 | 新 | ① |
| 41 | 粕谷　照美 | 50 | 635,504 | 社会 | 新 | ① |
| 42 | 安永　英雄 | 54 | 629,036 | 社会 | 現 | ② |
| 43 | 上林　繁次郎 | 57 | 625,428 | 公明 | 現 | ② |
| 44 | 神谷　信之助 | 50 | 614,785 | 共産 | 新 | ① |
| 45 | 和田　春生 | 55 | 603,982 | 民社 | 現 | ② |
| 46 | 山口　淑子 | 54 | 597,028 | 自民 | 新 | ① |
| 47 | 神田　博 | 70 | 594,080 | 自民 | 新 | ① |
| 48 | コロムビア・トップ | 52 | 583,886 | 無所 | 新 | ① |
| 49 | 渡辺　武 | 59 | 580,991 | 共産 | 現 | ② |
| 50 | 小巻　敏雄 | 54 | 575,110 | 共産 | 新 | ① |
| 51 | 森下　泰 | 52 | 573,969 | 自民 | 新 | ① |
| 52 | 岩間　正男 | 68 | 573,556 | 共産 | 現 | ⑤ |
| 53 | 上田　稔 | 60 | 573,496 | 自民 | 現 | ② |
| 54 | 近藤　忠孝 | 42 | 573,211 | 共産 | 新 | ① |
| ▽ | 山下　春江 | 72 | 566,309 | 自民 | 現 | 2 |
| ▽ | 村上　正邦 | 41 | 552,854 | 自民 | 新 | |
| ▽ | 田中　忠雄 | 68 | 550,689 | 自民 | 新 | |
| ▽ | 田沢　智治 | 41 | 542,119 | 自民 | 新 | |
| ▽ | 坂　健 | 45 | 516,159 | 自民 | 新 | |
| ▽ | 長谷川　仁 | 55 | 512,207 | 自民 | 現 | 2 |
| ▽ | 岡部　保 | 51 | 511,891 | 自民 | 新 | |
| ▽ | 加藤　シヅエ | 77 | 507,052 | 社会 | 現 | 4 |
| ▽ | 満岡　文太郎 | 66 | 439,015 | 自民 | 新 | |
| ▽ | 高橋　幸嗣 | 60 | 427,350 | 無所 | 新 | |
| ▽ | 横山　ノック | 42 | 425,047 | 無所 | 現 | 1 |
| ▽ | 亀井　善彰 | 73 | 421,442 | 自民 | 現 | 1 |
| ▽ | 永野　鎮雄 | 65 | 400,964 | 自民 | 現 | 1 |
| ▽ | 井上　計 | 54 | 400,446 | 民社 | 新 | |
| ▽ | 田中　一 | 73 | 391,531 | 社会 | 現 | 4 |
| ▽ | 横山　フク | 67 | 365,211 | 自民 | 元 | 3 |
| ▽ | 内田　芳郎 | 55 | 313,545 | 自民 | 元 | 1 |
| ▽ | 福島　恒春 | 63 | 308,792 | 自民 | 新 | |
| ▽ | 横井　庄一 | 59 | 262,746 | 無所 | 新 | |
| ▽ | 玉置　猛夫 | 60 | 251,227 | 自民 | 現 | 1 |
| ▽ | 戸村　一作 | 65 | 230,407 | 無所 | 新 | |
| ▽ | 大松　博文 | 53 | 226,344 | 自民 | 現 | 1 |
| | 真野　博 | 43 | 50,524 | 無所 | 新 | |
| | 田中　洋一 | 40 | 38,216 | 無所 | 新 | |
| | 高田　巌 | 44 | 36,197 | 諸派 | 新 | |
| | 小林　勉 | 43 | 33,768 | 無所 | 新 | |
| | 中山　土志延 | 32 | 32,192 | 無所 | 新 | |
| | 友田　不二男 | 57 | 31,665 | 無所 | 新 | |
| | 武智　鉄二 | 61 | 30,220 | 自民 | 新 | |
| | 東郷　健 | 42 | 23,472 | 無所 | 新 | |
| | 心　久 | 46 | 20,360 | 無所 | 新 | |
| | 小坂　三郎 | 50 | 19,405 | 無所 | 新 | |
| | 朝野　利男 | 50 | 17,568 | 無所 | 新 | |
| | 前田　保 | 62 | 16,580 | 無所 | 新 | |

資料　第10回通常選挙　515

| | | | | | |
|---|---|---|---|---|---|
| 佐藤　勇吉 | 49 | 16,509 | 無所 | 新 | |
| 大西　末子 | 64 | 16,294 | 無所 | 新 | |
| 志水　源司 | 36 | 15,227 | 無所 | 新 | |
| 神田　惣一郎 | 62 | 13,089 | 無所 | 新 | |
| 高橋　秀郎 | 68 | 12,868 | 諸派 | 新 | |
| 品川　司 | 63 | 12,840 | 無所 | 新 | |
| 江波　進一 | 34 | 11,611 | 諸派 | 新 | |
| 河野　孔明 | 68 | 10,775 | 無所 | 新 | |
| 田代　幸雄 | 44 | 10,719 | 無所 | 新 | |
| 青山　雅彦 | 78 | 10,276 | 諸派 | 新 | |
| 藤崎　_ | 72 | 9,970 | 無所 | 新 | |
| 中尾　太人 | 52 | 9,955 | 無所 | 新 | |
| 加藤　英一 | 54 | 9,484 | 無所 | 新 | |
| 渡辺　正好 | 61 | 9,235 | 無所 | 新 | |
| 藤本　守 | 49 | 8,842 | 無所 | 新 | |
| 松田　照久 | 44 | 8,271 | 無所 | 新 | |
| 田島　敬介 | 44 | 7,177 | 無所 | 新 | |
| 高橋　卯市 | 70 | 6,544 | 無所 | 新 | |
| 吉川　藤三 | 62 | 6,196 | 無所 | 新 | |
| 勝部　栄一 | 42 | 5,932 | 無所 | 新 | |
| 辻田　恒省 | 44 | 4,816 | 無所 | 新 | |
| 松原　広繁 | 41 | 3,484 | 無所 | 新 | |
| 菊池　峰三郎 | 62 | 3,393 | 諸派 | 新 | |
| 植木　光導 | 42 | 2,379 | 無所 | 新 | |

## 地方区

### 北海道（4―7）
| | | | | | | |
|---|---|---|---|---|---|---|
| 1 | 小笠原　貞子 | 54 | 416,950 | 共産 | 現 | ② |
| 2 | 吉田　忠三郎 | 56 | 412,746 | 社会 | 現 | ③ |
| 3 | 対馬　孝且 | 49 | 404,136 | 社会 | 新 | ① |
| 4 | 相沢　武彦 | 40 | 375,278 | 公明 | 新 | ① |
| ▽ | 河口　陽一 | 68 | 366,788 | 自民 | 現 | 1 |
| ▽ | 西田　信一 | 71 | 360,438 | 自民 | 現 | 3 |
| ▽ | 高橋　辰夫 | 45 | 313,521 | 無所 | 新 | |

### 青森県（1―4）
| | | | | | | |
|---|---|---|---|---|---|---|
| 1 | 山崎　竜男 | 52 | 305,966 | 自民 | 現 | ② |
| ▽ | 渡辺　三夫 | 55 | 145,811 | 社会 | 新 | |
| | 木村　昭四郎 | 47 | 84,685 | 共産 | 新 | |
| | 照井　善朝 | 42 | 63,123 | 公明 | 新 | |

### 岩手県（1―3）
| | | | | | | |
|---|---|---|---|---|---|---|
| 1 | 増田　盛 | 61 | 320,961 | 自民 | 現 | ② |
| ▽ | 小川　仁一 | 56 | 289,517 | 社会 | 新 | |
| | 宮脇　善雄 | 34 | 62,895 | 共産 | 新 | |

### 宮城県（1―5）
| | | | | | | |
|---|---|---|---|---|---|---|
| 1 | 遠藤　要 | 58 | 415,064 | 自民 | 新 | ① |
| ▽ | 高橋　治 | 45 | 268,113 | 社会 | 新 | |
| | 本田　勝利 | 36 | 128,843 | 共産 | 新 | |
| | 武田　一夫 | 39 | 96,169 | 公明 | 新 | |

| | | | | | |
|---|---|---|---|---|---|
| 丹野　富男 | 57 | 9,631 | 無所 | 新 | |

### 秋田県（1―3）
| | | | | | | |
|---|---|---|---|---|---|---|
| 1 | 山崎　五郎 | 60 | 292,439 | 自民 | 現 | ② |
| ▽ | 穂積　惇 | 52 | 235,342 | 社会 | 新 | |
| ▽ | 小林　泰夫 | 42 | 111,986 | 共産 | 新 | |

### 山形県（1―4）
| | | | | | | |
|---|---|---|---|---|---|---|
| 1 | 安孫子　藤吉 | 70 | 378,120 | 自民 | 新 | ① |
| ▽ | 佐藤　誼 | 47 | 224,364 | 社会 | 新 | |
| | 島津　昭 | 47 | 53,090 | 共産 | 新 | |
| | 三井　啓光 | 41 | 45,858 | 公明 | 新 | |

### 福島県（2―4）
| | | | | | | |
|---|---|---|---|---|---|---|
| 1 | 野口　忠夫 | 63 | 357,115 | 社会 | 新 | ① |
| 2 | 鈴木　省吾 | 62 | 291,767 | 自民 | 現 | ② |
| ▽ | 松平　勇雄 | 67 | 269,867 | 自民 | 現 | 4 |
| ▽ | 下田　京子 | 34 | 160,138 | 共産 | 新 | |

### 茨城県（2―5）
| | | | | | | |
|---|---|---|---|---|---|---|
| 1 | 矢田部　理 | 42 | 339,009 | 社会 | 新 | ① |
| 2 | 岩上　妙子 | 56 | 294,205 | 諸派 | 新 | ① |
| ▽ | 郡　祐一 | 72 | 274,641 | 自民 | 現 | 4 |
| ▽ | 二見　伸明 | 39 | 131,746 | 公明 | 新 | |
| | 海野　幹雄 | 42 | 62,609 | 共産 | 新 | |

### 栃木県（2―7）
| | | | | | | |
|---|---|---|---|---|---|---|
| 1 | 大塚　喬 | 57 | 213,362 | 社会 | 新 | ① |
| 2 | 大島　友治 | 57 | 182,363 | 無所 | 新 | ① |
| ▽ | 矢野　登 | 70 | 165,642 | 自民 | 現 | 1 |
| ▽ | 大野　陽一郎 | 57 | 125,736 | 無所 | 新 | |
| | 水谷　弘 | 31 | 66,895 | 公明 | 新 | |
| | 栃本　健 | 39 | 55,255 | 民社 | 新 | |
| | 兵藤　忠一 | 50 | 37,387 | 共産 | 新 | |

### 群馬県（2―5）
| | | | | | | |
|---|---|---|---|---|---|---|
| 1 | 栗原　俊夫 | 65 | 299,386 | 社会 | 新 | ① |
| 2 | 最上　進 | 32 | 252,333 | 自民 | 新 | ① |
| ▽ | 佐田　一郎 | 72 | 240,354 | 自民 | 現 | 2 |
| ▽ | 佐藤　正二 | 61 | 79,105 | 共産 | 新 | |
| | 庭山　昌 | 34 | 72,967 | 公明 | 新 | |

### 埼玉県（2―6）
| | | | | | | |
|---|---|---|---|---|---|---|
| 1 | 瀬谷　英行 | 55 | 566,655 | 社会 | 現 | ③ |
| 2 | 上原　正吉 | 76 | 549,776 | 自民 | 現 | ⑤ |
| ▽ | 飯塚　博之 | 44 | 326,542 | 共産 | 新 | |
| ▽ | 大成　正雄 | 52 | 309,983 | 自民 | 新 | |
| ▽ | 和田　清志 | 39 | 274,167 | 公明 | 新 | |
| | 高木　要治 | 70 | 22,028 | 無所 | 新 | |

### 千葉県（2―6）
| | | | | | | |
|---|---|---|---|---|---|---|
| 1 | 赤桐　操 | 54 | 462,738 | 社会 | 新 | ① |

|  |  |  |  |  |  |  |
|---|---|---|---|---|---|---|
| 2 | 高橋 誉冨 | 60 | 419,471 | 自民 | 新 | ① |
| ▽ | 鶴岡 洋 | 41 | 364,325 | 公明 | 新 |  |
|  | 渡辺 一太郎 | 65 | 360,975 | 自民 | 現 | 1 |
|  | 佐藤 二郎 | 49 | 194,177 | 共産 | 新 |  |
|  | 長谷 長次 | 70 | 21,259 | 無所 | 新 |  |

東京都（4 ― 20）

|  |  |  |  |  |  |  |
|---|---|---|---|---|---|---|
| 1 | 安井 謙 | 63 | 1,268,412 | 自民 | 現 | ⑤ |
| 2 | 上田 哲 | 46 | 1,111,780 | 社会 | 現 | ② |
| 3 | 阿部 憲一 | 64 | 842,761 | 公明 | 現 | ② |
| 4 | 上田 耕一郎 | 47 | 819,895 | 共産 | 新 |  |
|  | 野坂 昭如 | 43 | 527,214 | 無所 | 新 |  |
|  | 栗原 玲児 | 40 | 447,352 | 民社 | 新 |  |
|  | 紀平 悌子 | 46 | 288,901 | 無所 | 新 |  |
|  | 赤尾 敏 | 75 | 25,381 | 諸派 | 新 |  |
|  | 佐藤 三郎 | 34 | 12,915 | 無所 | 新 |  |
|  | 石川 八郎 | 41 | 10,295 | 無所 | 新 |  |
|  | 五味 武 | 48 | 8,999 | 無所 | 新 |  |
|  | 武内 寿美子 | 55 | 7,178 | 無所 | 新 |  |
|  | 有田 正憲 | 62 | 3,712 | 諸派 | 新 |  |
|  | 宮島 鎮治 | 64 | 2,568 | 無所 | 新 |  |
|  | 深作 清次郎 | 63 | 2,506 | 無所 | 新 |  |
|  | 福山 建定 | 59 | 2,438 | 無所 | 新 |  |
|  | 大木 明雄 | 53 | 2,090 | 諸派 | 新 |  |
|  | 赤石 貞治 | 45 | 1,995 | 諸派 | 新 |  |
|  | 田尻 容基 | 73 | 1,609 | 無所 | 新 |  |
|  | 水藤 忠雄 | 67 | 1,358 | 無所 | 新 |  |

神奈川県（2 ― 7）

|  |  |  |  |  |  |  |
|---|---|---|---|---|---|---|
| 1 | 竹田 四郎 | 56 | 814,098 | 社会 | 現 | ② |
| 2 | 秦野 章 | 62 | 736,016 | 自民 | 新 | ① |
| ▽ | 草野 威 | 45 | 508,762 | 公明 | 新 |  |
| ▽ | 陶山 圭之輔 | 39 | 417,549 | 無所 | 新 |  |
| ▽ | 高橋 高望 | 43 | 336,241 | 民社 | 新 |  |
|  | 中岡 要 | 62 | 17,025 | 無所 | 新 |  |
|  | 福田 喜代徳 | 41 | 11,137 | 無所 | 新 |  |

新潟県（2 ― 5）

|  |  |  |  |  |  |  |
|---|---|---|---|---|---|---|
| 1 | 亘 四郎 | 74 | 470,867 | 自民 | 新 | ① |
| 2 | 志苫 裕 | 46 | 414,223 | 社会 | 新 | ① |
| ▽ | 塚田 十一郎 | 70 | 292,944 | 自民 | 現 | 1 |
|  | 伊藤 千穂 | 49 | 68,988 | 共産 | 新 |  |
|  | 古川 久 | 36 | 64,505 | 公明 | 新 |  |

富山県（1 ― 3）

|  |  |  |  |  |  |  |
|---|---|---|---|---|---|---|
| 1 | 吉田 実 | 64 | 334,762 | 自民 | 新 | ① |
| ▽ | 杉原 一雄 | 64 | 231,976 | 社会 | 現 | 1 |
|  | 佐竹 周一 | 48 | 35,735 | 共産 | 新 |  |

石川県（1 ― 3）

|  |  |  |  |  |  |  |
|---|---|---|---|---|---|---|
| 1 | 安田 隆明 | 57 | 300,002 | 自民 | 現 | ② |
| ▽ | 奥村 喜則 | 55 | 145,079 | 社会 | 新 |  |

|  |  |  |  |  |  |  |
|---|---|---|---|---|---|---|
|  | 伊藤 喜美子 | 52 | 75,325 | 共産 | 新 |  |

福井県（1 ― 3）

|  |  |  |  |  |  |  |
|---|---|---|---|---|---|---|
| 1 | 熊谷 太三郎 | 67 | 251,238 | 自民 | 現 | ③ |
| ▽ | 堀川 功 | 51 | 128,093 | 社会 | 新 |  |
|  | 浅田 豊 | 48 | 35,970 | 共産 | 新 |  |

山梨県（1 ― 5）

|  |  |  |  |  |  |  |
|---|---|---|---|---|---|---|
| 1 | 中村 太郎 | 56 | 177,108 | 自民 | 新 | ① |
|  | 鈴木 強 | 60 | 173,286 | 社会 | 現 | 3 |
|  | 中沢 広明 | 65 | 32,872 | 公明 | 新 |  |
|  | 桜井 真作 | 34 | 25,646 | 共産 | 新 |  |
|  | 遠藤 欣之助 | 38 | 12,222 | 民社 | 新 |  |

長野県（2 ― 5）

|  |  |  |  |  |  |  |
|---|---|---|---|---|---|---|
| 1 | 小山 一平 | 59 | 394,701 | 社会 | 新 | ① |
| 2 | 夏目 忠雄 | 65 | 280,163 | 自民 | 新 | ① |
| ▽ | 下条 進一郎 | 54 | 192,854 | 自民 | 新 |  |
| ▽ | 菊池 謙一 | 61 | 188,388 | 共産 | 新 |  |
|  | 柳沢 春吉 | 40 | 91,904 | 公明 | 新 |  |

岐阜県（1 ― 6）

|  |  |  |  |  |  |  |
|---|---|---|---|---|---|---|
| 1 | 藤井 丙午 | 68 | 481,777 | 自民 | 元 | ② |
| ▽ | 岩崎 昭弥 | 47 | 221,190 | 社会 | 新 |  |
|  | 簑輪 幸代 | 32 | 124,162 | 共産 | 新 |  |
|  | 伏屋 修治 | 44 | 84,581 | 公明 | 新 |  |
|  | 山田 行彦 | 48 | 11,427 | 無所 | 新 |  |
|  | 井口 春作 | 33 | 7,016 | 無所 | 新 |  |

静岡県（2 ― 7）

|  |  |  |  |  |  |  |
|---|---|---|---|---|---|---|
| 1 | 戸塚 進也 | 34 | 507,298 | 自民 | 新 | ① |
| 2 | 青木 薪次 | 48 | 441,053 | 社会 | 新 | ① |
| ▽ | 斎藤 寿夫 | 66 | 330,719 | 自民 | 現 | 1 |
| ▽ | 広岡 征男 | 30 | 161,468 | 公明 | 新 |  |
|  | 山田 洋 | 52 | 136,046 | 共産 | 新 |  |
|  | 野呂 信次郎 | 64 | 115,699 | 民社 | 新 |  |
|  | 小田 俊与 | 67 | 18,783 | 無所 | 新 |  |

愛知県（3 ― 7）

|  |  |  |  |  |  |  |
|---|---|---|---|---|---|---|
| 1 | 藤川 一秋 | 59 | 705,130 | 自民 | 新 | ① |
| 2 | 三治 重信 | 57 | 564,305 | 民社 | 新 | ① |
| 3 | 森下 昭司 | 47 | 459,266 | 社会 | 新 | ① |
| ▽ | 渋谷 邦彦 | 50 | 452,895 | 公明 | 現 | 2 |
| ▽ | 浅井 美雄 | 64 | 336,316 | 共産 | 新 |  |
|  | 摺建 寿隆 | 31 | 15,654 | 無所 | 新 |  |
|  | 永井 義春 | 49 | 15,583 | 無所 | 新 |  |

三重県（1 ― 4）

|  |  |  |  |  |  |  |
|---|---|---|---|---|---|---|
| 1 | 斎藤 十朗 | 34 | 384,553 | 自民 | 現 | ② |
| ▽ | 坂倉 藤吾 | 44 | 207,703 | 社会 | 新 |  |
|  | 永田 博 | 44 | 99,019 | 公明 | 新 |  |
|  | 位田 幹生 | 47 | 77,025 | 共産 | 新 |  |

資料　第10回通常選挙　517

```
滋賀県（1―6）
 1  望月 邦夫     56   201,099   自民 新 ①
 ▽  後藤 俊男     62   143,522   社会 新
    和所 英二     35    62,994   共産 新
    西川 紀久     33    41,927   民社 新
    市居 一良     32    34,873   公明 新
    岡田 逸司     59     3,428   無所 新

京都府（2―5）
 1  林田 悠紀夫   58   375,574   自民 現 ③
 2  河田 賢治     74   295,607   共産 現 ②
 ▽  竹村 昭       46   187,212   社会 新
 ▽  竹内 勝彦     36   144,794   公明 新
    増田 真一     50     5,333   諸派 新

大阪府（3―6）
 1  中山 太郎     49   841,390   自民 現 ②
 2  白木 義一郎   54   772,003   公明 現 ④
 3  橋本 敦       45   763,457   共産 新 ①
 ▽  上田 卓三     36   698,481   社会 新
 ▽  岩見 豊明     46   410,824   民社 新
    坂東 頼之     69    14,345   無所 新

兵庫県（3―6）
 1  中西 一郎     59   614,114   自民 現 ④
 2  矢原 秀男     44   440,920   公明 新 ①
 3  安武 洋子     45   417,974   共産 新 ①
 ▽  尾崎 治       58   401,953   社会 新
 ▽  萩原 幽香子   63   369,572   民社 現 1
    上田 伱太郎   75    30,525   無所 新

奈良県（1―4）
 1  新谷 寅三郎   71   259,995   自民 現 ⑥
 ▽  笹山 治人     39   109,327   社会 新
    和田 修       37    69,040   公明 新
    岩田 良孝     42    57,935   共産 新

和歌山県（1―3）
 1  前田 佳都男   63   280,816   自民 現 ④
 ▽  新田 和弘     31   117,707   公明 新
 ▽  藤沢 弘太郎   50   104,320   共産 新

鳥取県（1―3）
 1  石破 二朗     65   192,120   自民 新 ①
 ▽  北尾 才智     48   126,999   社会 新
    裏坂 憲一     55    15,575   共産 新

島根県（1―5）
 1  亀井 久興     34   203,433   自民 新 ①
 ▽  栩野 泰二     45   202,489   社会 新
    飯塚 行男     46    26,343   共産 新
    林 勝義       34    26,085   無所 新
```

```
    西坂 徳家     40     5,014   無所 新

岡山県（2―5）
 1  加藤 武徳     58   266,490   自民 元 ③
 2  寺田 熊雄     61   255,183   社会 新 ①
 ▽  逢沢 英雄     48   226,703   自民 新
 ▽  山崎 輝男     43   159,123   公明 新
    木島 一直     51    60,700   共産 新

広島県（2―5）
 1  永野 厳雄     56   451,131   自民 新 ①
 2  浜本 万三     53   352,299   社会 新 ①
 ▽  中津井 真     71   242,074   自民 現 2
 ▽  勝谷 勝       48   134,540   公明 新
 ▽  高村 是懿     36   120,175   共産 新

山口県（1―4）
 1  二木 謙吾     77   379,933   自民 現 ③
 ▽  原田 孝三     55   225,416   社会 新
    村木 継明     37    95,117   公明 新
    伊藤 潔       48    73,499   共産 新

徳島県（1―5）
 1  久次米 健太郎 65   196,210   無所 現 ②
 ▽  後藤田 正晴   59   153,388   自民 新
    小島 悦吉     62    39,181   社会 新
    加藤 隆史     32    26,960   公明 新
    福井 隆夫     35    19,382   共産 新

香川県（1―3）
 1  平井 卓志     42   234,363   自民 現 ②
 ▽  谷上 典之     45   156,020   社会 新
    石田 千年     49    71,744   共産 新

愛媛県（1―5）
 1  青井 政美     66   346,458   自民 新 ①
 ▽  上甲 武       50   241,232   社会 新
    福山 忠仁     40    88,690   公明 新
    元岡 稔       52    56,846   共産 新
    伊賀 秀則     70     5,454   無所 新

高知県（1―3）
 1  塩見 俊二     67   210,771   自民 現 ④
 ▽  土田 嘉平     42   140,321   共産 新
 ▽  平石 磨作太郎 52    73,190   公明 新

福岡県（3―5）
 1  小柳 勇       62   537,328   社会 現 ④
 2  有田 一寿     58   473,147   自民 新 ①
 3  桑名 義治     44   425,997   公明 新 ①
 ▽  鬼丸 勝之     60   385,027   自民 現 2
 ▽  高倉 金一郎   64   271,459   共産 新
```

### 佐賀県（1―4）

| | | | | | | |
|---|---|---|---|---|---|---|
| 1 | 福岡 日出麿 | 64 | 245,155 | 自民 | 新 | ① |
| ▽ | 踊 哲郎 | 41 | 119,717 | 社会 | 新 | |
| | 中野 鉄造 | 47 | 43,930 | 公明 | 新 | |
| | 佐藤 隆治 | 48 | 24,475 | 共産 | 新 | |

### 長崎県（1―4）

| | | | | | | |
|---|---|---|---|---|---|---|
| 1 | 初村 滝一郎 | 60 | 365,198 | 自民 | 現 | ② |
| ▽ | 山口 健次 | 51 | 198,713 | 社会 | 新 | |
| | 谷口 是巨 | 52 | 84,463 | 公明 | 新 | |
| | 中田 晋介 | 35 | 55,254 | 共産 | 新 | |

### 熊本県（2―6）

| | | | | | | |
|---|---|---|---|---|---|---|
| 1 | 高田 浩運 | 60 | 295,563 | 自民 | 現 | ② |
| 2 | 園田 清充 | 54 | 293,482 | 自民 | 現 | ③ |
| ▽ | 松前 達郎 | 47 | 281,543 | 社会 | 新 | |
| | 栗田 一哉 | 39 | 28,590 | 共産 | 新 | |
| | 渡辺 功 | 68 | 1,360 | 無所 | 新 | |
| | 池松 則光 | 75 | 577 | 無所 | 新 | |

### 大分県（1―4）

| | | | | | | |
|---|---|---|---|---|---|---|
| 1 | 岩男 頴一 | 55 | 297,769 | 自民 | 新 | ① |
| ▽ | 斎藤 光寿 | 45 | 249,912 | 社会 | 新 | |
| | 宮本 憲一 | 41 | 58,328 | 公明 | 新 | |
| | 平岡 重夫 | 49 | 41,248 | 共産 | 新 | |

### 宮崎県（1―4）

| | | | | | | |
|---|---|---|---|---|---|---|
| 1 | 上条 勝久 | 63 | 287,447 | 自民 | 新 | ① |
| ▽ | 清水 秀夫 | 48 | 168,167 | 社会 | 新 | |
| | 堀 典一 | 44 | 65,715 | 公明 | 新 | |
| | 浜田 浩二 | 34 | 42,594 | 共産 | 新 | |

### 鹿児島県（2―6）

| | | | | | | |
|---|---|---|---|---|---|---|
| 1 | 井上 吉夫 | 51 | 313,751 | 自民 | 新 | ① |
| 2 | 久保 亘 | 45 | 252,428 | 社会 | 新 | ① |
| ▽ | 西郷 吉之助 | 67 | 224,864 | 自民 | 元 | 4 |
| | 和泉 照雄 | 52 | 68,254 | 公明 | 新 | |
| | 中間 浩一郎 | 36 | 36,524 | 共産 | 新 | |
| | 今村 義人 | 42 | 10,208 | 無所 | 新 | |

### 沖縄県（1―2）

| | | | | | | |
|---|---|---|---|---|---|---|
| 1 | 喜屋武 真栄 | 61 | 261,396 | 無所 | 現 | ② |
| ▽ | 尚 詮 | 47 | 182,689 | 自民 | 新 | |

## 第10期補欠選挙

### 栃木県（1974年12月8日執行＝1―4）

| | | | | | | |
|---|---|---|---|---|---|---|
| 1 | 矢野 登 | 71 | 387,295 | 自民 | 元 | ② |
| ▽ | 三ツ屋 政夫 | 51 | 177,947 | 社会 | 新 | |
| | 大阿久 照代 | 32 | 37,965 | 共産 | 新 | |
| | 高田 巖 | 44 | 9,457 | 諸派 | 新 | |

### 茨城県（1975年4月27日執行＝1―3）

| | | | | | | |
|---|---|---|---|---|---|---|
| 1 | 郡 祐一 | 73 | 567,927 | 自民 | 元 | ⑤ |
| ▽ | 高杉 廸忠 | 49 | 235,769 | 社会 | 新 | |
| | 富沢 久雄 | 46 | 69,874 | 共産 | 新 | |

### 愛知県（1975年4月27日執行＝1―6）

| | | | | | | |
|---|---|---|---|---|---|---|
| 1 | 福井 勇 | 71 | 721,706 | 自民 | 新 | ① |
| ▽ | 渋谷 邦彦 | 50 | 544,940 | 公明 | 元 | 2 |
| | 井上 計 | 55 | 385,667 | 民社 | 新 | |
| | 小山 良治 | 51 | 356,973 | 社会 | 新 | |
| | 浅井 美雄 | 64 | 226,689 | 共産 | 新 | |
| | 藤村 茂八 | 74 | 6,410 | 諸派 | 新 | |

### 鹿児島県（1975年9月21日執行＝1―3）

| | | | | | | |
|---|---|---|---|---|---|---|
| 1 | 佐多 宗二 | 54 | 390,303 | 自民 | 新 | ① |
| ▽ | 今村 勝美 | 46 | 195,201 | 社会 | 新 | |
| | 中間 浩一郎 | 37 | 40,162 | 共産 | 新 | |

### 秋田県（1976年5月23日執行＝1―3）

| | | | | | | |
|---|---|---|---|---|---|---|
| 1 | 佐々木 満 | 50 | 287,187 | 自民 | 新 | ① |
| ▽ | 穂積 惇 | 54 | 210,262 | 社会 | 新 | |
| | 小林 泰夫 | 44 | 82,612 | 共産 | 新 | |

### 奈良県（1976年9月26日執行＝1―3）

| | | | | | | |
|---|---|---|---|---|---|---|
| 1 | 堀内 俊夫 | 58 | 191,041 | 自民 | 新 | ① |
| ▽ | 笹田 治人 | 41 | 99,006 | 社会 | 新 | |
| | 岩田 良孝 | 44 | 45,990 | 共産 | 新 | |

### 大分県（1976年9月26日執行＝1―3）

| | | | | | | |
|---|---|---|---|---|---|---|
| 1 | 後藤 正夫 | 63 | 277,541 | 諸派 | 新 | ① |
| ▽ | 斎藤 光寿 | 47 | 264,553 | 社会 | 新 | |
| | 浜田 紘一 | 37 | 30,686 | 共産 | 新 | |

### 新潟県（1976年12月12日執行＝1―3）

| | | | | | | |
|---|---|---|---|---|---|---|
| 1 | 塚田 十一郎 | 72 | 508,001 | 自民 | 元 | ② |
| ▽ | 吉田 正雄 | 53 | 339,083 | 社会 | 新 | |
| | 伊藤 千穂 | 51 | 56,013 | 共産 | 新 | |

### 宮崎県（1976年12月12日執行＝1―5）

| | | | | | | |
|---|---|---|---|---|---|---|
| 1 | 坂元 親男 | 65 | 201,289 | 諸派 | 新 | ① |
| ▽ | 松形 祐堯 | 58 | 147,039 | 自民 | 新 | |
| | 清水 秀夫 | 50 | 127,195 | 社会 | 新 | |
| | 佐藤 誠 | 37 | 12,422 | 共産 | 新 | |
| | 河野 孔明 | 71 | 8,453 | 諸派 | 新 | |

### 新潟県（1977年5月22日執行＝1―4）

| | | | | | | |
|---|---|---|---|---|---|---|
| 1 | 長谷川 信 | 58 | 380,592 | 自民 | 新 | ① |
| ▽ | 吉田 正雄 | 54 | 259,513 | 社会 | 新 | |
| | 丸山 久明 | 38 | 55,621 | 共産 | 新 | |
| | 高田 巖 | 46 | 15,553 | 無所 | 新 | |

## 第11回通常選挙 （1977年7月10日執行）

### 全国区 （50—102）

政党名凡例
自民　自由民主党
社会　日本社会党
民社　民社党
共産　日本共産党
公明　公明党
自ク　新自由クラブ

| | | | | | | | | | | |
|---|---|---|---|---|---|---|---|---|---|---|
| 1 | 田 英夫 | 54 | 1,587,262 | 社会 前 ② | | | | | | |
| 2 | 江田 五月 | 36 | 1,392,475 | 諸派 新 ① | | | | | | |
| 3 | 福島 茂夫 | 59 | 1,277,731 | 自民 新 ① | | | | | | |
| 4 | 玉置 和郎 | 54 | 1,119,598 | 自民 前 ③ | | | | | | |
| 5 | 梶木 又三 | 58 | 1,119,430 | 自民 前 ① | | | | | | |
| 6 | 内藤 誉三郎 | 65 | 1,071,893 | 自民 前 ③ | | | | | | |
| 7 | 楠 正俊 | 56 | 1,042,848 | 自民 前 ③ | | | | | | |
| 8 | 町村 金五 | 76 | 1,028,981 | 自民 前 ② | 48 | 佐藤 三吾 | 48 | 625,721 | 社会 新 ① |
| 9 | 増岡 康治 | 52 | 980,558 | 自民 新 ① | 49 | 市川 正一 | 53 | 608,924 | 共産 新 ① |
| 10 | 栗林 卓司 | 46 | 969,805 | 民社 前 ② | 50 | 穐山 篤 | 50 | 582,847 | 社会 新 ① |
| 11 | 柳沢 錬造 | 58 | 960,861 | 民社 新 ① | ▽ | 佐藤 敬夫 | 42 | 559,318 | 自ク 新 |
| 12 | 古賀 雷四郎 | 61 | 955,560 | 自民 前 ② | ▽ | 加藤 進 | 68 | 558,685 | 共産 前 1 |
| 13 | 伊江 朝雄 | 56 | 954,782 | 自民 新 ① | ▽ | 近藤 忠孝 | 45 | 537,604 | 共産 前 1 |
| 14 | 野末 陳平 | 45 | 944,275 | 無所 前 ② | ▽ | 春日 正一 | 70 | 530,785 | 共産 前 2 |
| 15 | 西村 尚治 | 66 | 942,689 | 自民 前 ③ | ▽ | 望月 優子 | 60 | 528,228 | 社会 前 1 |
| 16 | 柏原 ヤス | 60 | 920,669 | 公明 前 ④ | ▽ | 星野 力 | 70 | 527,476 | 共産 前 1 |
| 17 | 竹内 潔 | 56 | 884,677 | 自民 新 ① | ▽ | 黒住 忠行 | 57 | 481,682 | 自民 前 1 |
| 18 | 矢追 秀彦 | 43 | 839,616 | 公明 前 ③ | ▽ | 一竜斉 貞鳳 | 50 | 476,721 | 自民 前 1 |
| 19 | 徳永 正利 | 63 | 838,427 | 自民 前 ④ | ▽ | 大来 佐武郎 | 62 | 447,645 | 自ク 新 |
| 20 | 八代 英太 | 40 | 837,675 | 無所 新 ① | ▽ | 松井 恒子 | 50 | 444,112 | 社会 新 |
| 21 | 中尾 辰義 | 61 | 830,941 | 公明 前 ④ | ▽ | 望月 正作 | 55 | 348,952 | 自民 新 |
| 22 | 堀江 正夫 | 62 | 813,280 | 自民 新 ① | ▽ | 笹原 金次郎 | 56 | 263,083 | 自ク 新 |
| 23 | 松前 達郎 | 50 | 804,969 | 社会 新 ① | ▽ | 吉武 輝子 | 45 | 263,051 | 無所 新 |
| 24 | 中野 明 | 51 | 802,676 | 公明 新 ① | ▽ | 鈴木 武樹 | 42 | 260,315 | 諸派 新 |
| 25 | 片山 正英 | 63 | 798,037 | 自民 前 ② | ▽ | 川上 源太郎 | 38 | 228,292 | 無所 新 |
| 26 | 大森 昭 | 50 | 791,979 | 社会 新 ① | ▽ | 藤島 泰輔 | 44 | 188,387 | 自民 新 |
| 27 | 小平 芳平 | 55 | 790,040 | 公明 前 ④ | ▽ | 鬼頭 史郎 | 43 | 183,466 | 無所 新 |
| 28 | 扇 千景 | 44 | 790,022 | 自民 新 ① | ▽ | 中村 武志 | 68 | 175,931 | 諸派 新 |
| 29 | 下田 京子 | 37 | 789,828 | 共産 新 ① | ▽ | 長沢 純 | 36 | 133,274 | 無所 新 |
| 30 | 大木 正吾 | 55 | 780,783 | 社会 新 ① | ▽ | ばば こういち | 44 | 130,504 | 諸派 新 |
| 31 | 多田 省吾 | 46 | 772,987 | 公明 前 ③ | | 武藤 富男 | 73 | 107,368 | 諸派 新 |
| 32 | 渋谷 邦彦 | 53 | 767,416 | 公明 元 ③ | | 高田 巌 | 47 | 70,631 | 無所 新 |
| 33 | 横山 ノック | 45 | 758,911 | 諸派 元 ② | | 阿部 玉子 | 39 | 56,038 | 諸派 新 |
| 34 | 和泉 照雄 | 55 | 753,485 | 公明 新 ① | | 成田 得平 | 33 | 53,682 | 諸派 新 |
| 35 | 藤井 恒男 | 48 | 748,402 | 民社 前 ② | | 林 隆造 | 41 | 46,507 | 無所 新 |
| 36 | 高橋 圭三 | 58 | 741,646 | 無所 新 ① | | 鈴木 広 | 58 | 36,341 | 無所 新 |
| 37 | 安西 愛子 | 60 | 738,750 | 自民 新 ① | | 中島 久美子 | 34 | 35,302 | 諸派 新 |
| 38 | 中村 利次 | 60 | 708,472 | 民社 前 ② | | 有田 二郎 | 73 | 33,702 | 無所 新 |
| 39 | 宮本 顕治 | 68 | 706,747 | 共産 新 ① | | 森田 勇造 | 37 | 32,219 | 無所 新 |
| 40 | 宮崎 正義 | 65 | 696,626 | 公明 前 ③ | | 心 久 | 49 | 31,024 | 無所 新 |
| 41 | 円山 雅也 | 50 | 687,856 | 自ク 新 ① | | 斎藤 千恵子 | 33 | 27,109 | 諸派 新 |
| 42 | 安恒 良一 | 53 | 687,631 | 社会 新 ① | | 池山 重朗 | 46 | 26,380 | 諸派 新 |
| 43 | 山崎 昇 | 55 | 676,790 | 社会 前 ② | | 松浦 範宏 | 46 | 25,893 | 無所 新 |
| 44 | 田中 寿美子 | 67 | 656,929 | 社会 前 ② | | 井樽 恵子 | 52 | 24,531 | 諸派 新 |
| 45 | 藤井 裕久 | 45 | 655,496 | 自民 新 ① | | 渡部 美恵子 | 40 | 23,940 | 無所 新 |
| 46 | 石本 茂 | 63 | 651,553 | 自民 前 ③ | | 木口 行美 | 34 | 23,280 | 無所 新 |
| 47 | 宮之原 貞光 | 59 | 638,364 | 社会 前 ② | | 大西 末子 | 67 | 23,038 | 無所 新 |

| | | | | | |
|---|---|---|---|---|---|
| 野村 照雄 | 45 | 22,373 | 無所 | 新 | |
| 中尾 太人 | 55 | 22,228 | 諸派 | 新 | |
| 阿部 修 | 52 | 21,507 | 無所 | 新 | |
| 野崎 章子 | 56 | 20,775 | 諸派 | 新 | |
| 城戸 嘉世子 | 47 | 18,839 | 諸派 | 新 | |
| 鈴木 斐 | 33 | 18,526 | 無所 | 新 | |
| 松田 照久 | 47 | 17,598 | 無所 | 新 | |
| 萩原 猛 | 36 | 14,337 | 諸派 | 新 | |
| 篠塚 幸子 | 55 | 11,196 | 無所 | 新 | |
| 高橋 秀郎 | 71 | 9,440 | 諸派 | 新 | |
| 奥崎 謙三 | 57 | 8,794 | 無所 | 新 | |
| 大迫 修一 | 39 | 7,355 | 無所 | 新 | |
| 小牟田 棋山 | 52 | 6,971 | 無所 | 新 | |
| 間瀬 蔵太 | 65 | 5,790 | 無所 | 新 | |
| 扇 忠雄 | 57 | 4,431 | 無所 | 新 | |

## 地方区

**北海道（4 — 9）**

| | | | | | | |
|---|---|---|---|---|---|---|
| 1 | 北 修二 | 52 | 544,725 | 自民 | 新 | ① |
| 2 | 中村 啓一 | 53 | 492,365 | 自民 | 新 | ① |
| 3 | 丸谷 金保 | 58 | 424,686 | 社会 | 新 | ① |
| 4 | 川村 清一 | 66 | 346,111 | 社会 | 前 | ③ |
| ▽ | 鯉登 義夫 | 54 | 324,520 | 公明 | 新 | |
| ▽ | 坂東 義教 | 49 | 314,726 | 自ク | 新 | |
| ▽ | 児玉 健次 | 44 | 229,416 | 共産 | 新 | |
| | 浅沼 宏充 | 34 | 4,663 | 無所 | 新 | |
| | 東 正博 | 40 | 3,627 | 無所 | 新 | |

**青森県（1 — 5）**

| | | | | | | |
|---|---|---|---|---|---|---|
| 1 | 寺下 岩蔵 | 71 | 276,551 | 自民 | 前 | ② |
| ▽ | 木村 守男 | 39 | 195,340 | 自ク | 新 | |
| ▽ | 関 晴正 | 53 | 117,262 | 社会 | 新 | |
| | 木村 昭四郎 | 50 | 45,741 | 共産 | 新 | |
| | 間山 稔 | 48 | 13,776 | 諸派 | 新 | |

**岩手県（1 — 3）**

| | | | | | | |
|---|---|---|---|---|---|---|
| 1 | 岩動 道行 | 63 | 347,491 | 自民 | 前 | ③ |
| ▽ | 鈴木 力 | 63 | 274,186 | 社会 | 前 | 2 |
| | 宮脇 善雄 | 37 | 51,157 | 共産 | 新 | |

**宮城県（1 — 2）**

| | | | | | | |
|---|---|---|---|---|---|---|
| 1 | 大石 武一 | 68 | 512,905 | 自民 | 新 | ① |
| ▽ | 戸田 菊雄 | 53 | 447,368 | 社会 | 前 | 2 |

**秋田県（1 — 3）**

| | | | | | | |
|---|---|---|---|---|---|---|
| 1 | 野呂田 芳成 | 47 | 321,586 | 自民 | 新 | ① |
| ▽ | 沢田 政治 | 55 | 285,978 | 社会 | 前 | 2 |
| | 伊藤 昭二 | 32 | 57,738 | 共産 | 新 | |

**山形県（1 — 3）**

| | | | | | | |
|---|---|---|---|---|---|---|
| 1 | 降矢 敬義 | 56 | 333,525 | 自民 | 新 | ① |
| ▽ | 佐藤 誼 | 50 | 320,993 | 社会 | 新 | |
| | 若林 喬二 | 49 | 33,578 | 共産 | 新 | |

**福島県（2 — 5）**

| | | | | | | |
|---|---|---|---|---|---|---|
| 1 | 村田 秀三 | 56 | 298,651 | 社会 | 前 | ③ |
| 2 | 鈴木 正一 | 58 | 225,520 | 自民 | 新 | ① |
| ▽ | 石原 健太郎 | 39 | 218,288 | 自ク | 新 | |
| ▽ | 棚辺 四郎 | 64 | 203,158 | 自民 | 前 | 1 |
| | 三富 要 | 48 | 56,323 | 共産 | 新 | |

**茨城県（2 — 5）**

| | | | | | | |
|---|---|---|---|---|---|---|
| 1 | 郡 祐一 | 75 | 336,265 | 自民 | 前 | ⑥ |
| 2 | 高杉 廸忠 | 51 | 295,587 | 社会 | 新 | ① |
| ▽ | 三村 勲 | 53 | 264,204 | 自民 | 新 | |
| | 海野 幹雄 | 45 | 59,951 | 共産 | 新 | |
| | 石川 次郎 | 36 | 38,423 | 無所 | 新 | |

**栃木県（2 — 6）**

| | | | | | | |
|---|---|---|---|---|---|---|
| 1 | 岩崎 純三 | 53 | 211,387 | 自民 | 新 | ① |
| 2 | 戸叶 武 | 74 | 186,666 | 社会 | 前 | ④ |
| ▽ | 矢野 登 | 73 | 177,329 | 自民 | 前 | 2 |
| ▽ | 栃本 健 | 42 | 129,752 | 民社 | 新 | |
| ▽ | 植竹 繁雄 | 46 | 82,592 | 無所 | 新 | |
| | 岩崎 幸弘 | 40 | 31,156 | 共産 | 新 | |

**群馬県（2 — 3）**

| | | | | | | |
|---|---|---|---|---|---|---|
| 1 | 山本 富雄 | 48 | 482,753 | 自民 | 新 | ① |
| 2 | 茜ヶ久保 重光 | 71 | 288,019 | 社会 | 前 | ② |
| ▽ | 佐藤 正二 | 64 | 108,398 | 共産 | 新 | |

資料　第11回通常選挙

## 埼玉県（2―6）
```
1   土屋 義彦      51   659,169   自民 前 ③
2   森田 重郎      55   417,571   自ク 新 ①
▽   清水 徳松      54   377,863   社会 新
▽   吉川 春子      36   334,328   共産 新
▽   西田 英郎      38   187,138   諸派 新
    大島 知        49    45,690   諸派 新
```

## 千葉県（2―5）
```
1   菅野 儀作      70   733,391   自民 前 ③
2   加瀬 完        67   528,709   社会 前 ⑤
▽   佐藤 二郎      52   181,678   共産 新
▽   林 英一        42   169,098   無所 新
    東 淑子        49    64,470   諸派 新
```

## 東京都（4―18）
```
1   原 文兵衛      64  1,245,118  自民 前 ②
2   黒柳 明        46   841,159   公明 前 ③
3   木島 則夫      52   632,045   民社 前 ②
4   柿沢 弘治      43   580,134   自ク 新 ①
▽   榊 利夫        48   562,100   共産 新
▽   今 正一        48   524,935   社会 新
▽   俵 萠子        46   326,565   諸派 新
    菅 直人        30   199,192   諸派 新
    久保 義一      59    22,910   諸派 新
    品川 司        66    15,984   無所 新
    谷口 和美      30    15,093   諸派 新
    黒沢 史郎      33    13,558   諸派 新
    東郷 健        45     7,329   無所 新
    田畑 一郎      33     6,548   諸派 新
    梶野 東吾      32     5,533   諸派 新
    高土 新太郎    32     5,315   諸派 新
    深作 清次郎    66     4,149   無所 新
    赤石 貞治      48     3,137   無所 新
```

## 神奈川県（2―7）
```
1   河野 謙三      76  1,086,512  無所 前 ⑤
2   片岡 勝治      52   593,009   社会 前 ②
▽   広長 敬太郎    58   518,272   無所 新
▽   小泉 初恵      35   344,239   共産 新
    山本 正治      31    40,917   諸派 新
    中岡 要        65    25,886   無所 新
    林 紘義        38    20,813   諸派 新
```

## 新潟県（2―3）
```
1   塚田 十一郎    73   590,976   自民 前 ③
2   吉田 正雄      54   416,989   社会 新 ①
▽   丸山 久明      38   102,347   共産 新
```

## 富山県（1―3）
```
1   高平 公友      62   292,480   自民 新 ①
▽   杉原 一雄      67   221,284   社会 元 1
```

    森沢 恵美子    33    63,162   共産 新

## 石川県（1―4）
```
1   島崎 均        54   288,973   自民 前 ③
▽   池田 健        42   158,305   社会 新
    森 昭          49    33,574   共産 新
    家田 徹        35    14,478   諸派 新
```

## 福井県（1―3）
```
1   山内 一郎      64   220,399   自民 前 ③
▽   辻 一彦        52   207,332   社会 前 1
    浅田 豊        51    13,580   共産 新
```

## 山梨県（1―3）
```
1   降矢 敬雄      55   212,990   自民 新 ①
▽   神沢 浄        61   194,247   社会 前 1
    桜井 真作      37    23,084   共産 新
```

## 長野県（2―4）
```
1   村沢 牧        52   421,545   社会 新 ①
2   下条 進一郎    57   320,640   自民 新 ①
▽   木内 四郎      81   200,842   自民 前 5
▽   木島 日出夫    30   142,495   共産 新
```

## 岐阜県（1―3）
```
1   浅野 拡        50   492,193   自民 新 ①
▽   渡辺 嘉蔵      51   334,162   社会 新
    青山 佐々夫    52    58,131   共産 新
```

## 静岡県（2―6）
```
1   熊谷 弘        37   531,020   自民 新 ①
2   勝又 武一      53   426,687   社会 新 ①
▽   川野辺 静      69   410,331   自民 前 1
▽   北沢 方邦      47   191,691   無所 新
    山田 洋        55   103,399   共産 新
    吉田 静乃      35    11,911   諸派 新
```

## 愛知県（3―9）
```
1   八木 一郎      75   470,105   自民 前 ④
2   井上 計        57   454,307   民社 新 ①
3   馬場 富        52   416,628   公明 新 ①
▽   小山 良治      53   365,546   社会 新
▽   日比野 暁美    59   311,471   自民 新
▽   小坂 英一      43   285,641   自ク 新
▽   宮崎 雄介      46   220,592   共産 新
    川島 利枝      41    44,006   諸派 新
    谷 進          35    10,081   諸派 新
```

## 三重県（1―4）
```
1   坂倉 藤吾      47   284,483   社会 新 ①
▽   久保田 藤麿    70   282,342   自民 前 1
    田中 覚        67   202,602   自ク 新
```

|   | 氏名 | 年齢 | 得票数 | 党派 | 新旧 | 当選回数 |
|---|---|---|---|---|---|---|
|   | 松原 和夫 | 51 | 49,316 | 共産 | 新 |   |

**滋賀県（1―4）**

|   | 氏名 | 年齢 | 得票数 | 党派 | 新旧 | 当選回数 |
|---|---|---|---|---|---|---|
| 1 | 河本 嘉久蔵 | 60 | 276,245 | 自民 | 前 | ② |
| ▽ | 上田 美喜子 | 42 | 169,566 | 社会 | 新 |   |
|   | 和所 英二 | 38 | 47,062 | 共産 | 新 |   |
|   | 北野 利夫 | 48 | 15,689 | 諸派 | 新 |   |

**京都府（2―7）**

|   | 氏名 | 年齢 | 得票数 | 党派 | 新旧 | 当選回数 |
|---|---|---|---|---|---|---|
| 1 | 植木 光教 | 50 | 316,502 | 自民 | 前 | ④ |
| 2 | 佐藤 昭夫 | 49 | 231,733 | 共産 | 新 | ① |
| ▽ | 木村 賀代子 | 42 | 184,684 | 社会 | 新 |   |
| ▽ | 床尾 芬 | 37 | 152,766 | 民社 | 新 |   |
|   | 三上 隆 | 46 | 81,993 | 諸派 | 新 |   |
|   | 谷 克己 | 40 | 22,686 | 無所 | 新 |   |
|   | 吉村 紫山 | 78 | 9,713 | 諸派 | 新 |   |

**大阪府（3―12）**

|   | 氏名 | 年齢 | 得票数 | 党派 | 新旧 | 当選回数 |
|---|---|---|---|---|---|---|
| 1 | 森下 泰 | 55 | 796,843 | 自民 | 前 | ② |
| 2 | 田代 富士男 | 46 | 745,548 | 公明 | 前 | ③ |
| 3 | 沓脱 タケ子 | 55 | 655,077 | 共産 | 前 | ② |
| ▽ | 中村 鋭一 | 47 | 548,662 | 自ク | 新 |   |
| ▽ | 岩見 豊明 | 49 | 307,834 | 民社 | 新 |   |
| ▽ | 牧内 正哉 | 39 | 279,553 | 社会 | 新 |   |
|   | 山口 武和 | 39 | 54,233 | 諸派 | 新 |   |
|   | 平川 カズ子 | 42 | 18,324 | 諸派 | 新 |   |
|   | 小林 義昌 | 34 | 7,364 | 諸派 | 新 |   |
|   | 上野 富男 | 57 | 6,185 | 無所 | 新 |   |
|   | 魚谷 俊永 | 32 | 4,799 | 諸派 | 新 |   |
|   | 坂東 頼之 | 72 | 3,344 | 無所 | 新 |   |

**兵庫県（3―8）**

|   | 氏名 | 年齢 | 得票数 | 党派 | 新旧 | 当選回数 |
|---|---|---|---|---|---|---|
| 1 | 金井 元彦 | 73 | 611,766 | 自民 | 前 | ② |
| 2 | 渡部 通子 | 45 | 432,809 | 公明 | 新 | ① |
| 3 | 小谷 守 | 61 | 381,011 | 社会 | 前 | ② |
| ▽ | 中沢 伊登子 | 61 | 330,287 | 民社 | 前 | 2 |
| ▽ | 藤木 洋子 | 44 | 262,226 | 共産 | 新 |   |
| ▽ | 奥村 昭和 | 48 | 189,011 | 自ク | 新 |   |
|   | 斎藤 陽彦 | 41 | 18,756 | 諸派 | 新 |   |
|   | 兼松 耕作 | 53 | 4,308 | 無所 | 新 |   |

**奈良県（1―3）**

|   | 氏名 | 年齢 | 得票数 | 党派 | 新旧 | 当選回数 |
|---|---|---|---|---|---|---|
| 1 | 堀内 俊夫 | 59 | 251,029 | 自民 | 前 | ② |
| ▽ | 笹田 治人 | 42 | 152,326 | 社会 | 新 |   |
|   | 西川 仁郎 | 50 | 60,244 | 共産 | 新 |   |

**和歌山県（1―3）**

|   | 氏名 | 年齢 | 得票数 | 党派 | 新旧 | 当選回数 |
|---|---|---|---|---|---|---|
| 1 | 世耕 政隆 | 54 | 287,600 | 自民 | 前 | ② |
| ▽ | 山崎 政彦 | 33 | 93,801 | 社会 | 新 |   |
| ▽ | 藤沢 弘太郎 | 53 | 87,166 | 共産 | 新 |   |

**鳥取県（1―3）**

|   | 氏名 | 年齢 | 得票数 | 党派 | 新旧 | 当選回数 |
|---|---|---|---|---|---|---|
| 1 | 広田 幸一 | 61 | 159,866 | 社会 | 新 | ① |
| ▽ | 土谷 栄一 | 68 | 154,625 | 自民 | 新 |   |
|   | 川西 基次 | 54 | 19,995 | 共産 | 新 |   |

**島根県（1―3）**

|   | 氏名 | 年齢 | 得票数 | 党派 | 新旧 | 当選回数 |
|---|---|---|---|---|---|---|
| 1 | 成相 善十 | 61 | 219,108 | 自民 | 新 | ① |
| ▽ | 中村 英男 | 73 | 161,410 | 社会 | 前 | 2 |
| ▽ | 中林 佳子 | 31 | 84,729 | 共産 | 新 |   |

**岡山県（2―3）**

|   | 氏名 | 年齢 | 得票数 | 党派 | 新旧 | 当選回数 |
|---|---|---|---|---|---|---|
| 1 | 木村 睦男 | 63 | 387,816 | 自民 | 前 | ④ |
| 2 | 秋山 長造 | 60 | 359,356 | 社会 | 前 | ⑥ |
| ▽ | 木島 一直 | 54 | 95,282 | 共産 | 新 |   |

**広島県（2―4）**

|   | 氏名 | 年齢 | 得票数 | 党派 | 新旧 | 当選回数 |
|---|---|---|---|---|---|---|
| 1 | 藤田 正明 | 55 | 516,981 | 自民 | 前 | ③ |
| 2 | 藤田 進 | 64 | 330,676 | 社会 | 前 | ⑤ |
| ▽ | 小西 博行 | 40 | 311,395 | 民社 | 新 |   |
|   | 森脇 勝義 | 42 | 98,321 | 共産 | 新 |   |

**山口県（1―3）**

|   | 氏名 | 年齢 | 得票数 | 党派 | 新旧 | 当選回数 |
|---|---|---|---|---|---|---|
| 1 | 小沢 太郎 | 71 | 441,709 | 自民 | 新 | ① |
| ▽ | 原田 孝三 | 58 | 240,930 | 社会 | 新 |   |
|   | 伊藤 潔 | 51 | 70,973 | 共産 | 新 |   |

**徳島県（1―3）**

|   | 氏名 | 年齢 | 得票数 | 党派 | 新旧 | 当選回数 |
|---|---|---|---|---|---|---|
| 1 | 亀長 友義 | 56 | 198,552 | 自民 | 新 | ① |
| ▽ | 前田 定一 | 46 | 116,617 | 社会 | 新 |   |
|   | 梯 和夫 | 38 | 31,934 | 共産 | 新 |   |

**香川県（1―3）**

|   | 氏名 | 年齢 | 得票数 | 党派 | 新旧 | 当選回数 |
|---|---|---|---|---|---|---|
| 1 | 真鍋 賢二 | 41 | 257,542 | 自民 | 新 | ① |
| ▽ | 前川 旦 | 47 | 228,999 | 社会 | 前 | 2 |
|   | 久保 文彦 | 50 | 17,724 | 共産 | 新 |   |

**愛媛県（1―3）**

|   | 氏名 | 年齢 | 得票数 | 党派 | 新旧 | 当選回数 |
|---|---|---|---|---|---|---|
| 1 | 桧垣 徳太郎 | 60 | 386,754 | 自民 | 前 | ② |
| ▽ | 佐伯 嘉三 | 52 | 248,263 | 社会 | 新 |   |
|   | 元岡 稔 | 55 | 63,970 | 共産 | 新 |   |

**高知県（1―3）**

|   | 氏名 | 年齢 | 得票数 | 党派 | 新旧 | 当選回数 |
|---|---|---|---|---|---|---|
| 1 | 林 _ | 53 | 218,220 | 自民 | 前 | ② |
| ▽ | 江渕 征香 | 37 | 112,132 | 社会 | 新 |   |
| ▽ | 梶原 守光 | 39 | 67,082 | 共産 | 新 |   |

**福岡県（3―8）**

|   | 氏名 | 年齢 | 得票数 | 党派 | 新旧 | 当選回数 |
|---|---|---|---|---|---|---|
| 1 | 遠藤 政夫 | 54 | 468,764 | 自民 | 新 | ① |
| 2 | 原田 立 | 51 | 446,055 | 公明 | 前 | ③ |
| 3 | 小野 明 | 57 | 441,222 | 社会 | 前 | ③ |
| ▽ | 柳田 桃太郎 | 70 | 404,973 | 自民 | 前 | 2 |
| ▽ | 小泉 幸雄 | 43 | 187,483 | 共産 | 新 |   |

```
        千代丸 健二    44    20,079   諸派 新
        加藤 英一    57    13,117   無所 新
        藤井 純二    30    10,786   諸派 新
```

**佐賀県（1 — 3）**
```
  1    鍋島 直紹    65   276,403   自民 前 ④
  ▽    八木 昇     55   146,802   社会 新
        三宅 秀夫    48    19,138   共産 新
```

**長崎県（1 — 3）**
```
  1    中村 禎二    74   380,332   自民 前 ②
  ▽    達田 竜彦    50   295,478   社会 元 1
        古木 泰男    46    40,943   共産 新
```

**熊本県（2 — 4）**
```
  1    三善 信二    56   331,782   自民 新 ①
  2    細川 護熙    39   283,359   自民 前 ②
  ▽    森中 守義    57   271,712   社会 前 3
        栗田 一哉    42    23,157   共産 新
```

**大分県（1 — 3）**
```
  1    衛藤 征士郎   36   326,343   諸派 新 ①
  ▽    工藤 良平    51   301,692   社会 前 1
        浜田 紘一    38    30,021   共産 新
```

**宮崎県（1 — 3）**
```
  1    坂元 親男    66   318,401   自民 前 ②
  ▽    清水 秀夫    51   191,942   社会 新
        佐藤 誠     38    32,989   共産 新
```

**鹿児島県（2 — 5）**
```
  1    金丸 三郎    63   309,677   自民 新 ①
  2    田原 武雄    66   272,426   無所 新 ①
  ▽    今村 勝美    48   194,574   社会 新
  ▽    佐多 宗二    55   103,472   自民 前 1
        中間 浩一郎   39    26,259   共産 新
```

**沖縄県（1 — 2）**
```
  1    稲嶺 一郎    71   249,496   自民 前 ③
  ▽    福地 曠昭    46   230,163   諸派 新
```

## 第11期補欠選挙

**熊本県（1977年 9 月 4 日執行＝ 1 — 4 ）**
```
  1    田代 由紀男   61   351,335   自民 新 ①
  ▽    森中 守義    57   290,653   社会 元 3
        栗田 一哉    42    17,427   共産 新
        高田 巖     47     6,887   無所 新
```

**茨城県（1978年 2 月 5 日執行＝ 1 — 4 ）**
```
  1    岩上 二郎    64   339,973   自民 新 ①
  ▽    石川 達男    54   127,110   自ク 新
  ▽    海野 幹雄    46    48,786   共産 新
        高田 巖     47     5,610   無所 新
```

**和歌山県（1978年 2 月19日執行＝ 1 — 3 ）**
```
  1    前田 勲男    35   212,598   自民 新 ①
  ▽    山崎 政彦    34    64,217   社会 新
  ▽    井上 敦     41    57,355   共産 新
```

**京都府（1978年 4 月23日執行＝ 1 — 3 ）**
```
  1    上田 稔     63   346,453   自民 元 ③
  ▽    梅田 勝     50   238,409   共産 新
        榊田 博     52   112,185   諸派 新
```

**熊本県（1979年 4 月22日執行＝ 1 — 3 ）**
```
  1    三浦 八水    49   524,595   自民 新 ①
  ▽    魚返 正臣    41   224,424   社会 新
  ▽    栗田 一哉    43    76,837   共産 新
```

**青森県（1980年 6 月 1 日執行＝ 1 — 3 ）**
```
  1    松尾 官平    53   239,087   自民 新 ①
  ▽    佐川 礼三郎   51   129,457   諸派 新
        富士 克郎    38    43,325   共産 新
```

## 第12回通常選挙 （1980年6月22日執行）

### 全国区（50—93）

政党名凡例
自民　自由民主党
社会　日本社会党
民社　民社党
共産　日本共産党
公明　公明党
自ク　新自由クラブ
社民　社会民主連合

| | | | | | | | | | | | |
|---|---|---|---|---|---|---|---|---|---|---|---|
| 1 | 市川 房枝 | 87 | 2,784,998 | 無所 | 現 | ⑤ | | | | | |
| 2 | 青島 幸男 | 47 | 2,247,157 | 無所 | 現 | ③ | | | | | |
| 3 | 鳩山 威一郎 | 61 | 2,005,694 | 自民 | 現 | ② | | | | | |
| 4 | 宮田 輝 | 58 | 1,844,286 | 自民 | 現 | ② | | | | | |
| 5 | 中山 千夏 | 31 | 1,619,629 | 諸派 | 新 | ① | | | | | |
| 6 | 山東 昭子 | 38 | 1,508,617 | 自民 | 現 | ② | | | | | |
| 7 | 山口 淑子 | 60 | 1,247,174 | 自民 | 現 | ② | | | | | |
| 8 | 岡部 三郎 | 53 | 1,162,003 | 自民 | 新 | ① | | | | | |
| 9 | 美濃部 亮吉 | 76 | 1,154,764 | 無所 | 新 | ① | 48 | 立木 洋 | 49 | 674,958 | 共産 現 ② |
| 10 | 大河原 太一郎 | 58 | 1,129,936 | 自民 | 新 | ① | 49 | 粕谷 照美 | 56 | 664,826 | 社会 現 ② |
| 11 | 田淵 哲也 | 54 | 1,101,880 | 民社 | 現 | ③ | 50 | 和田 静夫 | 53 | 642,554 | 社会 現 ③ |
| 12 | 田沢 智治 | 47 | 1,078,585 | 自民 | 新 | ① | ※ | 秦 豊 | 55 | 627,272 | 社民 現 ② |
| 13 | 斎藤 栄三郎 | 67 | 1,060,695 | 自民 | 現 | ② | ▽ | 安永 英雄 | 60 | 623,252 | 社会 現 2 |
| 14 | 村上 正邦 | 47 | 1,037,410 | 自民 | 新 | ① | ▽ | 渡辺 武 | 65 | 621,135 | 共産 現 2 |
| 15 | 長田 裕二 | 63 | 1,030,459 | 自民 | 現 | ③ | ▽ | 内藤 功 | 49 | 617,768 | 共産 現 1 |
| 16 | 岡田 広 | 70 | 992,124 | 自民 | 現 | ② | ▽ | 命苫 孝英 | 45 | 605,410 | 自民 新 |
| 17 | 井上 孝 | 55 | 968,439 | 自民 | 新 | ① | ▽ | 小巻 敏雄 | 60 | 599,462 | 共産 現 1 |
| 18 | 関口 恵造 | 54 | 931,070 | 自民 | 新 | ① | ▽ | コロムビア・トップ | 58 | 550,476 | 無所 現 1 |
| 19 | 板垣 正 | 55 | 927,421 | 自民 | 新 | ① | ▽ | 寺沼 幸子 | 54 | 527,066 | 自民 新 |
| 20 | 源田 実 | 75 | 901,567 | 自民 | 現 | ④ | ▽ | 中沢 啓吉 | 45 | 351,291 | 自ク 新 |
| 21 | 向井 長年 | 69 | 892,582 | 民社 | 現 | ⑤ | ▽ | 青木 茂 | 57 | 297,389 | 無所 新 |
| 22 | 山中 郁子 | 48 | 854,056 | 共産 | 現 | ② | ▽ | 邱 永漢 | 56 | 140,257 | 無所 新 |
| 23 | 福間 知之 | 52 | 843,232 | 社会 | 現 | ② | | 大谷 藤之助 | 73 | 93,903 | 無所 現 4 |
| 24 | 丸茂 重貞 | 64 | 838,721 | 自民 | 現 | ④ | | 高田 巌 | 50 | 89,782 | 無所 新 |
| 25 | 梶原 清 | 58 | 828,068 | 自民 | 新 | ① | | 安井 けん | 32 | 73,516 | 無所 新 |
| 26 | 目黒 今朝次郎 | 58 | 815,100 | 社会 | 現 | ② | | 鈴木 広 | 60 | 66,361 | 無所 新 |
| 27 | 鈴木 一弘 | 55 | 814,953 | 公明 | 現 | ④ | | 秋本 芳郎 | 51 | 56,822 | 無所 新 |
| 28 | 松浦 功 | 57 | 808,355 | 自民 | 新 | ① | | 加茂 修 | 33 | 43,869 | 無所 新 |
| 29 | 田中 正巳 | 63 | 797,898 | 自民 | 新 | ① | | 石川 八郎 | 47 | 41,640 | 無所 新 |
| 30 | 峯山 昭範 | 44 | 787,124 | 公明 | 現 | ③ | | 高橋 満 | 48 | 40,361 | 無所 新 |
| 31 | 坂野 重信 | 62 | 781,505 | 自民 | 現 | ② | | 前田 文弘 | 49 | 39,489 | 無所 新 |
| 32 | 片山 甚市 | 57 | 775,822 | 社会 | 現 | ② | | 長田 正松 | 65 | 35,463 | 無所 新 |
| 33 | 大川 清幸 | 54 | 770,333 | 公明 | 新 | ① | | 東郷 健 | 48 | 31,419 | 無所 新 |
| 34 | 野田 哲 | 54 | 768,809 | 社会 | 現 | ② | | 上田 侃太郎 | 81 | 30,323 | 無所 新 |
| 35 | 江藤 智 | 73 | 765,685 | 自民 | 現 | ⑤ | | 河野 孔明 | 74 | 28,339 | 無所 新 |
| 36 | 鈴木 和美 | 50 | 761,560 | 社会 | 新 | ① | | 内村 健一 | 54 | 27,849 | 無所 新 |
| 37 | 二宮 文造 | 60 | 748,751 | 公明 | 現 | ④ | | 山本 禅海 | 80 | 26,440 | 無所 新 |
| 38 | 阿具根 登 | 68 | 737,663 | 社会 | 現 | ⑤ | | 梶野 東吾 | 35 | 26,264 | 諸派 新 |
| 39 | 太田 淳夫 | 46 | 727,811 | 公明 | 現 | ② | | 佐藤 康文 | 38 | 25,255 | 無所 新 |
| 40 | 塩出 啓典 | 47 | 712,629 | 公明 | 現 | ③ | | 城戸 嘉世子 | 50 | 24,916 | 無所 新 |
| 41 | 藤原 房雄 | 50 | 709,698 | 公明 | 現 | ③ | | 酒井 敏雄 | 69 | 21,173 | 無所 新 |
| 42 | 鶴岡 洋 | 47 | 709,044 | 公明 | 新 | ① | | 飯沼 日出夫 | 55 | 18,008 | 無所 新 |
| 43 | 松本 英一 | 59 | 709,008 | 社会 | 現 | ③ | | 前川 逸男 | 48 | 17,512 | 諸派 新 |
| 44 | 近藤 忠孝 | 48 | 704,639 | 共産 | 元 | ① | | 松沢 一雄 | 35 | 16,920 | 無所 新 |
| 45 | 中野 鉄造 | 53 | 689,042 | 公明 | 新 | ① | | 串本 金一郎 | 58 | 15,421 | 無所 新 |
| 46 | 柄谷 道一 | 55 | 686,514 | 民社 | 現 | ② | | 高橋 秀郎 | 74 | 12,088 | 諸派 新 |
| 47 | 伊藤 郁男 | 49 | 683,502 | 民社 | 新 | ① | | 本間 広次 | 32 | 12,070 | 無所 新 |

| | | | | | |
|---|---|---|---|---|---|
| 重松 九州男 | 68 | 9,155 | 無所 | 新 | |
| 奥崎 謙三 | 60 | 7,568 | 無所 | 新 | |
| 脇田 正男 | 49 | 7,357 | 無所 | 新 | |
| 辰野 昌衛 | 59 | 5,919 | 無所 | 新 | |
| 深沢 繁男 | 56 | 5,763 | 無所 | 新 | |
| 大岸 善造 | 60 | 4,025 | 無所 | 新 | |
| 中畝 友幸 | 47 | 3,615 | 無所 | 新 | |

## 地方区

### 北海道（4—7）

| | | | | | | |
|---|---|---|---|---|---|---|
| 1 | 高木 正明 | 51 | 588,100 | 自民 | 新 | ① |
| 2 | 岩本 政光 | 51 | 550,531 | 自民 | 新 | ① |
| 3 | 対馬 孝且 | 55 | 431,770 | 社会 | 現 | ② |
| 4 | 小笠原 貞子 | 60 | 431,006 | 共産 | 現 | ③ |
| ▽ | 坂下 尭 | 57 | 408,241 | 社会 | 新 | |
| ▽ | 相沢 武彦 | 46 | 405,964 | 公明 | 現 | 1 |
| | 合田 純二 | 30 | 19,157 | 諸派 | 新 | |

### 青森県（1—3）

| | | | | | | |
|---|---|---|---|---|---|---|
| 1 | 山崎 竜男 | 58 | 456,202 | 自民 | 現 | ③ |
| ▽ | 山内 弘 | 51 | 207,121 | 社会 | 新 | |
| | 堀 幸光 | 32 | 63,380 | 共産 | 新 | |

### 岩手県（1—3）

| | | | | | | |
|---|---|---|---|---|---|---|
| 1 | 増田 盛 | 67 | 370,230 | 自民 | 現 | ③ |
| ▽ | 高橋 盛吉 | 56 | 282,579 | 無所 | 新 | |
| | 宮脇 善雄 | 40 | 61,405 | 共産 | 新 | |

### 宮城県（1—3）

| | | | | | | |
|---|---|---|---|---|---|---|
| 1 | 遠藤 要 | 64 | 561,975 | 自民 | 現 | ② |
| ▽ | 高橋 治 | 51 | 344,387 | 社会 | 新 | |
| | 雫石 五郎 | 45 | 108,793 | 共産 | 新 | |

### 秋田県（1—3）

| | | | | | | |
|---|---|---|---|---|---|---|
| 1 | 佐々木 満 | 54 | 342,176 | 自民 | 現 | ② |
| ▽ | 沢田 政治 | 58 | 273,506 | 社会 | 元 | 2 |
| | 伊藤 昭二 | 35 | 65,376 | 共産 | 新 | |

### 山形県（1—3）

| | | | | | | |
|---|---|---|---|---|---|---|
| 1 | 安孫子 藤吉 | 76 | 431,832 | 自民 | 現 | ② |
| ▽ | 佐藤 昌一郎 | 52 | 240,832 | 無所 | 新 | |
| | 若林 喬二 | 52 | 44,851 | 共産 | 新 | |

### 福島県（2—5）

| | | | | | | |
|---|---|---|---|---|---|---|
| 1 | 八百板 正 | 75 | 356,111 | 社会 | 新 | ① |
| 2 | 鈴木 省吾 | 68 | 345,431 | 自民 | 現 | ③ |
| ▽ | 佐藤 栄佐久 | 40 | 323,057 | 自民 | 新 | |
| | 最上 清治 | 30 | 66,182 | 共産 | 新 | |
| | 遠藤 正弘 | 34 | 10,675 | 無所 | 新 | |

### 茨城県（2—4）

| | | | | | | |
|---|---|---|---|---|---|---|
| 1 | 岩上 二郎 | 66 | 497,628 | 自民 | 現 | ② |
| 2 | 矢田部 理 | 48 | 353,113 | 社会 | 現 | ② |
| ▽ | 曽根田 郁夫 | 55 | 307,575 | 自民 | 新 | |
| | 山田 節夫 | 32 | 70,123 | 共産 | 新 | |

### 栃木県（2—5）

| | | | | | | |
|---|---|---|---|---|---|---|
| 1 | 森山 真弓 | 52 | 288,104 | 自民 | 新 | ① |

| | | | | | | |
|---|---|---|---|---|---|---|
| 2 | 大島 友治 | 63 | 250,769 | 自民 | 現 | ② |
| ▽ | 大塚 喬 | 63 | 209,448 | 社会 | 現 | |
| ▽ | 佐藤 信 | 60 | 82,118 | 民社 | 新 | |
| | 江口 義時 | 59 | 27,235 | 共産 | 新 | |

**群馬県（2―4）**

| | | | | | | |
|---|---|---|---|---|---|---|
| 1 | 福田 宏一 | 66 | 456,665 | 自民 | 新 | ① |
| 2 | 山田 譲 | 55 | 249,943 | 社会 | 新 | ① |
| ▽ | 最上 進 | 38 | 241,171 | 自民 | 現 | 1 |
| | 吉村 金之助 | 45 | 47,829 | 共産 | 新 | |

**埼玉県（2―5）**

| | | | | | | |
|---|---|---|---|---|---|---|
| 1 | 名尾 良孝 | 63 | 827,661 | 自民 | 新 | ① |
| 2 | 瀬谷 英行 | 61 | 604,635 | 社会 | 現 | ④ |
| ▽ | 土岐 雄三 | 73 | 425,769 | 無所 | 新 | |
| ▽ | 矢島 恒夫 | 48 | 340,356 | 共産 | 新 | |
| | 牧 雅人 | 32 | 27,184 | 諸派 | 新 | |

**千葉県（2―5）**

| | | | | | | |
|---|---|---|---|---|---|---|
| 1 | 井上 裕 | 52 | 1,025,592 | 自民 | 新 | ① |
| 2 | 赤桐 操 | 60 | 613,762 | 社会 | 現 | ② |
| ▽ | 前田 堅一郎 | 55 | 207,597 | 共産 | 新 | |
| | 上田 不二夫 | 47 | 130,457 | 無所 | 新 | |
| | 西 八郎 | 31 | 31,129 | 諸派 | 新 | |

**東京都（4―11）**

| | | | | | | |
|---|---|---|---|---|---|---|
| 1 | 安井 謙 | 69 | 1,315,583 | 無所 | 現 | ⑥ |
| 2 | 三木 忠雄 | 45 | 874,017 | 公明 | 現 | ③ |
| 3 | 上田 耕一郎 | 53 | 815,754 | 共産 | 現 | ② |
| 4 | 宇都宮 徳馬 | 73 | 813,583 | 無所 | 新 | ① |
| ▽ | 栗栖 弘臣 | 60 | 696,901 | 民社 | 新 | |
| ▽ | 加藤 清政 | 63 | 681,811 | 社会 | 新 | |
| | 品川 司 | 69 | 37,802 | 諸派 | 新 | |
| | 赤尾 敏 | 81 | 37,474 | 諸派 | 新 | |
| | 赤石 貞治 | 51 | 19,423 | 無所 | 新 | |
| | 南 俊夫 | 68 | 9,723 | 諸派 | 新 | |
| | 深作 清次郎 | 69 | 6,823 | 諸派 | 新 | |

**神奈川県（2―9）**

| | | | | | | |
|---|---|---|---|---|---|---|
| 1 | 秦野 章 | 68 | 902,170 | 自民 | 現 | ② |
| 2 | 竹田 四郎 | 62 | 692,100 | 社会 | 現 | ③ |
| | 広長 敬太郎 | 61 | 664,167 | 民社 | 新 | |
| ▽ | 小泉 初恵 | 38 | 462,753 | 共産 | 新 | |
| ▽ | 大西 裕 | 57 | 349,989 | 自ク | 新 | |
| | 野村 宏 | 57 | 28,765 | 諸派 | 新 | |
| | 原 洋 | 33 | 23,670 | 諸派 | 新 | |
| | 中岡 要 | 68 | 20,262 | 無所 | 新 | |
| | 吉川 朝臣 | 46 | 6,628 | 諸派 | 新 | |

**新潟県（2―3）**

| | | | | | | |
|---|---|---|---|---|---|---|
| 1 | 長谷川 信 | 61 | 685,576 | 自民 | 現 | ② |
| 2 | 志苫 裕 | 52 | 453,643 | 社会 | 現 | ② |

| | | | | | | |
|---|---|---|---|---|---|---|
| ▽ | 丸山 久明 | 41 | 110,402 | 共産 | 新 | |

**富山県（1―3）**

| | | | | | | |
|---|---|---|---|---|---|---|
| 1 | 吉田 実 | 70 | 427,354 | 自民 | 現 | ② |
| ▽ | 竹田 安正 | 64 | 153,799 | 社会 | 新 | |
| | 反保 直樹 | 30 | 47,560 | 共産 | 新 | |

**石川県（1―3）**

| | | | | | | |
|---|---|---|---|---|---|---|
| 1 | 安田 隆明 | 63 | 355,987 | 自民 | 現 | ③ |
| ▽ | 古坊 満吉 | 31 | 155,080 | 社会 | 新 | |
| | 川上 賢二 | 39 | 38,020 | 共産 | 新 | |

**福井県（1―3）**

| | | | | | | |
|---|---|---|---|---|---|---|
| 1 | 熊谷 太三郎 | 73 | 258,633 | 自民 | 現 | ④ |
| ▽ | 辻 一彦 | 55 | 195,741 | 社会 | 元 | 1 |
| | 吉田 一夫 | 55 | 15,005 | 共産 | 新 | |

**山梨県（1―3）**

| | | | | | | |
|---|---|---|---|---|---|---|
| 1 | 中村 太郎 | 62 | 255,068 | 自民 | 現 | ② |
| ▽ | 原 忠三 | 63 | 170,364 | 社会 | 新 | |
| | 桜井 真作 | 40 | 31,392 | 共産 | 新 | |

**長野県（2―3）**

| | | | | | | |
|---|---|---|---|---|---|---|
| 1 | 夏目 忠雄 | 71 | 497,386 | 自民 | 現 | ② |
| 2 | 小山 一平 | 65 | 444,372 | 社会 | 現 | ② |
| ▽ | 木島 日出夫 | 33 | 181,572 | 共産 | 新 | |

**岐阜県（1―4）**

| | | | | | | |
|---|---|---|---|---|---|---|
| 1 | 藤井 丙午 | 74 | 594,511 | 自民 | 現 | ③ |
| ▽ | 八木 初枝 | 64 | 230,318 | 無所 | 新 | |
| | 上田 晋三 | 51 | 136,907 | 民社 | 新 | |
| | 杉原 恭三 | 45 | 74,409 | 共産 | 新 | |

**静岡県（2―5）**

| | | | | | | |
|---|---|---|---|---|---|---|
| 1 | 戸塚 進也 | 40 | 667,194 | 自民 | 現 | ② |
| 2 | 青木 薪次 | 54 | 571,059 | 社会 | 現 | ② |
| ▽ | 藤田 栄 | 50 | 411,844 | 自民 | 新 | |
| ▽ | 山田 洋 | 58 | 157,293 | 共産 | 新 | |
| | 椎名 広志 | 37 | 12,551 | 諸派 | 新 | |

**愛知県（3―6）**

| | | | | | | |
|---|---|---|---|---|---|---|
| 1 | 大木 浩 | 52 | 885,602 | 自民 | 新 | ① |
| 2 | 三治 重信 | 63 | 617,593 | 民社 | 現 | ② |
| 3 | 高木 健太郎 | 70 | 617,145 | 無所 | 新 | ① |
| ▽ | 森下 昭司 | 53 | 490,377 | 社会 | 現 | 1 |
| ▽ | 西田 一広 | 32 | 282,149 | 共産 | 新 | |
| | 谷 進 | 38 | 26,833 | 諸派 | 新 | |

**三重県（1―3）**

| | | | | | | |
|---|---|---|---|---|---|---|
| 1 | 斎藤 十朗 | 40 | 521,402 | 自民 | 現 | ③ |
| ▽ | 高木 一 | 53 | 264,392 | 社会 | 新 | |
| | 松原 和夫 | 54 | 102,597 | 共産 | 新 | |

資料 第12回通常選挙　527

**滋賀県（1—3）**
| | | | | | | |
|---|---|---|---|---|---|---|
| 1 | 山田 耕三郎 | 63 | 237,346 | 無所 | 新 | ① |
| ▽ | 望月 邦夫 | 62 | 228,559 | 自民 | 現 | 1 |
| | 桐山 ヒサ子 | 41 | 71,240 | 共産 | 新 | |

**京都府（2—3）**
| | | | | | | |
|---|---|---|---|---|---|---|
| 1 | 上田 稔 | 66 | 513,389 | 自民 | 現 | ④ |
| 2 | 神谷 信之助 | 56 | 297,745 | 共産 | 現 | ② |
| ▽ | 杉山 正三 | 44 | 251,772 | 社会 | 新 | |

**大阪府（3—8）**
| | | | | | | |
|---|---|---|---|---|---|---|
| 1 | 中山 太郎 | 55 | 999,111 | 自民 | 現 | ③ |
| 2 | 中村 鋭一 | 50 | 943,189 | 無所 | 新 | ① |
| 3 | 白木 義一郎 | 60 | 717,574 | 公明 | 現 | ⑤ |
| ▽ | 橋本 敦 | 51 | 639,713 | 共産 | 現 | 1 |
| ▽ | 牧内 正哉 | 42 | 373,881 | 社会 | 新 | |
| | 小林 義昌 | 37 | 14,873 | 諸派 | 新 | |
| | 上川路 昭 | 31 | 10,732 | 無所 | 新 | |
| | 宮野 健治 | 74 | 10,245 | 無所 | 新 | |

**兵庫県（3—7）**
| | | | | | | |
|---|---|---|---|---|---|---|
| 1 | 中西 一郎 | 65 | 789,865 | 自民 | 現 | ④ |
| 2 | 本岡 昭次 | 49 | 420,556 | 社会 | 新 | ① |
| 3 | 安武 洋子 | 51 | 404,702 | 共産 | 現 | ② |
| ▽ | 矢原 秀男 | 50 | 394,128 | 公明 | 現 | 1 |
| ▽ | 抜山 映子 | 46 | 385,674 | 民社 | 新 | |
| | 山田 俊夫 | 33 | 19,589 | 諸派 | 新 | |
| | 岡久 直弘 | 62 | 6,326 | 諸派 | 新 | |

**奈良県（1—3）**
| | | | | | | |
|---|---|---|---|---|---|---|
| 1 | 新谷 寅三郎 | 77 | 289,668 | 自民 | 現 | ⑦ |
| ▽ | 笹田 治人 | 45 | 140,764 | 社会 | 新 | |
| ▽ | 北野 加那子 | 38 | 106,582 | 共産 | 新 | |

**和歌山県（1—3）**
| | | | | | | |
|---|---|---|---|---|---|---|
| 1 | 前田 勲男 | 37 | 305,281 | 自民 | 現 | ② |
| ▽ | 黒木 清 | 40 | 88,425 | 共産 | 新 | |
| ▽ | 寺本 正男 | 67 | 80,018 | 社会 | 新 | |

**鳥取県（1—3）**
| | | | | | | |
|---|---|---|---|---|---|---|
| 1 | 石破 二朗 | 71 | 209,025 | 自民 | 現 | ② |
| ▽ | 新見 修 | 66 | 107,996 | 社会 | 新 | |
| | 保田 睦美 | 42 | 18,176 | 共産 | 新 | |

**島根県（1—3）**
| | | | | | | |
|---|---|---|---|---|---|---|
| 1 | 亀井 久興 | 40 | 272,383 | 自民 | 現 | ② |
| ▽ | 石橋 大吉 | 48 | 166,665 | 社会 | 新 | |
| | 勝部 庸一 | 49 | 33,181 | 共産 | 新 | |

**岡山県（2—4）**
| | | | | | | |
|---|---|---|---|---|---|---|
| 1 | 加藤 武徳 | 64 | 503,851 | 自民 | 現 | ④ |
| 2 | 寺田 熊雄 | 67 | 347,162 | 社会 | 現 | ② |
| ▽ | 織田 亨 | 53 | 96,680 | 共産 | 新 | |
| | 岡田 定見 | 39 | 18,505 | 諸派 | 新 | |

**広島県（2—4）**
| | | | | | | |
|---|---|---|---|---|---|---|
| 1 | 永野 厳雄 | 62 | 620,115 | 自民 | 現 | ② |
| 2 | 小西 博行 | 43 | 333,879 | 民社 | 新 | ① |
| ▽ | 浜本 万三 | 59 | 312,050 | 社会 | 現 | 1 |
| | 森脇 勝義 | 45 | 99,699 | 共産 | 新 | |

**山口県（1—3）**
| | | | | | | |
|---|---|---|---|---|---|---|
| 1 | 江島 淳 | 52 | 471,300 | 自民 | 新 | ① |
| ▽ | 浜西 鉄雄 | 54 | 211,577 | 社会 | 新 | |
| | 伊藤 潔 | 54 | 116,059 | 共産 | 新 | |

**徳島県（1—3）**
| | | | | | | |
|---|---|---|---|---|---|---|
| 1 | 内藤 健 | 48 | 203,686 | 自民 | 新 | ① |
| ▽ | 前田 定一 | 49 | 192,963 | 無所 | 新 | |
| | 竹原 昭夫 | 52 | 22,657 | 共産 | 新 | |

**香川県（1—4）**
| | | | | | | |
|---|---|---|---|---|---|---|
| 1 | 平井 卓志 | 48 | 278,668 | 自民 | 現 | ③ |
| ▽ | 猪崎 武典 | 33 | 127,510 | 無所 | 新 | |
| | 平井 佐代子 | 46 | 73,573 | 無所 | 新 | |
| | 樫 昭二 | 30 | 27,141 | 共産 | 新 | |

**愛媛県（1—3）**
| | | | | | | |
|---|---|---|---|---|---|---|
| 1 | 仲川 幸男 | 63 | 441,774 | 自民 | 新 | ① |
| ▽ | 佐伯 嘉三 | 55 | 259,987 | 社会 | 新 | |
| | 元岡 稔 | 58 | 80,920 | 共産 | 新 | |

**高知県（1—3）**
| | | | | | | |
|---|---|---|---|---|---|---|
| 1 | 谷川 寛三 | 59 | 219,292 | 自民 | 新 | ① |
| ▽ | 伴 正一 | 56 | 127,911 | 無所 | 新 | |
| | 和田 忠明 | 41 | 56,150 | 共産 | 新 | |

**福岡県（3—6）**
| | | | | | | |
|---|---|---|---|---|---|---|
| 1 | 蔵内 修治 | 62 | 601,678 | 自民 | 新 | ① |
| 2 | 小柳 勇 | 68 | 574,363 | 社会 | 現 | ⑤ |
| 3 | 桑名 義治 | 50 | 425,696 | 公明 | 現 | ② |
| ▽ | 本村 和喜 | 44 | 354,658 | 自民 | 新 | |
| ▽ | 有馬 和子 | 50 | 274,919 | 共産 | 新 | |
| | 真崎 洋 | 36 | 14,506 | 諸派 | 新 | |

**佐賀県（1—3）**
| | | | | | | |
|---|---|---|---|---|---|---|
| 1 | 福岡 日出麿 | 70 | 311,557 | 自民 | 現 | ② |
| ▽ | 沼田 幸彦 | 47 | 140,497 | 社会 | 新 | |
| | 平林 正勝 | 33 | 35,022 | 共産 | 新 | |

**長崎県（1—3）**
| | | | | | | |
|---|---|---|---|---|---|---|
| 1 | 初村 滝一郎 | 66 | 452,561 | 自民 | 現 | ③ |
| ▽ | 達田 龍彦 | 53 | 267,786 | 社会 | 元 | 1 |
| | 古木 泰男 | 49 | 55,376 | 共産 | 新 | |

熊本県（2 — 4）
```
 1 田代 由紀男    64  325,448  自民 現 ②
 2 園田 清充      60  299,768  自民 現 ④
 ▽ 魚返 正臣      42  253,240  社会 新
   粟田 一哉      45   39,338  共産 新
```

大分県（1 — 2）
```
 1 後藤 正夫      67  528,109  自民 現 ②
 ▽ 堀 仁         62  153,971  共産 新
```

宮崎県（1 — 4）
```
 1 上条 勝久      69  370,020  自民 現 ②
 ▽ 清水 秀夫      54  194,816  社会 新
   児玉 武夫      52   46,254  共産 新
   武藤 元吉      53    7,932  無所 新
```

鹿児島県（2 — 5）
```
 1 井上 吉夫      57  323,615  自民 現 ②
 2 川原 新次郎    62  292,275  自民 新 ①
 ▽ 久保 亘       51  287,975  社会 現 1
   亀田 徳一郎    42   35,321  共産 新
   児島 譲       43    3,790  諸派 新
```

沖縄県（1 — 2）
```
 1 喜屋武 真栄    67  282,926  諸派 現 ③
 ▽ 大浜 方栄      52  248,593  無所 新
```

## 第12期補欠選挙

岐阜県（1981年2月1日執行＝1 — 3）
```
 1 藤井 孝男      37  414,753  自民 新 ①
 ▽ 中村 波男      69  299,336  社会 元 2
   市川 英昭      37   35,672  共産 新
```

千葉県（1981年3月8日執行＝1 — 5）
```
 1 臼井 荘一      78  361,450  自民 新 ①
 ▽ 糸久 八重子    48  277,388  社会 新
 ▽ 小島 孝之      33  150,670  民社 新
 ▽ 前田 堅一郎    56   82,755  共産 新
   高田 巌       50   13,116  無所 新
```

岐阜県（1981年6月28日執行＝1 — 3）
```
 1 杉山 令肇      58  351,394  自民 新 ①
 ▽ 高橋 寛       33  141,414  社会 新
   杉原 恭三      46   53,979  共産 新
```

鳥取県（1981年11月1日執行＝1 — 3）
```
 1 小林 国司      73  166,839  自民 元 ③
 ▽ 新見 修       67  133,480  社会 新
   保田 睦美      43   14,551  共産 新
```

広島県（1981年11月29日執行＝1 — 3）
```
 1 宮沢 弘       60  611,452  自民 新 ①
 ▽ 浜本 万三      61  215,675  社会 元 1
   森脇 勝義      46   53,998  共産 新
```

佐賀県（1982年1月10日執行＝1 — 4）
```
 1 大坪 健一郎    56  246,324  自民 新 ①
 ▽ 緒方 克陽      43   86,192  社会 新
   平林 正勝      34   15,025  共産 新
   山瀬 徹       33    9,134  諸派 新
```

沖縄県（1982年11月14日執行＝1 — 3）
```
 1 大城 真順      55  253,895  自民 新 ①
 ▽ 仲本 安一      47  191,436  諸派 新
 ▽ 宮里 松正      55  137,806  諸派 新
```

富山県（1982年12月26日執行＝1 — 4）
```
 1 沖 外夫       57  283,001  自民 新 ①
 ▽ 吉田 力       35  118,643  無所 新
 ▽ 安田 修三      55  111,023  社会 新
   反保 直樹      33   14,483  共産 新
```

栃木県（1983年2月13日執行＝1 — 4）
```
 1 上野 雄文      55  194,151  社会 新 ①
 ▽ 河上 幸一      49  147,004  自民 新
 ▽ 蓮実 進       50  120,350  無所 新
   小菅 昭三      56   14,647  共産 新
```

# 第13回通常選挙 (1983年6月26日執行)

| 政党名凡例 | |
|---|---|
| 自民 | 自由民主党 |
| 社会 | 日本社会党 |
| 民社 | 民社党 |
| 共産 | 日本共産党 |
| 公明 | 公明党 |
| 自ク | 新自由クラブ |

## 比例区 (50—191)

### 1 自由民主党
16,441,437　(19—30)

| | 氏名 | 年齢 | 現新 | |
|---|---|---|---|---|
| 1 | 徳永 正利 | 69 | 現 | ⑤ |
| 2 | 林 健太郎 | 70 | 新 | ① |
| 3 | 梶木 又三 | 64 | 現 | ③ |
| 4 | 岡野 裕 | 56 | 新 | ① |
| 5 | 竹内 潔 | 62 | 現 | ② |
| 6 | 伊江 朝雄 | 62 | 現 | ② |
| 7 | 矢野 俊比古 | 59 | 新 | ① |
| 8 | 増岡 康治 | 58 | 現 | ② |
| 9 | 吉村 真事 | 55 | 新 | ① |
| 10 | 海江田 鶴造 | 60 | 現 | ① |
| 11 | 古賀 雷四郎 | 67 | 現 | ③ |
| 12 | 大浜 方栄 | 55 | 新 | ① |
| 13 | 石本 茂 | 69 | 現 | ④ |
| 14 | 山岡 賢次 | 40 | 新 | ① |
| 15 | 安西 愛子 | 66 | 現 | ③ |
| 16 | 扇 千景 | 50 | 現 | ② |
| 17 | 柳川 覚治 | 57 | 新 | ① |
| 18 | 堀江 正夫 | 68 | 現 | ② |
| 19 | 藤井 裕久 | 51 | 現 | ② |
| ※ | 石井 道子 | 50 | 新 | |
| ※ | 寺内 弘子 | 47 | 新 | |
| | 楠 正俊 | 62 | 現 | 3 |
| | 久世 公堯 | 54 | 新 | |
| | 高橋 圭三 | 64 | 現 | 1 |
| | 円山 雅也 | 56 | 現 | 1 |
| | 須藤 徹男 | 61 | 新 | |
| | 堂垣内 尚弘 | 69 | 新 | |
| | 上園 辰己 | 58 | 新 | |
| | 井奥 貞雄 | 44 | 新 | |
| | 花田 潔 | 65 | 新 | |

### 2 日本社会党
7,590,331　(9—18)

| | 氏名 | 年齢 | 現新 | |
|---|---|---|---|---|
| 1 | 中村 哲 | 71 | 新 | ① |
| 2 | 久保田 真苗 | 58 | 新 | ① |
| 3 | 松前 達郎 | 56 | 現 | ② |
| 4 | 大森 昭 | 56 | 現 | ② |
| 5 | 大木 正吾 | 61 | 現 | ② |
| 6 | 安恒 良一 | 59 | 現 | ② |
| 7 | 佐藤 三吾 | 53 | 現 | ② |
| 8 | 穐山 篤 | 56 | 現 | ② |
| 9 | 安永 英雄 | 63 | 元 | ③ |
| | 山口 哲夫 | 54 | 新 | |
| | 谷本 巍 | 54 | 新 | |
| | 山本 正和 | 55 | 新 | |
| | 清水 澄子 | 55 | 新 | |
| | 上坂 明 | 57 | 新 | |
| | 津野 公男 | 37 | 新 | |
| | 松木 岩雄 | 44 | 新 | |
| | 津村 喬 | 34 | 新 | |
| | 里深 文彦 | 40 | 新 | |

### 3 公明党
7,314,465　(8—17)

| | 氏名 | 年齢 | 現新 | |
|---|---|---|---|---|
| 1 | 伏見 康治 | 73 | 新 | ① |
| 2 | 多田 省吾 | 52 | 現 | ④ |
| 3 | 中西 珠子 | 64 | 新 | ① |
| 4 | 高桑 栄松 | 64 | 新 | ① |
| 5 | 和田 教美 | 64 | 新 | ① |
| 6 | 刈田 貞子 | 51 | 新 | ① |
| 7 | 中野 明 | 57 | 現 | ② |
| 8 | 飯田 忠雄 | 71 | 新 | ① |
| | 及川 順郎 | 46 | 新 | |
| | 庭山 昌 | 43 | 新 | |
| | 常松 克安 | 49 | 新 | |
| | 猪熊 重二 | 52 | 新 | |
| | 杉野 重子 | 61 | 新 | |
| | 野村 清 | 51 | 新 | |
| | 福田 明 | 54 | 新 | |
| | 鈴木 武 | 53 | 新 | |
| | 谷口 卓三 | 47 | 新 | |

### 4 日本共産党
4,163,877　(5—25)

| | 氏名 | 年齢 | 現新 | |
|---|---|---|---|---|
| 1 | 宮本 顕治 | 74 | 現 | ② |
| 2 | 市川 正一 | 59 | 現 | ② |
| 3 | 下田 京子 | 42 | 現 | ② |
| 4 | 橋本 敦 | 54 | 元 | ② |
| 5 | 吉川 春子 | 42 | 新 | ① |
| | 西沢 舜一 | 54 | 新 | |
| | 岡崎 万寿秀 | 53 | 新 | |
| | 佐藤 庸子 | 42 | 新 | |
| | 三堀 雅志 | 46 | 新 | |
| | 筆坂 秀世 | 35 | 新 | |
| | 吉野 高幸 | 40 | 新 | |

| | | | |
|---|---|---|---|
| 林 紀子 | 43 | | 新 |
| 浦田 宜昭 | 41 | | 新 |
| 相馬 綾子 | 36 | | 新 |
| 大田 みどり | 33 | | 新 |
| 雪野 勉 | 57 | | 新 |
| 広井 暢子 | 36 | | 新 |
| 福重 泰次郎 | 36 | | 新 |
| 浅見 善吉 | 60 | | 新 |
| 佐藤 祐弘 | 50 | | 新 |
| 植田 晃子 | 46 | | 新 |
| 日隈 威徳 | 46 | | 新 |
| 池田 幹幸 | 41 | | 新 |
| 長住 由美子 | 33 | | 新 |
| 佐々木 憲昭 | 37 | | 新 |

### 5 民社党
### 3,888,429 （4―17）

| | | | | |
|---|---|---|---|---|
| 1 | 関 嘉彦 | 70 | 新 | ① |
| 2 | 栗林 卓司 | 52 | 現 | ③ |
| 3 | 藤井 恒男 | 54 | 現 | ③ |
| 4 | 柳沢 錬造 | 64 | 現 | ② |
| | 橋本 孝一郎 | 57 | 新 | |
| | 菊地 幸子 | 60 | 新 | |
| | 高橋 芳郎 | 77 | 新 | |
| | 橋口 昭 | 56 | 新 | |
| | 川崎 敏夫 | 61 | 新 | |
| | 前山 茂 | 51 | 新 | |
| | 杉田 房子 | 50 | 新 | |
| | 森木 亮 | 47 | 新 | |
| | 上条 義昭 | 38 | 新 | |
| | 奥川 貴弥 | 36 | 新 | |
| | 畑 昭三 | 55 | 新 | |
| | 小山 善次郎 | 55 | 新 | |
| | 遠藤 欣之助 | 47 | 新 | |

### 6 サラリーマン新党
### 1,999,244 （2―10）

| | | | | |
|---|---|---|---|---|
| 1 | 青木 茂 | 60 | 新 | ① |
| 2 | 八木 大介 | 56 | 新 | ① |
| | 小林 喜幸 | 36 | 新 | |
| | 加納 勝美 | 47 | 新 | |
| | 佐々木 清次 | 51 | 新 | |
| | 宮川 満 | 65 | 新 | |
| | 吉田 勉 | 35 | 新 | |
| | 杉浦 久美子 | 34 | 新 | |
| | 富塚 正男 | 69 | 新 | |
| | 近江谷 鎮八郎 | 67 | 新 | |

### 7 福祉党
### 1,577,630 （1―10）

| | | | | |
|---|---|---|---|---|
| 1 | 八代 英太 | 46 | 現 | ② |
| | 天坂 辰雄 | 55 | 新 | |

| | | | |
|---|---|---|---|
| 小森 禎司 | 45 | | 新 |
| 三浦 道明 | 48 | | 新 |
| 小西 和人 | 56 | | 新 |
| 麻生 アヤ | 47 | | 新 |
| 水上 昌俊 | 46 | | 新 |
| 畑中 伸三 | 46 | | 新 |
| 角谷 盛夫 | 32 | | 新 |
| 矢田 茂 | 65 | | 新 |

### 8 新自由クラブ民主連合
### 1,239,169 （1―9）

| | | | | |
|---|---|---|---|---|
| 1 | 田 英夫 | 60 | 現 | ③ |
| | 大石 武一 | 74 | 現 | 1 |
| | 水野 晴郎 | 51 | 新 | |
| | 石川 達男 | 59 | 新 | |
| | 大久保 力 | 43 | 新 | |
| | 中沢 啓一 | 48 | 新 | |
| | 西風 勲 | 56 | 新 | |
| | 工藤 良平 | 57 | 元 | 1 |
| | 長谷川 保 | 79 | 新 | |

### 9 第二院クラブ
### 1,142,349 （1―10）

| | | | | |
|---|---|---|---|---|
| 1 | 野坂 昭如 | 52 | 新 | ① |
| ※ | コロムビア・トップ | 61 | 元 | 1 |
| | いずみ たく | 53 | 新 | |
| | 中村 武志 | 75 | 新 | |
| | 大黒 章弘 | 40 | 新 | |
| | 辺見 広明 | 32 | 新 | |
| | 長沢 郁朗 | 44 | 新 | |
| | 加納 孝 | 38 | 新 | |
| | 杉山 純 | 35 | 新 | |
| | 多代田 至 | 45 | 新 | |

### 10 無党派市民連合
### 509,104 （0―10）

| | | | |
|---|---|---|---|
| 永 六輔 | 50 | | 新 |
| 矢崎 泰久 | 48 | | 新 |
| 飛田 洋子 | 50 | | 新 |
| 前田 俊彦 | 73 | | 新 |
| 岩城 宏之 | 50 | | 新 |
| 伊川 東吾 | 36 | | 新 |
| 安増 武子 | 57 | | 新 |
| 長谷川 きよし | 33 | | 新 |
| 林 冬子 | 55 | | 新 |
| 水戸 巌 | 50 | | 新 |

### 11 田中角栄を
### 政界から追放する勝手連
### 205,630 （0―1）

| | | | |
|---|---|---|---|
| 福田 拓泉 | 55 | | 新 |

| 12 MPD・平和と民主連合 | | | |
|---|---|---|---|
| 155,448　（0 —10） | | | |
| 加藤 美佐子 | 33 | | 新 |
| 西村 道義 | 41 | | 新 |
| 西宮 弘 | 77 | | 新 |
| 安部 喜久 | 30 | | 新 |
| 和田 洋一 | 79 | | 新 |
| 児島 研二 | 30 | | 新 |
| 一条 ふみ | 57 | | 新 |
| 依田 竜一 | 31 | | 新 |
| 大山 明枝 | 67 | | 新 |
| 中沢 照雄 | 32 | | 新 |

| 13 自由超党派クラブ | | | |
|---|---|---|---|
| 102,925　（0 —10） | | | |
| 飯沼 日出夫 | 58 | | 新 |
| 氏原 安彦 | 52 | | 新 |
| 大川 孝治 | 58 | | 新 |
| 増田 義次 | 47 | | 新 |
| 中村 愉一 | 72 | | 新 |
| 曽根 久之 | 69 | | 新 |
| 丸田 隆夫 | 58 | | 新 |
| 秦 治男 | 47 | | 新 |
| 最上 長五郎 | 76 | | 新 |
| 柘植 宗雄 | 66 | | 新 |

| 14 教育党 | | | |
|---|---|---|---|
| 79,033　（0 —1） | | | |
| 城戸 嘉世子 | 53 | | 新 |

| 15 日本国民政治連合 | | | |
|---|---|---|---|
| 40,518　（0 —1） | | | |
| 赤石 貞治 | 54 | | 新 |

| 16 雑民党 | | | |
|---|---|---|---|
| 36,703　（0 —1） | | | |
| 東郷 健 | 51 | | 新 |

| 17 日本世直し党 | | | |
|---|---|---|---|
| 34,715　（0 —1） | | | |
| 重松 九州男 | 71 | | 新 |

| 18 世界浄霊会 | | | |
|---|---|---|---|
| 15,921　（0 —10） | | | |
| 小林 昭uphold | 54 | | 新 |
| 田中 節生 | 39 | | 新 |
| 荒 忠敬 | 40 | | 新 |
| 庭山 義治 | 30 | | 新 |
| 横川 博一 | 40 | | 新 |
| 木谷 充 | 36 | | 新 |
| 谷川 信雄 | 41 | | 新 |
| 金井 正之 | 51 | | 新 |

| 大溝 爽 | 35 | | 新 |
|---|---|---|---|
| 宍倉 徳明 | 35 | | 新 |

## 地方区

### 北海道（4 — 7）
| | | | | | | |
|---|---|---|---|---|---|---|
| 1 | 北 修二 | 58 | 612,390 | 自民 | 現 | ② |
| 2 | 菅野 久光 | 55 | 396,159 | 社会 | 新 | ① |
| 3 | 丸谷 金保 | 64 | 383,704 | 社会 | 現 | ② |
| 4 | 工藤 万砂美 | 58 | 367,392 | 自民 | 新 | ① |
| ▽ | 児玉 健次 | 50 | 244,370 | 共産 | 新 | |
| ▽ | 吉田 行儀 | 48 | 156,582 | 民社 | 新 | |
| | 前谷 宏 | 58 | 31,918 | 無所 | 新 | |

### 青森県（1 — 5）
| | | | | | | |
|---|---|---|---|---|---|---|
| 1 | 松尾 官平 | 56 | 217,639 | 自民 | 現 | ② |
| ▽ | 奈良岡 末造 | 69 | 166,091 | 無所 | 新 | |
| | 花田 一 | 63 | 92,459 | 無所 | 新 | |
| | 工藤 清司 | 68 | 72,940 | 無所 | 新 | |
| | 富士 克郎 | 41 | 28,028 | 共産 | 新 | |

### 岩手県（1 — 3）
| | | | | | | |
|---|---|---|---|---|---|---|
| 1 | 岩動 道行 | 69 | 320,938 | 自民 | 現 | ④ |
| ▽ | 小原 武郎 | 51 | 196,446 | 社会 | 新 | |
| | 斎藤 信 | 32 | 58,063 | 共産 | 新 | |

### 宮城県（1 — 3）
| | | | | | | |
|---|---|---|---|---|---|---|
| 1 | 星 長治 | 63 | 374,554 | 自民 | 新 | ① |
| ▽ | 太田 幸作 | 50 | 270,393 | 社会 | 新 | |
| | 沖 直子 | 67 | 127,430 | 共産 | 新 | |

### 秋田県（1 — 3）
| | | | | | | |
|---|---|---|---|---|---|---|
| 1 | 出口 広光 | 57 | 282,420 | 自民 | 新 | ① |
| ▽ | 石川 錬治郎 | 44 | 247,594 | 社会 | 新 | |
| | 児玉 金友 | 45 | 46,374 | 共産 | 新 | |

### 山形県（1 — 3）
| | | | | | | |
|---|---|---|---|---|---|---|
| 1 | 降矢 敬義 | 62 | 322,511 | 自民 | 現 | ② |
| ▽ | 五十嵐 恒男 | 54 | 214,874 | 社会 | 新 | |
| | 若林 喬二 | 55 | 48,029 | 共産 | 新 | |

### 福島県（2 — 4）
| | | | | | | |
|---|---|---|---|---|---|---|
| 1 | 佐藤 栄佐久 | 44 | 376,952 | 自民 | 新 | ① |
| 2 | 村田 秀三 | 62 | 293,921 | 社会 | 現 | ④ |
| ▽ | 鈴木 正一 | 64 | 247,500 | 自民 | 現 | 1 |
| | 最上 清治 | 33 | 62,575 | 共産 | 新 | |

### 茨城県（2 — 4）
| | | | | | | |
|---|---|---|---|---|---|---|
| 1 | 曽根田 郁夫 | 58 | 303,556 | 自民 | 新 | ① |

|   | 2 | 高杉 廸忠 | 57 | 273,868 | 社会 | 現 | ② |
|---|---|---|---|---|---|---|---|
|   | ▽ | 郡 祐一 | 81 | 258,102 | 自民 | 現 | 6 |
|   |   | 山田 節夫 | 35 | 67,216 | 共産 | 新 |   |

**栃木県（2―5）**

| 1 | 上野 雄文 | 55 | 226,629 | 社会 | 現 | ② |
|---|---|---|---|---|---|---|
| 2 | 岩崎 純三 | 59 | 196,654 | 自民 | 現 | ② |
| ▽ | 蓮実 進 | 50 | 187,284 | 自民 | 新 |   |
| ▽ | 水本 務 | 48 | 59,705 | 民社 | 新 |   |
|   | 小菅 昭三 | 56 | 22,567 | 共産 | 新 |   |

**群馬県（2―4）**

| 1 | 山本 富雄 | 54 | 301,765 | 自民 | 現 | ② |
|---|---|---|---|---|---|---|
| 2 | 最上 進 | 41 | 269,477 | 自民 | 元 | ② |
| ▽ | 角田 義一 | 46 | 259,896 | 社会 | 新 |   |
|   | 吉村 金之助 | 48 | 40,707 | 共産 | 新 |   |

**埼玉県（2―6）**

| 1 | 土屋 義彦 | 57 | 605,516 | 自民 | 現 | ④ |
|---|---|---|---|---|---|---|
| 2 | 森田 重郎 | 61 | 563,811 | 自ク | 現 | ② |
| ▽ | 只松 祐治 | 62 | 375,471 | 社会 | 新 |   |
| ▽ | 藤野 泰弘 | 41 | 214,657 | 共産 | 新 |   |
|   | 鈴木 厚利 | 45 | 47,572 | 諸派 | 新 |   |
|   | 石川 八郎 | 50 | 18,233 | 諸派 | 新 |   |

**千葉県（2―5）**

| 1 | 糸久 八重子 | 51 | 470,497 | 社会 | 新 | ① |
|---|---|---|---|---|---|---|
| 2 | 倉田 寛之 | 45 | 420,683 | 自民 | 新 | ① |
| ▽ | 石野 清治 | 56 | 360,735 | 自民 | 新 |   |
| ▽ | 小島 孝之 | 35 | 195,525 | 民社 | 新 |   |
| ▽ | 大原 昭三郎 | 56 | 133,882 | 共産 | 新 |   |

**東京都（4―34）**

| 1 | 野末 陳平 | 51 | 963,146 | 諸派 | 現 | ③ |
|---|---|---|---|---|---|---|
| 2 | 原 文兵衛 | 70 | 938,454 | 自民 | 現 | ③ |
| 3 | 黒柳 明 | 52 | 817,387 | 公明 | 現 | ④ |
| 4 | 内藤 功 | 52 | 551,364 | 共産 | 元 | ② |
| ▽ | 木島 則夫 | 58 | 502,817 | 民社 | 現 | 2 |
| ▽ | 佐々木 秀典 | 48 | 396,562 | 社会 | 新 |   |
|   | 原田 興 | 60 | 19,069 | 諸派 | 新 |   |
|   | 赤尾 敏 | 84 | 11,752 | 諸派 | 新 |   |
|   | 品川 司 | 72 | 10,573 | 無所 | 新 |   |
|   | 長谷川 幸夫 | 46 | 5,688 | 諸派 | 新 |   |
|   | 斉藤 智恵子 | 36 | 5,406 | 諸派 | 新 |   |
|   | 佐藤 まつ子 | 44 | 5,346 | 諸派 | 新 |   |
|   | 小林 寿夫 | 59 | 5,242 | 諸派 | 新 |   |
|   | 河西 善治 | 36 | 5,062 | 諸派 | 新 |   |
|   | 池田 允 | 63 | 4,911 | 無所 | 新 |   |
|   | 小川 力 | 33 | 4,168 | 諸派 | 新 |   |
|   | 坂口 宏 | 45 | 4,160 | 諸派 | 新 |   |
|   | 福田 撫子 | 39 | 4,152 | 諸派 | 新 |   |
|   | 阿部 雅二 | 32 | 2,287 | 諸派 | 新 |   |
|   | 古木 力 | 44 | 2,006 | 諸派 | 新 |   |
|   | 玉井 明 | 33 | 1,948 | 諸派 | 新 |   |
|   | 斎藤 美枝子 | 36 | 1,942 | 諸派 | 新 |   |
|   | 小比賀 英孝 | 63 | 1,873 | 無所 | 新 |   |
|   | 岸本 清子 | 43 | 1,763 | 諸派 | 新 |   |
|   | 小野 まさよ | 73 | 1,692 | 諸派 | 新 |   |
|   | 兼松 耕作 | 59 | 1,632 | 諸派 | 新 |   |
|   | 深作 清次郎 | 72 | 1,236 | 諸派 | 新 |   |
|   | 南 俊夫 | 71 | 1,172 | 諸派 | 新 |   |
|   | 遠藤 洋一 | 34 | 1,040 | 諸派 | 新 |   |
|   | 本宮 章雄 | 42 | 1,037 | 諸派 | 新 |   |
|   | 板坂 剛 | 35 | 985 | 諸派 | 新 |   |
|   | 堀川 良男 | 44 | 938 | 諸派 | 新 |   |
|   | 大木 明雄 | 62 | 846 | 諸派 | 新 |   |
|   | 山岸 英一 | 55 | 744 | 諸派 | 新 |   |

**神奈川県（2―15）**

| 1 | 服部 信吾 | 40 | 688,049 | 公明 | 新 | ① |
|---|---|---|---|---|---|---|
| 2 | 杉元 恒雄 | 62 | 529,445 | 自民 | 新 | ① |
| ▽ | 河野 剛雄 | 48 | 508,767 | 無所 | 新 |   |
| ▽ | 片岡 勝治 | 58 | 477,919 | 社会 | 現 | 2 |
| ▽ | 小泉 初恵 | 41 | 301,459 | 共産 | 新 |   |
|   | 大野 富江 | 44 | 26,422 | 諸派 | 新 |   |
|   | 佐藤 みちよ | 51 | 11,488 | 諸派 | 新 |   |
|   | 高橋 貞美 | 48 | 7,655 | 諸派 | 新 |   |
|   | 牧野 守一 | 60 | 7,241 | 無所 | 新 |   |
|   | 松永 攻 | 39 | 6,337 | 諸派 | 新 |   |
|   | 白根 登志夫 | 34 | 4,140 | 諸派 | 新 |   |
|   | 箕浦 一雄 | 50 | 3,940 | 無所 | 新 |   |
|   | 伊藤 実知子 | 38 | 3,908 | 諸派 | 新 |   |
|   | 加藤 南枝 | 47 | 3,179 | 諸派 | 新 |   |
|   | 清野 文五郎 | 70 | 1,877 | 諸派 | 新 |   |

**新潟県（2―5）**

| 1 | 吉川 芳男 | 51 | 350,956 | 自民 | 新 | ① |
|---|---|---|---|---|---|---|
| 2 | 稲村 稔夫 | 54 | 313,068 | 社会 | 新 | ① |
| ▽ | 長谷川 吉雄 | 66 | 253,214 | 自民 | 新 |   |
|   | 高沢 健吉 | 45 | 82,768 | 民社 | 新 |   |
|   | 丸山 久明 | 44 | 72,184 | 共産 | 新 |   |

**富山県（1―3）**

| 1 | 高平 公友 | 68 | 253,642 | 自民 | 現 | ② |
|---|---|---|---|---|---|---|
| ▽ | 長谷川 俊政 | 53 | 159,600 | 社会 | 新 |   |
|   | 反保 直樹 | 33 | 39,073 | 共産 | 新 |   |

**石川県（1―3）**

| 1 | 島崎 均 | 60 | 269,547 | 自民 | 現 | ④ |
|---|---|---|---|---|---|---|
| ▽ | 米田 正一 | 58 | 106,901 | 社会 | 新 |   |
|   | 川上 賢二 | 42 | 35,760 | 共産 | 新 |   |

**福井県（1―4）**

| 1 | 山内 一郎 | 70 | 188,838 | 自民 | 現 | ④ |

## 資料　第13回通常選挙

| | | | | | | |
|---|---|---|---|---|---|---|
| ▽ | 小林 優 | 51 | 73,823 | 社会 | 新 | |
| ▽ | 神谷 正保 | 51 | 59,711 | 民社 | 新 | |
| | 南 秀一 | 33 | 20,458 | 共産 | 新 | |

### 山梨県（1—3）

| | | | | | | |
|---|---|---|---|---|---|---|
| 1 | 志村 哲良 | 57 | 217,722 | 自民 | 新 | ① |
| ▽ | 神沢 浄 | 67 | 153,038 | 社会 | 元 | 1 |
| | 桜井 真作 | 43 | 19,616 | 共産 | 新 | |

### 長野県（2—4）

| | | | | | | |
|---|---|---|---|---|---|---|
| 1 | 下条 進一郎 | 63 | 363,835 | 自民 | 現 | ② |
| 2 | 村沢 牧 | 58 | 295,185 | 社会 | 現 | ② |
| ▽ | 今村 忠雄 | 50 | 151,164 | 民社 | 新 | |
| ▽ | 木島 日出夫 | 36 | 127,547 | 共産 | 新 | |

### 岐阜県（1—4）

| | | | | | | |
|---|---|---|---|---|---|---|
| 1 | 杉山 令肇 | 60 | 425,645 | 自民 | 現 | ② |
| ▽ | 高橋 寛 | 35 | 173,679 | 社会 | 新 | |
| | 村井 勝喜 | 48 | 110,972 | 民社 | 新 | |
| | 杉原 恭三 | 48 | 72,766 | 共産 | 新 | |

### 静岡県（2—5）

| | | | | | | |
|---|---|---|---|---|---|---|
| 1 | 竹山 裕 | 49 | 421,038 | 自民 | 新 | ① |
| 2 | 小島 静馬 | 54 | 387,279 | 自民 | 新 | ① |
| | 菊田 昭 | 53 | 370,662 | 社会 | 新 | |
| ▽ | 安倍 基雄 | 52 | 168,070 | 民社 | 新 | |
| | 山田 洋 | 61 | 114,223 | 共産 | 新 | |

### 愛知県（3—7）

| | | | | | | |
|---|---|---|---|---|---|---|
| 1 | 吉川 博 | 60 | 501,800 | 自民 | 新 | ① |
| 2 | 井上 計 | 63 | 472,541 | 民社 | 現 | ② |
| 3 | 馬場 富 | 58 | 442,507 | 公明 | 現 | ② |
| ▽ | 森下 昭司 | 56 | 365,465 | 社会 | 元 | 1 |
| ▽ | 丹羽 久章 | 68 | 268,051 | 自民 | 新 | |
| ▽ | 西田 一広 | 35 | 218,588 | 共産 | 新 | |
| | 安藤 耕生 | 71 | 22,418 | 諸派 | 新 | |

### 三重県（1—3）

| | | | | | | |
|---|---|---|---|---|---|---|
| 1 | 水谷 力 | 57 | 358,535 | 自民 | 新 | ① |
| ▽ | 坂倉 藤吾 | 53 | 297,193 | 社会 | 現 | 1 |
| | 松原 和夫 | 57 | 60,360 | 共産 | 新 | |

### 滋賀県（1—4）

| | | | | | | |
|---|---|---|---|---|---|---|
| 1 | 河本 嘉久蔵 | 66 | 247,916 | 自民 | 現 | ③ |
| ▽ | 山元 勉 | 50 | 99,156 | 社会 | 新 | |
| | 星 伸雄 | 44 | 74,357 | 民社 | 新 | |
| | 林 俊郎 | 38 | 56,479 | 共産 | 新 | |

### 京都府（2—3）

| | | | | | | |
|---|---|---|---|---|---|---|
| 1 | 植木 光教 | 56 | 408,441 | 自民 | 現 | ⑤ |
| 2 | 佐藤 昭夫 | 55 | 248,149 | 共産 | 現 | ② |
| ▽ | 竹村 幸雄 | 53 | 224,964 | 社会 | 新 | |

### 大阪府（3—20）

| | | | | | | |
|---|---|---|---|---|---|---|
| 1 | 横山 ノック | 51 | 867,308 | 無所 | 現 | ③ |
| 2 | 田代 富士男 | 52 | 799,106 | 公明 | 現 | ④ |
| 3 | 森下 泰 | 61 | 672,409 | 自民 | 現 | ③ |
| ▽ | 沓脱 タケ子 | 60 | 636,622 | 共産 | 現 | 2 |
| ▽ | 牧内 正哉 | 45 | 268,210 | 社会 | 新 | |
| | 大野 次男 | 52 | 4,818 | 諸派 | 新 | |
| | 長谷川 美代 | 43 | 3,850 | 諸派 | 新 | |
| | 森山 春夫 | 52 | 3,552 | 諸派 | 新 | |
| | 斉藤 貢 | 36 | 3,411 | 諸派 | 新 | |
| | 中村 タヌコ | 43 | 2,356 | 諸派 | 新 | |
| | 佐々木 けい子 | 30 | 2,177 | 諸派 | 新 | |
| | 田中 栄作 | 57 | 2,160 | 諸派 | 新 | |
| | 本宮 武子 | 41 | 2,050 | 諸派 | 新 | |
| | 布施 ともえ | 56 | 1,726 | 諸派 | 新 | |
| | 重松 喜代 | 66 | 1,647 | 諸派 | 新 | |
| | 石井 栄一 | 37 | 1,623 | 諸派 | 新 | |
| | 小谷 哲 | 32 | 1,607 | 諸派 | 新 | |
| | 富田 友康 | 31 | 1,429 | 諸派 | 新 | |
| | 笠巻 孝志 | 30 | 1,004 | 諸派 | 新 | |
| | 大和田 梅花 | 65 | 572 | 諸派 | 新 | |

### 兵庫県（3—6）

| | | | | | | |
|---|---|---|---|---|---|---|
| 1 | 矢原 秀男 | 53 | 456,233 | 公明 | 元 | ② |
| 2 | 抜山 映子 | 49 | 383,524 | 民社 | 新 | ① |
| 3 | 石井 一二 | 46 | 373,339 | 自民 | 新 | ① |
| ▽ | 奥 茂吉 | 56 | 313,795 | 社会 | 新 | |
| ▽ | 大野 栄美夫 | 56 | 257,555 | 自民 | 新 | |
| ▽ | 古賀 哲夫 | 57 | 215,592 | 共産 | 新 | |

### 奈良県（1—4）

| | | | | | | |
|---|---|---|---|---|---|---|
| 1 | 堀内 俊夫 | 65 | 200,107 | 自民 | 現 | ③ |
| ▽ | 市原 みちえ | 37 | 97,209 | 社会 | 新 | |
| ▽ | 北野 加那子 | 41 | 84,085 | 共産 | 新 | |
| | 徳田 憲郎 | 52 | 70,809 | 民社 | 新 | |

### 和歌山県（1—3）

| | | | | | | |
|---|---|---|---|---|---|---|
| 1 | 世耕 政隆 | 60 | 253,796 | 自民 | 現 | ③ |
| ▽ | 辻田 暁子 | 45 | 104,340 | 社会 | 新 | |
| | 橋爪 利次 | 54 | 62,170 | 共産 | 新 | |

### 鳥取県（1—3）

| | | | | | | |
|---|---|---|---|---|---|---|
| 1 | 西村 尚治 | 72 | 160,242 | 自民 | 現 | ④ |
| ▽ | 広田 幸一 | 67 | 152,043 | 社会 | 現 | 1 |
| | 牛尾 甫 | 58 | 13,656 | 共産 | 新 | |

### 島根県（1—3）

| | | | | | | |
|---|---|---|---|---|---|---|
| 1 | 成相 善十 | 67 | 212,006 | 自民 | 現 | ② |
| ▽ | 石橋 大吉 | 51 | 190,802 | 社会 | 新 | |
| | 渡部 節雄 | 51 | 24,700 | 共産 | 新 | |

岡山県（2 ― 4）
| | | | | | |
|---|---|---|---|---|---|
| 1 | 木村 睦男 | 69 | 321,642 | 自民 現 | ⑤ |
| 2 | 秋山 長造 | 66 | 311,010 | 社会 現 | ⑦ |
| ▽ | 武田 英夫 | 36 | 71,876 | 共産 新 | |
| | 岡田 定見 | 42 | 11,156 | 諸派 新 | |

広島県（2 ― 3）
| | | | | | |
|---|---|---|---|---|---|
| 1 | 藤田 正明 | 61 | 506,437 | 自民 現 | ④ |
| 2 | 浜本 万三 | 62 | 381,339 | 社会 元 | ② |
| ▽ | 森脇 勝義 | 48 | 113,247 | 共産 新 | |

山口県（1 ― 4）
| | | | | | |
|---|---|---|---|---|---|
| 1 | 松岡 満寿男 | 48 | 318,852 | 自民 新 | ① |
| ▽ | 児玉 寛次 | 49 | 128,503 | 社会 新 | |
| ▽ | 安広 欣記 | 47 | 113,358 | 民社 新 | |
| | 加藤 碩 | 43 | 66,478 | 共産 新 | |

徳島県（1 ― 4）
| | | | | | |
|---|---|---|---|---|---|
| 1 | 亀長 友義 | 62 | 161,915 | 自民 現 | ② |
| ▽ | 佐藤 祐次 | 51 | 63,152 | 社会 新 | |
| | 清水 良次 | 45 | 36,877 | 民社 新 | |
| | 竹原 昭夫 | 55 | 25,362 | 共産 新 | |

香川県（1 ― 3）
| | | | | | |
|---|---|---|---|---|---|
| 1 | 真鍋 賢二 | 47 | 236,116 | 自民 現 | ② |
| ▽ | 喜岡 淳 | 30 | 123,529 | 社会 新 | |
| | 田村 守男 | 33 | 26,837 | 共産 新 | |

愛媛県（1 ― 3）
| | | | | | |
|---|---|---|---|---|---|
| 1 | 桧垣 徳太郎 | 66 | 391,779 | 自民 現 | ③ |
| ▽ | 神内 久綱 | 55 | 152,004 | 社会 新 | |
| | 木山 隆行 | 51 | 63,917 | 共産 新 | |

高知県（1 ― 3）
| | | | | | |
|---|---|---|---|---|---|
| 1 | 林 迪 | 59 | 193,682 | 自民 現 | ③ |
| ▽ | 栗生 茂也 | 58 | 112,388 | 社会 新 | |
| | 和田 忠明 | 44 | 52,538 | 共産 新 | |

福岡県（3 ― 5）
| | | | | | |
|---|---|---|---|---|---|
| 1 | 遠藤 政夫 | 60 | 466,559 | 自民 現 | ② |
| 2 | 原田 立 | 56 | 412,712 | 公明 現 | ④ |
| 3 | 小野 明 | 63 | 395,046 | 社会 現 | ④ |
| ▽ | 本村 和喜 | 47 | 347,846 | 自民 新 | |
| ▽ | 有馬 和子 | 53 | 194,060 | 共産 新 | |

佐賀県（1 ― 3）
| | | | | | |
|---|---|---|---|---|---|
| 1 | 大坪 健一郎 | 57 | 240,812 | 自民 現 | ② |
| ▽ | 緒方 克扇 | 45 | 95,439 | 社会 新 | |
| | 関家 敏正 | 48 | 24,123 | 共産 新 | |

長崎県（1 ― 3）
| | | | | | |
|---|---|---|---|---|---|
| 1 | 宮島 滉 | 56 | 325,733 | 自民 新 | ① |
| ▽ | 田口 健二 | 52 | 210,483 | 社会 新 | |
| | 田中 康 | 36 | 46,136 | 共産 新 | |

熊本県（2 ― 4）
| | | | | | |
|---|---|---|---|---|---|
| 1 | 沢田 一精 | 61 | 324,531 | 自民 元 | ③ |
| 2 | 浦田 勝 | 58 | 234,916 | 自民 新 | ① |
| ▽ | 魚返 正臣 | 45 | 227,333 | 社会 新 | |
| | 粟田 一哉 | 48 | 25,004 | 共産 新 | |

大分県（1 ― 3）
| | | | | | |
|---|---|---|---|---|---|
| 1 | 梶原 敬義 | 46 | 296,049 | 社会 新 | ① |
| ▽ | 森田 克巳 | 55 | 291,461 | 自民 新 | |
| | 田口 とし子 | 49 | 29,085 | 共産 新 | |

宮崎県（1 ― 3）
| | | | | | |
|---|---|---|---|---|---|
| 1 | 坂元 親男 | 72 | 274,863 | 自民 現 | ③ |
| ▽ | 藤原 文明 | 44 | 163,450 | 社会 新 | |
| | 佐藤 誠 | 44 | 32,656 | 共産 新 | |

鹿児島県（2 ― 4）
| | | | | | |
|---|---|---|---|---|---|
| 1 | 金丸 三郎 | 69 | 320,069 | 自民 現 | ② |
| 2 | 久保 亘 | 54 | 314,724 | 社会 元 | ② |
| ▽ | 岩元 力 | 39 | 246,050 | 自民 新 | |
| | 丸野 武人 | 45 | 19,265 | 共産 新 | |

沖縄県（1 ― 2）
| | | | | | |
|---|---|---|---|---|---|
| 1 | 喜屋武 真栄 | 70 | 309,006 | 諸派 元 | ④ |
| ▽ | 西銘 順志郎 | 33 | 231,890 | 自民 新 | |

## 第13期補欠選挙

静岡県（1983年12月18日執行＝1 ― 2）
| | | | | | |
|---|---|---|---|---|---|
| 1 | 藤田 栄 | 53 | 1,099,675 | 自民 新 | ① |
| ▽ | 山田 洋 | 61 | 595,424 | 共産 新 | |

奈良県（1985年2月3日執行＝1 ― 3）
| | | | | | |
|---|---|---|---|---|---|
| 1 | 服部 安司 | 69 | 216,579 | 自民 新 | ① |
| ▽ | 川本 敏美 | 62 | 100,195 | 社会 新 | |
| | 北野 加那子 | 42 | 59,116 | 共産 新 | |

福島県（1985年2月17日執行＝1 ― 3）
| | | | | | |
|---|---|---|---|---|---|
| 1 | 添田 増太郎 | 56 | 397,740 | 自民 新 | ① |
| ▽ | 宍戸 利夫 | 53 | 293,404 | 社会 新 | |
| | 阿部 裕美子 | 38 | 98,269 | 共産 新 | |

熊本県（1985年10月20日執行＝1 ― 4）
| | | | | | |
|---|---|---|---|---|---|
| 1 | 守住 有信 | 61 | 303,442 | 自民 新 | ① |
| ▽ | 中原 利丸 | 57 | 281,829 | 無所 新 | |
| ▽ | 竹島 勇 | 57 | 90,945 | 社会 新 | |
| | 粟田 一哉 | 50 | 22,738 | 共産 新 | |

## 第14回通常選挙 （1986年7月6日執行）

比例区 （50―243）

政党名凡例
自民　自由民主党
社会　日本社会党
民社　民社党
共産　日本共産党
公明　公明党
税金　税金党

| | 1　自由民主党 | | |
|---|---|---|---|
| | 22,132,573　（22―25） | | |
| 1 | 鳩山　威一郎 | 67 | 現③ |
| 2 | 長田　裕二 | 69 | 現④ |
| 3 | 関口　恵造 | 60 | 現② |
| 4 | 大河原　太一郎 | 64 | 現② |
| 5 | 下稲葉　耕吉 | 60 | 新① |
| 6 | 村上　正邦 | 53 | 現② |
| 7 | 野沢　太三 | 53 | 新① |
| 8 | 井上　孝 | 61 | 現② |
| 9 | 梶原　清 | 64 | 現② |
| 10 | 岡部　三郎 | 59 | 現② |
| 11 | 板垣　正 | 62 | 現② |
| 12 | 田沢　智治 | 53 | 現② |
| 13 | 岡田　広 | 76 | 現③ |
| 14 | 山口　淑子 | 66 | 現③ |
| 15 | 山東　昭子 | 44 | 現③ |
| 16 | 斎藤　栄三郎 | 73 | 現③ |
| 17 | 松浦　功 | 63 | 現② |
| 18 | 宮崎　秀樹 | 54 | 新① |
| 19 | 久世　公堯 | 57 | 新① |
| 20 | 田中　正巳 | 69 | 現② |
| 21 | 永野　茂門 | 64 | 新① |
| 22 | 宮田　輝 | 64 | 現③ |
| | 清水　嘉与子 | 50 | 新 |
| | 井奥　貞雄 | 47 | 新 |
| ※ | 山口　光一 | 56 | 新 |

| | 2　日本社会党 | | |
|---|---|---|---|
| | 9,869,088　（9―18） | | |
| 1 | 福間　知之 | 58 | 現③ |
| 2 | 野田　哲 | 60 | 現③ |
| 3 | 鈴木　和美 | 56 | 現② |
| 4 | 松本　英一 | 65 | 現④ |
| 5 | 山本　正和 | 58 | 新① |
| 6 | 及川　一夫 | 57 | 新① |
| 7 | 山口　哲夫 | 57 | 新① |
| 8 | 田淵　勲二 | 56 | 新① |
| 9 | 粕谷　照美 | 62 | 現③ |
| | 谷本　巍 | 57 | 新 |
| | 上坂　明 | 60 | 新 |
| | 堀　利和 | 36 | 新 |
| | 桜井　資浩 | 71 | 新 |
| | 西川　進 | 40 | 新 |
| | 新美　美津子 | 38 | 新 |
| | 本田　茂樹 | 38 | 新 |
| | 山村　ちずえ | 51 | 新 |

| | 鈴木　澄保 | 62 | 新 |
|---|---|---|---|

| | 3　公明党 | | |
|---|---|---|---|
| | 7,438,501　（7―17） | | |
| 1 | 広中　和歌子 | 52 | 新① |
| 2 | 塩出　啓典 | 53 | 現④ |
| 3 | 太田　淳夫 | 52 | 現③ |
| 4 | 鶴岡　洋 | 53 | 現② |
| 5 | 中野　鉄造 | 59 | 現② |
| 6 | 猪熊　重二 | 55 | 新① |
| 7 | 及川　順郎 | 49 | 新① |
| ※ | 針生　雄吉 | 49 | 新 |
| | 土師　進 | 48 | 新 |
| | 庭山　昌 | 46 | 新 |
| | 加藤　紀子 | 46 | 新 |
| | 奥山　卓郎 | 57 | 新 |
| | 大須賀　規祐 | 46 | 新 |
| | 田端　正広 | 46 | 新 |
| | 橋本　立明 | 45 | 新 |
| | 佐々木　政俊 | 44 | 新 |
| | 佐々木　宏文 | 43 | 新 |

| | 4　日本共産党 | | |
|---|---|---|---|
| | 5,430,838　（5―25） | | |
| 1 | 立木　洋 | 55 | 現③ |
| 2 | 山中　郁子 | 54 | 現③ |
| 3 | 近藤　忠孝 | 54 | 現③ |
| 4 | 吉岡　吉典 | 58 | 新① |
| 5 | 諫山　博 | 64 | 新① |
| | 林　紀子 | 46 | 新 |
| | 西沢　舜一 | 57 | 新 |
| | 有田　光雄 | 56 | 新 |
| | 三堀　雅志 | 49 | 新 |
| | 雪野　勉 | 60 | 新 |
| | 広井　暢子 | 39 | 新 |
| | 佐々木　憲昭 | 40 | 新 |
| | 相馬　綾子 | 39 | 新 |
| | 伊藤　国男 | 66 | 新 |
| | 北田　寛二 | 63 | 新 |
| | 小笠原　政之助 | 61 | 新 |

| | | | |
|---|---|---|---|
| 松谷 好一 | 57 | | 新 |
| 高柳 新 | 47 | | 新 |
| 日隈 威徳 | 49 | | 新 |
| 植田 晃子 | 50 | | 新 |
| 長住 由美子 | 36 | | 新 |
| 紙 智子 | 31 | | 新 |
| 加藤 謙二郎 | 61 | | 新 |
| 大塚 淳子 | 44 | | 新 |
| 林田 芳徳 | 59 | | 新 |

5 民社党
3,940,325 （3—17）

| | | | | |
|---|---|---|---|---|
| 1 | 橋本 孝一郎 | 60 | | 新 ① |
| 2 | 田淵 哲也 | 60 | | 現 ④ |
| 3 | 勝木 健司 | 43 | | 新 ① |
| | 伊藤 郁男 | 55 | | 現 1 |
| | 中村 久瑠美 | 42 | | 新 |
| | 佐々木 秀隆 | 57 | | 新 |
| | 青木 清 | 59 | | 新 |
| | 橋口 昭 | 59 | | 新 |
| | 前山 茂 | 54 | | 新 |
| | 森木 亮 | 50 | | 新 |
| | 植村 信蔵 | 58 | | 新 |
| | 御堂 啓一 | 54 | | 新 |
| | 梅沢 昇平 | 44 | | 新 |
| | 加藤 綾子 | 56 | | 新 |
| | 遠藤 寛 | 50 | | 新 |
| | 遠藤 欣之助 | 50 | | 新 |
| | 藤原 範典 | 39 | | 新 |

6 税金党
1,803,051 （1—9）

| | | | | |
|---|---|---|---|---|
| 1 | 秋山 肇 | 54 | | 新 ① |
| | 星野 朋市 | 54 | | 新 |
| | 鬼束 幸良 | 54 | | 新 |
| | 白鳥 早奈英 | 46 | | 新 |
| | 池中 万吏江 | 43 | | 新 |
| | 藤村 光司 | 39 | | 新 |
| | 水野 豊蔵 | 37 | | 新 |
| | 綱川 健二 | 38 | | 新 |
| | 谷島 悦雄 | 39 | | 新 |

7 サラリーマン新党
1,759,484 （1—9）

| | | | | |
|---|---|---|---|---|
| 1 | 平野 清 | 56 | | 新 ① |
| | 陣内 照太郎 | 56 | | 新 |
| | 門田 正則 | 39 | | 新 |
| | 青木 淑子 | 62 | | 新 |
| | 宮川 満 | 68 | | 新 |
| | 大月 守徳 | 66 | | 新 |
| | 芝 ミイ子 | 42 | | 新 |
| | 富塚 正男 | 72 | | 新 |

| | | | |
|---|---|---|---|
| 近江谷 鎮八郎 | 70 | | 新 |

8 第二院クラブ
1,455,532 （1—10）

| | | | | |
|---|---|---|---|---|
| 1 | 青島 幸男 | 53 | | 現 ④ |
| ※ | いずみ たく | 56 | | 新 |
| ※ | 山田 俊昭 | 49 | | 新 |
| | 小長井 雅晴 | 35 | | 新 |
| | 奥中 惇夫 | 55 | | 新 |
| | 大黒 章弘 | 43 | | 新 |
| | 加納 将光 | 41 | | 新 |
| | 辺見 広明 | 35 | | 新 |
| | 三崎 信芳 | 46 | | 新 |
| | 多代田 至 | 48 | | 新 |

9 新自由クラブ
1,367,291 （1—7）

| | | | | |
|---|---|---|---|---|
| 1 | 宇都宮 徳馬 | 79 | | 現 ② |
| | 石川 達男 | 62 | | 新 |
| | 清水 三雄 | 45 | | 新 |
| | 古柴 和子 | 47 | | 新 |
| | 吉田 良雄 | 64 | | 新 |
| | 藤由 欣久 | 49 | | 新 |
| | 山口 太佳子 | 42 | | 新 |

10 福祉党
570,995 （0—10）

| | | | |
|---|---|---|---|
| 天坂 辰雄 | 58 | | 新 |
| 平田 健治 | 57 | | 新 |
| 高島 博 | 74 | | 新 |
| 水城 和子 | 40 | | 新 |
| 平尾 達夫 | 62 | | 新 |
| 渡辺 芳子 | 41 | | 新 |
| 畑中 伸三 | 49 | | 新 |
| 水上 昌俊 | 49 | | 新 |
| 奥田 チエ | 42 | | 新 |
| 三枝 敏仁 | 32 | | 新 |

11 年金党
353,334 （0—5）

| | | | |
|---|---|---|---|
| 友部 達夫 | 57 | | 新 |
| 桜庭 清公 | 61 | | 新 |
| 宮地 徳光 | 60 | | 新 |
| 水越 玲子 | 60 | | 新 |
| 有川 武良 | 68 | | 新 |

12 老人福祉党
247,559 （0—10）

| | | | |
|---|---|---|---|
| 有田 正憲 | 74 | | 新 |
| 林 隆造 | 50 | | 新 |
| 前川 逸男 | 54 | | 新 |
| 吉川 朝臣 | 52 | | 新 |

| 徳原 文夫 | 52 | | 新 |
| 遠山 博 | 52 | | 新 |
| 植井 和市 | 63 | | 新 |
| 大和田 梅花 | 68 | | 新 |
| 鈴木 鏡子 | 35 | | 新 |
| 花輪 春造 | 70 | | 新 |

**13 社会を明るく住みよくする全国婦人の会**
156,100 (0—9)

| 宇野 春江 | 54 | 新 |
| 福田 日出子 | 55 | 新 |
| 小林 キシノ | 68 | 新 |
| 大島 恵子 | 34 | 新 |
| 平野 美津子 | 47 | 新 |
| 宇夫形 富貴子 | 38 | 新 |
| 乙黒 みつ子 | 47 | 新 |
| 大橋 和子 | 37 | 新 |
| 吉沢 圭子 | 46 | 新 |

**14 社会主義労働者党**
146,243 (0—1)

| 林 紘義 | 47 | 新 |

**15 日本みどりの党**
138,656 (0—9)

| 山崎 圭次 | 74 | 新 |
| 甲賀 喜夫 | 78 | 新 |
| 田中 裕子 | 43 | 新 |
| 津林 民子 | 39 | 新 |
| 永国 淳哉 | 46 | 新 |
| 杉本 栄次 | 73 | 新 |
| 加川 和義 | 58 | 新 |
| 辻松 範昌 | 52 | 新 |
| 早草 実 | 71 | 新 |

**16 MPD・平和と民主運動**
109,607 (0—9)

| 佐々木 幸一 | 34 | 新 |
| 内田 礼子 | 32 | 新 |
| 安部 喜久 | 33 | 新 |
| 阿部 淑子 | 76 | 新 |
| 内田 茂 | 32 | 新 |
| 大山 明枝 | 70 | 新 |
| 尾崎 弘治 | 31 | 新 |
| 菊池 信顕 | 31 | 新 |
| 原 達樹 | 31 | 新 |

**17 教育党**
103,375 (0—1)

| 城戸 嘉世子 | 56 | 新 |

**18 日本世直し党**
68,972 (0—1)

| 重松 九州男 | 74 | 新 |

**19 日本みどりの連合**
60,488 (0—1)

| 太田 竜 | 55 | 新 |

**20 雑民党**
42,804 (0—1)

| 東郷 健 | 54 | 新 |

**21 民声党**
41,274 (0—10)

| 塩森 達朗 | 46 | 新 |
| 入江 武雄 | 53 | 新 |
| 平野 明 | 45 | 新 |
| 山田 要 | 46 | 新 |
| 小松 俊雄 | 47 | 新 |
| 白田 雄司 | 52 | 新 |
| 高橋 祐一 | 56 | 新 |
| 金城 薫 | 33 | 新 |
| 相木 良一 | 32 | 新 |
| 天野 一郎 | 32 | 新 |

**22 環境党**
31,464 (0—1)

| 伊藤 昌孝 | 54 | 新 |

**23 日本教育正常化促進連盟**
29,278 (0—9)

| 石川 佐智子 | 52 | 新 |
| 稲葉 寿の | 80 | 新 |
| 宮北 美津子 | 46 | 新 |
| 富樫 良子 | 48 | 新 |
| 合月 けい子 | 38 | 新 |
| 佐薙 アイ | 68 | 新 |
| 安達 昭子 | 58 | 新 |
| 石倉田 鶴枝 | 47 | 新 |
| 宮北 昌和 | 48 | 新 |

**24 世界浄霊会**
18,025 (0—10)

| 小林 三也 | 57 | 新 |
| 田中 栄晃 | 42 | 新 |
| 荒 敬雄 | 43 | 新 |
| 庭山 太郎 | 37 | 新 |
| 庭山 乃二郎 | 33 | 新 |
| 横川 済 | 43 | 新 |
| 谷川 展朗 | 44 | 新 |
| 大溝 和純 | 38 | 新 |
| 宍倉 知明 | 38 | 新 |

| | | | | | |
|---|---|---|---|---|---|
| 小沢 光生 | 36 | | | 新 | |

### 25 正義と人権を守り明日の
日本を考える救国新奸党
17,827 （0 — 9）

| | | | |
|---|---|---|---|
| 福田 拓泉 | 58 | | 新 |
| 宇野 勝三 | 53 | | 新 |
| 小林 寿夫 | 62 | | 新 |
| 平野 晃 | 48 | | 新 |
| 大島 信次 | 37 | | 新 |
| 乙黒 正夫 | 55 | | 新 |
| 宇夫形 政利 | 48 | | 新 |
| 吉沢 正夫 | 55 | | 新 |
| 大橋 忠義 | 43 | | 新 |

### 26 協和党
16,048 （0 — 1）

| | | | |
|---|---|---|---|
| 今野 宗禅 | 61 | | 新 |

### 27 大日本誠流社
14,010 （0 — 9）

| | | | |
|---|---|---|---|
| 楠本 正弘 | 37 | | 新 |
| 柴田 吉一 | 33 | | 新 |
| 角田 倉人 | 52 | | 新 |
| 北村 周二 | 32 | | 新 |
| 人見 和夫 | 37 | | 新 |
| 樋口 政喜 | 47 | | 新 |
| 高橋 賢治 | 42 | | 新 |
| 梅田 武男 | 46 | | 新 |
| 伊藤 晴彦 | 32 | | 新 |

## 地方区

### 北海道（4 — 8）

| | | | | | |
|---|---|---|---|---|---|
| 1 | 対馬 孝且 | 61 | 640,834 | 社会 現 | ③ |
| 2 | 岩本 政光 | 57 | 583,457 | 自民 現 | ② |
| 3 | 高木 正明 | 57 | 575,105 | 自民 現 | ② |
| 4 | 小笠原 貞子 | 66 | 495,254 | 共産 現 | ④ |
| ▽ | 土田 弘 | 57 | 462,999 | 無所 新 | |
| | 野上 ふさ子 | 37 | 33,504 | 諸派 新 | |
| | 合田 純二 | 36 | 24,539 | 諸派 新 | |
| | 戸辺 利平 | 56 | 22,277 | 無所 新 | |

### 青森県（1 — 4）

| | | | | | |
|---|---|---|---|---|---|
| 1 | 山崎 竜男 | 64 | 309,178 | 無所 現 | ④ |
| ▽ | 脇川 利勝 | 62 | 272,713 | 自民 新 | |
| ▽ | 佐川 礼三郎 | 57 | 155,723 | 社会 新 | |
| | 堀 幸光 | 38 | 46,609 | 共産 新 | |

### 岩手県（1 — 4）

| | | | | | |
|---|---|---|---|---|---|
| 1 | 高橋 清孝 | 65 | 288,697 | 自民 新 | ① |
| ▽ | 増田 盛 | 73 | 222,205 | 無所 現 | 3 |
| ▽ | 菊池 雄光 | 58 | 195,562 | 社会 新 | |
| | 牛山 靖夫 | 43 | 49,066 | 共産 新 | |

### 宮城県（1 — 4）

| | | | | | |
|---|---|---|---|---|---|
| 1 | 遠藤 要 | 70 | 530,547 | 自民 現 | ③ |
| ▽ | 三浦 秀夫 | 51 | 264,143 | 社会 新 | |
| ▽ | 遠藤 いく子 | 37 | 174,133 | 共産 新 | |
| | 鈴木 精紀 | 40 | 65,723 | 無所 新 | |

### 秋田県（1 — 3）

| | | | | | |
|---|---|---|---|---|---|
| 1 | 佐々木 満 | 60 | 357,693 | 自民 現 | ③ |
| ▽ | 石川 錬治郎 | 47 | 295,818 | 社会 新 | |
| | 児玉 金友 | 48 | 60,298 | 共産 新 | |

### 山形県（1 — 3）

| | | | | | |
|---|---|---|---|---|---|
| 1 | 鈴木 貞敏 | 60 | 428,990 | 自民 新 | ① |
| ▽ | 遠藤 文雄 | 62 | 218,564 | 社会 新 | |
| | 太田 俊男 | 32 | 69,505 | 共産 新 | |

### 福島県（2 — 4）

| | | | | | |
|---|---|---|---|---|---|
| 1 | 鈴木 省吾 | 74 | 555,089 | 自民 現 | ④ |
| 2 | 八百板 正 | 81 | 325,386 | 社会 現 | ② |
| ▽ | 阿部 裕美子 | 39 | 135,242 | 共産 新 | |
| ▽ | 土田 充 | 54 | 100,803 | 民社 新 | |

### 茨城県（2 — 4）

| | | | | | |
|---|---|---|---|---|---|
| 1 | 岩上 二郎 | 72 | 439,197 | 自民 現 | ③ |
| 2 | 矢田部 理 | 54 | 400,512 | 社会 現 | ③ |
| ▽ | 狩野 明男 | 51 | 397,486 | 自民 新 | |
| | 山田 節夫 | 38 | 71,836 | 共産 新 | |

## 栃木県（2—4）

| | 氏名 | 年齢 | 得票 | 党派 | 新旧 | |
|---|---|---|---|---|---|---|
| 1 | 森山 真弓 | 58 | 321,777 | 自民 | 現 | ② |
| 2 | 大島 友治 | 69 | 293,511 | 自民 | 現 | ③ |
| ▽ | 吉田 晴保 | 61 | 254,671 | 社会 | 新 | |
| | 亀田 和東 | 42 | 31,747 | 共産 | 新 | |

## 群馬県（2—4）

| | 氏名 | 年齢 | 得票 | 党派 | 新旧 | |
|---|---|---|---|---|---|---|
| 1 | 中曽根 弘文 | 40 | 364,103 | 自民 | 新 | ① |
| 2 | 福田 宏一 | 72 | 354,964 | 自民 | 現 | ② |
| ▽ | 角田 義一 | 49 | 302,159 | 社会 | 新 | |
| | 吉村 金之助 | 51 | 37,065 | 共産 | 新 | |

## 埼玉県（2—9）

| | 氏名 | 年齢 | 得票 | 党派 | 新旧 | |
|---|---|---|---|---|---|---|
| 1 | 瀬谷 英行 | 67 | 698,600 | 社会 | 現 | ⑤ |
| 2 | 名尾 良孝 | 69 | 563,504 | 自民 | 現 | ② |
| | 清水 堅次郎 | 64 | 546,807 | 自民 | 新 | |
| ▽ | 藤野 泰弘 | 44 | 299,426 | 共産 | 新 | |
| | 二宮 咲子 | 59 | 81,408 | 諸派 | 新 | |
| | 石井 正弘 | 51 | 63,248 | 諸派 | 新 | |
| | 渡辺 宜信 | 38 | 46,877 | 諸派 | 新 | |
| | 宮部 寛 | 38 | 33,897 | 諸派 | 新 | |
| | 相原 徳寿 | 43 | 21,624 | 諸派 | 新 | |

## 千葉県（2—8）

| | 氏名 | 年齢 | 得票 | 党派 | 新旧 | |
|---|---|---|---|---|---|---|
| 1 | 井上 裕 | 58 | 1,067,890 | 自民 | 現 | ② |
| 2 | 赤桐 操 | 66 | 616,764 | 社会 | 現 | ③ |
| ▽ | 大原 昭三郎 | 59 | 227,960 | 共産 | 新 | |
| | 高木 政広 | 38 | 64,080 | 諸派 | 新 | |
| | 野坂 倫生 | 51 | 32,115 | 諸派 | 新 | |
| | 堀 昭二郎 | 58 | 22,534 | 諸派 | 新 | |
| | 高橋 洋一 | 44 | 21,098 | 諸派 | 新 | |
| | 矢田 良彦 | 32 | 17,503 | 諸派 | 新 | |

## 東京都（4—50）

| | 氏名 | 年齢 | 得票 | 党派 | 新旧 | |
|---|---|---|---|---|---|---|
| 1 | 三木 忠雄 | 51 | 851,217 | 公明 | 現 | ④ |
| 2 | 小野 清子 | 50 | 850,441 | 自民 | 新 | ① |
| 3 | 田辺 哲夫 | 57 | 742,766 | 自民 | 新 | ① |
| 4 | 上田 耕一郎 | 59 | 702,232 | 共産 | 現 | ③ |
| ▽ | 中山 千夏 | 37 | 584,167 | 無所 | 現 | 1 |
| | 山口 都 | 52 | 449,142 | 諸派 | 新 | |
| ▽ | 秦 豊 | 61 | 351,529 | 民社 | 現 | 2 |
| ▽ | 海江田 万里 | 37 | 327,444 | 税金 | 新 | |
| | 赤尾 敏 | 87 | 25,307 | 諸派 | 新 | |
| | 品川 司 | 75 | 15,994 | 諸派 | 新 | |
| | 下元 孝子 | 32 | 14,792 | 諸派 | 新 | |
| | 友部 正夫 | 51 | 11,937 | 諸派 | 新 | |
| | 伊藤 宏司 | 59 | 8,781 | 諸派 | 新 | |
| | 岡方 年 | 71 | 8,340 | 諸派 | 新 | |
| | 酒井 是清 | 49 | 7,788 | 諸派 | 新 | |
| | 町田 勝 | 41 | 7,335 | 諸派 | 新 | |
| | 有川 博子 | 35 | 6,855 | 諸派 | 新 | |
| | 福田 撫子 | 42 | 6,374 | 諸派 | 新 | |
| | 熊谷 四郎生 | 61 | 6,139 | 諸派 | 新 | |
| | 石川 八郎 | 53 | 6,031 | 無所 | 新 | |
| | 沢田 正五郎 | 64 | 5,902 | 諸派 | 新 | |
| | 波多野 猛 | 30 | 5,872 | 諸派 | 新 | |
| | 森脇 十九男 | 42 | 5,202 | 諸派 | 新 | |
| | 田村 光彦 | 39 | 4,901 | 諸派 | 新 | |
| | 栗原 佳子 | 49 | 4,813 | 諸派 | 新 | |
| | 鈴木 京子 | 48 | 4,462 | 諸派 | 新 | |
| | 新井 泉 | 37 | 4,179 | 無所 | 新 | |
| | 石田 絢子 | 39 | 4,158 | 諸派 | 新 | |
| | 矢部 宏之 | 46 | 4,101 | 諸派 | 新 | |
| | 松沢 一雄 | 41 | 3,588 | 無所 | 新 | |
| | 渡辺 完一 | 45 | 3,347 | 諸派 | 新 | |
| | 山口 陽一 | 37 | 3,040 | 諸派 | 新 | |
| | 山口 俊明 | 44 | 2,992 | 諸派 | 新 | |
| | 鈴木 孟 | 53 | 2,918 | 諸派 | 新 | |
| | 兼松 耕作 | 62 | 2,673 | 諸派 | 新 | |
| | 浜田 峻司 | 39 | 2,337 | 諸派 | 新 | |
| | 児島 誠吾 | 38 | 2,305 | 諸派 | 新 | |
| | 橋本 克己 | 31 | 2,119 | 諸派 | 新 | |
| | 深作 清次郎 | 75 | 1,633 | 諸派 | 新 | |
| | 鈴木 勝己 | 41 | 1,627 | 諸派 | 新 | |
| | 松田 菊寿 | 32 | 1,508 | 無所 | 新 | |
| | 渡辺 明生 | 44 | 1,502 | 諸派 | 新 | |
| | 荒井 賢一 | 41 | 1,467 | 諸派 | 新 | |
| | 横山 勝雄 | 55 | 1,302 | 諸派 | 新 | |
| | 高橋 京 | 50 | 1,258 | 諸派 | 新 | |
| | 桑野 健次 | 57 | 1,154 | 諸派 | 新 | |
| | 姫野 竜 | 34 | 1,084 | 諸派 | 新 | |
| | 城下 勇 | 41 | 895 | 諸派 | 新 | |
| | 小笠原 重夫 | 49 | 846 | 諸派 | 新 | |
| | 阿蘇 義夫 | 60 | 833 | 諸派 | 新 | |

## 神奈川県（2—14）

| | 氏名 | 年齢 | 得票 | 党派 | 新旧 | |
|---|---|---|---|---|---|---|
| 1 | 斎藤 文夫 | 57 | 806,519 | 自民 | 新 | ① |
| 2 | 千葉 景子 | 38 | 777,298 | 社会 | 新 | ① |
| ▽ | 魚谷 増男 | 59 | 568,382 | 民社 | 新 | |
| ▽ | 河野 剛雄 | 51 | 514,155 | 無所 | 新 | |
| ▽ | 岡村 共栄 | 43 | 325,733 | 共産 | 新 | |
| | 笹岡 祥二 | 39 | 14,392 | 諸派 | 新 | |
| | 満永 茂樹 | 35 | 13,078 | 諸派 | 新 | |
| | 出井 正男 | 32 | 12,351 | 諸派 | 新 | |
| | 伊良原 周二 | 42 | 12,239 | 諸派 | 新 | |
| | 平石 正則 | 43 | 10,639 | 諸派 | 新 | |
| | 山崎 久栄 | 46 | 9,889 | 諸派 | 新 | |
| | 重松 喜代 | 69 | 7,915 | 諸派 | 新 | |
| | 加藤 作雄 | 41 | 5,965 | 諸派 | 新 | |
| | 大庭 貢 | 41 | 4,064 | 諸派 | 新 | |

## 新潟県（2—4）

| | 氏名 | 年齢 | 得票 | 党派 | 新旧 | |
|---|---|---|---|---|---|---|
| 1 | 長谷川 信 | 67 | 715,800 | 自民 | 現 | ③ |
| 2 | 志苫 裕 | 58 | 442,224 | 社会 | 現 | ③ |

|   |   |   |   |   |   |   |
|---|---|---|---|---|---|---|
|   | 村田 一男 | 42 | 76,330 | 共産 新 |   |   |
|   | 長田 彫潮 | 36 | 17,676 | 諸派 新 |   |   |

**富山県（1 — 3）**

| 1 | 永田 良雄 | 55 | 394,516 | 自民 新 ① |
|---|---|---|---|---|
| ▽ | 横山 真人 | 43 | 205,253 | 社会 新 |
|   | 反保 直樹 | 36 | 42,750 | 共産 新 |

**石川県（1 — 3）**

| 1 | 沓掛 哲男 | 56 | 295,377 | 自民 新 ① |
|---|---|---|---|---|
| ▽ | 粟森 喬 | 47 | 200,587 | 社会 新 |
|   | 川上 賢二 | 46 | 44,144 | 共産 新 |

**福井県（1 — 3）**

| 1 | 熊谷 太三郎 | 79 | 302,454 | 自民 現 ⑤ |
|---|---|---|---|---|
| ▽ | 神谷 正保 | 54 | 95,814 | 民社 新 |
|   | 吉田 一夫 | 61 | 52,277 | 共産 新 |

**山梨県（1 — 2）**

| 1 | 中村 太郎 | 68 | 338,016 | 自民 現 ③ |
|---|---|---|---|---|
| ▽ | 桜井 真作 | 46 | 122,858 | 共産 新 |

**長野県（2 — 6）**

| 1 | 小山 一平 | 71 | 351,937 | 社会 現 ③ |
|---|---|---|---|---|
| 2 | 向山 一人 | 72 | 337,711 | 自民 新 ① |
| ▽ | 北沢 俊美 | 48 | 312,944 | 自民 新 |
|   | 三井 隆典 | 39 | 96,369 | 共産 新 |
|   | 高木 邦雄 | 60 | 93,882 | 民社 新 |
|   | 山本 勝三郎 | 48 | 7,394 | 無所 新 |

**岐阜県（1 — 3）**

| 1 | 藤井 孝男 | 43 | 654,042 | 自民 現 ② |
|---|---|---|---|---|
| ▽ | 毛利 勇 | 51 | 286,737 | 社会 新 |
|   | 松岡 清 | 36 | 120,382 | 共産 新 |

**静岡県（2 — 4）**

| 1 | 青木 薪次 | 60 | 618,669 | 社会 現 ③ |
|---|---|---|---|---|
| 2 | 木宮 和彦 | 59 | 520,751 | 自民 新 ① |
| ▽ | 藤田 栄 | 56 | 490,817 | 自民 現 1 |
| ▽ | 山田 洋 | 64 | 174,194 | 共産 新 |

**愛知県（3 — 6）**

| 1 | 大木 浩 | 59 | 833,975 | 自民 現 ② |
|---|---|---|---|---|
| 2 | 高木 健太郎 | 76 | 629,493 | 無所 現 ② |
| 3 | 三治 重信 | 69 | 621,530 | 民社 現 ③ |
| ▽ | 前畑 幸子 | 48 | 526,324 | 社会 新 |
| ▽ | 西田 一広 | 38 | 276,601 | 共産 新 |
|   | 横井 邦彦 | 34 | 40,410 | 諸派 新 |

**三重県（1 — 3）**

| 1 | 斎藤 十朗 | 46 | 527,493 | 自民 現 ④ |
|---|---|---|---|---|
| ▽ | 高木 一 | 59 | 293,124 | 社会 新 |

|   | 松原 和夫 | 60 | 92,352 | 共産 新 |
|---|---|---|---|---|

**滋賀県（1 — 3）**

| 1 | 山田 耕三郎 | 69 | 330,991 | 無所 現 ② |
|---|---|---|---|---|
| ▽ | 上田 茂行 | 39 | 187,138 | 自民 新 |
|   | 林 俊郎 | 41 | 83,753 | 共産 新 |

**京都府（2 — 4）**

| 1 | 林田 悠紀夫 | 70 | 544,647 | 自民 元 ④ |
|---|---|---|---|---|
| 2 | 神谷 信之助 | 62 | 271,508 | 共産 現 ③ |
| ▽ | 斎藤 俊治 | 56 | 125,937 | 社会 新 |
| ▽ | 畑 昭三 | 58 | 114,720 | 民社 新 |

**大阪府（3 — 21）**

| 1 | 西川 きよし | 40 | 1,022,120 | 無所 新 ① |
|---|---|---|---|---|
| 2 | 峯山 昭範 | 50 | 734,907 | 公明 現 ④ |
| 3 | 沓脱 タケ子 | 64 | 697,901 | 共産 元 ③ |
| ▽ | 京極 俊明 | 54 | 600,854 | 自民 新 |
| ▽ | 中村 鋭一 | 56 | 549,508 | 無所 現 1 |
| ▽ | 荒木 伝 | 53 | 274,420 | 社会 新 |
|   | 小林 義昌 | 43 | 8,282 | 諸派 新 |
|   | 鯉江 繁 | 49 | 5,485 | 諸派 新 |
|   | 森山 春夫 | 55 | 3,619 | 諸派 新 |
|   | 塙 妙子 | 58 | 3,220 | 諸派 新 |
|   | 長谷川 喜久江 | 34 | 2,794 | 諸派 新 |
|   | 中村 タヌコ | 46 | 2,492 | 諸派 新 |
|   | 植松 義隆 | 39 | 2,481 | 諸派 新 |
|   | 前田 米実 | 40 | 2,403 | 諸派 新 |
|   | 高橋 いく子 | 35 | 1,643 | 諸派 新 |
|   | 平井 匡介 | 56 | 1,497 | 諸派 新 |
|   | 戸谷 聖 | 39 | 1,490 | 諸派 新 |
|   | 鈴木 進 | 39 | 1,169 | 諸派 新 |
|   | 加藤 登 | 35 | 1,031 | 諸派 新 |
|   | 高橋 栄一郎 | 48 | 809 | 諸派 新 |
|   | 赤石 真一郎 | 43 | 793 | 諸派 新 |

**兵庫県（3 — 6）**

| 1 | 中西 一郎 | 71 | 776,416 | 自民 現 ④ |
|---|---|---|---|---|
| 2 | 本岡 昭次 | 55 | 502,591 | 社会 現 ② |
| 3 | 片上 公人 | 47 | 485,588 | 公明 新 ① |
| ▽ | 安武 洋子 | 57 | 430,547 | 共産 現 ② |
| ▽ | 柄谷 道一 | 61 | 263,494 | 民社 現 2 |
|   | 里見 申一 | 30 | 24,887 | 諸派 新 |

**奈良県（1 — 3）**

| 1 | 服部 安司 | 70 | 326,183 | 自民 現 ② |
|---|---|---|---|---|
| ▽ | 西阪 善治 | 68 | 145,691 | 社会 新 |
|   | 今井 光子 | 31 | 126,794 | 共産 新 |

**和歌山県（1 — 3）**

| 1 | 前田 勲男 | 43 | 345,827 | 自民 現 ③ |
|---|---|---|---|---|
| ▽ | 橋爪 利次 | 57 | 89,445 | 共産 新 |

資料　第14回通常選挙　541

|   | 笹田 治人 | 51 | 79,749 | 社会 新 |   |
| --- | --- | --- | --- | --- | --- |

**鳥取県（1―3）**

|   | 坂野 重信 | 68 | 190,141 | 自民 現 | ③ |
| --- | --- | --- | --- | --- | --- |
| ▽ | 吉田 達男 | 51 | 145,126 | 社会 新 |   |
|   | 宅野 亮介 | 61 | 18,281 | 共産 新 |   |

**島根県（1―3）**

| 1 | 青木 幹雄 | 52 | 289,294 | 自民 新 | ① |
| --- | --- | --- | --- | --- | --- |
| ▽ | 福田 純二 | 35 | 130,678 | 無所 新 |   |
|   | 渡部 節雄 | 54 | 50,214 | 共産 新 |   |

**岡山県（2―5）**

| 1 | 加藤 武徳 | 70 | 456,255 | 自民 現 | ⑤ |
| --- | --- | --- | --- | --- | --- |
| 2 | 一井 淳治 | 50 | 228,121 | 無所 新 | ① |
| ▽ | 高原 勝哉 | 42 | 180,395 | 無所 新 |   |
| ▽ | 武田 英夫 | 39 | 94,141 | 共産 新 |   |
|   | 岡田 定見 | 45 | 10,602 | 諸派 新 |   |

**広島県（2―4）**

| 1 | 宮沢 弘 | 64 | 762,524 | 自民 現 | ② |
| --- | --- | --- | --- | --- | --- |
| 2 | 小西 博行 | 49 | 324,935 | 民社 現 | ② |
| ▽ | 藤崎 徳雄 | 54 | 237,538 | 社会 新 |   |
|   | 森脇 勝義 | 51 | 112,039 | 共産 新 |   |

**山口県（1―4）**

| 1 | 江島 淳 | 58 | 429,670 | 自民 現 | ② |
| --- | --- | --- | --- | --- | --- |
| ▽ | 山本 進 | 60 | 201,658 | 社会 新 |   |
|   | 上村 輝雄 | 62 | 108,281 | 民社 新 |   |
|   | 山本 晴彦 | 40 | 81,329 | 共産 新 |   |

**徳島県（1―3）**

| 1 | 松浦 孝治 | 48 | 224,668 | 自民 新 | ① |
| --- | --- | --- | --- | --- | --- |
| ▽ | 佐藤 祐次 | 54 | 113,914 | 社会 新 |   |
|   | 梯 和夫 | 47 | 43,283 | 共産 新 |   |

**香川県（1―3）**

| 1 | 平井 卓志 | 54 | 326,446 | 自民 現 | ④ |
| --- | --- | --- | --- | --- | --- |
| ▽ | 喜岡 淳 | 33 | 155,522 | 社会 新 |   |
|   | 田村 守男 | 36 | 26,511 | 共産 新 |   |

**愛媛県（1―3）**

| 1 | 仲川 幸男 | 69 | 466,901 | 自民 現 | ② |
| --- | --- | --- | --- | --- | --- |
| ▽ | 神内 久綱 | 58 | 221,626 | 社会 新 |   |
|   | 木山 隆行 | 54 | 84,935 | 共産 新 |   |

**高知県（1―3）**

| 1 | 谷川 寛三 | 66 | 200,045 | 自民 現 | ② |
| --- | --- | --- | --- | --- | --- |
| ▽ | 栗生 茂也 | 61 | 132,167 | 社会 新 |   |
|   | 上岡 辰夫 | 38 | 65,691 | 共産 新 |   |

**福岡県（3―7）**

| 1 | 福田 幸弘 | 61 | 591,554 | 自民 新 | ① |
| --- | --- | --- | --- | --- | --- |
| 2 | 渡辺 四郎 | 56 | 502,735 | 社会 新 | ① |
| 3 | 本村 和喜 | 50 | 485,397 | 自民 新 | ① |
| ▽ | 桑名 義治 | 56 | 477,325 | 公明 現 | 2 |
| ▽ | 有馬 和子 | 56 | 290,757 | 共産 新 |   |
|   | 城戸 康孝 | 37 | 23,451 | 諸派 新 |   |
|   | 和智 正行 | 48 | 13,879 | 無所 新 |   |

**佐賀県（1―3）**

| 1 | 大塚 清次郎 | 64 | 307,532 | 自民 新 | ① |
| --- | --- | --- | --- | --- | --- |
| ▽ | 占野 秀男 | 42 | 143,533 | 社会 新 |   |
|   | 関家 敏正 | 51 | 34,204 | 共産 新 |   |

**長崎県（1―4）**

| 1 | 初村 滝一郎 | 72 | 409,065 | 自民 現 | ④ |
| --- | --- | --- | --- | --- | --- |
| ▽ | 速見 魁 | 57 | 200,385 | 社会 新 |   |
|   | 浅田 五郎 | 48 | 174,896 | 無所 新 |   |
|   | 田中 康 | 39 | 47,113 | 共産 新 |   |

**熊本県（2―4）**

| 1 | 田代 由紀男 | 70 | 324,661 | 自民 現 | ③ |
| --- | --- | --- | --- | --- | --- |
| 2 | 守住 有信 | 61 | 315,654 | 自民 現 | ② |
| ▽ | 紀平 悌子 | 58 | 278,237 | 無所 新 |   |
|   | 栗田 一哉 | 51 | 39,493 | 共産 新 |   |

**大分県（1―3）**

| 1 | 後藤 正夫 | 73 | 347,447 | 自民 現 | ③ |
| --- | --- | --- | --- | --- | --- |
| ▽ | 羽田野 尚 | 57 | 311,298 | 社会 新 |   |
|   | 田口 とし子 | 52 | 48,890 | 共産 新 |   |

**宮崎県（1―4）**

| 1 | 上杉 光弘 | 44 | 290,537 | 無所 新 | ① |
| --- | --- | --- | --- | --- | --- |
| ▽ | 上条 勝久 | 75 | 198,207 | 自民 現 | 2 |
| ▽ | 藤原 文明 | 47 | 156,987 | 社会 新 |   |
|   | 佐藤 誠 | 47 | 25,495 | 共産 新 |   |

**鹿児島県（2―4）**

| 1 | 井上 吉夫 | 63 | 325,469 | 自民 現 | ③ |
| --- | --- | --- | --- | --- | --- |
| 2 | 川原 新次郎 | 68 | 316,883 | 自民 現 | ② |
| ▽ | 上山 和人 | 56 | 293,670 | 社会 新 |   |
|   | 槐島 奉正 | 35 | 30,899 | 共産 新 |   |

**沖縄県（1―3）**

| 1 | 大城 真順 | 58 | 297,228 | 自民 現 | ② |
| --- | --- | --- | --- | --- | --- |
| ▽ | 仲本 安一 | 51 | 281,419 | 諸派 新 |   |
|   | 古謝 馨 | 34 | 7,797 | 諸派 新 |   |

## 第14期補欠選挙

### 佐賀県（1986年8月10日執行＝1－3）
| | | | | | |
|---|---|---|---|---|---|
| 1 | 三池 信 | 85 | 130,575 | 自民 新 | ① |
| ▽ | 占野 秀男 | 42 | 98,504 | 社会 新 | |
| | 関家 敏正 | 51 | 13,864 | 共産 新 | |

### 岩手県（1987年3月8日執行＝1－4）
| | | | | | |
|---|---|---|---|---|---|
| 1 | 小川 仁一 | 69 | 421,432 | 社会 新 | ① |
| ▽ | 岩動 麗 | 60 | 197,863 | 自民 新 | |
| | 牛山 靖夫 | 44 | 31,949 | 共産 新 | |
| | 心 久 | 59 | 8,065 | 無所 新 | |

### 山口県（1987年7月12日執行＝1－2）
| | | | | | |
|---|---|---|---|---|---|
| 1 | 二木 秀夫 | 57 | 304,000 | 自民 新 | ① |
| ▽ | 田川 章次 | 45 | 107,765 | 共産 新 | |

### 神奈川県（1987年11月1日執行＝1－4）
| | | | | | |
|---|---|---|---|---|---|
| 1 | 佐藤 謙一郎 | 40 | 483,582 | 自民 新 | ① |
| ▽ | 諸星 充司 | 57 | 365,517 | 社会 新 | |
| ▽ | 斉藤 淑子 | 47 | 190,989 | 共産 新 | |
| | 重松 九州男 | 75 | 10,563 | 諸派 新 | |

### 大阪府（1987年12月27日執行＝1－3）
| | | | | | |
|---|---|---|---|---|---|
| 1 | 坪井 一宇 | 48 | 492,784 | 自民 新 | ① |
| ▽ | 吉井 英勝 | 45 | 396,537 | 共産 新 | |
| ▽ | 谷畑 孝 | 40 | 372,950 | 社会 新 | |

### 大阪府（1988年2月28日執行＝1－4）
| | | | | | |
|---|---|---|---|---|---|
| 1 | 吉井 英勝 | 45 | 455,064 | 共産 新 | ① |
| ▽ | 東 武 | 52 | 425,740 | 自民 新 | |
| ▽ | 谷畑 孝 | 41 | 378,067 | 社会 新 | |
| | 小林 義昌 | 44 | 22,133 | 諸派 新 | |

### 佐賀県（1988年4月10日執行＝1－3）
| | | | | | |
|---|---|---|---|---|---|
| 1 | 陣内 孝雄 | 54 | 185,629 | 自民 新 | ① |
| ▽ | 田中 喜久子 | 35 | 119,323 | 社会 新 | |
| | 平林 正勝 | 40 | 27,657 | 共産 新 | |

### 福島県（1988年9月4日執行＝1－3）
| | | | | | |
|---|---|---|---|---|---|
| 1 | 石原 健太郎 | 51 | 702,940 | 自民 新 | ① |
| ▽ | 志賀 一夫 | 63 | 312,203 | 社会 新 | |
| ▽ | 阿部 裕美子 | 42 | 186,503 | 共産 新 | |

### 福岡県（1989年2月12日執行＝1－4）
| | | | | | |
|---|---|---|---|---|---|
| 1 | 渕上 貞雄 | 51 | 751,036 | 社会 新 | ① |
| ▽ | 合馬 敬 | 51 | 564,301 | 自民 新 | |
| ▽ | 藤野 達善 | 59 | 170,778 | 共産 新 | |
| ▽ | 前田 宏三 | 40 | 160,294 | 諸派 新 | |

### 新潟県（1989年6月25日執行＝1－3）
| | | | | | |
|---|---|---|---|---|---|
| 1 | 大渕 絹子 | 44 | 560,275 | 社会 新 | ① |
| ▽ | 君 英夫 | 48 | 482,391 | 自民 新 | |
| | 村田 一男 | 45 | 47,174 | 共産 新 | |

# 第15回通常選挙 （1989年7月23日執行）

| 政党名凡例 | |
|---|---|
| 自民 | 自由民主党 |
| 社会 | 日本社会党 |
| 民社 | 民社党 |
| 共産 | 日本共産党 |
| 公明 | 公明党 |
| 連合 | 連合の会 |
| 税金 | 税金党 |
| 進歩 | 進歩党 |
| サラ | サラリーマン新党 |

## 比例区 （50—385）

### 1 日本社会党
19,688,252 （20—25）

| | | | | |
|---|---|---|---|---|
| 1 | 松前 達郎 | 62 | 前 | ③ |
| 2 | 久保田 真苗 | 64 | 前 | ② |
| 3 | 国弘 正雄 | 58 | 新 | ① |
| 4 | 日下部 禧代子 | 53 | 新 | ① |
| 5 | 安恒 良一 | 65 | 前 | ③ |
| 6 | 大森 昭 | 62 | 前 | ③ |
| 7 | 佐藤 三吾 | 60 | 前 | ③ |
| 8 | 安永 英雄 | 69 | 前 | ④ |
| 9 | 堂本 暁子 | 56 | 新 | ① |
| 10 | 谷本 巍 | 60 | 新 | ① |
| 11 | 翫山 篤 | 62 | 前 | ③ |
| 12 | 清水 澄子 | 61 | 新 | ① |
| 13 | 北村 哲男 | 51 | 新 | ① |
| 14 | 菅野 寿 | 66 | 新 | ① |
| 15 | 肥田 美代子 | 48 | 新 | ① |
| 16 | 庄司 中 | 63 | 新 | ① |
| 17 | 村田 誠醇 | 42 | 新 | ① |
| 18 | 堀 利和 | 39 | 新 | ① |
| 19 | 瓱 正敏 | 42 | 新 | ① |
| 20 | 三石 久江 | 61 | 新 | ① |
| | 石田 好数 | 52 | 新 | |
| | 後藤 みち子 | 60 | 新 | |
| | 片岡 正英 | 34 | 新 | |
| | 笠原 昭男 | 61 | 新 | |
| | 海野 明昇 | 51 | 新 | |

### 2 自由民主党
15,343,455 （15—25）

| | | | | |
|---|---|---|---|---|
| 1 | 清水 嘉与子 | 53 | 新 | ① |
| 2 | 八代 英太 | 52 | 前 | ③ |
| 3 | 岡野 裕 | 62 | 前 | ② |
| 4 | 山岡 賢次 | 46 | 前 | ② |
| 5 | 井上 章平 | 59 | 新 | ① |
| 6 | 石川 弘 | 60 | 新 | ① |
| 7 | 須藤 良太郎 | 56 | 新 | ① |
| 8 | 成瀬 守重 | 56 | 新 | ① |
| 9 | 大浜 方栄 | 61 | 前 | ② |
| 10 | 尾辻 秀久 | 48 | 新 | ① |
| 11 | 木暮 山人 | 61 | 新 | ① |
| 12 | 石井 道子 | 56 | 前 | ② |
| 13 | 田村 秀昭 | 56 | 新 | ① |
| 14 | 伊江 朝雄 | 68 | 新 | ① |
| 15 | 柳川 覚治 | 63 | 新 | ① |
| ※ | 扇 千景 | 56 | 前 | 2 |
| ※ | 増岡 康治 | 64 | 前 | 2 |

| | | | | |
|---|---|---|---|---|
| | 楢崎 泰昌 | 60 | 新 | |
| | 吉村 真事 | 61 | 前 | 1 |
| | 佐藤 欣子 | 55 | 新 | |
| | 海江田 鶴造 | 66 | 前 | 1 |
| | 矢野 俊比古 | 65 | 前 | 1 |
| | 寺内 弘子 | 53 | 前 | 1 |
| | 藤江 弘一 | 59 | 新 | |
| | 菊池 淳 | 56 | 新 | |

### 3 公明党
6,097,971 （6—17）

| | | | | |
|---|---|---|---|---|
| 1 | 高桑 栄松 | 70 | 前 | ② |
| 2 | 中西 珠子 | 70 | 前 | ② |
| 3 | 和田 教美 | 70 | 前 | ② |
| 4 | 刈田 貞子 | 57 | 前 | ② |
| 5 | 中川 嘉美 | 55 | 新 | ① |
| 6 | 常松 克安 | 55 | 新 | ① |
| | 駒谷 明 | 59 | 新 | |
| | 福岡 康夫 | 57 | 新 | |
| | 宮崎 角治 | 60 | 新 | |
| | 熊谷 信孝 | 47 | 新 | |
| | 平林 朋紀 | 48 | 新 | |
| | 野村 洋一 | 49 | 新 | |
| | 大木田 勝子 | 47 | 新 | |
| | 大井 国崇 | 51 | 新 | |
| | 佐々木 宏文 | 46 | 新 | |
| | 菊地 敏行 | 46 | 新 | |
| | 小島 明人 | 40 | 新 | |

### 4 日本共産党
3,954,408 （4—25）

| | | | | |
|---|---|---|---|---|
| 1 | 市川 正一 | 65 | 前 | ③ |
| 2 | 橋本 敦 | 60 | 前 | ③ |
| 3 | 吉川 春子 | 48 | 前 | ② |
| 4 | 林 紀子 | 49 | 新 | ① |
| | 有働 正治 | 44 | 新 | |
| | 佐々木 憲昭 | 43 | 新 | |

| | | | |
|---|---|---|---|
| 緒方 靖夫 | 41 | | 新 |
| 須藤 美也子 | 54 | | 新 |
| 雪野 勉 | 63 | | 新 |
| 高柳 新 | 50 | | 新 |
| 有田 光雄 | 59 | | 新 |
| 小笠原 政之助 | 64 | | 新 |
| 菅野 悦子 | 46 | | 新 |
| 北田 寛二 | 66 | | 新 |
| 大塚 淳子 | 47 | | 新 |
| 奥川 礼三 | 60 | | 新 |
| 近藤 芳子 | 53 | | 新 |
| 紙 智子 | 34 | | 新 |
| 日隈 威徳 | 53 | | 新 |
| 田中 昭治 | 62 | | 新 |
| 林田 芳徳 | 63 | | 新 |
| 吉谷 泉 | 66 | | 新 |
| 日髙 三郎 | 53 | | 新 |
| 貝瀬 正 | 38 | | 新 |
| 吉田 秀樹 | 36 | | 新 |

### 5 民社党
#### 2,726,419 （2―17）

| | | | | |
|---|---|---|---|---|
| 1 | 足立 良平 | 53 | | 新 ① |
| 2 | 寺崎 昭久 | 53 | | 新 ① |
| | 伊藤 郁男 | 58 | | 元 1 |
| | 中村 弘 | 60 | | 新 |
| | 山谷 えり子 | 38 | | 新 |
| | 橋口 昭 | 62 | | 新 |
| | 鈴木 俊 | 63 | | 新 |
| | 森木 亮 | 53 | | 新 |
| | 新井田 佳子 | 64 | | 新 |
| | 加藤 綾子 | 59 | | 新 |
| | 小山 善次郎 | 61 | | 新 |
| | 飯坂 勝美 | 57 | | 新 |
| | 池畑 英雄 | 57 | | 新 |
| | 大西 正悦 | 54 | | 新 |
| | 林 順一郎 | 54 | | 新 |
| | 森 栄二 | 53 | | 新 |
| | 阿部 翰靖 | 53 | | 新 |

### 6 第二院クラブ
#### 1,250,022 （1―10）

| | | | | |
|---|---|---|---|---|
| 1 | コロムビア・トップ | 67 | | 前 ③ |
| | 青島 幸男 | 57 | | 元 4 |
| | 山田 俊昭 | 52 | | 新 |
| | 奥中 惇夫 | 58 | | 新 |
| | 大黒 章弘 | 46 | | 新 |
| | 加納 将光 | 44 | | 新 |
| | 辺見 広明 | 38 | | 新 |
| | 三崎 信芳 | 49 | | 新 |
| | 多代田 至 | 51 | | 新 |
| | 青野 暉 | 58 | | 新 |

### 7 税金党
#### 1,179,939 （1―9）

| | | | | |
|---|---|---|---|---|
| 1 | 横溝 克己 | 65 | | 新 ① |
| ※ | 星野 朋市 | 57 | | 新 |
| | 寺尾 寛 | 46 | | 新 |
| | 城市 貴夫 | 34 | | 新 |
| | 白石 和男 | 40 | | 新 |
| | 浜場 健治 | 39 | | 新 |
| | 増本 修治 | 38 | | 新 |
| | 今泉 勝義 | 36 | | 新 |
| | 島尻 昇 | 31 | | 新 |

### 8 スポーツ平和党
#### 993,989 （1―10）

| | | | | |
|---|---|---|---|---|
| 1 | アントニオ 猪木 | 46 | | 新 ① |
| | 春次 賢太朗 | 34 | | 新 |
| | 青木 太一郎 | 51 | | 新 |
| | 安藤 姸雪 | 49 | | 新 |
| | 中川 康生 | 45 | | 新 |
| | 生間 六男 | 54 | | 新 |
| | 丸山 恒司 | 53 | | 新 |
| | 深井 修一 | 34 | | 新 |
| | 富沢 信太郎 | 64 | | 新 |
| | 倍賞 鉄夫 | 40 | | 新 |

### 9 サラリーマン新党
#### 872,326 （0―9）

| | | | |
|---|---|---|---|
| 青木 茂 | 66 | | 前 1 |
| 井上 信也 | 55 | | 新 |
| 永井 晶子 | 49 | | 新 |
| 大月 守徳 | 69 | | 新 |
| 増渕 広美 | 40 | | 新 |
| 奥田 邦夫 | 60 | | 新 |
| 古川 昭宏 | 35 | | 新 |
| 野口 宏明 | 31 | | 新 |
| 鈴木 啓功 | 32 | | 新 |

### 10 進歩党
#### 711,980 （0―5）

| | | | |
|---|---|---|---|
| 青木 勝治 | 49 | | 新 |
| 大久保 力 | 50 | | 新 |
| 出口 孝二郎 | 46 | | 新 |
| 依田 米秋 | 53 | | 新 |
| 伊藤 一洋 | 48 | | 新 |

### 11 年金党
#### 682,610 （0―10）

| | | | |
|---|---|---|---|
| 友部 達夫 | 60 | | 新 |
| 酒井 広 | 63 | | 新 |
| 清川 虹子 | 76 | | 新 |
| 高久 徹 | 52 | | 新 |

資料　第15回通常選挙　545

| | | | |
|---|---|---|---|
| 島村 俊一 | 59 | | 新 |
| 有川 武良 | 71 | | 新 |
| 落合 政利 | 60 | | 新 |
| 本多 冬彦 | 68 | | 新 |
| 熊谷 四郎生 | 64 | | 新 |
| 岸本 義一 | 81 | | 新 |

**12 新自由クラブ**
　　341,003　（0—10）

| | | | |
|---|---|---|---|
| 竹岡 和彦 | 41 | | 新 |
| クロード・チアリ | 45 | | 新 |
| 田中 良一 | 40 | | 新 |
| 岩本 敏宏 | 50 | | 新 |
| 牧野 幸一 | 40 | | 新 |
| 小田原 憲昭 | 53 | | 新 |
| 江崎 久仁子 | 38 | | 新 |
| 奥田 正弘 | 42 | | 新 |
| 山路 勲 | 42 | | 新 |
| 池上 明 | 33 | | 新 |

**13 ちきゅうクラブ**
　　334,805　（0—10）

| | | | |
|---|---|---|---|
| 山本コウタロー | 40 | | 新 |
| 金住 典子 | 47 | | 新 |
| 門野 晴子 | 51 | | 新 |
| 北沢 杏子 | 59 | | 新 |
| 駒尺 喜美 | 64 | | 新 |
| やまだ 紫 | 40 | | 新 |
| ゆみこ・ながい・むらせ | 42 | | 新 |
| タカコ・ナカムラ | 31 | | 新 |
| 久保木 知恵子 | 35 | | 新 |
| 藤枝 澪子 | 58 | | 新 |

**14 福祉党**
　　319,298　（0—10）

| | | | |
|---|---|---|---|
| 天坂 辰雄 | 61 | | 新 |
| 近田 登志子 | 58 | | 新 |
| 松本 しづ | 60 | | 新 |
| 福士 高 | 59 | | 新 |
| 村山 彰 | 41 | | 新 |
| 藤平 政男 | 60 | | 新 |
| 小野里 雄亮 | 54 | | 新 |
| 平尾 達夫 | 65 | | 新 |
| 奥田 チエ | 45 | | 新 |
| 赤石 勝美 | 62 | | 新 |

**15 老人福祉党**
　　173,314　（0—9）

| | | | |
|---|---|---|---|
| 吉元 福吉 | 58 | | 新 |
| 安倍 義雄 | 52 | | 新 |
| 林 隆造 | 54 | | 新 |
| 松崎 泰夫 | 46 | | 新 |

| | | | |
|---|---|---|---|
| 藤野 忠士 | 61 | | 新 |
| 菅原 知見 | 43 | | 新 |
| 高嶋 徳紘 | 46 | | 新 |
| 阿部 評博 | 60 | | 新 |
| 松江 宏次 | 73 | | 新 |

**16 原発いらない人びと**
　　161,523　（0—9）

| | | | |
|---|---|---|---|
| 渡辺 春夫 | 43 | | 新 |
| 紋 治呂 | 39 | | 新 |
| 木村 京子 | 41 | | 新 |
| 阿部 宗悦 | 63 | | 新 |
| 丸井 美恵子 | 40 | | 新 |
| 奥村 悦夫 | 37 | | 新 |
| 柴田 由香利 | 33 | | 新 |
| 今野 敏 | 33 | | 新 |
| 杉本 皓子 | 39 | | 新 |

**17 みどりといのちのネットワーク**
　　150,735　（0—9）

| | | | |
|---|---|---|---|
| 西崎 量一 | 45 | | 新 |
| 北村 弓 | 33 | | 新 |
| 新井 俊雄 | 43 | | 新 |
| 野上 ふさ子 | 40 | | 新 |
| 西川 厚子 | 38 | | 新 |
| 田中 裕子 | 46 | | 新 |
| 尾崎 順子 | 58 | | 新 |
| 明峯 哲夫 | 43 | | 新 |
| 土橋 敏郎 | 39 | | 新 |

**18 太陽の会**
　　147,090　（0—9）

| | | | |
|---|---|---|---|
| 安西 愛子 | 72 | | 前 3 |
| 小林 威 | 60 | | 新 |
| 高木 緑 | 53 | | 新 |
| 山本 洋子 | 47 | | 新 |
| 田中 文子 | 57 | | 新 |
| 藤原 君子 | 33 | | 新 |
| 岡本 輝興 | 47 | | 新 |
| 寺地 俊二 | 48 | | 新 |
| 前田 敬介 | 59 | | 新 |

**19 新自由党**
　　145,194　（0—9）

| | | | |
|---|---|---|---|
| 高橋 妙子 | 59 | | 新 |
| 石川 八郎 | 56 | | 新 |
| 石津 一二美 | 48 | | 新 |
| 竹崎 聖代子 | 49 | | 新 |
| 堤 美智子 | 44 | | 新 |
| 岡安 靖男 | 44 | | 新 |
| 高野 かほる | 45 | | 新 |
| 小沢 たき子 | 51 | | 新 |

| 星川 裕美 | 32 | | 新 |

### 20 社会主義労働者党
### 139,682 （0 — 9）

| 林 紘義 | 51 | 新 |
| 町田 勝 | 45 | 新 |
| 伊藤 恵子 | 42 | 新 |
| 増田 加代子 | 42 | 新 |
| 西村 真弓 | 36 | 新 |
| 渡辺 宜信 | 41 | 新 |
| 合田 純二 | 39 | 新 |
| 阿部 治正 | 35 | 新 |
| 山田 俊夫 | 42 | 新 |

### 21 国会議員を半分に減らす会
### 132,130 （0 —10）

| 心 久 | 61 | 新 |
| 山田 典吾 | 73 | 新 |
| 山下 喜淑 | 66 | 新 |
| 岡田 香織 | 62 | 新 |
| 松原 友忠 | 61 | 新 |
| 福地 恒夫 | 61 | 新 |
| 山田 晴弘 | 60 | 新 |
| 金子 昭 | 58 | 新 |
| 中名生 明 | 51 | 新 |
| 海阪 雄藤 | 43 | 新 |

### 22 緑の党
### 121,248 （0 — 1）

| 対馬 テツ子 | 36 | 新 |

### 23 UFO党
### 72,894 （0 — 9）

| 森脇 十九男 | 45 | 新 |
| 野中 和雄 | 42 | 新 |
| 木上 ひろし | 38 | 新 |
| 守谷 克俊 | 33 | 新 |
| 田中 茂樹 | 37 | 新 |
| むろた よしたか | 36 | 新 |
| 篠田 ふみお | 37 | 新 |
| 森光 宏明 | 49 | 新 |
| 米田 信三 | 59 | 新 |

### 24 教育党
### 60,193 （0 — 1）

| 城戸 嘉世子 | 59 | 新 |

### 25 人間党
### 44,736 （0 —10）

| 吉岡 立夫 | 39 | 新 |
| 佐々木 明 | 38 | 新 |
| 井上 幸隆 | 39 | 新 |
| 吉岡 要 | 38 | 新 |
| 畑中 武 | 38 | 新 |
| 吉岡 清視 | 38 | 新 |
| 船戸 正信 | 38 | 新 |
| 塩田 聖房 | 39 | 新 |
| 坂本 保則 | 38 | 新 |
| 高田 照夫 | 38 | 新 |

### 26 日本世直し党
### 43,048 （0 — 9）

| 重松 九州男 | 77 | 新 |
| 堀沢 哲男 | 63 | 新 |
| 兼松 耕作 | 65 | 新 |
| 平井 匡介 | 60 | 新 |
| 深沢 郁三 | 50 | 新 |
| 渡辺 滝雄 | 36 | 新 |
| 小野里 博 | 33 | 新 |
| 重松 喜代 | 72 | 新 |
| 堀内 恵美子 | 31 | 新 |

### 27 全婦会救国党ミニ政党悪税
### 消費税反対大連合
### 41,481 （0 — 9）

| 福田 拓泉 | 61 | 新 |
| 大島 信次 | 40 | 新 |
| 前田 晴吉 | 49 | 新 |
| 大島 恵子 | 37 | 新 |
| 斉藤 智恵子 | 42 | 新 |
| 前田 光津江 | 48 | 新 |
| 大島 三郎 | 72 | 新 |
| 小林 キシノ | 71 | 新 |
| 大島 信幸 | 33 | 新 |

### 28 新政クラブ
### 41,464 （0 —10）

| 秋山 昭八 | 56 | 新 |
| 西垣 義明 | 48 | 新 |
| 丸山 和也 | 43 | 新 |
| 井上 章夫 | 50 | 新 |
| 星 運吉 | 47 | 新 |
| 有岡 学 | 58 | 新 |
| 小沢 俊夫 | 53 | 新 |
| 鈴木 稔 | 57 | 新 |
| 鈴木 利治 | 39 | 新 |
| 高橋 庸尚 | 53 | 新 |

### 29 MPD・平和と民主運動
### 32,305 （0 — 9）

| 市田 よう子 | 33 | 新 |
| 近 正文 | 38 | 新 |
| 佐藤 明子 | 40 | 新 |
| 加藤 昭一 | 32 | 新 |

資料　第15回通常選挙　547

| | | | |
|---|---|---|---|
| 大山 明枝 | 73 | | 新 |
| 吉田 泰夫 | 32 | | 新 |
| 松田 さち子 | 33 | | 新 |
| 沖永 明久 | 30 | | 新 |
| 鬼弦 千枝子 | 35 | | 新 |

30 環境党
29,929　（0―1）

| | | | |
|---|---|---|---|
| 伊藤 昌孝 | 57 | | 新 |

31 大行社政治連盟
24,030　（0―9）

| | | | |
|---|---|---|---|
| 丸山 孝 | 58 | | 新 |
| 石川 佐智子 | 55 | | 新 |
| 後藤 庸輔 | 61 | | 新 |
| 川島 孝夫 | 38 | | 新 |
| 沢之井 明峰 | 58 | | 新 |
| 直井 完治 | 44 | | 新 |
| 早瀬 内海 | 36 | | 新 |
| 安藤 治夫 | 47 | | 新 |
| 岸 繁広 | 34 | | 新 |

32 エイズ根絶性病撲滅国民運動太陽新党
23,790　（0―9）

| | | | |
|---|---|---|---|
| 花輪 治三 | 73 | | 新 |
| 三浦 江美子 | 53 | | 新 |
| 青木 三郎 | 76 | | 新 |
| 磯村 猛夫 | 71 | | 新 |
| 若林 すい | 55 | | 新 |
| 井内 英子 | 50 | | 新 |
| 中村 勝司 | 65 | | 新 |
| 志賀 昭次 | 46 | | 新 |
| 白井 初枝 | 50 | | 新 |

33 日本青年社
18,953　（0―3）

| | | | |
|---|---|---|---|
| 中川 成城 | 45 | | 新 |
| 萩野谷 輝男 | 51 | | 新 |
| 斉藤 純孝 | 39 | | 新 |

34 政事公団太平会
15,872　（0―9）

| | | | |
|---|---|---|---|
| 越野 金子 | 68 | | 新 |
| 増田 惟子 | 46 | | 新 |
| 衣川 寿寿子 | 59 | | 新 |
| 神田 渥子 | 59 | | 新 |
| 戸嶋 悦子 | 46 | | 新 |
| 高木 福子 | 50 | | 新 |
| 浜沢 花子 | 63 | | 新 |
| 牧野 淳子 | 50 | | 新 |
| 増田 真一 | 65 | | 新 |

35 雑民党
14,514　（0―1）

| | | | |
|---|---|---|---|
| 東郷 健 | 57 | | 新 |

36 道州制推進会議
10,192　（0―10）

| | | | |
|---|---|---|---|
| 阿部 速 | 56 | | 新 |
| 吉田 靖雄 | 51 | | 新 |
| 庄山 正 | 45 | | 新 |
| 野添 裕子 | 30 | | 新 |
| 山根 一郎 | 32 | | 新 |
| 川合 淳美 | 56 | | 新 |
| 松尾 礼子 | 34 | | 新 |
| 阿部 登 | 44 | | 新 |
| 若杉 高昭 | 36 | | 新 |
| 松村 潮美 | 36 | | 新 |

37 世界浄霊会
8,857　（0―10）

| | | | |
|---|---|---|---|
| 小林 三也 | 60 | | 新 |
| 田中 英晃 | 45 | | 新 |
| 荒 敬雄 | 46 | | 新 |
| 庭山 太郎 | 40 | | 新 |
| 横川 済 | 46 | | 新 |
| 谷川 展朗 | 47 | | 新 |
| 大溝 和純 | 41 | | 新 |
| 宍倉 知明 | 41 | | 新 |
| 小沢 光生 | 39 | | 新 |
| 庭山 乃二郎 | 36 | | 新 |

38 日本国民権利擁護連盟
8,685　（0―1）

| | | | |
|---|---|---|---|
| 木本 幸雄 | 61 | | 新 |

39 大日本誠流社
8,127　（0―9）

| | | | |
|---|---|---|---|
| 楠本 正弘 | 40 | | 新 |
| 柴田 吉一 | 36 | | 新 |
| 角田 倉人 | 56 | | 新 |
| 北村 周二 | 35 | | 新 |
| 人見 和夫 | 40 | | 新 |
| 高橋 賢治 | 45 | | 新 |
| 山口 二三夫 | 42 | | 新 |
| 須藤 一 | 37 | | 新 |
| 会町 六男 | 35 | | 新 |

40 主権在民党
4,865　（0―9）

| | | | |
|---|---|---|---|
| 今井 徳幸 | 33 | | 新 |
| 白木 康治 | 47 | | 新 |
| 米道 正午 | 40 | | 新 |
| 山浦 貞昌 | 48 | | 新 |

| | | | | |
|---|---|---|---|---|
| 竹本 妙子 | 41 | | | 新 |
| 岸 忠夫 | 40 | | | 新 |
| 相田 栄一 | 44 | | | 新 |
| 大野 進二 | 47 | | | 新 |
| 高谷 博子 | 39 | | | 新 |

## 地方区

### 北海道（4—9）

| | | | | | | |
|---|---|---|---|---|---|---|
| 1 | 竹村 泰子 | 55 | 727,015 | 無所 | 新 | ① |
| 2 | 菅野 久光 | 61 | 709,064 | 社会 | 前 | ② |
| 3 | 北 修二 | 64 | 496,336 | 自民 | 前 | ③ |
| 4 | 高崎 裕子 | 40 | 453,103 | 共産 | 新 | ① |
| ▽ | 工藤 万砂美 | 64 | 416,408 | 自民 | 前 | 1 |
| | 山下 恵美子 | 30 | 23,633 | 諸派 | 新 | |
| | 苫 和三 | 42 | 17,818 | 無所 | 新 | |
| | 前谷 宏 | 64 | 15,685 | 無所 | 新 | |
| | 八嶋 英俊 | 51 | 6,383 | 諸派 | 新 | |

### 青森県（1—5）

| | | | | | | |
|---|---|---|---|---|---|---|
| 1 | 三上 隆雄 | 55 | 353,892 | 無所 | 新 | ① |
| ▽ | 松尾 官平 | 62 | 177,516 | 無所 | 前 | 2 |
| | 高橋 長次郎 | 65 | 98,080 | 自民 | 新 | |
| | 堀 幸光 | 41 | 28,985 | 共産 | 新 | |
| | 高田 亮子 | 33 | 19,490 | 諸派 | 新 | |

### 岩手県（1—3）

| | | | | | | |
|---|---|---|---|---|---|---|
| 1 | 小川 仁一 | 71 | 442,857 | 社会 | 前 | ② |
| ▽ | 村田 柴太 | 63 | 250,866 | 自民 | 新 | |
| | 柏 朔司 | 58 | 43,757 | 共産 | 新 | |

### 宮城県（1—7）

| | | | | | | |
|---|---|---|---|---|---|---|
| 1 | 栗村 和夫 | 64 | 460,369 | 社会 | 新 | ① |
| ▽ | 星 長治 | 69 | 232,253 | 自民 | 前 | 1 |
| | 中野 正志 | 41 | 137,827 | 無所 | 新 | |
| | 藤原 範典 | 42 | 53,555 | 民社 | 新 | |
| | 正木 満之 | 43 | 51,778 | 共産 | 新 | |
| | 平野 徳雄 | 35 | 10,784 | 諸派 | 新 | |
| | 千葉 佳男 | 59 | 9,000 | 諸派 | 新 | |

### 秋田県（1—3）

| | | | | | | |
|---|---|---|---|---|---|---|
| 1 | 細谷 昭雄 | 62 | 415,222 | 社会 | 新 | ① |
| ▽ | 出口 広光 | 63 | 223,562 | 自民 | 前 | 1 |
| | 児玉 金友 | 51 | 46,012 | 共産 | 新 | |

### 山形県（1—4）

| | | | | | | |
|---|---|---|---|---|---|---|
| 1 | 星川 保松 | 58 | 346,134 | 連合 | 新 | ① |
| ▽ | 降矢 敬義 | 68 | 293,194 | 自民 | 前 | 2 |
| | 太田 俊男 | 35 | 41,560 | 共産 | 新 | |
| | 小野 喜公 | 48 | 12,356 | 諸派 | 新 | |

### 福島県（2—4）

| | | | | | | |
|---|---|---|---|---|---|---|
| 1 | 会田 長栄 | 60 | 456,562 | 社会 | 新 | ① |
| 2 | 石原 健太郎 | 51 | 392,211 | 自民 | 前 | ② |
| ▽ | 添田 増太郎 | 60 | 158,678 | 自民 | 前 | 1 |
| | 吉田 吉光 | 42 | 68,694 | 共産 | 新 | |

資料　第15回通常選挙　549

## 茨城県（2—4）

| | | | | | | |
|---|---|---|---|---|---|---|
| 1 | 種田　誠 | 43 | 538,162 | 社会 | 新 | ① |
| 2 | 狩野　明男 | 54 | 334,770 | 自民 | 新 | ① |
| ▽ | 曽根田　郁夫 | 64 | 256,226 | 自民 | 前 | 1 |
| | 山田　節夫 | 41 | 74,109 | 共産 | 新 | |

## 栃木県（2—5）

| | | | | | | |
|---|---|---|---|---|---|---|
| 1 | 上野　雄文 | 61 | 368,846 | 社会 | 前 | ③ |
| 2 | 岩崎　純三 | 65 | 247,780 | 自民 | 前 | ③ |
| ▽ | 西川　公也 | 46 | 176,531 | 自民 | 新 | |
| | 亀田　和東 | 45 | 34,838 | 共産 | 新 | |
| | 坂本　敏義 | 53 | 9,767 | 無所 | 新 | |

## 群馬県（2—7）

| | | | | | | |
|---|---|---|---|---|---|---|
| 1 | 角田　義一 | 52 | 442,897 | 社会 | 新 | ① |
| 2 | 山本　富雄 | 60 | 240,152 | 自民 | 前 | ③ |
| ▽ | 最上　進 | 48 | 130,281 | 自民 | 前 | 2 |
| ▽ | 駒井　実 | 48 | 124,582 | 無所 | 新 | |
| | 小野寺　慶吾 | 56 | 40,747 | 共産 | 新 | |
| | 上村　勝男 | 44 | 3,797 | 無所 | 新 | |
| | 梅沢　道喜 | 43 | 3,047 | 諸派 | 新 | |

## 埼玉県（2—12）

| | | | | | | |
|---|---|---|---|---|---|---|
| 1 | 深田　肇 | 57 | 970,229 | 社会 | 新 | ① |
| 2 | 土屋　義彦 | 63 | 627,275 | 無所 | 前 | ⑤ |
| ▽ | 福島　茂夫 | 71 | 298,829 | 無所 | 元 | 1 |
| ▽ | 藤野　泰弘 | 47 | 248,002 | 共産 | 新 | |
| ▽ | 佐分利　一昭 | 55 | 223,233 | 民社 | 新 | |
| | 品川　喜代子 | 32 | 42,858 | 諸派 | 新 | |
| | 田中　裕子 | 31 | 42,748 | 諸派 | 新 | |
| | 石井　正弘 | 55 | 19,632 | 諸派 | 新 | |
| | 下田　文朗 | 53 | 13,900 | 諸派 | 新 | |
| | 鈴木　孟 | 56 | 10,637 | 諸派 | 新 | |
| | 友野　昭男 | 45 | 2,794 | 諸派 | 新 | |
| | 武士　和弘 | 42 | 2,292 | 諸派 | 新 | |

## 千葉県（2—14）

| | | | | | | |
|---|---|---|---|---|---|---|
| 1 | 糸久　八重子 | 57 | 872,261 | 社会 | 前 | ② |
| 2 | 倉田　寛之 | 51 | 710,411 | 自民 | 前 | ② |
| ▽ | 石井　正二 | 44 | 350,784 | 無所 | 新 | |
| | 菅原　道生 | 38 | 63,423 | 進歩 | 新 | |
| | 小田桐　朋子 | 33 | 30,523 | 諸派 | 新 | |
| | 上田　不二夫 | 56 | 22,999 | 無所 | 新 | |
| | 板垣　英憲 | 42 | 11,226 | 諸派 | 新 | |
| | 宇畑　智由美 | 41 | 10,995 | 諸派 | 新 | |
| | 小野寺　良雄 | 60 | 7,106 | 諸派 | 新 | |
| | 竹内　辰郎 | 61 | 6,093 | 諸派 | 新 | |
| | 桜井　大造 | 37 | 3,317 | 諸派 | 新 | |
| | 渡辺　イネ | 65 | 2,338 | 諸派 | 新 | |
| | 姫野　龍 | 37 | 1,854 | 諸派 | 新 | |
| | 菊地　津守 | 45 | 1,049 | 諸派 | 新 | |

## 東京都（4—43）

| | | | | | | |
|---|---|---|---|---|---|---|
| 1 | 田　英夫 | 66 | 1,164,511 | 無所 | 前 | ④ |
| 2 | 原　文兵衛 | 76 | 1,143,878 | 自民 | 前 | ④ |
| 3 | 野末　陳平 | 57 | 889,633 | 税金 | 前 | ④ |
| 4 | 黒柳　明 | 58 | 776,878 | 公明 | 前 | ⑤ |
| ▽ | 内藤　功 | 58 | 676,401 | 共産 | 前 | 2 |
| | 江戸　妙子 | 30 | 192,935 | 民社 | 新 | |
| | 美藤　智 | 31 | 103,623 | 進歩 | 新 | |
| | 木村　結 | 37 | 34,773 | 諸派 | 新 | |
| | 野呂　恵子 | 34 | 17,385 | 諸派 | 新 | |
| | 赤尾　敏 | 90 | 15,180 | 諸派 | 新 | |
| | 東　三元 | 36 | 13,060 | 諸派 | 新 | |
| | 宮部　寛 | 41 | 10,254 | 諸派 | 新 | |
| | 品川　司 | 78 | 9,624 | 諸派 | 新 | |
| | 安田　花子 | 58 | 8,981 | 諸派 | 新 | |
| | 鈴木　広 | 70 | 8,696 | 無所 | 新 | |
| | 山中　節子 | 54 | 7,533 | 諸派 | 新 | |
| | 浅野　麻美 | 31 | 6,906 | 諸派 | 新 | |
| | 渡辺　武子 | 46 | 4,372 | 諸派 | 新 | |
| | 福田　撫子 | 46 | 4,043 | 諸派 | 新 | |
| | 杉本　尚司 | 35 | 3,865 | 無所 | 新 | |
| | 本田　稔 | 53 | 3,637 | 諸派 | 新 | |
| | 矢部　宏之 | 49 | 3,355 | 諸派 | 新 | |
| | 平田　博 | 52 | 2,993 | 諸派 | 新 | |
| | 大山　千恵子 | 32 | 2,694 | 諸派 | 新 | |
| | 宮内　陽肇 | 88 | 2,683 | 無所 | 新 | |
| | 小林　寿夫 | 65 | 2,523 | 諸派 | 新 | |
| | 三井　理峯 | 78 | 2,109 | 無所 | 新 | |
| | 桑野　健次 | 60 | 2,104 | 諸派 | 新 | |
| | 山口　俊明 | 47 | 2,024 | 諸派 | 新 | |
| | 杉浦　正康 | 41 | 2,014 | 諸派 | 新 | |
| | 矢羽　一美 | 32 | 1,588 | 諸派 | 新 | |
| | 根岸　良一 | 34 | 1,221 | 諸派 | 新 | |
| | 大道寺　ちはる | 31 | 1,074 | 諸派 | 新 | |
| | 根上　隆 | 39 | 957 | 諸派 | 新 | |
| | 中田　信晃 | 30 | 936 | 諸派 | 新 | |
| | 赤石　貞治 | 60 | 864 | 諸派 | 新 | |
| | 金井　良雄 | 39 | 786 | 諸派 | 新 | |
| | 木村　佳勝 | 39 | 613 | 諸派 | 新 | |
| | 今野　好喜 | 42 | 598 | 諸派 | 新 | |
| | 繁治　正信 | 41 | 517 | 諸派 | 新 | |
| | 戸張　龍雄 | 44 | 516 | 諸派 | 新 | |
| | 越野　太作 | 81 | 317 | 諸派 | 新 | |
| | 広瀬　富男 | 38 | 293 | 諸派 | 新 | |

## 神奈川県（2—13）

| | | | | | | |
|---|---|---|---|---|---|---|
| 1 | 小林　正 | 56 | 1,175,262 | 社会 | 新 | ① |
| 2 | 石渡　清元 | 48 | 673,544 | 自民 | 新 | ① |
| ▽ | 円山　雅也 | 62 | 604,505 | 進歩 | 元 | 1 |
| ▽ | 大石　尚子 | 52 | 388,808 | 民社 | 新 | |
| | 大森　猛 | 44 | 240,359 | 共産 | 新 | |
| | 八木　大介 | 62 | 79,957 | 無所 | 前 | 1 |

|   | 氏名 | 年齢 | 得票 | 所属 | 新旧 |   |
|---|---|---|---|---|---|---|
|   | 荒木 秀子 | 31 | 34,597 | 諸派 | 新 |   |
|   | 安部 喜久 | 36 | 24,711 | 諸派 | 新 |   |
|   | 松原 瑞彦 | 63 | 8,691 | 諸派 | 新 |   |
|   | 笹岡 祥二 | 42 | 7,858 | 諸派 | 新 |   |
|   | 浜本 欽弥 | 43 | 3,372 | 諸派 | 新 |   |
|   | 佐藤 寅之助 | 51 | 2,543 | 諸派 | 新 |   |
|   | 昆野 弘志 | 33 | 1,856 | 諸派 | 新 |   |

**新潟県（2－4）**

| | 氏名 | 年齢 | 得票 | 所属 | 新旧 | |
|---|---|---|---|---|---|---|
| 1 | 稲村 稔夫 | 60 | 599,169 | 社会 | 前 | ② |
| 2 | 吉川 芳男 | 57 | 443,600 | 自民 | 前 | ② |
|   | 村田 一男 | 45 | 67,592 | 共産 | 新 |   |
|   | 水野 孝吉 | 43 | 11,150 | 諸派 | 新 |   |

**富山県（1－3）**

| | 氏名 | 年齢 | 得票 | 所属 | 新旧 | |
|---|---|---|---|---|---|---|
| 1 | 鹿熊 安正 | 62 | 303,477 | 自民 | 新 | ① |
| ▽ | 横山 真人 | 46 | 265,885 | 社会 | 新 |   |
|   | 反保 直樹 | 39 | 24,363 | 共産 | 新 |   |

**石川県（1－4）**

| | 氏名 | 年齢 | 得票 | 所属 | 新旧 | |
|---|---|---|---|---|---|---|
| 1 | 粟森 喬 | 50 | 276,095 | 連合 | 新 | ① |
| ▽ | 島崎 均 | 66 | 274,924 | 自民 | 前 | 4 |
|   | 尾西 洋子 | 45 | 26,911 | 共産 | 新 |   |
|   | 米村 照夫 | 50 | 14,165 | 無所 | 新 |   |

**福井県（1－3）**

| | 氏名 | 年齢 | 得票 | 所属 | 新旧 | |
|---|---|---|---|---|---|---|
| 1 | 古川 太三郎 | 56 | 215,953 | 連合 | 新 | ① |
| ▽ | 山内 一郎 | 76 | 205,668 | 自民 | 前 | 4 |
|   | 元山 章一郎 | 53 | 18,771 | 共産 | 新 |   |

**山梨県（1－3）**

| | 氏名 | 年齢 | 得票 | 所属 | 新旧 | |
|---|---|---|---|---|---|---|
| 1 | 磯村 修 | 58 | 231,084 | 連合 | 新 | ① |
|   | 志村 哲良 | 63 | 208,057 | 自民 | 前 | 1 |
|   | 福田 剛司 | 44 | 24,199 | 共産 | 新 |   |

**長野県（2－4）**

| | 氏名 | 年齢 | 得票 | 所属 | 新旧 | |
|---|---|---|---|---|---|---|
| 1 | 村沢 牧 | 64 | 494,332 | 社会 | 前 | ③ |
| 2 | 下条 進一郎 | 69 | 327,294 | 自民 | 前 | ③ |
| ▽ | 高木 邦雄 | 63 | 148,550 | 民社 | 新 |   |
| ▽ | 小平 敦之 | 53 | 146,718 | 共産 | 新 |   |

**岐阜県（1－5）**

| | 氏名 | 年齢 | 得票 | 所属 | 新旧 | |
|---|---|---|---|---|---|---|
| 1 | 高井 和伸 | 48 | 454,154 | 連合 | 新 | ① |
| ▽ | 杉山 令肇 | 66 | 419,558 | 自民 | 前 | 2 |
|   | 松岡 清 | 39 | 77,328 | 共産 | 新 |   |
|   | 児玉 浄司 | 41 | 28,049 | 無所 | 新 |   |
|   | 河瀬 和雄 | 42 | 23,660 | 無所 | 新 |   |

**静岡県（2－9）**

| | 氏名 | 年齢 | 得票 | 所属 | 新旧 | |
|---|---|---|---|---|---|---|
| 1 | 桜井 規順 | 54 | 563,540 | 無所 | 新 | ① |
| 2 | 竹山 裕 | 55 | 443,008 | 自民 | 前 | ② |
| ▽ | 小島 静馬 | 60 | 377,924 | 自民 | 前 | 1 |

|   | 杉山 恒雄 | 55 | 126,838 | 共産 | 新 |   |
|---|---|---|---|---|---|---|
|   | 色本 幸代 | 42 | 83,205 | 諸派 | 新 |   |
|   | 井柳 学 | 50 | 66,371 | 進歩 | 新 |   |
|   | 酒井 敏雄 | 78 | 21,487 | 無所 | 新 |   |
|   | 杉山 洋 | 47 | 20,833 | 諸派 | 新 |   |
|   | 大塚 周平 | 63 | 18,651 | 無所 | 新 |   |

**愛知県（3－7）**

| | 氏名 | 年齢 | 得票 | 所属 | 新旧 | |
|---|---|---|---|---|---|---|
| 1 | 前畑 幸子 | 51 | 982,991 | 社会 | 新 | ① |
| 2 | 吉川 博 | 66 | 702,160 | 自民 | 前 | ② |
| 3 | 井上 計 | 69 | 486,646 | 民社 | 前 | ③ |
| ▽ | 平田 米男 | 40 | 482,534 | 公明 | 新 |   |
| ▽ | 瀬古 由起子 | 41 | 212,496 | 共産 | 新 |   |
|   | 荒田 孝子 | 30 | 33,934 | 諸派 | 新 |   |
|   | 川出 庄一郎 | 64 | 16,930 | 無所 | 新 |   |

**三重県（1－3）**

| | 氏名 | 年齢 | 得票 | 所属 | 新旧 | |
|---|---|---|---|---|---|---|
| 1 | 井上 哲夫 | 51 | 452,239 | 連合 | 新 | ① |
| ▽ | 水谷 力 | 63 | 343,078 | 自民 | 前 | 1 |
|   | 神阪 美代子 | 57 | 64,681 | 共産 | 新 |   |

**滋賀県（1－3）**

| | 氏名 | 年齢 | 得票 | 所属 | 新旧 | |
|---|---|---|---|---|---|---|
| 1 | 中村 鋭一 | 59 | 289,120 | 連合 | 元 | ② |
| ▽ | 河本 嘉久蔵 | 72 | 269,042 | 自民 | 前 | 3 |
|   | 林 俊郎 | 44 | 62,703 | 共産 | 新 |   |

**京都府（2－5）**

| | 氏名 | 年齢 | 得票 | 所属 | 新旧 | |
|---|---|---|---|---|---|---|
| 1 | 笹野 貞子 | 56 | 508,073 | 連合 | 新 | ① |
| 2 | 西田 吉宏 | 54 | 341,187 | 自民 | 新 | ① |
| ▽ | 佐藤 昭夫 | 61 | 279,805 | 共産 | 前 | 2 |
|   | 松井 千佳子 | 31 | 19,254 | 諸派 | 新 |   |
|   | 斉藤 義 | 42 | 12,286 | 無所 | 新 |   |

**大阪府（3－15）**

| | 氏名 | 年齢 | 得票 | 所属 | 新旧 | |
|---|---|---|---|---|---|---|
| 1 | 谷畑 孝 | 42 | 904,819 | 社会 | 新 | ① |
| 2 | 横山 ノック | 57 | 804,626 | 無所 | 前 | ④ |
| 3 | 白浜 一良 | 42 | 775,935 | 公明 | 新 | ① |
| ▽ | 坪井 一宇 | 50 | 701,588 | 自民 | 前 | 1 |
| ▽ | 吉田 英勝 | 46 | 602,777 | 共産 | 前 | 1 |
|   | 西川 美紀 | 38 | 42,712 | 諸派 | 新 |   |
|   | 小林 義昌 | 46 | 20,104 | 諸派 | 新 |   |
|   | 渡辺 千鶴 | 30 | 12,576 | 諸派 | 新 |   |
|   | 泉 がぼう | 60 | 3,904 | 無所 | 新 |   |
|   | 森山 春夫 | 58 | 3,751 | 諸派 | 新 |   |
|   | 人見 康之 | 32 | 2,399 | 諸派 | 新 |   |
|   | 村上 家彦 | 68 | 1,761 | 諸派 | 新 |   |
|   | 矢田 良彦 | 35 | 1,636 | 諸派 | 新 |   |
|   | 高橋 洋一 | 47 | 1,541 | 諸派 | 新 |   |
|   | 赤石 真一郎 | 46 | 1,003 | 諸派 | 新 |   |

**兵庫県（3－8）**

| | 氏名 | 年齢 | 得票 | 所属 | 新旧 | |
|---|---|---|---|---|---|---|
| 1 | 旭堂 小南陵 | 39 | 741,411 | 社会 | 新 | ① |

資料　第15回通常選挙　551

|   |   |   |   |   |   |
|---|---|---|---|---|---|
| 2 | 石井　一二 | 53 | 599,311 | 自民　前 | ② |
| 3 | 矢原　秀男 | 59 | 452,874 | 公明　前 | ③ |
| ▽ | 抜山　映子 | 55 | 345,809 | 民社　前 | 1 |
| ▽ | 安武　洋子 | 60 | 330,529 | 共産　元 | 2 |
|   | 甲賀　喜夫 | 81 | 10,937 | 諸派　新 |   |
|   | 下村　鉄人 | 58 | 7,386 | 無所　新 |   |
|   | 岡久　直弘 | 71 | 6,560 | 無所　新 |   |

**奈良県（1―4）**

| 1 | 新坂　一雄 | 50 | 274,695 | 連合　新 | ① |
|---|---|---|---|---|---|
| ▽ | 榎　信晴 | 49 | 215,626 | 自民　新 |   |
|   | 小林　照代 | 49 | 81,008 | 共産　新 |   |
|   | 向井　弘 | 53 | 36,501 | 無所　新 |   |

**和歌山県（1―3）**

| 1 | 世耕　政隆 | 66 | 244,156 | 自民　前 | ④ |
|---|---|---|---|---|---|
| ▽ | 東山　昭久 | 40 | 208,840 | 社会　新 |   |
|   | 土屋　伊都子 | 50 | 77,120 | 共産　新 |   |

**鳥取県（1―3）**

| 1 | 吉田　達男 | 54 | 180,123 | 無所　新 | ① |
|---|---|---|---|---|---|
| ▽ | 西村　尚治 | 78 | 154,766 | 自民　前 | 4 |
|   | 宅野　亮介 | 64 | 14,764 | 共産　新 |   |

**島根県（1―4）**

| 1 | 岩本　久人 | 46 | 199,195 | 無所　新 | ① |
|---|---|---|---|---|---|
| ▽ | 細田　重雄 | 51 | 169,500 | 自民　新 |   |
| ▽ | 成相　善十 | 73 | 88,220 | 無所　前 | 2 |
|   | 上代　善雄 | 35 | 20,143 | 共産　新 |   |

**岡山県（2―6）**

| 1 | 片山　虎之助 | 53 | 288,730 | 自民　新 | ① |
|---|---|---|---|---|---|
| 2 | 森　暢子 | 57 | 282,399 | 社会　新 | ① |
| ▽ | 高原　勝哉 | 45 | 226,273 | 連合　新 |   |
|   | 西岡　憲康 | 48 | 76,015 | 無所　新 |   |
|   | 河重　寛子 | 51 | 59,021 | 共産　新 |   |
|   | 岡田　定見 | 48 | 5,274 | 無所　新 |   |

**広島県（2―4）**

| 1 | 浜本　万三 | 68 | 509,486 | 社会　前 | ③ |
|---|---|---|---|---|---|
| 2 | 藤田　雄山 | 40 | 473,259 | 自民　新 | ① |
| ▽ | 佐々木　秀隆 | 61 | 226,997 | 民社　新 |   |
|   | 森脇　勝義 | 54 | 103,360 | 共産　新 |   |

**山口県（1―3）**

| 1 | 山田　健一 | 42 | 428,921 | 社会　新 | ① |
|---|---|---|---|---|---|
| ▽ | 松岡　満寿男 | 54 | 320,410 | 自民　前 | 1 |
|   | 山本　晴彦 | 43 | 49,598 | 共産　新 |   |

**徳島県（1―3）**

| 1 | 乾　晴美 | 54 | 215,805 | 連合　新 | ① |
|---|---|---|---|---|---|
| ▽ | 亀長　友義 | 68 | 155,486 | 自民　前 | 2 |

|   |   |   |   |   |   |
|---|---|---|---|---|---|
|   | 梯　和夫 | 50 | 25,712 | 共産　新 |   |

**香川県（1―3）**

| 1 | 喜岡　淳 | 36 | 257,595 | 社会　新 | ① |
|---|---|---|---|---|---|
| ▽ | 真鍋　賢二 | 54 | 217,170 | 自民　前 | 2 |
|   | 藤目　千代子 | 40 | 25,605 | 共産　新 |   |

**愛媛県（1―4）**

| 1 | 池田　治 | 57 | 389,158 | 連合　新 | ① |
|---|---|---|---|---|---|
| ▽ | 桧垣　徳太郎 | 72 | 308,182 | 自民　前 | 3 |
|   | 佐々木　泉 | 38 | 50,783 | 共産　新 |   |
|   | 武藤　孝志 | 51 | 5,949 | 諸派　新 |   |

**高知県（1―3）**

| 1 | 西岡　瑠璃子 | 55 | 185,613 | 社会　新 | ① |
|---|---|---|---|---|---|
| ▽ | 林　迪 | 65 | 173,191 | 自民　前 | 3 |
|   | 北岡　照子 | 58 | 66,353 | 共産　新 |   |

**福岡県（3―7）**

| 1 | 小野　明 | 69 | 712,125 | 社会　前 | ⑤ |
|---|---|---|---|---|---|
| 2 | 木庭　健太郎 | 37 | 412,726 | 公明　新 | ① |
| 3 | 合馬　敬 | 51 | 387,693 | 自民　新 | ① |
| ▽ | 遠藤　政夫 | 66 | 257,870 | 自民　前 | 2 |
|   | 前田　宏三 | 40 | 256,678 | サラ　新 |   |
| ▽ | 藤野　達善 | 60 | 168,686 | 共産　新 |   |
|   | 和田　江美子 | 30 | 27,539 | 諸派　新 |   |

**佐賀県（1―4）**

| 1 | 陣内　孝雄 | 55 | 210,731 | 自民　前 | ② |
|---|---|---|---|---|---|
| ▽ | 柴田　久寛 | 46 | 188,054 | 社会　新 |   |
|   | 平林　正勝 | 42 | 21,633 | 共産　新 |   |
|   | 野中　久三 | 44 | 20,931 | 無所　新 |   |

**長崎県（1―5）**

| 1 | 篠崎　年子 | 71 | 344,416 | 社会　新 | ① |
|---|---|---|---|---|---|
| ▽ | 宮島　滉 | 62 | 238,511 | 自民　前 | 1 |
| ▽ | 松谷　蒼一郎 | 61 | 151,053 | 無所　新 |   |
|   | 石川　悟 | 36 | 30,134 | 共産　新 |   |
|   | 蜂谷　公一 | 39 | 3,835 | 諸派　新 |   |

**熊本県（2―5）**

| 1 | 紀平　悌子 | 61 | 332,699 | 無所　新 | ① |
|---|---|---|---|---|---|
| 2 | 沢田　一精 | 67 | 284,325 | 無所　前 | ④ |
| ▽ | 浦田　勝 | 64 | 198,022 | 自民　前 | 1 |
| ▽ | 岩崎　八男 | 56 | 121,155 | 自民　新 |   |
|   | 武宮　憲一 | 38 | 22,491 | 共産　新 |   |

**大分県（1―3）**

| 1 | 梶原　敬義 | 52 | 395,105 | 社会　前 | ② |
|---|---|---|---|---|---|
| ▽ | 牧野　浩朗 | 37 | 255,594 | 自民　新 |   |
|   | 藤沢　架住 | 49 | 24,737 | 共産　新 |   |

## 宮崎県（1 — 5）

| | 氏名 | 年齢 | 得票数 | 党派 | 新旧 | |
|---|---|---|---|---|---|---|
| 1 | 野別 隆俊 | 62 | 244,432 | 社会 | 新 | ① |
| ▽ | 大崎 茂 | 60 | 195,072 | 無所 | 新 | |
| ▽ | 中武 重美 | 59 | 137,997 | 無所 | 新 | |
| | 前屋敷 恵美 | 39 | 25,499 | 共産 | 新 | |
| | 中村 一郎 | 42 | 4,466 | 無所 | 新 | |

## 鹿児島県（2 — 4）

| | 氏名 | 年齢 | 得票数 | 党派 | 新旧 | |
|---|---|---|---|---|---|---|
| 1 | 鎌田 要人 | 67 | 431,293 | 自民 | 新 | ① |
| 2 | 久保 亘 | 60 | 412,127 | 社会 | 前 | ③ |
| | 槐島 奉文 | 38 | 31,720 | 共産 | 新 | |
| | 太佐 順 | 52 | 25,263 | 進歩 | 新 | |

## 沖縄県（1 — 3）

| | 氏名 | 年齢 | 得票数 | 党派 | 新旧 | |
|---|---|---|---|---|---|---|
| 1 | 喜屋武 真栄 | 76 | 337,250 | 諸派 | 前 | ⑤ |
| ▽ | 比嘉 幹郎 | 58 | 210,224 | 自民 | 新 | |
| | 浜田 恵子 | 31 | 10,081 | 諸派 | 新 | |

# 第15期補欠選挙

## 茨城県（1989年10月1日執行＝1 — 3）

| | 氏名 | 年齢 | 得票数 | 党派 | 新旧 | |
|---|---|---|---|---|---|---|
| 1 | 野村 五男 | 47 | 467,643 | 自民 | 新 | ① |
| ▽ | 細金 志づ江 | 63 | 394,123 | 社会 | 新 | |
| | 山田 節夫 | 41 | 52,642 | 共産 | 新 | |

## 福岡県（1990年6月10日執行＝1 — 2）

| | 氏名 | 年齢 | 得票数 | 党派 | 新旧 | |
|---|---|---|---|---|---|---|
| 1 | 三重野 栄子 | 64 | 869,036 | 社会 | 新 | ① |
| ▽ | 住吉 徳彦 | 43 | 748,317 | 自民 | 新 | |

## 愛知県（1990年11月4日執行＝1 — 3）

| | 氏名 | 年齢 | 得票数 | 党派 | 新旧 | |
|---|---|---|---|---|---|---|
| 1 | 大島 慶久 | 50 | 833,371 | 自民 | 新 | ① |
| ▽ | 後藤 みち子 | 62 | 793,030 | 社会 | 新 | |
| | 瀬古 由起子 | 43 | 210,785 | 共産 | 新 | |

## 新潟県（1990年12月9日執行＝1 — 3）

| | 氏名 | 年齢 | 得票数 | 党派 | 新旧 | |
|---|---|---|---|---|---|---|
| 1 | 真島 一男 | 58 | 501,721 | 自民 | 新 | ① |
| ▽ | 桜井 久雄 | 60 | 343,534 | 社会 | 新 | |
| | 村田 一男 | 46 | 54,933 | 共産 | 新 | |

## 青森県（1991年2月24日執行＝1 — 3）

| | 氏名 | 年齢 | 得票数 | 党派 | 新旧 | |
|---|---|---|---|---|---|---|
| 1 | 松尾 官平 | 64 | 240,129 | 諸派 | 元 | ③ |
| ▽ | 久保 晴一 | 39 | 197,598 | 諸派 | 新 | |
| | 高橋 千鶴子 | 31 | 42,454 | 共産 | 新 | |

## 埼玉県（1991年6月16日執行＝1 — 3）

| | 氏名 | 年齢 | 得票数 | 党派 | 新旧 | |
|---|---|---|---|---|---|---|
| 1 | 関根 則之 | 61 | 532,175 | 自民 | 新 | ① |
| ▽ | 阿部 幸代 | 42 | 267,289 | 共産 | 新 | |
| | 志良以 栄 | 54 | 14,947 | 諸派 | 新 | |

## 福岡県（1991年9月29日執行＝1 — 3）

| | 氏名 | 年齢 | 得票数 | 党派 | 新旧 | |
|---|---|---|---|---|---|---|
| 1 | 重富 吉之助 | 58 | 556,176 | 自民 | 新 | ① |
| ▽ | 牧野 苓子 | 57 | 365,026 | 社会 | 新 | |
| ▽ | 本庄 庸 | 54 | 97,877 | 共産 | 新 | |

## 奈良県（1992年2月9日執行＝1 — 3）

| | 氏名 | 年齢 | 得票数 | 党派 | 新旧 | |
|---|---|---|---|---|---|---|
| 1 | 吉田 之久 | 65 | 244,930 | 連合 | 新 | ① |
| ▽ | 榎 信晴 | 52 | 178,002 | 自民 | 新 | |
| | 今井 光子 | 36 | 55,927 | 共産 | 新 | |

## 宮城県（1992年3月8日執行＝1 — 3）

| | 氏名 | 年齢 | 得票数 | 党派 | 新旧 | |
|---|---|---|---|---|---|---|
| 1 | 萩野 浩基 | 51 | 396,532 | 連合 | 新 | ① |
| ▽ | 小野寺 信雄 | 66 | 393,615 | 自民 | 新 | |
| | 辻畑 尚史 | 34 | 67,378 | 共産 | 新 | |

## 茨城県（1992年4月12日執行＝1 — 2）

| | 氏名 | 年齢 | 得票数 | 党派 | 新旧 | |
|---|---|---|---|---|---|---|
| 1 | 狩野 安 | 57 | 357,265 | 自民 | 新 | ① |
| ▽ | 奈良 達雄 | 59 | 104,358 | 共産 | 新 | |

# 第16回通常選挙（1992年7月26日執行）

比例区（50—329）

| 政党名凡例 | |
|---|---|
| 自民 | 自由民主党 |
| 社会 | 日本社会党 |
| 民社 | 民社党 |
| 共産 | 日本共産党 |
| 公明 | 公明党 |
| 連合 | 連合の会 |
| 進歩 | 進歩党 |

## 1 自由民主党
14,961,199 （19—27）

| | 氏名 | 年齢 | 区分 | |
|---|---|---|---|---|
| 1 | 井上 孝 | 67 | 前 | ③ |
| 2 | 下稲葉 耕吉 | 66 | 前 | ② |
| 3 | 村上 正邦 | 59 | 前 | ③ |
| 4 | 大島 慶久 | 52 | 前 | ② |
| 5 | 岡部 三郎 | 65 | 前 | ③ |
| 6 | 泉 信也 | 54 | 新 | ① |
| 7 | 藤江 弘一 | 62 | 新 | ① |
| 8 | 野沢 太三 | 59 | 前 | ② |
| 9 | 岡 利定 | 58 | 新 | ① |
| 10 | 大河原 太一郎 | 70 | 前 | ① |
| 11 | 永野 茂門 | 70 | 前 | ② |
| 12 | 清水 達雄 | 58 | 新 | ① |
| 13 | 松浦 功 | 69 | 前 | ③ |
| 14 | 久世 公堯 | 63 | 前 | ② |
| 15 | 板垣 正 | 68 | 前 | ③ |
| 16 | 南野 知恵子 | 56 | 新 | ① |
| 17 | 田辺 哲夫 | 63 | 前 | ① |
| 18 | 田沢 智治 | 59 | 前 | ③ |
| 19 | 楢崎 泰昌 | 63 | 新 | ① |
| ※ | 宮崎 秀樹 | 61 | 前 | 1 |
| ※ | 山東 昭子 | 50 | 前 | 3 |
| ※ | 島崎 均 | 69 | 元 | 4 |
| ※ | 長尾 立子 | 59 | 新 | |
| | 秋山 肇 | 60 | 前 | 1 |
| | 平野 清 | 62 | 前 | 1 |
| | 松井 比呂美 | 53 | 新 | |
| | 山口 光一 | 62 | 前 | 1 |

## 2 日本社会党
7,981,726 （10—25）

| | 氏名 | 年齢 | 区分 | |
|---|---|---|---|---|
| 1 | 藁科 満治 | 60 | 新 | ① |
| 2 | 大脇 雅子 | 57 | 新 | ① |
| 3 | 鈴木 和美 | 62 | 前 | ③ |
| 4 | 川橋 幸子 | 54 | 新 | ① |
| 5 | 山本 正和 | 64 | 前 | ② |
| 6 | 及川 一夫 | 63 | 前 | ② |
| 7 | 山口 哲夫 | 63 | 前 | ② |
| 8 | 渕上 貞雄 | 55 | 前 | ② |
| 9 | 松本 英一 | 71 | 前 | ⑤ |
| 10 | 志苫 裕 | 64 | 元 | ④ |
| ※ | 萱野 茂 | 66 | 新 | |
| | 朝日 俊弘 | 49 | 新 | |
| | 井上 信也 | 58 | 新 | |
| | 倉持 八郎 | 49 | 新 | |
| | 土屋 由美子 | 41 | 新 | |

| | 氏名 | 年齢 | 区分 | |
|---|---|---|---|---|
| | 藤原 英男 | 45 | 新 | |
| | 曽我 浩侑 | 70 | 新 | |
| | 今村 直 | 56 | 新 | |
| | 飯村 微光 | 66 | 新 | |
| | 石田 好数 | 55 | 新 | |
| | 田中 直子 | 34 | 新 | |
| | 本保 元将 | 33 | 新 | |
| | 岩瀬 ふみ子 | 68 | 新 | |
| | 海野 明昇 | 54 | 新 | |
| | 高木 将勝 | 53 | 新 | |

## 3 公明党
6,415,503 （8—17）

| | 氏名 | 年齢 | 区分 | |
|---|---|---|---|---|
| 1 | 牛嶋 正 | 61 | 新 | ① |
| 2 | 続 訓弘 | 61 | 新 | ① |
| 3 | 大久保 直彦 | 56 | 新 | ① |
| 4 | 広中 和歌子 | 58 | 前 | ② |
| 5 | 鶴岡 洋 | 59 | 前 | ③ |
| 6 | 及川 順郎 | 55 | 前 | ② |
| 7 | 猪熊 重二 | 61 | 前 | ② |
| 8 | 武田 節子 | 67 | 新 | ① |
| | 溝口 広義 | 66 | 新 | |
| | 山本 輝雄 | 66 | 新 | |
| | 吉沢 昭雄 | 63 | 新 | |
| | 松本 ナツ子 | 58 | 新 | |
| | 大谷 美智子 | 56 | 新 | |
| | 花井 啓悦 | 50 | 新 | |
| | 安田 清 | 54 | 新 | |
| | 原口 勲 | 50 | 新 | |
| | 浜田 一雄 | 49 | 新 | |

## 4 日本新党
3,617,246 （4—16）

| | 氏名 | 年齢 | 区分 | |
|---|---|---|---|---|
| 1 | 細川 護熙 | 54 | 元 | ③ |
| 2 | 小池 百合子 | 40 | 新 | ① |
| 3 | 寺沢 芳男 | 60 | 新 | ① |
| 4 | 武田 邦太郎 | 79 | 新 | ① |
| | 松崎 哲久 | 42 | 新 | |
| ※ | 小島 慶三 | 75 | 新 | |

| | | | |
|---|---|---|---|
| ※ 円 より子 | 45 | | 新 |
| 安田 公寛 | 42 | | 新 |
| 横尾 俊彦 | 36 | | 新 |
| 中島 章夫 | 56 | | 新 |
| 藤田 綾子 | 62 | | 新 |
| 川名 英子 | 52 | | 新 |
| 山口 和之 | 45 | | 新 |
| 大川 優美子 | 45 | | 新 |
| 兼間 道子 | 45 | | 新 |
| 大永 貴規 | 49 | | 新 |

### 5 日本共産党
3,532,956 （4—25）

| | | | | |
|---|---|---|---|---|
| 1 | 立木 洋 | 61 | 前 | ④ |
| 2 | 聴濤 弘 | 56 | 新 | ① |
| 3 | 吉岡 吉典 | 64 | 前 | ② |
| 4 | 有働 正治 | 47 | 新 | ① |
| | 須藤 美也子 | 57 | 新 | |
| | 緒方 靖夫 | 44 | 新 | |
| | 雪野 勉 | 66 | 新 | |
| | 日隈 威徳 | 56 | 新 | |
| | 石井 妃都美 | 41 | 新 | |
| | 山田 真一郎 | 43 | 新 | |
| | 篠浦 一朗 | 61 | 新 | |
| | 小島 幸夫 | 63 | 新 | |
| | 碓田 のぼる | 64 | 新 | |
| | 紙 智子 | 37 | 新 | |
| | 佐藤 義淳 | 51 | 新 | |
| | 川原 巍誠 | 59 | 新 | |
| | 鈴木 博子 | 58 | 新 | |
| | 前沢 淑子 | 44 | 新 | |
| | 鳥井 健次 | 40 | 新 | |
| | 日高 三郎 | 56 | 新 | |
| | 高原 美佐子 | 48 | 新 | |
| | 三田 真紀 | 33 | 新 | |
| | 山下 芳生 | 32 | 新 | |
| | 松川 康子 | 59 | 新 | |
| | 笠井 亮 | 39 | 新 | |

### 6 民社党
2,255,423 （3—17）

| | | | | |
|---|---|---|---|---|
| 1 | 直嶋 正行 | 46 | 新 | ① |
| 2 | 勝木 健司 | 49 | 前 | ② |
| 3 | 長谷川 清 | 60 | 新 | ① |
| | 抜山 映子 | 58 | 元 | 1 |
| | 梅沢 昇平 | 50 | 新 | |
| | 仲松 孝 | 51 | 新 | |
| | 前山 茂 | 60 | 新 | |
| | 新井田 佳子 | 67 | 新 | |
| | 橋口 昭 | 65 | 新 | |
| | 沖屋 正一 | 64 | 新 | |
| | 浅見 桂子 | 57 | 新 | |

| | | | |
|---|---|---|---|
| 日高 貞次 | 44 | | 新 |
| 今高 一三 | 62 | | 新 |
| 太田 哲二 | 44 | | 新 |
| 大久保 尚洋 | 37 | | 新 |
| 野崎 敏雄 | 33 | | 新 |
| 熊谷 裕人 | 30 | | 新 |

### 7 スポーツ平和党
1,375,791 （1—10）

| | | | | |
|---|---|---|---|---|
| 1 | 江本 孟紀 | 45 | 新 | ① |
| | 新間 寿 | 57 | 新 | |
| | 持田 哲也 | 30 | 新 | |
| | 猪木 快守 | 53 | 新 | |
| | 本田 彰 | 58 | 新 | |
| | 倍賞 鉄夫 | 43 | 新 | |
| | 村上 圭三 | 50 | 新 | |
| | 坂口 泰司 | 36 | 新 | |
| | 富沢 信太郎 | 67 | 新 | |
| | 花田 正登 | 42 | 新 | |

### 8 第二院クラブ
1,321,639 （1—10）

| | | | | |
|---|---|---|---|---|
| 1 | 青島 幸男 | 60 | 元 | ⑤ |
| ※ | 山田 俊昭 | 55 | 前 | 1 |
| | 奥中 惇夫 | 61 | 新 | |
| | 大黒 章弘 | 49 | 新 | |
| | 加納 将光 | 47 | 新 | |
| | 辺見 広明 | 41 | 新 | |
| | 三崎 信芳 | 52 | 新 | |
| | 多代田 至 | 54 | 新 | |
| | 青野 暉 | 61 | 新 | |
| | 堀内 幸夫 | 44 | 新 | |

### 9 社会民主連合
671,594 （0—9）

| | | | |
|---|---|---|---|
| 青木 茂 | 69 | 元 | 1 |
| 西風 勲 | 65 | 新 | |
| 西川 美紀 | 41 | 新 | |
| 渡辺 文学 | 55 | 新 | |
| 稲津 千佳子 | 48 | 新 | |
| 海野 隆 | 39 | 新 | |
| 奥田 邦夫 | 63 | 新 | |
| 三村 さよ子 | 43 | 新 | |
| 江田 洋一 | 31 | 新 | |

### 10 老人福祉党
424,212 （0—9）

| | | | |
|---|---|---|---|
| 松崎 泰夫 | 49 | | 新 |
| 植井 和市 | 69 | | 新 |
| 林 隆造 | 57 | | 新 |
| 福田 撫子 | 49 | | 新 |
| 佐野 常夫 | 42 | | 新 |

| | | | |
|---|---|---|---|
| 久保田 悦夫 | 43 | | 新 |
| 斉藤 智恵子 | 45 | | 新 |
| 久保田 リマ | 44 | | 新 |
| 松崎 弘子 | 39 | | 新 |

### 11 年金党
307,041（0—10）

| | | |
|---|---|---|
| 友部 達夫 | 63 | 新 |
| 益川 昇 | 59 | 新 |
| 丹羽 敏雄 | 53 | 新 |
| 遠藤 文夫 | 53 | 新 |
| 峰藤 竜太郎 | 49 | 新 |
| 植村 俊次郎 | 62 | 新 |
| 加藤 泰男 | 77 | 新 |
| 三木 寿禄 | 33 | 新 |
| 岸本 義一 | 84 | 新 |
| 荒井 稔忠 | 47 | 新 |

### 12 新自由党
275,764（0—9）

| | | |
|---|---|---|
| 高橋 妙子 | 63 | 新 |
| 石川 八郎 | 59 | 新 |
| 杉本 伸江 | 31 | 新 |
| 石津 一二美 | 51 | 新 |
| 竹崎 聖代子 | 52 | 新 |
| 岡安 靖男 | 47 | 新 |
| 大橋 利枝 | 54 | 新 |
| 高野 かほる | 48 | 新 |
| 安田 花子 | 61 | 新 |

### 13 風の会
221,660（0—10）

| | | |
|---|---|---|
| 野村 秋介 | 57 | 新 |
| 亀川 正東 | 76 | 新 |
| 横山 やすし | 48 | 新 |
| 清川 光秋 | 38 | 新 |
| 高沢 美香 | 53 | 新 |
| 斉藤 純孝 | 42 | 新 |
| 塚越 慈徳 | 41 | 新 |
| 佐藤 順子 | 34 | 新 |
| 田中 清元 | 43 | 新 |
| 松本 効三 | 55 | 新 |

### 14 モーター新党
211,514（0—10）

| | | |
|---|---|---|
| 大久保 力 | 53 | 新 |
| 樋口 健治 | 71 | 新 |
| マイク 真木 | 48 | 新 |
| 神谷 忠 | 53 | 新 |
| 金子 博 | 38 | 新 |
| 菅原 義正 | 51 | 新 |
| 中山 蛙 | 42 | 新 |

| | | |
|---|---|---|
| 内田 アンジェラ | 45 | 新 |
| 田口 顕二 | 42 | 新 |
| ポップ 吉村 | 69 | 新 |

### 15 希望
144,599（0—9）

| | | |
|---|---|---|
| 藤本 敏夫 | 48 | 新 |
| 大江 章夫 | 41 | 新 |
| 前沢 昇 | 47 | 新 |
| 小田々 豊 | 37 | 新 |
| 平林 英明 | 46 | 新 |
| 熊谷 安弘 | 34 | 新 |
| 色本 進 | 44 | 新 |
| 下間 律 | 45 | 新 |
| 橋本 真一 | 44 | 新 |

### 16 発明政治
139,728（0—10）

| | | |
|---|---|---|
| ドクター・中松 | 64 | 新 |
| 小池 哲二 | 44 | 新 |
| 清水 三雄 | 51 | 新 |
| 渡辺 長武 | 51 | 新 |
| 長原 隆宏 | 50 | 新 |
| 藤田 豊 | 69 | 新 |
| 森田 精吉 | 57 | 新 |
| 小松 宏三 | 45 | 新 |
| 黒須 幸子 | 38 | 新 |
| 河村 正彌 | 85 | 新 |

### 17 全日本ドライバーズクラブ
129,642（0—9）

| | | |
|---|---|---|
| 岡田 三男 | 66 | 新 |
| 飯浜 俊司 | 43 | 新 |
| 橋本 幸男 | 43 | 新 |
| 佐藤 武 | 51 | 新 |
| 永山 晋右 | 59 | 新 |
| 高橋 仁 | 36 | 新 |
| 伊藤 心太郎 | 32 | 新 |
| 宮手 郁子 | 39 | 新 |
| 竜野 薫 | 57 | 新 |

### 18 国民新党
129,330（0—9）

| | | |
|---|---|---|
| 笹岡 高志 | 46 | 新 |
| 中沢 ひさと | 45 | 新 |
| 高田 博明 | 40 | 新 |
| 松尾 裕 | 51 | 新 |
| 永森 憲三 | 33 | 新 |
| 白石 喜久男 | 54 | 新 |
| 鎌田 光明 | 40 | 新 |
| 小林 昭 | 41 | 新 |
| 小檜山 章 | 36 | 新 |

### 19 国民党
98,690（0—1）

| 志良以 栄 | 55 | | 新 |

### 20 進歩自由連合
90,223（0—9）

| 斎藤 寿々夢 | 49 | | 新 |
| 依田 米秋 | 56 | | 新 |
| 川原 寿 | 57 | | 新 |
| 小林 美穂子 | 49 | | 新 |
| 加藤 成一 | 51 | | 新 |
| 笠原 紀夫 | 51 | | 新 |
| 千田 嘉三 | 54 | | 新 |
| 望月 工 | 51 | | 新 |
| 犬井 平 | 54 | | 新 |

### 21 環境党
85,947（0—1）

| 宮東 久栄 | 52 | | 新 |

### 22 教育党
85,182（0—1）

| 城戸 嘉世子 | 62 | | 新 |

### 23 平民党
74,042（0—1）

| 影山 裕二 | 30 | | 新 |

### 24 中小企業生活党
48,787（0—2）

| 嶋岡 誠 | 59 | | 新 |
| 菅野 豊 | 39 | | 新 |

### 25 日本世直し党
46,713（0—1）

| 重松 九州男 | 80 | | 新 |

### 26 日本国民政治連合
46,682（0—1）

| 赤石 貞治 | 63 | | 新 |

### 27 日本愛酢党
46,246（0—10）

| 長田 正松 | 77 | | 新 |
| 山本 真一郎 | 73 | | 新 |
| 畠 友子 | 62 | | 新 |
| 吉田 卯之助 | 87 | | 新 |
| 中山 勝次 | 85 | | 新 |
| 飯田 豊 | 51 | | 新 |
| 前原 和夫 | 64 | | 新 |
| 宇賀神 孝 | 64 | | 新 |
| 伊井 志朗 | 70 | | 新 |
| 篠田 努 | 68 | | 新 |

### 28 文化フォーラム
37,939（0—1）

| 太平 シロー | 35 | | 新 |

### 29 「開星論」のUFO党
37,552（0—9）

| 森脇 十九男 | 48 | | 新 |
| 野中 和雄 | 46 | | 新 |
| 篠田 純子 | 42 | | 新 |
| 守谷 克俊 | 36 | | 新 |
| 田中 茂樹 | 40 | | 新 |
| 森光 宏明 | 52 | | 新 |
| 宇野木 洋 | 41 | | 新 |
| 佐藤 けいろう | 31 | | 新 |
| 本多 ゆういち | 30 | | 新 |

### 30 国際政治連合
22,688（0—9）

| 金 昇 | 41 | | 新 |
| 桑山 照章 | 49 | | 新 |
| 松井 俊夫 | 42 | | 新 |
| 小出 孝行 | 43 | | 新 |
| 渡辺 光訓 | 36 | | 新 |
| 井上 守 | 30 | | 新 |
| 川村 武男 | 43 | | 新 |
| 佐藤 昇 | 68 | | 新 |
| 稲垣 治雄 | 40 | | 新 |

### 31 表現の自由党
19,332（0—1）

| 一瀬 晴子 | 32 | | 新 |

### 32 雑民党
17,639（0—1）

| 東郷 健 | 60 | | 新 |

### 33 平成改新党
16,899（0—10）

| 長野 勝美 | 42 | | 新 |
| 原田 光男 | 42 | | 新 |
| 東 啓明 | 44 | | 新 |
| 菅野 歳子 | 36 | | 新 |
| 岡本 清文 | 32 | | 新 |
| 宮西 渡 | 50 | | 新 |
| 稲葉 純一 | 39 | | 新 |
| 呉 俊賢 | 32 | | 新 |
| 竹下 公仁宏 | 52 | | 新 |
| 佐久間 信人 | 61 | | 新 |

| 34 フリーワークユニオン |||| 
|---|---|---|---|
| 16,856 （0 — 1） ||||
| 小野里 博 | 36 | | 新 |

| 35 地球維新党 ||||
|---|---|---|---|
| 11,883 （0 — 1） ||||
| 鈴木 孝子 | 57 | | 新 |

| 36 政事公団太平会 ||||
|---|---|---|---|
| 11,757 （0 —10） ||||
| 野瀬 庄平 | 71 | | 新 |
| 増田 惟子 | 49 | | 新 |
| 浜沢 花子 | 66 | | 新 |
| 戸嶋 悦子 | 49 | | 新 |
| 木内 富子 | 35 | | 新 |
| 長崎 笑美香 | 67 | | 新 |
| 中西 君江 | 59 | | 新 |
| 村上 トミ子 | 58 | | 新 |
| 牧野 淳子 | 53 | | 新 |
| 増田 真一 | 68 | | 新 |

| 37 世界浄霊会 ||||
|---|---|---|---|
| 9,779 （0 —10） ||||
| 小林 三也 | 63 | | 新 |
| 田中 栄晃 | 48 | | 新 |
| 荒 敬雄 | 49 | | 新 |
| 庭山 太郎 | 43 | | 新 |
| 横川 済 | 49 | | 新 |
| 谷川 展朗 | 50 | | 新 |
| 大溝 和純 | 44 | | 新 |
| 宍倉 知明 | 44 | | 新 |
| 小沢 光生 | 42 | | 新 |
| 庭山 乃二郎 | 39 | | 新 |

| 38 大日本誠流社 ||||
|---|---|---|---|
| 7,294 （0 — 8） ||||
| 柴田 吉一 | 39 | | 新 |
| 角田 倉人 | 59 | | 新 |
| 金子 譲 | 31 | | 新 |
| 山口 二三夫 | 45 | | 新 |
| 今野 好喜 | 45 | | 新 |
| 永尾 隆幸 | 32 | | 新 |
| 北村 周二 | 38 | | 新 |
| 須藤 一 | 40 | | 新 |

## 地方区

**北海道（4 — 8）**

| 1 | 風間 昶 | 45 | 500,717 | 公明 新 ① |
|---|---|---|---|---|
| 2 | 中尾 則幸 | 45 | 424,818 | 無所 新 ① |
| 3 | 峰崎 直樹 | 47 | 420,994 | 社会 新 ① |
| 4 | 高木 正明 | 63 | 389,317 | 自民 前 ③ |
| ▽ | 岩本 政光 | 63 | 381,089 | 自民 前 2 |
| ▽ | 猪狩 康代 | 46 | 334,840 | 共産 新 |
| | 前谷 宏 | 67 | 15,166 | 無所 新 |
| | 森 信之 | 36 | 13,301 | 諸派 新 |

**青森県（1 — 3）**

| 1 | 松尾 官平 | 65 | 263,540 | 自民 前 ④ |
|---|---|---|---|---|
| ▽ | 草創 文男 | 65 | 151,488 | 無所 新 |
| | 高橋 千鶴子 | 32 | 66,557 | 共産 新 |

**岩手県（1 — 3）**

| 1 | 椎名 素夫 | 61 | 369,377 | 自民 新 ① |
|---|---|---|---|---|
| ▽ | 熊谷 隆司 | 41 | 200,848 | 連合 新 |
| | 佐久間 敏子 | 41 | 52,636 | 共産 新 |

**宮城県（1 — 4）**

| 1 | 遠藤 要 | 76 | 380,249 | 自民 前 ④ |
|---|---|---|---|---|
| ▽ | 瀬戸 勝枝 | 45 | 294,599 | 連合 新 |
| | 辻畑 尚史 | 34 | 67,341 | 共産 新 |
| | 橋本 堯夫 | 48 | 41,990 | 無所 新 |

**秋田県（1 — 3）**

| 1 | 佐々木 満 | 66 | 329,703 | 自民 前 ④ |
|---|---|---|---|---|
| ▽ | 畠山 樹之 | 48 | 185,858 | 連合 新 |
| | 奥井 淳二 | 39 | 51,134 | 共産 新 |

**山形県（1 — 3）**

| 1 | 鈴木 貞敏 | 66 | 323,722 | 自民 前 ② |
|---|---|---|---|---|
| ▽ | 斉藤 昌助 | 53 | 204,873 | 連合 新 |
| | 井上 龍男 | 52 | 40,074 | 共産 新 |

**福島県（2 — 5）**

| 1 | 鈴木 省吾 | 80 | 265,650 | 自民 前 ⑤ |
|---|---|---|---|---|
| 2 | 佐藤 静雄 | 60 | 262,817 | 自民 新 ① |
| ▽ | 渋谷 家寿一 | 55 | 245,309 | 連合 新 |
| | 渡辺 新二 | 39 | 66,619 | 無所 新 |
| | 佐藤 克朗 | 37 | 58,411 | 共産 新 |

**茨城県（2 — 3）**

| 1 | 野村 五男 | 50 | 378,201 | 自民 前 ② |
|---|---|---|---|---|
| 2 | 矢田部 理 | 60 | 279,768 | 社会 前 ④ |
| ▽ | 奈良 達雄 | 60 | 71,470 | 共産 新 |

## 栃木県（2—5）

| | | | | | |
|---|---|---|---|---|---|
| 1 | 森山 真弓 | 64 | 278,191 | 自民 前 | ③ |
| 2 | 矢野 哲朗 | 45 | 231,182 | 自民 新 | ① |
| ▽ | 国井 正幸 | 44 | 212,034 | 連合 新 | |
| | 野村 節子 | 39 | 27,287 | 共産 新 | |
| | 坂本 敏義 | 56 | 7,874 | 無所 新 | |

## 群馬県（2—4）

| | | | | | |
|---|---|---|---|---|---|
| 1 | 中曽根 弘文 | 46 | 281,834 | 自民 前 | ② |
| 2 | 上野 公成 | 53 | 275,793 | 自民 新 | ① |
| ▽ | 茜ヶ久保 淑郎 | 50 | 208,089 | 連合 新 | |
| | 小野寺 慶吾 | 59 | 46,266 | 共産 新 | |

## 埼玉県（3—10）＜補1＞

| | | | | | |
|---|---|---|---|---|---|
| 1 | 関根 則之 | 62 | 496,162 | 自民 前 | ② |
| 2 | 瀬谷 英行 | 73 | 420,722 | 社会 前 | ⑥ |
| 3 | 佐藤 泰三 | 68 | 369,523 | 自民 新 | ① |
| ▽ | 阿部 幸代 | 43 | 296,741 | 共産 新 | |
| | 石井 正弘 | 58 | 26,894 | 諸派 新 | |
| | 柿沢 日出夫 | 40 | 20,789 | 諸派 新 | |
| | 星野 敏子 | 30 | 13,674 | 諸派 新 | |
| | 吉田 則義 | 33 | 12,468 | 諸派 新 | |
| | 大沢 孝志 | 59 | 8,887 | 諸派 新 | |
| | 岩渕 久美 | 33 | 8,747 | 諸派 新 | |

## 千葉県（2—7）

| | | | | | |
|---|---|---|---|---|---|
| 1 | 井上 裕 | 64 | 809,120 | 自民 前 | ③ |
| 2 | 赤桐 操 | 72 | 448,838 | 社会 前 | ④ |
| ▽ | 吉田 秀樹 | 39 | 194,850 | 共産 新 | |
| | 人見 康之 | 35 | 40,589 | 諸派 新 | |
| | 大塚 雪雄 | 41 | 34,128 | 諸派 新 | |
| | 道岡 宏有 | 44 | 15,761 | 諸派 新 | |
| | 田所 健治 | 38 | 10,483 | 諸派 新 | |

## 東京都（4—52）

| | | | | | |
|---|---|---|---|---|---|
| 1 | 浜四津 敏子 | 47 | 902,242 | 公明 新 | ① |
| 2 | 上田 耕一郎 | 65 | 756,647 | 共産 前 | ④ |
| 3 | 森田 健作 | 42 | 716,793 | 無所 新 | ① |
| 4 | 小野 清子 | 56 | 671,457 | 自民 新 | ② |
| ▽ | 小倉 基 | 60 | 597,711 | 自民 新 | |
| ▽ | 内田 雅敏 | 47 | 314,291 | 諸派 新 | |
| | 東 三元 | 39 | 27,569 | 諸派 新 | |
| | 伊藤 尚子 | 32 | 17,349 | 諸派 新 | |
| | 阿久津 順一 | 39 | 15,670 | 諸派 新 | |
| | 品川 司 | 81 | 15,286 | 諸派 新 | |
| | 関口 周司 | 34 | 14,876 | 諸派 新 | |
| | 新井 信介 | 34 | 6,922 | 無所 新 | |
| | 田中 哲朗 | 44 | 6,000 | 無所 新 | |
| | 鈴木 広 | 73 | 5,863 | 無所 新 | |
| | 竹内 辰郎 | 64 | 5,321 | 諸派 新 | |
| | 多賀 文雄 | 47 | 4,768 | 諸派 新 | |
| | 佐々木 幹雄 | 39 | 4,206 | 諸派 新 | |
| | 舘野 良吉 | 62 | 3,990 | 諸派 新 | |
| | 福井 実 | 43 | 3,801 | 諸派 新 | |
| | 保田 玲子 | 46 | 3,793 | 諸派 新 | |
| | 篠田 ふみお | 40 | 3,145 | 諸派 新 | |
| | 伊東 マサコ | 46 | 3,042 | 諸派 新 | |
| | 中村 敦 | 33 | 2,942 | 諸派 新 | |
| | 竹田 朋松 | 64 | 2,702 | 無所 新 | |
| | 大島 葉子 | 60 | 2,504 | 諸派 新 | |
| | 太田 宏 | 37 | 2,477 | 諸派 新 | |
| | 石渡 恵美子 | 30 | 2,245 | 諸派 新 | |
| | 大山 千恵子 | 35 | 2,059 | 諸派 新 | |
| | 田高 実 | 43 | 2,010 | 諸派 新 | |
| | 今井 滋 | 51 | 2,008 | 諸派 新 | |
| | 桑野 健次 | 63 | 1,987 | 諸派 新 | |
| | 兼松 耕作 | 68 | 1,977 | 諸派 新 | |
| | 伊東 敬芳 | 56 | 1,637 | 諸派 新 | |
| | 石川 和己 | 57 | 1,637 | 諸派 新 | |
| | 三井 理峯 | 81 | 1,615 | 無所 新 | |
| | 一瀬 貴男 | 32 | 1,584 | 諸派 新 | |
| | 鈴木 比佐志 | 37 | 1,574 | 諸派 新 | |
| | 円城寺 隆 | 36 | 1,564 | 諸派 新 | |
| | 太治 一博 | 42 | 1,461 | 諸派 新 | |
| | 牧野 克敏 | 41 | 1,423 | 諸派 新 | |
| | 岡元 貞子 | 39 | 1,420 | 諸派 新 | |
| | 飯島 洋一 | 42 | 1,336 | 諸派 新 | |
| | 捧 政義 | 42 | 1,242 | 諸派 新 | |
| | 段 八重子 | 39 | 1,219 | 諸派 新 | |
| | 田中 文明 | 36 | 1,187 | 諸派 新 | |
| | 島本 義夫 | 37 | 1,109 | 諸派 新 | |
| | 木下 洋一 | 32 | 1,108 | 諸派 新 | |
| | 藤波 典雄 | 40 | 1,025 | 諸派 新 | |
| | 佐藤 尊夫 | 34 | 780 | 諸派 新 | |
| | 下園 静夫 | 48 | 735 | 諸派 新 | |
| | 野苅家 芳男 | 53 | 706 | 諸派 新 | |
| | 藤田 立身 | 37 | 543 | 諸派 新 | |

## 神奈川県（2—13）

| | | | | | |
|---|---|---|---|---|---|
| 1 | 斎藤 文夫 | 64 | 753,852 | 自民 前 | ② |
| 2 | 千葉 景子 | 44 | 693,301 | 社会 前 | ② |
| ▽ | 大石 尚子 | 55 | 370,820 | 民社 新 | |
| ▽ | 円山 雅也 | 65 | 348,264 | 進歩 元 | 1 |
| ▽ | 大森 猛 | 47 | 218,175 | 共産 新 | |
| | 新谷 正夫 | 61 | 25,423 | 無所 新 | |
| | 岡 遥 | 46 | 18,331 | 諸派 新 | |
| | 福田 拓泉 | 64 | 8,473 | 諸派 新 | |
| | 堀内 秀昭 | 30 | 8,073 | 諸派 新 | |
| | 白根 秀夫 | 50 | 7,579 | 諸派 新 | |
| | 山崎 義章 | 39 | 5,874 | 諸派 新 | |
| | 岡本 徳夫 | 61 | 5,043 | 諸派 新 | |
| | 大胡 幸平 | 30 | 3,058 | 諸派 新 | |

## 新潟県（2―4）

| | 氏名 | 年齢 | 得票数 | 党派 | 新旧 | |
|---|---|---|---|---|---|---|
| 1 | 真島 一男 | 59 | 496,251 | 自民 | 前 | ② |
| 2 | 大渕 絹子 | 47 | 376,580 | 社会 | 前 | ② |
| | 村田 一男 | 48 | 72,541 | 共産 | 新 | |
| | 北村 寿孝 | 44 | 44,017 | 諸派 | 新 | |

## 富山県（1―3）

| | 氏名 | 年齢 | 得票数 | 党派 | 新旧 | |
|---|---|---|---|---|---|---|
| 1 | 永田 良雄 | 61 | 298,827 | 自民 | 前 | ② |
| ▽ | 永井 博 | 51 | 143,248 | 連合 | 新 | |
| | 泉野 和之 | 35 | 21,660 | 共産 | 新 | |

## 石川県（1―3）

| | 氏名 | 年齢 | 得票数 | 党派 | 新旧 | |
|---|---|---|---|---|---|---|
| 1 | 沓掛 哲男 | 62 | 261,348 | 自民 | 前 | ② |
| ▽ | 宮本 一二 | 44 | 162,714 | 連合 | 新 | |
| | 尾西 洋子 | 48 | 36,504 | 共産 | 新 | |

## 福井県（1―3）

| | 氏名 | 年齢 | 得票数 | 党派 | 新旧 | |
|---|---|---|---|---|---|---|
| 1 | 山崎 正昭 | 50 | 216,105 | 自民 | 新 | ① |
| ▽ | 龍田 清成 | 49 | 129,146 | 連合 | 新 | |
| | 宇野 邦弘 | 40 | 18,128 | 共産 | 新 | |

## 山梨県（1―4）

| | 氏名 | 年齢 | 得票数 | 党派 | 新旧 | |
|---|---|---|---|---|---|---|
| 1 | 志村 哲良 | 66 | 256,770 | 自民 | 元 | ② |
| ▽ | 望月 幸明 | 68 | 175,853 | 連合 | 新 | |
| | 福田 剛司 | 47 | 20,080 | 共産 | 新 | |
| | 大河原 満 | 56 | 1,955 | 無所 | 新 | |

## 長野県（2―4）

| | 氏名 | 年齢 | 得票数 | 党派 | 新旧 | |
|---|---|---|---|---|---|---|
| 1 | 北沢 俊美 | 54 | 379,633 | 自民 | 新 | ① |
| 2 | 今井 澄 | 52 | 309,505 | 社会 | 新 | ① |
| ▽ | 神津 武士 | 65 | 140,214 | 無所 | 新 | |
| ▽ | 小平 敦子 | 56 | 108,053 | 共産 | 新 | |

## 岐阜県（1―4）

| | 氏名 | 年齢 | 得票数 | 党派 | 新旧 | |
|---|---|---|---|---|---|---|
| 1 | 藤井 孝男 | 49 | 489,640 | 自民 | 前 | ③ |
| ▽ | 不破 照子 | 52 | 255,140 | 社会 | 新 | |
| | 山本 博幸 | 42 | 59,367 | 共産 | 新 | |
| | 今園 春男 | 49 | 18,491 | 無所 | 新 | |

## 静岡県（2―5）

| | 氏名 | 年齢 | 得票数 | 党派 | 新旧 | |
|---|---|---|---|---|---|---|
| 1 | 木宮 和彦 | 65 | 603,766 | 自民 | 前 | ② |
| 2 | 青木 薪次 | 66 | 433,381 | 社会 | 前 | ④ |
| ▽ | 大西 健一 | 39 | 109,533 | 共産 | 新 | |
| | 中尾 正利 | 54 | 40,185 | 無所 | 新 | |
| | 高橋 洋一 | 50 | 30,189 | 諸派 | 新 | |

## 愛知県（3―34）

| | 氏名 | 年齢 | 得票数 | 党派 | 新旧 | |
|---|---|---|---|---|---|---|
| 1 | 大木 浩 | 65 | 590,618 | 自民 | 前 | ③ |
| 2 | 荒木 清寛 | 36 | 507,345 | 公明 | 新 | |
| 3 | 新間 正次 | 57 | 487,159 | 民社 | 新 | ① |
| ▽ | 横江 金夫 | 58 | 357,592 | 社会 | 新 | |
| ▽ | 瀬古 由起子 | 44 | 205,881 | 共産 | 新 | |
| | 杉本 皓一 | 42 | 29,543 | 諸派 | 新 | |
| | 杉田 浩三 | 30 | 9,693 | 諸派 | 新 | |
| | 後藤 民夫 | 44 | 5,868 | 無所 | 新 | |
| | 鈴木 孟 | 59 | 5,305 | 諸派 | 新 | |
| | 小林 長吉 | 65 | 4,596 | 諸派 | 新 | |
| | 曽我 邦雄 | 52 | 3,747 | 無所 | 新 | |
| | 橋本 健一 | 45 | 3,678 | 諸派 | 新 | |
| | 佐々木 牧夫 | 53 | 3,600 | 諸派 | 新 | |
| | 小松 美保子 | 42 | 3,518 | 諸派 | 新 | |
| | 遠藤 滋 | 43 | 3,443 | 諸派 | 新 | |
| | 森下 郷子 | 33 | 3,280 | 諸派 | 新 | |
| | 平井 匡介 | 63 | 3,108 | 諸派 | 新 | |
| | 杉田 優子 | 48 | 2,885 | 諸派 | 新 | |
| | 松永 陽三 | 31 | 2,884 | 諸派 | 新 | |
| | 藤田 二三夫 | 52 | 2,743 | 諸派 | 新 | |
| | 笹岡 祥二 | 45 | 2,721 | 諸派 | 新 | |
| | 坂井 修司 | 43 | 2,589 | 諸派 | 新 | |
| | 市森 いづみ | 32 | 2,582 | 諸派 | 新 | |
| | 吉本 洋美 | 32 | 2,320 | 諸派 | 新 | |
| | 星野 吉男 | 31 | 2,180 | 諸派 | 新 | |
| | 渡辺 恵子 | 38 | 1,484 | 諸派 | 新 | |
| | 高橋 広吉 | 61 | 1,415 | 諸派 | 新 | |
| | 高橋 正雄 | 43 | 1,399 | 諸派 | 新 | |
| | 大河原 裕志 | 31 | 1,376 | 諸派 | 新 | |
| | 田高 富貴子 | 43 | 1,030 | 諸派 | 新 | |
| | 宮川 和男 | 44 | 985 | 諸派 | 新 | |
| | 泉 正広 | 42 | 966 | 諸派 | 新 | |
| | 段 光憲 | 51 | 809 | 諸派 | 新 | |
| | 相良 輝彦 | 56 | 614 | 諸派 | 新 | |

## 三重県（1―3）

| | 氏名 | 年齢 | 得票数 | 党派 | 新旧 | |
|---|---|---|---|---|---|---|
| 1 | 斎藤 十朗 | 52 | 373,960 | 自民 | 前 | ⑤ |
| ▽ | 北岡 勝征 | 48 | 272,804 | 連合 | 新 | |
| | 堀 義和 | 57 | 54,113 | 共産 | 新 | |

## 滋賀県（1―3）

| | 氏名 | 年齢 | 得票数 | 党派 | 新旧 | |
|---|---|---|---|---|---|---|
| 1 | 河本 英典 | 44 | 270,426 | 自民 | 新 | ① |
| ▽ | 松井 佐彦 | 52 | 217,823 | 連合 | 新 | |
| | 川内 卓 | 36 | 49,518 | 共産 | 新 | |

## 京都府（2―4）

| | 氏名 | 年齢 | 得票数 | 党派 | 新旧 | |
|---|---|---|---|---|---|---|
| 1 | 林田 悠紀夫 | 76 | 422,436 | 自民 | 前 | ⑤ |
| 2 | 西山 登紀子 | 48 | 264,006 | 共産 | 新 | ① |
| ▽ | 城守 昌二 | 64 | 209,117 | 連合 | 新 | |
| | 高井 マサ代 | 45 | 22,357 | 無所 | 新 | |

## 大阪府（3―32）

| | 氏名 | 年齢 | 得票数 | 党派 | 新旧 | |
|---|---|---|---|---|---|---|
| 1 | 西川 きよし | 46 | 975,593 | 無所 | 前 | ② |
| 2 | 山下 栄一 | 44 | 753,205 | 公明 | 新 | |
| 3 | 坪井 一宇 | 53 | 558,143 | 自民 | 前 | ② |
| ▽ | 依田 貴久子 | 54 | 482,317 | 共産 | 新 | |
| ▽ | 西村 真悟 | 44 | 364,430 | 連合 | 新 | |

| | | | | | |
|---|---|---|---|---|---|
| 西村 重蔵 | 63 | 15,380 | 無所 | 新 | |
| 小島 典子 | 45 | 3,599 | 諸派 | 新 | |
| 山崎 国太郎 | 55 | 3,169 | 諸派 | 新 | |
| 平田 博 | 55 | 3,031 | 諸派 | 新 | |
| 鈴木 勝治 | 53 | 2,508 | 諸派 | 新 | |
| 中村 徳一 | 63 | 2,494 | 諸派 | 新 | |
| 森山 春夫 | 61 | 2,131 | 諸派 | 新 | |
| 伊藤 昌孝 | 60 | 2,089 | 諸派 | 新 | |
| 三浦 洋子 | 32 | 1,992 | 諸派 | 新 | |
| 高橋 誠子 | 32 | 1,754 | 諸派 | 新 | |
| 伊藤 睦子 | 45 | 1,354 | 諸派 | 新 | |
| 深沢 郁二 | 53 | 1,345 | 諸派 | 新 | |
| 吉本 昌弘 | 34 | 1,303 | 諸派 | 新 | |
| 塩沢 勇 | 56 | 1,238 | 諸派 | 新 | |
| 小林 由可里 | 32 | 1,209 | 諸派 | 新 | |
| 三浦 真一 | 41 | 960 | 諸派 | 新 | |
| 大原 伸二 | 43 | 867 | 諸派 | 新 | |
| 矢田 良彦 | 38 | 857 | 諸派 | 新 | |
| 植松 義隆 | 45 | 839 | 諸派 | 新 | |
| 伊草 喜久江 | 32 | 672 | 諸派 | 新 | |
| 阿部 伝 | 43 | 637 | 諸派 | 新 | |
| 段 末畩 | 78 | 523 | 諸派 | 新 | |
| 高橋 将 | 44 | 492 | 諸派 | 新 | |
| 野苅家 代次 | 51 | 472 | 諸派 | 新 | |
| 岩淵 庄司 | 38 | 420 | 諸派 | 新 | |
| 渡辺 滝雄 | 39 | 259 | 諸派 | 新 | |
| 塩原 孝光 | 44 | 220 | 諸派 | 新 | |

**兵庫県（3—10）**

| | | | | | | |
|---|---|---|---|---|---|---|
| 1 | 河本 三郎 | 41 | 437,185 | 自民 | 新 | ① |
| 2 | 本岡 昭次 | 61 | 436,639 | 社会 | 前 | ③ |
| 3 | 片上 公人 | 53 | 433,236 | 公明 | 新 | ② |
| ▽ | 伊藤 国衛 | 51 | 229,108 | 自民 | 新 | |
| ▽ | 大沢 辰美 | 51 | 207,957 | 共産 | 新 | |
| ▽ | 永江 一仁 | 56 | 182,000 | 民社 | 新 | |
| | 溝田 弘利 | 61 | 78,413 | 無所 | 新 | |
| | 下村 鉄人 | 61 | 7,280 | 無所 | 新 | |
| | 高橋 秀夫 | 50 | 6,721 | 無所 | 新 | |
| | 庭野 正敏 | 32 | 6,628 | 諸派 | 新 | |

**奈良県（1—4）**

| | | | | | | |
|---|---|---|---|---|---|---|
| 1 | 服部 三男雄 | 47 | 212,537 | 自民 | 新 | ① |
| ▽ | 高市 早苗 | 31 | 159,274 | 無所 | 新 | |
| ▽ | 田原 恵子 | 43 | 90,303 | 連合 | 新 | |
| | 今井 光子 | 37 | 66,157 | 共産 | 新 | |

**和歌山県（1—3）**

| | | | | | | |
|---|---|---|---|---|---|---|
| 1 | 前田 勲男 | 49 | 253,060 | 自民 | 前 | ④ |
| ▽ | 東山 昭久 | 43 | 92,754 | 社会 | 新 | |
| | 前 久 | 36 | 52,532 | 共産 | 新 | |

**鳥取県（1—4）**

| | | | | | | |
|---|---|---|---|---|---|---|
| 1 | 坂野 重信 | 75 | 180,007 | 自民 | 前 | ④ |
| ▽ | 加茂 篤代 | 63 | 88,938 | 無所 | 新 | |
| | 佐々木 康子 | 54 | 18,278 | 共産 | 新 | |
| | 中西 豊明 | 75 | 11,250 | 無所 | 新 | |

**島根県（1—3）**

| | | | | | | |
|---|---|---|---|---|---|---|
| 1 | 青木 幹雄 | 58 | 245,754 | 自民 | 前 | ② |
| ▽ | 帯刀 妙子 | 50 | 153,084 | 連合 | 新 | |
| | 上代 善雄 | 38 | 26,959 | 共産 | 新 | |

**岡山県（2—5）**

| | | | | | | |
|---|---|---|---|---|---|---|
| 1 | 加藤 紀文 | 43 | 327,271 | 自民 | 新 | ① |
| 2 | 一井 淳治 | 56 | 217,719 | 社会 | 前 | ② |
| ▽ | 河重 寛子 | 54 | 80,395 | 共産 | 新 | |
| | 岡田 定見 | 51 | 11,566 | 諸派 | 新 | |
| | 吉崎 耕二 | 39 | 7,858 | 諸派 | 新 | |

**広島県（2—4）**

| | | | | | | |
|---|---|---|---|---|---|---|
| 1 | 宮沢 弘 | 70 | 472,847 | 自民 | 前 | ③ |
| 2 | 栗原 君子 | 46 | 250,377 | 諸派 | 新 | ① |
| ▽ | 小西 博行 | 55 | 241,557 | 連合 | 前 | 2 |
| | 村上 昭二 | 44 | 60,574 | 共産 | 新 | |

**山口県（1—4）**

| | | | | | | |
|---|---|---|---|---|---|---|
| 1 | 二木 秀夫 | 62 | 443,233 | 自民 | 前 | ② |
| ▽ | 桝村 実 | 60 | 168,372 | 社会 | 新 | |
| | 林 洋武 | 56 | 62,074 | 共産 | 新 | |
| | 佐々木 信夫 | 53 | 45,412 | 諸派 | 新 | |

**徳島県（1—3）**

| | | | | | | |
|---|---|---|---|---|---|---|
| 1 | 松浦 孝治 | 54 | 163,569 | 自民 | 前 | ② |
| ▽ | 加藤 高明 | 52 | 94,562 | 連合 | 新 | |
| | 上村 秀明 | 33 | 31,121 | 共産 | 新 | |

**香川県（1—3）**

| | | | | | | |
|---|---|---|---|---|---|---|
| 1 | 平井 卓志 | 60 | 247,574 | 自民 | 前 | ⑤ |
| ▽ | 渡辺 智子 | 38 | 130,597 | 社会 | 新 | |
| | 山本 繁 | 59 | 20,994 | 共産 | 新 | |

**愛媛県（1—3）**

| | | | | | | |
|---|---|---|---|---|---|---|
| 1 | 野間 赳 | 58 | 385,178 | 自民 | 新 | ① |
| ▽ | 菅原 辰二 | 64 | 163,477 | 無所 | 新 | |
| | 佐々木 泉 | 41 | 52,430 | 共産 | 新 | |

**高知県（1—4）**

| | | | | | | |
|---|---|---|---|---|---|---|
| 1 | 平野 貞夫 | 56 | 153,255 | 無所 | 新 | ① |
| | 浜田 嘉彦 | 48 | 90,056 | 無所 | 新 | |
| ▽ | 北岡 照子 | 61 | 59,633 | 共産 | 新 | |
| | 所谷 尚武 | 52 | 30,842 | 無所 | 新 | |

## 福岡県（3—7）

| | | | | | | |
|---|---|---|---|---|---|---|
| 1 | 横尾 和伸 | 42 | 453,365 | 公明 | 新 | ① |
| 2 | 渡辺 四郎 | 62 | 403,726 | 社会 | 前 | ② |
| 3 | 吉村 剛太郎 | 53 | 377,084 | 自民 | 新 | ① |
| ▽ | 重富 吉之助 | 59 | 329,567 | 自民 | 前 | 1 |
| ▽ | 柳井 誠 | 36 | 119,251 | 共産 | 新 | |
| | 遠藤 政夫 | 69 | 90,301 | 無所 | 元 | 2 |
| | 芦名 裕子 | 34 | 18,270 | 諸派 | 新 | |

## 佐賀県（1—3）

| | | | | | | |
|---|---|---|---|---|---|---|
| 1 | 大塚 清次郎 | 70 | 211,675 | 自民 | 前 | ② |
| ▽ | 柳川 耕平 | 48 | 131,758 | 無所 | 新 | |
| | 武田 昭彦 | 37 | 20,821 | 共産 | 新 | |

## 長崎県（1—3）

| | | | | | | |
|---|---|---|---|---|---|---|
| 1 | 松谷 蒼一郎 | 64 | 320,060 | 自民 | 新 | ① |
| ▽ | 萩 雄二 | 55 | 206,611 | 連合 | 新 | |
| | 石川 悟 | 39 | 55,621 | 共産 | 新 | |

## 熊本県（2—7）

| | | | | | | |
|---|---|---|---|---|---|---|
| 1 | 守住 有信 | 67 | 211,414 | 自民 | 前 | ③ |
| 2 | 浦田 勝 | 67 | 163,525 | 無所 | 元 | ② |
| ▽ | 川村 充夫 | 42 | 148,922 | 連合 | 新 | |
| ▽ | 中山 義崇 | 68 | 135,986 | 無所 | 新 | |
| ▽ | 矢上 雅義 | 31 | 102,558 | 無所 | 新 | |
| | 足立 国功 | 47 | 20,805 | 無所 | 新 | |
| | 武宮 憲之 | 41 | 20,243 | 共産 | 新 | |

## 大分県（1—3）

| | | | | | | |
|---|---|---|---|---|---|---|
| 1 | 釘宮 磐 | 44 | 330,171 | 自民 | 新 | ① |
| ▽ | 新谷 高己 | 59 | 237,900 | 連合 | 新 | |
| | 藤沢 架住 | 52 | 25,597 | 共産 | 新 | |

## 宮崎県（1—3）

| | | | | | | |
|---|---|---|---|---|---|---|
| 1 | 上杉 光弘 | 50 | 283,451 | 自民 | 前 | ② |
| ▽ | 前田 裕司 | 43 | 146,665 | 社会 | 新 | |
| | 長友 ちか | 36 | 27,701 | 共産 | 新 | |

## 鹿児島県（2—4）

| | | | | | | |
|---|---|---|---|---|---|---|
| 1 | 井上 吉夫 | 69 | 308,549 | 自民 | 前 | ④ |
| 2 | 上山 和人 | 62 | 253,945 | 社会 | 新 | ① |
| ▽ | 五領 和男 | 64 | 170,520 | 自民 | 新 | |
| | 桂田 成基 | 44 | 24,533 | 共産 | 新 | |

## 沖縄県（1—2）

| | | | | | | |
|---|---|---|---|---|---|---|
| 1 | 島袋 宗康 | 65 | 245,319 | 諸派 | 新 | ① |
| ▽ | 大城 真順 | 64 | 244,818 | 自民 | 前 | 2 |

## 第16期補欠選挙

### 福島県（1993年7月18日執行＝1—3）

| | | | | | | |
|---|---|---|---|---|---|---|
| 1 | 太田 豊秋 | 58 | 629,369 | 自民 | 新 | ① |
| ▽ | 飯村 微光 | 67 | 317,143 | 社会 | 新 | |
| | 佐藤 克朗 | 38 | 151,153 | 共産 | 新 | |

### 岐阜県（1993年7月18日執行＝2—3）

| | | | | | | |
|---|---|---|---|---|---|---|
| 1 | 笠原 潤一 | 61 | 568,744 | 自民 | 新 | ① |
| 2 | 岩崎 昭弥 | 66 | 385,931 | 社会 | 新 | ① |
| ▽ | 山本 博幸 | 43 | 144,720 | 共産 | 新 | |

### 広島県（1993年12月5日執行＝1—3）

| | | | | | | |
|---|---|---|---|---|---|---|
| 1 | 溝手 顕正 | 51 | 305,413 | 自民 | 新 | ① |
| ▽ | 山本 誠 | 56 | 176,851 | 社会 | 新 | |
| | 村上 昭二 | 46 | 45,936 | 共産 | 新 | |

### 愛知県（1994年9月11日執行＝1—7）

| | | | | | | |
|---|---|---|---|---|---|---|
| 1 | 都築 譲 | 43 | 931,936 | 諸派 | 新 | ① |
| ▽ | 水野 時郎 | 48 | 544,637 | 諸派 | 新 | |
| ▽ | 末広 真季子 | 49 | 473,703 | 無所 | 新 | |
| | 大村 義則 | 38 | 114,693 | 共産 | 新 | |
| | 牧野 剛 | 48 | 88,883 | 無所 | 新 | |
| | 志良以 栄 | 57 | 8,244 | 無所 | 新 | |
| | 千葉 徹 | 46 | 5,809 | 諸派 | 新 | |

## 第17回通常選挙 （1995年7月23日執行）

比例区（50—181）

政党名凡例
- 自民　自由民主党
- 新進　新進党
- 民主　民主党
- 社会　日本社会党
- 社民　社会民主党
- 共産　日本共産党
- さき　新党さきがけ
- 民改　民主改革連合
- 平和　平和・市民

### 1 新進党
12,506,322　（18—30）

| | | | | |
|---|---|---|---|---|
| 1 | 大森　礼子 | 46 | 新 | ① |
| 2 | 扇　千景 | 62 | 前 | ④ |
| 3 | 益田　洋介 | 49 | 新 | ① |
| 4 | 寺崎　昭久 | 59 | 前 | ② |
| 5 | 加藤　修一 | 47 | 新 | ① |
| 6 | 田村　秀昭 | 62 | 前 | ② |
| 7 | 水島　裕 | 61 | 新 | ① |
| 8 | 海野　義孝 | 59 | 新 | ① |
| 9 | 足立　良平 | 59 | 前 | ② |
| 10 | 但馬　久美 | 51 | 新 | ① |
| 11 | 木暮　山人 | 67 | 前 | ② |
| 12 | 福本　潤一 | 46 | 新 | ① |
| 13 | 友部　達夫 | 66 | 新 | ① |
| 14 | 今泉　昭 | 61 | 新 | ① |
| 15 | 渡辺　孝男 | 45 | 新 | ① |
| 16 | 畑　恵 | 33 | 新 | ① |
| 17 | 戸田　邦司 | 60 | 新 | ① |
| 18 | 星野　朋市 | 63 | 前 | ② |
| ※ | 松崎　俊久 | 65 | 新 | |
| ※ | 金石　清禅 | 56 | 新 | |
| | 小林　俊博 | 47 | 新 | |
| | 篠田　栄太郎 | 57 | 新 | |
| | 小森　良章 | 62 | 新 | |
| | 市川　宏 | 52 | 新 | |
| | 林　順一郎 | 60 | 新 | |
| | 前橋　通雄 | 52 | 新 | |
| | 今野　竹治 | 50 | 新 | |
| | 安達　裕志 | 50 | 新 | |
| | 半田　善三 | 44 | 新 | |
| | 及川　敏章 | 38 | 新 | |

### 2 自由民主党
11,096,972　（15—29）

| | | | | |
|---|---|---|---|---|
| 1 | 武見　敬三 | 43 | 新 | ① |
| 2 | 岡野　裕 | 68 | 前 | ③ |
| 3 | 中原　爽 | 59 | 新 | ① |
| 4 | 成瀬　守重 | 62 | 前 | ② |
| 5 | 石井　道子 | 62 | 前 | ③ |
| 6 | 尾辻　秀久 | 54 | 前 | ② |
| 7 | 清水　嘉与子 | 59 | 前 | ② |
| 8 | 石川　弘 | 66 | 元 | ② |
| 9 | 依田　智治 | 63 | 新 | ① |
| 10 | 須藤　良太郎 | 62 | 前 | ② |
| 11 | 釜本　邦茂 | 51 | 新 | ① |
| 12 | 小山　孝雄 | 51 | 新 | ① |
| 13 | 橋本　聖子 | 30 | 新 | ① |
| 14 | 海老原　義彦 | 66 | 新 | ① |
| 15 | 岩井　国臣 | 57 | 新 | ① |
| | 八代　英太 | 58 | 前 | 3 |
| ※ | 中島　啓雄 | 57 | 新 | |
| ※ | 柳川　覚治 | 69 | 前 | 2 |
| | 松井　比呂美 | 56 | 新 | |
| | 川越　宏樹 | 47 | 新 | |
| | 小山　敬次郎 | 61 | 新 | |
| | 伊江　朝雄 | 74 | 前 | 3 |
| | 柴田　知子 | 62 | 新 | |
| | 増岡　康治 | 70 | 前 | 3 |
| | 宮川　知雄 | 65 | 新 | |
| | 塩野谷　晶 | 30 | 新 | |
| | 馬場　文平 | 75 | 新 | |
| | 村口　勝哉 | 61 | 新 | |
| | 常陸　親義 | 63 | 新 | |

### 3 日本社会党
6,882,919　（9—18）

| | | | | |
|---|---|---|---|---|
| 1 | 日下部　禧代子 | 59 | 前 | ② |
| 2 | 松前　達郎 | 68 | 前 | ④ |
| 3 | 前川　忠夫 | 56 | 新 | ① |
| 4 | 朝日　俊弘 | 51 | 新 | ① |
| 5 | 竹村　泰子 | 61 | 前 | ② |
| 6 | 伊藤　基隆 | 56 | 新 | ① |
| 7 | 谷本　巍 | 66 | 前 | ② |
| 8 | 清水　澄子 | 67 | 前 | ② |
| 9 | 菅野　寿 | 72 | 前 | ② |
| | 肥田　美代子 | 54 | 前 | 1 |
| | 村田　誠醇 | 48 | 前 | 1 |
| | 堀　利和 | 45 | 前 | 1 |
| | 江藤　浩道 | 61 | 新 | |
| | 前田　由美子 | 43 | 新 | |
| | 石田　好数 | 58 | 新 | |
| | 海野　明昇 | 57 | 新 | |
| | 高木　将勝 | 56 | 新 | |

|  |  |  |  |
|---|---|---|---|
| 片岡 正英 | 40 | 新 | |

**4 日本共産党**
3,873,955　（5 —25）

| 1 | 橋本 敦 | 66 | 前 ④ |
| 2 | 吉川 春子 | 54 | 前 ③ |
| 3 | 須藤 美也子 | 60 | 新 ① |
| 4 | 笠井 亮 | 42 | 新 ① |
| 5 | 筆坂 秀世 | 47 | 新 ① |
|  | 林 紀子 | 55 | 前 1 |
|  | 菅野 悦子 | 52 | 新 |
|  | 日隈 威徳 | 59 | 新 |
|  | 碓田 のぼる | 67 | 新 |
|  | 栗岩 恵一 | 40 | 新 |
|  | 斎藤 保 | 67 | 新 |
|  | 奥村 明春 | 45 | 新 |
|  | 佐藤 義淳 | 54 | 新 |
|  | 川瀬 武衛 | 58 | 新 |
|  | 高原 美佐子 | 51 | 新 |
|  | 川原 巍誠 | 62 | 新 |
|  | 湯浅 晃 | 66 | 新 |
|  | 佐藤 道子 | 53 | 新 |
|  | 今村 順一郎 | 36 | 新 |
|  | 渡辺 洲平 | 68 | 新 |
|  | 宮本 岳志 | 35 | 新 |
|  | 小林 亮淳 | 51 | 新 |
|  | 丸山 慎一 | 39 | 新 |
|  | 増田 紘一 | 55 | 新 |
|  | 小泉 親司 | 47 | 新 |

**5 新党さきがけ**
1,455,886　（2 —10）

| 1 | 水野 誠一 | 49 | 新 ① |
| 2 | 堂本 暁子 | 62 | 前 ② |
|  | 渡辺 光子 | 45 | 新 |
| ※ | 黒岩 秩子 | 55 | 新 |
|  | 近藤 雅敏 | 57 | 新 |
|  | 上村 多恵子 | 42 | 新 |
|  | 井上 和雄 | 43 | 新 |
|  | 和田 貞実 | 62 | 新 |
|  | 伊藤 忠彦 | 31 | 新 |
|  | 中島 裕子 | 33 | 新 |

**6 第二院クラブ**
1,282,596　（1 — 5）

| 1 | 佐藤 道夫 | 62 | 新 ① |
|  | コロムビア・トップ | 73 | 前 3 |
|  | 青島 美幸 | 36 | 新 |
|  | 森田 浩一郎 | 69 | 新 |
|  | 吉村 成子 | 41 | 新 |

**7 スポーツ平和党**
541,894　（0 — 3）

| アントニオ 猪木 | 52 | 前 1 |
| 上田 哲 | 67 | 元 2 |
| 林 雅之 | 45 | 新 |

**8 平成維新の会**
506,551　（0 —10）

| 大前 研一 | 52 | 新 |
| 三浦 雄一郎 | 62 | 新 |
| 丹治 幹雄 | 40 | 新 |
| 織山 和久 | 34 | 新 |
| 三浦 恵美里 | 34 | 新 |
| 悉知 雅美 | 37 | 新 |
| 三浦 暎代 | 50 | 新 |
| 長妻 昭 | 35 | 新 |
| 真野 祐輔 | 51 | 新 |
| 神村 実 | 40 | 新 |

**9 日本福祉党**
418,765　（0 — 1）

| 東 三元 | 42 | 新 |

**10 平和・市民**
377,786　（0 — 4）

| 国弘 正雄 | 64 | 前 1 |
| 阿部 知子 | 47 | 新 |
| 中北 龍太郎 | 48 | 新 |
| 有川 正沙子 | 44 | 新 |

**11 さわやか新党**
325,106　（0 —10）

| 小林 繁 | 42 | 新 |
| 高田 延彦 | 33 | 新 |
| 須田 満 | 54 | 新 |
| 金森 仁 | 40 | 新 |
| 山下 典子 | 56 | 新 |
| 山中 毅 | 56 | 新 |
| 渡辺 長武 | 54 | 新 |
| 浜野 壹 | 54 | 新 |
| 鈴木 健 | 41 | 新 |
| 五味 典雄 | 46 | 新 |

**12 新自由党**
315,953　（0 — 2）

| 高橋 妙子 | 65 | 新 |
| 石川 八郎 | 62 | 新 |

**13 青年自由党**
222,456　（0 —10）

| 八田 信之 | 50 | 新 |
| 富永 雅之 | 58 | 新 |

| 氷長 一義 | 50 | 新 |
|---|---|---|
| 中村 功 | 59 | 新 |
| 小西 俊博 | 51 | 新 |
| 佐藤 克男 | 45 | 新 |
| 小林 美穂子 | 52 | 新 |
| 斎藤 清志朗 | 51 | 新 |
| 星野 和彦 | 44 | 新 |
| 河野 統 | 37 | 新 |

**14 全日本ドライバーズクラブ**
　　194,834　（0－1）

| 岡田 三男 | 69 | 新 |
|---|---|---|

**15 みどりといのちの市民・農民連合**
　　143,138　（0－4）

| 奥野 美代子 | 53 | 新 |
|---|---|---|
| 宮本 重吾 | 57 | 新 |
| 佐藤 昭司 | 67 | 新 |
| 木永 健治 | 43 | 新 |

**16 新しい時代をつくる党**
　　130,205　（0－7）

| 今野 福子 | 53 | 新 |
|---|---|---|
| 鮎貝 よし | 65 | 新 |
| 大塚 明美 | 44 | 新 |
| 香取 文子 | 47 | 新 |
| 西川 さよ子 | 52 | 新 |
| 佐野 みづえ | 47 | 新 |
| 山森 喜代美 | 47 | 新 |

**17 教育党**
　　105,421　（0－1）

| 城戸 嘉世子 | 65 | 新 |
|---|---|---|

**18 国民党**
　　86,862　（0－1）

| 志良以 栄 | 58 | 新 |
|---|---|---|

**19 「開星論」のUFO党**
　　54,524　（0－1）

| 韮沢 潤一郎 | 50 | 新 |
|---|---|---|

**20 日本世直し党**
　　49,680　（0－1）

| 重松 九州男 | 83 | 新 |
|---|---|---|

**21 憲法みどり農の連帯**
　　48,516　（0－3）

| 甑 正敏 | 48 | 前 1 |
|---|---|---|
| 小林 忠太郎 | 65 | 新 |
| 星野 安三郎 | 74 | 新 |

**22 雑民党**
　　36,528　（0－2）

| 中尾 良一 | 83 | 新 |
|---|---|---|
| 東郷 健 | 63 | 新 |

**23 世界浄霊会**
　　11,391　（0－3）

| 野澤 喜代 | 51 | 新 |
|---|---|---|
| 横川 済 | 52 | 新 |
| 名倉堂院 大三郎 | 51 | 新 |

## 地方区

**北海道（2－6）＜2減＞**

| 1 | 菅野 久光 | 67 | 563,029 | 社会 | 前 ③ |
|---|---|---|---|---|---|
| 2 | 小川 勝也 | 32 | 511,139 | 新進 | 新 ① |
| ▽ | 木本 由孝 | 51 | 488,807 | 自民 | 新 |
| ▽ | 高崎 裕子 | 46 | 392,714 | 共産 | 前 1 |
|  | 吉野 悦子 | 52 | 40,106 | 諸派 | 新 |
|  | 前谷 宏 | 70 | 21,716 | 無所 | 新 |

**青森県（1－5）**

| 1 | 山崎 力 | 48 | 176,259 | 新進 | 新 ① |
|---|---|---|---|---|---|
| ▽ | 鳴海 広道 | 54 | 173,393 | 自民 | 新 |

資料　第17回通常選挙　565

|   |   |   |   |   |   |   |
|---|---|---|---|---|---|---|
| ▽ | 三上　隆雄 | 61 | 102,770 | 無所 | 前 | 1 |
|   | 髙橋　千鶴子 | 35 | 40,026 | 共産 | 新 |   |
|   | 滝沢　求 | 36 | 32,532 | 無所 | 新 |   |

**岩手県（1―3）**

| 1 | 髙橋　令則 | 60 | 338,205 | 新進 | 新 | ① |
|---|---|---|---|---|---|---|
| ▽ | 清水　康之 | 56 | 226,505 | 無所 | 新 |   |
|   | 菅原　則勝 | 37 | 42,762 | 共産 | 新 |   |

**宮城県（2―5）＜1増＞**

| 1 | 市川　一朗 | 58 | 238,416 | 無所 | 新 | ① |
|---|---|---|---|---|---|---|
| 2 | 亀谷　博昭 | 55 | 206,987 | 自民 | 新 | ① |
| ▽ | 萩野　浩基 | 55 | 176,879 | 民改 | 前 | 1 |
|   | 中島　康博 | 41 | 51,448 | 共産 | 新 |   |
|   | 石郷岡　百合子 | 55 | 23,792 | 諸派 | 新 |   |

**秋田県（1―5）**

| 1 | 金田　勝年 | 45 | 203,274 | 自民 | 新 | ① |
|---|---|---|---|---|---|---|
| ▽ | 細谷　昭雄 | 68 | 180,615 | 社会 | 前 | 1 |
| ▽ | 鈴木　洋一 | 49 | 115,673 | 新進 | 新 |   |
|   | 小林　泰夫 | 63 | 32,584 | 共産 | 新 |   |
|   | 五十嵐　光雄 | 45 | 962 | 諸派 | 新 |   |

**山形県（1―4）**

| 1 | 阿部　正俊 | 52 | 237,580 | 無所 | 新 | ① |
|---|---|---|---|---|---|---|
| ▽ | 板垣　義次 | 60 | 155,130 | 無所 | 新 |   |
| ▽ | 星川　保松 | 64 | 135,890 | 社会 | 前 | 1 |
|   | 青木　勝 | 48 | 28,387 | 共産 | 新 |   |

**福島県（2―5）**

| 1 | 太田　豊秋 | 60 | 284,238 | 自民 | 前 | ② |
|---|---|---|---|---|---|---|
| 2 | 和田　洋子 | 53 | 263,878 | 新進 | 新 | ① |
| ▽ | 会田　長栄 | 66 | 196,502 | 社会 | 前 | 1 |
|   | 佐藤　克朗 | 40 | 49,670 | 共産 | 新 |   |
|   | 谷田　栄子 | 47 | 18,651 | 諸派 | 新 |   |

**茨城県（2―6）**

| 1 | 狩野　安 | 60 | 304,497 | 自民 | 前 | ② |
|---|---|---|---|---|---|---|
| 2 | 小林　元 | 62 | 232,396 | 新進 | 新 | ① |
| ▽ | 種田　誠 | 49 | 189,426 | 社会 | 前 | 1 |
|   | 田谷　武夫 | 43 | 48,228 | 共産 | 新 |   |
|   | 吉岡　万理子 | 41 | 23,194 | 諸派 | 新 |   |
|   | 郡司　納 | 49 | 6,256 | 無所 | 新 |   |

**栃木県（2―4）**

| 1 | 岩崎　純三 | 71 | 247,006 | 自民 | 前 | ④ |
|---|---|---|---|---|---|---|
| 2 | 国井　正幸 | 47 | 194,350 | 民改 | 新 | ① |
| ▽ | 野村　節子 | 42 | 46,900 | 共産 | 新 |   |
|   | 芦沢　喜美恵 | 51 | 26,487 | 諸派 | 新 |   |

**群馬県（2―4）**

| 1 | 山本　一太 | 37 | 348,439 | 自民 | 新 | ① |
|---|---|---|---|---|---|---|

| 2 | 角田　義一 | 58 | 214,713 | 社会 | 前 | ② |
|---|---|---|---|---|---|---|
| ▽ | 阿部　一郎 | 41 | 183,323 | 新進 | 新 |   |
|   | 有馬　良一 | 45 | 41,236 | 共産 | 新 |   |

**埼玉県（3―10）＜1増＞**

| 1 | 髙野　博師 | 48 | 715,527 | 新進 | 新 | ① |
|---|---|---|---|---|---|---|
| 2 | 佐藤　泰三 | 71 | 401,053 | 自民 | 前 | ② |
| 3 | 阿部　幸代 | 46 | 302,184 | 共産 | 新 | ① |
| ▽ | 深田　肇 | 63 | 257,681 | 社会 | 前 | 1 |
| ▽ | 島田　洋七 | 45 | 109,059 | 無所 | 新 |   |
|   | 天川　由記子 | 36 | 94,680 | さき | 新 |   |
|   | 奥貫　東至子 | 50 | 18,484 | 諸派 | 新 |   |
|   | 床田　和隆 | 38 | 13,303 | 諸派 | 新 |   |
|   | 石井　正弘 | 61 | 10,028 | 諸派 | 新 |   |
|   | 桜井　宏之 | 32 | 7,077 | 諸派 | 新 |   |

**千葉県（2―8）**

| 1 | 岩瀬　良三 | 61 | 534,268 | 新進 | 新 | ① |
|---|---|---|---|---|---|---|
| 2 | 倉田　寛之 | 57 | 503,532 | 自民 | 前 | ③ |
| ▽ | 小岩井　清 | 60 | 256,474 | 社会 | 新 |   |
| ▽ | 中嶋　誠 | 46 | 155,825 | 共産 | 新 |   |
|   | 西舘　好子 | 54 | 108,536 | さき | 新 |   |
|   | 前野　智加子 | 50 | 32,097 | 諸派 | 新 |   |
|   | 立崎　誠一 | 60 | 20,684 | 諸派 | 新 |   |
|   | 岩沢　茂行 | 43 | 5,592 | 諸派 | 新 |   |

**東京都（4―72）**

| 1 | 魚住　裕一郎 | 42 | 1,059,582 | 新進 | 新 | ① |
|---|---|---|---|---|---|---|
| 2 | 保坂　三蔵 | 56 | 607,470 | 自民 | 新 | ① |
| 3 | 緒方　靖夫 | 47 | 475,647 | 共産 | 新 | ① |
| 4 | 田　英夫 | 72 | 435,773 | 平和 | 前 | ⑤ |
| ▽ | 中村　敦夫 | 55 | 404,409 | さき | 新 |   |
| ▽ | 見城　美枝子 | 49 | 395,690 | 無所 | 新 |   |
| ▽ | 鈴木　喜久子 | 59 | 193,161 | 無所 | 新 |   |
|   | ドクター・中松 | 67 | 101,547 | 無所 | 新 |   |
|   | 山家　義樹 | 44 | 18,620 | 諸派 | 新 |   |
|   | 尾形　憲 | 71 | 17,810 | 諸派 | 新 |   |
|   | 鈴木　弘子 | 37 | 14,588 | 諸派 | 新 |   |
|   | 福岡　悦子 | 43 | 5,864 | 諸派 | 新 |   |
|   | 鈴木　広 | 76 | 4,823 | 無所 | 新 |   |
|   | 髙橋　成亘 | 31 | 4,712 | 諸派 | 新 |   |
|   | 関口　周司 | 37 | 4,572 | 諸派 | 新 |   |
|   | 新藤　洋一 | 31 | 4,424 | 諸派 | 新 |   |
|   | 橋本　幸男 | 46 | 3,734 | 諸派 | 新 |   |
|   | 石津　一二美 | 54 | 3,401 | 諸派 | 新 |   |
|   | 山田　祥晴 | 64 | 3,195 | 無所 | 新 |   |
|   | 小島　典子 | 48 | 2,937 | 諸派 | 新 |   |
|   | 水谷　保夫 | 52 | 2,930 | 諸派 | 新 |   |
|   | 山喜多　時世志 | 72 | 2,776 | 諸派 | 新 |   |
|   | 小山　信一 | 44 | 2,723 | 無所 | 新 |   |
|   | 山口　節生 | 45 | 2,571 | 無所 | 新 |   |
|   | 渡部　敬吉郎 | 44 | 2,403 | 諸派 | 新 |   |

| | | | | | |
|---|---|---|---|---|---|
| 細川 雅生 | 41 | 2,380 | 無所 | 新 | |
| 新村 正照 | 73 | 2,199 | 諸派 | 新 | |
| 矢島 浩美 | 33 | 1,954 | 諸派 | 新 | |
| 松本 しげ子 | 50 | 1,950 | 諸派 | 新 | |
| 西山 剛 | 33 | 1,845 | 諸派 | 新 | |
| 飯浜 俊司 | 46 | 1,783 | 諸派 | 新 | |
| 宮沢 仙吉 | 35 | 1,752 | 諸派 | 新 | |
| 矢田 満男 | 32 | 1,646 | 諸派 | 新 | |
| 福井 実 | 46 | 1,626 | 諸派 | 新 | |
| 石黒 勝 | 39 | 1,580 | 諸派 | 新 | |
| 吉田 敏也 | 39 | 1,446 | 諸派 | 新 | |
| 奈良 武 | 53 | 1,260 | 諸派 | 新 | |
| 中野 庸二 | 53 | 1,190 | 諸派 | 新 | |
| 天宮 清 | 50 | 1,170 | 諸派 | 新 | |
| 大野 健次 | 51 | 1,169 | 諸派 | 新 | |
| 大島 章 | 54 | 1,070 | 諸派 | 新 | |
| 浜田 健一 | 36 | 1,034 | 諸派 | 新 | |
| 野中 賢山 | 58 | 982 | 諸派 | 新 | |
| 小野 文彦 | 32 | 962 | 諸派 | 新 | |
| 保田 玲子 | 49 | 878 | 諸派 | 新 | |
| 佐藤 泰二 | 37 | 807 | 諸派 | 新 | |
| 森 雅彦 | 36 | 782 | 諸派 | 新 | |
| 山崎 義章 | 42 | 770 | 諸派 | 新 | |
| 影山 裕二 | 33 | 749 | 諸派 | 新 | |
| 乾 由香 | 34 | 725 | 諸派 | 新 | |
| 鎌田 博 | 46 | 721 | 諸派 | 新 | |
| 東 哲朗 | 36 | 684 | 諸派 | 新 | |
| 吉澤 保 | 45 | 674 | 諸派 | 新 | |
| 森光 宏明 | 55 | 655 | 諸派 | 新 | |
| 高橋 広吉 | 64 | 647 | 諸派 | 新 | |
| 新田 勝彌 | 31 | 642 | 諸派 | 新 | |
| 坪井 秀夫 | 70 | 609 | 諸派 | 新 | |
| 大塚 幸栄 | 41 | 565 | 諸派 | 新 | |
| 倉茂 博 | 31 | 544 | 諸派 | 新 | |
| 野沢 吉之 | 52 | 503 | 諸派 | 新 | |
| 岡田 慎一郎 | 46 | 501 | 諸派 | 新 | |
| 竹原 秀明 | 53 | 498 | 諸派 | 新 | |
| 斎藤 寿々夢 | 52 | 487 | 諸派 | 新 | |
| 浅野 光雪 | 44 | 478 | 諸派 | 新 | |
| 笹井 昌一 | 31 | 478 | 諸派 | 新 | |
| 榎木 三男 | 44 | 437 | 諸派 | 新 | |
| 福永 恵治 | 36 | 430 | 諸派 | 新 | |
| 柳沢 詔雄 | 49 | 407 | 諸派 | 新 | |
| 早川 襄治 | 78 | 383 | 諸派 | 新 | |
| 阪本 明浩 | 32 | 371 | 諸派 | 新 | |
| 半場 きよ | 52 | 285 | 諸派 | 新 | |
| 岡嶋 一成 | 35 | 251 | 諸派 | 新 | |

## 神奈川県（3—14）＜1増＞

| | | | | | |
|---|---|---|---|---|---|
| 1 松 あきら | 47 | 718,030 | 新進 | 新 | ① |
| 2 石渡 清元 | 54 | 466,457 | 自民 | 前 | ② |
| 3 斉藤 勁 | 50 | 371,889 | 社会 | 新 | ① |
| ▽ ツルネン マルテイ | 55 | 339,484 | 無所 | 新 | |
| ▽ 石川 好 | 48 | 259,327 | さき | 新 | |
| ▽ 畑野 君枝 | 38 | 256,015 | 共産 | 新 | |
| 小林 正 | 62 | 56,491 | 無所 | 前 | 1 |
| 宮崎 まり子 | 46 | 25,901 | 諸派 | 新 | |
| 松崎 悠紀子 | 50 | 20,425 | 諸派 | 新 | |
| 梅津 慎吾 | 31 | 10,367 | 諸派 | 新 | |
| 小田々 豊 | 40 | 8,559 | 諸派 | 新 | |
| 芦名 裕子 | 37 | 5,749 | 諸派 | 新 | |
| 柳沢 知 | 30 | 4,351 | 諸派 | 新 | |
| 金井 正之 | 63 | 1,559 | 諸派 | 新 | |

## 新潟県（2—6）

| | | | | | |
|---|---|---|---|---|---|
| 1 吉川 芳男 | 63 | 314,454 | 自民 | 前 | ③ |
| 2 長谷川 道郎 | 49 | 260,263 | 新進 | 新 | ① |
| ▽ 目黒 吉之助 | 61 | 251,244 | 社会 | 新 | |
| 五十嵐 完二 | 42 | 55,932 | 共産 | 新 | |
| 高見 優 | 47 | 34,279 | 諸派 | 新 | |
| 泉水 都子 | 53 | 2,192 | 諸派 | 新 | |

## 富山県（1—5）

| | | | | | |
|---|---|---|---|---|---|
| 1 鹿熊 安正 | 68 | 215,758 | 自民 | 前 | ② |
| ▽ 田尻 繁 | 43 | 87,584 | 社会 | 新 | |
| ▽ 北浦 義久 | 34 | 78,026 | 新進 | 新 | |
| 泉野 和之 | 38 | 21,132 | 共産 | 新 | |
| 堺 勇芳 | 51 | 904 | 諸派 | 新 | |

## 石川県（1—3）

| | | | | | |
|---|---|---|---|---|---|
| 1 馳 浩 | 34 | 234,283 | 無所 | 新 | ① |
| ▽ 粟森 喬 | 56 | 205,949 | 民改 | 前 | 1 |
| 尾西 洋子 | 51 | 34,478 | 共産 | 新 | |

## 福井県（1—3）

| | | | | | |
|---|---|---|---|---|---|
| 1 松村 龍二 | 57 | 182,078 | 自民 | 新 | ① |
| ▽ 古川 太三郎 | 62 | 122,522 | 民改 | 前 | 1 |
| 佐藤 正雄 | 36 | 22,091 | 共産 | 新 | |

## 山梨県（1—4）

| | | | | | |
|---|---|---|---|---|---|
| 1 中島 真人 | 60 | 129,386 | 自民 | 新 | ① |
| ▽ 赤池 誠章 | 34 | 101,317 | 新進 | 新 | |
| ▽ 磯村 修 | 64 | 86,850 | 民改 | 前 | 1 |
| 福田 剛司 | 50 | 23,376 | 共産 | 新 | |

## 長野県（2—5）

| | | | | | |
|---|---|---|---|---|---|
| 1 小山 峰男 | 60 | 425,003 | 新進 | 新 | ① |
| 2 村沢 牧 | 70 | 193,954 | 社会 | 前 | ④ |
| ▽ 下条 進一郎 | 75 | 189,376 | 自民 | 前 | 3 |
| 古畑 昌夫 | 56 | 70,476 | 共産 | 新 | |
| 岩下 薫 | 42 | 18,605 | 諸派 | 新 | |

## 岐阜県（2—4）＜1増＞

| | | | | | |
|---|---|---|---|---|---|
| 1 大野 明 | 66 | 340,567 | 自民 | 新 | ① |

資料　第17回通常選挙

| | | | | | | | | | | | |
|---|---|---|---|---|---|---|---|---|---|---|---|
| 2 | 平田 健二 | 51 | 262,236 | 新進 | 新 | ① | | 石村 泰造 | 30 | 797 | 諸派 新 |
| ▽ | 岩崎 昭弥 | 68 | 187,373 | 社会 | 前 | 1 | | 小野里 博 | 39 | 792 | 諸派 新 |
| | 山本 博幸 | 45 | 57,133 | 共産 | 新 | | | 神田 保博 | 35 | 748 | 諸派 新 |
| | | | | | | | | 山沢 有一 | 55 | 713 | 諸派 新 |
| **静岡県（2—6）** | | | | | | | | 森永 武夫 | 58 | 685 | 諸派 新 |
| 1 | 鈴木 正孝 | 55 | 414,484 | 新進 | 新 | ① | | 渡辺 恵子 | 41 | 679 | 諸派 新 |
| 2 | 竹山 裕 | 61 | 383,740 | 自民 | 前 | ③ | | 尾崎 昭広 | 58 | 454 | 諸派 新 |
| ▽ | 桜井 規順 | 60 | 251,089 | 社会 | 前 | 1 | | 山岸 正博 | 45 | 437 | 諸派 新 |
| | 島津 幸広 | 38 | 80,076 | 共産 | 新 | | | 栗浜 和宏 | 30 | 421 | 諸派 新 |
| | 有馬 良建 | 38 | 62,758 | 無所 | 新 | | | 塩川 哉直 | 38 | 409 | 諸派 新 |
| | 土居 和子 | 47 | 49,855 | 諸派 | 新 | | | | | | |
| | | | | | | | **三重県（1—3）** | | | | |
| **愛知県（3—49）** | | | | | | | 1 | 平田 耕一 | 46 | 303,453 | 無所 新 ① |
| 1 | 山本 保 | 47 | 696,049 | 新進 | 新 | ① | ▽ | 井上 哲夫 | 57 | 290,445 | 民改 前 1 |
| 2 | 鈴木 政二 | 47 | 374,540 | 自民 | 新 | ① | | 堀 義和 | 60 | 53,014 | 共産 新 |
| 3 | 末広 真季子 | 50 | 361,462 | 新進 | 新 | | | | | | |
| ▽ | 前畑 幸子 | 57 | 246,169 | 無所 | 前 | 1 | **滋賀県（1—3）** | | | | |
| ▽ | 大村 義則 | 39 | 142,699 | 共産 | 新 | | 1 | 奥村 展三 | 50 | 192,401 | さき 新 ① |
| | 丸山 悦子 | 45 | 36,077 | 平和 | 新 | | ▽ | 高田 三郎 | 70 | 189,602 | 無所 新 |
| | 川口 捷子 | 50 | 10,224 | 諸派 | 新 | | | 川内 卓 | 39 | 61,741 | 共産 新 |
| | 東 美智子 | 39 | 6,256 | 諸派 | 新 | | | | | | |
| | 山田 浩 | 50 | 5,702 | 諸派 | 新 | | **京都府（2—5）** | | | | |
| | 杉本 伸江 | 34 | 5,241 | 諸派 | 新 | | 1 | 西田 吉宏 | 60 | 257,866 | 自民 前 ② |
| | 平山 祥枝 | 34 | 5,102 | 諸派 | 新 | | 2 | 笹野 貞子 | 62 | 252,868 | 民改 前 ② |
| | 久保田 悦夫 | 46 | 4,126 | 諸派 | 新 | | ▽ | 加味根 史朗 | 40 | 216,891 | 共産 新 |
| | 杉田 浩子 | 33 | 3,844 | 諸派 | 新 | | | 奥村 猛 | 47 | 29,841 | 諸派 新 |
| | 大村 真一 | 35 | 2,945 | 諸派 | 新 | | | 大湾 宗則 | 54 | 17,154 | 諸派 新 |
| | 吉田 一男 | 52 | 2,927 | 諸派 | 新 | | | | | | |
| | 小野 みどり | 34 | 2,925 | 諸派 | 新 | | **大阪府（3—52）** | | | | |
| | 吉田 文夫 | 46 | 2,796 | 諸派 | 新 | | 1 | 白浜 一良 | 48 | 1,015,919 | 新進 前 ② |
| | 佐藤 武 | 54 | 2,724 | 諸派 | 新 | | 2 | 山下 芳生 | 35 | 497,549 | 共産 新 ① |
| | 益田 隆時 | 31 | 2,629 | 諸派 | 新 | | 3 | 谷川 秀善 | 61 | 470,339 | 自民 新 ① |
| | 大山 俊則 | 34 | 2,523 | 諸派 | 新 | | ▽ | 福間 嶺子 | 48 | 204,506 | 無所 新 |
| | 小林 剛 | 32 | 2,076 | 諸派 | 新 | | | 薩摩 夘三郎 | 62 | 31,631 | 無所 新 |
| | 高橋 将 | 47 | 1,891 | 諸派 | 新 | | | 篠原 芙早子 | 51 | 28,133 | 諸派 新 |
| | 矢田 良彦 | 41 | 1,840 | 諸派 | 新 | | | 中野 マリ子 | 52 | 21,612 | 諸派 新 |
| | 森山 春夫 | 64 | 1,580 | 諸派 | 新 | | | 加藤 成一 | 54 | 11,379 | 無所 新 |
| | 大島 葉子 | 63 | 1,515 | 諸派 | 新 | | | 伊藤 好男 | 47 | 11,218 | 諸派 新 |
| | 原田 進 | 30 | 1,498 | 諸派 | 新 | | | 中村 敦 | 36 | 9,142 | 諸派 新 |
| | 太田 東孝 | 31 | 1,377 | 諸派 | 新 | | | 松崎 泰夫 | 52 | 8,716 | 諸派 新 |
| | 米田 信三 | 65 | 1,359 | 諸派 | 新 | | | 津田 尚美 | 33 | 8,421 | 諸派 新 |
| | 石川 和己 | 60 | 1,224 | 諸派 | 新 | | | 福田 英二 | 42 | 7,575 | 諸派 新 |
| | 杉山 扶美子 | 48 | 1,204 | 諸派 | 新 | | | 位田 周子 | 54 | 7,292 | 無所 新 |
| | 笹岡 祥二 | 48 | 1,066 | 諸派 | 新 | | | 岡安 靖男 | 50 | 6,571 | 諸派 新 |
| | 赤石 貞治 | 66 | 1,048 | 諸派 | 新 | | | 山口 南行 | 46 | 5,390 | 無所 新 |
| | 遠野 沙夜 | 31 | 1,039 | 諸派 | 新 | | | 春名 明義 | 61 | 5,269 | 諸派 新 |
| | 伊東 敬芳 | 59 | 1,018 | 諸派 | 新 | | | 谷 徹 | 54 | 3,853 | 諸派 新 |
| | 高橋 一男 | 63 | 910 | 諸派 | 新 | | | 後藤 薫 | 47 | 3,501 | 諸派 新 |
| | 栗原 安之 | 33 | 900 | 諸派 | 新 | | | 人見 康介 | 38 | 3,298 | 諸派 新 |
| | 安西 正直 | 43 | 899 | 諸派 | 新 | | | 菅野 征紀 | 51 | 3,296 | 諸派 新 |
| | 千葉 茂 | 54 | 846 | 諸派 | 新 | | | 土谷 幸子 | 43 | 2,957 | 諸派 新 |
| | 藤川 保 | 32 | 805 | 諸派 | 新 | | | 高橋 敏之 | 49 | 2,838 | 諸派 新 |

| | | | | |
|---|---|---|---|---|
| 市川 實 | 54 | 2,818 | 諸派 | 新 |
| 高橋 いく子 | 44 | 2,806 | 諸派 | 新 |
| 安西 明美 | 43 | 2,569 | 諸派 | 新 |
| 野中 和雄 | 48 | 2,416 | 諸派 | 新 |
| 庭野 正敏 | 35 | 2,290 | 諸派 | 新 |
| 松下 正利 | 49 | 2,258 | 諸派 | 新 |
| 高橋 緑 | 42 | 2,205 | 諸派 | 新 |
| 佐々木 誠 | 37 | 2,174 | 諸派 | 新 |
| 小林 正民 | 49 | 2,136 | 諸派 | 新 |
| 久保 高夫 | 38 | 2,003 | 諸派 | 新 |
| 清水 浩樹 | 30 | 1,576 | 諸派 | 新 |
| 長沼 哲夫 | 33 | 1,570 | 諸派 | 新 |
| 鈴木 一郎 | 35 | 1,524 | 諸派 | 新 |
| 杉山 通雅 | 54 | 1,510 | 諸派 | 新 |
| 守谷 克俊 | 39 | 1,472 | 諸派 | 新 |
| 武藤 隆司 | 33 | 1,387 | 諸派 | 新 |
| 下田 謙一 | 41 | 1,359 | 諸派 | 新 |
| 加藤 康子 | 54 | 1,224 | 諸派 | 新 |
| 岩崎 政明 | 44 | 1,147 | 諸派 | 新 |
| 宇野木 洋 | 44 | 1,086 | 諸派 | 新 |
| 室田 智恵子 | 61 | 1,084 | 諸派 | 新 |
| 前田 文彦 | 36 | 1,078 | 諸派 | 新 |
| 阿部 伝 | 46 | 1,006 | 諸派 | 新 |
| 小野里 勉 | 32 | 994 | 諸派 | 新 |
| 大森 茂 | 40 | 949 | 諸派 | 新 |
| 内山 貴雄 | 42 | 907 | 諸派 | 新 |
| 田麕 新八 | 62 | 679 | 諸派 | 新 |
| 相良 輝彦 | 59 | 449 | 諸派 | 新 |
| 阿閉 正雄 | 42 | 318 | 諸派 | 新 |

**兵庫県（2—7）＜1減＞**

| | | | | | |
|---|---|---|---|---|---|
| 1 石井 一二 | 59 | 563,827 | 新進 | 前 | ③ |
| 2 鴻池 祥肇 | 54 | 379,665 | 自民 | 前 | ① |
| ▽ 永江 一仁 | 59 | 247,513 | 民改 | 新 | |
| ▽ 大沢 辰美 | 54 | 226,178 | 共産 | 新 | |
| 旭堂 小南陵 | 45 | 107,527 | 平和 | 前 | 1 |
| 向山 操 | 56 | 21,320 | 諸派 | 新 | |
| 清水 和一郎 | 57 | 13,977 | 諸派 | 新 | |

**奈良県（1—3）**

| | | | | | |
|---|---|---|---|---|---|
| 1 吉田 之久 | 68 | 214,093 | 新進 | 前 | ② |
| ▽ 堀井 良殷 | 59 | 189,644 | 無所 | 新 | |
| 山村 幸穂 | 40 | 64,278 | 共産 | 新 | |

**和歌山県（1—4）**

| | | | | | |
|---|---|---|---|---|---|
| 1 世耕 政隆 | 72 | 180,440 | 自民 | 前 | ⑤ |
| ▽ 井脇 ノブ子 | 49 | 140,570 | 新進 | 新 | |
| 前 久 | 39 | 48,132 | 共産 | 新 | |
| 浦口 高典 | 40 | 33,550 | 無所 | 新 | |

**鳥取県（1—4）**

| | | | | | |
|---|---|---|---|---|---|
| 1 常田 享詳 | 51 | 106,246 | 無所 | 新 | ① |
| ▽ 吉田 達男 | 60 | 97,548 | 無所 | 前 | 1 |
| ▽ 小野 ヤスシ | 55 | 97,331 | 無所 | 新 | |
| 小村 勝洋 | 40 | 11,653 | 共産 | 新 | |

**島根県（1—4）**

| | | | | | |
|---|---|---|---|---|---|
| 1 景山 俊太郎 | 51 | 176,946 | 自民 | 新 | ① |
| ▽ 岩本 久人 | 52 | 145,189 | 無所 | 前 | 1 |
| 高島 望 | 35 | 47,118 | 新進 | 新 | |
| 上代 善雄 | 41 | 24,729 | 共産 | 新 | |

**岡山県（2—5）**

| | | | | | |
|---|---|---|---|---|---|
| 1 片山 虎之助 | 59 | 250,464 | 自民 | 前 | ② |
| 2 石田 美栄 | 57 | 232,211 | 新進 | 新 | ① |
| ▽ 森 暢子 | 63 | 156,285 | 社会 | 前 | 1 |
| 河重 寛子 | 57 | 54,688 | 共産 | 新 | |
| 岡田 定見 | 54 | 3,928 | 諸派 | 新 | |

**広島県（2—5）**

| | | | | | |
|---|---|---|---|---|---|
| 1 溝手 顕正 | 52 | 310,801 | 自民 | 前 | ② |
| 2 菅川 健二 | 56 | 286,638 | 新進 | 新 | ① |
| ▽ 山本 誠 | 58 | 223,272 | 社会 | 新 | |
| 二階堂 洋史 | 45 | 53,761 | 共産 | 新 | |
| 木本 好美 | 60 | 25,735 | 諸派 | 新 | |

**山口県（1—4）**

| | | | | | |
|---|---|---|---|---|---|
| 1 林 芳正 | 34 | 287,099 | 自民 | 新 | ① |
| ▽ 山田 健一 | 48 | 269,957 | 無所 | 前 | 1 |
| 木村 一彦 | 52 | 50,235 | 共産 | 新 | |
| 佐々木 信夫 | 56 | 16,469 | 諸派 | 新 | |

**徳島県（1—4）**

| | | | | | |
|---|---|---|---|---|---|
| 1 北岡 秀二 | 39 | 140,692 | 自民 | 新 | ① |
| ▽ 太田 宏美 | 51 | 72,346 | 新進 | 新 | |
| ▽ 乾 晴美 | 60 | 63,425 | 民改 | 前 | 1 |
| 松田 文雄 | 54 | 22,098 | 共産 | 新 | |

**香川県（1—4）**

| | | | | | |
|---|---|---|---|---|---|
| 1 真鍋 賢二 | 60 | 163,817 | 自民 | 元 | ③ |
| ▽ 喜岡 淳 | 42 | 105,478 | 社会 | 前 | 1 |
| 稲辺 富実代 | 33 | 76,982 | 新進 | 新 | |
| 山本 繁 | 62 | 17,395 | 共産 | 新 | |

**愛媛県（1—3）**

| | | | | | |
|---|---|---|---|---|---|
| 1 塩崎 恭久 | 44 | 350,945 | 自民 | 新 | ① |
| ▽ 池田 治 | 63 | 164,641 | 民改 | 前 | 1 |
| 中川 悦良 | 68 | 53,457 | 共産 | 新 | |

**高知県（1—6）**

| | | | | | |
|---|---|---|---|---|---|
| 1 田村 公平 | 48 | 91,574 | 無所 | 新 | ① |
| ▽ 広田 勝 | 53 | 84,555 | 自民 | 新 | |
| 川田 拓助 | 55 | 48,733 | 民改 | 新 | |
| 西岡 瑠璃子 | 61 | 40,643 | 無所 | 前 | 1 |

|  |  |  |  |  |  |  |
|---|---|---|---|---|---|---|
| 大西 正祐 | 42 | 32,344 | 共産 新 |  |  |  |
| 森田 勇造 | 55 | 14,742 | 無所 新 |  |  |  |

### 第17期補欠選挙

**福岡県（2ー6）＜1減＞**

**佐賀県**（1995年11月19日執行＝1ー4）
| 1 | 岩永 浩美 | 53 | 184,031 | 自民 新 | ① |
| ▽ | 天本 俊正 | 53 | 125,447 | 新進 新 |  |
|  | 柴田 久寛 | 53 | 36,762 | 社会 新 |  |
|  | 松尾 義幸 | 47 | 22,058 | 共産 新 |  |

福岡県
| 1 | 木庭 健太郎 | 43 | 544,656 | 新進 前 ② |
| 2 | 三重野 栄子 | 69 | 314,336 | 社会 前 ② |
| ▽ | 重富 吉之助 | 62 | 311,299 | 無所 元 1 |
| ▽ | 合馬 敬 | 57 | 293,029 | 自民 前 1 |
|  | 安広 和雄 | 56 | 100,586 | 共産 新 |
|  | 藤田 幸代 | 39 | 21,895 | 諸派 新 |

**岐阜県**（1996年3月25日執行＝1ー3）
| 1 | 大野 つや子 | 62 | 398,801 | 諸派 新 ① |
| ▽ | 吉岡 徹男 | 48 | 227,757 | 新進 新 |
| ▽ | 山本 博幸 | 46 | 162,597 | 共産 新 |

**佐賀県（1ー2）**
| 1 | 陣内 孝雄 | 61 | 197,350 | 自民 前 ③ |
| ▽ | 松尾 義幸 | 47 | 60,191 | 共産 新 |

**栃木県**（1996年10月20日執行＝1ー3）
| 1 | 上吉原 一天 | 53 | 394,438 | 自民 新 ① |
| ▽ | 小倉 康延 | 45 | 261,586 | 新進 新 |
| ▽ | 野村 節子 | 43 | 137,279 | 共産 新 |

**長崎県（1ー5）**
| 1 | 田浦 直 | 58 | 174,017 | 新進 新 ① |
| ▽ | 宮島 大典 | 32 | 165,387 | 自民 新 |
| ▽ | 松田 九郎 | 72 | 98,447 | 無所 新 |
| ▽ | 佐藤 龍一 | 58 | 96,081 | 社会 新 |
|  | 西村 貴恵子 | 48 | 34,032 | 共産 新 |

**兵庫県**（1996年11月17日執行＝1ー3）
| 1 | 芦尾 長司 | 62 | 399,136 | 諸派 新 ① |
| ▽ | 大沢 辰美 | 56 | 371,559 | 共産 新 |
| ▽ | 志水 源司 | 58 | 95,253 | 無所 新 |

**熊本県（2ー5）**
| 1 | 阿曽田 清 | 48 | 315,898 | 新進 新 ① |
| 2 | 三浦 一水 | 41 | 279,273 | 無所 新 ① |
| ▽ | 紀平 悌子 | 67 | 113,194 | 無所 前 1 |
|  | 武宮 憲之 | 44 | 20,790 | 共産 新 |
|  | 荒 敬雄 | 52 | 826 | 諸派 新 |

**宮城県**（1997年11月16日執行＝1ー4）
| 1 | 岡崎 トミ子 | 53 | 283,255 | 民主 新 ① |
| ▽ | 土井 喜美夫 | 54 | 112,098 | 諸派 新 |
| ▽ | 遠藤 いく子 | 48 | 101,106 | 共産 新 |
| ▽ | 佐藤 芳博 | 49 | 49,902 | 社民 新 |

**大分県（1ー5）**
| 1 | 梶原 敬義 | 58 | 342,946 | 社会 前 ③ |
| ▽ | 岩男 淳一郎 | 41 | 122,443 | 無所 新 |
|  | 重松 明男 | 47 | 21,603 | 共産 新 |
|  | 沓掛 松秀 | 47 | 3,481 | 無所 新 |
|  | 大橋 あさ | 75 | 1,627 | 諸派 新 |

**宮崎県（1ー4）**
| 1 | 長峯 基 | 54 | 189,562 | 自民 新 ① |
| ▽ | 野別 隆俊 | 68 | 111,548 | 社会 前 1 |
| ▽ | 松本 泰高 | 48 | 100,082 | 新進 新 |
|  | 野田 章夫 | 35 | 15,423 | 共産 新 |

**鹿児島県（2ー4）**
| 1 | 鎌田 要人 | 73 | 293,538 | 自民 前 ② |
| 2 | 久保 亘 | 66 | 238,594 | 社会 前 ④ |
| ▽ | 長野 祐也 | 56 | 133,666 | 新進 新 |
|  | 桂田 成基 | 47 | 23,840 | 共産 新 |

**沖縄県（1ー3）**
| 1 | 照屋 寛徳 | 50 | 215,582 | 無所 新 ① |
| ▽ | 大城 真順 | 67 | 189,079 | 諸派 元 2 |
|  | 外間 久子 | 56 | 79,203 | 共産 新 |

## 第18回通常選挙 （1998年7月12日執行）

### 比例区（50—158）

**1 自由民主党**
14,128,719 （14—30）

| | | | | |
|---|---|---|---|---|
| 1 | 有馬 朗人 | 67 | 新 | ① |
| 2 | 村上 正邦 | 65 | 現 | ④ |
| 3 | 岡 利定 | 64 | 現 | ② |
| 4 | 大島 慶久 | 58 | 現 | ③ |
| 5 | 野沢 太三 | 65 | 現 | ③ |
| 6 | 阿南 一成 | 60 | 新 | ① |
| 7 | 南野 知恵子 | 62 | 現 | ② |
| 8 | 佐藤 昭郎 | 55 | 新 | ① |
| 9 | 日出 英輔 | 56 | 新 | ① |
| 10 | 加納 時男 | 63 | 新 | ① |
| 11 | 佐々木 知子 | 43 | 新 | ① |
| 12 | 脇 雅史 | 53 | 新 | ① |
| 13 | 森田 次夫 | 61 | 新 | ① |
| 14 | 久世 公堯 | 69 | 現 | ③ |
| ※ | 清水 達雄 | 64 | 現 | 1 |
| ※ | 宮崎 秀樹 | 67 | 現 | 2 |
| | 楢崎 泰昌 | 69 | 現 | 1 |
| | 石田 潔 | 57 | 新 | |
| | 加藤 英一 | 47 | 新 | |
| | 藤本 良爾 | 67 | 新 | |
| | 石川 晋 | 55 | 新 | |
| | 田沢 智治 | 65 | 現 | 3 |
| | 川越 宏樹 | 50 | 新 | |
| | 松井 比呂美 | 59 | 新 | |
| | 小野 誠 | 63 | 新 | |
| | 井形 厚一 | 32 | 新 | |
| | 小安 英峯 | 62 | 新 | |
| | 奥島 貞雄 | 61 | 新 | |
| | 岩倉 具三 | 61 | 新 | |
| | 星野 尚昭 | 61 | 新 | |

**2 民主党**
12,209,685 （12—25）

| | | | | |
|---|---|---|---|---|
| 1 | 小宮山 洋子 | 49 | 新 | ① |
| 2 | 今井 澄 | 58 | 現 | ② |
| 3 | 円 より子 | 51 | 現 | ② |
| 4 | 藁科 満治 | 66 | 現 | ② |
| 5 | 直嶋 正行 | 52 | 現 | ② |
| 6 | 内藤 正光 | 34 | 新 | ① |
| 7 | 勝木 健司 | 55 | 現 | ② |
| 8 | 川橋 幸子 | 60 | 現 | ② |
| 9 | 長谷川 清 | 66 | 現 | ② |
| 10 | 高嶋 良充 | 57 | 新 | ① |
| 11 | 堀 利和 | 48 | 元 | ② |
| 12 | 江本 孟紀 | 50 | 現 | ② |

政党名凡例
自民　自由民主党
民主　民主党
自由　自由党
社民　社会民主党
共産　日本共産党
公明　公明
新社　新社会党

| | | | | |
|---|---|---|---|---|
| ※ | 信田 邦雄 | 61 | 新 | |
| ※ | 中島 章夫 | 62 | 新 | |
| | 中尾 則幸 | 51 | 現 | 1 |
| ※ | 樋口 俊一 | 46 | 新 | |
| | 寺沢 芳男 | 66 | 現 | 1 |
| | 佐藤 直子 | 43 | 新 | |
| | 前畑 幸子 | 60 | 元 | 1 |
| | 乾 晴美 | 63 | 元 | 1 |
| | 富家 孝 | 51 | 新 | |
| | 天本 俊正 | 56 | 新 | |
| | 木村 健悟 | 44 | 新 | |
| | 遠藤 虎男 | 64 | 新 | |
| | 岡崎 敏弘 | 39 | 新 | |

**3 日本共産党**
8,195,078 （8—25）

| | | | | |
|---|---|---|---|---|
| 1 | 立木 洋 | 67 | 現 | ⑤ |
| 2 | 市田 忠義 | 55 | 新 | ① |
| 3 | 岩佐 恵美 | 59 | 新 | ① |
| 4 | 吉岡 吉典 | 70 | 現 | ③ |
| 5 | 池田 幹幸 | 56 | 新 | ① |
| 6 | 小池 晃 | 38 | 新 | ① |
| 7 | 林 紀子 | 58 | 元 | ② |
| 8 | 小泉 親司 | 50 | 新 | ① |
| ※ | 大門 実紀史 | 42 | 新 | |
| | 広井 暢子 | 51 | 新 | |
| | 佐藤 光雄 | 61 | 新 | |
| | 横田 和俊 | 59 | 新 | |
| | 仲西 常雄 | 54 | 新 | |
| | 鈴木 明 | 51 | 新 | |
| | 川瀬 武衛 | 61 | 新 | |
| | 田中 節子 | 50 | 新 | |
| | 栗岩 恵一 | 43 | 新 | |
| | 高原 美佐子 | 54 | 新 | |
| | 佐々木 健三 | 57 | 新 | |
| | 上田 英子 | 49 | 新 | |
| | 酒井 衛司 | 35 | 新 | |
| | 山下 二男 | 64 | 新 | |
| | 黒須 康代 | 37 | 新 | |

資料　第18回通常選挙

|  | 土肥 靖治 | 45 |  | 新 |  |
|  | 田村 智子 | 33 |  | 新 |  |

### 4 公明
7,748,301　（7―18）

| 1 | 鶴岡 洋 | 65 | 現 ④ |
| 2 | 続 訓弘 | 67 | 現 ② |
| 3 | 森本 晃司 | 56 | 新 ① |
| 4 | 荒木 清寛 | 42 | 現 ② |
| 5 | 風間 昶 | 51 | 現 ② |
| 6 | 沢 たまき | 61 | 新 ① |
| 7 | 日笠 勝之 | 53 | 新 ① |
| ※ | 千葉 国男 | 56 | 新 |
|  | 木村 悟 | 69 | 新 |
|  | 加藤 紀子 | 58 | 新 |
|  | 森 晴枝 | 53 | 新 |
|  | 佐々木 宏文 | 55 | 新 |
|  | 山崎 清美 | 46 | 新 |
|  | 比嘉 弘文 | 55 | 新 |
|  | 平野 善憲 | 50 | 新 |
|  | 青木 千代子 | 54 | 新 |
|  | 伊藤 豊 | 48 | 新 |
|  | 合浦 賢 | 54 | 新 |

### 5 自由党
5,207,813　（5―12）

| 1 | 泉 信也 | 60 | 現 ② |
| 2 | 入沢 肇 | 57 | 新 ① |
| 3 | 平野 貞夫 | 62 | 現 ② |
| 4 | 渡辺 秀央 | 64 | 新 ① |
| 5 | 月原 茂皓 | 63 | 新 ① |
|  | 重富 雄之 | 62 | 新 |
|  | 中田 滋 | 57 | 新 |
|  | 堀 誠 | 31 | 新 |
|  | 小林 正 | 65 | 元 1 |
|  | 安達 一士 | 32 | 新 |
|  | 今野 竹治 | 53 | 新 |
|  | 中塚 一宏 | 33 | 新 |

### 6 社会民主党
4,370,761　（4―17）

| 1 | 福島 瑞穂 | 42 | 新 ① |
| 2 | 渕上 貞雄 | 61 | 現 ③ |
| 3 | 大脇 雅子 | 63 | 現 ② |
| 4 | 山本 正和 | 70 | 現 ③ |
|  | 吉元 政矩 | 61 | 新 |
|  | 斉藤 昌助 | 59 | 新 |
|  | 森 暢子 | 66 | 元 1 |
|  | 酒井 和子 | 51 | 新 |
|  | 菅野 道 | 57 | 新 |
|  | 三上 隆雄 | 64 | 元 1 |
|  | 田口 輝子 | 49 | 新 |

|  | 喜岡 淳 | 45 | 元 1 |
|  | 戸田 二郎 | 47 | 新 |
|  | 牧野 喜久子 | 40 | 新 |
|  | 土屋 富久 | 61 | 新 |
|  | 坂本 洋子 | 36 | 新 |
|  | 石井 薫 | 62 | 新 |

### 7 新社会党
925,661　（0―3）

|  | 矢田部 理 | 66 | 現 4 |
|  | 山口 哲夫 | 69 | 現 2 |
|  | 山田 篤 | 59 | 新 |

### 8 新党さきがけ
784,591　（0―3）

|  | 井手 正一 | 59 | 新 |
|  | 宇佐美 登 | 31 | 新 |
|  | 中島 裕子 | 36 | 新 |

### 9 女性党
690,506　（0―3）

|  | 篠原 芙早子 | 54 | 新 |
|  | 前野 智加子 | 53 | 新 |
|  | 上嶋 憲子 | 45 | 新 |

### 10 第二院クラブ
579,714　（0―3）

|  | コロムビア・トップ | 76 | 元 3 |
|  | 青島 美幸 | 39 | 新 |
|  | 奥中 惇夫 | 67 | 新 |

### 11 自由連合
514,589　（0―9）

|  | 徳田 虎雄 | 60 | 新 |
|  | 高野 良裕 | 50 | 新 |
|  | 佐藤 耕造 | 62 | 新 |
|  | 門田 俊夫 | 50 | 新 |
|  | 清水 正法 | 54 | 新 |
|  | 宮村 トシ子 | 64 | 新 |
|  | 福島 安義 | 56 | 新 |
|  | 窪川 数枝 | 62 | 新 |
|  | 安富祖 久明 | 48 | 新 |

### 12 スポーツ平和党
477,284　（0―3）

|  | 西銘 一 | 50 | 新 |
|  | 韓 康一 | 49 | 新 |
|  | 堀田 祐美子 | 31 | 新 |

### 13 青年自由党
247,355　（0―5）

|  | 野田 将晴 | 52 | 新 |

| | | | | |
|---|---|---|---|---|
| 松島 悠佐 | 59 | | | 新 |
| 中嶋 文雄 | 53 | | | 新 |
| 星野 和彦 | 47 | | | 新 |
| 中武 賢臣 | 30 | | | 新 |

**14 維新政党・新風**
**56,966 （0 — 2）**

| | | | | |
|---|---|---|---|---|
| 小山 和伸 | 43 | | | 新 |
| 魚谷 哲央 | 50 | | | 新 |

## 地方区

**北海道（2 — 10）**

| | | | | | | |
|---|---|---|---|---|---|---|
| 1 | 峰崎 直樹 | 53 | 804,611 | 民主 | 現 | ② |
| 2 | 中川 義雄 | 60 | 723,786 | 自民 | 新 | ① |
| ▽ | 紙 智子 | 43 | 605,119 | 共産 | 新 | |
| | 小野 健太郎 | 37 | 161,505 | 自由 | 新 | |
| | 萱野 志朗 | 40 | 146,159 | 社民 | 新 | |
| | 水由 正美 | 66 | 34,374 | 新社 | 新 | |
| | 沢田 健一 | 34 | 33,390 | 諸派 | 新 | |
| | 松川 涼子 | 58 | 32,557 | 諸派 | 新 | |
| | 村田 秀夫 | 51 | 28,480 | 無所 | 新 | |
| | 千代 信人 | 34 | 7,249 | 諸派 | 新 | |

**青森県（1 — 5）**

| | | | | | | |
|---|---|---|---|---|---|---|
| 1 | 田名部 匡省 | 63 | 340,515 | 無所 | 新 | ① |
| ▽ | 金入 明義 | 53 | 262,631 | 自民 | 新 | |
| | 髙橋 千鶴子 | 38 | 67,992 | 共産 | 新 | |
| | 鳴海 清彦 | 41 | 51,845 | 無所 | 新 | |
| | 斉藤 恵子 | 37 | 6,512 | 諸派 | 新 | |

**岩手県（1 — 5）**

| | | | | | | |
|---|---|---|---|---|---|---|
| 1 | 椎名 素夫 | 67 | 271,715 | 無所 | 現 | ② |
| ▽ | 中村 力 | 36 | 244,120 | 無所 | 新 | |
| | 阿部 静子 | 65 | 96,984 | 社民 | 新 | |
| | 菅原 則勝 | 40 | 67,082 | 共産 | 新 | |
| | 山田 文子 | 42 | 26,312 | 諸派 | 新 | |

**宮城県（2 — 9）**

| | | | | | | |
|---|---|---|---|---|---|---|
| 1 | 桜井 充 | 42 | 245,273 | 民主 | 新 | ① |
| 2 | 市川 一朗 | 61 | 218,478 | 無所 | 元 | ② |
| ▽ | 遠藤 要 | 82 | 132,070 | 自民 | 現 | 4 |
| ▽ | 鎌田 さゆり | 33 | 106,070 | 無所 | 新 | |
| ▽ | 佐藤 道子 | 56 | 100,214 | 共産 | 新 | |
| | 佐藤 芳博 | 50 | 66,810 | 社民 | 新 | |
| | 中沢 幸男 | 58 | 32,477 | 無所 | 新 | |
| | 早坂 きくみ | 42 | 21,330 | 諸派 | 新 | |
| | 石川 朱美 | 45 | 20,413 | 諸派 | 新 | |

**秋田県（1 — 6）**

| | | | | | | |
|---|---|---|---|---|---|---|
| 1 | 斉藤 滋宣 | 45 | 237,640 | 自民 | 新 | ① |
| ▽ | 中島 達郎 | 57 | 161,392 | 民主 | 新 | |
| | 荻原 和子 | 57 | 84,794 | 共産 | 新 | |
| | 工藤 守 | 47 | 80,885 | 社民 | 新 | |
| | 平元 駿作 | 51 | 18,830 | 新社 | 新 | |
| | 橋元 春男 | 65 | 11,404 | 諸派 | 新 | |

**山形県（1 — 5）**

| | | | | | | |
|---|---|---|---|---|---|---|
| 1 | 岸 宏一 | 58 | 299,098 | 自民 | 新 | ① |
| ▽ | 村木 敏子 | 54 | 107,607 | 民主 | 新 | |
| | 田辺 省二 | 64 | 97,865 | 社民 | 新 | |

|  |  |  |  |  |  |  |
|---|---|---|---|---|---|---|
| 青木　勝 | 51 | 61,404 | 共産 新 |
| 後藤　栄子 | 60 | 40,212 | 諸派 新 |

**福島県（2―8）**

|  |  |  |  |  |  |
|---|---|---|---|---|---|
| 1 | 佐藤　雄平 | 50 | 338,671 | 無所 新 ① |
| 2 | 岩城　光英 | 48 | 258,448 | 自民 新 ① |
| ▽ | 佐藤　静雄 | 66 | 245,079 | 自民 現 1 |
| ▽ | 佐藤　秀樹 | 31 | 109,843 | 共産 新 |
|  | 芳賀　一太 | 51 | 32,817 | 無所 新 |
|  | 下藤　芳久 | 65 | 20,820 | 新社 新 |
|  | 鈴木　尚之 | 51 | 20,267 | 諸派 新 |
|  | 板垣　富美男 | 48 | 12,169 | 諸派 新 |

**茨城県（2―9）**

|  |  |  |  |  |  |
|---|---|---|---|---|---|
| 1 | 郡司　彰 | 48 | 310,002 | 民主 新 ① |
| 2 | 久野　恒一 | 61 | 256,948 | 自民 新 ① |
| ▽ | 野村　五男 | 56 | 212,912 | 自民 現 2 |
| ▽ | 小島　修 | 36 | 112,568 | 共産 新 |
|  | 武藤　博光 | 36 | 77,762 | 自由 新 |
|  | 吉岡　万理子 | 44 | 62,220 | 諸派 新 |
|  | 杉森　弘之 | 46 | 37,452 | 新社 新 |
|  | 郡司　孝夫 | 52 | 29,677 | 諸派 新 |
|  | 片庭　正雄 | 49 | 11,170 | 諸派 新 |

**栃木県（2―8）**

|  |  |  |  |  |  |
|---|---|---|---|---|---|
| 1 | 簗瀬　進 | 48 | 333,834 | 民主 新 ① |
| 2 | 矢野　哲朗 | 51 | 208,105 | 自民 現 ② |
| ▽ | 上吉原　一天 | 55 | 160,308 | 自民 現 1 |
|  | 野村　節子 | 45 | 69,813 | 共産 新 |
|  | 高橋　巌雄 | 59 | 34,364 | 社民 新 |
|  | 稲葉　卓夫 | 48 | 16,297 | 無所 新 |
|  | 山田　市郎 | 55 | 13,959 | 諸派 新 |
|  | 梅木　恒明 | 64 | 4,942 | 諸派 新 |

**群馬県（2―5）**

|  |  |  |  |  |  |
|---|---|---|---|---|---|
| 1 | 中曽根　弘文 | 52 | 303,032 | 自民 現 ③ |
| 2 | 上野　公成 | 58 | 228,288 | 自民 現 ② |
| ▽ | 山崎　紫生 | 55 | 173,672 | 無所 新 |
| ▽ | 有馬　良一 | 48 | 136,957 | 共産 新 |
|  | 木谷　ユリカ | 34 | 56,595 | 諸派 新 |

**埼玉県（3―11）**

|  |  |  |  |  |  |
|---|---|---|---|---|---|
| 1 | 浜田　卓二郎 | 56 | 637,041 | 無所 新 ① |
| 2 | 富樫　練三 | 55 | 561,528 | 共産 新 ① |
| 3 | 藤井　俊男 | 55 | 535,660 | 民主 新 ① |
| ▽ | 関根　則之 | 68 | 402,849 | 自民 現 2 |
| ▽ | 栗原　稔 | 56 | 338,066 | 自民 新 |
|  | 日森　文尋 | 49 | 151,363 | 社民 新 |
|  | 八名　見江子 | 39 | 89,480 | 諸派 新 |
|  | 細川　正 | 53 | 44,924 | 新社 新 |
|  | 山田　一繁 | 40 | 31,606 | 諸派 新 |
|  | 山口　節生 | 48 | 20,397 | 無所 新 |

|  |  |  |  |  |  |
|---|---|---|---|---|---|
|  | 今沢　雅一 | 48 | 6,422 | 諸派 新 |

**千葉県（2―7）**

|  |  |  |  |  |  |
|---|---|---|---|---|---|
| 1 | 広中　和歌子 | 64 | 751,843 | 無所 現 ③ |
| 2 | 井上　裕 | 70 | 730,643 | 自民 現 ④ |
| ▽ | 中嶋　誠 | 49 | 493,744 | 共産 新 |
|  | 町山　恵子 | 36 | 117,169 | 諸派 新 |
|  | 永田　悦子 | 70 | 106,268 | 新社 新 |
|  | 村田　恒有 | 52 | 78,812 | 諸派 新 |
|  | 吉永　邦秀 | 51 | 47,982 | 諸派 新 |

**東京都（4―23）**

|  |  |  |  |  |  |
|---|---|---|---|---|---|
| 1 | 小川　敏夫 | 50 | 1,026,797 | 民主 新 ① |
| 2 | 浜四津　敏子 | 53 | 971,185 | 公明 現 ② |
| 3 | 井上　美代 | 62 | 896,890 | 共産 新 ① |
| 4 | 中村　敦夫 | 58 | 719,203 | 無所 新 ① |
| ▽ | 小野　清子 | 62 | 623,483 | 自民 現 2 |
| ▽ | 塚原　宏司 | 40 | 451,016 | 自民 新 |
| ▽ | 上田　哲 | 70 | 227,790 | 無所 元 2 |
|  | 岩崎　駿介 | 61 | 204,479 | 社民 新 |
|  | 鈴木　弘子 | 40 | 43,325 | 諸派 新 |
|  | 高　信太郎 | 53 | 41,182 | 諸派 新 |
|  | 猪木　快守 | 59 | 37,649 | 諸派 新 |
|  | 富山　栄子 | 49 | 35,860 | 新社 新 |
|  | 中村　功 | 62 | 34,118 | 諸派 新 |
|  | 沢田　正五郎 | 76 | 5,991 | 諸派 新 |
|  | 斉藤　俊郎 | 54 | 5,478 | 無所 新 |
|  | 畑中　武 | 44 | 5,445 | 諸派 新 |
|  | 須賀　裕邦 | 33 | 4,714 | 諸派 新 |
|  | 松村　久義 | 49 | 4,108 | 諸派 新 |
|  | 高沢　美香 | 59 | 3,286 | 諸派 新 |
|  | 斎藤　寿々夢 | 55 | 3,220 | 無所 新 |
|  | 小関　誠 | 47 | 3,056 | 諸派 新 |
|  | 志鎌　るり子 | 37 | 1,965 | 諸派 新 |
|  | 赤石　貞治 | 69 | 1,682 | 諸派 新 |

**神奈川県（3―15）**

|  |  |  |  |  |  |
|---|---|---|---|---|---|
| 1 | 浅尾　慶一郎 | 34 | 640,463 | 民主 新 ① |
| 2 | 畑野　君枝 | 41 | 527,799 | 共産 新 ① |
| 3 | 千葉　景子 | 50 | 510,371 | 民主 現 ③ |
| ▽ | ツルネン　マルテイ | 58 | 502,712 | 無所 新 |
| ▽ | 斎藤　文夫 | 70 | 463,193 | 自民 現 2 |
| ▽ | 阿部　知子 | 50 | 298,244 | 社民 新 |
| ▽ | 牧島　功 | 53 | 286,604 | 自民 新 |
| ▽ | 樋高　剛 | 32 | 241,189 | 自由 新 |
|  | 坂内　義子 | 60 | 27,335 | 新社 新 |
|  | 佐藤　克男 | 48 | 19,567 | 諸派 新 |
|  | 杉内　一成 | 65 | 14,842 | 諸派 新 |
|  | 林　孝 | 61 | 12,350 | 諸派 新 |
|  | 高野　レオ | 48 | 10,272 | 諸派 新 |
|  | 橋本　尚稔 | 51 | 8,686 | 諸派 新 |
|  | 余　志遠 | 54 | 2,149 | 諸派 新 |

## 新潟県（2—7）
| | | | | | | |
|---|---|---|---|---|---|---|
| 1 | 田中 直紀 | 58 | 313,226 | 無所 | 新 | ① |
| 2 | 大渕 絹子 | 53 | 282,034 | 社民 | 現 | ③ |
| ▽ | 真島 一男 | 65 | 258,102 | 自民 | 現 | 2 |
| ▽ | 星野 行男 | 66 | 238,316 | 無所 | 新 | |
| | 五十嵐 完二 | 45 | 105,111 | 共産 | 新 | |
| | 本田 佐敏 | 64 | 48,768 | 自由 | 新 | |
| | 目黒 一秋 | 35 | 30,083 | 諸派 | 新 | |

## 富山県（1—5）
| | | | | | | |
|---|---|---|---|---|---|---|
| 1 | 永田 良雄 | 67 | 245,558 | 自民 | 現 | ③ |
| ※ | 谷林 正昭 | 51 | 108,390 | 民主 | 新 | |
| ▽ | 田尻 繁 | 46 | 88,795 | 社民 | 新 | |
| | 泉野 和之 | 41 | 56,791 | 共産 | 新 | |
| | 中田 久義 | 63 | 14,972 | 諸派 | 新 | |

## 石川県（1—4）
| | | | | | | |
|---|---|---|---|---|---|---|
| 1 | 岩本 荘太 | 58 | 254,132 | 無所 | 新 | ① |
| ▽ | 沓掛 哲男 | 68 | 239,067 | 自民 | 現 | 2 |
| | 尾西 洋子 | 54 | 53,258 | 共産 | 新 | |
| | 種部 秀之 | 32 | 17,247 | 諸派 | 新 | |

## 福井県（1—4）
| | | | | | | |
|---|---|---|---|---|---|---|
| 1 | 山崎 正昭 | 56 | 205,569 | 自民 | 現 | ② |
| ▽ | 京藤 啓民 | 58 | 112,472 | 民主 | 新 | |
| | 宇野 邦弘 | 46 | 41,426 | 共産 | 新 | |
| | 村田 恭子 | 45 | 33,930 | 諸派 | 新 | |

## 山梨県（1—5）
| | | | | | | |
|---|---|---|---|---|---|---|
| 1 | 輿石 東 | 62 | 183,721 | 無所 | 新 | ① |
| ▽ | 保坂 司 | 61 | 169,633 | 自民 | 新 | |
| | 遠藤 昭人 | 46 | 45,946 | 共産 | 新 | |
| | 蒲田 裕子 | 56 | 19,122 | 自由 | 新 | |
| | 深沢 満寿子 | 54 | 6,205 | 諸派 | 新 | |

## 長野県（2—8）
| | | | | | | |
|---|---|---|---|---|---|---|
| 1 | 北沢 俊美 | 60 | 418,504 | 民主 | 現 | ② |
| 2 | 若林 正俊 | 64 | 252,439 | 自民 | 新 | ① |
| ▽ | 山口 典久 | 37 | 196,939 | 共産 | 新 | |
| ▽ | 布目 裕喜雄 | 40 | 112,656 | 社民 | 新 | |
| | 下条 進一郎 | 78 | 73,339 | 無所 | 元 | 3 |
| | 草間 重男 | 48 | 12,974 | 無所 | 新 | |
| | 田中 豊 | 61 | 12,779 | 諸派 | 新 | |
| | 奥原 計三郎 | 56 | 3,607 | 無所 | 新 | |

## 岐阜県（2—6）
| | | | | | | |
|---|---|---|---|---|---|---|
| 1 | 松田 岩夫 | 61 | 255,416 | 無所 | 新 | ① |
| 2 | 山下 八洲夫 | 55 | 234,218 | 民主 | 新 | ① |
| ▽ | 渡辺 猛之 | 30 | 200,689 | 無所 | 新 | |
| | 笠原 潤一 | 66 | 190,668 | 自民 | 現 | 1 |
| ▽ | 山本 博幸 | 48 | 119,584 | 共産 | 新 | |
| | 園田 康博 | 31 | 23,035 | 諸派 | 新 | |

## 静岡県（2—6）
| | | | | | | |
|---|---|---|---|---|---|---|
| 1 | 海野 徹 | 49 | 527,277 | 無所 | 新 | ① |
| 2 | 山下 善彦 | 52 | 338,863 | 自民 | 新 | ① |
| ▽ | 木宮 和彦 | 71 | 279,124 | 自民 | 現 | 2 |
| ▽ | 島津 幸広 | 41 | 243,785 | 共産 | 新 | |
| | 井脇 ノブ子 | 52 | 132,328 | 自由 | 新 | |
| | 原 直子 | 34 | 97,236 | 諸派 | 新 | |

## 愛知県（3—16）
| | | | | | | |
|---|---|---|---|---|---|---|
| 1 | 木俣 佳丈 | 33 | 500,483 | 民主 | 新 | ① |
| 2 | 佐藤 泰介 | 54 | 457,236 | 民主 | 新 | ① |
| 3 | 八田 広子 | 52 | 453,298 | 共産 | 新 | ① |
| | 大木 浩 | 71 | 443,904 | 自民 | 現 | 3 |
| | 浦野 烋興 | 56 | 411,357 | 自民 | 新 | |
| ▽ | 都築 譲 | 47 | 218,403 | 無所 | 現 | 1 |
| | 杉本 皓子 | 48 | 158,998 | 社民 | 新 | |
| | 石川 八郎 | 65 | 91,467 | 諸派 | 新 | |
| | 五十嵐 知江子 | 45 | 45,018 | 諸派 | 新 | |
| | 渡辺 信幸 | 34 | 31,899 | 諸派 | 新 | |
| | 山下 幹雄 | 40 | 22,784 | 諸派 | 新 | |
| | 山崎 義章 | 45 | 10,042 | 無所 | 新 | |
| | 伊東 敬芳 | 62 | 9,103 | 無所 | 新 | |
| | 志良以 栄 | 61 | 5,745 | 諸派 | 新 | |
| | 林田 好文 | 49 | 5,076 | 諸派 | 新 | |
| | 増田 真一 | 74 | 3,385 | 諸派 | 新 | |

## 三重県（1—4）
| | | | | | | |
|---|---|---|---|---|---|---|
| 1 | 斎藤 十朗 | 58 | 389,400 | 無所 | 現 | ⑥ |
| ▽ | 高橋 千秋 | 41 | 289,953 | 無所 | 新 | |
| | 今井 一久 | 41 | 131,948 | 共産 | 新 | |
| | 坂本 哲康 | 39 | 39,445 | 諸派 | 新 | |

## 滋賀県（1—4）
| | | | | | | |
|---|---|---|---|---|---|---|
| 1 | 河本 英典 | 50 | 286,369 | 自民 | 現 | ② |
| ▽ | 大久保 貴 | 34 | 174,789 | 無所 | 新 | |
| ▽ | 林 俊郎 | 53 | 129,664 | 共産 | 新 | |
| | 加藤 成一 | 57 | 29,755 | 諸派 | 新 | |

## 京都府（2—4）
| | | | | | | |
|---|---|---|---|---|---|---|
| 1 | 福山 哲郎 | 36 | 396,192 | 無所 | 新 | ① |
| 2 | 西山 登紀子 | 54 | 378,142 | 共産 | 現 | ② |
| ▽ | 山本 直彦 | 56 | 310,407 | 自民 | 新 | |
| | 四井 猛士 | 57 | 31,778 | 諸派 | 新 | |

## 大阪府（3—13）
| | | | | | | |
|---|---|---|---|---|---|---|
| 1 | 西川 きよし | 52 | 1,057,393 | 無所 | 現 | ③ |
| 2 | 山下 栄一 | 50 | 872,294 | 公明 | 現 | ② |
| 3 | 宮本 岳志 | 38 | 725,385 | 共産 | 新 | ① |
| ▽ | 坪井 一宇 | 58 | 573,610 | 自民 | 現 | 2 |
| | 中務 正裕 | 33 | 542,581 | 民主 | 新 | |
| | 長崎 由美子 | 42 | 116,552 | 社民 | 新 | |
| | 土居 和子 | 50 | 29,521 | 諸派 | 新 | |

|   | 森本 耕治 | 46 | 28,340 | 諸派 | 新 |   |
|---|---|---|---|---|---|---|
|   | 前田 純一 | 48 | 20,326 | 新社 | 新 |   |
|   | 大木 節子 | 47 | 12,560 | 諸派 | 新 |   |
|   | 中野 俊夫 | 50 | 7,598 | 無所 | 新 |   |
|   | 山口 康雄 | 48 | 7,337 | 無所 | 新 |   |
|   | 中谷 隆一 | 30 | 5,720 | 諸派 | 新 |   |

兵庫県（2－8）

|   | 本岡 昭次 | 67 | 902,338 | 民主 | 現 | ④ |
|---|---|---|---|---|---|---|
| 1 | 本岡 昭次 | 67 | 902,338 | 民主 | 現 | ④ |
| 2 | 大沢 辰美 | 57 | 582,244 | 共産 | 新 |   |
| ▽ | 芦尾 長司 | 64 | 531,053 | 自民 | 現 | 1 |
|   | 中西 裕三 | 57 | 116,349 | 新社 | 新 |   |
|   | 田川 豊秋 | 34 | 58,730 | 諸派 | 新 |   |
|   | 平岡 由美子 | 42 | 52,518 | 無所 | 新 |   |
|   | 木村 隆 | 43 | 38,825 | 諸派 | 新 |   |
|   | 志水 源司 | 60 | 31,907 | 無所 | 新 |   |

奈良県（1－4）

| 1 | 服部 三男雄 | 53 | 245,029 | 自民 | 現 | ② |
|---|---|---|---|---|---|---|
| ▽ | 浜上 和康 | 50 | 202,928 | 無所 | 新 |   |
| ▽ | 山村 幸穂 | 43 | 148,400 | 共産 | 新 |   |
|   | 向井 弘 | 62 | 43,107 | 諸派 | 新 |   |

和歌山県（1－4）

| 1 | 鶴保 庸介 | 31 | 221,592 | 自由 | 新 | ① |
|---|---|---|---|---|---|---|
| ▽ | 前田 勲男 | 55 | 196,936 | 自民 | 現 | 4 |
| ▽ | 原 矢寸久 | 46 | 88,778 | 共産 | 新 |   |
|   | 喜志 元則 | 49 | 11,723 | 諸派 | 新 |   |

鳥取県（1－5）

| 1 | 坂野 重信 | 80 | 128,085 | 自民 | 現 | ⑤ |
|---|---|---|---|---|---|---|
| ▽ | 田村 耕太郎 | 34 | 101,403 | 無所 | 新 |   |
|   | 松永 忠君 | 59 | 45,920 | 社民 | 新 |   |
|   | 市谷 知子 | 30 | 40,965 | 共産 | 新 |   |
|   | 沖野 寛 | 44 | 4,919 | 諸派 | 新 |   |

島根県（1－5）

| 1 | 青木 幹雄 | 64 | 212,498 | 自民 | 現 | ③ |
|---|---|---|---|---|---|---|
| ▽ | 田村 節美 | 59 | 118,718 | 民主 | 新 |   |
|   | 佐々木 洋子 | 47 | 55,474 | 共産 | 新 |   |
|   | 加納 克己 | 54 | 27,591 | 社民 | 新 |   |
|   | 山口 昌司 | 44 | 11,808 | 諸派 | 新 |   |

岡山県（2－8）

| 1 | 江田 五月 | 57 | 363,697 | 民主 | 元 | ② |
|---|---|---|---|---|---|---|
| 2 | 加藤 紀文 | 49 | 277,345 | 自民 | 現 | ② |
| ▽ | 一井 淳治 | 62 | 115,751 | 民主 | 現 | 2 |
|   | 加藤 勝信 | 42 | 73,508 | 無所 | 新 |   |
|   | 垣内 雄一 | 33 | 69,881 | 共産 | 新 |   |
|   | 小曳 光男 | 45 | 20,142 | 社民 | 新 |   |
|   | 中村 京次 | 56 | 3,556 | 諸派 | 新 |   |
|   | 中島 剛 | 55 | 2,357 | 諸派 | 新 |   |

広島県（2－7）

| 1 | 亀井 郁夫 | 64 | 344,377 | 自民 | 新 | ① |
|---|---|---|---|---|---|---|
| 2 | 柳田 稔 | 43 | 287,923 | 無所 | 新 | ① |
| ▽ | 奥原 信也 | 55 | 278,927 | 自民 | 新 |   |
| ▽ | 石田 明 | 70 | 120,455 | 社民 | 新 |   |
| ▽ | 二階堂 洋史 | 48 | 115,647 | 共産 | 新 |   |
|   | 栗原 君子 | 52 | 98,795 | 新社 | 現 | 1 |
|   | 平沢 智子 | 37 | 29,711 | 諸派 | 新 |   |

山口県（1－5）

| 1 | 松岡 満寿男 | 63 | 340,214 | 無所 | 元 | ② |
|---|---|---|---|---|---|---|
| ▽ | 合志 栄一 | 48 | 251,646 | 自民 | 新 |   |
|   | 藤本 博一 | 49 | 110,298 | 共産 | 新 |   |
|   | 佐々木 信夫 | 59 | 23,443 | 諸派 | 新 |   |
|   | 平田 誠一郎 | 48 | 18,587 | 諸派 | 新 |   |

徳島県（1－5）

| 1 | 高橋 紀世子 | 57 | 164,544 | 無所 | 新 | ① |
|---|---|---|---|---|---|---|
| ▽ | 松浦 孝治 | 60 | 132,408 | 自民 | 現 | 2 |
|   | 藤田 均 | 38 | 42,520 | 共産 | 新 |   |
|   | 矢野 和友 | 67 | 16,125 | 新社 | 新 |   |
|   | 奈良 武 | 56 | 4,693 | 諸派 | 新 |   |

香川県（1－4）

| 1 | 山内 俊夫 | 51 | 178,987 | 自民 | 新 | ① |
|---|---|---|---|---|---|---|
| ▽ | 加藤 繁秋 | 51 | 115,541 | 社民 | 新 |   |
| ▽ | 白川 容子 | 32 | 92,205 | 共産 | 新 |   |
|   | 前田 清貴 | 45 | 24,440 | 諸派 | 新 |   |

愛媛県（1－5）

| 1 | 野間 赳 | 64 | 306,762 | 自民 | 現 | ② |
|---|---|---|---|---|---|---|
| ▽ | 林 睦美 | 36 | 192,456 | 無所 | 新 |   |
|   | 谷田 慶子 | 61 | 93,325 | 共産 | 新 |   |
|   | 日野 啓佑 | 61 | 48,752 | 自由 | 新 |   |
|   | 宇都宮 惇 | 75 | 13,196 | 諸派 | 新 |   |

高知県（1－5）

| 1 | 森下 博之 | 56 | 144,813 | 自民 | 新 | ① |
|---|---|---|---|---|---|---|
| ▽ | 西岡 瑠璃子 | 63 | 112,943 | 無所 | 元 | 1 |
|   | 西村 伸一郎 | 54 | 55,611 | 無所 | 新 |   |
|   | 菅原 美香 | 36 | 29,231 | 自由 | 新 |   |
|   | 中前 拓治 | 30 | 6,253 | 諸派 | 新 |   |

福岡県（2－8）

| 1 | 弘友 和夫 | 53 | 628,438 | 無所 | 新 | ① |
|---|---|---|---|---|---|---|
| 2 | 吉村 剛太郎 | 59 | 575,439 | 自民 | 現 | ② |
| ▽ | 藤田 一枝 | 48 | 414,421 | 無所 | 新 |   |
| ▽ | 津田 豊臣 | 54 | 297,861 | 共産 | 新 |   |
|   | 亀元 由紀美 | 30 | 60,349 | 諸派 | 新 |   |
|   | 中村 吉男 | 44 | 45,852 | 諸派 | 新 |   |
|   | 種部 静子 | 43 | 38,115 | 諸派 | 新 |   |
|   | 斉藤 陽彦 | 62 | 14,979 | 無所 | 新 |   |

## 佐賀県（1 — 4）

| | | | | | |
|---|---|---|---|---|---|
| 1 | 岩永 浩美 | 56 | 188,995 | 自民 現 | ② |
| ▽ | 甲本 洋子 | 51 | 137,597 | 無所 新 | |
| | 田中 秀子 | 54 | 46,914 | 共産 新 | |
| | 深川 康裕 | 41 | 24,304 | 諸派 新 | |

## 長崎県（1 — 4）

| | | | | | |
|---|---|---|---|---|---|
| 1 | 松谷 蒼一郎 | 70 | 271,607 | 自民 現 | ② |
| ▽ | 光野 有次 | 49 | 244,733 | 無所 新 | |
| | 西村 貴恵子 | 51 | 84,646 | 共産 新 | |
| | 寺岡 一子 | 56 | 44,807 | 諸派 新 | |

## 熊本県（2 — 5）

| | | | | | |
|---|---|---|---|---|---|
| 1 | 本田 良一 | 58 | 296,389 | 民主 新 | ① |
| 2 | 木村 仁 | 64 | 248,612 | 自民 新 | ① |
| ▽ | 浦田 勝 | 73 | 214,829 | 自民 現 | 2 |
| ▽ | 西川 悦子 | 44 | 86,380 | 共産 新 | |
| | 高野 香代子 | 46 | 20,128 | 諸派 新 | |

## 大分県（1 — 5）

| | | | | | |
|---|---|---|---|---|---|
| 1 | 仲道 俊哉 | 68 | 224,409 | 自民 新 | ① |
| ▽ | 釘宮 磐 | 50 | 217,152 | 民主 現 | 1 |
| ▽ | 藤崎 薫 | 60 | 137,812 | 社民 新 | |
| | 土井 正美 | 58 | 48,366 | 共産 新 | |
| | 尾崎 秀幸 | 62 | 5,632 | 諸派 新 | |

## 宮崎県（1 — 3）

| | | | | | |
|---|---|---|---|---|---|
| 1 | 上杉 光弘 | 56 | 335,611 | 自民 現 | ③ |
| ▽ | 長友 ちか | 42 | 118,751 | 共産 新 | |
| | 治田 孝三郎 | 66 | 52,910 | 諸派 新 | |

## 鹿児島県（2 — 5）

| | | | | | |
|---|---|---|---|---|---|
| 1 | 森山 裕 | 53 | 243,318 | 自民 新 | ① |
| 2 | 井上 吉夫 | 75 | 235,026 | 自民 現 | ⑤ |
| ▽ | 上山 和人 | 68 | 227,414 | 無所 現 | 1 |
| ▽ | 安田 裕一 | 44 | 106,435 | 諸派 新 | |
| | 祝迫 光治 | 55 | 59,080 | 共産 新 | |

## 沖縄県（1 — 5）

| | | | | | |
|---|---|---|---|---|---|
| 1 | 島袋 宗康 | 71 | 243,488 | 無所 現 | ② |
| ▽ | 西田 健次郎 | 54 | 238,330 | 自民 新 | |
| | 金城 浩 | 50 | 42,706 | 諸派 新 | |
| | 金城 宏幸 | 59 | 7,091 | 無所 新 | |
| | 又吉 光雄 | 54 | 4,007 | 諸派 新 | |

## 第18期補欠選挙

### 和歌山県（1998年11月9日執行＝1 — 3）

| | | | | | |
|---|---|---|---|---|---|
| 1 | 世耕 弘成 | 36 | 197,388 | 自民 新 | ① |
| ▽ | 浜田 真輔 | 37 | 123,297 | 諸派 新 | |
| | 原 矢寸久 | 47 | 73,092 | 共産 新 | |

### 長野県（1999年10月17日執行＝1 — 4）

| | | | | | |
|---|---|---|---|---|---|
| 1 | 羽田 雄一郎 | 32 | 358,949 | 民主 新 | ① |
| ▽ | 深沢 賢一郎 | 61 | 244,679 | 自民 新 | |
| | 山口 典久 | 38 | 143,909 | 共産 新 | |
| | 布田 裕喜雄 | 42 | 105,472 | 社民 新 | |

### 熊本県（2000年4月16日執行＝1 — 4）

| | | | | | |
|---|---|---|---|---|---|
| 1 | 魚住 汎英 | 60 | 386,674 | 無所 新 | ① |
| ▽ | 香山 真理子 | 46 | 322,229 | 民主 新 | |
| ▽ | 林田 陽一 | 48 | 73,923 | 無所 新 | |
| ▽ | 西川 悦子 | 46 | 73,617 | 共産 新 | |

### 石川県（2000年6月25日執行＝1 — 3）

| | | | | | |
|---|---|---|---|---|---|
| 1 | 沓掛 哲男 | 70 | 369,915 | 自民 元 | ③ |
| ▽ | 橋本 和雄 | 49 | 167,338 | 無所 新 | |
| | 尾西 洋子 | 56 | 71,887 | 共産 新 | |

### 三重県（2000年6月25日執行＝1 — 3）

| | | | | | |
|---|---|---|---|---|---|
| 1 | 高橋 千秋 | 43 | 429,240 | 無所 新 | ① |
| ▽ | 橋爪 貴子 | 55 | 399,800 | 自民 新 | |
| | 谷中 三好 | 40 | 112,875 | 共産 新 | |

### 愛媛県（2000年6月25日執行＝1 — 3）

| | | | | | |
|---|---|---|---|---|---|
| 1 | 関谷 勝嗣 | 62 | 414,596 | 自民 新 | ① |
| ▽ | 成美 憲治 | 62 | 181,252 | 民主 新 | |
| | 谷田 慶子 | 63 | 103,994 | 共産 新 | |

### 滋賀県（2000年10月22日執行＝1 — 3）

| | | | | | |
|---|---|---|---|---|---|
| 1 | 山下 英利 | 47 | 205,365 | 自民 新 | ① |
| ▽ | 法雲 俊邑 | 52 | 156,191 | 民主 新 | |
| | 川内 卓 | 44 | 63,099 | 共産 新 | |

# 第19回通常選挙 （2001年7月29日執行）

比例区（48—204）＜2減＞

政党名凡例
| | |
|---|---|
| 自民 | 自由民主党 |
| 民主 | 民主党 |
| 自由 | 自由党 |
| 社民 | 社会民主党 |
| 共産 | 日本共産党 |
| 公明 | 公明党 |
| 自連 | 自由連合 |

## 1 自由民主党
21,114,727 （20—27）

| | 氏名 | 年齢 | 得票数 | 新旧 | |
|---|---|---|---|---|---|
| 1 | 舛添 要一 | 52 | 1,588,262 | 新 | ① |
| 2 | 高祖 憲治 | 54 | 478,985 | 新 | ① |
| 3 | 大仁田 厚 | 43 | 460,421 | 新 | ① |
| 4 | 小野 清子 | 65 | 295,613 | 元 | ③ |
| 5 | 岩井 国臣 | 63 | 278,521 | 前 | ② |
| 6 | 橋本 聖子 | 36 | 265,545 | 前 | ② |
| 7 | 尾辻 秀久 | 60 | 264,888 | 前 | ③ |
| 8 | 武見 敬三 | 49 | 227,042 | 前 | ② |
| 9 | 桜井 新 | 68 | 218,597 | 新 | ① |
| 10 | 段本 幸男 | 56 | 207,867 | 新 | ① |
| 11 | 魚住 汎英 | 61 | 197,542 | 前 | ② |
| 12 | 清水 嘉与子 | 65 | 174,495 | 前 | ③ |
| 13 | 福島 啓史郎 | 55 | 166,070 | 新 | ① |
| 14 | 近藤 剛 | 59 | 160,425 | 新 | ① |
| 15 | 森元 恒雄 | 54 | 156,656 | 新 | ① |
| 16 | 藤井 基之 | 54 | 156,380 | 新 | ① |
| 17 | 山東 昭子 | 59 | 147,568 | 元 | ⑤ |
| 18 | 小泉 顕雄 | 50 | 142,747 | 新 | ① |
| 19 | 有村 治子 | 30 | 114,260 | 新 | ① |
| 20 | 中原 爽 | 65 | 104,581 | 前 | ② |
| ※ | 中島 啓雄 | 63 | 95,109 | 前 1 | |
| ※ | 藤野 公孝 | 53 | 94,332 | 新 | |
| | 依田 智治 | 69 | 78,584 | 前 1 | |
| | 釜本 邦茂 | 57 | 58,955 | 前 1 | |
| | 末広 真季子 | 56 | 19,246 | 前 1 | |
| | 佐藤 忠志 | 50 | 19,232 | 新 | |
| | 水島 裕 | 67 | 17,339 | 前 1 | |

政党名得票　14,925,437

## 2 民主党
8,990,524 （8—28）

| | 氏名 | 年齢 | 得票数 | 新旧 | |
|---|---|---|---|---|---|
| 1 | 大橋 巨泉 | 67 | 412,087 | 新 | ① |
| 2 | 藤原 正司 | 55 | 259,576 | 新 | ① |
| 3 | 池口 修次 | 51 | 230,255 | 新 | ① |
| 4 | 朝日 俊弘 | 58 | 216,911 | 前 | ② |
| 5 | 若林 秀樹 | 47 | 202,839 | 新 | ① |
| 6 | 伊藤 基隆 | 62 | 195,238 | 前 | ② |
| 7 | 佐藤 道夫 | 68 | 184,476 | 前 | ② |
| 8 | 神本 美恵子 | 53 | 173,705 | 新 | ① |
| ※ | ツルネン マルテイ | 61 | 159,653 | 新 | |
| | 柳沢 光美 | 53 | 158,088 | 新 | |
| | 高見 裕一 | 45 | 151,563 | 新 | |
| | 幸田 シャーミン | 45 | 138,858 | 新 | |
| | 前川 忠夫 | 62 | 108,454 | 前 1 | |
| | 竹村 泰子 | 67 | 75,708 | 前 2 | |
| | 錦織 淳 | 56 | 65,843 | 新 | |
| | 樋口 恵子 | 50 | 32,316 | 新 | |
| | 太田 述正 | 52 | 23,309 | 新 | |
| | 石川 由美子 | 47 | 20,497 | 新 | |
| | 片山 光代 | 61 | 16,717 | 新 | |
| | 寺山 智雄 | 33 | 14,973 | 新 | |
| | 冨永 照子 | 64 | 11,394 | 新 | |
| | 高比良 正司 | 57 | 11,175 | 新 | |
| | 森元 美代治 | 63 | 11,035 | 新 | |
| | 嶋影 せい子 | 52 | 9,887 | 新 | |
| | 須藤 甚一郎 | 62 | 6,734 | 新 | |
| | 村木 弥生 | 31 | 6,579 | 新 | |
| | 神永 礼子 | 46 | 5,337 | 新 | |
| | 田原 すみれ | 45 | 4,614 | 新 | |

政党名得票　6,082,694

## 3 公明党
8,187,804 （8—17）

| | 氏名 | 年齢 | 得票数 | 新旧 | |
|---|---|---|---|---|---|
| 1 | 山本 香苗 | 30 | 1,287,549 | 新 | ① |
| 2 | 木庭 健太郎 | 49 | 800,563 | 前 | ③ |
| 3 | 遠山 清彦 | 32 | 794,445 | 新 | ① |
| 4 | 草川 昭三 | 72 | 699,069 | 新 | ① |
| 5 | 渡辺 孝男 | 51 | 697,198 | 前 | ② |
| 6 | 魚住 裕一郎 | 48 | 669,374 | 前 | ② |
| 7 | 福本 潤一 | 52 | 665,811 | 前 | ② |
| 8 | 加藤 修一 | 53 | 663,609 | 前 | ② |
| | 中山 朋子 | 66 | 10,309 | 新 | |
| | 小林 玲子 | 34 | 7,684 | 新 | |
| | 江藤 誠仁右衛門 | 56 | 6,550 | 新 | |
| | 中川 京子 | 54 | 5,866 | 新 | |
| | 大蔵 由美 | 42 | 3,953 | 新 | |
| | 平田 道則 | 50 | 3,285 | 新 | |
| | 伊藤 日出夫 | 69 | 2,841 | 新 | |
| | 常磐津 八重太夫 | 60 | 2,312 | 新 | |
| | 石渡 由美子 | 54 | 1,565 | 新 | |

政党名得票　1,865,797

| 4 日本共産党 | | | | |
|---|---|---|---|---|
| 4,329,210 （4―25） | | | | |
| 1 | 紙 智子 | 46 | 56,999 | 新 ① |
| 2 | 筆坂 秀世 | 53 | 40,193 | 前 ② |
| 3 | 井上 哲士 | 43 | 32,107 | 新 ① |
| 4 | 吉川 春子 | 60 | 26,008 | 前 ④ |
| ※ | 小林 美恵子 | 42 | 20,868 | 新 |
|  | 石井 正二 | 56 | 20,211 | 新 |
|  | 笠井 亮 | 48 | 18,235 | 前 1 |
|  | 美見 己智子 | 44 | 8,644 | 新 |
|  | 仁比 聡平 | 37 | 7,485 | 新 |
|  | 井口 真美 | 40 | 6,746 | 新 |
|  | 小田 一郎 | 39 | 4,279 | 新 |
|  | 田村 智子 | 36 | 4,093 | 新 |
|  | 池田 真理子 | 46 | 3,782 | 新 |
|  | 松竹 伸幸 | 46 | 2,479 | 新 |
|  | 成宮 真理子 | 31 | 2,008 | 新 |
|  | 加藤 幹夫 | 37 | 1,905 | 新 |
|  | 伊藤 岳 | 41 | 1,569 | 新 |
|  | 小倉 正行 | 48 | 1,482 | 新 |
|  | 平 静丸 | 53 | 1,094 | 新 |
|  | 中条 正実 | 31 | 818 | 新 |
|  | 河江 明美 | 36 | 758 | 新 |
|  | 駒井 正男 | 34 | 745 | 新 |
|  | 板見 奈津子 | 32 | 723 | 新 |
|  | 青池 昌道 | 56 | 522 | 新 |
|  | 岩藤 智彦 | 30 | 405 | 新 |
|  | 政党名得票 |  | 4,065,047 |  |

| 5 自由党 | | | | |
|---|---|---|---|---|
| 4,227,148 （4―17） | | | | |
| 1 | 西岡 武夫 | 65 | 121,617 | 新 ① |
| 2 | 田村 秀昭 | 68 | 86,666 | 前 ③ |
| 3 | 広野 允士 | 58 | 59,028 | 新 ① |
| 4 | 大江 康弘 | 47 | 43,801 | 新 ① |
|  | 清水 信次 | 75 | 43,027 | 新 |
|  | 山本 洋子 | 55 | 42,831 | 新 |
|  | 古賀 敬章 | 48 | 32,209 | 新 |
|  | 戸田 邦司 | 66 | 32,113 | 前 1 |
|  | 木本 由孝 | 57 | 30,856 | 新 |
|  | 菅原 敏秋 | 53 | 29,731 | 新 |
|  | 阿曽 重樹 | 51 | 15,907 | 新 |
|  | 井脇 ノブ子 | 55 | 13,795 | 新 |
|  | 村田 直治 | 57 | 12,532 | 新 |
|  | 岡村 光芳 | 54 | 6,866 | 新 |
|  | 村本 理恵子 | 46 | 6,773 | 新 |
|  | 荒木 詩郎 | 47 | 3,295 | 新 |
|  | 下村 高明 | 47 | 3,214 | 新 |
|  | 政党名得票 |  | 3,642,884 |  |

| 6 社会民主党 | | | | |
|---|---|---|---|---|
| 3,628,635 （4―10） | | | | |
| 1 | 田嶋 陽子 | 60 | 509,567 | 新 ① |
| 2 | 大田 昌秀 | 76 | 396,077 | 新 ① |
| 3 | 又市 征治 | 57 | 148,030 | 新 ① |
| ※ | 田 英夫 | 78 | 134,934 | 前 5 |
|  | 谷本 巍 | 72 | 42,847 | 前 2 |
|  | 清水 澄子 | 73 | 32,723 | 前 2 |
|  | 船橋 邦子 | 57 | 29,990 | 新 |
|  | 藤原 勝彦 | 55 | 13,032 | 新 |
|  | 戸田 二郎 | 50 | 11,693 | 新 |
|  | 大島 義典 | 37 | 11,635 | 新 |
|  | 政党名得票 |  | 2,298,104 |  |

| 7 保守党 | | | | |
|---|---|---|---|---|
| 1,275,002 （1―5） | | | | |
| 1 | 扇 千景 | 68 | 610,212 | 前 ⑤ |
|  | 三沢 淳 | 48 | 34,292 | 新 |
|  | 鬼沢 慶一 | 69 | 9,945 | 新 |
|  | 荒井 和夫 | 54 | 7,840 | 新 |
|  | 滝本 泰行 | 55 | 3,330 | 新 |
|  | 政党名得票 |  | 609,382 |  |

| 8 自由連合 | | | | |
|---|---|---|---|---|
| 780,389 （0―47） | | | | |
|  | 石井 一二 | 65 | 64,322 | 前 3 |
|  | 野坂 昭如 | 70 | 43,926 | 元 1 |
|  | ドクター・中松 | 73 | 36,076 | 新 |
|  | 佐山 聡 | 43 | 33,754 | 新 |
|  | 佐藤 耕造 | 65 | 26,040 | 新 |
|  | 金城 浩 | 53 | 15,377 | 新 |
|  | 田中 良子 | 52 | 12,838 | 新 |
|  | 高野 良裕 | 53 | 11,823 | 新 |
|  | 上草 義輝 | 62 | 11,188 | 新 |
|  | 嵐 | 46 | 10,746 | 新 |
|  | 月亭 可朝 | 63 | 9,451 | 新 |
|  | 羽柴 誠三秀吉 | 51 | 9,382 | 新 |
|  | 高橋 三千綱 | 53 | 6,941 | 新 |
|  | 渡部 絵美 | 41 | 6,501 | 新 |
|  | 戸川 昌子 | 70 | 6,460 | 新 |
|  | 岸野 雅方 | 52 | 5,777 | 新 |
|  | 玉元 一夫 | 46 | 5,508 | 新 |
|  | 加藤 元 | 68 | 4,722 | 新 |
|  | 江藤 慎一 | 63 | 4,285 | 新 |
|  | 山本 清 | 58 | 3,901 | 新 |
|  | 千葉 マリア | 52 | 3,728 | 新 |
|  | 佐々木 文雄 | 59 | 3,676 | 新 |
|  | 山下 典子 | 62 | 3,313 | 新 |
|  | 和田 静夫 | 74 | 3,079 | 元 3 |
|  | 堀田 祐美子 | 34 | 3,007 | 新 |
|  | 畑中 和 | 32 | 2,902 | 新 |
|  | 荒勢 | 52 | 2,711 | 新 |

| 渡辺 文学 | 64 | 2,553 | 新 |
| 若井 ぽん | 56 | 2,482 | 新 |
| 井上 睦己 | 35 | 2,100 | 新 |
| 古川 のぼる | 66 | 1,998 | 新 |
| 東 良平 | 53 | 1,907 | 新 |
| 小林 則子 | 55 | 1,754 | 新 |
| 川島 実 | 65 | 1,659 | 新 |
| 中平 真実 | 47 | 1,608 | 新 |
| 杉山 頴男 | 54 | 1,588 | 新 |
| 梅木 恒明 | 67 | 1,407 | 新 |
| 中島 獣一 | 55 | 1,387 | 新 |
| 加藤 将輝 | 38 | 1,373 | 新 |
| 大久保 薫 | 39 | 1,300 | 新 |
| 中田 三四郎 | 55 | 1,259 | 新 |
| 高 信太郎 | 56 | 1,182 | 新 |
| 秀島 一生 | 55 | 763 | 新 |
| 相良 寿一 | 67 | 750 | 新 |
| 藤林 紫陽 | 52 | 681 | 新 |
| 持田 哲也 | 39 | 570 | 新 |
| 菅原 研治 | 34 | 363 | 新 |
| 政党名得票 | | 400,262 | |

| 9 第二院クラブ | | | |
| 669,872 （0 —10） | | | |
| 青島 幸男 | 69 | 284,745 | 元 5 |
| 鈴木 伊豫 | 51 | 2,874 | 新 |
| 福岡 秀広 | 51 | 2,015 | 新 |
| 吉村 成子 | 47 | 1,960 | 新 |
| 畑 滋 | 40 | 930 | 新 |
| 原 秀介 | 48 | 881 | 新 |
| 奥中 惇夫 | 70 | 644 | 新 |
| 岡部 昌平 | 41 | 621 | 新 |
| 菊池 正 | 46 | 560 | 新 |
| 菅野 格 | 50 | 433 | 新 |
| 政党名得票 | | 374,207 | |

| 10 新党「自由と希望」 | | | |
| 474,885 （0 —10） | | | |
| 白川 勝彦 | 56 | 309,994 | 新 |
| 宮崎 学 | 55 | 15,608 | 新 |
| 庄野 寿 | 52 | 15,371 | 新 |
| 村田 敏 | 50 | 6,477 | 新 |
| 臼杵 敬子 | 53 | 5,372 | 新 |
| 小森 禎司 | 63 | 5,308 | 新 |
| 田中 良太 | 58 | 3,054 | 新 |
| 福永 恵治 | 42 | 2,407 | 新 |
| 安東 尚美 | 42 | 1,446 | 新 |
| 児玉 かがり | 39 | 867 | 新 |
| 政党名得票 | | 108,979 | |

| 11 女性党 | | | |
| 469,692 （0 — 2） | | | |
| 町山 恵子 | 39 | 45,183 | 新 |
| 篠原 芙早子 | 57 | 42,757 | 新 |
| 政党名得票 | | 381,752 | |

| 12 新社会党 | | | |
| 377,013 （0 — 3） | | | |
| 小森 龍邦 | 69 | 49,490 | 新 |
| 矢田部 理 | 69 | 43,667 | 元 4 |
| 岡崎 宏美 | 50 | 36,133 | 新 |
| 政党名得票 | | 247,723 | |

| 13 無所属の会 | | | |
| 157,204 （0 — 1） | | | |
| 野屋敷 いとこ | 50 | 23,442 | 新 |
| 政党名得票 | | 133,762 | |

| 14 維新政党・新風 | | | |
| 59,385 （0 — 2） | | | |
| 小山 和伸 | 46 | 12,136 | 新 |
| 魚谷 哲央 | 53 | 2,942 | 新 |
| 政党名得票 | | 44,307 | |

## 地方区

**北海道（2 —10）**

| | | | | | |
|---|---|---|---|---|---|
| 1 | 伊達 忠一 | 62 | 985,274 | 自民 新 | ① |
| 2 | 小川 勝也 | 38 | 683,704 | 民主 前 | ② |
| ▽ | 宮内 聡 | 38 | 284,575 | 共産 新 | |
| | 西川 将人 | 32 | 196,348 | 自由 新 | |
| | 杉山 佳子 | 64 | 165,670 | 社民 新 | |
| | 松村 多美子 | 56 | 87,597 | 諸派 新 | |
| | 横山 充洋 | 51 | 36,119 | 無所 新 | |
| | 熊谷 明史 | 48 | 33,500 | 自連 新 | |
| | 斎藤 宣行 | 61 | 25,261 | 諸派 新 | |
| | 千代 信人 | 37 | 11,469 | 諸派 新 | |

**青森県（1 — 5）**

| | | | | | |
|---|---|---|---|---|---|
| 1 | 山崎 力 | 54 | 314,899 | 自民 前 | ② |
| ▽ | 北野 岸柳 | 55 | 110,814 | 無所 新 | |
| ▽ | 森内 勇 | 63 | 110,011 | 無所 新 | |
| | 高柳 博明 | 31 | 35,272 | 共産 新 | |
| | 村田 恭子 | 48 | 15,368 | 自連 新 | |

**岩手県（1 — 5）**

| | | | | | |
|---|---|---|---|---|---|
| 1 | 平野 達男 | 47 | 305,008 | 自由 新 | ① |
| ▽ | 玉沢 徳一郎 | 63 | 299,076 | 自民 新 | |

|   | 氏名 | 年齢 | 得票数 | 党派 | 新前元 |
|---|---|---|---|---|---|
|   | 矢吹 一枝 | 60 | 64,038 | 社民 | 新 |
|   | 菅原 則勝 | 43 | 44,385 | 共産 | 新 |
|   | 石渡 リキ | 60 | 15,691 | 自連 | 新 |

**宮城県（2―6）**

| 1 | 岡崎 トミ子 | 57 | 320,417 | 民主 | 前 ② |
|---|---|---|---|---|---|
| 2 | 愛知 治郎 | 32 | 272,874 | 無所 | 新 ① |
| ▽ | 亀谷 博昭 | 61 | 257,562 | 自民 | 前 1 |
|   | 吉田 正敏 | 44 | 60,693 | 社民 | 新 |
|   | 小野 敏郎 | 52 | 59,033 | 共産 | 新 |
|   | 佐藤 清春 | 55 | 23,208 | 自連 | 新 |

**秋田県（1―5）**

| 1 | 金田 勝年 | 51 | 310,280 | 自民 | 前 ② |
|---|---|---|---|---|---|
| ▽ | 髙松 和夫 | 59 | 102,694 | 民主 | 新 |
|   | 佐々木 長秀 | 52 | 83,622 | 社民 | 新 |
|   | 鈴木 俊夫 | 50 | 45,850 | 共産 | 新 |
|   | 斉藤 さちこ | 33 | 29,845 | 自連 | 新 |

**山形県（1―5）**

| 1 | 阿部 正俊 | 58 | 311,946 | 自民 | 前 ② |
|---|---|---|---|---|---|
| ▽ | 木村 莞爾 | 59 | 218,815 | 無所 | 新 |
|   | 太田 俊男 | 47 | 38,490 | 共産 | 新 |
|   | 門間 文行 | 49 | 21,942 | 自連 | 新 |
|   | 千葉 常義 | 68 | 14,803 | 諸派 | 新 |

**福島県（2―8）**

| 1 | 太田 豊秋 | 66 | 393,230 | 自民 | 前 ② |
|---|---|---|---|---|---|
| 2 | 和田 洋子 | 59 | 220,704 | 民主 | 前 ② |
| ▽ | 神田 香織 | 46 | 113,284 | 無所 | 新 |
| ▽ | 三保 恵一 | 52 | 95,122 | 無所 | 新 |
|   | 川田 昌成 | 57 | 70,499 | 自由 | 新 |
|   | 新美 正代 | 55 | 59,748 | 共産 | 新 |
|   | 鈴木 隆夫 | 60 | 17,555 | 自連 | 新 |
|   | 熊谷 義弘 | 35 | 3,733 | 諸派 | 新 |

**茨城県（2―7）**

| 1 | 狩野 安 | 66 | 543,320 | 自民 | 前 ③ |
|---|---|---|---|---|---|
| 2 | 小林 元 | 68 | 256,908 | 民主 | 前 ② |
| ▽ | 加藤 真砂子 | 52 | 114,994 | 自由 | 新 |
|   | 小松 豊正 | 53 | 67,342 | 共産 | 新 |
|   | 吉岡 万理子 | 47 | 62,822 | 諸派 | 新 |
|   | 武藤 博光 | 39 | 31,181 | 自連 | 新 |
|   | 杉森 弘之 | 49 | 26,308 | 自連 | 新 |

**栃木県（2―6）**

| 1 | 国井 正幸 | 53 | 316,104 | 自民 | 前 ② |
|---|---|---|---|---|---|
| 2 | 谷 博之 | 58 | 229,206 | 民主 | 新 ① |
| ▽ | 増渕 賢一 | 55 | 199,247 | 無所 | 新 |
|   | 野村 節子 | 48 | 45,133 | 共産 | 新 |
|   | 四本 まゆみ | 39 | 17,803 | 自連 | 新 |
|   | 浅井 盛治 | 57 | 10,874 | 諸派 | 新 |

**群馬県（2―5）**

| 1 | 山本 一太 | 43 | 362,947 | 自民 | 前 ② |
|---|---|---|---|---|---|
| 2 | 角田 義一 | 64 | 250,203 | 民主 | 前 ③ |
| ▽ | 吉川 真由美 | 36 | 222,191 | 自民 | 新 |
|   | 小笠原 真明 | 52 | 45,647 | 共産 | 新 |
|   | 土屋 春世 | 60 | 18,467 | 自連 | 新 |

**埼玉県（3―13）**

| 1 | 佐藤 泰三 | 77 | 704,496 | 自民 | 前 ③ |
|---|---|---|---|---|---|
| 2 | 高野 博師 | 54 | 562,370 | 公明 | 前 ② |
| 3 | 山根 隆治 | 53 | 419,181 | 民主 | 新 ① |
| ▽ | 阿部 幸代 | 53 | 376,501 | 共産 | 前 1 |
| ▽ | 小宮山 泰子 | 36 | 345,810 | 自由 | 新 |
|   | 早川 忠孝 | 55 | 126,000 | 無所 | 新 |
|   | 天辰 武夫 | 56 | 108,237 | 社民 | 新 |
|   | 林 寛子 | 41 | 66,676 | 自連 | 新 |
|   | 小川 卓也 | 56 | 24,853 | 無所 | 新 |
|   | 加藤 盛雄 | 60 | 19,568 | 無所 | 新 |
|   | 山口 節生 | 51 | 14,072 | 無所 | 新 |
|   | 村田 文一 | 49 | 12,144 | 諸派 | 新 |
|   | 今沢 雅一 | 52 | 5,170 | 諸派 | 新 |

**千葉県（2―7）**

| 1 | 倉田 寛之 | 63 | 1,003,931 | 自民 | 前 ④ |
|---|---|---|---|---|---|
| 2 | 今泉 昭 | 67 | 374,197 | 民主 | 前 ② |
|   | 岡島 一正 | 43 | 364,248 | 自由 | 新 |
| ▽ | 星野 智子 | 31 | 231,382 | 無所 | 新 |
| ▽ | 中嶋 誠 | 52 | 205,869 | 共産 | 新 |
|   | 中上 由美子 | 37 | 75,231 | 自連 | 新 |
|   | 長南 博邦 | 53 | 34,932 | 諸派 | 新 |

**東京都（4―15）**

| 1 | 保坂 三蔵 | 62 | 1,407,345 | 自民 | 前 ② |
|---|---|---|---|---|---|
| 2 | 山口 那津男 | 49 | 881,314 | 公明 | 新 ① |
| 3 | 鈴木 寛 | 37 | 759,110 | 民主 | 新 ① |
| 4 | 緒方 靖夫 | 53 | 630,196 | 共産 | 前 ② |
| ▽ | 遠藤 宣彦 | 38 | 361,965 | 自由 | 新 |
| ▽ | 畑 恵 | 39 | 210,573 | 無所 | 前 1 |
|   | 上田 哲 | 73 | 209,806 | 無所 | 元 2 |
|   | 黒岩 秩子 | 61 | 167,566 | 無所 | 前 1 |
|   | 広田 貞治 | 60 | 159,226 | 社民 | 新 |
|   | 小林 至 | 33 | 105,720 | 自連 | 新 |
|   | 五十嵐 華子 | 34 | 89,037 | 諸派 | 新 |
|   | 新垣 重雄 | 53 | 28,232 | 無所 | 新 |
|   | 中川 暢三 | 45 | 14,286 | 無所 | 新 |
|   | 橋本 尚稔 | 54 | 10,601 | 諸派 | 新 |
|   | 斉藤 俊郎 | 57 | 7,608 | 無所 | 新 |

**神奈川県（3―11）**

| 1 | 小林 温 | 37 | 1,294,860 | 自民 | 新 ① |
|---|---|---|---|---|---|
| 2 | 松 あきら | 53 | 660,839 | 公明 | 新 ② |

資料　第19回通常選挙　581

| | | | | | | |
|---|---|---|---|---|---|---|
| 3 | 斉藤　勁 | 56 | 595,812 | 民主 | 前 | ② |
| ▽ | 上田　恵子 | 33 | 308,554 | 社民 | 新 | |
| ▽ | 太田　正孝 | 55 | 307,005 | 自由 | 新 | |
| ▽ | 宗田　裕之 | 42 | 299,301 | 共産 | 新 | |
| | 蔵田　恵利子 | 50 | 81,810 | 諸派 | 新 | |
| | 三輪　博久 | 45 | 56,202 | 自連 | 新 | |
| | 川村　嵐子 | 76 | 27,844 | 無所 | 新 | |
| | 坂内　義子 | 63 | 15,725 | 諸派 | 新 | |
| | 三輪　武司 | 63 | 14,715 | 諸派 | 新 | |

新潟県（2―7）

| | | | | | | |
|---|---|---|---|---|---|---|
| 1 | 真島　一男 | 68 | 418,939 | 自民 | 元 | ③ |
| 2 | 森　裕子 | 45 | 175,107 | 自由 | 新 | ① |
| ▽ | 内田　洵子 | 59 | 166,442 | 社民 | 新 | |
| ▽ | 関山　信之 | 67 | 166,389 | 民主 | 新 | |
| ▽ | 長谷川　道郎 | 55 | 161,999 | 無所 | 前 | 1 |
| | 桑原　加代子 | 54 | 73,221 | 共産 | 新 | |
| | 篠崎　伸明 | 47 | 9,875 | 自連 | 新 | |

富山県（1―4）

| | | | | | | |
|---|---|---|---|---|---|---|
| 1 | 野上　浩太郎 | 34 | 337,002 | 自民 | 新 | ① |
| ▽ | 草嶋　安治 | 51 | 124,340 | 無所 | 新 | |
| | 坂本　洋史 | 31 | 36,425 | 共産 | 新 | |
| | 窪川　数枝 | 65 | 14,598 | 自連 | 新 | |

石川県（1―4）

| | | | | | | |
|---|---|---|---|---|---|---|
| 1 | 沓掛　哲男 | 71 | 307,664 | 自民 | 前 | ④ |
| ▽ | 森岡　智恵子 | 53 | 179,832 | 無所 | 新 | |
| | 尾西　洋子 | 57 | 36,367 | 共産 | 新 | |
| | 種部　秀之 | 35 | 15,838 | 自連 | 新 | |

福井県（1―4）

| | | | | | | |
|---|---|---|---|---|---|---|
| 1 | 松村　龍二 | 63 | 239,560 | 自民 | 前 | ② |
| ▽ | 小沢　喜久子 | 53 | 103,373 | 民主 | 新 | |
| | 宇野　邦弘 | 49 | 27,480 | 共産 | 新 | |
| | 山口　透 | 61 | 10,052 | 自連 | 新 | |

山梨県（1―5）

| | | | | | | |
|---|---|---|---|---|---|---|
| 1 | 中島　真人 | 66 | 203,664 | 自民 | 前 | ② |
| ▽ | 樋口　雄一 | 41 | 140,316 | 民主 | 新 | |
| | 遠藤　昭子 | 49 | 33,344 | 共産 | 新 | |
| | 庄司　寛 | 46 | 31,807 | 自由 | 新 | |
| | 加藤　千穂子 | 62 | 9,632 | 自連 | 新 | |

長野県（2―6）

| | | | | | | |
|---|---|---|---|---|---|---|
| 1 | 吉田　博美 | 52 | 346,831 | 自民 | 新 | ① |
| 2 | 羽田　雄一郎 | 34 | 293,669 | 民主 | 新 | ② |
| ▽ | 小山　峰男 | 66 | 176,945 | 民主 | 前 | 1 |
| ▽ | 山口　典久 | 40 | 117,398 | 共産 | 新 | |
| ▽ | 佐藤　節子 | 60 | 95,522 | 社民 | 新 | |
| | 渡辺　信幸 | 37 | 25,364 | 自連 | 新 | |

岐阜県（2―4）

| | | | | | | |
|---|---|---|---|---|---|---|
| 1 | 大野　つや子 | 67 | 518,219 | 自民 | 前 | ② |
| 2 | 平田　健二 | 57 | 284,863 | 民主 | 前 | ② |
| ▽ | 加藤　隆雄 | 52 | 97,138 | 共産 | 新 | |
| | 樋口　光子 | 56 | 35,475 | 自連 | 新 | |

静岡県（2―6）

| | | | | | | |
|---|---|---|---|---|---|---|
| 1 | 竹山　裕 | 67 | 552,894 | 自民 | 前 | ④ |
| 2 | 榛葉　賀津也 | 34 | 478,508 | 民主 | 新 | ① |
| ▽ | 鈴木　正孝 | 61 | 385,440 | 自民 | 前 | 1 |
| | 島津　幸広 | 44 | 143,889 | 共産 | 新 | |
| | 鈴木　弘子 | 43 | 96,482 | 諸派 | 新 | |
| | 原　直子 | 37 | 84,325 | 自連 | 新 | |

愛知県（3―22）

| | | | | | | |
|---|---|---|---|---|---|---|
| 1 | 鈴木　政二 | 53 | 973,298 | 自民 | 前 | ② |
| 2 | 大塚　耕平 | 41 | 660,096 | 民主 | 新 | ① |
| 3 | 山本　保 | 53 | 499,987 | 公明 | 前 | ② |
| ▽ | 斉藤　愛子 | 45 | 277,549 | 共産 | 新 | |
| | 宮田　正之 | 55 | 131,886 | 自由 | 新 | |
| | 佐護　宗哲 | 35 | 81,297 | 社民 | 新 | |
| | 関口　房朗 | 65 | 41,465 | 無所 | 新 | |
| | 長田　清子 | 46 | 28,869 | 自連 | 新 | |
| | 石川　八郎 | 68 | 18,584 | 諸派 | 新 | |
| | 鈴木　孟 | 68 | 16,764 | 無所 | 新 | |
| | 保田　玲子 | 55 | 14,885 | 無所 | 新 | |
| | 佐々木　賢治 | 52 | 12,313 | 無所 | 新 | |
| | 石川　昭彦 | 30 | 8,186 | 無所 | 新 | |
| | 山崎　義章 | 48 | 7,735 | 無所 | 新 | |
| | 岡安　靖男 | 56 | 7,413 | 諸派 | 新 | |
| | 伊東　敬芳 | 65 | 6,901 | 諸派 | 新 | |
| | 志良以　栄 | 64 | 6,831 | 諸派 | 新 | |
| | 奈良　武 | 59 | 3,967 | 無所 | 新 | |
| | 林田　好文 | 52 | 3,905 | 諸派 | 新 | |
| | 相徳　昌平 | 61 | 2,572 | 無所 | 新 | |
| | 浅野　光雪 | 50 | 2,430 | 諸派 | 新 | |
| | 赤石　貞治 | 72 | 2,133 | 諸派 | 新 | |

三重県（1―4）

| | | | | | | |
|---|---|---|---|---|---|---|
| 1 | 高橋　千秋 | 44 | 397,105 | 無所 | 前 | ② |
| ▽ | 藤岡　和美 | 55 | 372,065 | 自民 | 新 | |
| | 谷中　三好 | 41 | 59,586 | 共産 | 新 | |
| | 石谷　徹 | 37 | 26,125 | 自連 | 新 | |

滋賀県（1―4）

| | | | | | | |
|---|---|---|---|---|---|---|
| 1 | 山下　英利 | 48 | 322,322 | 自民 | 前 | ② |
| ▽ | 法雲　俊邑 | 53 | 163,840 | 民主 | 新 | |
| | 川内　卓 | 45 | 66,295 | 共産 | 新 | |
| | 北田　緑 | 30 | 33,916 | 自連 | 新 | |

京都府（2―5）

| | | | | | | |
|---|---|---|---|---|---|---|
| 1 | 西田　吉宏 | 67 | 422,433 | 自民 | 前 | ③ |

|   |   |   |   |   |   |   |
|---|---|---|---|---|---|---|
| 2 | 松井 孝治 | 41 | 257,757 | 民主 | 新 | ① |
| ▽ | 河上 洋子 | 44 | 242,610 | 共産 | 新 |   |
| ▽ | 笹野 貞子 | 68 | 138,318 | 無所 | 前 | 2 |
|   | 遠藤 香織 | 36 | 36,008 | 自連 | 新 |   |

**大阪府（3―11）**

|   |   |   |   |   |   |   |
|---|---|---|---|---|---|---|
| 1 | 谷川 秀善 | 67 | 982,887 | 自民 | 前 | ② |
| 2 | 白浜 一良 | 54 | 864,154 | 公明 | 新 | ③ |
| 3 | 山本 孝史 | 52 | 602,312 | 民主 | 新 | ① |
| ▽ | 山下 芳生 | 41 | 594,063 | 共産 | 前 | 1 |
|   | 渡辺 義彦 | 44 | 195,508 | 自由 | 新 |   |
|   | 北岡 隆浩 | 30 | 116,216 | 諸派 | 新 |   |
|   | 土居 和子 | 53 | 101,449 | 諸派 | 新 |   |
|   | 大川 智彦 | 58 | 33,379 | 自連 | 新 |   |
|   | 柏本 景司 | 49 | 26,007 | 諸派 | 新 |   |
|   | 森本 享佐 | 48 | 24,715 | 無所 | 新 |   |
|   | 中谷 隆一 | 33 | 11,780 | 諸派 | 新 |   |

**兵庫県（2―8）**

|   |   |   |   |   |   |   |
|---|---|---|---|---|---|---|
| 1 | 鴻池 祥肇 | 60 | 882,584 | 自民 | 前 | ② |
| 2 | 辻 泰弘 | 45 | 530,934 | 民主 | 新 | ① |
| ▽ | 平松 順子 | 51 | 320,824 | 共産 | 新 |   |
| ▽ | 室井 邦彦 | 54 | 209,092 | 自由 | 新 |   |
|   | 高田 愛子 | 48 | 136,782 | 諸派 | 新 |   |
|   | 上野 恵司 | 53 | 69,258 | 諸派 | 新 |   |
|   | 田川 豊秋 | 37 | 51,688 | 自連 | 新 |   |
|   | 藤木 祥平 | 53 | 42,114 | 無所 | 新 |   |

**奈良県（1―5）**

|   |   |   |   |   |   |   |
|---|---|---|---|---|---|---|
| 1 | 荒井 正吾 | 56 | 282,305 | 自民 | 新 | ① |
| ▽ | 前田 武志 | 63 | 251,905 | 民主 | 新 |   |
|   | 鎌野 祥二 | 33 | 52,735 | 共産 | 新 |   |
|   | 杉田 幸子 | 43 | 42,341 | 社民 | 新 |   |
|   | 岡井 康弘 | 43 | 14,085 | 自連 | 新 |   |

**和歌山県（1―4）**

|   |   |   |   |   |   |   |
|---|---|---|---|---|---|---|
| 1 | 世耕 弘成 | 38 | 319,080 | 自民 | 前 | ② |
|   | 木村 文則 | 43 | 69,186 | 民主 | 新 |   |
|   | 原 矢寸久 | 49 | 64,453 | 共産 | 新 |   |
|   | 西岡 豊子 | 47 | 18,466 | 自連 | 新 |   |

**鳥取県（1―5）**

|   |   |   |   |   |   |   |
|---|---|---|---|---|---|---|
| 1 | 常田 享詳 | 57 | 174,574 | 自民 | 前 | ② |
| ▽ | 佐藤 誠 | 53 | 69,078 | 民主 | 新 |   |
|   | 市谷 知子 | 33 | 33,826 | 共産 | 新 |   |
|   | 山本 悟己 | 46 | 21,642 | 社民 | 新 |   |
|   | 山口 昌二 | 47 | 9,812 | 自連 | 新 |   |

**島根県（1―4）**

|   |   |   |   |   |   |   |
|---|---|---|---|---|---|---|
| 1 | 景山 俊太郎 | 57 | 273,059 | 自民 | 前 | ② |
| ▽ | 浜口 和久 | 32 | 75,034 | 民主 | 新 |   |
|   | 後藤 勝彦 | 33 | 36,582 | 共産 | 新 |   |

|   |   |   |   |   |   |   |
|---|---|---|---|---|---|---|
|   | 中島 順子 | 50 | 16,075 | 自連 | 新 |   |

**岡山県（1―4）＜1減＞**

|   |   |   |   |   |   |   |
|---|---|---|---|---|---|---|
| 1 | 片山 虎之助 | 65 | 501,383 | 自民 | 前 | ③ |
| ▽ | 石田 美栄 | 63 | 236,612 | 民主 | 新 | 1 |
|   | 森脇 久紀 | 38 | 67,705 | 共産 | 新 |   |
|   | 浅輪 桂子 | 54 | 16,853 | 自連 | 新 |   |

**広島県（2―6）**

|   |   |   |   |   |   |   |
|---|---|---|---|---|---|---|
| 1 | 柏村 武昭 | 57 | 466,661 | 無所 | 新 | ① |
| 2 | 溝手 顕正 | 58 | 408,857 | 自民 | 前 | ③ |
| ▽ | 菅川 健二 | 62 | 218,235 | 民主 | 前 | 1 |
|   | 栗原 君子 | 55 | 82,984 | 諸派 | 元 | 1 |
|   | 藤本 聡志 | 46 | 78,576 | 共産 | 新 |   |
|   | 山田 英美 | 41 | 26,137 | 自連 | 新 |   |

**山口県（1―5）**

|   |   |   |   |   |   |   |
|---|---|---|---|---|---|---|
| 1 | 林 芳正 | 40 | 428,122 | 自民 | 前 | ② |
| ▽ | 岩本 晋 | 58 | 178,071 | 民主 | 新 |   |
|   | 魚永 智行 | 43 | 65,008 | 共産 | 新 |   |
|   | 佐々木 信夫 | 62 | 15,507 | 自連 | 新 |   |
|   | 中島 剛 | 58 | 10,693 | 諸派 | 新 |   |

**徳島県（1―5）**

|   |   |   |   |   |   |   |
|---|---|---|---|---|---|---|
| 1 | 北岡 秀二 | 45 | 198,387 | 自民 | 前 | ② |
| ▽ | 木村 清志 | 46 | 116,278 | 民主 | 新 |   |
|   | 藤田 均 | 41 | 26,159 | 共産 | 新 |   |
|   | 高開 千代子 | 47 | 19,759 | 諸派 | 新 |   |
|   | 前川 貢一 | 51 | 4,781 | 自連 | 新 |   |

**香川県（1―4）**

|   |   |   |   |   |   |   |
|---|---|---|---|---|---|---|
| 1 | 真鍋 賢二 | 66 | 263,814 | 自民 | 前 | ④ |
| ▽ | 名倉 美登里 | 50 | 80,183 | 無所 | 新 |   |
|   | 白川 容子 | 35 | 60,468 | 共産 | 新 |   |
|   | 田中 見依 | 33 | 20,648 | 自連 | 新 |   |

**愛媛県（1―4）**

|   |   |   |   |   |   |   |
|---|---|---|---|---|---|---|
| 1 | 関谷 勝嗣 | 63 | 413,083 | 自民 | 前 | ② |
| ▽ | 島川 崇 | 31 | 174,673 | 無所 | 新 |   |
|   | 山本 久夫 | 53 | 56,663 | 共産 | 新 |   |
|   | 小栗 好子 | 51 | 32,304 | 自連 | 新 |   |

**高知県（1―5）**

|   |   |   |   |   |   |   |
|---|---|---|---|---|---|---|
| 1 | 田村 公平 | 54 | 148,834 | 自民 | 前 | ② |
| ▽ | 広田 一 | 32 | 112,673 | 無所 | 新 |   |
|   | 中村 久美 | 41 | 61,747 | 民主 | 新 |   |
|   | 中根 佐知 | 45 | 45,148 | 共産 | 新 |   |
|   | 前田 清貴 | 48 | 3,270 | 自連 | 新 |   |

**福岡県（2―8）**

|   |   |   |   |   |   |   |
|---|---|---|---|---|---|---|
| 1 | 松山 政司 | 42 | 601,082 | 自民 | 新 | ① |
| 2 | 岩本 司 | 37 | 328,198 | 民主 | 新 | ① |

|   |   | 　 | 　 | 　 | 　 |
|---|---|---|---|---|---|
| ▽ | 古川 忠 | 52 | 319,367 | 無所 | 新 |
| ▽ | 三重野 栄子 | 75 | 249,403 | 社民 | 前 2 |
| ▽ | 古賀 潤一郎 | 43 | 202,510 | 自由 | 新 |
|   | 津野 豊臣 | 57 | 154,177 | 共産 | 新 |
|   | 亀元 由紀美 | 33 | 76,174 | 諸派 | 新 |
|   | 城野 美代子 | 49 | 30,673 | 自連 | 新 |

佐賀県（1—4）

|   |   |   |   |   |   |
|---|---|---|---|---|---|
| 1 | 陣内 孝雄 | 67 | 253,837 | 自民 | 前 ④ |
| ▽ | 藤野 靖裕 | 42 | 90,749 | 民主 | 新 |
|   | 上村 泰稔 | 36 | 28,607 | 共産 | 新 |
|   | 深川 康裕 | 44 | 17,551 | 自連 | 新 |

長崎県（1—5）

|   |   |   |   |   |   |
|---|---|---|---|---|---|
| 1 | 田浦 直 | 64 | 356,934 | 自民 | 前 ② |
| ▽ | 光野 有次 | 52 | 195,670 | 無所 | 新 |
|   | 田中 広太郎 | 53 | 46,199 | 無所 | 新 |
|   | 小川 貴美子 | 51 | 44,262 | 共産 | 新 |
|   | 松本 幸子 | 46 | 25,265 | 自連 | 新 |

熊本県（1—5）＜1減＞

|   |   |   |   |   |   |
|---|---|---|---|---|---|
| 1 | 三浦 一水 | 47 | 477,997 | 自民 | 前 ② |
| ▽ | 香山 真理子 | 47 | 300,321 | 民主 | 新 |
|   | 西川 悦子 | 47 | 46,566 | 共産 | 新 |
|   | 三角 和雄 | 43 | 21,242 | 自連 | 新 |
|   | 石田 博文 | 60 | 15,677 | 諸派 | 新 |

大分県（1—4）

|   |   |   |   |   |   |
|---|---|---|---|---|---|
| 1 | 後藤 博子 | 53 | 304,345 | 自民 | 新 ① |
| ▽ | 梶原 敬義 | 64 | 267,612 | 社民 | 前 3 |
|   | 土井 正美 | 61 | 31,904 | 共産 | 新 |
|   | 高野 香代子 | 49 | 12,846 | 自連 | 新 |

宮崎県（1—5）

|   |   |   |   |   |   |
|---|---|---|---|---|---|
| 1 | 小斉平 敏文 | 51 | 199,171 | 自民 | 新 ① |
| ▽ | 東 治男 | 56 | 172,023 | 無所 | 新 |
| ▽ | 長峯 基 | 60 | 155,269 | 無所 | 前 1 |
|   | 馬場 洋光 | 32 | 23,109 | 共産 | 新 |
|   | 木幡 豊 | 45 | 14,842 | 自連 | 新 |

鹿児島県（1—5）＜1減＞

|   |   |   |   |   |   |
|---|---|---|---|---|---|
| 1 | 加治屋 義人 | 63 | 435,300 | 自民 | 新 ① |
| ▽ | 二牟礼 正博 | 53 | 218,504 | 無所 | 新 |
|   | 柳田 満洋 | 44 | 57,928 | 無所 | 新 |
|   | 山口 陽規 | 48 | 37,078 | 共産 | 新 |
|   | 畑 京子 | 50 | 33,234 | 諸派 | 新 |

沖縄県（1—3）

|   |   |   |   |   |   |
|---|---|---|---|---|---|
| 1 | 西銘 順志郎 | 51 | 265,821 | 自民 | 新 ① |
| ▽ | 照屋 寛徳 | 56 | 245,375 | 無所 | 前 1 |
|   | 嘉陽 宗儀 | 58 | 46,401 | 共産 | 新 |

## 第19期補欠選挙

新潟県（2002年4月28日執行＝1—3）

|   |   |   |   |   |   |   |
|---|---|---|---|---|---|---|
| 1 | 黒岩 宇洋 | 35 | 541,881 | 無所 | 新 | ① |
| ▽ | 塚田 一郎 | 38 | 342,207 | 自民 | 新 |   |
| ▽ | 桑原 加代子 | 54 | 132,672 | 共産 | 新 |   |

千葉県（2002年10月27日執行＝1—3）

|   |   |   |   |   |   |   |
|---|---|---|---|---|---|---|
| 1 | 椎名 一保 | 50 | 509,688 | 自民 | 新 | ① |
| ▽ | 若井 康彦 | 56 | 422,185 | 諸派 | 新 |   |
| ▽ | 浅野 史子 | 32 | 197,699 | 共産 | 新 |   |

鳥取県（2002年10月27日執行＝1—4）

|   |   |   |   |   |   |   |
|---|---|---|---|---|---|---|
| 1 | 田村 耕太郎 | 39 | 90,274 | 無所 | 新 | ① |
| ▽ | 藤井 省三 | 61 | 86,562 | 無所 | 新 |   |
| ▽ | 勝部 日出男 | 53 | 73,383 | 諸派 | 新 |   |
|   | 市谷 知子 | 34 | 22,187 | 共産 | 新 |   |

茨城県（2003年4月27日執行＝1—2）

|   |   |   |   |   |   |   |
|---|---|---|---|---|---|---|
| 1 | 岡田 広 | 56 | 717,140 | 自民 | 新 | ① |
| ▽ | 小島 修 | 40 | 172,455 | 共産 | 新 |   |

埼玉県（2003年10月26日執行＝1—3）

|   |   |   |   |   |   |   |
|---|---|---|---|---|---|---|
| 1 | 関口 昌一 | 50 | 648,319 | 自民 | 新 | ① |
| ▽ | 嶋田 智哉子 | 41 | 635,332 | 民主 | 新 |   |
| ▽ | 阿部 幸代 | 55 | 232,850 | 共産 | 新 |   |

# 第1巻 あとがき

　誰もやらないことをやるのが，このゼミのいいところ——これが蒲島郁夫教授の口癖である．この精神に基づき，我々の「参議院研究ゼミ」が発足したのは，「小泉旋風」吹き荒れた第19回参議院通常選挙（2001年7月29日執行）の余韻が残る，同年10月のことであった．早いもので，あれからおよそ2年半が経ち，気が付けば次の参議院選挙が訪れようとしている．かような時の流れに対して，本研究は想像を絶する難産であり，お世辞にもはかどっているとは言えなかった．それがこの度，漸く研究発表の嚆矢となる「第1巻・選挙編」の刊行に至り，ひとまず安堵の時を迎えている．全参院選データを収集，電子化し，これを分析するという，誰もやらなかった「オンリー・ワン」の作品が，遂に完成したのである．

　早速だが，選挙関係を中心に，我々の研究の歩みを紹介したい．当ゼミの作業は大別して，データの収集・作成およびその分析という2段階からなる．従って，差し当たりそれぞれについて，大まかな流れを振り返ることにする．

　我々が研究の一環として最初に手掛けたのが，選挙データの作成であった．ひとまず全ゼミ生で通常選挙1回分ずつ担当し，ろくにエクセルも使えぬ者も多いまま，地方区の主要情報のみからなるささやかな電子データを作ったものだった．やがてゼミ内に選挙・議員・制度からなる3つの「班」ならぬ「藩」が設けられ，10年来の選挙マニアたる私を代表とする「選挙藩」が，以後の選挙データ収集・作成を主導することとなった．具体的には，データの量的拡大のため，藩士が必要に応じて国会図書館，東京大学図書館，総務省などに赴いて資料をコピーし，他藩のゼミ生の手も借りつつ入力した．また，質的向上のため，主に藩士が数度に亘るチェックを行い，精緻化に努めた．通常選挙19回，補欠選挙152件に及ぶ選挙結果に加え，参考データとして国勢調査結果をも電子化するという，実に気の遠くなる作業であり，完成は遠い日のことのように思われた．

　データの精緻化が一段落し，漸く本格的な分析作業を始めるに至ったのは，02年秋のことだった．完成が近づいたかに思われたが，文章の推敲や重ねていくうちに，早くもゼミ発足以来3度目の秋を迎えることとなってしまった．

複数のメンバーが卒業により一線を退く一方，研究の質の向上に心を配ってきたとはいえ，いささか時間が掛かり過ぎた．このことは，率直に反省せねばならないだろう．

　さて，このゼミの本業はかくも過酷で果てしないものであったが，同時に数々の娯楽，平たく言えば飲み会が催されたことも，忘れてはならないだろう．ゼミの主宰者たる蒲島教授は勿論のこと，歴代のゼミには不思議と酒豪が集ってきた．やれ新年だと言っては飲み，やれ就職祝いだと言っては飲む，某歌謡曲さながらの親睦が，本業での精神的疲労を癒すように営まれてきたのである．お蔭で，単なるゼミというよりは，まるで学究系サークルのような，実にアット・ホームで楽しい雰囲気の集団となっている．それだけに，04年に入って教授が禁酒を宣言されてしまったのは，誠に残念としか言いようがない．

　オンリー・ワンを追求し，怒涛の如く過ぎ去った2年半の活動が，今まさに終わりを告げようとしている．ゼミ生は誰1人として，この体験を生涯忘れることはないと同時に，もう二度と同じことはできないであろう．このことは，それだけ我々が燃え尽きたということだと確信している．後は本書が読者の皆様に少しでもお役に立つよう，ひたすら祈るばかりである．

2004年2月18日<br>
井上和輝（選挙藩藩主）

## 執筆者紹介

**市川　敏之（いちかわ　としゆき）**
1980年生　私立麻布高校卒　3類卒業　現在：同和鉱業株式会社勤務
　駒場の政治過程論の講義を聴き，政治をデータ分析する面白さと蒲島先生の柔らかな人柄に惹かれて，蒲島ゼミに応募しました．ゼミは2年以上も続き，想像以上にハードで，投げ出したくなるときもありました．それでも続けられたのは，先生・菅原さん・服部君などの作り出す，和気あいあいとした雰囲気のおかげでしょうか．また最後の年には農端君のお世話になりっぱなしでした．個人的には3回生のとき「議員藩」で行った山のような官報コピー作業とゼミ後一緒に食べた夕食が懐かしい．無からものをつくりだした経験を社会で生かしたいと思います．

**井手　弘子（いで　ひろこ）**
1974年生　長崎県立大村高校卒　2類卒業　現在：東京大学大学院法学政治学研究科修士課程在学
　自分達で入力した厖大なデータを分析するという貴重な体験をさせて下さった5期蒲島ゼミにとても感謝しています．晴れてこの本が世に出るまでの長い道のりに尽力されたゼミのみなさま，たいへんおつかれさまでした！

**井上　和輝（いのうえ　かずき）**
1980年生　私立武蔵高校卒　1・3類卒業　現在：衆議院法制局勤務
　政治マニアの私としては，参議院選挙全データ（通常19回，補選154件）を扱い，同時に，数々の政治的トリビアを活かし，また増やすことができ，大変幸せでした．一生の思い出の場を作って下さった蒲島先生，そして精神的に苦しかった頃を支えてくれた皆さん（特にゼミ長，同代行と選挙藩の方々），本当に有難うございました．

**太田　幸里（おおた　ゆきさと）**
1979年生　愛知県立岡崎高等学校卒　3類卒業　現在：日本銀行勤務
　ゼミ半ばでの卒業・就職となり，微々たる貢献しかできず，思い残した部分もたくさんあります．しかし，蒲島先生ならびに素晴らしい仲間と貴重な経験を共有できたことは，今でも私の支えになっております．

**尾崎　雅子（おざき　まさこ）**
1979年生　愛知県立旭丘高校卒　3類卒業　現在：NTTデータ勤務

## 境家 史郎（さかいや しろう）

1978年生　私立甲陽学院高校卒　3類卒業　現在：東京大学大学院法学政治学研究科博士課程在学

　ゼミ開始当初，まさかここまで完成に時間がかかるとは思わなかった…．とはいえ「終わり良ければすべて良し」．長かった分，ここには書けないような様々な「事件」にも恵まれ（？），非常に楽しいプロジェクトになりました．

　とはいえ，ゼミを純粋に楽しむことができたのは一ゼミ生という身分だったからであるということも私はよく知っています．この場で共著者に対してコメントするのも変ですが，蒲島ゼミを仕切るのは心身ともに酷使するハードな仕事であって，本書を完成にまで導いた服部と農端の仕事ぶりは讃えられるべきだろうと思います．本当にお疲れ様．

## 重久 良輝（しげひさ よしき）

1980年生　私立広島学院高校卒　2類卒業　現在：ゴールドマン・サックス証券会社勤務

　卒業して早一年．数年にわたりつつ，幾度となく存続の危機にさらされながらもこのプロジェクトが完成の日の目をみたことを嬉しく思います．農端君を中心とするワーキンググループ，菅原さんを中心とする院生の方々のご尽力に心より敬意と感謝の意をこの場を借りて表したいと思います．この本が今後の参議院研究の礎へのわずかな知の集積に役立つことを祈念しつつ，自分の集約的な労働もその一部であることを誇りたいと思います．

## 菅原 琢（すがわら たく）

1976年生　私立開成高校出身　3類卒業　現在：日本学術振興会特別研究員（東京大学大学院法学政治学研究科博士課程在学中）

　今回のゼミは本当に長く続きました．この長い間に，たぶん全部のゼミ生が就職活動や公務員試験，大学院試験などそれぞれの人生の岐路を経験したことになると思います．それぞれの進路を突き進みつつ，一方でこの仕事をやり遂げたゼミ生のみんなはとても立派だと思います．それから，ここまで長く持続的に活動を続けてこられたのは，ゼミ長である服部，その後を継いだ農端をはじめとして，ゼミ生みんなが楽しく，暖かいゼミの雰囲気を作り上げたからだと思います．大学に残る者として，みんなが去っていくのはとても寂しいですが，また再会することを願ってお待ちしております．そのときももちろん「チムニーランド」（←服部命名）で!?

## 谷澤　厚志（たにざわ　あつし）
1982年生　福井県立高志高校卒　3類卒業　現在：経済産業省勤務

　法学部進学と同時に5期ゼミに途中参加してからはや2年，まさか卒業までの付き合いになるとは思いもしませんでした．自分の担当部分を読み返すたびに，嬉しいような恥ずかしいような思いがします．手取り足取り指導していただいた境家さんと菅原さん，ゼミ長の服部さんと代理の農端君，その他ゼミ生の皆様，お疲れ様＆ありがとうございました．また，このような執筆の機会を与えていただき，筑波での合宿では御自慢のイングリッシュ・ガーデンでバーベキューを催していただいた蒲島先生，本当にありがとうございました．[好きな参議院議員] 矢野俊比古

## 帖佐　廉史（ちょうさ　やすし）
1979年生　私立麻布高校卒　1類卒業　現在：東京大学大学院法学政治学研究科専修コース在学

　ゼミに参加した当初は，まさかこんなに長丁場になるとは予想しておりませんでした．その原因は，私自身がテーマ選考で迷走したこと，および大学院進学後に私の作業効率が著しく停滞したことに尽きる訳ですが…．とにかく，服部君と農端君には謝りっぱなしの3年でした．本当に済みません．とはいえ，そもそも公法学的見地から議会に興味を抱き，「参議院の研究」という題目のみに魅かれて蒲島ゼミに参加した「門外漢」である私を，温かく迎え入れてくださった蒲島先生およびゼミ生の皆さんには本当に感謝しております．

## 農端　康輔（のばた　こうすけ）
1980年生　私立東大寺学園高校卒　3類卒業　現在：東京大学大学院法学政治学研究科専門職学位課程法曹養成専攻（法科大学院）在学

　このゼミがなければ，僕にとっての法学部での生活はどれだけ味気ないことになったでしょう．5期ゼミが開始してから半年後に参加させていただいてから，早2年経ちました．その間いろいろ大変なこともありましたが，なんとかこのように出版にこぎつけることができました．まだ，執筆者紹介を書いている実感がありません．それはこのコメントが本の一部になったときにもっとも感じるのでしょう．

　蒲島ゼミに参加してなにより財産となったのは，すばらしい先生，先輩，仲間に出会えたことだと思います．これは執筆者紹介に何度書かれても書き足りないぐらいです．特に，蒲島ゼミの最初の半年の大変さは6期ゼミに参加させていただいている今，身に染みます．服部さんをはじめとしたゼミ生のみなさん，そしてなによりこのゼミを暖かく見守っていただいた蒲島先生

にこの場を借りてお礼申し上げたいと思います．ありがとうございました．これからもよろしくお願いします．

　最後に家族や友人をはじめとして，僕の蒲島ゼミでの活動を支えてくれたすべての方々にも感謝したいと思います．ありがとうございます．

## 服部　充裕（はっとり　みつひろ）
1980年生　私立暁高校卒　3類卒業　現在：日本マクドナルド勤務
　ひとつの作品を作り上げるという作業は，予想をはるかにこえるハードなものでしたが，これまで一緒にやってくることができた皆のチームワークに感謝しています．この経験と仲間は大学時代の一番の財産になりました．
［好きな参議院議員］円　より子

## 伏見　周祐（ふしみ　しゅうすけ）
1979年生　私立聖光学院高等学校　3類卒業　現在：日本放送協会，記者
　作業は，選挙の記録を掘り起こすことから始まった．
　「選挙とは，市民が市民としての自分の思いを社会に対して表現するための最も正統なシステムだ．だからその結果は，詳細に記録され，大切に保管されているに違いない．」
　初めはそう思っていたが，実際には国会図書館にも記録は揃っていなかった．まずは，総務省の選挙部に通った．それから各都道府県の選挙管理委員会にある記録を拾い集めた．やっとデータが集まったが，データ間の整合性が取れない．さらに別のデータと比較検討し，データの間違いを見つけ出した．
　今度はそのデータを電子化する．ただひたすら，パソコンの前で指を動かした．
　豊富で自由な時間，そして選挙への思い入れ．いずれかが欠けていたなら，この本は出来上がらなかった．だからこそ，僕が大学での生活を振り返るとき，その一番のよりどころとなるのがこの本なのだ．そう思う．

## 藤森　俊輔（ふじもり　しゅんすけ）
1978年生　私立聖光学院高等学校卒　2類出身　現在：内閣府勤務
　研究が始まって半年で卒業してしまったため，この研究に対する私の貢献は非常に限られたものに過ぎませんが，卒業して2年が経ち，後輩たちの努力によって立派に完成された研究成果を見ると，僅かでもこの研究に参加できたことを誇りに思います．仕事においても，研究対象である「参議院」に関わる機会は決して少なくないので，今後とも問題意識を持ち続けたいと思います．ゼミ生の皆さん，本当に御苦労様でした．

### 松平　健輔（まつだいら　けんすけ）
1980年生　筑波大学附属駒場高校卒　2類出身　現在：国土交通省勤務

　政治過程論の講義が興味深かった，本の執筆者になれるのは魅力的，そんな浅はかな動機でこのゼミに参加したわけですが，結果的に安易に単位を揃えるだけになりがちだった私の大学生活後半において，蒲島ゼミはかなり重要な位置を占めるものとなりました．予想以上の単純入力作業の多さや国会図書館等での資料収集は，自身のIT能力の欠如や就職活動と時期が重なったこと等により，負担に感じることもあったし，ゼミ生に迷惑をかけた部分も多々あったと思います．とはいえ，少なからず政治とも関わりがある国家公務員という職業に就いた今，このゼミでの共同作業も私の中でなかなか意義深いものとなってくる気がします（現在の実務上役に立っているのはExcelの最低限の機能が使えることくらいかもしれませんが……）．このような機会を設けてくださった蒲島教授，幅広くご指導してくださったTAの菅原さん，ともに作業にあたったゼミ生の皆様に深い感謝の意を表したいと思います．

### 山内　由梨佳（やまうち　ゆりか）
1980年生　東京学芸大学教育学部附属高等学校　3類卒業　現在：コーネル法科大学院・東京大学大学院法学政治学研究科公法専攻在籍

　ゼミでの経験は，あらゆる発見は地道な努力の上に成り立っていることを私に教えてくれました．大学四年の秋，出席データの確認を行うために，私はいつも参議院の官報を持ち歩いていました．データの作成には，とにかく膨大な時間と労力を要しました．戦後第1回本会議から今日まで，2500回を超える会議が開催されており，その一日一日について毎回250人もの議員の出席を打ちこまなくてはならないのです．のみならず，会議録に記載された出席者一覧の議員名の順序は議席順であったため，まず会期の初めの議席番号で打ちこみ順番を確定してから，出欠データを作成しました．議席が大幅に入れ替わると，再度順番の確認をしなければなりませんでした．2002年3月の春合宿では，40会議分の出欠データの打ちこみを皆で二人一組になって行いました．2日間で1組5，6国会分が限界でした．さらに，元データとなる会議録の量が膨大であり，間違えて他のデータをコピーしてしまったことから，コピー漏れが多数発覚し，完成が遅れてしまいました．私の不手際につき，この場を借りてゼミ生にお詫びしたいと思います．

　データの作成と分析は，地味で遠い道のりではありましたが，その分視界が開けた瞬間の喜びは忘れることができません．ゼミ参加の機会を与えてくださった蒲島先生とゼミ生の皆様に深くお礼を申し上げます．

### 山本　亜希子（やまもと　あきこ）
1979年生　新潟県立新潟高校卒　2類卒業　現在：日本テレビ放送網（株）勤務

　最後まで迷惑をかけっぱなしの2年半でしたが，いろいろと勉強になりました．蒲島先生はじめみなさん本当にありがとうございました．先生に，「卒業したら，ゼミには来なくてもいいから，飲み会には必ず来なさい．」と言われたのも，いい思い出です．これからも宜しくお願いします．

### 米谷　寛子（よねたに　ひろこ）
1974年生　兵庫県立長田高校　一橋大学卒業・東京大学大学院法学政治学研究科修士課程修了　現在：（株）現代文化研究所勤務

　5期ゼミには途中から参加させていただいたのですが，はじめはゼミ生の熱意と作業の多さに圧倒されました．2年を超える長い期間であったため，中だるみのような時期もありましたが，なんとか出版にこぎつけられて大変うれしく思います．大学院での多くの時間をこのゼミの活動に費やすことになりましたが，非常に勉強になっただけでなく，楽しい思い出にもなりました．最後に，やさしくご指導してくださった蒲島先生と，原稿に何度もコメントをくれた菅原さん，境家くん，ゼミを引っ張ってくれた服部くん，農端くん，共に作業した選挙藩の仲間に感謝します．

### 萬屋　隆太郎（よろずや　りゅうたろう）
1980年生　私立青雲学園高校卒　3類在学

　あえてせず．

**指導教授紹介**

蒲島郁夫（かばしま　いくお）

1947年　熊本県生まれ
1979年　ハーバード大学Ph.D.（政治経済学）取得
現在　　東京大学法学部教授
著書　『戦後政治の軌跡——自民党システムの形成と変容』岩波書店，2004年
　　　『政権交代と有権者の態度変容』木鐸社，1998年
　　　『現代日本人のイデオロギー』（共著）東京大学出版会，1996年
　　　『政治参加』東京大学出版会，1988年

参議院の研究：第1巻　選挙編
2004年7月25日第一版第一刷印刷発行　©

| 編者との了解により検印省略 | 編　者　東大法・第5期蒲島郁夫ゼミ編 |
| --- | --- |
| | 発行者　坂口節子 |
| | 発行所　㈲木鐸社（ぼくたくしゃ） |

製版　㈱アテネ社／印刷　モリモト印刷／製本　高地製本

〒112-0002　東京都文京区小石川5-11-15-302
電話（03）3814-4195番　郵便振替　00100-5-126746番
ファクス（03）3814-4196番　http://www.bokutakusha.com/

乱丁・落丁本はお取替致します
ISBN4-8332-2354-6　C3031

東大法・第1期蒲島郁夫ゼミ編

## 「新党」全記録 (全3巻)

　92年の日本新党の結成以来，多くの新党が生まれては消えていった。それら新党の結党の経緯や綱領，人事，組織など，活動の貴重な経過資料を網羅的に収録。混迷する政界再編の時代を記録。

**第Ⅰ巻　政治状況と政党**　A5判・488頁・8400円（1998年）ISBN4-8332-2264-7
**第Ⅱ巻　政党組織**　A5判・440頁・8400円　（1998年）ISBN4-8332-2265-5
**第Ⅲ巻　有権者の中の政党**　A5判・420頁・8400円（1998年）ISBN4-8332-2266-3

東大法・第2期蒲島郁夫ゼミ編

## 現代日本の政治家像 (全2巻)

　これまで政治学では，政党を分析単位として扱ってきたが，その有効性が著しく弱まってきている。そこで現代日本政治を深く理解するために政治家個人の政治行動を掘り下げる。第1巻は全国会議員の政治活動に関わるデータを基に数量分析を行う。第2巻は分析の根拠とした個人別に網羅的に集積したデータを整理し解題を付す。

**第Ⅰ巻　分析篇・証言篇**　A5判・516頁・8400円（2000年）ISBN4-8332-7292-X
**第Ⅱ巻　資料解題篇**　A5判・500頁・8400円（2000年）ISBN4-8332-7293-8

東大法・第3期蒲島郁夫ゼミ編

## 有権者の肖像　■55年体制崩壊後の投票行動

A5判・694頁・12600円（2001年）ISBN4-8332-2308-2

　「変動する日本人の選挙行動」（JESⅡ）に毎回回答してきた有権者を対象に，2000年総選挙に際して8回目のパネル調査を行い，政治意識と投票行動の連続と変化を類型化して提示する。

東大法・第4期蒲島郁夫ゼミ編

## 選挙ポスターの研究

A5判・520頁・10500円（2002年）ISBN4-8332-2329-5

　2000年総選挙時の候補者1200人弱の作成したポスター685枚を収集・データベース化し，多様な変数を抽出して比較検討し興味深い命題を導出した本邦初の試み。

東大法・第5期蒲島郁夫ゼミ編

## 参議院の研究 (全2巻)

　参議院に関する膨大なデータ収集とその分析によって戦後参議院の全体像に迫る野心的試み。

**第1巻　選挙篇**　A5判・600頁・10000円（2004年）ISBN4-8332-2354-6
**第2巻　議員・国会篇**　A5判・未定・未定（2004年）ISBN4-8332-2355-4

（税込価格）